Contemporary Abnormal Psychology

현대 이상심리학 ^{3판}

권석만 저

학지사

◆3판 머리말

2003년에 『현대 이상심리학』 초판을 출간한 지 어느새 20년의 세월이 흘렀다. 2013년에 발간된 DSM-5의 내용을 반영하기 위해 2판을 출간한 지도 10년이 지났다. 세월이 모든 것을 변화시키듯이, 이상심리학 분야에도 지난 10년간 많은 변화가 있었다.

2022년에는 미국정신의학회가 DSM-5를 발간한 지 9년 만에 본문 개정판(DSM-5-TR)을 출간했다. DSM-5-TR에서는 70개 이상의 정신장애에 대한 수정과 보완이 이루어졌을 뿐만 아니라 '지속성 애도장애(prolonged grief disorder)'라는 새로운 장애가 추가되었으며 인종 및 성차별적인 요소들이 개선되는 등 많은 변화가 있었다. 또한 2018년에는 세계보건기구(WHO)가 『국제질병분류 10판(ICD-10)』을 발표한 지 25년 만에 ICD-11을 발표했다. ICD-11에서는 정신장애의 영역에 적지 않은 변화가 있었으며 '게임장애(gaming disorder)'를 비롯한 여러 가지 새로운 장애가 추가되었다.

지난 10년 동안 여러 정신장애의 원인과 치료에 관해서 엄청나게 많은 연구가 진행되었다. 특히 신체증상장애나 지속성 우울장애처럼 DSM-5에서 처음 제시한 정신장애에 대한 상당한 연구결과가 축적되었다. 『현대 이상심리학(3판)』에서는 DSM-5-TR과 ICD-11의 새로운 내용을 반영할 뿐만 아니라 지난 10여 년간 이상심리학 분야에서 이루어진 국내외의 연구성과를 반영하려고 노력했다.

또한 이번 개정판에서는 여러 정신장애의 명칭을 현재 임상현장에서 가장 널리 사용되는 것으로 변경하고자 했다. 정신장애 명칭은 그 용어가 지칭하는 현상의 의미와 역사적 배경을 가장 잘 반영하는 용어로 번안되어 사용되어야 한다는 신념에는 변함이 없지만, 명칭의 낙인 효과를 줄이고 전문가들 간의 의사소통 증진을 위해서 일부의 정신장애 명칭을 바꾸어 제시했다. 예컨대, '정신분열증'을 '조현병'이라는 용어로 교체했으며 이밖에도 성기능부전, 변태성욕장애, 신체이형장애, 인위성장애 등의 용어를 사용하였다.

『현대 이상심리학』이 처음 출간된 이후로 30여 쇄의 인쇄를 반복하도록 많은 관심을 기울여 주신 독자 여러분께 감사의 마음을 전한다. 아울러 지난 25여 년간 변함없이 저술작업을 지원해 주신 학지사 김진환 사장님께도 고마움을 표한다. 특히 이번 개정작업 과정에서 복잡한 원고를 세심하게 편집해 주신 학지사 이영봉 과장님께도 깊이 감사드린다. 여전히 부족함이 많은 책이지만, 독자 여러분이 이상심리와 정신장애를 좀 더 깊이 이해하는 데 도움이 되는 책이 되기를 소망한다.

2023년 6월
관악캠퍼스 연구실에서
권석만

◆1◆ 판 머리말

우리는 누구나 삶 속에서 여러 가지 갈등과 고난을 경험하게 된다. 성장과정에서의 상처와 좌절, 가족관계의 불화와 갈등, 학업 및 직업 활동에서의 실패와 좌절, 대인관계에서의 대립과 갈등은 자칫 우리의 삶을 일그러지고 뒤틀리게 할 수 있다. 이처럼 고통과 불행 속에서 일그러진 삶의 모습이 이상행동과 정신장애로 나타나게 된다.

이상심리학은 인간의 고통과 불행에 대한 관심에서 출발하여 이상행동과 정신장애를 연구하며 인간의 행복과 성숙을 지향하는 학문이다. 지난 한 세기 동안 이상심리학은 커다란 발전을 이루었으며 특히 최근에는 괄목할 만한 연구성과를 나타내고 있다. 지난 10년간 대학에서 이상심리학을 강의하면서, 학생들에게 최근의 연구성과를 소개하고 한국인이 나타내는 다양한 정신장애의 사례를 살펴볼 수 있는 강의교재의 필요성을 느껴왔다. 그러나 방대한 연구자료에 압도되어 감히 집필의 엄두를 내지 못하다가 지난해에 연구년을 갖게 되어 그동안 구상해 온 책의 뼈대에 살을 붙일 수 있게 되었다.

이 책은 15주 정도의 강의일정에 따라 매주 한 장씩 학생들이 읽어나갈 수 있도록 15개의 장으로 구성되었다. 1장부터 3장까지는 이상심리학에 대한 기본적인 이해를 돕기 위해서 이상심리학의 연구 주제와 방법, 여러 이론적 입장, 정신장애의 분류체계를 소개하였다. 4장부터 14장까지는 현재 가장 널리 사용되는 정신장애 분류체계인 DSM-IV의 체제에 따라 가능한 한 다양한 정신장애를 구체적으로 소개하고자 하였다. 각 정신장애의 주된 증상, 임상적 특성, 주요한 원인 및 치료방법을 설명하였으며 전형적인 사례를 제시하고자 노력하였다. 사례 제시에 있어서 개인적 비밀보장을 위해 개인의 신분에 관한 구체적인 사항은 언급하지 않거나 다소 각색하였음을 밝혀 둔다. 아울러 각 정신장애마다 추가적인 참고도서와 더불어 사례를 좀 더 생생하게 접할 수 있는 시청자료를 소개하였다. 마지막 15장에서는 한국인에게 나타나는 정신장애의 특성을 살펴보고 이를 한국문화의 맥락 속에서 이해해 보고자 하였다.

최선을 다하고자 하였으나 여전히 미흡함과 아쉬움을 느끼면서 책을 출간하게 되었다. 특히 저자의 게으름과 무지함으로 인해 국내에서 이루어진 여러 학자의 연구자료를 충분히 소개하지 못한 점에 대해서 용서를 바란다.

부끄럽지만 이런 책을 쓸 수 있도록 그동안 많은 가르침을 주신 원호택, 김중술 두 선생님께 이 기회를 빌려 깊은 감사의 뜻을 전한다. 아울러 집필에 필요한 자료를 제공해 준 같은 과의 이훈진 교수와 서울의대의 신민섭 교수께 감사드린다. 이 책은 지난 10년 동안 서울대학교에서 함께 공부하며 고락을 나눈 대학원 학생들과의 공동작품인 셈이다. 대학원 수업과 논문 준비를 위해 최근의 연구자료를 수집하여 토론했던 이들의 노력이 이 책의 밑거름이 되었다. 마지막 교정작업을 위해 여름 방학의 소중한 시간을 내어 준 대학원생 이준득, 이은호 군과 김상선, 임선영 양에게 고마운 마음을 전한다. 이 책의 출간을 위해 오랜 기다림 속에서 격려해 주신 학지사의 김진환 사장님과 성의를 다해 책의 편집을 맡아 주신 최임배, 이세희 선생께 감사드린다.

이 책에서 소개하고 있는 이상행동과 정신장애는 우리 자신과 무관한 타인들만의 이야기가 아니다. 우리 자신과 가족을 비롯하여 누구나 삶을 살아가는 과정에서 빠져들 수 있는 인생의 함정이다. 이상심리학의 이해를 통해서 좀 더 건강하고 행복한 삶을 생각해 보는 계기가 되기를 바란다.

2003년 8월
권석만

총 차례

차례

제1장 이상심리학은 어떤 학문인가   19

제4장 불안장애   155

제14장　신경발달장애와 기타의 정신장애　　575

신경발달장애

파괴적, 충동조절 및 품행장애

배설장애

CONTEMPORARY ABNORMAL PSYCHOLOGY

제1장

이상심리학은 어떤 학문인가

제1장

이상심리학은 어떤 학문인가

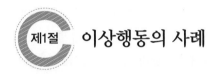

제1절 이상행동의 사례

    작은 바람결에도 나뭇잎이 우수수 떨어지는 가을 날 늦은 오후, 대학 캠퍼스 뒤편의 벤치에 우두커니 앉아 있는 한 학생이 있었다. 수업이 모두 끝난 토요일 오후라서 대부분의 학생이 빠져 나가 적막하기까지 한 캠퍼스의 후미진 곳이었다. 가끔 헝클어진 긴 머리를 쓸어 올릴 뿐 거의 3시간째 꼼짝하지 않고 있는 이 학생은 심각한 표정으로 조용히 중얼거렸다. "왜 다들 나에 관해 수근거리는 거지? 누가 소문을 퍼뜨리고 다니는 거지? 어떻게 알았을까? 내 생각을… 아무에게도 말한 적이 없는데… 길거리를 지나가는 사람마저 왜 나를 비웃는 거지?" 학생은 한동안 골똘히 생각에 잠겨 있다가 다시 중얼거렸다. "그래, 빨리 이 나라를 벗어나자! 하버드로 가는 거야. 내일은 미국대사를 만나야지. 담판을 짓는 거야…. 그 사람은 대번에 나를 알아볼 수 있을 거야…. 여기에는 내 생각을 이해할 수 있는 사람이 없어. 이곳에서는 더 이상 배울 게 없어." 대학교 3학년생인 Y군은 이렇게 혼자 중얼거리며 어둠이 내릴 때까지 벤치에 앉아 있었다.

    Y군은 어린 시절부터 '천재' 또는 '영재'라는 소리를 들으며 자라 온 우수한 학생이었다.

고등학교 2학년 때 부모의 권유에 따라 학교를 그만두고 6개월 만에 검정고시를 치르고 원하는 대학교에 입학하였다. 그러나 대학에 입학한 이후, Y군은 또래 학생들과 잘 어울릴 수가 없었다. 주로 연예인, 스포츠, 미팅, 섹스 등에 대한 화제를 일삼는 '저속하고 수준이 낮은' 또래 학생들과는 함께 어울릴 수가 없었다. 한때는 종교동아리에 가입하여 활동했으나 동아리 지도자와 동료들의 위선적인 행동에 혐오감을 느끼고 탈퇴하였다. 그 후로 Y군은 친한 친구 없이 고립된 상태로 대학생활을 하게 되었다. Y군의 대학생활은 강의를 듣고 나머지 시간은 도서관에서 책을 읽거나 캠퍼스를 배회하는 것이 전부였다. 한때 '천재' 소리를 듣던 Y군의 첫 학기 성적은 하위권이었다. 대학에 진학한 이후, Y군은 아무에게도 관심과 주목을 받지 못하는 자신의 모습을 받아들일 수가 없었다. 그래서 자신의 천재성을 주변 사람들에게 보여주기 위해서 1학년 때부터 어려운 철학서와 전공서적을 마구잡이로 읽기 시작했다. 이해하기 어려운 내용들이 많았으나, 그러한 내용들은 무조건 암기하려고 했다. 수업시간에도 자주 질문을 하였으나, 대부분의 교수는 질문내용을 잘 이해하지 못했으며 어떤 교수는 Y군의 집요한 질문에 화를 내기도 했다. 또한 2학년이 되어서는 학점이 점점 떨어져 학사경고까지 받게 되었다. 그럴수록 Y군은 혼자만의 공부에 몰두했다. 또래 학생들과는 대화가 되지 않을 만큼 자신의 사고수준이 월등히 발전했으며, 교수도 자신을 이해하기 힘들 것이라고 생각했다. Y군은 점점 더 고립되어 갔고, 수업시간에도 강의에 집중하지 못한 채 혼자만의 생각에 몰두했으며, 학교공부에 무관심해지기 시작했다. 국내에는 자신의 생각을 이해해 주는 사람이 없으므로 미국의 일류대학으로 유학을 가야겠다는 생각을 하기 시작했다.

그러던 어느 날 도서관에서 책을 보고 있는데, 누군가가 "유학 간다고? 니가?"라고 비아냥거리는 소리가 들렸다. 주변을 돌아보니, 옆자리의 학생들은 책을 열심히 보고 있을 뿐이었다. 캠퍼스를 걸어다니면, 잔디밭에 삼삼오오 앉아 있는 학생들이 자신에게 손가락질을 하면서 "쟤가 유학 간대!"라며 웃어대곤 했다. 심지어 길거리에서도 사람들이 지나가면서 Y군의 뒤통수에 대고 "저런 머저리가…", "주제파악도 못하고…", "꼴값하네" 등의 말을 내뱉곤 했다. Y군은 유학을 가려는 자신의 생각이 다른 사람에게 널리 알려져 비웃음과 조롱을 당하고 있다고 생각했다. "그런데 누가 어떻게 나의 이런 생각을 알고 소문을 퍼뜨리고 있는 것일까?" 이러한 의문에 사로잡힌 Y군은 몹시 혼란스러웠으며 아무도 없는 곳에서 오래도록 자신만의 생각에 골몰하곤 했다.

Y군의 가정은 중산층에 속했으며 아버지는 경찰관이었고 어머니는 작은 옷가게를 운영하고 있었다. Y군의 아버지는 말수가 적고 무뚝뚝한 성격으로 자신의 직위에 대한 불만이 많았으며 가끔 가족에게 무섭게 화를 내곤 했다. Y군의 어머니는 자상한 성격이었으나 남편의 무뚝뚝한 성격과 경제적 무능에 불만이 많았으며, 가끔 남편의 폭력적 언사와 무능에 대해서

Y군에게 불평을 털어놓곤 했다. 독실한 종교인인 어머니는 자녀교육에 관심이 많았으며 어려서부터 Y군이 도덕적으로 저속한 친구들과 어울리지 못하도록 친구들을 선별하여 사귀도록 했다. Y군에게는 올해 고등학교 3학년인 두 살 아래의 남동생이 한 명 있다. 소심하고 까다로운 형에 비해 동생은 성격이 활달하고 친구도 많은 편이다. 어린 시절부터 Y군에게 집중되었던 부모의 관심이 요즘에는 고3인 동생에게 쏠리고 있다. 최근 어머니는 동생의 공부 뒷바라지와 옷가게 운영, 그리고 종교활동으로 하루하루 바쁜 생활을 하고 있었으며 Y군의 대학생활에는 거의 관심을 갖지 못하고 있었다. Y군의 부모는 똑똑한 아들이 말수가 줄어들고 때때로 우울한 모습을 보이기는 하지만 대학에서 전공공부를 하며 잘 지내고 있는 것으로 생각하고 있었다. Y군이 미국대사를 만나게 해달라고 대사관 앞에서 막무가내로 난동을 부리다가 경찰에 압송되어 횡설수설하고 있다는 소식을 전해들을 때까지.

　이 세상에는 참으로 다양한 사람들이 살고 있다. 백인백색(百人百色)이란 말이 있듯이, 외모뿐만 아니라 성격도 각기 다르다. 동일한 상황에서도 사람마다 생각하고 행동하는 방식이 다르다. 이러한 사실을 잘 알고 있기 때문에 우리는 우리와 다른 생각이나 행동을 보이는 사람일지라도 그러한 차이를 용인하며 이해하려고 노력한다. 그러나 때로는 상식적인 기준으로 도저히 이해하기 힘든 '이상한' 사람들을 만나게 된다. 개성이 강한 사람이라고 여기기에는 너무나 부적절하고 기이한 행동을 하여 그 사람의 심리상태가 '비정상적'이라고 여겨지는 사람들을 접하게 된다. 앞에서 소개한 Y군의 사례는 이처럼 비정상적인 생각과 행동을 나타내는 극단적인 한 예이다.

　인간이 나타내는 비정상적인 행동은 매우 다양하다. 평생 동안 별 어려움 없이 평탄한 삶을 누리는 사람도 있지만, 대부분의 사람은 삶의 과정에서 크고 작은 여러 가지 고난과 갈등을 경험하게 된다. 이러한 고난과 갈등이 오랫동안 지속되거나 견디기 어려울 만큼 심각해지면, 사람들은 비정상적이고 부적응적인 이상행동을 나타내게 된다. 이러한 이상행동이 누적되어 일련의 부적응적인 행동패턴으로 나타나게 되면, 심리적 장애로 여겨지게 된다. 인간이 삶의 과정에서 나타내는 이상행동과 정신장애는 매우 다양하다. 이러한 다양성을 이해하기 위해서 이상행동의 몇 가지 사례를 더 살펴보기로 한다.

사례 1

　　명문대학의 대학원생인 H양이 수면제 수십 알을 먹고 동네 뒷산에서 자살을 시도하였다. 마침 새벽에 산을 오르던 등산객에게 발견되어 생명은 건지게 되었지만, H양은 자살할 생각을 버리지 않았다. 한 학기 전에 졸업논문을 준비하던 H양은 발표한 논문계획안이 부실하다는 이유로 기각되었다. 한 번도 학업의 실패를 경험하지 못했던 H양에게 이 사건은 커다란 충격이었다. 이후 자기 자신에 대한 회의와 더불어 비관적인 생각에 빠져들게 되었으며, 논문에 실패한 자신을 다른 사람들이 무시하는 것처럼 느껴졌다. 이처럼 복잡한 심경 속에서 다시 졸업논문을 준비하면서 많은 어려움을 겪은 H양은 자신감을 잃게 되었다. 졸업하지 못할 것이라는 비관적인 생각과 그동안 자신이 우수한 사람이라는 커다란 착각 속에서 살아 왔다는 자괴감에 빠져들게 되었다. 이렇게 무능한 자신이 졸업도 하지 못하고 취업도 하지 못한 채 '백수'가 되어 무기력한 삶을 살아가게 될 것이 두려웠다. 더구나 그동안 어려운 가정환경 속에서도 자신을 뒷바라지하며 고생해 오신 부모님에게 실망과 부담만 안겨 줄 것을 생각하니 견딜 수가 없었다. 이러한 비관적인 생각 속에서 혼자 괴로워하다가 마침내 자살을 시도하게 되었다.

사례 2

　　대학생인 K군은 시험이 다가올 때마다 고민스럽다. 매우 성실한 K군은 시험 때마다 철저하게 준비를 하지만, 결과를 받아 보면 늘 좌절감을 느끼게 된다. 시험을 볼 때마다 불안과 긴장이 고조되어 공부한 내용을 시험지에 다 써넣지 못하기 때문이다. 지난 학기에는 중요한 전공과목 시험을 앞두고 며칠 밤을 새워가며 열심히 공부했지만, 예상한 것과 다른 문제가 나온 시험지를 받고 당황한 나머지 머릿속이 텅 빈 것처럼 정신이 혼미해져서 아무것도 생각이 나지 않았다. 평소 글씨체가 좋은 K군이었지만 손이 떨려 답을 제대로 쓰기가 어려웠다. 억지로 힘을 주어 글을 쓰려고 했지만 팔과 어깨가 마비되는 것처럼 굳어지고 통증을 느끼게 되어 결국 시험을 망치게 되었다. K군은 시험을 볼 때마다 이와 비슷한 현상이 나타나서 고통스럽다. 고등학교 때에도 평소의 학교성적에 비해 수능시험과 같이 중요한 시험에서는 이상하게도 결과가 좋지 않았다.

사례 3

　　미모의 여대생인 S양은 이성관계가 매우 복잡하고 불안정하다. 남자친구와의 관계가 몇 달 이상 지속되지 못하고 늘 불행한 결과를 초래하며 헤어지게 된다. 자신에게 호감을 지니고 접근하는 이성 친구에게 급속하게 뜨거운 애정을 느끼게 되지만, 항상 남자친구가 자신의 곁에 있어 주기를 원하고 자신에 대한 애정을 지속적으로 보여주기를 원한다. 그래서 남자친구의 애정을 수시로 확인하려 하며 이러한 기대가 조금이라도 좌절되면, 심한 분노와 배신감을 느끼게 된다. 이렇게 분노를 느끼게 되면, 남자친구에게 냉혹한 태도를 취하며 괴롭힌다. 남자친구의 열등한 면에 대해서 가혹하게 모욕적인 비난을 하면서 심한 마음의 상처를 주곤 한다. S양은 자신의 곁에 남자친구가 없으면 허전하고 공허하여 새로운 남자친구를 사귀게 되지만, 이러한 이성관계의 패턴 때문에 남자친구를 사귈 때마다 불행한 결과를 초래하며 헤어지는 일이 반복되고 있다.

사례 4

　　40대의 사업가인 M씨는 약 1년 동안 거의 매일 밤 잠을 이룰 수가 없다. 잠자리에 누우면 심장이 비정상적으로 뛴다는 느낌을 갖게 되고 이러다가 심장마비로 죽지 않을까 하는 두려움을 지울 수가 없기 때문이다. M씨는 1년 전 사업자금을 융자받기 위해 은행에서 지점장 면담을 불안하게 기다리던 중 갑자기 심장이 평상시와 달리 심하게 뛰고 박동이 불규칙하다고 느꼈다. 심장마비가 온 것이라는 생각이 들자, 심장은 더욱 심하게 뛰었으며 곧 죽을지 모른다는 심한 공포에 휩싸여 병원응급실로 달려갔다. 병원에서 검사결과 정상이라는 판정을 받았음에도 불구하고 거의 매일 밤이면 심장이 신경 쓰이고 심장마비가 걱정되어 잠을 이루지 못하고 있다. M씨는 약해진 심장에 충격이 가지 않도록, 평소에 좋아하던 운동도 하지 않고 부부관계도 맺지 않으며 매사에 조심하고 있다.

사례 5

대기업의 중견사원인 C씨는 유능하고 예의바르며 성실한 사람으로 알려져 있다. 그런데 C씨는 하루에도 수십 번씩 집으로 전화를 걸어 부인의 거취를 확인해야만 한다. 직장에만 나오면 부인이 다른 남자를 만나 부정한 관계를 맺을 것이라는 의심을 지울 수가 없기 때문이다. 몰래 부인의 일기장이나 핸드폰의 통화내역을 확인하고 사소한 단서를 잡아 부인을 추궁하곤 했다. C씨의 의심어린 눈에는 부인의 사소한 행동들이 모두 부정한 행동과 관련된 것으로 여겨졌다. 점차 부인의 부정에 대한 의심이 강해지면서, 두 자녀도 부인이 외도를 하여 낳은 자식일 수 있다는 의심까지 하게 되었다. 부인의 어떠한 해명도 C씨에게는 설득력이 없었으며, C씨는 집요하게 부인의 과거를 캐물으며 심지어 구타까지 하게 되었다. C씨의 부인은 남편의 오해를 풀기 위해 온갖 노력을 했으나 오히려 의심은 강화되고 구타당하는 일이 반복되자 이혼소송을 제기하게 되었다.

사례 6

초등학교 1학년 J군의 부모는 요즘 걱정이 많다. 아들을 초등학교에 입학시키고 나서 J군의 문제로 자주 학교에 불려가게 되었다. 평소 부산하고 장난이 심하긴 해도 총명하던 J군이 초등학교에 가고 나서 여러 가지 문제를 일으키고 있기 때문이다. 담임교사의 말에 따르면, 수업시간에도 주의를 집중하지 못할 뿐 아니라 자리에 가만히 앉아 있지 못하고 떠들며 옆에 앉은 아이를 건드리고 때리는 행동을 하여 수업을 진행할 수 없다는 것이다. 부모의 간곡한 부탁으로 담임교사가 J군에게 특별한 배려를 하며 수업을 진행해 보았지만 전혀 개선되는 조짐이 나타나지 않았다. 부모가 야단을 치기도 하고 달래 보기도 했지만 J군의 행동은 변하지 않아 최근에는 특수학교로 전학을 고려하고 있다.

제2절 인간의 불행과 고통에 대한 관심

이상에서 살펴보았듯이, 인간이 나타내는 이상행동은 매우 다양하다. 인간은 누구나 삶의 여정에서 고통스럽고 불행하게 느껴지는 여러 가지 경험을 하게 된다. 어린 시절에 부모로부터 받은 학대나 차별, 부모의 반목과 가정의 불화, 부모와의 갈등적인 관계, 부모의 사망이나 이혼, 형제자매 간의 갈등이나 경쟁, 학업에서의 좌절이나 실패, 이성관계에 서의 상처나 실패, 육체적인 질병이나 손상, 직장에서의 좌절이나 실직, 직장동료와의 갈등, 사업의 실패나 경제적 곤란 등 수없이 많은 부정적 사건들이 우리의 삶을 고통스럽고 불행하게 만든다. 이러한 불행한 사건들은 우리의 인생에서 필연적으로 경험하게 되는 삶의 일부분이다. 사람마다 이러한 부정적 사건을 경험하는 시기와 불행한 사건의 내용 및 심각도가 다를 수는 있지만, 대부분의 사람들은 삶의 과정 속에서 이처럼 고통스럽고 불행한 경험을 하게 된다. 이러한 인생의 도전과 위기를 잘 극복하면서 건강한 삶을 영위하는 사람들도 있는 반면, 상당수의 사람들은 부정적인 사건을 경험하면서 지우기 힘든 마음의 상처를 입거나 심리적 고통과 갈등 속에서 불행한 삶을 살아가기도 한다. 이러한 심리적 상처와 갈등이 너무 깊어 오래도록 지속될 경우, 인간은 여러 가지 비정상적 행동이나 부적응적인 심리장애를 나타낼 수 있다. 삶의 과정에서 겪게 되는 여러 가지 불행한 경험들은 이상행동과 정신장애를 유발하는 원인이 된다.

이상행동과 정신장애는 이처럼 고통스럽고 불행한 과거 경험의 산물인 동시에 삶을 더욱 고통스럽고 불행하게 만드는 원인이 되기도 한다. 이상행동과 정신장애는 당사자뿐만 아니라 그의 가족, 배우자, 주변 사람과 더불어 우리 사회에 여러 가지 고통과 불행을 초래하게 된다. 이상행동과 정신장애를 나타내는 사람은 주관적으로 심한 심리적 고통을 느끼게 될 뿐만 아니라 사회적 적응에도 심각한 어려움을 겪게 된다. 심리적인 혼란과 장애로 인하여, 학업이나 직업활동에서 자신의 능력을 충분히 발휘하지 못함으로써 부적응을 나타내게 된다. 앞에서 소개한 Y군의 경우와 같이, 촉망받던 유능한 학생이 학업에 매진해야 할 청년기에 정신장애로 인해 자신의 능력을 전혀 발휘하지 못하고 적절한 치료를 받지 못할 경우에는 인생의 낙오자로 전락할 수도 있다. 다른 사람들과의 관계가 위축되거나 고립되어 사회적 부적응을 나타내게 되며 때로는 자살로 인생을 마감하는 비극적 결과가 초래되기도 한다.

　이상행동과 정신장애는 당사자는 물론 가족과 주변 사람에게도 고통과 불행을 초래한다. 가족 중의 한 사람이 정신장애를 나타내게 되면, 가족은 정서적 충격을 겪을 뿐만 아니라 환자의 보살핌과 치료를 위한 여러 가지 부담을 안게 된다. 정신장애를 지닌 가족구성원에 대해서 슬픔과 안타까움을 느끼거나 죄책감과 책임감을 느낄 수도 있다. 때로는 정신장애에 대한 사회적 편견을 두려워하며 환자를 수치스럽게 생각하는 경우도 있다. 더구나 정신장애가 장기화될 경우에는 환자를 치료하고 돌보아야 하는 경제적 부담과 심리적 책임감으로 인해 가족의 고통이 가중된다. 성격장애와 같은 심리적 문제를 지닌 사람의 경우에는 가족이나 직장동료들과 끊임없는 갈등을 유발하며 주변 사람들을 고통스럽게 하기도 한다. 때로는 충동적이고 공격적인 행동으로 가족과 주변 사람에게 신체적 손상을 입히는 경우도 있다.

　또한 우리 사회에는 이상행동과 정신장애로 인하여 여러 가지 사회적 문제가 발생하기도 한다. 가정폭력, 이혼, 청소년비행, 각종 폭력과 범죄, 자살과 살인, 도박 및 다중채무, 대형사고와 같은 사회적 문제 중에는 심리적 장애에 기인하는 경우가 많다. 마약중독으로 현실적 판단력이 상실된 상태에서 자동차를 몰아 많은 사람을 살상하는 교통사고, 망상과 환각 속에서 유치원생에게 칼부림을 한 살인사건, 우울감과 충동적인 분노감에 저지른 방화행동으로 수많은 생명을 앗아간 대구지하철 참사사건 등이 그 대표적인 예이다. 이 밖에도 정신장애로 인한 생산인력의 기능저하와 실직, 그리고 정신장애인의 치료와 보호를 위해 지출되는 막대한 의료비 등은 국가적인 부담이 되고 있다.

　이상심리학(abnormal psychology)은 이러한 이상행동과 심리장애를 과학적으로 연구하는 심리학의 한 분야이다. 심리학은 근본적으로 인간의 정신세계에 대한 관심에서 출발한다. 특히 이상심리학은 인간의 심리적 고통과 불행에 대한 깊은 관심에 그 뿌리를 두고 있다. 이상심리학은 궁극적으로 심리학적 관점에서 "인간은 왜 불행해지며 어떻게 불행에서 벗어날 수 있는가?"라는 물음에 대한 대답을 추구하는 학문이다. 이상심리학에서 제기하는 주요한 학술적 물음들을 좀 더 구체적으로 살펴보면 다음과 같다: "인간을 불행과 고통으로 몰아가는 이상행동과 심리장애에는 어떤 것들이 있는가?", "다양한 이상행동과 심리장애는 어떻게 분류될 수 있는가?", "이상행동과 심리장애는 왜, 그리고 어떻게 발생하는가?", "어떤 특성을 지닌 사람들에게 이상행동과 심리장애가 더 잘 나타나는가?", "이상행동과 심리장애를 어떻게 치료하고 예방할 수 있는가?" 이처럼 이상심리학은 인간이 나타내는 다양한 이상행동과 심리장애를 현상적으로 기술하고 분류하며, 그 원인을 규명하여 설명하고, 치료 방법 및 예방 방안을 강구하는 학문이다.

제3절 **이상행동 및 정신장애의 판별기준**

이상심리학은 이상행동과 정신장애를 연구하는 학문이다. 이상심리학의 구체적인 내용을 살펴보기 전에 이상심리학의 연구대상인 '이상행동' 또는 '정신장애'에 대한 근본적인 물음을 제기해 볼 필요가 있다. 과연 '이상행동'은 어떻게 정의되고 규정될 수 있는가? 한 사람의 행동이나 심리상태를 '정상적' 또는 '비정상적'이라고 판단할 때, 그 판단근거는 무엇인가? 정상행동과 이상행동은 어떤 기준에 의해서 구별될 수 있는가? 이러한 물음은 매우 근본적인 철학적 물음이며 학자들마다 다양한 견해를 제시하고 있다.

일반적으로 **이상행동**(abnormal behavior)은 객관적인 관찰과 측정이 가능한 개인의 부적응적인 심리적 특성을 의미하며, **정신장애**(mental disorder)는 특정한 이상행동의 집합체를 의미한다. 이러한 이상행동에는 인간의 다양한 심리적 측면, 즉 인지, 정서, 동기, 행동, 생리의 측면에서 개인의 부적응을 초래하는 특성이 포함된다.

이상행동과 정신장애를 정의하는 기준은 학자에 따라 다양하게 주장되고 있다. 현재 모든 이상행동과 정신장애를 포괄할 수 있는 일관된 정의나 기준은 없다. 그러나 현재 이상심리학에서 보편적으로 적용되고 있는 정상성과 이상성에 대한 기준은 크게 적응 기능의 저하 및 손상, 주관적 불편감과 고통, 문화적 규범의 일탈, 통계적 규준의 일탈 등으로 나누어 볼 수 있다 (Davison & Neale, 2001).

1. 적응 기능의 저하 및 손상

이상행동과 정신장애의 정의에 있어서 가장 중요한 개념은 **적응**(adaptation)이다. 인간의 삶은 개인이 환경과 상호작용하며 적응하는 과정이다. 이러한 적응과정은 개인과 환경의 양방향적인 상호작용으로서, 개인이 환경의 요구에 맞추어 가는 **순응과정**(accommodation)과 개인의 요구에 맞도록 환경을 변화시켜 가는 **동화과정**(assimilation)으로 이루어진다. 현대인은 21세기의 사회적 환경 속에서 자신이 추구하는 삶의 목표를 향해 적응하며 살아가야 한다.

이러한 적응의 관점에서 볼 때, 이상행동은 개인의 적응을 저해하는 심리적 기능의 손상을 반영하는 것이다. 즉, 개인의 인지적, 정서적, 행동적, 신체생리적 기능이 저하되거나 손상되어 원활한 적응에 지장을 초래할 때, 부적응적인 이상행동으로 간주할 수 있다는 것이다 (Wakefield, 1992, 1999). 예컨대, 주의집중력과 기억력의 저하, 과도한 불안과 우울, 무책임하거나 폭력적인 행동, 식욕과 성욕의 감퇴 등은 일상적 생활에서뿐만 아니라 사회적, 직업적 생활에서 부적응을 초래하게 되므로 부적응적인 이상행동으로 간주된다. 이러한 이상행동은 직업적 업무를 제대로 수행하지 못하게 하고 대인관계의 갈등을 유발함으로써 개인의 적응을 저해하기 때문이다.

그러나 이상행동을 적응 기능의 손상으로 판단하려는 관점에는 몇 가지 문제점이 있다. 첫째는 적응과 부적응의 경계가 모호하다는 점이다. 과연 어느 정도의 부적응 상태를 초래하는 심리적 기능의 저하를 이상행동으로 보아야 하느냐는 문제점이 있다. 두 번째 문제점은 적응과 부적응을 누가 무엇에 근거하여 평가하느냐는 점이다. 개인의 적응 여부는 평가자의 관점에 따라 다를 수 있고 평가기준에 따라 다를 수 있기 때문이다. 마지막으로 개인의 부적응이 어떤 심리적 기능의 손상에 의해 초래되었는지를 판단하기가 어렵다는 문제가 있다. 예컨대, 직업적 업무수행이 매우 부진한 사람의 경우에 이러한 업무 부진이 인지적 기능의 손상 때문인지, 동기의 부족 때문인지, 아니면 정서적 불안 때문인지를 평가하기 어렵다는 것이다. 즉, 특정한 심리적 기능과 적응적 결과 간의 인과관계가 충분히 밝혀져 있지 않은 상황에서는 이러한 기준을 적용하는 데에 한계가 있다.

이러한 한계에도 불구하고 적응 기능의 저하와 손상은 이상행동과 정신장애를 판단하는 중요한 기준이 되고 있다. 현재 세계적으로 가장 널리 사용되고 있는 정신장애의 분류체계인 『정신장애의 진단 및 통계 편람』(DSM-5-TR: American Psychiatric Association, 2022)에서는 여러 가지 심리적 증상들이 현저한 사회적, 직업적 부적응을 초래할 경우에 한하여 정신장애라고 판정하고 있다. 그리고 '현저한 부적응'에 대한 판단은 전문적 교육과 훈련을 받은 임상가에 의해서 이루어지고 있다.

2. 주관적 불편감과 고통

이상행동과 정신장애를 판단하는 또 다른 중요한 기준은 **주관적 불편감**(subjective discomfort)과 **개인적 고통**(personal distress)이다. 개인으로 하여금 현저한 고통과 불편감을 느끼게 하는 행동을 이상행동이라고 보는 것이다. 개인의 부적응에는 별 영향을 미치지 않지만 심하게 고통을 느끼는 심리적 상태나 특성은 이상행동으로 간주될 수 있다는 입장이다. 사실 정신건강 전문가에게 도움을 요청하는 사람 중에는 현저한 적응곤란뿐 아니라 주관적인 고통과 불편감을 지닌 사람들이 많다. 불안, 우울, 비애, 분노, 절망과 같은 심한 심리적 고통과 불편감은 개인의 삶을 불행하게 만든다.

　　주관적 고통과 부적응은 매우 밀접한 관계를 맺고 있다. 주관적 고통은 부적응 상태에 의해 유발될 수도 있고 주관적 고통으로 인해 부적응 상태가 유발될 수도 있다. 그러나 주관적 고통과 부적응이 독립적으로 나타나는 경우도 많다. 예컨대, 외현적으로는 성공적인 직업활동이나 원만한 대인관계를 보이는 사람도 그러한 적응과정에서 심한 심리적 스트레스를 느끼거나 그러한 직업적 성공을 유지하기 위해서 심한 불안감을 지니는 경우가 있다. 개인적인 갈등이나 열등감으로 인한 우울감과 불안감에 몹시 괴로워하면서도 주변 사람들이 전혀 눈치채지 못할 만큼 직업적 활동이나 대인관계를 무난하게 유지하는 사람들도 많다.

　　주관적 고통의 기준으로 이상행동을 정의하는 데에는 역시 몇 가지 문제점이 있다. 첫째, 심리적인 고통을 경험한다고 해서 비정상적이라고 할 수는 없다. 사랑하는 사람이 질병으로 고통받거나 사망하는 경우에 심리적 고통을 느끼는 것은 매우 정상적이기 때문이다. 개인이 처한 상황에 비해서 현저하게 심한 주관적 고통을 경험할 때 비정상적이라고 할 수 있으나, 그 고통의 적절성을 객관적으로 판단하기가 어렵다. 둘째, 어느 정도 심한 주관적 고통과 불편감을 초래할 경우에 비정상적이라고 판단하느냐 하는 문제점이 있다. 물론 개인이 견디기 어려울 정도로 심하게 느끼는 주관적인 고통이 중요한 기준이지만, 사람마다 고통을 느끼고 참고 표현하는 정도가 다르기 때문에 일관성 있는 적용에 어려움이 있다. 마지막으로, 이 기준의 가장 치명적인 한계는 매우 부적응적인 행동을 나타내면서도 전혀 주관적인 고통과 불편감을 느끼지 않는 경우들이 있다는 것이다. 예컨대, 자신이 '재림 예수'라는 망상을 지니고 허황한 말과 행동을 하는 조현병 환자의 경우에는 환자 자신은 주관적인 고통을 느끼지 못하지만 다른 기준으로 볼 때는 비정상적인 행동으로 판단될 수 있다. 조증 증세를 나타내는 사람의 경우에는 부적응적 행동을 나타내지만 자신은 주관적으로 매우 즐겁고 의기양양한 기분을 느낀다.

　　이러한 한계에도 불구하고, 주관적 고통은 이상행동과 정신장애를 평가하는 중요한 기준이 되고 있다. 정신장애를 경험하는 대부분의 사람들은 우울, 불안, 공포, 분노, 절망 등 심한 주관적 고통을 느낀다. 정신장애를 지닌 사람들은 이러한 심리적 고통과 불편감에서 벗어나기 위해 임상가를 찾아 도움을 요청하게 된다. DSM-5-TR에서도 여러 가지 심리적 증상들이 개인에게 현저한 주관적 고통을 초래할 때 정신장애로 판정하는 경우가 많다.

3. 문화적 규범의 일탈

　　모든 사회에는 그 사회에 속한 사람들이 따라야 하는 **문화적 규범**(cultural norm)이 있다. 우리 사회에는 부모자녀관계, 친구관계, 이성관계, 학교생활, 직장생활 등 다양한 사회적 활동 장면에서 자신의 역할에 따라 취해야 할 행동규범이 존재한다. 인간은 자신이 속한 사회에 원

한 사회의 문화적 규범으로부터 일탈된 모습들

만하게 적응하기 위해서 이러한 문화적 규범을 잘 따르는 것이 중요하다. 따라서 이러한 문화적 규범에 어긋나거나 일탈된 행동을 나타낼 경우에 이상행동으로 규정할 수 있다. 예를 들어, 학생은 교사에게 존댓말을 해야 하는 문화적 규범을 지닌 사회에서 학생이 교사에게 반말을 한다면 이는 이상행동으로 간주될 수 있다. 또한 처음 만난 이성에게 동의도 구하지 않은 채 포옹을 하거나 문란한 언행을 한다면 이러한 행동 역시 우리 사회의 규범으로는 용납될 수 없는 이상행동으로 볼 수 있다.

그러나 문화적 기준 역시 몇 가지 문제점을 지니고 있다. 첫째, 문화적 상대성의 문제이다. 문화적 규범은 시대에 따라 변화하고 문화에 따라 다르다. 한 시대 또는 한 문화에서 정상적인 행동이 다른 시대와 다른 문화에서는 이상행동으로 여겨질 수도 있다. 따라서 문화적 기준은 필연적으로 시대와 문화에 따라 상대적으로 적용될 수밖에 없는 한계가 있다. 둘째, 문화적 규범 자체가 바람직하지 못할 경우에도 이를 적용해야 하느냐 하는 문제가 있다. 문화적 규범 중에는 기득권자 또는 사회적 강자의 이익을 유지하거나 강화하기 위한 것들이 많다. 따라서 흔히 창조적이고 개혁적인 선구자들은 자신이 속한 사회의 잘못된 규범을 비판하고 이에 저항하는 행동을 나타낸다. 과연 이러한 경우에도 문화적 규범이 개인 행동의 정상성과 이상성을 판단하는 기준으로 적용될 수 있느냐 하는 문제점을 지니고 있다.

4. 통계적 규준의 일탈

인간의 어떤 특성을 측정하여 그 빈도분포를 그래프로 그리게 되면 종을 거꾸로 엎어 놓은 것과 같은 모양의 정상분포(normal distribution)를 나타내는 경향이 있다. 즉, 평균값에 해당되는 사람의 수는 많은 반면, 평균으로부터 멀어질수록 그 수는 감소하는 추세를 나타내게 된다. 이러한 통계적 속성에 따라서 평균으로부터 멀리 일탈된 특성을 나타낼 경우 '비정상적'이라고 보는 것이 통계적 기준이다. 예컨대, 한 사람의 키가 다른 많은 사람들의 평균치보다 너무 작거나 너무 클 경우에 비정상적인 것으로 평가되어 '왜소인' 또는 '거인'으로 간주된다. 이처럼 한 사람의 행동이 다른 많은 사람의 평균적인 행동과 비교하여 매우 일탈되어 있을 때 이상행동이라고 간주할 수 있다. 예를 들어, 하루에 두세 번 손을 씻는 것은 흔히 있는 정상적인 행동이지만 만일 어떤 사람이 수십 번 또는 수백 번 손을 씻는다면 이런 행동은 이상행동이라고 할 수 있다. 이러한 통계적 기준에서는 평균과 표준편차라는 통계적 규준(statistical norm)에 의해 정상성과 이상성을 평가한다. 즉, 평균으로부터 두 배의 표준편차 이상 일탈된 경우에 이상행동으로 규정하는 것이 일반적이다. 이러한 통계적 기준이 적용되는 대표적인 경우는 지적 발달장애(intellectual developmental disorder)이다. 지적 발달장애는 지능검사의 결과에 의해서 판정되는데, [그림 1-1]에서 볼 수 있듯이, 대부분의 지능검사는 평균이 100점이고 표준편차가 15점으로 되어 있다. 즉, IQ가 100인 사람은 같은 나이또래의 평균에 해당하는 지능을 지닌 사람이다. 반면, 평균 100으로부터 2표준편차, 즉 30점 이상 낮은 70점 미만의 IQ를 나타낼 경우에 지적 발달장애로 판정된다.

　그러나 이러한 통계적 기준은 이상행동을 판별하는 데에 여러 가지 한계를 지니고 있다. 첫째, 평균으로부터 일탈된 행동 중에는 바람직한 방향으로 일탈한 경우가 있기 때문이다. 예를 들어, IQ가 130 이상인 사람은 통계적 기준으로 보면 비정상적이지만 이들의 특성을 이상행동으로 볼 수는 없다. 둘째, 통계적인 기준을 적용하려면 인간의 심리적 특성을 측정하여 그 평균과 표준편차를 확인해야 한다. 그러나 인간의 모든 행동을 측정하여 이러한 통계적 기준

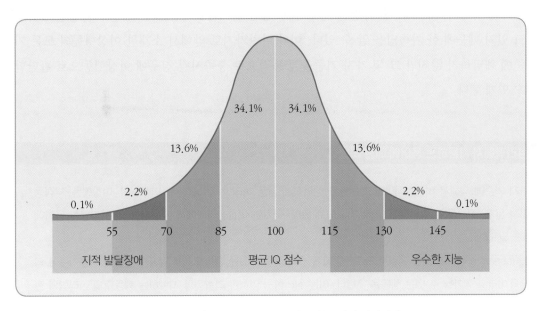

[그림 1-1] 통계적 기준에 의해 판정되는 지적 발달장애

을 적용하는 것은 현실적으로 불가능하다. 마지막으로, 흔히 평균으로부터 2표준편차만큼 일탈된 경우를 이상행동과 정상행동의 경계선으로 삼고 있지만 이러한 통계적 기준은 전문가들이 세운 편의적 경계일 뿐 이론적이거나 경험적인 타당한 근거에 기초한 것은 아니다.

이러한 한계에도 불구하고 통계적 기준은 심리검사를 통하여 평균과 표준편차를 측정할 수 있는 일부 심리적 특성의 경우에 한하여 이상행동의 판별기준으로 사용되고 있다. DSM-5에서는 정신지체와 학습장애를 비롯한 일부 정신장애의 경우에 이러한 통계적 기준을 적용하여 진단하고 있다.

이 밖에도 이상행동의 판별기준은 학자에 따라 다양하게 주장되었다. 이상행동의 주된 세 가지 특징으로 주관적 불편감, 행동의 기괴함, 비효율성을 제시하는 학자(Kazdin, 1980)도 있으며, 이상행동은 상식적 입장에서 정의될 수 있다고 주장하면서 그 일곱 가지 기본적 특징으로 심리적 고통, 부적응, 비합리성과 불가해성, 통제력의 상실, 명백한 비관습성, 제3자의 불편감, 도덕적 규범의 위배를 제시한 학자(Seligman & Rosenham, 1989)도 있다.

이상에서 살펴본 바와 같이, 이상행동과 정신장애를 규정하는 절대적인 단일한 기준은 없다. 모든 기준마다 장단점을 지니고 있어서 실제적으로는 여러 가지 기준을 복합적으로 고려하여 이상행동을 판단하게 된다. 이러한 정의 방식은 '가족유사성의 원리'로 설명될 수 있다. 이 원리는 한 가족의 구성원이 각기 얼굴 생김새가 다르지만 얼굴 특성의 일부를 서로 공유하기 때문에 한 가족임을 알 수 있다는 것을 말한다. 예컨대, 아들의 눈과 코는 아버지를 닮고 입과 귀는 어머니를 닮은 반면, 딸의 눈과 입은 아버지를 닮고 코와 귀는 어머니를 닮을 수 있다. 따라서 아버지, 어머니, 아들, 딸은 서로 얼굴 생김새가 다르지만 얼굴의 일부 특성을 공유하고 있기 때문에 한 가족임을 알 수 있다. 이와 마찬가지로 앞에서 소개한 이상행동의 모든 기준에 해당하지 않지만 그 몇 가지 기준을 공통적으로 충족시킬 경우에 이상행동으로 판단할 수 있게 된다.

이상심리학에서 사용하는 용어에 대한 이해

여러 가지 기준에 의해서 비정상적이라고 판단된 심리적 현상은 여러 가지 용어(예: 이상심리, 이상행동, 부적응행동, 심리적 문제, 정신장애, 심리장애 등)로 기술되고 있다. 이처럼 이상심리학에서 사용되고 있는 다양한 용어에 대한 이해가 필요하다.

이상행동(abnormal behavior)은 외현적으로 관찰되거나 측정될 수 있는 행동으로서 앞에서 설명한 판별기준에 의해 '비정상적'이라고 평가될 수 있는 행동을 뜻한다. 이는 심리학의 엄격한 과학화를 지향하는 행동주의 심리학의 전통에서 나온 용어이다. 행동주의 심리학에서는 과학적으로 검증될 수 없는 모호하고 추론된 개념을 지양하고, 객관적으로 관찰할 수 있으며, 측정 가능한 구체적인 심리적 현상, 즉 행동을 심리학의 연구대상으로 삼아야 한다고 주장한다. 부적응 행동(maladaptive behavior)은 적응을 개인과 환경의 원활한 상호작용이라고 보는 관점에서 특히 환경적 요구에 적절히 대응하지 못하여 여러 가지 문제를 일으키는 개인의 행동을 지칭하는 용어라고 할 수 있다. 심리적 문제(psychological problem)는 개인의 심리적 상태 중에서 해결해야 할 문제라고 생각하는 심리적 상태를 지칭하며 흔히 심리치료나 상담 장면에서 사용되는 용어라고 할 수 있다.

정신병리적 증상(psychopathological symptom)은 신체적 질병에 대한 의학적 모델에서 차용한 용어로서, 질병의 내부적 원인을 가정하고 이러한 원인에 의해서 나타나는 부정적 현상과 체험들을 의미한다. 증후군(syndrome)은 여러 가지 증상의 집합체를 의미한다. 신체적 질병이든 심리적 장애이든 한 가지 증상만을 나타내기보다는 일련의 여러 증상이 동시다발적으로 나타나는 경우가 대부분이다. 일련의 이상행동이나 정신병리적 증상들로 구성된 증후군을 '정신장애'라고 한다.

정신장애(mental disorder)는 생물학적 전통에서 나온 용어로서, 비정상적인 심리상태를 질병 또는 장애라고 보는 견해가 내포되어 있다. 이러한 관점에서는 비정상적 심리상태를 신체적 질병과 마찬가지로 어떤 내부적 실체(예: 유전, 뇌 손상과 같은 신체적 원인)에 의해서 유발된 심리적 증상(symptom)으로서 내부적 실체의 특성에 따라 장애마다 독특한 증상패턴과 진행과정이 나타나며 치료해야 하는 병적인 상태로 본다. 정신장애는 때로는 심리장애(psychological disorder) 또는 정신질환(mental illness)이라는 용어로 사용되기도 한다. 일반인들은 정신병이라는 용어를 정신장애나 정신질환과 구별 없이 일상적으로 많이 사용하는 경향이 있다. 그러나 정신병이라는 용어는 정신장애 중에서 현실판단력이 많이 손상되어 심각한 부적응을 나타내는 장애(예: 조현병 등)를 지칭하는 영어인 psychosis를 의미한다. psychosis는 신경증(neurosis)에 대비하여 과거에 정신증이라고 번역되었으나 최근에는 정신병이라고 지칭되고 있다. 이렇게 비정상적 심리상태를 지칭하는 용어는 이론적 관점과 맥락에 따라 다양한 용어로 사용되고 있다. 이 책에서는 이상행동, 부적응행동, 심리적 증상, 정신장애라는 용어를 맥락에 따라 적절하게 사용할 것이다.

제4절 이상심리학의 연구주제

이상심리학은 이상행동과 정신장애를 연구대상으로 하는 경험과학이다. 대부분의 경험과학(empirical science)은 크게 네 가지의 기본적 기능을 지닌다(Popper, 1959). 첫째, 연구대상에 대한 기술이다. 기술(description)은 연구대상의 현상적 특성을 관찰하고 측정하며 기록하고 분류하는 기능을 포함한다. 즉, 연구대상을 있는 그대로 파악하고 이해하는 일이다. 둘째, 연구대상에 관하여 설명하는 기능이다. 설명(explanation)은 연구대상을 구성하는 세부적 구조

를 분석하거나 연구대상의 변화와 그 인과관계를 밝히는 일이다. 셋째, 연구대상에 관한 예측
이다. **예측**(prediction)은 연구대상이 앞으로 어떻게 변화할 것이라는 것을 예견하는 일이다.
경험과학의 마지막 기능은 통제이다. **통제**(control)란 연구대상에 인위적 조작을 가하여 인간
이 원하는 방향의 변화가 일어나도록 하는 일이다. 일반적으로 경험과학은 발전정도에 따라
그 기능이 확대된다. 어떤 경험과학 분야는 현상을 기술하는 수준에 머무르는 반면, 다른 분
야는 현상의 기술뿐만 아니라 설명, 예측, 통제의 기능을 지니기도 한다.

　이상심리학은 19세기 말에 과학적 심리학의 태동과 더불어 시작되어 20세기에 현저한 발
전을 이루었으며 21세기에는 가속적인 진전이 예견되는 학문분야이다. 이러한 이상심리학은
위에서 언급한 경험과학의 모든 속성을 지니고 있는 매우 발전된 학문분야로서 이상행동과
정신장애에 대한 현상적 기술, 원인의 설명, 그리고 예측과 통제를 지향한다. 이러한 이상심
리학은 인간을 불행과 고통으로 몰아넣는 이상행동과 정신장애를 이해하고 치료하며 예방하
기 위한 인간의 노력이라고 할 수 있다. 이상심리학에서 연구하는 주제와 내용을 좀 더 구체
적으로 살펴보기로 한다.

1. 이상행동의 발견과 기술

　이상심리학의 일차적 기능은 인간을 불행하게 만들고 부적응상태에 빠지게 하는 인간의 다
양한 행동을 관찰하고 발견하는 일이다. 따라서 이상심리학자에게는 우리 사회에서 불행한
삶을 살아가는 사람들에 대한 깊은 관심과 그들이 나타내는 심리적 특성을 세밀하게 관찰하
는 노력이 필요하다.

　이상심리학의 역사는 새로운 정신장애의 발견과정이라고 할 수 있다. 예컨대, 18세기에
는 조증(mania), 울증(melancholia), 치매(dementia), 광증(idiotism)의 네 가지 정신장애 유형만
이 알려져 있었으나, 19세기 말에 Kraepelin(1899)은 16개 범주의 정신장애를 소개하였다. 정
신장애에 관한 최초의 체계적 분류체계인 DSM-I(American Psychiatric Association, 1952)에서
는 108개의 장애가 소개되었으며, DSM-II(American Psychiatric Association, 1968)에는 180개,
DSM-III(American Psychiatric Association, 1980)에서는 256개, DSM-IV(American Psychiatric
Association, 1994)에서는 297개, DSM-5에서는 350개 이상의 장애로 증가되었다. 이는 새로운
이상행동이 보고되고 기존의 정신장애에 대한 하위유형이 새롭게 발견되고 있기 때문이다.
아직까지 체계적으로 관찰되거나 공식적으로 보고되지 않은 채 이상심리학자의 발견을 기다
리는 이상행동이 많다. 또한 시대가 바뀌고 생활환경이 변함에 따라 새로운 형태의 이상행동
들이 나타나고 있다. 예컨대, 체중증가를 두려워하여 음식섭취에 어려움을 겪는 섭식장애는
식량이 부족하던 20세기 전까지 매우 드문 현상이었다. 그러나 식량이 풍부해지고 여성의 날

씬한 몸매를 높이 평가하게 된 시대적 변화와 더불어 섭식장애는 여성에게 흔히 나타나는 정신장애로 부각되었으며, DSM-IV에서 처음으로 정신장애의 한 유형으로 공인되었다.

컴퓨터, 인터넷, 핸드폰, 가상현실 등 새로운 전자기술과 정보산업의 문화가 지배하고 있는 21세기에는 과거에 발견할 수 없었던 새로운 이상행동과 정신장애가 나타날 가능성이 높다. 그 예로 세계보건기구는 2018년에 발간한 『국제질병분류 11판(ICD-11)』에서 새로운 정신장애로 게임장애(gaming disorder)를 추가했다. 이상심리학에서는 새로운 이상행동을 발견하고 체계적인 관찰을 통해 객관적으로 기술한다. 즉, 새로운 이상행동의 구체적인 현상들을 다각적인 측면에서 체계적으로 관찰하여 그 특성을 보고한다. 예컨대, 새롭게 발견된 이상행동의 인지적, 정서적, 행동적 특징을 비롯하여 이러한 이상행동을 나타내는 사람들의 특성(예: 나이, 성별, 계층, 종족, 성격특성 등), 이상행동의 변화과정, 다른 이상행동과의 관련성 등에 대한 자세한 기술이 이루어진다. 이러한 연구결과들이 누적되면 공식적인 정신장애로 인정되어 좀 더 본격적인 연구와 임상적 적용이 이루어지게 된다.

또한 이미 발견되어 공식적으로 인정되고 있는 정신장애의 경우에도 그 장애에 관한 임상적 현상이 충분히 밝혀져 있지 않은 경우가 많다. 따라서 이러한 정신장애의 핵심적 증상 및 수반되는 여러 가지 특성, 새로운 하위유형 및 비전형적인 독특한 유형, 다른 정신장애와의 관련성 등을 연구함으로써 그 정신장애에 대한 정확하고 세밀한 이해가 가능해진다. 예컨대, 현재 조현병(정신분열증)으로 알려진 정신장애의 경우, 19세기 말 Kraepelin은 청소년기에 시작되어 점진적인 지적 퇴화과정을 나타내는 질병이라고 주장하였으며 '조발성 치매(dementia praecox)'라고 불렀다. 그러나 Bleuler(1923)에 의해 조현병(schizophrenia)으로 개명되면서 이 장애는 네 가지 핵심증상, 즉 4A 증상(association, affectivity, ambivalence, autism)으로 구성된다고 주장되었다. 이어 Schneider(1959)는 조현병에만 나타나는 특유의 증상으로 자신의 생각이 말로 들리는 사고반향, 대화하는 내용의 환청, 망상적 지각, 신체적 피동체험 등과 같은 11가지 1급 증상(first-rank symptoms)을 제시했다. 이후 많은 학자의 연구가 누적되어 조현병에 대한 현재의 진단기준이 마련되었다.

이상심리학의 또 다른 중요한 기능은 다양한 이상행동과 정신장애를 체계적으로 분류하는 것이다. 모든 경험과학은 연구대상을 그 특성에 따라 범주화하고 분류하는 작업을 통해 발전한다. 이러한 분류작업을 통해서 모호하고 복잡한 현상을 좀 더 명료하고 체계적인 방식으로 이해할 수 있기 때문이다. 특히 이상행동과 정신장애는 매우 다양하고 복잡하며 서로 밀접한 관계를 맺고 있는 경우가 많다. 따라서 이상행동을 그 현상적, 원인적 유사성에 따라 체계적으로 분류하는 작업은 매우 중요하다. 이러한 분류작업을 통해서 전문가들이 이상행동과 정신장애에 관해 효과적인 의사소통을 할 수 있을 뿐 아니라 그 원인에 대한 체계적 연구가 가능해진다(Goldenberg, 1977). 예컨대, 다양한 원인이 복합적으로 작용하여 유발되는 이질적인 이상행동들을 동일한 범주로 분류하는 경우에는 그 원인의 규명이 어렵지만, 좀 더 동질적인 이상행동으로 세분화되어 분류된 경우에는 그 원인이 상대적으로 쉽게 파악될 수 있다. 현재까지 이루어진 연구에 의한 정신장애의 분류체계가 DSM-5-TR이나 ICD-11에 제시되어 있으나, 이러한 분류체계는 연구가 축적됨에 따라 지속적으로 개정되며 발전되고 있다. 이상행동과 정신장애의 분류에 대해서는 제3장에서 자세하게 설명할 것이다.

나아가서 이상심리학에서는 이상행동과 정신장애로 고통받는 사람들의 분포 양상에 대한 연구가 이루어진다. 즉, 얼마나 많은 사람이 특정한 정신장애로 고통받고 있으며 특히 어떤 특성을 지닌 사람들에게 이러한 정신장애가 흔히 나타나는지에 대한 연구가 이루어지는데, 이러한 연구분야를 역학(epidemiology)이라고 한다. 역학 연구는 특정한 정신장애에 대한 유병률, 발병률, 위험요인 등에 대한 조사로 이루어진다. 유병률(prevalence)은 전체 인구 중 특정한 정신장애(예: 우울장애, 조현병)를 지니고 있는 사람들의 비율을 의미한다. 이러한 유병률은 특정한 정신장애를 경험하고 있는 시점이나 기간에 따라 다양하게 나누어진다. 즉, 현재 시점에서 특정한 정신장애를 지니고 있는 사람들의 비율을 의미하는 시점 유병률(point prevalence), 일정한 기간 동안(예: 과거 6개월 동안, 과거 1년 동안 등)에 특정한 정신장애를 경험한 사람들의 비율을 뜻하는 기간 유병률(period prevalence), 그리고 평생 동안 특정한 정신장애를 한 번 이상 경험한 사람들의 비율을 의미하는 평생 유병률(lifetime prevalence)이 있다. 또한 일정한 기간 동안에 특정한 정신장애를 새롭게 지니게 된 사람의 비율을 뜻하는 발병률(incidence)에 대한 조사가 이루어진다. 나아가서 전체 인구 중에서, 특히 어떤 특성을 지닌 사람들이 특정한 정신장애에 취약한지를 밝히기 위해 위험요인(risk factor)을 연구한다. 즉, 위험요인에 대한 연구는 '어떤 특성(예: 성별, 나이, 사회경제적 계층, 직업, 인종, 가족적 특성, 문화적 배경 등)을 지닌 사람들이 특정한 장애(예: 우울장애, 섭식장애, 조현병)에 잘 걸리는가?'라는 물음에 답하기 위한 연구이다. 역학연구는 많은 사람을 대상으로 하는 대규모 조사에 의해서 이루어지며 흔히 체계적인 표집과정을 통해 선발된 표본을 대상으로 조사가 이루어진다. 이러한 역학연구를 통해서 특정한 정신장애의 분포양상을 알 수 있게 되며 특히 위험요인에 대한 역학자료는 정신장애의 원인을 추정하는 기초자료가 될 수 있다.

요컨대, 이상심리학에서는 인간이 나타내는 다양한 이상행동과 정신장애를 발견하고, 발견된 정신장애의 임상적 특성을 정밀하게 규명하며, 다양한 정신장애를 체계적으로 분류하고, 정신장애의 분포양상을 조사하는 다양한 연구가 이루어진다. 이상행동에 관한 이러한 현상적 이해는 이상심리학의 가장 기본적인 기능이며 이상행동의 원인을 규명하고 그 치료방법과 예방방안을 강구하는 기초가 된다.

2. 이상행동의 원인 규명

이상심리학의 가장 주요한 연구과제는 이상행동과 정신장애의 원인을 규명하는 것이다. 즉, '이상행동과 정신장애는 왜 그리고 어떻게 생겨나는가?', '이상행동을 유발하는 원인은 무엇인가?', '정신장애는 신체적 요인에 의해서 생겨나는가 아니면 심리적 원인에 의해서 생겨나는가?', '이상행동은 선천적(또는 유전적) 요인에 의해 유발되는가 아니면 후천적 경험에 의해서 발생하는가?', '정신장애는 어떤 심리적·신체적 과정을 거쳐 발생하는가?', '이상행동은 어떤 선천적 요인과 후천적 경험이 어떻게 복합적으로 작용하여 유발되는가?' 하는 물음에 대한 대답을 제시하기 위한 학문이 이상심리학이다. 다양한 이상행동과 정신장애의 원인을 규명하는 일은 이상심리학의 가장 중요한 연구주제인 동시에 가장 난해한 연구과제이기도 하다.

인간의 정신세계가 그러하듯이, 이상행동과 정신장애를 유발하는 원인은 매우 다양하며 그 발생과정도 매우 복잡하다. 따라서 이상심리학에는 이상행동을 설명하려는 다양한 입장과 이론이 제기되고 있다. 이상심리학의 다양한 이론적 입장은 대부분 이상행동의 원인을 설명하는 관점과 방식의 다양성을 반영하고 있다. 예컨대, 이상행동을 개인의 성장과정과 무의식적 갈등에 의해서 설명하려는 정신분석적 입장, 환경적 영향에 의한 학습과정으로 설명하려는 행동주의적 입장, 뇌와 중추신경계의 손상이나 기능이상으로 설명하려는 생물학적 입장, 개인의 역기능적 사고과정과 신념체계에 의해서 설명하려는 인지적 입장, 그리고 개인이 속한 사회환경적 요인에 의해서 설명하려는 사회문화적 입장 등이 있다. 최근에는 이러한 여러 가지 입장에서 주장하는 원인적 요인을 통합하여 이상행동을 설명하려는 생물심리사회적 입장과 체계이론적 입장도 제시되고 있다.

이상행동과 정신장애의 원인을 규명하는 일은 매우 방대한 작업이다. 현재 DSM-5-TR에서 공식적으로 인정되고 있는 정신장애에는 크게 불안장애, 강박 및 관련 장애, 외상 및 스트레스 관련 장애, 우울장애, 양극성 및 관련 장애, 조현병 스펙트럼 및 정신병적 장애, 신체증상장애, 해리장애, 성격장애, 급식 및 섭식 장애, 수면-각성장애, 물질관련 및 중독 장애, 성기능부전, 신경발달장애를 비롯한 22가지 범주의 장애가 있다. 또한 이러한 범주의 장애는 여러 가지 하위 장애들로 세분되어 있다. 예컨대, 불안장애의 경우에는 범불안장애, 특정공포증, 광장공포증, 사회불안장애, 공황장애, 분리불안장애 등의 하위장애가 있다. 이렇듯 다양한 정신장애가 앞에서 언급한 다양한 이론적 입장에서 다각적으로 연구되고 있다. 또한 이상행동과 정신장애의 원인은 사례연구, 상관연구, 실험연구 등 다양한 연구방법을 통해 연구되고 있다.

현재 이상심리학에서는 다양한 이론적 입장에서 다양한 연구방법론을 통해 다양한 이상행동과 정신장애의 원인을 규명하려는 노력이 이루어지고 있다. 정신장애의 원인에 대한 이해는 정신장애를 치료하고 예방하는 방법을 개발하는 기초가 되기 때문에 더욱 중요한 의미를 지닌다. 지난 20세기, 특히 후반기에 이상행동과 정신장애의 원인에 대한 많은 비밀이 밝혀졌다. 이 책에서는 정신장애의 원인에 대해서 현재까지 이루어진 주요한 연구결과들이 소개되고 있다. 그러나 이상행동과 정신장애의 원인에 대한 구체적이고 체계적인 이해는 아직 요원한 상태이다. 21세기에는 이상행동과 정신장애의 원인 규명에 있어서 커다란 진전이 이루어질 것으로 전망되고 있다.

3. 이상행동의 치료와 예방

이상심리학의 궁극적 목표는 이상행동과 정신장애를 치료하고 예방하는 것이다. 정신장애는 특별한 치료를 하지 않아도 자연적으로 회복되는 경우가 있다. 그러나 대부분의 경우, 전문적 치료를 받지 않으면 이상행동과 정신장애가 점점 더 악화되는 것이 일반적이다. 심한 경우에는 수년간 정신병원에 입원해야 하거나 때로는 만성 정신병 환자가 되어 평생 동안 정신병원이나 수용시설에서 지내는 경우도 있다. 우리 사회에는 이상행동과 정신장애로 심한 심리적 고통을 경험하거나 자신의 능력을 발휘하지 못하고 부적응 상태에 빠져 있는 사람들이 많다. 이처럼 개인을 불행과 부적응 상태로 몰아가는 이상행동과 정신장애를 치료하는 일은

집단심리치료를 하고 있는 모습

시급하고도 중요한 일이다. 이상심리학의 중요한 과제는 이상행동을 수정하고 정신장애를 치료하는 효과적인 방법을 개발하는 일이다.

이상행동의 치료방법은 이상행동의 원인에 대한 이론적 이해에 근거한다. 즉, 이상행동을 유발하거나 지속시키는 요인들을 제거하거나 변화시킴으로써 이상행동을 치료하게 된다. 다양한 이론적 입장에 근거하여 이상행동과 정신장애를 치료하는 다양한 방법이 개발되고 있다. 예컨대, 개인의 무의식적 갈등을 자각하고 자아기능을 강화함으로써 부적응 행동에서 벗어나게 하는 정신분석적 치료, 학습원리를 이용하여 부적응 행동을 제거하거나 적응행동으로 대체하게 하는 행동치료, 향정신성 약물을 투여함으로써 뇌의 화학적 변화를 통해 정신장애의 증상을 완화시키는 약물치료, 이상행동을 초래하는 역기능적인 사고과정과 신념체계의 수정을 통해서 치료하는 인지치료 등이 제시되고 있다. 그러나 현재 개발되어 적용되고 있는 치료방법은 다양한 정신장애를 완치하는 데에는 여러 가지 한계를 지니고 있기 때문에, 더 효과적이고 구체적인 다양한 치료방법의 개발이 필요한 실정이다. 또한

현재 적용되고 있거나 새롭게 개발된 치료방법의 치료적 효과를 검증하는 것도 이상심리학의 중요한 기능이다. 아울러 정신장애의 치료를 위해 개발된 다양한 치료방법의 치료적 효과를 비교하는 연구도 필요하다.

이상심리학에서는 이상행동 및 정신장애의 예방에 대해서 관심을 가진다. 치료가 이미 이상행동이 나타난 사람을 정상적인 적응상태로 회복시키는 일이라면, 예방은 이상행동이 나타나지 않도록 미리 방지하는 일이다. 이상행동이 나타나지 않도록 미리 예방하는 일은 개인적으로나 국가적으로 매우 중요한 일이다. 정신장애의 예방은 정신장애의 원인으로 밝혀진 요인을 사전에 차단하거나 특정한 정신장애에 취약한 사람들을 미리 찾아내어 정신장애로 발전하지 않도록 막는 다양한 방법을 통해 이루어진다. 따라서 이상심리학에서는 다양한 정신장애를 예방하는 구체적인 방법을 개발하고 그 효과를 검증하는 연구를 하게 된다. 이러한 이상행동의 치료와 예방은 이상심리학이 지니는 예측과 통제 기능과 관련되어 있다.

제5절 이상심리학의 연구방법

인간의 이상행동과 정신장애에 대한 과학적 연구가 체계적으로 이루어지기 시작한 것은 19세기 후반이라고 할 수 있다. 인류역사에 있어서 오랜 기간 동안 인간의 이상심리에 대해서 미신적이고 비과학적인 견해가 지배해 왔다. 중세까지만 해도 악령, 귀신 또는 초자연적인 힘에 의해서 심리장애가 생긴다는 미신적 사고가 지배적이었다. 19세기 후반 이후 심리학자와 정신의학자에 의해서 인간의 이상행동에 대한 과학적 연구가 체계적으로 이루어지기 시작했다.

현대의 이상심리학이 과거의 비과학적 연구와 구별되는 점은 연구방법론에 있다. 과학으로서의 이상심리학은 주관적이고 사변적인 연구방법론을 지양하고 객관적이고 실증적인 연구방법론에 근거하고 있다.

1. 이상행동에 대한 객관적 측정

과학으로서의 이상심리학은 인간의 심리적 현상에 대한 객관적 평가와 측정에서 출발한다. 객관적 평가도구는 인간의 다양한 행동을 정교하게 변별할 수 있을 뿐만 아니라 신뢰도와 타당도가 높은 도구를 지칭한다. 여기서 **신뢰도**(reliability)는 그 측정도구가 이상행동을 일관성 있는 방식으로 평가하는 정도를 나타내며, **타당도**(validity)는 그 측정도구가 본래 측정하려고 하는 이상행동을 평가하는 정도를 의미한다. 이상심리학의 연구에서는 이상행동과 심리적 증상을 측정하기 위해서 면접법, 행동관찰법, 질문지법, 과제수행법, 심리생리적 측정법 등의 평가방법이 사용된다.

면접법(interview)은 대화나 의사소통을 통해 사람의 심리적 특징을 알아보는 방법이다. 대화 시에 보이는 언어적 표현의 내용과 방식에는 그 사람의 심리적 특징이 잘 나타나기 때문이다. 면접법은 질문과 응답으로 이루어지는 언어적 의사소통을 통해 피면접자의 언어적 반응내용과 방식을 정밀히 분석하고 수량화하는 방법이다. 이러한 면접법을 사용할 경우에는 두 명 이상의 면접자가 동일한 평가를 하는 정도를 반영하는 면접자 간의 일치도(interrater reliability)에 의해서 그 객관성을 평가하게 된다.

개인의 심리적 특성을 알아보는 한 방법은 그 사람이 어떻게 행동하는지를 잘 관찰하는 것이다. 행동은 내면적인 심리적 특성이 밖으로 드러난 것이기 때문이다. **행동관찰법**(behavior observation)은 개인이 특정한 상황에서 어떤 행동을 하는지를 유심히 관찰하여 그 행동의 내용을 구체적으로 기술하고 그 빈도나 강도를 수량화하는 방법이다. 이러한 행동관찰의 내용은 그 사람의 심리적인 특성을 평가하는 객관적인 자료가 된다.

질문지법(questionnaire method)은 연구자가 묻고자 하는 사항을 문장으로 기술한 문항을 제시하고 피검자로 하여금 그 문항에 대한 자신의 상태를 응답하게 하는 방법이다. 이 방법은 많은 심리검사에서 채택되고 있는데, 다면적 인성검사(MMPI), 간이정신진단검사(SCL-90-R) 등과 같은 자기보고형 검사가 이러한 질문지법을 사용한 대표적인 심리검사이다.

개인의 심리적 능력과 특성을 평가하는 또 다른 방법은 해결해야 할 과제를 주고 그 사람이 그 과제를 얼마나 잘 수행하는지를 보는 방법이다. **과제수행법**(task performance)은 평가하고자 하는 심리적 특성이 요구되는 과제를 주고 그 과제의 수행에 소요된 시간, 수행반응의 내용 및 정확도, 수행방식 등의 면에서 과제수행반응을 객관적으로 수량화하고 이를 통해 심리적 특성을 평가하는 방법이다. 정신장애를 지닌 사람들의 특정한 인지적 속성을 평가하기 위해 연구자들은 다양한 인지적 과제(cognitive task)를 사용하고 있으며, Wechsler지능검사와 같은 개인용 지능검사는 대부분 이러한 과제수행법을 사용하고 있다.

심리검사를 하고 있는 모습

인간의 심리적 상태를 평가하기 위하여 신체생리적 변화를 측정하는 경우가 있는데, 이때 심리생리적 측정법이 사용된다. **심리생리적 측정법**(psychophysiological measurement)은 뇌파, 심장박동, 혈압, 근육긴장도, 피부전기저항반응 등의 생리적 상태를 측정할 수 있는 측정도구를 통해 심리적 상태나 특성을 평가하는 방법이다. 이 밖에도 뇌의 구조적 결함이나 생리적 활동을 측정하는 전산화된 단층촬영술(CT:

computerized tomography), 자기공명 영상술(MRI: magnetic resonance imaging), 양전자방출 단층촬영술(PET: positron emission tomography) 등과 같은 **뇌영상술**(brain imaging)이 사용되기도 한다.

이상심리학의 연구에서는 이러한 다양한 방법을 통해 이상행동 및 그와 관련된 요인을 정확하고 객관적으로 측정한다. 이상심리학의 과학성은 이상행동에 대한 객관적 기술과 측정에 근거한다. 이러한 이상행동의 측정방법은 각기 장단점을 지니고 있기 때문에 측정의 대상과 목적에 따라 적절하게 선택하여 사용하는 것이 일반적이다. 이상심리학에서 사용되는 심리적 평가방법은 제3장에서 다시 상세하게 설명할 것이다.

2. 이상행동의 원인에 관한 과학적 연구

이상심리학의 주요한 기능은 이상행동의 원인적 요인을 탐구하는 것이다. 과학적인 측정방법에 의해서 수집된 자료에 근거하여, 이상행동의 특성, 관련요인 및 원인적 요인 등을 밝히는 연구가 진행된다. 이상행동의 원인을 연구하기 위해서 다양한 과학적 연구방법이 사용되고 있다. 연구방법은 연구목적에 따라 적절히 선택해야 하지만, 여기에서는 흔히 사용되고 있는 일반적인 연구방법을 살펴보기로 한다.

이상심리학에서 이상행동의 원인과 관련된 요인을 탐색하는 가장 기초적인 연구방법은 **사례연구**(case study)이다. 사례연구는 이상행동을 나타내는 개인에 초점을 맞추어 그 사람에 관한 다양한 정보를 수집하여 기술하는 방법이다. 흔히 사례연구에서는 개인이 나타내고 있는 현재의 이상행동들, 그러한 이상행동이 발생하고 발전되는 과정, 출생 시부터 현재까지의 성장과정(유아기, 아동기, 청소년기, 성인기의 발달과정 및 특이사항 등), 가족관계(조부모, 부모, 형제자매, 자녀 등의 특성 및 관계), 학업 및 직업 적응상태, 혼인상태, 성(性)적 적응상태, 신체적 질병경력, 여러 심리검사의 자료 등에 대한 자세한 정보들이 체계적으로 기술된다. 이러한 사례연구는 개인에 관해 풍부하고 자세한 정보를 제공하기 때문에 이상행동의 양상, 발전경위, 영향요인 등을 정밀하게 분석할 수 있는 좋은 연구방법이다. 한편, 사례연구는 한 개인에 대한 자료에 근거하기 때문에 그 결과를 다른 사람에게 일반화하여 적용하기 어렵다는 단점을 지니고 있다. 그러나 사례연구는 특정한 정신장애를 지닌 사람들이 공통적으로 지니고 있는 원인적 요인을 탐색하고 좀 더 체계적이고 정밀한 연구가설을 도출하는 기초가 된다.

사례연구에 포함되는 내용들

1. 신원정보: 이름, 성별, 출생연월일, 주소, 결혼상태, 직업, 교육수준 및 최종학력, 사회경제적 수준 및 수입액, 종교 등

2. 호소문제 및 방문이유: 내담자가 치료를 받고자 하는 주된 문제 및 증상들, 심리진료소를 찾게 된 주된 이유와 기대 등

3. 호소문제의 발생경위와 최근 생활상황: 호소문제나 증상이 생겨난 시기, 상황, 촉발사건, 발전과정 및 경과, 치료노력, 최근의 생활상태(주거지, 매일 활동, 삶의 변화와 그 영향 등)

4. 개인의 성장과정: 출생 초기부터 신생아기, 유아기, 아동기, 청소년기, 성인기 등의 성장 과정에 대한 정보. 특히 초기발달단계에서의 특이한 점이나 사건들, 내담자가 어린 시절에 대해서 인상 깊게 기억하고 있는 내용들, 초등학교·중학교·고등학교·대학교에서의 학업수준, 대인관계, 상벌 내용 등. 직장에서의 업무 활동 및 적응상태, 결혼과정 및 적응상태 등

5. 가족적 배경: 조부모, 부모, 배우자, 형제, 자녀, 그 밖의 중요한 가족구성원에 대한 기본적 정보 및 성격 특성, 내담자와의 관계, 가족 내에서 내담자의 위치와 역할 등

6. 성적 발달과정: 성(性)에 대한 관심과 욕구의 발달, 성행위의 종류와 대상 및 적절성, 이성관계 등

7. 신체적 건강 및 질병: 신체적 질병 및 손상의 경험, 치료 및 결과, 흡연 및 알코올 복용, 신체발달, 섭식 및 운동습관 등

8. 대인관계 양상: 주된 대화상대나 소속집단, 사회적 상호작용의 양과 질, 대인관계에서의 역할이나 다른 사람에 대한 기여, 반복되는 대인관계 문제 등

9. 개인적 선호 및 취미: 특별한 관심사, 장기, 특기, 취미 등

10. 자기기술: 내담자 스스로 중요하게 생각하는 자신의 장단점, 특성, 능력 등

11. 미래에 대한 계획: 내담자가 향후 인생에 대해 지니고 있는 계획, 그 구체성 및 현실성 등

12. 심리검사 결과: 지능수준, 성격특성, 정서상태, 인지양식, 심리적 갈등영역 등

　　이상행동의 원인을 탐색하는 두 번째 방법은 **상관연구**(correlational research)이다. 상관연구는 사례연구와 달리, 어떤 이상행동(예: 우울증)을 나타내는 여러 사람의 특성(예: 부정적이고 비관적인 사고의 빈도, 혈액 내 카테콜라민 수준)을 객관적 평가도구를 통해 수집하여 그러한 자료 간의 관계를 살펴보는 방법이다. 예컨대, 심리적 부적응상태를 나타내는 150명을 대상으로 우울증상, 불안증상, 부정적 사고의 빈도를 측정하여 통계적 상관분석을 한 결과, 우울증상과 부정적 사고 간의 상관은 통계적으로 유의미하게 높은 반면, 불안증상과 부정적 사고 간의 상관은 낮았다. 이러한 결과는 불안증상과 달리, 우울증상이 부정적 사고와 밀접하게 관련되어 있다는 것을 의미한다. 즉, 우울증상이 많은 사람일수록 부정적 사고의 빈도가 높다는 것을 뜻한다. 그러나 이러한 상관연구를 통해서 조사된 요인들 간의 밀접한 연관성은 알 수

있지만, 이러한 요인들 간의 인과적 관계와 방향을 확증할 수는 없다. 위의 상관결과만으로는 부정적 사고가 많아져서 우울증이 심해진 것인지 아니면 우울증상으로 인해 부정적 사고가 많아진 것인지를 판단할 수가 없다. 그러나 이러한 상관연구에서 밝혀진 결과는 우울증이 부정적 사고의 증가에 의해서 유발될 수 있다는 잠정적 가설을 설정하는 근거가 될 수 있으며 실험적 방법을 통해 이러한 가설을 확인하게 된다.

이러한 상관연구뿐만 아니라 **집단 간 비교연구**(group comparison)를 통해서 이상행동과 관련된 요인을 탐색할 수도 있다. 예컨대, 우울증과 부정적 사고 간의 관계를 알아보기 위해서 우울증 환자집단, 불안장애 환자 집단, 정상인 집단 각각 30명을 대상으로 부정적 사고의 빈도를 조사하여 비교해 볼 수 있다. 세 집단을 비교한 결과, 우울증 집단이 다른 두 집단보다 현저하게 부정적 사고의 빈도가 높다면 부정적 사고가 우울증과 밀접한 관계가 있음을 알 수 있다. 이러한 집단 간 비교연구를 위해서는 비교집단이 포함되어야 한다. 즉, 부정적 사고가 우울증 집단에서만 높게 나타나는 것인지를 판단하기 위해서는 정상인 집단뿐만 아니라 심리적 장애를 지니고 있는 다른 환자집단, 즉 불안장애 집단과 비교되어야 하기 때문이다. 그러나 이러한 집단 간 비교연구의 결과는 우울증상과 부정적 사고의 인과관계를 명백히 말해 주지는 않는다. 부정적 사고가 우울증을 유발하는 원인이라는 것을 규명하기 위해서는 좀더 치밀하게 설계된 실험적 연구나 종단적 연구가 필요하다.

이상행동의 원인은 이상행동에 시간적으로 선행하여 존재하면서 이상행동의 증가나 감소에 영향을 미치는 요인을 의미한다. 이러한 이상행동의 원인은 다양한 측면에서 구분될 수 있다. 예컨대, 이상행동에 즉시적인 영향을 미치는 근접적 원인(proximal cause)과 장기적인 시간적 간격을 두고 영향을 미치는 원접적 원인(distal cause)으로 나눌 수 있다. 또한 이상행동을 항상 유발하는 충분조건적 원인(sufficient cause)과 이상행동을 유발하는 여러 요인 중의 하나인 필요조건적 원인(necessary cause)으로 구분될 수도 있다. 연구자가 규명하려는 원인의 종류에 따라 다양한 연구법이 사용될 수 있는데, 일반적으로 이상행동의 원인을 규명하는 가장 좋은 연구방법은 실험연구이다.

실험연구(experimental research)에서는 연구자가 원인적 요인(독립변인)을 의도적으로 변화시켰을 때 그 영향으로 인해 결과적 요인(종속변인)이 예상한 대로 변화하는 것을 확인한다면 두 변인 간의 인과관계를 규명할 수 있다. 예를 들어, 실패경험이 우울감을 유발시킨다는 가설을 검증하기 위해서 다음과 같은 세 단계의 실험을 할 수 있다. 첫 단계에서는 실험에 참여한 피험자의 우울 정도를 측정한다. 둘째 단계에서는 실험자는 피험자에게 의도적으로 실패경험을 유도한다. 즉, 실험자는 피험자에게 중요한 지적 능력을 평가하는 검사라고 설명하면서 정답이 모호한 과제를 풀게 한 후에 대부분의 문제에서 실패했다는 피드백을 준다. 마지막 단계에서는 과제에 실패했다는 피드백을 듣고 난 피험자의 우울 정도를 측정한다. 그 결과,

피험자의 우울 정도가 첫 단계에서 측정된 것보다 현저하게 높아졌다면, 과제에 대한 실패경험으로 인해 우울 정도가 증대되었다고 해석할 수 있다. 즉, 실패경험이 우울감을 증가시킨 원인이라고 할 수 있다.

그러나 이러한 결과를 해석할 때는 신중해야 한다. 피험자의 우울 정도가 증가한 이유는 실패경험 때문일 수도 있지만, 과제를 풀면서 받은 스트레스나 하기 싫은 과제를 강제로 해야 하는 상황 등에 기인할 수도 있다. 따라서 실험연구에서는 이러한 해석의 가능성을 배제하기 위해 통제조건을 포함시키는 경우가 많다. 예컨대, 다른 피험자 집단에게는 실험집단과 똑같은 과제를 풀게 한 후에 평균적인 성적을 얻었다는 피드백을 준다. 이러한 피드백을 주는 조건을 통제조건(control condition)이라고 부르는 반면, 실패했다는 피드백을 주는 조건은 실험조건(experimental condition)이라고 부른다. 만약 통제조건의 피드백을 받은 피험자들은 과제수행 전후에 우울감의 차이가 없는 반면, 실험조건의 피드백을 받은 피험자들의 우울감이 증가했다면, 이러한 결과는 실패경험이 우울감을 증가시킨 것이라고 해석할 수 있다. 물론 통제조건과 실험조건의 피험자는 나이, 남녀 비율, 실험 전의 우울 정도 등에 있어서 동일하도록 구성되어야 한다. 즉, 실험연구에서는 실험자가 조작한 변인 외에 다른 변인이 실험의 결과에 개입되지 않도록 세심한 주의를 기울임으로써 실험결과의 명쾌한 해석이 가능하도록 해야 한다.

그러나 이상행동의 원인 중에는 실험자가 조작하기 어려운 것들(예: 이성관계의 실패, 이혼, 실직 등)이 많다. 또한 피험자의 인권을 보호하기 위해서 피험자에게 심리적 상처가 될 수 있는 과격한 실험적 조작은 피해야 한다. 따라서 이러한 경우에는 종단적인 연구가 그 대안이 될 수 있다. 종단적 연구(longitudinal research)는 두 시점 이상에서 시간차를 두고 자료를 수집하여 인과관계를 밝히는 방법이다. 예컨대, 실직경험이 우울증을 유발하는 원인이 될 수 있다는 점을 밝히기 위해서는 다음과 같은 종단적 연구가 계획될 수 있다. 한 시점에서 A라는 기업체의 직원을 대상으로 우울 정도를 측정하고 정리해고가 이루어지고 난 일 년 후에 다시 우울 정도를 측정한다. 그 결과 실직하지 않은 직원들의 우울 정도는 그다지 변화하지 않은 반면, 실직한 직원들은 현저하게 우울 정도가 증가했다면 이는 실직경험이 우울증에 영향을 미치는 원인적 요인이라고 해석할 수 있다. 종단적 연구는 실제 생활에서 일어나는 이상행동의 원인을 연구할 수 있는 장점이 있는 반면, 많은 사람을 대상으로 장기간의 연구를 진행해야 한다는 문제점이 있다.

3. 이상행동의 치료와 예방 방법에 대한 과학적 검증

이상심리학에서는 이상행동을 치료하고 예방하는 방법을 개발하고 이러한 치료 및 예방 방법의 효과를 검증하는 연구가 이루어진다. 심리치료의 효과를 과학적으로 검증하기 위한 여러 가지 연구방법이 사용되고 있다.

심리치료 효과를 검증하는 가장 일반적인 방법은 치료 전후의 이상행동을 비교하는 방법이다. 예컨대, 우울증에 대한 인지행동치료의 효과를 검증하기 위해 20명의 우울증 환자에게 12주의 인지행동치료를 시행한 후 치료를 받기 전에 측정된 우울점수와 치료 후에 측정된 우울점수를 비교할 수 있다. 우울점수가 인지행동치료를 받기 전에 비해서 치료를 받은 후에 현저하게 감소한다면, 인지행동치료가 우울증을 경감시키는 치료효과가 있다고 말할 수 있다. 그러나 이 경우에 과연 우울점수의 감소가 인지행동치료에 의한 것인지 아니면 시간경과에 따른 자연적 회복 현상이나 치료자와의 정기적 만남 자체에 의한 것인지를 변별하기 어렵다. 따라서 특정한 심리치료방법의 효과를 정교하게 검증하는 연구에서는 통제집단을 포함시키는 것이 일반적이다. 즉, 치료를 받지 않은 채 12주 동안 대기상태에 있는 우울증 환자집단 또는 12주 동안 특별한 치료를 받지 않은 채 치료자와의 정기적 만남만을 갖는 우울증 환자집단을 통제집단으로 사용할 수 있다. 이 경우에 인지행동치료를 받은 환자집단은 우울점수가 현저하게 감소하고 대기집단이나 정기적 만남만을 가진 통제집단에서는 우울점수에 변화가 없었다면 우울증상의 감소는 인지행동치료에 의한 것이라고 결론지을 수 있다.

이상심리학에서는 서로 다른 치료방법들의 치료효과를 비교하는 연구가 이루어지기도 한다. 예컨대, 우울증을 치료하는 인지행동치료와 약물치료 중 어떤 치료가 더 효과적인지를 비교해야 하는 경우가 있다. 이 경우에는 우울증 환자 집단을 나이, 성별, 우울증의 정도 등에 있어서 차이가 없도록 두 집단으로 나누어 한 집단에게는 인지행동치료를 시행하고 다른 집단에게는 약물치료를 실시하게 된다. 각 집단은 12주 동안 인지행동치료 또는 약물치료를 받게 되고, 치료 전후에 측정된 우울점수를 비교하게 된다. 치료 전후에 측정된 우울점수의 감소량에 따라서 어떤 치료가 더 효과적인지를 판단할 수 있다. 정신장애의 경우에는 치료를 받고 증상이 호전된 후에 시간이 흐름에 따라 증상이 재발하는 경우가 흔하다. 따라서 치료의 효과는 치료 직후뿐만 아니라 치료를 받고 난 1개월, 3개월, 6개월 또는 1년 후까지 추적하여 증상의 호전상태가 평가되기도 한다. 이러한 연구를 **추적연구**(follow-up research)라고 한다. 여러 연구결과에 의하면, 우울증에 대한 인지행동치료의 효과는 약물치료와 크게 다르지 않지만 추적연구에서는 인지행동치료를 받은 사람의 우울증 재발률이 현저하게 낮다고 알려져 있다.

치료 효과를 검증하는 또 다른 방법은 **단일사례 연구**(single-subject research)이다. 이 연구법은 한 명의 환자에게 심리치료적 처치를 가하는 조건과 그렇지 않은 조건을 반복적으로 여러 번 시행하여 치료적 처치가 가해지는 조건에서만 치료적 변화가 나타나는지를 확인하는 방법이다. 예를 들어, A라는 치료기법이 우울증 치료에 효과적이라는 것을 검증하기 위해서, 한 우울증 환자에게 A라는 치료법을 적용하는 경우(A조건)와 아무런 치료도 하지 않는 경우(B조건)를 ABAB의 순서로 반복하면서 그때마다 우울증상을 측정한다. 이때 A조건에서는 우울증상이 감소하는 반면, B조건에서는 우울증상이 감소하지 않거나 증가한다는 것을 확인한다면, A라는 치료법이 우울증 치료에 효과적이라는 것을 한 사람의 피험자만을 사용하여 밝힐 수 있게 된다.

이상심리학과 다른 정신건강 분야와의 관계

이상행동과 정신장애를 다루는 정신건강분야에는 여러 학문분야와 전문가들이 있다. 예컨대, 임상심리학, 상담심리학, 정신병리학, 정신의학, 사회복지학, 간호학 등에서도 정신장애의 연구와 치료에 관여하고 있다. 이상심리학은 이러한 학문분야와 어떤 관계에 있으며 어떻게 구분되는지를 살펴보기로 한다. 여러 분야의 정신건강 전문가들은 그들의 교육 및 훈련 배경에 따라 구분되는 경우가 많으나 활동영역이 중첩되는 경우가 많아서 명쾌한 구분이 쉽지 않다.

이상심리학(abnormal psychology)과 가장 밀접한 관계를 맺고 있는 학문분야는 임상심리학이다. 임상심리학(clinical psychology)은 이상행동과 정신장애에 대한 평가 및 진단, 치료와 예방, 연구를 수행하는 심리학의 한 분야로서, 임상심리학자는 과학자적 연구활동과 동시에 실천가적 임상활동을 수행하는 정신건강 전문가이다. 임상심리학자들이 수행하는 연구활동 중에 가장 중요한 것은 이상심리학적 연구이다. 이런 점에서 이상심리학은 임상심리학의 하위영역이라고 보는 사람도 있으나, 여러 다른 심리학 분야(예: 인지심리학, 발달심리학, 생물심리학 등)의 학자들이 이상심리학적 연구를 수행하는 경우도 많다.

상담심리학(counseling psychology)은 정상적인 적응을 하고 있는 사람들이 생활 속에서 직면하는 다양한 적응문제(예: 진로 및 직업문제, 학업문제, 경미한 심리적 문제 등)의 해결을 도와주는 심리학의 한 분야이다. 근래에는 이상행동과 관련된 부적응 문제를 연구하고 치료하는 일에 깊은 관심을 지닌 상담심리학자들이 늘어나고 있다. 정신병리학(psychopathology)은 정신장애를 과학적으로 연구하는 다학문적 접근을 의미하며, 정신병리학자는 심리학, 정신의학, 사회사업학, 간호학 등과 같은 다양한 학문적 배경을 가지고 정신장애를 전문적으로 연구하는 사람들을 뜻한다.

정신의학(psychiatry)은 의학적 모델에 근거하여 정신장애를 연구하고 치료하는 의학의 전문분야로서 주로 생물학적 관점에서 정신장애의 원인을 규명하고 약물치료를 위시한 물리적 치료방법을 통해 정신장애를 치료하고자 한다. 정신의학자 중에는 정신장애에 대한 심리사회적 원인과 심리치료에 관심을 갖는 이들도 있다. 정신과 사회복지사(psychiatric social worker)는 주로 정신장애를 유발하는 사회환경적 요인에 관심을 지니며 치료과정에서도 가족과 지역사회의 사회환경적 개입을 하는 정신건강 전문가를 지칭한다. 정신과 간호사(psychiatric nurse)는 주로 정신병동에서 정신장애 환자들을 돌보고 간호하는 일을 담당하는 전문적 간호사이다. 서양 선진국의 대부분의 정신병원과 우리나라의 일부 정신병원에서는 정신장애 환자의 진단과 치료를 위해서 정신과 의사, 임상심리학자, 정신과 사회복지사, 정신과 간호사가 팀을 이루어 활동하고 있다.

이상심리학의 연구에서는 이러한 다양한 과학적 연구방법들이 사용된다. 연구자는 연구의 주제나 물음에 따라서 적절한 연구방법을 선택하게 된다. 이렇게 이상심리학에서는 이상행동을 객관적으로 측정할 수 있는 평가도구를 사용하여 이상행동의 원인을 규명하고 이상행동의 치료 및 예방 방법의 효과를 검증하는 과학적 연구방법들이 사용되고 있다.

제6절 이상심리학의 역사

이상심리학의 역사는 인간이 이상행동에 대해서 관심을 갖기 시작한 먼 과거까지 거슬러 올라간다. 지적 존재인 인간은 이해하기 힘든 이상한 행동을 나타내는 주변 사람들에 대해서 호기심과 의문을 갖게 되었으며 나름대로 그 원인을 추측하게 된다. 동서고금을 막론하고 모든 문화권에는 이상행동의 원인에 대한 설명체계가 존재하며 이상행동에 대한 치료방법이 제시되고 있다. 이런 점에서 이상심리학은 인류문명사와 그 궤적을 같이하며 인류문명사의 한 부분을 차지하고 있다. 인류가 고대로부터 현대에 이르기까지 이상행동에 대해 어떤 생각을 해 왔고 그 원인과 치료방법이 어떻게 발전되어 왔는지를 간략히 살펴보기로 한다.

1. 고대의 귀신론

고대의 원시사회에서는 동서양을 막론하고 정신장애를 초자연적 현상으로 이해하였다. 고대인들은 정신장애를 귀신에 씌었거나 신의 저주를 받은 것으로 보았다. 또는 별자리나 월식의 영향 때문에 정신장애가 생긴다고 보기도 하였다. 때로는 다른 사람의 저주를 받아서 정신장애가 생긴다고 생각했다. 동양의 무속적 입장에서는 죽은 사람의 영혼에 사로잡혀서 정신이상이 된다고 보기도 하였다. 이러한 견해는 동서를 막론하고 고대의 문헌에서 흔히 나타나고 있다.

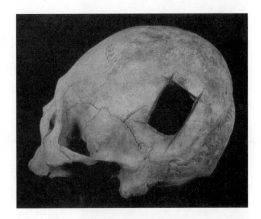

트리핀에 의해 구멍이 난 해골의 모습

이러한 귀신론적 견해에 따라서 정신장애를 치료하는 방법도 초자연적 방법을 사용하였다. 귀신을 쫓는 의례를 행하거나 신이나 귀신을 달래는 의식을 치르기도 했다. 중남미 지역에서는 트리핀(trephine)이라는 방법에 의해 해골에 구멍이 뚫린 유골이 다수 발견되었는데, 이는 머릿속에 들어와 나가지 못한 채 사람을 미치게 만드는 귀신을 쫓아내기 위한 고대의 정신병 치료방법으로 추측되고 있다. 이러한 고대의 귀신론적 정신장애관은 매우 원시적이고 미신적이며 비과학적인 것임에도 불구하고, 우리 사회에는 아직도 일부 종교나 무속에 여전히 미신적 정신장애관이 남아 있다.

2. 그리스 시대의 신체적 원인론

그리스 시대에 들어서서 정신장애를 종교나 미신과 분리시켜 의학적 문제로 보려는 시도가 나타나기 시작했다. 기원전 4세기경 그리스의 Hippocrates(B.C. 460~370?)는 정신장애를 세 가지 유형, 즉 조증, 우울증 그리고 광증으로 분류하고 그 원인은 신체적 요인의 불균형에 있나고 보았다. 그에 따르면 우리의 봄은 네 가지 체액, 즉 점액, 혈액, 황담즙, 흑담즙으로 구성되어 있는데 이러한 체액들의 균형이 깨지면 정신장애가 나타난다. 혈액이 과도하게 많으면 기분이 쉽게 변하고, 황담즙이 많으면 초조함과 공격성이 높아지며, 흑담즙이 지나치면 우울해진다고 보았다. 이러한 설명방식은 매우 단순한 것이지만 오늘날 주장되고 있는 정신장애에 대한 신체적 원인론의 시초라고 할 수 있다. Hippocrates는 정신장애의 치료를 위해서 주술적인 방법을 지양하고 식이요법, 심리적 안정, 성행위의 자제 등과 같은 방법을 제시하면서 정신장애는 종교인보다는 의료인이 다루어야 하는 영역이라고 주장하였다.

중세에 정신병자를 마녀로 몰아
화형하는 모습의 그림

3. 중세의 귀신론

모든 과학의 영역이 그러했듯이, 서양의 중세시대는 이상심리학의 암흑시대였으며 정신병자의 수난시대였다. 중세에는 그리스 · 로마시대에 발전한 정신장애에 대한 의학적 이해가 억압되고 고대의 귀신론적 정신장애관으로 회귀하였다. 종교적 입장에 근거하여 인간의 삶을 사탄과 악령에 대항하는 영적인 전쟁으로 보았으며 정신병자는 사탄과 악령에 사로잡힌 사람으로 규정되었다. 즉, 정신병자는 죄를 지어 하나님으로부터 벌을 받는 것이거나 마귀의 수족 역할을 하는 자로 규정되었다. 따라서 정신병자는 종교재판의 대상이 되었으며 마귀를 쫓기 위한 다양한 형태의 고문을 당하거나 심지어 화형을 당하기도 했다. 중세 말기에는 정신병자를 마녀에 사로잡힌 사람이라고 보는 귀신론이 극에 달하여 마녀사냥이 이루어졌고, 정신병자는 온몸이 묶인 채 물속에 오랫동안 담가지는 고문을 당하거나 불에 태워 죽이는 화형에 희생되기도 했다. 이처럼 정신병자에게 족쇄를 채워 감금하고 가혹한 고문을 가하는 중세의 비인간적인 태도는 르네상스에 이르기까지 천여 년 동안 지속되었다.

4. 근대의 인도주의적 치료

중세의 귀신론에 근거한 비인간적인 처우를 받던 정신병자에게 인도주의적인 치료를 해 주어야 한다는 주장이 17~18세기부터 서서히 제기되기 시작했다. 프랑스의 내과의사였던 Philippe Pinel(1745~1826)은 정신병자에게 인도주의적인 대우를 해 주어야 한다고 주장한 최초의 사람이다. 1793년 프랑스 대혁명이 휘몰아치던 시기에, 파리에 있는 한 정신병자 수용소의 소장으로 부임한 Pinel은 정신병자에게 채워졌던 쇠사슬을 제거하고 어두운 감방 대신 햇살이 들어오는 방에 기거하게 했으며, 수용소의 뜰에서 운동을 할 수 있도록 허용하였고, 직원이 정신병자를 구타하지 못하도록 하였다. 이와 같은 Pinel의 인도주의적 치료가 놀라운 성과를 얻게 되자, 이러한 움직임은 서서히 확산되어 갔다.

영국에서는 William Tuke(1732~1822)가 요크 요양소를 만들고 정신병 환자를 수용하여 인도적으로 치료하였다. 미국에서는 Dorothea Dix(1802~1887)가 정신병 환자들을 인도적으로 대우해야 한다고 호소하여 많은 호응을 얻게 되었으며 오늘날의 정신병원 형태를 갖춘 병원이 여러 주에 세워지게 되었다. 이처럼 정신장애를 일종의 질병으로 보고 정신장애인에게 인도주의적인 치료를 해주어야 한다는 근대적 정신장애관이 인류역사에 나타나게 된 것은 약 200년 전의 일이다.

Pinel이 정신장애자를 풀어 주는 모습을 그린 그림

서양과 마찬가지로, 고대의 동양사회에는 정신장애가 귀신에 빙의된 것이라고 보는 귀신론적 정신장애관이 샤머니즘적 신앙과 더불어 일반인에게 널리 퍼져 있었다. 이러한 귀신론에 근거하여 정신장애를 치료하기 위해 귀신을 쫓거나 달래는 굿과 같은 의식이 민간무속으로 오늘날까지 전래되고 있다.

이러한 귀신론과 더불어 음양오행설에 근거한 한의학적 관점이 동양의 정신장애관에 커다란 영향을 미쳤다. 중국에서는 기원전 3세기경부터 발전한 '음양오행설'이 심신관계와 정신장애를 바라보는 동양적 관점의 기초를 이루고 있다. 음양오행설은 인간의 몸과 마음은 하나라고 보는 심신일원론적 견해를 지니고 있다. 근본적으로는 마음을 몸보다 더 중요시하였지만, 정신작용의 기초는 신체의 주요 부분인 오장육부에 있다고 보았다. 이러한 견해에 따르면, 오장육부의 각 기관은 특정한 정신활동과 관계를 맺고 있는데 폐(肺)는 우울감과 슬픔을 주관하고, 심장(心臟)은 기쁨과 생각이 많아짐을, 간장(肝臟)은 분노와 용기를, 비장(脾臟)은 의지력을, 신장(腎臟)은 기억력과 의욕을, 위장(胃臟)은 공포감을, 담(膽)은 결단력을 주관한다.

몸과 마음의 바탕을 이루는 음양의 조화가 깨져 오장육부에 부조화가 일어나면 신체질환이나 정신장애가 생긴다(김광일, 1972; 이부영, 1973). 예컨대, 폐의 기능이 저하되면 슬픔이 생기고 신장이 나쁘면 의기소침하고 의욕이 저하되며, 우울증은 폐와 신장의 기능이 저하되어 생기는 정신장애라고 본다. 이와 마찬가지로 불안장애는 심장과 위장, 정신적 혼란은 심장과 비장의 기능저하에 의해 초래될 수 있다. 따라서 한의학에서는 이러한 신체기관을 강화함으로써 정신장애의 치료가 가능하다고 본다. 이러한 견해는 오장육부의 기능이 마음에 영향을 미치는 신체적 원인론으로 이해될 수도 있으나, 한방의학의 기초를 이루고 있는 음양오행설은 근본적으로 심신일원론적 관점을 지니고 있으며 '도심무병(道心無病)'이라는 말과 같이 마음상태가 건강에 영향을 미칠 수 있음을 강조하고 있다. 진·한대(秦漢代)의 의학서인 『황제내경(皇帝内徑)』은 정신장애를 멍한 상태인 전(癲), 흥분상태인 광(狂), 괴상한 행동을 나타내는 사수(邪)로 구분하고 환경의 변화가 이러한 심리상태를 유발할 수 있다고 보았다. 서양에서 정신병자의 수난시대였던 중세에 해당하는 금·원대(金元代)의 중국에서는 정신장애에 대한 다양한 치료방법이 활발하게 발전하였다. 중국 한의학의 특징은 몸과 마음의 상호작용을 중요시하고 육체와 정신에 대한 총체적인 치료를 강조하는 점이다. 이러한 중국의 한의학이 우리나라에 전래되어 한국인의 정신장애관에 영향을 미쳤다고 볼 수 있다.

5. 현대 이상심리학의 발전

19세기 후반과 20세기에 정신장애에 대한 과학적 이해가 급격히 발전하면서 현대 이상심리학의 기초가 마련되었다. 이상심리학의 발전에 기여한 주요한 변화는 정신분석학으로 대표되는 심리적 원인론의 대두, 신체적 원인론의 발전, 다양한 심리검사의 개발, 실험정신병리학의 태동, 이상행동에 대한 학습이론과 행동치료의 발달 등이다. 특히 20세기 중반 이후부터 이상행동과 정신장애에 대한 경험적 연구가 비약적으로 증가하였으며 인본주의적 치료, 인지행동치료, 게슈탈트치료, 현실치료를 비롯한 다양한 치료이론이 개발되었다.

1) 심리적 원인론의 대두

19세기에 이르기까지 정신장애의 원인론은 초보적 수준에 머물고 있었다. 고대의 귀신론이 일반인들에게 널리 퍼져 있었으며, 의료인들도 주로 신체적 원인론에 기초하여 정신장애를 이해하고 치료하였다. 그러나 19세기에 들어서 정신장애에 대한 **심리적 원인론**(psychogenesis)이 제기되어 급격하게 발전되기 시작하였다.

정신장애의 심리적 원인론은 거슬러 올라가면 로마시대의 Galen(A.D. 129~199)에까지 이를 수 있다. 그는 정신적 증상이 신체의 문제라기보다는 영혼의 문제라고 주장하였다. 그에 따르면, 인간에는 세 종류의 정기(spirit), 즉 동물적 정기, 생명적 정기, 정신적 정기가 있는데 생명적 정기가 뇌에서 정신적 정기로 변한다고 보았고 이것을 영혼이라고 하였다. 그리고 정신장애는 바로 정신적 정기의 병이라고 보았으며, 정신장애를 유발할 수 있는 심리적 원인으로는 심리적 충격, 사춘기의 예민성, 실연, 과도한 음주 등을 열거하였다.

또한 18세기의 프랑스 내과의사였던 Franz Anton Mesmer(1734~1815)는 인간의 몸에 자기(磁氣)가 흐르고 있으며 이러한 자기의 흐름에 균형이 깨질 때 질병을 일으킬 수 있다는 동물자기설(animal magnetism)을 주장하였다. 이러한 이론에 기초하여 자기의 불균형을 바로잡기 위해 오늘날의 최면술과 유사한 방법을 사용하여 상당한 숫자의 히스테리 환자들을 치료하였으나 당시의 의료계에서는 인정을 받지 못하였다. 히스테리는 신체적 마비증상이 나타나지만 신체적 기능이상을 발견할 수 없었기 때문에 당시에 그 원인과 치료방법에 대한 논란이 많았던 장애이다. Mesmer가 물리적 방법을 사용하지 않고 최면술과 같은 심리적 치료방법에

Mesmer가 최면을 통해 치료하는 모습

의해 히스테리 증상을 제거한 것에 대해서는 논란이 지속되었으며 이는 정신분석학을 태동시키는 한 계기가 되었다.

19세기 후반에 들어서서 최면술은 다시 치료자들의 관심을 끌게 되었다. 프랑스의 의과대학 교수였던 Bernheim(1840~1919)은 히스테리 환자의 최면술 치료에 관심을 기울이기 시작했으며 히스테리는 신체적 질병이 아니라 심리적 암시와 관련되어 있다고 주장하였다. 그러나 최면술이 히스테리 치료의 주요한 기법으로 인정받는 데는 당시 저명한 신경학자이며 파리대학 신경학 교수였던 Charcot(1825~1895)에 힘입은 바가 크다. Charcot는 히스테리 연구에서 시작하여 불안장애, 공포장애, 기타 정신질환의 발병 요인으로 심리적 요인이 중요하다는 새로운 입장을 제시하였다.

정신장애가 심리적 원인에 의해서 발생할 수 있다는 심리학설은 19세기 후반에 Sigmund Freud(1856~1939)가 정신분석학을 주장하면서 본격화되기 시작하였다. 신경과 의사로 개업한 Freud는 히스테리의 원인과 치료에 대한 깊은 관심을 지니고 있었으며 프랑스의 Charcot에게서 최면치료를 공부하고 비엔나로 돌아와서 히스테리 환자에게 최면을 걸고 증상이 생긴 상황에 대해서 자유롭게 이야기하도록 격려하는 방법을 적용하였다. 이런 치료 중에 어떤 환자는 과거의 고통스러웠던 사건을 격한 감정과 함께 토로하는 것을 보았다. 이러한 임상 관찰을 기초로 하여 Freud는 무의식적인 기억 속에 존재하고 있는 아동기의 충격적인 경험이 신경증의 증상 형성에 기여한다고 보았다. 이러한 억압된 기억들을 생생하게 회상하게 하여 의식 속으로 가져오게 되면 증상이 없어진다고 보고, 최면술 대신에 억압된 무의식적 기억내용을 효과적으로 회상하게 하는 '자유연상기법'을 개발하여 적용하였다. Freud는 1900년에 『꿈의 해석(*Die Traumdeutung*)』이라는 저서를 발간하면서 이상행동이 무의식적인 억압이라는 심리적 원인에 의해서 유발될 수 있다는 정신분석학의 이론적 기초를 제시하였다. 정신분석학의 주요한 내용에 대해서는 이 책의 제2장에서 자세히 언급될 것이다.

2) 신체적 원인론의 발전

19세기 후반에는 심리적 원인론의 대두와 더불어 정신장애의 신체적 원인론을 뒷받침하는 여러 가지 발견이 이루어졌다. 가장 대표적 사건은 정신병적 증상을 나타내는 진행성 마비(general paresis)의 원인이 규명된 것이다. 진행성 마비는 회복되지 않는 경과를 거치며 몇 년 후에 사망에 이르게 하는 질병으로서 과거에는 독립된 장애로 알려져 있지 않았으나 1798년 John Haslam이 진행성 마비를 그 증상적 특이성(과대망상, 인지적 손상-치매, 점진적 마비)에 근거하여 다른 질병과 구분했다. 이러한 진단적 발전은 그 원인규명을 위한 연구를 촉진시켜 많은 가설이 주장되었으나 그 원인이 밝혀지기까지 100여 년의 세월이 필요했다. 1897년 Richard von Kraft-Ebing은 면역검사법에 의해 진행성 마비 환자들이 과거에 매독에 감염된 적이 있다는 사실을 발견하였다. 20세기에 들어서, 매독을 유발하는 매독균(spirochete)이 발견되었다. 진행성 마비 환자의 뇌를 부검한 결과 매독균이 뇌의 중추신경계에 침범하여 손상을 입혔다는 것이 밝혀짐으로써, 진행성 마비는 매독균에 의해 뇌의 특정한 영역이 손상되고 이로 인해 정신병적 증상이 나타나게 된 것임이 확인되었다. 1910년경부터 매독을 예방할 수 있는 약물들이 개발되기 시작했으며, 최초의 항생제인 페니실린(penicillin)에 의해 매독이 치료될 수 있는 길이 열리게 되었다. 그 결과 진행성 마비는 제2차 세계 대전 이후 세계적으로 널리 상용화된 항생제에 의해서 실질적으로 절멸되었다.

이러한 발견은 정신장애가 생물학적 원인에 의해 유발될 수 있다는 신체적 원인론에 확고한 기반을 제공했으며, 정신장애의 생물학적 원인을 밝히는 연구를 촉진하는 계기가 되었다. 이러한 신체적 원인론은 뇌를 비롯한 신경계의 구조와 기능에 대한 발견이 증대되고 특히 1950년대에 정신장애를 치료하는 약물의 발견과 더불어 신경전달물질과 정신장애의 관련성에 대한 많은 연구가 이루어지면서 더욱 발전하였다. 현대의 이상심리학에서는 정신장애의 신체적 원인론과 심리적 원인론이 병존하고 있으며 특히 신체적 원인과 심리적 원인이 어떻게 상호작용하여 정신장애를 유발하게 되는지에 대한 연구가 활발히 진행되고 있다. 이런 점에서 신체적 원인론과 심리적 원인론은 서로 배타적인 관계라기보다는 상호보완적인 관계라고 볼 수 있다. 이러한 신체적 원인론은 현대 이상심리학의 생물학적 접근으로 발전되었으며 이 책의 제2장에서 좀 더 상세히 설명될 것이다.

3) 실험정신병리학의 태동

인간의 심리적 현상을 엄격한 과학적 방법으로 연구하는 현대의 심리학이 19세기 후반에 태동하였다. 1879년 Wilhelm Wundt(1832~1920)가 독일의 라이프치히(Leipzig) 대학에 심리학 실험실을 개설하고 인간의 정신현상에 대한 과학적 연구를 시작한 것이 현대 심리학의 효시로 여겨지고 있다. 이러한 현대 심리학의 발전과 더불어 이상심리학의 분야에서도 과학적인 실험적 접근이 이루어지기 시작하였다. 정신장애를 체계적으로 분류하려는 노력이 이루어졌고 이상행동의 심리적 특성을 규명하려는 사례연구와 실험적 연구가 활발해졌다.

실험정신병리학(experimental psychopathology)은 실험심리학적인 연구방법을 사용해서 이상행동과 정신장애를 연구하는 학문이다. 이 분야는 Wundt에서부터 비롯되었다고 할 수 있으며 그의 문하생이었던 Emil Kraepelin(1856~1926)에 의해 발전되었다. Kraepelin은 1883년에 최초로 정신의학 교과서를 발간하였으며 1899년에 개정을 거치면서 정신장애에 대한 분류체계를 제시하고 실험정신병리학의 발전에 기여하였다. 그는 정신장애를 증상적 특성에 근거하여 크게 두 가지 유형, 즉 조발성 치매(dementia praecox)와 조울성 정신병(manic-depressive psychosis)으로 구분하였는데 이러한 분류는 현대의 정신장애 분류체계의 바탕이 되었다. 또한 그는 여러 가지 실험 방법과 과제를 개발하여, 정신장애를 지닌 환자들이 그러한 과제에서 나타내는 수행의 결과를 통해 정신병리를 좀 더 정확하게 이해하기 위한 많은 연구를 시행하였다. 20세기 중반 이후 실험심리학이 급격히 발전하면서 다양한 정신장애에 대한 정신병리학적 연구가 활발해졌다. 이러한 실험정신병리학의 발전을 통해 정신장애 환자들이 나타내는 지각적, 인지적, 정서적, 행동적 특성에 대한 이해가 깊어지게 되었다.

4) 다양한 심리검사의 개발

현대 심리학의 태동과 더불어 19세기 말에는 인간의 심리적 특성을 객관적인 방법으로 측정하려는 시도가 이루어졌다. 영국의 생리학자였던 Galton은 우생학을 연구하면서 지적으로 우수한 능력을 지닌 사람을 변별하는 검사를 개발하였다. 그가 개발한 검사는 감각운동기능에 의해 지능의 우열을 측정할 수 있다는 가정에 근거하고 있다. 이러한 가정은 후에 잘못된 것으로 판명되었지만, 인간의 심리적 특성을 객관적인 방법으로 측정하고자 한 그의 시도는 심리검사의 발전을 촉발하였다.

1905년에는 프랑스 심리학자인 Binet에 의해 최초의 아동용 지능검사가 개발되어 정신지체를 객관적으로 진단하는 획기적인 방법이 마련되었다. 1915년경에는 미국심리학자들에 의해 제1차 세계 대전에 참전하는 군인의 선발과 배치를 위한 최초의 집단용 지능검사(Army Alpha & Beta)와 성격검사(personal data sheet)가 개발되었다. 이후 1921년에는 Rorschach에 의해 최초의 투사법 검사인 로르샤흐 검사가 개발되었고 1939년에는 최초의 개인용 성인지능검사인 Wechsler-Bellevue검사가 제작되었으며, 1940년에는 Hathaway와 McKinley에 의해 다면적 인성검사(MMPI)가 개발되었다. 이러한 다양한 심리검사가 개발됨으로써 이상행동과 정신병리를 보다 더 객관적으로 평가할 수 있게 되어 이상심리학의 과학적 연구에 커다란 기여를 했을 뿐만 아니라 정신장애의 진단과 치료 효과의 평가에도 커다란 진전이 이루어졌다.

5) 학습이론과 행동치료의 대두

19세기 초에는 미국을 중심으로 행동주의 심리학이 대두되었다. 행동주의 심리학자들은 인간의 내면에서 일어나는 심리적 현상에 대한 사변적 연구를 지양하고 객관적인 관찰과 측정이 가능한 행동만을 심리학의 연구대상으로 제한해야 하며 엄격한 과학적 연구방법론이 적용되어야 한다고 주장하였다. 이들은 외적인 환경자극과 개체의 반응 간의 관계를 밝히는 것이 심리학의 주요한 과제라고 주장하면서, 환경자극의 조작을 통해서 개체가 새로운 행동을 습득해 나가는 학습과정에 연구의 관심을 집중하였다. 행동주의 심리학에 의해 발전된 학습이론(learning theory)은 이상행동이 발생하는 심리적 과정을 설명하고 이상행동의 치료방법을 개발하는 이론적 기초를 제공하게 되었다.

Ivan Pavlov(1849~1936)는 주요한 학습의 원리인 고전적 조건형성을 체계화하였으며 동물을 대상으로 한 실험신경증의 연구를 통해 이상행동이 습득되고 제거되는 학습과정을 제시하기도 하였다. 1920년에는 Watson과 Raynor가 생후 11개월 된 아이를 대상으로 고전적 조건형성을 통해 공포반응이 학습될 수 있음을 제시하였다. 이 밖에도 Thorndike, Skinner 등에 의해 조작적 조건형성의 이론이 발전하면서 이상행동의 발생과정을 설명하는 학습이론이 대두되었으며 다양한 행동치료 기법이 개발되었다. 이러한 행동주의적 학습이론과 행동치료는, 정신분석학에 이어 이상행동과 정신장애의 심리적 원인과 치료방법을 제시하는 이상심리학의 새로운 이론적 입장을 이루게 되었다. 현대 이상심리학의 행동주의적 입장에 대한 자세한 내용은 제2장에서 설명될 것이다.

이 밖에도 20세기에는 이상심리학의 발전을 위한 수많은 역사적 사건들이 있었다. 1940년대에 Maslow와 Rogers에 의해 주장된 인본주의 심리학(humanistic psychology)은 정신분석학과 행동주의 심리학에 이어 제3의 심리학으로 발전하게 되었다. 1950년대에는 인지심리학의 발전과 더불어 이상행동과 정신장애의 인지적 원인을 밝히려는 많은 연구가 진행되었으며 Ellis의 합리적 정서치료와 Beck의 인지치료가 제안되어 현대 이상심리학의 인지적 입장을 구성하는 계기가 되었다. 또한 1950년대에는 항정신병 약물, 항우울제, 항불안제와 같은 약물이 개발되어 정신장애 치료의 획기적 발전을 이루었으며 정신장애의 발현과 관련된 신경화학적 연구가 활발해졌다. 1948년에는 세계보건기구가 정신장애를 포함한 질병분류체계인 ICD(International Classification of Diseases)를 발표하였고 1952년에는 미국정신의학회에서 정신장애 분류체계인 DSM-I을 발표함으로써 이상행동과 정신장애의 체계적인 분류와 진단기준이 제시되어 이상심리학의 연구가 활성화되었다. 아울러 Perls의 게슈탈트 치료, Frankl의 의미치료, Berne의 교류분석, Glasser의 현실치료 등과 같은 다양한 치료이론이 발표되었다.

1977년에 Meichenbaum은 『인지행동치료(*Cognitive behavior therapy*)』를 발간함으로써 행동치료와 인지치료의 통합적 흐름을 제시했다. 1982년에 Kabat-Zinn은 마음챙김(mindfulness) 명상을 스트레스 해소에 활용하는 최초의 프로그램인 MBSR을 개발하였다. 1986년에는 영국에서 Clark이, 그리고 1988년에는 미국에서 Barlow가 공황장애를 인지적 입장에서 설명하고 치료하는 획기적인 연구결과를 발표하였다. 1999년에 Hayes는 제3세대 인지행동치료인 수용전념치료(ACT)를 제안하였으며 2002년에 Teasdale은 동료들과 함께 마음챙김에 기반한 인지치료(MBCT)를 제안함으로써 마음챙김이 심리치료의 주요한 방법으로 주목받게 되었다. 2013년에는 미국정신의학회가 1994년에 발간한 DSM-IV를 20년 만에 개정하여 DSM-5를 발표했다. 2018년에는 세계보건기구(WHO)가 ICD-11을 발표했으며 2022년에는 미국정신의학회가 DSM-5-TR을 발표했다. 현대 이상심리학의 발전에 기여한 주요한 사건들이 〈표 1-1〉에 연대기적으로 제시되어 있다.

표 1-1　현대 이상심리학의 발전에 기여한 주요한 사건들

연도	주요한 사건
1879	Wundt가 독일의 Leipzig대학에 심리학 실험실을 개설함으로써 현대의 과학적 심리학이 시작되다.
1883	Kraepelin이 최초의 정신의학 교과서를 발간하다.
1897	Kraft-Ebing이 진행성 마비와 매독의 관련성을 발표하다.
1900	Freud가 『꿈의 해석』을 발간하여 정신분석학 이론을 제안하다.
1905	Binet와 Simon이 최초의 아동용 지능검사를 제작하다.
1906	Pavlov가 고전적 조건형성을 발견하다.
	Prince가 〈Journal of Abnormal Psychology〉를 창간하다.
1915~1918	미국심리학자들이 제1차 세계대전 동안 잠전군인의 선발을 위한 최초의 집단용 지능검사(Army Alpha & Beta)와 성격검사(Personal Data Sheet)를 개발하다.
1920	Watson과 Rayner가 little Albert 사례를 통해 고전적 조건형성에 의해 공포반응이 학습될 수 있음을 제시하다.
1939	최초의 개인용 성인지능검사인 Wechsler-Bellevue 검사가 개발되다.
1940	Hathaway와 McKinley가 다면적 인성검사(MMPI)를 개발하다.
1942	Rogers가 인간중심치료(person-centered therapy)를 제안하다.
1948	WHO가 정신장애를 포함한 최초의 질병분류체계(ICD)를 발표하다.
1951	Perls가 게슈탈트치료(gestalt therapy)를 제안하다.
1952	미국정신의학회가 정신장애 분류체계인 DSM-I을 발표하다.
	Delay와 Deniker가 최초의 항정신병 약물인 Chlorpromazine의 효과를 발표하다.
1953	Skinner가 조작적 조건형성의 원리를 발표하다.
1958	Wolpe가 행동치료기법인 체계적 둔감법(systematic desensitization)을 제안하다.
	Ellis가 합리적 정서치료(rational emotive therapy)를 제안하다.
	Kuhn이 항우울제인 Imipramine의 치료효과를 발표하다.
1960	Eysenk가 『*Handbook of Abnormal Psychology*』를 발간하다.
1964	Beck가 인지치료(cognitive therapy)를 제안하다.
	Berne이 교류분석(transactional analysis)을 제안하다.
1965	Glasser가 현실치료(reality therapy)를 제안하다.
1977	Meichenbaum이 인지행동치료』를 발간하다.
1982	Kabat-Zinn이 마음챙김에 기반한 스트레스 감소(MBSR) 프로그램을 개발하다.
1986	Clark이 공황장애에 대한 인지이론을 발표하다.
1993	세계보건기구(WHO)가 ICD-10을 발표하다.
1994	미국정신의학회가 DSM-IV를 발표하다.
1999	Hayes가 제3세대 인지행동치료인 수용전념치료(ACT)를 제안하다.
2002	Teasdale이 동료들과 함께 마음챙김에 기반한 인지치료(MBCT)를 제안하다.
2013	미국정신의학회가 DSM-5를 발표하다.
2018	세계보건기구(WHO)가 ICD-11을 발표하다.
2022	미국정신의학회가 DSM-5-TR을 발표하다.

요약

1. 이상행동과 정신장애는 고통스럽고 불행한 과거 경험의 산물인 동시에 삶을 더욱 고통스럽고 불행하게 만드는 원인이 되기도 한다. **이상심리학**은 이러한 이상행동과 심리장애를 과학적으로 연구하는 심리학의 한 분야이다. 이상심리학의 주요한 기능은 인간이 나타내는 다양한 이상행동과 심리장애를 현상적으로 기술하고 분류하며, 그 원인을 규명하여 설명하고 치료 방법 및 예방 방법을 개발하고 검증하는 일이다.

2. 이상행동과 정신장애는 적응 기능의 손상(개인의 인지적, 정서적, 행동적, 신체생리적 기능이 저하되거나 손상되어 현저한 부적응을 초래하는 행동), 주관적 불편감(개인이 주관적으로 고통과 불편감을 느끼는 행동), 문화적 규범의 일탈(개인이 속한 사회의 문화적 규범으로부터의 현저한 일탈), 통계적 규준의 일탈(많은 사람의 평균적 속성으로부터의 현저한 일탈) 등의 다양한 기준에 의해 판별된다.

3. 이상심리학은 이상행동과 정신장애를 연구하는 경험과학으로서 다양한 과학적 연구방법을 사용한다. 이상심리학에서는 이상행동에 대한 객관적 기술과 측정을 위해 면접법, 행동관찰법, 질문지법, 과제수행법, 심리생리적 측정법 등의 평가방법이 사용된다. 이상행동의 상관적·원인적 요인을 연구하기 위해서는 사례연구, 상관연구, 집단 간 비교연구, 실험연구, 종단적 연구 등이 사용된다. 아울러 이상행동에 대한 심리치료나 예방방법의 효과를 검증하기 위해서는 처치 전후의 이상행동을 비교하는 방법, 다른 처치를 받은 집단의 처치효과를 비교하는 방법, 한 사람에게 특정한 처치의 시행과 중단을 반복하여 그 효과를 분석하는 단일사례연구법 등이 사용된다.

4. 동서고금을 막론하고 모든 문화권에는 이상행동의 원인에 대한 설명체계가 존재하며 이상행동에 대한 치료방법이 제시되고 있다. 고대의 원시사회에서는 정신장애를 초자연적 현상(예: 귀신 빙의, 신의 저주)으로 이해하였으며 축귀술과 같은 치료방법을 사용하였다. 그리스 시대에는 정신장애를 종교나 미신과 분리시켜 의학적 문제로 보고 정신장애를 분류하고 신체적 원인을 탐색하려는 시도가 이루어졌다. 서양의 중세는 귀신론적 정신장애관으로 회귀한 이상심리학의 암흑시대이자 정신병자의 수난시대였다. 17~18세기부터 정신병자에게 인도주의적인 대우와 치료를 해 주어야 한다는 주장이 제기되었으며 그 대표적인 사람이 Pinel이다.

5. 19세기 후반과 20세기에 정신장애에 대한 과학적 이해가 급격히 발전하면서 현대 이상심리학의 기초가 마련되었다. 현대 이상심리학의 발전에 기여한 20세기 중반까지의 주요한 변화는 (1) 심리적 원인에 의해 정신장애가 유발될 수 있다는 심리적 원인론을 제기한 정신분석학의 대두, (2) 정신병적 증상을 나타내는 진행성 마비가 매독에 의한 것이라는 점

이 밝혀지면서 이루어진 신체적 원인론의 발전, (3) 과학적 심리학의 태동과 더불어 시작된 실험정신병리학의 발전, (4) 지능검사, 성격검사, 투사적 검사 등 이상행동의 측정과 진단에 기여한 다양한 심리검사의 개발, (5) 행동주의 심리학에 근거한 이상행동에 대한 학습이론과 행동치료의 발달이다.

CONTEMPORARY ABNORMAL PSYCHOLOGY

제**2**장

이상심리학의 이론적 입장

제2장

이상심리학의 이론적 입장

이상심리학의 역사는 이상행동의 원인을 설명하는 이론이 발전하는 과정이라고 할 수 있다. 고대의 귀신론적 정신장애관을 비롯하여 그리스 시대의 초보적인 신체적 원인론과 중국의 음양오행설에 근거한 정신장애관 등이 근대까지 이어져 왔다. 20세기에 들어서서 이상심리학은 눈부신 발전을 이루었다. 이상행동과 정신장애에 대한 수많은 과학적 연구들이 이루어졌으며, 이상행동을 체계적으로 분류하기 위한 정신장애 분류체계도 발전을 거듭하였다. 특히 이상행동과 정신장애에 관한 수많은 연구가 축적된 결과로 다양한 설명이론들이 제기되었다. 현대의 이상심리학에는 이상행동의 원인을 설명하는 두 가지 입장, 즉 심리적 원인론과 신체적 원인론이 존재한다. 이상행동의 원인을 심리적 측면에서 찾으려는 **심리적 원인론**에는 정신분석이론, 행동주의 이론, 인본주의 이론, 인지적 이론 등이 있다(권석만, 2012). 반면, 정신장애의 원인을 신체적 측면에서 찾으려는 **신체적 원인론**에는 유전적 요인, 뇌의 구조적 결함, 뇌의 생화학적 이상 등을 중심으로 설명하는 생물학적 이론들이 있다. 현대의 이상심리학에서 이상행동과 정신장애의 원인을 설명하는 주요한 이론적 입장을 좀 더 자세하게 살펴보기로 한다.

 제1절 정신분석적 입장

정신분석이론은 이상행동을 심리적 원인에 의해 설명하는 최초의 체계적 이론이라는 점에서 커다란 의미를 지닌다. Sigmund Freud에 의해 시작된 정신분석이론은 이상행동을 비롯하

Sigmund Freud

여 정상행동과 문화현상까지 설명하는 광범위한 이론체계를 갖추고 있다. 정신분석이론은 인간의 심리적 현상에 대한 몇 가지 기본적인 가정에 기초하고 있다(Brenner, 1955). 그 첫째는 **심리적 결정론**(psychic determinism)으로서 인간의 모든 행동은 원인 없이 일어나지 않는다는 가정이다. 아무리 사소하고 이해하기 어려운 행동이라 하더라도 우연하게 일어나지는 않으며 심리적 원인에 의해 결정된다는 것이다. 둘째는 **무의식**(unconsciousness)에 대한 가정이다. 인간의 심리적 세계에는 개인에게 자각되지 않은 무의식적 정신현상이 존재하며, 인간의 행동은 의식적 요인보다 무의식적 요인에 의해 더 많은 영향을 받는다는 것이다. 행동의 원인을 밝히기 어려운 이유는 이러한 무의식적 요인에 의해 결정되기 때문이다. 정신분석이론은 인간행동에 영향을 미치는 무의식적 과정을 탐구하는 학문이라고 할 수 있다. 셋째, 성적 욕구는 인간의 가장 기본적인 욕구이며 무의식의 주요한 내용을 구성한다는 가정이다. 성적 욕구는 사회의 도덕적 기준에 위배되기 때문에 억압되어 무의식 속에 자리 잡게 되며 인간의 행동에 지대한 영향을 미치게 된다. Freud는 성적 욕구와 더불어 공격적 욕구 역시 인간의 기본적인 욕구로 보았다. 마지막으로, 정신분석학에서는 어린 시절의 경험을 중요시한다. 어린 시절의 경험, 특히 부모와의 상호작용 경험이 성격형성의 기초를 이룬다고 본다. 성인의 행동은 어린 시절의 경험을 통해 형성된 무의식적인 성격특성이 나타난 것이라고 본다. 따라서 개인의 행동을 이해하기 위해서는 어린 시절의 경험과 기억을 잘 탐색해야 한다는 것이 정신분석이론의 입장이다.

1. 성격의 삼원구조이론

Freud는 인간의 다양한 행동을 설명할 수 있는 심리적 구조와 과정을 밝히고자 했다. 초기에는 심리적 과정이 자각되는 정도에 따라 세 가지 수준의 과정, 즉 의식적 과정(conscious process)과 평소에는 잘 의식되지 않지만 주의를 기울이면 의식될 수 있는 전의식적 과정(preconscious process), 특별한 정신분석적 기법에 의하지 않고는 자각되기 어려운 무의식적 과정(unconscious process)으로 구분될 수 있다고 주장하였다. 그러나 다양한 임상적 현상을 설명하기 위해 마음의 구조와 기능을 새롭게 분류할 필요를 느끼게 되면서 인간의 정신현상이 원초아, 자아, 초자아라는 세 가지 심리적 구조에 의해서 설명될 수 있다는 **성격의 삼원구조이론**(tripartite theory of personality)을 제안하였다.

원초아(id)는 인간의 충동적 행동을 유발하는 원초적 욕구를 의미하며 이러한 욕구를 충족시키기 위한 심리적 과정으로 구성된다. Freud는 성적인 욕구를 인간의 가장 원초적인 욕구로 보았다. 어린아이의 행동은 성적인 욕구를 중심으로 한 원초아에 의해 지배된다. 원초아는 현실적 여건을 고려하지 않고 즉각적으로 욕구를 충족시키려고 하는 **쾌락원리**(pleasure principle)를 따른다. 또한 원초아는 자기중심적이고 비현실적이며 비논리적인 원시적 사고과정을 나타내게 되는데 이를 **일차적 과정**(primary process)이라고 한다. 그러나 어린아이는 어머니로 대표되는 양육자와의 상호작용 속에서 원초아적 욕구의 충족이 지연되거나 좌절되는 경험을 하게 된다. 이러한 성숙과정 속에서 어린아이는 현실적인 주변환경에 적응하려는 심리적 기능을 발달시키며 자아가 발달하게 된다.

자아(ego)는 환경에 대한 현실적인 적응을 담당하는 심리적 구조와 기능을 의미한다. 이러한 자아는 생후 6~8개월부터 발달하기 시작하며 2~3세가 되어야 자아의 기능을 제대로 수행하게 된다. 즉, 자아는 현실적인 환경적 여건을 인식하고 판단하며 통제하는 기능과 더불어 현실적 여건에 따라 욕구충족을 지연하는 기능을 담당하게 되는데, 이는 자아가 **현실원리**(reality principle)에 따라 기능한다는 것을 의미한다. 자아는 감각과 운동, 지각, 추론, 판단, 기억, 언어 등의 인지적 기능을 비롯하여 감정조절, 만족지연, 좌절인내와 같은 다양한 적응적 기능을 담당한다. 이러한 기능을 하는 자아는 현실적이고 합리적이며 이성적인 사고과정을 나타내게 되는데 이를 **이차적 과정**(secondary process)이라고 한다.

부모는 어린아이를 양육하면서 사회의 도덕적 가치와 윤리적 규범에 따라 아이의 행동에 대해서 칭찬을 하기도 하고 처벌을 하기도 한다. 이런 경험이 반복되면서 어린아이는 부모의 칭찬과 처벌에 일정한 규칙이 있음을 알게 되고 이를 자신의 심리적 세계 속에 내재화하게 된다. 이처럼 부모의 칭찬과 처벌을 통해 아동에게 내면화된 도덕적 가치나 윤리의식을 **초자아**(superego)라고 하며 이는 **도덕원리**(moral principle)에 따라 기능한다. 초자아의 형성을 통해 자신의 행동을 스스로 통제하게 됨으로써 부모의 처벌을 예방하고 처벌에 대한 불안을 피할 수 있게 된다. Freud는 초자아가 5~6세에 형성되기 시작하여 10~12세가 되어야 제대로 기능한다고 보았다.

Freud는 인간의 다양한 행동이 원초아, 자아, 초자아에 의해서 설명될 수 있다고 제안했다. 그리고 인간의 심리적 세계 속에서는 이러한 세 가지 심리적 구조와 기능이 서로 경합하고 조정되는 역동적 과정이 펼쳐진다고 보았다. 환경에 잘 적응하는 성숙한 성인은 자아가 잘 발달되어 주도적이고 지배적인 역할을 하는 가운데 원초아적 욕구와 초자아적 윤리의식을 적절하게 타협하여 해소하게 된다. 그러나 자아가 미숙하여 지배적인 역할을 제대로 수행하지 못하거나 원초아와 초자아의 적절한 타협이 이루어지지 못하면 내면적 갈등으로 인한 심리적 불안과 부적응적 행동을 나타내게 된다.

2. 성격의 발달단계

정신분석이론은 어린 시절의 경험이 성격형성에 매우 중요한 영향을 미친다고 본다. Freud 는, 어린아이들이 감각적 쾌락을 추구하는 성욕을 지니고 있다는 **유아성욕설**(infantile sexuality) 을 주장하면서 쾌락을 추구하는 신체부위가 나이에 따라 변천하며 이러한 욕구충족 경험이 성격형성에 중요하다고 보았다. 즉, 어머니를 위시한 양육자와의 상호작용 속에서 아이는 입, 항문, 성기를 통해 성적인 쾌락을 추구하는데, 이 과정에서 아이가 겪게 되는 욕구의 만족과 좌절 경험이 성격형성에 중요하다. 특히 욕구의 과도한 만족이나 좌절은 모두 아이의 성격형성에 부정적 영향을 미치게 되어 성인기에 이상행동을 나타내는 원인이 될 수도 있다.

구강기(oral stage)는 출생 직후부터 1년 반까지의 시기에 해당하는데 이 시기에 어린아이는 어머니의 젖을 빨면서 입을 통해 성적 욕구를 충족하려 하며 외부세계를 경험한다. 즉, 입을 통해 어머니와 상호작용하며 욕구의 충족감을 느끼기도 하고 좌절감을 느끼기도 한다. 이러 한 구강기에 욕구가 지나치게 충족되거나 좌절되면, 의존적이고 자기중심적이며 요구가 많은 구강기적 성격특성을 형성하게 된다. 반면에 욕구가 적절하게 충족되면, 자신감 있고 관대하 며 외부세계에 대해 신뢰감을 지니는 안정된 성격특성을 형성하게 된다.

항문기(anal stage)는 생후 1년 반에서 3년까지의 시기로서 성적 쾌락을 추구하는 신체부위 가 입에서 항문으로 옮겨진다. 이 시기에 아동은 배변을 참거나 배설하면서 긴장감과 배출의 쾌감을 경험한다. 아울러 이 시기는 부모가 아동에게 배변훈련을 시키는 시기로서 아동은 부 모의 통제를 받게 되는 과정에서 부모와의 갈등을 경험하게 된다. 이러한 배변 훈련과정에서 아동은 불안과 수치심을 경험하게 되며 자율성과 자기통제력을 발달시키게 된다. 항문기에 욕구가 지나치게 만족되거나 좌절되면, 완벽주의적이고 청결과 질서에 집착하는 항문기적 성 격특성이 형성되거나 불결하고 분노를 잘 느끼며 양가감정적인 성격특성을 지닐 수 있다. 그 러나 적절한 욕구만족 경험을 하게 되면, 독립적이고 자기주장적이며 협조적인 성격을 형성 하게 된다.

남근기(phallic stage)는 만 3세에서 6세 사이의 시기로서 쾌락을 추구하는 신체부위가 항문 에서 성기로 바뀌게 된다. 남자 아동의 경우에는 자신의 남근에 많은 관심을 갖게 되는 반면, 여자 아동은 남근에 해당하는 음핵을 통해 쾌감을 느끼려는 성향이 나타난다. 이 시기를 유아 성기기라고 부르기도 하는데, 아동은 성기에 대한 호기심과 노출행동을 나타내고 소변을 보 면서 쾌감을 얻는다.

Freud는 남근기가 성격발달에 있어서 각별히 중요한 의미를 지닌다고 보았는데, 이 시기 에 아동은 오이디푸스 갈등을 경험하기 때문이다. 성기에 대한 아동의 관심은 이성 부모에 대 한 관심으로 확산되어, 아동은 이성 부모에게 유혹적인 행동을 보이며 애정을 독점하려 하는 동시에 동성 부모를 경쟁자로 인식하게 된다. 이 시기의 아동은 부모와의 삼각관계 속에서 복잡한 심리적 갈등을 경험하며 상상활동이 활발해진다. 남자 아동은 어머니를 독점하려 하지만 경쟁자인 강력한 아버지에 의해 남근이 잘릴지도 모른다는 상상 속에서 거세불안(castration anxiety)을 경험하게 된다. 어머니의 애정을 독점하려는 남자 아동은 아버지에 대해서 경쟁심, 적대감, 분노, 두려움, 존경심, 애정 등 복잡한 심정 속에서 갈등을 경험하게 되는데, Freud는 이를 오이디푸스 갈등(Oedipus complex)이라고 명명했다. 이러한 갈등을 해소하는 타협적인 방법은 아버지와 자신을 동일시하는 것이다. 어머니에 대한 유혹적 태도를 억제함으로써 아버지의 처벌을 회피하는 동시에, 아버지와의 동일시를 통해 아버지를 따르고 모방하면서 아버지처럼 강한 존재가 되려고 노력한다. 남자 아동은 아버지에 대한 동일시 과정을 통해 남자의 성역할을 학습하게 된다. 남근기에 나타내는 아동의 행동에 대해서 부모가 성숙하게 대응함으로써 아동은 세대 구분을 이해하게 되고, 성과 애착을 구별하며, 부모의 금지와 기대를 내면화하게 되면서 오이디푸스 갈등이 해결된다. 오이디푸스 갈등의 원만한 해결은 건강한 성정체감의 형성, 초자아와 자아의 발달, 삼각관계의 수용을 통한 건강한 이성관계를 맺을 수 있는 능력의 발달이라는 긍정적인 결과를 낳게 된다. 그러나 오이디푸스 갈등이 잘 해결되지 못하면 이후의 성장과 적응에 문제를 야기하게 되는데, 권위적 인물에 대해 과도한 두려움과 복종적 태도를 나타내거나 지나치게 경쟁적인 성격특성을 나타낼 수 있다. 여자 아동의 경우에는 아버지의 애정을 독점하려 하고 어머니를 경쟁자로 인식하게 되는 유사한 현상이 나타나는데, 이를 엘렉트라 갈등(Electra complex)이라고 한다.

잠복기(latency stage)는 만 6세부터 사춘기까지의 학령기에 해당하는 시기로서 학업과 친구에 대한 관심이 증가하면서 뚜렷한 성적인 욕망의 표출현상이 나타나지 않는다. 자아가 성숙하고 초자아가 확립되는 이 시기를 무난히 겪게 되면, 현실적 성취와 원만한 대인관계를 위한 적응능력이 발달하게 된다. 그러나 이 시기에 좌절을 경험하게 되면, 열등감이 형성되고 소극적이고 회피적인 성격특성이 나타날 수 있다.

성기기(genital stage)는 사춘기 또는 청소년기에 해당하는 시기로서 육체적인 성숙과 더불어 성적 측면에서 성인으로 발전하는 시기이다. 이 시기에는 성적 욕구가 현저하게 증가하며 이성과의 연인관계를 통해서 성적 욕구를 충족하게 된다. 성기기는 급격한 신체적 변화와 더불어 부모로부터의 심리적 독립과 자기정체감의 확립이라는 과중한 발달과제를 안고 있는 시기이기도 하다. Freud는 성기기를 통해서 성격 형성이 완결된다고 보았다.

Freud의 이러한 주장을 심리성적 발달이론(theory of psychosexual development)이라고 한다. 개인의 성격 및 이상행동을 이해하기 위해서는 심리성적 발달과정을 잘 이해하는 것이 중요하다. 이러한 심리성적 발달과정에서 과도한 욕구만족이나 좌절을 경험하게 되면, 특정한 발달단계에 고착되어 성숙한 성격으로의 발달이 저해될 수 있다. 또한 성장한 후에도 심한 좌절을 경험하면, 만족스러웠던 이전의 발달단계로 후퇴하여 퇴행할 수도 있다.

3. 정신역동과 방어기제

개인은 심리성적 발달과정을 통해서 원초아, 자아, 초자아라는 세 가지 심리적 구조와 기능을 확립하게 된다. 개인의 행동을 이해하기 위해서는 심리성적 발달과정에서의 독특한 경험뿐만 아니라 원초아, 자아, 초자아 간의 역동적 관계를 잘 이해하는 것이 필요하다. 환경적 변화에 대응해야 하는 개인의 내면적 세계 속에서는 원초아, 자아, 초자아의 세 심리적 세력이 경합하고 투쟁하고 타협하는 과정이 일어나는데, 이를 **정신역동**(psychodynamics)이라고 한다.

현실적 적응을 잘 하는 사람은 환경적 요구에 맞추어 자아를 중심으로 세 심리적 구조 간의 균형을 잘 유지하는 사람이라고 할 수 있다. 그러나 환경적 충격이 강하게 주어지면, 세 심리적 구조 간의 역동적 균형이 흔들리거나 불안정해질 수 있다. 더구나 심리성적 발달과정의 문제로 인하여 어떤 심리적 구조가 지나치게 미약하거나 강한 사람의 경우에는, 이러한 역동적 균형이 더욱 심하게 불안정해질 수 있다. 특히 원초아적 욕구가 강해지거나 이를 통제할 수 있는 자아의 기능이 약화된 경우에, 개인은 원초아적 욕망이 표출되는 것에 대한 두려움을 느끼게 되는데 이를 **신경증적 불안**(neurotic anxiety)이라고 한다. 자아는 이러한 불안을 감소시키기 위해 여러 가지 방어적 책략을 사용하게 되는데, 이를 **방어기제**(defense mechanism)라고 한다. 즉, 성욕이나 공격욕과 같이 사회적으로 용납되기 어려운 원초아적 욕구나 상상내용이 의식에 떠오르는 것을 막기 위해 다양한 방어기제를 사용하게 된다.

주요한 방어기제로는 원초아적 욕구나 소망을 무의식에 눌러놓는 억압(repression), 수용하기 힘든 욕망을 부정하는 부인(denial), 자신의 욕망과 반대의 행동을 하는 반동형성(reaction formation), 수용되기 어려운 욕망에 대해서 그럴 듯한 현실적 이유를 붙여 불안을 회피하는 합리화(rationalization), 한 대상에 대한 욕구를 다른 대상을 통해 대리적으로 충족시키는 대치(displacement), 자신이 지닌 욕구를 다른 대상이 지닌 것으로 간주하는 투사(projection) 등이 있다. 이 밖에도 분리(splitting), 동일시(identification), 신체화(somatization), 행동화(acting-out), 퇴행(regression), 이타주의(altruism), 승화(sublimation)와 같은 다양한 방어기제가 자아심리학자(예: Anna Freud, Heinz Hartmann)에 의해서 주장되었다.

Freud 사후에 자아의 중요성을 강조하면서 자아의 기능을 정교하게 체계화하는 이론이 발전하였는데, 이를 **자아심리학**(ego psychology)이라고 한다. 방어기제는 불안을 회피하기 위한 자아의 무의식적인 기능으로서 그 성숙도에 따라 다양하게 분류된다. Vaillant(1971, 1992)는 다양한 방어기제를 그 성숙도에 따라 성숙한 방어(예: 승화, 이타주의, 유머), 신경증적 방어(예: 억압, 반동형성, 대치, 합리화), 미성숙한 방어(예: 퇴행, 신체화, 동일시, 행동화), 자기애적 방어(예:

부정, 분리, 투사)와 같은 네 가지 유형으로 분류하기도 했다. 성숙한 방어기제는 적응에 도움이 되지만 다른 유형의 방어기제는 과도하게 사용하게 되면 부적응적 결과를 초래하게 된다. 정신장애의 증상은 개인이 사용하는 이러한 부적응적인 방어기제와 밀접하게 관련되어 있다.

4. 정신분석적 치료방법

정신분석이론은 대부분의 이상행동이 어린 시절의 좌절경험에서 연유한 무의식적 갈등에 의한 것이라고 본다. 따라서 무의식적 갈등을 파악하여 자각하게 함으로써 이상행동이 치유될 수 있다고 본다. 정신분석적 치료의 목표는, '원초아가 있던 곳에 자아가 있게 하라(Where Id was, Ego is)'라는 말처럼 충동적이고 미숙한 원초아의 영향력을 약화시키고 대신에 현실적이고 성숙한 자아의 기능을 강화시키는 것이라고 할 수 있다.

무의식을 의식화하는 정신분석적 치료기법에는 자유연상, 꿈의 분석, 전이분석, 저항분석 등이 있다. 첫째, **자유연상**(free association)은 내담자가 편안하게 누운 상태에서 아무런 억제나 논리적 판단 없이 마음속에 떠오르는 생각을 그대로 솔직하게 이야기하는 방법이다. 이는 의식적 억제를 최소화한 상태에서 무의식적 내용이 부상할 수 있다는 점을 이용한 기법이다. 둘째, **꿈 분석**(dream analysis)은 꿈속에 나타나는 주제나 내용들을 면밀히 분석하여 무의식적 갈등내용을 찾아내는 방법이다. '꿈은 무의식에 도달하는 왕도'라는 말이 있다. 수면상태에서는 의식적 억제가 감소하기 때문에 무의식적 내용이 의식에 떠오르게 된다. 이러한 꿈은 그 외현적 내용을 뜻하는 현재몽(manifest dream)의 분석을 통해 저변에 상징적으로 담겨 있는 무의식적 의미인 잠재몽(latent dream)으로 해석될 수 있다. 이러한 꿈의 해석을 통해서 내담자로 하여금 자신의 무의식적 갈등내용을 자각하게 유도한다. 셋째, **전이분석**(transference analysis)은 내담자가 치료과정에서 치료자에게 나타내는 전이현상을 분석하는 것이다. 전이는 내담자가 과거에 중요했던 타인과의 무의식적 갈등이나 부적절한 인간관계 패턴을 치료자에게 투사하여 나타내는 현상을 의미한다. 넷째, **저항분석**(resistance analysis)은 내담자가 치료과정에서 나타내는 비협조적이고 저항적인 행동의 의미를 분석하는 일이다. 역설적이게도 내담자들 중에는 자발적으로 치료를 받기 위해 치료자에게 찾아왔음에도 불구하고 치료과정에서 증상이 개선되는 것을 두려워하거나 약속시간을 어기는 등 여러 가지 반치료적인 행동을 나타내는 이들이 있다. 물론 이런 행동의 무의식적 원인은 내담자에게 자각되지 않는다. 따라서 저항행동의 분석을 통해서 내담자의 무의식적 의도와 갈등을 살펴볼 수 있게 된다. 이러한 여러 가지 방법을 통해서 내담자로 하여금 자신의 무의식적 갈등을 깨닫게 되는 **통찰**(insight)을 유도한다. 아울러 정신분석은 내담자가 무의식적 갈등에 대한 통찰을 넘어서 이런 갈등이 자신의 삶을 어떻게 지배하고 있는지를 하나하나 검토하고 더 이상 그러한 무의식적 갈등에 의해 지배되지 않도록 실제 생활 속에서 적응적 행동을 실천하도록 격려하는데, 이렇게 통찰을 행동으로 옮겨가는 과정을 훈습(working-through)이라고 한다.

5. 정신분석이론에 대한 평가

정신분석이론은 이상행동의 심리적 원인을 체계적으로 설명하는 최초의 심리학적 이론으로서 이상행동의 이해에 크게 기여하였다. 또한 이상행동과 정신장애를 심리적인 방법으로 치료할 수 있는 치료방법을 제시함으로써 현대 심리치료의 기초를 마련하였다. 오늘날에 사용되고 있는 대부분의 심리치료기법은 정신분석적 치료의 파생물이거나 그에 대한 도전으로서 발전된 것이라고 할 수 있다. Freud의 정신분석이론은 이상심리학의 영역뿐 아니라 성격심리학을 비롯한 심리학의 전 영역과 예술, 문학, 역사, 교육 분야를 포함한 현대 사상 전반에 큰 영향을 미쳤다.

그러나 정신분석이론은 여러 가지 한계와 약점을 지니고 있다. 첫째, 정신분석이론은 실험적인 연구에 의하여 뒷받침을 받지 못하는 비과학적 이론이라는 비판이 있다. 정신분석이론은 대부분 임상적 개별사례 연구방법에 근거하여 발전되었는데, 이러한 이론을 객관적으로 입증하기에는 개념들이 너무 추상적이고 모호하다는 것이다. 즉, 경험적으로 검증할 수 없는 이론은 과학적 이론이 아니라는 비판이다. 일부 심리학자들은 정신분석이론이 과학적 방법론에 근거한 이론체계가 아니므로 현대적 의미의 심리학에 속할 수 없다고 주장하기도 한다. 반면, 정신분석적 입장의 임상가나 연구자들은 현재의 실험연구 방법으로는 인간의 미묘하고 복잡한 심리현상을 다룰 수 없기 때문에 사례연구를 통해 접근할 수밖에 없다고 주장한다. 그러나 정신분석학자들이 견해 차이로 계속적인 분열을 거듭하고 있듯이, 연구자의 주관성이 과도하게 개입됨으로써 객관성을 확보하기 어렵다는 점이 Freud의 정신분석이론을 비롯한 대다수 정신역동이론이 지니고 있는 가장 큰 한계라고 할 수 있다.

둘째, Freud의 정신분석이론은 19세기 말 성의 억압이 심했던 유럽 사회의 젊은 신경증 환자에 대한 임상적 경험에 기초하고 있기 때문에 인간에 대한 보편적 이론으로 일반화할 수 없다는 비판이 있다. 그의 이론은 지나치게 성적인 욕구를 강조하고 있는데, 성에 대한 자유를 누리고 있는 다른 문화권이나 현대사회에는 적용되기 어렵다는 것이다. 사실 Freud가 주장한 성욕설, 오이디푸스 갈등, 여성의 남근 선망 등은 다른 정신분석가들에 의해서 거부되기도 했다. 그 결과, 성욕을 중심으로 한 정신분석이론을 수정하거나 새로운 설명개념을 사용한 다양한 정신역동이론들이 발전하게 되었다.

셋째, Freud는 개인 내부에 존재하는 성격구조 간의 역동적 갈등에 초점을 두었을 뿐 대인관계적 측면과 사회문화적 요인의 영향을 간과했다는 비판을 받고 있다. 인간의 심리적 갈등은 주변 사람과 상호작용하면서 발생하게 되는데, 이러한 대인관계적 측면이 소홀하게 다루어졌다는 지적이다. 나아가서 개인을 둘러싸고 있는 사회문화적 요인이 개인의 정신세계에 미치는 영향을 무시했다는 비판도 제기되고 있다. 대인관계 측면을 강조한 Sullivan의 이론이나 사회문화적 요인을 반영한 Erickson의 이론 등은 이러한 Freud 이론의 한계점을 극복하기위한 시도의 일환이라고 할 수 있다.

넷째, Freud는 정신장애를 이해하는 데 있어 어린 시절의 경험이 중요함을 주장하기는 했으나 오이디푸스 갈등 이전의 아동기 발달과정을 간과했다는 비판도 있다. 아동에 대한 임상적 연구결과들은 오이디푸스 갈등 이전의 초기 아동기가 성격형성에 중요하다는 점을 시사하고 있으며, Freud 이후에 발전된 대상관계이론이나 자기심리학은 이러한 자각에서부터 비롯되었다고 할 수 있다. 이러한 이론에 따르면, 경계선 성격장애나 자기애성 성격장애 또는 정신분열증은 오이디푸스 갈등 이전의 발달과정에서 이러한 장애를 유발한 근본적 원인이 발견될 수 있다고 한다.

마지막으로, 정신분석치료는 장기간의 치료기간을 요할 뿐만 아니라 그 치료효과가 잘 검증되어 있지 않다. 정신분석치료는 심리적 증상의 완화보다 그 기저에 있는 성격구조의 변화를 목표로 하는 경우가 많기 때문에 그러한 목표가 얼마나 달성되었는지를 객관적으로 검증하기가 어렵다. 또한 대부분의 경우, 정신분석치료는 주 2~3회씩 수년간의 치료를 해야 하므로 많은 시간과 치료비가 요구된다. 이와 같은 막대한 투자에 비하여 치료효과가 불분명하다는 점에서 정신분석치료의 효율성에 대해 회의적인 사람들도 있다.

6. Freud 이후의 정신분석이론

Freud에 의해 시작된 정신분석이론은 여러 학자에 의해서 발전되었으며 새로운 이론으로 다양하게 변형되기도 했다. Freud 이후의 정신분석이론은 크게 두 가지 유형으로 발전되었다. 그 한 유형은 자아심리학, 대상관계 이론, 자기심리학과 같이 정신분석이론의 기본적인 주장을 고수하면서 발전된 이론들이다. 반면에 Freud의 정신분석이론을 비판하고 독자적인 이론적 체계로 발전된 정신역동이론이 있는데, 분석심리학, 개인심리학, 신프로이트학파의 이론이 이에 해당한다.

자아심리학(ego psychology)은 Freud의 딸인 Anna Freud와 Hartman에 의해 주도되었으며 자아의 자율적 기능을 강조하였다. 자아를 원초아의 파생물로 보기보다는 심리적 갈등과 무관하게 독립적으로 발달하는 것으로 보았으며 자아의 기능을 상세하게 설명하고 다양한 방어기제를 규명하였다.

대상관계이론(object relation theory)은 초기 아동기에 성격구조가 발달하는 과정을 강조하고 있으며 Melanie Klein을 위시하여 Fairbairn, Balint, Winnicott 등에 의해 발전되었다. 대상관계이론은 오이디푸스 갈등이 나타나는 남근기 이전의 어린 아동이 어머니와의 관계 속에서 겪게 되는 내면적 경험과 갈등을 상세하게 설명하고 이러한 경험이 자기표상과 대상표상의 형성에 중요하며 성장 후의 대인관계에 영향을 미치게 된다고 주장한다. 대상(object)은 어머니를 비롯하여 개인이 관계를 맺게 되는 타자를 총칭하는 것으로서 대상관계이론은 초기 아동기의 경험이 자기애성 성격장애와 경계선 성격장애를 이해하는 데 중요함을 강조하고 있다.

　　자기심리학(self psychology)을 주장한 Heinz Kohut은 자기(self)를 심리적 구조의 가장 핵심적인 개념으로 보았다. 부모와 상호작용하면서 어린아이의 자기가 발달되고 분화되며 통합되는 과정을 설명하고 있다. 아동의 욕구나 감정에 대한 부모의 공감반응은 아동이 통합된 자기를 발달시키는 데에 중요하며, 치료과정에서도 치료자의 공감적 자세를 강조한다. 자기심리학은 특히 자기애성 성격장애의 이해와 치료에 기여하였다.

　　독자적인 정신역동적 이론을 제시한 대표적 인물은 **분석심리학**(analytic psychology)을 제안한 Carl Jung이다. 그는 Freud의 성욕설과 기계론적 인간관을 비판하면서 무의식을 개인적 무의식과 집단적 무의식으로 나누고 집단적 무의식에는 보편적이고 선험적인 내용으로 구성된 여러 가지 원형(archetype)이 있다고 주장하였다. 이 밖에도 페르소나, 그림자, 아니마와 아니무스 등의 개념을 통해 인간 행동을 설명하려 했으며 성격의 내향성-외향성 차원을 비롯하여 사고, 감정, 감각, 직관의 네 가지 심리적 기능에 근거한 성격유형론을 제안하기도 했다.

　　Alfred Adler는 정신분석이론의 성욕설을 비판하면서 인간은 자기실현과 사회적 적응을 위한 목적지향적 존재라고 주장하였다. 그는 성격의 형성에 권력의지(will to power)와 열등감의 보상을 위한 우월욕구가 중요한 역할을 하는 것으로 보았다. 개인이 지닌 열등감은 권력의지를 자극하여 우월해지려고 하는 보상적 행동을 나타내는데, 이러한 행동들은 자기실현에 도움이 되는 경우도 있지만 경쟁적이고 개인주의적인 경향을 초래하여 사회적 부적응과 정신장애를 유발할 수도 있다고 보았다. 이러한 Adler의 주장을 **개인심리학**(individual psychology)이라고 한다.

　　이 밖에도 Sullivan, Horney, Fromm과 같이 **신프로이트학파**로 불리는 학자들이 있다. Sullivan은 이상행동의 인간관계적 측면을 강조하면서 어린 시절의 불행한 인간관계 경험이 자신에 대한 왜곡된 견해를 발전시켜 부적응적 행동을 유발하게 된다고 주장하였다. 여류 정신분석학자인 Horney는 성격의 핵심을 이루는 진정한 자기(real self)를 실현하는 과정에서의 갈등으로 인해 형성되는 신경증적 성격의 특성을 체계적으로 제시하였다. Fromm은 인간의 근본적인 문제를 분리감(separateness)이라고 보고 그로 인한 자유로부터의 도피와 비생산적인 삶의 방식을 설명하면서 이러한 문제를 극복하기 위한 생산적 성격(productive character)을 제시하였다.

제2절 행동주의적 입장

이상행동을 심리학의 관점에서 설명하려는 대표적인 이론 중 하나가 행동주의적 입장에 근거한 학습이론이다. 행동주의는 심리학을 자연과학과 같이 엄밀한 과학으로 발전시켜야 한다는 신념에 근거하고 있다. 따라서 심리학은 정신분석이론과 같이 개인 내부에서 일어나는 모호한 현상에 대한 연구를 지양하고 객관적으로 관찰하고 측정할 수 있는 행동만을 연구해야 한다고 주장한다. 행동주의에 따르면, 인간의 모든 행동은 환경과의 상호작용 속에서 학습된 것이다. 이상행동도 정상행동과 마찬가지로 학습의 원리에 의해서 학습된 것으로 가정한다. 즉, 이상행동은 주변 환경으로부터의 잘못된 학습에 기인한 것이라는 주장이다. 1950년대 후반에 이러한 학습이론에 근거한 행동치료가 심리장애를 치료하는 기법으로 소개되면서 행동주의 이론은 급속하게 이상심리학의 주요한 이론으로 부각되었다.

행동주의적 심리학자들은 유기체가 새로운 행동을 학습하게 되는 원리와 과정에 깊은 관심을 가지며 수많은 실험적 연구를 통해서 다양한 학습원리를 제시하고 있다. 여기에서는 새로운 행동이 학습되는 주요한 원리인 고전적 조건형성, 조작적 조건형성, 모방학습 과정을 살펴보고 이러한 학습원리에 의해 이상행동이 습득되는 과정을 간략히 살펴보기로 한다.

1. 고전적 조건형성

러시아의 유명한 생리학자였던 Ivan Pavlov는 개의 타액 분비에 관한 실험을 하는 과정에서 특이한 현상을 발견하였다. 개는 먹이 앞에서 침을 흘리는 것이 보통인데, 먹이가 없는 상황에서도 개가 침을 흘리는 것을 발견하였다. 이를 신기하게 여긴 Pavlov가 그 이유를 조사해 본 결과, 정오를 알리는 성당의 종소리가 들린 후에 개에게 정기적으로 먹이를 주곤 했는데 개가 종소리만 듣고도 침을 흘리게 된 것이었다.

Ivan Pavlov

[그림 2-1]과 같은 실험장치를 통해 개가 종소리에 침을 흘리게 된 과정을 확인하였다. 개에게 고기를 주면서 종소리를 함께 들려주는 일을 여러 번 반복한 결과, 개는 종소리를 듣고 침을 흘리는 반응을 습득하였다. 개가 종소리에 침을 흘리는 행동을 학습하게 된 과정은 다음과 같이 설명될 수 있다. 개는 고기를 주면 무조건 침을 흘린다. 이 경우에 고기처럼 무조건

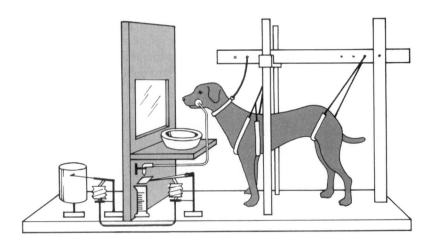

[그림 2-1] Pavlov가 고전적 조건형성을 연구하면서 사용한 실험장치

침을 흘리게 하는 자극을 무조건 자극(unconditioned stimulus)이라고 하고, 이러한 자극에 대해서 자동적으로 유발되는 반응을 무조건 반응(unconditioned response)이라고 한다. 처음에는 침을 흘리게 하지 못했지만 고기와 함께 짝지어 제시함으로써 개로 하여금 침 흘리는 반응을 나타나게 한 자극(종소리)을 조건 자극(conditioned stimulus)이라고 하며, 이러한 조건 자극에 의해 유발된 반응을 조건 반응(conditioned response)이라고 한다. [그림 2-2]에서 볼 수 있듯이, 무조건 자극과 조건 자극을 짝지어 반복적으로 제시하면 조건 자극만으로도 조건 반응이 유발될 수 있다. 이러한 학습과정을 **고전적 조건형성**(classical conditioning)이라고 한다.

그런데 종소리에 침을 흘리도록 학습된 개는 종소리와 유사한 벨소리를 들려주어도 침을 흘린다. 이처럼 조건 자극과 유사한 여러 가지 자극에 대해서도 침을 흘리는 조건 반응이 나타나는 현상을 자극 일반화(stimulus generalization)라고 한다. 반면에 손뼉 치는 소리를 들려주는 경우에는 개가 침을 흘리지 않는다. 이처럼 조건 자극과 현저하게 다른 자극에는 조건

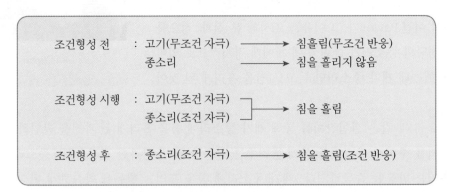

[그림 2-2] 고전적 조건형성이 일어나는 과정

반응을 나타내지 않는 현상을 자극 변별(stimulus discrimination)이라고 한다. 그런데 종소리와 손뼉 치는 소리를 짝지어 반복적으로 제시하면 개는 손뼉 치는 소리에도 침을 흘리게 된다. 이러한 경우를 2차적 조건형성(secondary conditioning)이라고 하는데, 이처럼 새로운 자극들에 대하여 침을 흘리는 반응이 학습되는 과정을 고차적 조건형성(higher order conditioning)이라고 한다. 행동주의 심리학자들은 고전적 조건형성의 원리에 의해서 다양한 행동과 정서반응이 학습될 수 있음을 여러 실험을 통해 보여주었다.

Pavlov는 자극변별에 관한 실험을 하는 과정에서 개가 이상행동을 나타내는 것을 발견하였다. 개에게 원과 타원을 구분하게 하는 조건형성 실험에서 타원의 모양을 점점 원에 가깝도록 변화시키면서 이 둘을 변별하도록 하였다. 타원이 거의 원과 비슷해져서 이 둘을 구분하기 어렵게 되었을 때 개는 이상행동을 보이기 시작했다. 순종적이던 개가 안전부절못하고 공격적이며 똥오줌을 가리지 못하는 행동을 보였다. 이런 개를 장시간 휴식하게 하여 안정시킨 후에 다시 실험실로 데리고 오면 실험을 하지 않는데도 이상행동을 나타냈다. Pavlov는 이런 개의 이상행동을 '동물 신경증'(animal neurosis)이라고 명명하였다.

Watson과 Raynor는 1920년에 공포반응이 고전적 조건형성으로 학습될 수 있다는 사실을 제시하였다. 그들은 생후 11개월 된 앨버트라는 어린아이('little Albert'로 불림)에게 하얀 쥐에 대한 공포반응을 학습시켰다. Albert는 원래 하얀 쥐에 대한 두려움이 없었다. 그런 Albert가 하얀 쥐에게 다가갈 때마다 커다란 쇳소리를 내어 Albert를 깜짝 놀라게 했다. 이렇게 5번을 시행하였더니, Albert는 하얀 쥐를 보기만 해도 놀라는 공포반응을 나타냈으며 쇳소리가 들리지 않아도 마찬가지였다. 즉, 공포반응(무조건 반응)을 유발하는 쇳소리(무조건 자극)를 하얀 쥐(조건 자극)와 짝지어 제시함으로써 Albert는 쥐에 대한 공포반응(조건 반응)을 학습하게 된 것이다. 이러한 결과는 공포증을 비롯한 여러 정서장애가 고전적 조건형성에 의해서 형성될 수 있음을 보여준다.

고전적 조건형성의 원리는 공포반응을 제거하는 데에도 적용되었다. 1924년 Jones는 토끼를 두려워하는 Peter라는 소년의 공포반응을 제거하는 과정을 발표하였다. Peter가 초콜릿을 먹으며 즐거운 활동을 하고 있을 때 천천히 토끼를 Peter 가까이에 접근시키게 함으로써 Peter가 토끼와 함께 놀 수 있는 상태로까지 변화시켰다. 즉, 편안하고 즐거운 기분(무조건 반응)을 유발하는 초콜릿(무조건 자극)을 토끼(조건 자극)와 짝지어 제시함으로써 토끼에 대해 두려움을 느끼지 않는 편안한 기분(조건 반응)이 학습된 것이다. 이러한 선구적 연구는 후에 Wolpe의 체계적 둔감법과 Bandura의 참여적 모방학습에 도입되어 다양한 행동치료기법으로 발전되었다.

2. 조작적 조건형성

새로운 행동이 학습되는 또 다른 중요한 원리는 조작적 조건형성이다. 조작적 조건형성의 효시는 1911년 Thorndike(1874~1949)가 발표한 고양이 실험이다. 그는 [그림 2-3]과 같이 누름판을 누르면 문이 열리는 장치가 되어 있는 실험상자 안에 배고픈 고양이를 집어넣고 실험

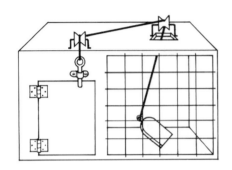

상자 밖에 음식을 놓아두었다. 고양이는 이러한 문제상황에서 음식을 먹기 위해 상자 밖으로 나가려고 여러 가지 행동을 하다가 우연히 누름판을 누르자 문이 열리고 음식을 먹을 수 있었다. 이 고양이를 다시 실험상자 안에 집어넣자 곧 누름판을 눌러 상자 밖으로 나와 음식을 먹었다. 고양이는 누름판을 누르면 상자의 문이 열린다는 사실을 학습한 것이다. 이러한 관찰에 근거하여, Thorndike는 보상이 주어지는 행동은 학습되고 처벌이 주어지는 행동은 회피된다는 효과의 법칙(law of effect)을 주장하였다. 그러나 그는 보상 획득을 위해 문제해결

[그림 2-3] Thorndike가 사용한 실험상자

을 하는 동물의 지적 능력이라는 관점에서 이러한 결과를 해석하였다.

Thorndike의 발견을 더욱 발전시켜 조작적 조건형성의 원리를 체계화한 사람이 Skinner이다. Skinner는 [그림 2-4]와 같이 지렛대를 누르면 고체 먹이가 한 조각씩 나오도록 만들어진 실험상자 안에 배고픈 쥐를 집어넣고 행동을 관찰하였다. 쥐가 상자 안을 배회하다가 우연히 지렛대를 누르자 먹이 한 조각이 나왔고 쥐는 이를 먹었다. 그러나 여전히 배고픈 쥐는 또다시 한동안 배회하다가 지렛대를 누르게 되었고 먹이를 먹을 수 있었다. 이런 일이 반복되면서 쥐는 지렛대를 누르면 먹이가 나온다는 것을 학습하게 되었고 배가 고프면 지렛대 누르는 행동을 나타냈다.

이처럼 행동은 그 결과에 따라 증가되거나 감소된다. 보상이 뒤따르는 행동은 증가하고 처벌이 주어지는 행동은 감소된다는 것이 **조작적 조건형성**(operant conditioning)의 원리이다. 어떤 행동을 습득하게 하고 그 빈도를 증가시키는 과정을 강화(reinforcement)라고 하는데, 강화에는 정적 강화와 부적 강화가 있다. 정적 강화(positive reinforcement)는 학습자가 좋아하는 보상을 제공하는 방법으로서 지렛대 누르는 행동의 결과로 쥐가 좋아하는 먹이를 주는 것이 이에 해당된다. 이와 달리 부적 강화(negative reinforcement)는 어떤 행동을 하면 고통을 회피할 수 있도록 강화해 주는 방식이다. 예컨대, 시끄러운 소음이 들리는 상자 안에서 고통스러워하던 쥐가 우연히

B. F. Skinner

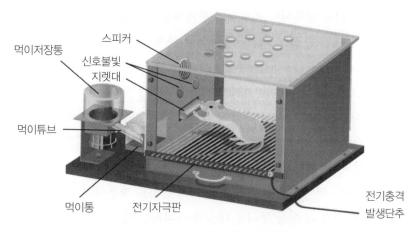

[그림 2-4] Skinner가 조작적 조건형성을 연구하면서 사용한 실험상자

지렛대를 누르자 소음이 멈추었다. 이런 장치가 되어 있는 상자에서 쥐는 소음이 들리면 지렛대를 누르는 행동을 학습하게 된다. 이 경우에 소음을 부적 강화물이라고 하는데, 소음이 없어지는 것이 강화의 역할을 하기 때문이다. 강화와는 반대로, 어떤 행동을 제거하거나 빈도를 감소시킬 경우에는 처벌(punishment)이 사용된다. 특히 바람직하지 않은 행동을 하지 못하게 할 때는 벌이나 고통을 줌으로써 그러한 행동을 억제시킬 수 있다.

이 밖에도 Skinner는 다양한 동물실험을 통해서 학습과정에 관여되는 여러 가지 원리를 제시하였다. 예컨대, 지렛대를 눌러도 먹이가 나오지 않게 하면, 쥐가 처음에는 지렛대 누르는 행동을 반복하지만 곧 그러한 행동이 사라지게 되는데 이를 소거(extinction)라고 한다. 또 실험상자 안의 전구에 빨간 불이 들어올 때만 먹이가 나오게 하면, 쥐는 불이 들어온 상태에서 지렛대 누르는 행동을 하고 불이 꺼지면 지렛대를 누르지 않았다. 즉, 쥐는 전구의 불빛이라는 변별자극(discriminative stimulus)을 학습하여 지렛대 누르는 행동을 해야 할 때와 그렇지 않을 때를 구분하게 된다. 일련의 복잡한 행동을 학습시키기 위해, 목표행동에 근접하는 행동을 보일 때마다 강화를 하여 점진적으로 목표행동을 학습시키는 행동조성법(behavior shaping)이 있다. 동물조련사들이 동물에게 복잡한 묘기 행동을 학습시킬 때 이러한 행동조성법이 사용된다. 인간이 나타내는 행동 중에는 조작적 조건형성을 통해서 학습된 것이 많다. 아동의 행동은 부모, 교사, 친구의 관심, 애정, 칭찬, 성적, 음식, 용돈 등이 강화물로 작용하여 학습된 것이 많다. 또한 부모나 교사의 처벌을 통해 문제행동이 제거되기도 하고 이러한 처벌을 피하기 위해 새로운 행동이 나타나기도 한다. 이처럼 이상행동도 조작적 조건형성에 의해서 생겨난 경우가 많다. 예컨대, 아동이 우연히 나타낸 공격적 행동에 대해서 친구들이 관심을 나타내고 더 이상 귀찮게 굴지 않으며 오히려 친구들로부터 인기를 얻게 되는 보상이 주어지면,

이러한 공격적 행동은 더욱 강화되어 폭력적인 문제행동으로 발전될 수 있다.

　조작적 조건형성이 고전적 조건형성과 결합되어 특정한 행동의 유지과정에 영향을 미치는 경우도 있다. Mowrer(1939, 1950)는 2요인이론(two-factor theory)을 제안하면서, 공포반응의 형성은 고전적 조건형성에 의해 일어나는 반면, 공포반응의 유지는 조작적 조건형성에 의한 것이라고 주장했다. 이러한 2요인이론을 앞에서 소개한 Albert 사례에 적용하여 설명하면, Albert는 고전적 조건형성에 의해 공포반응이 형성된 후에는 계속 하얀 쥐를 무서워하며 피하게 된다. 이렇게 하얀 쥐에 대한 공포반응이 지속되는 이유는 Albert가 계속 쥐를 피함으로써 공포를 느끼지 않게 되는 것이 공포반응에 대한 부적 강화로 작용하기 때문이다. 즉, 하얀 쥐를 계속 회피함으로써 쥐가 더 이상 두려운 대상이 아니라는 사실을 학습할 기회를 갖지 못하기 때문이다. [그림 2-5]에 제시되어 있듯이, 공포반응이 형성되는 과정은 고전적 조건형성에 의해 설명될 수 있는 반면, 공포반응이 소거되지 않고 지속되는 과정은 조작적 조건형성에 의해서 설명될 수 있다.

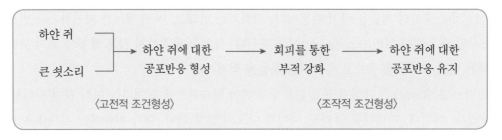

[그림 2-5] 공포반응이 형성되고 유지되는 학습과정

　1930년대 후반에 Mowrer와 Mowrer(1938)는 조건형성 기법을 이용하여 어린이 야뇨증을 성공적으로 치료한 사례를 보고하였다. 정상적인 아이들은 방광에 오줌이 차면 방광이 팽창하는 불쾌한 자극 때문에 깨어날 수 있고 오줌을 누게 된다. 그러나 야뇨증을 지닌 어린이들은 방광팽창의 자극에도 깨어나지 못하기 때문에 오줌을 싸게 되는 것이라고 가정하고, 이를 치료하기 위한 행동치료 방법을 개발하였다. 즉, 전기장치인 '부저와 깔개(bell and pad)'를 사용하여 깔개가 젖는 즉시 부저가 시끄럽게 울리도록 하여 곧바로 깨어서 오줌을 누도록 하였는데, 이 방식은 야뇨증 치료에 효과적이었다. 이러한 행동치료의 효과가 알려지면서 1960년대부터 행동치료가 급속히 발전하게 되었다.

3. 사회적 학습이론

인간이 새로운 행동을 습득하게 되는 세 번째 방법은 모방 및 관찰학습 이다. 주로 동물실험을 통해 밝혀지게 된 고전적 조건형성과 조작적 조건형성은 인간의 행동을 설명하는 데에 많은 기여를 하였지만, 사회적 상황에서 나타나는 다양하고 복잡한 행동의 습득과정을 설명하는 데에는 한계가 있다. 인간은 고전적 조건형성과 조작적 조건형성의 방법 외에도 다른 사람의 행동을 관찰하고 모방함으로써 새로운 행동을 학습하는 경우가 많다. 다른 사람이 행동하는 것을 관찰하는 것이 이타 행동, 공격행동, 공포반응과 같은 다양한 행동을 학습하게 할 수 있다는 것이 실험적으로 입증되었다. 이렇게 사회적 상황에서 다른 사람의 행동에 대한 관찰과 모방을 통해 새로운 행동을 학습하는 것을 **사회적 학습** (social learning)이라고 한다.

Albert Bandura

사회적 학습과정을 이론적으로 체계화한 대표적인 학자는 Bandura이다. 그에 따르면, 사회적 학습은 크게 세 가지 유형으로 나뉠 수 있다. 첫 번째 유형은 다른 사람의 행동을 그대로 따라하는 **모방학습**(modeling)이다. 흔히 아이들은 어른이 하는 행동을 흉내 내어 따라 함으로써 어른의 행동을 배우게 된다. 이러한 모방학습은 가장 단순한 형태의 사회적 학습으로서 인지적 요인의 개입 없이 자동적으로 이루어지는 경향이 있다. 난폭한 말과 폭력적 행동을 하는 또래친구를 모방하여 같은 행동을 하는 아동이나 수술을 앞두고 불안해하다가도 똑같은 수술을 태연하게 받는 다른 환자의 비디오 장면을 본 후 편안하게 수술을 받는 환자가 이에 해당된다.

두 번째 유형은 **대리학습**(vicarious learning)이다. 다른 사람들이 새로운 행동을 시도할 때 어떤 결과가 나타나는지를 관찰함으로써 자신이 그러한 행동을 했을 경우에 초래될 결과를 예상하는 학습방법이다. 어떤 행동이 보상적 결과를 초래하는 것을 보게 되면 그 행동의 빈도가 증가하는 반면, 처벌되는 것을 관찰하게 되면 행동의 빈도가 감소한다. 이타적 행동을 한 또래친구가 교사에게 칭찬받는 것을 보고 나서, 자신도 그와 같은 이타적 행동을 하는 아동의 경우가 이에 해당된다.

마지막 유형은 **관찰학습**(observational learning)으로서 사회적 상황에서 다른 사람의 행동을 관찰해 두었다가 유사한 행동을 나타내는 학습과정을 의미한다. Bandura(1977)는 이러한 관찰 학습에 네 가지 인지적 과정이 개입된다고 주장하고 있다. 즉,

아빠의 행동을 모방하는 어린아이의 모습

관찰대상인 모델의 행동에 관심을 갖고 주의를 기울이는 주의과정, 모델이 하는 행동을 유심히 관찰하여 그 관찰내용을 기억하는 저장과정, 특정한 상황에서 행동하기로 결정하는 동기화과정, 그리고 관찰한 행동을 동작으로 재생하는 운동재생과정이 그것이다. 범죄영화에서 주인공이 나타내는 행동을 유심히 관찰해 두었다가 증오하는 사람에게 유사한 방법으로 범죄행동을 저지르는 경우가 이에 해당될 수 있다.

이러한 세 가지 유형의 사회적 학습은 서로 밀접하게 관련되어 있다. Bandura는 이러한 사회적 학습이 인간의 복잡한 행동을 설명하는 데에 더 적절한 방식이라고 주장한다.

4. 행동치료

행동치료(behavior therapy)는 앞에서 설명한 다양한 학습원리를 적용해서 이상행동을 수정하는 치료기법을 말한다. 정신분석치료에서는 이상행동을 치료하기 위해서 그 기저의 원인인 무의식적 갈등을 자각하여 해소하게 하는 반면, 행동치료에서는 잘못된 학습에 의해 형성된 이상행동을 제거하거나 적응적 행동을 학습시켜 대체하게 한다. 이런 점에서 행동치료는 **행동수정**(behavior modification)이라고 불리기도 한다. 심리치료의 일차적 목표는 부적응적 이상행동을 약화시키거나 제거하는 일이다. 바람직하지 않은 부적응적 행동을 약화시키는 행동치료적 기법으로는 소거, 처벌, 혐오적 조건형성, 상호억제, 체계적 둔감법 등이 있다.

첫째, 소거는 부적응적 행동이 반복되어 나타나도록 강화하는 요인을 제거하는 것이다. 부적응적 행동은 여러 가지 보상에 의해서 강화될 수 있다. 따라서 이러한 강화요인을 찾아 제거함으로써 부적응적 행동의 강화를 차단하게 되면 그 행동이 감소하게 된다. 예컨대, 어린 아동의 부적절한 행동은 부모나 교사가 계속 주의와 관심을 기울여 줌으로써 강화를 받을 수 있다. 따라서 아동이 이러한 행동을 했을 때 부모나 교사가 관심을 기울여 주지 않으면 그러한 행동이 서서히 감소하게 된다.

둘째, 처벌은 부적응적 행동을 할 때 불쾌한 자극을 줌으로써 그 행동을 억제시키는 방법이다. 이와 관련된 중요한 행동치료기법이 **혐오적 조건형성**(aversive conditioning)이다. 혐오적 조건형성은 알코올 중독이나 줄담배를 피우는 문제행동을 치료할 때 흔히 사용되는 방법이다. 이 치료법은 알코올과 혐오적인 무조건 자극을 짝지음으로써 알코올에 대한 회피반응을 학습시키는 방법이다. 술을 마실 때마다 구토를 일으키는 약물을 복용하게 함으로써 술을 회피하도록 조건형성하는 것이 그 예이다. 이 방법은 알코올 중독의 치료와 금연에 상당히 효과적이라는 연구가 보고되고 있다.

셋째, 잘못된 조건형성으로 인해 생긴 부적응적 증상을 제거하는 대표적 방법이 **체계적 둔감법**(systematic desensitization)이다. 이 방법은 Wolpe(1958)에 의해서 개발되었는데 공포증과 같은 불안장애의 치료에 특히 효과적인 것으로 알려져 있다. 불안은 교감신경계의 흥분을 동반하며, 교감신경계가 이완되면 불안도 감소한다. 즉, 심리적 불안과 신체적 이완은 병존할 수 없다. 체계적 둔감법은 병존할 수 없는 새로운 반응(신체적 이완)을 통해 부적응적 반응(공포반응)을 억제하는 **상호억제**(reciprocal inhibition)의 원리를 이용하는 기법으로서 이미 조건형성된 부적응적 반응을 해체시키는 새로운 조건형성이 이루어진다는 점에서 **탈조건형성**(deconditioning)이라고 불리기도 한다. 뱀에 대한 공포증을 지닌 사람에게 체계적 둔감법이 적용되는 과정을 살펴보기로 하자. 먼저 공포증을 지닌 사람에게 근육이완훈련을 시행하여 원할 때마다 긴장을 해소할 수 있도록 가르친다. 다음에는 공포를 느끼는 자극상황을 그 심한 정도에 따라 위계적으로 분류한다. 예컨대, 환자는 뱀과 비슷한 밧줄을 보는 상황, 뱀의 그림을 보는 상황, 유리상자 안에 들어 있는 뱀을 바라보는 상황, 뱀을 살짝 손으로 만지는 상황, 뱀을 목에 두르는 상황의 순서로 공포감을 심하게 느낀다고 보고할 수 있다. 이처럼 공포자극 상황에 대한 위계목록이 작성되면, 환자로 하여금 근육이완을 통해 편안한 심리적 상태를 유도한다. 충분한 이완상태에 이르면, 가장 약한 불안을 느끼는 자극 상황, 즉 뱀과 비슷한 밧줄을 보여준다. 이완상태에 있는 환자가 별로 불안을 느끼지 않는다고 보고하면, 좀 더 강한 공포상황인 뱀의 그림을 보여준다. 이렇게 이완된 상태에서 조금씩 강한 공포상황에 노출시킨다. 만약 환자가 공포를 느낀다고 보고하면 공포자극의 노출을 멈추고 긴장이완을 시킨다. 충분히 이완되면 다시 약한 공포상황부터 제시한다. 공포자극 상황은 실제로 제시할 수도 있고 상상을 통해 제시할 수도 있는데, 뱀에 대한 공포를 지녔던 사람이 이러한 체계적 둔감법을 통해서 뱀을 만지고 목에도 두를 수 있는 상태로까지 변화할 수 있다.

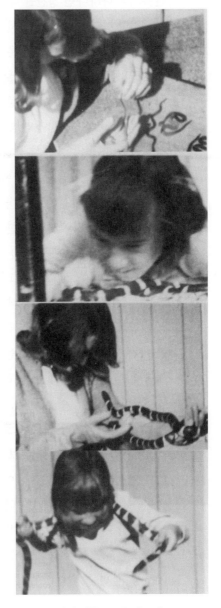

이 밖에도 부적응 행동과 반대되는 바람직한 행동을 했을 때 강화를 줌으로써 부적응 행동을 약화시키는 상반행동 강화방법, 유사한 자극상황에서도 부적응 행동을 하지 않는 모방대상을 관찰함으로써 행동변화를 유도하는 모방학습이나 역할극 등 다양한 방법이 있다.

행동치료에서는 부적절한 행동의 제거뿐만 아니라 바람

뱀에 대한 공포를 치료하는
체계적 둔감법의 단계적 과정

직한 적응행동을 학습시키거나 증가시키는 여러 가지 기법이 사용된다. **행동조성법**(behavior shaping)은 조작적 조건형성의 원리를 이용해서 부적절한 행동을 없애고 바람직한 행동을 형성하게 하는 기법이다. 예컨대, 초등학교에서 부산하고 산만한 수업태도를 지닌 학생을 수업에 집중하는 바람직한 학생으로 변화시키기 위해서 행동조성법이 적용될 수 있다. 학생이 부산하거나 산만한 행동을 나타낼 때는 교사가 관심을 주지 않고 무시하다가, 그 학생이 교사의 설명에 주의를 기울일 때는 반드시 관심을 기울여 준다. 이처럼 수업에 집중하는 행동이 다시 반복되어 나타나면 칭찬을 해 주고 상을 주는 등의 방법으로 강화해 준다. 이런 과정을 통해서 분주하고 산만한 행동은 서서히 사라지고 수업시간에 주의를 기울여 공부하는 행동이 서서히 증가하게 된다. 행동조성법은 나쁜 습관이나 문제행동을 교정하는 데에 매우 효과적이다.

환표이용법(token economy)은 학교나 정신병원 등의 기관에서 실제적인 강화물을 대신해서 환표(토큰, 스티커, 모조동전 등)를 강화물로 사용하여 바람직한 행동을 하도록 할 때 사용하는 방법이다. 예를 들어, 정신병원에서 세수를 하지 않고 이부자리를 개지 않는 등 기본적인 적응행동을 하지 않는 만성 조현병 환자에게 이러한 행동을 할 때마다 토큰을 하나씩 지급하여 토큰이 10개 모이면 강화물(예: 담배, 영화보기, 외출 등)을 주는 방법이다. 이런 방법은 환자에게 새롭게 변화시킬 행동목록과 그 난이도 등을 치료자가 세밀하고 체계적으로 계획해야 할 뿐만 아니라 환자에게 강력한 유인가가 있는 강화물을 선택하여 토큰과 교환할 수 있도록 하는 것이 중요하다. 대부분의 초등학교에서는 학생들이 바람직한 행동을 보일 때마다 교사가 스티커를 하나씩 상으로 주고 스티커가 일정 수만큼 모이면 학생들이 좋아하는 문구나 상품을 주는 환표이용법이 적용되고 있다.

사회적 학습방법도 긍정적인 적응적 행동을 학습시키는 데에 매우 효과적이다. 모범이 되는 다른 사람의 적응적 행동을 관찰하고 모방하게 함으로써 적응행동이 학습될 수 있다. 특히 적응적 행동을 어떻게 해야 하는지 잘 모르는 사람에게 적응행동을 학습시키는 데에 모방학습이 효과적이다. 예를 들어, 대인관계 기술이 매우 미숙한 청소년에게 다른 학생이 사람들에게 인사를 하고 웃는 모습으로 말을 건네는 모습을 관찰하게 하여, 그와 비슷한 행동을 하도록 유도할 수 있다. 이때 본보기가 되는 사람은 호감을 줄 수 있어야 하며 강화를 받는 모습이 함께 제시되면 효과적이다. 아울러 이렇게 모방된 행동이 학습되어 실제 장면에서 나타날 때 적절하게 강화를 주게 되면 더욱 효과적이다.

이러한 다양한 행동치료 방법을 사용하여 사회적 기술훈련, 의사소통훈련, 자기주장훈련, 자기표현훈련 등 적응적 행동을 학습시키는 훈련 프로그램들이 개발되어 있다. 행동치료는 공포증, 불면증, 강박장애, 품행장애, 비만증, 흡연증, 고혈압 등을 치료하는 데에 매우 효과적인 것으로 보고되고 있다.

제2절 행동주의적 입장 **83**

5. 행동주의적 입장에 대한 평가

행동주의 심리학은 인간의 행동을 객관적으로 측정하고 행동의 학습과정을 실험적으로 입증함으로써 심리학의 과학화에 크게 기여하였다. 이상심리학의 영역에서도 학습이론을 통해 이상행동이 습득되고 유지되는 과정을 구체적으로 이해하게 되었을 뿐만 아니라 이상행동을 치료하는 효과적 행동치료 기법도 개발되었다.

그러나 행동주의 이론은 여러 가지 한계를 지니고 있다. 행동주의 이론은 인간의 행동이 환경에 의해 결정된다는 입장에 근거하고 있으며 인간이 자신의 행동을 스스로 선택하고 결정하는 자유의지를 부정한다. 즉, 인간을 환경적 자극에 의해서 통제되는 피동적인 존재로 본다. 이러한 견해는 인간의 자율성을 부정하는 것으로서 인본주의 또는 실존주의 심리학자에 의해서 비판되었다.

또한 행동주의 이론은 객관적 관찰과 측정을 강조함으로써 인간의 행동을 자극과 반응의 관계로 지나치게 단순화하여 설명하려 한다. 즉, 인간의 내면에서 일어나는 심리적 과정을 무시하므로 인간의 다양하고 복잡한 행동을 설명하는 데에 한계가 있다. 공포증과 같은 일부의 정신장애는 학습이론에 의해 잘 설명되지만, 그 밖의 여러 장애는 학습이론으로 설명하기 어렵다.

엄격한 실험과학을 지향하는 행동주의 심리학자들은 주로 동물을 사용한 실험을 통해서 학습이론을 발전시켰다. 이처럼 동물실험의 결과에서 도출된 원리를 인간에게 무리하게 적용시켰다는 비판도 제기되고 있다. 인간은 다른 동물과는 달리 지적인 존재로서 복잡한 심리적 판단과 결정을 통해 행동한다. 근래에는 심지어 동물의 행동도 단순히 자극과 반응의 연합이 아니라 인지적 과정이 매개된다는 증거들이 제시되고 있다. 1950년대 이후 인간의 인지적 구조와 과정을 측정하는 연구방법론이 개발되면서 인간의 사고, 기억, 추론, 판단 등과 같은 심리적 과정을 연구하는 인지심리학이 발전하였다. 이러한 심리학계의 변화와 더불어 이상심리학에서도 인지적 이론이 대두되었으며, 대다수의 행동주의 심리학자들이 현재는 엄격한 행동주의적 입장을 고수하기보다는 인지적 요인을 함께 고려하는 인지행동적 입장으로 변화하고 있다.

인본주의적 입장

　인본주의 심리학은 정신분석적 입장과 행동주의적 입장을 비판하면서 1950~1960년대에 긍정적 인간관에 근거하여 새롭게 대두된 심리학적 입장으로서 '제3의 심리학'이라고 불리기도 한다. 인본주의 심리학은 당시의 위기적 시대 상황을 극복하기 위한 노력의 일환으로 시작되었다고 할 수 있다. 20세기에 들어서면서 인간은 이성과 합리주의에 근거하여 급속하게 발달한 자연과학과 기계문명에 의해 행복한 삶을 누리게 될 것이라고 기대되었다. 그러나 두 번의 세계 대전을 통해 인류는 엄청난 상처를 입게 되었으며 기계문명 속에서 인간이 수단으로 전락하여 소외되는 불안과 위기감이 고조되었다. 심리학의 분야에서도 결정론과 인과법칙에 기초한 정신분석과 행동주의 이론에 대한 저항과 더불어 좀 더 긍정적인 인간관에 기초한 심리학적 입장의 필요성이 제기되었다.

　인본주의 심리학자의 관점에서 보면, 정신분석적 입장은 인간을 근본적으로 성적인 욕구와 공격적인 욕구와 같은 동물적인 무의식적 동기에 의해 움직이는 부정적 존재로 보는 한편, 행동주의적 입장은 인간을 로봇처럼 환경에 의해 조작되는 피동적인 존재로 본다. 이처럼 인간의 자유의지와 존엄성을 무시하는 부정적 인간관에 근거한 기존의 심리학 이론을 비판하면서, 인본주의 심리학자들은 인간이 근본적으로 자기실현을 추구하는 성장지향적 존재라고 주장한다. 이러한 긍정적 인간관이 정신분석적 입장이나 행동주의적 입장과 차별되는 인본주의 심리학의 가장 큰 특징이며, 그 대표적인 사람이 Maslow나 Rogers이다.

　Abraham Maslow(1943, 1954, 1962, 1970)는 자기실현동기를 인간이 지향하는 가장 상위의 동기로 보았다. 그에 따르면, 인간의 행동은 다양한 동기에 의해 유발되는데 이러한 동기들은 위계적 구조를 이루고 있다. 가장 기초적인 동기는 음식, 물, 산소와 같이 생존에 필요한 생물학적 동기로 이루어져 있으며, 그 위에는 안전의 동기, 애정과 소속감의 동기, 자기존중감의 동기가 있으며, 가장 상위에는 자기실현의 동기가 있다. 인간은 먼저 하위동기를 충족시키기 위해 행동하며 이러한 동기가 충족되면 바로 상위의 동기를 충족시키기 위한 행동이 나타나는데, 궁극적으로 인간의 삶은 자기실현을 지향하고 있다. 다만 많은 사람이 하위 동기의 좌절로 인해 자아실현동기가 활성화되는 수준의 삶에 이르지 못할 뿐이다. 이처럼 자아실현동기를 궁극적인 동기로 보는 인본주의 심리학은 성적 욕구를 인간의 가장 근본적 동기로 여기는 정신분석이론과는 대별된다.

Carl Rogers

　인본주의 심리학을 주도한 인물들 중에서 가장 중요한 위치를 차지하는 학자는 Carl Rogers(1902~1987)이다. 그는 임상심리학자로 일하던 초기에 아동상담소에서 일하면서 주로 정신역동적인 입장의 영향을 받았으나 아동과 청소년에 대한 상담경험이 쌓이면서 서서히 자신의 새로운 이론을 정립하였다. 그의 이론은 비지시적 상담이론에서 시작하여 내담자중심이론(client-centered theory)으로 그리고 1970년대 이후에는 인간중심이론(person-centered theory)으로 발전하였다. Rogers의 이론은 정밀한 과학적 이론이라기보다는 상담경험에 근거한 인간론이라고 할 수 있으며 특히 상담과 심리치료에 커다란 영향을 미쳤다.

　Rogers(1942, 1951, 1957, 1961, 1980)에 따르면, 인간은 근본적으로 자기실현을 추구하는 존재이다. 인간은 좀 더 가치 있는 존재로 성장하기 위해서 자신의 모든 잠재력을 발현시켜 유능한 인간이 되려는 생득적인 성향을 지니는데, Rogers는 이를 자기실현 성향(self-actualization tendency)이라고 불렀다. 유기체로서의 인간은 여러 가지 기능과 구조로 구성되어 있지만 통합된 전체로서 반응하는 존재이며, 따라서 인간을 요소로 쪼개어 분석적으로 이해하기보다는 기능하는 전체로 이해해야 한다. 자기실현 성향은 전체로서의 유기체가 자신을 유지하고 향상시키려는 생득적인 성향이며 행동의 원천이다. 즉, 개인의 행동은 궁극적으로 자아실현의 목표를 향하고 있다.

Rogers에 따르면, 인간이 이상행동과 정신장애를 나타내는 것은 자기실현적 성향이 차단되고 봉쇄되었기 때문이다. 어린아이는 부모를 비롯한 타인의 보살핌을 통해 성장하게 되는데, 부모는 아이가 한 유기체로서 선천적으로 타고난 욕구, 재능, 행동양식을 무조건적으로 수용하지 못하고 자신들의 가치와 기대에 맞추어 조건적인 수용을 하게 된다. 이러한 과정에서 아이는 자신의 유기체적 욕구와 부모의 애정을 얻으려는 욕구 사이에서 갈등하게 되며, 대부분 부모의 애정을 얻기 위하여 부모의 조건적 가치를 받아들이게 된다. 아이는 성장과정 속에서 부모의 가치에 따라 평가된 자기개념(self-concept)을 형성하게 되는데, 특히 자녀의 욕구를 잘 수용하지 못하는 부모에게서 양육된 아동은 자기개념과 자신의 유기체적 경험(organismic experience) 간의 심한 괴리를 나타내게 된다. 유기체적 경험은 개인이 몸과 마음을 통해 자각하게 되는 주관적 체험으로서 개인의 가치체계에 의해 평가되지 않는 순수한 형태의 체험을 말한다. 이러한 유기체적 경험과 자기개념의 괴리는 위협으로 느껴지고 불안을 일으키게 되며, 개인은 불안을 방어하기 위해 자신의 유기체적 경험을 왜곡하거나 부인하게 된다. 이런 과정을 통해서 자기개념과 유기체적 경험의 괴리가 점점 확대되면, 개인은 점점 더 심한 불안을 경험하게 되며 부적응 상태를 나타내게 된다. 그리고 그동안 왜곡하고 부인해 온 유기체적 경험을 직면할 수밖에 없는 상황에 도달하게 될 경우, 정신병적 혼란과 와해를 나타낼 수 있다.

Rogers의 이론은 이상행동의 발생과정보다는 치료과정에 더 많은 시사점을 제공하고 있다. 즉, 심리치료는 내담자가 자기개념에 대한 위협이 없는 상황에서 유기체적 경험을 왜곡 없이 지각하여 이를 자기개념에 통합하도록 하는 일이다. 이를 위해서 치료자는 이전에 부모가 제공했던 조건적이고 가치평가적인 관계와는 다른 새로운 관계를 제공해야 한다. 이러한 성장촉진적 관계를 위해서 치료자가 지녀야 할 중요한 세 가지 자세는 무조건적인 긍정적 존중(unconditional positive regard), 공감적 이해(empathic understanding), 진솔함(genuineness)이다. 즉, 내담자는 자신의 모든 것을 무조건적으로 수용하고 긍정적으로 존중하는 치료자와의 관계 속에서 자신의 경험에 대한 공감적인 이해를 받고 진솔한 대화를 나눌 수 있을 때, 그동안 왜곡하고 부인해 왔던 자신의 진정한 모습을 자각하고 수용함으로써 자기개념과의 통합을 이루게 된다. 달리 말하면, 유기체적 경험과 자기개념이 통합됨으로써 자신의 잠재능력을 원활하게 발현하는 자기실현적 인간으로 성장하게 되는 것이다. 이것이 Rogers가 제안한 인간중심치료(person-centered therapy)의 골자이다. Rogers는 현대의 심리치료자들에게 가장 많은 영향을 준 사람으로 여겨지고 있다(Norcross & Prochaska, 1982).

그러나 인본주의 심리학은 실험이나 체계적인 경험적 연구에 의해서 형성된 것이 아니라 대부분 내담자의 주관적 경험에 대한 임상적 관찰에 근거하고 있다. 따라서 인본주의 심리학은 비과학적인 이론적 주장에 불과하다는 비판이 제기되기도 했다. 이러한 비판에 대해서 Maslow는 인간에게 자연과학적인 방식으로 연구할 수 있는 측면이 있기는 하지만 인간의 의지, 가치, 목적, 의미 등은 그러한 방식으로 접근할 수 없으며 이는 인간을 이해하는 새로운 방식, 즉 인본주의적 접근으로 가능하다는 견해를 피력했다.

제3절 인지적 입장

이상행동에 대한 인지적 입장은 정신분석적 입장과 행동주의적 입장에 대한 불만족으로부터 시작되었다. 1950년대 들어 정신분석적 이론은 추상적이고 주관적인 개념을 사용하여 과학적 검증이 어려울 뿐 아니라 정신분석치료가 너무 많은 시간을 요하고 그 효과 역시 불분명한 점들이 커다란 한계로 부각되기 시작했다(Eysenck, 1952). 또 행동주의적 입장은 지나치게 엄격한 자극-반응이론에 집착하여 인간 내부에서 일어나는 심리적 현상과 과정을 무시함으로써 다양한 인간행동에 대한 설명력이나 치료영역이 크게 제한되었다. 또한 심리학계에서는 1950년대 후반부터 인간의 내부적인 인지적 활동을 측정하는 다양한 연구방법이 개발되어 자극과 반응 간을 매개하는 인지구조와 과정에 대한 연구가 활발히 이루어지면서 소위 **인지혁명**(cognitive revolution)이 일어났다. 많은 임상가가 정신장애로 고통받는 사람들이 여러가지 인지적 왜곡과 결손을 가지고 있으며 이러한 인지적 요인들이 정신장애에 영향을 미치는 중요한 요인임을 경험적으로 확인함에 따라 이상행동의 인지적 요인에 대한 연구가 활발하게 이루어지기 시작했다.

이러한 시대적 상황 속에서 1960년대에 인지적 입장을 선구적으로 주장한 사람은 Ellis와 Beck이다. Albert Ellis(1958, 1962)는 정신분석치료의 소극적 접근방식과 지나치게 긴 치료기간에 불만을 갖게 되어, 보다 적극적인 치료기법으로서 신념의 변화를 강조하는 합리적 정서치료(rational-emotive therapy)를 제안하였다. Aaron Beck(1964, 1967; Beck, Rush, Shaw, & Emery, 1979)은 우울증에 대한 정신분석이론을 과학적으로 검증하려고 노력하다가 그 한계를 절감하고 연구결과에 근거하여 **인지치료**(cognitive therapy)를 개발하게 되었다. 아울러 1960년대에 심리학계 내에서는 인지심리학의 분야가 급속히 발전하면서 인지적 접근의 이론적 근거가 마련되었다. 인지심리학에서는 인간을 정보처리자 또는 문제해결자로 간주하였고 지각, 주의, 기억, 추론 등 정보처리과정에 대한 많은 연구가 수행되었다. 이러한 연구들로 인해 자극과 반응 간을 매개하는 인지과정에 대한 관심이 고조되었으며, 부적응적인 이상행동은 정보처리과정과 문제해결기술의 결함에 기인한 것일 수 있으며 이러한 인지적 과정에 개입함으로써 이상행동을 치료할 수 있다는 입장이 힘을 얻기 시작했다. 1970년대에 들어서 많은 연구자와 임상가가 이러한 인지적 입장에 근거하여 연구를 수

Albert Ellis

행하고 다양한 치료이론과 기법을 개발함으로써 인지적 입장은 이상심리학의 주요한 이론적 입장으로 자리 잡게 되었다. 이러한 인지적 입장을 지닌 사람들은 일부 학습이론 및 행동치료 기법을 흡수하여 통합함으로써 이론적 설명력과 치료효과를 증대시키려는 노력을 해 왔기 때문에, 흔히 **인지행동이론**(cognitive behavior theory)이라고 불리기도 한다. 현재 이러한 인지행동적 입장은 이상심리학계에서 가장 강력한 입장으로 자리 잡아 가고 있다.

Aaron T. Beck

　이상행동에 대한 인지적 입장은 다음의 몇 가지 가정에 기초한다. 첫째, 인간의 감정과 행동은 객관적, 물리적 현실보다는 주관적, 심리적 현실에 의해 결정된다는 입장이다. 인간은 외부현실 자체보다는 외부현실에 대한 심리적 구성, 즉 주관적 현실에 의해서 영향받는다는 것이다. 이러한 가정은 현상학적이며 구성주의적 입장에 그 철학적 기반을 두고 있다. 둘째, 주관적 현실은 외부현실에 대한 인간의 심리적 구성으로서 이러한 구성과정은 수동적인 과정이 아니라 능동적인 과정이라는 가정이다. 즉, 주관적 현실은 인간의 내부적 속성과 외부적 자극 간의 종합적 산물이다. 셋째, 인간의 주관적 현실은 주로 인지적 활동을 통해 구성되며 사고와 심상 등 인지적 내용에 의해 표상된다고 본다. 넷째, 정신장애는 인지적 기능의 편향이나 결손과 밀접하게 연관되어 있으며 또 이러한 인지적 요인에 의해 유발될 수 있다는 가정이다. 세계를 주관적 현실로 구성하는 인지적 과정에서의 왜곡과 결손이 정신장애를 유발하는 주요한 원인일 수 있다는 생각이다. 마지막으로, 이러한 인지적 왜곡과 결손의 수정과 변화를 통해서 정신장애는 완화되고 치료될 수 있다는 가정이다. 요컨대, 정신병리에 대한 인지적 접근에서 인간은 인지활동을 통해 객관적 세계를 능동적으로 구성하며 이러한 인지적 활동이 정신장애를 유발하고 지속하게 하는 주요한 요인이라는 가정에서 출발한다.

1. 이상행동을 유발하는 인지적 요인

　이상행동에 대한 인지적 입장에 따르면, 인간은 끊임없이 주변의 환경자극에 대해 의미를 부여하는 존재이다. 이러한 의미부여과정에는 여러 가지 인지적 요인이 개입하게 되는데, 정신장애를 지닌 사람들은 부적응적인 인지적 특성을 지니고 있다고 본다. 인간의 인지는 매우 복합적인 체계로서 여러 가지 측면으로 나누어 볼 수 있다. 이상행동과 관련된 부적응적 인지를 좀 더 명확하게 이해하기 위해서는 인지적 구조, 인지적 산물, 인지적 과정을 구분하는 것이 유용하다(권석만, 1995; Hollon & Kriss, 1984; Ingram & Kendall, 1986; Kendall & Ingram,

1987, 1989).

인지적 구조(cognitive structure)는 개인이 자신과 세계에 대한 지식과 정보를 체계적으로 조직하고 저장하는 기억체계를 의미한다. 이러한 인지구조는 과거경험의 축적물로서 외부자극을 선택적으로 지각하고 해석하며 저장하는 기능을 한다. 인지적 구조는 크게 두 가지 측면, 즉 (1) 인지적 구조를 구성하는 내용과 (2) 인지적 구조가 조직된 방식으로 나누어 볼 수 있다. 심리장애를 지닌 사람들은 특정한 주제에 편향된 인지내용으로 구성된 인지구조 또는 인지도식(schema)을 지니고 있다. 예컨대, 불안장애를 지닌 사람들은 '위험'에 예민한 인지도식을 지니고 있어 주변환경 속에 내재하는 위험가능성을 과도하게 평가하는 반면, 우울한 사람들의 인지도식은 '상실'이나 '실패'라는 주제에 편향되어 자신의 경험을 비관적으로 평가하는 경향이 있다. 흔히 이러한 인지도식은 역기능적 신념(dysfunctional beliefs)의 형태로 나타나기도 한다(Beck et al., 1979). 예컨대, 불안장애를 지닌 사람들은 "세상은 위험으로 가득 차 있다. 항상 조심하고 경계해야 한다. 그렇지 않으면, 치명적인 결과를 맞게 될 것이다"와 같은 신념을 지니는 경향이 있으며, 이러한 신념으로 인해 매사에 과민반응을 보이게 되므로 항상 높은 수준의 불안을 경험하게 되는 것이다. 또한 언어 및 사고과정에 심한 혼란을 나타내는 정신분열증과 같은 심리장애는 인지구조의 구조적 결함이나 혼란에 기인할 수 있다. 인지적 입장에서는 이상행동이나 심리장애의 근본적 원인은 이러한 인지구조의 편향이나 결손에 있다고 보고 있다.

인지적 산물(cognitive products)은 외부자극에 대한 정보처리의 결과로 생성된 인지를 의미한다. 인간은 주변 자극에 대해서 정보처리를 통해 능동적으로 의미를 부여하고 해석함으로써 자신의 주관적 현실 또는 현상적 장을 구성하게 된다. 외부자극에 의미가 부여되는 정보처리과정은 인지적 구조의 바탕 위에서 일어나기 때문에 인지적 산물은 외부의 환경적 자극과 개인 내부의 인지적 구조가 상호작용한 결과이며 주로 사고나 심상의 형태를 지닌다. 이렇게 사고와 심상으로 이루어지는 인지적 산물이 감정과 행동에 영향을 미치게 된다. 정신장애를 지닌 사람들은 외부적 현실의 의미를 특정한 방향으로 왜곡하는 경향이 있으며, 그들의 사고나 심상은 부정적이고 비현실적이어서 현실 적응에 어려움을 초래하게 되는데, 정신장애나 증상은 사고의 내용에 의해서 커다란 영향을 받는다. 예컨대, 우울한 사람들은 자신의 경험을 부정적인 방향으로 과장 또는 왜곡하여 해석함으로써 자신에 대한 부정적 사고와 심상을 지니게 된다. 정신병을 지닌 사람들은 타인의 행동을 극단적으로 왜곡하여 자신을 미행하거나 살해하려 한다는 사고에 집착하는 피해망상을 나타내기도 한다. 정신장애를 지닌 사람들은 편향적 사고를 하는 습성이 있어서 어떤 환경적 자극이 주어지면 특정한 방향으로 의미부여를 하게 되는데, 이렇게 의미부여를 하는 사고과정이 거의 자동적으로 매우 빠르게 진행되기 때문에 의식적인 노력을 하지 않으면 사고내용이 잘 자각되지 않는다. 그러나 이러한 사고

표 2-1 심리장애와 관련된 주된 사고내용

심리장애	자동적 사고의 주제
우울증	자기자신, 미래, 환경에 대한 부정적 견해
경조증	자기자신, 미래, 환경에 대한 긍정적 견해
불안증	신체적 또는 심리적 위협과 위험
공황장애	신체나 정신적 경험에 대한 파국적 해석
공포증	구체적이고 회피가능한 상황에서의 위험
전환장애	운동기관 또는 감각의 이상에 대한 믿음
강박증	안전에 대한 반복적 경고 및 회의
자살	희망상실, 절망
섭식장애	살찌는 것에 대한 공포
건강염려증	심각한 의학적 질병에 걸려 있다는 믿음

내용은 감정과 행동을 결정하기 때문에 인지이론에서 매우 중요시되며, Beck은 이를 **자동적 사고**(automatic thoughts)라고 명명하였다. 이상행동에 대한 인지이론은 자동적 사고의 내용이 정신병리적 반응에 영향을 미친다고 보며 이를 **인지적 내용-특수성 가설**(cognitive content-specificity hypothesis)이라고 한다. Beck은 다양한 심리적 장애를 가진 사람들이 지니는 사고의 주제를 〈표 2-1〉과 같이 제시하고 있다.

인지적 과정(cognitive processes)은 인지적 구조가 인지적 산물을 생성해내는 방식을 의미한다. 인지적 과정은 인지적 구조가 기능하는 방식으로서 입력정보가 산출물로 변환되는 규칙을 뜻한다. 인지적 과정은 입력정보가 지각되어 의미부여가 이루어지고 추론되어 의미확대가 이루어지는 정보변환과정을 의미한다. 심리장애를 지닌 사람들은 외부자극을 해석하는 인지적 과정에서 여러 가지 오류를 범하는 것으로 밝혀졌다. 예컨대, 우울증을 지닌 사람들은 긍정적 정보는 무시하고 부정적 정보는 과장하여 상황을 해석하는 정보선택의 오류, 한두 번의 실패경험에 근거하여 어떠한 경우에도 성공할 수 없을 것이라고 판단하는 과잉일반화의 오류, 친구 아니면 적이라는 이분법적 구분에 의해 자신에게 동조하지 않은 사람은 모두 적이라고 판단하는 흑백논리의 오류 등을 범한다(Beck, 1967; Beck et al., 1979). 이러한 **인지적 오류**(cognitive error)에 의해서 외부자극의 의미가 현저하게 과장되거나 왜곡됨으로써 현실적응에 어려움이 초래된다.

심리적 장애와 관련된 부적응적 인지는 그 속성에 따라 크게 두 가지 유형, 즉 인지적 결손과 인지적 왜곡으로 구분될 수 있다(Kendall, 1985, 1991; Kendall & MacDonald, 1993). **인지적 결손**(cognitive deficits)은 특정한 인지기능의 저하나 결함을 의미한다. 즉, 정상적인 적응을 위해 필요하거나 유용한 인지적 활동이 결여되어 있거나 불충분한 상태를 뜻한다. 예를 들어, 만성 조현병 환자의 주의폭의 협소화, 강박증 환자의 단기기억용량의 감소, 충동적인 아동의 계획 능력의 부족 등은 인지적 결손에 해당된다. **인지적 왜곡**(cognitive distortion)은 인지적 기능이 위축된 결손상태와는 달리, 적극적이고 능동적인 인지활동이지만 '편향되고 왜곡된' 사고과정을 의미한다. 예를 들어, 우울증 환자의 자기능력에 대한 부정적인 평가나 과소평가, 불안장애 환자의 위협에 대한 과장된 해석, 공황장애 환자의 신체감각에 대한 재난적 오해석 등이 인지적 왜곡에 포함된다.

2. 인지적 심리치료

인지적 입장에서 제시하는 심리치료의 기본원리는 정신장애의 유발과 지속에 영향을 미치는 부적응적 인지를 변화시키는 것이다. 1960년대 이후 활발하게 발전되어 온 인지적 심리치료의 이론과 기법은 매우 다양하다. 이러한 인지행동치료는 어떤 인지적 측면에 어떻게 개입하느냐에 따라 크게 세 가지 유형으로 구분되기도 한다(Dobson & Block, 1988; Mahoney & Arnkoff, 1978). 첫째 유형은 부적응적 인지를 적응적 인지로 대체하는 인지적 재구성(cognitive restructuring)에 초점을 둔 치료법으로서 Ellis의 합리적 정서치료와 Beck의 인지치료가 대표적이다. 두 번째 유형으로 다양한 스트레스 상황에 대처하는 여러 가지 인지행동적 기술을 습득시키는 대처기술치료(coping skills therapy)가 있으며 Meichenbaum의 스트레스 면역훈련이 이에 속한다. 세 번째로 개인이 처한 문제상황의 해결에 초점을 두고 문제상황을 체계적으

표 2-2 다양한 인지행동치료들

최초 발간연도	치료법 이름	개발자	치료유형
1962	Rational-Emotive Therapy	Ellis	인지재구성
1963	Cognitive Therapy	Beck	인지재구성
1971	Self-Instructional Training	Meichenbaum	인지재구성
1971	Anxiety-Management Training	Suinn & Richardson	대처기술치료
1971	Problem-Solving Therapy	D'Zurilla & Goldfried	문제해결치료
1971	Problem-Solving Therapy	Spivack & Shure	문제해결치료
1973	Stress Inoculation Training	Meichenbaum	대처기술치료
1974	Systematic Rational Restructuring	Goldfried	대처기술치료
1974	Personal Science	Mahoney	문제해결치료
1975	Rational Behavior Therapy	Maultsby	인지재구성
1977	Self-Control Therapy	Rehm	문제해결치료
1983	Structural Psychotherapy	Guidano & Liotti	인지재구성

출처: Dobson & Block(1988).

로 분석하며, 여러 해결방안을 모색하고 각 장단점을 평가하며, 최선의 해결방법을 치료자와 함께 계획하고 실행하는 문제해결치료(problem solving therapy)가 있다. 〈표 2-2〉에 다양한 인지행동치료가 세 가지 유형으로 분류되어 개발연도 순으로 제시되고 있다.

여기에서는 가장 대표적인 인지적 심리치료인 Beck의 인지치료를 좀 더 자세히 소개하고 자 한다. 인지치료의 기본원리는 (1) 내담자로 하여금 자신의 문제를 초래하는 부적응적 인지 를 포착하여 인식하게 하고, (2) 부적응적 인지의 내용에 대해서 현실성, 합리성, 유용성을 스 스로 평가하게 하며, (3) 부적응적 인지를 감소시키거나 보다 건강한 적응적 인지로 대체시키 는 것이다.

인지치료의 주요 과정을 좀 더 세분화하여 구체적으로 설명하면 다음과 같다. 치료 초기에 는 (1) 내담자가 호소하는 심리적 문제를 정서적, 행동적, 신체적 문제별로 구체적으로 명료 화하여 내담자와의 합의하에 치료목표로 삼는다. (2) 이러한 심리적 문제에 인지적 요인이 관 련되어 있음을 내담자가 납득할 수 있도록 인지치료의 기본원리를 이해시킨다. (3) 내담자의 심리적 증상을 야기하는 부적응적인 자동적 사고를 내담자와 함께 탐색하고 조사한다. 이때 현재의 생활 속에서 경험하는 사건들의 의미를 내담자가 어떻게 해석하고 있는가를 구체적으 로 살펴보는 것이 중요하다. 자동적 사고를 파악하기 위하여 다양한 질문법과 더불어 A-B-C 기법이나 사고기록표 작성법 등이 사용된다. [그림 2-6]에 제시되어 있듯이, 역기능적 사고 의 일일기록표(daily record of dysfunctional thoughts)를 사용하여 내담자로 하여금 매일매일 문 제되는 정서적 증상을 느끼게 되는 사건과 사고내용을 기록하도록 숙제를 내주고 다음 면담 시간에 그 기록지의 내용을 근거로 구체적인 내용을 다루어 가기도 한다. 이러한 방법으로 자 동적 사고내용이 확인되면, 이러한 사고내용과 내담자의 심리적 증상이 어떻게 관련되어 있 는지를 논의한다. (4) 확인된 자동적 사고의 현실적 타당성을 내담자와 함께 살펴본다. 생활 사건의 사실적 자료에 근거하여 자동적 사고의 객관성, 논리성, 유용성 등을 다양한 각도에서 살펴본다. 아울러 인지적 오류의 개입가능성을 논의한다. 이때 치료자는 내담자의 부적응적 인 사고내용을 직접적으로 논박하기보다 소크라테스의 대화법적 질문(Socratic questioning)을 통해 내담자 스스로 자신의 사고내용을 평가하여 부적응성을 발견하도록 유도하는 것이 필요 하다. 인지치료에서 흔히 사용되는 질문은 "그렇게 생각한 근거가 무엇인가?", "다른 사람도 그 상황에서 같은 생각을 할 것인가?", "그런 생각이 삶에 어떤 도움이 되는가?", "다른 해석방 법은 없는가?"이다. 이러한 물음을 던짐으로써 내담자 스스로 자신의 사고내용이 상황에 대 한 과장되고 왜곡된 해석이었음을 스스로 깨닫도록 하는 것이 바람직하다. 때로는 행동실험 법(behavioral experimentation)을 통해 사고내용의 사실 여부를 내담자와 함께 실제로 확인해 볼 수도 있다. 예를 들어, 어떤 행위에 대해 극단적인 부정적 결과를 예상하는 자동적 사고에 집착하는 내담자의 경우, 두려워하는 행동을 치료시간이나 생활장면에서 실제로 해 보고 그

날짜	상황 1. 기분을 나쁘게 만든 실제 사건 2. 기분을 나쁘게 만든 사고 흐름이나 백일몽, 회상	정서 1. 슬픔, 불안, 분노 등을 구체화 2. 감정의 정도를 1～100%로 평정	자동적 사고 1. 정서에 선행하는 자동적 사고를 기록 2. 자동적 사고의 확신 정도를 0～100%로 평정	합리적 반응 1. 자동적 사고에 대한 합리적 반응을 기록 2. 합리적 반응에 대한 확신도 0～100%로 평정	결과 1. 자동적 사고에 대한 확신도를 0～100%로 재평정 2. 그 이후 정서상태를 0～100%로 평정하고 구체화

[그림 2-6] 역기능적 사고의 일일기록표

결과를 실증적으로 확인해 보는 것이다. (5) 부적응적 사고에 대해서 보다 현실적이고 적응적인 대안적 사고내용을 탐색하고 이러한 사고내용으로 대체하게 한다. 그 결과로 경험되는 감정의 긍정적 변화를 논의한다. (6) 과거의 습관화된 부정적 사고패턴이 생활 속에서 나타날 때마다 보다 적응적인 사고로 대체하는 작업을 꾸준히 계속하도록 격려한다. Beck에 따르면, 심리장애를 지닌 사람들은 당위적이고 완벽주의적이며 융통성 없는 비현실적 신념을 지니고 있다. 이러한 신념들이 현실생활 속에서 지속적인 심리적 압박감과 좌절 경험을 초래하는 것이다. 인지치료는, 이러한 심리적 증상을 유발한 근원적인 요인인 역기능적 신념을 보다 유연하고 현실적인 적응적 신념으로 대체함으로써 내담자가 지혜로운 인생관을 지니고 건강한 삶을 살아가도록 인도하고자 한다. Beck의 인지치료는 우울장애, 불안장애, 알코올 중독, 섭식장애 등 다양한 정신장애를 치료하는 효과적인 방법으로 알려져 있다.

3. 인지적 입장에 대한 평가

이상행동에 대한 인지적 입장은 현재 심리학자들에게 가장 각광받고 있는 이론적 입장이다. 인지적 입장은 과학적인 방법론을 적용하여 정신장애를 유발하는 인지적 요인을 밝히는 데에 커다란 기여를 해 왔다. 정신분석적 입장이 지니고 있는 연구방법의 과학성 결여라는 한계와 행동주의적 입장에서 문제시되고 있는 설명력 부족의 한계를 인지적 입장은 잘 극복하고 있기 때문이다. 인지적 입장은 경험적 연구결과에 근거하여 다양한 심리장애의 발생기제를 설명하는 구체적인 이론을 제시하고 있다. 또한 이러한 이론적 토대 위에서 특정한 정신장애를 유발하고 지속시키는 인지적 요인을 변화시키는 다양한 구체적 치료기법을 개발하여 적용하고 있다. 인지적 심리치료는 다양한 정신장애에 대해 치료효과가 우수한 것으로 검증되었으며 20주 내외의 단기간에 시행하므로 매우 효율적인 치료로 간주되고 있다.

그러나 인지적 입장 역시 여러 가지 한계점을 지니고 있다. 첫째, 인지적 입장은 심리적 기능의 다른 측면, 즉 정서나 동기의 중요성을 간과하고 있다는 비판이 있다. 인간의 심리적 세계는 인지적, 정서적, 동기적 요인들이 복합적으로 상호작용하는 역동적 세계라고 할 수 있는데, 인지적 입장은 모든 심리적 현상을 인지적 요인만으로 설명하려는 인지적 환원주의에 빠져 있다는 지적이다. 인간의 행동은 인지에 의하여 설명될 수 있는 것 이상으로 복잡하다. 이런 점에서 인지적 입장은 인간을 지나치게 단순화하여 피상적으로 이해한다는 비판적 관점이 있다.

둘째, 인지적 이론은 정신장애와 관련된 인지적 요인과 과정에 대한 설명일 뿐 정신장애의 궁극적 원인에 대한 설명이 아니라는 비판이 있다. 인지이론은 역기능적 인지도식이나 신념이 정신장애를 유발하는 근본적 원인이라고 설명하고 있으나, 그렇다면 역기능적 인지도식과 신념은 어떻게 형성되는 것인가 하는 물음이 제기될 수 있다. 이에 대한 인지이론은 어린 시절의 경험이 신념의 형성에 영향을 미친다는 것 외에는 구체적인 설명을 제시하지 못하고 있다. 인지치료자 중에는 어린 시절의 경험이 어떻게 자기 및 세계에 대한 인지도식의 형성에 영향을 미치는지에 대한 이론적 설명을 시도한 Guidano와 Liotti(1983) 같은 이도 있으나, 역기능적 인지도식과 신념의 발달과 형성에 대한 체계적 설명이 필요하다.

마지막으로, 인지치료는 적용대상에 한계를 지니고 있다. 일반적으로 지능이나 학력이 낮고 심리적인 내성 능력이 현저하게 부족한 내담자는 인지치료에 적절치 않은 것으로 알려져 있다. 또한 급격한 위기상태에 있는 내담자나 정신병적 증상이나 심한 성격장애의 문제를 지닌 내담자에게는 인지치료의 적용에 신중을 기해야 한다. 인지치료는 여러 가지 한계와 앞으로 보완해야 할 점들을 지니고 있다. 그럼에도 불구하고 과학적이고 실증적인 이론적 기반을 지니고 있다는 점에서 앞으로 발전가능성이 가장 많은 치료이론이다.

 제4절 생물학적 입장

현대의 이상심리학에는 이상행동과 정신장애의 원인을 신체적 또는 생물학적 측면에서 규명하려는 생물학적 입장이 있다. 생물학적 입장은 신체적 원인론의 전통에 뿌리를 두고 있고, 모든 정신장애는 신체질환과 마찬가지로 신체적 원인에 의해서 생겨나는 일종의 질병이며,

이러한 질병은 생물학적 방법에 의해서 치료되어야 한다고 가정한다. 정신장애의 생물학적 원인에 대한 관심은, 19세기 말 심한 정신적 퇴화를 보이는 '진행성 마비'로 불리는 장애가 매독균에 의한 감염으로 유발된다는 것이 발견되면서 고조되었다. 이러한 생물학적 입장은 아직 모든 정신장애의 원인이 발견되지는 않았지만 결국에는 진행성 마비처럼 생물학적 원인에 의해 설명될 수 있다고 믿는다. 오늘날 이러한 입장의 연구자들은 정신장애를 유발할 수 있는 주요한 생물학적 원인으로 유전적 요인, 뇌의 구조적 결함, 뇌의 생화학적 이상에 초점을 맞추고 있다.

1. 유전적 요인

정신장애 환자의 가족 중에는 유사한 정신장애를 지닌 사람들이 많다는 가계연구의 결과들이 누적되면서 유전적 요인이 정신장애의 유발에 관여한다는 주장이 제기되기 시작했다. 이러한 입장에서는 유전적 이상이 뇌의 구조적 결함이나 신경생화학적 이상을 초래하여 정신장애를 유발할 수 있다고 본다.

어떤 정신장애가 얼마나 유전적 영향을 받는지를 밝히기 위해서 가계연구, 쌍둥이 연구, 입양아 연구가 이루어지고 있다. 가계연구는 특정한 정신장애를 지닌 환자의 가족 중에 동일한 장애를 지닌 사람이 있는지를 조사하는 방법이다. 가족은 유전자를 공유하게 되는데, 부모와 자식은 유전적으로 50%가 같으며 삼촌 간에는 25%, 사촌 간에는 12.5%의 유전자를 공유한다. 유전적 영향을 많이 받는 장애일수록 유전적 유사성이 높은 가족에게 같은 장애가 나타날 가능성이 높다. 이러한 가계연구를 통해서 조현병이나 양극성장애는 유전적 요인이 비교적 많이 관여되는 장애임이 알려졌다. 그러나 동일한 정신장애가 가족에게서 많이 발견된다고 해서 반드시 유전적 요인이 개입된다고 단정할 수는 없는데, 이는 환경적 유사성에 기인한 것일 수도 있기 때문이다. 가족은 같은 환경 속에서 생활하며 유전적으로 가까운 관계일수록 환경적 유사성도 커지기 때문이다.

가족 연구가 유전적 요소와 환경적 요소를 구분하기 어렵다는 단점을 보완한 방식이 쌍둥이 연구이다. 쌍둥이는 유전적으로 완전히 동일한 일란성 쌍둥이(monozygotic twins)와 형제의 경우처럼 50%의 유전자를 공유하는 이란성 쌍둥이(dizygotic twins)로 나눌 수 있다. 일란성 쌍둥이와 이란성 쌍둥이는 모두 같은 환경에서 성장하므로 환경적 유사성은 동일하지만 유전적 유사성은 다르다. 만약 어떤 정신장애의 경우 일란성 쌍둥이 집단이 이란성 쌍둥이 집단보다 현저하게 높은 공병률을 보인다면, 이 장애는 유전적 요인에 의해서 영향을 받는 것으로 판단될 수 있다. 조울증으로 흔히 불리는 양극성장애의 경우 일란성 쌍둥이의 공병률은 73%인데 비해 이란성 쌍둥이는 17%에 불과하다는 연구자료는 이 장애가 유전적 요인의 강력한

성장하여 동일한 정신장애를 나타낸 일란성 네 쌍둥이

영향을 받음을 보여준다. 그러나 쌍둥이도 형제서열이 다르고 특히 이란성 쌍둥이의 경우는 외모의 차이가 있기 때문에 환경적 요인의 영향을 완전히 배제할 수는 없다.

이러한 쌍둥이 연구의 한계점을 보완할 수 있는 방법이 입양아 연구이다. 입양으로 인해 친부모에 의한 환경적 영향을 받지 않았음에도 불구하고 입양아가 친부모와 유사한 심리적 특성을 나타낸다면, 이는 유전적 요인에 의한 것이라고 볼 수 있다. 이러한 입양아 연구는 환경적 영향과 유전적 영향을 분리할 수 있는 방법이다. 특히 일란성 쌍둥이가 입양되어 서로 다른 환경에서 양육된 경우에 두 쌍둥이 간의 공병률이 높다면, 이는 유전적 영향에 대한 강력한 증거가 될 수 있다.

정신장애의 유전적 요인을 연구하는 한 방법은 정신장애 환자가 지니는 염색체의 특성을 밝히는 일이다. 인간의 몸을 구성하는 세포는 23쌍으로 된 46개의 염색체를 포함하고 있다. 이 염색체는 많은 유전자로 구성되어 있으며, 이러한 유전자는 부모로부터 전달된 신체적, 심리적 특질에 관한 유전 정보를 담고 있다. 이러한 염색체와 유전자의 이상이 정신장애와 관련된다는 연구가 보고되고 있다. 정신지체의 한 유형인 다운 증후군(Down's syndrome)은 21번 염색체의 이상에 의해 유발되는 것으로 알려져 있다. 이처럼 단일 염색체의 이상으로 유발되는 정신장애도 있지만, 대부분의 경우는 여러 유전자가 상호작용하여 이상행동을 결정한다. 최근에 인간의 유전자 지도가 완성됨에 따라, 정신장애의 유전적 요인에 대한 연구가 더욱 활발해질 것으로 예상된다. 그러나 대부분의 정신장애는 단일 유전자에 의해 유발되기보다는 여러 유전자의 매우 복합적인 상호작용에 의해 영향을 받게 되므로 이를 밝혀내는 많은 연구가 필요하다. 아울러 정신장애는 유전적 요인에 의해서만 유발되기보다는 환경적 요인과 상호작용하여 발생하는 경우가 대부분이다. 유전적 요인은 정신장애에 걸리기 쉬운 취약성 또는 병적 소질에 영향을 미치는 것으로 알려져 있다.

2. 뇌의 구조적 손상

인간의 심리적 기능은 뇌와 밀접한 관계를 맺고 있으며, 이상행동은 뇌의 구조적 이상에 의해서 나타날 수 있다. 생물학적 입장에서는 정신장애를 지닌 환자들이 뇌의 어떤 구조나 기능에 손상을 나타내고 있는지에 대해서 깊은 관심을 보인다.

정신장애를 지닌 사람이 나타내는 뇌의 구조적 이상을 발견하기 위해서 여러 가지 연구방법이 사용되고 있다. 그 한 가지 방법은 정신장애 환자가 사망했을 경우 뇌를 부검하여 뇌의 해부학적, 조직학적 이상을 조사하는 방법이다. 그러나 이러한 방법은 특별한 경우가 아니면 연구를 위해 적용하기 어렵다는 한계가 있다. 따라서 근래에는 전산화된 단층촬영술(CT), 자기공명 영상술(MRI), 양전자방출 단층촬영술(PET) 등과 같은 다양한 **뇌영상술**(brain imaging)을 통해 정신장애 환자가 나타내는 뇌의 구조적, 기능적 특성이 활발하게 연구되고 있다. 예컨대, 만성 조현병 환자는 뇌실이 정상인보다 두 배나 큰 반면, 전두엽 피질, 해마, 편도핵 등은 위축되어 있다는 연구결과에 근거하여 조현병이 특정한 뇌부위의 구조적 이상과 관련되어 있다는 주장이 제기되고 있다. 양전자방출 단층촬영술(PET)을 사용한 연구에 따르면, 일부 조현병 환자의 전두엽 부위에 혈액의 흐름이 저하되는 등 기능적 이상이 발견되었다. 또한 뇌의 손상과 관련된 다양한 심리적 기능을 측정하는 신경심리검사(neuropsychological test)를 통해서 손상된 뇌의 영역과 손상정도를 평가하는 방법도 사용되고 있다.

이처럼 생물의학적 입장에서는 다양한 정신장애와 관련된 뇌의 구조적, 기능적 이상을 밝히고자 한다. 또한 이러한 뇌의 구조적 손상을 유발하는 원인을 규명하는 것도 중요한 연구과제이다. 뇌조직의 손상은 진행성 마비의 경우처럼 병균의 침입에 의해 유발될 수도 있고, 알코올과 같은 화학물질의 장기적인 섭취로 생길 수도 있으며, 뇌종양이나 뇌혈관장애 등을 비롯한 다양한 요인에 의해서 일어날 수 있다.

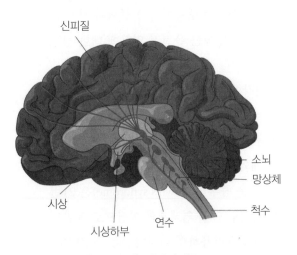

신피질

소뇌
망상체
시상
척수
시상하부   연수

[그림 2-7] 뇌의 단면구조

3. 뇌의 생화학적 이상

생물학적 입장에서는 정신장애가 뇌의 생화학적 이상에 의해서 유발될 수 있다고 본다. 인간의 뇌는 약 150억 개의 신경세포(neuron)로 구성된 정보전달체계이다. 신경세포 간의 정보전달은 화학적 물질에 의해서 이루어지는데, 이러한 화학물질을 **신경전달물질**(neurotransmitter)이라고 한다. 지금까지 50여 종의 신경전달물질이 알려져 있는데, 뇌의 부위에 따라서 특정한 신경전달물질에 민감한 신경세포들이 모여 있는 경향이 있다. 이런 신경세포들은 뇌의 한 부분에서 다른 부분으로 계속 연결되어 신경전달물질의 통로를 이루고 있다. 이처럼 신경정보의 전달과 밀접히 관련되어 있는 신경전달물질은 다양한 심리적 기능에 영향을 미치게 된다. 정신장애와 관련하여 주목을 받고 있는 주요한 신경전달물질은 도파민, 세로토닌, 노르에피네프린 등이다. 이러한 물질의 과다나 결핍 상태가 정신장애와 관련되어 있다는 것이 생물의학적 입장이다.

　도파민(dopamine)은 정서적 각성, 주의 집중, 쾌감각, 수의적 운동과 같은 심리적 기능에 영향을 미치며, 특히 조현병과 관련된 신경전달물질로 알려져 있다. 행동이 느려지고 손발을 떠는 증세를 나타내는 파킨슨병(Parkinson's disease)은 도파민의 결핍으로 생기는 신체적 질병인데, 이를 치료하기 위해 도파민을 과도하게 투여하면 망상이나 환각과 같이 정신분열증과 유사한 증세를 나타내게 된다. 또한 여러 연구에서 조현병 환자들은 정상인보다 도파민 수준이 높은 것으로 발견되어, 도파민의 과잉이 조현병을 초래하는 것으로 추정되고 있다. 조현병의 치료를 위해 사용되는 대부분의 약들은 도파민을 감소시키기 위해 도파민 수용체를 차단하는 작용을 한다.

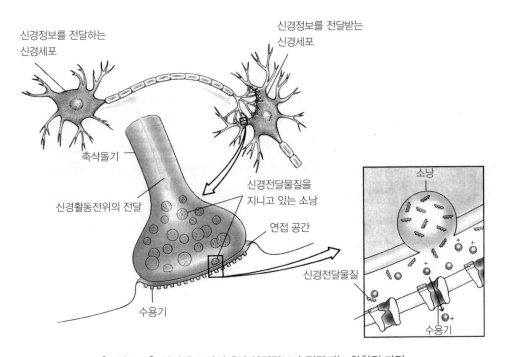

[그림 2-8] 신경세포 사이에서 신경정보가 전달되는 화학적 과정

세로토닌(serotonin)은 기분조절, 수면, 음식섭취, 공격성, 통증에 영향을 주는 신경전달물질로서 신경계통의 여러 부위에서 억제적 기능을 한다. 예컨대, 세로토닌의 저하는 공격성을 증가시키는 결과를 초래하는데, 이는 세로토닌이 공격성과 관련된 신경회로를 억제하기 때문이다. 특히 세로토닌은 우울증과 밀접히 관련된 것으로 알려져 있으며, 우울증 환자들은 뇌의 세로토닌 수준이 낮은 것으로 보고되고 있다. 노르에피네프린(norepinephrine)은 정서적 각성, 공포, 불안과 관련된 신경전달물질로서 우울증에도 영향을 미치는 것으로 알려져 있는데 세로토닌과 상호작용을 하는 것으로 알려져 있다. 최근 연구에 의하면, 우울증과 관련된 여러 종류의 신경전달물질과 수용체가 발견되었으며 이들 간의 상호작용도 매우 복잡하여 한두 가시의 신경전달물질에 의해 우울증을 설명하는 것은 지나친 단순화라는 주장이 제기되고 있다.

이 밖에도 GABA, 글루타메이트(glutamate), 아세틸콜린(acetylcholine)과 같은 다양한 신경전달물질이 정신장애와 관련되어 있는 것으로 알려지고 있다. 이처럼 생물학적 입장에서는 정신장애와 관련된 신경전달물질을 발견하고 그러한 물질의 기능을 밝히고자 한다. 정신장애를 치료하는 대부분의 약물은 정신장애와 관련된 신경전달물질에 영향을 미침으로써 증상을 완화시키는 효과를 나타낸다.

4. 생물학적 치료

생물학적 입장에서는 정신장애의 치료를 위해서 물리적인 방법을 사용한다. 생물학적 치료의 주된 방법은 약물치료, 전기충격치료, 뇌절제술 등이다. 약물치료(drug therapy)는 주로 뇌중추신경계의 신경전달물질에 영향을 주는 화학물질, 즉 약물을 통해 증상을 변화시키려는 방법이다. 약물치료는 생물학적 입장을 지닌 사람들의 주된 치료방법이다. 1950년대 이후 향정신성 약물(phychoactive drug)의 급격한 개발이 이루어져 다양한 정신장애의 치료에 사용되고 있다. 약물치료는 여러 가지 부작용이 따른다는 약점을 지니고 있으나 최근에는 이러한 부작용을 최소화하는 약물들이 개발되고 있다. 정신장애에 처방되는 주요한 향정신성 약물이 〈표 2-3〉에 제시되어 있다.

다음으로 전기충격치료(electric convulsion therapy)가 사용되기도 한다. 이는 뇌에 일정한 강도의 전기충격을 가하여 심리적 증상의 호전을 유발하기 위한 방법이다. 이 방법은 다른 치료법에 효과를 나타내지 않는 심한 조현병이나 우울증 환자에게 적용된다. 때때로 이 방법이 극적인 치료효과를 나타내기도 하지만 그 치료기제에 대한 학술적 이해가 부족하며 대부분의 환자가 이 치료법을 두려워한다는 점에서 한계가 있다.

때로는 뇌절제술(brain surgery)이 사용되기도 한다. 이는 뇌의 특정한 부위를 잘라내는 방법

표 2-3 정신장애에 처방되는 주요한 향정신성 약물

치료약물	화학적 구조/정신 약물학적 기능	일반명	상품명
항정신병 약물	Phenothiazines	Chlorpromazine	Thorazine
	Thioxanthenes	Thiothixene	Navane
	Butyrophenones	Haloperidol	Haldol
	Rauwolfia alkaloids	Reserpine	Sandril
	Atypical neuroleptics	Clozapine	Clozaril
항우울 약물	삼환계 항우울제	Amitriptyline	Elavil
	MAO 억제제	Phenelzine	Nardil
	선택적 세로토닌 재흡수 억제제	Fluoxetine	Prozac
항조증 약물	Lithium		Eskalith
항불안 약물	Benzodiazepines	Diazepam	Valium
	Triazolobenzodiazepine	Alprazolam	Xanax
	Propanediol carbamates	Meprobamate	Miltown

이다. 이러한 방법은 극단적인 경우를 제외하고는 잘 사용되지 않는다. 예를 들어, 심한 간질 환자의 경우 양반구를 연결하는 뇌량을 절개함으로써 간질의 부정적 여파가 다른 반구로 전달되는 것을 방지할 수 있다.

5. 생물학적 입장에 대한 평가

생물학적 입장은 정신장애에 영향을 미치는 신체적 요인에 대한 이해를 증진시키고 약물치료라는 효과적인 치료방법을 개발함으로써 커다란 기여를 하였다. 그러나 정신장애에 대한 생물의학적 입장은 정신장애를 이해하고 치료하는 데에 여러 가지 한계를 지니고 있다. 첫째, 생물학적 입장은 정신장애에 영향을 미치는 심리사회적 요인을 간과하는 경향이 있다. 모든 심리적 현상은 생물학적 요인에 의해 설명될 수 있다는 경직된 유물론적 환원주의에 경도된 연구자도 있다. 육체와 정신의 관계에 대해서는 다양한 입장이 존재하며, 육체와 정신은 서로 밀접하게 관련되어 상호작용한다는 것이 일반적인 견해이다. 생물학적 요인은 정신장애의 발생에 영향을 미치는 주요한 요인의 하나일 뿐이며, 최근에는 신체질환의 경우에도 심리사회적 요인이 중요하다는 인식이 확산되어 건강심리학이나 행동의학과 같은 연구분야가 생겨나기도 했다. 이상행동과 정신장애는 신체적, 심리적, 사회적 요인의 복합적인 상호작용에 의해 유발된다는 것이 현대 심리학의 가장 보편적 견해이다.

둘째, 생화학적 이상이나 신경조직의 손상이 정신장애를 유발하는 원인인지 아니면 그 결과인지를 확인하기 어렵다. 이러한 신체적 이상은 심리사회적 변화에 의해서 초래될 수도 있기 때문이다. 예컨대, 어린아이의 양육방식과 학습경험에 따라 뇌의 신경학적 변화가 나타난다는 여러 증거가 보고되고 있다. 최근에는 심리치료에 의해서 신경전달물질의 변화가 일어날 수 있다는 연구결과도 보고되고 있다. 또한 심한 기억장애를 나타내는 코르사코프 증후군(Korsakoff syndrome)은 뇌조직의 손상에 기인하는데, 이러한 뇌조직의 손상은 장기간 알코올을 섭취했기 때문이며 과도한 알코올 섭취는 스트레스, 가족 갈등, 직장 부적응 등 다양한 심리사회적 문제와 밀접하게 관련되어 있다. 생물의학적 입장에서 주장하는 대부분의 생물학적 요인은 정신장애의 취약성 요인이거나 정신장애와 함께 측정되는 상관적 요인일 뿐 그 인과적 관계는 불분명하다.

마지막으로, 생물학적 입장에서 사용하는 주된 치료법인 약물치료는 정신장애에 대한 근본적 치료라고 할 수 없다. 물론 약물치료가 일부 정신장애의 경우에는 획기적인 효과를 나타내고 있으나, 약물치료는 증상을 완화시키는 효과를 지니고 있을 뿐 원인적 요인에 대한 치료라고 보기는 어렵다. 예컨대, 반복되는 실연으로 인해 우울증에 빠진 사람이 항우울제를 복용함으로써 우울증에서 회복될 수는 있으나 부적응적인 이성관계 패턴에 변화가 없다면 실연과 우울증은 재발될 수도 있다. 그뿐만 아니라 대부분의 향정신성 약물은 부작용이 수반되는 경우가 많고 일부 사람들에게는 치료효과가 나타나지 않는다는 한계를 지니고 있다.

사회문화적 입장

인간은 사회적 존재로서 자신이 성장하고 생활하고 있는 사회와 문화의 영향을 받게 된다. 이상심리학의 사회문화적 입장은 이상행동과 정신장애가 사회문화적 요인에 의해 유발될 수 있다는 가정에 근거하여 정신장애의 발생과 관련된 사회문화적 요인(예: 문화권, 종족, 사회경제적 계층, 거주지역, 사회문화적 변화 등)에 관심을 둔다.

정신장애의 발생비율은 문화와 종족에 따라 다르다는 연구 보고가 있다. 20세기 초에 문화인류학자인 Malinowski(1927)는 세 개의 원시사회를 비교하고 문화의 형태가 신경증적 장애의 양과 종류를 결정한다고 주장하였다. 멜라네시아의 한 섬인 Trobriand에 사는 사람들에게는 다른 지역의 사람과 비교했을 때 신경증적 장애가 매우 드문데, 이것은 그 섬에서는 성이 개방되어 있으며 아버지 역할을 하는 사람이 거의 존재하지 않는 가족제도 때문이라는 것이다. 반면에 서양사회에 신경증적 장애가 많은 것은 성적 억압, 가부장적 가족제도, 경쟁과 성취를 강조하는 문화 때문이라고 주장한 바 있다.

미국에서의 알코올 중독에 대한 연구를 보면 아일랜드인 2세들이 다른 어느 종족보다도 알코올 중독으로 입원한 비율이 더 높다. 예컨대, 뉴욕 시민 중 10%가 아일랜드 출신이라고 하는데 알코올 중독으로 정신과에 입원한 환자 집단 중에서는 40%가 아일랜드 2세로 알려졌다. 이와는 대조적으로 전체 뉴욕 인구 중 이탈리아인 2세와 유태인은 각기 15%, 25%인 데 비해 알코올 중독으로 입원한 환자 중에서 각각이 차지하는 비율은 1%와 0%라고 한다.

이 밖에도 국제적으로 조현병에 대해 연구한 바로는, 문화적인 배경에 따라서 그 발생 비율이 달랐다는 보고가 있다. 즉, 아일랜드인은 다른 어느 지역 사람들보다도 조현병의 발생빈도가 더 높았다. 조현병 환자의 증상을 연구한 여러 연구에서도 종족 간에 차이가 있다는 것을 보고한 바 있다. 미국으로 이민간 이탈리아계 조현병 환자는 아일랜드계 환자에 비하여 더 공격적이고 들떠 있으며 더 기괴한 증상을 보였다고 한다.

특정한 문화권에서만 관찰되는 독특한 이상행동이 존재한다는 보고도 있다. 동남아에서는 코로(koro)라는 특유한 장애가 있는데, 이는 남성의 성기가 몸 안으로 들어간다고 믿어서 공황상태에 빠지기도 하고 결국에는 죽음에 이르기도 하는 특이한 장애이다. 남아메리카 원주민에게서 보이는 일종의 무병 중에 부두(voodoo)병이라는 것이 있는데, 금기를 어긴 주민에게 무당인 사제가 저주를 하면 시름시름 앓다가 죽는 병이라고 알려져 있다. 우리나라의 경우에도 화병, 신병과 같은 독특한 이상행동이 나타나는 것으로 보고되고 있다(American Psychiatric Association, 1994).

동일한 문화권이라고 하더라도 거주지역과 사회계층에 따라서 생활조건이 다르고 생활하는 방식이 다르기 때문에 정신장애의 발생률이 다를 수 있다. 한 조사에 의하면, 대도시에 거주하는 성인남자의 조현병 발생률은 중소도시에 비하여 38%나 더 높았다. 또한 미국에서 행해진 한 연구에 따르면, 사회경제적 계층과 정신장애의 발병률 간에는 유의미한 상관이 있는 것이 드러났다. 즉, 신경증에 해당하는 정신장애는 상류층에서 더 많이 발생하는 반면, 정신병은 하류층에서 더 많이 발생하였다. 이런 결과에 대해서, 중상류층에서는 성취의 좌절이나 인간관계의 갈등이 문제가 되어 불안장애나 우울장애와 같은 신경증적 장애가 유발될 가능성이 높은 반면, 하류층에서는 열악한 환경과 불안정한 가족관계 그리고 심한 심리사회적 좌절감으로 인해 더 심한 정신병적 장애가 유발될 수 있다고 해석되었다. 특히 조현병은 도시중심부의 빈민가에서 생활하는 하류층에 흔히 나타난다는 연구결과가 보고되었다. 이러한 현상을 설명하는 두 가지 가설이 제기되고 있다. 그 하나는 사회적 유발설(sociogenic hypothesis)로서 교육기회의 결여, 경제적 궁핍, 사회적 무시와 차별, 불안정한 대인관계 등과 같이 하류층이 경험하는 심한 심리사회적 스트레스가 조현병을 유발한다는 설명이다. 반면에 중상류층에 속하는 사람도 조현병에 걸리게 되면 사회적 적응능력이 저하되어 결과적으로 하류층으로 전락하게 되기 때문에 하류층에서 조현병이 더 많이 발견된다는 설명이 있다. 즉, 하류층에서 조현병의 빈도가 높은 것은 조현병의 결과이지 그 원인이 아니라는 주장이 제기되었는데, 이를 사회적 선택설(social selection hypothesis)이라고 한다.

빠른 사회변화나 사회해체 현상이 성격장애나 조현병 발생과 관련된다는 연구가 있다. 1970년대 말 미국에서는 실업과 경기침체가 지속되었는데 이 시기에 자살자, 정신과병원 입원 환자, 그리고 스트레스관련 장애로 인한 사망자가 증가하였다고 한다. 또한 유전이 발견되어 갑자기 생활이 부유해진 알래스카의 특정지역을 대상으로 조사한 바에 따르면, 급격한 사회변화에서 오는 스트레스에 대처하지 못하여 알코올 중독의 발생률이 급격히 증가하여 성인 남자 중에서 70%가 상습적인 음주자로 분류되었다. 청소년의 우울증이 한 세대 이전과 비교하여 현대사회에서는 10배나 증가했다는 보고도 있다. 그 이유는 현대사회의 경쟁적이고 성취지향적인 풍토 속에서 청소년들이 과거에 비해 더 많은 심리적 압박감과 좌절감을 경험하기 때문이라고 설명되고 있다.

성차별이나 사회적 불평등과 같은 사회적 문제가 정신장애의 발생에 영향을 미친다는 주장도 있다. 여성의 우울증 발병률이 남성에 비해 두 배 이상 높은 점이나 하류층의 조현병 발병률이 높은 것도 이런 사회적 문제를 반영하는 것으로 볼 수 있다. 또한 우리 사회에는 정신병에 대한 사회적 편견과 차별이 존재한다. 정신과에 입원한 경험이 있는 환자는 정신병자로 낙인이 찍히며 가족과 주변 사람들로부터 경원시되거나 사회생활에서 소외당하기 쉽다. 정신병 경력이 있는 사람은 직장을 얻기 어려우며 이들이 다소 특이한 행동을 나타내면 정신병 때문인 것으로 간주된다. 또한 환자 자신도 스스로를 정신병자로 규정하고 무력감에 빠지거나 사회적 적응을 위한 노력을 소홀히 하거나 환자의 역할에 안주하는 경향이 나타날 수 있다. 이와 같이 정신장애에 대한 사회적 낙인은 정신장애를 지닌 사람들의 재활을 어렵게 만들고 심리적 부적응을 악화시키는 결과를 초래할 수 있는데, 이러한 주장을 사회적 낙인설(social stigma theory)이라고 한다.

사회문화적 입장은 정신장애의 발생과 관련된 사회문화적 요인을 밝히는 데에 공헌하였다. 이러한 연구결과는 우리 사회의 부정적인 사회문화적 풍토를 개선함으로써 정신장애를 예방하는 데에 기여할 수 있다. 그러나 한 문화권의 동일한 사회계층에 속하며 동일한 사회문화적 여건 속에서 살아가는 사람 중에는 건강하게 살아가는 사람도 있고 정신장애를 나타내는 사람도 있다. 사회문화적 입장은 이처럼 개인이 정신장애를 나타내게 되는 개별적인 원인을 설명하는 데에는 치명적인 한계를 지니고 있다.

제5절 통합적 입장

화성인들이 망원경으로 지구를 관찰해 보니 쇠붙이로 만든 물체들이 이리저리 옮겨 다니는데, 이 물체들이 때로는 매우 빠른 속도로 미친 듯이 질주를 하기도 하고 때로는 매우 천천히 움직이기도 하는 것을 이상하게 여겼다. 그래서 세 명의 화성과학자들을 지구에 파견하여 이 물체의 속도를 결정하는 요인이 무엇인지를 연구하게 하였다. 몇 개월 동안의 현지답사를 거쳐, 과학자들은 각기 자신의 연구보고서를 제출하였다. 첫 번째 연구자는 이 물체가 지구인에 의해 '자동차'라는 이름으로 불리며 속도를 결정하는 것은 자동차가 달리는 도로의 넓이, 도로의 직선성과 곡선성, 도로표면의 평평한 정도, 그리고 속도감시 카메라 설치구역 여부 등이라고 주장하였다. 두 번째 연구자는 자동차가 인간에 의해서 운전되는데 속도는 운전자의 나이, 성별, 성격 및 운전 당시의 기분상태 등에 의해 결정된다고 주장하였다. 마지막 연구자는, 앞의 두 연구자의 연구를 피상적이라고 비난하면서, 자동차가 움직이는 근본적 원인은 그 내부에 엔진이라는 것이 있으며 이 엔진이 휘발유와 산소가 결합하는 화학적 산화과정을 통해 에너지를 만들어 내기 때문인데, 자동차의 속도는 이러한 엔진의 성능과 활동 강도에 의해 결정된다고 주장하였다.

이상심리와 정신장애의 원인을 규명하려는 이상심리학자의 경우도 마찬가지의 상황에 있다고 할 수 있다. 20세기 이상심리학의 주요한 입장이었던 정신분석적 입장, 행동주의적 입장, 인지적 입장, 생물의학적 입장, 인본주의적 입장, 사회문화적 입장은 각기 다른 관점과 분석수준에서 이상행동의 원인을 밝히고자 한 것이다. 21세기의 이상심리학은 이상행동에 관해서 그동안 밝혀진 여러 원인적 요인들을 종합하고 통합하는 학문적 노력이 이루어져야 한다는 주장이 제기되고 있다(Oltmans & Emery, 2001). 이상행동을 유발하는 원인과 과정을 통합적으로 설명하려는 시도로는 취약성-스트레스 모델과 생물심리사회적 모델이 제기되고 있다.

1. 취약성-스트레스 모델

취약성-스트레스 모델(vulnerability-stress model)은 이상행동이 신체적, 심리적, 사회적 측면의 다양한 요인에 의해서 유발될 수 있으며 또한 이러한 요인들이 이상행동을 유발하는 인과적 경로가 다양할 수 있음을 인정한다. 대부분의 이상행동은 개인이 삶의 과정에서 겪게 되는 불행한 사건(예: 실직, 낙제, 실연, 이혼, 성추행)이 계기가 되어 나타나는 경우가 많다. 즉, 심리사회적 스트레스가 이상행동을 촉발하는 한 원인이 된다. 그러나 똑같은 불행한 사건을 경험한 사람들이 모두 동일한 이상행동을 나타내는 것은 아니다. 그 이유는 개인마다 성격이나 심리적 특성이 달라서 불행한 사건에 대처하는 방식이 각기 다르고 그 심리적 결과도 다르기 때문이다.

취약성-스트레스 모델은 이상행동의 유발과정을 이해하기 위해서는 크게 두 가지 요인, 즉 환경으로부터 주어지는 심리사회적 스트레스와 그에 대응하는 개인의 특성을 고려해야 한다는 입장이다. **취약성**(vulnerability or diathesis)은 특정한 장애에 걸리기 쉬운 개인적 특성을 의미하는데, 유전적 소인을 비롯하여 환경과의 상호과정에서 점진적으로 형성된 신체적, 심리적 특성을 모두 포함한다. 이러한 취약성은 생리적 과민성이나 성격적 특성과 같이 개인이 지속적으로 지니고 있는 특성을 뜻한다. 반면에 **심리사회적 스트레스**(psychosocial stress)는 환경으로부터 주어지는 부정적인 생활사건으로서 개인이 그러한 사건에 대처하기 위해 심리적인 부담, 즉 스트레스를 느끼는 환경적 변화를 의미한다. 이러한 심리사회적 스트레스는 가족의 사망, 실직, 낙제, 실연, 질병 등과 같이 개인의 인생에 불청객처럼 찾아드는 크고 작은 다양한 사건들로 구성된다. 취약성-스트레스 모델에 따르면, 정신장애는 취약성 요인과 스트레스 요인이 함께 결합되었을 때 발생하게 된다. 달리 말하면, 정신장애는 취약성을 지니고 있는 사람에게 어떤 스트레스가 주어졌을 때 발생하게 되며, 취약성과 스트레스 중 어떤 한 요인만으로는 정신장애가 발생하지 않는다. 또한 취약성과 스트레스가 정신장애의 발생에 영향을 미

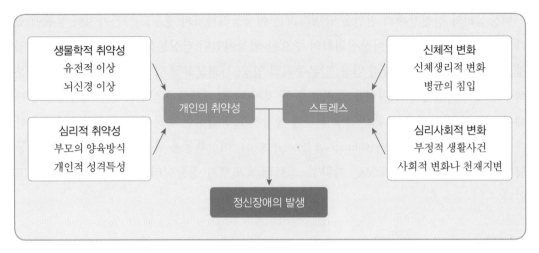

[그림 2-9] 정신장애의 발생에 관한 취약성-스트레스 모형

치는 비중은 경우마다 다양하게 달라질 수 있다. 예컨대, 어떤 사람의 경우에는 심리사회적 스트레스가 매우 심각하여 경미한 취약성을 지니고 있음에도 불구하고 정신장애를 나타내는 반면, 다른 사람의 경우에는 매우 심각한 취약성을 지니고 있어서 경미한 스트레스에도 정신장애를 나타낼 수 있다.

Zubin과 Spring(1977)은 조현병에 대한 취약성-스트레스 모델을 제안하였다. 그에 따르면, 조현병 환자는 이러한 장애에 대한 유전적 요인과 출생 전후의 신체적, 심리적 요인을 취약성으로 지니고 있으며 생의 과정에서 스트레스를 경험하게 될 경우 취약성과 스트레스가 상호 작용하여 일정한 수준을 넘게 되면 조현병이 발병하게 된다. 정신장애의 발생에 영향을 미치는 취약성과 스트레스에 대한 일반적 취약성-스트레스 모델이 [그림 2-9]에 제시되어 있다. 동일한 유전자를 지닌 일란성 쌍둥이가 흔히 유사한 정신장애를 같이 나타내기는 하지만 이들의 발병이 항상 일치하지 않는 현상은 취약성-스트레스 모델에 의해 설명될 수 있다.

취약성-스트레스 모델은 인간의 행동이 개인과 환경의 함수관계에 의해 설명될 수 있다는 심리학의 기본적 원리를 잘 반영하고 있으며, 정신장애의 발생에 영향을 미치는 개인적 요인과 환경적 요인을 통합할 수 있는 이론적 토대를 제공하고 있다. 그러나 인간의 행동을 설명함에 있어서 고려해야 할 중요한 요인은 개인의 내부에서 일어나는 매개적 요인이다. 인간은 환경적 자극에 대한 정보를 내부적으로 처리하여 반응하는 존재이다. 이러한 매개적 과정은 외부적 자극에 의미를 부여하는 심리적 과정뿐만 아니라 신체생리학적 변화과정을 포함한다. 이상심리학에서 이상행동의 유발에 영향을 미치는 요인으로 연구되고 있는 것들 중에서는 매개적 요인에 관한 것들이 많다. 예컨대, 인지적 이론에서 우울증을 설명하기 위해 제시하는 부정적 사고나 인지적 오류는 환경적 생활사건에 대한 반응을 결정하는 심리적 매개

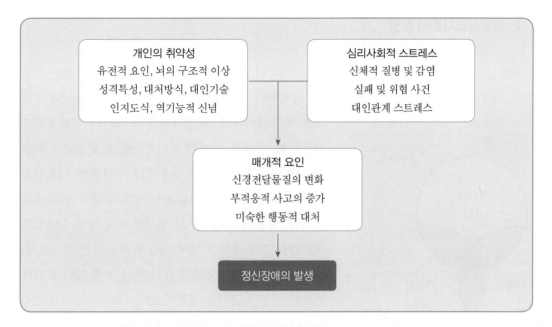

[그림 2-10] 취약성-스트레스 모델과 매개적 요인을 통합한 모델

요인이라고 할 수 있다. 현재 이상심리학에서 제시되고 있는 다양한 원인적 요인을 통합하여 설명하기 위해서는 이러한 매개요인에 대한 고려가 필요하다. Kwon(1992; Kwon & Oei, 1992, 1994)은 우울증의 인지적 이론을 설명하기 위해서 취약성-스트레스 모델과 매개적 요인을 통합한 모델을 제시한 바 있다. 즉, 역기능적 신념이라는 인지적 취약성을 지니고 있는 사람에게 부정적 생활사건이 주어지면 그 사건에 대해 과장된 의미를 부여한 부정적 사고를 나타내며 그 결과로서 우울증이 유발될 수 있다는 주장이다. 이러한 주장을 좀 더 확대하여 정신장애를 설명하는 일반적 설명모델로 제시한 것이 [그림 2-10]이다. 즉, 우울증의 경우, 유전적 요인을 비롯한 다양한 성격적 요인이 개인의 취약성을 형성하며 이러한 취약성을 지닌 사람이 심리사회적 스트레스 사건을 경험하게 되면, 그 사건의 의미를 과장되게 해석하여 부정적 사고를 나타내거나 신체적으로는 신경전달물질의 변화를 초래하게 되며 그 결과 우울증상이 발생될 수 있다. 이 모델은 생물의학적 입장에서 제시하고 있는 유전적 요인, 뇌의 구조적 결손, 신경전달물질의 이상을 비롯하여 정신분석이론에서 주장하는 부모양육경험과 관련된 성격적 문제, 행동주의이론에서 제시하는 학습경험 및 행동적 반응양식, 인지적 이론에서 주장하는 인지적 특성과 사고내용을 포괄하는 통합적 설명의 틀을 제공할 수 있을 것으로 생각된다. 그러나 이러한 통합적 모델은 앞으로 더욱 정교한 이론적 체계화와 더불어 다양한 경험적 검증작업을 통해 발전되어야 할 것이다.

2. 생물심리사회적 모델

생물심리사회적 모델(biopsychosocial model)은 이상행동과 정신장애에 영향을 미치는 생물학적, 심리적, 사회적 요인을 종합적으로 고려한다. 이 모델은 1977년 George Engel에 의해 처음 주장되었는데, 정신장애뿐만 아니라 신체질환은 생물학적, 심리적, 사회적 요인의 영향을 받으며 이러한 세 영역의 요인들은 상호작용한다는 가정에 기초하고 있다([그림 2-11]). 이러한 Engel의 주장은 신체질환을 주로 생물학적 원인으로 설명하고 물리적 수단으로 치료하는 전통적인 의학적 입장을 비판하는 것으로서, 1980년대에 건강심리학이라는 분야가 형성되는 데에 중요한 이론적 근거를 제공하였다(Schwartz, 1982). **건강심리학**(health psychology)은 신체질환이 생물학적 원인뿐만 아니라 심리사회적 원인에 의해 유발될 수 있다는 입장에 근거하여 신체질환에 영향을 미치는 다양한 심리사회적 요인을 연구하는 심리학의 한 분야이다.

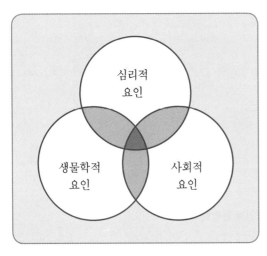

[그림 2-11] 생물심리사회적 모델

아울러 신체질환의 치료와 예방을 위한 심리사회적 접근방법을 강구하는 것도 건강심리학의 중요한 역할이다. 이처럼 생물심리사회적 모델은 신체질환뿐만 아니라 정신장애를 설명하는 종합적 설명모델로 부각되고 있다.

정신분석이론, 행동주의이론, 인지적 이론, 생물학적 이론과 같은 기존의 여러 이론적 입장은 이상행동의 원인을 특정한 수준이나 측면에서 규명하려는 시도라고 할 수 있다. 그러나 생물심리사회적 모델은 기존의 특정한 이론적 입장에 구애되지 않은 탈이론적 입장이라고 할 수 있다. 이상행동과 정신장애의 이해와 치료를 위해서 생물학적, 심리적, 사회적 요인을 종합적으로 고려하는 새로운 입장이라고 할 수 있다. 즉, 생물심리사회적 모델은 이상행동의 이해와 치료를 위해서 다요인적, 다차원적, 상호작용적 접근을 하고 있다. 〈표 2-4〉에 생물심리사회적 모델에서 고려하는 주요한 생물학적, 심리적, 사회적 요인들을 제시하였다. 정신장애를 치료하는 과정에서도 개인이 지닌 다양한 원인적 요인들을 평가하고 그러한 요인의 변화를 위해서 효과적인 다양한 치료법들을 종합적으로 적용하고 있다.

생물심리사회적 모델은 기본적으로 체계이론에 근거하고 있다(Lam, 1991; McDaniel, 1995). **체계이론**(systems theory)은 오스트리아의 생물학자이자 철학자인 Ludwig von Bertalanffy(1901~1972)에 의해서 처음 주장되었다. 체계이론은 심리학뿐만 아니라 생물학, 철학, 컴퓨터과학, 기술공학 등의 연구에 그 기원을 두고 있으며 이를 새로운 과학적 연구접

표 2-4 이상행동에 대한 생물심리사회적 유발요인과 치료방법

생물심리사회적 요인	정신장애의 유발요인	치료 및 예방방법
생물학적 요인		
유전적 요인	유전자의 이상	유전자치료
신경해부학적 요인	뇌의 구조적 이상과 결함	뇌절제술
신경생리학적 요인	신경전달물질 및 내분비계통의 이상	약물치료, 호르몬치료
기타 생물학적 요인	질병, 감염, 약물 복용, 태내환경, 출산 전후의 손상, 영양섭취 등	건강관리, 식이요법
심리적 요인		
정서동기적 요인	정서체험 및 표현양식, 불균형적 동기와 욕구	정신역동치료
인지적 요인	부적응적 인지도식, 역기능적 신념, 부정적 사고, 인지적 편향, 인지기능의 결손	인지적 치료
행동적 요인	부적응적 행동양식, 미숙한 대처방식, 대인기술 부족, 잘못된 습관	행동치료
발달적 요인	발달적 지체, 발달과제, 부모 양육방식	행동치료, 교육
기타 심리적 요인	가족관계의 갈등, 형제간 갈등 등	가족치료
사회적 요인		
개인적 환경요인	결혼상태, 가족구조, 직업, 거주지역, 사회적 지지	가족치료, 환경변화
사회문화적 요인	성차별, 종족차별, 사회적 낙인, 문화적 가치	사회교육, 사회정책
사회경제적 요인	사회경제적 계층, 가난과 빈곤, 경제적 불황	사회복지, 경제발전
기타 사회적 요인	개인주의적 사회, 경쟁적이고 성취지향적 문화	사회구조적 변화

근법으로 여기는 학자들(예: Davidson, 1982; Ford & Lerner, 1992; Hinde, 1992)이 있다.

체계이론은 기본적으로 **전체론**(holism)에 근거하고 있다. 즉, 전체는 그것을 구성하는 부분의 합 그 이상이라는 것이다. 물이 수소와 산소의 합 이상의 속성을 지니듯이 인간은 신경체계, 신체적 기관과 순환계 등의 합 그 이상이라는 이해에 근거하고 있다. 마찬가지로 인간은 타고난 기질, 어린 시절의 경험, 후천적 학습 등의 합 그 이상이다. 전체론과 배치되는 주요한 입장이 환원주의(reductionism)인데, 이는 현상을 보다 미시적인 원인에 의해 설명하려 하며 구성요소의 이해를 통해 전체 현상의 이해를 추구하려는 입장이라고 할 수 있다. 또한 환원주의적 입장은 어떤 현상에 대한 가장 미시적 수준의 설명(생물학적, 생화학적, 원자물리학적 수준)이 원인의 가장 궁극적인 설명이라고 잘못 생각하는 경향이 있다. 이러한 환원주의적 사고방식은 일상생활과 이상행동의 이해에도 널리 퍼져 있다. 과학자들이 우울증에 수반되는 신경화학물질의 결손을 발견했다고 할 때, 일반인들은 신경화학물질이 우울증의 원인이라고 추정한다. 그러나 이것은 잘못된 해석이다. 오히려 신경화학물질은 주변환경으로부터 초래된 고

표 2-5 분석수준에 따른 학문분야의 위계적 배열

	분석수준	관련된 학문분야
거시적 수준	지구 이상	천문학
	지구	생태환경학
	국가	정치학, 행정학, 국제관계학
	집단 및 조직	사회학, 조직과학
	인간	심리학
	생물	생물학, 동물학, 동물행동학
	신체기관	심장학, 신경학
	세포	세포생물학
	생화학물질	생화학
	화학	화학, 물리화학
	분자	물리화
미시적 수준	미립자	미립자 물리학

통스러운 경험의 결과일 수도 있다. 신경화학물질은 이러한 고통스러운 경험에 수반되는 부산물에 불과한 것일 수 있다. 이상심리학에서 여러 이론적 입장의 연구는 각기 다른 분석수준의 원인에 초점을 맞추고 있는 것일 뿐이다. 〈표 2-5〉에서 볼 수 있듯이, 다양한 학문은 진리를 각기 다른 연구도구(예: 망원경, 인간의 눈, 확대경, 현미경)를 통해 다른 수준(거시적, 미시적 수준)에서 연구하고 있을 뿐이다. 체계이론은 여러 분석수준에서 이루어진 연구의 가치를 존중하며 현상의 부분과 전체를 모두 이해하려는 입장이다.

체계이론은 이상행동을 유발하는 요인의 다양성과 그 인과적 경로의 다양성을 인정한다. 이상행동은 신체적, 심리적, 사회적 측면의 다양한 요인에 의해서 유발될 수 있으며 이러한 요인들이 이상행동을 유발하는 인과적 경로도 다양할 수 있다. 즉, 다양한 요인들이 다양한 경로를 통해서 이상행동을 유발할 수 있다.

체계이론은 동일한 정신장애가 여러 다른 원인에 의해서 유발될 수 있다는 점을 인정하는데, 이를 **동일결과성의 원리**(principle of equifinality)라고 한다. 즉, 동일한 목표에 도달하는 길은 매우 다양하다는 것이다. 동일한 증상을 나타내는 정신장애는 여러 요인이 복합적으로 작용하여 유발될 수도 있고 강력한 한두 가지 요인에 의해서 유발될 수도 있다. 예컨대, 교통사고가 자동차의 기계적 결함, 운전자의 음주나 부주의, 열악한 도로상황, 혼란스러운 교통관리체계가 모두 관여하여 발생할 수도 있고 이들 중 한 가지 요인에 의해서 발생할 수도 있는 것처럼 우울증은 뇌화학적 이상, 비관적 사고양식, 미숙한 대인기술, 개인적 상실사건 등의 요인들이 복합적으로 작용하여 유발될 수도 있고 이들 중 한두 요인에 의해서만 유발될 수도 있다.

또한 체계이론은 동일한 원인적 요인이 다양한 결과를 유발할 수 있다는 점을 인정하는데, 이를 **다중결과성의 원리**(principle of multifinality)라고 한다. 예컨대, 어린 시절의 특수한 경험 (예: 아동학대)이 성인기에 반드시 동일한 결과를 나타내는 것은 아니다. 어린 시절에 부모로부터 성적 학대를 받은 사람이 성장하여 우울장애, 경계선 성격장애, 성기능부전 등과 같은 다양한 장애를 나타낼 수 있다. 이는 인간의 정신세계가 매우 다양한 요인들에 의해 매우 복잡하게 상호작용하는 체계라는 점을 인정하는 것이다.

체계이론은 원인과 결과의 관계가 양방향적일 수 있다는 점을 인정하는데, 이를 **상호적 인과론** (reciprocal causality)이라고 한다. 이는 환원주의와 밀접한 관계를 지니고 있는 **직선적 인과론** (linear causality)과 대비되는 견해이다. 예컨대, 부모는 아동을 특정한 방식으로 행동하도록 영향을 미칠 수 있지만 여러 연구결과(Bell, 1968; Maccoby, 1992)에 따르면 아동도 부모의 행동을 변화시킬 수 있다. 대부분의 심리사회적 현상은 상호적으로 영향을 미치고 있다. 심지어 조작적 조건형성도 상호적 인과론에 의해 새롭게 이해되어야 한다는 주장도 있다. 즉, 행동주의 심리학자는 쥐로 하여금 스키너 박스에서 지렛대를 누를 때마다 먹이를 줌으로써 지렛대 누르는 행동을 학습시켰지만, 쥐들은 배고픔에서 벗어나기 위해 지렛대를 눌러서 먹이를 떨어뜨리도록 심리학자를 조건형성시켰다는 주장이다. 왜냐하면 쥐가 지렛대를 누르지 않으면 심리학자는 먹이를 주지 않았을 것이기 때문이다. 보일러의 자동온도 조절장치는 일정한 온도 이하로 방의 기온이 떨어지면 보일러를 작동시키고 그 결과 방의 온도가 올라가면 보일러를 멈추게 하며 다시 온도가 떨어지면 보일러가 작동하게 한다. 이 경우에 방의 온도는 보일러의 작동에 영향을 미치고 보일러는 방의 온도를 변화시키는 순환적 상호통제과정(feedback loop)에 의해 작동하는 것이다. 이처럼 체계이론은 인간 정신세계의 현실은 직선적 인과론보다는 상호적 인과론에 의해서 더 잘 설명될 수 있다고 본다. 이와 관련된 과정이 항상성 유지 (homeostasis)인데, 이는 유기체가 항상 일정한 상태를 유지하려는 성향을 의미한다. 예컨대, 인간은 적당한 자극수준을 일정하게 유지하려는 경향이 있어서 너무 많은 자극이 주어지면 자극을 회피하고 그 결과 자극이 너무 적어지면 새로운 자극을 찾아 나선다. 사람마다 적절한 자극수준이 다르기 때문에, 어떤 사람은 도전적이고 자극적인 활동을 즐기는 반면, 다른 사람은 조용하고 목가적인 활동을 즐긴다.

유기체는 끊임없이 변화하며, 발달은 이러한 변화가 일어나는 원천이다. 인간은 시간이 흐름에 따라 일정한 과정을 통해 발달한다. 아이들은 기고 앉고 걷고 뛰는 신체운동의 일정한 발달과정을 나타내며 인지적 발달과정도 마찬가지이다. 이처럼 인간은 시간에 걸쳐 변화하고 발달하기 때문에 정상적 발달과정에 대한 이해는 이상행동과 정신장애를 이해하기 위해 필수적이다. **발달적 정신병리학**(developmental psychopathology)은 이상행동을 이해하기 위해서 정상적인 발달과정의 이해가 중요함을 강조하는 이상심리학의 새로운 접근이다. 어린

아이들이 자신의 뜻대로 되지 않으면 땅바닥에 앉아 발을 마구 차대며 소리를 지르고 울어 대며 땡깡을 부리는 행동은 만 2세경에는 정상적이지만, 좀 더 나이가 많은 아동이 이런 행동을 나타낸다면 이는 비정상적인 것으로 평가되어야 한다. 이상행동의 경우에도 일정한 발달과정을 나타내는 경우가 흔하다. 대부분의 정신장애는 나름대로의 독특한 진행과정을 지니고 있으며, 장애의 발생에 선행하는 일련의 특징적인 행동을 나타내는데 이를 병전 발달사(premorbid history)라고 한다. 조현병의 경우에는 사회적 위축과 철수, 주의집중의 곤란, 약간 기묘한 행동 등의 특징적 행동이 발병 이전에 흔히 나타난다. 아울러 정신장애는 발병 이후에 치료를 하지 않을 경우 특정한 진행과정을 나타내는데 이를 예후(prognosis)라고 한다. 예컨대, 조현병은 치료받지 않을 경우 점점 상태가 악화되어 정신병적 증상은 점점 심화되고 일상적인 적응기능도 점점 약화되는 것이 일반적인 예후이다. 이처럼 이상행동의 이해를 위해서는 한 시점에서 나타나는 현상적 특징뿐만 아니라 그 변화과정에 깊은 관심을 두어야 한다.

인간의 심리적 세계는 여러 수준의 다양한 요인들이 상호작용하며 변화하는 매우 복잡한 체계이다. 체계이론은 이처럼 복잡한 정신세계의 실상을 이해하는 새로운 이론적 체계가 될 것으로 기대된다. 20세기의 이상심리학은 다양한 수준에서 이상행동에 영향을 미치는 개별적 요인들을 밝히는 연구에 집중되었다고 할 수 있다. 물론 아직도 밝혀지지 않은 이상행동의 원인적 요인들은 수없이 많다. 그러나 21세기의 이상심리학에서는 이상행동의 다양한 원인적 요인들이 어떻게 서로 연결되어 있으며 어떤 상호작용과정을 통해 이상행동을 유발하는지에 대한 통합적 연구가 중요한 연구주제가 될 것으로 전망된다.

🧑 요약

1. 현대 이상심리학의 주요한 이론적 입장으로는 정신분석적 입장, 행동주의적 입장, 인본주의적 입장, 인지적 입장, 생물학적 입장, 사회문화적 입장이 있다. 이상행동과 정신장애에는 신체적, 심리적, 사회적 원인이 복합적으로 작용하여 영향을 미친다. 생물의학적 입장은 신체적 원인론의 전통을 이어받아 정신장애의 생물학적 원인을 설명하는 입장인 반면, 심리적 원인론의 입장에 해당하는 정신분석이론, 행동주의이론, 인지적 이론, 인본주의이론은 심리적 원인을 설명한다. 사회문화적 이론은 이상행동에 영향을 미치는 사회문화적 원인을 설명하는 이론이다.

2. 정신분석적 입장은 이상행동의 근원적 원인을 어린 시절의 경험에 그 뿌리를 둔 무의식적 갈등에 의해서 설명한다. 정신분석이론에 따르면, 인간의 성격은 원초적 욕구로 구성된 원초아, 환경에 대한 현실적인 적응을 담당하는 자아, 사회의 도덕적 가치와 윤리적 규범

이 내면화된 초자아로 구성되며 이들 간의 역동적 관계에 의해 행동이 결정된다. 성격특성은 어린 시절의 경험에 의해 형성되는데, 어린아이는 입, 항문, 성기 등의 신체부위를 중심으로 성적 욕구를 충족하려는 구강기, 항문기, 남근기, 잠복기, 성기기의 심리성적 발달단계를 나타낸다. 이러한 발달과정에서 욕구의 과잉충족이나 과잉좌절이 성격적 문제나 갈등의 근원이 될 수 있다. 또한 자아가 원초아의 통제에 어려움을 겪게 될 때 신경증적 불안을 경험하게 되는데, 이러한 불안을 감소시키기 위해서 억압, 부인, 반동형성, 합리화, 대치, 투사, 분리, 신체화, 퇴행, 승화와 같은 다양한 방어기제를 사용한다. 미숙한 유형의 방어기제를 과도하게 사용하게 되면 이상행동이나 정신장애가 나타날 수 있다. 정신분석치료는 자유연상, 꿈의 분석, 전이분석, 저항분석 등의 방법을 통해 내담자가 자신의 무의식적 갈등을 통찰하고 현실생활에서 통찰내용을 실천하게 하는 훈습의 과정으로 구성된다.

3. **행동주의적 입장**은 엄격한 과학적 입장에 근거하며 인간의 행동을 환경으로부터 학습된 것으로 본다. 인간의 행동을 자극과 반응의 관계로 설명하며 행동이 학습되는 원리와 과정에 주된 관심을 갖는다. 이상행동이 형성되고 유지되는 과정을 고전적 조건형성, 조작적 조건형성, 사회적 학습 등의 학습원리로 설명한다. 고전적 조건형성은 무조건 자극과 조건 자극을 짝지어 반복적으로 제시함으로써 조건 자극에 대한 조건 반응이 학습되는 과정이며, 조작적 조건형성은 어떤 행동의 결과가 보상적이면 그 행동이 증가하는 반면, 그 결과가 처벌적이면 행동의 빈도가 감소하는 학습과정을 의미한다. 특히 인간의 경우에는 사회적 상황에서 다른 사람의 행동에 대한 관찰과 모방을 통해 새로운 행동을 학습하는 사회적 학습이 중요하다. 행동치료는 이러한 학습원리를 적용해서 이상행동을 수정하는 치료기법으로서 부적응적인 이상행동을 제거시키는 방법으로는 소거, 처벌, 혐오적 조건형성, 상호억제, 체계적 둔감법 등이 있으며 적응행동을 학습시키는 방법으로는 행동조성법, 환표이용법, 모방학습법, 사회적 기술훈련 등이 있다.

4. **인본주의적 입장**은 긍정적인 인간관에 근거하여 인간을 근본적으로 자기실현을 추구하는 성장지향적 존재로 본다. 인간이 이상행동과 정신장애를 나타내는 이유는 이러한 자기실현적 성향이 차단되거나 봉쇄되었기 때문이다. 부모가 어린아이의 유기체적 욕구나 성향을 충분히 수용하지 못하고 자신들의 가치와 기대에 맞추어 조건적인 수용을 하게 되면, 부모의 애정을 얻기 위해 자신의 유기체적 경험을 왜곡하거나 부인하게 된다. 이런 과정을 통해서 자기개념과 유기체적 경험의 괴리가 점점 확대되면, 개인은 점점 더 심한 불안을 경험하게 되며 부적응 상태를 나타내게 된다. 인본주의적 심리치료자는 무조건적인 긍정적 존중, 공감적 이해, 진솔함을 통해 내담자와 성장촉진적 관계를 형성하여 내담자가 그동안 왜곡하고 부인해 왔던 자신의 진정한 모습을 자각하고 수용함으로써 자기실현

적 성향이 활성화되도록 돕는다.

5. **인지적 입장**은 인간을 자신과 세상에 대해 의미를 부여하는 능동적인 존재로 보며 인간이 고통받는 주된 이유는 객관적 환경 자체보다는 그에 부여한 의미 때문이라는 가정에 근거하고 있다. 이상행동과 정신장애는 자신과 세상에 대해서 부정적이고 왜곡된 의미를 부여하는 부적응적인 인지적 활동에 기인한다. 따라서 인지적 입장은 정신장애를 유발하는 부적응적 인지도식, 역기능적 신념, 인지적 오류, 부정적인 자동적 사고에 초점을 맞추고 있다. 인지적 심리치료에서는 내담자의 이상행동을 초래하는 부적응적인 사고내용을 포착하여 그러한 사고의 타당성, 현실성, 유용성을 내담자와 함께 다각적으로 평가함으로써 보다 더 현실적이고 적응적인 사고로 전환시키는 구체적인 작업이 이루어진다.

6. **생물학적 입장**은 신체적 원인론의 전통에 뿌리를 두고 있으며 모든 정신장애는 신체질환과 마찬가지로 신체적 원인에 의해서 생겨나는 일종의 질병이라고 본다. 생물학적 입장에서는 정신장애를 유발하는 주요한 생물학적 요인으로 유전적 요인, 뇌의 구조적 결함, 신경전달물질이나 내분비계통의 신경화학적 이상 등에 초점을 맞춰 연구하고 있다. 정신장애를 치료하는 생물학적 방법으로는 약물치료, 전기충격치료, 뇌절제술 등이 있으며 뇌의 신경전달물질에 영향을 주는 약물을 통해 치료하는 약물치료가 가장 흔히 사용된다.

7. **사회문화적 입장**은 개인이 성장하고 생활하는 환경의 사회문화적 요인이 이상행동과 정신장애의 유발에 중요한 영향을 미친다고 본다. 사회문화적 입장에서는 이상행동과 정신장애의 발생과 관련되는 여러 가지 사회문화적 요인(예: 문화권, 종족, 사회경제적 계층, 거주지역, 사회문화적 변화, 성차별, 경제적 빈곤, 정신장애에 대한 사회적 낙인 등)에 관심을 두고 연구한다.

8. 이상행동을 유발하는 다양한 원인적 요인을 통합적으로 설명하려는 시도로서 취약성-스트레스 모델과 생물심리사회적 모델이 제기되고 있다. **취약성-스트레스 모델**은 특정한 장애에 걸리기 쉬운 개인적 특성인 취약성과 환경으로부터 주어지는 심리사회적 스트레스가 상호작용하여 정신장애가 유발된다는 입장이다. **생물심리사회적 모델**은 기존의 특정한 이론적 입장에 구애받지 않은 탈이론적 입장으로서 이상행동과 정신장애의 이해와 치료를 위해서 생물학적, 심리적, 사회적 요인을 종합적으로 고려해야 한다는 입장이다. 21세기의 이상심리학에서는 이상행동의 다양한 원인적 요인들이 어떻게 서로 연결되어 있으며 어떤 상호작용과정을 통해 이상행동을 유발하는지에 대한 통합적 연구가 중요한 연구주제가 될 것으로 전망된다.

CONTEMPORARY ABNORMAL PSYCHOLOGY

제**3**장

이상행동의 분류와 평가

제3장
이상행동의 분류와 평가

제1절 이상행동의 분류

　인간이 나타내는 이상행동과 정신장애는 매우 다양할 뿐만 아니라 개인마다 매우 독특하다. 이상심리학은 이렇게 다양하고 독특한 이상행동을 정확하게 관찰하고 유사한 특성에 의해서 분류하는 작업에서부터 출발한다. 분류 작업은 복잡한 현상을 좀 더 이해하기 쉬운 단순한 형태로 정리하는 과정이다. 과학의 가장 기본적인 작업은 현상을 객관적으로 기술하고 분류하는 것이다. 연구대상이 되는 특정한 현상들을 공통점이나 유사성에 근거하여 집단화하여 분류한 후, 그러한 집단적 현상의 원인이나 통제 방법을 연구하는 단계로 나아가게 된다.

1. 분류의 장점과 단점

　이상심리학에서도 인간이 나타내는 다양한 이상행동과 심리적 장애를 분류하기 위한 노력이 이루어져 왔다. 이상행동의 분류 작업은 여러 가지 유용성을 지니고 있다. Goldenberg (1977)는 정신장애 분류를 통한 세 가지 유용성, 즉 효과적 의사소통, 체계적 연구, 원인의 이해증진을 지적하였다. 또한 Blashfield와 Draguns(1976)는 분류가 정신장애 환자를 이해하고 연구하는 기본적 틀을 제공하며 과학에 필수적인 분류의 5가지 기능을 하게 된다고 지적하였다. 첫째, 분류는 해당 분야의 연구자나 종사자들이 일관성 있게 공통적으로 사용할 수 있는 용어를 제공한다. 이를 통해 효과적인 의사소통이 가능해지고 불필요한 혼란과 모호함이 감소한다. 둘째, 분류는 연구자나 임상가에게 효과적인 정보를 제공한다. 즉, 분류체계에 따라 축적된 연구결과와 임상적 지식을 체계적으로 정리하고 전달할 수 있게 된다. 셋째, 분류는 정신장애에 대한 과학적 연구와 이론개발을 위한 기초를 제공한다. 객관적인 기준에 의한 신뢰로운 분류체계는 과학적 연구에 필수적이며, 이에 근거하여 장애의 공통적 특성과 원인에 대한 연구가 가능해진다. 넷째, 분류는 심리장애를 지닌 환자들 간의 유사성과 차이점을 인식하는 데에 도움을 준다. 진단(diagnosis)은 어떤 증상을 나타내는 환자를 분류체계에 따라 특정한 장애에 할당하는 분류작업이다. 이러한 진단을 통해서 임상가는 그 환자의 다른 특성들(주요증상, 진전과정, 가정된 원인들, 치료법 등)을 쉽게 추정할 수 있게 된다. 마지막으로, 치료효과를 예상하고 장애의 진행과정을 예측하는 것은 분류의 중요한 기능이다. 진단은 환자의 이해를 도울 뿐만 아니라 앞으로 어떤 경과를 나타낼 가능성이 높고 어떤 치료가 가장 효과적인지를 판단하는 중요한 근거가 된다.

그러나 이상행동의 분류는 여러 가지 단점과 위험성도 지니고 있다. 첫째, 분류나 진단을 통해서 환자의 개인적 정보가 유실되고 환자에 대한 고정관념이 형성될 수 있다. 환자 개인은 진단된 장애의 속성 외에도 독특한 증상과 특성을 지니고 있을 수 있으나, 진단을 통해 이러한 개인의 특수성이 소홀히 취급될 수 있다. 둘째, 진단은 환자에 대한 낙인이 될 수 있다. 환자에게 어떤 진단명이 붙여지게 되면, 환자에 대한 주변 사람들의 편견이 형성될 수 있을 뿐만 아니라 환자도 자신에 대한 태도가 달라진다. Laing(1967)은 진단명이 치료자나 환자의 행동에 영향을 미쳐 환자를 그 진단명에 맞도록 변화시켜 나가는 **자기충족적 예언**(self-fulfilling prophecy)의 결과가 초래될 수 있음을 지적하였다. 셋째, 진단은 환자의 예후나 치료효과에 대한 선입견을 줄 수 있다. 치료방법이 환자가 지닌 실제적 증상보다는 진단에 의해 결정되는 경우가 많다. Szasz(1961)는 진단이 개인을 비인격화하고 사회적 제약과 통제를 가하는 수단이라고 비난하고 있다. 아울러 현재의 분류체계는 의학적 모델로서 환경적 영향을 무시하고 있으며, 창조적 사고를 억제한다는 비판도 있다. 이상행동의 분류에 대한 이러한 비판은 분류체계를 사용하는 사람들이 항상 유념해야 할 점들이다.

2. 범주적 분류와 차원적 분류

이상행동에 대한 분류체계는 '이상행동과 정상행동의 구분을 양적인 문제로 보는가 아니면 질적인 문제로 보는가'에 따라 범주적 분류와 차원적 분류로 나눌 수 있다. **범주적 분류**(categorical classification)는 이상행동이 정상행동과는 질적으로 구분되며 흔히 독특한 원인에 의한 것이기 때문에 정상행동과는 명료한 차이점을 지니고 있다는 가정에 근거한다. 범주적 분류는 [그림 3-1]에 예시되어 있듯이 흑백논리적인 분류의 특성을 지니고 있으므로

"A라는 환자가 나타내는 증상이 우울장애인가, 우울장애가 아닌가?"라는 물음만이 가능하다. 반면에 **차원적 분류**(dimensional classification)는 정상행동과 이상행동이 부적응 정도에 차이가 있을 뿐 질적으로는 다르지 않다는 가정에 근거한다. 따라서 차원적 분류에서는 어떤 심리적 증상을 나타내는 사람을 특정한 장애범주에 포함시키기보다는 부적응을 평가하는 몇 가지 차원상에 위치시킬 수 있다. 예컨대, 우울장애의 증상은 미약한 형태로 일반인들에게도 흔히 나타날 뿐 아니라 우울장애를 지닌 사람들은 증상의 심한 정도가 각기 다르다. 또한 우울장애 환자들은 흔히 불안 증상을 함께 나타내기도 한다. 따라서

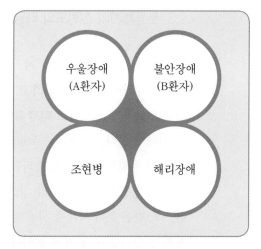

[그림 3-1] 정신장애에 대한 범주적 분류모형

차원적 분류에서는 한 환자(A)의 증상을 우울 차원(예: 7점)과 불안 차원(예: 8점)에서 평가하고, [그림 3-2]처럼 우울 차원과 불안 차원을 각각 X축과 Y축으로 하는 좌표상에 환자를 위치시킬 수 있다. 그러나 평가 차원의 수에 따라 다차원적 공간상에 환자를 위치시키기 때문에, 환자를 이해하는 과정이 복잡해질 수 있다. 물론 차원적 분류에서는 양적인 차원 위에 구분점을 가정하여 장애여부를 판별할 수 있다. 예컨대, 우울 차원에서 부적응의 정도가 심하게 나타나는 7점을 기준으로 그 이상의 점수를 얻으면 우울장애라고 진단할 수 있다. 여러 정신장애, 즉 우울장애, 불안장애, 성격장애 등은 이러한 차원적 분류방식이 더 적절한 방법일 수 있

다. 그러나 이상행동을 차원적 방식으로 분류하느냐 또는 범주적 방식으로 분류하느냐의 문제는 간단하지가 않다. 예컨대, 신체적 문제인 고혈압의 경우, 혈압의 수준은 연속적이기 때문에 차원적 분류가 적절할 수 있지만, 고혈압의 원인과 치료방법을 연구하기 위해서는 특정한 수준 이상의 혈압을 나타내는 사람들로 범주화하는 것이 유용하다. 정신장애도 이와 유사한 경우가 많다. 즉, 장애의 실제적인 특성은 차원적 분류를 적용하는 것이 적절하지만 현실적 실용성의 측면에서는 범주적 차원이 유용한 경우가 많기 때문에, 현재 널리 사용되고 있는 정신장애의 분류체계는 주로 범주적 분류방식을 따르고 있는 실정이다.

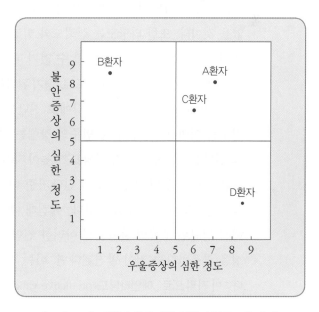

[그림 3-2] 정신장애에 대한 차원적 분류모형의 예

3. 분류체계의 신뢰도와 타당도

이상행동에 대한 과학적 지식을 축적하고 전문가 간의 효율적인 의사소통을 도우며 임상 현장에서 장애행동을 진단하고 치료하는 데에 유용한 진단분류체계가 되려면, 무엇보다도 먼저 진단분류가 신뢰롭고 타당해야 한다. 즉, 과학적이고 유용한 분류체계는 신뢰도와 타당도를 지녀야 한다. 신뢰도(reliability)는 한 분류체계를 적용하여 환자들의 증상이나 장애를 평가했을 때 동일한 결과가 도출되는 정도를 의미한다. 동일한 분류체계를 한 환자에게 적용하여 진단할 경우, 임상가에 따라 의견이 분분하다면 그 분류체계는 신뢰도가 떨어진다고 할 수 있다. 즉, 같은 분류체계를 사용하였지만 누가 평가하느냐에 따라 진단이 달라진다면, 그 분류체계는 신뢰할 수 없기 때문이다. 분류체계의 신뢰도를 평가하는 대표적인 방법은 두 평가자가 동일한 진단 또는 결론에 도달하는 정도, 즉 **평정자간 신뢰도**(interrater reliability)를 평가하는 것이다. 이러한 평정자간 신뢰도를 높이기 위해서 분류체계는 평가자의 주관성이 개입될 여지를 최소화하는 동시에 구체적이고 명료한 분류기준으로 구성되어야 할 필요가 있다.

분류체계의 **타당도**(validity)는 그 분류체계가 증상이나 원인 등에 있어서 정말 서로 다른 장애들을 제대로 분류하고 있는가에 대한 평가를 뜻한다. 달리 말하면, 타당도는 특정한 범주에 속하는 장애로 진단된 환자들이 동질적인 특성을 공유하는 정도를 의미한다. 만약 어떤 진단분류 방식에 따라 동일한 장애로 진단된 사람들이 증상이나 원인에 있어서 각기 다르다면, 이러한 진단분류는 타당하다고 할 수 없을 것이다. 또 다른 장애로 진단된 사람들이 서로 중복되는 증상을 나타내거나 공통적 원인에 의해 유발된다면, 이러한 분류 역시 타당하다고 할 수 없을 것이다. 또한 타당도는 신뢰도와 밀접하게 연결되어 있다. 왜냐하면 신뢰도가 낮은 분류체계로는 높은 타당도를 예상할 수 없기 때문이다.

진단은 흔히 세 가지 타당도로 평가된다(Davison & Neale, 1994). 첫째는 **원인론적 타당도**(etiological validity)로서 같은 장애로 진단된 사람들에게서 동일한 원인적 요인들이 발견되는 정도를 의미한다. 즉, 같은 범주의 장애는 같은 원인에 의해서 유발된다는 것이 입증될수록, 그 진단분류는 원인론적 타당도가 높아지게 된다. 둘째는 **공존타당도**(concurrent validity)로서 같은 장애로 진단된 환자들이 진단기준 이외의 다른 증상이나 증상발달과정 등에서 공통적 특성을 나타내는 정도를 뜻한다. 예컨대, 환각, 망상, 혼란된 사고와 언어 등의 진단기준에 의해서 진단된 조현병 환자들이 이러한 진단기준에 포함되지 않은 '대인관계의 곤란'이라는 특성을 공유한다는 것이 발견된다면, 이는 진단분류의 공존타당도를 지지하는 결과가 될 것이다. 마지막으로, **예언타당도**(predictive validity)는 동일한 장애로 진단된 사람들이 미래에 얼마나 동일한 행동과 반응을 나타내느냐 하는 점과 관련된다. 만약 진단분류가 타당하다면, 같은 장애범주에 속하는 환자들은 장애의 예후와 변화과정이 유사하고 특정한 치료에 대한 반응이나 효과가 동일해야 할 것이다. 진단분류를 통해, 특정한 장애의 환자가 쉽게 회복될 것인지 아니면 오래도록 증상을 나타낼 것인지를 예측할 수 있고 이러한 환자에게는 어떤 치료방법이 효과적인지를 알 수 있다면, 이러한 분류체계는 높은 예언타당도를 지닌다고 할 수 있다. 요컨대, 분류체계의 타당도는 이러한 분류체계로 진단된 장애들이 증상적 특성은 물론 병리적 특성, 원인과 경과, 예후와 치료반응 등에 있어서 동일한 정도를 말한다.

제2절 이상행동과 정신장애의 분류체계: DSM-5-TR

1. 정신장애의 분류체계

이상행동을 분류하려는 노력은 인류문명의 역사만큼이나 오래되었다. 서양에서 의학의 아버지로 알려진 Hippocrates는 정신장애를 세 가지 유형, 즉 조증, 우울증, 광증으로 분류하고 그 원인을 점액, 혈액, 황담즙, 흑담즙과 같은 체액으로 설명하고자 했다. 이상행동의 분류 작업은 18세기까지 매우 초보적인 상태를 벗어나지 못하였으며 19세기 말 독일의 정신의학자인 Kraepelin에 의해서 정신장애의 체계적 분류작업이 시작되었다. 그가 제시한 분류체계는 현재의 관점에서 보면 매우 거칠고 주관적인 것이었지만 오늘날의 정신장애 분류체계로 발전하는 기초가 되었다.

현재 연구와 임상장면에서 가장 널리 사용되고 있는 정신장애 분류체계는 DSM-5-TR과 ICD-11이다. DSM-5는 미국정신의학회에서 발간하는 『정신장애의 진단 및 통계 편람(Diagnostic and Statistical Manual of Mental Disorders)』의 5번째 개정판으로서 2013년에 출간되었으며 2022년에 일부의 내용을 수정한 본문개정판(Text Revision)인 DSM-5-TR이 출간되었다.

ICD-11은 세계보건기구(WHO)가 발간하는 『국제질병분류(International Classification of Diseases)』의 11번째 개정판으로서 2018년에 출간되었다. ICD는 인간이 겪는 모든 질병과 사망 원인을 조사하기 위한 질병 분류체계로서 여러 가지 신체적 질병과 함께 정신장애가 포함되어 있다. ICD-11은 인간이 경험하는 모든 질병과 사망 원인을 첫 번째 범주인 '특정한 전염병 또는 기생충 질환'으로부터 시작하여 26개 범주로 구분하고 있다. 정신장애는 6번째 범주인 '정신적, 행동적 또는 신경발달적 장애(Mental, behaviroral or neurodevelopmental disorders)'에 제시되고 있으며 이 밖에도 7번째 범주인 수면-각성장애, 17번째 범주인 성 건강과 관련된 장애, 19번째 범주인 임신, 출산 또는 산욕, 그리고 20번째 범주인 발달적 이상에서 일부 포함되고 있다. DSM과 ICD는 개정작업에 참여하는 전문가들의 견해에 따라 현저한 차이를 나타내기도 했으나 서로 조화와 일치를 이루는 방향으로 나아가고 있다.

신경증과 정신병의 구분

일반인들 사이에서 '노이로제'라는 용어가 흔히 사용된다. 이는 현재 이상심리학에서 학술적으로 사용되는 용어는 아니지만, 과거에 정신장애를 분류하던 전통적 방식을 반영하고 있다. 과거에 인간의 이상행동은 전통적으로 신경증(neurosis)과 정신병(psychosis)으로 크게 구분되어 왔다. 이러한 구분은 정신분석적 전통에서 나온 구시대적인 것이지만, 다양한 정신장애를 가장 간단하게 분류하여 이해할 수 있다는 점에서 좀 더 자세히 살펴보기로 한다.

신경증과 정신병의 주요한 차이점이 〈표 3-1〉에 요약되어 있다. 신경증은 영어로 '뉴로시스(neurosis)'라고 하며 흔히 '노이로제'라는 독일식 용어로 널리 불리고 있다. 신경증은 현실적 판단력에는 별 문제가 없지만 생활적응에 여러 가지 주관적인 불편함을 나타내는 심리적 장애를 뜻한다. 예를 들어, 불안을 주요한 증상으로 나타내는 불안장애는 늘 초조하고 긴장하며 불안감을 느끼게 되어 고통을 지속적으로 느끼게 되지만 환각이나 망상과 같이 현저한 현실왜곡은 나타나지 않는다. 또한 신경증을 지닌 사람들은 자신에게 어떤 문제가 있다는 자각을 지니게 되는데 이를 병식(病識, insight)이라고 한다. 따라서 이들은 치료를 받고자 하는 동기를 지니게 되며 스스로 치료기관을 찾게 된다. 신경증을 지닌 사람들은 사회적 적응에 어려움을 지니기는 하지만 그 정도가 미약하여 직업이나 학업을 지속할 수가 있다. 따라서 이들에 대한 치료는 치료기관을 정기적으로 방문하여 치료하는 방식으로도 가능하다.

반면, 정신병은 부적응의 정도가 매우 심각한 심리적 장애를 뜻하며 환각이나 망상과 같은 현실왜곡적 증상이 두드러지게 나타난다. 정신병을 나타내는 대부분의 사람은 자신이 비정상적이라는 점에 대한 병식이 없어서 스스로 치료기관을 찾기보다는 보호자나 주변사람들에 의해서 비정상성이 발견되어 강제적으로 치료기관을 찾게 되는 경우가 많다. 이들은 현실적 판단력에 현저한 장애가 있기 때문에 직업이나 학업과 같은 사회적 적응이 불가능한 경우가 대부분이다. 따라서 정신병을 지닌 사람들은 일정 기간 병원이나 치료기관에 입원하여 집중적인 치료를 받는 것이 일반적이다. 정신병의 가장 대표적인 장애가 조현병(정신분열증)이다.

표 3-1 신경증과 정신병의 차이점

특성	신경증	정신병
현실판단력	정상적임	뚜렷한 손상이 있음
주요한 장애나 문제	불안장애, 우울장애	조현병
자기상태에 대한 이해	있음	없음
사회적 적응상태	경미한 문제가 있음	심각한 문제가 있음
주요한 치료방식	외래치료, 방문치료	입원치료

2. DSM-5-TR[1]

미국정신의학회에서 발간하는 『정신장애의 진단 및 통계 편람(DSM)』은 세계적으로 가장 많은 임상가와 연구자가 사용하고 있다. DSM은 특정한 이론적 입장에 치우치지 않고 심리적 증상과 증후군을 위주로 하여 정신 장애의 분류체계와 진단기준을 제시하고 있다. 즉, DSM의 정신장애 분류 는 장애의 원인이 아니라 증상의 기술적 특징에 근거하여 이루어져 있다. 1952년에 DSM-I이 처음 발행된 이후 임상적 유용성과 진전된 연구결과를 반영하여 여러 차례의 개정과정을 거쳤다. 2013년에 다섯 번째 개정판인 DSM-5가 발간되었다.

DSM-5는 정신장애 분류체계에 있어서 출간될 예정이었던 ICD-11과 조 화를 이루도록 많은 부분이 개정되었다. 또한 임상가들이 정신장애의 진단을 좀 더 편리하게 할 수 있도록 구성하였으며 최근의 과학적인 연구결과를 반영하려고 노력했다. 특히 DSM-5 에서는 DSM-IV에서 사용했던 다축 진단체계가 임상적 유용성과 타당성이 부족하다는 이유 로 폐기되었다. 아울러 범주적 진단체계의 한계를 보완하기 위해서 차원적 평가를 도입한 혼 합 모델(hybrid model)을 적용하여 모든 환자의 주된 증상과 다양한 공병증상을 심각도 차원 에서 평가하도록 되어 있다.

2022년에는 DSM-5의 내용을 일부 개정한 DSM-5-TR이 발행되었다. DSM-5-TR은 정신장 애 분류체계에 있어서 DSM-5와 기본 구조는 동일하지만 70개 이상의 정신장애에 대한 수정 과 보완이 이루어졌을 뿐만 아니라 '지속성 애도장애(prolonged grief disorder)'가 새롭게 추가 되었으며 인종 및 성 차별적인 요소들이 개선되는 등 많은 변화가 있었다.

DSM-5-TR은 정신장애를 22개의 주요한 범주로 나누고 그 하위범주로 350여 개 이상의 장 애를 포함하고 있다. DSM-5-TR에 포함된 주요한 정신장애의 범주를 열거하면 〈표 3-2〉와 같다.

---

1) DSM-IV까지는 개정판 숫자를 로마자로 표기해왔으나 DSM-5부터는 아라비아 숫자로 표기하고 있다. 이는 급속 하게 이루어지고 있는 임상연구의 진전에 따라 개정이 빈번하게 계속될 것으로 아라비아 숫자로 개정판을 표기 하는 것이 편리하기 때문이다.

표 3-2 DSM-5-TR에 포함되어 있는 정신장애의 범주들

1) 신경발달장애(Neurodevelopmental Disorders)

2) 조현병 스펙트럼 및 기타 정신병적 장애(Schizophrenia Spectrum and Other Psychotic Disorders)

3) 양극성 및 관련 장애(Bipolar and Related Disorders)

4) 우울장애(Depressive Disorders)

5) 불안장애(Anxiety Disorders)

6) 강박 및 관련 장애(Obsessive-Compulsive and Related Disorders)

7) 외상 및 스트레스 관련 장애(Trauma- and Stressor-Related Disorders)

8) 해리장애(Dissociative Disorders)

9) 신체증상 및 관련 장애(Somatic Symptom and Related Disorders)

10) 급식 및 섭식 장애(Feeding and Eating Disorders)

11) 배설장애(Elimination Disorders)

12) 수면-각성장애(Sleep-Wake Disorders)

13) 성기능부전(Sexual Dysfunctions)

14) 성별 불쾌감(Gender Dysphoria)

15) 파괴적, 충동조절 및 품행장애(Disruptive, Impulse Control, and Conduct Disorders)

16) 물질관련 및 중독 장애(Substance-Related and Addictive Disorders)

17) 신경인지장애(Neurocognitive Disorders)

18) 성격장애(Personality Disorders)

19) 변태성욕장애(Paraphilic Disorders)

20) 기타 정신장애(Other Mental Disorders)

21) 약물치료로 유발된 운동장애 및 약물치료의 기타 부작용(Medication-Induced Movement Disorders and Other Adverse Effects of Medication)

22) 임상적 주의의 초점이 될 수 있는 기타의 상태(Other Conditions That May Be a Focus of Clinical Attention)

 제3절 정신장애의 유형

　　DSM-5-TR은 다양한 정신장애를 22가지 범주로 분류하고 있으며 각 범주는 여러 하위장애로 세분되고 있다. DSM-5-TR에서는 장애가 흔히 발생하는 발달단계를 고려하여 이른 시기의 발달과정에 나타나는 정신장애 범주부터 먼저 제시하고 있다. 즉, 유아기나 초기 아동기에 흔히 진단되는 신경발달장애로 시작하여 주로 성인기에 진단되는 장애를 뒷부분에 제시하고 있다. 여기에서는 각 장애의 주요한 특성을 간략히 살펴봄으로써 DSM-5-TR에서 제시되고 있는 다양한 장애들에 대한 전반적 이해를 돕고자 한다.

1. 신경발달장애

　신경발달장애(Neurodevelopmental Disorders)는 중추신경계, 즉 뇌의 발달 지연 또는 뇌 손상과 관련된 것으로 알려진 정신장애를 포함하고 있다. 심리사회적 문제보다는 뇌의 발달장애로 인해 흔히 생의 초기부터 나타나는 아동기 및 청소년기의 정신장애를 포함하고 있다. 신경발달장애는 다음과 같은 6가지 하위장애로 분류되고 있다: (1) 지적 발달장애, (2) 의사소통장애, (3) 자폐스펙트럼장애, (4) 주의력결핍 과잉행동장애, (5) 특정학습장애, (6) 운동장애.

　지적 발달장애(intellectual developmental disorder)는 지능이 비정상적으로 낮아서 학습 및 사회적 적응에 어려움을 나타내는 경우를 뜻한다. 좀 더 구체적으로, 표준화된 지능검사로 측정된 지능지수(IQ)가 70 미만으로 현저하게 낮은 지능을 보이는 경우이다.

　의사소통장애(communication disorder)는 의사소통에 필요한 말이나 언어의 사용에 결함이 있는 경우이다. 지능수준은 정상적이지만 언어사용에 문제가 나타나게 되는데, 하위장애로는 언어 장애, 말소리 장애, 아동기-발병 유창성 장애(말더듬), 사회적 의사소통장애가 있다.

　자폐스펙트럼장애(autism spectrum disorder)는 사회적 상호작용과 의사소통에서 장애를 나타낼 뿐만 아니라 제한된 관심과 흥미를 지니며 상동적인 행동을 반복적으로 나타내는 장애를 뜻한다. 이러한 장애는 증상의 심각도가 다양한 수준으로 나타날 수 있으며 DSM-5-TR에서는 장애의 심각도를 세 수준으로 평가한다.

　주의력결핍 과잉행동장애(attention-deficit/hyperactivity disorder)는 주의집중의 어려움과 더불어 매우 산만하고 부주의한 행동을 나타낼 뿐만 아니라 자신의 행동을 적절히 통제하지 못하고 충동적인 과잉행동을 나타내는 경우에 진단된다. 이러한 장애를 지닌 아동은 주의력결핍형, 과잉행동형, 복합형의 세 하위유형으로 구분될 수 있다.

　특정학습장애(specific learning disorder)는 정상적인 지능을 갖추고 있고 정서적인 문제가 없음에도 불구하고 지능수준에 비하여 현저한 학습부진을 보이는 경우를 말한다. 이러한 장애를 지닌 아동들은 흔히 읽기, 쓰기, 산술적 또는 수리적 계산과 관련된 기술을 학습하는 데 어려움을 나타낸다.

　운동장애(motor disorder)는 나이나 지능수준에 비해서 움직임 및 운동능력이 현저하게 미숙하거나 부적응적인 움직임을 반복적으로 나타내는 경우로서 여러 하위유형으로 구분된다. 발달성 협응장애(developmental coordination disorder)는 앉기, 기어 다니기, 걷기, 뛰기 등의 운동발달이 늦고 동작이 서툴러서 물건을 자주 떨어뜨리고 깨뜨리거나 운동을 잘 하지 못하는 경우를 뜻한다. 상동증적 운동장애(stereotypic movement disorder)는 특정한 패턴의 행동을 아무런 목적 없이 반복적으로 지속하여 정상적인 적응에 문제를 야기하는 경우를 말한다. 틱장애(tic disorder)는 얼굴 근육이나 신체 일부를 갑작스럽게 불수의적으로 움직이는 행동을 반복하거나 소리를 내는 부적응적 행동을 의미한다. 이러한 틱장애에는 다양한 운동 틱과 음성 틱이 1년 이상 지속적으로 나타나는 투렛장애(Tourette's disorder), 운동 틱이나 음성 틱이 1년 이상 나타나는 만성 운동 또는 음성 틱장애(chronic motor or vocal tic disorder), 운동 틱이나 음성 틱이 1개월 이상 1년 이내 지속되는 일시적 틱장애(provisional tic disorder)가 있다.

2. 조현병 스펙트럼 및 기타 정신병적 장애

조현병 스펙트럼 및 기타 정신병적 장애(Schizophrenia Spectrum and Other Psychotic Disorders)는 조현병을 비롯하여 그와 유사한 증상을 나타내는 심각한 정신장애를 포함하고 있다.

망상과 환청을 지닌 조현병 환자

조현병 스펙트럼 장애는 망상, 환각, 혼란스러운 언어, 부적절한 행동, 둔마된 감정이나 사회적 고립을 특징적으로 나타내는 일련의 정신장애를 의미한다. 증상의 심각도나 지속기간에 따라서 다양한 하위유형으로 구분된다. 경미한 조현병 증상이 성격의 일부처럼 지속적으로 나타나는 **조현형 성격장애**(schizotypal personality disorder), 다른 적응 기능은 비교적 온전하지만 망상을 특징적으로 나타내는 **망상장애**(delusional disorder), 조현병 증상이 1개월 이내로 짧게 나타나는 **단기 정신병적 장애**(brief psychotic disorder), 조현병 증상이 1개월 이상 6개월 이내로 나타나는 **조현양상장애**(schizophreniform disorder), 조현병 증상이 6개월 이상 지속되는 **조현병**(schizophrenia), 조현병 증상과 양극성장애 증상이 함께 나타나는 **조현정동장애**(schizoaffective disorder)로 구분된다. 이 밖에도 약물이나 신체적 질병으로 인해 나타나는 정신병적 장애를 포함하고 있다.

3. 양극성 및 관련 장애

양극성 및 관련 장애(Bipolar and Related Disorders)는 기분의 변화가 매우 심하여 기분이 고양된 상태와 침체된 상태가 주기적으로 나타나는 일련의 장애를 의미한다. **양극성장애**(bipolar disorder)는 조증 증상과 더불어 우울증 증상이 주기적으로 교차되면서 나타나는 장애로서 **조울증**이라고 불리기도 한다. 조증 증상이 나타나는 경우는 그 심각도에 따라서 조증 삽화와 경조증 삽화로 구분된다. 조증 삽화(manic episode)는 과도하게 들뜬 고양된 기분을 나타내며 자존감이 팽창되어 말과 활동이 많아지고 주의가 산만해져서 일상적인 생활이 불가능한 경우를 뜻하는 반면, 경조증 삽화(hypomanic episode)는 조증 증상이 경미하게 나타나는 경우를 의미한다. 양극성장애는 조증 삽화가 특징적으로 나타나는 **제1형 양극성장애**(bipolar I disorder)와 우울증과 더불어 경조증 삽화만 나타나는 **제2형 양극성장애**(bipolar II disorder)로 구분된다. 이 밖에도 조증 상태와 우울증 상태가 경미한 형태로 2년 이상 지속적으로 나타나는 **순환감정장애**(cyclothymic disorder)가 있다.

4. 우울장애

우울장애(Depressive Disorders)는 우울하고 슬픈 기분을 주된 증상으로 하는 다양한 장애를 의미한다. 우울상태에서는 일상생활에 대한 의욕과 즐거움이 감퇴하고, 주의집중력과 판단력이 저하되며, 체중과 수면패턴이 변화할 뿐만 아니라 무가치감과 죄책감, 그리고 죽음이나 자살에 대한 사고가 증가한다. 이러한 우울장애의 하위유형에는 심각한 우울증상이 나타나는 **주요우울장애**(major depressive disorder), 경미한 우울증상이 장기적으로 나타나는 **지속성 우울장애**(persistent depressive disorder), 월경 전에 우울증상이 나타나는 **월경전 불쾌감장애**(premenstrual dysphoric disorder), 불쾌한 기분을 조절하지 못하는 **파괴적 기분조절부전장애**(disruptive mood dysregulation disorder)가 있다.

5. 불안장애

불안장애(Anxiety Disorders)는 불안과 공포를 주된 증상으로 하는 장애로서 불안이 나타나는 다양한 양상에 따라 여러 가지 하위유형으로 구분된다. 불안장애의 하위유형으로는 미래에 경험하게 될 다양한 상황에 대해서 과도한 불안과 걱정을 나타내는 **범불안장애**(generalized anxiety disorder), 특정한 대상(예: 뱀, 개, 거미)이나 상황(예: 높은 곳, 폭풍)에 대한 공포를 지니는 **특정공포증**(specific phobia), 특정한 장소(예: 쇼핑센터, 극장, 운동장, 엘리베이터, 지하철)에 대한 공포를 지니는 **광장공포증**(agoraphobia), 다른 사람 앞에서 어떤 일을 해야 할 때 심한 불안과 공포를 느끼는 **사회불안장애**(social anxiety disorder), 갑작스럽게 엄습하는 강렬한 불안과 공포를 주된 증상으로 하는 **공황장애**(panic disorder)가 있다. 이 밖에도 DSM-5-TR에서는 중요한 애착대상과 떨어지는 것에 대한 심한 불안을 나타내는 **분리불안장애**(separation anxiety disorder)와 특수한 사회적 상황에서 지속적으로 말을 하지 않는 **선택적 함구증**(selective mutism)이 불안장애의 하위유형으로 포함되었다.

6. 강박 및 관련 장애

강박 및 관련 장애(Obsessive-Compulsive and Related Disorders)는 강박적인 집착과 반복적인 행동을 특징적으로 나타내는 일련의 장애를 포함하며 DSM-5에서 처음으로 독립된 장애범주로 제시되었다. **강박장애**(obsessive-compulsive disorder)는 불안을 유발하는 부적절한 강박사고(예: 성적이거나 불경스러운 생각, 더러운 것에 오염될 것에 대한 생각)에 집착하면서 불안을 완화시키기 위한 강박행동(예: 손 씻기, 확인하기, 정돈하기, 숫자세기)을 반복적으로 나타내는 장애이다. 이 밖에도 강박 관련 장애로는 신체 일부가 기형적으로 이상하게 생겼다는 생각(예: 코가 비뚤어짐, 턱이 너무 긺)에 집착하는 **신체이형장애**(body dysmorphic disorder), 불필요한 물건을 과도하게 수집하여 보관하는 **저장장애**(hoarding disorder), 자신의 몸에 있는 털을 반복적으로 뽑는 **털뽑기장애**(trichotillomania 또는 hair-pulling disorder), 자신의 피부를 반복적으로 뜯는 **피부뜯기장애**(excoriation disorder 또는 skin-picking disorder) 등이 있다.

7. 외상 및 스트레스 관련 장애

외상 및 스트레스 관련 장애(Trauma-and Stressor-Related Disorders)는 충격적인 외상 사건(예: 교통사고, 전쟁, 건물 붕괴, 지진, 강간, 납치)이나 스트레스 사건을 경험한 이후에 부적응 증상을 나타내는 다양한 경우를 포함하며 DSM-5에서 처음으로 독립된 장애범주로 제시되었다. 외상 사건을 경험하고 나서 그러한 사건에 대한 기억의 침투 증상과 더불어 회피적 행동이 1개월 이상 나타나는 경우를 **외상후 스트레스장애**(posttraumatic stress disorder)라고 하며, 유사한 증상이 1개월 이내로 나타나는 경우에는 **급성 스트레스장애**(acute stress disorder)라고 진단한다. **지속성 애도장애**(prolonged grief disorder)는 사별 후 1년 이상 부적응적 증상을 나타내는 장애로서 DSM-5-TR에서 새롭게 추가되었으며 **지속적 비탄장애**라고 지칭되기도 한다. 또한 DSM-5-TR에서는 아동이 부적절한 양육환경(애착형성을 어렵게 하는 양육자의 잦은 변경, 정서적 욕구를 좌절시키는 사회적 방치와 결핍)에서 성장한 경우에 나타나는 부적응 문제의 두 가지 유형, 즉 반응성 애착장애와 탈억제성 사회적 접근장애를 이 장애범주에 포함시키고 있다. **반응성 애착장애**(reactive attachment disorder)는 5세 이전의 아동이 정서적으로 위축된 상태에서 다른 사람과 접촉하는 것을 두려워하고 회피하는 경우를 지칭하는 반면, 이와 반대로 **탈억제성 사회적 접근장애**(disinhibited social engagement disorder)는 아동이 처음 본 어른에게 부적절하게 과도한 친밀함을 나타내거나 낯선 사람을 아무런 주저 없이 따라가려 하는 경우를 뜻한다. 이 밖에도 분명하게 확인될 수 있는 심리사회적 스트레스 사건(실연, 사업의 위기, 가족갈등, 새로운 학교로의 진학, 결혼, 직장에서의 좌절, 은퇴 등)에 대한 반응으로 부적응적인 감정과 행동을 나타내는 **적응장애**(adjustment disorder)도 이 장애범주에 포함되었다.

8. 해리장애

해리장애(Dissociative Disorders)는 의식, 기억, 자기정체감 및 환경지각 등이 평소와 달리 급격하게 변화하는 장애를 의미한다. 이 장애범주에는 세 가지 하위유형, 즉 자기의 과거를 전부 잊어버리거나 특정 기간 동안의 기억을 망각하는 **해리성 기억상실증**(dissociative amnesia), 한 사람의 내부에 두 개 이상의 독립적인 정체감과 성격을 지니고 있는 **해리성 정체감장애**(dissociative identity disorder), 평소와 달리 자신과 주변 현실에 대해서 매우 낯설거나 이상한 느낌을 받게 되는 **이인증/비현실감 장애**(depersonalization/derealization disorder)가 있다. 이러한 해리장애는 충격적인 사건을 경험한 후에 갑자기 나타나는 경우가 많다.

9. 신체증상 및 관련 장애

신체증상 및 관련 장애(Somatic Symptom and Related Disorders)는 원인이 불분명한 신체증상을 호소하거나 그에 대한 과도한 염려를 나타내는 부적응 문제를 의미한다. 이러한 장애는 생물학적, 심리적, 사회적 요인의 복합적 영향에 의해서 시작되고 악화될 수 있다. **신체증상장애**(somatic symptom disorder)는 한 개 이상의 신체적 증상에 과도하게 집착함으로써 심각한 고통과 일상생활의 부적응을 초래하는 경우를 의미하며 증상의 심각도에 따라 세 수준으로 구분된다. **질병불안장애**(illness anxiety disorder)는 실제로 건강에 큰 문제가 없음에도 자신의 몸에 심각한 질병이 있다는 생각에 집착하며 과도한 불안을 나타내는 경우로서 건강염려증이라고 불리기도 한다. **기능성 신경학적 증상장애**(functional neurological symptom disorder)는 신경학적 손상을 암시하는 운동기능과 감각기능의 이상을 나타내는 경우를 의미하며 과거에는 전환장애라고 불리기도 했다. **인위성장애**(factitious disorder)는 신체적 또는 심리적 증상을 의도적으로 만들어 내거나 위장하여 병원에서 환자로 치료받기를 원하는 경우로서 이러한 증상으로 인하여 아무런 현실적인 이득(예: 경제적 보상, 법적 책임의 회피 등)이 없음이 분명하며 다만 환자 역할을 하려는 심리적 욕구에 기인한 것으로 추정될 때 이러한 진단이 내려진다. 이 밖에도 신체적 질병에 부정적인 영향을 미칠 수 있는 다양한 심리적 요인들(예: 치료 불순응, 심각한 신체장애의 무시)도 이 장애범주에 포함되고 있다.

10. 급식 및 섭식 장애

급식 및 섭식 장애(Feeding and Eating Disorders)는 개인의 건강과 심리사회적 기능을 현저하게 방해하는 부적응적인 섭식행동과 섭식-관련 행동을 의미하며 다양한 하위장애를 포함하고 있다. **신경성 식욕부진증**(anorexia nervosa)은 체중증가와 비만에 대한 극심한 두려움을 지니고 있어서 음식섭취를 현저하게 감소시키거나 거부함으로써 체중이 비정상적으로 저하되는 경우를 뜻한다. 이 장애는 여자 청소년에게서 흔히 나타나며 체중이 현저하게 감소하여 건강에 심각한 문제가 발생해도 이를 인정하지 않고 음식섭취를 거부하여 결국 사망하는 경우도 있다. **신경성 폭식증**(bulimia nervosa)은 짧은 시간 내에 많은 양을 먹는 폭식행동과 이로 인한 체중증가를 막기 위한 구토 등의 보상행동이 반복되는 경우를 말한다. 이러한 장애를 지닌 사람들은 보통 사람들이 먹는 것보다 훨씬 많은 양의 음식을 단기간(예: 2시간 이내)에 먹어 치우는 폭식행동을 나타내며 이럴 때는 음식섭취를 스스로 조절할 수 없게 된다. 이렇게 폭식을 하고 나면 체중증가에 대한 두려움으로 인해 심한 자책을 하게 되고 스스로 구토를 하거나 이뇨제, 설사제, 관장약 등을 사용하는 등 부적절한 보상행동을 하게 된다. **폭식장애**(binge eating disorder)는 신경성 폭식증과 마찬가지로 폭식행동을 나타내지만 보상행동은 하지 않으며 흔히 과체중이나 비만을 나타낸다.

급식 및 섭식 장애에는 아동기에 흔히 나타나는 부적응적인 급식 장애들도 포함하고 있다. **이식증**(pica)은 먹으면 안 되는 것(종이, 천, 머리카락, 흙, 벌레)을 습관적으로 먹는 경우를 뜻하며, **되새김장애**(rumination disorder)는 음식물을 반복적으로 되씹거나 토해내는 행동을 나타내는 경우를 말한다. **회피적/제한적 음식섭취장애**(avoidant/restrictive food intake disorder)는 지속적으로 먹지 않아 심각한 체중감소가 나타나는 경우에 진단된다.

11. 배설장애

배설장애(Elimination Disorders)는 아동기나 청소년기에 흔히 진단되는 장애로서 대소변을 가릴 충분한 연령이 되었음에도 불구하고 이를 가리지 못하고 옷이나 적절치 않은 장소에서 배설하는 것을 말한다. 배설장애의 하위유형으로는 5세 이상의 아동이 신체적인 이상이 없음에도 옷이나 침구에 반복적으로 소변을 보는 **유뇨증**(enuresis)과 4세 이상의 아동이 대변을 적절치 않은 곳(옷이나 마루)에 반복적으로 배설하는 **유분증**(encopresis)이 있다.

12. 수면-각성장애

수면-각성장애(Sleep-Wake Disorders)는 수면의 양이나 질의 문제로 인해서 수면-각성에 대한 불만과 불평을 나타내는 다양한 경우로서 10가지의 하위장애로 구분된다. 자고자 하는 시간에 잠을 이루지 못하거나 밤중에 자주 깨어 1개월 이상 수면부족상태가 지속되는 **불면장애**(insomnia disorder), 충분히 수면을 취했음에도 졸린 상태가 지속되거나 지나치게 많은 잠을 자게 되는 **과다수면장애**(hypersomnolence disorder), 주간에 갑자기 근육이 풀리고 힘이 빠지면서 참을 수 없는 졸림으로 인해 부적절한 상황에서 수면상태에 빠지게 되는 **기면증** (narcolepsy), 수면 중 자주 호흡곤란이 나타나 수면에 방해를 받게 되는 **호흡 관련 수면장애** (breathing-related sleep disorder), 야간근무로 인해 낮에 수면을 취해야 하는 경우처럼 평소의 수면주기와 맞지 않는 수면상황에서 수면에 곤란을 경험하게 되는 **일주기리듬 수면-각성장애** (circadian rhythm sleep-wake disorder)가 있다.

수면 중에 잠자리에서 일어나 걸어 다니거나 자율신경계의 흥분과 더불어 강렬한 공포를 느껴 자주 잠에서 깨어나는 **비REM수면 각성장애**(non-REM sleep arousal disorder), 수면 중에 무서운 악몽을 꾸게 되어 자주 깨어나게 되는 **악몽장애**(nightmare disorder), REM수면 기간에 소리를 내거나 옆 사람을 다치게 할 수 있는 움직임을 반복적으로 나타내는 **REM수면 행동장애** (REM sleep behavior disorder), 다리에 불쾌한 감각을 느껴 다리를 움직이고자 하는 충동을 반복적으로 느끼는 **하지불안 증후군**(restless legs syndrome), 약물의 중독이나 금단증상으로 인해 심각한 수면장해가 나타나는 물질/약물 유도성 수면장애(substance/medication-induced sleep disorder)가 있다.

13. 성기능부전

성기능부전(Sexual Dysfunctions)은 원활한 성행위를 방해하는 다양한 기능장애를 포함하고 있다. 남성에게 나타나는 성기능부전으로는 최소한 6개월 이상 성적인 욕구를 지속적으로 느끼지 못하는 **남성 성욕감퇴 장애**(male hypoactive sexual desire disorder), 성적 활동을 하는 동안에 발기에 어려움을 겪게 되는 **발기장애**(erectile disorder), 성행위 시에 너무 일찍 또는 자신이 원하기 전에 사정을 하게 되는 **조기사정**(premature ejaculation), 성행위 시에 사정이 되지 않거나 현저하게 지연되는 **사정지연**(delayed ejaculation)이 있다. 여성에게 나타나는 성기능 장애로는 성적 활동에 대한 관심이 현저하게 저하될 뿐만 아니라 성행위 시에 성적인 흥분이 적절하게 일어나지 않는 **여성 성적 관심/흥분장애**(female sexual interest/arousal disorder), 여성이 성행위 시에 절정감을 경험하지 못하는 **여성 극치감장애**(female orgasmic disorder), 성행위 시에 생식기나 골반에 현저한 통증을 경험하는 **성기-골반 통증/삽입장애**(genito-pelvic pain/penetration disorder)가 있다.

14. 성별 불쾌감

성별 불쾌감(Gender Dysphoria)은 자신에게 주어진 생물학적 성과 자신이 경험하고 표현하는 성 행동 간의 현저한 괴리로 인해서 심한 고통과 사회적 적응곤란을 나타내는 경우를 의미하며, 젠더 불쾌감이라고도 한다. 성별 불편감을 지닌 사람은 다른 성이 되고자 하는 강렬한 열망을 지니거나 반대 성의 의복을 선호하거나 반대 성의 역할을 하고자 하는 등의 다양한 행동을 나타낼 수 있다. 예를 들어, 신체적으로는 남성임에도 남자라는 것과 남자의 역할을 싫어하여 여성의 옷을 입고 여성적인 놀이나 오락을 좋아하는 등 여자가 되기를 소망하며 이들 대부분은 성전환수술을 원한다. 이러한 장애는 아동에서부터 성인에 이르기까지 다양한 연령대에서 나타날 수 있다. 성별 불편감은 아동의 경우와 청소년 및 성인의 경우로 나누어 각기 다른 진단기준에 의해 평가된다.

15. 파괴적, 충동조절 및 품행장애

파괴적, 충동조절 및 품행장애(Disruptive, Impulse Control, and Conduct Disorders)는 정서와 행동에 대한 자기통제의 문제를 나타내는 다양한 장애를 포함하고 있다. 특히 다른 사람의 권리를 침해하거나 사회적 규범을 위반하는 부적응적 행동들이 이에 해당된다. **적대적 반항장애**(oppositional defiant disorder)는 어떤 사람과의 상호작용에서 화를 잘 내고 논쟁적이거나 도전적이며 앙심을 품고 악의에 찬 행동을 나타내는 경우에 진단되며, **품행장애**(conduct disorder)는 난폭하고 잔인한 행동, 기물파괴, 도둑질, 거짓말, 가출 등 타인의 권리를 침해하거나 사회적 규범을 위반하는 행동을 지속적으로 나타내는 경우로 청소년들이 흔히 나타내는 비행행동이 이러한 품행장애에 해당된다. 성인의 경우 사회적 규범이나 타인의 권리를 무시하는 행동양상을 반복적으로 나타내는 **반사회성 성격장애**(antisocial personality disorder)도 이 장애범주의 한 하위유형으로 간주되고 있다. 이 밖에도 공격적 충동이 조절되지 않아 심각한 파괴적 행동으로 나타나게 되는 **간헐적 폭발장애**(intermittent explosive disorder), 남의 물건을 훔치고 싶은 충동을 참지 못해 반복적으로 도둑질을 하게 되는 **병적 도벽**(kleptomania), 불을 지르고 싶은 충동을 조절하지 못해 반복적으로 방화를 하게 되는 **병적 방화**(pyromania)가 여기에 속한다.

16. 물질관련 및 중독 장애

물질관련 및 중독 장애(Substance-Related and Addictive Disorders)는 술, 담배, 마약 등과 같은 중독성 물질을 사용하거나 중독성 행위에 몰두함으로써 생겨나는 다양한 부적응적 증상을 포함하고 있다. 이 장애범주는 크게 **물질관련장애**(substance-related disorders)와 **비물질관련장애** (non-substance-related disorders)로 구분된다. 물질관련장애는 **물질 사용장애**(substance use disorders)와 **물질유도성 장애**(substance-induced disorders)로 구분되며, 물질유도성 장애는 다시 특정한 물질의 과도한 복용으로 인해 일시적으로 나타나는 부적응적 증상군을 뜻하는 **물질 중독** (substance intoxication), 물질복용의 중단으로 인해 일시적으로 나타나는 부적응적 증상군을 뜻하는 **물질 금단**(substance withdrawal), 그리고 물질 남용으로 인해 일시적인 심각한 중추신경장애를 나타내는 **물질유도성 정신장애**(substance-induced mental disorders)로 구분된다.

이러한 물질관련장애는 어떤 물질에 의해서 장애가 생겨나느냐에 따라 10가지 유목으로 구분된다. 물질관련장애를 유발할 수 있는 물질로는 알코올, 카페인, 대마, 환각제, 흡입제, 아편계, 진정제·수면제·항불안제, 자극제, 담배, 기타(또는 미상의) 물질이 있다. 따라서 물질별로 구체적 진단이 가능하며 예컨대, 알코올 관련 장애는 알코올 사용장애, 알코올 중독, 알코올 금단, 알코올유도성 정신장애 등으로 구분되어 진단될 수 있다.

비물질관련장애로는 **도박장애**(gambling disorder)가 있다. 도박장애는 12개월 이상의 지속적인 도박행동으로 인해 심각한 적응문제와 고통을 경험하는 경우에 진단된다. 도박장애의 주된 증상으로는 쾌락을 얻기 위해 점점 더 많은 돈을 거는 도박의 욕구, 도박에 집착하며 몰두함, 도박을 하지 못하면 안절부절못함, 도박을 숨기기 위한 반복적인 거짓말 등이 있다.

17. 신경인지장애

신경인지장애(Neurocognitive Disorders)는 뇌의 손상으로 인해 의식, 기억, 언어, 판단 등의 인지적 기능에 심각한 결손이 나타나는 경우에 진단되며 주요 신경인지장애, 경도 신경인지장애, 섬망으로 구분된다. **주요 신경인지장애**(major neurocognitive disorder)는 주의, 실행기능, 학습 및 기억, 언어, 지각-운동, 사회적 인지를 포함하여 인지기능이 과거에 비해 현저하게 저하되는 경우를 의미하는 반면, **경도 신경인지장애**(minor neurocognitive disorder)는 유사한 인지기능의 저하가 경미하게 나타나는 경우를 뜻한다. 이러한 신경인지장애는 알츠하이머병, 뇌혈관 질환, 외상성 뇌손상, HIV 감염, 파킨슨병 등에 의해 유발될 수 있다. **섬망**(delirium)은 의식이 혼미해지고 주의집중 및 전환능력이 현저하게 감소하게 될 뿐만 아니라 기억, 언어, 현실판단 등의 인지기능에 일시적인 장애가 나타나는 경우를 말한다. 이러한 섬망은 물질 사용이나 신체적 질병과 같은 다양한 원인에 의해서 나타날 수 있다.

18. 성격장애

성격장애(Personality Disorders)는 성격 자체가 부적응적이어서 사회적 기대에 어긋난 이상행동을 지속적으로 나타내는 경우를 말한다. 특정한 계기로 인해 발생하는 임상적 증후군과 달리 성격장애는 어린 시절부터 점진적으로 형성되며 이러한 성격특성이 굳어지게 되는 성인기(보통 18세 이후)에 진단된다. DSM-5-TR은 A, B, C의 세 군집으로 분류되는 10가지 유형의 성격장애를 제시하고 있다.

A군 성격장애(cluster A personality disorder)는 기이하고 괴상한 행동특성을 나타내는 성격장애로서 세 가지 성격장애, 즉 편집성 성격장애, 조현성 성격장애, 조현형 성격장애가 이에 속한다. 편집성 성격장애(paranoid personality disorder)는 타인의 의도를 적대적인 것으로 해석하는 불신과 의심을 주된 특징으로 한다. 다른 사람이 자신을 부당하게 이용하고 피해를 주고 있다고 왜곡하여 생각하고 친구의 우정이나 배우자의 정숙성을 자주 의심하며 자신에 대한 비난이나 모욕을 잊지 않고 가슴에 담아두어 상대방에게 보복하는 경향이 있다. 조현성 성격장애(schizoid personality disorder)는 감정표현이 없고 대인관계를 기피하여 고립된 생활을 하는 경우를 뜻한다. 이런 성격의 소유자는 사람을 사귀려는 욕구가 없으며 생활 속에서 거의 즐거움을 느끼지 못하고 타인의 칭찬이나 비난에 무관심하며 주로 혼자 하는 활동에 종사하는 경우가 많다. 조현형 성격장애(schizotypal personality disorder)는 친밀한 인간관계를 불편해하고 인지적 또는 지각적 왜곡과 더불어 기괴한 행동을 나타내는 경우를 뜻한다. 심한 사회적 불안을 느끼며 마술적 사고나 기이한 신념에 집착하고 언어적 표현이 상당히 비논리적이고 비현실적일 뿐만 아니라 기괴한 외모나 행동을 나타내는 경향이 있다.

B군 성격장애(cluster B personality disorder)는 극적이고 감정적이며 변화가 많은 행동이 주된 특징으로서 다음과 같은 4가지 성격장애가 이에 속한다. 반사회성 성격장애(antisocial personality disorder)는 사회적 규범이나 타인의 권리를 무시하는 행동양상을 뜻하며 거짓말, 사기, 무책임한 행동, 폭력적 행동, 범법행위를 나타내고 이러한 행동에 대해서 후회나 죄책감을 느끼지 않는 경향이 있다. 연극성 성격장애(histrionic personality disorder)는 과도하고 극적인 감정표현을 하고 지나치게 타인의 관심과 주의를 끄는 행동이 주된 특징이다. 이런 성격을 지닌 사람들은 항상 사람들 사이에서 주목받는 위치에 서고자 노력하고 외모에 신경을 많이 쓰며 자기 자신을 과장된 언어로 나타내는 경향이 강하다. 경계선 성격장애(borderline personality disorder)는 대인관계, 자기상(self-image), 감정 등이 매우 불안정한 것이 특징이고 남들로부터 버림받지 않으려는 처절한 노력을 하며 대인관계가 강렬하지만 불안정한 양상을

나타낸다. 이런 성격의 소유자는 자기 자신이 어떤 사람인지에 대한 분명한 개념이 없으며 만성적으로 공허감과 분노감을 경험하고 매우 충동적인 행동을 나타내며 자살이나 자해적 행동을 하기도 한다. **자기애성 성격장애**(narcissistic personality disorder)는 자신이 대단히 중요한 사람이라는 웅대한 자기상을 지니고 있어서 다른 사람으로부터 찬탄을 받고자 하는 욕구가 강한 반면, 자신을 위해 타인을 이용하며 타인의 감정을 이해하는 공감능력이 결여되어 있는 특성이 있다.

C군 성격장애(cluster C personality disorder)는 불안과 두려움을 지속적으로 경험하는 특징을 지니고 있으며 회피성 성격장애, 의존성 성격장애, 강박성 성격장애가 이에 속한다. **회피성 성격장애**(avoidant personality disorder)는 타인으로부터 부정적 평가를 받는 것에 대해 과도하게 예민하며 사회적 상황에서 지나치게 감정을 억제하고 부적절감을 많이 느껴 대인관계를 회피하는 성격특성을 보인다. **의존성 성격장애**(dependent personality disorder)는 타인으로부터 보살핌을 받고자 하는 과도한 욕구를 지니고 있어서 이를 위해 타인에게 지나치게 순종적이고 굴종적인 행동을 통해 의존하는 성격특성을 보인다. **강박성 성격장애**(obsessive-compulsive personality disorder)는 질서정연함, 완벽함, 자기통제, 절약에 과도하게 집착하며 지나치게 꼼꼼하고 완고하며 사소한 것에 집착하는 성격특성을 보인다.

이상의 성격특성이 지나치게 경직되고 다양한 삶의 장면에 광범위하게 나타나서 사회적 또는 직업적 적응에 현저한 문제를 야기하는 경우에 성격장애로 평가될 수 있다. 또한 이러한 성격특성이 흔히 사춘기 이전부터 나타나기 시작하여 오랜 기간 지속되는 것이 일반적이다.

19. 변태성욕장애

변태성욕장애(Paraphilic Disorders)는 성행위 대상이나 성행위 방식에서 비정상성을 나타내는 장애로서 성도착장애라고 지칭하기도 한다. 인간이 아닌 대상(예: 동물, 물건)을 성행위 대상으로 삼거나, 아동을 비롯하여 동의하지 않은 사람을 대상으로 성행위를 하거나, 자신이나 상대방이 고통이나 굴욕감을 느끼게 하는 성행위 방식이 이에 포함된다. 이러한 성도착증의 하위유형으로는 다른 사람이 옷을 벗고 있거나 성행위를 하고 있는 모습을 몰래 훔쳐봄으로써 성적 흥분을 느끼는 **관음장애**(voyeuristic disorder), 자신의 성기를 낯선 사람에게 노출시킴으로써 성적 흥분을 느끼는 **노출장애**(exhibitionistic disorder), 원하지 않는 상대방에게 몸을 접촉하여 문지름으로써 성적 흥분을 느끼는 **마찰도착장애**(frotteuristic disorder), 상대방으로부터 고통이나 굴욕감을 받음으로써 성적 흥분을 느끼는 **성적 피학장애**(sexual masochism disorder), 상대방에게 고통이나 굴욕감을 느끼게 함으로써 성적 흥분을 느끼는 **성적 가학장애**(sexual sadism disorder), 사춘기 이전의 아동(보통 13세 이하)을 상대로 한 성행위를 통해 성적 흥분을 느끼는 소아성애장애(pedophilic disorder), 무생물인 물건(예: 여성의 속옷)에 대해서 성적 흥분을 느끼는 물품음란장애(fetishistic disorder), 이성의 옷으로 바꿔 입음으로써 성적 흥분을 하는 복장도착장애(transvestic disorder) 등이 있다.

20. 기타 정신장애

이 범주는 개인에게 현저한 고통과 더불어 사회적, 직업적 기능의 저하를 초래하는 정신장애 특유의 증상이 나타나지만, 앞에서 제시한 정신장애의 진단기준을 충족시키지 못하는 다양한 경우를 포함한다.

21. 약물치료로 유발된 운동장애 및 약물치료의 기타 부작용

이 범주는 정신장애나 다른 질병에 대해서 약물치료를 할 때 나타날 수 있는 다양한 운동장애를 포함하고 있다. 예컨대, 약물에 의해서 유발된 파킨슨증, 근육긴장이상, 좌불안석, 운동이상 등이 포함된다.

22. 임상적 주의의 초점이 될 수 있는 기타의 상태

이 범주는 정신건강 전문가가 주의를 기울일 필요가 있거나 정신질환의 진단, 경과, 예후, 치료에 영향을 줄 수 있는 여러 가지 문제 상태를 포함하고 있다. 예컨대, 가족 양육이나 일차적 지지집단과 관련된 관계 문제, 가족이나 타인에 의한 학대와 방임, 교육과 직업 문제, 주거와 경제 문제, 사회환경이나 범죄 또는 법체계와 관련된 문제 등이 포함되어 있다.

> **추가 연구가 필요한 부적응 상태**
>
> DSM-5-TR에서는 〈추가 연구가 필요한 부적응 상태〉에서 앞으로 공식적인 정신장애로 등장할 후보군을 제시하고 있다. (1) 인터넷 게임장애(Internet Gaming Disorder): 인터넷 게임에 과도하게 몰두하여 임상적으로 현저한 손상이나 고통을 유발하는 경우를 뜻한다. (2) 자살행동장애(Suicidal Behavior Disorder): 지난 24개월 내에 자살 시도를 한 적이 있어 추가적인 자살 시도의 위험성이 있는 경우를 뜻한다. (3) 자살 의도가 없는 자해(Nonsucidal Self-Injury): 지난 1년간 5일 이상 고의적으로 출혈, 상처, 고통을 유발하는 자해 행동을 자신에게 스스로 가하는 경우를 말한다. (4) 단기 경조증 동반 우울 삽화

(Depressive Episode with Short-Duration Hypomania): 1회 이상의 주요 우울 삽화를 경험한 사람 중에서 경조증 삽화에 해당하는 증상을 나타내지만 4일이라는 지속기간의 요건을 충족하지 못하는 경우이다. (5) 카페인 사용장애(Caffeine Use Disorder): 카페인 중독은 아니지만 카페인 사용이 과도하여 임상적으로 현저한 손상이나 고통을 일으키는 경우를 말한다. (6) 태아기 알코올 노출과 연관된 신경행동장애(ND-PAE: Neurobehavioral Disorder Associated With Prenatal Alcohol Exposure): 산모의 임신 기간 중, 즉 태아기에 알코올 노출과 관련되어 나타나는 모든 범위의 발달장애를 포함한다. (7) 약화된 정신병 증후군(Attenuated Psychosis Syndrome): 현실검증력은 비교적 온전하지만 망상, 환각, 와해된 언어 중 한 가지 이상의 증상이 약화된 형태로 존재하여 임상적 주의가 필요한 경우를 뜻한다. DSM-5에서 〈추가 연구가 필요한 부적응 상태〉에 포함되었던 '지속성 복합 사별장애(Persistent Complicated Bereavement Disorder)'는 DSM-5-TR에서 '지속성 애도장애(Prolonged Grief Disorder)'라는 이름으로 공식적인 정신장애 범주에 포함되었다.

 DSM-5-TR과 ICD-11의 비교

『국제질병분류(International Classification of Diseases, ICD)』는 세계보건기구(WHO)가 인간의 다양한 질병과 사망원인을 구분하고 통계자료를 수집하기 위한 질병분류체계이다. ICD-11은 11차 개정판으로서 2018년 6월 18일 발표되었으며 2022년 1월 1일부터 임상현장에서 적용되고 있다.

ICD-11은 인간이 경험하는 모든 질병과 사망원인을 26개의 범주로 분류하고 있으며 그 첫 번째 범주는 '특정한 전염병 또는 기생충 질환'이다. DSM-5-TR에 제시되어 있는 대부분의 정신장애는 6번째 범주인 '정신적, 행동적 또는 신경발달적 장애(mental, behavioural or neurodevelopmental disorders)'에 속해 있으며 일부의 정신장애는 7번째 범주인 수면-각성장애, 17번째 범주인 성 건강과 관련된 장애, 19번째 범주인 임신, 출산 또는 산욕과 관련된 장애, 그리고 20번째 범주인 발달적 이상에 포함되어 있다.

ICD-11과 DSM-5-TR의 정신장애 분류구조 비교	
ICD-11	DSM-5-TR
– 신경발달장애	– 신경발달장애
– 조현병 및 다른 일차적 정신병적 장애 – 경직증(Catatonia)	– 조현병 스펙트럼 및 다른 정신병적 장애
– 기분장애	– 양극성 및 관련 장애 – 우울장애
– 불안 및 공포 관련 장애	– 불안장애
– 강박 및 관련 장애	– 강박 및 관련 장애
– 스트레스와 구체적으로 연합된 장애	– 외상 및 스트레스 관련 장애
– 해리장애	– 해리장애
– 급식 및 섭식 장애	– 급식 및 섭식 장애
– 배설장애	– 배설장애
– 신체 고통 및 신체 경험 장애	– 신체증상 및 관련 장애
– 물질 사용 및 중독 행동으로 인한 장애	– 물질관련 및 중독 장애
– 충동조절 장애 – 파괴적 행동 및 비사회적 장애	– 파괴적, 충동조절 및 품행장애
– 성격장애 및 관련된 특질	– 성격장애
– 변태성욕장애	– 변태성욕장애
– 신경인지장애	– 신경인지장애
– 인위성장애	– 해당하는 별도의 범주가 없으며, 신체증상 및 관련 장애에 포함되어 있음
– 다른 곳에 분류된 질병에 영향을 미치는 심리적·행동적 요인들	– 해당하는 별도의 범주가 없으며, 신체증상 및 관련 장애에 포함되어 있음
– 임신, 출산, 산욕과 관련된 정신적 또는 행동적 장애	– 해당하는 별도의 범주가 없음
– 다른 곳에서 분류된 질병과 관련된 이차적 정신 또는 행동 증후군	– 해당하는 별도의 범주가 없음
– 수면-각성장애(7번째 범주로 독립되어 있음)	– 수면-각성장애
– 성기능부전(성 건강에 관한 17번째 범주)	– 성기능부전
– 성별 불일치(성 건강에 관한 17번째 범주)	– 성별 불쾌감

대부분의 정신장애는 ICD-11와 DSM-5-TR에 공통적으로 존재한다. 그러나 ICD-11에만 존재하는 장애로는 우울/불안 혼합장애(Mixed Depressive and Anxious Disorder), 후각관계 증후군 또는 신체악취 공포증(Olfactory Reference Syndrome), 복합 외상후 스트레스장애(Complex Post-Traumatic Stress Disorder), 황홀경/몽환 장애(Trance Disorder), 빙의 황홀경장애(Possession Trance Disorder), 부분적 해리성 정체감장애(Partial Dissociative Identity Disorder), 신체 통합 불쾌감(Body Integrity Dysphoria), 게임장애(Gaming Disorder), 강박적 성행동장애(Compulsive Sexual Behavior Disorder), 해로운 물질사용 삽화(Episode of Harmful Substance Use) 등이 있다. 반면에 DSM-5-TR에만 존재하는 장애로는 조현양상장애, 사회적 의사소통장애, 파괴적 기분조절부전장애, 물품음란장애, 복장도착장애, 성적 피학장애 등이 있다.

제4절 이상행동의 평가와 정신장애의 진단

이상심리학에서는 개인이 나타내는 이상행동을 평가하기 위해서 다양한 평가방법을 사용하고 있다. 임상현장에서는 개인이 호소하는 문제와 증상을 평가하여 어떤 정신장애에 해당되는지를 판별하는 진단이 이루어진다. 이처럼 개인의 다양한 심리적 속성(지능, 성격, 이상행동, 정신병리 등)을 심리학적 전문지식에 근거하여 면접, 행동관찰, 심리검사 등의 방법을 통해 단기간에 평가하는 작업을 **심리평가**(psychological assessment)라고 한다. 나아가서 개인의 이상행동과 증상에 대한 심리평가 자료를 통합하여 특정한 정신장애로 분류하는 작업을 **심리진단**(psychodiagnosis)이라고 한다.

임상적 심리평가는 [그림 3-3]에 제시되어 있듯이 다음과 같은 몇 가지 과정을 거쳐서 이루어진다. 첫째, 심리평가에 앞서서 평가의 목적을 명료화하는 일이 필요하다. 심리평가를 하는 목적은 매우 다양할 수 있는데, 일반적으로 (1) 진단을 위한 평가, (2) 치료를 위한 평가, (3) 기타의 구체적 목적을 위한 평가(예: 성격특성의 평가, 지능수준의 평가, 뇌 손상 여부의 평가) 등이 있다. 예컨대, 다양하고 모호한 증상을 호소하는 환자의 진단을 위해 심리평가를 하는 경우도 있고, 심리치료를 위해서 환자의 핵심적 갈등이나 대인관계 패턴을 평가하는 경우도 있다. 이렇게 평가목적이 명료해지면, 그에 적절한 평가방법과 절차를 계획하는 과정이 뒤따른다. 면접, 행동관찰, 심리검사, 뇌영상술 등의 다양한 평가방법 중에서 평가목적의 달성을 위해 필요한 평가방법을 선택하여 그 절차를 신중히 계획하는 일이 그러한 과정이다. 예컨대, 환자의 무의식적 갈등을 파악하는 것이 평가목적일 경우에는 면접과 투사적 심리검사가 포함되어야 하며, 뇌 손상 여부와 그로 인한 심리적 기능의 저하를 평가할 경우에는 신경심리검사나 뇌영상술을 사용하게 된다.

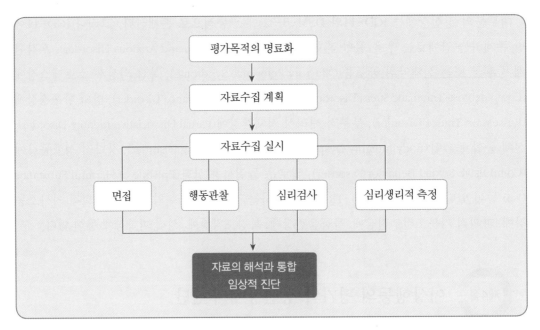

[그림 3-3] 심리평가 및 진단의 과정

　　세 번째 단계에서는 평가계획에 따라 환자로부터 직접 평가자료를 수집하게 된다. 임상가는 선택된 평가방법을 계획된 순서에 따라 환자에게 적용하며 다양한 평가자료를 수집한다. 이렇게 수집된 자료는 체계적으로 정리되거나 채점되는 과정을 거쳐 그 심리적 의미가 해석된다. 평가자료를 해석하고 통합하는 과정은 매우 전문적인 작업이다. 이상행동과 정신장애에 관한 전문적 지식과 경험은 물론 심리학 전반에 대한 지식, 평가도구에 대한 이해, 치료방법에 대한 구체적 지식 등을 필요로 한다. 이러한 평가자료의 해석과 통합 과정을 거쳐서 개인의 심리적 특성과 정신병리에 대한 평가가 이루어진다. 진단을 목적으로 하는 경우에는 최종적인 평가내용에 근거하여 여러 정신장애의 진단기준과 비교한 후에 가장 적합한 정신장애로 진단된다. 이러한 심리평가와 심리진단의 결과는 환자의 치료계획을 수립하고 실제적 치료를 수행하는 기초자료가 된다.

　　심리평가와 심리진단이 이루어지는 구체적 방법을 이해하기 위해서는 다양한 평가방법을 좀 더 상세하게 살펴볼 필요가 있다. 임상적 심리평가와 진단을 위해서 주로 사용되는 방법은 면접법, 행동관찰법, 심리검사법, 심리생리적 측정법, 뇌영상술 등이다.

1. 면접법

　　임상적 심리평가를 위해서 가장 일반적으로 사용되는 방법은 면접법이다. **임상적 면접법**

(clinical interview)은 언어적인 대화나 의사소통을 통해 환자의 심리적 특징과 정신병리를 탐색하는 방법이다. 면접에서 환자는 자신이 주관적으로 경험하는 심리적 문제나 고통을 직접 설명하고 면접자는 평가에 필요한 사항을 직접 질문하여 그에 대한 자료를 수집하게 된다. 이러한 면접법은 환자에 관한 정보를 가장 풍부하게 수집할 수 있는 효과적인 방법이지만 환자가 자신의 정신병리를 공개하려 하지 않거나 자각하지 못하고 있는 경우에는 한계가 있다. 이러한 한계를 보완하기 위해서 환자를 잘 알고 있는 가족, 친구, 직장동료와의 면접을 통해서 환자에 관한 정보를 수집하기도 한다. 면접법은 질문의 내용과 순서, 그리고 반응의 평가방법이 일정하게 정해져 있는 구조화된 면접과 그렇지 못한 비구조화된 면접으로 나누어진다.

구조화된 임상적 면접(structured clinical interview)은 면접자의 주관성을 배제하기 위해서 질문의 구체적인 내용과 순서를 비롯하여 응답에 대한 채점방식 등이 정해져 있는 면접방법이다. 구조화된 면접은 환자가 경험하는 심리적 증상과 그 심한 정도에 대해서 객관적인 평가와 진단이 필요한 경우에 흔히 사용된다. 임상적 진단을 위한 구조화된 면접도구로는 DIS(Diagnostic Interview Schedule), RDC(Research Diagnostic Criteria), SCID(Structured Clinical Interview for DSM-IV), CIDI(Composite International Diagnostic Interview) 등이 있으며, 증상에 대한 평가를 위해서는 BPRS(Brief Psychiatric Rating Scale), CPRS(Comprehensive Psychopathology Rating Scale), PANSS(Positive and Negative Symptom Scale), HRS-D(Hamilton Rating Scale for Depression), HRS-A(Hamilton Rating Scale for Anxiety) 등이 사용되고 있다. 이러한 면접법을 사용할 경우에는 두 명 이상의 면접자가 동일한 평가를 하는 정도를 반영하는 면접자 간의 일치도(interrater reliability)에 의해서 그 객관성을 평가하게 된다.

비구조화된 임상적 면접(unstructured clinical interview)에서는 환자에 대해 자유로운 방법으로 질문하여 정보를 수집한다. 임상적 면접에서는 환자의 성명, 연령, 성별, 결혼상태, 직업, 종교 등의 인적사항을 비롯하여 일반적으로 다음과 같은 정보를 탐색하게 된다. 첫째는 환자가 나타내고 있는 주된 문제나 호소내용이다. 현재 어떤 적응적 곤란과 고통을 경험하고 있으며 이러한 문제가 얼마나 오랫동안 지속되고 있는지를 묻게 된다. 둘째는 호소문제의 발달과정을 탐색한다. 심리적 문제나 증상이 언제 어떤 상황에서 어떤 사건이 계기가 되어 나타나게 되었고, 이러한 문제를 극복하기 위해 어떤 노력을 기울였으며 그 결과는 어떠했는지에 대해서 상세하게 묻는다. 또는 과거에 이와 유사한 문제를 경험한 적이 있는지를 살펴본다. 셋째는 환자의 개인적 발달사를 탐색한다. 즉, 환자의 출생 시부터 유아기, 아동기, 청소년기, 성인기 등 현재까지 살아온 과정을 상세하게 탐색한다. 특히 인생의 주요한 발달기점(developmental milestone)에서의 적응과정에 초점을 맞추어 살펴본다. 예컨대, 유아기의 이유과정, 배변훈련, 언어발달, 초등학교 및 중·고등학교 입학, 사춘기, 결혼, 첫 직장의 적응 등과 같이 삶의 중요한 고비에서 어떻게 적응해 왔는지 탐색하는 것이 중요하다. 넷째는 환자의 가족관계를 살펴본다. 현재 같이 살고 있는 가족의 구조, 구성원의 특징, 가정의 분위기, 환자와 가족구성원의 관계 등을 살펴본다. 이 밖에도 환자가 현재 처해 있는 직업적 상황, 재정적 상태, 성생활, 성격특징, 대인관계 등을 비롯하여 내담자의 이해를 위해서 필요한 정보를 수집하게 된다. 비구조화된 면접에서는 면접자가 자신의 판단에 따라 자유롭게 정보를 탐색하게 되며 환자에 대한 풍부한 정보가 수집될 수 있다.

임상적 장면에서는 면접을 통해서 환자의 심리적 상태를 체계적으로 평가하는 정신상태검사를 시행하는 경우가 많다. 정신상태검사(mental status examination)는 환자의 행동과 심리적 특성을 체계적으로 평가하는 면접방법이다. 이 검사에서는 면접을 시행하면서 다음과 같은 몇 가지 점에 주목하여 환자의 행동을 평가하게 된다. 첫째, 외모와 외현적 행동에 대한 평가가 이루어진다. 얼굴표정, 머리모양, 옷차림새, 자세, 동작 등을 평가하게 되는데, 흔히 이상행동을 나타내는 사람들은 헝클어진 머리, 지저분하거나 또는 지나치게 화려한 옷차림, 얼굴 근육의 떨림, 다리를 떠는 행동, 긴장된 자세 등 특징적인 행동을 나타내게 된다. 예컨대, 외모에 신경을 쓰지 않고 침울한 얼굴표정에 지나치게 느린 행동을 나타낼 경우에는 우울장애의 진단적 단서가 될 수 있다. 둘째는 사고과정과 언어행동에 대한 평가를 한다. 면담을 나누는 과정에서 환자가 나타내는 언어행동을 통해 사고의 비논리성, 비현실성, 모호함, 혼란스러움, 연상의 이완, 사고의 비약, 말의 속도, 말이 지나치게 많거나 적음, 망상적 내용 등을 관찰하게 된다. 비현실적인 내용을 혼란스럽거나 지리멸렬한 논리로 이야기한다면 이는 조현병과 같은 정신병의 단서가 될 수 있다. 셋째는 환자의 기분과 정서 반응으로서 우울함, 불안함, 고양되거나 들떠 있음, 기분의 변화가 심함, 감정표현이 억제되거나 제한되어 있음, 부적절한 감정 등을 평가하게 된다. 넷째는 지적 기능으로서 현재 환자가 나타내는 지적 능력을 평가하게 된다. 간단한 어휘검사, 속담검사, 산수검사 등을 통해 개인의 지적 능력과 기능 수준을 대략적으로 평가하게 된다. 다섯째는 현실감각에 관한 것으로서 개인이 처해 있는 주변 환경에 대해서 기본적 인식이 올바른지를 평가한다. 예컨대, 오늘이 며칠이며 지금이 몇 시이고 현재 어디에 있으며 자신과 상대방은 누구인지에 대해서 물어보게 된다. 뇌 손상이나 혼란된 정신분열증 환자의 경우에는 이러한 현실감각에 손상을 나타내게 된다. 마지막으로, 면접자에 대한 특징적 태도를 평가하게 된다. 환자는 면접과정에서 면접자에 대해서 협조적, 순응적, 적극적, 수동적, 공격적, 적대적, 의존적, 유혹적, 경계적, 무관심한 태도 등을 나타낼 수 있다. 이러한 정보는 환자의 특성을 평가하고 진단을 내리는 중요한 정보가 된다.

2. 행동관찰법

개인의 심리적 특성을 알아보는 한 방법은 그 사람이 특정한 상황에서 어떻게 행동하는지

를 잘 관찰하는 것이다. 행동은 내면적인 심리적
특성이 밖으로 드러난 것이기 때문이다. **행동관찰법**
(behavior observation)은 개인이 특정한 상황에서
어떤 행동을 하는지를 유심히 관찰하여 그 행동의
내용을 구체적으로 기술하고 그 빈도나 강도를
수량화하는 방법이다. 이러한 행동관찰의 내용은
그 사람의 심리적인 특성을 평가하는 객관적인 자료
가 된다. 임상적 행동관찰법은 크게 자연주의적
관찰법, 구조화된 관찰법, 자기관찰법, 행동분석법
등으로 나눌 수 있다.

아동의 행동을 관찰하는 모습

　자연주의적 관찰법(naturalistic observation)은 일상적 생활환경 속에서 개인의 행동을 관찰하
여 평가하는 방법이다. 예컨대, 주의력 결핍장애 아동의 경우 학교의 수업시간이나 친구들과
놀이하는 상황에서 교사, 부모 또는 임상가가 아동의 산만한 행동을 관찰하여 평가할 수 있
다. 이 방법은 자연스러운 상황에서 개인이 나타내는 행동을 직접 관찰하며 평가할 수 있다는
장점이 있다.

　구조화된 관찰법(structured observation)은 특정한 자극상황에서 환자가 나타내는 행동을 관
찰하는 방법이다. 동일한 상황이나 자극을 제시하고 그러한 상황에 대응하는 환자의 행동적
반응을 관찰하여 다른 사람의 행동과 비교함으로써 환자가 나타내는 행동의 부적응 정도를
좀 더 객관적으로 평가할 수 있다. 예컨대, 주의력 결핍장애 아동이 지능검사를 받을 때 나타
내는 행동을 체계적으로 관찰하는 것도 구조화된 관찰법의 하나라고 할 수 있다.

　자기관찰법(self-observation)은 환자가 자신의 행동을 체계적으로 관찰하는 방법이다. 예컨
대, 강박장애 환자의 경우 자신이 언제 어떤 상황에서 어떤 강박행동을 몇 번이나 하는지를
스스로 관찰하며 기록하거나 임상가에게 보고할 수 있다. 또는 인지행동치료에서는 내담자
로 하여금 일일생활 기록지를 통해서 매일 시간대별로 어떤 일을 하였으며 그때의 감정과 생
각은 어떠했는지를 관찰하여 기록하게 하기도 한다.

　행동분석법(behavior analysis)은 어떠한 문제행동이 나타나는 전후 상황을 구체적으로 평가
하는 방법이다. 이러한 방법은 학습이론적 관점을 지닌 행동치료자들이 흔히 사용하는 방법
으로서 A-B-C기법이 대표적이다. 즉, A는 선행사건(Antecedent), B는 문제행동(Behavior),
C는 행동의 결과(Consequence)를 의미하는데, 특정한 문제행동이 나타나기 전에 어떤 일이
일어나며 그러한 행동의 결과로 어떤 일이 초래되는지를 구체적으로 평가하는 방법이다. 이
러한 행동분석을 통해서 문제행동의 촉발자극과 그 행동의 강화요인을 탐색한다. 예컨대, 주
의력 결핍장애 아동의 경우 어머니가 아동의 동생에게 관심을 주었을 때 문제행동을 일으키

며 그러한 행동을 하면 어머니가 아동에게 관심을 기울여 주는 결과를 가져올 수 있다. 이러한 행동관찰을 통해서 주의산만한 문제행동을 촉발하는 요인에 대한 이해가 가능하며 그러한 문제행동을 강화하는 요인을 확인함으로써 행동치료의 계획을 수립할 수 있다.

3. 심리검사법

개인의 심리적 특성을 가장 객관적으로 측정할 수 있는 방법은 **심리검사법**(psychological testing)이다. 심리검사는 심리적 특성을 평가하기 위한 구체적인 검사문항과 채점체계를 갖추고 있으며 검사결과를 해석할 수 있는 규준과 해석지침을 구비하고 있다. 따라서 개인의 검사반응이 평균적 반응으로부터 얼마나 일탈된 것인지를 수량화하여 평가할 수 있을 뿐 아니라 검사결과를 통해서 구체적인 심리적 특성과 정신병리의 내용을 평가할 수 있다. 임상장면에서 흔히 사용되는 심리검사는 측정하는 심리적 속성과 측정방법에 따라서 다양하게 구분될 수 있는데 크게 지능검사, 객관적 성격검사, 투사적 성격검사, 신경심리검사로 나누어 볼 수 있다.

1) 지능검사

이상행동과 정신장애로 인해 부적응 상태에 있는 사람은 지적 기능의 저하나 손상을 보이는 경우가 많다. 따라서 임상적 평가에서는 개인의 지적 능력과 기능을 평가하기 위해 지능검사가 흔히 사용된다. 대부분의 지능검사는 과제수행법을 사용하고 있는데, 이는 개인에게 해

Wechsler 지능검사를 실시하는 모습

결해야 할 과제를 주고 그 과제의 수행에 소요된 시간, 수행반응의 내용 및 정확도, 수행방식 등의 측면에서 개인의 수행능력을 객관적으로 평가하는 방법이다. 가장 대표적인 지능검사 는 Wechsler 지능검사와 Binet-Simon 검사이다.

Wechsler 지능검사(WAIS: Wechsler Adult Intelligence Scale)는 1939년 미국의 임상심리학자 인 David Wechsler에 의해 처음 개발되어 여러 번의 개정을 통해 발전되었다. 2008년에 발간 된 네 번째 개정판인 WAIS-IV는 인지능력의 주된 요소인 언어이해, 지각추론, 작업기억, 처 리속도를 측정하는 10개의 핵심소검사와 5개의 보충소검사로 구성되어 있다. WAIS-IV를 구 성하는 소검사와 측정하는 인지능력은 〈표 3-3〉과 같다.

표 3-3   **WAIS-IV를 구성하는 소검사와 측정하는 인지능력***

언어이해(Verbal Comprehension)
- ◆ 어휘 검사(Vocabulary): 어휘 및 단어에 대한 이해능력을 측정한다.
- ◆ 공통성 검사(Similarity): 사물이나 개념 간의 공통성과 관계를 파악하는 추상적 사고능력을 측정한다.
- ◆ 기본지식 검사(Information): 개인이 소유하고 있는 기본적인 지식, 즉 상식의 정도를 측정한다.
- ♣ 이해 검사(Comprehension): 일상경험의 응용능력이나 도덕적, 실제적 판단능력을 측정한다.

지각추론(Perceptual Reasoning)
- ◆ 토막짜기 검사(Block Design): 지각구성능력과 공간적 표상능력, 시각-운동 협응능력을 측정한다.
- ◆ 행렬추론 검사(Matrix Reasoning): 비언어적인 추상적 문제해결, 귀납적 추론 및 공간적 추론능력을 평가한다.
- ◆ 퍼즐 검사(Visual Puzzles): 공간적 추론능력을 평가한다.
- ♣ 빠진곳찾기 검사(Picture Completion): 사물의 본질적인 부분과 비본질적인 부분을 구별하는 능력과 시각적 예민성을 측정한다.
- ♣ 무게비교 검사(Figure Weights): 양적인 추론 및 유추적 추론능력을 측정한다.

작업기억(Working Memory)
- ◆ 숫자외우기 검사(Digit Span): 주의력 및 집중력, 그리고 청각적 단기기억을 측정한다.
- ◆ 산수 검사(Arithmetic): 수개념의 이해와 수리적 계산능력을 측정하는 검사로서 수리적 계산에 필요한 주의집중력 또는 지속적 주의력을 평가한다.
- ♣ 순서화 검사(Letter-Number Sequencing): 주의력, 집중력, 그리고 정신적 통제능력을 측정한다.

처리속도(Processing Speed)
- ◆ 동형찾기 검사(Symbol Search): 시각적 지각 및 분석 능력과 더불어 시각적 탐사 속도를 평가한다.
- ◆ 기호쓰기 검사(Coding): 시각-운동 협응능력, 운동 및 정신 속도, 시각적 작업기억을 측정한다.
- ♣ 지우기 검사(Cancellation): 시각적-지각적 속도를 측정한다.

* ◆ 핵심소검사 ♣ 보충소검사

WAIS-IV를 실시하면, 개인이 지닌 인지능력의 네 구성요소(언어이해, 지각추론, 작업기억, 처리속도)의 표준화 점수가 산출되며 이를 종합한 전체 IQ 점수를 얻을 수 있다. 아울러 전반적 능력지수(GAI: General Ability Index)는 정신병리에 의한 인지능력의 손상에 영향을 덜 받는 6개의 소검사(공통성, 어휘, 기본지식, 토막짜기, 행렬추론, 퍼즐)에 근거하여 산출되며 개인의 병전 인지능력을 평가하는 중요한 지표로 활용될 수 있다. 국내에서도 WAIS-IV를 번안하여 표준화한 한국판 웩슬러 성인용 지능검사 4판(K-WAIS-IV)이 사용되고 있다. 2021년에는 다섯 번째 개정판인 WAIS-V가 발표되었다. 아동의 지능을 평가하는 검사로는 2014년에 개정된 WISC-V(Wechsler Intelligence Scale for Children-4th edition)를 번안하여 표준화한 한국판 웩슬러 아동용 지능검사(K-WISC-V)가 있다(곽금주, 2021).

2) 객관적 성격검사

성격검사는 개인의 기질, 욕구와 동기, 기분과 정서, 대인관계, 심리적 갈등, 정신병리 등과 같은 심리적 특성을 측정한다. 이러한 성격적 특성은 다양한 방식으로 측정될 수 있는데, 그 측정방법에 따라 크게 객관적 성격검사와 투사적 성격검사로 나눌 수 있다. 객관적 성격검사는 피검자에게 성격의 다양한 측면을 기술하는 문항을 제시하고 자신에게 해당되는지를 평정하게 하는 지필식 자기보고형 검사이다. 이러한 성격검사는 엄격한 절차를 거쳐 개발되고 높은 신뢰도와 타당도를 지니며 검사결과가 비교적 객관적으로 해석될 수 있다. 그러나 검사문항이 고정되어 있어 피검자가 자유롭게 자기표현을 할 수 없으며 피검자가 자신을 왜곡되게 보고할 수 있다는 단점이 있다. 임상장면에서 가장 널리 사용되는 객관적 성격검사는 다면적 인성검사(MMPI)이다.

다면적 인성검사(MMPI: Minnesota Multiphasic Personality Inventory)는 1943년 Hathaway와 McKinley에 의하여 정신병리적 증상을 객관적으로 측정하기 위한 도구로 개발되었다. 1989년에 개정판인 MMPI-2가 발표되었으며 2003년에는 재구성 임상 척도를 활용한 MMPI-2-RF(Restructured Form)가 개발되었다. MMPI-2는 여러 가지 심리적 특성을 문장으로 기술한 567개의 문항(예: "나는 가끔씩 악몽을 꾼다", "사람들과 함께 있으면 불편하다", "나는 가끔 남들이 듣지 못하는 소리를 듣는다")으로 구성되어 있으며 피검자는 각 문항에 대해서 "예" 또는 "아니요"로 대답하도록 되어 있다. MMPI-2는 피검자의 다양한 정신병리적 또는 성격적 특성을 평가하는 10개의 임상 척도로 구성되어 있으며 그 측정 내용은 〈표 3-4〉와 같다.

MMPI-2는 임상 척도 외에 재구성 임상 척도(의기소침, 신체증상 호소, 낮은 긍정정서, 냉소적 태도, 반사회적 행동 등), 성격병리 5요인 척도(공격성, 정신병질성, 통제결여, 부정 정서성, 내향성), 임상소척도(주관적 우울감, 정신운동 지체, 둔감성, 애정 욕구 등), 내용척도(불안, 공포, 강박성, 낮은 자존감 등)와 같은 다양한 평가지표를 제시하고 있다. 이 밖에도 MMPI-2는 피검자가 어떤

표 3-4 MMPI-2의 임상척도와 측정내용

하위척도	척도의 측정 내용 및 심리적 의미
1. Hs(건강염려증)	피검자가 신체적 증상을 호소하고 이러한 증상을 이용하여 다른 사람을 조정하는 데 사용하는지 여부를 측정하는 척도로서, 신체적 기능에 대한 과도한 집착 및 질병이나 비정상적인 상태에 대한 불안을 반영한다.
2. D(우울증)	우울증상을 평가하기 위한 척도로서, 비관적이며 슬픈 감정, 자기비하, 희망의 상실, 무력감 등을 나타낸다.
3. Hy(히스테리)	현실적 어려움이나 갈등을 회피하기 위해 자신의 심리적, 정서적 문제를 부인하고 부정하며 대신 신체적 증상을 경험하는 정도를 평가하는 척도이다.
4. Pd(반사회성)	사회적 규범에 비순응적이고 권위에 적대적이며 반사회적인 행동과 태도를 측정하는 척도로서 분노감, 충동성, 정서적 피상성 및 예측불능성 등을 반영한다.
5. Mf(남성성-여성성)	직업 및 취미에 대한 관심, 심리적 및 종교적 취향, 능동성-수동성, 대인감수성 등에 있어서의 남성적 또는 여성적 경향성을 알아보기 위한 척도이다.
6. Pa(편집증)	대인관계에 대한 민감성, 의심성 및 피해의식, 자기정당화 등의 편집적 특성을 평가하는 척도이다.
7. Pt(강박증)	오랫동안 지속된 만성적 불안과 강박적 특성을 측정하는 척도이다.
8. Sc(조현병)	정신적 혼란상태를 측정하는 척도로서 기괴한 사고과정, 비정상적인 지각, 사회적 고립, 주의집중의 장애, 충동억제의 곤란 등을 반영한다.
9. Ma(경조증)	비약적이고 과장된 사고, 과잉행동, 불안정하고 흥분되어 있는 들뜬 정서상태를 측정한다.
10. Si(내향성)	사회적 장면에서의 불편감, 고립감, 일반적 부적응, 자기비하 등의 특징을 측정한다.

태도로 검사에 임했는지를 평가할 수 있는 다양한 타당도 척도를 갖추고 있다.

각 문항에 대한 반응은 척도별로 채점되며 규준표에 의해 T점수로 환산되어 그 결과가 [그림 3-4]와 같이 프로파일로 제시된다. MMPI 검사결과는 각 척도의 T점수의 높낮이, 척도점수간의 관계, 그리고 피검자에 대한 여러 가지 정보를 종합적으로 고려하여 해석된다. MMPI가 임상적 진단도구로 사용될 때는 반드시 성격이론, 정신병리이론, 심리검사에 대한 전문적인 교육과 훈련을 받은 사람에 의해서 신중하게 해석되어야 한다.

이 밖에도 매우 다양한 객관적 성격검사들이 사용되고 있다. 예컨대, 9가지의 정신병리적 증상을 평가하는 **간이정신진단검사**(SCL-90-R: Symptom Checklist-90-Revised), 다양한 성격요인을 측정하는 California 성격검사, 내-외향성과 신경증적 성향을 평가하는 Eysenck 성

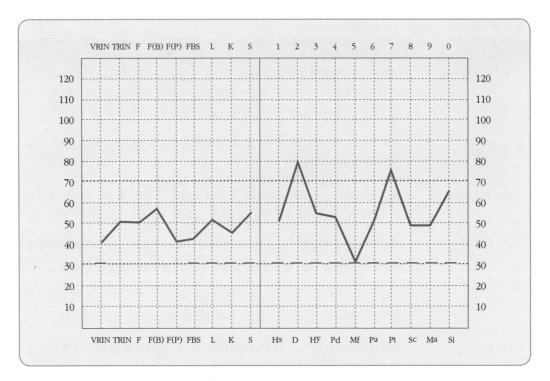

[그림 3-4] MMPI-2 결과표

격검사, Jung의 성격유형이론에 근거하여 4가지 성격차원을 평가하는 Myers-Briggs Type Indicator(MBTI) 등이 있다. 또한 특정한 정신병리적 증상을 평가하는 수많은 자기보고형 검사들이 사용되고 있다. 예컨대, 우울증상을 측정하는 검사로는 BDI(Beck Depression Inventory), SDS(Zung Self-rating Depression Scale), CES-D(The Center for Epidemiologic Scale for Depression) 등이 흔히 사용되고 있으며, 불안증상을 평가하는 검사에는 BAI(Beck Anxiety Inventory), STAI(Spielberger State-Trait Anxiety Inventory) 등이 있다.

3) 투사적 성격검사

성격의 무의식적이고 심층적인 특성은 자기 자신에게 잘 의식되지 않기 때문에 자기보고에 의존하는 객관적 성격검사로는 평가하기가 어렵다. 이러한 객관적 성격검사의 한계를 극복할 수 있는 검사도구가 투사적 성격검사이다. 투사적 성격검사는 피검자에게 애매모호한 자극을 제시하고 그에 대한 자유로운 반응을 유도한 후에 검사반응을 정밀하게 분석함으로써 피검자의 무의식적인 성격특성을 평가한다. 투사적 성격검사는 피검자가 자유롭게 자신을 표현할 수 있으며 개인의 심리적 특성에 대한 풍부한 자료를 제공해 주는 반면에, 검사해석자의 주관성이 개입될 수 있는 여지가 많아 신뢰도와 타당도가 떨어지는 단점이 있다.

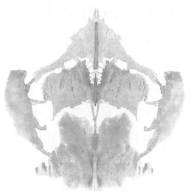

로르샤흐 검사를 실시하는 모습과 자극의 예

가장 대표적인 투사적 성격검사는 **로르샤흐 검사**(Rorschach Test)로서 1921년 Hermann Rorschach에 의해 개발되었으며 데칼코마니 양식에 의한 대칭형의 잉크얼룩으로 이루어진 10장의 카드로 구성되어 있다. 이 카드를 순서에 따라 피검자에게 한 장씩 보여주고 이 그림이 무엇처럼 보이는지를 말하게 한다. 모든 반응은 검사자에 의해서 자세하게 기록되며 10장의 카드에 대한 피검자의 반응이 끝난 후에 검사자는 다시 각 카드마다 피검자가 카드의 어느 부분에서 어떤 특성 때문에 그런 반응을 하게 되었는지를 확인한다. 이러한 자료에 근거하여 각 반응은 채점항목과 기준에 따라 채점된다. 채점의 주요 항목은 (1) 반응영역(피검자가 반응한 카드의 부분), (2) 결정요인(반응을 결정하는 데 영향을 준 잉크자극의 특징), (3) 반응내용(반응의 내용범주), (4) 반응의 독창성(반응의 독특성이나 창의성), (5) 반응의 형태질(잉크자극의 특징에 대한 반응의 적절성)이며 그 밖에 반응 수, 반응 시간, 채점 항목 간의 비율 및 관계 등이 계산된다. 이러한 다양한 채점결과를 종합적으로 고려하여 개인의 심리적 특성을 해석하게 된다.

로르샤흐 검사의 결과를 해석하는 방법은 다양한데, 통계적인 자료에 근거한 객관적 해석방법과 임상가의 주관적 경험을 강조하는 임상적 해석방법으로 나눌 수 있다. 이러한 방법에 따라 결과 해석이 다소 달라질 수 있지만, 로르샤흐 검사를 통해서 개인이 지니고 있는 사고나 공상의 주된 내용, 욕구와 충동, 정서상태와 정서조절능력, 인지적 접근양식, 무의식적 갈등 등을 평가할 수 있다. 나아가서 현실검증력, 충동통제력, 자아강도와 같은 다양한 심리적 적응능력을 평가할 수 있어서 임상장면에서 널리 사용되고 있다.

주제통각검사(TAT: Thematic Apperception Test)는 1935년에

TAT 카드의 예

Murray와 Morgan에 의하여 제작된 투사적 성격검사로서 피검자가 쉽게 동일시할 수 있는 인물과 상황을 묘사한 30장의 그림카드로 구성되어 있다. 피검자에게 각 카드를 보여주면서 현재 무슨 일이 일어나고 있으며 카드 안에 그려진 인물들은 어떤 상태에 있는지에 관해서 상상력을 발휘하여 이야기를 만들어보라고 요청한다. 피검자가 구성한 이야기 줄거리 속에는 피검자의 과거경험, 상상 및 공상 내용, 현재의 관심과 욕구, 심리적 갈등, 무의식적 충동 등이 투사되어 나타나게 된다. 피검자의 이야기 내용을 여러 채점기준에 따라 분석하여 피검자의 심리상태, 욕구 및 동기, 환경에 대한 지각과 대처방식, 문제해결방식, 갈등영역 등 다양한 성격적 측면을 평가할 수 있다.

이 밖에도 다양한 투사적 성격검사가 있다. 여러 미완성 문장에 대해 피검자가 떠오르는 생각을 자유롭게 적게 하여 그 반응을 분석하는 문장완성검사(SCT: Sentence Completion Test), 백지에 집, 나무, 사람을 각각 그리도록 하고 그림의 특징을 분석하여 성격적 특징을 평가하는 집/나무/사람 검사(HTP: House-Tree-Person Test), 가족 전체가 어떤 일을 하는 장면을 그리게 하여 가족구성원 간의 관계를 평가하는 가족화검사(KFT: Kinetic Family Test) 등의 다양한 투사적 성격검사들이 사용되고 있다.

4) 신경심리검사

신경심리검사(neuropsychological testing)는 다양한 심리적 기능을 측정함으로써 뇌의 손상 유무, 손상의 정도와 부위를 평가하는 검사이다. 뇌의 특정한 부위가 손상되면 그에 해당되는 심리적 기능에 이상이 나타나게 된다. 이러한 원리를 이용하여 지적 능력, 언어기능, 주의집중력, 기억력, 지각기능, 수행능력, 문제해결능력, 성격, 감정상태 등을 측정함으로써 뇌의 손상 상태를 평가하는 도구가 신경심리검사이다. 다양한 심리적 기능을 종합적으로 평가하는 대표적인 신경심리검사로는 Halstead-Reitan 신경심리검사와 Luria-Nebraska 신경심리검사가 있다.

Halstead-Reitan 신경심리검사(HRNB: Halstead-Reitan Neuropsychological Battery)는 지능, 언어지식, 촉각인지, 손가락운동, 시각, 감각기능 등을 평가하는 13개의 개별적 검사로 구성되어 있다. 뇌손상이 있는 반구와 영역을 평가할 수 있을 뿐만 아니라 뇌손상의 진행과정과 손상유형(예: 내인성 종양, 외인성 종양, 뇌혈관장애)을 평가할 수 있다. Luria-Nebraska 신경심리검사(LNNB: Luria-Nebraska Neuropsychological Battery)는 운동, 리듬, 촉각, 시각, 언어이해, 언어표현, 쓰기, 읽기, 산수, 기억, 지적 과정의 11개의 소검사로 구성되어 있으며 신경심리학적 기능을 포괄적으로 평가할 수 있다. 이 검사는 환자의 결함을 평가할 때 요구되는 소검사만을 선별적으로 실시할 수 있기 때문에 검사시간이 짧으며 검사도구와 절차가 간편한 장점을 지니고 있다.

4. 심리생리적 측정법

인간의 심리적 상태나 특성 중에는 행동의 시각적 관찰이나 언어적 반응을 통해 측정하기 어려운 것들이 많다. 그러나 육체는 마음의 정직한 대변자라는 말이 있듯이, 신체의 생리적 반응을 통해 심리적 특성을 평가할 수 있다. 예컨대, 개인의 불안 수준은 주관적인 보고뿐만 아니라 심장박동수, 혈압, 근육긴장도, 손바닥의 습도 등과 같은 심리생리적 반응을 통해 평가할 수 있다. **심리생리적 측정법**(psychophysiological measurement)은 이처럼 심리생리적 반응을 측정할 수 있는 도구를 통해 심리적 상태나 특성을 평가하는 방법이다. 여기에는 뇌파검사, 근전도검사, 심장박동검사, 피부전도반응검사 등이 있다. 뇌파검사(EEG: Electroencephalography)는 대뇌피질의 가장 외부층에 있는 신경세포에서 나오는 전기적 활동을 측정하는 방법이다. 이는 가장 오래된 뇌기능 측정법으로서 간질, 치매, 섬망과 같은 뇌질환의 경우에 뇌파검사를 통해 중요한 정보를 얻을 수 있다. 특정한 감각자극에 대한 뇌피질의 반응을 반영하는 뇌파의 유발전위(evoked potentials)를 분석하여 뇌기능을 평가하기도 한다. 이 밖에도 근육의 긴장정도를 측정하는 근전도검사(EMG: Electromyography), 심장박동수를 측정하는 ECG(Electrocardiography), 피부의 땀분비 정도를 평가하는 피부전도반응(GSR: galvanic skin response)을 측정하는 방법이 있다. 이러한 다양한 생리적 반응을 통합적으로 측정하는 장치가 다원측정장치(polygraph)인데, 뇌파, 심장박동, 혈압, 호흡률, 근육긴장도, 피부전도반응과 같은 다양한 생리적 반응을 종합적으로 측정하고 기록한다. 다원측정장치는 거짓말 탐지기(lie detector)라고 불리기도 하는데, 이는 개인이 진실을 말할 때 나타내는 심리생리적 반응과 거짓을 말할 때 나타내는 심리생리적 반응을 변별하는 데에 사용되기 때문이다.

5. 뇌영상술

이상행동은 뇌의 구조적 손상이나 기능적 이상에 의해서 생겨나는 경우가 종종 있다. 전자기술의 발달로 인해 뇌의 손상을 직접적으로 평가할 수 있는 여러 가지 방법이 개발되었는데, 이를 **뇌영상술**(brain imaging)이라 한다. 뇌영상술은 인간의 뇌를 투시하여 뇌의 구조와 기능을 평가하는 방법으로서 크게 구조적 뇌영상술과 기능적 뇌영상술로 구분할 수 있다. 대표적인 구조적 뇌영상술에는 전산화된 단층촬영술과 자기공명 영상술이 있다. **전산화된 단층촬영술**(CT: computerized tomography)은 다양한 방향에서 뇌를 투과한 X-ray의 양을 측정하여 컴퓨터로 재구성한 뇌의 단면을 영상화하는 기법이다. 혈관으로 조영물질을 투여한 후 이 기법을 사용하면 뇌의 종양, 감염, 뇌혈관 질환을 찾는 데에 도움이 될 수 있다. **자기공명 영상술**(MRI: magnetic resonance imaging)은 강력한 자기장 하에서 수소핵의 자기공명 현상을 이용하여 뇌

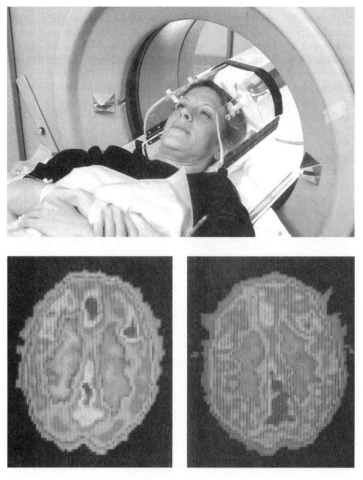

양전자방출 단층촬영술(PET)을 시행하는 모습과 그 결과로 나타나는 뇌의 단층 사진

의 영상 정보를 얻음으로써 뇌의 해부학적 영상뿐 아니라 뇌조직의 질적 정보를 얻을 수도 있다. CT보다 해상도가 우수하고 뇌의 얇은 단면을 영상화할 수 있어 보다 더 정밀한 평가가 가능하다.

기능적 뇌영상술에는 양전자방출 단층촬영술, 단일광자 방출전산화 단층촬영술, 자기공명 분광검사 등이 있다. **양전자방출 단층촬영술**(PET: positron emission tomography)은 fluorine-18이나 nitrogen-13과 같은 동위원소를 혈액에 주입하면 뇌에 도달한 동위원소가 붕괴되면서 방출되는 양전자가 전자를 만나 충돌하여 한 쌍의 광자를 생성하게 되는데, 이러한 광자를 탐지하여 컴퓨터로 뇌의 영상을 재구성하는 기법이다. 이 검사는 뇌혈류량, 뇌산소이용도, 뇌당 대사, 신경전달물질의 수용체의 기능과 분포 등을 측정함으로써 뇌 기능에 대한 평가가 가능하다. **단일광자 방출전산화 단층촬영술**(SPECT: single photon emission computed tomography)은 광자를 방출하는 동위원소를 주입하여 뇌에 도달하여 방출되는 감마선을 탐지하여 컴퓨터로

3차원적 영상을 재구성하는 기법이다.

　이상행동과 정신장애에 대한 임상적 평가를 위해서 이러한 다양한 평가방법이 사용되고 있다. 앞에서 언급했듯이, 평가목적에 따라서 적절한 평가방법이 선택되어야 한다. Zubin(1950)은 측정하고자 하는 심리적 특성을 두 가지 요인에 따라 나누고 그러한 특성을 평가하는 주된 방법을 분류하였다. 즉, 심리적 특성은 개인이 스스로 의식할 수 있는 **자각가능성**(awareness)과 평가자에게 언어적으로 보고할 수 있는 **보고가능성**(reportability)에 따라 의식적 자료, 행동적 자료, 억제적 자료, 무의식적 또는 억압적 자료로 구분될 수 있다. **의식적 자료**(conscious material)는 개인이 잘 알고 있는 자신의 특성인 동시에 언어적으로 보고할 수 있는 심리적 특성을 의미하며 면접법, 자기보고형 검사, 객관적 성격검사 등을 통해서 평가가 가능하다. 반면, **억제적 자료**(suppressed material)는 잘 알고 있지만 보고할 의사가 없거나 숨기고자 하는 심리적 특성을 뜻한다. 예컨대, 피해망상을 지닌 일부 조현병 환자는 강제로 입원되는 것을 피하기 위해서 자신의 망상을 숨기고 정상적 상태로 위장하는 경우가 있다. 이와는 달리, 범법행동으로 인한 법적 책임을 회피하기 위해서 거짓으로 정신장애를 위장하여 나타내는 경우도 있다. 이처럼 의도적으로 자신의 심리적 상태를 속이거나 위장하는 사람의 경우에는 면접이나 자기보고형 검사에 의해서 평가하기 어렵다. 그러나 이러한 억제적 자료는 로르샤흐검사나 주제통각검사와 같은 투사적 성격검사나 심리생리적 측정법을 통해서 평가될 수 있다.

　행동적 자료(behavioral material)는 환자가 자각할 수는 없지만 평가자에게 보고할 의사가 있는 심리적 특성을 의미한다. 예컨대, 개인이 자신의 지적 기능 수준을 정확하게 알 수는 없지만 지능검사에 충실하게 응함으로써 지적 수준의 평가가 가능하다. 이러한 행동적 자료의 평

표 3-5 심리평가의 수준 및 측면에 따른 임상적 평가방법

	언어적 보고가 가능한 심리적 특성	언어적 보고가 불가능한 심리적 특성
자각이 가능한 심리적 특성	〈의식적 자료〉 면접법 자기보고형 검사 객관적 성격검사 자기평정 척도	〈억제적 자료〉 투사적 성격검사 로르샤흐 검사 주제통각검사 심리생리적 측정법
자각이 어려운 심리적 특성	〈행동적 자료〉 행동관찰법 지능검사 타인평정검사 신경심리검사	〈무의식적 자료〉 투사적 성격검사 자유연상검사 심리생리적 측정법 뇌영상술

가를 위해서는 행동관찰법, 지능검사, 타인평정검사, 신경심리검사 등이 사용될 수 있다. 반면, 무의식적 자료(unconscious or repressed material)는 억압된 심리적 갈등이나 뇌의 손상과 같이 자각과 보고가 모두 불가능한 개인적 속성을 의미한다. 이러한 무의식적 자료는 투사적 성격검사나 심리생리적 측정방법을 통해 탐색이 가능하다. 또한 이상행동에 영향을 미치는 뇌의 구조적 손상과 기능적 이상을 측정하는 뇌영상술도 이러한 자각과 보고가 불가능한 신체적 특성을 평가하는 방법에 속할 수 있다. 이러한 4가지 평가자료와 주된 평가방법이 〈표 3-5〉에 요약되어 있다. 심리평가자는 측정하고자 하는 심리적 속성에 따라서 적절한 평가방법을 선택하는 것이 중요하다.

 요약

1. 이상심리학에서는 인간이 나타내는 다양한 이상행동을 체계적으로 분류함으로써 이상행동에 관한 효과적인 의사소통이 이루어지고 체계적인 과학적 연구가 가능하며 이상행동의 원인과 치료에 대한 정보가 축적될 수 있다. 반면에 이상행동의 분류를 통해서 개인적 정보가 유실되고 환자에 대한 고정관념이 형성될 수 있으며 환자에 대한 선입견과 낙인이라는 부정적 효과가 나타날 수 있다.

2. 이상행동과 정신장애에 대한 과학적 분류체계는 신뢰도와 타당도를 지녀야 한다. 신뢰도는 한 분류체계를 적용하여 환자들의 증상이나 장애를 평가했을 때 동일한 결과가 도출되는 정도를 의미하며 흔히 평정자간 신뢰도에 의해 평가된다. 분류체계의 타당도는 그 분류체계가 증상이나 원인 등에 있어서 정말 서로 다른 장애들을 제대로 분류하고 있느냐에 대한 평가를 뜻한다. 이러한 타당도에는 같은 장애로 진단된 사람들에서 동일한 원인적 요인들이 발견되는 정도를 의미하는 원인론적 타당도, 같은 장애로 진단된 환자들이 진단기준 이외의 증상이나 증상발달과정 등에 있어서 공통적 특성을 나타내는 정도를 뜻하는 공존타당도, 동일한 장애로 진단된 사람들이 미래에 동일한 행동과 반응을 나타내는 정도를 의미하는 예언타당도가 있다.

3. 세계적으로 가장 많은 임상가와 연구자가 사용하는 정신장애 분류체계는 미국의 정신의학회에서 발간한 『정신장애의 진단 및 통계 편람-5판-본문개정판(DSM-5-TR)』이라고 할 수 있다. DSM-5-TR에는 22개 범주에 속하는 350여 개의 정신장애가 소개되어 있으며 각 정신장애의 진단기준과 관련된 정보들이 제시되어 있다. DSM-5-TR에 포함되어 있는 주요한 정신장애의 범주로는 신경발달장애, 조현병 스펙트럼 및 기타 정신병적 장애, 양극성 및 관련 장애, 우울장애, 불안장애, 강박 및 관련 장애, 외상 및 스트레스 관련 장애, 해

리장애, 신체증상 및 관련 장애, 급식 및 섭식장애, 배설장애, 수면-각성장애, 성기능부전, 성별 불쾌감, 파괴적 충동조절 및 품행장애, 물질관련 및 중독 장애, 신경인지장애, 성격장애, 변태성욕장애, 기타 정신장애가 있다.

4. 이상심리학에서 개인의 이상행동을 평가하고 정신장애를 진단하기 위해서 사용하는 주요한 평가방법에는 면접법, 행동관찰법, 심리검사법, 심리생리적 측정법, 뇌영상술이 있다. 임상적 면접법은 언어적인 대화나 의사소통을 통해 환자의 심리적 특징과 정신병리를 탐색하는 방법으로 구조화된 면접법과 비구조화된 면접법이 있다. 행동관찰법은 개인이 특정한 상황에서 어떤 행동을 하는지를 유심히 관찰하여 그 행동의 내용을 구체적으로 기술하고 그 빈도나 강도를 수량화하는 방법으로서 자연주의적 관찰법, 구조화된 관찰법, 자기관찰법, 행동분석법 등으로 구분될 수 있다. 개인의 심리적 특성을 가장 객관적으로 측정할 수 있는 방법은 심리검사법이다. 심리검사는 심리적 특성을 평가하기 위한 구체적인 검사문항과 채점체계를 갖추고 있으며 검사결과를 해석할 수 있는 규준과 해석지침을 구비하고 있다. 여기에는 크게 지능검사, 객관적 성격검사, 투사적 성격검사, 신경심리검사 등이 있다. 심리생리적 측정법은 뇌파, 혈압, 심장박동수, 근육긴장도, 손바닥의 습도 등과 같은 심리생리적 반응의 측정을 통해 심리적 상태나 특성을 평가하는 방법이다. 뇌영상술은 인간의 뇌를 투시하여 뇌의 구조와 기능을 평가하는 방법으로서 전산화된 단층촬영술(CT), 자기공명 영상술(MRI), 양전자방출 단층촬영술(PET) 등이 있다. 이러한 평가방법을 사용하여 개인의 다양한 심리적 속성(지능, 성격, 적성, 정신병리 등)을 단기간에 평가하는 심리학적 작업을 심리평가라고 하며, 이러한 심리평가의 자료에 근거하여 개인의 부적응 상태를 특정한 정신장애에 할당하는 작업을 심리진단이라고 한다.

CONTEMPORARY ABNORMAL PSYCHOLOGY

제**4**장

불안장애

불안장애

불안은 누구나 생활 속에서 흔히 경험하는 불쾌하고 고통스러운 감정이다. 여러 사람 앞에서 발표를 해야 하거나 중요한 시험을 앞두고 있을 때 우리는 불안감을 느낀다. 뱀이나 지네와 같은 위험한 동물을 만나게 되거나 떨어지면 크게 다칠 수 있는 가파른 바위를 오를 때 우리는 두려움을 느끼고 긴장하게 된다. 이처럼 부정적인 결과가 나타날 수 있는 위험하고 위협적인 상황에서 우리가 경험하게 되는 정서적 반응이 불안이다. 불안을 느끼면 우리는 부정적 결과가 일어나지 않도록 긴장을 하고 경계를 하며 조심스러운 행동을 하게 된다. 그래서 위협적인 상황을 벗어나게 되면 안도감을 느끼고 긴장을 풀며 편안한 기분으로 되돌아간다. 이처럼 위험한 상황에서 적절한 불안을 느끼는 것은 매우 자연스럽고 정상적인 것이다.

불안은 불쾌하게 느껴지지만 우리에게 도움이 되는 감정이다. 즉, 우리 자신을 위험으로부터 안전하게 보전하도록 돕는 순기능을 지니고 있다. 가파른 절벽의 가장자리에서도 전혀 불안을 느끼지 않는 사람을 생각해 보자. 그러한 사람은 조심하지 않고 행동하여 절벽에서 떨어져 상해를 입을 가능성이 높다. 그러나 우리는 대부분 그러한 상황에서 불안을 느끼게 되므로 절벽의 가장자리에 함부로 접근하지 않거나 조심함으로써 위험가능성으로부터 우리의 몸을 보호한다. 즉, 불안은 위험하거나 위협적인 상황에서 우리 자신을 보호하기 위해 경계태세를 취하게 하는 적응적인 반응인 것이다.

불안을 느끼게 되면 우리의 몸과 마음에는 여러 가지 변화가 일어난다. 우선 자율신경계의 교감반응이 활성화되어 동공이 확대되고 혈압이 상승하며 호흡이 가빠지고 근육이 긴장되며 땀이 나게 된다. 또한 인지적으로는 위협적인 상황에 주의를 집중하고 혹시 일어날지 모르는 부정적 사건을 예상하며 그에 대한 대비방법을 강구하게 된다. 아울러 행동을 조심스럽고 신중하게 하며 위협적인 사건이 일어날 경우를 대비하여 긴장상태를 유지한다. 이러한 불안상태는 정서적으로 불쾌하고 고통스럽게 느껴지기 때문에 이러한 상태에서 벗어나기 위한 행동을 하게 하는 동기를 유발한다. 그래서 우리는 불안을 느끼는 위협적 상황을 회피하거나 부정적인 결과가 발생하지 않도록 위험요인을 제거함으로써 비로소 안도감을 느끼고 신체적 긴장을 풀게 된다. 이처럼 현실적으로 위험을 내포한 위협적인 상황에서 불안을 느끼는 것은 자연스럽고 적응적인 심리적 반응이며 정상적 불안(normal anxiety)이라고 할 수 있다.

불안은 마치 위험한 일이 발생하면 울리는 경계경보와 같은 것이다. 실제적인 위험이 발생할 경우 그에 대비하도록 울리는 경계경보는 우리의 안전을 위해 도움이 된다. 그러나 만약 경계경보 장치가 너무 민감하거나 잘못되어 수시로 경계음을 낸다면 우리는 불필요한 경계태세를 취하게 되고 과도하게 긴장하게 되며 혼란상태에 빠지게 될 수 있다. 이처럼 불안반응이 부적응적인 양상으로 작동하는 경우를 병적 불안(pathological anxiety)이라고 할 수 있다. 병적 불안은 다음과 같은 점에서 정상적 불안과 구별될 수 있다. 첫째, 현실적인 위험이 없는 상황이나 대상에 대해서 불안을 느끼는 경우이다. 실제로 위험가능성이 거의 없거나 대부분의 사람이 위험을 느끼지 못하는 상황에서 자주 불안을 느낀다면 이는 병적인 불안이라고 할 수 있다. 즉, 불안해하지 않아도 될 상황에서 불안을 느끼는 경우가 이에 해당한다. 둘째, 현실적인 위험의 정도에 비해 과도하게 심한 불안을 느끼는 경우이다. 우리의 생활 속에는

매우 사소하거나 그 발생 확률이 매우 희박한 위험이 많이 널려 있다. 그러나 이처럼 사소하고 희박한 위험가능성에 대해서 지나치게 강한 불안과 공포를 느낀다면, 이 역시 병적인 불안이라고 할 수 있다. 마지막으로, 불안을 느끼게 한 위협적 요인이 사라졌음에도 불구하고 불안이 과도하게 지속되는 경우는 병적인 불안이라고 할 수 있다. 우리는 위험한 일이 발생하면 바짝 긴장하며 불안을 느끼지만, 그러한 위험이 사라지면 긴장을 풀며 안도감을 느낀다. 그러나 위험한 상황이 해소되었음에도 불구하고 지속적으로 불안과 긴장을 느끼는 것은 부적응적이라고 할 수 있다. 이처럼 병적인 불안으로 인하여 과도한 심리적 고통을 느끼거나 현실적인 적응에 심각한 어려움을 겪는 경우를 불안장애(Anxiety Disorders)라고 한다.

불안장애는 불안과 공포를 주된 증상으로 나타내는 장애이다. 불안장애는 병적인 불안이 나타나는 양상이나 불안을 느끼는 대상 및 상황에 따라서 여러 가지 하위유형으로 구분된다. DSM-5-TR은 과거에 불안장애의 하위유형으로 포함되었던 강박장애와 외상후 스트레스 장애를 개별 장애범주로 독립시키고 그 대신 분리불안장애와 선택적 함구증을 새롭게 불안장애에 포함시켰다. 그 결과, DSM-5-TR에서는 불안장애가 크게 7가지의 하위유형, 즉 범불안장애, 특정공포증, 광장공포증, 사회불안장애, 공황장애, 분리불안장애, 선택적 함구증으로 구분되고 있다.

 제1절 **범불안장애**

> 30대 주부인 K씨는 왠지 늘 불안하고 초조하다. 무언가 불길한 일이 벌어질 것 같은 막연한 불안감을 자주 느끼며 여러 가지 일로 걱정이 많다. 예를 들면, 남편이 직장에서 실직하지 않을까, 자녀가 학교에서 싸우거나 따돌림을 당하지 않을까, 가족들이 병들어 아프거나 사고를 당하지 않을까, 시집식구나 주변 사람들이 자신을 싫어하지 않을까, 도둑이나 강도가 들지 않을까 하는 걱정을 비롯하여 사소하게는 자신이 만든 음식이 맛이 없으면 어떡하나, 가전제품이 고장나면 어떡하나, 물건을 비싸게 사면 어떡하나 등등 일상생활 전반에 대해서 크고 작은 걱정이 많다. K씨는 이러한 걱정이 때로는 불필요하고 과도하다는 것을 알고 있지만 막연한 불안감에 걱정을 멈출 수가 없다. 그래서 늘 초조하고 안절부절못하며 긴장상태에 있게 되어, 특별히 힘든 일을 하지 않아도 저녁시간이 되면 몹시 피곤하다. 이러한 불안감으로 하루하루 생활이 힘들고 고통스럽다.

1. 주요증상과 진단기준

범불안장애(Generalized Anxiety Disorder)는 K씨의 경우처럼 다양한 상황에서 만성적 불안과 과도한 걱정을 나타내는 경우를 말한다. 일상생활 속에서 겪게 되는 여러 가지 사건이나 활동에 대해서 지나치게 걱정함으로써 지속적인 불안과 긴장을 경험한다. 이런 상태가 오랫동안 계속되면 개인은 몹시 고통스러우며 현실적인 적응에도 어려움을 겪게 되는데, 이러한 상태를 범(汎)불안장애라고 하며 '일반화된 불안장애'라고 부르기도 한다.

범불안장애를 지닌 사람들은 매사에 잔걱정을 많이 한다. 늘 불안하고 초조해하며 사소한 일에도 잘 놀라고 긴장한다. 이들이 느끼는 불안은 생활 전반에 관한 다양한 주제로 이리저리 옮겨 다니기 때문에 **부동불안**(浮動不安; free-floating anxiety)이라고 불리기도 한다. 따라서 늘 과민하고 긴장된 상태에 있으며 짜증과 화를 잘 내고 쉽게 피로감을 느낀다. 때로는 지속적인 긴장으로 인한 근육통과 더불어 만성적 피로감, 두통, 수면장애, 소화불량, 과민성 대장 증후군 등의 증상을 함께 나타내는 경우가 흔하다. 이처럼 범불안장애를 지닌 사람은 대부분 신체적 증상을 동반하며 깜짝깜짝 잘 놀라는 과장된 반응을 흔히 보인다. 아울러 이들은 불필요한 걱정에 집착하기 때문에 우유부단하고 꾸물거리는 지연행동을 나타내어 현실적인 일을 잘 처리하지 못하는 경향이 있다. DSM-5-TR에 제시되어 있는 범불안장애의 진단기준을 소개하면 다음과 같다.

📢 범불안장애에 대한 DSM-5-TR의 진단기준

A. 다양한 사건이나 활동(예: 직업이나 학업 수행)에 대한 과도한 불안과 걱정이 나타난다. 이러한 불안과 걱정이 적어도 6개월 동안 50% 이상의 날에 나타나야 한다.

B. 개인은 이러한 걱정을 통제하기가 어렵다고 느낀다.

C. 불안과 걱정은 다음의 6개 증상 중 3개 이상과 관련된다(아동의 경우는 1개 이상).

   (1) 안절부절못함 또는 가장자리에 선 듯한 아슬아슬한 느낌

   (2) 쉽게 피로해짐

   (3) 주의집중의 곤란이나 정신이 멍해지는 느낌

   (4) 화를 잘 냄

   (5) 근육의 긴장

   (6) 수면장해(수면의 시작과 지속의 곤란 또는 초조하거나 불만족스러운 수면)

D. 불안, 걱정 또는 신체적 증상이 심각한 고통을 유발하거나 사회적, 직업적 또는 다른 중요한 영역의 활동에 현저한 손상을 초래한다.

E. 이러한 장해는 물질(예: 남용하는 약물, 치료약물)이나 다른 의학적 상태(예: 부신피질호르몬 과다증)의 생리적 효과에 기인한 것이 아니다.

F. 이러한 장해는 다른 정신장애에 의해서 더 잘 설명되지 않는다(예컨대, 다음과 같은 것에 대한 불안이 아니어야 한다: 공황장애에서 공황발작이 일어나는 것, 사회불안장애에서 부정적 평가, 강박장애에서 오염 또는 다른 강박사고, 분리불안장애에서 애착대상과의 이별, 외상후 스트레스장애에서 외상사건 회상 촉발자극, 신경성 식욕부진증에서 체중 증가, 신체증상 장애에서 신체적 호소, 신체변형 장애에서 지각된 외모 결함, 질병불안 장애에서 심각한 질병 또는 조현병이나 망상장애에서 망상적 신념의 내용에 대한 불안이나 걱정이 아니어야 한다.).

DSM-5-TR의 구체적인 진단기준이 이 책에서 처음으로 소개되고 있으므로 각 진단기준이 의미하는 바를 좀 더 자세하게 살펴보기로 한다. DSM-5-TR은 범불안장애의 임상적 특징뿐만 아니라 그로 인한 부정적 영향의 정도나 다른 장애와의 구별점도 진단기준에 포함시키고 있다.

진단기준 A항은 범불안장애의 핵심증상과 최소한의 지속기간을 명시하고 있다. 즉, 다양한 상황에서의 과도한 불안과 걱정은 범불안장애의 핵심증상이며 이러한 증상이 최소한 6개월 이상 지속되어야 범불안장애를 고려할 수 있다.

B항은 이 장애의 핵심증상인 걱정의 특성을 좀 더 구체적으로 부연하여 규정하고 있다. 즉, 개인이 걱정에 대해서 통제하기 어렵다고 인식해야 범불안장애로 볼 수 있다는 것이다. 많은 걱정을 하더라도 개인이 스스로 잘 통제할 수 있다고 느낀다면 범불안장애의 증상으로 간주하지 않는다.

아울러 C항은 범불안장애에 흔히 동반되는 여러 증상을 열거하고 이들 중 3개 이상이 나타나야 함을 제시하고 있다. 불안과 걱정(A, B항)은 범불안장애로 진단되기 위한 필수적 증상인 반면, C항에 제시된 6개의 증상은 부수적인 증상들로서 사람마다 각기 달리 나타날 수 있으므로 적어도 3개 이상의 증상을 수반해야만 범불안장애로 고려할 수 있다는 견해가 이러한 진단방식에 반영되어 있다.

D항은 앞의 진단기준에서 제시한 증상들이 개인에게 미치는 부정적 영향에 대해서 언급하고 있다. 즉, 이러한 증상으로 인해서 개인이 심각한 고통을 경험하거나 일상생활에 현저한 장해를 받고 있을 때에만 범불안장애라고 할 수 있다. 달리 말하면, A, B, C항의 진단기준을 충족시킨다 하더라도, 그러한 증상으로 인해 심각한 고통이나 부적응을 나타내지 않는다면 범불안장애로 진단할 수 없다. 이러한 D항의 진단기준은 정상과 이상 행동을 판별하는 일반적인 기준으로서 대부분의 정신장애에 공통적으로 적용되는 진단기준이다.

E항은 앞에서 언급된 불안증상이 약물이나 신체질병과 같은 의학적 상태로 인해 유발된 것이 아니어야 한다는 점을 제시하고 있다. 만약 불안증상이 약물에 의해 나타난 것이라면, DSM-5-TR의 다른 장애범주인 '물질/약물 유도성 불안장애'로 진단된다. 즉, 범불안장애는 심리적 원인이나 아직 알려지지 않은 다른 원인에 의한 것이어야 한다는 것을 뜻한다.

F항은 범불안장애가 다른 정신장애와 구별되는 점을 명시하고 있다. 다른 장애(예: 공황장애, 사회불안장애 등)에서도 불안과 걱정의 증상이 유사하게 나타날 수 있다. 예컨대, 공황장애에서는 공황발작이 나타나는 것에 대한 불안, 사회불안장애에서는 부정적 평가를 받는 것에 대한 불안, 신경성 식욕부진증에서는 체중이 증가하는 것에 대한 불안이 나타날 수 있다. 이러한 장애에서는 불안의 초점이 특정한 주제에 제한되어 있는 반면, 범불안장애는 다양하고 광범위한 주제의 불안을 포함한다. 다른 정신장애에 의해서 더 잘 설명될 수 없는 다양한 불

안과 걱정을 호소하는 경우에 범불안장애로 진단될 수 있다는 것이다. 범불안장애로 진단되기 위해서는 A~F에 이르는 여섯 가지 진단항목을 모두 충족시켜야 한다.

2. 임상적 특징

불안과 걱정은 매우 흔한 심리적 문제이기 때문에 많은 사람이 범불안장애를 경험하고 있는 것으로 추정되고 있다. 그러나 정상적인 불안과의 경계가 명확하지 않아서 범불안장애의 유병률에 대한 정확한 평가는 쉽지 않다. 범불안장애의 유병률을 조사한 두 연구(Crowe et al., 1983; NIMH-ECA study cited in Barlow, 1988)에 따르면, 평생 유병률은 약 5%이며 1년 유병률은 약 3%로 보고되고 있는데 이는 불안장애 중에서 가장 높은 수치이다. 그러나 범불안장애를 지닌 사람들이 치료를 받기 위해 치료기관을 찾는 비율은 다른 불안장애에 비해 현저하게 낮다. 그 이유는 공황장애나 강박장애와 같은 다른 불안장애에 비해 범불안장애의 증상이 모호하고 그 고통의 정도가 미약하기 때문인 것으로 추정되고 있다. 치료기관을 찾는 불안장애 환자 중에서 범불안장애 환자의 비율은 약 10~12%에 불과하다.

범불안장애는 남성보다 여성에게 약간 더 많다. 여성이 전체의 약 60%를 차지한다고 보고되고 있는데, 범불안장애는 다른 장애들에 비해 성차가 적은 장애인 셈이다. 범불안장애는 10대 중반에서 20대 초반에 발생하는 경향이 있으며 증상이 평생 동안 지속되는 경우가 많다. 이처럼 범불안장애는 시기에 따라 증세의 심한 정도가 변화하지만 대체로 만성적인 경과를 나타내며, 특히 스트레스가 많은 시기에 증세가 악화되는 경향이 있다. 일부 학자들은 범불안장애가 생애 전반에 걸쳐 나타나는 심리적 특질이나 성격장애로 이해되어야 한다고 주장하기도 한다.

범불안장애의 가장 핵심적인 증상은 과도한 걱정이라고 할 수 있다. 이 장애를 지닌 사람들이 걱정하는 주된 주제는 가족, 직업적 또는 학업적 무능, 재정문제, 미래의 불확실성, 인간관계, 신체적 질병에 관한 것으로 보고되고 있다(Sanderson & Barlow, 1990; Tallis et al., 1992). 또한 걱정이 많은 사람은 비관주의, 완벽주의, 불확실성에 대한 인내력 부족, 문제해결에 대한 자신감 부족과 같은 성격적 특성을 지니고 있다(유성진, 2000).

3. 원인

범불안장애는 현재 여러 이론적 입장에서 다양한 원인적 요인에 대한 연구가 이루어지고 있다. 범불안장애가 직계가족 간에 많이 보고되고 일란성 쌍둥이가 이란성 쌍둥이보다 공병률이 높다는 일부의 조사결과에 근거하여 유전적 요인이 관여한다는 주장이 제기되었다.

그러나 이러한 연구결과는 범불안장애 자체가 유전되기보다는 일반적인 불안 특질이 유전되는 것으로 해석되어야 한다는 주장이 우세하다(Kendler et al., 1995). 현재 **생물학적 입장**에서 불안의 뇌생리학적 기제를 밝히려는 연구들이 활발하게 이루어지고 있다. Benzodiazepine 계열의 약물이 불안을 감소시킨다는 사실이 발견되면서, 이와 관련된 신경전달물질인 GABA에 대한 연구가 활발하게 진행되고 있다. 이 밖에도 불안과 관련된 신경전달물질로 Norepinephrine, Glutamate 등이 주목받고 있다. 아울러 불안과 관련된 뇌의 해부학적 구조로는 Benzodiazepine 수용기가 많이 분포되어 있는 후두엽에 대한 관심이 높아지고 있다.

범불안장애를 지닌 사람들은 흔히 "이유를 모르겠는데 왠지 늘 불안하고 무언가 불길한 일이 벌어질 것 같은 막연한 불안감에서 벗어날 수가 없다"고 호소한다. 이러한 불안의 원인이 무의식적 갈등에 있기 때문에 환자 자신은 불안의 이유를 자각하기 어렵다는 것이 정신분석적 입장의 주장이다. **정신분석적 입장**에서는 성격구조 간의 역동적 불균형에 의해 경험되는 부동불안이 범불안장애의 핵심적 증상이라고 본다. 부동불안은 무의식적으로 억압된 원초아의 충동이 강해져서 자아가 이를 통제하기 어려운 상태에서 흔히 나타나는 심리적 현상이다. 과거에 처벌받은 적이 있었던 충동들이 자아의 통제를 넘어 계속적으로 표출되고자 하기 때문에 불안을 경험하게 되는데, 이러한 불안을 감소시키기 위해 특정한 방어기제를 사용하게 되면 다른 형태의 장애로 발전될 수 있다. 이런 점에서 범불안장애는 무의식적 갈등이 방어기제에 의해 변형되지 않은 비교적 순수한 형태의 불안을 반영하는 것으로 여겨지고 있다.

행동주의적 입장에서는 불안장애를 환경자극에 대해서 조건형성된 학습의 결과로 본다. 제2장에서 설명한 Little Albert의 경우와 같이 주변의 환경자극에 대해서 고전적 조건형성을 통해 불안반응이 잘못 학습된 것으로 설명한다. 불안장애가 다양한 형태로 나타나는 이유는 불안반응을 유발하는 조건자극의 종류나 범위가 다르고 불안반응의 양상이 다르기 때문이다. 즉, 공포증은 한두 가지 특수한 대상이나 상황에만 강한 공포반응이 조건형성된 경우인 반면, 범불안장애는 일상생활의 여러 가지 사소한 자극에 대해서 경미한 불안반응이 조건형성되었거나 다양한 자극으로 일반화됨으로써 여러 상황에서 만연된 불안증상을 나타낸다는 것이다. 이러한 입장에 따르면, 범불안장애는 다양한 자극상황에서 공포반응이 경미한 형태로 나타나는 일종의 다중 공포증(multiple phobia)인 것이다. 범불안장애 환자들이 불안의 이유를 자각하지 못하는 것은 불안반응을 유발하는 조건자극이 매우 사소하고 다양하여 불안반응의 촉발요인으로 잘 자각되지 않기 때문이다.

만성적인 불안을 느끼는 사람들은 독특한 사고경향을 나타내는데, 특히 위험과 위협에 관한 생각과 심상을 자주 보고한다. **인지적 입장**에 따르면, 불안한 사람들은 자신들이 위험에 처해 있다고 지각하는 경향이 있다(Beck, 1976; Beck & Emery, 1985; Butler & Mathews, 1987). 범불안장애를 지닌 사람들은 일반적으로 다음과 같은 4가지의 인지적 특성을 나타낸다. 첫째,

주변의 생활환경 속에 존재하는 잠재적인 위험에 예민하다. 이들은 위험한 사고와 위협적인 사건에 관한 정보에 관심이 많으며, 일상 생활 속에서 부정적 결과를 초래할 가능성이 있는 위험한 단서를 예민하게 포착하는 경향이 있다. 둘째, 불안한 사람들은 잠재적인 위험이 실제로 위험한 사건으로 발생할 확률을 과도하게 높이 평가한다. 예컨대, 자신이나 가족이 교통사고를 당할 확률, 집에 화재가 날 확률, 질병에 걸릴 확률 등을 일반적인 경우보다 높게 평가한다. 셋째, 위험한 사건이 실제로 발생할 경우에 나타날 수 있는 부정적인 결과를 지나치게 치명적인 것으로 평가한다. 예컨대, 교통사고가 날 경우에는 경미한 접촉사고나 신체적 상해보다는 정면충돌이나 사망과 같은 치명적인 결과를 예상한다. 마지막으로, 이들은 위험한 사건이 발생할 경우 자신이 대처할 수 있는 능력을 과소평가한다. 즉, 위험한 사건이 발생하면 자신은 그 상황에서 아무것도 할 수 없다고 생각하게 되므로 미래의 위험에 대한 걱정을 많이 하게 되는 것이다.

불안한 사람들이 이러한 인지적 특성을 나타내는 이유는 위험에 관한 **인지도식**(schema)이 발달되어 있기 때문이다. 인지도식은 과거경험의 축적에 의해서 형성된 기억체계로서 특정한 환경적 자극에 선택적으로 주의를 할당하며 자극의 의미를 특정한 방향으로 해석하게 한다. 불안한 사람들은 위험과 위협에 관한 인지도식이 남달리 발달되어 있어서 일상생활 속에서 위험에 관한 자극에 주의를 많이 기울이고 그 의미를 위협적인 것으로 해석한다. 이러한 주장은 여러 실험적 연구에서 지지되고 있다. 예컨대, 이원청취과제를 통해 피험자에게 오른쪽 귀에는 숫자를 들려주어 계산을 해야 하는 과제를 주고 왼쪽 귀에는 방해자극으로 단어를 하나씩 들려주면서 이러한 단어를 무시하고 숫자계산에 집중하게 하는 실험에서, 불안이 높은 사람들은 그렇지 않은 사람에 비해 왼쪽 귀에 위험과 관련된 단어가 방해자극으로 제시될 경우 숫자계산에 어려움을 나타냈다. 이러한 실험결과는 불안한 사람들이 왼쪽 귀에 들리는 위험과 관련된 단어를 무시하지 못하고 주의를 돌림으로써 숫자계산에 어려움을 겪게 된 것이며 이러한 현상은 이들이 위험에 예민한 인지도식을 지니고 있음을 반영하는 것이라고 해석될 수 있다. 이 밖에도 범불안장애의 환자들이 애매한 생활 사건을 다른 사람보다 더 위협적으로 지각하는 경향이 있고(Butler & Mathews, 1983), 위협단서에 대해 주의집중을 잘 하는 인지적 편향성이 있으며(Mathews & Macleod, 1986) 주의집중을 요하지 않는 기억과제에서도 중성자극보다 위협자극을 더 잘 기억한다(Mathews et al., 1989)는 연구들이 보고되고 있다.

범불안장애를 지닌 사람들은 불확실성에 대한 인내력이 부족하여 '만일 ～하면 어떡하지?(What if...?)'라는 내면적 질문을 계속해서 던지는 경향이 있다(Dugas et al., 1997). 이러한 질문과 대답을 반복하는 연쇄적인 사고과정 속에서 점점 더 부정적인 결과를 예상하게 되는데, 이를 **파국화**(catastrophizing)라고 한다(정지현, 2000; Davey & Levy, 1998). 이처럼 사소한 위험에 대한 의문이 꼬리를 물고 확산될 뿐만 아니라 파국적인 결과가 예상되기 때문에 불안과 걱정이 만연하게 된다. 이 밖에도 걱정은 피상적인 확산적 사고의 형태로 더 고통스러운 결과와 감정을 회피하기 위한 일종의 **인지적 회피**(cognitive avoidance)라고 보는 관점도 있다(Borkovec, 1994).

4. 치료

범불안장애는 매우 흔한 문제이지만 다른 장애에 비해 그 치료방법이 잘 개발되어 있지 않았다. 그러나 최근에 여러 가지 치료방법이 제시되고 있다. 그 하나는 약물치료로서 가장 흔히 처방되는 약물은 Benzodiazepine 계열의 약물이다. 이러한 약물은 자극에 대한 과민성을 저하시키고 사고와 행동을 감소시키는 진정 효과를 나타내지만 몇 가지 문제점을 지니고 있다. 우선 일부 환자에게는 진정효과가 잘 나타나지 않으며 다량으로 복용하면 인지적, 행동적 기능을 저하시켜 직업적 활동, 공부, 운전 등과 같은 일상적 활동을 곤란하게 만든다. 또한 장기간 복용하는 경우에는 내성이 나타날 뿐만 아니라 신체적, 심리적 의존이 생겨 약물을 중단하기 어려우며 복용을 중단하면 여러 가지 금단현상이 나타난다.

최근에는 범불안장애에 대한 인지행동적 치료방법이 개발되어 적용되고 있다. 일반적으로 인지행동치료자는 환자에게 걱정과 관련된 인지적 요인들을 이해시킨 후 걱정이라는 내면적인 사고과정을 자각하여 관찰하도록 격려한다. 즉, 자신이 언제 어떤 내용의 걱정을 얼마나 오랫동안 하는지를 관찰하여 '걱정사고기록지'에 기록하게 한다. 흔히 경험하는 주된 걱정의 내용을 치료시간에 떠올리게 하여 이러한 걱정이 과연 현실적이며 효율적인지에 대해 구체적인 논의를 한다. 이 과정에서 환자가 걱정의 비현실성과 비효율성을 인식하게 하는 동시에 걱정에 대한 긍정적 신념 역시 수정하게 한다. 아울러 걱정이 떠오를 경우에 이를 조절하고 대처하는 방법을 습득시킨다. 예컨대, 걱정의 사고내용에 반대되는 대응적 생각을 되뇌는 방법(countering), 하루 중 '걱정하는 시간'을 정해놓고 다른 시간에는 일상적 일에 집중하는 방법, 불안을 유발하는 걱정의 사고나 심상에 반복적으로 노출시켜 걱정에 대한 인내력을 증가시킴으로써 걱정의 확산을 방지하는 방법, 고통을 유발하는 사고나 감정을 회피하려 하기보다는 이를 수용하도록 하는 방법 등을 활용한다. 이러한 과정을 통해서 환자로 하여금 걱정을 조절하고 통제하는 능력을 향상시킨다. 이 밖에도 불안을 조절할 수 있는 다양한 방법들(예: 복식호흡, 긴장이완, 심상법, 명상 등)을 함께 사용하기도 한다. 이러한 인지행동치료가 범불안장애의 치료에 효과적이라는 연구가 보고되고 있다(Mathews et al., 1995; Roemer et al., 2002). 치료가 잘 되지 않는 범불안장애 환자의 경우에는 약물치료, 인지행동치료, 가족치료 등을 병행하는 방법들이 시도되고 있다.

제2절 특정공포증

> L씨는 초등학교에 다니는 아들과 딸을 둔 평범한 30대 주부이다. 그동안은 남편과 원만한 부부생활을 해 왔으나 최근에는 다투는 일이 많아졌다. 자녀가 초등학교에 들어간 이후로, 남편은 주말이나 휴가 때면 자녀를 데리고 명승지나 역사유적지로 여행하기를 좋아한다. 자녀들이 좋아할 뿐 아니라 자녀에게 현지학습을 통해 견문도 넓혀 주고 가족과 함께 좋은 추억을 만들 수 있기 때문이다. 그런데 L씨는 여행하는 것을 싫어해서 최근 1년 동안 남편과 두 자녀만이 여행을 하는 일이 많았다. 이런 일이 잦아지자, 남편은 L씨에 대한 불만을 표현하기 시작했다. 아내 없이 여행하는 허전함이 있을 뿐 아니라 혼자서 두 자녀를 돌보며 여행하는 일이 힘들기 때문이다. 더구나 L씨가 여행을 싫어하는 이유를 납득할 수 없기 때문이다. 바퀴벌레가 두렵기 때문에 이렇게 소중한 가족여행을 못하겠다고 하는 아내를 이해할 수가 없었다. 그러나 L씨로서는 어쩔 수 없는 일이었다. 본래 섬세하고 예민한 성격인 L씨는 어린 시절 부모와 함께 여행을 가서 민박을 하던 중, 잠결에 얼굴이 가려워서 만져보니 커다란 바퀴벌레여서 소스라치게 놀란 적이 있었다. 그 후로 L씨는 여행을 떠나는 것에 대한 두려움을 갖게 되었다. 2년 전 남편의 강력한 권유로 여행을 떠나 시골의 한 허름한 여관에 머문 적이 있었으나, 방바닥을 기어 다니는 작은 벌레들에 신경이 쓰여 밤새 잠을 이루지 못하고 고통스러운 밤을 보내야 했다. 그 후로 L씨는 고급호텔에서 숙박하지 않는다면, 여관에 묵거나 민박을 해야 하는 여행은 결코 하지 않게 되었다. L씨는 바퀴벌레 외에 거미, 쥐 등에 대한 두려움도 지니고 있어서 현재 살고 있는 아파트에 이러한 해충이 나타나지 않도록 매월 철저하게 방제를 하고 있다.

1. 주요증상과 임상적 특징

공포증은 어떤 대상이나 상황에 대한 강렬한 공포와 그러한 대상이나 상황에 대한 회피반응을 특징적으로 나타내는 장애를 뜻한다. 공포증은 범불안장애의 경우보다 훨씬 심한 강도의 불안과 두려움을 포함한다. 다양하고 광범위한 상황에서 지속적인 불안을 느끼는 범불안장애와 달리, 공포증은 특정한 대상이나 상황에 한정되며 회피행동을 유발한다. 공포증은 공포를 느끼는 대상과 상황의 종류에 따라 크게 특정공포증, 광장공포증, 사회공포증(또는 사회불안장애)으로 구분된다.

특정공포증(Specific Phobia)은 L씨의 경우처럼 특정한 대상이나 상황에 대한 비합리적 두려움과 회피행동을 지속적으로 나타내는 경우를 말한다. DSM-5-TR에 제시된 진단기준에 따라 특정공포증의 주요증상을 살펴보면 다음과 같다.

첫째, 특정한 대상이나 상황(비행, 높은 곳, 동물, 주사 맞기, 피를 보는 것)에 대한 현저한 공포나 불안을 경험한다. 아동의 경우에는 공포나 불안이 울기, 떼쓰기, 얼어붙기, 칭얼거리기로 표현될 수 있다. 둘째, 공포를 유발하는 대상이나 상황에 노출되면 거의 예외 없이 즉각적인 공포반응이 유발된다. 셋째, 특정공포증을 지닌 사람은 공포를 느끼는 대상과 상황을 회피하려고 한다. 그러나 때로는 심한 공포나 불안을 느끼면서 고통 속에서 이러한 공포자극을 참아내는 경우도 있다. 넷째, 특정한 대상이나 상황에 의한 실제적인 위험과 사회문화적 맥락을 고려할 때, 이러한 공포나 불안은 지나친 것이어야 한다. 이러한 공포와 회피행동이 6개월 이상 지속되어 심한 고통을 경험하거나 사회적, 직업적 활동에 현저한 방해를 받을 경우 특정공포증으로 진단된다.

특정공포증을 지닌 사람들이 두려워하는 대상은 매우 다양하다. 일반인의 경우 가장 두려워하는 대상은 뱀이었으며, 다음으로 높은 곳, 비행하는 것, 폐쇄된 공간, 질병, 죽음, 상처, 폭풍 등의 순서로 보고되고 있다(Agras et al., 1969). 두려워하는 대상에 따라서 다양한 공포증의 명칭이 사용되고 있는데, 그 일부가 〈표 4-1〉에 제시되어 있다.

표 4-1 특정공포증의 다양한 종류

공포증	공포대상	공포증	공포대상
Acrophobia	고소(높은 곳)	Necrophobia	시체
Algophobia	통증	Nyctophobia	밤, 어두움
Astraphobia	번개와 천둥	Pathophobia	질병
Claustrophobia	폐쇄된 공간	Phonophobia	큰 소리
Coprophobia	배설물	Photophobia	강한 빛
Hematophobia	피	Sitophobia	식사
Hydrophobia	물	Toxophobia	독물
Lalophobia	연설	Xenophobia	낯선 사람
Mysophobia	더러운 것	Zoophobia	동물

높은 곳을 두려워하는 고소공포증

DSM-5-TR에서는 특정공포증을 공포대상의 종류에 따라 크게 4가지 하위유형으로 구분하고 있다. 첫째는 **동물형**(animal type)으로서 뱀, 개, 거미, 바퀴벌레 등과 같은 동물이나 곤충을 두려워하는 경우이다. 둘째는 **자연환경형**(natural environment type)으로서 천둥, 번개, 높은 장소, 물이 있는 강이나 바다 등과 같은 자연에 대한 공포이다. 셋째는 피를 보거나 주사를 맞거나 상처를 입는 등의 신체적 상해나 고통을 두려워하는 **혈액-주사-상처형**(blood-injection-injury type)이 있다. 마지막 유형은 **상황형**(situational type)으로서 비행기, 엘리베이터, 폐쇄된 공간 등과 같은 상황을 두려워하고 피하는 경우이다. 임상적 장면에 찾아오는 성인들이 호소하는 공포증은 상황형이 가장 많고 다음으로 자연환경형, 혈액-주사-상처형, 동물형의 순서로 흔하다.

특정공포증을 지닌 사람은 자신이 두려워하는 대상과 직면하게 되면, 거의 예외 없이 심한 공포와 불안을 느낀다. 흔히 공포대상과의 대면이 예상될 때에도 심한 불안을 경험한다. 이들이 지니는 공포의 초점은 그러한 대상이나 상황으로부터 상해를 입게 될 것이라는 점이다. 예컨대, 개에게 물릴까 봐 개를 두려워하거나 비행기가 추락할까 봐 항공여행을 두려워하는 것이다. 또한 공포대상에 직면했을 때 극도의 불안상태에 빠져 허둥대거나 기절하는 등 자기통제력을 상실하는 것에 대한 두려움을 지니는 경우도 흔하다. 출혈이나 상처에 대한 공포증을 지닌 사람들은 기절할 가능성을 두려워하고 고소공포증을 지닌 사람은 높은 곳에서 어지러움을 느끼고 균형감각을 잃게 되는 것을 두려워한다.

특정공포증을 지닌 사람이 느끼는 공포 수준은 일반적으로 공포 자극과의 근접성 그리고 그 회피가능성과 관련되어 있다. 즉, 개와 같은 공포대상이 가까이 오면 공포가 강해지고 멀어지면 공포가 감소한다. 또한 개가 다가올 경우 피할 수 없는 상황에서는 강한 공포를 느끼는 반면, 문을 닫거나 높은 곳에 올라서서 피할 수 있는 상황에서는 공포가 약화된다. 이 장애를 지닌 성인들은 대부분 자신의 공포가 과도하고 비합리적인 것이라는 점을 인식하고 있다.

특정공포증은 흔한 심리적 문제로서 일반인의 경우 평생 유병률이 10~11.3%이며 1년 유병률은 약 9%로 보고되고 있다. 남성보다 여성에게서 2배 정도 더 흔하며 특히 10대의 청소년에게 많다. 이처럼 많은 사람이 경험하는 문제이지만, 특정공포증 때문에 치료를 받으러 오는 사람은 드물다. 특정공포증은 평균적으로 10대 중반에 발생하는 경우가 가장 많으나 하위유형에 따라 차이가 있다. 예컨대, 동물형은 매우 어린 아동기에 나타나는 반면, 혈액-주사-

상처형은 초등학교 아동기에 발병하고 상황형은 20대 중반에 발병하는 경우가 많다.

2. 원인과 치료

특정공포증의 이해와 치료에 가장 기여한 이론은 행동주의적 학습이론이다. 제2장에서 설명했듯이 Watson과 Raynor(1920)는 Little Albert의 사례를 통해 공포반응이 고전적 조건형성에 의해서 습득될 수 있음을 보여주었다. 다양한 중성적 조건자극이 공포를 유발하는 무조건 자극과 반복적으로 짝지어 제시되면 공포반응을 유발할 수 있다. 그러나 모든 조건자극에 공포반응이 조건형성되는 것은 아니며, 어떤 자극은 다른 자극에 비해 더 쉽게 공포반응이 조건형성된다. 이러한 현상에 근거하여 Seligman(1971)은 공포학습에 '준비성(preparedness)'이라는 개념을 도입하였다. 즉, 인간은 오랜 진화과정을 통해서 생존을 위협하는 특정한 자극에 대해서는 공포반응을 더 쉽게 학습하는 생물학적인 성향을 지니고 있다는 것이다. 즉, 생존에 위협적인 자극(예: 뱀, 높은 곳)은 그렇지 않은 자극(예: 빵, 책상)보다 더 쉽게 공포반응이 학습될 뿐만 아니라, 이러한 위협적 자극에 일단 공포반응이 형성되면 소거도 잘 되지 않는 경향이 있다. 특정공포증을 지닌 사람들은 불안과 공포에 예민한 기질을 취약성으로 타고나서 쉽게 공포증을 형성하게 된다. 일란성 쌍둥이가 이란성 쌍둥이보다 동일한 특정 공포증을 나타낼 일치성이 높다는 Torgersen(1979)의 연구결과는 유전적 요인의 영향을 시사하고 있으나, 아직 이에 대해서는 자세하게 밝혀진 바가 없다.

특정공포증은 조건형성뿐만 아니라 대리학습과 정보전이에 의해서 형성될 수 있다(Rachman, 1977). 공포증은 다른 사람이 특정한 대상을 두려워하며 회피하는 것을 관찰함으로써 그에 대한 두려움을 학습하는 관찰학습에 의해서도 습득될 수 있다. 예를 들어, 개를 무서워하는 어머니의 자녀는 어머니의 공포반응을 관찰하면서 개에 대한 두려움을 학습하게 된다. 또한 이러한 어머니는 자녀에게 "개는 위험하다, 가까이 가면 물린다, 피해라"라는 정보를 언어적 또는 비언어적 소통수단을 통해 전달하게 되고, 그 결과 자녀는 개에 대한 공포를 지니게 된다.

이처럼 다양한 경로를 통해 형성된 공포증은 회피반응에 의해서 유지되고 강화된다. 공포증이 형성되면 공포자극을 회피하게 되는데, 회피행동은 두려움을 피하게 하는 부적 강화 효과를 지니기 때문에 지속된다. 또한 이러한 회피행동으로 인하여 공포자극이 유해하지 않다는 것을 학습할

뱀에 대한 공포증을 치료하는 모습

기회를 얻지 못하므로 공포반응은 소거되지 않은 채 지속된다. 이러한 과정은 Mowrer(1939, 1950)의 **2요인이론**(two-factor theory)에 의해서 잘 설명되고 있다. 즉, 공포증이 형성되는 과정에는 고전적 조건형성의 학습원리가 관여하는 반면, 일단 형성된 공포증은 조작적 조건형성의 원리에 의해서 유지되고 강화된다.

행동치료는 특정공포증을 치료하는 가장 효과적인 방법으로 알려져 있다. 특히 체계적 둔감법과 노출치료가 효과적이며 참여적 모방학습법과 이완훈련도 환자에게 도움을 주는 것으로 알려져 있다. **체계적 둔감법**(systematic desensitization)은 긴장을 이완시킨 상태에서 약한 공포자극부터 시작하여 점차 강한 공포자극에 노출시키는 방법이다. 이 행동치료법은 제2장의 제2절에서 이미 자세히 설명하였으며, 공포증에 가장 효과적인 치료법으로 알려져 있다. 또한 반복적인 노출을 통해 공포자극에 적응하도록 유도하는 **노출치료**(exposure therapy)도 특정공포증의 치료에 흔히 사용되고 있다. 노출치료에는 실제로 공포자극에 노출하는 실제적 노출법(in vivo exposure)과 공포자극을 상상하게 하여 노출시키는 심상적 노출법(imaginal exposure)이 있다. 또한 공포자극에 조금씩 점진적으로 노출시키는 점진적 노출법(graded exposure)과 단번에 강한 공포자극에 직면시키는 홍수법(flooding)도 있다.

참여적 모방학습법(participant modeling)은 다른 사람이 공포자극을 불안 없이 대하는 것을 관찰함으로써 공포증을 치료하는 방법이다. 예컨대, 뱀에 대한 공포증을 지닌 사람은 뱀을 만지고 목에 두르며 가지고 노는 사람을 관찰하면서 그와 함께 뱀에 대한 접근행동을 학습하여 공포증을 극복하게 된다. 이러한 방법을 접촉 둔감법(contact desensitization)이라고 칭하기도 한다. 이 밖에 공포증의 치료에는 불안과 공존할 수 없는 신체적 이완상태를 유도하는 기술을 가르치는 **이완훈련**(relaxation training)이 활용되기도 한다.

정신분석적 입장에서는 무의식적인 갈등에 기인한 불안이 방어기제에 의해 특정한 외부대상에 투사되거나 대치되었을 때 특정공포증으로 나타난다고 설명한다. Freud는 말에 대한 공포증을 지니고 있는 5세 어린이 'Little Hans'에 대한 사례분석을 통해 공포증에 대한 이론을 제시하였다. Freud는 Hans의 공포증을 오이디푸스 갈등과 관련된 것으로 보았다. Hans는 어머니에 대해 애착을 느끼며 성기를 노출시키는 등의 유혹적인 행위를 보이곤 했는데, 이러한 행위로 인해 아버지로부터 남근을 거세당하지 않을까 하는 불안을 마음 한편에 지니게 된다. 그러나 아버지를 좋아하는 Hans는 아버지와의 관계를 소원하게 만드는 공포감을 부정하고 말에게 투사함으로써 말에 대한 공포를 갖게 되었다는 것이 Freud의 설명이다. 특히 말에게 공포가 투사된 이유는 말이 아버지의 특징을 상징적으로 지니고 있기 때문이라는 것이다. Hans의 아버지는 검은 뿔테 안경을 썼으며 턱수염이 많았고 정열적인 사람이었는데, Hans가 두려움을 느끼는 말들은 검은 곁눈가리개를 하고 입가에 수염이 있는 건강한 말들로서 상징적으로 아버지의 특징이 반영되어 있다는 것이다. 이처럼 정신분석적 입장에서는 무의식적 갈등이 외부 대상에 투사되어 공포증이 나타나는데 흔히 회피할 수 있는 대상에게 공포가 대치되어 회피행동을 통해 공포를 면하게 된다고 본다. 무의식적인 갈등내용과 공포대상 간에는 연상적이거나 상징적인 관련성이 있으며 투사, 대치, 회피, 상징화와 같은 방어기제가 공포증에 관여한다. 정신분석치료에서는 공포증의 기저에 자리 잡고 있는 무의식적 갈등을 자각하여 해소하게 함으로써 공포증이 근본적으로 치유될 수 있다고 본다.

제3절 광장공포증

결혼한 지 6개월째로 접어드는 20대 후반의 회사원인 B씨는 퇴근길에 쇼핑센터나 백화점에 들러 아내 대신 시장을 보곤 한다. 사랑하는 아내를 위하는 일이지만 회사일로 피곤해진 몸을 이끌고 매주 2~3번 시장을 보는 일이 여간 힘든 일이 아니다. 하지만 B씨의 부인이 사람이 많고 넓은 쇼핑센터나 백화점에 가는 것을 매우 두려워하기 때문에 어쩔 수 없었다. B씨의 부인은 신혼 초에 혼자 백화점에 들러 시장을 보던 중, 갑자기 머리가 어지럽고 뱃속이 울렁거리며 자신을 통제하지 못하고 이상한 행동(예: 큰 소리를 지르고 발버둥을 치는 행동)을 할 것 같은 극심한 불안감을 경험하였다. 다른 사람과 함께 다니면 그런 문제가 없을 것이라는 남편의 충고에 따라, 남편과 함께 같은 백화점에 가 보았으나 입구에 들어서는 순간부터 공포감이 밀려와 즉시 돌아왔다. 그 후로는 사람이 많은 백화점이나 쇼핑센터에 가는 것을 기피하고 있으며 요즘은 전철이나 버스를 타는 것도 싫어한다. B씨는 다른 신혼부부처럼 아내와 함께 쇼핑도 하고 외식도 하고 싶으나, 아내의 이러한 문제 때문에 불만감이 쌓여 가고 있다. 게다가 아내의 이런 문제가 계속된다면 평생 동안 자신이 시장을 보아야 한다고 생각하니 B씨는 마음이 답답하다.

1. 주요증상과 임상적 특징

광장공포증(Agoraphobia)은 B씨의 아내처럼 특정한 장소나 상황에 대한 공포를 나타내는 경우를 말한다. DSM-5-TR에 따르면, 광장공포증을 지닌 사람은 다음의 다섯 가지 상황 중 적어도 두 가지 이상의 상황에 대한 현저한 공포와 불안을 나타낸다; (1) 대중교통수단(예: 자동차, 버스, 기차, 배, 비행기)을 이용하는 것, (2) 개방된 공간(예: 주차장, 시장, 다리)에 있는 것, (3) 폐쇄된 공간(예: 쇼핑몰, 극장, 영화관)에 있는 것, (4) 줄을 서 있거나 군중 속에 있는 것,

(5) 집 밖에서 혼자 있는 것. 또한 이러한 상황을 두려워하거나 회피하는 이유가 공황과 유사한 증상이나 무기력하고 당혹스러운 증상(예: 노인의 경우 쓰러질 것 같은 공포, 오줌을 지릴 것 같은 공포)이 나타날 경우에 그러한 상황을 회피하기 어렵거나 도움을 받을 수 없다는 생각 때문이어야 한다. 이들은 이러한 공포유발 상황에 노출되면 거의 예외 없이 공포와 불안을 경험하게 되며 이러한 상황을 회피하고자 한다. 그러나 때로는 동반자가 있으면 공포나 불안을 느끼면서도 공포상황을 참아낼 수 있다. 공포유발 상황의 실제적인 위험과 사회문화적 맥락을 고려할 때, 이러한 공포는 지나친 것이어야 한다. 이러한 공포와 회피행동이 6개월 이상 지속되어 심한 고통을 경험하거나 사회적, 직업적 활동에 현저한 방해를 받을 경우 광장공포증으로 진단된다.

광장공포증은 특정공포증의 상황형과 유사하지만 구분되어야 한다. 특정공포증의 상황형을 지닌 사람들도 광장공포를 유발하는 상황에 대한 공포를 지닐 수 있다. 그러나 광장공포증으로 진단되려면 앞에서 언급한 다섯 가지 상황 중 두 가지 이상에서 공포를 느껴야 하는 반면, 한 가지의 상황에만 공포가 제한될 경우에는 특정공포증 상황형으로 진단될 수 있다. 보다 중요한 구별점은 그러한 상황을 두려워하는 심리적 이유이다. 광장공포증을 지닌 사람은 특정한 상황에서 공황과 유사한 증상이나 당혹스러운 증상이 나타나는 것을 두려워하는 반면, 특정공포증을 지닌 사람은 상황 자체에 의한 손상(예: 비행공포증은 비행기의 추락사고)을

특정한 장소나 상황에 대한 두려움을 느끼는 광장공포증

두려워한다.

광장공포증은 갑작스럽게 강렬한 불안이 엄습하는 공황발작과 함께 나타나는 경우가 흔하다. 공황발작은 어지러움, 흉부통증, 질식할 것 같음, 토할 것 같음, 죽거나 미칠 것 같음 등과 같은 신체적, 심리적 증상을 수반하며, 다음에 소개될 공황장애에서 좀 더 자세한 설명이 이루어질 것이다. 광장공포증을 나타내는 사람들은 탈출이 어렵거나 곤란한 장소(예: 승강기, 다리 위, 비행기, 전철 등)나 공황발작과 같이 갑작스러운 곤경에 빠질 경우 도움을 받을 수 없는 장소(예: 집 밖에 혼자 있는 것, 백화점, 영화관 등과 같이 많은 사람 속에 있는 것 등)에 대한 불안이 있으며 이러한 특성을 지닌 여러 장소나 상황을 회피한다. 이런 점에서 광장공포증은 한 가지 특정한 상황에만 공포를 지니는 특정공포증의 상황형이나 자신이 당황해하는 것과 관련된 사회적 상황에만 국한하여 공포를 나타내는 사회공포증과는 구별된다. 광장공포증이라는 용어는 넓은 공간에 대한 공포라는 뜻을 내포하고 있어 이 장애의 정확한 속성을 반영하기에 부적절한 면이 있으며, 최근에는 '임소(臨所)공포증'이라는 용어가 사용되기도 한다.

광장공포증의 평생 유병률은 측정도구에 따라 0.6~6%까지 다양하게 보고되고 있다. 미국인의 경우, 광장공포증의 1년 유병률은 약 1.7%로 보고되고 있다. 광장공포증은 아동기에도 나타날 수 있지만 청소년기 후기나 성인기 초기에 발병률이 높다. 또한 광장공포증은 남성보다 여성에게 2~4배 정도 더 흔하게 나타나는 것으로 알려지고 있다(Sheikh et al., 2002). 한국인의 경우, 광장공포증을 지닌 환자가 가장 많이 피하는 상황은 대중교통수단(26.2%), 폐쇄된 공간(13.8%), 쇼핑센터(8.7%)의 순서이다(최영희, 2007).

2. 원인과 치료

Freud(1896)는 광장공포증이 여성에게서 흔히 발병된다는 점에 근거하여 이를 '여성의 장애(woman's disease)'라고 지칭한 바 있다. 그는 여성이 광장공포 증상을 나타내는 이유는 매춘부에 대한 부러움을 억압한 결과라고 보았다. 즉, 광장공포 증상은 여성이 광장에서 만나는 많은 남성과 무작위로 성적인 관계를 맺고 싶은 욕망을 억제하지 못할 것 같은 두려움을 반영하는 것이라고 주장하였다.

대상관계 이론가들은 광장공포증을 어린아이가 어머니와 이별할 때 나타내는 **분리불안**(separation anxiety)과 관련된 것으로 해석하기도 한다. 사람이 많은 넓은 장소에 혼자 있는 상황은 부모로부터 버림받은 상황을 의미하는 것으로 어린 시절의 분리불안을 재현한다는 것이다. 광장공포증 환자의 약 42%가 어린 시절에 부모나 양육자에 대한 분리불안을 지녔다는 연구결과에 근거한 주장이기도 하다. 일부 학자들(Bowlby, 1988; Liotti, 1996)은 광장공포증이 애정 결핍과 관련되어 있다고 주장하기도 한다. 다시 말하면, 안전기지(secure base)로부터의 일시적인 공간적 분리를 참아내는 능력이 부족한 사람이 광장공포증에 걸리기 쉽다는 것이다(Jacobson, 2004).

인지행동적 입장에서 Goldstein과 Chambless(1978)는 광장공포증을 유발하는 심리적 기제를 분석하면서 **공포에 대한 공포이론**(fear of fear theory)을 주장하였다. 이들은 광장공포증을 유발하는 두 가지 심리적 요인을 제시하고 있다. 그 첫째 요인은 공포에 대한 공포이다. 이는 공포의 결과로 유발되는 당혹감과 혼란감, 통제상실, 졸도, 심장발작, 정신이상에 대한 두려움을 뜻한다. 광장공포증 환자들은 그들이 두려워하는 상황이 실제로 위험하지 않다는 것을 잘 알면서도 그러한 상황에서 경험할지도 모르는 공포감으로 인한 여러 가지 당혹스러운 경험을 두려워한다. 즉, 이들은 사실상 특정한 장소 자체를 두려워하는 것이 아니라 그러한 장소에서 경험하게 될 공포를 두려워하는 것이다. 이러한 공포에 대한 공포는 (1) 공포와 관련된 신체감각에 대한 두려움과 (2) 공포의 결과에 대한 부적응적인 사고(예: 불안한 모습을 보이면 다른 사람들이 나를 경멸할 것이다)로 구성되어 있다. 광장공포증을 유발하는 다른 요인은 불안을 유발한 선행사건을 잘못 해석하는 경향성이다. 예를 들어, 대인관계의 갈등으로 어떤 사람과 심하게 다투고 난 후 넓은 길거리에 혼자 서 있을 때 불안을 경험한 사람이 자신의 불안이 대인관계의 갈등 때문이 아니라 넓은 길거리라는 상황 때문이라고 잘못 생각함으로써 넓은 길거리를 두려워하게 된다는 것이다. 이 밖에도 자신에 대한 신뢰감과 통제감이 부족하거나 대인관계의 갈등을 비롯한 심리적 갈등상황에 있는 사람에게 광장공포증이 유발되기 쉽다.

Hazlett-Stevens(2006)는 광장공포증이 생물학적 취약성과 심리적 요인이 상호작용한 결과라고 주장한다. 광장공포증 환자는 모든 불안장애의 공통적인 기질적 취약성인 **부정 정서성**(negative affectivity)을 지니고 있다. 이러한 부정 정서성은 환경적 요인, 즉 부모의 과보호적인 양육행동, 자녀의 불안과 회피행동에 대한 부모의 강화, 불안한 부모 행동에 대한 자녀의 모델링 등에 의해서 더욱 강화될 수 있다(Vasey & Dadds, 2001). 부정 정서성을 지닌 사람들은 불안한 신체감각을 해로운 것으로 해석하는 **불안 민감성**(anxiety sensitivity)을 나타내게 되는데, 이러한 불안 민감성이 광장공포증을 유발하는 취약성이라고 주장하였다. 실제로 광장공포증 환자들은 심장과 호흡 증상에 대한 두려움, 통제 상실에 대한 두려움, 다른 사람이 자신의 불안증상을 알게 되는 것에 대한 두려움을 가지고 있다(Ehlers, 1995; Wardle et al., 1990).

또한 광장공포증을 지닌 사람들은 잘못된 귀인을 통해서 위험하지 않은 신호를 위협으로 받아들이는 경향이 있다. 예를 들어, 상승하는 심박수를 심장마비나 뇌졸중의 신호로 해석하거나 약간이 어지러움을 기절의 신호로 받아들이는 경향이 있다(Barlow, 2002). 또한 원치 않는 신체감각을 두려워할 뿐만 아니라 이러한 신체감각을 통제할 수 없거나 미칠지도 모른다는 파국적 사고를 하는 경향도 있다.

Barlow(2002)는 이러한 여러 요인을 통합하여 광장공포증에 대한 통합적인 모델을 제시하였다. 그에 따르면, 광장공포증을 나타내는 사람은 생물학적, 심리적 취약성을 모두 지니고 있어서 쉽게 불안을 경험하는 경향이 있다. 이러한 사람이 스트레스 사건을 통해 과장된 생리적인 공포반응을 경험하게 되면서, 설명할 수 없는 모호한 신체감각을 위험한 것으로 해석하며 신체 내적인 단서를 두려워하게 된다. 이러한 두려움은 미래에 다양한 상황에서 원치 않는 신체감각이 발생할 것을 예상하게 만들고 그 결과로서 여러 상황을 회피하게 한다. 이러한 상황의 회피로 인해서 원치 않는 신체감각에 대한 두려움이 지속되고 이러한 감각이 정말로 해로운 것이라는 믿음이 강화된다. 이러한 악순환을 통해서 광장공포증 환자는 특정한 상황을 두려워하면서 회피하게 되는 결과를 초래하게 된다.

광장공포증은 인지행동치료를 통해서 가장 효과적으로 치료될 수 있는 것으로 알려져 있다. 광장공포증의 인지행동치료는 크게 신체감각에 대한 민감성을 둔화시키고 회피행동을 완화시키는 행동치료적 요소와 공포를 강화하는 잘못된 인지과정을 수정하는 인지치료적 요소로 구성된다(McLean & Woody, 2001). 우선, 치료자는 교육을 통해 불안반응의 신체적, 심리적, 행동적 요소를 알려주고 광장공포증의 심리적 원인들을 설명해 준다. 아울러 환자들에게 불안에 대처할 수 있도록 긴장이완법과 복식호흡법을 훈련하는 동시에 불안을 느끼는 상황에 점진적으로 노출시킨다. 이러한 노출 경험에 근거하여 광장공포를 유발하는 인지적 요인들, 즉 신체감각에 대한 파국적 해석과 잘못된 귀인을 수정하고 대처행동과 대안적 사고를 제시한다. 광장공포증을 치료하기 위해서는 두려운 신체감각에 대한 노출뿐만 아니라 공포유발 상황에 대한 **실제적 노출치료**(in vivo exposure)가 필수적이다. 두려워하는 공포유발 상황에 대한 위계를 작성한 후 점진적인 노출을 통해서 광장공포증은 현저하게 완화될 수 있다.

광장공포증은 주로 항우울제(MAO 억제제, 삼환계 항우울제, 선택적 세로토닌 재흡수 억제제)를 사용하는 약물치료를 통해서 호전될 수 있다. 그러나 이러한 약물치료는 효과가 빨리 나타나는 대신 치료를 중단할 경우의 재발률이 높다. 광장공포증은 약물치료와 더불어 인지행동치료를 함께 시행했을 때 가장 큰 치료효과가 나타나는 것으로 보고되었다(Gelder et al., 2005).

제4절 사회불안장애

평소에 내성적이고 수줍음이 많던 K군은 대학에 입학한 후 동아리 모임에 가입하고 첫 모임에서 자신을 소개해야 했을 때 심한 불안을 경험했다. 자기소개를 해야 할 순서가 다가오게 되면서 불안과 긴장이 심해지고 심장이 빨리 뛰었으며, 막상 자기소개를 하기 위해 일어났을 때는 얼굴이 붉어지고 손발이 떨렸으며 정신이 멍해져 어떤 말을 해야 할지 몰라 말을 더듬고 횡설수설하게 되었다. 이런 일이 있고 나서 K군은 여러 사람이 모이는 자리에 가기만 하면 심한 불안을 느끼게 되어 가능하면 이러한 자리를 회피하게 되었을 뿐만 아니라 발표를 해야 하는 수업은 수강할 자신이 없었다. 이처럼 K군은 여러 사람이 자신을 주시하거나 자신이 평가받게 되는 상황에 대한 불안이 심하여 인간관계가 위축되고 대학생활에 많은 어려움을 겪고 있다.

1. 주요증상과 임상적 특징

사회불안장애(Social Anxiety Disorder)는 다른 사람들과 상호작용하는 사회적 상황을 두려워하여 회피하는 장애로서 **사회공포증**(Social Phobia)이라고 불리기도 한다. 이 장애에 대한 DSM-5-TR의 진단기준을 살펴보면 다음과 같다. 첫째, 개인이 다른 사람들에 의해서 관찰되고

평가될 수 있는 한 가지 이상의 사회적 상황에 대해서 현저한 공포나 불안을 지닌다. 이들이 두려워하는 주된 사회적 상황은 일상적인 상호작용 상황(예: 다른 사람과 대화를 하거나 낯선 사람과 미팅하는 일), 관찰 당하는 상황(예: 다른 사람이 보는 앞에서 음료를 마시거나 음식을 먹는 일), 다른 사람 앞에서 수행을 하는 상황(예: 연설이나 발표를 하는 일)이다. 둘째, 이러한 사회적 상황에서 다른 사람들로부터 부정적인 평가를 받을 수 있는 행동을 하거나 불안증상을 나타내게 될

사회적 상황을 두려워하는 사회불안장애

것을 두려워한다. 즉, 부적절한 행동을 통해서 다른 사람들로부터 모욕과 경멸을 받거나 거부를 당하거나 타인에게 피해를 주게 될 것을 두려워한다.

사회불안장애를 지닌 사람은 이러한 사회적 상황에 노출되면 거의 예외 없이 심한 불안을 경험하게 되며 이러한 상황을 회피하고자 한다. 사회적 상황의 실제적인 위험과 사회문화적 맥락을 고려할 때 과도한 것으로 판단되는 사회적 불안과 회피행동이 6개월 이상 지속되어 심한 고통을 경험하거나 사회적, 직업적 활동에 현저한 방해가 초래될 경우에 사회불안장애로 진단된다.

사회불안장애는 매우 흔한 심리적 문제이다. 사회적 불안이나 수줍음은 대학생의 약 40%가 이런 문제를 지닌다고 보고할 만큼 매우 흔하다(Pilkonis & Zimbardo, 1979). 사회불안장애

의 평생 유병률은 3~13%로서 조사방법에 따라 상당한 차이를 보이고 있으나, 다른 불안장애에 비해 유병률이 높은 장애로 알려져 있다. 사회불안장애는 다른 불안장애와 함께 나타나는 경향이 있으며, 이러한 장애를 지닌 사람들은 치료기관을 찾지 않고 사회적 관계를 피하며 살아가는 경우가 많다.

일반인을 대상으로 한 역학조사에서는 사회불안장애가 여성에게 다소 많은 것으로 보고되고 있으나, 임상 환자를 대상으로 한 조사에서는 남성이 많거나 비슷한 것으로 나타나고 있다. 사회불안장애는 수줍고 내성적인 아동기를 보낸 10대 중반의 청소년에게서 시작되며 만성적 경과를 거쳐 점차 심해지는 경향이 있다.

한국과 일본에서는 '대인공포'라는 독특한 사회불안장애가 나타나는 것으로 보고되고 있다 (American Psychiatric Association, 2013). 사회불안장애에 속하는 대인공포는 다른 사람들을 불편하게 만드는 것에 대한 두려움이 주된 특징이다. 다른 사람을 불편하게 만드는 이유로는 외모의 특성, 몸 냄새, 강렬한 눈빛, 표정이나 말투인 것으로 보고되고 있다. 예컨대, 자신의 강렬한 시선이 다른 사람을 불편하게 만들어서 그들이 자신을 피하거나 다른 곳을 쳐다본다고 믿는 경우이다. 이러한 두려움이 망상 수준의 강렬한 믿음으로 발전하는 경우도 있다.

2. 원인과 치료

사회불안장애를 지닌 사람들은 자율신경계 활동이 불안정하여 다양한 자극에 쉽게 흥분하는 경향이 있다는 주장이 제기되고 있다. 이들은 수줍음, 사회적 불편감, 사회적 위축과 회피, 낯선 사람에 대한 두려움과 같은 기질적 특성을 지니는 경향이 있다(Bruch, 1989; Plomin & Daniels, 1986). 또한 사회불안장애를 지닌 사람의 친척 중에는 유사한 증상을 나타내는 사람들이 많았다(Reich & Yates, 1988). 쌍둥이 연구에서 두 명 모두 사회불안장애를 나타낼 일치율이 일란성 쌍둥이의 경우는 24.4%였으며 이란성 쌍둥이의 경우는 15%였다(Torgersen, 1979). 이러한 연구결과들은 사회불안장애에 유전적 요인이 관여함을 시사한다.

정신분석적 입장에서는 사회불안장애 역시 무의식적인 갈등이 사회적 상황에 투사된 것으로 본다. 의식적인 수용이 불가능한 공격적 충동을 타인에게 투사하여 타인이 자신에게 공격적이거나 비판적일 것이라고 느끼게 됨으로써, 타인 앞에 나서기가 두려워지는 것이다. 정신분석적 입장의 한 부류인 대상관계이론은 생의 초기에 아이를 양육하는 어머니와의 관계가 사회불안장애에 영향을 미친다고 주장한다. 이러한 이론에 따르면, 아동은 생의 초기에 어머니와 상호작용하는 경험을 통해 자신과 주요한 타인에 대한 내면적 표상을 형성하게 되며 이는 성장 후의 대인관계에 영향을 미치게 된다. 어린 시절에 어머니와 불안정하거나 거부적인 관계를 경험하게 되면, 부적절한 자기상과 비판적인 타인상을 형성하여 성인이 된 후의 대인관

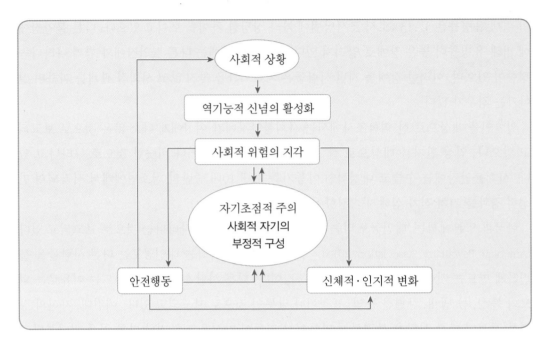

[그림 4-1] 사회불안장애에 대한 Clark과 Wells의 인지적 모델

계에서도 과도한 불안을 경험하는 사회불안장애를 나타낼 수 있다는 주장이다.

인지적 입장의 연구자들은 사회불안장애를 지닌 사람들이 공통적으로 나타내는 인지적 특성을 제시하고 있다(김은정, 1999, 2000; 조용래, 1998; Beck & Emery, 1985; Clark & Arkowitz, 1975). 첫째, 사회불안장애를 지닌 사람들은 자신이 다른 사람에게 호감을 주지 못하는 사람이라는 뿌리 깊은 믿음을 지니고 있다. 즉, 사회적 자기에 대한 부정적 개념을 가지고 있다. 둘째, 다른 사람에게 자신에 관한 좋은 인상을 심어 주어야 한다는 강한 동기가 있다. 이들은 다른 사람의 평가를 중요하게 여기며 그들로부터 호감과 인정을 받기 위해 완벽한 모습을 보여주려고 하는 동시에 부정적 평가를 받는 것을 재난적인 것으로 여기는 경향이 있다. 셋째, 이들은 다른 사람들이 비판적이어서 자신이 사소한 실수라도 하면 자신을 싫어하고 멀리할 것이라고 믿는다. 넷째, 이들은 사회적 상황에서 자신이 한 행동을 부정적으로 평가하는 경향이 있다. 따라서 사회적 상황에서 반복적으로 불안과 좌절감을 경험하게 되며 결국 사회적 상황을 회피하는 것이 최선이라는 회피적 대처방식을 선택하게 된다.

사회불안장애를 설명하는 대표적인 이론 중 하나는 Clark과 Wells(1995)의 인지이론이다. 이 이론에 따르면, 사회불안장애를 지닌 사람들은 과거경험에 근거한 3가지 주제의 역기능적 신념, 즉 (1) 사회적 수행에 대한 과도한 기준의 신념(예: "나는 모든 사람으로부터 인정과 칭찬을 받아야 한다", "약한 모습을 조금이라도 드러내서는 안 된다", "내가 불안해하는 모습을 다른 사람이 눈치채서는 안 된다"), (2) 사회적 평가에 대한 조건적 신념(예: "내가 실수를 하면, 다른 사람들은 나를 무시할 것이다", "나의 진짜 모습을 알면, 다른 사람들은 나를 싫어할 것이다"), (3) 자기와 관련된 부정적 신념(예: "나는 다른 사람보다 열등하다", "나는 매력이 없다")을 지니고 있다.

어떤 사회적 상황(예: 여러 사람 앞에서 발표를 하는 상황)에 처하게 되면, 이러한 역기능적 신념이 활성화되어 그 상황을 부정적으로 해석하여 사회적 위험을 지각하게 된다. 예컨대, 다른 사람이 하품을 하면 자신의 이야기가 지루해서 하품하는 것이라고 생각한다. 이렇게 사회적 위험을 지각하면, 서로 연결된 3가지 변화가 거의 자동적으로 일어나며 불안을 강화하게 된다.

첫 번째로 신체적 또는 인지적 변화가 나타난다. 즉, 얼굴이 붉어지거나 가슴이 두근거리고 목소리가 떨리거나 주의집중이 되지 않고 정신이 멍해진다. 두 번째로 안전행동이 나타나는데, 이는 불안을 줄이고 남들로부터 부정적 평가를 받지 않기 위한 방어적 행동을 말한다. 예컨대, 손 떨림을 막기 위해 마이크를 꽉 붙잡거나 타인의 시선을 피하거나 말이 중단되는 것을 막기 위해 빨리 말하는 행동을 하게 된다. 그러나 이러한 안전행동은 오히려 타인에게 부정적인 인상을 주거나 불안을 증가시키는 역효과를 나타낸다.

마지막으로 가장 중요한 세 번째 변화로서 주의가 자신에게 향해지는 **자기초점적 주의**(self-focused attention)가 나타나서 불안해하는 자신을 관찰하게 된다. 이러한 자기관찰(예: 진땀을 흘리고 손을 떨며 말을 더듬고 있는 모습)에 근거하여 다른 사람들도 마찬가지로 자신을 부정적으로 볼 것이라고 생각한다. 즉, 타인의 눈에 비치게 될 **사회적 자기**(social self)의 모습을 부정적으로 구성하게 된다. 이 과정에서 현실의 왜곡이 일어나는데, 예를 들어 자신의 손이 미세하게 떨린다고 느끼면 다른 사람들도 이러한 사실을 자신처럼 알고 자신을 부정적으로 평가할 것이라는 잘못된 판단을 하는 것이다. 이처럼 3가지 변화가 악순환적 과정을 통해 불안을 강화하게 됨으로써 심한 사회적 공포를 느끼게 된다는 것이다.

Rapee와 Heimberg(1997)은 **사회불안장애의 인지행동모델**을 [그림 4-2]와 같이 제시했다. 이 모델에 따르면, 사회불안장애를 지닌 사람은 청중을 의식하고 그들의 눈에 비쳐진 자신의 모습이 그들의 기대에 못 미쳐 부정적인 평가를 받았을 것이라고 판단한다. 여기에서 청중은 자신이 수행을 하는 상황뿐 아니라 모든 사회적 상황에게 자신을 관찰하는 사람을 의미한다. 청중을 지각하면 주의 자원을 그들에게 우선적으로 할당하고 자신에 대한 부정적 평가를 암시하는 청중의 외적 단서에 선택적으로 주목한다. 이와 함께 자신이 경험하는 내면적 단서(몸의 떨림, 갈증, 심리적 혼란 등)에 근거하여 청중에게 비쳤을 자신의 모습에 대한 정신적 표상을 형성한다. 사회불안장애를 지닌 사람들은 자신의 모습에 대해 부정적으로 왜곡된 정신적 표상을 지니게 된다. 그리고 이러한 자신의 모습을 청중의 기대와 비교하고, 그 결과 청중이 자신을 부정적으로 평가했다는 판단과 함께 불안이 증가하여 행동적, 인지적, 신체적 증상을 나타내게 된다. 이 모델은 여러 요인 간의 상호작용을 강조하는 좀 더 복잡한 형태로 확장되었

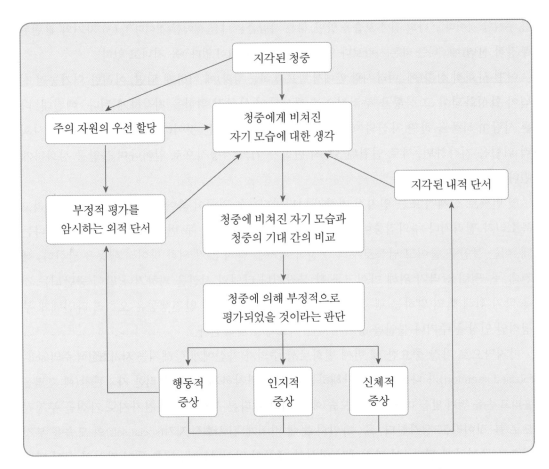

[그림 4-2] 사회불안장애에 대한 Rapee와 Heimberg의 인지행동모델

으며 현재 사회불안장애를 설명하는 가장 유력한 인지행동모델로 여겨지고 있다(Heimberg et al., 2010, 2014).

　사회불안장애를 지닌 사람들은 면접이나 발표와 같은 사회적 수행을 하고 난 후에 자신의 수행을 부정적인 것으로 곱씹는 **사후 반추사고**(post-event rumination)의 경향을 나타낸다. 일 반적으로, 사회적 상황에서 느낀 불안이 비사회적 상황에서 느낀 불안보다 더욱 강하게 느껴지고 오래 지속될 뿐만 아니라 더 강한 사후 반추사고를 동반한다(Fehm et al., 2007). 사회불안장애를 지닌 사람들은 일반인보다 더 부정적인 반추에 몰두했으며 자신의 사회적 수행을 부정적으로 평가했다(Abbott & Rapee, 2004). 이러한 사후 반추사고는 자꾸 반복되고 의식에 침투하는 특성을 지니고 있어서 수치심을 유발하며 사회적 상황에 대한 공포를 강화한다(Rachman et al., 2000). 사회적 상황에 대한 부정적인 사후 반추사고는 미래의 수행에 대한 예기불안을 증가시키고 사회적 자기효능감을 떨어뜨림으로써 사회불안을 유지시키는 역할을 하게 된다(임선영, 2005).

최근의 연구(Weeks et al., 2008)에 따르면, 사회불안이 높은 사람들은 다른 사람들로부터 긍정적 평가를 받는 것에 대해서도 두려움을 지닌 것으로 보고되었다. 이들은 사회적인 상황에서 자신의 긍정적인 능력이 드러나거나 다른 사람들의 주목을 끌게 될까 봐 걱정하며 긍정적인 평가를 받는 것을 불편해하는 경향을 지니는 것으로 나타났다. 또한 긍정적 사건에 대해서도 부정적으로 해석하는 편향성을 지닌 것으로 보고되었다(Vassilopoulos, 2010). 긍정적인 사건으로 인하여 자신에 대한 타인의 기대가 커지겠지만 자신은 그러한 기대에 부응하지 못할 것이며, 결과적으로 현재의 긍정적인 사건이 미래에 부정적인 사건으로 귀결될 것이라는 예기 불안을 지닌다. 또한 이들은 자신의 사회적 수행에 대한 상대방의 긍정적인 평가를 있는 그대로 받아들이지 못하고 긍정적인 경험도 부정적인 것으로 평가절하하는 경향을 나타냈다.

사회불안장애는 인지행동적 집단치료가 가장 효과적인 것으로 알려지고 있다. 이러한 인지행동치료는 사회적 상황에서 갖게 되는 부정적 사고와 신념을 수정하는 인지적 재구성, 여러 집단 구성원 앞에서 발표를 하는 등 두려운 사회적 상황에의 반복적 노출, 발표자와 청중의 역할을 번갈아하는 역할 연습, 그리고 불안을 이완시키는 긴장이완 훈련 등으로 구성된다. 이러한 집단 인지행동치료는 사회불안장애의 치료에 매우 효과적이며 치료효과가 5년 이후에도 지속되었다는 보고가 있다(Heimberg et al., 1993). 국내에서도 사회불안장애를 위한 집단 인지행동치료 프로그램이 권정혜 등(1997), 조용래(1998), 김은정(1999)에 의해 개발되어 사용되고 있다.

최근에는 **마음챙김 및 수용 기반 치료**(MABT: mindfulness and acceptance based therapy)가 사회불안장애 치료에 효과적인 것으로 보고되었다(Norton et al., 2015). 마음챙김은 현재에 초점을 맞추는 알아차림을 통해서 사회불안을 유발하는 자기초점적 주의를 감소시킨다(Van Bockstaele & Bögels, 2014). 비판단적 수용은 자신의 경험을 회피하거나 통제하려는 시도를 줄일 뿐만 아니라 회피 행동을 감소시킴으로써 불안의 악순환을 차단하게 된다. 마음챙김과 수용을 결합한 MABT는 여러 연구에서 인지행동치료와 유사한 치료효과를 나타내는 것으로 보고되었다.

사회불안장애에는 약물치료가 적용되기도 한다. 흔히 사용되는 약물로는 베타억제제를 비롯하여 삼환계 항우울제와 MAO억제제가 있으며, 최근에는 세로토닌 재흡수 억제제가 사회불안장애의 치료에 효과적이라고 알려져 사용되고 있다. 약물치료와 인지행동치료의 치료효과를 비교한 연구(Heimberg et al., 1998; Liebowitz et al., 1999)에 따르면, 두 치료방법 모두 유사한 치료효과를 나타냈으나 약물치료의 경우에는 약물을 중단하면 증상이 재발되는 경향이 있었다.

C 제5절 공황장애

매사에 잔걱정이 많은 40대 회사원 K씨는 요즘 자신의 신체적 건강에 대한 과도한 걱정과 불안감으로 인해 업무에 집중할 수가 없다. 3개월 전 상사와 심한 말다툼을 하고 기분이 몹시 상하여 폭음을 하고 집에 돌아와 잠자리에 들었는데, 자신의 심장이 평소와 달리 매우 강하고 불규칙하게 뛰고 있음을 자각하였다. 자신의 심장박동에 주의를 기울여보니 심장이 점점 더 강하고 불규칙하게 뛰었으며 가슴에 뻐근한 통증이 느껴져 심장마비 증세로 생각되었다. 극도로 불안해진 K씨는 가족을 깨워 119구급차에 실려 병원응급실로 갔다. 신체검사 결과, 심장에는 특별한 이상이 없다는 것을 확인하고 나서야 다소 불안이 가라앉았다. 그러나 그 후 거의 매일 밤 심장박동이 비정상적으로 느껴져서 잠들기 어려우며, 회사에서도 가끔씩 심장에 이상감각이 느껴져서 불안하였다. 며칠 전에는 집으로 돌아가는 버스 안에서 호흡이 곤란해지고 심장에 통증을 느끼게 되었으며 이러다가 죽는 것이 아닌가 하는 극심한 불안을 경험하였다. 그 후로 K씨는 여러 병원을 방문하여 신체검사를 하였으나 특별한 이상소견이 발견되지 않았다. 그러나 가슴에 통증을 자주 느끼고 있고 자신의 심장에 분명히 심각한 이상이 있다는 확신을 지니고 있으며 병원의 진찰결과를 믿지 못하고 있다.

1. 주요증상과 임상적 특징

공황장애(Panic Disorder)는 K씨의 경우처럼 갑자기 엄습하는 강렬한 불안, 즉 공황발작을 반복적으로 경험하는 장애를 말한다. **공황발작**(panic attack)은 예상하지 못한 상황에서 갑작스럽게 밀려드는 극심한 공포, 곧 죽지 않을까 하는 강렬한 불안이다. DSM-5-TR에 따르면, 공황발작이라고 진단되기 위해서는 갑작스럽게 치솟은 강렬한 공포와 더불어 다음의 13개 증상 중 4개 이상이 나타나야 한다: (1) 심장박동이 빨라지고 강렬하거나 심장박동수가 점점 더 빨라짐, (2) 진땀을 흘림, (3) 몸이나 손발이 떨림, (4) 숨이 가쁘거나 막히는 느낌, (5) 질식할 것 같은 느낌, (6) 가슴의 통증이나 답답함, (7) 구토감이나 복부통증, (8) 어지럽고 몽롱하며 기절할 것 같은 느낌, (9) 한기를 느끼거나 열감을 느낌, (10) 감각이상증(마비감이나 찌릿찌릿한 감각), (11) 비현실감이나 자기 자신과 분리된 듯한 이인감, (12) 자기통제를 상실하거나 미칠 것 같은 두려움, (13) 죽을 것 같은 두려움. 이러한 증상은 갑작스럽게 나타나며 10분 이내에 그 증상이 최고조에 도달하여 극심한 공포를 야기한다. 흔히 첫 공황발작은 피곤, 흥분, 성행위, 정서적 충격 등을 경험한 후에 나타나는 경향이 있으나 대부분의 경우 예측하기가 어렵고 갑작스럽게 나타난다. 이런 공황발작을 경험하게 되면 환자는 죽을 것 같은 공포로 인해 흔히 응급실을 찾게 되며 진찰 시에 같은 말을 되풀이하거나 더듬는 등 몹시 당황하는 행동을 보인다. 그러나 대부분 이러한 공포가 10~20분간 지속되다가 빠르게 또는 서서히 사라진다.

공황장애로 진단되려면 이러한 공황발작을 경험한 이후에 다음의 두 증상 중 하나 이상이 나타나야 한다: (1) 공황발작이나 그 후유증(자기통제의 상실, 심장발작, 정신이상)에 대해서 지속적으로 염려하거나 걱정한다. (2) 공황발작과 관련하여 현저하게 부적응적인 행동의 변화(예: 공황발작을 피하기 위해 운동을 하지 않거나 낯선 상황을 피하는 행동)가 나타난다.

공황상태를 보여주는 뭉크의 '절규'

이처럼 공황장애는 예기치 못한 공황발작과 더불어 그에 대한 예기불안을 주된 특징으로 한다. 공황장애를 지닌 사람들은 공황발작이 없는 시기에도 그런 일이 또 생기지 않을까 하는 **예기불안**(anticipatory anxiety)을 지닌다. 즉, 공황발작이 다시 일어나는 것에 대한 계속적인 걱정과 더불어 공황발작의 결과에 대한 근심(예: 심장마비가 오지 않을까, 미치지 않을까 하는 걱정)을 나타내며 부적응적인 행동변화(예: 심장마비가 두려워서 일체의 운동을 중지하거나 직장을 그만두거나 또는 응급실이 있는 대형병원 옆으로 이사를 가는 것)를 수반하게 된다. 이어서 환자는 흔히 심장병이 아닌가 하는 등 건강염려증이 생기고 발작이 일어났던 장소, 상황과 유사한 장소나 상황을 피하려는 회피행동을 보인다. 또는 외출을 피하고 혼자 있기를 두려워하며 외출할 때는 누구와 꼭 동행을 하려 하기 때문에 광장공포증이 함께 나타날 수도 있다.

공황장애의 평생 유병률은 1.5~3.5% 정도이다. 우리나라의 경우, 공황발작 경험은 3~4%이나 공황장애로 진단되는 경우는 2~3% 내외로 알려져 있다. 공황장애 환자의 1/2~1/3은 광장공포증을 동반하며, 여자가 남자보다 2~3배 정도 많다. 광장공포증의 평생 유병률은 0.6~6%로 알려져 있는데, 반복적인 공황발작을 경험하게 되면 1년 이내에 광장공포증이 발생하는 경우가 대부분이다. 공황장애는 모든 연령층에서 나타날 수 있으나, 청년기(청소년기 후반~30대 중반)에 주로 발병하며 평균발병연령은 25세이다. 공황장애는 만성화되는 경향이 있는데, 환자의 약 50%는 경미한 증상을 지니고 살아가며 10~20%는 상당한 증상을 지닌 채 고통스럽게 살아가게 된다. 만성화된 환자의 40~80%는 우울증을 경험하게 되고 자살의 가능성도 높다. 이들 중 일부는 알코올이나 약물을 남용하기도 하고 강박증이나 건강염려증을 함께 나타낼 수도 있다.

2. 원인과 치료

공황장애는 매우 극심한 불안증상과 다양한 신체적 증상을 수반하는 불안장애이기 때문에 생물학적 원인이 깊이 관련된 것으로 생각되었다. 특히 공황장애 환자의 생물학적 결함이나 취약성에 대한 여러 가지 주장이 제기되었다. 그 하나인 **과잉호흡이론**(hyperventilation theory)에 따르면, 공황장애 환자들은 호흡기능과 관련된 자율신경계의 생물학적 결함으로 인해 혈액 속의 CO_2 수준을 낮게 유지해야 하며 그 결과 깊은 호흡을 빨리 하는 경향이 있는데 이러한 과잉호흡이 공황발작의 유발에 영향을 미친다.

Klein(1981, 1993)은 공황발작이 특정한 생화학적 물질에 의해 유발된다고 주장하였다. 항우울제인 Imipramine은 공황발작을 감소시키지만 다른 불안장애에는 치료효과가 없으며 항불안제는 공황발작에는 거의 효과가 없다는 점을 지적하였다. Klein은 공황장애가 다른 불안장애와 구분되는 독특한 생화학적 기제에 의해 유발된다는 **질식오경보 이론**(suffocation false alarm theory)을 제안하였다. 즉, 공황장애 환자는 혈액 속의 CO_2 수준에 과도하게 예민한 생화학적 취약성을 지니고 있으며 락테이트, 요힘빈, 카페인, 이산화탄소의 흡입, 과잉호흡 등과 같은 생화학적 변화가 공황장애를 일으킬 수 있다는 주장이다. 뇌중추에는 혈액 내의 CO_2의 수준이 높아지면 질식할 수 있다는 경보를 내려 과잉호흡을 하게 만드는 생리적 기제인 질식감찰기(suffocation monitor)가 있는데, 이 질식감찰기가 CO_2 수준의 변화에 대해서 잘못된 질식경보를 내림으로써 환자들이 순간적으로 호흡곤란을 느끼고 과잉호흡과 공황발작을 경험하게 된다는 것이다.

이 밖에도 공황발작은 뇌의 청반(locus ceruleus)과 관련되며, Norepinephrine과 Serotonin과 같은 신경전달물질이 관련된다는 연구결과가 있으며 최근에는 GABA-benzodiazepine 체계의 이상이 보고되고 있다. 또한 공황장애 환자의 가족 중에 공황장애가 있을 확률이 다른 정신장애에 비해 4~8배나 크며 일란성 쌍둥이의 발병 일치율이 이란성 쌍둥이에 비해 훨씬 높은 것으로 나타나고 있어 공황장애에 대한 유전적 요인의 영향이 시사되고 있다.

정신분석적 입장에서는 공황발작이 스트레스가 많은 시기에 발생한다는 점에 주목하며 그 원인에 대해서 크게 3가지의 견해를 제시하고 있다. 첫째, 공황발작은 불안을 야기하는 충동에 대한 방어기제가 성공하지 못했기 때문에 나타난다는 견해이다. 따라서 억압되어 있던 두려운 충동이 마구 방출될 것에 대한 극심한 불안을 경험하게 된다는 것이다. 둘째, 공황발작의 증상을 어린아이가 어머니와 이별할 때 나타내는 **분리불안**(separation anxiety)과 관련된 것으로 해석하는 견해이다. 광장공포증과 함께 나타나는 공황장애는 사람이 많은 넓은 장소에 혼자 있는 상황이 부모로부터 버림받았다는 유아기의 분리불안을 재현하는 것이라는 설명이다. 마지막으로, 공황발작이 무의식적인 상실 경험과 관련되어 있다는 견해이다. Busch 등 (1991)의 연구에 따르면, 공황장애 환자는 대부분 공황발작을 경험하기 전에 '상실'과 관련된 심한 사회적 스트레스를 겪는다고 한다. 연구에 포함된 32명의 공황장애 환자 중 50%가 의미 있는 타인을 상실한 후에 공황발작을 경험했으며, 특히 17세 이전에 부모를 상실한 경우 공황장애가 생길 가능성이 상대적으로 높다고 한다.

　인지적 입장에서 공황장애를 가장 설득력 있게 설명하고 있는 이론은 Clark의 인지이론이다. Clark(1986)는 공황발작이 신체감각을 위험한 것으로 잘못 해석하는 **파국적 오해석**(catastrophic misinterpretation)에 의해 유발된다고 보았다. 공황장애 환자들은 평소보다 강하거나 불규칙한 심장박동이나 흉부통증을 심장마비의 전조로, 호흡곤란을 질식 가능성으로, 현기증과 몸 떨림을 자신이 미치거나 통제불능상태로 빠지는 것으로 파국적인 해석을 하는 경향이 있다. 공황발작이 일어나는 과정에 대한 Clark의 설명이 [그림 4-3]에 제시되어 있다.

　다양한 자극들이 공황발작을 촉발할 수 있는데, 외적 자극으로는 특정한 유형의 장소(예: 광장공포증과 관련된 다양한 장소)가 있으며 내적인 자극으로는 불쾌한 기분, 생각이나 심상, 신체감각 등이 있다. 이러한 자극들이 위협적인 것으로 지각되면 경미한 걱정과 염려를 하게 되고 이러한 상태는 다양한 신체감각을 유발한다. 이때 공황장애 환자는 이러한 신체감각(예: 평소보다 다소 불규칙하고 강하다고 느껴지는 심장박동)을 파국적으로 해석(혹시 심장마비는 아닐까?)

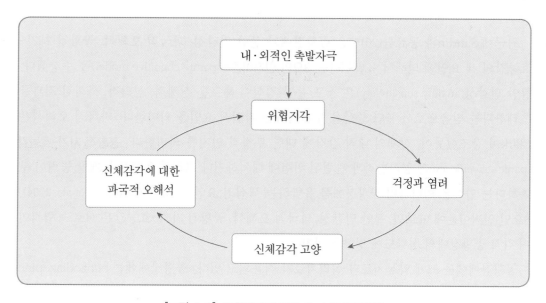

[그림 4-3] 공황장애에 대한 Clark의 인지이론

하고 이러한 해석으로 인해 염려와 불안이 강화되어 신체감각이 더욱 증폭(더욱 강해진 심장 박동과 흉부통증)되며 이에 대해서 더 파국적인 해석(심장마비가 틀림없어, 이러다가 죽는 것 아니야?)을 하게 되는 악순환으로 치달아 결국에는 극심한 공황발작에 이르게 된다. 이러한 파국적 해석과정은 반드시 의식적이지는 않다. 반복적으로 공황발작을 경험하는 경우, 이러한 해석과정은 빠르고 자동화되어 자각되지 않을 수 있다. 특별한 단서 없이 갑자기 나타나는 공황발작이나 수면 중에 나타나는 공황발작은 환자가 인식하지 못하는 사이에 자동적으로 이루어진 파국적 해석의 결과라고 설명될 수 있다.

공황장애 환자들은 특정한 신체감각과 함께 공황발작을 한 번 경험하고 나면, 매우 예민해져서 자신의 신체감각을 계속 관찰하게 된다. 이처럼 주의초점이 내부로 향해지면 다른 사람들이 자각하지 못하는 신체감각을 느끼게 되고 이러한 감각을 신체적, 심리적 질병의 증거로 생각한다. 또한 이들은 공황발작을 막기 위해 다양한 유형의 회피행동을 하게 되는데, 이로 인해서 파국적 해석과 관련된 부정적 신념을 강화하게 된다. 즉, 심장마비에 대한 걱정으로 공황발작을 경험한 사람이 심한 운동을 피하거나 스트레스가 많은 직장을 그만두는 회피행동을 할 경우, 그 사람은 이러한 회피행동으로 인해 공황발작, 즉 심장마비의 가능성을 방지했다고 생각함으로써 부정적 신념("나는 심장에 문제가 있다")을 지속하게 된다. 공황발작의 인지모형은 생물학적 요인의 역할을 부정하지 않는다. 오히려 다양한 생물학적 연구결과들은 인지모형을 뒷받침한다. 즉, 공황장애 환자들은 생리적 취약성이 있기 때문에 공황발작의 토대가 되는 신체감각의 변화 폭이 더 크며 예민하게 지각될 수 있다. 즉, 생물학적 취약성은 공황발작의 악순환의 단계를 강화시키거나 가속시키는 요인으로 이해될 수 있다(박현순, 1996, 2000).

최근에 Sandin과 동료들(2015)은 공황장애가 불안 민감성, 파국적 오해석, 공황적 자기-효능감의 세 요인에 의해서 유발된다는 **3요인 인지이론**(tripartite cognitive model)을 주장했다. 불안 민감성(anxiety sensiviety)은 공포/불안 경험이 해로운 신체적, 심리적, 사회적 결과를 초래한다는 믿음으로서 불안 증상을 두려워하는 기질적 요인을 의미한다. 파국적 오해석은 Clark이 강조했듯이, 신체의 내적 감각에 대한 부정적 인지를 의미한다. **공황적 자기-효능감**(panic self-efficacy)은 공황발작과 관련된 위험에 대처하거나 그러한 위험을 통제할 능력이 부족하다는 인식을 의미하며 공황장애를 유발하는 핵심적 요인 중 하나이다(Casey et al., 2004). 3요인 인지이론에 따르면, 불안 민감성, 파국적 오해석, 공황적 자기-효능감은 서로 독립적이며 각각 공황장애의 심각도에 영향을 미친다.

공황장애에는 크게 약물치료와 심리치료가 적용되고 있다. 공황장애에는 benzodiazepine 계열의 약물, 삼환계 항우울제, 세로토닌 재흡수 억제제 등이 사용되며 그 치료효과는 비슷한 것으로 알려져 있다. benzodiazepine 계열의 약물은 치료효과가 빨리 나타나지만 신체적, 심리적 의존이 나타나서 약물을 중단하기 어려우며, 삼환계 항우울제는 어지러움, 입마름, 성기능 저하 등의 부작용이 나타난다. 세로토닌 재흡수 억제제는 공황장애의 치료를 위해 가장 선호되는 약물이지만 역시 75% 이상의 경우 성기능부전을 초래하게 된다.

공황장애에 대한 인지행동치료는 매우 효과적인 것으로 보고되고 있다. 일반적으로 인지행동치료는 불안을 조절하는 복식호흡 훈련과 긴장이완훈련, 신체적 감각에 대한 파국적 오해석의 인지적 수정, 광장공포증과 관련된 공포상황에의 점진적 노출 등과 같은 치료적 요소로 구성된다. 특히 Barlow와 Craske(1989)에 의해 발전된 **공황통제치료**(PCT: panic control treatment)에서는 환자에게 과잉호흡을 하게 하거나 회전의자를 빨리 돌려 어지러움을 유발하는 등 여러 가지 방법으로 '작은 공황발작'을 경험하게 함으로써 고양된 신체감각에 노출시켜 익숙해지도록 하고 다양한 불안통제기술을 적용시키며 파국적 오해석을 방지하는 훈련을 하게 한다. 이러한 방법은 공황장애의 치료에 매우 효과적이었으며 그 효과가 2년 후에도 지속되었다고 보고되고 있다(Barlow & Lehman, 1996).

제6절 분리불안장애

7살짜리 소년인 C의 부모는 깊은 시름에 빠져 있다. 초등학교에 가야 할 C군이 학교 가는 것을 극히 두려워하기 때문이다. C군은 어려서부터 엄마와 잠시라도 떨어지는 것을 몹시 두려워했다. 부모는 C군이 엄마에 대한 애착이 유난히 강해서 그런 것이라고 생각해 왔다. 그런데 1년 전 C군을 유치원에 입학시킨 첫날에 심각한 문제가 발생했다. C군은 자신을 유치원에 남겨두고 엄마가 떠나가는 것에 대해서 매우 심한 두려움을 보였을 뿐만 아니라 심하게 울면서 거부반응을 나타냈기 때문이다. 그래서 유치원 원장은 2주 동안만 한시적으로 엄마를 C군과 함께 교실에 있게 해주었다. 그러나 2주 후에도 C군은 여전히 엄마가 떠나가는 것에 대해서 심한 두려움과 거부반응을 보였기 때문에 유치원을 그만두어야만 했다. 이 밖에도 C군은 자주 악몽을 꾸었으며 평소에도 다양한 것에 대한 불안증세를 나타냈다. 하지만 부모는 C군이 좀 더 크면 괜찮아질 것으로 생각했다. 그런데 며칠 전 C군을 초등학교에 입학시키려 했을 때, 유치원 입학 때와 마찬가지로 C군은 엄마와 떨어지는 것에 대해서 극심한 불안반응을 보였다. 10년간 초등학교 1학년생들을 가르쳐 온 담임교사도 C군의 불안반응이 유별난 것이라며 아동심리상담소를 방문하도록 권유하였다.

1. 주요증상과 임상적 특징

분리불안장애(Separation Anxiety Disorder)는, C군의 경우처럼, 어머니를 위시한 애착대상과 떨어지는 것에 대해서 심한 불안을 나타내는 정서적 장애를 뜻한다. 이런 아동은 어머니가 시장을 가거나 유치원에서 어머니와 떨어지게 될 때 극심한 불안과 공포를 나타내게 된다.

대부분의 어린아이는 특히 엄마와 떨어지는 것을 두려워한다. 그러나 적당한 연령이 되면, 아동은 엄마와 떨어져도 커다란 불안을 느끼지 않을 뿐만 아니라 자발적으로 엄마를 떠나 또래친구들과 어울린다. 아동이 애착대상과의 분리에 대해서 발달단계를 고려했을 때 부적절하고 과도한 불안과 공포를 나타낸다면, 분리불안장애라고 할 수 있다.

분리불안장애는 다양한 증상으로 나타날 수 있다. 다음과 같은 증상 중 3개 이상을 6개월 이상 나타낼 때, 분리불안장애로 진단된다: (1) 주요 애착대상이나 집을 떠나야 할 때마다 심한 불안과 고통을 느낀다; (2) 주요 애착대상을 잃거나 그들에게 질병, 부상, 재난 혹은 사망과 같은 해로운 일이 일어나지 않을까 지속적이고 과도하게 걱정한다; (3) 애착대상과 분리될 수 있는 사건들(예: 길을 잃음, 납치 당함, 사고를 당함, 죽음)에 대해 지속적이고 과도하게 걱정한다; (4) 분리에 대한 불안 때문에 밖을 나가거나, 집을 떠나거나, 학교나 직장 등에 가는 것을 지속적으로 꺼리거나 거부한다; (5) 혼자 있게 되거나 주요 애착대상 없이 집이나 다른 장소에 있는 것에 대해 지속적으로 과도한 공포를 느끼거나 꺼린다; (6) 집을 떠나 잠을 자거나 주요 애착대상이 근처에 없이 잠을 자는 것을 지속적으로 꺼리거나 거부한다; (7) 분리의 주제를 포함하는 반복적인 악몽을 꾼다; (8) 주요 애착대상으로부터 분리되거나, 분리가 예상될 때 반복적인 신체증상(예: 두통, 복통, 메스꺼움, 구토 등)을 호소한다.

분리불안장애를 지닌 아동은 부모, 특히 어머니가 옆에 있어야 안심하고 헤어져 있을 때는 어머니나 자신에게 나쁜 일이 생겨서 서로 보지 못하게 될까 불안해한다. 그래서 자꾸 전화를 걸어서 어머니의 존재를 확인하게 된다. 혼자 집에 있지 못하고, 잠을 잘 때 어머니가 옆에 있어야 안심하며, 어머니와 헤어지거나, 어머니나 자신에게 사고가 나는 등의 분리를 주제로 한 꿈을 많이 꾼다. 그 외에도 복통, 두통 등의 잦은 신체증상을 보여 무의식적으로 어머니의 관심과 사랑을 구하기도 한다. 일반적으로 분리불안은 아동이 부모로부터 분리될 때 경험하게 되는 두려움과 스트레스의 결과로서 학령기 아동의 경우에는 분리불안이 등교 거부로 나타나게 된다. 등교 거부는 엄마와의 분리에 대한 강한 두려움과 집에 남아서 받을 수 있는 보살핌 등의 보상 때문에 발생할 수 있다.

분리불안장애는 아동 및 청소년 집단에서 약 4%의 유병률을 나타내는 것으로 알려져 있다. 분리불안장애는 남자아이들보다 여자아이들에게서 더 흔하게 나타난다. 연령이 증가하고 청소년기에 가까워질수록 유병률이 낮아진다. 분리불안장애는 주로 18세 이전에 발생한다. 나이가 많아질수록 아동은 부모와 떨어지는 것보다 납치나 강도와 같은 특정한 위험에 대한 공포나 걱정으로 분리불안을 표현하는 경향이 있다. 특히 청소년기의 소년들은 분리불안을 부인하지만 집을 떠나는 것을 주저하거나 제한된 범위 내에서 독립적인 활동을 하는 행동을 나타낼 수 있다. 분리불안장애는 드물지만 성인에게도 나타날 수 있다. 이 경우에 성인은 이사나 결혼과 같은 새로운 변화를 두려워하거나 자녀나 배우자에 대한 과도한 걱정 또는 그들과 헤어지는 것에 대한 과도한 불안을 나타낼 수 있다.

2. 원인과 치료

분리불안장애는 아동의 유전적 기질, 부모의 양육행동, 아동의 인지행동적 요인들이 복합적으로 작용하여 발생하는 심리적 장애로 여겨지고 있다. 분리불안장애를 나타내는 아동의 부모는 어린 시절에 그와 유사한 장애를 나타낸 경우가 많으며, 쌍둥이 연구에서는 어머니와 딸 사이에 유전적인 영향이 더 강하게 나타나는 것으로 보고되었다(Manicavasagar et al., 2001). 행동억제 기질을 타고난 아동에게 분리불안장애가 나타나기 쉬우며, 특히 이러한 기질의 아동이 부모와 불안한 애착관계를 맺게 되면 역기능적 신념과 미숙한 사회적 능력을 갖게 되어 분리불안장애를 나타낼 가능성이 높아진다(Altman et al., 2009; Manassis & Bradley, 1994).

부모의 부적절한 양육행동은 분리불안장애를 유발하는 중요한 요인으로 알려져 있다. 부모와 불안한 애착유형을 지닌 아동은 부모와 떨어져 혼자 있는 것에 대한 두려움을 지닐 뿐만 아니라 스스로 나약하다는 인식과 만성적인 불안을 나타낸다. 또한 부모의 과잉보호적인 양육행동은 아동의 독립성을 약화시키고 부모에 대한 의존성을 강화함으로써 분리불안을 증가시키게 된다. 이처럼 분리불안장애는 지나치게 밀착된 가족, 과잉보호적인 양육태도의 부모, 의존적인 성향의 아이에게서 나타날 수 있다. 또한 부모가 무의식적으로 아이와 떨어지는 것을 두려워하거나 불안장애를 지닌 경우에도 발생가능성이 높다. 부모의 질병, 동생의 출생, 어머니의 직장 출근, 이사, 전학, 부모 다툼 등과 같은 불안유발사건이 아동의 분리불안을 증가시킬 수 있다.

인지행동적 입장의 연구자들은 분리불안장애가 애착대상에 대한 인지적 왜곡에 의해서 유발될 수 있다고 주장한다. Bell-Dolan과 동료들(1993)의 연구에 따르면, 분리불안장애를 지니는 아동들은 주요한 애착대상을 갑자기 상실하게 될지 모른다거나 그러한 애착대상과 떨어져 헤어지게 될지 모른다는 기본적인 인지적 왜곡을 나타냈으며 이러한 인지적 왜곡이 강한 불안을 유발했다. 또한 분리불안장애를 가진 아동들은 건강한 아동들에 비해 모호한 상황을 더 위험한 것으로 해석하였으며 그러한 위험에 대처할 수 있는 자신들의 능력은 더 낮게 평가했다(Bogels & Zigterman, 2000).

분리불안장애는 행동치료, 인지행동치료, 놀이치료 등을 통해서 호전될 수 있다. 행동치료에서는 아동을 부모와 떨어지는 상황에 점진적으로 노출시키며 불안이 감소되도록 유도하는 다양한 기법을 사용한다. 또한 아동이 부모와 떨어져 혼자 있는 행동에 대해서 다양한 강화물을 제공하는 방법이 함께 적용된다. 이처럼 체계적 둔감법, 감정적 심상기법, 모델링, 행동강화법과 같은 행동치료는 분리불안장애의 증상을 감소시키는 데 효과적인 것으로 보고되고 있다(Masi et al., 2001).

애착과 분리불안

분리불안은 애착하는 대상과 헤어지는 것에 대한 두려움을 뜻한다. 어린아이가 부모, 특히 어머니에게 애착하는 것은 생존에 필수적인 보편적 현상이다. 애착(attachment)은 부모나 친구와 같은 특정한 사람과의 지속적인 감정적 유대를 의미한다. 이러한 애착대상과 멀리 떨어지거나 이별하게 되면 분리의 고통과 불안을 경험하게 된다. 인간은 생애 초기에 어머니와 강력한 애착관계를 형성하며 어머니와 친밀하게 밀착된 관계 속에서 성장한다. 그러나 아동이 점차 성장하면서 부모와의 밀착된 애착관계로부터 벗어나 분리불안을 극복하면서 심리적으로 독립된 개체로 발달하는 것은 건강한 성격형성을 위해 매우 중요한 과제이다.

Margaret Mahler(1973)는 아동이 엄마로부터 심리적으로 독립하여 진정한 개인으로 태어나는 심리적 탄생(psychological birth)을 '분리-개별화 과정(separation-individuation process)'이라고 지칭하며 여러 단계로 나누어 자세하게 설명하고 있다. (1) 정상적 자폐단계(normal autistic phase): 신생아는 생후 몇 주 동안 외부현실을 인식하지 못하는 자폐적 상태에서 많은 시간을 수면으로 보낸다. (2) 정상적 공생단계(normal symbiotic phase): 생후 3~4주가 되면 유아는 외부환경에 민감해지면서 어머니의 존재를 희미하게 인식하기 시작하지만 마치 어머니와 하나의 존재인 것처럼 느끼는 공생적 의식상태를 지닌다. (3) 분리-개별화 단계(separation-individuation phase): 유아는 자신과 어머니의 차이를 알아차리는 분리 과정을 통해서 자아와 정체감을 발달시키는 개별화 과정으로 이행하게 된다. Mahler는 이러한 분리-개별화 과정을 여러 하위단계로 나누어 설명하고 있다. (3-1) 부화(hatching) 단계: 생후 몇 개월 사이에 유아는 지속적으로 깨어 있는 각성 상태를 유지하며 마치 알에서 부화하듯이 자신이 어머니와 다른 별개의 존재임을 희미하게 인식하기 시작한다. (3-2) 연습(practicing) 단계: 생후 9~16개월 사이에 유아는 자신의 신체에 대한 자기애적 관심이 증가하는 동시에 자유롭게 기고 걷는 신체적 운동능력이 발달함에 따라 자신감과 전능감이 확대되면서 엄마로부터 떨어져 외부환경을 능동적으로 탐색하기 시작한다. 그러나 이 단계에서 유아는 자신이 엄마와 분리된 존재라는 명료한 의식을 지니지 못하며 정서적 위안을 얻기 위해서 어머니에게 자주 되돌아온다. (3-3) 재접근(rapprochement) 단계: 생후 15~24개월 사이에 아동은 전 단계에서의 자기애적인 전능감 상태와는 달리 자신이 거대한 세계에 존재하는 매우 작은 존재라는 사실을 인식하면서 분리불안을 경험하며 다시 어머니와 가까이 있고 싶어한다. 이 단계에서 아동은 한편으로는 어머니에게 매달리고 싶고 다른 한편으론 엄마와 떨어져 독립적으로 외부환경을 탐색하고 싶은 심리적 갈등, 즉 재접근 위기를 겪게 되면서 불안정한 양가적 모습을 나타낼 수 있다. (4) 대상항상성(object constancy) 단계: 이 단계에서 아동은 어머니가 자신과는 다른 분리된 존재라는 것을 명료하게 인식하는 동시에 내면화 과정을 통해서 어머니의 심리적 표상을 마음속에 간직하게 된다. 즉, 어머니와 물리적으로 떨어져 있어도 어머니의 표상은 항상 마음속에서 존재하며 안정된 심리적 지지와 위안을 제공하게 된다.

분리-개별화 과정을 통해서 유아는 어머니의 존재를 일관성 있는 통합된 심상으로 내면화함으로써 분리불안을 극복하고 독립된 개체로 탄생하는 동시에 안정된 자기-타자 관계를 확립하게 된다. 그러나 이러한 분리-개별화 과정에서 아동은 어머니와 매우 다양하고 복잡한 상호작용을 하게 된다. 어머니는 아동이 자신으로부터 분리하여 독립하려는 행동에 대해서 불안을 느끼며 과잉보호적 또는 공격적 반응을 포함하여 매우 다양한 반응을 나타낼 수 있다. 아동은 이러한 과정에서 경험하는 어머니의 다양한 모습, 즉 좋은 모습과 나쁜 모습을 나름대로 통합하여 일관성 있는 내면적 표상으로 형성하는 것이 중요하다. 아동기의 분리-개별화 과정을 통해서 어머니에 대한 긍정적인 통합된 표상을 공고하게 형성하지 못하면, 성인기에 안정된 정체감을 지니지 못한 채 낮은 자존감과 불안정한 대인관계를 경험하며 다양한 심리적 문제를 나타낼 수 있다.

인지행동치료도 분리불안장애의 치료에 효과적인 것으로 알려져 있다. 인지행동치료는 아동의 역기능적 믿음과 생각이 분리불안 행동을 야기한다는 가정에 근거하고 있다. 인지행동치료자는 아동과 함께 불안했던 경험을 논의하면서 불안을 유발한 상황과 그러한 상황에서 떠올랐던 생각들을 이야기하게 한다. 불안을 유발한 생각의 증거를 찾게 하면서 그러한 생각의 비현실성을 인식시키는 동시에 불안 유발 상황을 효과적으로 대처할 수 있는 방법을 함께 모색한다. 예컨대, 불안할 때 게임을 하거나 그림을 그리거나 음악을 듣는 것과 같은 주의전환 기법이나 숫자를 세며 깊은 숨을 쉬는 것과 같은 이완 기법을 적용할 수 있다. 실제 상황에서 그러한 대처기법을 사용한 결과를 함께 평가하며 불안한 상황을 용감히 잘 견딘 경우에는 칭찬을 해주며 다양한 강화를 준다. 이러한 인지행동치료는 원활한 의사소통이 가능한 학령기 아동들에게 적절하다. Kendall과 동료들(1997)은 인지행동치료를 통해서 분리불안장애가 있는 아동과 청소년의 약 70%가 현저하게 호전되었음을 보고했다.

언어적 표현능력이 미숙한 아동에게는 놀이를 통해서 불안을 표출하고 문제를 해결하게 하는 놀이치료가 효과적인 경우가 많다. 유미숙(1999)에 의하면, 놀이치료가 분리불안장애 아동의 불안증상을 감소시키는 데 효과적이었으며 아동의 발달에도 긍정적인 영향을 미쳤다. 가족놀이치료는 아동과 부모가 함께 놀이를 통해서 상호작용하며 정서적 의사소통을 증진하고 문제해결 과정을 학습하는 접근방법으로 아동 개인에게만 초점을 맞춘 방법보다 아동의 불안장애를 치료하는 데 더 극적이고 지속적인 효과를 나타낼 수 있다(백지은, 2007).

제7절 선택적 함구증

1. 주요증상과 임상적 특징

선택적 함구증(Selective Mutism)은 DSM-5에서 분리불안장애와 함께 새롭게 불안장애의 하위유형으로 포함된 장애이며 **선택적 무언증**이라고 불리기도 한다. 선택적 함구증은 말을 할 수 있음에도 불구하고 특정한 상황에서 지속적으로 말을 하지 않는 장애로서 주로 아동에게서 나타난다. 이러한 장애를 지닌 아동은 다른 상황에서는 말을 잘 하면서도 말하는 것이 기대되는 사회적 상황(예: 학교, 친척 또는 또래와의 만남)에서 지속적으로 말을 하지 않는다. 이러한 아동들은 다른 사람과 함께 있을 때 먼저 말을 시작하지 않거나 다른 사람이 말을 해도 반응하지 않는다. 선택적 함구증을 지닌 아동들은 가정에서 가까운 직계가족과 함께 있을 때는 말을 할 수 있으나 조부모나 사촌과 같은 친인척이나 친구들 앞에서는 말을 하지 않는 경우가 흔하다.

선택적 함구증은 여러 가지 형태로 나타날 수 있다. 또래친구들과 놀이는 함께하면서도 말만 하지 않는 아동, 또래에게는 말을 잘 하지만 어른에게만 말을 하지 않는 아동, 가족을 제외한 모든 사람에게 말을 하지 않는 아동이 있으며, 가족을 포함한 모든 사람에게 말을 하지 않는 심각한 함구증의 아동도 있다. 이러한 함구증은 수줍음이 많거나 버릇이 없는 행동으로 다른 사람에게 인식될 수 있으며 때로는 자폐스펙트럼장애로 오인될 수도 있다.

선택적 함구증을 지닌 아동들은 흔히 학교 가기를 거부하여 학업적 곤란을 초래하게 된다. 또한 학교에서 말을 하지 않기 때문에 교사가 읽기 능력을 평가할 수 없으므로 부진한 학업성적을 나타내게 된다. 그리고 또래아동들과 친밀한 사회적 관계를 맺기도 어려울 뿐만 아니라 친구들로부터 놀림을 받거나 왕따를 당할 수 있다. 이처럼 여러 가지 부적응 문제를 초래하는 함구증 증상이 1개월 이상(입학 후 처음 1개월은 제외) 지속될 경우에 선택적 함구증으로 진단된다.

선택적 함구증은 상당히 드문 장애로서 아동의 경우 시점 유병률이 0.03~1%인 것으로 보고되고 있으며, 학교장면에서의 발병률은 0.71%인 것으로 추산되고 있다(Bergman et al., 2002). 보통 5세 이전에 발병하며 여아에게서 더 흔하게 나타난다. 이러한 함구증은 몇 달 정도 지속되는 경우가 흔하지만 때로는 더 오래 지속되기도 하며 심지어 몇 년 동안 계속되는 경우도 있다.

2. 원인과 치료

선택적 함구증은 사회적 상황에서의 심한 불안에 의해 유발되는 것으로 여겨지고 있다 (Sharp et al., 2007). 선택적 함구증을 지닌 대부분의 사람이 사회 공포증을 함께 지니는 것으로 보고되고 있기 때문이다(Vecchio & Kearney, 2005). 선택적 함구증이 불안장애의 한 하위유형으로 분류되는 이유이기도 하다.

선택적 함구증을 지닌 아동들은 선천적으로 불안에 민감한 기질을 지니고 있으며 어린 시절부터 심한 수줍음을 나타내는 것으로 알려져 있다. 또한 이들이 지니는 불안의 근원은 애착대상과의 분리불안이며 어머니와 분리되었을 때 함구증을 나타낸다는 주장도 있다. 선택적 함구증을 지닌 아동의 20~30%가 말더듬을 비롯한 언어적 장애를 지니는 것으로 보고되고 있으며 이로 인해서 사회적 상황에서의 불안이 더욱 증폭될 수 있다(Cohan & Chavira, 2008). 선택적 함구증이 아동의 외상경험(신체적·성적 학대)에 의해서 유발된다고 주장되기도 했으나 체계적인 연구(Dummit et al., 1997)에 의하면 함구증을 지닌 아동들이 특별한 외상경험을 지니지는 않는 것으로 밝혀졌다.

선택적 함구증은 아동의 나이가 많아진다고 해서 자연적으로 개선되지 않는다. 그러므로 아동의 적절한 발달을 위해서는 조속히 효과적인 치료를 받는 것이 중요하다. 치료를 받지 않을 경우 만성적 우울증, 심한 불안, 다른 사회적 문제를 초래할 수 있다. 선택적 함구증의 치료에는 행동치료를 비롯하여 놀이치료, 가족치료, 약물치료가 적용되고 있다.

선택적 함구증에는 행동수정 또는 행동치료가 가장 효과적인 것으로 알려져 있다. 가장 대표적인 행동치료 방법 중 하나인 자기모델링(self-modeling)은 네 단계로 나누어 시행된다. 먼저, 아동이 말을 하지 않은 상황(예: 학교)에서 교사가 일련의 질문을 하고 아동이 아무런 응답도 하지 않는 상황을 녹화한다. 두 번째 단계에서는 아동이 말을 하는 사람(예: 부모)이 동일한 학교상황에 와서 아동에게 교사가 한 동일한 질문을 한다. 이때 아동이 그러한 질문에 응답하는 모습을 녹화한다. 세 번째 단계에서는 녹화내용을 편집하여 교사가 질문하는 모습과 아동이 응답하는 모습을 연결한다. 이렇게 편집된 녹화물에서는 교사의 질문에 아동이 응답하는 모습이 나타난다. 마지막 단계에서는 아동에게 이러한 녹화물을 반복적으로 보여준다. 아동이 녹화물을 보는 동안 교사의 질문에 아동이 말로 대답하는 장면이 나올 때마다 긍정적인 강화물을 제공한다. 이러한 자신의 모습을 반복적으로 보면서 교사의 질문에 자연스럽게 응답하는 행동이 증가하게 된다.

행동치료의 원리는 아동이 불안감 없이 점진적으로 말을 할 수 있도록 다양한 방식으로 강화물을 제공하는 것이다. 그러한 방법 중 하나가 신비의 동기유발물(mystery motivators)이라는 것이다. 먼저, 함구증을 지닌 아동이 소속된 교실의 잘 보이는 곳에 커다란 봉투를 놓아둔다. 이 봉투 속에서는 아동의 이름과 간단한 문구가 적혀 있다. 아울러 아동이 갖고 싶어 하는 강화물이 담겨져 있다. 만약 아동이 봉투 속의 문구를 교사와 급우들이 들을 수 있도록 큰 소리로 읽으면 그 안에 담긴 강화물을 가질 수 있다. 이러한 방식으로 호기심을 자극하며 아동이 교실에서 말하는 것에 익숙해지도록 유도한다. 또는 둔감법(desensitization)을 이용하여 처음에는 아동이 말하기를 두려워하는 사람과 이메일이나 온라인 채팅을 통해서 간접적으로 의사소통을 하게 하고 아동이 점차 편안해지면 조금씩 대면장면으로 유도할 수도 있다.

선택적 함구증을 지닌 아동에게는 놀이치료와 행동치료가 접목되어 적용될 수 있다. 처음에는 아동으로 하여금 친밀한 사람과 놀이를 하며 대화를 하게 한다. 아동이 놀이에 집중하고 있을 때 새로운 사람이 슬그머니 들어와서 함께 놀이를 한다. 예컨대, 아동이 편안함을 느끼는 상황에서 가족과 함께 게임을 하고 있을 때 슬그머니 또래아동이 놀이 장면에 들어온다. 아동이 새로운 아이가 들어왔음에도 놀이를 계속 하면 교사가 슬그머니 들어와서 함께 놀이를 하며 이야기를 나눈다. 이러한 방법을 자극 약화법(stimulus fading)이라고 한다.

선택적 함구증에도 약물치료가 도움이 될 수 있다. 특히 선택적 세로토닌 재흡수 억제제를 비롯한 항우울제가 함구증의 치료를 위해 처방되며 불안을 완화시키는 효과를 지닌다. 그러나 약물만으로 함구증을 치료할 수는 없다. 아동이 자신의 불안을 이겨내고 약물 없이 일상생활을 할 수 있도록 돕는 심리치료를 병행하는 것이 바람직하다.

요약

1. 불안은 위험하고 위협적인 상황에서 느끼는 적응적인 정서반응이다. 그러나 실제적인 위험이 거의 없는 상황에서 과도하고 지속적인 불안을 경험한다면 병적인 불안이라고 할 수 있다. 불안장애는 이러한 병적인 불안과 공포를 주된 증상으로 하며 범불안장애, 특정공포증, 광장공포증, 사회불안장애, 공황장애, 분리불안장애, 선택적 함구증으로 분류되고 있다.

2. 범불안장애는 다양한 상황에서 만성적 불안과 과도한 걱정을 나타내는 경우를 말한다. 정신분석적 입장에서는 성격구조 간의 역동적 불균형에 의해 경험되는 부동불안이 범불안장애의 핵심적 증상이라고 본다. 행동주의적 입장에서는 이 장애를 다양한 자극상황에 대해 경미한 공포반응이 조건형성되어 나타나는 일종의 다중 공포증이라고 설명한다. 인지적 입장에 따르면, 위험에 예민한 인지도식으로 인해 생활 속의 잠재적 위험요인에 과민하고 위험한 결과의 발생가능성과 치명성을 과대평가하며 그에 대한 대처능력을 과소평가하는 인지적 특성이 범불안장애를 유발한다. 범불안장애에 대한 주요한 치료법은 인

지행동치료와 Benzodiazepine계열의 약물치료이다.

3. **공포증**은 특수한 대상이나 상황에 대한 심한 공포와 회피행동을 주된 증상으로 하는 불안장애로서 특정공포증, 광장공포증, 사회공포증(또는 사회불안장애)으로 구분된다. **특정공포증**은 특정한 동물, 상황, 자연적 환경에 대한 공포증을 말한다. 학습이론은 특정공포증이 고전적 조건형성을 비롯하여 대리학습과 정보전이에 의해서 습득될 수 있다고 본다. 주된 치료법에는 체계적 둔감법, 노출치료, 참여적 모방학습법 등이 있다. **광장공포증**은 특정한 장소나 상황에 대한 공포를 나타내는 경우를 말한다. 이러한 광장공포증은 특정한 장소에서 경험하게 될지 모르는 공포에 대한 공포를 지니며 기질적 취약성과 환경적 요인의 상호작용에 의해서 발생하는 것으로 여겨지고 있다. **사회불안장애**는 다른 사람과 상호작용하는 사회적 상황을 두려워하는 공포증이다. 인지적 입장에서는 사회불안장애가 부정적인 자기개념, 대인관계에 대한 역기능적 신념, 자신의 사회적 행동에 대한 부정적 평가, 자기초점적 주의 등에 의해 유발되는 것으로 설명한다. 광장공포증과 사회불안장애에는 노출과 인지적 재구성을 결합한 인지행동치료가 가장 효과적인 것으로 알려져 있다.

4. **공황장애**는 갑자기 엄습하는 강렬한 불안을 뜻하는 공황발작을 반복적으로 경험하는 장애를 말한다. 공황장애는 혈액 속의 CO_2수준에 예민한 생물학적 취약성, 과잉호흡, CO_2 수준변화에 대한 생리적인 오해석에 의해 유발될 수 있다는 생물학적 이론이 제시되고 있다. 인지적 이론에서는 불안으로 인한 증폭된 신체감각을 재난적인 것으로 잘못 해석하는 파국적 오해석이 공황발작을 유발한다고 본다. 일반적으로 공황장애에는 불안을 조절하는 복식호흡과 긴장이완, 신체감각에 대한 파국적 오해석의 인지적 수정, 두려운 상황에의 점진적 노출로 구성되는 인지행동치료가 효과적인 것으로 알려지고 있다. 아울러 benzodiazepine 계열의 약물, 삼환계 항우울제, 세로토닌 재흡수 억제제와 같은 약물치료도 공황장애의 치료에 도움이 된다.

5. **분리불안장애**는 어머니를 비롯한 애착대상과 떨어지는 것에 대해서 심한 불안을 나타내는 정서적 장애를 뜻한다. 분리불안장애는 아동의 유전적 기질, 부모의 양육행동, 아동의 인지행동적 요인들이 복합적으로 작용하여 발생하는 심리적 장애로 여겨지고 있다. 특히 부모의 부적절한 양육행동은 분리불안장애를 유발하는 중요한 요인으로 알려져 있다. 부모와 불안한 애착유형을 지닌 아동은 부모와 떨어져 혼자 있는 것에 대한 두려움을 지닐 뿐만 아니라 스스로 나약하다는 인식과 만성적인 불안을 지니게 된다. 또한 부모의 과잉보호적인 양육행동은 아동의 독립성을 약화시키고 부모에 대한 의존성을 강화함으로써 분리불안을 증가시키게 된다. 분리불안장애는 점진적 노출과 분리행동을 강화하는 행동치료, 분리불안을 유발하는 인지적 요인을 다루어 주는 인지행동치료, 놀이를 통해 불안을 해소하게 하는 놀이치료 등을 통해서 호전될 수 있다.

6. 선택적 함구증은 말을 할 수 있음에도 불구하고 특정한 상황에서 지속적으로 말을 하지 않
는 장애로서 주로 아동에게서 나타난다. 이러한 함구증은 사회적 상황에서의 심한 불안
에 의해 유발되는 것으로 알려져 있다. 선택적 함구증을 지닌 아동들은 대부분 선천적으
로 불안에 민감한 기질을 지니며 이들 중 20~30%는 말더듬을 비롯한 언어적 장애를 지
니는 것으로 보고되고 있다. 선택적 함구증은 행동치료를 비롯하여 놀이치료, 가족치료,
약물치료를 통해 개선될 수 있다.

추천도서 및 시청자료

불안장애에 대한 좀 더 깊은 이해를 원하는 사람에게는 다음과 같은 도서를 추천한다. 불안장애의
임상적 특징과 사례, 원인에 대한 여러 이론, 그리고 치료방법이 쉽고 자세하게 설명되어 있는 책으로
는 〈이상심리학 시리즈〉로 발간된 『범불안장애』(이용승, 2016), 『특정공포증』(김은정, 이지영, 2016),
『사회불안장애』(김은정, 2016), 『공황장애』(박현순, 2016), 『분리불안장애』(김기환, 2017)가 있다. 아울
러 『사례로 읽는 임상심리학』(김중술 등, 2003)에는 다양한 불안장애의 사례가 자세하게 소개되고 있
으며 심리검사 결과와 이론적 논의가 심도 있게 제시되고 있다. 이 밖에도 사회불안장애의 경우에는
『수줍음도 지나치면 병』(권정혜 등, 1998), 『대인공포증』(이시형, 1993)이 있다.

불안장애를 지닌 사람들을 소재로 다룬 영화나 비디오물을 시청하는 것은 불안장애의 이해에
커다란 도움이 된다. 과도한 걱정과 불안을 코믹하게 연기하는 Woody Allen의 작품인 〈맨해튼
(Manhattan)〉(1979)과 〈애니 홀(Annie Hall)〉(1977)은 범불안장애를 지닌 사람의 특징을 잘 보여
주고 있다. 오래된 작품이지만 고소공포증을 잘 그려내고 있는 〈현기증(Vertigo)〉(1958), 광장공
포증으로 인해 10년 동안 집을 나서지 못하는 사업가의 삶을 묘사하고 있는 〈인사이드 아웃(Inside
Out)〉(1986), 여러 심리적 문제가 복합되어 나타나지만 사회불안장애의 일면을 보여주고 있는 〈카피
캣(Copycat)〉(1995)은 공포증의 이해에 도움이 될 것이다. 〈에널라이즈 디스(Analyze This)〉(1999)
에서는 공황장애를 경험하는 마피아 보스가 심리치료를 받는 특이한 과정을 Robert De Niro가 다소
코믹하게 잘 보여주고 있다. 주인공의 공황발작을 소재로 줄거리가 펼쳐지는 영화로는 〈매치스틱 맨
(Matchstick Men)〉(2003)과 〈사랑할 때 버려야 할 아까운 것들(Something's Gotta Give)〉(2003)이
있다.

제5장

강박 및 관련 장애

강박 및 관련 장애

우리의 일상적 삶은 다양한 활동으로 이루어진다. 우리는 하나의 활동에 주의를 집중하여 어느 정도 만족감을 느끼면 다음의 활동으로 옮겨가며 일상적인 삶을 무난하게 영위한다. 그런데 무언가에 강박적으로 지나치게 집착하여 다른 일상적인 과제를 적절하게 수행하지 못할 경우에는 부적응 문제가 발생하게 된다.

'강박(强迫)'이라는 말은 '강한 압박'을 의미한다. 심리적으로는 무언가에 집착되어 어찌할 수 없는 상태를 뜻한다. 특히 강박관념(强迫觀念)은 의식 속에 떠오른 어떤 관념을 없애려고 해도 없앨 수 없는 심리상태를 뜻한다. 이 장에서 소개되는 **강박 및 관련 장애**(Obsessive-Compulsive and Related Disorders)는 개인의 의지와 상관없이 어떤 생각이나 충동이 자꾸 의식에 떠올라 그것에 집착하며 그와 관련된 행동을 반복하게 되는 다양한 부적응 문제를 뜻한다. 즉, 강박 및 관련 장애는 강박적인 집착(obsessive preoccupation)과 반복적인 행동(repetitive behaviors)을 주된 특징으로 나타내는 여러 정신장애를 포함하고 있다.

강박장애는 DSM-IV에서 불안장애의 한 하위유형으로 분류되었으나 그와 유사한 증상을 나타내는 장애들이 발견되면서 **강박 스펙트럼 장애**(Obsessive Compulsive Spectrum Disorders)라는 명칭으로 많은 연구가 이루어졌다. 강박 스펙트럼 장애는 특정한 주제에 집요하게 집착하며 반복적인 행동을 나타내는 다양한 정신장애를 뜻하며 강박장애를 비롯하여 신체이형장애, 건강염려증, 섭식장애, 도박장애, 털뽑기장애, 병적 도벽, 투렛장애 등이 포함되어 있다. 강박 스펙트럼 장애라는 개념은 이러한 여러 장애가 강박장애와 임상적 양상이나 원인에 있어서 공통성을 지닌다는 가정에 근거하고 있다(Turner et al., 2001).

강박적으로 집착하게 되는 주제들: 청결, 확인, 질서정연, 수집 및 저장

DSM-5-TR은 이러한 연구결과를 일부 수용하여 '강박 및 관련 장애'라는 명칭의 독립된 장애범주를 제시하고 있다. 강박 스펙트럼 장애의 가정과 여러 타당성 지표들(예: 증상 유사성, 공병률, 경과, 가족력, 신경학적 기제, 치료 반응)을 검토하여 강박 및 관련 장애를 구성하였다 (Hollander et al., 2008). DSM-5-TR의 강박 및 관련 장애에는 강박장애를 비롯하여 신체이형장애, 저장장애, 털뽑기장애, 피부뜯기장애가 포함되어 있다.

 제1절   강박장애

한창 대학 입학시험에 전념해야 할 고등학교 3학년생인 K군은 요즘 공부가 되지 않아 매우 불안하다. 성적이 우수한 K군은 매우 꼼꼼한 성격이어서 시험에 나올 만한 중요한 내용을 노트에 정리해 두었다가 시험 직전에 최종확인을 하곤 하였다. 정리노트에는 다양한 색깔로 밑줄이 그어져 있다. 매우 중요한 것은 빨간색, 다음으로 중요한 것은 파란색, 그다음으로 중요한 것은 주황색, 다음은 초록색 등등. 시험이 다가오면 3일 전에는 초록색 밑줄이 그어진 내용을 공부하고, 2일 전에는 주황색, 1일 전에는 파란색, 시험당일에는 빨간색으로

밑줄 그어진 내용을 집중적으로 공부하곤 하였다. 그런데 한 달 전 중간고사가 있던 날, 정리 노트를 깜박 잊고 집에 놓고 오는 바람에 매우 당황하고 불안하였다. 이렇게 불안한 상태에서 시험을 보게 되어 중간고사 성적이 10등 정도 떨어졌고, K군은 자신의 부주의함을 크게 자책하였다.

이런 일이 있은 후, K군은 매일 아침 자신이 학교에서 공부할 책과 노트를 확인하는 습관이 생겼다. 집을 떠나기 전에 중요한 책이나 노트가 빠져 있을지 모른다는 불안한 생각이 자꾸만 들어 서너 차례씩 가방을 확인해야 했고 확인하는 횟수가 점점 증가하였다. 자기 전에 여러 번 확인하고 때로는 자다가도 일어나 가방을 확인하였다. 그러나 아침에 일어나면 마음이 놓이지 않아 수차례 더 확인을 해야 했고 심지어는 집을 나섰다가 다시 돌아와 몇 번씩 확인하였으며 학교에 가는 중에도 계속 무언가 빠져 있다는 생각을 지울 수 없어 불안하였다. 대부분의 경우, 빠뜨린 책이나 노트는 없었으며 자신의 확인행동이 지나치다는 것을 알고 있었지만 불안한 생각을 떨칠 수가 없어 확인행동을 자꾸만 반복하게 되었다.

안경을 끼고 있던 K군은 학교에서 공부하던 중 더러워진 안경을 닦다가 안경알에 흠집이 생긴 것을 발견하였다. 요즘 눈이 침침하고 약간 통증이 느껴오던 차에 K군은 흠집 있는 안경을 쓰고 공부한 탓이라고 생각하였다. 그 후로 자꾸만 안경에 신경이 쓰였으며 흠집 난 안경을 쓰면 눈에 왜곡된 상이 맺혀 망막에도 흠집이 생길지 모른다는 생각이 들어 불안하였다. 그래서 안경알을 새로 바꾸었으나 이번에는 안경알에 자주 먼지가 끼는 것이 신경이 쓰였다. 하루에도 수십 차례 안경알을 닦아야만 했고, 안경에 신경이 쓰여 수업시간에 교사의 말에 집중할 수가 없었으며 공부할 때도 주의집중이 되지 않았다.

이러한 문제로 공부의 능률이 떨어지게 되었고 성적도 점차로 저하되었다. 입학시험이 다가오면서, K군은 점점 더 불안하고 초조해졌으나 가방을 확인하고 안경을 닦는 행동을 멈출 수가 없었다.

1. 주요증상과 진단기준

강박장애(Obsessive-Compulsive Disorder)는 K군의 경우처럼 원하지 않는 생각과 행동을 반복하게 되는 장애이다. 강박장애의 주된 증상은 강박사고와 강박행동이다. 강박사고(obsessions)는 반복적으로 의식에 침투하는 고통스러운 생각, 충동 또는 심상을 말한다. 이러한 강박사고는 매우 다양한 주제를 포함하는데, 흔한 예로는 음란하거나 근친상간적인 생각, 공격적이거나 신성 모독적인 생각, 오염에 대한 생각(악수할 때 손에 병균이 묻지 않았을까?), 반복적

강박장애를 잘 나타내고 있는 영화 〈이보다 더 좋을 순 없다〉의 한 장면

의심(자물쇠를 제대로 잠갔나?), 물건을 순서대로 정리하려는 충동이 있다. 이러한 생각이 부적절하다는 것을 인식하지만 잘 통제되지 않고 반복적으로 의식에 떠올라 고통스럽게 한다. 따라서 이러한 사고를 없애기 위해서 여러 가지 노력을 하게 되는데, 흔히 강박행동으로 나타난다.

강박행동(compulsions)은 불안을 감소시키기 위해서 반복적으로 나타내는 행동을 말한다. 이러한 강박행동은 씻기, 청소하기, 정돈하기, 확인하기와 같이 외현적 행동으로 나타날 수도 있고 숫자세기, 기도하기, 속으로 단어 반복하기와 같이 내현적 활동으로 나타나는 경우도 있다. 강박행동이 지나치고 부적절하다는 것을 잘 알지만, 이러한 행동을 하지 않으면 심한 불안을 느끼기 때문에 이러한 행동을 반복하지 않을 수 없게 된다. 강박장애를 지닌 사람들은 이러한 강박적 사고와 행동으로 인해서 심한 심리적 고통을 겪을 뿐만 아니라 이러한 생각과 행동에 많은 시간을 허비하기 때문에 현실 적응에 어려움을 겪게 된다. 강박장애에 대한 DSM-5-TR의 진단기준은 아래와 같다.

강박장애에 대한 DSM-5-TR의 진단기준

A. 강박사고, 강박행동 또는 둘 다의 존재

◆ 강박사고는 (1)과 (2)로 정의된다.

(1) 반복적이고 지속적인 사고, 충동 또는 심상으로서 이러한 증상은 장애가 진행되는 어느 시점에서 침투적이고 원치 않는 것이라고 경험되며 대부분의 개인에게 현저한 불안과 고통을 초래한다.

(2) 개인은 이러한 사고, 충동, 심상을 무시하고 억압하려 하거나 다른 생각이나 행동(즉, 강박행동의 수행)을 통해서 이를 약화시키려고 노력한다.

◆ 강박행동은 (1)과 (2)로 정의된다.

(1) 반복적인 행동(예: 손 씻기, 정돈하기, 확인하기) 또는 정신적인 활동(예: 기도하기, 숫자 세기, 마음속으로 단어 반복하기)으로서 개인은 이러한 행동이 강박사고에 대한 반응으로 해야만 하거나 또는 엄격하게 적용되어야 하는 규칙에 따라서 어쩔 수 없이 행해야만 하는 것으로 느낀다.

(2) 이러한 행동이나 정신적 활동은 불안과 고통을 예방하거나 감소하고, 두려운 사건이나 상황을 방지하기 위한 것이다. 그러나 이러한 행동이나 정신적 활동이 완화하거나 방지하려고 하는 것과 실제적으로 연결되어 있지 않거나 명백하게 지나친 것이어야 한다.

B. 강박사고나 강박행동이 많은 시간(하루에 1시간 이상)을 소모하게 하거나 현저한 고통을 유발하거나 사회적, 직업적 기능 또는 다른 중요한 영역의 기능에 심각한 손상을 초래한다.

C. 강박증상은 물질(예: 남용하는 물질, 약물)이나 일반적인 의학적 상태의 생리적 효과로 인한 것이 아니다.

D. 이 장해는 다른 정신장애의 증상(예: 범불안장애에서의 과도한 걱정, 신체이형장애에서의 외모 집착, 저장장애에서의 물건 버리기 어려움, 섭식장애에서의 의식화된 섭식행동, 질병불안장애에서의 질병에 대한 집착 등)에 의해서 더 잘 설명되지 않는다.

2. 임상적 특징

강박장애는 매우 다양한 형태의 강박적 사고나 행동으로 나타나는데, 크게 3가지의 하위유형으로 구분되기도 한다. 첫째는 **순수한 강박사고형**으로서 외현적인 강박행동이 나타나지 않고 내면적인 강박사고만 지니는 경우이다. 예컨대, 원치 않는 성적인 생각, 난폭하거나 공격적인 충동, 도덕관념과 배치되는 비윤리적인 심상 등과 같은 불편한 생각이 자꾸 떠올라 무기력하게 괴로워하거나 마치 내면적 논쟁을 하듯이 대응하는 경우가 이에 해당한다.

둘째는 **내현적 강박행동형**으로서 강박적 사고와 더불어 겉으로 관찰되지 않는 내면적 강박행동만을 지니는 경우이다. 숫자를 세거나 기도를 하거나 어떤 단어를 반복적으로 외우는 내현적 강박행동을 하며 이는 불편한 강박사고를 없애거나 감소시키기 위한 경우가 대부분이다.

마지막으로 강박사고와 더불어 분명히 겉으로 드러나는 강박행동을 나타내는 **외현적 강박행동형**이 있다. 이러한 외현적인 강박적 행동은 매우 다양한데, 더러운 것(예: 병균, 벌레, 오염물질)에 오염되었다는 생각과 더불어 이를 제거하려는 반복적 행동을 나타내는 청결행동(washing), 실수(예: 중요한 서류에 잘못 기재함, 자물쇠를 잠그지 않음)나 사고(예: 담뱃불을 끄지 않아 화재가 남, 자동차 브레이크가 풀려 사람을 다치게 함)에 대한 의심과 더불어 이를 피하기 위한 확인행동(checking), 무의미하거나 미신적인 동일한 행동(예: 옷을 수십 번씩 입었다 벗었다 반복함, 성경책을 계속 몇 쪽씩 앞으로 뒤로 넘김)을 의식처럼 나타내는 반복행동(repeating), 주변의 사물을 질서정연하게 정돈하거나 대칭과 균형을 중시하여 수시로 주변을 재정리하는 정돈행동(arranging), 낡고 무가치한 쓸모없는 물건을 버리지 못하고 모아두는 수집행동(hoarding), 지나치게 꼼꼼하고 세부적인 것에 과도하게 신경을 쓰게 되어 어떤 일을 처리하는 속도를 느리게 만드는 지연행동(slowness)이 있다. 한 사람이 두 가지 이상의 강박행동을 나타내는 경우가 많으나, 주된 강박행동의 유형에 따라 강박장애를 세분하여 그 특성을 연구하기도 한다. 예컨대, Rachman과 Hodgson(1980)에 따르면 청결행동을 주로 나타내는 강박장애는 여성

(85%)에게 흔히 나타나는 반면, 확인행동을 주로 나타내는 강박장애는 남녀비율이 비슷했다.

강박장애의 1년 유병률은 미국의 경우 1.2%이며 한국을 포함한 여러 국가에서 이와 유사한 것으로 보고되고 있다(American Psychiatric Association, 2022). 이 장애는 흔히 청소년기나 초기 성인기에 시작되지만, 아동기에 시작되는 경우도 있다. 강박장애는 청소년기에는 남성에게 더 흔하지만 성인기에는 여성에게서 약간 더 높은 비율로 나타나는 경향이 있다. 일반적으로 발병 연령은 남성이 여성보다 더 빠르다. 남성은 6~15세 사이에 가장 많이 발병하는 반면, 여성은 20~29세에 흔히 발병한다. 대부분의 경우, 강박장애는 서서히 발생하며 만성적인 경과를 나타낸다. 스트레스를 받으면 증세가 심해지고 그렇지 않으면 호전되는 경향을 보이는데, 약 15%의 경우는 점점 더 악화되어 직업 및 사회적 적응에 심각한 어려움을 겪기도 한다. 강박장애를 지닌 사람은 흔히 우울장애, 불안장애, 강박성 성격장애, 섭식장애, 투렛장애 등을 함께 나타내는 경향이 있다.

3. 원인

인간은 누구나 전혀 예상치 못한 이상한 생각이 의식에 떠오르는 경험을 하게 된다. 매우 음란하거나 잔인한 생각이 떠오르기도 하며 실제로 일어날 가능성이 거의 없는 일에 대한 걱정을 하기도 한다. 하지만 이러한 생각들은 잠시 우리의 의식에 떠올랐다가 사라지는 경우가 대부분이다. 그러나 이처럼 우연하게 떠오르는 불쾌한 생각이나 충동에 잘못 대처하게 되면 강박장애로 발전할 수 있다.

인지행동적 입장을 지닌 심리학자인 Salkovskis(1985)는 강박장애가 발생하는 세부적인 과정을 분석하여 침투적 사고와 자동적 사고로 구분하였다. **침투적 사고**(intrusive thoughts)는 우연히 의식 속에 떠오르는 원치 않는 불쾌한 생각을 의미하며 대부분의 사람이 흔히 경험하는 것이다. 이러한 침투적 사고는 일종의 내면적 자극으로서 그에 대한 의미를 부여하는 자동적 사고를 유발한다. 즉, **자동적 사고**(automatic thoughts)는 침투적 사고에 대한 사고를 말하는데, 거의 자동적으로 일어나고 매우 빨리 지나가며 잘 의식되지 않기 때문에 '자동적' 사고라고 부른다. 자동적 사고는 침투적 사고와 달리 불편감을 느끼지 않는 자아동조적인 속성을 지니고 있어 별다른 저항을 일으키지 않게 되며 결과적으로 강박사고가 지속되는 원동력으로 작용한다. Salkovskis(1985)에 따르면, 침투적 사고 자체가 강박행동을 유발하는 것이 아니라 침투적 사고의 속성을 왜곡하는 자동적 사고가 불안과 강박행동을 유발한다고 주장했다.

강박장애를 지닌 사람들은 침투적 사고를 과도하게 위협적인 것으로 받아들이고 중요하게 여길 뿐만 아니라 그러한 사고에 대한 책임감과 통제 필요성을 강렬하게 느낀다. 예컨대, 가족과 성관계를 맺는 근친상간적인 침투적 사고가 우연히 떠올랐을 때, "이런 생각은 중요하므로 무시할 수 없다", "이런 비윤리적 생각을 한 것은 나의 책임이다", "이런 생각이 절대로 떠오르지 않도록 해야 한다"라는 내용의 자동적 사고를 하게 된다. 따라서 이처럼 불안을 유발하는 침투적 사고를 억제하거나 제거하려는 노력을 기울이게 되는데, 역설적이게도 이러한 노력은 오히려 침투적 사고가 자꾸 의식에 떠오르게 하는 결과를 초래하게 된다.

강박인지 연구그룹(Obsessive Compulsive Cognition Working Group, 1997)은 Salkovskis와 다른 연구자들의 연구를 발전시켜 강박장애의 기저에 존재하는 인지적 특성을 다음과 같이 제시했다. 첫째, 강박장애 환자는 침투적 사고에 대한 위협을 과대평가할 뿐만 아니라 자신의 책임감을 과도하게 평가한다. 둘째, 강박장애 환자는 침투적 사고를 과도하게 중요한 것으로 인식하는데 그 과정에 사고-행위 융합이라는 인지적 오류가 개입된다. **사고-행위 융합**(thought-action fusion)은 생각한 것이 곧 행위한 것과 다르지 않다는 믿음을 뜻한다. 예컨대, 다른 남자의 아내와 간음하는 생각을 하는 것은 그러한 행위를 한 것과 같다는 생각이 이에 속한다. 사고-행위 융합에는 두 가지 유형이 있는데, 비윤리적 생각을 하는 것은 그러한 행위를 한 것과 도덕적으로 다르지 않다는 **도덕성 융합**(moral fusion)과 비윤리적 생각을 하게 되면 실제로 그러한 행위를 하게 될 가능성이 높아진다는 **발생가능성 융합**(likelihood fusion)이 바로 그것이다. 강박장애를 지닌 사람들은 사고-행위 융합이라는 인지적 특성을 지니고 있어서 침투적 사고에 대해서 과도한 책임감을 느끼기 때문에 사고억제를 시도하게 된다(이순희, 2000; Salkovskis et al., 1999). 셋째, 강박장애 환자들은 불확실성이나 불완전함(예: 실수나 오류)을 참지 못하며 완벽함과 완전함을 추구하는 특성을 지닌다. 이들에게는 부정적인 결과가 발생하지 않을 것이라는 100%의 절대적인 확신을 갖는 것이 중요하다. 또한 이들은 그러한 절대적 확신을 갖는 것이 가능하다는 잘못된 신념을 가지고 있다.

Rachman(1998)은 강박장애를 유발하는 핵심적 인지요인은 침투사고에 대한 평가과정에서 나타나는 파국적 해석이라고 주장했다. 그에 따르면, 처음에는 중립적 자극이던 침투사고에 대해서 파국적 해석을 하게 되면 침투사고는 개인에게 중요한 의미를 지니는 동시에 더욱 빈번하게 나타나고 통제하기도 어려워진다. 이러한 생각을 발전시켜 O'Connor 등(2009)은 추론융합이 강박장애의 유발에 중요한 영향을 미친다고 주장했다. **추론융합**(inferential confusion)은 추론과정에서 상상한 가능성과 현실적 가능성을 혼동할 뿐만 아니라 상상한 가능성에 근거해 행동하는 것을 의미한다. O'Connor 등(2009)에 따르면, 강박장애 환자의 추론적 사고는 두 가지의 특징을 지닌다. 그 하나는 현실의 직접적 증거보다는 잠재적 가능성에 의해서 상상적인 추론을 한다는 것이다. 다른 하나는 일반적인 상식이나 자신의 감각을 믿지 않고 자신의 추론에 의존한다는 것이다. 침투적 사고는 일종의 추론이라고 할 수 있다. 즉, 내적 또는 외적 자극에 근거한 일차적 추론이 침투적 사고의 형태로 의식에 나타나게 된다. 이러한 침투적 사고에 대해서 파국적인 이차적 추론이 이루어지고 그에 따라서 심한 불안과 강박행동이 나타

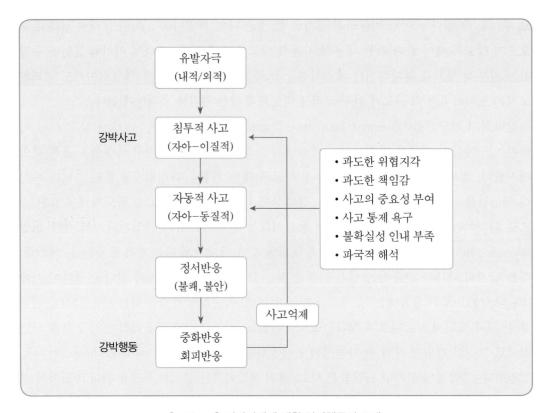

[그림 5-1] 강박장애에 대한 인지행동적 모델

·나게 된다(서장원, 2010).

예를 들어, "많은 사람이 드나드는 화장실의 손잡이를 만졌다"는 사건에 대해서 "내 손이 위험한 병균에 오염되었을지 모른다"는 일차적 추론을 하게 되고 이러한 추론내용이 침투적 사고의 형태로 의식에 떠오른다. 이러한 사고에 대해서 "그렇다면 내가 사랑하는 사람에게 병균을 오염시킬지 모른다" "사랑하는 사람이 심각한 질병에 걸릴지 모른다"와 같은 파국적인 내용의 이차적 추론을 하게 되고 그 결과 심한 불안을 경험한다. 그리고 이러한 불안을 감소시키고 미래의 부정적인 사건을 미연에 방지하기 위해서 반복적으로 손을 씻는 행동을 나타내는 것이다.

강박장애 환자들은 불안을 유발하는 침투적 사고를 억제하거나 제거하려는 노력을 기울이게 되는데, 이러한 노력은 역설적이게도 침투적 사고가 자꾸 의식에 떠오르는 결과를 초래한다. Wegner와 그의 동료(1987)는 어떤 생각을 억제하려고 하면 할수록 그 생각을 더 자주 하게 되는 현상을 실험적으로 보여주었다. 그는 피험자에게 하얀 북극곰의 사진을 보여주고 난 후, 한 피험자 집단에게는 이 곰에 대해서 생각하지 말라고 지시하였고 다른 집단에게는 아무런 지시도 주지 않았다. 얼마간 시간이 흐른 후에 확인해 본 결과, 사고억제를 지시받은 피험자들이 아무런 지시도 받지 않은 피험자들보다 하얀 북극곰에 대한 생각을 더 많이 했다고 보고하였다. 이처럼 어떤 생각을 억제하려 할수록 그 생각이 더 잘 떠오르는 현상을 **사고억제의 역설적 효과**(ironic effect of thought suppression)라고 한다(Wegner et al., 1987). 즉, 강박장애를 지닌 사람들은 우연히 떠오른 불쾌한 침투적 사고에 대해서 과도한 책임감을 느끼고 이러한 사고를 억제하려고 노력하지만, 사고억제의 역설적 효과에 의해서 오히려 침투적 사고는 더 빈번하게 떠오르게 된다. 따라서 더욱 강하게 사고억제를 시도하고 그 결과 더 자주 침투적 사고가 의식에 떠오르게 되는 악순환이 반복되면서 병적인 강박사고로 발전하게 되는 것이다.

강박장애를 지닌 사람은 침투적 사고가 반복적으로 떠오르는 강박사고를 경험하게 되면 심한 불안을 느끼게 된다(이한주, 1999; Lee & Kwon, 2003). 이러한 불안을 감소시키기 위해서 다양한 대처행동을 하게 되는데, 이러한 대처행동이 강박행동으로 나타나게 된다. 예컨대, 손에 병균이 묻었을지 모른다는 강박사고가 떠오르면 불안해지므로 결국 손 씻는 강박행동을 반복하게 되고, 자물쇠를 잠그지 않았다는 생각이 반복될 경우에는 자물쇠를 자꾸 확인하는 행동을 하게 된다. 음란한 강박사고가 자꾸 떠오를 경우에 주의를 다른 곳으로 돌리거나 기도를 하거나 자책을 할 수도 있다. 이 경우 우연히 숫자를 3씩 더해 가는 속셈을 하면서 음란한 생각이 감소되는 경험을 하게 되면, 음란한 생각이 들 때마다 숫자를 세는 특이한 강박행동을 나타내게 된다. 이처럼 우연한 경험에 근거하여 강박사고의 빈도와는 무관한 미신적 행동을 통해 강박사고를 통제하려고 시도하는 경우가 많다. 강박장애 환자들이 매우 다양하고 기묘한 강박행동을 보이는 이유가 여기에 있다. 이러한 강박행동은 불안을 감소시키는 부적 강화 효과가 있기 때문에 자꾸 반복하게 된다.

강박장애를 유발하는 다양한 심리적 요인이 제시되고 있는데, 그중 하나가 불완전감이다. **불완전감**(feeling of imperfection)은 어떤 행위를 했을 때 100% 만족스러움을 얻지 못했다는 불충분함의 느낌 또는 기대에 딱 맞아 떨어지지 않는 미흡함의 경험(Not Just Right Experience)을 의미한다. 실제로 강박장애 환자들은 무언가 완전하지 못하다는 찝찝함 때문에 좀 더 깔끔한 완결감을 느끼기 위해서 강박행동을 반복하는 경우가 많다. 실증적인 연구(Leckman et al., 1994; Miguel et al., 2000)에서도 60% 이상의 강박장애 환자들이 강박행동을 하기 전에 불완전감을 느낀다고 보고했다.

이러한 연구결과에 근거하여 Summerfeldt(2004)는 강박장애의 2차원 모델을 제시하고 있다. 그에 따르면, 강박장애는 강박행동을 하게 만드는 동기에 따라 두 개의 차원, 즉 '위험회피(harm avoidance)'와 '불완전감(incompleteness)' 차원으로 구분할 수 있다. 강박행동이 나타나는 이유는 기존의 인지적 이론에서 설명하고 있듯이 위험을 회피하기 위한 것뿐만 아니라 불완전감을 해소하기 위한 것이다. 질병에 걸리거나 도둑을 맞는 위험을 회피하기 위해 손을 씻거나 문 잠금을 확인하는 강박행동이 나타날 수 있는 반면, 무언가 반듯하게 정렬되어 있거나 좌우의 균형이 맞지 않을 때 느끼는 불완전감 때문에 정돈하거나 대칭을 맞추는 강박행동이 나타날 수 있다. 이 두 차원은 〈표 5-1〉에 제시된 바와 같이 강박증상의 내용이나 발병연령, 성격특질, 공병장애에서 차이가 있을 뿐만 아니라 치료방식에 있어서도 다른 접근이 필요하다. 위험회피 동기로 인한 강박증상은 자동적 사고내용의 수정을 통해 완화될 수 있는 반면, 불완전감 동기에 의한 강박증상은 노출을 통한 불완전감에 대한 둔감화를 통해 개선될 수 있다.

표 5-1 강박장애의 2차원 모델

장애 특성	위험회피 차원	불완전감 차원
강박증상	불쾌한 강박사고 위험회피를 위한 확인행동	대칭, 정렬을 위한 강박행동 우유부단한 행동
발병연령	비교적 늦은 편 (20대 이후)	비교적 빠른 편 (아동기 혹은 청소년기)
성격특질	다양한 성격특질	강박적 성격특질
공병장애	불안장애에 한정됨	틱장애를 비롯하여 다양함
치료방법	인지적 재구성 치료	행동적 둔감화 치료

이 밖에도 강박장애는 다양한 이론적 관점에서 설명되고 있다. 정신분석적 입장에서는 특정한 방어기제를 통해 무의식적 갈등으로 인한 불안에 대처하려 할 때 강박장애가 나타날 수 있다고 본다. Freud는 강박증상을 항문기에 억압된 욕구나 충동이 재활성화되어 나타난 것으로 간주했다. 이러한 충동이 의식에 떠오르게 되면 불안을 경험하게 되며 이를 통제하기 위해 주로 4가지의 방어기제인 격리, 대치, 반동형성, 취소가 사용된다. **격리**(isolation)는 사고와 그에 수반되는 감정을 단절시키는 방어기제로서 공격적인 강박사고를 지닌 사람은 사고내용에만 집착함으로써 그에 수반되는 분노감정을 경험하지 않게 한다. **대치**(displacement)는 본래의 욕구를 다른 것으로 대체하여 위장함으로써 불안을 감소시키는데, 자물쇠 잠그는 일에 집착함으로써 부부갈등이라는 위협을 피할 수 있게 한다. **반동형성**(reaction formation)은 자신의 실제 욕구에 반대되는 방식으로 행동하는 것으로서 난폭한 강박사고에서 상징적으로 나타나는 공격적 충동과 달리 평소에는 매우 친절한 행동으로 일관하는 강박장애 환자가 이에 해당한다. **취소**(undoing)는 이미 벌어진 일을 어떤 행위로 무효화하려는 시도로서 죄의식이나 불안을 감소시킬 수 있다. 신성모독적인 강박사고를 지닌 사람이 마치 성수세례를 통해 죄의 사함을 받듯이 물 속에 머리를 담그는 강박행동을 나타내는 경우가 이에 해당한다.

생물학적 입장에서는 뇌의 구조적 결함으로 인한 기능이상이 강박장애를 초래할 수 있다고 본다. 강박장애 환자들이 융통성 없이 반복적인 행동을 하고 이러한 행동을 잘 통제하지 못하는 것은 전두엽의 기능손상 때문이라는 주장이 제기되었다. 일부 연구(예: Baxter et al., 1988; Nordahl et al., 1989)에서 전두엽의 기능손상과 강박증상 간에 밀접한 관계가 있다는 것이 밝혀지기도 했다. 그러나 다른 연구자들은 전두엽보다는 기저핵(basal ganglia)의 기능손상이 강박장애와 더 밀접하게 관련된다고 주장하고 있다. 일부 강박장애 환자의 경우 기저핵의 이상이 발견되기도 했으며, 기저핵의 손상은 부적절한 자극에 집착하게 만들어 강박증상을 지속시킨다는 주장이 제기되었다(Pitman, 1989). 아울러 강박장애가 기존의 항불안제나 항우울제로는 잘 치료되지 않지만 세로토닌 재흡수 억제제를 사용할 경우 우수한 치료효과를 나타낸다는 점에 근거하여, 강박장애가 세로토닌과 관련되어 있다는 주장이 제기되고 있다(Thoren et al., 1980). 이 밖에도 강박장애 환자들이 배외측 전전두피질 및 후두 영역을 비롯한 뇌의 여러 영역에서 구조적 또는 신경화학적 이상을 나타낸다는 연구가 다양하게 보고되고 있으나 아직 강박장애에 대한 일관성 있는 생물학적 이론이 확립되어 있지는 않다(Nako et al., 2014).

4. 치료

강박장애에 대한 심리적 치료방법으로는 **노출 및 반응방지법**(ERP: exposure and response prevention)이 효과적이라고 알려져 있다. 이는 학습이론에 근거한 행동치료적 기법으로서 강박장애 환자를 그들이 두려워하는 자극(더러운 물질)이나 사고(손에 병균이 묻었다는 생각)에 노출시키되 강박행동(손 씻는 행동)을 하지 못하게 하는 방법이다. 노출에는 실제의 불안 상황에 직접 맞닥뜨리는 실제적 노출(공중화장실의 문손잡이를 실제로 만지는 것)과 불안상황을 상상하게 하는 심상적 노출(화장실의 손잡이나 변기를 만지는 상상)이 있다. ERP의 노출 연습은 일반적으로 약한 불안을 느끼는 자극에서부터 시작하여 점차 강한 불안을 느끼는 자극으로 진행된다. 이러한 시행을 통해서 두려워하는 자극과 사고를 강박행동 없이 견디어 내는 둔감화 효과가 나타날 뿐만 아니라 강박행동을 하지 않아도 그들이 두려워하는 결과(병에 전염됨)가 일어나지 않는다는 것을 학습하게 된다. ERP를 통해서 강박장애 환자의 60~85%가 유의미한 증상개선이 이루어졌다고 보고되고 있다(Foa et al., 1980, 1984).

이 밖에도 강박사고를 줄이기 위해 다양한 기법이 적용되고 있다. **사고중지**(thought stopping) 기법은 강박사고가 떠오를 때마다 환자 자신이 "그만(Stop)!" 하고 소리침으로써 강박사고에 집착하는 것을 완화시키는 방법이다. 이러한 방법을 통해서 환자는 자신을 괴롭히는 생각과 집착을 차단할 수 있을 뿐만 아니라 자신의 주의를 보다 적응적인 생각에 기울일 수 있게 된다. **역설적 의도**(paradoxical intention)는 강박행동을 하지 않으려고 투쟁하지 말고 오히려 그러한 행동을 과장된 방식으로 하려고 행동하는 것이다. 이러한 역설적 의도는 강박사고에 의한 불안을 완화시킬 뿐만 아니라 강박행동을 해야 한다는 심리적 압박감에서 벗어나도록 돕는다. 또한 강박장애를 지닌 사람들은 자신의 감정을 과도하게 억제하는 경향이 있기 때문에 **자기주장 훈련**(self-assertion training)을 통해 적절한 표현방법을 익혀서 지나친 자기억제를 줄이고 상대방을 공격하지 않으면서 자신의 감정과 의견을 솔직하게 표현하도록 돕는다.

　최근에는 강박장애의 인지적 이론에 근거한 인지적 치료기법이 활용되고 있다. 강박장애의 인지치료는 치료자가 치료의 원리, 즉 침투적 사고는 위험하지도 중요하지도 않은 정상적인 경험이라는 점을 설명하면서 시작한다. 침투적 사고는 그 내용이 아무리 비윤리적이고 위협적인 것이라 하더라도 누구나 경험하는 보편적 현상이므로 자연스러운 것으로 받아들이면서 통제하려 들지 않으면 저절로 사라진다. 문제는 침투적 사고에 대해서 과도한 책임감과 통제의무감을 느끼게 만드는 자동적 사고이다. 치료자는 자동적 사고의 중요성을 강조하면서 환자가 지니는 자동적 사고를 찾아내어 변화시킴으로써 강박적 사고와 행동을 감소시킨다. 아울러 사고에 대해 과도한 중요성을 부여하고 사고를 통제하려는 욕구, 불확실성을 견디지 못하는 완벽주의와 같은 역기능적 신념을 확인하고 변화시킨다.

　침투적 사고에 대한 책임감을 감소시키기 위해 다양한 기법이 사용된다. 예컨대, 파이 기법(pie-chart technique)은 환자가 두려워하는 재앙적 결과를 유발할 수 있는 요인들의 중요성 정도를 크기가 다른 파이 조각들로 분할하여 표시하게 한다. 예를 들어, 운전을 하면서 교통사고를 낼 것이라는 두려움 때문에 과도한 확인행동을 나타내는 강박환자의 경우, 다른 차와 충돌사고를 일으킬 수 있는 다양한 원인들, 즉 혼잡한 교통상황, 도로포장상태, 상대방 운전자, 날씨, 자동차 정비공의 책임을 열거하며 각 요인의 중요성을 30%, 15%, 20%, 10%, 10%로 표시함으로써 환자 자신의 책임은 나머지 15%에 해당한다는 점을 확인한다. 이를 통해서 재앙적 사건의 책임이 다른 요인들에 더 많이 있으며 자신의 책임은 평소에 생각했던 것보다 훨씬 적다는 것을 깨닫게 된다. 이중기준 기법(double standard technique)은 환자가 두려워하는 동일한 사건이 다른 사람들에게 발생한다면 그들에게 얼마나 책임을 물을 수 있는지를 생각하여 자신에게 일어났을 경우와 비교하게 한다. 환자가 사용하는 이중기준, 즉 다른 사람을 평가할 때와 자신을 평가할 때 다른 기준을 사용하고 있다는 것을 알려주고 이러한 이중기준을 갖게 되는 이유를 검토하고 논의함으로써 강박사고에 대한 과도한 책임감과 죄의식을 감소시킬 수 있다. 아울러 법정 절차(courtroom procedure) 기법은 일종의 역할연기로서 마치 법정에서처럼 환자의 유죄 여부를 가리는 토론을 하는 방법이다. 처음에는 치료자가 변호사의 역할을 맡아 환자의 입장을 옹호하도록 하고, 이후에는 치료자가 검사 역할을 하고 환자가 변호사 역할을 맡아서 자신의 무죄를 직접 증명하도록 한다. 이 과정에서 환자는 자신이 느끼는 과도한 책임감과 죄의식을 좀 더 객관적이고 중립적인 관점에서 관찰할 수 있게 된다. 이 밖에도 행동실험법(behavioral experiments)을 통해서 환자가 두려워하는 행동을 치료시간이나 생활장면에서 실제로 해보고 그 결과를 실증적으로 확인함으로써 책임져야 하는 결과들에 대해 구체적으로 논의해 볼 수 있다. 현재 강박장애에 대해서는 노출 및 반응방지법과 인지적 기법을 통합한 인지행동치료가 널리 사용되고 있다. 아울러 최근에는 불편한 감정이나 생각을 제거하려고 노력하기보다 마음챙김을 통해서 있는 그대로 바라보게 함으로써 그러한 감정과 생각이 사라지도록 하는 수용전념치료(Acceptance Commitment Therapy; Hayes et al., 1999)가 강박장애의 치료에 적용되고 있다.

강박장애에 대한 인지행동치료는 상당히 효과적이지만 그 성공적인 치료 이후에 증상이 재발하는 경우도 많다. 재발 방지를 위해서는 노출, 반응방지, 인지적 재구성, 심리교육을 병행하는 것이 중요하다. 실제적 또는 상상적 노출 치료와 더불어 강박장애에 대한 교육과 인지재구성을 함께 진행하는 것이 바람직하다(Abramowitz & Arch, 2014).

약물치료 역시 강박증상을 완화하는 데 도움이 될 수 있다. 강박장애에 대한 약물치료로는 Clomipramine이나 세로토닌 재흡수 억제제가 주로 사용되고 있다. 이러한 약물은 많은 강박장애 환자의 증상완화에 도움이 되고 있으나 그 치료효과가 제한적이고 약물을 중단할 경우 증상이 재발된다는 문제점을 지니고 있다.

제2절 신체이형장애

24세의 대학졸업생인 B양은 얼마 전에 성형수술을 받았다. 갸름한 얼굴의 미인형인 B양은 자신의 외모에 대해서 별다른 불만이 없었다. 그런데 대학재학 시절에 가깝게 사귀었던 남자친구가 B양에게 주걱턱이라고 놀려댔다. 그 말을 듣고 보니 자신의 턱이 약간 긴 편이라고 느껴졌으며 신경이 쓰이기 시작했다. 그 후 남자친구는 다른 여자친구를 사귀게 되어 헤어지게 되었고, B양은 자신의 외모 때문에 그 친구가 떠나간 것이라고 생각했다. 대학 졸업반이 되어 몇몇 회사에 응시하였고 1차 서류심사에 합격하여 3~4곳에서는 면접을 보게 되었다. 성적이 우수했던 B양은 합격할 것이라고 기대했으나 모든 곳에서 낙방하였다. 이때도 B양은 자신의 외모, 특히 턱이 길어서 호감을 주지 못했기 때문이라고 생각했다. 이런 일이 있고 나서 B양은 자신의 턱이 기형적이라고 느껴지기 시작했고 자신감을 잃게 되었으며 대인관계를 회피하면서 많은 고민을 하게 되었다. 결국 부모를 설득하여 큰 액수의 수술비를 감수하면서 턱을 깎아 내는 성형수술을 받았다. 수술을 받고 퇴원을 하면서 거울을 본 B양은 이제 턱은 짧아졌지만 자신의 얼굴 광대뼈가 유난히 나와 있다고 느껴지기 시작했다.

1. 주요증상과 임상적 특징

신체이형장애(Body Dysmorphic Disorder)는 B양의 경우처럼 자신의 외모가 기형적이라고 잘못된 집착을 하는 경우를 말하며 신체변형장애 또는 신체추형장애라고 불리기도 한다. DSM-5-TR에 따르면, 신체이형장애는 신체적 외모에 대해서 한 개 이상의 주관적 결함에 과도하게 집착하는 것이 주된 증상이다. 주관적 결함이라 함은 그러한 결함이 다른 사람에 의해서는 인식되지 않거나 경미한 것으로 여겨지기 때문이다. 아울러 신체이형장애를 지닌 사람은 반복적인 외현적 행동(예: 거울 보며 확인하기, 지나치게 몸단장하기, 피부 벗기기, 안심 구하기)이나 내현적 행위(예: 자신의 외모를 다른 사람과 비교하기)를 나타낸다. 이러한 증상으로 인해 심각한 고통을 받거나 중요한 삶의 영역에서 현저한 장해를 나타낼 경우 신체이형장애로 진단된다.

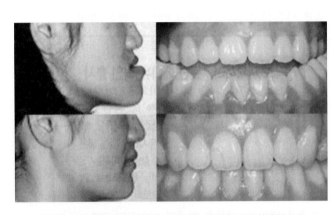

주걱턱과 옥니를 지닌 사람과 정상적인 외모를 지닌 사람의 모습

신체이형장애 환자들은 얼굴의 특성(예: 비뚤어진 코, 긴 턱, 옥니, 튀어나온 광대뼈, 비대칭적 얼굴특성, 지나치게 짙은 눈썹이나 얼굴의 털, 두꺼운 입술, 거친 피부, 검은 피부, 좁은 이마, 얼굴의 점, 주름살 등)에 대해서 기형적이라고 생각하는 경우가 많으며 대부분 성형수술을 통해 이러한 모습을 바꾸고자 한다. 그러나 성형수술 후에도 결과에 불만족하거나 다른 신체적 특징에 새롭게 집착하는 경향이 있다. 얼굴 외에 유방, 엉덩이, 손, 발, 성기 등과 같은 다른 신체 부위가 관심의 초점이 될 수 있다. 그러나 몸의 비만이나 뚱뚱함에 대해 걱정하고 집착하며 살을 빼고자 하는 경우에는 신체이형장애보다는 제11장에서 다루게 될 신경성 식욕부진증에 해당될 수 있다.

신체이형장애를 지닌 사람은
자신의 신체적 기형을 상상하여 믿는다

신체이형장애를 지닌 사람은 신체적 기형에 대한 믿음 때문에 심한 열등감을 지니거나 자신감을 상실하고 대인관계에서 위축되는 경우가 많다. 또한 이들은 빈번하게 거울을 보거나 확대경을 사용하여 신체적 결함을 세심하게 관찰하거나 자신의 외모를 과도하게 치장하는 행동에 많은 시간을 보내게 된다. 이처럼 외모에 대한 과도한 집착으로 인하여 많은 시간을 허비하거나 사회적 또는 직업적 적응에 심각한 장해를 겪을 수 있다.

일반인 중에도 자신의 외모나 얼굴의 특정 부위에 문제가 있다고 생각하며 불만스럽게 느끼는 사람들이 많다. DSM-5-TR에 따르면, 미국 성인의 경우 신체이형장애의 현재 시점 유병률은 2.4%였으며 다른 나라의 경우에 1.7~2.9%로 보고되고 있다. 남성과 여성의 유병률에는 차이가 없는 것으로 알려져 있다. 대부분의 신체이형장애 환자는 피부과나 성형외과를 찾는 경향이 있다. 이 장애는 흔히 15~20세 사이의 사춘기에 많이 발생하고, 남성보다 여성에게 약간 흔하며 미혼 여성에게 더 자주 발생한다. 증상의 시작은 갑작스러울 수도 있고 점진적일 수도 있는데, 흔히 외모에 대한 다른 사람의 언급(예: '눈썹이 참 진하네요', '코가 아버지를 닮았군요')에 의해서도 촉발될 수 있다.

2. 원인과 치료

신체이형장애의 원인은 아직 잘 알려져 있지 않다. 정신분석적 입장에서는 어린 시절의 심리성적 발달과정에서 특수한 경험을 하게 되고 이러한 경험과 상징적인 연관성을 지닌 특정한 신체부위에 집착하게 되는 것이라고 보고 있다. 즉, 무의식적인 성적 또는 정서적 갈등이 신체부위에 대치되어 나타난다는 것이다.

인지행동적 입장의 연구자들은 신체이형장애를 지닌 사람들이 나타내는 인지적 특성에 주목하고 있다. 신체이형장애 환자들은 신체적 외모의 매력을 일반인들보다 더 민감하게 느끼는 경향이 있다. 아울러 모호한 사회적 상황이나 외모와 관련된 평가를 일반인들보다 더 부정적이고 위협적인 것으로 해석한다. Veale(2004)은 신체이형장애 환자의 인지적 특성을 종합

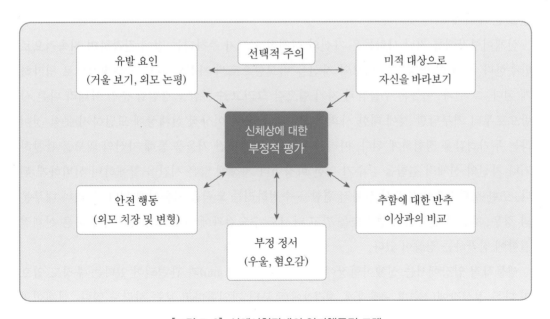

[그림 5-2] 신체이형장애의 인지행동적 모델

하여 [그림 5-2]와 같은 인지행동적 모델을 제시하였다.

Veale(2004)에 따르면, 신체이형장애 환자들이 나타내는 사고의 가장 핵심적 특징은 자신의 신체상에 대한 부정적 평가이다. 이러한 부정적 신체상에 집착하게 되는 최초의 유발요인은 우연히 거울을 보면서 자신의 외모에서 특이한 점을 발견하거나 자신의 외모에 대한 다른 사람의 논평을 접하는 일이다. 이러한 우연한 사건을 통해서 자신의 신체적 특성에 주목하게 되면서 자신의 외모를 미적 대상으로 바라보며 평가하게 된다. 신체이형장애를 지닌 사람들은 외모에 대한 높은 미적 민감성(aesthetic sensitivity)을 지니고 있어서 자신의 외모를 균형과 조화 또는 성적인 매력의 측면에서 비판적으로 평가할 뿐만 아니라 자기 얼굴의 미묘한 비대칭성이나 사소한 결함을 발견하게 된다(Lambrou et al., 2011). 이렇게 미적으로 민감한 특성은 신체이형장애를 유발하는 위험요소 중 하나이다.

따라서 이들은 자신의 신체적 결함에 선택적 주의를 기울이게 되면서 신체적 특성이 점점 더 기형적인 것으로 여겨지게 된다. 아울러 신체이형장애를 지닌 사람들은 외모의 중요성을 과도하게 높이 평가하는 비합리적인 신념을 지니고 있다. 예컨대, "외모가 매력적이지 않으면 나는 무가치한 존재다", "외모에 결함이 있으면, 평생 사랑받지 못하고 외롭게 살 것이다", "외모에 문제가 있으면 모든 일에서 성공할 수 없다"라는 믿음을 지닌다. 이들은 자신의 실패를 외모의 결함 때문이라고 생각하는 귀인의 오류를 범한다. 예컨대, 앞에서 소개한 B양의 경우 남자친구가 자신의 턱에 대해서 언급한 이후부터 턱에 자꾸 신경을 쓰게 되고, 낯선 사람이 쳐다보면 자신의 턱이 이상해서 바라보는 것으로 여겨지고 남자친구가 떠나간 것이나 면접에 떨어진 것도 자신의 턱과 관련되어 있다고 해석하게 됨으로써 점점 더 신체적 기형에 대한 확신을 굳혀 가게 되는 것이다.

신체이형장애를 지닌 사람들은 자신의 신체적 외모가 추하다는 점에 집착하며 지속적으로 반추한다. 아울러 이상적인 외모와 자신을 비교함으로써 자신의 외모를 부정적으로 평가하게 된다. 그 결과, 이들은 우울감과 자기 혐오감 그리고 수치심을 경험할 뿐만 아니라 다른 사람으로부터 거부당할 것에 대한 사회적 불안과 더불어 이상적 신체상에 도달하지 못할 것이라는 무기력감을 경험하게 된다. 따라서 이들은 오랜 시간 거울을 통해 자신의 외모를 관찰하거나 자신의 신체적 결함을 감추기 위한 화장이나 치장에 많은 시간을 할애하며 허비하게 된다. 또한 성형수술을 통해서 신체적 결함을 수정하려는 노력을 기울이게 된다. 그러나 대부분의 경우, 자신이 원하던 성형수술을 받고 나서도 수술결과에 만족하지 못하거나 다른 신체적 결함에 집착하는 경향이 있다.

생물학적 입장에서는 신체이형장애가 세로토닌(serotonin)과 관련되어 있다는 주장도 있으며 다른 정신장애(조현병, 우울장애, 성격장애)로부터 기인한다고 보는 사람도 있다. 신체이형장애에는 한 사회나 문화 속에 존재하는 미모에 대한 개념이 중요한 영향을 미친다는 주장도 있다.

신체이형장애 환자들은 대부분 심리적 원인을 받아들이지 않으며 심리적 치료를 거부한다. 때로는 신체적 기형에 대한 집착이 매우 강하여 망상적 수준인 경우도 있다. 극히 정상적인 외모에 대해서 전혀 비현실적인 근거로 자신의 외모가 기형이라는 확신을 지니며, 그 내용이 상식적으로 이해하기 어렵고 기괴한 것일 경우에는 신체적 망상을 고려해 보아야 한다.

신체이형장애 환자는 자신의 외모를 바꿀 수 있는 성형수술을 원하는 경향이 있다. 그러나 성형수술은 도움이 되지 않으며 대부분 새로운 수술을 받고자 한다(Phillips et al., 2001). 최근에 신체이형장애의 치료에 효과적인 두 가지 치료방법이 보고되고 있다. 첫째는 세로토닌 재흡수 억제제(예: Clomipramine, Fluvoxamine)를 사용한 약물로서 망상적 수준의 신체이형장애를 지닌 일부 환자의 증상을 완화시켰다는 보고가 있다(Phillips et al., 1998). 둘째는 인지행동적 치료방법의 하나인 노출 및 반응방지법(ERP)으로서 비교적 경미한 증상을 지닌 신체이형장애 환자의 치료에 매우 효과적이었다(Rosen et al., 1995; Wilhelm et al., 1999). 이러한 치료방법은 흔히 강박장애의 치료에 적용되는 것이기 때문에 신체이형장애가 강박장애의 하위유형이라는 주장도 제기되고 있다. 이러한 주장을 하는 연구자들(Zimmerman & Mattia, 1998)은 신체이형장애가 흔히 강박장애를 동반하며 자신의 외모가 기형이라는 불쾌한 생각이 지속적으로 침투하고 이를 확인하거나 교정하려는 반복적 행동을 보인다는 점에서 강박장애와 유사하다는 점을 근거로 제시하고 있다.

신체이형장애에 대한 인지행동적 치료에서는 노출 및 반응방지법을 통해서 회피적 행동을 줄이고 건강한 행동을 증가시키도록 돕는다. 신체이형장애 환자들은 신체적 결함과 사회적 거부에 대한 두려움 때문에 학교 가기를 거부하거나 여러 사람과 함께 만나는 사회적 상황을 회피한다. 치료자는 환자와 함께 불안을 야기하는 상황들에 대한 위계를 작성하여 점진적으로 노출시킨다. 이와 더불어 외모에 대한 불편감을 느낄 때마다 반복하는 행동(예: 거울 보기, 피부 뜯기, 과도한 화장, 반복적인 성형수술, 다른 사람과 비교하기)을 하지 못하도록 한다. 환자들이 지니는 부정적인 생각(예: 이런 얼굴로 학교에 가면 놀림을 받을 거야)을 검증하기 위해 행동실험을 계획하고 그 결과를 검토하면서 좀 더 현실적인 생각을 지니도록 돕는다.

아울러 신체변형과 관련된 역기능적인 사고의 수정을 위해서 심리교육과 인지재구성 방법을 적용한다. 신체이형장애를 지닌 사람들은 외모와 관련된 부적응적인 신념을 지니고 있기 때문에 이러한 신념에 도전하며 좀 더 건강하고 합리적인 신념을 지니도록 유도하는 것이 중요하다. 신체적 결함에 집착하게 만드는 부정적인 사고(예: 나는 괴물같이 보일 거야, 이런 나를 누가 좋아하겠어)를 찾아내어 도전할 뿐만 아니라 그 기저에 존재하는 역기능적 신념(예: 외모가 추하면 나는 무가치해, 성공하려면 외모가 중요해)을 파악하여 수정하도록 돕는다. 외모가 아니라 재능, 기술, 경험, 성격적 매력, 도덕성과 같은 특성을 통해서 자기 가치감을 느낄 수 있도록 돕는다.

최근의 연구(Feusner et al., 2007, 2010)에 따르면, 신체이형장애 환자들은 시각자극의 사소한 부분에 과도하게 집중하는 경향을 나타낸다. 실제로 이들은 거울을 통해 자신의 모습을 바라볼 때, 신체의 다른 부분들은 무시하고 염려하는 신체부위에만 선택적 주의를 기울인다. 이러한 편향적 주의경향성을 개선하기 위해서 마음챙김을 결합한 지각 재훈련(perceptual retraining)은 신체이형장애 환자들로 하여금 자신의 신체를 전체적인 관점에서 바라볼 수 있도록 돕고 신체적 결함을 제외한 다른 신체부위에 관심을 갖도록 돕는다.

제3절 저장장애

중년 남성인 M씨는 평소에도 근검절약을 중시하며 물건을 잘 버리지 못하는 사람이었다. 그런데 3년 전에 실직하고 나서부터 신문지, 광고지, 헌 신발 등과 같이 불필요한 물건을 일체 버리지 않고 모아두기 시작했다. 그뿐만 아니라 길거리에 버려진 물건들까지 주워와 집안에 쌓아놓았다. 재활용이 가능한 것이라면 무엇이든 수집하여 집안에 차곡차곡 보관해 두었다. 점차 수집물품이 증가하면서 거실을 비롯하여 안방까지 물건들로 가득하게 되었다. 가족들의 반대와 저항에도 불구하고 M씨는 언젠가 쓰임새가 있을지 모르는 물건들의 소중함을 모르는 처사라고 일축하면서 불필요한 물건들을 보물이라도 된 듯 보관하고 있다. 이로 인해서 다른 가족들은 가정생활에 커다란 불편을 겪고 있으며 M씨와의 갈등이 심화되고 있다.

1. 진단기준과 임상적 특징

저장장애(Hoarding Disorder)는, M씨의 경우처럼, 언젠가는 필요할지 모른다는 생각으로 버려야 할 물건들을 집안에 산더미처럼 쌓아두는 장애를 뜻한다. 이렇게 쌓아놓은 물건들은 생활공간을 심각하게 제한하고 안전이나 건강의 문제를 야기하게 된다. 그 결과, 자신뿐만 아니라 주변사람들이 심한 불편을 겪거나 일상생활에 심각한 문제를 초래하게 된다.

저장장애의 주된 진단기준은 불필요한 물건을 버리지 못하는 것이다. 물건을 보관하고자 하는 강한 충동을 느끼며 물건을 버리는 것을 고통으로 여긴다. 물건을 버려야 할지 말아야 할지에 대한 우유부단성 때문에 명백히 쓸모가 없거나 무가치한 물건을 버리지 못한다. 이러한 증상으로 인해서 집, 직장, 개인적 공간(예: 사무실, 차, 마당)을 수많은 물건들로 채우고 어지럽혀 공간을 정상적인 용도로 사용하지 못한다.

저장장애의 문제행동은 불필요한 물건을 버리지 못하고 보관하는 **강박적 저장**(compulsive hoarding)과 불필요한 물건을 수집하여 집안으로 끌어들이는 **강박적 수집**(compulsive collecting)으로 구분될 수 있다. 강박적 저장은 물건을 없애는 것에 대한 어려움으로 인해서 쓸모없는 낡은 것들을 버리지 못할 뿐만 아니라 다른 사람에게 주거나 팔지도 못하고 보관하게 된다. 이렇게 버리지 못하는 대표적인 물건은 옷과 신문이다.

강박적 수집은 너무 많은 물건을 구입하거나 무료로 제공되는 물건을 모으는 과도한 행동을 뜻한다. 저장장애를 지닌 사람들은 무가치하거나 쓰레기와 같은 것들뿐만 아니라 포장도 뜯지 않은 새로운 물건을 포함하여 거의 모든 것을 수집하여 모아둔다.

저장장애를 지닌 사람들은 너무 많은 물건을 모으고 그것을 버리지 못하는 문제와 더불어 수집된 물품을 가지런히 정리하지 못하고 무질서하게 보관하는 문제를 나타낸다. 그 결과, 가치 있는 것들과 쓸모없는 것들이 뒤섞인 채로 집안에 쌓이게 된다. 이들은 이러한 수집행동으로 인한 문제의 심각성을 인식하지 못한다.

강박적 수집행동의 유병률은 약 2~5%로 보고되고 있다(Petrusa et al., 2008). 강박장애의 15~40%가 강박적 수집의 하위유형에 해당하며, 이 중 5%만이 수집행동을 일차적 증상으로

물건을 버리지 못하고 쌓아두는 저장장애

나타낸다. 여성보다 남성에게서 더 흔히 나타나지만, 여성의 경우 발병시기가 더 빠르다. 물건에 대한 수집행동이 주로 나타나는 시기는 13세 전후이다. 이 시기에는 주로 약한 정도로 나타나기 때문에 장애로 간주되지 않는다. 40~50대로 갈수록 심각한 문제로 발전하며 대부분 만성적인 경과를 보인다. 이들은 다른 사람의 감정에 둔감하며 사람보다는 소유물에 더 강한 애착을 느끼기 때문에 사회적으로 고립되거나 주변사람들과 갈등을 겪는 경향이 있다.

2. 원인과 치료

정신역동적 입장에 보면, 저장행동은 항문기적 성격의 3대 특성 중 하나인 인색함을 반영하는 것이다. 또한 항문기에 고착되어 항문기적 성격을 형성한 사람이 보이는 반항적 공격성으로서 저장장애를 이해할 수 있다.

Winnicott 등의 대상관계이론가들은 사람들이 강한 정서적 애착을 느끼는 물체, 즉 **전이대상**(transitional objects)에 주목한다. 어린아이가 어머니로부터 심리적으로 독립하는 과정에서 어머니의 애정을 대체할 수 있는 물건(예: 인형, 담요)에 강한 애착을 느끼며 집착하게 되는데, 이를 전이대상이라고 한다. 저장장애는 이처럼 다양한 물건에 과도한 정서적 애착을 나타내는 심리적 문제로 이해될 수 있다. 저장장애를 나타내는 아동의 경우, 가장 명확한 증상은 물건에 대해서 극도로 심한 애착을 보이는 것이다. 이런 경우에 아동은 물건마다 사람과 같은 특징을 붙여 의인화(personify)하는 행동을 나타낸다.

많은 저장장애 환자들은 자신의 소유물이 자기 자신의 연장이라고 여기며, 다른 사람들이 만지거나 옮겼을 때 이를 폭력으로 느낀다. 이들은 자신의 소유물에 대한 정서적 애착이 더 강할 뿐만 아니라 소유물을 과거의 중요한 사건과 관련된 의미 있는 회상물(reminder)로 여기는 경향이 있다. 또한 이들은 새로운 물건에 대해서도 강한 애착을 나타내는데, 사소한 것이라도 물건을 구매하는 것은 이들에게 안정감을 주기 때문인 것으로 여겨지고 있다.

인지행동적 입장에서는 저장장애 환자의 정보처리 결함에 주목하고 있다. 저장행동은 다음의 네 가지 인지기능의 결함으로 나타난다. 그 첫째는 의사결정(decision making)에 어려움을 나타내는 우유부단함(indecisiveness)으로서 이는 저장장애를 지닌 사람들의 대표적인 특성이다. 이들은 무엇을 모으고 무엇을 버릴지에 대한 결정(어떤 물건을 버려야할지 말아야 할지, 훗날 쓸모가 있을지 없을지, 물건을 버리고 나서 후회를 하게 될지, 버린 물건으로 인해 손해를 보게 될지)뿐만 아니라 일반적인 의사결정(아침에 어떤 옷을 입을지, 식당에서 무엇을 주문할지, 다음으로 어떤 과제를 수행할지)에도 어려움을 겪는다. Warren과 Ostrom(1988)은 이러한 우유부단함이 실수를 피하기 위한 것이라고 설명하면서 수집이 우유부단함 또는 완벽주의와 밀접하게 관련된 회피행동이라고 보았다.

둘째는 범주화/조직화(categorization/organization)의 결함이다. 저장장애 환자들은 범주(category)의 경계를 지나치게 좁게 정의하기 때문에 한 범주에 너무 적은 물건들이 속하게 된다. 따라서 개인의 물건을 분류하기 위해서는 수많은 범주가 필요하다. 이들에게는 각각의 물건이 하나의 범주에만 포함되는 특별한 것이기 때문에 물건의 분류가 어려울 수 있으며 그 결과 정리가 불가능할 수 있다. 또한 이들은 물건의 상대적인 중요성을 평가하는 데 어려움을 겪기 때문에 중요한 물건과 중요하지 않은 물건들을 뒤섞게 된다.

셋째는 기억(memory)의 결함이다. 저장장애 환자들은 자신의 기억에 대한 확신이 부족하기 때문에 물건을 보관해 두어야 자신의 기억과 정보가 잊혀지지 않는다고 믿는다. 또한 이들은 정보를 기억하고 기록하는 것을 매우 중요하게 여긴다. 이들에게는 기억을 위한 시각적 단서가 중요하기 때문에 언제든지 기억을 되살릴 수 있는 단서를 제공하는 물건의 보관이 중요하다.

넷째는 손실의 과장된 평가이다. 저장행동은 이렇게 과장된 손실을 회피하기 위한 행동인 것이다. 저장장애 환자들은 물건을 보관함으로써 언젠가 막을 수 있고 다른 사람이 사용할 수도 있으며 미적으로도 보기에 좋은 물건이 손실되는 것을 회피할 수 있다. 여기서 문제가 되는 것은 손실에 대한 평가와 두려움이 현실적이지 않다는 것이다. 이들은 물건에 '어떤 굉장히 중요한 것'이 내포되어 있다고 생각한다. 신문의 경우에는 '중요한 지식'이 담겨 있고 잡동사니 우편물의 경우에는 '중요한 정보'가 담겨 있다고 생각한다. 또한 불필요한 물건을 많이 사들이는 것은 좋은 세일의 기회를 놓치지 않기 위한 것이다.

저장장애를 지닌 사람들은 완벽주의 경향이 있으며 특히 실수와 관련된 걱정을 많이 한다. 또한 소유물에 대한 과도한 통제 욕구를 지니고 있어서 다른 사람들이 물건을 만지거나 사용하는 것을 꺼린다. 허락받지 않고 물건을 만지거나 움직이는 것은 이들에게 극도의 분노를 유발할 수 있다. 책임감도 수집행동의 발달과 유지에 중요한 역할을 한다. 수집행동을 보이는 사람은 미래에 필요한 것에 대해 준비해야 한다는 책임감을 강하게 느낀다. 이들은 '만약의 상황에 대비하기 위해서' 필요할지도 모르는 다양한 물건들을 주머니나 지갑, 자동차에 많이 가지고 다닌다.

저장장애의 치료에는 인지행동치료와 약물치료가 적용되고 있다. 인지행동치료는 강박적 수집의 치료에 주로 적용되고 있으며 다른 치료들보다 효과적인 것으로 알려져 있다. 인지행동치료에서는 강박적 수집을 하는 사람들로 하여금 왜 그렇게 많은 물건을 수집하게 되는지 그 이유를 발견하여 자각하게 하는 동시에 그들에게 소유물을 가치와 유용성에 따라 정리하는 방법을 가르친다. 특히 소유물 중 어떤 것을 보관하고 버릴 것인지를 명료하게 결정할 수 있도록 의사결정 기술을 향상시키는 것이 중요하다. 때로는 치료자나 정리전문가가 가정방문을 하여 소유물 정리를 직접 도와주거나 격려한다. 강박장애에 처방되는 삼환계 항우울제나 선택적 세로토닌 재흡수 억제제와 같은 항우울제가 강박적 수집증상을 완화하는 데 도움을 줄 수 있다.

일반적으로 저장장애를 지닌 사람들은 자신의 행동이 부적절하다는 인식이 부족할 뿐만 아니라 치료를 받고자 하는 동기도 높지 않다. 또한 치료에 대한 순응도가 낮아서 끝까지 치료를 받지 못하고 중간에 탈락하는 경우가 흔하다. 또한 이들은 다른 사람의 감정에 둔감하며 자기중심적인 경향이 있어서 치료자와의 관계형성도 쉽지 않다. 이러한 이유로 인해서 저장장애는 성공적으로 치료되는 비율이 낮은 편이지만 치료자가 적극적으로 치료동기를 강화하며 체계적인 접근을 하게 되면 성공적인 결과를 거둘 수도 있다.

제4절 털뽑기장애

27세의 Y양은 다른 사람을 만나기 위해 외출을 할 때마다 매우 신경이 쓰인다. 10년 전부터 스트레스가 쌓일 때마다 머리털을 만지작거리다가 하나씩 뽑기 시작했던 행동이 습관으로 굳어져 요즘에는 머리털의 상당 부분이 빠져버린 흉측한 모습이 되었기 때문이다. Y양은 머리털이 빠져버린 모습을 감추기 위해서 평소에도 모자를 쓰고 있으며 스카프로 가리거나 가발을 사용하기도 했다. 가족을 제외하면 그녀가 대머리라는 사실을 아무도 알지 못하고 있다.

Y양의 머리카락 뽑는 행동은 우연하게 시작되었다. 대학진학을 위해 재수를 하던 시절에 어려운 시험문제를 풀 때마다 머리카락을 쓰다듬으며 만지는 습관이 시작되었다. 특히 문제가 풀리지 않아 마음이 답답할 때 머리털을 탁 뽑으면 개운한 느낌이 들며 스트레스가 풀리는 듯 했다. 이렇게 시작된 행동이 습관으로 굳어져 10년째 계속되고 있다. Y양은 평소에도 공부를 하거나 책을 보며 집중할 때면 자신도 모르게 손가락이 머리로 올라가 머리털을 더듬으며 뽑기 시작한다. 정신을 차리고 보면 책상 위에는 뽑힌 머리카락이 수북하게 쌓여 있으며 그제야 자신이 한참 동안 머리털을 뽑고 있었다는 것을 자각하게 된다. 현재 법학전문대학원에 다니는 Y양은 이러한 행동을 하지 않으려고 온갖 노력을 기울이고 있지만 시험이 다가오거나 심한 스트레스를 받으면 머리털을 뽑는 행동을 멈출 수가 없다.

1. 진단기준과 임상적 특징

털뽑기장애(Hair-Pulling Disorder)는, Y양의 경우처럼, 자신의 머리털을 반복적으로 뽑게 되는 경우를 말하며 **발모광**(Trichotillomania)이라고 불리기도 한다. 이러한 장애를 지닌 사람은 머리카락을 반복적으로 계속해서 뽑기 때문에 대머리가 되는 것이 눈에 띌 정도로 확연하게 보인다. 머리카락을 뽑는 행동을 하기 직전이나 그러한 행동을 하지 않으려고 할 때는 긴장감이 높아지고, 머리카락을 뽑을 때마다 쾌락, 만족감, 해방감을 느낀다. 머리카락을 뽑는 행동이 다른 정신장애에 의한 것이 아니고 사회적, 직업적 적응에 심각한 고통이나 장해를 초래해야 한다.

털뽑기장애를 지닌 사람들은 모발뿐만 아니라 신체 중 모든 부위의 털(눈썹, 겨드랑이털, 음모 등)을 뽑을 수 있으며 가장 흔한 부위는 머리카락, 눈썹, 속눈썹이다. 발모행위는 하루 동안 산발적으로 일어날 수도 있고 때로는 몇 시간 동안 지속적으로 일어날 수도 있다. 보통 다른 사람들 앞에서는 머리카락을 뽑는 행동을 잘 나타내지 않지만 많은 시간을 함께 지내는 가족들은 이러한 행동을 쉽게 관찰할 수 있다. 대개의 경우, 이들은 머리카락을 뽑는 자신의 행동을 부인하며 모발 뽑기로 인해 생긴 탈모 부분을 가발이나 모자로 감추거나 위장하려고 한다.

일반적으로 발모행위는 스트레스를 받으면 증가하지만 책을 읽거나 텔레비전을 볼 때처럼 이완된 상태에서도 흔히 나타난다. 머리카락을 뽑아서 모근을 검사하거나 머리카락을 비틀거나 만지작거리고 때로는 머리카락을 입에 넣어 잘근잘근 씹는 행동을 하는 경우도 있다. 심지어 다른 사람의 머리카락까지 뽑으려고 하는 충동을 느끼는 경우도 있으며 반려동물이나

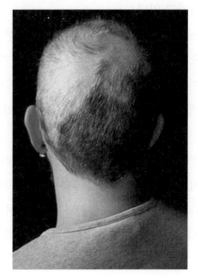

털뽑기장애를 지닌 사람의 모습

인형, 스웨터나 카펫의 털을 뽑는 행동을 나타낼 수도 있다.

　털뽑기장애는 매우 드문 장애로 여겨졌으나 최근 미국에서 대학생을 대상으로 조사한 결과 1~2%가 털뽑기장애 또는 그와 유사한 행동을 했거나 하고 있다고 응답하였다. 일반인을 대상으로 한 역학조사에서도 청소년과 성인의 경우 1년 유병률은 1~2%로 추산되었다 (American Psychiatric Association, 2013). 아동의 경우에는 이 장애의 남녀 비율이 비슷하지만 성인의 경우에는 10:1 정도로 여성이 남성보다 더 많다. 털뽑기장애가 나타나기 시작하는 시기는 대개 20세 이전으로 특히 5~8세의 아동과 13세 전후의 청소년에게서 털뽑기 행동이 많이 나타난다. 털뽑기장애는 일시적으로 나타나는 경우도 있지만 여러 해 동안 지속될 수도 있으며 시간이 지남에 따라 머리카락을 뽑는 부위가 바뀌기도 한다.

2. 원인과 치료

　정신분석적 입장에서는 털뽑기장애가 어린 시절의 정서적 결핍경험과 관련되어 있다고 본다. 털뽑기장애를 지닌 사람들은 흔히 자신의 어머니를 거부적이고 가학적인 성격의 소유자로 묘사하는 반면, 자신의 아버지는 무능하고 유약한 사람으로 묘사한다. 이들은 다른 사람의 애정과 신체접촉에 대한 강한 욕구를 지니고 있으며 미숙하고 부적응적인 방식으로 이러한 욕구를 충족시키고자 노력한다. 머리카락을 뽑는 행동은 그러한 욕구충족 과정에서 나타나는 것으로서 처벌적인 어머니와 다시 결합하고자 하는 상징적 의미를 지니고 있다. 머리카락을 뽑는 행동은 혼자 남겨지는 것에 대한 두려움을 감소시킬 뿐만 아니라 자기에 대한 증오심, 자기를 없애고자 하는 마음 또는 자기가 사랑하는 대상의 상실에 대한 보상감을 상징하는 것으로 여겨지고 있다.

　발모행동을 보이는 사람들의 대다수가 심한 스트레스를 받았을 때 증상이 시작되었다고 보고하고 있으며, 스트레스 상황에서 발모행위가 증대하는 경향이 있다. 이러한 사실은 스트레스가 털뽑기장애의 유발과 관련되어 있다는 점을 보여준다. 또한 정신지체자들이 머리카락을 뽑는 행동을 자주 보이는데, 이는 뇌기능의 이상과 털뽑기장애가 관련되어 있을 가능성을 시사한다.

　털뽑기장애의 치료에는 행동치료적 방법이 효과적인 것으로 알려져 있다. 털뽑기장애를 위한 행동치료에서는 환자 스스로 자신이 머리카락을 뽑는 행동을 조사하고 주의를 기울이게 하는 자기관찰법(self-monitoring)과 더불어 머리카락을 뽑고자 하는 충동이 들 때 머리카락을 뽑는 대신 다른 행동(예: 독서할 때는 두 손을 책 위에 올려놓기, TV를 볼 때는 아령을 잡고 있기)을 하게 하는 습관반전법(habit reversal)을 훈련시킨다. 이 밖에도 발모행동을 멈추어야 하는 이유의 목록을 작성하여 반복적으로 읽게 하는 동기 향상법(motivation enhancement), 발모행동을 하면서 나타내는 내면적 언어(예: 몇 개는 뽑아도 괜찮아, 역시 느낌이 좋단 말이야)를 순기능적인 속말(예: 이번에 지면 안 돼, 해낼 수 있어! 잘 참아냈어!)로 변화시키는 내면적 독백 변화시키기(changing the internal monologue) 등이 적용될 수 있다. 털뽑기장애의 치료에 리튬이나 항불안제, 선택적 세로토닌 재흡수 억제제와 같은 항우울제가 효과적이라는 보고도 있다.

 제5절 **피부뜯기장애**

중년 여성인 J씨는 피부과 의사의 권유로 심리상담소를 방문했다. 그녀는 3년 전에 우연히 얼굴을 만지다가 피부가 거칠다는 느낌을 받으면서 피부를 뜯는 행동을 하기 시작했다. 평소에도 자주 얼굴의 피부를 만지다가 매끈하지 못하다고 느끼면 손가락으로 피부를 몇 시간씩 벗기곤 했다. 이렇게 피부를 뜯고 벗기는 행동을 하고 나면 기분이 개운하고 안도감을 느낄 수 있었다. 특히 정서적 스트레스를 받을 때는 피부를 뜯은 후에 안도감을 느낄 수 있었다. J씨는 1년 전부터 거의 매일 피부 뜯기를 하고 있으며 한 번 시작하면 2~3시간씩 계속되고 있다. 이러한 행동으로 인해서 J씨의 입술과 코 주위에는 심한 상처가 생겼을 뿐만 아니라 얼굴 전체에 붉은 반점이 나타났다. J씨는 자신의 피부 뜯기 행동이 잘못된 것이라는 점을 잘 알고 있지만 얼굴 피부가 가렵거나 콕콕 쑤시는 감각을 참을 수 없기 때문에 피부를 뜯는 행동을 멈출 수가 없다.

1. 진단기준과 임상적 특징

피부뜯기장애(Excoriation Disorder 또는 Skin-Picking Disorder)는 J씨의 경우처럼 반복적으로 피부를 뜯거나 벗김으로써 피부를 손상시키는 행동을 하는 경우를 뜻한다. 피부 벗기기는 심각하지만 잘 알려져 있지 않은 문제로서 DSM-5에서 처음으로 강박 관련 장애의 하위장애로 포함되었다.

피부뜯기장애를 지닌 사람들은 반복적으로 피부를 만지며 문지르거나 긁거나 뜯거나 쑤신다. 이러한 행동으로 인해서 피부가 손상되고 변색되거나 흉터가 생긴다. 심각한 경우에는 피부조직이 훼손되어 흉한 모습이 될 수 있다. 이러한 장애를 지닌 사람들은 피부를 뜯는 행동을 줄이거나 그만두기 위해 노력하지만 매번 실패하게 된다. 이러한 문제로 인해서 심각한 고통을 받거나 일상생활의 적응에 현저한 장해가 발생할 경우 피부뜯기장애로 진단되며 강박적

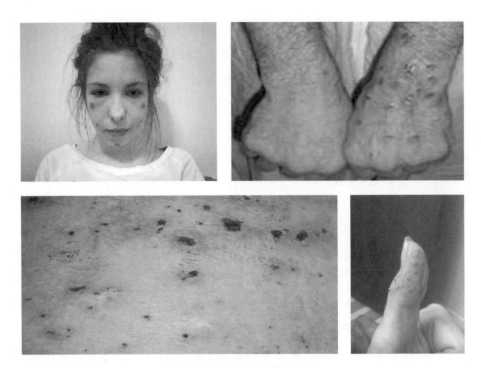

피부뜯기장애를 지닌 사람들의 모습

피부 뜯기(dermatillomania)라고 불리기도 한다.

피부 뜯기는 불안과 긴장이 높아지거나 스트레스를 받으면 증가한다. 이런 경우에 피부 표면을 벗기거나 물거나 긁고 싶은 강박적 충동을 경험하게 된다. 주된 신체부위는 얼굴이지만 팔, 다리, 입술, 허벅지, 가슴, 손톱이나 발톱도 그 대상이 될 수 있다. 대부분의 경우, 피부 벗기기가 집중되는 부위가 있지만 그 부위의 상처가 낫는 동안 다른 부위로 옮겨가기도 한다.

피부 뜯기 행동은 하루에 짧게 여러 번 나타나지만 때로는 몇 시간 동안 지속되기도 한다. 흔히 손톱을 이용해서 피부를 벗기거나 뜯으며 핀셋과 같은 도구를 사용하는 경우도 있다. 이러한 행동으로 인해 피부가 붓거나 상처가 생길 뿐만 아니라 죄책감이나 수치심과 같은 심리적 고통이 수반되며 자해행동으로 이어질 수도 있다. 피부뜯기장애를 지닌 사람의 12%가 자살에 관한 생각을 하며 11.5%가 자살을 시도한 적이 있고 15%는 정신과병원에 입원한다는 연구보고가 있다(Odlaug & Grant, 2010).

미국인의 경우, 피부뜯기장애의 평생 유병률은 3.1%이고 현재 시점 유병률은 2.1%이며 여성의 유병률이 남성보다 3배 정도 높은 것으로 나타났다(American Psychiatric Association, 2022). 미국대학생을 대상으로 시행된 연구(Odlaug et al., 2012)에 따르면, 여성의 5.8% 그리고 남성의 2.0%가 심한 피부 뜯기 행동을 나타내고 있었으며 우울장애, 불안장애, 섭식장애, 물질사용장애 등의 심리적 문제를 함께 지니고 있었다. 피부 뜯기 행동은 흔히 청소년기에 여드름이 생기면서 시작되며 여드름이 사라진 후에도 지속되면서 피부뜯기장애로 발전된다. 청소년기 이후에는 30~45세 사이에 주로 발병하며 부부갈등, 가족의 사망, 원치 않는 임신과 같은 스트레스 사건이 촉발요인으로 작용한다(Odlaug & Grant, 2010).

2. 원인과 치료

피부뜯기장애의 원인은 아직 잘 알려져 있지 않다. 정신역동적 입장에서는 피부뜯기장애가 미해결된 아동기의 정서적 문제와 관련되어 있다고 주장한다. 대체로 털뽑기장애와 유사한 정신적 역동에 의해서 발생하는 것으로 제안되고 있으며 특히 권위적인 부모에 대한 억압된 분노의 표현이라고 설명하고 있다.

인지행동적 입장에서는 피부 뜯기 행동을 일종의 스트레스 대처방식으로 간주한다(Lang et al., 2010). 피부 뜯기 행동은 자기-진정하기(self-soothing)와 자극하기(stimulating)의 양면적 효과를 통해서 적정한 수준의 각성을 유지하는 기능을 하는 것으로 추정되고 있다. 피부뜯기장애를 지닌 사람들은 심한 스트레스를 받았을 때 피부 뜯기를 통해서 기분이 나아진다고 보고한다. 피부 뜯기 행동은 자기-진정하기의 효과를 통해서 스트레스로 인한 흥분된 각성 수준을 감소시킨다. 이와 반대로, 반복적인 활동을 하거나 지루함을 느낄 때에도 피부 뜯기 행동이 증가한다. 이러한 경우에는 피부 뜯기를 통해 신경계를 자극함으로써 각성 수준을 높이는 효과를 지닐 수 있다. 여드름과 같은 피부의 문제를 겪으면서 피부를 만지고 뜯는 행동이 습관화되는 것에서 시작하여 이와 같이 자기-진정하기와 자극하기의 보상을 통해 강박적인 피부 뜯기 행동으로 발전할 수 있다.

완벽주의적 성향도 피부 뜯기 행동에 영향을 미칠 수 있다. 피부뜯기장애를 지닌 사람은 거울 앞에서 자신의 얼굴이나 피부를 몇 시간씩 세밀하게 살펴보는 경향이 있다. 이러한 행동은 아주 미세한 피부의 문제를 찾아 고침으로써 완벽한 상태를 이루기 위한 것이다. 그러나 피부 뜯기를 통해서 입힌 상처로 인해 더욱 심한 피부의 문제가 발생하는 역설적인 결과가 나타난다. 따라서 더욱 피부 문제에 강렬하게 집착하면서 이를 개선하기 위해 피부 뜯기 행동을 하는 악순환이 나타나게 된다.

생물의학적 입장에서는 신경전달물질인 도파민이 피부 뜯기 충동과 관련되어 있다는 주장이 제기되었다(Odlaug & Grant, 2010). 도파민 기능을 촉진하는 코카인이나 메타암페타민과 같은 약물은 피부에 벌레가 기어가는 것과 같은 가려움증을 유발함으로써 피부 뜯기 충동을 촉발하는 것으로 알려져 있다. 반면에 도파민을 억제하는 약물은 피부 뜯기 행동을 감소시킨다. 이러한 결과들은 피부뜯기장애가 도파민 기능의 손상에 의한 것이라는 점을 시사한다.

피부뜯기장애에는 주로 약물치료와 행동치료가 적용되고 있다. 피부뜯기장애의 치료를 위해서는 대체로 강박장애의 치료약물이 사용되며, 특히 선택적 세로토닌 재흡수 억제제 계열의 항우울제가 흔히 처방된다. 이러한 약물을 통해서 증상이 호전될 수도 있으나 행동치료와 병행하는 것이 바람직하다. 행동치료에서는 우선 환자로 하여금 자기관찰을 통해서 피부 뜯기 행동이 나타나는 횟수나 상황을 기록함으로써 자신의 증상을 자각하게 한다. 아울러 습관반전 훈련(habit reversal training)을 통해 피부를 뜯으려는 충동이 일어날 때 다른 행동을 하도록 가르친다. 특히 피부 뜯기와 동시에 할 수 없는 경쟁반응(예: 장난감 만지작거리기, 뜨개질하기, 구슬 꿰기, 다른 손을 바쁘게 움직이도록 하는 행동)을 하도록 학습시킨다. 또한 자극통제(stimulus control)를 통해서 환자가 피부 뜯기 충동을 느끼게 되는 상황이나 심리적 상태를 확인하여 회피하도록 돕는다. 예컨대, 피부 뜯기 행동은 혼자 있을 때 주로 나타나므로 다른 사람들과 더 많은 시간을 함께 보내도록 한다. 거울 앞에 있을 때 이러한 행동이 자주 나타난다면, 집에 있는 거울을 없애거나 가리도록 한다. 이러한 치료의 궁극적 목표는 피부 뜯기 충동을 느끼지 않도록 하는 것이다. 이를 위해서 피부 뜯기 충동을 느낄 때 피부 뜯기 행동을 하지 않도록 하는 것이다. 그러한 행동을 하지 않으면 피부 뜯기 충동이 점차로 약화되기 때문이다.

요약

1. 강박 및 관련 장애는 과도한 집착과 반복적 행동을 특징으로 나타내는 일군의 장애를 의미한다. DSM-5-TR은 강박 및 관련 장애의 하위장애로 강박장애, 신체이형장애, 저장장애, 털뽑기장애, 피부뜯기장애를 제시하고 있다.

2. 강박장애는 반복적으로 의식에 침투하는 강박사고와 그에 따른 강박행동을 주된 증상으로 하는 장애이다. 인지적 입장에서는 누구나 경험하는 침투적 사고에 대해서 과도하게 중요성, 책임감, 통제필요성을 부여하는 인지적 평가와 사고억제를 위한 부적절한 대처행동이 강박장애의 유발에 관여한다고 본다. 정신분석적 입장에서는 격리, 대치, 반동형성, 취소와 같은 방어기제를 통해 무의식적 갈등과 불안에 대처할 경우 강박증상을 나타낼 수 있다고 설명한다. 아울러 뇌의 전두엽이나 기저핵의 기능이상과 같은 생물학적 요인이 강박장애와 관련된다는 연구보고가 있다. 강박장애에 대한 심리적 치료방법으로는 노출 및 반응방지법, 인지적 치료 및 약물치료가 적용되고 있다.

3. 신체이형장애는 자신의 외모나 신체의 일부가 기형적이라고 생각하며 집착하는 장애를 말한다. 이러한 장애를 지닌 사람들은 신체적 기형에 대한 믿음 때문에 심한 열등감을 느낄 뿐만 아니라 신체적 결함을 관찰하거나 치장하는 행동에 많은 시간을 보내면서 사회적 적응에 어려움을 겪게 된다. 신체이형장애는 자신의 외모에 대한 선택적 주의, 사회적 부적

응에 대한 잘못된 귀인, 외모에 대한 완벽주의적 신념과 같은 인지적 요인이 영향을 미칠 수 있다. 신체이형장애의 치료를 위해서는 세로토닌 재흡수 억제제를 사용한 약물치료와 노출 및 반응방지법이 효과적인 것으로 알려져 있다.

4. **저장장애**는 언젠가는 필요할지 모른다는 생각으로 버려야 할 물건들을 집안에 산더미처럼 쌓아두는 장애를 뜻한다. 이렇게 쌓아놓은 물건들은 생활공간을 심각하게 제한하고 안전이나 건강의 문제를 야기하게 된다. 그 결과, 자신뿐만 아니라 주변사람들이 심한 불편을 겪거나 일상생활에 심각한 문제를 초래하게 된다. 저장장애를 지닌 사람들은 어떤 물건을 보관하거나 버려야 할지에 대한 의사결정의 곤란, 소유물을 지나치게 세분하여 분류하는 방식의 문제, 자신의 기억에 대한 자신감 부족, 미래의 손실에 대한 과장된 평가와 같은 인지적 결함을 나타낸다. 저장장애의 치료에는 주로 의사결정과 물건정리 기술을 습득시키는 인지행동치료와 항우울제를 사용한 약물치료가 사용되고 있다.

5. **털뽑기장애**는 자신의 머리털을 반복적으로 뽑게 되는 경우를 말하며 이러한 장애를 지닌 사람은 머리카락을 반복적으로 계속해서 뽑기 때문에 대머리가 되는 것이 눈에 띌 정도로 확연하게 보인다. 정신분석적 입장에서는 털뽑기장애가 어린 시절의 정서적 결핍경험과 관련된 것으로 여긴다. 또한 발모행동은 스트레스에 대처하는 독특한 방식의 부적응적 행동으로 여겨지고 있다. 발모증의 치료에는 자신의 발모행동을 관찰하고 다른 대안적 행동으로 대체하게 하는 행동치료적 방법이 효과적인 것으로 알려져 있다.

6. **피부뜯기장애**는 반복적으로 피부를 벗기거나 뜯음으로써 피부를 손상시키는 행동을 하는 경우를 뜻한다. 이러한 장애를 지닌 사람들은 피부 벗기는 행동을 줄이거나 그만두기 위해 노력하지만 매번 실패하게 된다. 피부뜯기장애의 원인은 아직 잘 알려져 있지 않다. 정신역동적 입장에서는 피부뜯기장애가 미해결된 아동기의 정서적 문제와 관련된다고 주장한다. 인지행동적 입장에서는 피부 벗기기 행동을 스트레스에 대한 일종의 대처방식으로 간주한다. 피부뜯기장애에는 주로 피부 벗기기 충동을 완화하는 약물치료와 피부 벗기기 행동을 방지하고 다른 행동으로 대체시키는 행동치료가 적용되고 있다.

추천도서 및 시청자료

강박 관련 장애에 대한 좀 더 깊은 이해를 원하는 사람에게는 다음과 같은 도서를 추천한다. 강박장애의 임상적 특징과 사례, 원인에 대한 여러 이론, 그리고 치료방법이 쉽고 자세하게 설명되어 있는 책으로는 〈이상심리학 시리즈〉로 발간된 『강박장애』(이용승, 이한주, 2016)가 있으며 좀 더 전문적인 지식을 접하고자 하는 사람은 『강박증의 통합적 이해』(권준수 등, 2009)를 참고할 수 있다. 저장장애에 대해서는 『저장장애』(유성진, 2017)를 통해서 좀 더 자세하게 이해할 수 있다.

강박장애를 널리 알리게 된 계기가 된 작품 〈이보다 더 좋을 순 없다(As Good As It Gets)〉(1997)는 반드시 한 번 시청하기를 권한다. 이 작품에서 열연한 Jack Nicholson의 연기를 통해서 강박장애를 지닌 사람이 살아가는 모습을 실감나게 접할 수 있다. 아울러 강박장애를 다룬 〈에비에이터(The Aviator)〉(2004)도 볼 만하다. 이 영화는 Leonardo DiCaprio가 주연한 영화로서 자녀를 과잉보호하는 부모, 세균에 대한 공포와 강박행동, 즉각적인 만족을 위한 강렬한 욕구와 같이 강박장애에 영향을 미치는 여러 요인을 잘 표현하고 있다. 이 영화는 미국 영화계와 항공산업의 거물이었으며 파란만장한 삶을 살았던 하워드 휴즈(Howard Robard Hughes, Jr.: 1905~1976)의 실제 생애에 근거하고 있으며 아카데미 5개의 부문에서 상을 받았다.

프랑스 영화인 〈시라노 드 벨주락(Cyrano de Bergerac)〉(1990)은 신체이형장애를 잘 나타내고 있는데 남자주인공인 Cyrano는 사촌인 Roxanne을 깊이 사랑하면서도 자신의 코가 너무 길고 못생겼다는 인식 때문에 사랑을 고백하지 못하고 고통스러운 삶을 살아간다. 저장장애와 관련하여 강박적 수집행동을 살펴볼 수 있는 영화로는 〈윈터 패싱(Winter Passing)〉(2005)〉과 〈다섯 번째 계절(Bee Season)〉(2005)〉이 있다. 코미디인 〈윈터 패싱〉에서 Ed Harris(돈 홀든 역)는 아내의 자살로 인해 엉망이 되어 버린 알코올 중독자 역할을 연기했다. 그는 쓰레기로 가득한 집에 살고 있으며, 주변 환경을 통제하기 위해서 수많은 책을 이용하여 자신과 세상과의 상징적인 경계를 만들어 놓는 강박적인 수집가의 모습을 잘 보여주고 있다.

제**6**장

외상 및 스트레스 관련 장애

제6장

외상 및 스트레스 관련 장애

우리의 삶은 크고 작은 생활사건의 연속으로 이루어진다. 그러한 사건에 대처하며 적응하는 과정이 우리의 인생이다. 특히 부정적인 사건을 겪게 되면 우리는 일시적으로 고통을 경험하지만 곧 일상적인 생활로 되돌아간다. 그런데 어떤 사건들은 너무 강력하고 충격적이어서 우리의 마음에 극심한 고통과 혼란을 유발할 뿐만 아니라 오랜 세월이 지난 후에도 고통스러운 심리적 상처를 남기기도 한다. 이처럼 외부로부터 주어진 충격적인 사건에 의해서 입은 심리적 상처가 바로 **외상**(外傷), 즉 **트라우마**(trauma)이다.

인간의 생명과 안녕을 위협하는 충격적인 사건들이 우리의 주변에서 드물지 않게 발생하고 있다. 외상을 유발하는 사건들로는 지진, 해일, 전쟁, 건물 붕괴, 치명적 교통사고, 살인 및 강간, 납치 등을 비롯하여 수없이 많다. 외상은 개인에게 발생한 횟수에 따라 일회적 외상과 반복적 외상으로 구분될 수 있다(Allen, 2005).

일회적 외상(single-blow trauma)은 단 한 번의 충격적 사건으로 인해 입게 되는 커다란 심리적 상처를 의미한다. 강력한 외상 사건은 단 한 번의 경험으로 인해서 심각한 심리적 상처를 유발할 뿐만 아니라 오랫동안 상처를 지속시킬 수 있다. 이러한 일회적 외상의 가장 대표적인 유형은 지진, 해일, 산사태, 화산폭발과 같이 드물게 일어나는 자연재해(natural disaster)이다. 둘째 유형은 기술적 재해(technological disaster)로서 댐이나 건물 붕괴, 비행기 추락, 화학물질 유출, 원자로 파괴 등과 같이 기술적인 잘못이 관여한 재해로서 책임소재를 가리는 일이 중요해진다. 셋째 유형은 폭력적 범죄(violent crime)로서 살인, 폭행, 강간, 강도, 유괴, 납치 등이 이에 해당한다. 마지막으로, 사랑하는 사람을 잃는 관계상실(relational loss)도 일회적 외상에

많은 사람에게 깊은 마음의 상처를 남긴 외상 사건들: 미국의 9 · 11테러사건(좌상),
일본 동부를 덮친 쓰나미(우상), 광주 민주화 항쟁사건(좌하), 삼풍백화점 붕괴사건(우하).

속한다. 가족이 갑작스럽게 사망하거나 사랑하는 사람이 폭력을 당해 처참한 모습으로 죽는
것을 목격하는 일은 슬픔, 공포, 분노와 같은 강렬한 감정반응을 야기하게 된다.

　반복적 외상(repeated trauma)은 부모나 친인척으로부터 주기적으로 당한 학대의 경우처럼
반복적으로 주어진 충격으로 인한 심리적 상처를 뜻한다. 아동학대나 성폭행의 경우처럼 가
까운 주변사람들에 의해서 상습적으로 가해진 신체적 · 정서적 · 성적 학대가 이에 해당한다.
또는 전쟁터, 강제수용소 또는 감옥에서 장기간에 걸쳐 다양한 공포스러운 사건을 경험하는
경우도 반복적 외상에 속한다.

　또한 외상은 대인관계 관여도에 따라 인간 외적인 외상, 대인관계적 외상, 애착 외상으로
구분된다(Allen, 2005). 대인관계 요소가 관련되는 정도에 따라서 외상의 성격과 결과가 크게
달라질 수 있다. 누가 어떤 의도로 어떤 피해를 주었느냐에 따라 피해자의 심리적 충격은 크
게 달라질 수 있기 때문이다. **인간 외적인 외상**(impersonal trauma)은 지진, 태풍, 산사태, 홍수,
화산폭발과 같이 인간이 개입되지 않은 자연재해를 의미하며 자연의 작용에 의해서 우발적으
로 일어난다. **대인관계적 외상**(interpersonal trauma)은 타인의 고의적 행동에 의해 입은 상처와
피해를 뜻한다. 전쟁, 테러, 살인, 폭력, 강간, 고문 등은 이러한 인간 간 외상에 속한다. 부주
의에 의한 화재나 음주운전자가 낸 자동차 사고는 인간과 무관한 외상과 인간 간 외상의 경계

에 속하는 외상 사건이라고 할 수 있다. **애착 외상**(attachment trauma)은 부모나 양육자와 같이 정서적으로 매우 긴밀하고 의존도가 높은 관계에서 입은 심리적 상처를 의미한다. 애착 외상은 크게 학대와 방임으로 구분될 수 있으며 가정 내의 가까운 사람에 의해 이루어지는 신체적 학대, 가정폭력, 정서적 학대나 방임, 성폭행과 성적 학대 등이 해당된다. 특히 어린 시절에 입은 애착 외상은 다른 사람과의 신뢰관계를 형성할 수 있는 능력을 훼손하여 지속적으로 영향을 미치게 된다.

어떠한 경우든 외상 사건을 경험한 사람은 그 충격과 후유증으로 인해 심각한 부적응 증상을 나타내는 경우가 흔하다. DSM-5-TR은 외상 사건을 비롯한 다양한 스트레스 사건의 경험으로 인해 발생하는 심리적 문제들을 **외상 및 스트레스 관련 장애**(Trauma-and Stressor-Related Disorders)라는 독립된 장애범주로 분류하여 제시하고 있다. 이 장애범주의 주된 특징은 외부 세계에서 주어진 환경적인 스트레스 사건과 그에 대한 개인의 부적응적 반응이다. 외상 및 스트레스 관련 장애에는 외상후 스트레스장애, 급성 스트레스장애, 지속성 애도장애, 반응성 애착장애, 탈억제성 사회적 접근장애, 적응장애가 포함되어 있다.

제1절 외상후 스트레스장애

작은 사업을 하고 있는 D씨는 요즘 잠을 잘 이루지 못하고 있다. 7개월 전에 두 명의 친구와 함께 밤낚시를 하러 갔다가 교통사고를 당했는데, 그때 운전을 하던 친구 한 명이 사망했기 때문이다. D씨도 갈비뼈가 부러지는 중상을 입었으나 지금은 정상적인 생활이 가능한 상태이다. 그러나 교통사고 이후로 D씨는 심한 정신적 고통 속에서 헤어나지 못하고 있다. 우선 두려움 때문에 자동차 운전을 할 수가 없을 뿐 아니라 다른 사람이 운전하는 승용차도 타기가 힘들다. 평소에도 신경이 매우 예민하여 자동차 지나가는 소리나 경적소리에 깜짝깜짝 놀라며 교통사고 당시 피투성이였던 친구의 모습이 떠오르곤 한다. 요즘은 죽은 친구가 나타나는 꿈을 자주 꾸게 되어 제대로 잠을 이루지 못하고 있다. 사망한 친구가 낚시를 가자고 제안했고 운전도 직접 했기 때문에 D씨가 친구의 죽음에 죄책감을 느낄 필요는 없으나, 꿈속에 친구가 나타나면 매우 마음이 무겁고 우울하다. 그러나 함께 낚시를 갔던 다른 친구는 D씨와 달리 심리적 안정을 찾고 사업을 잘 해 나가고 있다.

1. 주요증상과 진단기준

외상후 스트레스장애(PTSD: Posttraumatic Stress Disorder)는, D씨의 경우처럼, 충격적인 외상 사건을 경험하고 난 후에 다양한 심리적 부적응 증상이 나타나는 경우를 말한다. 여기에서 외상 사건(traumatic event)은 죽음 또는 죽음의 위협, 신체적 상해, 성폭력과 같이 개인에게 심각한 충격을 주는 다양한 사건들(예: 지진이나 화산폭발과 같은 자연재해, 전쟁, 살인, 납치, 교통사고, 화재, 강간, 폭행)을 의미한다. 생명의 위협이나 심각한 신체적 상해의 위협을 느낄 만큼 충격적인 사건들을 경험하게 되면 그 사건이 종료되었음에도 불구하고 그러한 충격적 경험이 커다란 심리적 상처가 되어 오랜 기간 피해자의 삶에 영향을 미치게 된다. 이러한 외상 경험은 개인이 그러한 외상 사건을 직접 경험한 경우뿐만 아니라 타인에게 일어난 외상 사건을 가까이에서 목격하거나 친밀한 사람(가족이나 친구)에게 그러한 사건이 발생했음을 알게 된 경우에도 발생할 수 있다.

외상후 스트레스장애는 이러한 외상 사건을 경험한 후에 다음과 같은 네 가지 유형의 심리적 증상을 특징적으로 나타낸다. 그 첫째는 침투 증상(intrusion symptoms)으로서 외상 사건과 관련된 기억이나 감정이 자꾸 의식에 침투하여 재경험되는 것을 말한다. 즉, 과거가 현재 속으로 끊임없이 침습하는 것이다. 외상 사건에 대한 고통스러운 기억이 자꾸 떠오르거나 꿈에 나타나기도 한다. 외상 사건과 관련된 자극을 접하게 되면, 그 사건이 실제로 발생하고 있는 것 같은 착각(flashback)을 하거나 강렬한 심리적 고통이나 과도한 생리적 반응을 나타낸다.

둘째, 외상 사건과 관련된 자극을 회피한다. 외상 사건의 재경험이 매우 고통스럽기 때문에 그와 관련된 기억, 생각, 감정을 떠올리지 않으려고 노력한다. 외상 사건과 관련된 생각이나 대화를 피할 뿐만 아니라 그와 관련된 사람이나 장소를 회피한다. 고통스러운 외상 경험을 떠올릴 수 있는 모든 자극이나 단서(사람, 장소, 대화, 활동, 대상, 상황)를 회피하려고 노력한다.

셋째, 외상 사건과 관련된 인지와 감정에 있어서 부정적인 변화가 나타난다. 예컨대, 외상 사건의 중요한 일부를 기억하지 못하거나 외상 사건의 원인이나 결과를 왜곡하여 받아들임으로써 자신이나 타인을 책망한다. 또는 자신, 타인 및 세상에 대한 과도한 부정적 신념(예: 나는 나쁜 놈이야. 아무도 믿을 수 없어. 세상은 완전히 위험천지야. 내 뇌는 영원히 회복될 수 없어.)을 나타내기도 한다. 공포, 분노, 죄책감이나 수치심과 같은 부정 정서를 나타내거나 다른 사람에게서 거리감과 소외감을 느끼기도 한다.

마지막으로, 각성과 반응성의 현저한 변화가 나타난다. 평소에도 늘 과민하며 주의집중을 잘 하지 못하고 사소한 자극에 크게 놀라는 반응을 보인다. 사소한 일에도 크게 짜증을 내거나 분노를 폭발하기도 한다. 잠을 잘 이루지 못하거나 쉽게 잘 깨는 등 수면의 곤란을 나타낸다.

외상 사건을 경험하고 난 후 이러한 네 가지 유형의 증상들이 1개월 이상 나타나서 일상생

표 6-1 외상후 스트레스장애에 대한 DSM-5-TR의 진단기준

A. 실제적인 것이든 위협을 당한 것이든 죽음, 심각한 상해 또는 성적인 폭력을 다음 중 한 가지 이상의 방식으로 경험한다.

  1. 외상 사건을 직접 경험하는 것

  2. 외상 사건이 다른 사람에게 일어나는 것을 직접 목격하는 것

  3. 외상 사건이 가까운 가족이나 친구에게 일어났음을 알게 되는 것

  4. 외상 사건의 혐오스러운 세부내용에 반복적으로 또는 극단적으로 노출되는 것(전자매체, TV, 영화, 사진을 통한 것이 아님)

B. 외상 사건과 관련된 침투 증상이 다음 중 한 가지 이상 나타난다.

  1. 외상 사건에 대한 고통스러운 기억의 반복적이고 침투적인 경험

  2. 외상 사건과 관련된 고통스러운 꿈의 반복적 경험

  3. 외상 사건이 실제로 일어난 것처럼 느끼고 행동하는 해리 반응(예: 플래시백)

  4. 외상 사건과 유사하거나 그러한 사건을 상징하는 내적 또는 외적 단서에 노출될 때마다 강렬한 심리적 고통의 경험

  5. 외상 사건을 상징하거나 그와 유사한 내적 또는 외적 단서에 대한 심각한 생리적 반응

C. 외상 사건과 관련된 자극 회피가 다음 중 한 가지 이상의 방식으로 지속적으로 나타난다. 이러한 변화는 외상 사건이 일어난 후에 시작된다.

  1. 외상 사건과 밀접히 관련된 고통스러운 기억, 생각, 감정을 회피하거나 회피하려는 노력

  2. 외상 사건과 밀접히 관련된 고통스러운 기억, 생각, 감정을 유발하는 외적인 단서들(사람, 장소, 대화, 활동, 대상, 상황)을 회피하거나 회피하려는 노력

D. 외상 사건에 대한 인지와 감정의 부정적 변화가 다음 중 두 가지 이상 나타난다. 이러한 변화는 외상 사건이 일어난 후에 시작되거나 악화될 수 있다.

  1. 외상 사건의 중요한 측면을 기억하지 못한다.

  2. 자신, 타인, 세상에 대한 과장된 부정적 신념이나 기대를 지속적으로 지닌다.

  3. 외상 사건의 원인이나 결과에 대한 왜곡된 인지를 지니며, 이러한 인지로 인해 자신이나 타인을 책망한다.

  4. 부정적인 정서 상태(예: 공포, 분노, 죄책감이나 수치심)를 지속적으로 나타낸다.

  5. 중요한 활동에 대한 관심이나 참여가 현저하게 감소한다.

  6. 다른 사람에 대해서 거리감이나 소외감을 느낀다.

  7. 긍정 정서(예: 행복감, 만족, 사랑의 감정)를 지속적으로 느끼지 못한다.

E. 외상 사건과 관련하여 각성과 반응성의 현저한 변화가 다음 중 두 가지 이상 나타난다. 이러한 변화는 외상 사건이 일어난 후에 시작되거나 악화될 수 있다.

  1. (자극이 없는 상태이거나 사소한 자극에도) 짜증스러운 행동이나 분노 폭발

  2. 무모하거나 자기파괴적인 행동

  3. 과도한 경계

  4. 과도한 놀람 반응

5. 집중의 곤란

6. 수면장해

F. 위에 제시된 (B, C, D, E의 기준을 모두 충족시키는) 장해가 1개월 이상 나타난다.

G. 이러한 장해로 인해서 심각한 고통이 유발되거나 사회적, 직업적 또는 중요한 기능에 현저한 손상이 나타난다.

H. 이러한 장해는 약물이나 신체적 질병에 의한 것이 아니어야 한다.

* 위의 내용은 청소년과 성인에게 적용되는 진단기준이며, 아동의 경우에는 다소 다른 진단기준이 적용된다.

활에 심각한 장해를 받게 될 때 외상후 스트레스장애로 진단된다. 이러한 장애는 외상 사건을 경험한 직후에 나타나는 경우가 대부분이지만 사건을 경험한 후 한동안 잘 지내다가 몇 개월 또는 몇 년 후에 이러한 증상이 뒤늦게 나타나는 경우도 있다. DSM-5-TR에 제시된 외상후 스트레스장애의 진단기준을 좀 더 자세하게 소개하면 〈표 6-1〉과 같다.

일반적으로 아동은 성인에 비해서 외상 사건을 겪게 되면 외상후 스트레스장애로 이어질 가능성이 더 높다. 또한 아동이 나타내는 외상후 스트레스장애는 성인과 다소 다른 양상을 나타낸다. 예컨대, 아동은 외상 사건의 기억을 떠올리기보다 외상 사건과 관련된 주제를 놀이 형식으로 재현할 수 있다. 또한 외상 사건과 직접 관련된 꿈을 꾸기보다 괴물이 나타나거나 다른 사람을 구출해내는 내용의 꿈을 꾸는 경향이 있다. 아동은 성인과 달리 외상을 회피하거나 부인하지 못하는 경향이 있으며 심리적인 충격을 분리불안, 신체화 증상, 비행행동 등으로 나타낼 수도 있다.

2. 임상적 특징

외상후 스트레스장애의 유병률은 평가방법, 선정된 대상, 외상 사건의 유형에 따라 다양하게 보고되고 있다. 미국인의 경우, 성인의 평생 유병률은 6.8%이며 청소년의 평생 유병률은 5.0~8.1%로 알려져 있다(American Psychiatric Association, 2022). 그러나 2021년에 보건복지부에서 시행한 정신건강 실태조사에 따르면, 한국인의 경우 외상후 스트레스장애의 평생 유병률은 1.5%(남성 1.3%; 여성 1.6%)로서 미국보다 현저하게 낮은 것으로 나타났다.

일반적으로 여성은 남성에 비해 외상후 스트레스장애의 유병률이 높다. Kessler 등(2005)에 따르면, 여성이 남성에 비해 외상후 스트레스장애에 걸릴 가능성이 3배 정도 더 높다. 이러한 경향은 여성이 강간이나 성폭행과 같은 특정한 외상에 노출될 위험성이 높은 것 외에도 여성과 관련된 생물학적, 심리적, 사회적 요인에 의한 것으로 여겨진다.

외상후 스트레스장애는 2차 세계 대전 이후 참전했던 퇴역군인들이 다양한 부적응 문제를 나타내면서 체계적인 연구가 이루어지기 시작했다. 베트남전에 참전한 퇴역군인 중 남성의 15.2%, 여성의 8.5%가 외상후 스트레스장애를 나타냈다(Kulka et al., 1990). 베트남전이 끝난 지 20년이 흐른 후에도 15.2%의 참전 군인들이 외상후 스트레스장애를 겪고 있으며 11.1%는 부분적인 외상후 스트레스장애 증상을 나타내고 있다. 강간이나 범죄와 같은 치명적인 사건을 경험한 사람들의 7.5%가 외상후 스트레스장애를 나타내고 있다(Kilpatrick et al., 1987). 미국 Buffalo Creek 댐 붕괴 사건의 생존자를 대상으로 한 연구(Green et al., 1990)에서는 사건이 발생한 14년 후에도 생존자의 28%가 외상후 스트레스장애로 진단되었다. 9·11 테러사건과 관련된 외상후 스트레스장애의 유병률 조사(Galea at al., 2002)에서는 세계무역센터 근처의 거주민 중 약 20%가 외상후 스트레스장애를 지닌 것으로 추정되었다. 우리나라에서도 5·18광주민주화운동, 대구지하철 화재사건, 세월호 침몰사고, 이태원 압사사고 등과 같은 충격적 사건이 발생한 후에 이러한 사건의 생존자나 목격자들 중의 일부가 외상후 스트레스장애를 나타낸 바 있다.

외상후 스트레스장애는 아동기를 포함한 어느 연령대에서도 발생 가능한 장애로서 증상은 대부분 사건 발생 후 3개월 이내에 일어나며 증상이 지속되는 기간은 몇 개월에서 몇 년까지도 지속될 수 있다. 외상후 스트레스장애는 다른 정신장애와의 공병률이 상당히 높다. 가장 높은 공병률을 나타내는 정신장애는 주요우울장애로서 약 50%의 외상후 스트레스장애 환자에게서 나타나며 범불안장애도 38%의 공병률을 나타낸다(Kessler et al., 1995). 공병률에는 성차가 나타나는데, 남성의 경우는 알코올 남용 및 의존(51.9%), 주요우울장애(47.9%), 품행장애(43.3%) 순으로 높은 공병률을 나타내는 반면, 여성의 경우는 주요우울장애(48.5%), 특정공포증(29%), 사회공포증(48.5%) 순으로 나타났다.

3. 원인

외상은 충격적 사건으로 인한 심리적 상처로서 개인의 삶에 지속적인 파급효과를 미치게 된다. 객관적인 관점에서 외상은 죽음이나 심각한 상해와 같이 생명의 심각한 위협이 되는 사건에 노출되는 것을 뜻한다. 그러나 주관적인 측면에서 외상은 이러한 사건에 노출된 사람이 경험하는 심리적 충격, 즉 공포, 무력감, 분노, 죄책감의 반응을 의미한다. 동일한 외상 사건에 노출된 사람들의 심리적 반응은 각기 다르다. 외상후 스트레스장애의 이해를 위해서는 동일한 사건이 왜 어떤 사람에게는 외상으로 작용하고 다른 사람에게는 그렇지 않은지를 밝히는 것이 중요하다.

외상후 스트레스장애는 외상 사건이라는 분명한 촉발요인이 존재하기 때문에 연구의 초점이 이러한 장애에 취약한 사람들의 특성을 밝히는 데에 모아지고 있다. 동일한 외상 사건을 경험했더라도 어떤 사람들은 잘 이겨내고 적응하는 반면, 어떤 사람들은 외상후 스트레스장애를 나타내기 때문이다. Davidson과 Foa(1991)는 외상후 스트레스장애를 유발할 수 있는 위험요인을 외상 사건의 전, 중, 후의 세 요인으로 나누어 제시하고 있다.

외상 전 요인(pretraumatic factors)으로는 정신장애에 대한 가족력, 아동기의 다른 외상 경험, 의존성이나 정서적 불안정성과 같은 성격특성, 자신의 운명이 외부요인에 의해 결정된다는 통제소재(locus of control)의 외부성 등이 있다. **외상 중 요인**(peritraumatic factors)은 외상 경험 자체의 특성을 의미한다. 외상 사건의 강도가 심하고 외상 사건에 자주 노출되었을수록 외상후 스트레스장애가 나타날 가능성이 높다. 또한 외상 사건이 타인의 악의에 의한 것일 때 그리고 외상 사건이 가까운 사람에게 일어났을 때, 외상후 스트레스장애의 증상은 더 심하고 오래 지속된다(Kessler et al., 1995). **외상 후 요인**(posttraumatic factors)으로는 사회적 지지체계나 친밀한 관계의 부족, 추가적인 생활 스트레스, 결혼과 직장생활의 불안정, 심한 음주와 도박 등이 있다. 이러한 외상후 요인들은 외상 경험자의 심리적 적응을 저해함으로써 외상후 스트레스장애를 유발하거나 악화시키게 된다.

생물학적 입장에서는 유전적 요인이 외상후 스트레스장애에 대한 취약성과 연관되어 있다는 주장이 제기되고 있다. 아울러 외상후 스트레스장애를 지닌 환자들이 특정한 신경전달물질의 이상을 나타낸다는 연구결과도 보고되고 있다. 정신분석적 입장에서는 외상후 스트레스장애를 외상적 사건이 유아기의 미해결된 무의식적 갈등을 다시 불러일으킨 것으로 본다. 그 결과 퇴행이 일어나고 억압, 부인, 취소의 방어기제가 동원되어 이 장애의 증상이 초래된다는 설명이다. 행동주의적 입장에서는 조건형성의 원리를 통해 이 장애를 설명하고 있다. 즉, 외상 사건이 무조건 자극이 되고 외상과 관련된 단서들이 조건 자극이 되어, 불안반응이 조건형성된 것이다. 아울러 외상 사건의 단서를 회피하는 행동이나 무감각한 감정반응은 불안을 감소시키는 부적 강화 효과를 지닌다고 본다.

최근에는 외상후 스트레스장애를 유발하고 지속하게 만드는 심리적 과정을 이해하기 위한 많은 연구가 진행되고 있다. Horowitz(1976, 1986)는 외상 정보가 어떤 과정을 통해 인지적으로 처리되어 기존의 사고체계에 통합되는지를 설명하는 **스트레스 반응 이론**(stress response theory)을 제시했다. 그에 따르면, 외상 사건을 경험한 사람은 일반적으로 5단계의 과정을 나타낸다. 그 첫째는 절규(outcry)의 단계로서 외상 피해자는 심한 충격 속에서 극심한 고통과 스트레스를 느낀다. 이러한 고통 속에서 외상 피해자는 자신에게 일어난 외상 사건을 기존의 기억체계에 통합하려고 시도한다. 그러나 외상 사건은 피해자에게 엄청나게 많은 양의 내적, 외적 정보를 던져 줄 뿐만 아니라 이러한 정보의 대부분은 일상적인 경험과 너무 동떨어진 것이기 때문에 개인의 인지체계에 의해 잘 수용되지 않는다. 피해자는 정보 과부하에 시달릴 뿐만 아니라 수용할 수 없는 외상 경험으로 인해 심한 고통과 불안을 겪게 되면서 방어기제를 통해서 자신의 외상 경험을 부인하거나 억압하게 된다. 이러한 과정이 두 번째 회피의 단계로 서 외상 경험을 떠올리는 모든 자극을 회피하려 할 뿐만 아니라 외상 사건을 잘 기억하지 못 한다. 그러나 새로운 사건의 경험을 기존의 사고체계에 통합하려는 인지적 경향성으로 인해 서 외상 기억이 수시로 의식에 침투하게 된다. 플래시백이나 악몽과 같은 침투 증상은 인지적 으로 처리되지 못한 외상 경험이 원래의 형태로 활성화된 채 의식에 침투하는 것이다. 이처럼 외상 정보가 기존의 인지체계에 통합되지 못한 채 회피 증상과 침투 증상이 함께 나타나는 고 통스러운 과정이 동요의 단계이다. 외상후 스트레스장애는 동요의 단계에서 나타나는 부적 응 상태를 의미하며 적절한 치료를 받지 못하면 오랫동안 지속될 수 있다. 그러나 이러한 장 애를 극복하기 위해 개인적인 노력을 기울이거나 심리치료를 받게 되면, 외상 정보가 조금씩 인지적으로 처리되면서 기존 신념체계와의 통합으로 진행되는 전이의 단계가 나타난다. 마 지막으로 통합의 단계에서는 외상 경험의 의미가 충분히 탐색되어 기존의 신념체계에 통합된

🚩 성폭행으로 인한 외상후 스트레스장애의 사례

　29세의 여성인 K씨는 그날의 기억을 잊지 못한다. 고향을 떠나 대도시에서 홀로 자취를 하며 직장생 활을 하고 있던 K씨는 1년 전만 해도 미래에 대한 희망에 부풀어 있었다. 1년 전 더운 여름의 저녁시간 에 다세대 주택에 살고 있던 K씨의 문을 두드리는 노크소리가 들렸다. 택배가 왔다는 말에 무심코 문을 열자 마스크를 쓴 한 남자가 뛰어 들어오며 K씨의 입을 막고 목에 칼을 들이댔다. 저항하려고 발버둥쳤 지만 남자의 강한 완력과 생명의 위협 앞에서 공포에 질린 채 성폭행을 당할 수밖에 없었다. 입이 틀어 막히고 손발이 묶인 채로 한 시간여 동안 굴욕적인 성폭행을 당했다. 그 남자가 떠나간 후에도 K씨는 한동안 가만히 누워있었다. 조금 전에 있었던 일들이 실재가 아니라 마치 꿈을 꾼 것처럼 느껴졌기 때 문이다. 그러나 현실을 깨닫게 되자 온몸이 사시나무처럼 떨리기 시작하며 공포와 굴욕감이 밀려오기 시작했다. 너무 수치스러워 경찰에 신고하지도 다른 사람에게 말할 수도 없었다. 그런 사건이 있은 후 부터 K씨의 삶이 현저하게 변했다. 길거리나 직장에서 만나는 모든 남자가 두려웠다. 모든 남자의 눈빛 이 그날 밤 마스크를 한 그 사람의 눈빛처럼 느껴져서 공포스러웠다. 직장생활을 하면서도 집중할 수가 없었다. 직장동료가 어깨를 두드리면 화들짝 놀라는 일이 빈발했다. 자신의 비밀을 알게 될까 봐 사람 들을 멀리하게 되었다. 그날 죽음의 위협 앞에서도 소리를 지르며 저항하지 못한 자신에 대한 자책감과 자괴감으로 고통스러웠다. 성폭행을 당한 몸으로 이성을 만나 결혼을 할 수 있을지 깊은 회의에 시달리 게 되었다. 그런 사건이 있은 후 다른 곳으로 이사를 했지만 여전히 집에 혼자 있는 시간이 두렵다. 이 중 삼중으로 자물쇠를 잠그고 있지만 밤마다 두려움과 불면으로 고통스러운 악몽에 시달린다. 1년이 지 났지만 K씨는 여전히 그 후유증에 시달리며 미래에 대한 희망을 상실한 채 자신의 인생이 침몰하고 있 다는 깊은 우울감에서 벗어날 수가 없다.

다. 그 결과로서 비교적 담담하게 외상 경험을 회상할 수 있을 뿐만 아니라 기존의 신념체계가 더욱 확대되고 정교화됨으로써 자신과 세상을 바라보는 확장된 안목을 갖게 된다.

인지적 입장에서 Janoff-Bulman(1989, 1992)은 외상후 스트레스장애를 경험하는 사람들의 신념 특성에 주목하여 **박살난 가정 이론**(theory of shattered assumptions)을 제안했다. 우리는 세상과 자신에 대한 가정 또는 신념 위에서 매일의 일상생활을 영위하고 미래에 대한 계획을 세우며 살아간다. 외상 경험은 이러한 신념체계를 파괴함으로써 외상후 스트레스장애를 유발한다. Janoff-Bulman은 특히 외상 경험에 대한 반응에 영향을 미치는 세 가지의 기본적 신념, 즉 (1) 세상의 우호성에 대한 신념("세상은 안전하고 살기 좋은 곳이다." "사람들은 따뜻하고 우호적이다."), (2) 세상의 합리성에 대한 신념("세상은 합리적으로 움직이는 공정한 곳이다." "모든 일은 이해 가능할 뿐만 아니라 예측 가능하다."), (3) 자신의 가치에 대한 신념("나는 소중한 존재이다." "나는 무가치하게 희생되지 않을 것이다.")을 제시했다. 외상 경험은 이러한 신념과 정면으로 배치되는 것으로서 그 근간을 흔들며 파괴함으로써 심각한 혼란과 무기력감을 유발하게 된다. 박살난 가정 이론에 따르면, 이러한 긍정적 신념을 지닌 사람일수록 외상 사건에 의해 강한 충격을 받게 된다. 그러나 이러한 이론을 지지하는 결과와 더불어 상반된 결과들도 있다. 예컨대, 과거에 외상 경험을 지닌 사람들이 새로운 외상을 더 충격적으로 받아들이는 경향이 있다(Brewin et al., 2000). Brewin과 Holmes(2003)에 따르면, 인생에 대해서 과도하게 경직된 신념(긍정적인 것이든 부정적인 것이든)을 지닌 사람들이 외상후 스트레스장애를 나타내기 쉽다. 자신과 세상에 대한 긍정적 신념(예: 자신은 매우 유능하며 세상은 극도로 안전하다는 신념)을 지닌 사람에게는 그러한 신념을 붕괴시키는 외상 사건으로 인해 심리적 혼란과 공포를 유발하는 반면, 부정적 신념(예: 자신은 매우 무능하며 세상은 극도로 위험한 곳이라는 신념)을 지닌 사람에게는 외상 사건이 자신과 세상에 대한 그러한 비관적인 생각을 확증함으로써 우울감과 무기력감을 강화하게 된다.

외상후 스트레스장애의 치료와 관련하여 가장 영향력이 높은 이론은 Foa와 동료들(Foa & Riggs, 1993; Foa & Rothbaum, 1998; Foa et al., 1989)이 제시한 **정서적 처리 이론**(emotional processing theory)이다. 이 이론은 특히 강간이나 성폭행과 관련된 외상을 설명하기 위한 것으로서 외상 사건의 정서적 정보들이 기존의 기억구조와 통합되기 위한 조건을 제시하고 있다. 외상 피해자는 외상 경험과 관련된 부정적 정보들(외상 사건에 관한 정보, 외상 사건에 대한 자신의 인지적·행동적·생리적 반응에 대한 정보, 사건과 자신의 반응의 관련성에 대한 정보)의 연결망으로 이루어진 공포 기억구조를 형성하게 된다. 외상 경험과 관련된 사소한 단서들은 이러한 공포 기억구조의 연결망을 활성화시켜 침투 증상을 유발하게 된다. 그러한 공포 기억구조의 활성화를 회피하고 억압하려는 시도 역시 회피 증상을 형성하여 부적응 상태를 초래하게 된다. 이러한 딜레마를 벗어나는 해결방법은 반복적 노출을 통해서 공포 기억구조의 정보들을 기존의 기억구조와 통합시키는 것이다. 이러한 통합을 위해서는 공포 기억구조가 반복적으로 활성화되도록 하되 그와 불일치하는 정보를 제공함으로써 공포 기억구조가 수정되도록 유도해야 한다. 외상 경험의 반복적 노출을 통해서 외상과 관련된 공포가 둔감화되고 그에 따라 외상 기억을 회피하려는 시도가 감소하게 된다. 아울러 반복적 노출을 경험하면서 피해자는 자신을 위험의 도전 앞에서 꿋꿋하게 견뎌내는 유능하고 용기 있는 존재로 경험하게 한다. 외상 경험으로 인해 자신은 무능하고 세상은 예측할 수 없는 두려운 곳이라고 인식하고 있던 외상 피해자들은 이러한 치료적 경험을 통해서 자기 유능감을 회복하는 동시에 세상은 예측 가능하고 통제 역시 가능하다는 기존 신념체계로의 통합이 가능해진다.

외상후 스트레스장애를 지닌 사람들은 상반된 증상을 나타낸다. 자신이 경험한 외상 사건을 의도적으로 회상해야 할 경우에는 사건의 발생과정이나 세부사항을 기억하지 못하거나 정확하게 기술하지 못한다. 반면에 본인의 의사와 달리 외상 사건의 생생한 장면이 플래시백처럼 수시로 의식에 떠올라 고통을 받는다. 기억 불능과 기억 침투라는 상반된 증상을 나타내는 것이다. 이러한 현상을 설명하기 위해서 Brewin과 동료들(Brewin et al., 1996; Brewin & Holmes, 2003)은 **이중표상 이론**(dual representation theory)을 제시하고 있다. 이들에 따르면, 두 가지 유형의 기억체계가 외상후 스트레스장애에 관여한다. 그 하나는 언어적으로 접근 가능한 기억(VAM: verbally accessible memory)으로서 외상 경험에 대한 의식적 평가 정보를 저장하고 있으며 다른 자서전적 기억(autobiographic memory)과 통합되어 있다. 따라서 필요할 경우에는 이러한 기억체계에 저장된 정보를 의도적으로 회상해낼 수 있다. 다른 하나는 상황적으로 접근 가능한 기억(SAM: situationally accessible memory)으로서 외상 사건에 대한 피해자의 감각적 인식과 생리적·정서적 반응 정보를 저장하고 있다. 이러한 기억체계는 낮은 감각적 수준의 상세한 정보를 포함하고 있기 때문에 언어적으로 접근할 수 없으며 의식적으로 통제하기 어렵다. 상황적 단서가 주어지면 플래시백처럼 외상 사건에 대한 감각적 표상이 생생하게 떠오르게 된다.

이중표상 이론에 따르면, 외상후 스트레스장애는 두 개의 병리적 과정이 결합되어 있는 혼합장애이다. 그 하나는 VAM과 관련된 것으로서 외상 경험에 대한 부정적 신념과 그로 인한 부정 정서이며, 다른 하나는 SAM과 관련된 것으로서 외상 경험의 비의도적인 침투현상이다. 따라서 외상후 스트레스장애의 치료를 위해서는 두 측면의 노력이 필요하다. 그 하나는 의식적인 노력을 통해서 VAM을 변화시키는 것이다. 즉, 외상 사건에 대한 인지적 평가를 수정(예: 귀인의 변화, 책임감 경감, 통제감 회복, 외상 정보를 기존 신념체계로 통합)함으로써 부정 정서를 감소시키는 것이다. 또 다른 치료적 노력은 외상과 관련된 SAM의 자동적 활성화를 방지하는 것이다. 이를 위해서는 각성 수준과 부정 정서가 감소된 이완 상태와 외상 기억을 반복적으로 짝지어 연합시킴으로써 새로운 SAM으로 기존의 SAM이 활성화되는 것을 방지하는 것이다.

외상후 스트레스장애의 다양한 문제를 가장 통합적으로 설명하고 있는 이론은 Ehlers와 Clark(2000)의 **인지 모델**이다. 이 이론에 따르면, [그림 6-1]에서 볼 수 있듯이, 외상후 스트레스장애의 핵심은 과거에 일어난 외상 사건으로 인해서 **현재의 위협감**(a sense of current threat)을 느끼는 것이다. 과거에는 공포스러운 사건이었지만 이미 지나간 사건임에도 불구하고 외상 사건을 재경험하면서 마치 현재에 위협적인 일이 벌어지는 듯한 강렬한 두려움과 부정 정서를 경험하는 것이다. 현재의 위협감을 유발하는 주된 두 가지 요인은 외상에 대한 부정적 평가와 외상 기억 자체이다. Ehlers와 Clark(2000)에 따르면, 외상 피해자들은 외상 경험과 그 후유증에 대해서 다양한 형태의 부정적 평가를 하게 된다. 그 예로는 위험의 과잉일반화(예: "비슷한 일이 또 벌어질 것이다."), 자신의 행동에 대한 부정적 평가(예: "그 당시 내가 어리석은 행동을 했다. 이런 나쁜 결과가 발생한 것은 내 책임이다."), 자신의 증상에 대한 부정적 평가(예: "나는 무감각해져서 다른 사람들과 제대로 관계를 맺기 어려울 것이다."), 다른 사람의 반응에 대한 부정적 평가(예: "다른 사람들은 나를 나약하고 무기력한 사람으로 여길 것이다."), 미래에 대한 부정

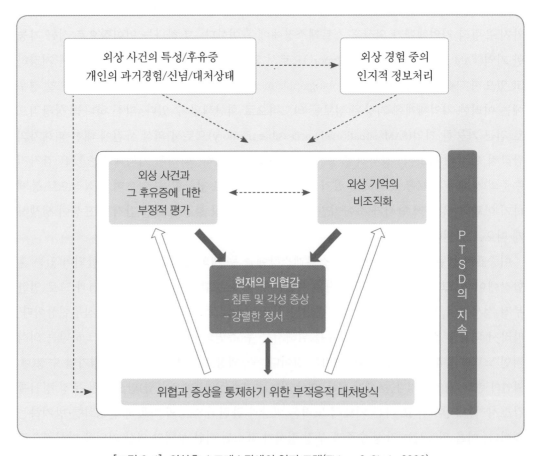

[그림 6-1] 외상후 스트레스장애의 인지 모델(Ehlers & Clark, 2000)

적 평가(예: "내 몸은 더럽혀졌다. 앞으로 어떤 희망도 가질 수 없다.") 등이 있다.

현재의 위협감을 유발하는 주된 다른 요인은 외상 사건에 대한 기억의 비구조화이다. 외상 사건에 대한 정보들은 시간과 장소의 맥락 속에서 상세하게 저장되어 있지 않을 뿐만 아니라 자서전적 기억과 통합되지 않은 채로 엉성하게 조직화되어 있다. 따라서 기억을 회상할 수 있는 분명한 경로가 부재하고 다른 정보와의 연결성이 부족하기 때문에 의도적인 회상이 어렵다. 또한 시간적 맥락이 분명하지 않고 외상 경험이 여러 가지 자극들과 연합되어 있어서 사소한 단서에도 외상 경험의 재경험과 플래시백이 나타나게 된다.

이러한 두 가지 요인들이 현재의 위협감을 증폭시키는데, 이러한 위협감에 대한 부적응적인 대처행동이 외상후 스트레스장애를 지속시키거나 악화시킬 수 있다. 예컨대, 불안을 감소하기 위한 외상 사고의 억제 시도, 외상 관련 단서의 회피, 알코올이나 약물 사용, 정상적인 활동의 포기, 과도한 안전 행동, 위협 단서에 대한 선택적 주의나 지속적인 반추사고는 현재의 위협감을 증가시킬 수 있다. 이 밖에도 외상 사건의 특성과 그 결과 및 후유증, 개인의 과거경험과 신념 및 현재의 대처상태, 그리고 외상 경험 중의 인지적 정보처리 등이 간접적인 영향을 미칠 수 있다.

4. 치료

외상후 스트레스장애의 치료에는 다양한 방법이 적용되고 있다. 외상후 스트레스장애에 대한 정신역동적 치료에서는 방어기제에 초점을 맞추어 카타르시스를 통해 외상 사건을 재구성하여 외상 경험으로부터 발생하는 심리 내적 갈등을 해소시켜 주는 것을 목적으로 한다. 환자와의 지지적인 관계를 통해 외상 사건을 생생하게 이야기하고 정화시켜야 한다. 이 과정에서 외상 경험이 개인의 성격 구조에 어떤 변화를 일으켰는지 탐색하고, 해결되지 못한 무의식적 갈등을 풀어버리고 좀 더 건강한 자아의 기능을 회복하며 혼란스러운 자아 정체감으로부터 벗어나도록 도와주는 것이다. 약물치료에서는 환자의 증상에 따라 세로토닌 재흡수 억제제나 삼환계 항우울제가 사용되고 있으나 아직 그 치료효과가 확립되지 않은 상태이다.

외상후 스트레스장애의 치료에는 지속적 노출 치료, 인지처리치료, 안구운동 둔감화 및 재처리 치료가 가장 효과적인 것으로 보고되고 있다(Foa et al., 2009). **지속적 노출법**(PE: Prolonged Exposure)은 특히 강간 피해자의 치료를 위해서 Foa와 Riggs(1993)가 제시한 방법이다. 이 치료의 원리는 외상 사건을 단계적으로 떠올리게 하여 불안한 기억에 반복적으로 노출시킴으로써 궁극적으로 외상 사건을 큰 불안 없이 직면할 수 있도록 유도하는 것이다. 외상 경험의 반복적 노출을 통해서 외상과 관련된 공포가 둔감화되고 그에 따라 외상 기억을 회피하려는 시도가 감소하게 된다. 그뿐만 아니라 안전한 이완상태에서 외상 자극에 반복적으로 노출하는 것은 공포 기억구조를 활성화시키되 그와 불일치하는 정보를 제공함으로써 공포 기억구조가 수정되고 기존의 인지체계와 통합되는 것을 촉진하게 된다. 지속적 노출법의 첫 단계에서는 외상에 대한 일반적인 반응에 관한 교육을 실시한 후에 긴장이완이나 호흡 훈련을 통해 안정된 심리상태를 유도한다. 이러한 상태에서 외상 경험과 관련된 자극이나 상황에 점진적으로 노출시킨다. 외상 사건에 대한 노출은 실제적 노출과 더불어 심상에 의한 상상적 노출을 통해서 이루어질 수 있다. 이러한 노출 상황에 상당 기간 머물게 함으로써 공포를 느꼈던 외상 기억에 대한 둔감화가 일어날 뿐만 아니라 이러한 기억이 외상 사건 자체와 동일하지 않음을 인식하게 되어 불안 없이 수용할 수 있게 된다. 외상후 스트레스장애에 대한 지속적 노출법의 치료효과는 많은 연구(예: Cigrang et al., 2005; Foa & Rauch, 2004)를 통해서 검증된 바 있다.

인지처리치료(CPT: Cognitive Processing Therapy) 역시 외상후 스트레스장애에 효과적인 치료법으로 알려져 있다. Resick과 Schnidke(1993)가 제시한 인지처리치료는 인지행동치료의 한 형태로서 외상 사건의 원인과 결과에 대한 잘못된 생각이 강한 부정 정서를 유발하고 외상기억에 대한 인지적 처리를 방해함으로써 외상으로부터의 자연스러운 회복을 저해한다는 가정에 근거하고 있다. 인지처리치료에서는 외상 사건을 좀 더 상세하고 정교하게 재평가하여 외상 사건에 부여한 부정적 의미를 수정하고 외상 기억에 대한 회피를 줄임으로써 외상으로부터의 회복 과정을 촉진한다. 인지처리치료는 12회 내외의 치료회기를 통해 시행되며 개인치료나 집단치료의 형식으로 진행될 수 있다. 치료자는 외상후 스트레스장애에 대한 교육과 더불어 치료의 원리와 목표를 설명한다. 그 후에 외상 경험의 인지적 처리를 돕기 위해 환자로 하여금 외상 경험을 상세하게 기록하도록 격려한다. 그런 후에 기록 내용을 읽게 한다. 외상 기억에 대한 회피를 이겨내고 그와 관련된 강렬한 감정을 극복하는 것이 회복에 필수적 과정이기 때문이다. 아울러 외상 경험에 대해 논의하면서 외상 사건에 대한 잘못된 신념을 탐색하여 수정한다. 특히 자책과 죄의식을 유발하는 부정적 신념을 변화시킴으로써 외상 경험을 수용하도록 유도한다. 인지처리치료는 강간 피해자나 퇴역군인을 비롯한 다양한 집단에 효과적인 것으로 보고되고 있다(Chard et al., 2010; Monson et al., 2006).

외상후 스트레스장애의 치료에 **안구운동 둔감화 및 재처리 치료**(EMDR: Eye Movement Desensitization and Reprocessing)가 효과적이라는 보고도 제시되고 있다. EMDR은 Shapiro (1989)에 의해 제시된 치료법으로서 환자로 하여금 외상 기억의 괴로운 내용을 떠올리게 하는 동시에 치료자의 손가락 움직임을 눈으로 따라가게 하는 방법이다. 이러한 안구운동을 통해서 외상 기억과 관련된 부정적 사고, 감정, 심상이 점차 약화되는 동시에 외상 기억의 정보처리가 촉진된다는 가정에 근거하고 있다. 이러한 치료방법은 아직 치료적 기제가 잘 입증되지는 않았지만 외상후 스트레스장애의 증상을 완화하는 데 효과적이라고 보고되고 있다

(Rothbaum et al., 2005; Seidler & Wagner, 2006).

외상은 매우 고통스러운 경험이지만 인간을 성장시키는 촉진제가 될 수 있다. "아픈 만큼 성장한다"는 말이 있듯이, 외상과 같은 고통스러운 경험을 잘 극복하면 심리적 성장을 이룰 수 있다. Tedeschi와 Calhoun(1996, 2004)은 **외상후 성장**(PTG: Posttraumatic Growth)이라는 개념을 통해 외상을 통해 성장이 이루어지는 심리적 과정을 설명하고 있다. 외상 사건을 경험하게 되면, 세상에 대한 위험과 자신의 취약성을 인식하는 동시에 자신과 세상에 대한 비현실적인 인식과 신념을 수정하게 된다. 고난과 역경을 견디고 극복하는 과정에서 자신의 잠재력과 강점을 발견하고 자신에 대한 확신과 통제감이 증가될 수 있다. 또한 자신의 아픔과 고통을 통해 다른 사람을 더욱 깊이 이해하고 공감하는 능력이 향상됨으로써 다른 사람과의 관계가 심화될 수 있다. 아울러 외상 경험을 통해서 인생관이 변화되고 영적인 성장이 이루어질 수 있다. 삶과 죽음, 인간의 운명, 만남과 헤어짐의 인연과 같은 실존적 물음에 직면하여 고민함으로써 좀 더 깊고 유연한 인생관과 가치관을 정립할 수 있다(임선영, 2013).

제2절 급성 스트레스장애

1. 주요증상과 임상적 특징

급성 스트레스장애(Acute Stress Disorder)는 외상 사건을 직접 경험했거나 목격하고 난 직후에 나타나는 부적응 증상들이 3일 이상 1개월 이내의 단기간 동안 지속되는 경우를 뜻한다. 급성 스트레스장애는 증상의 지속 기간이 짧다는 점 이외에는 외상후 스트레스장애와 주요증상과 진단기준이 매우 유사하다.

급성 스트레스장애는 죽음의 위협, 심각한 상해나 성폭력과 같은 외상 사건을 직접 경험했거나 목격했거나 가까운 가족이나 친구에서 그러한 사건이 발생했다는 것을 알게 되었을 때 나타난다. 이러한 외상 사건을 겪은 직후에 다양한 증상들, 즉 (1) 침투 증상(외상 사건의 반복적 기억, 고통스러운 꿈, 플래시백과 같은 해리 반응, 외상 사건과 관련된 단서에 대한 강렬한 반응), (2) 부정적 기분(긍정적 감정을 잘 느끼지 못함), (3) 해리 증상(자신의 주변세계나 자신에 대한 변형된 인식, 외상 사건의 중요한 측면에 대한 기억 불능), (4) 회피 증상(외상과 관련된 기억이나 감정에 대한 회피, 외상과 관련된 단서들에 대한 회피), (5) 각성 증상(수면장해, 짜증이나 분노폭발, 과잉경계, 집중곤란, 과장된 놀람 반응)을 나타낸다. DSM-5-TR에 따르면, 14개의 증상 중 어떤 것이든 9개 이상의 증상이 나타날 때 급성 스트레스장애로 진단될 수 있다. 이러한 증상들의 지속 기간이 외상 사건에 노출된 후 3일부터 1개월 이내로서 단기간이라는 점이 급성 스트레스장애의 핵심적 특징이다.

급성 스트레스장애의 유병률은 외상 사건의 종류에 따라 상당히 다르다. DSM-5-TR에 따르면, 강간이나 가족폭력 또는 총기사고의 목격과 같은 대인관계적 외상 사건을 경험한 경우에 가장 높은 유병률을 나타내며 피해자의 19~50%가 급성 스트레스장애를 나타내는 것으로 보고되었다. 그러나 자동차 사고, 화재, 산업 재해와 같이 대인관계의 관련성이 적은 외상 사건의 경우에는 피해자의 20% 이하가 급성 스트레스장애를 나타낸다.

충격적인 외상 사건을 경험하면 누구나 혼란스러운 부적응 증상을 일시적으로 나타낼 수 있다. 그러나 이러한 부적응 증상이 3일 이상 지속되면 일단 급성 스트레스장애로 진단된다. 1개월이 지나도록 이러한 증상이 개선되지 않은 채로 지속되거나 악화되면 외상후 스트레스장애로 진단된다. 급성 스트레스장애를 지닌 사람들의 약 50%가 외상후 스트레스장애로 진전되는 것으로 알려져 있다(Creamer et al., 2004).

2. 원인과 치료

급성 스트레스장애는 외상후 스트레스장애와 마찬가지로 외상 사건이라는 분명한 촉발요인에 의해서 발생한다. 외상 사건에 노출된 후에 급성 스트레스장애를 나타내기 쉬운 취약성 요인으로는 과거의 정신장애 경험, 신경증 또는 부정 정서성, 외상 사건을 심각하게 지각하는 정도, 회피적 대처양식 등이 있다. 아울러 여성이 남성보다 급성 스트레스장애에 취약한 것으로 알려져 있다. 또한 자극에 대한 반응성이 높아서 갑작스러운 자극에 강렬한 놀람 반응을 나타내는 사람들이 외상 사건 이후에 급성 스트레스장애가 나타날 위험성이 높다(American Psychiatric Association, 2013).

급성 스트레스장애는 외상후 스트레스장애의 한 변형으로 이해되고 있다. 따라서 급성 스트레스장애는 외상후 스트레스장애와 유사한 원인에 의해서 유발될 수 있다. 급성 스트레스장애는 특히 심한 무력감을 느끼게 한 외상 사건에 대한 단기적인 신체적·심리적 반응으로 여겨지고 있다. 외상 경험의 부정적인 결과를 과장하는 파국적 평가와 그로 인한 무력감, 죄책감, 절망감이 급성 스트레스장애를 유발할 수 있다.

급성 스트레스장애의 특징 중 하나는 해리 증상을 나타낸다는 점이다. 해리는 기억이나 의식의 통합적 기능이 교란되거나 변질된 상태로서 현실의 부정을 통한 비현실감, 자신을 낯설게 여기는 이인증, 정서적 마비나 기억상실 등을 나타낼 수 있다. 이러한 해리 증상은 강력한 외상에 노출되었을 때 일시적으로 자신을 보호하기 위한 기능을 할 수 있다. 외상 경험을 한 사람들은 자신에게 일어난 일이 실재가 아니라 한바탕의 꿈이었기를 바라며 이러한 악몽에서 깨어나기를 바란다. 이처럼 현실을 부정하려는 해리 기능에 의해서 평소의 자신뿐만 아니라 다른 사람과 주변환경이 낯설게 느껴지거나 중요한 기억을 상실하는 증상을 나타내게 된다. 이런 점에서 해리 증상은 외상의 스트레스에 대한 주요한 심리적 반응이라고 할 수 있다. 급성 스트레스장애는 외상 사건에 대해서 자신을 보호하기 위한 해리 반응으로서 점차적으로 현실을 수용함에 따라 해리가 해소되면서 증상도 완화되는 단기적인 장애로 이해되고 있다.

그러나 급성 스트레스장애는 치료하지 않은 채 방치하면 증상이 더욱 악화되면서 더 심각한 외상후 스트레스장애로 발전할 수 있다. 급성 스트레스장애를 나타내는 모든 사람이 외상후 스트레스장애로 진전되는 것은 아니지만, 외상 사건에 대한 침투 증상과 각성 증상이 두드러진 사람들이 외상후 스트레스장애로 진전되는 경향이 있다(Creamer et al., 2004). 급성 스트레스장애에는 노출과 인지적 재구성을 중심으로 한 인지행동치료가 증상을 완화시킬 뿐만 아니라 외상후 스트레스장애로 진행되는 것을 예방하는 데 효과적인 것으로 알려져 있다.

제3절 지속성 애도장애

50대 여성인 A씨는 오늘도 딸의 무덤이 있는 ○○묘지로 향하고 있다. A씨의 딸은 2년 전 교통사고로 갑작스럽게 사망했다. A씨는 애지중지하던 딸의 죽음을 받아들일 수 없었으며 시신의 화장을 반대하여 ○○묘지에 매장했다. 장례를 치른 후에도 A씨는 깊은 밤이 되면 딸이 묘지에서 홀로 외로움과 무서움에 괴로워할까 봐 거의 매일 딸의 무덤 옆에 텐트를 치고 밤을 보냈다. 2년이 지난 지금도 딸의 죽음을 슬퍼하고 있으며 남편과 아들에 대한 돌봄을 방치한 채 고인이 된 딸의 죽음에 집착하고 있다.

1. 주요증상과 임상적 특징

지속성 애도장애(Prolonged Grief Disorder)는 A씨의 경우처럼 친밀했던 사람의 죽음을 경험한 이후에 오랜 기간 부적응적인 애도반응을 나타내는 경우를 말하며, 지속적 비탄장애라고도 한다. DSM-5에서 〈추가 연구가 필요한 부적응 상태〉로서 제시했던 **지속성 복합 사별장애**(persistent complex bereavement disorder)가 DSM-5-TR에서 지속적 애도장애라는 명칭으로 처음 공식적인 정신장애에 포함되었다. 지속성 애도장애의 진단기준은 〈표 6-2〉와 같다.

사랑하는 친밀한 사람(예: 가족, 연인, 친구, 직장동료)의 죽음을 겪고 나서 슬픔을 느끼며 고인을 그리워하는 것은 정상적인 애도반응이다. 그러나 사별 이후에 지나치게 심각한 강도의

표 6-2 지속성 애도장애에 대한 진단기준

A. 친밀했던 사람이 12개월 이전에 사망한 사건(아동과 청소년의 경우에는 적어도 6개월 전)

B. 사망 이후에, 다음의 애도반응 중 하나 또는 모두가 임상적으로 유의미한 정도로 대부분의 날에 지속적으로 나타난다. 또한 이러한 증상(들)이 최소한 지난달에는 거의 매일 나타나야 한다.

  1. 고인에 대한 강렬한 그리움과 갈망

  2. 고인에 대한 생각이나 기억에의 집착(아동과 청소년의 경우, 집착의 초점은 사망 상황이 될 수 있다.)

C. 사망 이후에, 다음 증상 중 3개 이상이 대부분의 날에 임상적으로 유의미한 정도로 나타나야 한다. 또한 이러한 증상(들)이 최소한 지난달에는 거의 매일 나타나야 한다.

  1. 사망 이후에 나타나는 정체감의 혼란(예: 자신의 일부가 죽은 것처럼 느낌)

  2. 죽음을 믿지 못하겠다는 현저한 느낌

  3. 고인의 죽음을 떠올리게 하는 것의 회피(아동과 청소년의 경우, 고인의 죽음을 떠올리게 하는 것을 회피하려고 애쓰는 노력이 나타난다.)

  4. 죽음과 관련된 강렬한 정서적 고통(예: 분노, 아픔, 슬픔)

  5. 개인이 참여해온 관계와 활동을 죽음 이후에 회복하는 것의 어려움(친구와 어울리는 것, 흥미를 추구하는 것, 또는 미래를 계획하는 것과 관련된 문제)

  6. 죽음의 결과로 나타나는 정서적 무감각(정서적 경험의 현저한 감소나 결여)

  7. 죽음의 결과로 나타나는 삶의 무의미감

  8. 죽음의 결과로 나타나는 강렬한 외로움

D. 이러한 장해가 임상적으로 유의미한 정도로 고통을 유발하거나 사회적, 직업적, 다른 중요한 삶의 기능에 손상을 초래한다.

E. 사별 반응의 기간과 심각도가 개인의 속한 문화와 상황에서 기대하는 사회적, 문화적, 또는 종교적 기준을 명백하게 초과하는 것이다.

F. 이러한 증상들은 주요우울장애나 외상후 스트레스장애와 같은 다른 정신장애에 의해서 더 잘 설명되지 않아야 하며 물질(예: 약물, 알코올)이나 다른 신체적 질병의 생리적 효과에 의한 것이 아니어야 한다.

애도반응을 장기간 나타낼 경우에는 병적인 것이라고 할 수 있다. 지속성 애도장애는 사별을 겪은 사람의 애도반응이 지나치게 심각할 뿐만 아니라 12개월 이상 지속되어 개인을 부적응 상태에 빠뜨리는 경우를 말한다. 이러한 애도반응은 개인이 속한 사회에서 나타나는 정상적인 애도반응보다 그 강도와 지속기간이 분명하게 지나친 것이어야 한다.

지속성 애도장애의 유병률은 잘 알려져 있지 않다. 그러나 DSM-5-TR에 따르면, 사별한 사람의 9.8%가 사별 후 6개월 이내에 지속성 애도장애과 유사한 애도반응을 나타냈다. 최근에 독일에서 실시된 연구(Rosner et al., 2021)에서는 사별한 사람들의 3.3%와 일반인구의 1.2%가 지속성 애도장애를 나타내는 것으로 보고되었다. 지속성 애도장애는 생후 1년 된 아동부터 어떤 연령대에서도 나타날 수 있으며 남자보다 여자에게 더 흔한 것으로 알려져 있다. 일반

사랑하는 사람의 죽음을 슬퍼하는 모습

적으로 부적응적인 애도반응이 사별 이후 몇 달 이내에 나타나지만 몇 년에 걸쳐 나타날 수도 있다.

지속성 애도장애는 일종의 애착장애로 여겨지고 있다(Prigerson et al., 2021). 애착유형이 지속성 애도장애와 관련되는데, 불안정 애착유형에 속하는 사람일수록 사랑하는 사람과의 사별 이후에 자기정체감의 혼란과 신념체계의 붕괴를 더 많이 겪게 되어 지속성 애도증상을 나타낸다(Captari et al., 2021). 고인에 대한 정서적 의존은 지속성 애착장애의 가장 중요한 위험요인으로 알려지고 있다. 배우자와 사별한 사람들을 대상으로 시행된 연구(Johnson et al., 2007)에 따르면, 어린 시절에 부모로부터 통제를 많이 받았다고 인식한 사람들은 배우자에 대한 정서적 의존도가 높았으며 사별 후에 복합적 애도증상을 더 많이 나타냈다.

지속성 애도장애는 주요우울장애, 외상후 스트레스장애, 물질 사용장애와 함께 나타날 수 있다. 특히 죽음이 폭력이나 갑작스러운 사고에 의한 것일 경우에는 지속성 애도장애가 더 흔하게 외상후 스트레스장애와 함께 나타날 수 있다. 지속적 애도장애는 직업적, 사회적 기능의 손상뿐만 아니라 흡연, 음주의 증가와 같이 건강에 해로운 행동을 동반한다. 또한 심장 질환, 고혈압, 암, 면역결핍 문제를 포함하여 심각한 질병의 위험성을 현저하게 증가시키고 삶의 질을 감소시킨다. 이러한 장애를 지닌 사람들은 자주 자살의 사고를 보고한다.

2. 원인과 치료

DSM-5-TR에서 지속성 애도장애를 공식적인 정신장애로 제시하기 전부터 사별 이후에 부적응 증상을 나타내는 **복합적 사별증후군**(complex bereavement syndrome)에 대한 연구가 진행되었다(권석만, 2019). 일반적으로, 복합적 사별증후군을 나타내는 사람들은 두 가지의 특징을 지닌다. 첫째, 이들은 사랑하는 사람의 죽음과 그로 인한 고통을 수용하지 못하고 부정, 억압,

회피의 반응을 나타낸다. 둘째, 이들은 이미 고인이 된 사랑하는 사람을 계속 붙잡고 그리워하며 놓지 못한다. 달리 말하면, 적절한 애도과정을 거치지 못한 사람들이 지속성 애도장애를 나타낸다.

사별의 연구자인 Stroebe와 Schut(1999)에 따르면, 사별은 인생의 중대한 사건으로서 개인이 대처해야 할 크고 작은 수많은 스트레스를 복합적으로 유발한다. 사별한 사람은 우선 사랑하는 사람의 죽음, 즉 상실 그 자체에 대처해야 하는 일차적 스트레스를 경험할 뿐만 아니라 사별과 관련하여 파생하는 다양한 사건과 상황들로 구성되는 이차적 스트레스에도 대처해야 한다. 이들이 제시한 **이중과정 모델**(dual process model)에 따르면, 사별에 대한 대처는 상실 그 자체에 초점을 맞추어 사랑하는 사람의 죽음에 대한 슬픔을 충분히 경험하고 표출하는 과정이 필요할 뿐만 아니라 사랑하는 사람이 존재하지 않는 상황에서 새로운 삶에 적응하며 일상생활로 회복되는 과정이 필요하다.

복합적 사별증후군의 위험성은 사별 이전에 죽은 사람에 대한 의존성이 클수록 증가하고, 어린 자녀가 사망한 경우에 증가한다. 또한 부모와의 사별을 겪은 아동의 경우에는 보호자의 돌봄과 지지가 부족할수록 이러한 장애의 위험성이 증가한다. Rando(1993, 1999)는 복합적 사별증후군을 유발할 수 있는 7개의 위험요인을 제시한 바 있다. 그중 4개는 죽음과 관련된 요인으로서 (1) 갑작스럽고 예상하지 못한 죽음, 특히 외상적, 폭력적, 신체 절단적, 무의미한 죽음인 경우, (2) 오랜 기간 지속된 질병으로 인한 죽음의 경우, (3) 어린 자녀가 사망한 경우, (4) 사별자의 관점에서 미리 방지할 수 있었다고 여기는 죽음이다. 다른 3개 요인은 사별자에 관한 것으로서 (1) 사별자와 고인의 관계가 매우 의존적인 경우 또는 매우 적대적이거나 양가적인 경우, (2) 과거나 현재에 사별자가 해결하지 못한 상실 경험, 심한 스트레스, 정신건강 문제를 지니고 있는 경우, (3) 사별자의 관점에서 주변사람들로부터의 사회적 지지가 부족하다고 생각하는 경우이다.

현대사회의 문화적 특성으로 인해서 복합적 사별증후군이 증가하고 있다. 죽음을 부정하고 은폐하려는 경향이 두드러지는 현대사회에서는 많은 사람이 죽음과 사별을 수용할 수 있는 심리적 준비가 부족하다. 또한 경쟁과 효율성이 강조되는 현대사회에서는 사별한 사람들이 충분한 기간 동안 애도과정을 깊이 있게 진행할 시간적, 심리적 여유가 부족하다. 또한 위험사회라는 말로 표현되듯이, 현대사회는 많은 사람들을 갑작스럽게 죽음으로 몰아가는 다양한 사고나 폭력적 사건들이 증가하고 있다.

애도치료(grief therapy)는 지속적 애도장애와 같이 사별로 인한 다양한 부적응 증상을 장기간 나타내는 사람들을 돕는 전문적인 치료적 활동을 의미하며 **사별치료**(bereavement therapy)라고 지칭하기도 한다(권석만, 2019; Worden, 2008). 가장 대표적인 애도치료는 복합적 애도치료(CGT: complicated grief treatment)로서 애도작업에 대한 심리교육을 제공할 뿐만 아니라 상실의 고통을 좀 더 생생하고 강렬하게 체험하도록 도움으로써 애도과정을 촉진하는 다양한 치료방법으로 구성되어 있다(Shear et al., 2005). 복합적 애도치료에서는 심상적 재방문, 상황적 재방문, 상상적 대화, 정서적 기억작업, 미래 계획하기와 같은 다양한 치료방법을 사용한다. 심상적 재방문(imaginal revisiting)은 심상을 이용하여 사랑하는 사람의 죽음에 관한 사건과 경험을 좀 더 구체적이고 생생하게 재경험하도록 유도하는 것이며, 상황적 재방문(situational revisiting)은 사별자가 심각한 고통을 느끼기 때문에 회피하는 상황(장소, 사람, 사건 등)을 직면하도록 도움으로써 그러한 상황에 대한 두려움과 회피행동을 극복하도록 돕는다. 또한 복합적 애도치료에서는 사별자로 하여금 고인과의 상상적 대화에 참여하게 함으로써 지속적인 고통을 겪게 하는 주제들(예: 고인의 죽음에 대한 죄책감이나 원망 등)을 이야기하고 고인의 관점에서 생각하게 함으로써 고통스러운 감정을 해소하고 부정적인 생각의 변화를 촉진한다. 이밖에도 정서적 기억작업을 통해서 사별자가 사랑하는 고인과의 관계에서 경험했던 긍정적 기억과 부정적 기억을 모두 회상하고 재경험함으로써 고인에 대한 정서적 균형감과 안정감을 지니도록 돕는다. 또한 미래 계획하기를 통해서 사별자가 사랑하는 사람이 부재한 현실에서 삶을 의미 있게 여길 수 있는 목표를 세우고 미래의 인생을 설계하도록 도움으로써 새로운 삶에 대한 의욕과 실천을 지원한다.

지속성 애도장애를 치료하기 위한 인지행동치료는 노출과 인지적 재구성을 통해서 사별자가 내면적 경험과 외부적 자극에 직면하도록 도움으로써 상실과 관련된 고통을 감내하는 것이 가능하다는 것을 깨닫도록 촉진한다(Boelen et al., 2006). 노출은 치료자는 사별자로 하여금 그들의 상실 경험을 글이나 말로 이야기하게 하고, 사별의 가장 힘들고 고통스러웠던 점들을 표현하도록 격려한다. 이러한 반복적인 표현과정을 통해서 사별의 슬픔과 아픔에 대한 둔감화가 이루어진다. 인지적 재구성은 사별자의 삶을 고통스럽게 만드는 부적응적인 생각들을 체계적으로 찾아내어 좀 더 적응적인 방향으로 재구성하여 변화시키는 것이다. 또한 치료자는 사별자가 즐거운 활동에 참여하는 것을 가로막는 우울증적 회피를 극복하도록 돕기 위해서 행동 활동화 방법을 적용할 수 있다. 일상생활에서 즐거움과 만족감을 경험할 수 있는 행동을 계획하고 실천하도록 격려한다. 이밖에도 암을 비롯한 질병으로 사별한 가족을 대상으로 실시되는 가족-초점적 애도치료(family focused grief therapy)가 있다(Kissane & Block, 2002).

C 제4절 반응성 애착장애

현재 생후 3년 10개월 된 남자 아이인 A로 인해서 부모가 몹시 당황해하고 있다. A를 임신했을 당시에 어머니는 남편의 사업 실패와 시어머니의 사망으로 심리적으로 몹시 불안정한 상태였다. A를 출산하자마자 어머니는 경제적 곤란 때문에 취직을 하게 되어 어린 A를 인근 도시에 살고 있는 친정어머니에게 맡기고 주말에만 집으로 데려와 함께 생활했다. A가 생후 12개월이 되었을 때는 어머니가 직장일로 너무 바빠서 5개월간 A를 보지 못했다. 이후 친정어머니의 건강 악화로 생후 17개월이 된 A를 집으로 데려왔지만 여전히 바쁜 직장일로 어머니는 A를 낮에는 가사도우미에 맡겨 키우게 되었다. 나중에 알게 된 일이지만 가사도우미는 A를 돌보지 않은 채 주로 집안 청소를 하거나 TV만 보며 지냈다고 한다.

17개월까지 A는 대체로 정상적으로 발달하는 듯 했다. 어머니의 눈을 바라보고 배냇짓도 하고 외할머니가 '까꿍' 하면 웃기도 하였다. 그러나 양육자가 바뀌고 가사도우미로부터 방치되면서 다른 사람에 대한 A의 반응이 현저하게 줄기 시작했다. 부모가 안아주어도 멍한 상태로 반기는 기색을 보이지 않았으며 눈 맞춤을 피하거나 때로는 이유 없이 심하게 떼를 쓰기도 했다. 부모는 어린 A의 행동을 특별히 이상하게 여기지 않았으나 만 3년이 되었음에도 부모와 교류하지 않으려 하고 언어발달이 지체되면서 A의 문제가 심각함을 깨닫게 되었다.

1. 주요증상과 임상적 특징

반응성 애착장애(Reactive Attachment Disorder)는, 아동 A의 사례처럼, 양육자와의 애착 외상으로 인하여 과도하게 위축된 대인관계 패턴을 나타내는 경우를 말한다. 이러한 애착장애는 생후 9개월 이상부터 만 5세 이전의 아동에게 주로 발생한다. 반응성 애착장애를 지닌 아동은 부모를 비롯하여 타인과의 접촉을 두려워하고 회피하며 사회성 발달에 어려움을 겪게 된다.

생애 초기의 아동은 정상적인 심리적 발달을 위해서 특정한 양육자와 일관성 있는 안정적 애착을 형성하는 것이 매우 중요하다. 안정 애착을 형성하기 위해서 부모(특히 어머니)는 아동에게 충분한 애정과 관심을 기울이는 동시에 아동이 고통을 느낄 때 이를 적절하게 위로하고 해소해 주는 역할을 해주어야 한다. 그러나 부모의 이혼이나 가정불화, 우울증을 비롯한 어머니의 정신장애, 고아원 생활 등으로 생애 초기에 양육자로부터 충분한 애정을 받지 못하거나

표 6-3 반응성 애착장애에 대한 DSM-5-TR의 진단기준

A. 아동이 성인 양육자에 대해서 거의 항상 정서적으로 억제되고 위축된 행동을 나타낸다. 즉, 괴로움을 느낄 때에도 양육자에게 위안을 구하지 않으며 양육자의 위안에도 반응하지 않는다.

B. 사회적·정서적 장해를 나타낸다. 즉, 다른 사람에 대해서 사회적·정서적 반응을 나타내지 않으며 긍정적인 정서를 거의 느끼지 못하고 성인 양육자와 상호작용 중에 이유 없이 갑작스럽게 짜증, 슬픔, 공포를 나타낸다.

C. 아동은 다음 중 한 가지 방식으로 제대로 양육을 받지 못한 극단적인 경험을 해야 한다.
   1. 기본적인 정서적 욕구(위로, 자극, 애정)가 성인 양육자에 의해서 충족되지 않은 사회적 방임이나 박탈
   2. 주된 양육자가 자주 바뀜으로 인해서 안정된 애착을 형성할 기회가 없었음
   3. 특정한 사람과 선택적인 애착을 형성할 기회가 현저하게 제한된 비정상적 장면(예: 고아원)에서 양육됨

D. 이러한 양육 결핍(C)이 양육자에 대한 위축된 행동(A)을 초래한 것으로 판단되어야 한다. 즉, 양육박탈의 발생에 이어서 아동의 위축행동이 나타나야 한다.

E. 자폐스펙트럼장애에 해당하지 않아야 한다.

F. 이러한 장해는 아동의 연령 5세 이전에 나타나야 한다.

G. 아동은 최소한 9개월 이상의 발달 연령이어야 한다.

학대 또는 방임 상태로 양육되면서 **애착 외상**(attachment trauma)을 겪는 아동들이 있다. 이러한 애착 외상을 겪는 아동들이 나타내는 애착장애는 크게 두 가지의 유형, 즉 다른 사람과의 관계를 두려워하거나 회피하는 억제형(inhibited type)과 누구에게나 부적절하게 친밀함을 나타내는 탈억제형(disinhibited type)으로 구분된다. DSM-5-TR에서는 애착장애의 억제형을 반응성 애착장애로 지칭하고 있으며, 탈억제형은 탈억제성 사회적 접근장애로 지칭되고 있다. DSM-5-TR에서 제시하고 있는 반응성 애착장애의 진단기준을 소개하면 〈표 6-3〉과 같다.

반응성 애착장애의 유병률은 잘 알려져 있지 않지만 매우 드문 것으로 보고되고 있다. 심각한 방임 상태에서 양육된 아동의 경우에서도 10% 이하의 아동에서만 이러한 장애가 나타나는 것으로 알려져 있다. 신생아기 초기부터 아동은 양육자로부터 부적절한 양육을 받을 수 있지만 반응성 애착장애는 흔히 생후 9개월부터 5년 사이에 비슷한 양상으로 나타난다. 이러한 아동에게 적절한 양육환경이 주어지거나 치료적 개입이 이루어지지 못하면, 반응성 애착장애는 여러 해 동안 지속될 수 있다. 생후 22개월에 측정한 반응성 애착장애 증상은 30개월, 42개월, 54개월에 다시 측정했을 때 중간 정도의 안정성을 보였고 고아원과 같은 시설의 남아 있는 아동의 경우에는 증상이 더 오래 지속되는 경향이 있었다(Zeanah & Gleason, 2010).

반응성 애착장애를 지닌 아동은 흔히 인지발달과 언어발달이 늦어지거나 동일한 행동을 반

아동과 어머니의 안정된 애착형성이 건강한 심신발달에 매우 중요하다

복하는 상동적 행동문제를 나타낼 수 있다. 아울러 우울증상을 비롯한 다른 장애를 함께 나타낼 수도 있다. 반응성 애착장애는 사회적 관계형성에 어려움을 나타낸다는 점에서 자폐증 스펙트럼 장애와 유사하지만 구별되어야 한다. 우선, 반응성 애착장애는 생애 초기에 양육 결핍을 경험한 증거가 있지만 자폐스펙트럼장애는 흔히 정상적인 양육을 받았음에도 불구하고 나타난다. 또한 자폐스펙트럼장애를 지닌 아동들은 기이한 언어를 사용하거나 특정한 영역에 고착된 관심을 보이고 의례화된 반복적 행동을 나타내는 반면, 반응성 애착장애 아동은 그렇지 않다. 반응성 애착장애는 양육 결핍이라는 후천적인 요인에 의해서 비롯된 장애로서 자폐스펙트럼장애와는 그 특성, 발병 연령, 원인 등에 있어서 차이가 있다.

2. 원인과 치료

반응성 애착장애는 애착 외상이라는 비교적 분명한 환경적 촉발요인을 지니고 있다. 그러나 애착 외상을 경험한 모든 아동이 반응성 애착장애를 나타내는 것은 아니기 때문에 부모의 양육행동과 아동의 기질적 특성이 어떻게 상호작용하여 이러한 장애가 발생하는지에 관심이 모아지고 있다.

정신분석학자인 René Spitz는 반응성 애착장애의 증상이 상실 경험과 관련된 성인의 우울증과 유사하다는 점에 주목하였다. 그에 따르면, 아동은 자신의 욕구와 그러한 욕구를 충족시켜 주는 양육자와의 관계 속에서 자신과 타인의 명료한 분화를 이루게 되는데, 이 과정에서 부모의 신뢰할 만한 반응이 기초가 된다. 그러나 이러한 적절한 반응이 주어지지 못하면 자기와 타인의 분화가 불분명해지면서 아동은 특정한 타인에게 애정 주기를 멈춰버린다. 이러한 아동들은 9~12개월이 되었을 때부터 반응성 애착장애의 양상을 나타내게 된다.

부모의 양육태도와 애착의 유형

반응성 애착장애의 원인과 치료는 애착이론과 밀접하게 연결되어 있다. John Bowlby(1969, 1973, 1980)의 애착이론에 따르면, 애착(attachment)이란 부모나 친구와 같은 특정인에 대한 지속적인 감정적 유대를 말한다. 인간의 애착 경향은 진화과정에서 형성된 선천적인 본능적 반응 체계이다. 유아는 적어도 다섯 가지의 구조화된 반응 체계, 즉 빨기(sucking), 울기(crying), 웃기(smiling), 매달리기(clinging), 따라다니기(following or orienting)를 가지고 살아가기 시작하며 이러한 반응체계는 엄마의 반응 행동을 활성화시킨다. 엄마의 반응 행동은 유아 체계에 피드백을 주며, 애착을 매개하는 특정 행동을 활성화한다. 유아의 본능적인 반응체계들이 활성화될 때 엄마가 적절한 피드백을 해주지 않으면 분리불안, 반항행동 그리고 슬픔과 애도가 나타난다.

애착은 일반적인 인간관계와 다른 특성을 지니는데 다음과 같은 네 가지 특징을 나타낸다. 첫째는 근접성 유지(proximity maintenance)의 욕구이다. 애착대상과 항상 가까이 있거나 붙어 있기를 원한다. 모든 문화권의 어머니는 어린 자녀를 업거나 안고 다닌다. 어린아이는 항상 엄마의 곁에 있기를 바라며 엄마와 떨어지면 불안해한다. 둘째, 애착대상이 안전한 안식처(safe haven)로 여겨진다. 어린아이는 엄마와 함께 있으면 마음이 편안하고 행복하다. 고통과 불안함으로부터 위로를 받는 원천이 된다. 셋째, 이별 고통(separation distress)이 존재한다. 애착대상과 멀리 떨어지거나 헤어지면 고통스러움을 느끼게 된다. 특히 애착대상과의 예기치 못한 이별이나 장기간의 이별은 매우 고통스럽다. 마지막으로, 애착대상은 안전기지(secure base)의 역할을 한다. 언제나 되돌아가면 항상 자신을 반겨주고 휴식할 수 있으며 위로받을 수 있는 사람이 존재한다는 확신은 세상을 적극적으로 탐색하고 사회생활을 활기차게 할 수 있는 바탕이 된다. 애착대상과 떨어지는 경우에 경험하는 분리불안, 즉 이별 고통은 어린아이에게 자연스러운 것이다. 그러나 항상 엄마 곁에만 있어서는 더 넓은 세상과 접촉하며 새롭고 다양한 경험을 할 수 없다. 대부분의 아동은 안정된 애착 경험을 통해서 엄마와 공간적으로 떨어지더라도 그다지 불안해하지 않으며 또래아동과 놀거나 유치원에 가는 등 독립적인 활동을 하게 된다. 분리불안장애는 애착대상을 안전기지로 여기지 못하고 과도한 이별 고통을 나타내는 경우라고 할 수 있다.

저명한 애착 연구자인 Mary Ainsworth와 동료들(1978)은 아동의 애착행동을 연구하기 위해서 어린 아동을 엄마와 함께 낯선 실험실에 오게 했다. 그리고는 엄마가 잠시 자리를 떠났을 때의 반응과 다시 돌아왔을 때의 반응을 세밀하게 분석했다. 그 결과 아동의 애착 패턴은 네 가지 유형으로 나타났다. 첫째는 낯선 실험실에서도 엄마와 함께 있을 때 편안하게 잘 놀고 이별에는 적절한 불안을 보이며 엄마의 복귀로 불안이 신속하게 완화되는 아동의 행동패턴으로서 안정 애착(secure attachment)이라고 지칭된다. 둘째 유형은 엄마가 곁에 있는지 항상 신경을 쓸 뿐만 아니라 엄마와의 이별에 극심한 불안을 나타내고 엄마가 돌아와서 달래도 밀쳐내며 저항하는 아동으로서 불안 애착(anxious attachment)을 나타내는 경우이다. 셋째 유형은 엄마와의 이별에 무관심할 뿐만 아니라 엄마가 돌아와도 품속에 안기기를 회피하는 아동의 경우로서 회피 애착(avoidant attachment)을 뜻한다. 또 다른 유형은 몸을 흔들거나 얼어붙는 모습을 나타내는 등 일관성 없는 행동을 보이는 아동의 경우로서 혼란 애착(disorganized attachment)이라고 지칭된다. 뒤의 세 가지 유형은 인간관계에 부정적 영향을 미치는 불안정 애착(insecure attachment)으로 분류되고 있다.

후속 연구에 따르면, 안정 애착을 보이는 아동들은 친구들과 잘 어울리고 인기가 있었으며 교사와도 친밀한 관계를 맺었다. 또한 자기존중감이 높고 불쾌감정을 잘 조절하며 스트레스를 효과적으로 이겨냈다. 장기적인 연구에서도 아동기에 안정 애착을 경험한 사람은 성인이 되어서도 결혼생활을 더 원만하게 하는 것으로 나타났다.

아동의 애착 유형은 엄마의 양육행동과 밀접하게 관련되어 있다. 일관성 있는 행동을 통해서 수용적이고 지지적인 애정을 나타내는 엄마에게서 성장한 아동은 안정 애착을 형성한다. 반면, 엄마가 일관성 없이 변덕스러운 행동을 하거나 비판적이고 거부적인 행동으로 양육한 아이는 불안정 애착을 형성하게 된다. 이렇게 형성된 애착 패턴은 아동이 다른 사람과 관계를 맺는 방식에 지속적인 영향을 미친다. 예컨대, 유아기에 안정 애착을 형성한 아동은 부모에게 적절한 방식으로 자기주장을 할 뿐만 아니라 세상을 적극적으로 탐색하며 문제해결에서도 끈기를 보인다. 이들은 좌절을 경험하게 되면 다른 사람에게 도움을 청하거나 위안을 구하는 행동을 나타낸다. 안정 애착을 형성한 아동들은 의존성과 자율성의 균형을 적절하게 잘 유지한다. 반면에 유아기에 불안정 애착을 형성한 아동들은 또래들과 잘 어울리지 못하고 융통성이 없으며 고집스러운 모습을 보이거나 우울하고 불안한 모습을 나타내는 경향이 있다. 아동기의 애착 경험은 개인의 인생 전반에 매우 중요한 영향을 미치는 것으로 알려지고 있다(권석만, 2022).

대상관계 이론에 따르면, 아동은 부모의 학대 또는 무관심에 저항하다가 나중에는 실망과 좌절 상태에 빠지고 그 후로는 애착의 노력을 중단하는 경향을 나타내는데 이를 탈애착(detachment)이라고 한다. 어머니와 정서적으로 탈애착된 상태에서는 비록 어머니가 다시 돌아오더라도 아동은 어머니에 대한 분노를 지니게 되며 다시 거부당하는 일이 일어날까 두려워한다. 그러면서 어머니에 대해 양가감정을 갖게 되고 마치 낯선 사람을 대하듯이 무관심하거나 회피적인 반응을 나타내게 된다. Main과 Weston에 따르면, 이러한 아동은 부모에 대한 접근 욕구와 회피 욕구 간의 갈등에서 벗어나기 위해 관심을 다른 곳으로 돌리게 된다.

애착이론을 제시한 Bowlby(1969)에 따르면, 유아는 어머니와의 애착 경험에 근거하여 자기와 타인에 대한 정신적 표상으로 구성되는 내적 작동모델(internal working model)을 형성한다. 이러한 내적 작동모델은 타인의 행동을 예측하고 자신의 행동을 결정하는 대인관계의 기초가 되어 아동의 사회적 행동에 강력한 영향을 미치게 된다. 일관성이 없거나 학대적인 양육을 받은 유아는 어머니와의 초기 애착에서 극도의 불안을 경험하면서 자신은 사랑스럽지 못하거나 무가치한 존재이며 타인은 예측하기 어렵거나 적대적인 존재라는 내적 작동모델을 형성한다. 반응성 애착장애는 초기 애착의 문제로 인해 부정적으로 형성된 아동의 내적 작동모델이 부모나 타인에 대한 회피적인 행동을 유발하게 된 결과라고 할 수 있다(Main et al., 1985).

아동의 기질이 반응성 애착장애에 영향을 미칠 수 있다는 주장도 제기되고 있다. 특히 동일한 애착 결핍을 경험한 아동들이 억제형 또는 탈억제형 애착장애와 같이 다른 반응을 나타내는 것은 선천적인 기질의 차이 때문인 것으로 추정되고 있다. 반응성 애착장애의 경우 기질적인 과민성(irritability)과 관련된 것으로 추정되고 있다(Lemelin et al., 2002). 선천적으로 과민성을 지니고 태어난 아동은 양육자의 학대나 방임을 유발할 수 있고 애착 결핍에 대해서 과도한 좌절을 겪으며 위축된 회피적 행동을 나타낼 수 있다. 그러나 아동의 기질과 어머니의 양육태도가 어떻게 상호작용하여 애착장애를 유발하는지에 대해서는 충분히 알려져 있지 않다.

반응성 애착장애를 치료하고 예방하는 주된 방법은 주로 애착이론에 근거하고 있으며 아동과 양육자의 애착관계를 개선하는 데에 초점을 맞추고 있다(Newman & Mares, 2007). 반응성 애착장애에 대한 일반적인 치료지침은 아동의 애착 행동뿐만 아니라 아동에 대한 양육자의 인식과 태도를 평가하여 치료방법을 선택하는 것이다. 애착장애의 치료와 예방은 양육자(부모)의 정서적 감수성과 반응성을 증진시켜 아동과의 상호작용을 긍정적으로 변화시키는 데에 초점이 맞추어지고 있다. 만약 부모가 자녀양육에 대한 교육을 받더라도 아동과 건강한 애착관계를 형성하기 어려운 문제를 지니고 있다면, 새로운 양육자를 제공하는 것이 바람직하다. 애착장애의 치료를 위해서는 아동에게 정서적으로 애정과 관심을 기울일 수 있는 한 명의 양육자를 제공하는 것이 필수적이다. 아울러 아동을 안전하고 안정된 양육환경으로 옮긴 후, 아동이 양육자와 긍정적인 상호작용을 통해서 내적 작동모델을 긍정적으로 변화시키도록 유도해야 한다. 반응성 애착장애의 치료에는 아동이 흥미를 느끼며 쉽게 몰입할 수 있는 놀이치료가 효과적이다(이숙, 이현정, 2006). 놀이치료자는 양육자(부모)로 하여금 아동과 놀이를 하면서 긍정적인 상호작용이 일어나도록 교육하고 유도한다. 아울러 아동의 욕구와 감정을 민감하게 인식하고 적절하게 반응하도록 양육기술을 가르치고 아동을 있는 그대로 수용하고 존중하면서 친밀한 관계를 형성하도록 돕는다.

제5절 탈억제성 사회적 접근장애

1. 주요증상과 임상적 특징

탈억제성 사회적 접근장애(Disinhibited Social Engagement Disorder)는 양육자와의 애착 외상을 경험한 아동이 누구이든지 낯선 성인에게 아무런 주저 없이 과도한 친밀감을 표현하며 접근하는 경우를 뜻하며 탈억제성 사회적 유대감장애라고 불리기도 한다. 앞에서 소개한 반응성 애착장애와 마찬가지로 양육자로부터 학대나 방임을 당한 동일한 경험을 지니고 있지만, 탈억제성 사회적 접근장애를 지닌 아동은 위축된 반응 대신 무분별한 사회성과 과도한 친밀감을 나타낸다.

애착 외상을 겪는 아동들이 나타내는 애착장애는 다른 사람과의 관계를 회피하는 억제형(inhibited type)과 부적절한 친밀함을 나타내는 탈억제형(disinhibited type)으로 구분된다. DSM-5-TR에서는 후자의 탈억제형을 탈억제성 사회적 접근장애라는 명칭으로 외상 및 스트레스 관련 장애에 포함시키고 있다.

DSM-5-TR에 따르면, 탈억제성 사회적 접근장애의 핵심 증상은 친밀하지 않은 낯선 성인에게 자발적으로 접근하여 그들과 상호작용하려는 다음과 같은 행동패턴을 나타내는 것이다: (1) 낯선 성인에게 접근하거나 그들과 상호작용하는 데에 주저함이 없다; (2) 지나치게 친밀한 언어적 또는 신체적 행동을 나타낸다; (3) 낯선 상황에서도 주변을 탐색하고 난 후에 성인 양육자의 존재를 확인하지 않는다; (4) 낯선 성인을 아무런 망설임이나 주저 없이 기꺼이 따라나선다. 생후 9개월 이상 된 아동이 애착 외상에 해당하는 경험을 하고 난 후 이러한 증상을 나타낼 경우에 탈억제성 사회적 접근장애로 진단된다.

탈억제성 사회적 접근장애를 나타내는 아동은 생후 9개월부터 진단되며 연령이 증가함에 따라 다소 다른 문제행동을 나타낸다. 만 2세 이전의 어린 유아는 낯선 사람에게 주저 없이 다가가서 상호작용하고, 낯선 상황에서 양육자를 돌아보면서 확인하지 않으며, 낯선 사람을 따라나서는 문제행동을 나타낸다. 만 2~5세의 아동은 추가적으로 모든 사람에게 매달리며 주의를 끌려는 행동을 보이고, 5세 이상이 되면 낯선 사람에게 지나치게 신체적인 친밀감을 표시하거나 과도하게 사적인 질문을 하거나 불쑥 공격적인 방식으로 접근하는 등의 행동을 나타낸다. 청소년기에는 친한 친구가 없거나 또래들과 피상적인 관계를 맺거나 무분별한 성적인 관계를 맺는 경향이 있다(Breidenstine et al., 2011).

탈억제성 사회적 접근장애의 유병률은 잘 알려져 있지 않지만 매우 드문 것으로 보고되고 있다. 그러나 친부모의 심각한 학대나 방임 때문에 입양되거나 고아원에서 성장한 아동의 약 20%가 이러한 장애를 나타내는 것으로 보고되고 있다. 탈억제성 사회적 접근장애는 사회적 충동성을 나타낸다는 점에서 주의력결핍 과잉행동장애와 유사하다. 그러나 탈억제성 사회적 접근장애를 지닌 아동은 주의집중의 곤란과 과잉행동을 나타내지 않는다는 점에서 주의력결핍 과잉행동장애와 구별된다. 탈억제성 사회적 접근장애를 지닌 아동은 흔히 인지적, 언어적 발달의 지연을 나타내거나 동일한 행동을 반복하는 상동행동증을 나타낼 수도 있다.

2. 원인과 치료

탈억제성 사회적 접근장애의 원인은 아직 잘 알려져 있지 않으며 대체로 반응성 애착장애
의 원인과 유사한 것으로 추정되고 있다. 탈억제성 사회적 접근장애는 반응성 애착장애와 마
찬가지로 애착 외상이라는 환경적 요인에 의해서 촉발된다. 유사한 애착 외상을 경험한 아동
중에서 어떤 아동은 반응성 애착장애를 나타내고 어떤 아동은 탈억제성 사회적 접근장애를
나타낸다. 이처럼 동일한 애착 결핍을 경험한 아동들이 억제형 또는 탈억제형 애착장애와 같
이 다른 반응을 나타내는 것은 선천적인 기질의 차이 때문인 것으로 추정되고 있다. 반응성
애착장애를 지닌 아동들은 선천적으로 내향성과 과민한 기질을 타고나서 애착 결핍에 대해
회피적인 반응을 나타내는 반면, 탈억제성 사회적 접근장애를 나타내는 아동들은 선천적으로
외향성과 자극추구 기질을 타고나서 애착 결핍에 대해서 무분별한 사회성과 충동적 행동을
통해 반응하는 것으로 추정되고 있다(Lemelin et al., 2002; Zeanah, 2004).

탈억제성 사회적 접근장애를 지닌 아동은 애착대상을 여러 번 상실하거나 여러 양육자가
교체되는 경험을 함으로써 최소한 한 명 이상의 양육자와 일관성 있게 지속적인 애착관계를
형성하지 못한 경우가 많다. 보호시설에서 오랜 기간 생활하다가 중산층 가정으로 입양된 아
동들은 입양 후에 정서적 억제나 철수 행동보다 무분별한 탈억제적 행동을 나타내는 경향이
높았다(O'Connor et al., 2003; Rutter el al., 2007). 이처럼 과거에 양육자와 맺었던 관계가 자주
교체되거나 침범되고 파괴되면서 특정한 한 사람을 지속적으로 신뢰할 수 있는 기회를 갖지
못했다. 이러한 아동은 고통으로부터 자신을 보호하기 위해 외로움과 두려움을 억압하는 방
어기제를 사용하면서 낯선 사람에게 과도한 친밀감을 나타내면서 가짜위안(pseudo-comfort)
을 얻으려고 노력한다. 또한 한 사람에게 의존하지 않는 대신에 낯선 사람에 대한 불안을 억
압하면서 주변에서 접할 수 있는 모든 사람으로부터 관심과 애정을 얻으려고 노력한다. 탈억
제성 사회적 접근장애를 지닌 아동은 누군가 한 사람을 믿고 따랐을 경우에 결국 실망하게 될
것에 대한 두려움을 지니고 있으며 이러한 두려움을 방어하기 위해 모든 사람에 대해서 무분
별한 친밀감을 나타낸다. 이들은 낯선 사람에 대한 정상적인 불안이 없으며 누구라도 상관없
다는 태도로 낯선 사람을 쉽게 받아들이며 마치 평생 친밀한 관계를 맺어 온 것처럼 행동하는
경향이 있다. 아울러 이들의 정서표현과 사회적 행동은 과장되거나 진정성이 느껴지지 않는
피상적인 것이어서 다른 사람에게 호감을 주지 못할 뿐만 아니라 불편함과 혐오감을 줄 수 있
다. 이들은 특정한 사람과 깊이 있는 친밀한 관계를 맺지 못하고 다수의 사람들과 매우 피상
적인 관계 속에서 실질적인 고립 상태로 살아가는 경향이 있다. 이러한 내적 작동모델은 오래
도록 지속되어 성인기의 인간관계에 부정적인 영향을 미칠 수 있다.

탈억제성 사회적 접근장애를 치료하는 방법은 반응성 애착장애의 경우와 거의 동일하다.

특히 탈억제성 사회적 접근장애를 지닌 아동의 경우에는 한 명의 양육자와 친밀한 애착관계를 형성하는 데 초점을 맞춘다(Newman & Mares, 2007). 양육자가 어머니인 경우에는 아동의 욕구를 민감하게 인식하고 적절하게 반응하도록 양육기술을 가르치면서 아동과 친밀한 관계를 형성하고 심화시키도록 돕는다. 만약 어머니가 주된 양육자가 되기 어려운 상황이라면, 아동에게 안정된 애정과 관심을 기울여줄 수 있는 한 명의 양육자를 제공해야 한다. 아동이 안전한 양육환경 속에서 이러한 양육자와 긍정적인 상호작용을 통해서 신뢰를 형성하며 깊이 있는 애착관계를 경험하도록 하는 것이 중요하다. 반응성 애착장애는 우울 정서와 밀접히 관련되어 있으며 향상된 양육환경이 주어지면 증상이 호전되는 반면, 탈억제성 사회적 접근장애는 우울 정서보다 부주의나 과잉행동과 관련성이 더 높고 양육환경이 향상되어도 증상이 잘 개선되지 않는 경향이 있다(Zeanah & Smyke, 2008).

제6절 적응장애

1. 주요증상과 임상적 특징

적응장애(Adjustment Disorder)는 주요 생활사건에 대한 적응실패로 나타나는 정서적 또는 행동적 증상을 말한다. 적응장애의 첫째 조건은 분명히 확인될 수 있는 심리사회적 스트레스 사건에 대한 반응으로 부적응 증상이 나타나야 한다는 것이다. 부적응 증상이 스트레스 사건이 발생한 3개월 이내에 나타나야 한다. 둘째, 그러한 부적응 증상이 환경적 맥락과 문화적 요인을 고려할 때 스트레스 사건의 강도에 비해서 현저하게 심한 것이어야 한다. 셋째, 이러한 적응문제로 인하여 개인이 심각한 고통을 느끼거나 중요한 삶의 영역에서 기능장해가 나타나야 한다. 마지막으로, 개인이 나타내는 부적응 증상이 다른 정신장애의 진단기준에 해당되지 않아야 한다. 달리 말하면, 적응장애는 주요 생활사건에 대한 적응의 실패로 나타난 부적응 증상으로서 다른 정신장애에 해당될 만큼 심각하지 않은 경우라고 할 수 있다.

적응장애를 유발하는 스트레스 사건은 주요 생활사건(major life events)으로서 그러한 사건에 적응하기 위해서 상당한 심리적 부담, 즉 스트레스를 느끼게 되는 사건을 말한다. 그 예로는 가족의 죽음이나 심각한 질병, 부부갈등이나 이혼, 사업실패나 재정의 악화, 갑작스러운 실연, 상급학교로의 진학이나 전학 등이 있다. 스트레스 사건은 예상치 못하게 갑자기 발생하게 되는 것들도 있지만 발달과정에서 일반적으로 겪게 되는 것들(예: 상급학교로의 진학, 가족을 떠나 타지에서 생활하는 것, 결혼이나 부모가 되는 것, 취업하여 직장생활을 시작하는 것, 은퇴 또는 정년퇴직)도 있다. 이러한 생활사건에 당면하게 되면 누구나 스트레스를 느끼게 되지만 나름대로 그러한 변화에 적응하게 된다. 그러나 적응장애는 문화적 맥락을 고려할 때 분명하게 과도한 부적응적인 증상을 나타내는 경우에 해당된다.

적응장애에서 가장 흔히 나타내는 부적응 증상은 우울한 기분, 불안 증상과 품행 문제이다. 스트레스 사건에 대한 반응으로 우울한 침체된 기분과 무력감이 나타나거나 심한 불안감과 신경과민이 나타날 수 있다. 또는 과도한 음주나 폭력적 행동을 비롯하여 청소년의 경우에는 비행 행동(무단결석, 거짓말, 폭행 등)이 나타날 수 있다. 때로는 우울, 불안, 품행 문제가 복합적으로 나타날 수도 있다. 이러한 부적응 문제로 인해서 상당한 고통을 느끼거나 직업 및 학업에서의 수행저하나 대인관계에서의 갈등이 초래될 경우에 적응장애에 해당된다.

적응장애는 비교적 흔한 심리적 문제로서 유병률은 조사된 집단과 측정방법에 따라 다양하다. 정신건강 기관을 방문하는 사람들의 5~20%가 적응장애로 진단된다. 특히 적응장애는 정신과병원을 방문한 환자의 약 50%에게 진단되는 가장 흔한 정신장애이다(American Psychiatric Association, 2022). 성인의 경우는 여성이 남성보다 2배 정도 많이 진단되지만 아동과 청소년 집단에서는 남녀의 비율이 비슷하다. 적응장애는 어떤 연령층에서도 발생할 수 있지만 청소년기에 가장 흔하게 진단된다. 적응장애의 증상은 스트레스 사건이 발생한 후 3개월 이내에 시작되고 스트레스 요인이 사라진 후 6개월 이상 지속되지 않는 것이 일반적이다. 그러나 스트레스 요인이 지속되거나 악화되면 다른 심각한 정신장애(예: 주요우울장애)로 발전할 수 있다.

2. 원인과 치료

적응장애의 원인은 여러 가지 측면에서 살펴볼 수 있다. 첫째는 스트레스 사건 자체의 특성으로서 사건 자체가 강력하여 그러한 사건을 당하는 사람에게 심리적인 충격을 줄 수 있다. 즉, 개인적 특성에 상관없이 강력한 스트레스 사건 자체(예: 고문, 인질사건 등)가 적응장애를 유발할 수 있다. 그러나 적응장애의 심각도는 스트레스 사건의 충격 강도와 비례하지 않는 것으로 밝혀지고 있다.

적응장애의 연구자들은 동일한 스트레스 사건에 대해서 개인마다 적응 능력이 다른 이유에 주목하고 있다. 정신분석적 입장의 연구자들은 생후 초기의 어머니 역할과 양육환경이 아동이 성장한 후의 스트레스 반응에 중요한 영향을 미친다고 주장한다. 특히 유아기에 양육자가 유아의 욕구를 충분히 충족시켜 주고 지지해 주는 것이 이후의 삶에서 겪게 될 좌절을 인내할 수 있는 능력을 길러 준다고 주장한다. 역경과 좌절을 견뎌내고 회복하는 심리적 탄력성(resilience)도 어린 시절에 경험한 부모와의 관계에 의해서 커다란 영향을 받게 된다.

스트레스 사건에 대한 심리적 반응과 대처 방식은 개인의 다양한 특성에 의해서 영향을 받는다. 개인의 성격특성, 자존감과 자신감, 문제해결능력, 자신과 세상에 대한 신념 내용 등의 심리적 특성이 적응장애에 영향을 미칠 수 있다. 또한 스트레스 사건으로 인해 겪게 되는 자신의 역기능이나 어려움에 대한 개인의 인식이 적응장애에 영향을 줄 수 있다. 즉, 불안해하거나 당황해하는 자신의 부적응적 반응을 수용하지 못할 경우, 자신을 비난하거나 실망하게 되고 이러한 평가가 새로운 좌절을 초래하는 악순환 과정을 통해 증상이 악화될 수 있다.

마지막으로, 개인의 환경적 요인이 적응장애에 중요한 역할을 할 수 있다. 스트레스 사건에 직면한 개인에게 정서적인 지지와 위안을 보내주고 상황을 이겨내도록 현실적인 도움을 주게 되는 사회적 지지 자원이 부족하거나 열악할 경우에 더 쉽게 적응장애가 초래될 수 있다.

적응장애의 치료를 위해서는 심리치료가 가장 널리 사용된다. 심리치료에서는 스트레스 사건에 대한 내담자의 심리적 고통과 충격을 공감하며 심리적인 지지를 제공할 뿐만 아니라 내담자의 대처행동을 좀 더 효과적으로 변화시키도록 돕는다. 적응장애는 스트레스 요인이 사라지면 증상이 감소하는 경우가 대부분이므로 일반적으로 지지적인 심리치료가 가장 많이 사용된다. 그러나 때로는 내담자로 하여금 스트레스 사건이 자신에게 어떤 의미를 지니고 있으며 어린 시절에 겪은 외상 경험과 어떤 관계가 있는지를 탐색해 보도록 유도할 수도 있다. 이러한 탐색과 깨달음을 통해서 어린 시절의 외상 경험에 근거한 부적응적 대처행동이 반복되지 않도록 돕는다. 비행 행동을 나타내는 청소년의 경우에는 자신의 행동으로 인해 초래된 결과의 심각성을 인식하고 그에 대한 책임감을 느끼게 함으로써 품행장애로 발전하지 않도록 예방적인 노력을 기울인다. 적응장애에 수반되는 심리적 증상에 따라서 항불안제, 항우울제, 수면제 등이 소량으로 단기간 사용될 수도 있다.

요약

1. 인간의 생명과 안녕을 위협하는 충격적인 외상 사건들, 즉 지진, 해일, 전쟁, 건물 붕괴, 치명적 교통사고, 살인 및 강간, 납치 등이 드물지 않게 발생하고 있다. 이러한 외상 사건을 경험한 사람들은 그 충격과 후유증으로 인해 심각한 부적응 증상을 나타내게 된다. 외상 및 스트레스 관련 장애는 외상 사건을 비롯한 다양한 스트레스 사건의 경험으로 인해 발생하는 부적응적 문제들을 포함하고 있다. 그 하위장애로는 외상후 스트레스장애, 급성 스트레스장애, 반응성 애착장애, 탈억제성 사회적 접근장애, 적응장애가 있다.

2. 외상후 스트레스장애는 죽음 또는 죽음의 위험, 신체적 상해, 성폭력과 같은 외상 사건을 경험한 후에 나타내는 다양한 심리적 부적응 증상을 말한다. 이 장애는 네 가지 유형의 특징적 증상, 즉 (1) 외상 사건을 재경험하게 만드는 침투 증상, (2) 외상 사건과 관련된 기억이

나 단서를 피하려는 회피 증상, (3) 외상 사건에 대한 생각과 감정의 부정적 변화, (4) 사소한 자극에 잘 놀라는 과민한 각성 반응을 나타낸다. 유전적 취약성, 아동기의 외상 경험, 성격특성, 사회적 지지의 부족, 최근 생활의 스트레스 등의 위험요인을 지닌 사람들이 외상후 스트레스장애를 나타내기 쉽다. 인지적 입장에서는 다양한 이론이 제시되고 있는데, 외상 정보가 인지적으로 처리되어 기존의 사고체계에 통합되는 과정을 설명하는 스트레스 반응 이론, 외상 사건으로 심한 충격과 혼란을 경험하는 사람들의 신념 특성에 주목하는 박살난 가정 이론, 외상 사건의 정서적 정보가 기존의 기억구조에 통합되기 위한 조건을 제시하는 정서적 처리 이론, 두 가지 유형의 기억체계가 외상후 스트레스장애에 관여한다고 주장하는 이중표상 이론, 외상 사건으로 인한 현재의 위협감에 초점을 맞추고 있는 인지 모델 등이 있다. 외상후 스트레스장애의 치료에는 지속적 노출 치료, 인지처리 치료, 안구운동 둔감화 및 재처리 치료가 가장 효과적인 것으로 보고되고 있다.

3. 급성 스트레스장애는 외상 사건을 경험한 직후에 나타나는 부적응 증상들이 3일 이상 1개월 이내의 단기간 동안 지속되는 경우를 뜻한다. 급성 스트레스장애는 증상의 지속 기간이 짧고 해리 증상을 나타낸다는 점 이외에는 외상후 스트레스장애와 매우 유사하다. 급성 스트레스장애는 특히 심한 무력감을 느끼게 한 외상 사건에 대한 단기적인 신체적·심리적 반응으로 여겨지고 있다. 노출과 인지적 재구성을 중심으로 한 인지행동치료가 급성 스트레스장애의 치료에 가장 효과적인 것으로 알려져 있다.

4. 지속성 애도장애는 친밀한 사람과의 사별을 경험한 사람이 애도반응을 지나치게 심각하게 나타낼 뿐만 아니라 애도반응이 12개월 이상 지속되어 개인의 부적응 상태에 초래하는 경우를 말한다. 지속성 애도장애는 일종의 애착장애로서 불안정 애착유형과 고인에 대한 정서적 의존이 가장 중요한 위험요인으로 알려지고 있다. 복합적 애도치료는 애도작업에 대한 심리교육과 더불어 상실의 고통을 좀 더 생생하고 강렬하게 체험하도록 도움으로써 애도과정을 촉진하는 다양한 방법으로 구성되어 있다. 인지행동치료는 노출과 인지적 재구성을 통해서 사별자가 내면적 경험과 외부적 자극에 직면하도록 도움으로써 상실과 관련된 고통을 감내하는 것이 가능하다는 것을 깨닫도록 촉진한다.

5. 반응성 애착장애는 부모로부터 학대나 방임을 당한 애착 외상으로 인하여 부적절하게 위축된 대인관계 행동을 나타내는 경우를 말한다. 이러한 장애를 지닌 아동은 부모를 비롯하여 타인과의 접촉을 두려워하고 회피하며 사회성 발달에 어려움을 겪게 된다. 일관성이 없거나 학대적인 양육을 받은 유아는 어머니와의 초기 애착에서 극도의 불안을 경험하면서 자신은 사랑스럽지 못하거나 무가치한 존재이며 타인은 예측하기 어렵거나 적대적인 존재라는 내적 작동모델을 형성함으로써 부모나 타인에 대한 회피적인 행동을 나타내는 것으로 이해되고 있다. 반응성 애착장애를 치료하고 예방하는 데에는 아동과 양육자의

애착관계를 개선하는 것이 가장 중요하다.

6. **탈억제성 사회적 접근장애**는 애착 외상을 경험한 아동이 낯선 성인에게 아무런 주저 없이 과도한 친밀감을 표현하며 접근하는 무분별한 사회성과 과도한 친밀감이 주된 특징이다. 이 장애를 나타내는 아동은 선천적으로 외향성과 자극추구 기질을 타고나서 애착 결핍에 대해서 무분별한 사회성과 충동적 행동을 통해 반응하는 것으로 추정되고 있다. 아동으로 하여금 한 명의 양육자와 친밀한 애착관계를 형성하도록 돕는 것이 탈억제성 사회적 접근장애의 치료에 필수적이다.

7. **적응장애**는 분명한 스트레스 사건에 대한 적응의 실패로 인해 나타나는 우울, 불안 또는 부적응 행동을 뜻하며 이러한 증상이 다른 정신장애에 해당될 만큼 심각하지 않은 경우에 진단된다. 적응장애는 비교적 흔하며 정신과 병원을 방문한 환자에게 가장 흔하게 진단되는 장애이다. 스트레스 사건에 대한 심리적 반응과 대처 방식은 개인의 성격특성, 자존감과 자신감, 문제해결능력, 자신과 세상에 대한 신념 내용, 정서적 또는 사회적 지지 등에 의해 영향을 받을 수 있다. 내담자의 심리적 고통과 충격을 공감하고 지지하면서 좀 더 효과적인 대처행동을 하도록 유도하는 심리치료가 적응장애에 가장 널리 적용되고 있다.

추천도서 및 시청자료

외상후 스트레스장애에 대한 좀 더 깊은 이해를 원하는 사람에게는 다음과 같은 도서를 추천한다. 『외상후 스트레스장애』(김순진, 김환, 2016)는 이 장애의 핵심증상과 원인 및 치료에 대해서 간결하고 명쾌한 설명을 제시하고 있다. Herman(1997)이 저술한 『트라우마: 가정폭력에서 정치적 테러까지』(최현정 역, 2012)는 트라우마에 대해서 생각하고 이해하는 방식에 근본적인 변화를 일으킨 고전적인 책으로서 인간에 의해 행해진 다양한 폭력과 그로 인한 외상 증상과 치유 방법을 소개하고 있다. Allen(2005)이 저술한 『트라우마의 치유』(권정혜 등 공역, 2010)는 외상의 정의와 유형, 외상의 영향과 관련된 정신장애, 그리고 외상으로부터의 치유에 대한 종합적인 설명을 제공하고 있다.

애착장애에 대해서 좀 더 자세한 이해를 원한다면, Pearce(2009)가 저술한 『애착장애의 이해와 치료』(이민희 역, 2012)를 권한다. 이 책은 애착의 의미와 더불어 애착장애를 확인하고 치료하는 방법을 다양한 사례와 함께 설명하고 있다. Brisch(2002)가 저술한 『애착장애의 치료: 이론에서 실제까지』(장휘숙 역, 2003)는 애착이론, 애착장애의 핵심적 특성, 그리고 애착장애의 치료와 치료사례를 학술적으로 깊이 있게 다루고 있다.

외상후 스트레스장애를 가장 잘 보여주는 영화나 비디오물은 다양하다. 〈레인 오버 미(Reign Over Me)〉(2007)는 9·11테러와 관련된 가족의 이야기를 다룬 영화로서 이 영화에서 Adam Sandler는 세계

무역센터와 충돌한 비행기의 승객이었던 아내와 세 딸의 죽음 이후 생존자의 죄책감과 외상후 스트레스장애를 극복해 가는 과정을 잘 보여주고 있다. 베트남 전쟁에 참전한 퇴역군인의 외상후 스트레스장애를 다른 영화로는 Tom Cruise가 퇴역군인의 고통스러운 삶을 잘 그려내고 있는 〈7월 4일생(Born on the Fourth of July)〉(1989)과 Robert De Niro가 열연한 〈디어 헌터(The Deer Hunter)〉(1978)가 있다. 〈공포탈출(Fearless)〉(1993)은 비행기 추락사고의 생존자가 겪는 외상후 스트레스장애를 잘 보여주고 있다. 지속성 애도장애를 잘 보여주는 영화로는 〈나는 사랑과 시간과 죽음을 만났다(Collateral Beauty)〉(2016)가 있다. 이 영화에서 주인공인 하워드는 딸을 잃은 슬픔에서 벗어나지 못한 채 운영하던 회사도 내팽개친 채 힘든 나날을 이어간다.

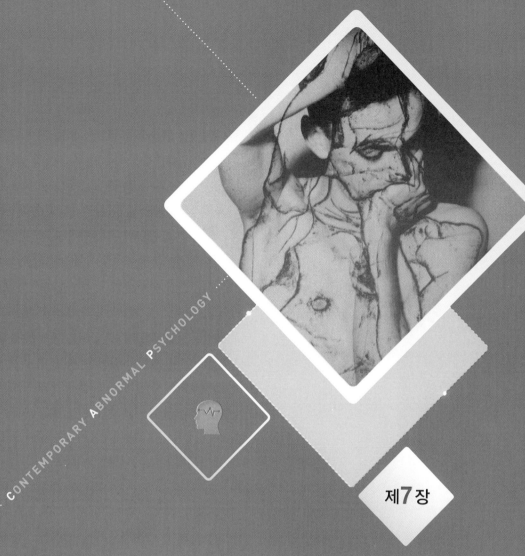

CONTEMPORARY ABNORMAL PSYCHOLOGY

해리장애와 신체증상 및 관련 장애

제**7**장

해리장애와 신체증상 및 관련 장애

해리장애

우리는 하나의 자아(自我)를 지니며 그 자아에 의해서 자신의 행동을 일관성 있게 선택하여 행동한다. 우리가 접하게 되는 다양한 경험들은 자아를 중심으로 통합된 기억을 형성하게 된다. 즉, 우리는 '나'라는 하나의 **자기정체감**(self-identity)을 지니며 모든 경험은 '나'의 체험으로 기억되고 모든 행동은 '나'의 결정에 의해 선택된다. 이러한 자기정체감에 의해서 우리는 시간적 흐름과 상황적 변화 속에서도 하나의 통합된 자기의식을 지속적으로 지닐 수 있을 뿐만 아니라 타인과의 관계에서도 일관성 있는 개인으로 행동하게 된다.

해리장애(Dissociative Disorders)는 의식, 기억, 행동 및 자기정체감의 통합적 기능에 갑작스러운 이상을 나타내는 장애이다. **해리**(dissociation)란 자기자신, 시간, 주위환경에 대한 연속적인 의식이 단절되는 현상을 말한다. 해리 현상은 일상생활에서 누구나 겪을 수 있는 정상적인 경험(예: 책에 몰두하여 주변을 완전히 잊는 것, 최면 상태, 종교적 황홀경 등)에서부터 심한 부적응상태를 유발하는 병리적 해리장애까지 광범위한 연속적인 심리적 현상이다. 해리는 감당하기 어려운 충격적 경험으로부터 자신을 보호하는 기능을 지니고 있으며 진화론적으로 적응적 가치가 있는 기능으로 여겨지고 있다. 그러나 이러한 해리 현상이 지나치거나 부적응적인 양상으로 나타날 경우를 해리장애라고 한다. DSM-5-TR에서는 해리장애를 해리성 정체감장애, 해리성 기억상실증, 이인증/비현실감 장애로 구분하여 제시하고 있다.

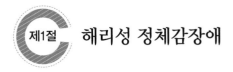

제1절 해리성 정체감장애

35세의 사회봉사요원인 M씨는 오른팔의 만성적 통증을 치료받기 위해 의사를 찾게 되었다. 그녀는 천식, 편두통, 비만증 등을 포함한 복잡한 병력을 지닌 환자였다. 그녀는 최면에 쉽게 걸리는 경향이 있으며 스스로의 고통을 자기최면으로 극복하는 방법을 배운 적이 있다. M씨는 유능한 여성이었으나 무미건조한 생활을 하고 있었다. 10년 전에 이혼을 했으며 현재는 재혼할 뜻이 없고 여러 병원에서 자원봉사하는 것으로 시간을 보내며 살고 있었다.

심리검사를 하는 동안, 그녀는 차의 연료가 가득 찬 상태로 퇴근을 했는데 다음 날 아침에는 연료가 반쯤 비어 있는 경험을 여러 번 했으며, 그녀가 알지 못하는 사이에 25~50km를 주행한 것으로 자동차의 미터기에 나타난 적이 있다고 보고했다. 좀 더 자세한 면담에서, 그녀는 어린 시절에 관해서 많은 부분을 기억하지 못하고 있었다.

통증치료를 위해 몇 달간 최면치료를 실시하는 과정에서 잊어버린 기간에 대한 질문을 받자, 평소의 M씨와는 전혀 다른 목소리가 "이제는 나를 알아차릴 때가 됐는데"라고 대답했다. K라는 이름의 다른 인격이 밤마다 자신이 드라이브를 하며 기분전환을 했다고 진술하였다. M씨는 타인에 대한 배려심이 많았지만 K는 적대적이었다. 치료 도중에 6개의 서로 다른 인격이 등장하였으며 서로 간에 상당한 긴장과 반목이 있었다. 그들은 의식 위로 나타나기 위해 자주 경쟁하곤 했다. 치료 도중 한 인격은 자살하겠다고 위협을 했으며, 이에 대해 치료자가 다른 인격과 상의하려고 하자 이에 반대하기도 했다.

M씨 안에 존재하는 어떤 인격은 어린 시절 아버지와 다른 사람들로부터 신체적·성적 학대를 받았으며 또한 형제자매가 학대를 당하는 것을 막지 못했다는 죄책감을 표현했다. 어머니는 자녀에게 학대를 덜 했지만 어린 M씨에게 집안일을 시키곤 했다고 했다.

4년간의 심리치료 과정 속에서, M씨는 여러 인격을 통합시켜 나갔다. 비슷한 성격들은 점차 통합되었지만, 여전히 부분적으로 해리상태가 나타났다.

〈DSM-IV의 사례집에서 요약·발췌함〉

1. 주요증상과 임상적 특징

해리성 정체감장애(Dissociative Identity Disorder)는 한 사람 안에 둘 이상의 각기 다른 정체감을 지닌 인격이 존재하는 경우를 말한다. 과거에는 **다중성격장애**(multiple personality disorder)라고 불리기도 했다. 해리성 정체감장애의 진단기준은 다음과 같다. 첫째, 두 개 이상의 다른 성격 상태를 특징적으로 나타내는 정체감의 분열을 보이며 일부 문화에서는 빙의(possession) 경험으로 기술되기도 한다. 이러한 정체감의 분열은 자기감 및 자기주체감의 뚜렷한 비연속성을 포함하며 정서, 행동, 의식, 기억, 지각, 인지와 감각운동기능의 변화를 수반한다. 이러한 징후와 증상들은 다른 사람들에 의해 관찰되거나 본인에 의해 보고될 수 있다. 둘째, 일상적인 사건, 중요한 개인정보, 외상적 사건을 기억함에 있어 공백이 반복적으로 나타나는데, 이러한 기억의 실패는 일상적인 망각으로는 설명할 수 없는 것이다. 셋째, 이러한 증상으로 인해서 현저한 고통을 겪거나 사회적, 직업적, 중요한 기능에서 손상이 초래되어야 한다. 넷째, 이러한 장해는 널리 수용되는 문화적 또는 종교적 관습의 정상적인 일부가 아니어야 한다. 마지막으로, 이 장애는 물질(예: 알코올 중독 기간의 망각)이나 신체적 질병(예: 간질발작)의 생리적 효과로 인한 것이 아니어야 한다.

해리성 정체감장애는 한 사람 안에 서로 다른 정체성과 성격을 지닌 여러 사람이 존재하면서 상황에 따라 각기 다른 사람이 의식에 나타나서 말과 행동을 하는 것 같은 모습을 나타낸다. 각각의 인격은 각기 다른 이름, 과거경험, 자아상과 정체감을 갖고 있는 것처럼 행동한다. 대개의 경우, 개인의 원래 이름을 그대로 유지하는 일차적 인격은 수동적이고 의존적이며 우울하거나 죄책감을 지니고 있다. 교체되는 인격들은 다른 이름을 지니고 있고 일차적 인격과는 대조적인 성격을 지니는 경우가 많다. 이들은 자신의 연령, 사용하는 어휘나 상식, 주된 정서, 심지어 목소리에서도 서로 차이를 나타내기도 한다. 교체되는 인격들은 번갈아 지배권을 갖게 되는데, 한 인격이 다른 인격의 의견을 부정하기도 하고 서로 비판적이기도 하며 공공연하게 갈등을 표출하기도 한다. 이 장애를 지닌 사람들은 기억에 있어서 빈번한 공백을 경험한다. 즉, 한 인격이 의식에 나타나 경험한 것을 다른 인격이 기억하지 못하는 경우가 많다. 의식에 나타나는 인격의 변화는 보통 심리사회적 스트레스에 의해 일어난다. 하나의 인격에서 다른 인격으로 바뀌는 데 소요되는 시간은 대개

해리성 정체감장애를 그린 영화 〈이브의 세 얼굴〉의
실제 주인공인 Chris Sizemore

몇 초 범위이지만 서서히 진행되는 경우도 있다. 인격의 수는 2~100개 이상 보고되고 있다. 그러나 보고된 사례들의 반 이상이 10개 이하의 인격을 나타낸다.

DSM-5-TR에서는 빙의 경험을 해리성 정체감장애의 증상과 근본적으로 동일하다고 여기고 있다. **빙의**(possession)는 개인의 생각과 행동이 내면적 자아가 아닌 외부의 존재(예: 타인의 영혼, 귀신, 악귀 등)에 의해서 지배되는 현상으로서 자기정체감의 뚜렷한 변화와 더불어 기억상실로 나타난다. 해리성 정체감장애를 나타내는 많은 사람이 빙의 또는 그와 비슷한 현상을 경험하는 것으로 보고되었다. 서구 문화권에서 해리성 정체감장애를 지닌 환자 중 58%가 빙의나 그와 유사한 경험을 보고했다(Ross, 2011). 터키에서 조사된 연구(Sar et al., 1996)에 따르면, 정신과 병원에 입원한 해리성 정체감장애 환자 중 45%는 악마에 의해서 빙의되었고, 28%는 죽은 사람에 의해서, 23%는 살아있는 사람에 의해서 그리고 22%는 다른 힘에 의해 빙의된 것으로 보고되었다.

해리성 정체감장애의 1년 유병률은 미국의 경우 1.5%로 보고되고 있다(American Psychiatric Association, 2022). 최근 미국에서는 이 장애에 대한 사례보고가 급격히 증가하고 있다. 이러한 현상은 정신건강 전문가들이 이 장애의 진단기준을 잘 인식하여 숨겨져 있던 환자들이 발견된 결과라는 해석이 있는 반면, 전문가의 물음에 피암시성이 높은 사람들이 증상을 과장함으로써 진단이 남발되고 있기 때문이라는 지적도 있다.

해리성 정체감장애는 압도적인 경험, 외상적 사건, 아동기의 학대 경험과 연관되어 나타나는 경향이 있다. 이 장애는 초기 아동기에서부터 노년기에 이르기까지 어떤 연령에서도 나타날 수 있다. 일반적으로, 해리성 정체감장애는 만성적이고 재발되는 경향이 높으며 변화가 많은 경과를 나타낸다. 첫 증상이 나타난 이후 진단에 이르기까지 평균 기간은 6~7년이다. 이 장애는 40대 후반 이후에는 잘 나타나지 않는 경향이 있지만 심한 스트레스 상황이나 물질남용 시에 다시 나타날 수 있다.

2. 원인과 치료

해리성 정체감장애는 아동기의 외상 경험과 관련되어 있다는 주장이 많다. 이 장애의 환자들은 아동기에 신체적, 성적 학대를 경험한 경우가 매우 많다. Putnam 등(1986)이 100명의 사례에 대한 분석을 한 결과에 따르면, 86%가 성적 학대를 받은 과거 경험이 있었고 75%가 반복되는 신체적 학대를 보고했으며 45%는 아동기에 폭력에 의한 죽음을 목격했다. 단지 3%만이 의미 있는 아동기 외상의 과거력이 없었다.

해리성 정체감장애를 설명하는 **외상 모델**(trauma model)은 주로 아동기의 외상 경험과 해리적 방어에 초점을 맞추고 있다. 아동기의 고통스러운 외상 경험을 회피하기 위한 방어로서 나타난 해리현상이 아동의 발달과정을 통해서 점차 정교해지면서 해리성 정체감장애로 발전하게 된다는 설명이다. Spiegel(1991)에 따르면, 해리적 방어 책략은 고통스러운 외상 경험을 한 사람들에게 다양한 이득을 제공한다. 우선, 외상 사건이 일어나고 있는 도중에는 외상의 충격으로부터 분리될 수 있고, 외상 사건 이후에도 그에 관한 기억을 다루고 해결해야 하는 고통에서 벗어날 수 있다. 어린 시절, 특히 5세 이전에 많은 외상 경험을 하게 된 아동들은 통합된 자기정체감을 확립하지 못한 채 해리적 방어 책략을 통해서 대체 인격을 형성하게 된다. 아동기를 지나 청소년기와 성인기로 성장해 감에 따라 대체 인격의 수, 복잡성, 분리된 정도가 변화하게 된다. 요컨대, 해리는 아동기의 외상 경험으로부터 살아남기 위한 대처 방략으로서 감당할 수 없는 외상 기억과 감정을 묻어두는 역할을 하게 된다. 삶의 초기에 나타나는 해리는 심각한 정신적 붕괴를 방지하는 자기보호적 기능을 지니고 있으나 이후의 성장과정에서 통합된 자기정체감을 형성하지 못할 경우에 해리성 정체감장애로 발전할 수 있다.

Kluft(1984)는 해리성 정체감장애를 유발하는 네 가지 요인을 제시했다. 첫째는 해리능력으로서 외상에 직면했을 때 현실로부터 해리될 수 있는 내적 능력이 있어야 한다. 둘째는 외상 경험으로서 신체적·성적 학대와 같이 아동의 일상적 방어능력을 넘어서는 압도적인 외상 경험들이 있어야 한다. 셋째는 응집력 있는 자아의 획득 실패이다. 해리에 의한 대체 인격(예: 상상 속의 친구)의 증가와 발달로 인해서 하나의 응집력 있는 자아를 형성할 수 없을 때 해리성 정체감장애로 발전하게 된다. 마지막으로, 진정 경험의 결핍이다. 외상 경험은 타인이 달래 주고 위로해 주고 진정시켜 줌으로써 그 충격으로부터 회복될 수 있다. 이러한 위로와 진정 기능을 해줄 수 있는 타인의 부재는 해리 방어를 강화시켜 해리성 정체감장애를 유발하는 조건을 제공하게 된다. Kluft(1984)에 따르면, 외상 경험을 했다고 해서 모두 해리성 정체감장애를 나타내는 것은 아니다. 외상 경험은 해리성 정체감장애의 필요조건일 뿐 충분조건은 아니다. 네 가지의 조건을 모두 갖췄을 때 해리성 정체감장애가 발생할 수 있다. 예컨대, 앞의 세 요인을 모두 갖췄다 하더라도 마지막 네 번째 요인이 결여된다면, 즉 아동의 심리적 상처를 위로하고 진정시킬 수 있는 타인이 존재할 경우에는 해리성 정체감장애로 발전하지 않을 수 있다. 이러한 **4요인 모델**(four factors model)은 최근에도 해리성 정체감장애의 발달과정을 이해하고 심리치료를 시행하는 데 널리 사용되고 있다.

Bliss(1984, 1986)는 해리성 정체감장애 환자들이 다른 장애집단보다 피암시성 또는 피최면성이 높다는 것을 발견하고 이러한 특성을 이 장애의 소인이라고 지적하였다. Braun과 Sachs(1985)는 선천적인 해리 능력, 평균 이상의 지능과 창의력, 학대받은 과거력이 해리성 정체감장애의 소인이라고 주장하였다. 학대의 외상적 경험은 아동으로 하여금 방어를 위해 자신을 해리시키도록 하고, 외상 경험이 지속될 경우 다른 인격의 형성을 유도할 수 있다는 주장이다. Putnam(1989)에 따르면, 다중 인격으로 해리되기 쉬운 선천적 경향성이 강한 아동에

[그림 7-1] 억압과 해리의 차이

게 외상 경험이 주어지면 현실로부터 도피하면서 외상 기억을 의식에서 배제하고 자신에 대한 고통스러운 감정의 방어로서 자기 경험을 해리시키게 된다. 그 후에 아동은 상상이나 환상을 통해 해리된 경험에 정체감을 부여하고 여러 가지 신체적·심리적 속성을 추가시킴으로써 점차 정교화된 인격이 형성될 수 있다.

Hilgard(1977)는 해리현상이 발생하는 심리적 구조를 설명하기 위해서 **신해리이론**(neodissociation theory)을 제시하였다. 그는 해리를 억압과 구별되는 다른 유형의 방어기제라고 주장한다. 억압과 해리는 모두 불쾌한 경험을 의식에서 밀어내는 방어적 기능을 한다는 점에서는 유사하지만 그 방식이 다르다. [그림 7-1]에서 볼 수 있듯이, 억압의 경우는 억압장벽

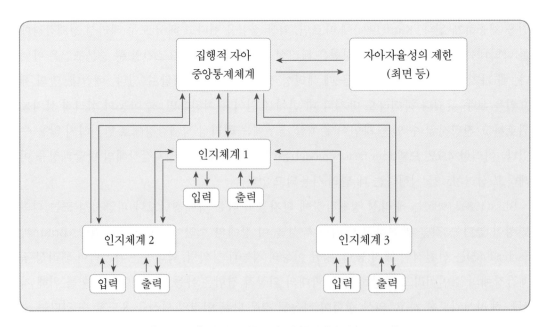

[그림 7-2] 신해리이론의 위계적 인지통제구조 모델

에 의해 수평분할이 생기고 기존의 내용들이 무의식으로 눌려 내려가게 되는 반면, 해리에서는 수직분할이 생기고 사고의 내용들은 수평적인 의식 속에 머물러 있게 된다고 한다.

　　Hilgard(1977)에 따르면, 인간의 심리적 구조에는 독자적인 기능을 하는 여러 인지체계가 존재한다. [그림 7-2]에서 볼 수 있듯이, 이러한 인지체계들은 위계적 관계를 지니고 있고 상위 인지체계의 통제를 받으며 상호작용하지만 때로는 고립되기도 한다. 최면상태나 충격적 경험 후의 해리상태에서는 이러한 인지체계의 일부가 분리되어 독자적으로 기능할 수도 있다. 이러한 인지체계 간의 경쟁과 상호작용을 가장 높은 위치에서 통합적으로 관리하는 중앙통제체계(central control system)가 있다. 이러한 중앙통제체계에 집행적 자아(executive ego)가 존재하는데, 집행적 자아는 여러 인지체계를 종합적으로 관리하고 통제하며 개인이 적절하게 생각하고 행동할 수 있도록 계획하고 감시하며 관리하는 기능을 한다. Hilgard에 따르면, 개인이 외상적 경험을 할 경우 일부의 하위 인지체계가 다른 인지체계와의 연결이 두절되어 고립된 상태에서 집행적 자아에 의해 통제되던 기존의 현실적 경험과는 다른 독자적인 자기의식, 기억, 행동이 나타나게 된다. 이러한 해리상태에서는 인지체계가 각기 서로 다른 시기에 활성화된다. 즉, 한 인지체계가 의식 속에서 기능하면 다른 인지체계는 의식 밖으로 밀려난다. 해리성 정체감장애는 독립적인 정체성을 가진 여러 인지체계가 분리된 상태에서 번갈아 의식에 나타나는 현상이라고 할 수 있다.

　　행동주의적 입장에서 해리장애는 학습에 의해서 습득된다고 본다. 특히 해리성 정체감장애는 개인이 스트레스가 심할 때 평소와 다른 사회적 역할을 선택하여 행동하고 그 결과가 보상적이면 유사한 스트레스 상황에서 새로운 역할의 행동을 하게 되는 것이라고 본다(Ullmann & Kransner, 1975). 새로운 역할이나 정체감은 관찰학습에 의해서 습득될 수 있다. 다른 사람의 성격을 모방함으로써 의식적으로 감당하기 어려운 고통을 회피하거나 욕구발산으로 인한 책임을 면제받으며 다른 사람의 주의를 끌게 되는 것이 보상으로 작용할 수 있다. 이런 역할 연기의 학습은 의도적인 것은 아니며, 특정한 상황에서 그런 역할에 몰두하게 되는 것이라고 보고 있다(Spanos et al., 1985).

　　Spanos(1994)는 해리 증상은 사회적 강화의 산물이라고 주장한다. 해리성 정체감장애는 호기심과 동정심을 유발하고 자신의 행동에 대한 책임을 회피하기 위한 전략이다. 최면에 의해서 해리성 정체감장애와 유사한 행동이 유도될 수 있다. 환자는 피최면자의 역할을 학습하고 호기심 어린 임상가가 발견해 내고자 하는 행동유형을 만들어 낼 수 있다. 이 경우 임상가는 새로운 희귀한 사례를 발견했다는 보상을 얻게 되면서 자신의 진단에 대한 확신을 갖게 된다. 환자는 고통의 감소, 타인의 통제, 실수의 허용, 책임이나 범죄의 처벌 면제 등의 보상을 얻게 된다. 따라서 치료자와 환자 모두 해리성 정체감장애의 존재를 믿기에 충분한 이유를 갖게 되며, 많은 경우 해리성 정체감장애는 만들어 낸 것이라는 주장이다. 이러한 장애를 나타내는 환자들은 상상력이 매우 풍부하고 최면에 취약한 특징을 지니고 있다. 이러한 사람들이 매우 어려운 처지에 놓이고 만약 해리성 정체감장애를 보이는 것이 이러한 상황을 회피하는 데 도움이 되는 경우, 치료자가 진단적 확인을 위해 던지는 질문 속에서 암시를 받아 새로운 성격과 정체감을 만들어 내고 스스로 그 존재를 믿게 된다는 것이다.

해리성 정체감장애의 주된 치료목적은 여러 인격 간의 통합을 통한 적응 기능의 향상이다. 여러 인격의 통합은 가장 중심적이고 적응적인 인격을 중심으로 이루어지는 것이 바람직하다. 이러한 중심적 인격으로 하여금 다른 인격에 대한 이해와 통제의 폭을 넓혀 가도록 유도하게 된다. 한 중심적 인격으로의 통합이 어려울 경우에는, 여러 인격의 적응 기능을 향상시키고 이들 간의 조화로운 협력을 촉진해야 한다.

Kluft(1991)는 해리성 정체감장애의 심리치료를 성공적으로 이끌기 위한 세 가지 지침을 다음과 같이 제시하고 있다. 첫째, 환자와 치료자 간의 견고한 치료적 관계가 형성되어야 한다. 환자의 주된 인격뿐 아니라 다른 인격들과도 긴밀한 관계를 형성해야 한다. 특히 각 인격을 해치지 않을 것이니 치료를 기피하거나 도망쳐 버리지 않을 것에 대한 동의가 이루어져야 한다. 인격 간의 통합을 이루기 위해서 치료자는 중립적이어야 하며 어떤 인격만을 편애해서는 안 된다. 둘째, 과거의 외상 경험을 드러내고 정화시킬 수 있도록 도와주어야 한다. 즉, 각 인격이 지니고 있는 과거의 고통스러운 경험을 그 인격이 견딜 수 있는 방법으로 드러내고 감정을 표현하도록 도와주어야 한다. 마지막으로, 인격들 간의 원활한 협동을 이루도록 유도한다. 인격들이 치료자와 안전한 관계를 체험하고 외상적 경험을 정화하게 되면 하나로 합쳐져 통합을 시도한다. 대부분의 해리성 정체감장애 환자들은 아동기나 사춘기에 대한 장기간의 기억상실 때문에 통합된 자기의식을 갖지 못해 고통스러워한다. 효과적인 심리치료는 그동안 상실된 것을 회복시켜 주며 환자로 하여금 조각난 것을 모아서 새롭게 형성된 자기를 위해 기초가 되는 연대기적 이야기나 자서전을 만들어 낼 수 있도록 도와주어야 한다.

제2절 해리성 기억상실증

시골의 작은 마을에 살고 있던 30대 초반의 주부 P씨는 '존속유기 살해죄'로 구속되어 정신감정을 받게 되었다. P씨는 시골로 시집을 와서 시집살이와 경제적 궁핍으로 어려움을 겪고 있던 어느 날, 남편과 심한 말다툼을 벌이고 나서 생후 10개월 된 아들을 업고 나간 후 나흘 동안 행방불명이 되었다가 동네사람에 의해서 발견되었다. 그러나 P씨는 등에 업은 아이 없이 혼자의 몸으로 발견되었다. 동네사람들의 말에 따르면, P씨가 산속을 헤매었는지 헝클어진 머리에 얼굴에는 나뭇가지가 스친 상처자국이 많이 나 있었으며 발견 당시에는 넋이 나간 모습이었다고 한다. 그러나 업고 나간 아이를 어떻게 했느냐는 가족의 물음에 P씨는 자신이 지난 나흘 동안 어디에서 무엇을 했는지 아무런 기억이 없다고 말했으며 남편을 비롯한 가족을 알아보지 못했다. 동네사람들이 아이를 찾기 위해 동네 근처의 산을 뒤진 결과, 어린 아이는 산속에서 싸늘한 시체로 발견되었다. 엄마인 P씨가 아이를 산에 버려 죽게 했다는 객관적 사실로 인해 존속유기 살해죄로 구속되었으나, 당시 P씨가 정상적인 의식과 판단력을 지닌 상태가 아니었다는 정황적 증거로 인해 판결을 위한 정신감정이 의뢰된 것이다.

1. 주요증상과 임상적 특징

해리성 기억상실증(Dissociative Amnesia)은, P씨의 경우처럼, 결코 잊을 수 없는 중요한 과거경험을 기억하지 못하여 부적응을 겪게 되는 경우를 말한다. DSM-5-TR에 따르면, 해리성 기억상실증의 핵심증상은 중요한 자서전적 정보를 기억하지 못하는 것이다. 흔히 기억하지 못하는 자서전적 정보는 외상적인 것이나 스트레스를 주는 것으로서 이러한 기억상실은 일상적인 망각으로는 설명할 수 없는 것이어야 한다. 대부분의 경우, 해리성 기억상실증은 특정한 사건에 대한 부분적 또는 선택적 기억상실증으로 나타나지만 자기정체감과 생애 전체에 대한 전반적 기억상실증으로 나타나는 경우도 있다. DSM-5-TR에서는 해리성 기억상실증을 해리성 둔주와 함께 나타나는 유형과 그렇지 않은 유형으로 구분하고 있다. 해리성 둔주(dissociative fugue)는 기억상실과 더불어 주거지를 이탈하여 떠돌거나 방황하는 행동을 의미한다. 위의 사례에서 제시된 P씨는 해리성 기억상실증의 해리성 둔주 유형에 속하는 경우라고 할 수 있다.

해리성 기억상실증을 지닌 사람들은 중요한 개인적 정보를 몇 시간 또는 드물게는 몇 년 동안 지속적으로 기억하지 못하는데, 특정한 사건에 국한된 제한적인 기억상실일 수도 있고 자신의 생애에 관한 전반적 정보를 기억하지 못하는 경우도 있다. 그러나 일반적 상식이나 지식과 같은 비개인적인 정보의 기억에는 손상이 없으며 언어 및 학습 능력과 같은 일반적 적응기능은 유지되는 경우가 대부분이다.

기억하지 못하는 경험내용은 심리적 고통을 야기하는 정보이거나 충격적이었던 사건과 관련된 것일 경우가 많다. 이러한 기억상실은 단순한 건망증이나 망각으로 설명하기에는 그 정도가 심하거나 광범위하며, 일반적으로 충격적인 사건이나 내면적 고통을 경험한 후에 나타나는 경우가 많다. 이러한 기억상실은 뇌 손상이나 뇌 기능장애로 유발된 것이 아니어야 한다. 이러한 기억상실로 인해 개인의 적응에 현저한 고통과 장해를 초래할 경우에, 해리성 기억상실증이라고 진단된다. 과거에는 심인성 기억상실증(psychogenic amnesia)이라고 불리기도 했다. 해리성 기억상실증은 기억장애가 특징적 증상이지만 의식의 혼란이나 현실감각의 장애 등이 수반될 수도 있다. 기억상실은 갑작스럽게 나타나고 대부분 일시적으로 지속되다가 역시 갑작스럽게 회복되는 경우가 많다.

해리성 기억상실증은 그 유병률이 잘 알려져 있지 않으나 해리장애 중에서는 가장 흔하다. 미국 성인의 경우, 1년 유병률이 1.8%로 보고되고 있다. 이 장애는 남성보다 여성에게 더 흔하게 나타나며 사춘기와 청년기에 흔히 발병하고 노인기에는 드물다. 전쟁이나 천재지변이 발생했을 때 발병률이 높아지는 경향이 있다. 가정에서 일어나는 불행한 사건(예: 배우자 학대나 아동 학대)도 해리성 기억상실증을 유발하는 주요한 촉발요인으로 알려져 있다.

2. 원인과 치료

해리장애는 대부분 충격적인 스트레스 사건이 계기가 되어 나타나기 때문에, 해리장애를 외상후 스트레스장애의 한 형태로 간주하는 학자들이 있다. 그러나 외상적인 스트레스 사건이 해리장애를 유발하는 역할에 대해서는 자세하게 밝혀진 바가 없다. Janet에 따르면, 인간에게는 의식에 의해 조절되지 않는 생각이나 행동 양식이 존재하는데 해리 현상은 이러한 사고나 행동이 의식적 자각과 수의적 통제 밖에서 일어나는 것이다. 개인은 유전적으로 일정하게 정해진 양의 신경에너지를 지니고 있으며 이를 통해 심리적 기능을 통합하게 되는데, 어떤 사람에게서는 이러한 신경에너지가 적어서 스트레스 상황에 직면하면 자아의 구조가 쉽게 붕괴되어 심리적 기능들이 해리된다는 것이다.

정신분석적 입장에서는 해리현상을 능동적인 정신과정으로 본다. 즉, 불안을 일으키는 심리적 내용을 능동적으로 방어하고 억압함으로써 이러한 심리적 내용이 의식되지 못하게 할 뿐 아니라 행동에 영향을 주지 못하게 한다. 해리성 기억상실증은 억압과 부인의 방어기제를 통해 경험내용이 의식에 이르게 못하게 된 상태이다.

행동주의적 입장에서는 기억상실행동이 학습에 의해 습득된다고 본다. 해리성 기억상실증은 고통스러운 환경 자극을 회피하기 위한 것이다. 즉, 불안이나 죄책감을 유발하는 혼란스러운 행동이나 생각을 잊어버림으로써 스트레스를 주는 사건으로부터 자신을 보호할 수 있다는 점이 보상으로 작용하고, 불안이나 죄책감에서 벗어나는 것이 강화되어 해리 증상이 지속된다고 본다.

해리성 기억상실증은 상태의존적 학습이론에 의해서 설명되기도 한다. 특별한 정서적 또는 신체적 상태에서 학습되고 경험된 정보는 동일한 상태를 재경험할 때 더 잘 회상된다는 것이 상태의존적 학습(state-dependent learning)의 골자이다. 따라서 고통스러운 사건 당시의 감정상태는 너무나 예상 밖이어서 그러한 상태에서 학습되었던 정보들을 기억하기가 어렵다. 즉, 해리성 기억상실증 환자들은 고통스럽고 상처받은 사건의 기억을 회상하지 못하게 되는 것이다(Braun, 1989). 그러나 망각된 기억은 일상적인 상태에서는 기억되지 않지만, 충격적 사건 당시와 유사한 각성이나 정서상태에서는 부분적인 기억이 의식에 침투되어 회상될 수도 있다. 이러한 원리는 외상후 스트레스장애처럼 충격적인 경험을 한 후에 외부적 단서나 심리적 정서상태에 의해 외상 사건의 생생한 장면과 감정이 재경험되는 현상을 설명할 수도 있다. 그러나 외상후 스트레스장애가 외상 사건과 관련된 충격적 경험이 재경험되어 불안이 지속되는 장애라면, 해리성 기억상실증은 그와 반대로 외상 사건에 관한 기억을 상실하여 고통을 회피하는 장애라고 할 수 있다.

해리장애는 대부분 충격적인 스트레스 사건이 계기가 되어 나타나기 때문에 해리장애를 외상후 스트레스장애의 한 형태로 간주하고 이 장애와의 관련성 속에서 설명하려는 학자들이 있다. 외상후 스트레스장애에 대한 최근의 연구들은 정보처리모델을 강조하고 있는데, 외상 사건을 경험한 후에 사람들은 외상 경험을 기존의 자기와 세계에 대한 인지도식에 통합시키고 동화시키려 한다고 본다. 이러한 통합과정은 외상 경험에 대해서 재경험과 둔감화의 현상이 교차되어 나타나면서 점진적으로 진행된다. 한 연구에 따르면, 피험자에게 최면을 통해 외상적 심상을 떠올리게 하면 뇌의 좌반구에서 활발한 반응이 나타난 반면, 정서적인 둔감화 상태에서는 우반구의 반응이 활발해졌다. 이는 외상 사건의 재경험과 둔감화 과정이 각기 다른 뇌반구에서 일어나며 두 과정이 지속적으로 교체되면서 일어난다는 것을 시사한다. 즉, 정서적 둔감화나 기억상실과 같은 해리 증상은 외상 사건의 재경험으로 인한 심리적 고통을 줄이고 새로운 평형상태를 유지하기 위한 심리적, 신경생리학적 기제에 의해 생겨나는 것이라고 주장되고 있다.

생물학적 입장에서는 해리장애를 내현적 기억(implicit memory)과 외현적 기억(explicit memory)에 대한 신경심리학적 결과에 근거하여 설명하는 이론이 제기되고 있다. 의식되는 정신활동은 지각, 기억, 언어 기능을 담당하는 시스템과 상호작용하는 의식적 자각시스템(CAS: Conscious Awareness System)에 의해 이루어지는데, 이러한 자각시스템 자체에 손상이 생기거나 다른 시스템과의 연결에 손상이 생길 경우 각각의 기능에는 영향이 없지만 해리 증상을 일으킬 수 있다는 것이다.

해리성 기억상실증의 치료를 위해서는 우선 상실된 기억을 회복시키는 것이 중요하다. 이를 위해서 약물치료를 할 경우에는 빨리 효과가 나타나는 barbiturate 계열의 약물(thiopenthal 또는 amobarbital)을 정맥주사로 투여한다. 또는 최면치료가 적용되기도 하며 심리치료를 통해 환자의 정신적 충격과 정서적 갈등을 완화시켜 주면 기억이 회복되는 경우가 많다.

기억장애로서의 해리장애

해리 증상들은 자아정체성과 자아통합에서의 장애일 뿐 아니라 기억의 장애이기도 하다. 해리장애의 사례에 볼 수 있듯이, 의식적 자각으로부터 해리된 것은 일부 혹은 전부가 환자의 개인적 경험이나 자서전적 기억이다. 그러므로 해리장애의 이해를 위해서는 인간의 기억에 관한 깊은 이해가 필요하다.

인지심리학에서는 두 가지 유형의 지식, 즉 선언적 지식과 절차적 지식을 구분한다. 선언적 지식(declarative knowledge)은 세상에 대한 현상적 정보와 개인적인 경험내용으로 구성되는 반면, 절차적 지식(procedural knowledge)은 어떤 판단이나 문제해결을 위해서 선언적 지식을 조작하고 변화시키는 기술이나 규칙을 뜻한다. 또한 선언적 지식은 크게 의미 기억과 일화 기억으로 구분되는데, 의미 기억(semantic memory)은 세상에 대한 지식이나 개념체계로 구성되는 반면, 일화 기억(episodic memory)은 개인적 경험에 관한 내용을 저장하고 있다. 이러한 일화 기억은 또 두 가지 형태, 즉 외현적 기억과 내현적 기억으로 구분될 수 있다. 외현적 기억(explicit memory)은 의식적으로 회상하거나 재인할 수 있는 기억인 반면, 내현적 기억(implicit memory)은 의식적 접근이 어려운 기억으로서 자각되지 않는 기억(memory without awareness)이라고 하기도 한다.

지식과 기억에 대한 이러한 구분은 해리장애에서 나타나는 기억손상을 이해하는 데에 도움이 된다. 즉, 해리성 기억상실증에서는 절차적 지식보다는 선언적 지식이 손상되며 선언적 지식 중에서도 의미 기억보다는 일화 기억이 손상된다. 대부분의 해리장애 환자들은 절차적 지식과 의미 기억을 손상없이 잘 보유하고 있다. 해리성 둔주에서도 마찬가지이다. 둔주 환자들은 자기자신에 대한 기억이나 자신의 인생 사건들을 망각하지만 세상에 관한 지식들은 보유한다. 그리고 해리성 기억상실은 일화 기억 중 특히 외현적 기억의 손상을 뜻한다. 즉, 일화 기억의 내용을 보유하고 있지만 의식적 접근이나 인출이 되지 않는 것이다. 해리성 둔주 환자들의 경우, 자신의 정체성과 과거 외상 경험에 대한 외현적 기억은 상실되었지만 이와 관련된 자극을 보여 주었을 때 신체생리적 각성수준이 상승하거나 무관한 자극에 비해 쉽게 기억하는 등 내현적 기억의 증거를 보인다. 이러한 사실은 기억과 정서 간의 관계에 대해서 시사하는 바가 많다. 개인의 정서 경험은 선언적 지식 중에서도 특히 일화 기억과 밀접한 관계를 지니고 있으며, 강한 부정적 정서의 회피는 이러한 일화 기억 중에서 특히 외현적 기억의 손상을 통해 이루어진다는 점이다. 해리장애 환자들이 내현적 기억을 보존하고 있다는 사실은 내현적 기억을 외현적 기억으로 유도하는 특정한 유형의 과제가 기억회복에 유용할 수 있음을 시사한다.

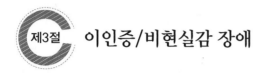

제3절 이인증/비현실감 장애

　　20세의 남자 대학생이 자신이 미칠지 모른다는 걱정을 호소하며 상담기관을 찾아왔다. 그는 지난 2년 동안 자신이 외부로 빠져 나가는 듯한 느낌을 종종 경험했으며, 이는 마치 자신의 몸이 죽은 것과 같은 감각을 동반하곤 했다. 더구나 이 기간 동안 몸의 균형을 잘 잡지 못해 곧잘 넘어지곤 했는데 이는 공공장소에서 특히 그가 불안해할 때 더욱 심해졌다. 이런 경험을 할 때마다 그는 자신의 몸을 자연스럽게 통제하지 못했고 마치주사를 맞은 것처럼 의식이 흐려지는 것을 경험하였다. 이런 증상이 일주일에 두세 번 정도 나타났으며 한 번 나타나면 약 3~4시간씩 지속되었다. 때로는 운전하고 있을 때나 혼자 있는 동안에도 이런 경험을 하곤 했다. 자신을 제대로 통제하지 못한다는 것에 대한 주관적 경험이 특히 고통스러웠으며, 그럴 때마다 그는 머리를 저으며 "그만!"이라고 중얼거리면서 견뎌내려고 하였다.

〈DSM-IV의 사례집에서 요약·발췌함〉

1. 주요증상과 임상적 특징

　　우리는 우리가 보고 느끼고 생각하는 것들을 우리의 생생한 사실적 경험으로 인식하고 타인이나 주변 환경 역시 실재하는 외부 현실로 경험한다. 그런데 자신의 경험이 평소와 달리 매우 낯선 것으로 느껴지는 이질감을 경험하거나 외부 세계가 예전과 달라졌다고 느껴지는 비현실감을 지속적으로 경험한다면, 이인증/비현실감 장애의 가능성을 고려해야 한다.

　　DSM-5-TR에 따르면, **이인증/비현실감 장애**(Depersonalization/Derealization Disorder)의 첫째 진단기준은 이인증이나 비현실감을 지속적으로 또는 반복적으로 경험하는 것이다. **이인증**(depersonalization)이란 자신의 생각, 감정, 감각, 신체 또는 행위를 생생한 현실로 느끼지 못하고 그것과 분리되거나 외부 관찰자가 된 경험(예: 지각경험의 변화, 시간감각의 이상, 자신이 낯설거나 없어진 듯한 느낌, 정서적 또는 신체적 감각의 둔화)을 뜻한다. **비현실감**(derealization)은 주변 환경이 비현실적인 것으로 느껴지거나 그것과 분리된 듯한 느낌을 갖게 되는 경험(예: 사람이나 물체가 현실이 아닌 것으로 인식되거나 꿈이나 안개 속에 있는 것처럼 느껴지거나 생명이 없거나 왜곡된 모습으로 보이는 경험)을 뜻한다.

　　둘째, 이인증이나 비현실감을 경험하는 동안에 현실검증력은 손상되지 않은 채로 양호하게

자신의 몸 밖에서 자신을 관찰하는
경험을 하게 되는 이인증 장애

유지된다. 예컨대, 자신이 기계가 된 듯한 이인증의 경험을 하는 동안에도 그런 느낌을 받을 뿐 자신이 실제로 기계가 아니라는 것을 인식한다. 셋째, 이러한 증상으로 인해서 임상적으로 심각한 고통이나 사회적, 직업적 또는 다른 중요한 기능 영역에서 심한 장해를 초래해야 한다. 이인증이나 비현실감은 흔한 경험이므로 증상이 명백한 고통이나 기능의 장해를 초래할 정도로 충분히 심한 경우에만 이인증/비현실감 장애로 진단될 수 있다. 마지막으로, 이인증이나 비현실감은 어떤 물질이나 신체적 질병에 의한 것이 아니어야 한다. 또한 이러한 증상은 다른 정신장애의 부수적 증상으로 흔히 나타나기 때문에, 만약 다른 정신장애(예: 조현병, 공황장애, 급성 스트레스장애 또는 다른 해리장애)의 경과 중에만 발생하면 이인증/비현실감 장애의 진단을 내리지 않는다.

최근의 연구결과(Lambert et al., 2001)에 따르면, 이인증을 나타내는 대부분의 환자는 비현실감을 함께 경험하고 있을 뿐만 아니라 이인증과 비현실감의 여러 가지 특성이 매우 유사한 것으로 나타나고 있다. 이인증과 비현실감은 자기 또는 세상과 유리된 듯한 주관적인 경험으로서 지각적 통합의 실패를 의미하는 전형적인 해리 증상이다 (Simeon et al., 2003). 이인증/비현실감 장애는 자신이나 세상과 관련하여 평소와 전혀 다른 변화된 지각 경험을 하게 됨으로써 현실감각이 일시적으로 손상되는 장애이다. 이러한 상태에서는 자신이 자아와 분리되고 생명력이 없으며 기이하고 친숙하지 못한 낯선 느낌을 가질 뿐만 아니라 마치 자신이 기계적으로 행동하는 '자동장치(automaton)'인 듯한 느낌을 갖게 되어 매우 불쾌하며 혐오스럽게 느껴진다.

이인증/비현실감 장애의 평생 유병률은 국가에 따라 0.8~2.8%이며 평균적으로 약 2%로 보고되고 있다. 이 장애에 대한 남성과 여성의 유병률은 대체로 비슷한 것으로 알려져 있다. 이인증과 비현실감을 독립된 하나의 장애로 경험하는 경우는 매우 드물지만 불안장애, 우울장애, 조현병과 관련된 증상으로는 종종 보고된다. 성인의 거의 절반은 일생 동안 심한 스트레스에 의해 자극된 단기 이인증을 한 번 정도 경험한다. 특히 이인증은 어린아이가 자기자각 능력을 발달시키는 시기에 흔하게 경험하며 성인이 낯선 곳을 여행할 때 일시적으로 경험하기도 한다. 이인증의 경험은 매우 짧은 시간(몇 초)에서부터 지속적인 기간(몇 년)까지 다양하다. 이처럼 이인증이나 비현실감은 누구나 일시적으로 경험할 수 있는 정상적인 경험이다. 그러나 이러한 경험이 심각한 형태로 자주 반복되어 나타날 경우에는 병리적인 것으로 간주될 수 있다. 병리적인 이인증은 정상적인 이인증에 비해서 증상의 강도가 강할 뿐만 아니라 그 지속기간이 길고 잦은 빈도로 나타난다.

생명을 위협하는 상황(예: 군대 전투, 외상적 사건, 폭력 범죄에의 희생)에 뒤따르는 이인증은 외상에 노출된 후 대개는 갑작스럽게 나타난다. 생명을 위협하는 위험에 노출된 개인들의 1/3 정도에서 일시적인 이인증이 경험되며, 이 개인들의 40%가량이 정신장애로 입원한다. 경과는 만성적이고 증상의 호전과 악화가 뚜렷하게 나타나며 스트레스가 심해지면 증상이 악화되는 경향이 있다. 이인증/비현실감 장애는 현재 외상 경험과 관련하여 주목을 받고 있는 장애로서 점점 더 흔하게 진단되는 경향이 있다(Kihlstrom, 2005).

2. 원인과 치료

Freud와 같은 시대의 프랑스 심리학자인 Pierre Janet은 신경에너지의 감소로 이인증/비현실감이 생긴다고 보았다. 신경에너지는 모든 정상적인 심리적 작동들을 전체로 통합하고 경험에 현실감을 부여하는 기능을 한다. 이러한 신경에너지가 감소하면 현실감이 약화된다는 것이다. 즉, 자기와 세상에 대한 경험이 자기 자신과 밀접한 관련성을 지닌 것으로 파악되지 않으며 따라서 낯선 것으로 느껴진다는 것이다. 최근에 LSD와 같은 환각성 약물이 현실지각을 왜곡시키고, 뇌 중추신경계의 질병이나 측두엽 피질의 전기자극이 이인증과 유사한 증상을 초래한다는 사실에 근거하여 이인증과 관련된 뇌생리학적 요인에 대한 연구가 진행되고 있으나 아직 일치된 결과는 없는 상태이다.

정신분석적 입장에서는 이인증/비현실감의 경험을 일종의 방어기제로 간주하고 있다. 꿈속에서 불안한 내용의 꿈을 꾸다가 "이건 꿈일 뿐이야"라고 생각하는 것은 실제가 아님을 지각하게 함으로써 꿈과 연합된 불안을 경감시킬 수 있듯이, 이인증/비현실감은 자신과 현실을 실제가 아닌 낯선 것으로 느낌으로써 불안을 유발하는 소망이 의식에 들어오는 것을 막는 방어적 기능을 한다고 본다. Rosenfeld(1966)는 이인증을 어린 시절의 갈등에 기인하는 파괴적 충동과 박해 불안에 대한 방어라고 보았다.

이인증은 자기정체감의 갈등을 반영한다는 주장도 있다. Jacobson(1959)은 자기의 바람직하지 않은 부분을 부인함으로써 수용할 수 없는 자기정체감을 방어하려는 노력이라고 보았다. Sarlin(1962)은 갈등적인 부모의 심리적 특성이 각각 아동에게 내면화되어 성인이 된 후에도 자기정체성의 통합에 갈등을 초래하며 이러한 갈등이 이인증의 현상으로 나타난다고 보았다. Arlow(1966)에 따르면, 자기는 '행동하는 자기'와 '관찰하는 자기'로 구분되고 일상적인 상황에서는 두 가지 자기가 통합적으로 기능하지만, 불안하고 공포스러운 상황에서는 이러한 두 가지 자기가 별개로 기능하게 되는데 이때 이인증 경험이 유발된다. 즉, 위험하거나 갈등적인 상황에서 경험되는 충동을 '행동하는 자기'에게 귀인시킴으로써 '관찰하는 자기'는 마치 다른 사람의 경험처럼 낯선 것으로 느끼게 되는데, 이러한 이인증을 통해 불안을 방어하게 된다. 현대 정신분석학의 한 학파인 자아심리학에서는 이인증이 항상 방어의 형태로 생기는 것은 아니라고 본다. 이인증은 일관되고 안정된 자기인식을 견고히 하는 데에 어려움이 있음을 반영하는 것으로서 자기통합의 어려움, 즉 자신이 쪼개어지는 것에 대한 공포를 반영하는 것이라고 본다.

Michal 등(2006)은 이인증/비현실감이 자존감을 유지하려는 자기애적 노력의 실패에 의한 것이라고 주장한다. 자신을 특별한 존재로 여기는 동시에 타인의 인정을 중시하는 자기애적 성향을 지닌 사람에게는 자신을 스스로 통제할 수 없다는 통제상실감이 자존감의 심각한 위협으로 작용하게 된다. 즉, 통제상실의 위협에 대한 자기애적 민감성은 이인증을 유발하는 취약성으로 작용하게 된다. 이인증 장애 환자들 중에서는 어린 시절에 정서적 학대를 경험한 경우가 상당수 있었다(Michal et al., 2007; Simeon et al., 2001). 정서적 학대와 더불어 중요한 타인과 신뢰로운 관계를 경험하지 못하면 건강한 자기애를 형성하지 못한 채 통제상실에 대한 과도한 민감성을 지니게 된다. 정서적 학대 경험이 없는 이인증 환자들의 경우에는 성취가 과도하게 강조되거나 자기애적 만족감을 제공하는 가족 분위기에서 독자나 재능 있는 아동으로 자란 사람들이 많았다(Torch, 1987). 이 두 가지의 경우 모두 개인은 자기애를 유지하기 위해서 과도하게 외부의 인정에 의존하게 된다. 타인의 인정을 중시하게 되면, 아동은 자신을 1인칭의 관점에서 인식하기보다 3인칭(중요한 타인)의 관점에서 바라보는 평가의 대상으로 인식하게 된다. 타인에 의해 부여된 이상화된 자기의 기준을 충족시키려고 노력하기 때문이다. 이러한 과정 속에서 자신을 1인칭에서 바라보는 주관적 경험을 지속적으로 부정하게 되면서 점진적으로 부적절감과 통제상실감을 경험하게 된다. 이러한 통제상실감은 자신을 낯설게 느끼거나 마치 기계가 되어 행동하는 것같이 느끼게 되는 이인증을 촉발하게 된다. 이인증은 이처럼 자존감에 대한 자기애적 조절(narcissistic regulation of self-esteem)의 실패에 의한 것이라는 설명이다.

Hunter와 그의 동료들(2003)은 이인증/비현실감 장애를 불안장애와 관련지어 설명하는 인지행동 모델을 제안하였다. 그에 따르면, 우울이나 불안, 스트레스, 피로감, 약물 등과 같은 다양한 원인에 의해서 누구나 정상적인 이인증/비현실감의 증상을 일시적으로 경험할 수 있다. 이러한 이인증/비현실감의 증상을 어떻게 평가하고 귀인하느냐에 의해서 병리적 증상으로 발전할 수 있다. 이인증이나 비현실감 증상의 원인을 상황적인 것으로 인식하여 귀인하게 되면 그러한 증상이 사라지게 된다. 그러나 이러한 증상의 원인을 정신이상, 통제 상실, 시력 상실의 공포 또는 뇌기능장애로 잘못 귀인하여 파국적으로 평가하게 되면 불안 수준이 증가된다. 이렇게 증가된 불안은 이인증/비현실감의 증상을 강화하게 되면서 악순환의 고리가 형성된다. 정상적인 일시적 이인증과 비현실감의 경험에 대한 잘못된 파국적 귀인(catastrophic attribution)이 증상을 악화시켜 이인증/비현실감 장애로 발전하게 된다는 것이다.

정신역동적 심리치료는 이인증을 지닌 사람들이 이러한 증상에 대한 통제를 할 수 있도록 돕기 위해 외상적 기억들을 정화시키는 데에 중점을 둔다(Steinberg, 1991; Torch, 1987). 어떤 무의식적 갈등이 이인증을 일으키는지에 대한 이해가 증가되면 그에 대한 통제감과 통제능력도 향상된다. 흔히 이인증 환자들이 지니는 낮은 자존감과 그에 대한 과잉 보상의 노력은 부모의 과도한 요구를 충족시키지 못한 것일 수 있으므로 치료과정에서는 자존감의 문제를 우선적으로 다룬다. 아울러 낮은 자존감과 무능감을 지니게 만든 부모와의 아픈 경험을 재경험하는 동시에 그와 관련된 감정들을 표출하여 정화하도록 돕는다.

Hunter 등(2005)은 자신의 인지행동 모델에 따른 치료적 개입방법을 제시했다. 우선, 심리적 교육을 통해서 이인증/비현실감 증상에 대한 정확한 정보를 제공하는 동시에 그에 대한 파국적 귀인을 하지 않도록 돕는다. 또한 일기쓰기를 통해서 자신의 증상을 관찰하면서 예측이 가능하도록 해준다. 아울러 이인증 증상이 흔히 나타나는 사회적 상황에 대한 불안과 회피행동을 줄이고 자신의 내면적 상태에 과도하게 주의를 기울이는 자기초점적 주의 성향을 변화시키도록 돕는다. 이러한 인지행동적 치료방법은 이인증 환자의 치료에 효과적인 것으로 나타났다(Hunter et al., 2005).

이인증의 증상은 대부분 간헐적으로 나타나며 주로 급성 기분장애와 관련되어 나타나는 경우가 많다. 따라서 우울증이나 불안 증상을 완화시키는 약물치료가 도움이 될 수 있다. 선택적 세로토닌 재흡수 억제제를 비롯한 항우울제나 벤조디아제핀 계열의 항불안제가 이인증/비현실감 증상을 완화하는 데 도움이 된다는 보고가 있다.

신체증상 및 관련 장애

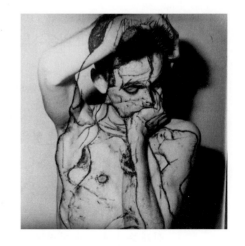

몸과 마음은 밀접한 관계를 맺고 있다. 몸이 아프면 마음이 아프고, 또한 마음이 아프면 몸이 아프게 된다. **신체증상 및 관련 장애**(Somatic Symptom and Related Disorders)는 심리적 원인에 의해서 다양한 신체적 증상을 나타내는 경우를 말한다. 이러한 장애를 지닌 사람들은 흔히 다양한 신체적 증상을 나타내지만 의학적 검사에서는 그러한 증상을 설명할 수 있는 신체적 이상이 발견되지 않는다. 따라서 이러한 신체적 증상의 발생과 유지에는 심리적 원인이 기여하는 것으로 추정되고 있다. 신체증상 장애를 지닌 사람들은 병원을 비롯한 의료기관을 반복적으로 방문하는 경향이 있어서, 국가적으로 매년 막대한 액수의 치료비

와 보험료를 지출하게 하고 있다. DSM-5-TR에서는 신체증상 및 관련 장애가 신체증상장애, 질병불안장애, 기능성 신경학적 증상장애, 인위성장애 등의 하위유형으로 구분되고 있다.

제1절 신체증상장애

> 30대 주부인 C씨는 몸이 아픈 데가 많다. 청소년기부터 간헐적으로 두통을 앓아 왔던 C씨는 시부모를 모시며 살기 시작한 작년부터 늘 머리가 아프고 힘이 없을 뿐만 아니라 손발이 차고 저리는 증상을 느끼기 시작했다. 전부터 월경주기가 불규칙했지만 올해부터는 월경이 시작되면 오래 계속되고 월경의 양도 많아지는 경향이 있다. 늘 피곤하고 몸의 여러 부분이 아프기 때문에 성적 관심이 저하되어 요즘에는 남편과 거의 성관계를 맺지 않고 있다. 최근에는 식사를 하고 나면 늘 속이 더부룩하며 종종 배가 아프고 설사를 하곤 한다. 이런 증세가 있을 때마다 동네병원을 방문하면, 의사는 신경성인 것 같다며 약을 처방해 주곤 했다. 그러나 2주 전 둘째 아들인 남편이 시부모를 모셔야 하는 문제로 남편과 심하게 다툰 후부터, C씨는 어지러움과 두통이 심하여 가사활동에도 어려움이 많다. 게다가 며칠 전에는 식사 후에 심한 복부 통증과 위경련 증세로 의식을 잃게 되어 병원에 입원하게 되었다. C씨의 남편은 C씨가 그동안 여러 가지 신체적 증상을 나타냈기 때문에 입원한 김에 종합진찰을 받도록 권유하였다. 각종 검사를 포함한 종합진찰 결과, C씨에게는 아무런 신체적 이상소견이 발견되지 않았다. 그러나 C씨는 여전히 두통, 피곤함, 손발저림, 메스꺼움, 복부통증 등 다양한 신체적 증상을 호소하고 있다.

1. 주요증상과 임상적 특징

신체증상장애(Somatic Symptom Disorder)는 C씨의 경우처럼 한 개 이상의 신체적 증상을 고통스럽게 호소하거나 그로 인해 일상생활이 현저하게 방해받는 경우를 의미한다. DSM-5-TR에 따르면, 그러한 신체증상에 대한 과도한 사고, 감정 또는 행동이나 증상과 관련된 과도한 건강염려를 다음 세 가지 중 하나 이상의 방식으로 나타낸다: (1) 자신이 지닌 증상의 심각성에 대해서 과도한 생각을 지속적으로 지닌다; (2) 건강이나 증상에 대해서 지속적으로 높은 수준의 불안을 나타낸다; (3) 이러한 증상과 건강염려에 대해서 과도한 시간과 에너지를 투여한다. 신체증상에 대한 이러한 걱정과 염려가 6개월 이상 지속될 때, 신체증상장애로 진단된다.

신체증상장애를 지닌 사람은 전형적으로 다양한 신체증상을 호소한다. 그러나 때로는 한 가지의 심각한 증상을 호소하기도 하는데, 가장 흔한 증상은 통증이다. 호소하는 증상은 특정한 신체부위의 통증처럼 구체적인 것일 수도 있고 피로감처럼 막연한 것일 수도 있다. 이러한 신체증상은 실제로 신체적 질병과 관련될 수도 있고 그렇지 않을 수도 있다. 그러나 심각한 신체질병과 관련되지 않은 정상적인 신체적 감각이나 불편감을 호소하며 염려하는 경우가 흔하다.

신체증상장애의 주된 특징 중 하나는 질병과 관련된 과도한 걱정이다. 이러한 장애를 지닌 사람들은 자신의 신체증상을 매우 위협적인 것으로 평가하고 건강에 관한 최악의 상황을 상상한다. 그와 반대되는 증거를 접하더라도, 이들은 자신의 증상이 심각함을 고집하며 과도하게 염려한다. 심한 신체증상 장애의 경우에는 이러한 건강염려가 개인의 삶을 지배하는 중심적인 주제가 되기도 한다.

신체증상장애의 진단기준이 2013년에 발간된 DSM-5에서 처음 제시되었기 때문에 유병률은 아직 분명하지 않다. 여러 연구를 종합하면, 신체증상장애의 시점 유병률은 4~6%로 추정되고 있다(American Psychiatric Association, 2022). 독일에서 실시된 조사(Hauser et al., 2020)에서는 일반인구의 4.5%가 신체증상장애를 지니는 것으로 나타났다. 그러나 임상장면에서는 유병률이 훨씬 더 높은 것으로 나타났다. 독일에서 한 의과대학병원의 정신신체의학과를 방문한 환자(우울, 불안, 섭식장애, 신체형장애의 증상을 호소하는 환자)를 대상으로 종단 연구를 실시한 결과, 환자의 51%가 신체증상장애에 해당했으며 이들 중 30.4%는 4년 후에도 신체증상장애를 나타내고 있었다(Behm, 2021). 중국인을 대상으로 이루어진 조사(Cao et al., 2020)에서는 신경과, 소화기내과, 한의학과, 정신신체의학과를 방문한 외래환자의 33.8%가 신체증상장애로 진단되었다. 또한 이러한 신체증상장애는 오래도록 지속되는 것으로 나타났다.

신체증상장애는 일반적으로 사회경제적 지위와 교육수준이 낮으며 도시보다는 시골에 거주하는 사람에게 흔히 나타나는 경향이 있다. 초기 아동기나 청소년기에 시작하는 경향이 있고 증세의 기복을 나타내며 만성적인 경과를 보이는 경우가 많다. 신체증상장애는 잘 치료되지 않는 경향이 있어 예후가 나쁘며 스트레스가 많아지면 증세가 악화된다. 신체증상장애는 종족과 문화권에 따른 차이가 발견되는데, 미국이나 유럽의 서양인보다는 아시아나 아프리카 사람들에게 더 흔하게 나타난다는 보고가 있다(Mumford, 1993).

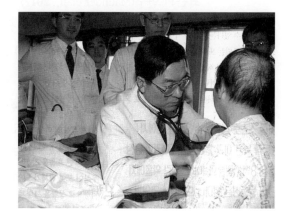

2. 원인과 치료

생물학적 입장에서는 신체증상장애와 관련된 유전적 요인과 신경생리적 요인에 대한 연구가 진행되고 있다. 신체증상장애에 대한 유전적 요인의 영향은 불분명하며 비교적 그 영향력이 적은 것으로 알려져 있다. 신체증상장애 환자들은 좌우 전두엽과 우반구의 기능장애와 관련된다는 주장이 있으나 확실한 증거가 있는 것은 아니다. 신체증상장애에서 나타나는 많은 증상은 자율신경계의 활동과 관련되어 있다. 스트레스를 받으면 강한 부정적 감정이 유발되고 생리적 활동과 신체적 증상이 나타난다. 우울, 불안, 분노와 같은 감정상태는 생리적 기능에 영향을 주어 내분비의 변화가 생기고, 이는 교감신경계를 활성화시켜 신체적 변화와 증상을 유발한다. 그런데 사람마다 스트레스에 대한 신체생리적 반응과 그에 대응되는 신체기관이 다르다. 이러한 개인차에 의해서 사람마다 스트레스 시에 나타내는 신체적 증상의 내용과 심각도가 달라지게 된다. 이러한 개인의 신체적 취약성이 신체화의 증상 형성에 영향을 줄 수 있다. 그러나 신체생리적 요인은 신체화의 직접적 원인이라고 보기는 어려우며 심리적 원인이 더 중요한 영향을 미치는 것으로 보인다.

정신분석적 입장에서는 신체증상장애를 억압된 감정의 신체적 표현이라고 본다. Freud는 억압된 부정적 감정을 신체적 증상으로 표출하는 심리적 방어를 **신체화**(somatization)라고 보았다. 즉, 감정은 어떤 통로를 통해서든지 표현되어야 하는 원초적인 동기인데, 만약 감정표현이 차단되면 그 감정은 다른 통로, 즉 신체를 통해 더욱 과격하게 표현된다고 보았다. 그래서 신체화는 자기도 모르는 어떤 뜻이나 감정을 다른 사람에게 전달하는 방법이 되기도 한다. 감정을 지나치게 억압하는 사람이 나중에 신체화 증상을 나타낸다는 점은 여러 연구에서 입증되고 있다(Singer, 1990). 또한 Steckel(1943)에 따르면, 신체화를 통해 심리적 고통이 신체적으로 표현되는데 증상을 나타내는 신체기관은 심리적 갈등과 상징적인 관계를 지니고 있다.

최근의 연구(Maunder et al., 2017)에 따르면, 신체증상장애는 아동기에 어머니의 돌봄을 받지 못한 경험과 애착유형과 관련된 것으로 나타났다. 생후 18개월경에 어머니로부터 적절한 돌봄을 받지 못한 아동은 5세경에 더 많은 신체화 증상을 나타냈다. 또한 성인의 경우도 애착불안이 강할수록 건강불안과 신체화 증상을 더 많이 나타냈다.

또한 정서를 인식하고 표현하는 능력을 성장과정에서 습득하지 못하면 신체화 증상을 나타낼 가능성이 높다. 정서를 표현하는 어휘가 부족한 사람들은 자신의 내적인 감정이나 소망을 적절하게 표현하지 못할 뿐 아니라 자신의 감정상태를 정확하게 자각하지 못하는데, 이를 **감정표현 불능증**(alexithymia)이라고 한다. 감정표현 불능증을 지닌 사람들은 자신의 감정과 그러한 감정상태에서 나타나는 신체적 변화의 차이를 잘 구분하지 못한다(Taylor et al., 1991). 따라서 이들은 어떤 감정상태에서 흥분하게 되었을 때 나타나는 신체적 변화를 자신의 감정과

심리적 원인에 의한 통증을 호소하는 남성의 사례

30대의 보험회사 직원인 H씨는 가슴의 통증 때문에 요즘 병원을 자주 다니고 있다. 현재의 보험회사로 이직하기 전인 3년 전에, 직장상사로부터 성과부진에 대한 질책과 압박을 받으면서 가슴에 통증을 느끼기 시작했다. 매우 과묵하고 점잖은 성격인 H씨는 상사의 부당한 질책을 묵묵히 받아내며 자신의 일에 충실하고자 하였다. 그 당시는 가슴에 뜨끔뜨끔 하는 통증이 간헐적으로 나타나 상당히 고통스러웠으나, 일에 너무 바빠서 치료를 받지 못하였다. 회사와 상사에 대한 불만을 지니고 있던 터에 친구의 권유로 현재의 보험회사로 전직하였고 그 후로는 가슴의 통증이 사라졌다. 회사 분위기가 훨씬 자유롭고 민주적인 새 직장에서 H씨는 별 어려움 없이 적응할 수 있었고 올 초에는 팀장으로 승진하였다. 팀장으로 승진한 후, 개인주의적이고 이기적이며 소속감이 적은 팀원을 통솔하는 일이 매우 힘들다는 것을 느끼게 되었으나 부하직원을 문책하는 상사를 싫어했던 H씨는 꾹 참고 직장생활을 하고 있었다. 그러나 팀의 성과를 매달 평가받는 상황에서 H씨는 심한 부담감과 답답함을 느끼고 있었다. 그렇게 생활하던 어느 날, 가슴의 통증이 다시 느껴지기 시작했다. 처음에는 참을 만했던 통증이 점차로 심해지면서 때로는 심장이 찢어질 듯한 통증으로 인해 아무 일도 못하는 때가 있었다. 그러나 통증의 정도가 매일 달라서 어떤 날은 경미한 통증으로 직장생활에 문제가 없었으나 통증이 심할 경우에는 직장에 출근하지 못할 때도 있다. H씨는 심장의 문제로 생각하여 병원을 방문하여 심장검사를 비롯한 여러 가지 정밀검사를 받았으나 아무런 이상소견이 발견되지 않았다. 의사 역시 신경성일 가능성이 있다며 통증이 심할 경우에 진통제를 복용하는 것 외에는 특별한 치료방법을 제시하지 못했다. 그러나 통증이 심한 때는 진통제도 별 도움이 되지 않았으며 H씨는 몇 달째 이런 고통스러운 상태로 생활하고 있다.

연관 지어 생각하지 못하고 신체적 질병의 신호로 잘못 해석하게 된다. 사소한 신체적 증상만 있어도 건강을 염려하고 신체적 변화에 주의를 기울여 신체화 증상으로 발전시키게 된다. 신현균과 원호택(1997)의 국내 연구에서도 대학생과 정신과 환자 모두에게서 감정표현 불능증과 신체화 간의 의미 있는 연관성이 발견되었다.

행동주의적 입장에서는 신체적 증상이 외부 환경에 의해서 강화된 것이라고 본다. 우리 사회에서는 누구나 몸이 아픈 사람에게 주의를 기울이고 관심을 보여주며 위로를 보낸다. 이렇듯 우연히 신체적 증상을 나타낸 사람은 주변으로부터 받게 되는 관심과 애정의 사회적 강화에 의해서 증상을 지속시킬 수 있다. 또한 몸이 아프면 많은 노력을 기울여 힘들게 완수해야 하는 의무와 책임을 면제받게 되는데, 이 역시 신체적 증상에 대한 부적 강화의 요인이 되는 것이다. 물론 신체화 증상을 나타내는 사람은 이러한 강화요인을 의식적으로 자각하지는 못하지만 이러한 강화요인이 계속되는 한 증상을 지속시키게 되는 것이다. 또한 신체화 경향은 관찰학습이나 모방학습을 통해 습득될 수도 있다. 어린 시절에 부모나 가족이 신체화 경향을 나타내게 되면, 아이들이 이를 모방하여 신체화 증상을 나타내고 이에 대해서 여러 가지 강화가 주어지면 지속적 증상으로 발전할 수도 있다.

신체화를 통해 환자가 얻게 되는 이득은 매우 다양하다. 정신분석적 입장에서도 신체화 증상을 통해 얻게 되는 **이차적 이득**(secondary gain)에 대해서 주목한다. 어떤 장애의 증상 형성을 통해 무의식적 갈등과 불안을 회피함으로써 심리적 고통을 완화하는 **일차적 이득**(primary gain)과 구별하여, 이차적 이득은 증상을 통해 얻게 되는 부수적인 이득을 의미한다. 신체화 증상의 강화요인 및 이차적 이득을 종합하여 열거하면 다음과 같다. 첫째, 불쾌한 감정을 신체증상으로 대치함으로써 불쾌감을 회피할 수 있다. 둘째, 신체증상을 통해 다른 사람에게 자기가 괴롭고 고통스럽다는 것을 전달할 수 있다. 셋째, 신체화는 스스로를 처벌하는 의미가 있다. 신체적 증상에 의한 자기처벌을 통해 죄책감을 해소하는 의미를 지닐 수 있다. 넷째, 신체적 증상의 호소를 통해서 다른 사람의 마음을 움직여 자신이 원하는 바를 이룰 수 있다. 다섯째, 현실적인 의무와 책임에서 해방될 수 있다. 여섯째, 다른 사람의 동정과 관심을 얻을 수 있다. 마지막으로, 신체증상을 통해 경제적인 이득(예: 피해 보상금)을 얻는 경우도 있다. 이와 같은 여러 가지 강화요인을 통해 신체화 증상이 시작되고 지속될 수 있다.

인지적 입장에서는 신체증상장애를 지닌 사람들에게서 나타나는 독특한 인지적 특징에 초점을 맞추고 있다. 사소한 신체적 증상을 경험할 때 그 의미를 해석하는 방식은 사람마다 다르다. 신체화는 사소한 신체적 변화를 증폭해서 지각하고, 그 증상에 계속 주의를 기울이며, 증상의 원인에 대해 잘못 생각하기 때문에 생길 수 있다(Kirmayer et al., 1994). 신체화장애를 나타내는 사람들은 다음과 같은 특징을 지닌다. 첫째, 신체적 또는 감각적 변화에 예민하게 주의를 기울인다. 둘째, 건강에 대한 경직된 신념(예: '건강하려면 신체증상이 하나도 없어야 한다')을 지니고 있다. 따라서 이들은 사소한 신체적 변화에 예민하게 반응하게 된다. 건강에 대한 경직된 신념과 신체감각에 대한 편향된 주의는 근본적으로 신체와 건강에 예민한 인지도식에 기인하며, 이러한 인지도식은 과거경험에 의해 형성되는 것이다. 셋째, 이들은 신체적 감각이나 증상을 증폭시켜 지각하는 경향이 있다. 따라서 자기 신체에 대해서 과도하게 걱정하고 경미한 신체적 증상에 선택적으로 주의를 집중함으로써 증폭된 고통을 느끼게 된다. 넷째, 신체적 감각이나 증상의 원인을 심각한 신체적 질병에 잘못 귀인하는 경향이 있다. 누구나 일상적으로 사소한 신체적 증상을 경험하며 이는 피곤, 수면부족, 과로, 스트레스와 같은 일시적인 요인에 의해 생길 수 있지만 신체화 경향이 강한 사람은 심각한 질병에 기인한 것으로 생각하고 걱정하며 주의를 많이 기울이게 된다. 신현균(1998)의 연구에서 신체화 경향을 지닌 사람은 그렇지 않은 사람에 비해서 사소한 신체증상을 더 부정적으로 편향되게 해석하여 신체적 질병과 관련시켜 생각하였다.

신체화 경향은 어린 시절에 경험하는 부모의 행동이나 가족의 사고방식에 의해 영향을 받을 수 있다. 어린아이들은 몸이 아픈 경우가 종종 있는데, 이때 부모가 대응하는 방식이 잘못된 경우 아이의 신체화 경향을 촉발시킬 수 있다. 예컨대, 아동의 사소한 질병을 부모가 심각한 문제로 받아들여 지나치게 염려하고 과도한 주의와 관심을 기울여 주는 동시에 자녀의 학업을 면제시켜 주는 등 과도한 이차적 이득을 제공하게 되면, 아동은 사소한 좌절에도 신체적 증상을 통해 이를 해결하려는 경향이 생겨날 수 있다.

부모가 지니고 있는 건강과 질병에 대한 견해 역시 신체증상을 경험하는 방식에 영향을 주게 된다. 부모가 자신의 감정을 자각하고 효과적으로 처리하는 능력이 부족한 경우에도 자녀에게 신체화 경향이 나타날 수 있다. 감정을 잘 느끼지 못하는 부모나 부정적 감정의 표현을 과도하게 억제하는 가정에서 성장한 아동은 성인이 되어 감정표현 불능증을 나타낼 수 있다. 또 가족 중에 신체화 증상을 지닌 사람이나 만성적 질병을 가진 사람이 있을 경우에도 아동의 신체화 경향이 강화될 수 있다. 마지막으로 가족의 역기능이 많을 때 신체증상은 더 악화된다. 예컨대, 부모의 불화나 알코올 중독, 부모로부터의 학대 등과 같은 아동기의 스트레스가 많을 때 이러한 불쾌감정의 표현이 억제되면 신체화를 통해 이를 표출하는 경향이 발달하게 된다.

신체화는 사회문화적 요인에 의해서도 많은 영향을 받는다. Mumford(1993)에 따르면, 동양문화권에서 신체화 현상이 더 두드러지게 나타난다고 한다. 중국, 인도, 이라크, 사우디아라비아, 에티오피아, 케냐 등에서 신체화 비율이 높다. 이러한 문화권에서는 심리적 문제를 지닌 사람을 비정상적으로 보는 경향이 있는 반면, 신체적 증상을 지닌 사람에 대해서는 더 허용적인 경향이 있다. 따라서 심리적 문제를 그대로 표출하기보다는 사회적으로 더 잘 수용

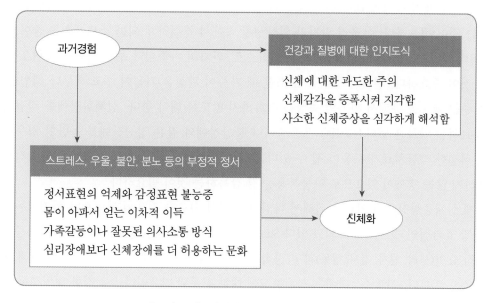

[그림 7-3] 신체화를 설명하는 통합모델

될 수 있는 신체적 증상으로 표출하게 된다. 또한 이러한 문화권에서는 부정적 감정의 자유로운 표현을 억제하는 사회적 분위기가 있어서 그런 감정이 신체적 통로를 통해 표출되는 경향이 있다. 신체화에 영향을 미치는 다양한 요인을 통합적으로 정리하여 제시하면 [그림 7-3]과 같다.

신체증상장애는 치료하기 어려운 장애로 알려져 있다. 신체증상장애를 지닌 환자들은 자신의 신체적 증상이 심리적 요인에 의한 것일 수 있다는 점을 인정하려 하지 않으며 심리치료에 저항적이고 비협조적인 태도를 나타내는 경향이 있기 때문이다. 그러나 신체증상장애는 다각적인 심리치료적 노력을 통해서 호전될 수 있다.

우선 치료자는 환자와 견고한 신뢰관계를 형성해야 한다. 이러한 치료적 관계 속에서 환자에게 신체증상장애의 속성을 교육시키고 질병가능성에 대한 환자의 우려를 일관성 있게 안심시켜 주는 것이 필요하다. 아울러 신체화 증상의 유발과 관련된 심리적 갈등이나 부정적 감정을 표현하고 해소하도록 도와주어야 한다. 신체증상장애를 지닌 사람들은 내면적으로 우울, 불안, 죄책감, 분노, 적개심 등의 부정적 감정을 지니고 있지만 이를 인정하거나 표현하지 않으려는 경향이 있다. 따라서 부정적 감정에 대한 표현을 격려하고 자기주장훈련을 통해 대인관계에서 부정적 감정이 누적되지 않도록 도와야 한다.

인지치료적 접근에서는 신체적 감각이나 통증에 대해서 환자가 과도한 주의를 기울이지 않도록 하는 동시에 신체적 증상을 새롭게 해석하도록 유도한다(신현균, 2000). 신체증상장애를 지닌 사람들은 신체적 감각이나 증상을 해로운 것이고 심각한 질병에 기인한 것이라고 해석함으로써 신체감각에 더욱 주의를 기울이고 강한 통증을 지각하게 된다. 이러한 속성을 잘 이해시키고 신체적 증상에 대해 과장되고 왜곡된 해석을 하지 않도록 대안적인 해석방법을 제공하는 것이 필요하다. 아울러 환자가 일상생활 속에서 경험하게 되는 스트레스를 줄이고 이에 잘 대처할 수 있도록 도와야 한다. 마지막으로, 환자의 가족이나 주변 사람들의 협조를 구하는 것이 중요하다. 환자가 증상을 호소할 때 가족이 관심을 기울여 주고 의무나 책임을 면제해 주는 행동을 통해서 환자의 증상을 강화하지 않도록 해야 한다. 신체화장애를 직접적으로 치료하는 약물은 없다. 그러나 우울증이나 불안장애와 같은 정신장애를 동반할 경우에는 그에 적절한 약물치료가 도움이 될 수 있다. 그러나 신체화장애 환자들은 약물을 규칙적으로 복용하지 않는 경향이 있으므로 약물복용을 잘 감독하는 것이 필요하다.

현재 신체증상장애의 치료를 위해서 다양한 방식의 치료가 적용되고 있으나 인지행동치료가 가장 효과적인 것으로 보고되고 있다(Sharma & Manjula, 2013). 인지행동치료는 신체증상이 개인적 요인(생리, 인지, 정서, 행동)과 환경적 요인(대인관계, 스트레스)의 상호작용에 의해 생겨나는 것으로 본다. 신체증상장애는 신체증상에 대한 잘못된 믿음이나 부적절한 대처행동과 같은 개인적 요인이 가족에 의한 이차적 강화나 대인관계 스트레스와 같은 환경적 요인과 연결된 악순환에 의해서 만성적으로 지속된다. 이러한 악순환을 제거하기 위해서 인지행동치료는 다음과 같은 다양한 치료기법을 사용한다(Nezu et al., 2001): (1) 신체적 각성 증상을 감소하기 위한 이완 훈련; (2) 활동 수준을 증가시키기 위한 즐거운 활동 계획; (3) 신체증상과 정서 간의 관련성 자각 및 정서와 사고의 상호작용 이해; (4) 인지재구성을 통한 역기능적 신념의 수정; (5) 신체증상에 대한 믿음의 부당성을 증명하기 위한 행동 실험; (6) 배우자에 의한 질병행동 강화를 감소하기. 이밖에도 문제해결 훈련, 주장성 훈련, 대처기술 훈련, 호흡훈련, 운동과 바이오피드백이 사용될 수 있다. 인지행동치료의 치료효과는 다른 치료(표준적인 의학적 치료, 약물치료)보다 우수한 것으로 나타났다(Allen & Woolfolk, 2010; Sharma & Manjula, 2013). 인지행동치료는 집단치료의 형태로 실시되었을 경우에도 효과적인 것으로 나타났다(Arnold et al., 2004).

정신신체장애와 건강심리학

현대인이 지니고 있는 신체적 질병 중에는 심리적 요인에 의해 중대한 영향을 받는 것들이 많다. 이러한 신체적 질병을 정신신체장애(psychosomatic disorders)라고 한다. 정신신체장애는 신체적 질병이나 신체증상이 심리적 스트레스 요인에 의해 발생하거나 악화되고 뚜렷한 신체적 이상이나 손상에 의해 설명이 가능할 때 진단된다. 이러한 정신신체장애는 신체형장애와 구별되어야 한다. 두 장애는 모두 심리적 요인에 의해서 영향을 받지만, 신체형장애는 실제적인 신체적 이상이 발견되지 않는 반면, 정신신체장애는 신체적인 이상과 손상이 실제로 존재한다.

정신신체장애에는 거의 대부분의 신체적 질병이 해당된다고 할 수 있다. 그러나 심리적 요인의 영향을 많이 받는 주요한 신체적 질환으로는 심장혈관계 질환(관상동맥질환, 본태성 고혈압, 울혈성 심부전), 호흡계 질환(기관지 천식, 과호흡증후군, 결핵), 내분비계 질환(갑상선 기능항진증과 기능저하증, 당뇨병, 췌장암, 여성내분비 장애), 위장관계 질환(소화성 궤양, 과민성 대장 증후군, 궤양성 대장염, 비만), 통증 질환(두통, 류머티즘 관절염, 만성 통증), 기타 장애(면역장애, 암, 피부질환 등)가 있다.

스트레스는 만병의 근원이라는 말이 있듯이, 부정적 감정을 촉발할 뿐만 아니라 자율신경계를 활성화시켜 내분비계에 영향을 미침으로써 신체에 부정적인 영향을 미치게 된다. 또한 스트레스는 면역기능을 저하시키고 흡연, 과음, 약물복용과 같은 건강악화행동을 유발하여 여러 신체질환을 발생시키거나 악화시킬 수 있다. 관상 심장혈관장애를 지닌 환자에게는 스트레스가 흉통이나 부정맥을 유발할 수 있으며, 특히 지속적인 스트레스는 소화위장관계 장애를 유발할 수 있다.

성격특성도 정신신체장애에 영향을 미치는 주요한 요인으로 알려져 있다. Friedman과 Rosenman(1959)은 A유형 성격(Type A Personality)이 관상심장질환을 유발한다는 주장을 하여 주목을 받고 있다. A유형 성격은 성취지향적이고 경쟁적이며, 공격적이고 화를 잘 내며, 조급하고 참을성이 없는 성격을 말한다. 이 밖에도 감정표현을 억제하고 침울한 성격특성을 지닌 사람들이 암에 잘 걸린다는 주장도 제기되고 있다.

현대의 여러 성인병은 부적응적 건강행동에 의해 유발되는 것이 많다. 좌식 생활습관, 안전하지 않은 성행위, 과식, 지방과 염분이 많은 음식섭취, 과도한 알코올 섭취 및 약물복용 등은 다양한 신체질환의 원인으로 알려져 있다.

또한 정신장애나 심리적 증상 역시 신체적 질환에 영향을 미치게 된다. 예컨대, 주요우울장애는 심근경색증의 회복에 부정적인 영향을 미친다. 불안과 같은 심리적 증상은 천식을 악화시키며 우울증상은 수술 후의 회복을 지연시킨다.

이러한 심리적 요인은 유전적으로 취약성을 지닌 특정한 신체기관에 영향을 미쳐 특정한 신체질환을 유발하는 것으로 여겨지고 있다. 또한 경쟁적이고 성취지향적인 사회적 풍토, 공해나 환경오염, 화학첨가제가 포함된 음식 등과 같은 사회환경적 요인도 신체적 질병의 유발에 기여하는 것으로 알려져 있다. 또한 신체적 질병의 치료를 위해서도 스트레스 감소 및 관리, 바이오피드백, 긴장이완과 명상, 건강악화행동의 감소와 건강증진행동의 증가 등과 같은 심리적 접근법들이 활용되고 있다.

이러한 다양한 연구결과는 과거에 신체적 질병을 주로 생물학적 요인에 기인하는 것으로 여기고 물리적 방법에 의해 치료하고자 했던 생물의학적 모델의 수정을 불가피하게 만들었다. 최근에는 생물학적 요인뿐만 아니라 다양한 심리적, 사회환경적 요인을 모두 고려하여 신체적 질병의 원인을 밝히고 치료하는 생물심리사회적 모델로 대체되고 있는 추세이다. 이러한 추세 속에서 신체적 질병에 영향을 미치는 심리적 요인과 치료방법을 연구하는 심리학의 분야인 건강심리학(health psychology)이 발전하게 되었다.

제2절 질병불안장애

자연과학 분야의 연구원인 30대 초반의 R씨는 요즘 간경화증에 걸린 것 같다는 불안을 떨쳐버릴 수가 없다. R씨는 몇 달 전 우연히 TV건강프로그램에서 유명한 병원의 간질환 전문의사가 출연하여 간경화증의 초기에는 수면 시 땀을 흘리거나 얼굴색과 대변이 검어지고 피로감을 느끼게 된다고 하는 말을 듣게 되었다. 그렇지 않아도 직장에서 스트레스가 많아 과음을 하는 경우가 많았으며, 최근에는 힘이 없고 늘 피곤하며 자고 나면 내의나 팬티가 축축해지곤 하여 건강에 문제가 있는 것이 아닌가 걱정을 하고 있던 차였다. 의사의 말을 듣고, 대변 색깔을 확인해 보니 과거보다 훨씬 검은 기운이 감돌았다. 또 주변 사람들이 자신에게 얼굴색이 좋지 않다는 이야기를 한 적이 있었다. R씨는 자신에게 간질환이 생긴 것이 틀림없다고 생각하였다. 사실 R씨의 집안은 간질환으로 사망한 친척들이 많았다. 친할아버지가 간질환으로 돌아가셨을 뿐 아니라 형제가 많은 아버지의 형과 동생 몇 분이 간경화와 간암으로 사망하였다. R씨는 간질환의 권위자로 알려진 K교수가 근무하는 대학병원을 방문하여

간에 관한 여러 가지 검사를 받았다. 검사결과를 보고 K교수는 R씨에게 "아무 이상도 없는 데… 2주 후에 한 번 더 들르지"라고 말했다. R씨는 왜 K교수가 2주 후에 다시 오라고 했을까 하는 의문에 사로잡혔고, 의사는 환자에게 심각한 병이 있을 때 직접 이야기해 주지 않으며 틀림없이 무언가 자신에게 심각한 문제가 있기 때문이라고 생각했다. 그 후 간질환에 관한 책을 사서 읽기 시작했으며, 자신에게 나타나는 증세들이 간경화증의 초기증세라는 확신을 갖게 되었다. 2주 후에 의사가 이상이 없다고 다시 말했으나 R씨는 믿을 수가 없었다. 왜냐하면 자신에게 간경화증의 증세가 나타나고 있었기 때문이다. 얼굴색과 대변은 점점 더 검은색을 띠었고 피로감이 더욱 심했으며 밥맛도 없고 자고 나면 식은땀이 흐르곤 했다. 다른 병원에서도 검사를 받았으나 특별한 이상이 없다는 결과였다. 한국의 의학 수준을 믿을 수 없어 R씨는 외국에 나가서 검사를 받아 볼까 생각하고 있다.

1. 주요증상과 임상적 특징

　질병불안장애(Illness Anxiety Disorder)는, R씨의 경우와 같이, 자신이 심각한 질병에 걸렸다는 집착과 공포를 나타내는 경우를 말하며 건강염려증(hypochodriasis)이라고 불리기도 한다. 질병불안장애에 대한 DSM-5-TR의 진단기준은 다음과 같다. 첫째 기준은 심각한 질병을 지녔다는 생각에 과도하게 집착하는 것이다. 둘째, 신체적 증상이 존재하지 않거나 존재하더라도 그 강도가 경미해야 한다. 다른 질병을 지니고 있는 경우라 하더라도 이러한 질병 집착은 명백히 과도한 것이어야 한다. 셋째, 건강에 대한 불안 수준이 높으며 개인적 건강상태에 관한 사소한 정보에도 쉽게 놀란다. 넷째, 건강과 관련된 과도한 행동(예: 질병의 증거를 찾기 위한 반복적인 검사)이나 부적응적 회피행동(예: 의사와의 면담 약속을 회피함)을 나타낸다. 마지막으로, 이러한 질병 집착은 적어도 6개월 이상 지속되어야 하며

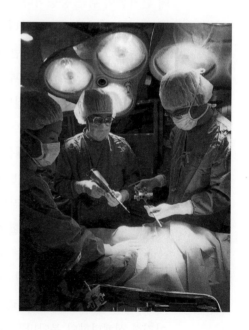

두려워하는 질병이 이 기간 동안에 변화해야 한다. 질병불안장애는 의학적 진료를 추구하는 유형과 회피하는 유형으로 세분될 수 있다.

　일반인을 대상으로 한 질병불안장애의 유병률은 잘 알려져 있지 않다. 그러나 일반적인 병원 환자들 중 약 4~9%가 질병불안장애를 나타낸다고 보고되고 있다. 질병불안장애의 유병

률은 남성과 여성이 비슷한 것으로 알려져 있다. 질병불안장애는 어느 연령에서나 시작될 수 있으나 초기 청소년기에 가장 흔히 나타난다. 일반적인 경과는 만성적이며, 증상의 호전과 악화가 반복되는 경향이 있다. 흔히 질병불안장애가 만성적인 경과를 나타내기 때문에 이 장애의 양상이 성격특성의 일부라는 주장도 제기되고 있다. 일반적으로 불안이나 우울 증상이 공존하고 성격장애적 요소가 없으며 증상이 어린 나이에 나타나거나 급작스럽게 나타날 경우에 예후가 좋다고 알려져 있다(Barsky, 1989).

2. 원인과 치료

질병불안장애의 원인에 대해서는 오랫동안 정신분석적 견해가 우세했으나 최근에는 학습이론적 설명과 인지적 설명이 설득력을 얻고 있다. **정신분석적 입장**에서는 질병불안장애를 성적 충동이 과도하게 자신에게 지향된 결과라고 본다. Freud는 외부 대상으로 향해졌던 성적 리비도가 회수되어 자기애적 리비도의 형태로 자신에게 재지향되고, 결국 이러한 자기애적 리비도가 많아지면 그 에너지가 신체증상으로 전환된다고 보았다. Engel(1959)은 질병불안장애 환자들이 겪는 통증이나 신체적 고통은 과거의 잘못한 행위나 죄인이라는 느낌에 대한 속죄의 의미를 지닌다고 보았다. Brown과 Vaillant(1981)는 질병불안장애가 실망하고, 상처받고, 버림받고, 사랑 받지 못함에 대한 분노에 기인한다고 주장하였다. 즉, 질병불안장애 환자들은 이런 고통스러운 생각과 분노 감정을 외부에 토로하지 못하고 신체에 대한 과도한 관심으로 나타낸다는 것이다. 질병불안장애는 매우 낮은 자기존중감과 무가치감에 시달리는 사람들에게서 나타나며, 자신이 가치 없는 존재라고 느끼는 것보다는 신체적 이상이 있다고 여기는 것이 더 견딜 만하기 때문에 신체적 건강에 집착하게 된다.

행동주의적 입장에서는 질병불안장애를 조건형성의 원리를 통해 설명하고 있다. 질병불안장애를 나타내는 사람은 이러한 증상을 통해 환자의 역할을 함으로써 동정, 관심, 지지를 얻고 불쾌한 임무나 의무를 회피할 수 있다는 것을 배우게 되고 그 결과 증상이 지속된다(Kreitman et al., 1965). Kellner(1985)는 자율신경 반응들이 고전적 또는 조작적 조건형성에 의해 습득될 수 있다고 주장하면서 좀 더 정교한 설명을 제시하고 있다. 질병에 대한 두려움 때문에 신체 일부에 대한 주의가 증가되고 그 결과로 신체적 변화가 지각되고 불안반응이 유발될 수 있다. 이러한 신체변화와 불안반응은 환경적 요인이나 내부적 단서(예: 감정상태, 질병에 대한 사고)에 조건형성이 될 수 있으며, 이러한 단서에 노출되면 질병불안장애적인 증상이 나타나게 된다. 이렇게 형성된 증상은 여러 가지 강화 요인에 의해서 지속되고 발전된다는 것이다.

Barsky와 Klerman(1983)은 인지적 입장에서 질병불안장애의 형성에 기여하는 3가지 주요한 요소를 주장하였다. 첫째, 질병불안장애 환자들은 일상적인 신체 감각을 증폭시켜 지각한다. 둘째, 환자들은 신체증상을 부정확하게 평가하고 왜곡하여 해석한다. 마지막으로, 이들은 지각하고 사고하는 방식이 매우 구체적인 경향이 있다. 이러한 특성을 지닌 사람들은 신체적 감각을 증폭시키고 불안감으로 인해 신체적 감각을 해로운 것이며 구체적인 질병에 기인한 것으로 잘못 해석함으로써 질병불안장애가 나타날 수 있다고 주장하였다.

Barsky와 동료들(1988)은 질병불안장애를 인지와 지각의 장애로 간주하고 있다. 즉, 정상적인 신체감각, 사소한 질병의 증상 혹은 정서의 신체적 반응을 확대하여 매우 해로운 것으로 지각하여 신체에 집착하게 된다는 것이다. 이런 감각이 고통스럽기 때문에 이들은 증상의 원인을 심각한 질병으로 귀인하고 병에 걸렸다고 믿으며, 그 결과 다른 신체감각도 과장하여 받아들인다. 따라서 새로운 감각을 경험하게 되고 이것은 질병의 또 다른 증거로 잘못 해석된다. 왜냐하면 자신의 가설을 확증하는 자료에 선택적으로 주의를 기울이고, 그렇지 않은 감각 입력은 선택적으로 무시하기 때문이다.

Warwick과 Salkovskis(1987, 1990)는 질병불안장애가 발생하는 과정에 대한 인지적 설명모델을 제시하였다. 이들은 질병불안장애를 **건강불안**(health anxiety)이라고 보고 공황장애의 인지모델(Clark, 1988)과 매우 유사한 설명모델을 제시하고 있다. [그림 7-4]에 제시되어 있듯이, 개인은 외적 사건(예: 친척의 사망 소식) 또는 내적 유발인(예: 신체 일부의 통증)에 의해 건강에 대한 위협을 느끼게 되고 염려를 하게 된다. 이러한 건강에 대한 염려와 불안은 신체에 주의를 기울이게 만들고, 생리적인 각성수준을 높이며, 건강에 대한 확인행동을 유발한다. 따라서 생리적으로 각성된 신체의 변화에 예민하게 주의를 기울임으로써 증폭된 신체감각을 지각하게 되고 이러한 신체감각을 심각한 질병으로 잘못 해석하게 된다. 그 결과, 건강에 대한 위

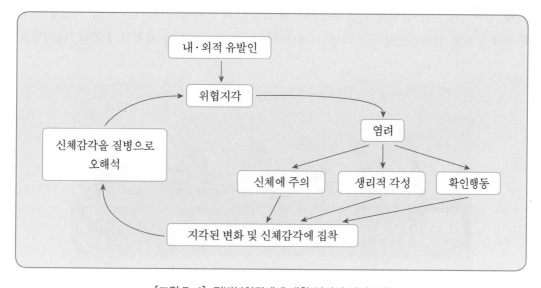

[그림 7-4] 질병불안장애에 대한 인지적 설명모델

협이 증가되고 염려와 불안이 더욱 강해지며 생리적 각성은 점점 더 높아져 더욱 심한 신체적 이상을 지각하게 되고 심각한 질병에 걸렸다는 자신의 생각을 점점 더 굳혀가게 된다. 이러한 악순환 과정을 통해 질병불안장애는 더욱 확고해지고 만성화된다.

　이러한 설명은 기본적으로 공황장애의 인지모델과 매우 유사하지만 공황장애에서는 신체감각을 심장마비, 질식사, 정신이상과 발작과 같은 심각한 급성장애로 오해석하여 급작스러운 강한 공포를 느끼게 되는 반면, 질병불안장애에서는 신체감각을 암, 간경화 등과 같은 만성질환의 증상으로 오해석하기 때문에 지속적인 염려와 불안을 초래하게 된다. 질병과 관련된 신체감각에 대한 선택적 주의가 질병불안장애의 지속에 중요한 역할을 하게 되는데, 질병불안장애 환자들은 질병에 대한 걱정에 부합하는 신체정보를 선택적으로 주목하는 반면, 그에 반하는 정보는 선택적으로 무시하는 경향이 있다. 따라서 질병에 걸렸다는 자신의 생각에 대한 확신을 강화시킴으로써 질병불안장애가 지속되거나 악화되는 것이다. 이러한 설명모델은 질병불안장애가 발생하고 지속되는 과정을 잘 설명하고 있으며 여러 경험적 연구를 통해서 입증되고 있다. 그러나 건강에 대한 염려는 일반인에게 매우 흔한 현상이다. 이처럼 정상적으로 건강을 염려하는 사람과 달리 병적인 질병불안장애를 지닌 사람들은 건강에 대한 신념체계가 다르다는 주장이 제기되었다. Barsky 등(1993)은 질병불안장애 환자들이 건강에 대한 경직된 인지도식을 지니고 있다고 주장했다. 즉, 질병불안장애 환자들은 좋은 건강이란 신체증상이 하나도 없는 상태라는 비현실적인 믿음을 가지고 있기 때문에 사소한 신체증상에도 더 쉽게 주의를 기울이고 신체증상을 심각하게 보게 된다는 설명이다.

　질병불안장애의 치료에는 인지행동치료와 스트레스 관리훈련이 효과적이라는 보고가 있다. 질병불안장애에 대한 인지행동치료는 크게 3가지 요소로 구성된다(Warwick et al., 1996). 첫째, 신체적 감각을 질병과 관련지어 해석한 내용을 확인하여 도전한다. 둘째, 특정한 신체부위에 주의를 집중함으로써 유사한 신체감각이 느껴지는 과정을 체험하게 한다. 마지막으

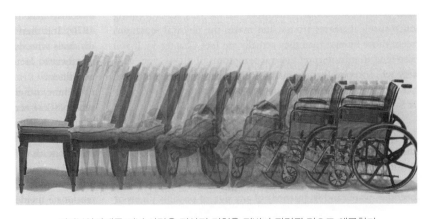

질병불안장애를 지닌 사람은 정상적 경험을 질병과 관련된 것으로 왜곡한다

로, 의사나 병원을 방문하여 질병을 확인하고 안심을 구하는 행동을 감소시킨다. Warwick 등은 이러한 치료방법을 통해 질병불안장애 환자의 76%가 호전되었다고 보고했다. 아울러 Clark 등(1998)은 인지행동치료에 더해서 스트레스 관리훈련을 병행한 결과 치료효과가 1년 이상 지속되었다고 보고하고 있다.

 질병불안장애에는 의사가 자세한 설명을 통해 환자를 안심시키는 것이 효과적이라는 것도 보고되고 있다(Haenen et al., 2000; Kellner, 1985, 1986). 일반적으로 의사의 안심시키기는 질병 불안장애에 도움이 되지 않는다고 알려져 있으나, 안심시키는 방법에 따라서 상당한 효과를 거둘 수도 있다. 흔히 의사는 매우 짧은 시간 동안 간략한 설명을 해주는 것이 일반적이다. 그러나 충분한 시간을 할애하여 환자가 경험하는 증상의 속성과 그 원인에 대해서 자세하게 설명해 주고 환자가 궁금해하는 점에 대해서 충분한 설명을 해주었더니 환자의 질병불안과 병원방문 행동이 현저하게 줄었다(Fava et al., 2000).

제3절 기능성 신경학적 증상장애

 초등학교 5학년 남학생인 K군은 6개월째 왼쪽 다리를 오므리지 못해 다리를 질질 끌며 다니고 있다. 6개월 전 친구들과 축구를 하다가 왼쪽 다리를 다쳐 조금씩 절게 되었다. 심한 부상이 아니었기 때문에 부모는 시간이 지나면 회복될 것으로 생각하고 내버려 두었다. 그러나 K군은 점점 더 다리를 심하게 절기 시작했고 급기야 왼쪽 다리를 오므리지 못하게 되었다. 정형외과를 방문하여 여러 가지 검사를 했으나 아무런 신체적 이상을 발견할 수 없었으며, 의사는 K군이 다리를 오므리지 못하는 이유를 알 수가 없었다. 부모의 말에 따르면, K군의 다리를 걱정해 주는 여러 사람 앞에서는 증상이 더욱 심해진다고 한다.

 K군은 이란성 쌍둥이의 동생이었다. 형은 K군보다 공부도 잘하고 운동도 잘해서 학급 반장을 하고 있었다. 요즘 K군은 다리를 펴지 못해 걸을 수 없기 때문에 아빠가 업어서 등교를 시키고 있으며 하교 시에는 엄마나 형이 도와주고 있다. 부모는 K군이 이러다가 한쪽 다리를 완전히 못쓰게 되지 않을까 걱정이 되어, 주변 대도시의 큰 병원을 뛰어다니며 치료방법을 찾고 있다. 여러 대형 종합병원을 다니며 K군의 다리를 검사한 결과, 모든 병원에서 K군의 신체검사 결과는 정상이라고 나왔다. K군이 나타내는 다리 문제의 원인과 치료방법을 몰라 K군의 부모는 애간장이 타고 있다.

1. 주요증상과 임상적 특징

기능성 신경학적 증상장애(Functional Neurological Symptom Disorder)는 K군의 경우처럼 주로 신경학적 손상을 시사하는 한 가지 이상의 신체적 증상을 나타내는 경우를 말하며, 과거에는 **전환장애**(Conversion Disorder)라고 불리기도 했다. 기능성 신경학적 증상장애에 대한 DSM-5-TR 의 진단기준은 다음과 같다: 첫째, 의도적인 운동 기능이나 감각 기능의 변화를 나타내는 한 가지 이상의 증상이 있어야 한다. 둘째, 이러한 증상과 확인된 신경학적 또는 의학적 상태 간 의 불일치를 보여주는 임상적 증거가 있어야 한다. 셋째, 이러한 증상이 다른 신체적 질병이 나 정신장애로 더 잘 설명되지 않아야 한다. 이러한 증상이나 손상으로 인해서 현저한 고통을 겪거나 일상생활의 중요한 기능에서 현저한 장해가 나타날 경우에 기능성 신경학적 증상장애 로 진단된다.

기능성 신경학적 증상장애는 과거에 '히스테리' 또는 '히스테리성 신경증'(hysterical neurosis) 이라고 불렸으며 Freud가 정신분석학을 발전시키는 계기가 된 장애이기도 하다. 전환장애라 는 명칭은 심리적 갈등이 신체적 증상으로 전환되어 나타난 것이라는 의미를 내포하고 있다.

기능성 신경학적 증상장애에서 흔히 나타나는 증상은 크게 네 가지 유형으로 나누어진다. 첫째는 운동기능에 이상을 나타내는 경우로서 신체적 균형이나 협응 기능의 손상, 신체 일부 의 마비나 기능저하, 목소리가 나오지 않는 불성증(aphonia), 소변을 보지 못함, 음식을 삼키 지 못하거나 목구멍이 막힌 듯한 느낌 등이다. 둘째는 감각기능에 이상을 보이는 경우로서 신체 일부의 촉각이나 통각 상실, 물건이 이중 으로 보이는 이중시야, 물건을 보지 못함, 소리 를 듣지 못함, 환각 등이 나타나기도 한다. 피부감각의 이상을 호소할 때는 흔히 장갑이나 양말을 착용하는 손이나 발의 부위에만 감각 을 느끼지 못하는 경우가 있다. 그러나 신경 구조상 이러한 양상이 나타날 수 없으며 이는 환자의 지식이나 생각이 감각 장애의 분포 양상 에 영향을 미치기 때문에 나타난다. 셋째는 갑작스러운 신체적 경련이나 발작을 나타내는 경우이다. 갑자기 손발이 뒤틀리거나 경련을 일으키고 감각마비나 특이한 신체감각을 느끼는 경우로서 흔히 이러한 증상이 일시적 으로 나타났다가 사라지는 현상이 반복된다.

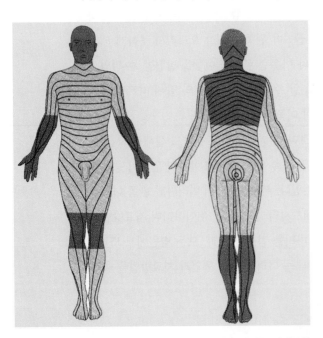

기능성 신경학적 증상장애 환자가 흔히 감각이상을 호소하는 신체부위

마지막으로는 위의 세 가지 경우가 복합적으로 나타나는 경우이다. 기능성 신경학적 증상장애 환자는 자신이 지닌 증상의 심각성에 비해 그다지 걱정하지 않는 무관심한 태도(la belle indifference)를 특징적으로 나타내기도 한다.

일시적인 기능성 신경학적 증상은 흔하지만 기능성 신경학적 장애의 유병률은 알려져 있지 않다. DSM-5-TR에 따르면, 미국과 유럽의 경우 매년 10만 명 중 4~12명이 기능성 신경학적 장애로 발병하는 것으로 추정되고 있다. 그러나 임상장면에서의 유병률은 더 높아서 일본의 경우 정신과병원을 찾은 9~17세의 외래환자 중 5%가 기능성 신경학적 증상장애로 진단되었다.

기능성 신경학적 증상장애는 남성보다 여성에게서 2~3배 더 흔한 것으로 알려져 있다. Chodoff(1974)에 따르면, 남성도 여성만큼 흔하게 기능성 신경학적 증상을 경험하며 회사나 군대에서는 남성이 이런 증상을 더 많이 경험한다. 그러나 여성의 의존적 역할이 승인되는 문화에서는 여성이 남성보다 전환증상을 더 많이 보고하기 때문에 여성의 유병률이 높게 나타난다(Ziegler et al., 1963). 아울러 기능성 신경학적 증상장애는 대도시보다는 시골 지역에 거주하고 사회경제적 지위와 교육수준이 낮은 사람들에게 더 흔한 것으로 알려져 있다. 성인보다는 아동이나 청소년에게 더 흔하게 나타나며, 10세 이하의 아동은 걸음걸이 문제나 경련에 국한된 증상을 나타내는 경향이 있다.

2. 원인과 치료

과거에 '히스테리'라고 불렸던 기능성 신경학적 증상장애는 Freud가 **정신분석이론**을 발전시키는 초기과정에서 많은 관심을 지녔던 장애이다. Freud는 기능성 신경학적 증상장애가 무의식적인 생각이나 감정을 표현하려는 욕구와 그것을 표현하는 것에 대한 두려움의 타협으로 생긴다고 보았다. 한쪽 팔이 마비되어 움직이지 못하는 히스테리 증상을 나타냈던 20대 여성인 Anna O의 사례를 분석하면서, Freud는 Anna가 병상에 있는 아버지를 간호하는 과정에서 아버지의 성기를 만지고 싶은 욕망과 그 죄책감에 대한 무의식적 타협으로 증상을 나타내게 되었다고 설명하고 있다. 팔의 마비는 아버지의 성기를 만지려는 욕망이 행동으로 나타나는 것을 방지하는 동시에 그러한 욕망을 품었던 자신에 대한 자기처벌적인 의미를 지니고 있으며 이는 죄책감을 완화하는 기능을 할 수 있다는 것이다. 이러한 분석을 통해서, 기능성 신경학적 증상장애는 오이디푸스 시기에 생기는 수동적인 성적 유혹과 관련되어 있다고 보았다. 사춘기의 성적 욕구는 어린 시절에 겪었던 충격적인 성적 경험과 관련된 두려운 감정과 기억을 떠올리게 만들며, 이에 대처하기 위한 방어로서 흔히 억압이 사용되며 성적 흥분을 신체증상으로 전환하게 된다. 어린 시절의 성적 외상은 반드시 실제로 일어난 것이 아니라 상상이나 환상인 경우에도 전환 반응을 초래할 수 있다고 Freud는 주장하였다. Lazare(1981)는 기능성 신경학적 증상장애가 성적 충동 외에 공격성이나 의존성과 관련된 충동에 의해서도 유발될 수 있다고 주장했다. 요컨대, 정신분석적 입장에서는 기능성 신경학적 증상장애를 심리성적 발달과정의 오이디푸스 갈등에서 유래하는 특정한 성적 갈등이 억압되어 상징적 의미를 지니는 신체적 증상으로 전환된 것으로 보고 있으며, 최근에는 성적 갈등뿐 아니라 다양한 심리적 갈등이 기능성 신경학적 증상장애를 초래할 수 있다고 보고 있다.

행동주의적 입장에서는 기능성 신경학적 증상을 충격적 사건이나 정서적 상태 후에 생기는 신체적 변화나 이상이 외부적으로 강화된 것이라고 보고 있다. Barr와 Abernathy(1977)는 기능성 신경학적 증상이 좌절스럽고 고통스러운 경험에 대해 나름대로 적응하기 위한 반응이라고 보았고, Kimball과 Blindt(1982)는 기능성 신경학적 증상이 다른 사람을 조작하고 주의를 끌며 특권을 누리고 불쾌한 과제나 책임을 회피하는 수단으로 사용될 수 있다고 주장했다. Nemiah(1985)는 어린 시절에 나타난 경미한 신체적 마비 증상이 불안이나 사회적 부담을 덜게 하는 반복적 결과를 초래하게 되면 이러한 전환증상과 불안감소의 연합이 형성되어 불안이 생길 때마다 전환증상이 나타나게 된다고 주장하였다. 이러한 설명은 신체화장애에 대한 설명과 매우 유사하지만, 기능성 신경학적 증상장애는 주로 극적인 충격적 사건 이후에 나타나는 경향이 있다는 점에서 구별된다.

생물학적 입장에서는 기능성 신경학적 증상장애가 뇌의 손상이나 기능이상 때문에 나타난다고 본다. 기능성 신경학적 증상장애 환자들이 주의와 각성의 장애를 나타내고 자신의 증상에 대해 무관심한 태도를 나타내는 이유는 대뇌피질과 망상체의 기능이상 때문이라는 주장이 제기되었다(Whitlock, 1967). 기능성 신경학적 증상장애 환자의 70%가 몸 왼쪽부분에 증상이 나타난다는 점에 근거하여 우반구의 이상이 관련된다는 주장도 있다(Bishop et al., 1978). 그러나 기능성 신경학적 증상장애의 생물학적 원인에 대해서는 아직 분명하게 밝혀지지 않고 있다.

기능성 신경학적 증상장애를 치료하는 방법은 잘 개발되어 있지 않다. 기능성 신경학적 증상장애를 나타내는 사람은 흔히 신체화 경향을 함께 나타내는 경우가 많기 때문에 신체화장애에 적용되는 치료방법이 사용된다. 특히 기능성 신경학적 증상장애 환자를 치료할 때는 전환증상을 유발한 충격적인 스트레스 사건을 확인하고 이러한 부정적 상황이 지속될 경우에는 이를 제거하도록 노력해야 한다. 아울러 치료자는 환자가 전환증상으로 인해 얻게 되는 이차적 이득(secondary gain)을 세밀하게 확인하여 이를 제거하는 데에 초점을 맞춰야 한다. 가족과 주변 사람들의 협조를 얻어 환자가 나타내는 전환증상에 대한 지지적이고 강화적인 효과를 감소시키는 데에 주력해야 한다. 이 밖에 기능성 신경학적 증상장애의 치료에는 최면치료가 적용되기도 하며 불안장애를 동반할 경우에는 항불안제가 처방되기도 한다.

제4절 인위성장애

인위성장애(Factitious Disorder)는 환자의 역할을 하기 위하여 신체적 또는 심리적 증상을 의도적으로 만들어 내거나 위장하는 경우를 의미하며 **허위성장애** 또는 **위병장애**라고 불리기도 한다. 이러한 증상으로 인하여 아무런 현실적인 이득(예: 경제적 보상, 법적 책임의 회피 등)이 없음이 분명하며, 다만 환자 역할을 하려는 심리적 욕구에 기인한 것으로 추정될 때 이러한 진단이 내려진다. 예들 들어, 스스로 철사를 삼켜 위장에 궤양을 만들어 치료를 위해 병원에 입원하거나 정신장애와 유사한 증상을 나타내기 위해 향정신성 약물을 몰래 복용하는 환자의 경우인데, 이러한 행동으로 인해 환자가 얻는 현실적 이득을 발견할 수 없을 때 인위성장애로 판단하게 된다.

인위성장애는 꾀병과 구분되어야 하는데, **꾀병**(malingering)은 의도적으로 증상을 만들거나 과장하지만 목적(예: 군대징집 회피, 보상금 취득, 형벌 회피, 사회적 책임 회피 등)을 지니고 있다. 이러한 목적이 당장은 위장될 수 있지만 오래가지 않아 밝혀지며, 전문가의 안목에서 보게 되면 이러한 현실적 목적이 추측될 수 있다. 반면, 인위성장애에서는 환자 역할을 하게 되는 것 이외에는 어떠한 현실적 이득이나 목적이 발견되지 않는 경우이다.

인위성장애의 유병률은 잘 알려져 있지 않으나 매우 드물며, 여성보다 남성에게 더 흔하다. 인위성장애는 한두 번의 병원입원으로 호전될 수도 있으나 대부분 만성적 경과를 나타내며 여러 병원을 전전하는 경향이 있다. 발병시기는 대개 성인기 초기이며 신체적 또는 심리적 장애로 입원한 후에 시작된다.

어린 시절 부모로부터의 무시, 학대, 버림받음 등의 경험을 지니는 경우가 흔하다. 이러한 초기경험을 통해 환자는 자기가치감을 획득하지 못하고 의존욕구의 좌절을 경험하게 된다. 흔히 인위성장애 환자들은 아동기나 초기 청소년기에 실제적인 병으로 입원한 적이 있고 이때 누군가의 사랑과 돌봄을 받아 회복된 경험이 있다. 인위성장애의 의미는 과거에 원했던 부모-자녀 간의 관계를 재구성하는 것으로 보인다. 이때 부모의 모습을 의사나 간호사에게 기대하게 되는데, 환자는 과거의 경험대로 자신이 거부될 것이라고 예상하는 경우가 많다.

이 장애를 지닌 사람들은 지속적으로 피학적 또는 자기파괴적 행동을 나타낸다. 이는 무의식적인 죄책감을 덜고자 하는 시도이거나 다른 사람을 향한 증오나 적개심을 내면화하는 것으로 해석된다. 이러한 자기파괴적 또는 피학적 행동은 거부적인 부모나 가족에 대한 복수이며 그 책임은 의사에게 전가된다.

인위성장애의 치료에 대한 연구자료는 부족하다. 가장 중요한 것은 환자가 나타내는 증상을 인위성장애로 빨리 인식함으로써 환자가 고통스럽고 위험한 진단절차를 밟지 않도록 하는 것이다. 심리치료가 도움이 될 수 있는데, 대다수 환자는 갑자기 병원을 떠나거나 추후 약속을 지키지 않음으로써 심리치료를 회피하는 경향이 있다. 환자가 자신의 허위 증상을 인정하도록 하는 것이 치료에서 가장 핵심적인 요소이다. 아울러 환자의 역할을 통해 무의식적으로 추구하는 것을 환자가 좀 더 현실적인 방법을 통해 충족시킬 수 있도록 유도하는 것이 중요하다.

요약

1. **해리장애는** 의식, 기억, 행동 및 자기정체감의 통합적 기능에 갑작스러운 이상을 나타내는 장애로서 충격적인 경험을 한 이후에 발생하는 경향이 있다. DSM-5-TR에서는 해리장애를 해리성 정체감장애, 해리성 기억상실증, 이인증/비현실감 장애로 나누어 제시하고 있다.

2. **해리성 정체감장애는** 한 사람 안에 둘 이상의 각기 다른 정체감을 지닌 인격이 존재하여 번갈아 나타나는 장애로서 다중성격장애라고 불리기도 한다. 외상 모델은 아동기에 경험한 외상 경험을 회피하기 위한 방어로서 나타난 해리현상이 아동의 발달과정을 통해 점차 정교해지면서 해리성 정체감장애로 발전하게 된다고 설명한다. 4요인 모델에서는 해리성 정체감장애가 유발되기 위해서는 네 요인, 즉 (1) 해리능력, (2) 아동기의 외상 경험, (3) 응집력 있는 자아의 획득 실패, (4) 진정 경험의 결핍이 필요하다고 주장한다. 신해리 이론은 개인의 인지체계를 통합적으로 관리하는 중앙통제체계로부터 하위 인지체계가 분리되어 독립적인 기능을 함으로써 해리성 정체감장애와 같은 해리현상이 나타난다고 설명하고 있다. 해리성 정체감장애의 치료는 여러 인격 간의 통합을 통한 적응기능의 향상에 초점이 맞춰지고 있다.

3. **해리성 기억상실증은** 중요한 자서전적 정보를 기억하지 못하는 경우를 말한다. DSM-5-TR에서는 해리성 기억상실증을 해리성 둔주가 함께 나타나는 유형과 그렇지 않은 유형으로 구분하고 있다. 정신분석적 입장에서는 해리성 기억상실증을 억압과 부인의 방어기제에 의한 것으로 설명하고 있다. 행동주의적 입장에서는 기억상실행동이 학습에 의해 습득된 것으로 망각을 통해 스트레스를 감소시키기 때문에 강화되어 해리 증상이 지속된다고 본다.

4. **이인증/비현실감 장애는** 자신을 낯설게 느끼는 이인증과 주변환경을 생소한 것으로 경험하는 비현실감을 반복적으로 나타내는 장애이다. 정신분석적 입장에서는 자기의 바람직하지 않은 부분을 부인함으로써 수용할 수 없는 자기정체감들을 방어하려는 노력이 이인증

으로 나타난다고 주장한다. 인지적 입장에서는 정상적인 이인증/비현실감의 원인을 정신 이상이나 통제 상실과 같은 파국적인 것으로 잘못 귀인함으로써 불안이 증폭되어 병리적인 이인증/비현실감 장애로 발전하게 된다고 제안한다. 이인증/비현실감 장애는 외상적 기억을 정화하고 자존감을 향상시키는 정신역동적 치료나 증상에 대한 파국적 귀인을 방지하는 인지행동적 치료가 적용되고 있다.

5. **신체증상 및 관련 장애**는 심리적 원인에 의한 다양한 신체적 증상과 건강염려를 나타내는 경우를 말한다. DSM-5-TR에서는 신체증상 및 관련 장애를 신체증상장애, 질병불안장애, 기능성 신경학적 증상장애, 인위성장애 등으로 구분하고 있다.

6. **신체증상장애**는 한 개 이상의 신체적 증상을 고통스럽게 호소하거나 그로 인해 일상생활이 현저하게 방해받는 경우로서 신체증상에 대한 과도한 사고, 감정 또는 행동을 나타내거나 과도한 건강염려를 나타낸다. 신체증상장애는 부정적 감정을 억압할 때 생겨날 수 있으며 신체적 증상으로 인한 이차적 이득에 의해서 강화된다. 신체증상장애를 지닌 사람은 신체적 변화에 주의를 많이 기울이고 신체감각을 증폭하여 지각하며 신체적 증상의 원인을 질병으로 잘못 해석하는 경향이 있다. 신체증상장애에는 인지행동치료가 가장 효과적인 것으로 알려져 있다.

7. **질병불안장애**는 심각한 병에 걸렸다는 잘못된 집착과 공포를 갖는 장애이다. 이 장애를 지닌 사람은 건강에 대한 불안으로 인해 신체에 주의를 기울이고 증폭되어 지각된 신체감각을 심각한 만성질병에 기인한 것으로 잘못 해석하는 경향이 있다. 질병불안장애의 치료에는 인지행동치료와 스트레스 관리훈련이 효과적이라는 보고가 있다.

8. **기능성 신경학적 증상장애**는 신체마비나 감각이상과 같이 주로 신경학적 손상을 시사하는 소수의 신체적 증상을 나타내는 장애이다. 정신분석적 입장에서는 기능성 신경학적 증상장애가 무의식적인 욕구와 그것을 표출하는 것에 대한 두려움의 타협으로 생긴다고 보는 반면, 행동주의적 입장에서는 기능성 신경학적 증상을 충격적 사건이나 정서적 상태 후에 생기는 신체적 이상이 외부적으로 강화된 것이라고 설명하고 있다.

9. **인위성장애**는 환자의 역할을 하기 위하여 신체적 또는 심리적 증상을 의도적으로 만들어 내거나 위장하는 경우를 말한다. 이러한 증상으로 인하여 아무런 현실적인 이득(예: 경제적 보상, 법적 책임의 회피 등)이 없음이 분명하며, 다만 환자 역할을 하려는 심리적 욕구에 기인한 것으로 추정될 때 이러한 진단이 내려진다.

📖 추천도서 및 시청자료

해리장애에 대한 좀 더 자세한 이해를 원하는 사람은 『해리장애』(도상금, 2016)를 참고하기 바란다. 해리장애를 다룬 영화는 매우 많은데 주로 해리성 정체감장애를 소재로 한 것이 많다. 대표적인 작품으로는 〈이브의 세 얼굴(The Three Faces of Eve)〉(1957), 〈사이코(Psycho)〉(1960), 〈카인의 두 얼굴(Rainsing Cain)〉(1992), 〈파이트 클럽(Fight Club)〉(1999), 〈아이덴티티(Identity)〉(2003), 〈시크릿 윈도우(Secret Window)〉(2004) 그리고 〈프라이멀 피어(Primal Fear)〉(1996)가 있다. 〈사이코〉는 Alfred Hitchcock의 1960년대 작품으로서 주인공 Norman Bates는 자신의 어머니를 비롯한 4명을 살해한 피의자로 법정에 서게 되어 심리학적 평가를 받게 되는데 이 과정에서 해리성 정체감장애의 모습을 잘 보여준다. 〈프라이멀 피어〉에서는 실제로는 반사회성 성격장애를 지닌 주인공이 자신의 살인죄를 면하기 위해 실감나게 해리성 정체감장애의 모습을 보여준다.

신체증상 및 관련 장애를 잘 소개하고 있는 책으로는 『신체증상 및 관련장애』(신현균, 2016)가 있으며, 신체적 건강에 영향을 미치는 심리적 스트레스와 그 해소방법에 관심이 있는 사람은 『스트레스와 정신건강』(장현갑, 강성군 편저, 1996)을 참고하기 바란다. 신체증상 및 관련 장애에 관한 영화로는 알레르기를 비롯하여 고통을 야기하는 다양한 설명할 수 없는 증상을 나타내는 한 여성의 이야기를 다루고 있는 블랙코미디인 〈세이프(Safe)〉(1995)가 있다. 〈헐리우드 엔딩(Hollywood Ending)〉(2002)은 기능성 신경학적 증상장애에 속하는 히스테리성 실명을 나타내는 한 남자의 이야기를 다루고 있으며, 〈프로이트(Freud)〉(1962)에서는 프로이트의 역할을 하는 Montgomery Clift가 여러 명의 기능성 신경학적 증상장애 환자를 만나는 장면을 볼 수 있다. 질병불안장애를 다룬 영화로는 의사가 아무런 증상이 없다고 안심시킴에도 불구하고 자신에게 다양한 질병이 있다고 확신하는 은행 강도의 이야기를 다룬 〈벤디츠(Bandits)〉(2001)와 Woody Allen이 건강염려증을 지닌 회사중역의 역할을 맡아 코믹한 연기를 보여주는 〈한나와 그 자매들(Hannah and Her Sisters)〉(1986)이 있다.

제**8**장

우울장애와 양극성 및 관련 장애

제8장

우울장애와 양극성 및 관련 장애

　우리는 누구나 기분의 변화를 경험하며 살아간다. 인생의 어떤 시점에서는 소망하는 일들이 잘 이루어져서 기분이 좋고 즐거우며 신바람이 날 때가 있다. 자신이 유능한 사람이라는 생각이 들며 자신 감과 의욕이 충만해지고 인생은 정말 살 만한 것이라고 여겨지면서 '기분이 들뜨는' 때가 있다. 그러나 때로는 생활 속에서 실패와 좌절이 반복되어 기분이 침체되고 우울해지며 불행감이 밀려들 때가 있다. 자신이 무가치한 사람으로 여겨지고 자신감과 의욕을 잃은 채 비관적인 생각에 휩싸이며 '기분이 가라앉는' 때가 있다. 인생의 과정에서 누구나 이러한 기분의 변화를 경험하게 된다. 그러나 기분이 들뜨거나 가라앉는 정도가 그다지 심하지는 않아서 생활에 큰 지장을 받지 않는 경우가 대부분이다. 시간이 흘러가면 침울했던 기분이 회복되고 들떴던 기분도 안정된다.

　하지만 때로는 기분이 가라앉는 정도가 지나치게 심해서 매우 고통스러울 뿐만 아니라 일상적인 생활의 적응에 어려움을 겪는 경우가 있다. 또는 기분이 지나치게 들떠서 매우 불안정하거나 산만해지고 무모한 행동을 하여 여러 가지 부적응적 문제를 유발하는 경우도 있다. 이처럼 지나치게 저조하거나 고양된 기분상태가 지속되어 현실생활의 적응에 심각한 어려움을 겪게 되는 정신장애가 바로 우울장애와 양극성장애이다. DSM-IV에서는 이 두 장애가 기분장애(mood disorders)의 하위장애로 분류되었지만, DSM-5에서는 우울장애와 양극성장애가 증상은 물론 원인, 경과, 치료반응 등의 측면에서 뚜렷한 차이를 나타낸다는 최근의 연구결과에 근거하여 각각을 독립적인 장애범주로 분류하였다.

우울장애(Depressive Disorders)는 슬픔, 공허감, 짜증스러운 기분과 그에 수반되는 신체적, 인지적 증상으로 인해 개인의 기능을 현저하게 저하되는 부적응 증상을 의미한다. 우울장애는 삶을 매우 고통스럽게 만드는 정신장애인 동시에 '심리적 독감'이라고 부를 정도로 매우 흔한 장애이기도 하다. 또한 우울장애는 개인의 능력과 의욕을 저하시켜 현실적 적응을 어렵게 만드는 주요한 요인으로 알려져 있다. 한 조사자료(Lopez & Murray, 1998)에 따르면, 우울장애는 전 세계적으로 직업적 부적응을 초래하는 가장 중요한 요인으로 보고되고 있다. 그뿐만 아니라 우울장애는 흔히 자살에 이르게 한다는 점에서 치명적인 심리적 장애이기도 하다. 그로 인해 전문가들은 우울장애가 앞으로 점점 더 심각한 문제가 될 것으로 예상하고 있다. 젊은 세대가 그 전 세대보다 더 높은 우울장애 빈도를 나타내고, 우울장애에 걸리는 연령도 점점 더 낮아지고 있다(Burke & Regier, 1996). 우울장애는 우울 증상의 심한 정도나 지속기간 등에 따라 다양하게 구분된다. DSM-5-TR에서는 우울장애의 하위유형으로 주요우울장애, 지속성 우울장애, 월경전 불쾌감장애, 파괴적 기분조절부전장애를 제시하고 있다.

제1절 주요우울장애

대학교 1학년 학생인 K군은 요즘 아침에 눈을 뜨자마자 무거운 마음이 밀려온다. 학교에 가서 하루하루 생활하는 것이 너무 괴롭고 힘들기 때문이다. K군은 고등학교 때까지만 해도 학교에서 주목받는 우수한 모범생이었다. 그러나 대학에 진학하고 나서는 자신이 인간적 매력도 없고 능력도 없는 열등한 존재라는 생각을 지울 수가 없었다.

다소 내성적인 K군은 입학 초기에 친구를 사귀는 데 적극적이지 못했다. 고등학교 때에는 특별히 노력하지 않아도 늘 주변에 친구들이 있었고 공부를 잘하는 K군에게 친구들이 다가오곤 했었다. 그러나 대학에서는 아무도 K군에게 주목하고 다가오지 않았고 K군 역시 친구를 사귀기 위한 적극적인 노력을 기울이지 않았다. 이렇게 몇 달을 생활하다 보니 외톨이가 되었다. 다른 학생들은 삼삼오오 어울려 다니며 강의를 듣고 점심식사도 같이하고 공부도

하는데, K군은 함께 어울릴 친구가 없어 늘 혼자 다니게 되었다. K군의 하루 생활은 학교에 나와 혼자 강의를 듣고 캠퍼스와 도서관을 배회하다 집에 돌아가는 외롭고 재미없는 생활이 반복되었다. 학교에 나오면 자신을 반겨 주고 함께 어울릴 친구가 없었다. 또 K군은 자신이 혼자 다니는 모습을 같은 학과 학생들이 보면 이상하게 생각할 것 같아 늘 피해 다녔다.

이런 상태에서 생활하는 K군에게 학교에 가는 일은 고통스럽고 괴로운 일이었다. 따라서 K군은 학교에 가지 않는 날들이 늘어났고 학업성적도 나빠졌으며 대인관계는 점점 위축되어 갔다. 그 결과 자신이 무능할 뿐만 아니라 다른 사람과 어울리지도 못하는 못난 존재라는 생각에 휩싸이게 되었고 급기야 이렇게 대학을 다닐 바에는 차라리 자퇴를 하는 것이 낫다고 생각하게 되었다.

1. 주요증상과 진단기준

주요우울장애(Major Depressive Disorder)는 가장 심한 증세를 나타내는 우울장애의 유형으로서 그 진단기준은 다음과 같다. 첫째, 〈표 8-1〉에 제시되는 9가지의 증상 중 5개 이상의 증상이 거의 매일 연속적으로 2주 이상 나타나야 한다. 이러한 5개 증상 중 (1)항의 지속적인 우울한 기분이나 (2)항에 제시된 흥미나 즐거움의 현저한 저하가 반드시 하나 이상 포함되어야 한다.

표 8-1 주요우울장애에 대한 핵심 증상

(1) 하루의 대부분, 그리고 거의 매일 지속되는 우울한 기분이 주관적 보고나 객관적 관찰을 통해 나타난다.
(2) 거의 모든 일상활동에 대한 흥미나 즐거움이 하루의 대부분 또는 거의 매일같이 뚜렷하게 저하되어 있다.
(3) 체중조절을 하고 있지 않은 상태에서 현저한 체중감소나 체중증가가 나타난다. 또는 현저한 식욕감소나 증가가 거의 매일 나타난다.
(4) 거의 매일 불면이나 과다수면이 나타난다.
(5) 거의 매일 정신운동성 초조나 지체를 나타낸다. 즉, 안절부절 못하거나 축 처져 있는 느낌이 주관적으로 경험될 뿐만 아니라 다른 사람에 의해서도 관찰된다.
(6) 거의 매일 피로감이나 활력상실을 나타낸다.
(7) 거의 매일 무가치감이나 과도하고 부적절한 죄책감을 느낀다.
(8) 거의 매일 사고력이나 집중력의 감소, 또는 우유부단함이 주관적 호소나 관찰에서 나타난다.
(9) 죽음에 대한 반복적인 생각이나 특정한 계획 없이 반복적으로 자살에 대한 생각이나 자살 기도를 하거나 자살하기 위한 구체적 계획을 세운다.

둘째, 이러한 우울증상으로 인하여 임상적으로 심각한 고통이나 사회적, 직업적, 기타 중요한 기능영역의 손상이 초래되어야 한다. 셋째, 우울증상이 물질(남용하는 물질이나 치료약물)이나 일반적 의학적 상태(예: 갑상선 기능저하증)의 직접적인 생리적 효과에 의한 것이 아니어야 한다. 마지막으로, 우울증상은 양극성장애의 삽화로 나타나는 것이 아닐 뿐만 아니라 다른 정신장애에 의해서 더 잘 설명되는 것이 아니어야 한다.

주요우울장애는 우울한 기분을 주된 증상으로 하는 기분장애이지만 다양한 심리적 문제가 동반된다. 우선, 우울장애 상태에서는 우울하고 슬픈 감정을 비롯하여 좌절감, 죄책감, 고독감, 무가치감, 허무감, 절망감 등과 같은 고통스러운 정서상태가 지속된다. 우울하고 슬픈 감정이 강해지면 자주 눈물을 흘리며 울기도 한다. 심한 우울장애 상태에서는 무표정하고 무감각한 정서상태를 나타낼 수도 있다. 또한 아동이나 청소년의 경우에는 우울장애 상태에서 분노감이나 불안정하고 짜증스러운 감정을 나타내기도 한다. 이러한 우울한 기분과 더불어 일상활동에 대한 흥미와 즐거움이 저하되어 매사가 재미없고 무의미하게 느껴진다. 또한 어떤 일을 하고자 하는 의욕이 현저하게 저하되어 생활이 침체되고 위축된다.

우울장애 상태에서는 부정적이고 비관적인 생각이 증폭된다. 자신이 무능하고 열등하며 무가치한 존재로 여겨지는 자기비하적인 생각을 떨치기 어렵다. 또한 타인과 세상은 비정하고 적대적이며 냉혹하다고 생각된다. 따라서 산다는 것이 참으로 힘겹고 버거운 일로 여겨지며, 미래가 비관적이고 절망적으로 보인다. 아울러 인생에 대해 허무주의적인 생각이 증가되어 죽음과 자살에 대한 생각을 자주 하는 경향이 있다. 인지적 기능도 저하되는데, 주의집중이 잘 되지 않고 기억력이 저하되며 판단에도 어려움을 겪게 되어 어떤 일에 결정을 내리지 못하고 우유부단한 모습을 보이게 된다. 이러한 사고력의 저하로 인해 자신의 능력을 발휘하지 못하고 학업이나 직업 활동에 어려움을 겪게 된다.

주요우울장애를 지닌 사람은 어떤 일을 시작하는 데에 어려움을 겪는다. 해야 할 일을 자꾸 미루고 지연시키는 일이 반복된다. 활력과 생기가 저하되어 아침에 잘 일어나지 못하고 쉽게 지치며 자주 피곤함을 느끼게 된다. 아울러 사회적 활동을 회피하여 위축되는 생활을 하게 된다. 우울장애 상태에서는 행동과 사고가 느려지고 활기가 감소하여 행동거지가 둔하고 처지게 된다. 우울한 사람들은 흔히 수면장애를 겪게 되는데, 불면증이 나타나서 잠을 이루지 못하거나 반대로 평소보다 훨씬 많은 시간을 자거나 졸음을 자주 느끼고 아침에 일어나지 못하는 경우가 있다. 또한 우울장애가 심한 경우에는 자학적인 행동이나 자살시

로렌스의 그림 '우울증'

우울증의 다양한 유형

일반적으로 우울증(depression)은 증상의 강도, 지속되는 기간, 증상의 양상이나 패턴, 원인적 요인에 따라 다양한 하위유형으로 구분될 수 있다. 우울증은 단극성 우울증과 양극성 우울증으로 구분하는 것이 일반적이다. 우울증은 반대되는 기분상태인 조증(mania)과 함께 번갈아 나타나는 경우가 있다. 조증 삽화에서는 기분이 비정상적으로 고양되고 과도하거나 무모한 행동을 나타낸다. 양극성 우울증(bipolar depression)은 현재 우울증 상태를 나타내지만 과거에 조증상태를 나타낸 적이 있는 경우를 말한다. 반면에, 과거에 전혀 조증상태를 경험한 적이 없이 우울증상을 나타내는 경우를 단극성 우울증(unipolar depression)이라고 한다. 이러한 두 가지 유형의 우울증은 임상적 증상이 매우 유사하지만 그 원인, 증상 패턴, 예후 등에서 차이가 있으므로 구분되어야 한다.

우울증은 증상을 유발한 외부적 촉발사건이 있는지 여부에 따라서 외인성 우울증과 내인성 우울증으로 구분하기도 한다. 외인성 우울증(exogenous depression)은 가족과의 사별, 실연, 실직, 중요한 시험에의 실패, 가족의 불화나 질병 등과 같이 비교적 분명한 환경적 스트레스가 계기가 되어 우울증상이 나타난 경우를 뜻하며 반응성 우울증(reactive depression)이라고 불리기도 한다. 반면, 내인성 우울증(endogenous depression)은 이러한 환경적 사건이 확인되지 않으며 흔히 유전적 요인, 호르몬 분비나 생리적 리듬 등과 같은 내부적인 생리적 요인에 의해서 우울증상이 나타나는 경우를 의미한다.

우울증은 증상의 심각성에 따라 신경증적 우울증과 정신병적 우울증으로 구분하기도 한다. 신경증적 우울증(neurotic depression)은 현실판단력에 현저한 손상이 없는 상태에서 다만 우울한 기분과 의욕상실을 나타내며 자신에 대한 부정적 생각에 몰두하지만 이러한 생각이 망상수준에 도달하지는 않는다. 무기력하고 침울하지만 현실 판단 능력의 장애는 보이지 않는다. 즉, 주위에서 무엇이 일어나고 있는지는 정확히 이해하고 있으며 대화 내용이 조리 있으며 최소한의 일상생활을 하는 데에는 지장이 없다. 반면, 정신병적 우울증(psychotic depression)은 매우 심각한 우울증상을 나타냄과 동시에 현실판단력이 손상되어 망상수준의 부정적 생각이나 죄의식을 지니게 된다. 정신병적 우울증에서는 환각과 망상이 나타나며 현실세계로부터 극단적으로 철수하는 경향을 보인다. 예컨대, 이런 환자는 자기는 죽을 수밖에 없는 죄인이라는 망상을 지니기도 하고 자기가 만지는 것은 무엇이든지 오염된다고 믿어 환경과의 접촉을 단절하기도 한다. 이러한 우울증을 지니는 사람은 사회적 적응이 불가능하며 입원치료가 필요하다.

여성의 경우 출산 후 4주 이내에 우울증상이 나타날 수 있는데 이를 산후 우울증(postpartum depression)이라고 한다. 또한 계절의 변화에 따라 주기적으로 특정한 계절에 우울증이 나타나는 경우를 계절성 우울증(seasonal depression)이라고 한다. 때로는 우울증이 겉으로는 우울한 기분을 두드러지게 나타내지 않으나 내면적으로 우울한 상태에서 비행이나 신체적 문제로 위장되어 나타나는 경우가 있는데 이를 위장된 우울증(masked depression)이라고 한다. 이렇듯이 우울증은 그 원인적 요인, 증상의 양상, 지속기간, 다른 장애와의 관계 등에 따라 다양하게 분류되고 있다.

도를 할 수 있다.

우울증 상태에서는 여러 가지 신체생리적인 변화가 나타난다. 우선 식욕과 체중에 변화가 나타날 수 있다. 흔히 식욕이 저하되어 체중이 현저하게 감소하는 경우가 많다. 그러나 때로는 식욕이 증가하여 많이 먹게 되어 갑자기 살이 찌는 경우도 있다. 아울러 우울한 사람들은 피곤함을 많이 느끼고 활력이 저하되며 성적인 욕구나 성에 대한 흥미가 감소한다. 또한 소화불량이나 두통과 같은 신체적 증상을 나타내고 이러한 증상에 집착하는 경우도 있다. 그리고 면역력이 저하되어 감기와 같은 전염성 질환에 약하고 한 번 감기에 걸리면 오래간다.

우울장애는 이처럼 개인을 매우 고통스러운 부적응 상태로 몰아넣는 무서운 장애이지만 전문적인 치료를 받으면 회복이 잘 되는 장애이기도 하다. 그러나 우울장애를 지닌 많은 사람이 이러한 사실을 잘 알지 못하기 때문에 적절한 치료를 받지 않은 채 고통스러운 삶을 살아가는 경향이 있다.

2. 임상적 특징

우울장애는 가장 많은 사람이 고통받는 정신장애로 알려져 있다. 주요우울장애의 경우, 평생 유병률이 여성은 10~25%이며 남성은 5~12%로 보고되고 있다. 시점 유병률은 여성의 경우 5~9%이며 남성의 경우는 2~3%이다. 역학연구마다 사용한 방법에 따라 유병률의 차이를 보이고 있지만, 우울장애는 정신장애 중에서 가장 유병률이 높은 장애이다. 경미한 우울장애를 포함하여 우울장애의 유병률을 조사한 한 연구에 따르면, 한 시점에서 5~10%의 사람들이 우울장애로 고통받고 있으며 일생 동안 20~25%의 사람들이 한 번 이상 우울장애를 경험한다고 한다(Kessler et al., 1994).

우울장애는 남성보다 여성에게 더 흔한 장애이다. 특히 청소년과 성인에 있어서 여성들이 더 우울장애에 걸리기 쉽다. 주요우울장애의 시점 유병률이 남성의 경우 2~3%인 데 비해 여성은 5~9%였다. 또한 평생 유병률 역시 남성이 5~12%인 데 비해 여성은 10~25%에 달하였다. 이 밖에도 여러 역학적 연구에서 우울장애가 남성보다 여성에게 2배 정도 많이 나타난다는 것이 일관되게 보고되고 있다(Bland, 1997; Nolen-Hoeksema, 1987). 특히 이러한 남녀차이는 단극성 우울장애에서 흔히 나타나는 반면, 양극성장애의 경우는 거의 성차가 없는 것으로 보고되고 있다. 우울장애에 있어서 남녀 비율의 차이는 특히 25~44세 집단에서 가장 높게 나타나고 있다. 그러나 65세 이상의 집단에서는 남녀 비율 차이가 감소한다. 주목할 점은 사춘기 이전에는 남녀차이가 거의 없다는 점이다. 즉, 사춘기 이전의 소년과 소녀들에서는 우울장애의 유병률이 거의 동일하게 나타난다.

우울장애는 발달시기에 따라 그 발생빈도가 달라진다. 우울장애는 어떤 연령대에서도 시작될 수 있지만 평균발병연령은 20대 중반이다. 우울장애는 12세 미만의 아동에서는 2% 이하로 매우 낮은 유병률을 나타내지만, 청소년기에 접어들면서 급증하는 것으로 알려져 있다 (Lewinsohn et al., 1993). 또한 아동기에는 남아가 여아보다 높은 유병률을 보이지만, 청소년 기부터는 여자가 남자보다 2배 정도 높은 유병률을 나타낸다. 청소년을 대상으로 단극성 우울장애의 시점 유병률을 조사한 연구에서는 약 3%의 청소년들이 우울장애를 경험하고 있었으며 이들 중 여자청소년은 4%, 남자청소년은 2%의 유병률을 나타냈다. 또한 청소년을 대상으로 평생 유병률을 조사한 결과에서는 약 20%의 청소년들이 우울장애를 경험했으며 여자청소년의 경우는 27%였고 남자청소년의 경우는 13%였다. 이러한 비율은 성인의 유병률과 거의 유사한 것이다. 국내의 연구(김영익, 홍강의, 1986)에서도 우울장애는 정신과를 찾는 청소년 외래 환자 중에서 불안장애와 조현병과 함께 가장 빈도가 높은 장애의 하나로 보고되고 있다. 이러한 역학조사결과는 청소년기에 우울장애가 급증하며 특히 여자청소년의 유병률이 높다는 것을 보여준다.

우울장애를 한 번 경험한 사람은 그렇지 않은 사람에 비해서 우울장애를 경험할 가능성이 높다(Simons et al., 1985). 우울장애를 반복적으로 경험할수록 우울장애에 걸리게 될 가능성 또한 점점 높아진다. 한 번 우울장애를 경험한 사람 중에 약 50~60%는 두 번째 우울장애를 경험한다. 두 번의 우울장애를 경험한 사람이 세 번째 우울장애를 경험할 가능성은 70%, 세 번째 우울장애를 경험한 사람이 네 번째 우울장애를 경험할 가능성은 90%에 이른다. 가족 중에 심각한 우울장애를 경험한 사람이 있는 경우, 그렇지 않은 사람에 비해 1.5~3배 정도 발병 가능성이 높다. 그러나 우울장애의 발병률은 인종, 교육, 수입, 결혼 상태와는 관련이 없는 것으로 나타나고 있다.

우울장애는 매우 흔한 심리장애인 동시에 매우 치명적인 장애이기도 하다. 우울장애가 심해지면 자살에 대한 생각이 증가하고 실제로 자살을 시도하는 경우가 있다. 우울장애에 걸린 사람 100명 중 1명은 자살로 사망한다는 통계자료가 있다(Williams et al., 1970). 이와 같이 우울장애는 생명을 잃게 하는 치명적인 심리적 장애라는 점에서 주목되어야 한다. 특히 충동성이 강한 청소년은 우울장애 상태에서 자살을 하는 경향이 높다. 자살은 우리나라 청소년 사망률에서 높은 비율을 차지하고 있으며 많은 청소년이 자살충동을 느낀다고 보고되고 있다. 중·고등학교 학생과 대학생을 대상으로 한 연구(민병근 등, 1979)에서는 조사대상자의 약 20%가 자살충동을 느꼈으며 이들 중에서 약 9%가 자살기도의 경험이 있다고 보고하였다. 청소년이 자살을 시도하는 주요한 이유는 학업성적의 비관과 가족과의 불화나 갈등으로 보고된 바 있다.

3. 원인

　주요우울장애의 원인과 발생과정을 설명하기 위해 여러 가지 이론이 제기되어 왔다. 주요
우울장애를 설명하는 대부분의 심리학적 이론은 부정적인 생활사건이 우울장애의 발생에 중
요한 역할을 한다고 본다. 주요우울장애는 진공상태에서 발생하지 않는다. 상실과 실패를 의
미하는 부정적인 생활사건이 우울장애를 촉발한다(Kessler et al., 1997; Mazure, 1998). 생활사
건(life events)은 생활 속의 변화를 의미한다. 우리로 하여금 새로운 변화에 적응해야 하는 심
리적 부담, 즉 스트레스를 주는 사건들을 뜻한다. 우울장애의 발생에 영향을 주는 부정적인
환경적 요인은 크게 세 가지 유형, 즉 주요 생활사건, 경미한 생활사건, 사회적 지지의 결여로
나누어 살펴볼 수 있다.

　주요 생활사건(major life events)은 커다란 좌절감을 안겨주는 충격적인 사건들을 뜻한다. 이
러한 주요 생활사건에는 사랑하는 가족의 사망이나 심각한 질병, 자신의 심각한 질병, 가정
불화, 가족관계나 이성관계의 악화, 친구와의 심각한 갈등이나 다툼, 실직이나 사업실패, 경
제적 파탄과 어려움, 현저한 업무부진이나 학업부진 등의 다양한 사건이 포함된다. 아래의
〈표 8-2〉에는 대학생들이 경험하는 주요한 생활 사건들과 그 심리적 충격의 평균적 강도가
제시되어 있다. 물론 개인마다 충격적으로 받아들이는 사건의 내용과 강도가 다를 수 있으나,
이러한 주요 생활사건이 우울장애를 유발시킬 뿐만 아니라 악화시키는 계기가 될 수 있다.

　우울장애는, 가랑비에 옷이 젖듯이, 작은 부정적 사건들이 누적되어 생겨날 수도 있다. 우
울장애를 유발할 수 있는 충격적인 사건은 없었지만, 일상생활 속에서 자주 경험하게 되는 여
러 가지 사소한 부정적인 생활사건들이 오랜 기간 누적되면 우울장애가 유발될 수 있다. 이러

표 8-2 　부정적인 주요 생활사건과 심리적 충격의 강도

생활사건	충격강도	생활사건	충격강도
가까운 가족의 사망	100	친한 친구와의 심한 다툼	40
친한 친구의 사망	73	경제적 지위의 변화	39
부모의 이혼	65	전공의 변화	39
법적 구속	63	부모와의 갈등	39
심한 신체적 질병	63	학교나 직장에서의 업무증가	37
해고나 실직	50	진학한 첫 학기	35
중요한 과목에서 실패	47	주거상황의 변화	31
가족의 질병이나 손상	45	교사와의 심한 언쟁	30
성적(sexual) 문제	44	기대보다 낮은 성적	29

출처: Zimbardo와 Weber(1997)에서 요약·발췌함.

한 사소한 생활스트레스를 **경미한 생활사건**(minor life events)이라고 부른다. 그 예로는 친구나 가족구성원과의 사소한 다툼이나 언쟁, 적은 액수의 돈을 잃어버림, 주변 사람들로부터 사소한 비난을 받음, 테니스나 탁구게임에서 짐, 친구가 약속시간에 안 나타남, 낯선 사람으로부터 불쾌한 일을 당함, 상점판매원의 불친절한 행동 등 다양한 생활사건들이 이에 해당된다.

사회적 지지가 부족하거나 결여되면, 개인의 정서적 안정감과 자존감을 서서히 잠식하여 우울장애를 촉발시킬 수 있다. **사회적 지지**(social support)는 개인으로 하여금 삶을 지탱하도록 돕는 심리적 또는 물질적 지원을 의미한다. 즉, 친밀감, 인정과 애정, 소속감, 돌봄과 보살핌, 정보제공, 물질적 도움과 지원 등을 통해 자존감과 안정감을 유지시켜 주는 사회적 지원을 말한다. 이런 사회적 지지의 원천은 배우자, 친한 친구, 가족, 동료, 교사 등이다. 이들로부터 주어지는 사회적 지지는 우울장애를 유발하는 생활사건을 차단시켜 줄 뿐만 아니라 어려움이 닥치더라도 이겨낼 수 있다는 자신감을 주게 된다. 예컨대, 가족과 떨어져 지내는 지속적인 상태, 소속집단으로부터 소외된 상태, 친구의 부족, 도움을 요청하고 어려움을 상의할 사람의 부족, 경제적 궁핍, 생활에 필요한 정보를 제공해 주는 사람의 부족 등과 같은 상태가 우울

📌 중년 부부의 우울증 사례

30대 후반의 주부인 L씨는 요즘 매사에 의욕이 없고 무기력해져서 집안 살림을 하는 것도 매우 힘든 상태이다. 안정된 직장에 다니는 남편과 무럭무럭 자라는 두 아들을 지닌 L씨를 주변에서는 행복하겠다고 부러워하지만, 실상 L씨는 자신의 삶이 불행하다는 느낌을 지울 수가 없다. 명문여대를 졸업하고 한때 유망한 직장에서 사회생활을 하기도 했던 L씨는 현재의 남편을 중매로 만나 결혼하게 되었고 두 아들을 낳았다. 전근이 잦은 직업을 지닌 남편 때문에 직장생활을 청산하고 두 아들을 기르면서 집안 살림에 재미를 붙이고 여유 있는 행복한 생활을 했었다.

그런데 언제부터인가 매일 쳇바퀴처럼 돌아가는 자신의 일상생활이 무의미하게 느껴졌고 자신이 점차 무능력하고 무가치한 존재로 전락되어 간다는 생각이 들기 시작했다. 한때 오붓한 애정을 나누던 남편은 진급을 하면서 점점 더 직장일이 바빠져서 저녁 늦게야 귀가하는 날들이 늘어났다. 토끼처럼 귀엽게 따르던 두 아들도 중학교에 올라가면서 각자의 생활에 바쁘고 예전같이 엄마를 따르지 않았다. 그뿐만 아니라 집안에서 남편과 아들이 무심코 던진 말들이 자꾸만 자신을 무시하는 것같이 느껴지기만 했다.

이대로 집안에 눌러 앉을 수만은 없다고 생각한 L씨는 멀리하던 동창회에 나가보기도 했지만, 서로 자신을 내세우는 경쟁적인 대화가 혐오스럽게 느껴졌고 직장생활에서 성공한 친구들 사이에서 오히려 자신이 초라하다는 느낌만 받게 되었다. 뒤늦게라도 직장생활을 해보려고 취업을 알아보았지만, 30대 후반이라는 나이에 할 수 있는 일이 없었으며 그동안의 공백이 너무 크다는 것을 느끼게 되었다. L씨는 이제 자신이 가정에서도 무가치한 존재가 되어 버렸고 사회에서도 무능한 존재로 전락해 버렸다는 생각을 지워 버릴 수가 없었다. 자신이 마치 헤어날 수 없는 깊은 수렁에 빠져 있다는 느낌이 들면서 불행감과 좌절감이 밀려왔으며 무기력감에 빠져들게 되었다.

장애의 발생과 지속에 영향을 미칠 수 있다. 아래에 소개되고 있는 중년주부의 경우는 경미한 생활사건과 사회적 지지의 결여가 점진적으로 우울장애를 유발한 사례라고 할 수 있다.

이상에서 살펴본 환경적 요인들이 우울장애를 촉발할 수 있다. 그러나 이러한 부정적 생활 사건들을 경험한 모든 사람이 우울장애에 걸리는 것은 아니다. 매우 충격적이고 고통스러운 생활사건을 경험하고도 꿋꿋하게 잘 견뎌 내는 사람들이 있는 반면, 사소해 보이는 사건에도 심한 마음의 상처를 입고 우울장애에 빠져드는 사람들이 있다. 부정적 생활사건만으로는 우울장애의 발생과 심각도를 20%도 설명하지 못했다는 연구결과도 있다. 이러한 사실은 우울장애가 환경적 요인만으로는 설명될 수 없으며 개인의 심리적 요인이 고려되어야 함을 뜻한다.

1) 정신분석적 이론

정신분석적 입장에서는 인간의 심리적 문제를 무의식적 동기와 갈등의 문제로 설명하며 우울장애의 경우도 마찬가지이다. Freud는 우울장애를 분노가 무의식적으로 자기에게 향해진 현상이라고 보았다. 그는 우울장애를 기본적으로 사랑하던 대상의 무의식적 상실에 대한 반응이라고 여겼다. 사랑하는 대상의 상실은 실제 일어난 일일 수도 있고 상상 속에서 또는 상징적으로 일어난 일일 수도 있다. 어떤 경우이든, 사랑하는 대상을 상실하는 경험을 하게 되면, 자신의 중요한 일부가 상실되었다는 슬픔뿐만 아니라 자신을 버려두고 떠나간 대상에 대한 분노를 느끼게 된다. 그러나 이러한 분노의 감정이 향해질 대상이 사라진 상태이고 도덕적 억압으로 인해 분노감정이 무의식 속으로 잠복하여 자기 자신에게로 향하게 된다. 이렇게 분노가 자기 자신에게로 내향화하게 되면, 자기비난, 자기책망, 죄책감을 느끼게 되어 자기 가치감의 손상과 더불어 자아기능을 약화시키게 되고 그 결과 우울장애가 나타나게 된다. 이러한 과정은 무의식적으로 진행되기 때문에 당사자에게 자각되지 않는다.

Abraham(1949)은 이러한 Freud의 견해를 좀 더 정교하게 발전시켜 설명하고 있다. 사람은 성장하면서 타인의 도움과 인정이 필수적이며 이런 측면에서 어머니는 가장 중요한 존재이다. 이런 어머니가 사랑의 주된 대상이 되는 것은 당연하다. 그러나 어머니는 아이의 요구를 항상 충족시켜 주지 못할 뿐만 아니라 때로는 좌절시키기도 하여 아이에게 미움의 대상이 되기도 한다. 이러한 과정 속에서 아이는 어머니에 대해서 사랑과 미움이 교차하는 양가적인 태도를 지니게 된다. 어머니로 대표되는 사랑의 대상을 실제로 또는 상징적으로 상실한 경우, 무의식적으로는 사랑의 감정을 지녔던 대상으로부터 버림을 받았다는 생각과 아울러 한편으로 미움의 감정을 지니고 있었던 사랑의 대상을 파괴하는 데에 내가 기여했다는 생각이 교차하게 된다. 따라서 상실한 대상에게 미운 감정을 지니고 나쁜 행동을 해서 그 대상을 잃게 만들었다는 죄책감과 후회감을 느끼는 한편, 사랑의 대상이 나를 버리고 떠나갔다는 생각으로

사랑하는 이의 상실로 인해 슬퍼하는 모습

인해 기존의 분노감정이 증폭된다. 그러나 분노감정을 발산할 대상은 현실에서 사라진 상태이며 또한 죄책감으로 인해 분노감정은 외부로 발산되지 못하고 결국 자기 자신에게 향하게 된다. 이렇게 분노가 자기 자신에게 향해지는 중요한 이유가 또 하나 있다. 어린아이는 성장하면서 사랑의 대상인 부모를 자신과 동일시하면서 내면화하여 자신의 심리적 일부로 지니게 된다. 따라서 자신을 버리고 떠나갔지만 지금은 존재하지 않는 대상에 대해서 분노를 표출하는 한 방법은 자신의 내면에 남아 있는 대상, 즉 자기 자신을 미워하는 것이다. 이러한 과정을 통해 자기 자신에게 분노가 향해져 자기책망, 자기비난, 자기실망을 유발하게 되어 우울장애로 발전한다고 설명한다.

우울장애에 대한 정신분석적 설명은 이후에 지속적으로 수정되고 확장되었다. Stricker (1983)는 인생 초기에 가장 중요한 존재인 어머니나 아버지를 실제로 또는 상상 속에서 상실하여 무력감을 느꼈던 외상 경험이 우울장애를 유발하는 근본적 원인이라고 주장한다. 즉, 어린 시절의 상실 경험이 우울장애를 일으킬 수 있는 취약성으로 작용한다는 것이다. 이런 상실 경험을 지닌 사람이 성장 후에 이혼, 사별, 중요한 일에서의 실패와 같이 상실이나 좌절 경험을 하게 되면, 어린 시절의 외상 경험이 되살아나고 어린 시절로 퇴행하게 된다. 이러한 퇴행의 결과로 무기력감과 절망감에 사로잡혀 우울장애로 발전하게 된다. 이러한 주장에 따르면, 우울장애는 어린 시절에 중요한 타인을 상실하여 무력감을 느꼈던 심리적 상처의 반영 또는 재발이라는 것이다. Bibring(1953)은 손상된 자기존중감을 우울장애의 가장 주요한 특징으로 보았다. 우울해지기 쉬운 사람들은 강한 자기도취적 또는 자기애적 소망을 지니고 있다. 즉, 자신이 가치 있고 사랑받는 존재여야 하며 늘 강하고 우월해야 할 뿐만 아니라 선하고 사랑을 베푸는 사람이어야 한다는 높은 자아이상을 지닌다. 그러나 이러한 이상은 현실적으로 충족되기 어려운 것으로 이상과 현실의 지속적 괴리는 자기존중감을 손상시키고 그 결과 우울장애를 유발한다는 것이다.

2) 행동주의적 이론

행동주의적 입장에서는 우울장애가 사회환경으로부터 긍정적 강화가 약화되어 나타난 현상이라고 본다. 행동주의 입장의 이론가들은 주로 Skinner의 조작적 조건형성이론에 기초하여 우울장애를 설명하고 있다. 조작적 조건형성의 기본원리는 여러 가지 행동 중에서 강화를 받은 행동은 지속되는 반면, 강화를 받지 못한 행동은 소거된다는 것이다. 우울증상은, 인간의 다른 행동과 마찬가지로, 이러한 조건형성의 원리에 의해서 학습된다는 것이 행동주의 이론가의 설명이다.

우리가 즐겁게 살아가는 것은 일상생활 속에서 칭찬, 보상, 도움, 지지, 유쾌함 등의 다양한 긍정적 강화를 받기 때문이다. 또한 우리는 그러한 강화를 얻어 낼 수 있는 다양한 행동을 하며 그 결과로서 긍정적 강화가 주어지는 것이다. 일반적으로 행동주의 이론에서는 우울장애가 이러한 긍정적 강화의 상실, 강화유발 행동의 감소, 우울행동의 강화에 의해서 발생하고 유지된다고 본다. 우울장애를 유발하는 사건들(예: 사랑하는 사람의 사망, 실직, 낙제 등)은 긍정적 강화의 원천을 상실하는 것이기 때문에 즐거운 경험이 감소하고 불쾌한 경험이 증가한다. 이러한 경우, 개인이 다른 사람으로부터 강화를 얻을 수 있는 사회적 기술이 부족하거나 불쾌한 상황에 대처하는 기술이 부족하면, 긍정적 강화의 결핍상태가 지속되고 그 결과 우울증상이 나타난다. 슬픔, 무기력, 사회적 고립과 같은 우울증상이 때로는 다른 사람으로부터 강화(예: 관심, 위로, 걱정 등)를 얻어 내는 기능을 할 수도 있다. 이러한 강화가 일시적으로 우울감을 완화시킬 수 있으나, 우울증상을 지속시키는 역효과를 나타낼 수도 있다. 더구나 우울증상에 대한 강화는 대부분 일시적이고 단기적인 것이다. 또한 우울장애가 지속되면 다른 사람들에게 혐오감을 주기 때문에 결국에는 우울한 사람을 피하게 되고 긍정적 강화가 사라지게 되어 우울장애가 악화되는 결과를 초래하게 된다.

우울장애에 대한 가장 대표적인 행동주의 이론가는 Lewinsohn이다. 그는 경험적 연구를 통해 우울한 사람들의 몇 가지 특징을 발견하였다(Lewinsohn et al., 1984). 즉, 우울한 사람들은 그렇지 않은 사람에 비해 생활 속에서 더 많은 부정적 사건을 경험하고, 부정적 사건을 더 부정적인 것으로 평가하며, 혐오자극에 대해서 더 민감한 반응을 보이고, 긍정적 강화를 덜 받았다. 이러한 결과에 기초하여, 그는 우울장애가 긍정적 강화의 결핍과 혐오적 불쾌경험의 증가에 기인한 것이라고 주장한다. 나아가서 Lewinsohn은 긍정적 강화가 감소되고 혐오적 불쾌경험이 증가하는 3가지 원인적 유형을 제시하고 있다.

사회적 기술과 우울증

행동주의적 관점에서 보면, 우울증은 대인관계에서 사랑, 인정, 칭찬, 격려와 같은 긍정적 강화를 받지 못하고 오히려 거절, 무시, 비판, 따돌림과 같은 부정적 영향을 받음으로써 생겨난다고 할 수 있다. 이런 점에서 대인관계에서 긍정적 강화를 유도할 수 있고 부정적 영향을 피할 수 있는 사회적 기술이 우울증과 매우 밀접한 관계를 맺고 있다.

사회적 기술(social skill)이란 '긍정적으로 강화될 행동은 표현하고, 처벌되거나 소거될 행동은 표현하지 않는 복합적인 능력'으로 정의된다. 사회적 기술은 매우 다양한 구체적인 기술로 구성되어 있는데 타인과 명쾌하고 효과적인 의견교환을 할 수 있는 의사소통기술(communication skill), 자신의 긍정적 또는 부정적 감정과 생각을 적절하게 나타낼 수 있는 자기표현기술(self-expression skill), 요구나 부탁을 하거나 거절을 하는 일과 같이 자신의 권리와 요구를 적절하게 주장할 수 있는 자기주장기술(self-assertion skill), 대인관계에서 생겨나는 여러 가지 문제와 갈등을 그때마다 적절하게 해결하여 그 파괴적 효과를 최소화하는 대인문제해결기술(interpersonal problem-solving skill) 등이 주요한 내용을 이루고 있다.

이러한 사회적 기술이 부족한 사람은 우울증에 걸릴 가능성이 높다고 할 수 있다. 연구에 의하면, 우울한 사람들은 스스로 자신의 사회적 기술이 낮다고 평정하며 다른 사람들도 우울한 사람들의 사회적 기술이 낮다고 평정한다고 한다. 사회적 기술은 기본적으로 학습되는 것이며 개인의 관심과 노력에 의해서 향상될 수 있는 것이다. 자신이 다른 사람을 대하는 행동방식을 유심히 관찰하고, 다른 사람과 친밀하고 효과적인 관계를 맺을 수 있는 행동방식을 새롭게 시도하고 발전시켜 나가는 노력을 통해서 사회적 기술이 향상될 수 있다. 사회적 기술이 향상되면 대인관계 속에서 긍정적 경험을 많이 하게 되고, 결과적으로 즐겁고 만족스러운 삶으로 변화될 수 있다. 이런 점에서 사회적 기술은 행복한 삶을 위해 필요한 매우 중요한 기술이라고 할 수 있다.

첫째는 환경 자체에 문제가 있는 경우이다. 실직, 이혼, 사별 등과 같은 부정적 사건들이 지속적으로 발생하면, 과거에 주어지던 긍정적 강화가 현격하게 감소된다. 또는 환경으로부터 주어지는 긍정적 강화가 거의 없거나 처벌적인 요인이 많은 경우에도 우울장애가 발생할 수 있다. 예를 들어, 칭찬은 별로 하지 않고 잘못에 대해서 엄하게 벌을 주는 부모의 양육방식은 우울증상을 유발할 가능성이 높다는 것이다.

둘째는 적절한 사회적 기술과 대처능력이 부족한 경우이다. 즉, 다른 사람으로부터 긍정적 강화를 유도하는 사회적 기술이나 불쾌한 혐오적 자극상황에 대처하는 기술이 미숙한 경우를 말한다. **사회적 기술**(social skill)은 대인관계에서 긍정적으로 강화될 행동은 행하고, 처벌되거나 비판될 행동은 하지 않는 복합적인 능력을 말한다. 이러한 사회적 기술이 부족한 사람은 타인으로부터 칭찬과 인정을 받을 행동을 하지 못하거나 타인에게 불쾌한 기분을 유발하여 거부당하게 된다. 따라서 사회적 기술이 부족한 사람에게는 긍정적 강화가 감소하고 불쾌한 경험이 증가하게 된다. 또한 혐오적 자극상황(예: 친구들의 놀림이나 공격행동)에 대처하는 기술(예: 자기표현적 대처행동)이 부족한 경우에는 무기력해지고 그 결과 우울장애로 발전할 수 있다.

마지막으로, 긍정적 경험을 즐기는 능력은 부족한 반면, 부정적 경험에 대한 민감성이 높은 경우이다. 우울장애에 취약한 사람들은 긍정적 강화는 덜 긍정적인 것으로 받아들이며 부정적 처벌은 더 부정적으로 받아들이는 경향이 있다. 이러한 경향으로 인해, 이들은 어떤 행동을 하고 나서 작은 즐거움과 커다란 불쾌감을 경험하게 된다. 따라서 이들은 활동을 축소하게 되고 그 결과 긍정적 강화 역시 감소하게 되며 결국에는 활동의 결여상태인 우울상태에 이르게 된다.

우울장애를 설명하는 주요한 이론 중의 하나가 '학습된 무기력 이론'이다. 이 이론은 1975년 Seligman에 의해 처음 제기되었으며 귀인이론으로 개정과정을 거친 후에 현재는 절망감이론으로 발전하였다. **학습된 무기력 이론**(learned helplessness theory)은 개를 대상으로 조건형성 실험을 하는 과정에서 우연히 발견된 사실로부터 발전되었다. 이 실험의 1단계에서는 개가 도망가지 못하도록 묶어 놓은 상태에서 하루 동안 전기충격을 주었다. 2단계에서는 개를 자유롭게 풀어놓아 옆방으로 도망갈 수 있는 상태에서 전기충격을 주었다. 이때 개는 도망갈 수 있음에도 불구하고 마치 포기한 듯 움직이지 않은 채 전기충격을 그대로 다 받았다. 반면, 1단계 실험을 거치지 않은 다른 개는 2단계 실험에서 전기충격이 주어지면 곧바로 옆방으로 도망쳐서 전기충격을 피했다. 더욱 놀라운 발견은 1단계 실험을 경험한 개는 후에 옆방으로 도망쳐서 전기충격을 피할 수 있다는 것을 경험해도 다시 전기충격이 주어지면 옆방으로 도망치지 않은 채 그 충격을 그대로 받았다는 점이다. 즉, 개는 전기충격을 회피할 수 없다는 무력감을 학습하게 되어 전기충격을 피할 수 있는 새로운 상황에서도 무기력하게 행동하며 전기충격을 받는다는 것이 학습된 무기력 이론의 골자이다. 사람의 경우도 마찬가지일 수 있다. 좌절경험을 많이 한 사람은 자신이 어떻게 행동해도 좌절하게 되는 결과가 돌아올 것이라는 무력감이 학습되어 상황을 변화시키기 위한 아무런 노력을 하지 않게 된다. 이러한 점들은 사람을 대상으로 한 실험실 연구에서 확인되었다. 즉, 피험자가 통제할 수 없는 혐오적 소음을 계속 들려주거나 풀 수 없는 문제를 주어 반복적으로 실패경험을 하게 했을 경우, 피험자들은 소음을 줄일 수 있거나 문제를 성공적으로 풀 수 있는 새로운 상황에서도 노력을 포기해 버리는 무기력한 반응을 보였다.

그러나 학습된 무기력 이론으로 인간의 우울장애를 설명하는 데에는 몇 가지 한계가 있었다. 우선 사람의 경우, 그러한 상황에서 무기력해지는 이유는 동물실험에서처럼 조건형성에 의해 수동적으로 학습된 것이라기보다 상황을 통제하지 못할 것이라는 '미래에 대한 부정적 기대' 때문이라는 반론이 제기되었다. 또한 어떤 부정적 결과가 자신과 무관하게 통제불능 상황에 의해 생겨난 것이라면, 왜 사람들은 실패에 대해서 자신을 책망하는 것인가? 아울러 학습된 무기력 이론은 우울장애가 발생하는 과정에 대해서는 설명하고 있지만 우울증상의 강도나 만성화 정도가 어떻게 결정되는지에 대해서는 설명할 수 없었다.

우울증의 귀인이론(attributional theory of depression)은 앞에서 설명한 학습된 무기력 이론이 지니고 있는 문제점을 해결하기 위해서, 1978년 Abramson과 그의 동료들이 사회심리학의 귀인이론을 적용하여 발전시킨 이론이다. Abramson 등(1978)은 사람을 피험자로 하여 소음이나 풀 수 없는 문제를 주어 실패경험을 하게 하는 실험을 하였을 때, 동물과는 다른 심리적 과정을 발견하였다. 즉, 사람은 자기가 통제할 수 없는 상황에 놓였을 때, 그 원인에 대한 질문을 하게 된다는 것이다. 이러한 통제불능상태가 무엇에 기인한 것인지를 자문한다는 것이다. 이러한 심리적 과정은 사회심리학에서 어떤 결과에 대한 원인을 추정하는 귀인현상과 유사하다. 즉, 통제불능상태가 자신 때문인지 아니면 외부적 상황 때문인지를 판단하는 귀인방향에 따라서 무기력 양상이 달라짐을 발견하게 되었다. 즉, 사람은 통제불능상황의 원인을 어떻게 귀인하느냐에 따라 우울양상이 달라지며, 이러한 귀인방식은 사람마다 차이가 있다는 것을 발견하게 되었다. 이러한 발견에 근거하여 우울장애에 취약한 사람은 독특한 인지적 특성을 지니며 이러한 인지적 특성은 어떤 결과에 대한 원인을 설명하는 귀인양식에 반영된다는 것이다.

Abramson의 주장에 따르면, 우울장애에 취약한 사람들은 실패경험에 대해서 내부적, 안정적, 전반적 귀인을 하는 경향이 있다는 것이다. 이러한 세 가지 귀인양식은 우울장애의 세 가지 측면과 관련되어 있다. 즉, 실패경험에 대한 내부적-외부적 귀인은 자존감 손상과 우울장애의 발생에 영향을 미치며, 안정적-불안정적 귀인은 우울장애의 만성화 정도와 관련되어 있고, 전반적-특수적 귀인은 우울장애의 일반화 정도를 결정하게 된다. 이러한 관계를 자세히 설명하면 다음과 같다.

첫째, 실패경험(예: 성적불량, 사업실패, 애인과의 결별 등)에 대해서 내부적 귀인(예: 능력부족, 노력부족, 성격적 결함 등)을 하게 되면, 자존감에 손상을 입게 되어 우울감이 증진된다. 그러나 같은 실패경험이라도 외부적 귀인(예: 잘못된 시험문제, 전반적 경기불황, 애인의 변덕스러움 등)을 하게 되면, 자존감의 손상은 적게 된다. 즉, 실패한 결과가 자신의 부정적 요인 때문이라는 평가를 하게 될 경우에만, 자기책망을 통해 자존감의 상처를 입게 되어 우울장애로 발전하게 된다는 것이다.

둘째, 실패경험에 대한 안정적 귀인이 우울장애의 만성화와 장기화에 영향을 미친다. 실패경험을 능력부족이나 성격적 결함과 같은 안정적 요인에 귀인하게 되면, 무기력과 우울감이 장기화될 수 있다. 왜냐하면 능력이나 성격은 쉽게 변화될 수 없는 지속적 요인이며 이런 요인에 문제가 있다면 부정적 결과가 지속적으로 발생할 것이라고 기대하기 때문이다. 그러나 실패를 노력부족 등과 같은 일시적인 불안정적 요인에 귀인하게 되면 일시적으로 무기력할

귀인이론과 우울증

우울증에 대한 귀인이론을 이해하기 위해서 먼저 사회심리학에서 언급되는 귀인이론을 살펴보기로 한다. 귀인(attribution)은 '결과의 원인을 ~으로 돌린다'는 뜻으로서 자신이나 타인이 한 행동의 결과에 대해서 그 원인을 추론하는 과정이며 귀인의 결과는 개인의 행동에 지대한 영향을 미친다. 우리는 한 사람의 행동이나 결과를 보고 그 원인을 여러 가지 방식으로 귀인하게 되는데 크게 세 가지 방향의 귀인이 이루어진다.

가장 주된 귀인방향은 내부적-외부적 귀인이다. 내부적 귀인(internal attribution)은 행위자의 내부적 요인(예: 성격, 능력, 동기)에 그 원인을 돌리는 것이다. 이와는 반대로 외부적 귀인(external attribution)은 행위자의 밖에 있는 요소, 즉 환경, 상황, 타인, 우연, 운 등의 탓으로 돌리게 되는 경우를 말한다.

귀인의 두 번째 방향은 안정적-불안정적 귀인이다. 안정적 귀인(stable attribution)은 그 원인이 내부적인 것이든 외부적인 것이든 시간이나 상황에 상관없이 비교적 변함이 없는 원인에 돌리는 경우를 의미한다. 반면, 불안정적 귀인(unstable attribution)은 자주 변화될 수 있는 원인에 돌리는 경우이다. 예를 들면, 내부적 요인 중에서도 성격이나 지적 능력은 비교적 안정된 요인이라고 할 수 있지만 노력의 정도나 동기는 변화되기 쉬운 것이다.

귀인의 또 다른 방향은 전반적-특수적 귀인(global-specific attribution)이다. 이 차원은 귀인요인이 얼마나 구체적으로 한정되어 있는지의 정도를 의미한다. 예를 들면, 이성에게 거부당한 일에 대해서 성격이라는 내부적-안정적 귀인을 한 경우에도 그의 성격 전반에 귀인할 수도 있고 그의 성격 중 '성급하다'는 일면에만 구체적으로 귀인할 수도 있다. 수학과목에서 성적이 나쁘게 나와 자신의 능력부족에 귀인할 경우, '나는 머리가 나쁘다'고 일반적인 지적 능력의 열등함에 귀인할 수 있고 '나는 수리능력이 부족하다'고 구체적인 지적 능력에만 귀인할 수도 있다.

자신이나 타인의 행동에 대해서 그 원인을 어떻게 귀인하느냐에 따라 우리의 감정과 행동이 달라지게 된다. 일반적으로 사람들은 자존감을 유지하기 위해서 방어적 귀인(defensive attribution)을 하는 경향이 있다. 즉, 좋은 결과는 자신의 탓으로 돌리고 나쁜 결과는 외부적 요인으로 돌리는 경향(예: 상황탓, 남탓, 조상탓, 못자리탓 등)이 있다. 그러나 우울한 사람들은 이와는 반대의 경향이 나타난다는 것이 개정된 무기력 이론의 골자이다.

수는 있으나 곧 회복될 수 있을 것이다.

마지막으로, 실패경험에 대한 전반적-특수적 귀인은 우울장애의 일반화에 영향을 미친다. 즉, 실패경험을 전반적 요인(예: 전반적 능력부족, 성격 전체의 문제 등)에 귀인하게 되면, 우울장애가 전반적인 상황으로 일반화될 수 있다. 예를 들어, 수학과 관련된 능력에만 문제가 있는 것이 아니라 전반적인 지적 능력의 부족 때문이라고 성적불량에 대해서 전반적 귀인을 하게 되면 수학시험뿐만 아니라 모든 과목의 시험에서 무기력한 행동을 보이게 될 것이다. 이처럼 전반적 귀인은 무기력함과 우울증상이 여러 상황에 일반화되어 나타나도록 만든다.

이렇듯이, 우울한 사람들은 실패경험에 대해서는 지나치게 내부적, 안정적, 전반적 귀인을 하는 반면, 성공경험에 대해서는 지나치게 외부적, 불안정적, 특수적 귀인을 하는 경향이 있다. 이러한 귀인방식을 **우울유발적 귀인**(depressogenic attribution)이라고 부른다. 이러한 귀인방식은 현실을 왜곡하고 있다는 점에서 일종의 귀인오류(attributional error)라고 할 수 있다.

우리 사회에는 좋은 일은 자신의 탓으로 돌리고 나쁜 일은 남의 탓으로 돌리는 비양심적인 사람들이 많아서 문제가 되고 있다. 그러나 우울장애의 귀인이론에 따르면, 나쁜 결과를 모두 자신의 탓으로만 짊어지려는 지나친 양심적 태도도 정신건강에는 좋지 않다. 즉, 부정적 결과에 대해서 조금은 남탓으로 또는 상황의 탓으로 돌릴 수 있음에도 불구하고, 모든 책임을 자신이 짊어지는 지나치게 양심적이고 책임감이 강한 사람들이 우울해지기 쉽다. 이런 사람일수록 긍정적 결과에 대해서는 자신보다 남에게 공을 돌리는 겸손한 사람인 경우가 많다. 그러나 이러한 우울유발적 귀인을 계속하게 되면 즐거움은 적고 괴로움만 많은 삶이 되어 우울장애로 발전될 수 있다. 우울장애의 귀인이론은 좋은 일이든 나쁜 일이든 각자의 몫만큼 책임을 지는 공정한 귀인이 바람직함을 보여준다.

우울장애의 귀인이론 역시 귀인양식만으로 우울장애를 설명하는 데에는 여러 가지 한계가 노출되었다. 즉, 귀인양식만으로는 우울장애의 정도를 설명하기 어려울 뿐만 아니라 이러한 귀인양식이 적용될 수 있는 부정적인 생활스트레스가 우울장애 유발의 중요한 요인으로 포함되어야 한다는 주장이 제기되었다. 따라서 1988년에 Abramson과 그의 동료들에 의하여 스트레스-취약성 모델을 수용하여 **절망감 이론**(hopelessness theory)으로 발전되었다. 이 이론에서는 **절망감**(hopelessness)을 '높은 가치를 부여하는 결과의 발생에 대한 부정적인 기대와 이러한 결과의 발생에 대한 무력감'이라고 정의하며 우울장애를 유발하는 가장 중요한 요인으로 본다(Abramson et al., 1988). 그리고 이러한 절망감은 구체적인 부정적 생활사건에 대한 내부적, 안정적, 전반적 귀인에 의해서 생겨난다. 즉, 절망감 이론은 우울유발적 귀인양식을 우울해지기 쉬운 취약성으로 간주하며 부정적

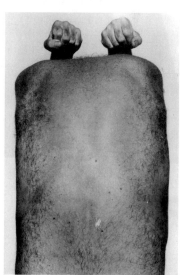

절망감을 상징적으로 표현한 사진

생활사건이 발생하여 이러한 귀인양식이 적용되었을 때 절망감이 생겨난다는 것이다. 이런 점에서 절망감 이론은 우울장애가 발생시키는 절망감이 생겨나기 위해서는 부정적 생활사건(스트레스)과 우울유발적 귀인양식(취약성)이 있어야 한다는 스트레스-취약성 모델에 근거한다고 볼 수 있다.

3) 인지적 이론

현재 우울장애를 설명하는 가장 대표적인 심리학적 이론은 Beck(1963, 1964, 1976; Beck et al., 1979)에 의해 제시된 인지이론이다. Beck은 원래 정신분석적 입장을 지니고 있었으며 우울장애가 '자기에게로 향해진 분노'라는 정신분석적 가정을 입증하기 위하여, 1960년부터 우울장애 환자의 꿈, 상상, 자유연상, 사고내용을 조사하였다. 그러나 조사결과, 우울장애 환자들의 사고내용에는 분노에 대한 주제보다는 좌절, 실패, 자기부정, 절망 등과 같은 주제의 부정적인 사고가 중심을 이루고 있다는 것을 발견하였다. 이러한 발견으로 인해, Beck은 정신분석적 설명에 대한 회의를 갖게 되었다. 이후 그는 새로운 관점에서 우울장애 환자의 사고과정을 면밀하게 연구하였고 그 결과 우울증의 인지이론(cognitive theory of depression)을 개발하게 되었다.

인지이론에 따르면, 우울장애를 유발하는 일차적인 요인은 부정적이고 비관적인 생각이다. 우울한 사람들의 내면세계를 자세히 조사해 보면, 부정적이고 비관적인 생각들을 많이 지니고 있다. 이러한 부정적인 생각이 기분을 우울하게 할 뿐만 아니라 부적응적 행동을 초래한다. 우울한 사람들이 지니는 부정적인 사고과정은 흔히 자신에게 잘 자각되지 않는 경우가 많다. 왜냐하면 부정적 생각들이 재빨리 순간적으로 스쳐 지나가기 때문이다. 따라서 사고내용보다는 그 결과로 나타나는 우울한 기분만이 느껴지게 된다. 물론 자신의 사고과정에 의식적으로 주의를 기울이면 사고내용이 자각될 수 있다. 그러나 복잡한 행동도 자꾸 반복하면 습관화되어 의식 없이 행해지는 것처럼 사고과정도 마찬가지이다. 어떤 생각을 자꾸 반복하게 되면 습관화되어 의식적 자각 없이 자동적으로 진행되어 흘러가게 된다. Beck은 이러한 사고과정을 매우 중요하게 여겨 **자동적 사고**(automatic thoughts)라고 지칭했다.

우울한 사람들이 지니는 부정적인 자동적 사고를 분석해 보면 그 내용이 크게 세 가지 주제로 나누어진다. 즉, 우울한 사람들은 자기 자신, 자신의 미래, 주변 환경을 부정적으로 평가하는 독특한 사고방식을 지니고 있다. 이러한 세 가지의 주제에 대한 독특한 사고패턴을 **인지삼제**(認知三題, cognitive triad)라고 한다. 첫째, 우울한 사람들은 자기 자신에 대해서 부정적인 생각을 많이 지니고 있다. '나는 열등하다', '나는 무능하다', '나는 무가치하다', '나는 사랑받지 못할 사람이다', '나는 다른 사람들로부터 버림을 받았다' 등의 부정적인 생각을 지닌다. 둘째, 우울한 사람들은 자신의 미래에 대한 부정적 생각들을 지니고 있다. '나의 미래는 비관적이고 암담하다', '내가 어떤 노력을 하더라도 이 어려운 상황은 개선될 수 없다', '앞으로 상황은 점점 더 악화되고 나의 심리적 고통은 점점 더 커질 것이다' 등의 생각이다. 마지막으로, 우울한 사람들은 주변 환경에 대한 부정적 생각들을 지니고 있다. '내가 처한 상황은 너무 열악하다', '이 세상은 살아가기에 너무 힘들다', '주변 사람들은 너무 이기적이고 경쟁적이며 적대적이다', '나를 이해하고 도와줄 사람이 없다', '다들 나에게 무관심하거나 나를 무시하고 비난할 것이다' 등의 생각을 하게 된다. 세상에 대한 부정적 생각은 우울한 사람들이 타인에게 적극적인 도움을 요청하지 않고 사회적으로 위축되어 고립되는 결과를 초래하게 된다.

그렇다면 우울한 사람들이 부정적인 사고를 하는 이유는 무엇인가? 이들이 어떻게 현실을 부정적인 방향으로 왜곡하는가? 이러한 물음에 대한 Beck의 설명은 우울장애 환자들이 인지적 오류를 범하기 때문이라는 것이다. **인지적 오류**(cognitive error)란 우울한 사람들이 생활사건의 의미를 해석하는 과정에서 흔히 범하게 되는 논리적 잘못을 뜻한다. 우울한 사람들이 범하는 인지적 오류는 매우 다양하며 대표적인 것들이 흑백논리적 또는 이분법적 오류, 과잉일반화의 오류, 정신적 여과 또는 선택적 추상화의 오류, 의미확대 및 의미축소의 오류, 감정적 추리의 오류, 개인화의 오류, 잘못된 명명의 오류, 독심술적 오류, 예언자적 오류 등이다.

우울한 사람들은 이러한 인지적 오류로 인해서 현실을 실제보다 부정적으로 왜곡하고 과장하여 해석하게 되는 것이다. 일상생활에서 겪게 되는 크고 작은 생활사건들의 의미를 해석할 때 이러한 인지적 오류를 자주 범하게 되면, 부정적인 생각을 많이 지닐 수밖에 없고 그 결과 심리적 고통이 가중되어 우울장애로 발전하게 되는 것이다.

인지적 오류를 많이 범하는 사람들은 편향된 인식의 틀, 즉 독특한 인지도식을 지니고 있다. **인지도식**(schema)은 과거경험을 추상화한 기억체계로서 생활 속에서 경험하는 사건들의 다양한 정보를 선택하고 사건의 의미를 해석하며 미래의 결과를 예상하는 인지적 구조를 의미한다. 동일한 생활사건의 의미를 사람마다 다르게 해석하는 이유는 인지도식이 각기 다르기 때문이다. 인지이론에 따르면, 우울한 사람들은 생활사건의 의미를 부정적으로 해석하게 하는 역기능적인 인지도식을 지니고 있다. 이러한 인지도식은 어린 시절의 경험에 의해 형성되며 부정적인 생활사건에 직면하게 되면 활성화되어 그 사건의 의미를 부정적으로 왜곡함으로써 우울증상을 유발한다는 것이 인지이론의 골자이다.

인지적 오류의 유형

흑백논리적 사고(all or nothing thinking)는 생활사건의 의미를 이분법적인 범주 중의 하나로 해석하는 오류를 말하며 이분법적 사고(dichotomous thinking)라고 불리기도 한다. 예를 들어, 타인의 반응을 '나를 좋아하고 있는가' 아니면 '나를 싫어하고 있는가'의 둘 중의 하나로 해석하며 그 중간의 의미를 생각하지 못하는 경우이다. 자신의 성취에 대해서 '성공' 아니면 '실패'로 판정하며 대인관계에서는 '나를 받아들이는가' 아니면 '나를 거부하는가', '내편인가' 아니면 '상대편 또는 적인가' 등의 흑백논리적으로 판단하며 회색지대를 생각하지 못하는 경우이다.

과잉일반화(overgeneralization)는 한두 번의 사건에 근거하여 일반적인 결론을 내리고 무관한 상황에도 그 결론을 적용시키는 오류이다. 예를 들어, 이성으로부터 두세 번의 거부를 당한 남학생이 자신감을 잃고 "나는 '항상' 누구에게나' '어떻게 행동하든지' 거부를 당한다"고 생각하는 것은 지나친 일반화라고 할 수 있다. 시험이나 사업에 몇 번 실패한 사람이 "나는 어떤 시험(또는 사업)이든 나의 노력과 상황변화에 상관없이 또 실패하게 될 것이다"라고 생각하는 경우도 이에 해당한다. 대인관계에서 타인으로부터 비난을 당하고 나서 '모든 사람은' '항상' '어떤 상황에서나' 적대적이고 공격적이라고 생각할 수 있다.

정신적 여과(mental filtering)는 어떤 상황에서 일어난 여러 가지 일 중에서 일부만을 뽑아내어 상황 전체를 판단하는 오류이다. 예를 들어, 친구와의 대화에서 주된 대화내용이 긍정적이었음에도 불구하고 친구의 몇 마디 부정적인 내용에 근거하여 '그 녀석은 나를 비판했다', '그 녀석은 나를 좋아하지 않는다'라고 해석할 수 있다. 이와 같이 사건의 주된 내용은 무시하고 특정한 일부의 정보에만 주의를 기울여 전체의 의미를 해석하는 것을 말하며 때로는 선택적 추상화(selective abstraction)라고 부르기도 한다.

의미확대와 의미축소(minimization and maximization)는 어떤 사건의 의미나 중요성을 실제보다 지나치게 확대하거나 축소하는 오류를 말한다. 우울한 사람들은 부정적인 일의 의미는 크게 확대하고 긍정적인 일의 의미는 축소하는 잘못을 범하는 경향이 있다. 예를 들어, 친구가 자신에게 한 칭찬은 듣기 좋으라고 지나가는 말로 한 이야기라고 그 중요성을 축소하여 해석하는 반면, 친구가 자신에게 한 비판에 대해서는 평소 친구의 속마음을 드러낸 중요한 사건이라고 확대하여 받아들이는 경우이다. 또 자신의 단점이나 약점은 매우 중요한 것으로 걱정하면서 자신의 장점이나 강점을 별 것 아닌 것으로 과소평가하는 경우가 이러한 오류에 속한다. 때로 이런 경향성은 자신을 평가할 때와 타인을 평가할 때 적용하는 기준을 달리하는 이중기준(double standard)의 오류로 나타날 수 있다. 예를 들어, 자신의 잘못에 대해서는 매우 엄격하고 까다로운 기준을 적용하여 큰 잘못을 한 것으로 크게 자책하는 반면, 타인이 행한 같은 잘못에 대해서는 매우 관대하고 후한 기준을 적용하여 별 잘못이 아닌 것으로 평가하는 것을 말한다.

개인화(personalization)는 자신과 무관한 사건을 자신과 관련된 것으로 잘못 해석하는 오류를 말한다. 예를 들어, D군이 도서관 앞을 지나가는데 마침 도서관 앞 벤치에 앉아서 이야기 중이던 학생들이 크게 웃었다. 사실 이들은 자신들의 이야기 때문에 웃은 것이다. 그러나 그들이 자신을 보고 웃었다고 D군이 생각한다면 이는 개인화의 오류를 범한 것이다. 또 다른 예로, E양은 저 멀리서 걸어오는 친구를 보고 가까이 오면 반갑게 인사를 건네려고 하였다. 그런데 그 친구는 걸어오던 방향을 바꾸어 옆 골목으로 들어가 버렸다. 그 친구는 옆 골목에 있는 가게에 가던 중이었는데 이를 보고 E양이 '그 친구가 나에게 나쁜 감정이 있어서 날 피하는 것이다'라고 해석한다면, 개인화의 오류를 범한 것이다.

잘못된 명명(mislabelling)은 사람의 특성이나 행위를 기술할 때 과장되거나 부적절한 명칭을 사용하여 기술하는 오류이다. 예를 들어, 자신의 잘못을 과장하여 '나는 실패자다', '나는 인간쓰레기이다'라고 부정적인 명칭을 자신에게 부과하는 것이다. 자기 자신이나 타인에게 '돌대가리', '성격이상자', '정신이상자', '사이코', '변태' 등의 과장된 명칭을 부과하는 경우가 잘못된 명명의 예이다. Bandura에 의하면, 인간은 자기가 선정한 기대에 스스로 자신의 행동을 맞추어 가는 경향이 있다고 한다. 이를 그는 자기충족적 예언(self-fulfilling prophecy)이라고 불렀다. 즉, 자신을 '실패자'라고 규정하는 사람은 미래의 상황에서도 자신이 실패자로 행동할 것이라고 예측하게 되고 따라서 실제 상황에서 그렇게 실패자처럼 행동하게 될 수 있다는 것이다.

독심술(mind-reading)의 오류는 충분한 근거 없이 다른 사람의 마음을 마음대로 추측하고 단정하는 것을 말한다. 이 오류는 마치 다른 사람의 마음을 들여다볼 수 있는 독심술사처럼 매우 모호하고 사소한 단서에 의해서 다른 사람의 마음을 함부로 단정하는 오류이다. 이런 오류를 범하는 사람들은 자신이 타인의 마음을 정확하게 꿰뚫어 볼 수 있는 능력을 지녔다고 믿는 경우가 많다. 그러나 많은 경우, 상대방의 마음을 확인할 방법이 없기 때문에 자신의 판단이 옳았다고 생각하게 된다. 또 그러한 판단하에서 상대방에게 행동하기 때문에 상대방의 행동을 통해 자신의 판단이 옳았다고 확신하게 된다.

예언자적 오류(fortune-telling)는 충분한 근거 없이 미래에 일어날 일을 단정하고 확신하는 오류이다. 마치 미래의 일을 미리 볼 수 있는 예언자인 것처럼, 앞으로 일어날 결과를 부정적으로 추론하고 이를 굳게 믿는 오류이다. 예를 들면, 미팅에 나가면 보나마나 호감 가는 이성과 짝이 되지 않거나 호감 가는 이성에게 거부당할 것이 분명하다고 믿는 경우이다.

감정적 추리(emotional reasoning)는 충분한 근거가 없이 막연히 느껴지는 감정에 근거하여 결론을 내리는 잘못을 말한다. 즉, '내가 그렇게 느껴지는 걸 보니까 사실임에 틀림없다'는 식으로 생각하는 오류이다. 예를 들어, '그 녀석을 만나면 마음이 편치 않은 걸 보니 그 녀석이 나를 싫어하는 것 같다'라고 생각하는 경우가 그 예이다. '죄책감이 드는 걸 보니까 내가 뭔가 잘못했음에 틀림없다'라고 생각하는 것도 감정적 추리의 오류를 범하고 있는 것이다.

우울한 사람들이 지니는 인지도식의 내용은 역기능적 신념의 형태로 나타난다. Beck(1983)에 따르면, 우울한 사람들은 자신과 세상에 대해서 완벽주의적이고 당위적이며 융통성이 없는 경직된 신념을 지니고 있다. 이러한 신념은 '~해야 한다' 또는 '~해서는 안 된다'라는 당위적 명제의 형태를 지니며 현실적인 삶 속에서 실현되기 어려운 것으로서 흔히 좌절과 실패를 초래하기 때문에 **역기능적 신념**(dysfunctional belief)이라고 불린다. 우울장애를 유발하는 역기능적 신념은 크게 사회적 의존성과 자율성이라는 두 가지 주제로 구성된다. **사회적 의존성**(sociotropy)은 타인의 인정과 애정에 과도하게 집착하는 경향성을 의미하며, 이와 관련된 역기능적 신념의 예로는 '나는 주변의 모든 중요한 사람들로부터 사랑과 인정을 받아야 한다', '다른 사람의 사랑과 인정 없이 나는 행복해질 수 없다', '다른 사람으로부터 결코 미움을 받아서는 안 된다' 등이 있다. 반면, **자율성**(autonomy)은 개인의 독립성과 성취에 과도하게 집착하는 경향성을 의미하며, 이와 관련된 역기능적 신념에는 '다른 사람에게 종속되거나 지배당해서는 안 된다', '모든 일을 완벽하게 해야 한다. 절대로 실수해서는 안 된다', '다른 사람보다 우월해야 한다', '인간의 가치는 그 사람의 성취에 의해 결정된다' 등이 있다.

사람마다 이러한 두 가지 종류의 역기능적 신념을 지니는 정도가 다르다. 어떤 사람은 사회적 의존성과 관련된 역기능적 신념을 강하게 지니는 반면, 다른 사람은 자율성과 관련된 신념에 강하게 집착한다. Beck은 우울장애가 발생하는 과정을 좀 더 구체적으로 설명하는 특수

[그림 8-1] 우울증의 인지이론

상호작용 모델(specific interaction model)을 제안하였다. 이 모델에 따르면, 사회적 의존성이 높은 사람은 대인관계와 관련된 부정적 사건(예: 사랑하는 사람의 죽음, 이혼, 별거, 실연 등)에 의해 우울장애가 유발될 수 있는 반면, 자율성이 높은 사람은 독립성과 성취지향적 행동이 위협받는 생활사건(예: 실직, 신체적 질병, 업무부진, 치명적 실수)에 의해 우울장애가 유발될 수 있다.

우울장애의 인지이론은 기본적으로 취약성-스트레스 모델에 기초하고 있다. 즉, 우울장애는 역기능적 신념이라는 취약성과 부정적인 생활사건이라는 스트레스가 함께 존재해야 유발된다고 본다. 역기능적 신념을 많이 지닌 사람에게 부정적 생활사건이 일어나면 그 사건의 의미를 해석하는 과정에서 여러 가지 인지적 오류가 개입된다. 이러한 오류를 통해 사건의 의미를 과장하거나 왜곡함으로써 부정적인 자동적 사고가 발생하게 되고 그 결과 우울증상으로 발전하게 된다는 것이 Beck이 주장한 인지이론의 골자이다(Kwon, 1992; Kwon & Oei, 1992, 1994). 우울장애에 대한 인지이론이 [그림 8-1]에 요약되어 있다.

4) 생물학적 이론

생물학적 입장에서는 유전적 요인, 신경전달물질, 뇌구조의 기능, 내분비계통의 이상이 우울장애와 관련된 것으로 주장되고 있다. 유전적 요인이 미치는 영향은 단극성 우울장애와 양극성 우울장애의 경우에 차이를 보인다. 가계연구에 따르면, 단극성 우울장애 환자의 직계가족에서 우울장애가 발생할 확률은 일반인의 경우보다 1.5~3배 정도 높다. 입양아가 단극성 우울장애를 나타낼 경우, 그의 친부모와 양부모의 우울장애 유병률을 조사하여 비교한 결과 차이가 없었다는 연구보고가 있다. 그러나 양극성 우울장애를 보인 입양아의 경우, 친부모의 우울장애 유병률이 31%인 데 비해 양부모는 12%의 유병률을 나타냈다(Mendlewicz & Rainer, 1977). 쌍둥이 연구에서는 단극성 우울장애의 경우 이란성 쌍둥이의 평균적 일치율이 11%이고 일란성 쌍둥이는 40%인 반면, 양극성 우울장애의 경우 이란성 쌍둥이의 평균적 일치율이 14%이며 일란성 쌍둥이는 72%였다(Allen, 1976). 이러한 연구결과는 단극성 우울장애보다 양극성 우울장애가 유전적 영향을 많이 받는다는 것을 보여준다.

우울장애를 뇌의 신경화학적 요인으로 설명하려는 대표적인 이론은 Catecholamine 가설(Schildkraut, 1965)이다. Catecholamine은 신경전달물질인 Norepinephrine, Epinephrine, Dopamine을 포함하는 호르몬을 말한다. 이러한 Catecholamine이 결핍되면 우울장애가 생기고, 반대로 Catecholamine이 과다하면 조증이 생긴다는 것이 이 가설의 요지이다. 특히 Norepinephrine이 기분장애에 중요한 역할을 한다는 것이 여러 연구에서 시사되고 있다. 동물연구에서 쥐의 Norepinephrine 수준을 실험적으로 낮추었을 때 쥐는 우울장애 환자처럼 위축되고 무반응적 행동을 나타냈다. 혈압 강하제로 사용되는 약물인 reserpine을 복용한 환자들이 흔히 부작용으로 우울증상을 호소하는데, 이 약물은 Catecholamine 계열의 신경전달물질을 감소시키는 효과가 있다. 또한 우울장애 치료제인 삼환계 항우울제와 MAO 억제제는 Norepinephrine의 활동수준을 증가시키는 것으로 알려져 있다. 그러나 후속연구에서 뇌의 Norepinephrine 수준이 증가한다고 해서 바로 우울증상이 완화되는 것은 아니라는 것이 밝혀졌다. 즉, Norepinephrine과 같은 신경전달물질이 우울장애와 관련되지만, 이러한 물질이 우울장애에 영향을 미치는 기제는 아직 충분히 밝혀져 있지 않다.

우울장애가 시상하부(hypothalamus)의 기능장애로 인해 생긴다는 주장도 제기되고 있다. 우울장애 환자들이 뇌하수체 호르몬이나 부신선 또는 갑상선의 기능장애를 보이는데 이런 호르몬은 모두 시상하부의 영향을 받고 있다. 시상하부는 기분을 조절하는 기능을 지니고 있을 뿐만 아니라 우울장애에서 흔히 나타나는 식욕이나 성기능의 장애에도 영향을 미친다.

이 밖에도 내분비 장애가 우울장애와 관련되어 있다는 주장이 있다. 이러한 주장은 내분비 계통의 질병이 종종 우울증상을 동반한다는 임상적 관찰에 근거하고 있다. 우울장애와 관련되어 주목받고 있는 내분비 호르몬이 코르티솔(Cortisol)이다. 많은 우울장애 환자들은 혈장의 코르티솔 수준이 높다. 코르티솔 수준의 상승은 스트레스에 대한 정상적인 반응이지만 우울장애에서는 다른 스트레스성 증상은 수반되지 않으면서 코르티솔 수준만 높다. 덱사메타손(dexamethasone)은 코르티솔과 비슷한 약물로, 정상인에게서 24시간 동안 코르티솔 분비를 억제한다. 그러나 우울장애 환자의 30~70%는 덱사메타손 억제검사(DST: dexamethasone suppression test)에서 코르티솔 억제를 보이지 않았다. 이러한 결과는 코르티솔의 과잉분비가 우울장애와 관련되어 있다는 것을 뒷받침하며, 덱사메타손 억제검사는 우울장애를 진단하는 검사로 사용되기도 했다(Carroll, 1982). 그러나 코르티솔의 억제실패는 알코올, 약물사용, 체중 감소, 노령 등 여러 요인에 의해서 나타날 수 있으므로 우울장애를 진단하는 기준으로는 적절하지 않은 것으로 여겨지고 있다.

생체리듬의 이상이 우울장애를 유발할 수 있다는 주장도 있다. 특히 특정한 계절에 주기적으로 나타나는 계절성 우울장애는 생체리듬과 밀접한 관계가 있는 것으로 여겨지고 있다. 예를 들어, 가을과 겨울에 우울장애를 보이고 봄과 여름에는 정상적으로 기능하는 계절성 우울장애 환자의 경우 이들에게 1년 주기의 생체리듬에 이상이 있을 가능성이 제기되고 있다. 일반적으로 생물학적 리듬은 일상적인 생활과제의 진행에 맞춰지는데, 만약 여러 가지 생활사건(예: 대인관계의 손상, 업무의 과중, 생활패턴의 변화 등)으로 정규적인 사회적 리듬이 깨어지게되면, 생물학적 리듬이 불안정해지게 되고 그 결과 취약한 사람들에게 우울장애가 유발될 수도 있다는 주장이다.

4. 치료

우울장애는 시간과 상황이 변함에 따라 자발적으로 회복되는 경우가 많다. 그러나 때로는 의욕상실과 사회적 위축 등으로 인해 인생의 중요한 단계에서 업무수행이나 대인관계를 소홀히 하여 평생 동안 부정적인 영향을 미칠 수도 있다. 그뿐만 아니라 우울장애가 심한 경우에는 자살과 같은 치명적인 결과를 낳을 수도 있으므로 가능한 한 빨리 전문가의 치료를 받는 것이 바람직하다.

우울장애에 대한 가장 효과적인 치료방법은 인지치료와 약물치료로 알려져 있다. **인지치료**(Beck et al., 1979)에서는 우울한 내담자의 사고내용을 정밀하게 탐색하여 인지적 왜곡을 찾아내어 교정함으로써 보다 더 현실적이고 긍정적인 사고와 신념을 지니도록 유도한다. 내담자로 하여금 자신의 내면적 사고를 관찰하고 조절하는 능력을 향상시킨다. 자신을 우울하게 만드는 현실왜곡인 부정적 사고를 자각하여 보다 합리적인 사고로 대체함으로써 현실에 효과적으로 적응하는 능력을 키우게 된다. 아울러 자신과 세상에 대한 잘못된 믿음과 비현실적 기대로 구성되어 있는 역기능적 신념을 깨닫게 되고 이를 보다 유연하고 현실적인 신념으로 대체하게 된다. 인지치료는 근본적으로 내담자가 자기 자신과 삶에 대해서 보다 더 현실적이고 유연한 태도를 갖도록 유도한다. 이를 통해 인생의 좌절을 유연하게 극복하고 현실에 효과적으로 적응할 수 있는 지혜롭고 현명한 사람이 되도록 돕는 것을 목표로 하고 있다.

인지치료는 내담자를 우울하게 만드는 부정적인 자동적 사고와 역기능적 신념을 찾아내고 변화시키기 위해 다양한 구체적 기법들(예: A-B-C기법, 소크라테스식 대화법, 일일기록표 방법, 설문지 검사기법, 일기쓰기, 행동실험법, 하향화살표법 등)을 갖추고 있다. 아울러 인지의 변화뿐만 아니라 내담자의 부적응적 행동을 변화시키기 위한 여러 가지 행동치료기법이 적용되기도 한다. 우울장애의 경우에 적용되는 행동치료기법에는 자기생활 관찰표 작성하기, 시간계획표를 만들어 생활하기, 점진적인 과제수행표를 만들어 실행하기, 긍정적 경험을 체험하고 평가하기, 대처기술 훈련하기, 사회적 기술 훈련하기, 의사소통기술 훈련하기, 문제해결법 훈련하기, 자기주장 훈련하기 등이 있다. 이렇게 인지의 변화뿐만 아니라 행동의 변화를 유도하기 위해 행동치료기법을 사용하기 때문에 인지치료를 인지행동치료라고 부르기도 한다.

인지치료는 우울장애를 단기간에 치료할 뿐만 아니라 치료효과도 우수한 것으로 확인되고 있다. 많은 연구에서 인지치료는 다른 치료법에 비해서 치료효과가 더 우수한 것으로 밝혀지고 있다. 약물치료와 비교했을 때 인지치료는 반응성 우울장애의 경우 치료효과가 동등하거나 더 우수하다는 것이 여러 연구에서 입증되었다. 인지치료는 특히 약물치료와 달리 부작용이 없으며 치료효과가 지속적이어서 재발률이 낮다는 장점을 지니고 있다.

정신역동적 치료에서는 내담자의 무의식적 갈등을 잘 파악하여 내담자에게 적절한 방법으로 직면시키고 해석해 준다. 치료자는 내담자로 하여금 자신의 무의식적 좌절과 대인관계방식을 이해하게 할 뿐만 아니라 중요한 타인에 대해 억압하고 있었던 분노감정을 자각하게 한다. 치료자는 이러한 분노감정을 공감적으로 잘 수용하여 해소하도록 도와주어야 한다. 아울러 내담자가 비현실적인 이상적 소망을 현실적인 것으로 변화시키고 이러한 소망을 성취하기 위한 새로운 생활방식과 대인관계방식을 찾도록 도와주게 된다. 정신역동적 치료는 내담자의 우울증상을 삶의 전반적 맥락에서 이해하고 우울장애에 대해서 심층적이고 포괄적인 치료적 접근을 하는 장점을 지니고 있다. 그러나 우울장애에 대한 정신역동적 치료의 효과에 대해서는 논란이 많다. 정신역동적 치료의 효과는 대부분 임상적 치료사례를 통해 보고되었을 뿐이며 객관적이고 체계적인 실험적 연구를 통해 검증되지 못했다. 아울러 정신역동적 치료는 장기화되는 경향이 있어 내담자에게 경제적으로나 시간적으로 많은 부담을 주는 문제점이 있다. 최근에는 이러한 한계를 극복하기 위해 치료기간을 단기화하려는 노력이 이루어지고 있다.

약물치료는 우울장애에 대한 가장 대표적인 물리적 치료법이라고 할 수 있다. 우울장애를 치료하는 대표적인 약물은 삼환계 항우울제, MAO 억제제, 세로토닌 재흡수 억제제이다. 삼환계 항우울제(tricyclic antidepressants)는 주요우울장애에 치료적 효과가 있는 것으로 보고되고 있다. 양극성 우울장애와 단극성 우울장애 환자의 일부는 이 약물에 대한 반응으로 조증삽화를 보이기도 한다. MAO 억제제(monoamine oxidase inhibitor)는 비전형적인 양상을 보이는 단극성 우울장애에 치료적 효과를 보이는 것으로 알려져 있다. 이 약물을 사용할 때는 엄격한 식이요법을 해야 하므로 다른 항우울제가 치료 효과가 없을 경우에 사용한다. 세로토닌 재흡수 억제제는 치료 효과가 빨리 나타나고 부작용이 적다. 특히 Bupropion과 Fluoxetine 같은 약물은 우울한 상태에 있는 양극성 환자들이 나타내는 심리적, 신체적 기능이 느려지는 정신운동 지체에 효과적이며 아울러 조증 증상의 촉발 가능성이 적은 것으로 알려지고 있다. 우울장애 치료에 효과적인 약물로 각광을 받고 있는 프로작(prozac)도 이 계열의 약물이다.

약물치료는 우울장애의 치료에 효과적이지만 몇 가지 한계가 있다. 첫째, 우울장애를 겪고 있는 사람 중에는 약물치료를 거부하는 사람들이 많다. 둘째, 대부분의 약물은 여러 가지 부작용을 지니고 있다. 삼환계 항우울제의 경우, 장기간 많이 복용할 경우 심근경색을 가져올 수 있다는 보고도 있다. 최근에 이러한 부작용을 최소화하려는 시도가 이루어지고 있지만, 어떤 사람들은 약물치료의 부작용에 취약해서 그것을 잘 견뎌 내지 못한다. 셋째, 일반적으로 약물치료가 효과적이긴 하지만 항우울제에 치료효과가 나타나지 않는 사람들도 있다. 마지막으로, 항우울제는 우울장애의 증상을 완화시키는 효과를 지닐 뿐 우울장애의 근본적 원인에 대한 치료방법이라고 할 수 없다. 항우울제의 복용을 중단한 50% 이상의 환자에게 증상이 재발되었다는 연구보고(Hollon et al., 1991; Thase, 1990)가 있다. 이런 점에서 약물치료는 단독으로 지속적인 치료성과를 거두는 데에 한계가 있다. 따라서 약물치료는 심리치료와 병행되는 경우가 많으며, 이 경우 우울장애의 재발률을 유의미하게 감소시킬 수 있었다는 연구보고가 있다.

전기충격치료는 머리에 일정한 전압의 전류를 연결하여 의도적인 경련을 일으키는 방법으로서 특정한 종류의 우울장애에 효과적이라는 것이 밝혀져 1950년대와 1960년대에 널리 사용되었다. 그러나 이 방법은 기억상실증과 같은 심리적 부작용과 부정맥, 고혈압 등의 신체적 부작용을 초래하기도 한다. 그뿐만 아니라 이 치료방법에 대해서 두려움을 지니는 환자들이 많기 때문에 현재는 항우울제의 약물치료가 효과를 나타내지 않거나 망상이 있는 우울장애일 경우에 한하여 전기충격치료가 사용되는 것이 일반적이다. 계절성 우울장애의 경우에는 아주 적은 양의 자외선을 포함한 빛에 노출시키는 광선치료(light therapy)를 사용하기도 한다.

치료에 저항적인 무쾌감성 우울증

우울장애 중에는 심리치료나 약물치료에 의해 쉽게 증상이 완화되지 않는 경우가 있다. 이러한 치료-저항적 우울증(treatment-resistant depression)은 흔히 무쾌감증과 관련되는 것으로 알려지고 있다(Kelly et al., 2022). 무쾌감증(anhedonia)은 즐거움을 경험하는 능력이 감소된 상태로서 과거에 즐거움을 유발했던 자극에 대한 정서적 반응과 흥미가 저하되는 것을 의미한다. 무쾌감증은 우울장애의 하위유형을 구분하는 핵심적 특징으로 부각되고 있으며, 무쾌감증을 지닌 우울장애 환자는 인지행동치료나 약물치료에 반응하지 않는 것으로 알려지고 있다(Spijker et al., 2001).

주요우울장애 환자의 약 70%가 무쾌감증을 경험하고 있으며 37%가 매우 심각한 수준의 무쾌감증을 겪는 것으로 보고되고 있다(Rizvi et al., 2016). 무쾌감증은 우울장애의 나쁜 예후와 관련되어 있다. 무쾌감증이 동반되면 우울장애에서 벗어나기까지 오랜 시간이 걸린다. 무쾌감증을 지닌 우울장애 환자들은 정신운동성 지체, 침체된 기분의 지속, 사회적 고립, 식욕 저하와 같은 증상을 더 많이 나타낸다. 또한 과거의 부정적 사건에 대한 반추와 자살사고를 더 많이 한다(Winer et al., 2016). 국내의 연구(민혜원, 2016; 신은지, 2019)에서 무쾌감성 우울증(anhedonic depression)을 지닌 사람들은 긍정적 보상을 얻으려는 접근 동기가 부족할 뿐만 아니라 미래의 즐거움을 예상하는 심상화 능력이 부족한 것으로 나타났다.

대부분의 우울증 치료는 부정 정서를 감소시키는 데 초점을 맞추고 있다. 그러나 무쾌감성 우울증의 치료를 위해서는 긍정 정서를 경험하고 보상의 평가절하를 억제하는 데 초점을 맞춘 접근방법이 필요하다(Sandman & Craske, 2021). 무쾌감성 우울증 환자들은 긍정적 보상체계의 결함, 즉 보상을 예상하고 보상을 긍정적인 것으로 느끼며 보상받기 위한 행동을 시도하는 데에 손상이 있기 때문이다. 무쾌감성 우울증은 미래의 즐거움에 대한 심상화 훈련을 통해서 개선될 수 있음이 시사되었다. 민혜원(2016; 민혜원 등, 2019)은 우울 집단에게 행동활성화를 위한 활동 계획을 세우게 한 후에 해당 활동과 관련된 즐거움의 경험을 심상 또는 내적 언어를 통해 처리하도록 유도했다. 그 결과, 내적 언어보다 심상적 처리를 한 우울 집단에서 긍정 정서가 더 많이 증가하고 무쾌감성 우울이 더 많이 감소했다.

5. 자살

S양은 명문대학의 대학원생으로 졸업논문을 준비하고 있었다. S양은 대학원에 진학하기까지 매우 우수한 학생이었다. 초등학교 시절부터 대학원에 진학하기까지 학업성적이 늘 최상위권에 속했으며 입학시험에서 한 번도 실패한 적이 없이 승승장구하던 학생이었다. 대인관계도 대체로 원만하였으며 대학원 졸업을 하고 취업하여 유능한 여성으로서 멋진 사회생활을 하려고 계획하고 있었다. 이 당시만 해도 S양은 대학원에서 졸업논문을 제 시기에 쓰지 못하고 전전긍긍하며 졸업이 지체되는 선배들을 이해하기 어려웠으며 속으로는 그들의 능력 부족을 탓하기도 했었다.

이러한 S양이 나름대로 열심히 준비한 학위논문 계획안을 발표했을 때, 심사교수 대부분이 관련문헌에 대한 정리가 체계적이지 못하고 창의성이 부족하다는 점을 지적하고 한 학기 더 준비하라는 결정을 내렸다. 이러한 사건은 S양에게 커다란 충격이었다. 스스로 유능하다고 생각했던 자존심에 커다란 상처를 입게 되었다. 이러한 충격 속에서도 S양은 다음 학기를 기약하며 논문준비를 다시 시작하였다. 그러나 논문준비가 뜻대로 잘 되지 않았다. 많은 관련문헌을 수집하여 읽고 소화하여 새로운 연구주제를 찾아내야 하는데, 생각이 정리되지 않고 창의적인 생각이 잘 떠오르지 않으면서 자신감을 잃게 되었다. 이런 과정에서 S양의 머릿속에는 자신에 대한 부정적인 생각들이 떠오르기 시작했다. '그동안 스스로 똑똑하다고 생각했던 것이 커다란 착각이었다. 주어진 내용을 암기하고 문제에 답하는 기계적인 공부는 잘했는지 모르지만, 과거의 연구내용을 체계적으로 정리하고 창의적인 아이디어를 내야 하는 학문적 능력은 너무나 부족하다. 이러다가 졸업을 못할 것 같다.' 이러한 생각이 머리를 떠나지 않으며 맴돌았다. 잠자리에 누워도 이런 생각에 잠을 이룰 수가 없었다.

발표 시기는 다가오는데 논문준비는 잘 되지 않고 '논문이 어떻게 되어 가느냐?'고 묻는 친구들이 부담스럽게 느껴졌다. '이렇게 헤매는 나를 속으로 비웃을지 모른다'는 생각이 들면서 사람 만나기가 싫었고 학교에 나오는 횟수가 줄어들었다. 논문계획안을 빨리 준비하라는 지도교수가 부담스러워 자꾸 피하기만 했다. S양의 표정은 점점 어두워져 갔고 거의 매일 밤 불면에 시달리며 식욕을 잃어 몸은 점점 말라만 갔다.

S양의 머릿속에는 점점 비관적이고 회의적인 생각이 증폭되어 갔다. '이제 정말 졸업을 못하게 되는구나. 결국 졸업도 못하는 무능한 사람이 되는구나. 결국 졸업도 못하고 취직도 못하게 되면 실직자가 되어 백수생활을 하게 되는 것은 아닌가? 나를 공부 잘하는 똑똑한 모범생으로 알고 있는 친척이나 주변 사람들이 어떻게 생각할까? 남들 다 쓰는 졸업논문도 못쓰고 취업도 못하고 있는 나를 얼마나 비웃을까? 큰 기대를 걸고 있는 부모님은 얼마나 실망하실까?' 하는 생각에 사로잡힌 S양은 자신감을 완전히 잃게 되었고 최악의 상황이 점점 현실로 다가오는 느낌이 들었다. 실직자가 되어 방구석에서 빈둥거리며 밥그릇이나 비워대는 무기력한 자신의 모습이 자꾸만 떠올랐다. 이러한 절망감에 번민하던 S양은 어느 날 동네 뒷산 후미진 곳에서 수면제 수십 알을 먹고 자살을 시도하였다. 마침 새벽 일찍 산에 오르던 등산객이 신음하는 S양을 발견하고 병원에 옮겨 생명을 건질 수 있었지만, 의식을 회복한 S양은 생명을 건져 준 등산객이 오히려 원망스러웠다. 절망스러운 상황은 아무것도 변한 것이 없기 때문이었다.

우울장애와 관련하여 주목해야 할 문제는 자살이다. 자살은 전 세계적으로 10대 사망원인의 하나이며 매일 약 1,000명, 매년 약 50만 명이 자살로 사망한다. 우리나라의 경우, 통계청자료에 의하면 2020년에 1만 3,195명이 자살했다. 자살은 10~30대의 사망원인 1위이며 40대와 50대의 경우는 1위인 암에 이어 사망원인 2위였다. 한국인의 자살률은 2020년 기준으로 10만 명당 23.5명으로 OECD 34개 회원국 중에서 가장 높을 뿐만 아니라 회원국 평균치인 10.9명보다 2배나 높은 것이다.

최근에 시행된 정신건강 실태조사(보건복지부, 2021)에 따르면, 한국인은 성인의 10.7%는 평생 한 번 이상 심각하게 자살을 생각하며, 2.5%는 자살을 계획하고, 1.7%는 자살을 시도하였다. 지난 1년 간 성인의 1.3%가 한 번 이상 심각하게 자살을 생각하고, 0.5%가 자살을 계획하며, 0.1%가 자살을 시도한 것으로 나타났다. 또한, 자살생각자의 56.8%, 자살계획자의 83.3%, 자살시도자의 71.3%가 평생 한 번 이상 정신장애를 경험한 것으로 나타났다.

자살자의 약 70%는 남자로서 여자보다 2~3배 정도 많다. 일반적으로 자살기도자는 자살자의 8~10배에 달한다는 것으로 추정되는데, 자살기도자는 여자가 남자보다 4배나 많다. 자살기도자는 여자가 많지만 자살로 인한 남자의 사망률이 높은 이유는 남자가 더 치명적인 방법으로 자살을 기도하기 때문이다(Gallagher-Thompson & Osgood, 1997). 미국의 경우, 남자는 총기자살, 목매는 자살, 투신자살과 같은 치명적 방법을 사용하는 반면, 여자는 수면제를 비롯한 향정신성 약물이나 독극물을 사용하는 경향이 있다. 연령별로는 미국의 경우, 남자는 15~25세와 65세 이후에 자살률이 높은 반면, 여자는 연령에 따라 증가하다가 55세 이후에 자살률이 절정에 달한다. 우리나라의 경우 남자는 30대와 60대에 자살률이 높으며 여자는 연령에 따라 증가하다가 55~65세에 가장 높은 자살률을 보인다. 이렇게 자살을 하는 사람의 약 90%는 정신장애를 지니고 있으며 이들 중 약 80%가 우울장애를, 나머지는 조현병이나 알코올 의존의 문제를 지니고 있다.

　DSM-5-TR에는 〈추가 연구가 필요한 부적응 상태〉로 자살행동장애와 자살 의도가 없는 자해가 포함되어 있다. **자살행동장애**(Suicidal Behavior Disorder)는 지난 24개월 내에 자살 시도를 한 적이 있어 추가적인 자살 시도의 위험성이 있는 경우를 뜻한다. **자살 의도가 없는 자해**(Nonsucidal Self-Injury)는 지난 1년간 5일 이상 고의적으로 출혈, 상처, 고통을 유발하는 자해행동을 자신에게 스스로 가하는 경우를 말한다.

　자살의 원인은 여러 가지 측면에서 살펴볼 수 있다. 자살을 하는 사람들은 의식의 단절을 통해 참을 수 없는 심리적 고통이나 압력으로부터 벗어나기 위한 도피수단으로서 자살을 선택하게 된다. 자살을 유발하는 가장 중요한 심리적 요인은 절망감으로 알려져 있다(신민섭, 1992; Baumeister, 1990; Beck, 1986). 절망감은 고통스러운 상황이 해결될 수 없거나 앞으로 더 악화될 것이라는 미래에 대한 비관적인 예상을 의미한다. 이처럼 절망적이고 고통스러운 상황에서 벗어날 수 있는 최선의 해결방법으로 자살을 선택하게 된다.

　자살은 흔히 부정적인 생활사건에 의해서 촉발된다. 자살을 촉발하는 사건은 상실이나 실패를 의미하는 부정적인 생활사건(예: 사업실패, 이혼, 실연, 사회적 명예의 실추, 치명적 질병 등)

Virginia Woolf　　　　Eugene O'Neill　　　　Ernest Hemingway

자살한 유명인들

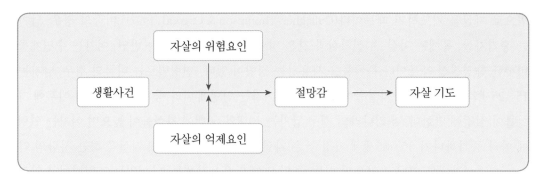

[그림 8-2] 자살에 관한 심리학적 설명모델

이다. 때로는 모욕감과 억울함을 느끼게 하는 부당한 사건도 자살을 촉발할 수 있다.

특히 자살에 대한 취약성 또는 위험요인을 지니고 있는 사람들이 부정적 생활사건에 직면하여 자살이라는 방법을 택하게 된다. 자살에 대한 위험요인으로는 과거의 자살기도 경험, 가족구성원의 자살기도 경력, 충동성과 같은 성격요인, 이혼 상태, 실업 상태, 우울장애와 같은 정신장애 등이 있다. 이러한 특성을 지닌 사람들은 고통스러운 상황에서 자살이라는 극단적 방법을 택하기 쉽다. 한편, 고통스러운 생활사건에 직면하더라도 자살이라는 극단적인 방법을 선택하지 않도록 방지하는 요인들이 있다. 자살의 주요한 억제요인으로는 인지적 융통성, 강력한 사회적 지지, 자녀의 존재, 안정된 경제능력이나 직장 등이다(Blumenthal & Kupfer, 1988). 자살에 영향을 미치는 요인들의 관계가 [그림 8-2]에 제시되어 있다.

우울장애나 양극성장애를 지닌 사람들은 자살의 위험성이 가장 높은 집단이라고 할 수 있다. 따라서 이러한 장애를 지닌 사람들의 자살을 예방하기 위해서 세심한 주의를 기울여야 한다. 자살의 예방을 위해서는 우선 자살의 위험성을 정확하게 평가하는 일이 필요하다. 즉, 자살에 대한 의도와 그 강도, 자살에 대한 구체적인 계획의 여부, 주변 사람들에 대한 자살의 암시 등을 다각적으로 살펴보아야 한다. 자살을 기도하는 사람들은 은밀하게 유서를 작성하거나 소중히 여기던 소유물을 나누어 주거나 주변 사람들에게 '살고 싶지 않다. 모든 것을 끝내고 싶다. 더 이상 견딜 수가 없다.'는 말을 자주 하는 경향이 있다. 때로는 자살사고척도(Scale for Suicide Ideation; 신민섭 등, 1990; Beck, 1978)나 절망감 척도(Hopelessness Scale; 신민섭 등, 1990; Beck et al., 1974)를 통해 자살 경향성을 평가할 수도 있다. 이 밖에도 과거의 자살기도 경력, 우울증상의 심각도, 미래에 대한 계획, 최근의 상실경험 등을 탐색하여 자살위험성을 세심하게 평가해야 한다.

자살 욕구를 지닌 사람들이 모두 자살을 시도하는 것은 아니다. 자살의 대인관계 이론(interpersonal theory of suicide)은 자살 욕구가 생겨나는 과정뿐만 아니라 치명적인 방법으로 자살을 시도하게 되는 심리적 과정을 설명하고 있다(Joiner, 2005; Klonsky & May, 2015; Van

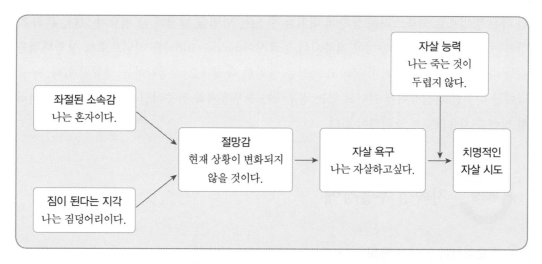

[그림 8-3] 자살의 대인관계 이론

Orden et al., 2010). 이 이론에 따르면, 자살 욕구는 두 가지의 요인, 즉 좌절된 소속감(thwarted belongingness)과 짐이 된다는 지각(perceived burdensomeness)에서 비롯된다. 좌절된 소속감은 다른 사람들과 연결되려는 소속의 욕구가 좌절된 상태로서 가족이나 친구와 접촉하지 않으면서 외로움과 사회적 고립을 경험하는 것을 의미한다. 짐이 된다는 지각은 자신에 대한 무가치감과 자책감이 확대되어 자신이 다른 사람들에게 짐이 되고 있다고 생각하는 것을 의미하며 자신이 죽는 것이 다른 사람들에게 도움이 된다는 생각으로 이어지게 된다. 좌절된 소속감과 짐이 된다는 지각이 강화되면서 절망감으로 이어져 자살 욕구를 증가시킨다.

그러나 자살 욕구가 자살 시도로 이어지는 것은 아니다. [그림 8-3]에 제시되어 있듯이, 치명적인 방법으로 자살을 시도하기 위해서는 **자살 능력**(capability for suicide)이 필요하다. 자살 시도는 생존본능을 이겨낼 수 있는 능력을 지닐 때 가능하다. 자살 능력은 세 가지의 요인, 즉 기질적 특성(낮은 통증 민감성, 과감성, 충동성), 후천적 경험(신체적 학대나 외상, 과거의 자해나 자살 시도, 가족의 자살과 같은 고통스러운 사건에 대한 반복적 노출 경험), 실제적 상황(자살 방법에 대한 지식, 치명적인 자살 도구의 접근성)에 의해서 구성된다. 자살 능력은 죽음에 대한 공포가 줄어들고 신체적 고통에 대한 감내력이 증가하는 것을 의미한다. 자살의 대인관계 이론은 많은 실증적 연구에 의해서 지지되고 있다(Chu et al., 2017).

자살의 위험성이 심각한 사람은 시급하게 입원시켜 집중적인 감시를 통해 자살을 방지해야 한다. 방문치료를 할 경우에 치료자는 신뢰관계의 바탕 위에서 자살하지 않겠다는 굳은 약속을 받아내고 자살충동이 일어날 경우 항상 치료자와 연락할 수 있는 방법을 강구해야 한다. 아울러 절망적이라고 생각하는 고통스러운 상황을 개선할 수 있는 현실적 방법을 강구하는 동시에 가족, 직장동료, 친구의 심리적 지지를 통해 고통을 덜어주어야 한다. 또한 자살이 아닌 다른 방법으로 고통스러운 상황에 대처할 수 있는 방법을 제시해 줄 필요가 있다. 흔히 자살하는 사람은 인지적 융통성이 저하되어 동굴시야(tunnel vision)를 지님으로써 상황해결을 위한 다양한 방법을 모색하지 못하고 자살을 유일한 해결책으로 생각하는 경향이 있다. 우울장애를 비롯한 정신장애를 지니고 있는 경우에는 항우울제와 집중적인 심리치료를 통해 이러한 장애를 치유하도록 노력해야 한다.

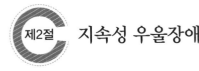

제2절 지속성 우울장애

1. 주요증상과 임상적 특징

지속성 우울장애(Persistent Depressive Disorder)는 우울증상이 2년 이상 지속적으로 나타나는 경우를 말한다. 지속성 우울장애는 DSM-5에서 새롭게 제시된 진단명으로서 DSM-IV의 만성 주요우울장애(Chronic Major Depressive Disorder)와 기분부전장애(Dysthymic Disorder)를 합친 것이다.

지속성 우울장애는 2년 이상 지속되는 우울한 기분을 비롯하여 (1) 식욕부진이나 과식, (2) 불면이나 과다수면, (3) 활력의 저하나 피로감, (4) 자존감의 저하, (5) 집중력의 감소나 결정의 곤란, (6) 절망감 중 2가지 이상의 증상이 나타날 경우에 진단될 수 있다. 앞에서 소개한 주요우울장애가 2년 이상 지속되면 지속성 우울장애로 진단명이 바뀌게 된다.

최근의 연구결과에 따르면, 우울장애의 구분에 있어서 증상의 심각성보다 증상의 지속기간이 중요한 것으로 나타났다. DSM-IV의 기준에 따라 심각한 우울증상을 나타내는 주요우울장애와 경미한 우울증상을 장기간 나타내는 기분부전장애는 인구학적 요인, 가족력, 치료효과 등에 있어서 뚜렷한 차이가 나타나지 않았다(Klein, 2008; McCullough et al., 2003). 반면에 만성 우울장애와 비만성 우울장애는 다양한 측면에서 의미 있는 차이가 나타났다(Klein et al., 2006; McCullough et al., 2003; Rhebergen et al., 2009). 이러한 연구결과를 반영하여 DSM-5에서는 우울증상의 심각도보다 그 지속기간을 중시하여 지속성 우울장애로 통합하였다.

지속성 우울장애의 핵심증상은 만성적인 우울감이다. 아울러 자신에 대한 부적절감, 흥미나 즐거움의 상실, 사회적 위축, 낮은 자존감, 죄책감, 과거에 대한 반추, 낮은 에너지 수준, 생산적 활동의 감소 등을 나타낸다. 지속성 우울장애는 비만성적 우울장애에 비해서 만성적인 경과를 보이기 때문에 실업, 재정적 곤란, 운동능력의 약화, 사회적 위축, 일상생활의 부적응이 더욱 심각하게 나타날 수 있다(Satyanarayana et al., 2009).

지속성 우울장애 환자는 주요우울장애 환자에 비해 10년 후에도 우울장애를 앓고 있을 확률이 14배나 높은 것으로 나타났다(Klein et al., 2006). 지속성 우울장애 환자들은 주요우울장애 환자들에 비해 치료에 대한 효과가 더 나쁘고 우울 삽화를 더 자주 나타내며 자살 사고도 더 많이 하는 경향이 있다(Klein et al., 2006; Murphy & Byrne, 2012). 지속성 우울장애 환자는 주요우울장애 환자에 비해서 다른 정신장애(예: 범불안장애, 외상후 스트레스장애, 강박장애)의 공병률이 높고 더 많은 만성적 신체질환을 지니며 어린 시절의 외상 경험이 더 많다(Rhebergen et al., 2011; Satyanarayana et al., 2009; Wiersma et al., 2009).

지속성 우울장애의 평생 유병률은 연구에 따라 다르지만 3~6% 정도로 추산된다. 주요우울장애 환자 중 15~25% 정도가 만성 우울장애에 해당된다(Eaton et al., 2008; Satyanarayana et al., 2009). 호주에서 실시한 연구에서는 지속성 우울장애의 평생 유병률이 약 4.6%로 나타났다(Murphy & Byrne, 2012). 스위스에서 35~66세의 성인을 대상으로 한 연구(Vandeleur et al., 20)에서는 평생 유병률이 무려 18%에 이르는 것으로 나타났다. 임상 장면에서는 우울장애를 나타내는 환자의 33~50%가 만성 우울증을 지니는 것으로 나타났다.

지속성 우울장애는 남자보다 여자에게 약 2배 정도 더 흔한 것으로 알려져 있다(Murphy & Byrne, 2012; Satyanarayana et al., 2009). 만성 우울장애는 21세를 기준으로 조발성과 만발성을 구분하는데, 21세 이전에 발병하는 경우가 전체 환자의 75%를 차지한다(Keller et al., 1992). 지속성 우울장애는 장기적으로 지속되는 양상을 나타내며 치료되더라도 재발하는 경우가 흔하다.

2. 원인과 치료

지속성 우울장애의 원인에 대해서 아직 체계적인 연구가 이루어지지 않았으나 그 기저에는 유전적인 요인이 작용하는 것으로 추정되고 있다. 지속성 우울장애 환자는 직계가족 중에 환자와 동일한 우울장애를 지닌 사람이 존재할 확률이 주요우울장애를 비롯한 다른 우울장애보다 더 높기 때문이다. 지속성 우울장애의 기저에 기질적인 취약성이 존재한다는 점에서는 연구자들 간의 합의가 이루어졌지만 어떤 기질적 취약성이 어떤 과정을 통해 지속성 우울장애를 유발하는지에 대해서는 다양한 의견이 존재한다.

신경과민성, 즉 부정 정서성이 지속성 우울장애의 기질적 취약성 요인으로 알려져 있다. 우울증상의 심각도, 전반적 기능수준의 저하, 불안장애나 품행장애의 존재가 지속성 우울장애를 예측하는 요인으로 보고되고 있다. 또한 지속성 우울장애를 지닌 사람들 중에는 아동기에 부모를 잃었거나 부모와 이별한 경우가 많았다. 아울러 전전두엽, 전측 대상회, 편도체(amygdala), 해마(hippocampus)의 뇌영역이 지속성 우울장애와 관련된 것으로 알려져 있다(American Psychiatric Association, 2013).

최근의 연구(Randenborgh et al., 2012)에 따르면, 지속성 우울장애 환자와 주요우울장애 환자의 두 집단은 다른 사람의 마음을 헤아리는 마음이론(theory of mind) 과제에서 유의미한 차이를 보이지 않았다. 그러나 자신의 감정에 대한 무감각과 무지함을 측정하는 감정표현 불능증(alexithymia) 과제에서 지속성 우울장애 환자들이 주요우울장애 환자들보다 더 높은 점수를 얻었다. 이러한 결과는 지속성 우울장애를 지닌 사람들이 자신의 감정에 둔감할 뿐만 아니라 자신의 감정을 표현하는 능력이 부족함을 시사한다.

지금까지 이루어진 여러 연구를 종합하면, 지속성 우울장애 환자들은 다음과 같은 특징을 지닌다(Schramm et al., 2020). 우선, 어린 시절에 역경과 학대를 당한 경험이 많고, 친인척 중에 우울장애를 지니는 비율이 높으며, 우울증상이 생애에서 일찍 나타난다. 또한 이들은 다른 정신장애(특히 불안장애와 성격장애)와의 공병률이 높으며, 높은 신경과민성과 낮은 외향성을 지닌다. 또한 역기능적 태도나 반추와 같이 우울증을 유발하는 인지적 특성이 높고, 대인관계 스타일이 회피적·순종적·적대적이며, 감정표현 불능증이 높고, 사회적 관계망과 지지가 부족하다.

지속성 우울장애는 약물치료나 심리치료에 반응을 나타내지 않는 것으로 알려져 있다. 지속성 우울장애를 지닌 사람들은 치료 동기가 낮고 비관주의적 사고를 지니고 있으며 우울장애가 나타난 초기에 치료를 받지 않아 만성화되는 경향이 있다. 주요우울장애에 효과적인 것으로 밝혀진 치료방법을 지속성 우울장애에 적용해 보았으나 그 결과는 그다지 만족스럽지 않은 것으로 나타났다(Hollon & Ponniah, 2010). 항우울제와 인지행동치료가 지속성 우울장애를 개선하는 데 가장 효과적인 것으로 알려져 있다. 아울러 신체적 운동과 수면패턴의 개선이 만성 우울장애를 치료하거나 악화되지 않도록 예방하는 데 효과적인 것으로 알려져 있다.

최근에 지속성 우울장애의 증상을 감소시키는 심리치료 방법이 제시되어 그 효과가 입증되었다. McCullough(2000, 2003, McCullough & Schramm, 2018)는 지속성 우울장애 환자의 대인관계 스타일을 변화시키는 데 초점을 맞춘 인지행동적 분석체계치료(CBASP: Cognitive Behavioral Analysis System of Psychotherapy)를 개발했다. McCullough에 따르면, 지속성 우울장애를 지닌 사람들은 어린 시절의 학대 경험과 현재의 부정적인 대인관계 경험으로 인해서 대부분의 대인관계를 회피하고 그로 인해서 대인공포를 지속적으로 유지하는 악순환을 유발한다. 이러한 적대적-순종적 대인관계 스타일을 변화시키는 것이 지속성 우울장애 증상을 감소시키는 데 필수적이다. CBASP는 세 가지의 치료기법, 즉 상황적 분석, 대인관계 변별 훈련, 행동적 기술 훈련으로 구성된다. 상황적 분석(situational analysis)은 환자의 부적응적 대인관계 행동을 유발시키는 상황을 만들어 환자로 하여금 자신의 인지적·행동적 반응이 어떤 결과를 초래하는지를 인식시킨다. 대인관계 변별 연습(interpersonal discrimination exercise)은 환자가 나타내는 대인관계의 오해석을 바로잡기 위한 것이다. 환자는 치료자를 비롯하여 다른 사람을 과거에 상처를 주었던 사람과 동일시하여 자신에게 거절, 처벌, 학대를 할 것으로 예상하는데, 이러한 잘못된 예상과 해석을 수정한다. 행동적 기술 훈련(behavioral skill training/

rehearsal)은 환자에게 자신의 의사를 적절하게 표현하는 훈련과 더불어 반사적인 적대적 반응을 억제하는 훈련을 시킴으로써 충동적으로 반응하는 대신 대인관계 상황을 덜 감정적으로 반응하도록 돕는다.

Wiersma와 동료들(2014)은 CBASP의 치료효과를 확인하기 위해서 67명의 만성 우울증 환자를 대상으로 52주 동안 CBASP를 실시하고 약물치료와 심리치료를 병행하는 일상적 치료와 비교했다. 그 결과는 CBASP는 일상적 치료보다 우울증상을 더 많이 감소시키는 것으로 나타났다. 특히 CBASP는 우울 증상이 심하고 아동기 외상을 지닌 우울장애 환자에게 도움이 되는 것으로 나타났다.

제3절 월경전 불쾌감장애

1. 주요증상과 임상적 특징

월경전 불쾌감장애(Premenstrual Dysphoric Disorder)는 여성의 경우 월경이 시작되기 전 주에 정서적 불안정성이나 분노감, 일상 활동에 대한 흥미 감소, 무기력감과 집중곤란 등의 불쾌한

표 8-3 월경전 불쾌감장애에 대한 핵심 증상

A. 대부분의 월경주기마다 월경이 시작되기 전(前) 주에 아래 두 집단의 증상들 중 5가지 이상이 나타난다. 이러한 증상들은 월경이 시작되면 며칠 이내로 감소하기 시작하고 월경이 끝나면 대부분 사라진다.

B. 다음의 증상 중 한 가지 이상이 존재해야 한다.
　　1. 현저한 정서적 불안정성(예: 기분 동요, 갑자기 슬퍼지거나 눈물이 남, 거절에 대한 민감성의 증가)
　　2. 현저한 과민성이나 분노 또는 대인관계 갈등의 증가
　　3. 현저한 우울 기분, 무기력감 또는 자기비하적 사고
　　4. 현저한 불안, 긴장 또는 안절부절못한 느낌

C. 다음의 증상 중 한 가지 이상이 존재해야 한다. B와 C의 증상을 모두 합해서 5개 이상의 증상을 나타내야 한다.
　　1. 일상적 활동(예: 일, 학교, 친구, 취미)에 대한 흥미의 감소
　　2. 주의집중의 곤란
　　3. 무기력감, 쉽게 피곤해짐 또는 현저한 에너지 부족
　　4. 식욕의 현저한 변화(과식 또는 특정한 음식에 대한 갈망)
　　5. 과다수면증 또는 불면증
　　6. 압도되거나 통제력을 상실할 것 같은 느낌
　　7. 신체적 증상(예: 유방 압통 또는 팽만감, 관절 또는 근육의 통증, 더부룩한 느낌, 체중 증가)

증상이 주기적으로 나타나는 경우를 말한다. DSM-5-TR에서 제시된 월경전 불쾌감장애의 진단기준은 〈표 8-3〉과 같다.

가임기 여성의 70~80%는 월경이 시작되기 직전에 유방 압통, 더부룩함, 정서적인 불안정감, 짜증스러움과 같은 다양한 징후를 경험한다. 대부분의 경우, 이러한 징후는 경미한 것이어서 특별한 치료가 필요하지 않다. 그러나 20~40%의 여성들은 이러한 월경전기의 징후가 심하여 일상생활에 어려움을 겪게 되는데, 이를 **월경전기 증후군**(premenstrual syndrome)이라고 한다. 특히 정서적 불안정성, 우울감, 불안, 짜증이나 분노, 의욕 저하, 무기력감과 같은 다양한 정서적 증상이 나타나서 일상생활에 심각한 장해를 초래하게 되는 경우를 DSM-5에서는 월경전 불쾌감장애라고 지칭하고 있다.

월경전 불쾌감장애의 유병률은 여성의 3~9%로 보고되고 있다(Halbreich & Kahn, 2001). 월경전 불쾌감장애는 주요우울장애, 양극성장애 그리고 불안장애와 공병률이 높은 것으로 알려져 있다. 또한 월경전 불쾌감장애를 나타내는 여성들은 과거에 성적, 신체적 학대를 당한 경험이 많은 것으로 나타났다(Wakil et al., 2012). 이러한 결과는 외상 경험이나 외상후 스트레스장애가 독립적으로 월경전 불쾌감장애와 관련되어 있음을 시사한다.

2. 원인과 치료

월경전 불쾌감장애의 원인은 정확하게 밝혀져 있지는 않지만, 월경주기마다 난소에서 분비되는 호르몬(에스트로겐과 프로게스테론)과 뇌에서 나오는 신경전달물질의 상호작용에 의한 것으로 여겨지고 있다. 특히 신경전달 물질인 세로토닌(serotonin)이나 5-HT(5-hydroxytryptamine) 수준의 변화가 정상적인 호르몬 주기와 작용하여 중추신경계의 민감성을 상승시킨 결과라고 설명하는 연구자들이 있다(Roca et al., 1996).

주관적인 고통은 신체적인 증상뿐만 아니라 증상을 어떻게 해석하는가에 따라 달라질 수 있다. Blake(1995)에 의하면, 매달 일어나는 생리적인 변화로 인해 발생하는 신체적, 정서적 변화에 대해서 여성은 인지적인 평가를 하게 된다. 이러한 월경전기 징후에 대한 잘못된 귀인이나 부정적 평가는 증상을 더욱 악화시킬 수 있다. 예컨대, 월경전기 증상으로 많이 보고되는 우울감이나 불안이 실제로는 경미한 것일 수 있지만 이러한 증상이 신체적인 변화에 의한 것이고 따라서 자신이 통제할 수 없는 것이라고 인식하게 되면 더욱 고통스럽게 지각될 수 있다(고선규, 권정혜, 2004). 월경전 불쾌감장애를 나타내는 여성들은 자신에 대해서 지나치게 높은 기대를 지니고 있거나 자신과 타인을 모두 돌보아야 한다는 과도한 책임감을 느끼게 만드는 부적응적인 신념을 지니는 경향이 있다.

월경전 불쾌감장애가 있는 환자들에게는 세로토닌 재흡수 억제제를 비롯한 항우울제가 증상완화에 도움이 된다(최두석, 2009). 인지행동치료에서는 내담자에게 월경 전기에 경험하는 사건들을 상세히 기술하게 하고 그러한 사건과 관련된 사고와 감정을 인식하게 한다. 아울러 월경전기 징후와 관련된 잘못된 신념과 불쾌 감정을 초래하는 부정적 사고를 현실적인 사고로 변화시키는 인지적 재구성의 과정이 포함되어 있다. 월경전기 증상을 완화시키는 데에는 식이요법도 도움이 될 수 있는데, 이러한 증상을 악화시키는 카페인, 당도나 염분이 높은 음식, 술 등을 피하고 비타민(B6, E), 칼슘, 마그네슘 등을 복용하도록 돕는다. 아울러 규칙적인 유산소운동도 월경전기 증후군의 증상을 완화시키는 데 도움이 되는 것으로 알려져 있다.

제4절 파괴적 기분조절부전장애

초등학교 2학년인 Y군의 부모는 하나뿐인 아들 때문에 고민이 많다. 현재 9세인 Y군은 6세경부터 사소한 일에 짜증을 자주 부렸으며 자신의 요구를 들어주지 않으면 물건을 집어던지고 쌍욕을 해대며 분노를 폭발했다. 부모가 Y군을 달래거나 야단을 쳐도 이러한 행동은 쉽게 사라지지 않았다. 초등학교에 진학하고 나서도 Y군은 학교에 가지 않겠다며 어머니와 다투는 일이 자주 발생했다. 어머니에게 심한 욕설과 저주를 퍼부었고 때로는 분노를 참지 못해 땅바닥에 드러누워 발버둥을 치기도 했다. 학교에서도 교사와 친구들에게 심한 분노를 폭발하는 일이 발생하여 부모가 여러 번 불려가기도 했다. 부모는 Y군의 이러한 행동이 아직 철이 들지 않았기 때문이라고 생각했으나 요즘은 그 심각성을 인식하고 급기야 아동심리상담소를 찾게 되었다.

1. 주요증상과 임상적 특징

파괴적 기분조절부전장애(Disruptive Mood Dysregulation Disorder)는, Y군의 경우처럼, 반복적으로 심한 분노를 폭발하는 행동을 나타내는 경우를 말한다. 주로 아동기나 청소년기에 나타나는 장애로서 자신의 불쾌한 기분을 조절하지 못하고 분노행동으로 표출하는 것이 주된 특징이다. 파괴적 기분조절부전장애는 DSM-5에서 처음으로 우울장애에 포함되었으며 그 진단기준은 〈표 8-4〉와 같다.

파괴적 기분조절부전장애의 핵심증상은 만성적인 짜증(irritability)과 간헐적인 분노 폭발(temper tantrums)이다. 아동기의 만성적인 짜증은 성인기에 다른 우울장애로 진전되는 경향

표 8-4 파괴적 기분조절부전장애에 대한 진단기준

A. 언어적 또는 행동적으로 표현되는 심한 분노 폭발(temper outburst)을 반복적으로 나타낸다. 이러한 분노는 상황이나 촉발자극의 강도나 기간에 비해서 현저하게 과도한 것이어야 한다.
B. 분노 폭발은 발달수준에 부적절한 것이어야 한다.
C. 분노 폭발은 평균적으로 매주 3회 이상 나타나야 한다.
D. 분노 폭발 사이에도 거의 매일 하루 대부분 짜증이나 화를 내며 이러한 행동은 다른 사람(예: 부모, 교사, 동료)에 의해서 관찰될 수 있다.
E. 이상의 증상(A~D)이 12개월 이상 지속적으로 나타나야 한다.
F. 이상의 증상(A~D)이 3가지 상황(가정, 학교, 또래와 함께 있는 상황) 중 2개 이상에서 나타나야 하며 한 개 이상에서 심하게 나타나야 한다.
G. 이 진단은 6세 이상부터 18세 이전에만 부여될 수 있다.
H. 이러한 기준들(A~E)이 10세 이전에 시작되어야 한다.

이 있다(Leibenluft et al., 2006; Stringaris et al., 2009). 분노 폭발은 막무가내로 분노를 표출하며 공격적이고 파괴적인 행동을 나타내는 것으로서 아동의 경우 흔히 다리를 뻗고 앉거나 드러누워 사지를 마구 휘저으며 악을 쓰며 울어대거나 욕을 해대기도 하는데 일상적인 비하적 용

짜증과 분노 폭발을 나타내는 아동의 모습

어로는 '개지랄' 또는 '지랄발광'이라고 기술되기도 한다. 이러한 분노 폭발은 어린아이에게서 종종 관찰되지만 만 6세가 되면 거의 사라지기 때문에 6세 이상의 연령에서 분노 폭발을 자주 나타내면 문제행동으로 간주된다(Potegal & Davidson, 1997).

파괴적 기분조절부전장애는 아동과 청소년의 경우 1년 유병률이 2~5%로 알려져 있다. 또한 남아의 유병률이 여아보다 더 높으며 연령이 증가할수록 유병률은 감소한다. 파괴적 기분조절부전장애는 양극성장애와 관련성이 높은 것으로 여겨졌으나 두 장애는 경과, 신경학적 요인, 치료약물에 대한 반응 등에 있어서 다른 것으로 밝혀졌다(Dickstein et al., 2009). 이러한 장애를 지닌 아동은 성인기에 양극성 우울장애가 아닌 단극성 우울장애로 발달할 가능성이 높은 것으로 보고되고 있다(Lopez-Duran, 2010). 아울러 이 장애는 아동기와 청소년기에 흔히 나타나는 주의력결핍 과잉행동장애, 적대적 반항장애, 품행장애와의 공병률이 높은 것으로 알려져 있다.

2. 원인과 치료

파괴적 기분조절부전장애를 지닌 아동은 좌절에 대한 과민반응성을 지닌 것으로 보고되고 있다. 목표달성이 좌절되었을 경우에 이러한 아동들은 통제집단에 비해서 더 기분이 나빠지고 불안해했으며 공격적인 반응을 나타냈다. 아울러 이러한 아동들은 전측 대상회 피질을 비롯한 뇌의 여러 부위에서 비정상적인 반응을 나타냈다. Rich 등(2011)에 따르면, 파괴적 기분조절부전장애를 지닌 아동들은 좌절감을 비롯한 부정적인 감정 반응을 억제하는 뇌기능의 저하를 나타낸다. 또한 다른 사람의 표정을 잘못 인식하여 오해하는 경향이 있을 뿐만 아니라 주의 집중과 전환에 어려움을 지니고 있어 원하는 목표를 달성하지 못하여 실패를 경험하기 쉽다. 즉, 파괴적 기분조절부전장애를 나타내는 아동은 주의능력의 곤란으로 목표달성의 실패를 스스로 초래하며 그러한 실패를 통해 과도한 좌절감을 경험한다. 또한 타인의 의도와 감정을 정확하게 처리하는 능력의 부족으로 인해 대인관계에서 좌절감을 많이 느낄 수 있다. 또한 이러한 좌절감을 억제할 수 있는 기능 역시 저하되어 분노 폭발과 같은 과잉반응을 나타내는 것으로 여겨지고 있다.

이 밖에도 가족이나 환경적 요인이 파괴적 기분조절부전장애에 영향을 미칠 수 있다. 부모의 정신병리(특히 물질남용 및 반사회적 행동), 부모의 이혼, 부부생활 갈등, 역기능적 양육행동은 아동의 파괴적 기분조절부전장애를 초래할 수 있다. 특히 부모의 방임이나 무관심 또는 일관성 없는 가혹한 처벌과 같은 역기능적 양육행동이 아동의 기분조절을 저해할 수 있다.

파괴적 기분조절부전장애의 치료는 비지시적인 놀이치료가 효과적인 것으로 알려져 있다. 다양한 인형과 장난감이 제공되는 놀이를 통해서 아동이 자유로운 자기표현을 할 수 있을 뿐만 아니라 좌절감을 해소할 수 있는 내면적 공상이 촉진될 수 있다. 치료자는 놀이를 통해 아동과 친밀한 관계 형성을 시도할 수 있으며 아동이 느끼는 좌절감의 내용을 탐색하여 개입할 수 있다.

또한 가족치료를 통해서 가족 간의 갈등을 해소하고 부모의 양육행동을 긍정적으로 변화시킬 수 있다. 파괴적 기분조절부전장애를 지닌 아동에게 스트레스와 좌절감을 유발하는 가족의 생활패턴을 변화시키고 부모가 인내심 있는 양육행동을 일관성 있게 나타내는 것이 바람직하다. 심한 파괴적 기분조절부전장애를 나타내는 아동에게는 약물치료가 적용될 수도 있다. 그러나 양극성장애에 효과적인 향정신성 약물이 처방되어야 한다는 의견과 항우울제나 항불안제가 효과적이라는 의견이 양립하고 있다.

양극성 및 관련 장애

과거에 양극성장애는 우울장애와 함께 기분의 변화를 나타내는 유사한 장애로 여겨졌다. DSM-IV에서는 양극성장애와 우울장애를 기분장애의 하위유형으로 분류했다. 그러나 최근의 많은 연구에서 우울장애와 양극성장애는 원인, 경과, 예후의 측면에서 뚜렷한 차이를 지닌 것으로 밝혀지고 있다. 특히 양극성장애는 유전적 요인을 비롯한 신경생물학적 요인이 중요한 역할을 하는 정신장애로 여겨지고 있다. 이러한 연구결과를 반영하여 DSM-5-TR에서는 양극성장애를 독립된 진단범주로 분류하고 **양극성 및 관련 장애**(Bipolar and Related Disorders)라는 명칭의 장애범주에 제1형 양극성장애, 제2형 양극성장애, 순환감정장애를 포함시키고 있다.

제1절 양극성장애

고졸 출신의 30대 교도관인 P씨의 동료들은 요즘 P씨를 걱정스러운 눈으로 바라보고 있다. 평소에 소극적이고 조용하던 P씨가 한 달 전부터 서서히 말이 많아지고 웃음소리가 커졌으며 여러 가지 일을 벌이며 활발한 모습을 보이기 시작했다. 6개월 전 도박에 손을 대어 큰돈을 손해보고 한동안 의기소침한 모습을 보여 왔던 P씨였기에, 동료들은 무슨 좋은 일이 생긴 줄로만 생각했다. 동료들과의 술자리 모임에서 P씨는 평소에 잘 마시지 않던 술을 많이 마시고 명랑하게 화제를 주도하며 많은 말을 했으나 다소 이해되지 않는 이야기들을 하곤 했다. 앞으로 교도관의 월급이 두 배로 오를 것이라거나 조만간 대통령이 우리 교도소를 방문하게 될 것이라거나 자신은 곧 3급 공무원으로 승진을 하게 될 것이라는 등의 말을 하곤 했다. 최근 P씨는 돈 씀씀이가 몹시 헤퍼졌으며, 아내에게 자신은 고시공부를 하겠다며 2년 안에 사법고시와 행정고시를 모두 합격할 것이라고 공언하였다고 한다. 법학 관련서적을 10여 권 사들고 와서 매일 새벽 3~4시까지 공부를 하였으나 아내가 보기에는 공부를 하는 것이 아니라 이책 저책을 뒤척거리기만 했다고 한다. 직장에 출근해서도 일은 하지 않고 동료나 죄수들에게 돌아다니며 "나는 이런 곳에 있을 사람이 아니다. 나는 중요한 사람이니 잘 기억해 두라"고 횡설수설 이야기하곤 했다. 출퇴근시간을 잘 지키지 않았으며 근처 대학에 법학 강의를 청강하러 간다며 무단으로 자리를 비우곤 했다. 이런 일이 잦아져 교도소장이 불러 문책을 하자, "내가 조만간 당신 상관으로 오게 될 텐데, 이렇게 함부로 대해도 되느냐?"며 오히려 화를 내며 대들었고 "교도행정이 크게 잘못되어 있다. 내가 다시 돌아오는 날 세상이 바뀔 것이다"라고 횡설수설하였다고 한다.

1. 주요증상과 진단기준

양극성장애(Bipolar Disorder)는 우울한 기분상태와 고양된 기분상태가 교차되어 나타나는 경우를 뜻한다. P씨의 경우와 같이, 기분이 몹시 고양된 조증 상태에서는 평소보다 훨씬 말이 많아지고 빨라지며 행동이 부산해지고 자신감에 넘쳐 여러 가지 일을 벌이는 경향이 있다. 때로는 자신에 대한 과대망상적 사고를 나타내며 잠도 잘 자지 않고 활동적으로 일하지만 실제로 이루어지는 일은 없으며 결과적으로 현실적응에 심한 부적응적 결과를 나타내게 된다. 이러한 조증 상태가 나타나거나 우울장애 상태와 번갈아 나타나는 경우를 양극성장애라고 한

표 8-5 | DSM-5-TR에서 제시된 조증 삽화의 주요한 증상들

(1) 팽창된 자존심 또는 심하게 과장된 자신감
(2) 수면에 대한 욕구 감소(예: 단 3시간의 수면으로도 충분하다고 느낌)
(3) 평소보다 말이 많아지거나 계속 말을 하게 됨
(4) 사고의 비약 또는 사고가 연달아 일어나는 주관적인 경험
(5) 주의 산만(예: 중요하지 않거나 관계없는 외적 자극에 너무 쉽게 주의가 이끌림)
(6) 목표 지향적 활동(직장이나 학교에서의 사회적 또는 성적 활동)이나 흥분된 운동성 활동의 증가
(7) 고통스러운 결과를 초래할 쾌락적인 활동에 지나치게 몰두함(예: 흥청망청 물건 사기, 무분별한 성행위, 어리석은 사업 투자)

다. 과거에는 **조울증**(manic depressive illness)이라고 불리기도 했다.

제1형 양극성장애(Bipolar I Disorder)는 기분이 비정상적으로 고양되는 조증 상태를 특징적으로 나타내는 장애이다. 이 장애의 진단기준은 다음과 같다. 첫째, 비정상적으로 의기양양하고 자신만만하거나 짜증스러운 기분을 나타내고 목표지향 행동이나 에너지 수준이 비정상적으로 증가된 상태가 1주일 이상 분명하게 지속되는 **조증 삽화**(manic episode)를 나타내야 한다.

둘째, 이러한 조증 삽화에서는 〈표 8-5〉에 제시되는 7가지 증상 중 3가지 이상(기분이 과민한 상태인 경우에는 4가지)이 심각한 정도로 나타나야 한다.

셋째, 이러한 증상이 물질(예: 남용하는 물질, 치료약물 또는 기타 치료)이나 신체적 질병(예: 갑상선 기능항진증)의 직접적인 생리적 효과로 인한 것이 아니어야 한다. 마지막으로, 이러한 기분장애가 심각하여 직업 적응은 물론 일상생활에 현저한 곤란이 있거나 자신 및 타인을 해칠 가능성이 있어 입원이 필요하거나 정신병적 양상(망상이나 환각)이 동반되면 제1형 양극성장애로 진단된다.

제1형 양극성장애는 가장 심한 형태의 양극성장애로서 한 번 이상의 조증 삽화가 나타나는 모든 경우를 말한다. 흔히 제1형 양극성장애를 지닌 사람들은 한 번 이상의 주요 우울 삽화(major depressive episode)를 경험한다. 주요 우울 삽화는 주요우울장애의 증상이 2주일 이상 지속되는 경우를 뜻한다. 양극성장애로 진단하기 위해서는 현재의 증상뿐만 아니라 과거의 병력을 자세하게 탐색해야 한다.

양극성장애는 가장 최근에 나타난 기분 삽화와 그 심각도에 따라서 세부적 진단이 내려진다. 예컨대, 현재는 주요 우울 삽화를 나타내고 있지만 과거에 조증 삽화를 나타낸 적이 있는 경우에는 제1형 양극성장애로 진단되며 가장 최근의 주요 우울 삽화와 그 심각도가 명시된다. 양극성장애의 경우, DSM-5-TR에서는 현재 나타내고 있는 증상의 심각도를 경도(mild), 중등도(moderate), 중증도(severe)로 평가한다.

조증과 우울증 상태가 반복되는 양극성장애

제2형 양극성장애(Bipolar II Disorder)는 제1형 양극성장애와 매우 유사하지만 조증 삽화의 증상이 상대적으로 미약한 **경조증 삽화**(hypomanic episode)를 보인다는 점에서 구분된다. 경조증 삽화는 평상시의 기분과는 분명히 다른 의기양양하거나 고양된 기분이 적어도 4일간 지속된다. 아울러 7가지의 조증 증상 중 3가지 이상이 나타나지만, 이러한 조증 증상이 사회적, 직업적 기능에 현저한 지장을 주지 않으며 입원이 필요할 정도로 심각하지 않을 뿐 아니라 정신병적 양상도 동반되지 않는다. 아울러 제2형 양극성장애로 진단되려면, 과거에 한 번 이상의 경조증 삽화와 한 번 이상의 주요 우울 삽화를 경험한 적이 있어야 한다. 아울러 조증 삽화를 한 번도 경험한 적이 없어야 한다. 즉, 제2형 양극성장애는 과거에 주요우울장애를 경험한 적이 있으며 동시에 기분이 고양되는 비정상적인 기분상태를 나타내지만 조증 삽화보다 그 심각도가 미약한 경조증 삽화를 나타내는 경우를 말한다. 제1형 양극성장애와 제2형 양극성장애는 증상적 측면에서는 매우 유사하지만 역학적 양상이나 원인에 있어서 차이가 있다는 연구결과가 누적됨으로써 진단적인 구분이 이루어지고 있다.

2. 임상적 특징

제1형 양극성장애는 지역사회 연구에서 평생 유병률이 0.4~1.6%로 보고되고 있다. 주요 우울장애를 반복적으로 나타내는 청소년들 중 약 10~15%가 제1형 양극성장애로 발전된다는 연구보고가 있다. 주요우울장애는 여성에게 많이 나타나는 반면, 제1형 양극성장애는 대체로 남성과 여성에게 비슷하게 나타난다. 그러나 남성은 조증 삽화가 먼저 나타나는 경우가 많고, 여성은 주요 우울 삽화가 먼저 나타나는 경우가 많다. 제1형 양극성장애를 지닌 여성은 출산 직후에 기분장애가 발생할 위험성이 높아진다.

🔍 천재의 창의성과 양극성장애

"조증은 생명의 불꽃이며 우울증은 타고 남은 재이다"라는 말이 있다. 양극성장애를 지닌 사람들은 조증 상태에서 보통 사람들과는 달리 매우 신속하고 왕성한 사고활동과 적극적이고 정열적인 행동을 나타내게 된다. 이러한 조증적 성향이 생산적으로 활용될 경우에는 보통 사람들이 할 수 없는 창의적이고 초인적인 업적을 남길 수도 있다.

인류의 역사에 있어서 위대한 업적을 남긴 천재 중에는 정신장애를 지녔던 사람들이 많다. 위대한 천재들이 흔히 지녔던 정신장애의 하나가 바로 양극성장애이다. 시인 중에는 William Blake, Lord Byron, Alfred Lord Tennyson, Anne Sexton, 화가로는 Georgia O'Keeffe, 음악가로는 Robert Schumann, 과학자로는 진화론을 주장한 Charles Darwin, 양자역학을 발전시킨 Niels Bohr(1885~1962)가 양극성장애를 지녔던 사람들로 알려져 있다(飯田 眞 · 中井 久夫, 1972; Wedding & Boyd, 1999).

이러한 천재들은 웅대한 포부와 낙관적 전망, 자유분방하고 풍부한 창의적 발상, 자신감과 의욕에 찬 추진력, 매우 활동적이고 정열적인 목표지향적 행동, 낙천적이고 폭넓은 사회적 활동과 같은 조증적 특성으로 인해 위대한 업적을 남길 수 있었다. 그러나 이들은 왕성한 활동을 펼치다가 어느 시점에서 활력이 소진된 듯한 우울증적인 침체기를 나타내곤 했다. 이처럼 조증적 상태와 우울증적 상태를 주기적으로 나타내는 경향이 있었으며 주위의 지지적 동료들이 이들의 약점을 보완해 주었던 경우가 많다.

지칠 줄 모르는 항해와 방대한 자료수집을 통해 진화론을 주장한 Darwin의 경우가 좋은 예이다. Darwin은 『비글호 항해기』에서 신대륙을 돌아 오세아니아와 인도양을 항해하며 수집한 동식물학적, 지리학적, 지질학적 자료에 근거하여 장대한 자연세계를 생기 넘치는 필치로 파노라마처럼 펼치고 있다. 그러나 이와 달리 『종의 기원』은 단조롭고 침울한 필치로 기술되어 있으며 예상되는 비판에 대한 변명조의 서술을 지나칠 정도로 많이 나열하고 있다. Darwin이 『종의 기원』을 완성할 수 있었던 것은 친구인 Hooker의 공헌이 컸던 것으로 알려져 있다. Hooker는 Darwin의 지지자이자 비판자의 역할을 하면서 Darwin의 과도한 포부를 현실적인 것으로 축소시키고 실험적 자료를 제공하며 『종의 기원』이 완성될 수 있도록 도왔다. Darwin은 생애를 통해 경조증적인 상태에서 왕성한 연구를 진행하였지만 여러 시기에 피로감, 두통, 불면증을 나타내는 우울증적인 침체기를 보였다. 즉, 웅대한 계획 → 왕성한 목표지향적 노력 → 심리적 위기 → 우울증적 증상 → 친구의 도움 및 현실과의 타협 → 연구 및 저술의 완성 → 새로운 연구계획으로 이어지는 삶의 패턴을 보였다(飯田 眞 · 中井久夫, 1972).

제1형 양극성장애는 재발성 장애로서 한 번 조증 삽화를 나타낸 사람들의 90% 이상이 앞으로 또 다른 기분장애를 나타내게 된다. 조증 삽화의 약 60~70%는 주요 우울 삽화의 직전이나 직후에 발생한다. 그러나 개인의 나이가 증가함에 따라 기분장애 발병 사이의 시간 간격이 줄어드는 경향이 있다. 제1형 양극성장애를 지닌 사람의 약 5~15%는 1년 동안 네 번 이상의 기분장애 상태를 나타내는데, 이런 경우는 양극성장애의 급속 순환성 유형에 속하며 예후가 좋지 않은 것으로 알려져 있다. 제1형 양극성장애를 지닌 대다수의 사람은 기분장애 상태에서 회복되면 비교적 정상적인 상태로 돌아오지만 20~30%의 사람은 불안정한 기분이 지속되고 대인관계 및 직업적 활동에도 어려움을 나타낸다.

제1형 양극성장애를 지닌 사람의 직계 가족에게는 제1형 양극성장애(4~24%), 제2형 양극성장애(1~5%), 그리고 주요우울장애(4~24%)가 발생하는 비율이 높다. 쌍둥이와 입양아 연구에서 제1형 양극성장애가 유전적인 영향을 가장 많이 받는다는 증거들이 보고되고 있다(Allen, 1976). 특히 주목해야 할 점은 양극성장애가 주요우울장애와 더불어 자살 위험성이 가장 높은 장애라는 점이다. 양극성장애 환자의 약 25%가 자살을 시도한다는 보고가 있다. 특히 주요 우울 삽화의 시기에 자살 시도를 많이 하는 경향이 있다고 알려져 있다.

제2형 양극성장애는 평생 유병률이 약 0.5%로 보고되고 있다. 제2형 양극성장애는 남성보다 여성에게 더 흔하며, 이 장애를 경험한 여성들은 출산 직후에 기분장애를 경험할 위험이 높다. 흔히 경조증 삽화를 나타내는 사람의 약 60~70%는 경조증 삽화가 주요우울장애의 직전이나 직후에 발생한다. 기분장애 증상을 나타내는 간격은 개인의 나이가 증가하면서 감소하는 경향이 있다. 만일 조증 삽화가 제2형 양극성장애의 경과 중에 발생하게 되면 진단은 제1형 양극성장애로 바뀌게 된다. 제2형 양극성장애를 지닌 사람들 가운데 5~15%는 처음 발병한 지 5년이 지나면 조증 삽화를 나타내어 제1형 양극성장애로 전환된다는 보고가 있다.

3. 원인

양극성장애는 여러 가지 이론적 입장에서 그 원인에 대한 설명이 제시되고 있으나 유전을 비롯한 생물학적 요인에 의해서 많은 영향을 받는 장애로 알려져 있다. **생물학적 입장**에서는 양극성장애에 영향을 미치는 유전적 요인, 신경전달물질, 신경내분비적 요인, 수면생리적 요인들에 대한 연구가 진행되고 있다. 양극성장애는 유전되는 경향이 강한 장애로 알려져 있다. 양극성장애로 진단받은 환자들의 대다수는 가족 중에 동일한 장애 또는 주요우울장애를 지녔던 사람들이 있다. 한 연구조사에 따르면, 양극성장애를 지닌 가족 중에서 기분장애를 나타낼 비율이 12~22%인 데 비해, 단극성 우울장애의 경우는 7%이다. 양극성장애가 발병할 위험도는 한쪽 부모가 양극성장애를 가진 자녀의 경우 약 12%라고 보고되고 있다. 특히 제1형 양극성장애의 경우, 환자의 약 50%가 그들의 부모 중 적어도 한 사람은 기분장애를 겪은 병력이 있었다. 부모 중 한 사람이 제1형 양극성장애일 경우 자녀들에게 기분장애가 발생할 가능성은 약 25%이며, 부모 모두 제1형 양극성장애일 경우 자녀들에게 기분장애가 발생할 가능성은 50~75%나 된다고 보고된 바 있다. 쌍둥이 연구는 유전적 요인이 양극성장애에 강력한 영향을 미치고 있다는 점을 잘 보여주고 있다. 일란성 쌍둥이의 경우, 단극성 우울장애의 경우는 일치도가 40%인 데 비해, 양극성장애는 일치도가 70%였다. 그러나 이란성 쌍둥이의 경우는 단극성과 양극성장애의 일치도가 11%와 14%로 유의미하게 다르지 않았다(Allen, 1976). Mendlewicz와 Rainer(1977)의 연구에 따르면, 양극성장애를 나타내는 환자들의 부모가 동일한 장애를 나타내는 비율이 양부모는 12%인 데 비해 친부모는 31%였다. 이러한 일련의 연구들은 양극성장애가 유전적 영향을 많이 받고 있음을 보여주고 있다.

양극성장애는 유전적 요인 외에 신경전달물질, 신경내분비 기능, 수면생리 등과 관련된 것으로 보고되고 있다. 양극성장애가 유전적 취약성을 갖는다면 무엇이 유전되는가 하는 문제가 제기될 수 있다. 이 문제에 대한 대답으로 신경화학적 기제가 유전된다는 주장이 지배적이다. 특히 Norepinephrine, Serotonin, Dopamine 등의 신경전달물질이 양극성장애에 중요한 역할을 하는 것으로 알려져 있다. Schildkraut(1965)는 Catecholamine 가설을 주장하여 우울장애는 Catecholamine(epinephrine, norepinephrine, dopamine)의 부족으로 유발되는 반면, 조증은 Catecholamine의 과잉에 기인한다고 주장하였다. Catecholamine을 소모시키는 reserpine 같은 약물은 우울장애를 증가시키고, Catecholamine의 파괴를 억제하는 MAO 억제제와 시냅스에서 Norepinephrine의 재흡수를 방해하는 삼환계 항우울제는 기분을 고양시킨다.

이 밖에도 수면장애는 기분장애에서 공통적으로 나타나는 증상으로서, 우울장애에서는 불면이나 과다수면을 보이며 조증 삽화에서는 수면욕구가 감소되는 특징을 나타낸다. 이러한 사실에 근거하여 기분장애가 생체리듬의 이상과 관련이 있다는 주장이 제기되고 있다. 또한 기분장애가 신경내분비기관의 기능이상과 관련된다는 보고도 있다. 우울장애에서는 시상하부-뇌하수체-부신피질 축의 기능이상이 흔히 발견되며, 갑상선의 기능이상도 기분장애와 관련이 있는 것으로 알려져 있다. 때로 갑상선 기능저하증은 우울장애를 유발하는 반면, 갑상선 기능항진증은 조증을 유발하기도 한다. 이처럼 기분장애는 내분비기능과 관련을 지니고 있으며, 신경내분비 축의 조절이상이 신경전달물질의 기능이상을 초래한다는 주장이 제기되고 있다.

양극성장애가 유전을 비롯한 생물학적 요인의 영향을 많이 받는다고 해서 심리사회적 요인이 영향을 미치지 않는다는 것은 아니다. 생물학적 요인은 양극성장애를 유발하는 취약성을 제공하며 양극성장애의 발병시기나 발병양상은 심리사회적 요인에 의해 중대한 영향을 받게 된다. 정신분석적 입장에서는 양극성장애의 조증 증세를 무의식적 상실이나 자존감 손상에 대한 방어나 보상 반응으로 보고 있다. Freud는 조증이 우울장애와 핵심적 갈등은 동일하지만 에너지가 외부로 방출된 것이라고 생각했다. 즉, 무의식적 대상의 상실로 인한 분노와 책망의 에너지가 외부로 방출된 것이라고 설명하였다. Abraham(1927b)은 우울장애를 겪은 적이 없는 환자라 하더라도 아주 어린 시기에 초보적인 수준의 우울장애를 경험했을 것이라고 주장하였다. 초기의 우울장애를 인내하는 것을 배우지 못했거나, 부모 또는 부모의 사랑을 상실했던 사람은 자신들의 발달적 비극의 현실을 부정하고 조증반응을 보인다는 것이다. 또한 조증과 우울장애는 동일한 갈등에 의해 지배되며 단지 그 갈등에 대한 환자의 태도가 다를 뿐으로, 우울장애는 갈등에 압도당하는 상태인 반면, 조증은 갈등을 부정하고 무관심한 태도를 보이는 상태라고 여겼다.

Cameron(1963)에 따르면, 조증은 개인이 직면하기에 너무 고통스러운 현실을 부정한 결과 나타나는 정신병리적 현상으로 이때의 현실은 주요우울장애를 유발할 수 있을 정도로 매우 고통스러운 상태이다. 조증은 주요우울장애에 대한 방어로서, 견디기 힘들 정도로 고통스러운 사실을 받아들이는 능력이 결여되어 있거나 또는 그런 사실을 수용하기를 거부하는 행위로 간주된다. Cameron에 따르면, 조증과 주요우울장애의 촉발요인은 다르지 않으나 조증을 나타내는 사람은 주로 부정이라는 방어기제를 광범위하게 사용하고 과대망상을 통해 너무나 고통스러운 현실을 부정하고 그것과 반대되는 가상적 현실로 재구성한다.

대상관계이론을 주장한 Klein(1940)은 양극성장애란 아동기에 선한 내적 대상을 자기 마음속에 표상하는 데 실패했음을 반영하는 상태라고 보았다. 조증 환자들이 보이는 조증적 방어들, 즉 자신이 전능하다는 생각, 타인에 대한 어떤 공격성이나 파괴성을 부정하는 것, 실제 생활과는 반대되는 지나친 행복감, 다른 사람을 이상화하는 태도, 상대방을 경멸하고 무시함으로써 관계형성의 욕구를 거부하게 만드는 행위 등은 상실된 사랑의 대상을 연모함으로써 생겨나는 고통스러운 감정들에 대한 반응으로 간주된다. 이러한 방어들은 상실된 사랑의 대상을 구조하고 되찾기 위해서, 악한 내적 대상을 부정하기 위해서, 사랑의 대상에 대한 맹목적 의존심을 부정하기 위해서 사용된다. 조증적 방어자세의 본질적인 한 가지 측면으로 부모에게 승리를 거둠으로써 아동-부모관계를 역전시키고자 하는 소망을 들 수 있다. 이러한 승리의 욕구는 그다음에 죄책감과 우울증을 초래한다. Klein은 성공 또는 승진한 후에 빈번하게 발생하는 우울증은 부분적으로 그와 같은 기제 때문에 생긴다고 주장한다. 조증의 방어적 기능은 불쾌감을 동반하는 조증, 즉 혼재성 기분상태를 겪는 환자들에서 가장 분명하게 드러난다. 이 환자들의 경우, 불안과 우울이 조증 삽화 사이를 뚫고 나타나기 때문에 조증적 부정이 다시 표현되고 만다.

Winters와 Neale(1985)은 조증을 나타내는 사람들의 실제적인 자존감이 낮을 것이라는 가설을 경험적으로 검증하고자 하였다. 이들은 조증 환자, 단극성 우울증 환자, 정상인의 세 집단을 대상으로 자존감 척도와 실제적 추론과제(pragmatic inference test: 어떤 이야기를 읽게 한 뒤 그 이야기에 들어 있는 사실을 기억하거나 그 이야기에서 추론하게 하는 과제)를 실시했을 때, 자존감 척도에서는 조증 집단과 정상인 집단이 우울증 집단보다 높은 점수를 나타냈으나 추론 과제에서는 조증 집단과 우울증 집단이 같은 수행을 보였다. 이러한 결과는 조증을 나타내는 사람이 의식적으로는 자신에 대한 부정적 감정을 성공적으로 방어하고 있지만 내면적으로는 자존감이 매우 낮음을 보여주는 것이다.

인지적 입장에서는 조증 증세를 나타내는 사람은 우울증 증세를 나타내는 사람과 마찬가지로 현실의 해석에 인지적 왜곡이 있다고 본다. 우울장애를 지닌 사람이 나타내는 자동적 사고의 주제가 상실과 실패인 반면, 조증 환자는 획득과 성공을 주제로 하는 자동적 사고를 나타낸다. 조증 환자들은 생활경험을 해석하는 과정에서 우울장애 환자들이 나타내는 대부분의 인지적 오류를 범한다. 예컨대, 사소한 한두 번의 성공을 근거로 앞으로 자신이 벌이는 무슨 일이든 확실히 성공할 것이라고 생각하는 조증 환자는 '과잉일반화의 오류'를 범하고 있다. 또한 조증 환자들은 자기의 행동이 가져올 수 있는 잠재적인 부정적 결과에 주목하고 이를 타당하게 평가하지 못하는데, 이는 자신이 내놓은 계획이 안고 있는 단점은 보지 못하고 장점만

긍정적 사고와 부정적 사고의 균형

우리는 누구나 일상생활 속에서 긍정적 생각과 부정적 생각을 동시에 지니며 살아간다. Schwartz(1986)와 같은 인지이론가는 이러한 긍정적 생각과 부정적 생각의 비율이 기분상태를 결정하는 중요한 요인이라고 주장한다. 심리적으로 건강한 사람들은 긍정적 사고와 부정적 사고가 대체로 황금비, 즉 1.6 대 1.0의 비율로 적절한 균형을 이루고 있다고 한다(Kendall et al., 1989).

우울증은 부정적 생각이 압도적으로 많아지거나 긍정적 사고가 현저하게 감소하여 황금비의 균형이 무너진 상태라는 것이다. 이와는 반대로, 기분이 비정상적으로 고양되는 조증 상태는 긍정적인 사고가 증폭하고 부정적인 사고가 감소한 상태라고 볼 수 있다. 이러한 조증 상태에서는 자신을 과대평가하여 비현실적인 거창한 계획을 세우고 무모하게 행동하여 결과적으로 실패와 부적응을 초래하게 된다.

긍정적 사고와 부정적 사고의 비율은 우리의 삶에 중요한 의미를 지닌다. 긍정적 사고는 우리에게 낙관적 기대와 더불어 의욕과 활기를 불어넣는 삶의 추진기(accelerator)인 반면, 부정적 사고는 비관적 기대와 더불어 삶의 폭과 속도를 감소시키는 삶의 제동기(brake)라고 할 수 있다. 자동차에는 추진기와 제동기가 모두 필요하듯이, 우리의 삶에는 긍정적 사고와 부정적 사고가 모두 필요하다. 우리가 자신에 대한 과대평가의 환상 속에서 삶을 지나치게 확장하며 무모하게 과속할 때, 삶의 속도를 조절하게 해주는 제동기가 바로 부정적인 생각인 것이다. 반면, 자신감을 잃고 슬럼프에 빠져 침체된 삶을 살고 있을 때, 우리에게 희망과 용기를 갖게 해주는 가속기가 바로 긍정적 생각인 것이다. 따라서 심리적으로 건강한 사람은 삶의 추진기와 제동기를 모두 구비하고 적절하게 사용하는 사람이라고 할 수 있다. 즉, 긍정적 사고와 부정적 사고의 적절한 균형이 건강한 삶의 비결이라고 할 수 있다.

보려고 하는 '선택적 추상화'의 오류를 범하고 있는 것이다. 경조증 삽화의 사람들은 흔히 주어진 시간 안에 자신이 해낼 수 있는 일의 분량을 과대평가하는 반면, 그 일을 달성하는 데 걸리는 시간을 과소평가하는 현실왜곡적 사고경향을 보인다. 또한 조증 환자들은 '개인화의 오류'를 범하여 일상생활 가운데 벌어지는 일들이 자신의 특별한 능력 때문에 일어나는 것으로 해석하는 과대망상적 사고를 나타내는 경향이 있다. 예컨대, 한국팀이 스포츠 경기에서 지고 있었는데 환자가 TV를 보면서 역전하게 되었다면, 환자는 자신이 한국팀의 승리에 기여했다고 생각하고 자신이 특별한 능력을 지닌 것으로 해석하게 된다. 이러한 인지적 오류에 의해 조증 환자는 생활경험 속에서 획득과 성공을 지각하고 자신의 경험에 무차별적으로 긍정적인 가치를 부여하며 자신의 노력에 비해 비현실적으로 긍정적 결과를 기대하고 자신의 능력을 과대추정한다. 이런 왜곡된 추론이 행복감을 느끼게 하고 활동수준을 높이게 된다.

4. 치료

제1형 양극성장애, 특히 조증 삽화가 나타날 때는 입원치료와 약물치료를 우선적으로 고려해야 한다. 조증 삽화로 인해 자신과 타인에게 커다란 피해를 줄 우려가 있을 경우에는 입원치료가 필요하며, 이러한 경우 항조증 약물이 처방된다. 가장 대표적인 항조증 약물은 리튬(Lithium)이다. 리튬은 기분안정제(mood stabilizer)로서 모든 유형의 양극성장애를 치료하는 데에 사용되고 있으며 특히 조증 삽화를 진정시키고 예방하는 효과를 지닌다. 최근에는 Cabamazepine 역시 Lithium과 유사한 항조증 효과가 있는 것으로 입증되었다. 조증을 치료하기 위해서는 Lithium과 Cabamazepine이 가장 우선적으로 사용되고 있으며, 그 밖에 Valproate나 Clonazepam과 같은 항경련제도 사용되고 있다.

그러나 약물치료만으로 양극성장애를 조절하는 데에는 현저한 한계가 있다. 약물치료만을 받은 양극성장애 환자 중 50~70%가 재발했다(Keller et al., 1993; Marker & Mander, 1989). 양극성장애는 대부분의 경우 만성적인 경과를 나타내며 기분 삽화의 사이에도 경미한 증상이 존재하며 전반적으로 기능수준이 저하된 상태가 지속된다(Coryell et al., 1993; Goldberg et al., 1995).

따라서 양극성장애의 치료와 재발 방지를 위해서는 약물치료와 심리치료를 병행하는 것이 필수적이다. 양극성장애는 흔히 만성적인 경과를 나타내며 재발하는 경향이 높기 때문에 환자는 자신의 증상을 주시하면서 생활을 조절하는 것이 중요하다. 양극성장애 환자는 우울장애와 조증 증세를 반복하는 경향이 있기 때문에 이러한 증세가 시작되는 초기의 변화를 자각하여 증세가 악화되지 않도록 스스로 심리적 안정을 취하거나 전문가의 치료를 받아야 한다. 또한 환자의 가족들은 양극성장애의 특성을 잘 이해하고 환자에게 심리적 지지를 보내는 동시에 환자의 기분상태와 증세를 유심히 관찰하여 환자가 현실생활에 잘 적응할 수 있도록 돕는 것이 필요하다. 이러한 양극성장애를 치료하고 예방하는 데에 심리치료는 다양한 기여를 할 수 있다(Mikolowitz, 2008). 심리교육을 통해서 양극성장애에 대한 지식을 증가시키고 약물치료의 중요성을 인식시킴으로써 약물치료에 순응하도록 돕는다. 또한 조증 삽화의 예방을 위해서 수면을 비롯한 규칙적인 일상생활을 유지하고 감정조절 및 의사소통 기술을 습득시키며 조증 삽화의 전구기 증상을 알아차리고 효과적으로 대처하도록 돕는다.

양극성장애의 심리치료에는 인지행동치료와 대인관계 및 사회적 리듬치료가 효과적인 것으로 알려져 있다. 양극성장애를 위한 인지행동치료는 일상생활 속에서 경험하는 부정적 경험의 인지적 재구성뿐만 아니라 전구기 증상을 감지하고 완전한 기분 삽화로 발전하지 않도록 환자의 인지와 행동을 수정하도록 돕는다. 아울러 규칙적인 일상생활과 수면을 유지하는 것의 중요성을 강조하는 동시에 과도한 목표추구 행동을 수정하는 데 초점을 맞춘다. 제1형 양극성장애 환자의 경우, 인지행동치료와 약물치료를 병행한 집단이 약물치료만 받은 집단보다 재발방지 효과가 현저하게 우수한 것으로 나타났다(Lam et al., 1999).

대인관계 및 사회적 리듬 치료(interpersonal and social rhythm therapy)는 대인관계의 안정과 사회적 일상생활의 규칙성이 양극성장애의 재발을 막는 데 효과적이라는 연구결과에 근거하고 있다(Frank et al., 2000; 2005). 양극성장애는 흔히 대인관계 맥락에서 촉발되며 대인관계를 안정적으로 유지하도록 돕는 것이 양극성장애의 치료와 예방에 중요하다. 또한 양극성장애 환자들의 기분상태는 수면-각성 주기와 밀접히 관련되는 것으로 보고되고 있다(Goodwin & Jamison, 2007). 대인관계 및 사회적 리듬 치료는 장기간에 걸쳐 시행되며 크게 네 단계의 과정으로 이루어진다. (1) 치료 초기에는 현재의 대인관계 수준과 문제영역을 확인하고 양극성장애에 대한 심리교육을 실시한다. 아울러 사회적 리듬 차트(social rhythm chart)를 도입하여 환자의 일상생활을 요일과 시간대 별로 기록하게 한다. (2) 치료 중기에는 사회적 리듬 차트를 사용하여 생활리듬을 불규칙하게 만드는 활동을 찾아내어 변화시킨다. 하루에 몇 시간의 수면을 취하고 일상생활을 어떻게 영위하는 것이 환자에게 가장 정서적인 안정감을 주는지를 탐색한다. 또한 사회적 리듬을 교란시키는 일상생활의 사건에 적응하는 방법을 습득시킨다. 아울러 대인관계 치료를 병행하며 사회적 관계에서의 갈등과 문제를 해결하도록 돕는다. (3) 예방기에서는 치료회기를 월 1회로 줄이고 2년 이상 지속적으로 이끌어 나간다. 환자가 치료실 밖에서 대인관계 및 사회적 리듬 치료의 기법을 적용하여 자신의 일상생활을 자신감 있게 이끌어 나가도록 유도한다. (4) 종결기에서는 치료회기의 간격을 늘이면서 만약의 재발 상황에 대처할 수 있는 방법과 활용가능한 자원을 알려준다.

제2절 순환감정장애

순환감정장애(Cyclothymic Disorder)는 기분 삽화에 해당되지 않는 경미한 우울 증상과 경조증 증상이 번갈아 가며 2년 이상(아동과 청소년의 경우는 1년 이상) 장기적으로 나타나는 경우를 말하여 **순환성장애**라고 지칭하기도 한다. 2년의 기간(아동과 청소년의 경우는 1년 이상) 중 적어도 반 이상의 기간에 우울이나 경조증 증상을 나타내야 하며 아무런 증상이 없는 기간이 2개월 이하여야 한다. 아울러 조증 삽화, 경조증 삽화, 주요 우울 삽화를 한 번도 경험한 적이 없어야 한다. 하지만 주기적인 우울 및 경조증 증상으로 인해서 현저한 고통을 겪거나 일상생활의 기능에 상당한 지장이 초래되어야 한다. 요컨대, 순환감정장애는 경미한 형태의 조증 증상과 우울 증상이 번갈아 나타나는 만성적인 기분장애이다.

순환감정장애의 평생 유병률은 0.4~1.0%로 보고되고 있다. 순환감정장애는 남녀의 발생

비율이 비슷하지만 임상 장면에서는 여성이 남성보다 치료를 받는 경향이 더 높다. 순환감정장애는 보통 청소년기나 초기 성인기에 시작되어 서서히 발병하고 만성적인 경과를 밟으며 다른 기분장애의 기질적인 취약성을 반영하는 것으로 간주되고 있다. 순환감정장애를 지닌 사람이 제1형 양극성장애나 제2형 양극성장애로 발전하게 될 확률은 15~50%로 매우 높다. 순환감정장애를 지닌 사람의 직계 가족도 일반 사람들에 비해서 우울장애나 양극성장애를 나타낼 가능성이 높다.

순환감정장애의 원인은 잘 알려져 있지 않다. 그러나 순환감정장애가 주요우울장애나 양극성장애를 지닌 환자의 가족에게 흔히 나타난다는 점에서 유전적 요인이 관련되는 것으로 추정하고 있다. 순환감정장애의 치료에도 양극성장애와 마찬가지로 약물치료, 특히 리튬이 효과적인 것으로 알려져 있다. 아울러 규칙적인 일상생활, 안정된 대인관계, 수면관리, 그리고 스트레스에 대한 효과적인 대처가 순환감정장애의 증상을 완화시키는 데에 필수적이다.

 요약

1. 우울장애는 슬픔, 공허감, 짜증스러운 기분과 그에 수반되는 신체적·인지적 증상으로 인해 개인의 기능을 현저하게 저하시키는 부적응 증상을 의미한다. 우울장애는 매우 고통스러울 뿐만 아니라 가장 흔한 장애이기도 하다. 우울장애의 하위유형으로는 주요우울장애, 지속성 우울장애, 월경전 불쾌감장애, 파괴적 기분조절부전장애가 있다.

2. 주요우울장애는 지속적인 우울한 기분과 흥미나 즐거움의 현저한 저하를 주된 증상으로 나타내며 체중의 증가나 감소, 불면이나 과다수면, 피로감과 활력상실, 무가치감과 죄책감, 죽음이나 자살에 대한 사고와 같은 다양한 증상을 나타낸다. 주요우울장애를 유발하는 원인은 다양하다. 주요우울장애는 상실과 실패를 의미하는 부정적인 생활사건에 의해 촉발된다. 정신분석적 입장에서는 우울장애를 무의식적으로 분노가 자기에게 향해진 현상이라고 설명한다. 행동주의적 입장에서는 사회환경으로부터의 긍정적 강화의 약화나 사회적 기술의 부족이 우울장애를 유발할 수 있다고 본다. 우울장애가 환경을 통제할 수 없다는 무기력감에서 비롯된다는 학습된 무기력이론은 귀인이론으로 개정되어 미래에 대한 비관적 예상에 초점을 두는 절망감 이론으로 발전되었다. 우울장애를 설명하는 대표적인 심리학적 이론인 인지이론에서는 우울장애가 부정적인 자동적 사고, 인지적 오류와 왜곡, 역기능적 인지도식과 신념에 의해서 발생된다고 본다. 생물학적 입장에서는 유전적 요인, 신경전달물질, 시상하부의 기능이상, 내분비호르몬의 이상이 우울장애와 관련된 것으로 주장되고 있다. 주요우울장애에 대한 가장 효과적인 치료방법은 인지치료와

약물치료이다. 인지치료에서는 우울한 내담자의 사고내용을 정밀하게 탐색하여 인지적 왜곡을 찾아내어 교정함으로써 보다 더 현실적이고 긍정적인 사고와 신념을 지니도록 유도한다. 인지치료는 우울장애를 단기간에 치료할 뿐만 아니라 치료효과가 우수하며 재발률이 낮은 것으로 확인되어 있다. 우울장애를 치료하는 대표적인 약물로는 삼환계 항우울제, MAO 억제제, 세로토닌 재흡수 억제제가 있다.

3. **지속성 우울장애**는 우울증상이 2년 이상 지속적으로 나타나는 만성적인 경우를 말한다. 지속성 우울장애는 만성적인 경과를 보이기 때문에 실업, 재정적 곤란, 운동능력의 약화, 사회적 위축, 일상생활의 부적응이 더욱 심각하게 나타날 수 있다. 지속성 우울장애의 원인은 잘 알려져 있지 않으나 그 기저에 유전적인 요인이 작용하는 것으로 추정되고 있다. 신경과민성 또는 부정 정서성과 같은 기질적 취약성이 지속성 우울장애의 발생에 영향을 미칠 수 있다. 지속성 우울장애의 치료에는 항우울제와 인지행동치료가 적용되고 있으나, 최근에 지속성 우울장애 환자의 적대적이고 순종적인 대인관계 스타일을 변화시키는 인지행동적 분석체계치료가 효과적인 것으로 알려지고 있다.

4. **월경전 불쾌감장애**는 여성의 경우 월경이 시작되기 전 주에 정서적 불안정성이나 분노감, 일상 활동에 대한 흥미 감소, 무기력감과 집중곤란 등의 불쾌한 증상이 주기적으로 나타나는 경우를 말한다. 월경전 불쾌감장애의 원인은 정확하게 밝혀져 있지 않지만, 월경주기마다 분비되는 성호르몬과 신경전달물질의 상호작용에 의한 것으로 여겨지고 있다. 월경전기에 나타나는 신체적·심리적 증후에 대한 부정적 해석과 평가는 이 장애의 증상을 악화시킬 수 있다. 월경전 불쾌감장애의 치료에는 항우울제와 더불어 인지행동치료와 식이요법이 증상완화에 도움이 될 수 있다.

5. **파괴적 기분조절부전장애**는 주로 아동기나 청소년기에 나타나는 장애로서 반복적으로 심한 짜증과 분노 폭발을 나타내는 경우를 말한다. 파괴적 기분조절부전장애를 지닌 아동은 좌절에 대한 과민반응성을 지닌 것으로 알려져 있다. 이 장애를 나타내는 아동은 주의능력의 곤란으로 목표달성의 실패를 스스로 초래하며 그러한 실패를 통해 과도한 좌절감을 경험한다. 또한 타인의 의도와 감정을 정확하게 처리하는 능력의 부족으로 인해 대인관계에서 좌절감을 많이 느낄 수 있다. 또한 이러한 좌절감을 억제할 수 있는 기능 역시 저하되어 분노 폭발과 같은 과잉반응을 나타내는 것으로 여겨지고 있다. 파괴적 기분조절부전장애의 치료는 놀이치료, 가족치료, 약물치료가 효과적인 것으로 알려져 있다.

6. 기분상태의 변화가 심해서 우울 증상과 조증 증상을 반복하는 경우를 DSM-5-TR에서는 **양극성 및 관련 장애**라는 명칭으로 포함하고 있으며 그 하위유형으로 제1형 양극성장애, 제2형 양극성장애, 순환감정장애가 있다. **제1형 양극성장애**는 비정상적으로 기분이 고양되고 행동과 에너지 수준이 과도하게 증가되는 조증 삽화를 특징적으로 나타내는 장애

로서 사회적 적응에 심각한 손상이 초래된다. **제2형 양극성장애**는 조증 증상이 경미한 형태로 나타나는 경조증 삽화와 더불어 주요 우울 삽화를 반복적으로 경험하는 장애를 뜻한다. **순환감정장애**는 경미한 형태의 조증 증상과 우울 증상이 2년 이상 번갈아 나타나는 만성적인 기분장애를 말한다. 양극성장애는 유전적 영향을 많이 받는 정신장애이며 Norepinephrine과 같은 신경전달물질, 시상하부와 관련된 신경내분비계통의 기능 등의 생물학적 요인이 밀접하게 관련된 것으로 알려지고 있다. 양극성장애를 치료하는 대표적인 방법은 Lithium과 같은 기분안정제를 사용하는 약물치료이다. 양극성장애는 흔히 만성적인 경과를 나타내며 재발하는 경향이 높기 때문에, 지속적인 투약과 더불어 자신의 증상을 계속 관찰하고 생활스트레스를 관리하는 인지행동적 치료가 함께 병행되어야 한다. 대인관계의 안정과 사회적 일상생활의 규칙성을 지원하는 대인관계 및 사회적 리듬 치료가 양극성장애의 재발 방지에 효과적인 것으로 알려져 있다.

추천도서 및 시청자료

우울장애와 양극성장애에 대한 좀 더 자세한 이해를 위해서는 『우울증』(권석만, 2016)과 『양극성장애』(조용래, 김빛나, 2016)를 참고하기 바란다. 특히 우울장애에 대한 인지이론과 인지행동치료에 관심이 있는 독자는 Beck 등(1979)이 저술한 『우울증의 인지치료』(원호택 등 공역, 1996)와 Greenberger와 Padesky(1995)가 저술한 『기분 다스리기』(권정혜 역, 1999)를 읽기 바란다. 우울증을 극복하는 다양한 방법을 소개한 책으로는 Rosenthal(2002)의 『약 없이 우울증과 싸우는 50가지 방법』(이훈진 등 공역, 2007)이 있으며, 자살의 이해와 예방방법에 대해서는 『자살, 예방할 수 있다』(박상칠, 조용범, 1998)의 일독을 권한다. 양극성장애의 치료에 관한 책으로는 Jamison(1995)이 저술한 『조울병, 나는 이렇게 극복했다』(박민철 역, 2000)를 추천한다.

우울장애를 다룬 영화나 비디오물은 많은데, 가장 대표적인 작품은 〈보통 사람들(Ordinary People)〉(1980)과 〈여인의 향기(Scent of a Woman)〉(1992)이다. 〈보통 사람들〉은 1980년의 아카데미 수상 작품으로서 실수로 형을 죽게 한 주인공 Conrad가 죄책감 속에서 괴로워하며 자살 기도를 하는 우울장애의 전형적인 모습을 잘 묘사하고 있다. 〈여인의 향기〉에서는 지속적인 우울한 기분과 더불어 일상생활 속에서 흥미와 즐거움을 상실한 퇴역장군 Slade의 역을 맡은 Al Pacino의 연기가 볼 만하다. 〈비버(The Beaver)〉(2011)는 직접 우울증을 경험한 바 있는 Mel Gibson이 주인공으로 열연하며 우울증의 증상과 심리를 잘 보여주고 있다. 이 밖에도 행복한 삶을 살아오던 한 남자가 비극적인 실수로 약혼자를 포함한 7명을 사망하게 한 후에 우울감과 죄책감에 시달리며 자살을 시도하는 〈세븐 파운즈(Seven Pounds)〉(2008), 억눌린 분노와 우울감에 시달리면서 자살을 기도하려던 흑인 남성이 성직자의 조언을 통해 아내와 아들에게 용서를 구하는 〈마인드 더 갭(Mind the Gap)〉(2004), 우울하고 고립된 주인공 여성이 연상의 남자와 사랑에 빠지는 이야기를 다룬 〈쇼핑 걸(Shopgirl)〉(2005)도 볼 만하다.

양극성장애의 조증 삽화를 실감나게 볼 수 있는 작품은 〈미스터 존스(Mr. Jones)〉(1994)이다. 이 작품에서는 양극성장애 환자의 역할을 한 Richard Gere의 실감나는 연기가 일품이다. 조증 삽화에서 하늘을 날려 하거나 은행에서 한꺼번에 1만 2,000불을 인출하고 은행 여직원을 유혹하여 벌이는 쾌락추구적인 행동, 음악회에서 신나는 음악에 도취되어 무대 위에 올라가 악단을 지휘하려 하여 경찰에 연행되는 모습 등 조증 삽화의 전형적인 행동양상을 볼 수 있다. 양극성장애를 탁월하게 묘사한 또 다른 영화로는 〈콜 미 안나(Call Me Anna)〉(1990)가 있다. 이 영화는 실존인물인 Patty Duke의 자서전을 각색한 영화로서 그녀가 주인공을 맡아 자신의 생애와 더불어 기분 변화와 양극성장애로 인한 투병과정을 생생하게 묘사하고 있다.

CONTEMPORARY ABNORMAL PSYCHOLOGY

제**9**장

조현병 스펙트럼 및 기타 정신병적 장애

제9장

조현병 스펙트럼 및 기타 정신병적 장애

군복무를 마치고 대학 3학년에 복학한 S군은 동기생들이 졸업을 하여 대학생활이 재미없고 공부도 잘 되지 않았다. 학교가 집에서 멀어 버스와 전철을 갈아타며 통학을 해야 했던 S군에게 이상한 체험이 반복되었다. 정기적으로 운행하던 버스가 자신이 기다리면 오랫동안 오지 않았고, 또 버스가 와도 사람들이 갑자기 몰려들어 버스를 놓치는 일이 몇 번 발생하였다. 전철을 갈아타려고 하면, 자신이 도착하기 직전에 전철이 출발하곤 하여 오래도록 기다려야 했다. 그래서 강의시간에 늦은 적이 있었는데, 평소 출석을 부르지 않던 교수가 그때마다 출석을 불러 지각으로 체크되곤 하였다. 한 번은 과방에 들렀다가 나오는데, 문이 닫히자마자 안에 있던 학생들이 큰 소리로 깔깔대며 웃는 소리가 들렸다. 자신에 대한 험담을 하며 조롱하는 것으로 느껴져 매우 불쾌하였다. 그뿐만 아니라 캠퍼스의 잔디밭에 삼삼오오 앉아 있는 학생들도 자신이 지나가면 깔깔대며 웃고 때로는 자신에게 손가락질을 하며 수근대는 것처럼 느껴졌다.

복학 후 이런 불쾌한 일이 여러 번 발생하여 매우 고통스러워하던 S군은 이런 일들이 우연한 사건이 아니라 자신을 괴롭히기 위해 누군가에 의해서 의도적으로 꾸며진 일이 아닐까 하는 의심이 들었다. 자신에 대한 험담을 은밀히 유포시켜 학생들의 놀림감으로 만들고 자신이 하는 일마다 방해하는 것이 아닐까 하고 의심하기 시작했다. 이러한 의심이 강해지면서 주변을 유심히 관찰하게 되었는데, 강의시간에 평소에 보지 못한 낯선 사람이 뒤에서 자신을 감시하는 것 같았고 학교건물 앞 벤치에 앉아 있는 건장한 사람들도 자신을 감시하는 것 같았다. 그러던 중, 도서관에서 공부하고 있던 S군에게 '병신 같은 게 공부는 무슨 공부!' 하는 소리가 들렸다. 깜짝 놀라 주변을 살펴보니 모두들 열심히 공부를 하고 있었다. 자신이 잘못 들은 것이라고 생각하고 다시 책을 들여다보는데 또 '자퇴해!' 하는 소리가 또렷하게 들렸다. 옆 학생에게 '나보고 한 소리냐?'고 물었으나 자신은 아무 말도 안 했다고 했다. 이런 일이 있은 후 학교에서나 길거리에서나 틈틈이 '죄지은 것 알지!', '다 알고 있어', '학교를 떠나!', '죽어라 죽어!'라는 소리가 들려 지나가던 사람을 붙잡고 따졌으나 다들 이상하다는 듯 의아하게 생각하였다.

이런 경험이 반복되자 S군은 자신이 한때 학생운동에 관여했던 것을 정보기관이 알고 자신을 괴롭혀 자퇴하도록 유도하려는 의도적인 음모가 이루어지고 있다는 확신이 들기 시작했다. 학교나 길거리를 지나가는 사람들이 자신을 미행하고 괴롭히려는 정보요원으로 느껴지기 시작했다. 그래서 자신을 유심히 바라보는 듯한 사람에게는 따지고 다투는 일이 많아졌으며, 사람이 없는 골목이나 후미진 곳으로 피해 다니며 고통스럽게 생활하고 있다.

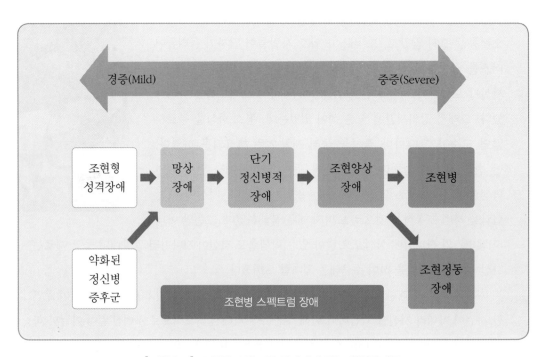

[그림 9-1] 조현병 스펙트럼 장애에 속하는 정신장애들

　　조현병은, S군의 경우처럼, 망상, 환각, 혼란스러운 언어를 비롯하여 현실을 왜곡하는 부적응 증상들을 나타내는 심각한 정신장애이다. 임상 장면에서 접하게 되는 정신장애 중에는 이러한 조현병과 유사한 증상을 나타내지만 그 심각도나 지속기간이 다른 다양한 장애들이 있다. 최근에는 이러한 장애들이 조현병과 공통적인 유전적 또는 신경생물학적 기반을 지닌다는 연구결과들이 제시되었다. 이러한 연구결과에 근거하여 조현병과 유사한 증상을 나타낼 뿐만 아니라 공통적인 원인적 요인을 지닌 것으로 추정되는 다양한 정신장애를 **조현병 스펙트럼 장애**(Schizophrenia Spectrum Disorders)라고 지칭하고 있다(Tandon & Carpenter, 2012; Tienari et al., 2003).

　　조현병 스펙트럼 장애는 현실을 왜곡하는 기괴한 사고와 혼란스러운 언어를 특징으로 하는 다양한 장애들을 의미하며 증상의 심각도에 따라서 스펙트럼상에 배열할 수 있다. [그림 9-1]에 제시되어 있듯이, 조현병과 조현정동장애가 가장 심각한 증상을 나타내며 다음으로 조현 양상장애, 단기 정신병적 장애, 망상장애, 그리고 가장 경미한 증상을 나타내는 장애로는 조현형 성격장애와 약화된 정신병 증후군이 있다. DSM-5-TR에서는 이러한 견해를 받아들여 **조현병 스펙트럼 및 기타 정신병적 장애**(Schizophrenia Spectrum and Other Psychotic Disorders)라는 장애범주에 다양한 장애를 포함시키고 있다.

제1절 조현병

1. 주요증상과 임상적 특징

　　조현병(Schizophrenia)은 망상, 환각, 혼란스러운 언어를 특징적으로 나타내는 매우 심각한 정신장애로서 과거에는 **정신분열증**이라고 불렸다. 정신분열증이라는 명칭이 주는 부정적인 인상과 편견을 피하기 위해 조현병으로 개칭되었다. 조현병(調絃病)은 마치 현악기가 정상적으로 조율되지 못한 경우처럼 혼란스러운 상태를 나타내는 질병이라는 의미를 담고 있다.

　　조현병은 정신병(psychosis)에 속하는 대표적인 장애로서 현실검증력이 손상되어 비현실적인 지각과 비논리적인 사고를 나타내며 혼란스러운 심리상태에 빠져들게 된다. 이러한 증상들로 인해서 일상생활의 적응에 필요한 심리적 기능이 현저하게 저하된다. 증상이 시작되는 초기에 적절하고 집중적인 치료를 받지 못하여 만성화되면, 조현병은 한 인간을 황폐화시켜 사회에 적응하기 어려운 폐인으로 만들 수 있는 무서운 정신장애이기도 하다. 조현병에 대한 DSM-5-TR의 진단기준을 소개하면 〈표 9-1〉과 같다.

표 9-1 조현병의 진단기준

A. 다음 중 2가지 이상의 증상(1, 2, 3 중 하나는 반드시 포함)이 1개월 동안(성공적으로 치료되었을 경우에는 그 이하일 수도 있음) 상당 부분의 시간에 나타나야 한다.

 1. 망상

 2. 환각

 3. 혼란스러운 언어(예: 빈번한 주제 이탈이나 뒤죽박죽된 표현)

 4. 심하게 혼란스러운 행동이나 긴장증적 행동

 5. 음성 증상들(예: 감소된 정서표현이나 무의욕증)

B. 이러한 장해가 시작된 후 상당 부분의 시간 동안, 1가지 이상의 주요한 영역(직업, 대인관계, 자기 돌봄)의 기능수준이 장해의 시작 전보다 현저하게 저하되어야 한다(아동기나 청소년기에 시작될 경우에는 대인관계, 학업적 또는 직업적 기능에서 기대되는 수준에 이르지 못해야 한다).

C. 장해가 계속 진행되고 있다는 징후가 최소한 6개월 이상 지속되어야 한다. 이러한 6개월의 기간에는 기준 A를 충족시키는 증상들(즉, 활성기의 증상)을 나타내는 1개월 이상의 기간과 더불어 전구기 또는 관해기의 증상이 나타나는 기간을 포함한다. 이러한 전구기나 관해기 동안, 장해의 징후는 단지 음성증상만으로 나타나거나 기준 A에 열거된 증상 중 2개 이상의 증상이 약화된 형태(예: 기이한 신념, 비일상적인 지각경험)로 나타날 수 있다.

D. 조현정동장애와 정신병적 특성을 나타내는 우울장애나 양극성장애의 가능성이 배제되어야 한다. 즉, (1) 주요 우울 삽화나 조증 삽화가 활성기 증상과 함께 동시에 나타난 적이 없어야 한다. (2) 만약 기분 삽화가 활성기 증상과 함께 나타났었다면, 그것은 활성기와 잔류기의 전체 기간 중 짧은 기간 동안에만 나타난 것이어야 한다.

E. 이러한 장해는 물질(예: 남용 물질, 치료약물)이나 다른 신체적 질병의 생리적 효과에 의한 것이 아니어야 한다.

F. 아동기에 시작하는 자폐스펙트럼장애나 의사소통장애를 지닌 과거병력이 있을 경우, 조현병의 진단에 필요한 다른 증상에 더해서 현저한 망상이나 환각이 1개월 이상 나타날 경우에만 조현병을 추가적으로 진단하게 된다.

　　조현병을 이해하기 위해서는 주요한 증상을 잘 이해해야 한다. 조현병의 가장 대표적인 증상은 망상이다. **망상**(delusion)은 자신과 세상에 대한 잘못된 강한 믿음이다. 외부세계에 대한 잘못된 추론에 근거한 그릇된 신념으로서 분명한 반증에도 불구하고 견고하게 지속되는 신념을 망상이라고 한다. 망상의 주제는 다양하며 그 내용에 따라 피해망상, 과대망상, 관계망상, 애정망상, 신체망상 등으로 구분된다. 피해망상(persecutory delusion)은 흔히 정보기관, 권력기관, 단체 또는 특정한 개인이 자신을 감시하거나 미행하며 피해를 주고 있다는 믿음을 말하며, 과대망상(grandiose delusion)은 자신이 매우 중요한 능력과 임무를 지닌 특별한 인물(예: 재림예수, 천재)이라는 망상이다. 관계망상(delusion of reference)은 일상적인 일들이 자신과 관련되어 있다는 잘못된 믿음이다. 예컨대, TV나 라디오의 뉴스, 중요한 인물이나 지나가는 사람의 언급이 자신과 관련되어 있다는 믿음으로서 다른 망상과 함께 나타나는 경우가 많다. 애정망상(erotic delusion)은 유명한 사람(예: 연예인, 저명인사)과 사랑하는 관계라는 망상이며, 신체망상(somatic delusion)은 자신의 몸에 매우 심각한 질병이나 증상이 있다는 믿음이다. 이러한 망상의 내용은 대부분 매우 엉뚱하거나 기괴하여 일반인이 이해하기가 매우 어렵다.

조현병의 다른 핵심증상은 **환각**(hallucination)으로서 현저하게 왜곡된 비현실적 지각을 말한다. 외부 자극이 없음에도 불구하고 어떤 소리나 형상을 지각하거나 또는 외부 자극에 대해서 현저하게 왜곡된 지각을 하는 경우에 환각이라고 할 수 있다. 환각은 감각의 종류에 따라 환청, 환시, 환후, 환촉, 환미로 구분된다. 조현병에서 가장 흔한 환각 경험은 환청이다. 환청(auditory hallucination)은, S군의 경우처럼, 아무런 외부 자극이 없는 상황에서 어떤 의미 있는 소리나 사람의 목소리를 듣는 경우를 말한다. 조현병 환자들은 흔히 자신의 행동이나 생각에 대해서 간섭하는 목소리나 누군가 두 명 이상이 서로 대화하는 목소리를 듣게 되는 환청을 경험하는데, 이러한 환청을 경험하는 사람은 대부분 조현병으로 진단된다. 환시(visual hallucination)는 시각적 형태의 환각 경험으로서 환청 다음으로 흔하게 나타난다. 환후(olfactory hallucination)는 후각적 환각으로서 "음식에서 독약 냄새가 난다"고 느끼는 경우가 그 예이다. 환촉(tactile hallucination)은 "내 피부에 벌레들이 기어다닌다"고 느끼는 경우와 같은 촉각적 환각을 말한다. 환미(tasteful hallucination), 즉 "독약을 섞어 밥맛이 쓰다"는 경우와 같은 미각적인 환각도 있다.

혼란스러운 언어(disorganized speech)는 비논리적이고 지리멸렬한 와해된 언어를 뜻하며 조현병의 전형적 증상 중 하나이다. 조현병 환자들은 말을 할 때, 목표나 논리적 연결 없이 횡설수설하거나 목표를 자주 빗나가 무슨 이야기를 하고자 하는지 상대방이 이해하기 어렵다. 이러한 와해된 언어행동은 조현병 환자들이 사고장애로 인하여 말하고자 하는 목표를 향해 사고를 논리적으로 진행시키지 못하고 초점을 잃거나 다른 생각이 침투하여 엉뚱한 방향으로 생각이 흘러가기 때문에 나타난다.

조현병 환자들은 심하게 혼란스러운 행동이나 긴장증적 행동을 나타낸다. **심하게 혼란스러운 행동**(grossly disorganized behavior)은 나이에 걸맞은 목표지향적 행동을 하지 못하고 상황에 부적절하게 나타내는 엉뚱하거나 부적응적인 행동을 말한다. 예컨대, 며칠씩 세수를 하지 않거나 계절이나 상황에 맞지 않는 옷을 입고 나가거나 나이 많은 사람에게 반말을 하는 행동을 나타낸다. **긴장증적 행동**(catatonic behavior)은 마치 근육이

환청에 시달리고 있는 조현병 환자의 모습

각기 독특한 자세로 긴장증 증상을 나타내고 있는 조현병 환자들

굳은 것처럼 어떤 특정한 자세를 유지하는 경우를 말한다. 흔히 부적절하거나 기괴한 자세로 몇 시간씩 꼼짝하지 않고 있는 모습을 나타낸다. 이러한 행동에는 긴장된 자세를 유지하면서 이를 변화시키려는 다른 사람의 노력에 저항하는 긴장증적 강직증, 긴장된 자세를 취한 상태에서 환경을 전혀 인식하지 못하는 긴장증적 혼미증, 긴장된 자세를 움직이게 하려는 지시나 시도에 능동적으로 저항하는 긴장증적 거부증, 목적도 없고 유발자극도 없는 상태에서 과다행동을 보이는 긴장증적 흥분증이 있다.

마지막으로, 조현병 환자들은 다양한 음성 증상을 나타내는데, 대표적인 음성증상은 감소된 정서표현과 무의욕증이다. 감소된 정서표현(diminished emotional expression)은 외부 자극에 대한 정서적 반응성이 둔화된 상태로서 얼굴, 눈맞춤, 말의 억양, 손이나 머리의 움직임을 통한 정서적 표현이 감소된 것을 말하며, 무의욕증(avolition)은 마치 아무런 욕망이 없는 듯 어떠한 목표지향적 행동도 하지 않고 사회적 활동에도 무관심한 채로 오랜 시간을 보내는 것을 뜻한다. 이 밖에도 말이 없어지거나 짧고 간단하며 공허한 말만을 하는 등 언어반응이 빈곤해지는 무언어증(alogia), 긍정적인 자극으로부터 쾌락을 경험하는 능력이 감소하는 무쾌락증(anhedonia), 다른 사람과의 사회적 상호작용에 대한 관심이 없는 비사회성(asociality)과 같은 음성증상을 나타낼 수 있다.

조현병 환자는 매우 이질적인 집단이라고 할 수 있다. 조현병이라는 동일한 진단을 받은 환자들 간에도 나타내는 증상의 양상이 매우 다르다. 따라서 DSM-IV에서는 조현병을 환자가 나타내는 주된 증상에 따라 분명한 망상과 환청을 나타내는 망상형(paranoid type), 긴장증적 증상을 나타내는 긴장형(catatonic type), 음성증상을 주로 나타내는 해체형(disorganized type), 다양한 증상을 나타내어 어떤 유형으로 분류하기 힘든 감별불능형(undifferentiated type), 증상이 약화된 상태로 지속되는 잔류형(residual type)으로 구분했다. 그러나 이러한 하위유형의 구분이 모호하다는 점에서 DSM-5-TR에서는 조현병의 하위유형을 폐기하는 대신 긴장증이 수반되는지 여부만을 고려하고 있다.

근래에는 조현병 환자들이 나타내는 다양한 증상을 양성 증상과 음성 증상으로 구분하는 것이 일반적이다. **양성 증상**(positive symptom)은 정상인들에게는 나타나지 않지만 조현병 환자에게서는 나타나는 증상을 뜻하며 망상, 환각, 와해된 언어나 행동이 이에 속한다. 반면, **음성 증상**(negative symptom)은 정상인들이 나타내는 적응 기능이 결여된 상태를 말하며 정서적 둔마, 언어의 빈곤, 의욕의 저하, 쾌락의 감소, 대인관계의 무관심 등이 해당된다. 양성 증상과 음성 증상은 그 발생기제, 경과, 치료 반응 등에서 차이를 나타내는 것으로 알려져 있다. 양성 증상은 흔히 어떤 스트레스 사건에 대한 반응으로 급격하게 발생하며 뇌의 과도한 dopamine 수준에 의해 발생하는 것으로 알려져 있다. 양성 증상은 약물치료에 의해 쉽게 호전되며 이런 증상을 주로 나타내는 사람은 지적 손상이 적으며 경과가 상대적으로 좋은 편이다. 반면, 음성 증상은 외부 사건과 무관하게 서서히 발전하여 악화되며 뇌의 구조적 변화(예: 측두엽 구조상의 세포상실)나 유전적 소인과 관련된 것으로 알려져 있다. 음성 증상은 항정신병 약물에 의해 잘 치료되지 않으며 이런 증상을 주로 나타내는 사람은 지적 기능이 현저하게 저하되고 경과도 나쁜 편이다. 만성 조현병 환자들은 음성 증상을 많이 나타내며, 양성 증상을 나타냈던 사람들도 적절한 치료를 받지 못해 장애가 장기화되고 만성화되면 양성 증상은 약화되고 음성 증상이 주된 증상을 이루게 되는 경향이 있다. 이러한 증상의 구분에 따라 조현병을 **양성 조현병**(positive schizophrenia)과 **음성 조현병**(negative schizophrenia)으로 나누려는 시도도 있다.

조현병의 평생 유병률은 민족과 국가에 따라 약간의 차이가 있지만 0.3~0.7%로 알려져 있다. 우리나라의 경우는 평생 유병률이 0.2%로 보고되었다(조맹제, 2011). 성별에 따른 유병률은 표집대상에 따라 다르다. 우리나라의 경우는 남성과 여성 모두 평생 유병률이 0.2%로 동일한 것으로 나타났다.

조현병은 흔히 10대 후반에서 30대 중반에 발병하며 청소년기 이전에 발병하는 경우는 드물다. 남성이 여성보다 빨리 발병하는 경향이 있으며 남성은 15~24세, 여성은 25~34세에 발병하는 경우가 많다. 사회적 계층이 낮은 가정에서 발병률이 높으며, 문화적 차이에 따른 발병률의 차이는 거의 없지만 서구사회보다 아프리카 지역에는 해체형이 많다는 연구보고가 있다. 시대적 변천에 따라 조현병의 양상에도 변화가 나타나는데, 근래에는 과거에 비해 긴장형이 감소하고 망상형이 증가하며 망상의 내용이 종교적이고 미신적인 것에서 현실적이고 건조한 것으로 바뀌는 경향이 있다.

2. 조현병의 역사

조현병은 Kraepelin(1899)에 의해 조발성 치매(dementia praecox)라는 진단명으로 처음 그 증후군이 확인되었다. 조발성 치매는 청소년기에 발병하며 인지기능이 퇴화되는 기질적 장애라는 의미를 지니고 있다. 이후 Bleuler(1923)에 의해 처음으로 'Schizophrenia'라는 명칭이 사용되었다. Schizophrenia는 '분열'을 뜻하는 Schizo와 '정신'을 의미하는 Phrenia가 조합된 용어로서 직역하여 **정신분열증**이 된다. 그는 이 장애가 반드시 어린 청소년기에 시작되지도 않으며 또한 심각한 인지적 퇴화상태로 발전하지 않는다는 점을 지적하면서 조발성 치매라는 명칭이 타당하지 않다고 주장하고 대신 정신분열증이라는 진단명을 사용하였다.

Bleuler는 조현병의 가장 큰 특징으로 뇌의 기능적 분리(splitting)를 강조하며 1차 증상과 2차 증상을 구분하였다. 조현병에서만 특징적으로 나타나는 1차 증상으로 네 가지 증상, 즉 4A 증상(Association, Affectivity, Ambivalence, Autism)을 제시하였다. 첫째는 연상(association)의 결함으로서 이는 개념을 연결시키는 연상과정이 논리적이지 못하고 이완되거나 일탈되는 사고장애를 나타내어 혼란된 사고나 언어를 초래한다. 둘째는 정동(affectivity)의 결함으로서 정서적 무감동과 무관심이나 부적절한 정서반응을 나타낸다. 셋째는 양가성(ambivalence)의 증상으로서 감정, 의지, 사고에 있어서 긍정적 요소와 부정적 요소가 동시에 혼재하여 이러지도 저러지도 못하는 긴장 상태나 혼란스러운 행동으로 이어지게 된다. 마지막 증상은 자폐증(autism)으로서 현실세계로부터 철수하여 내면적 세계에 몰두하면서 사회적 고립을 초래하고 비현실적 공상에 빠져들게 된다. Bleuler는 조현병의 2차적 증상으로 망상과 환각을 들고 있는데, 이러한 증상은 다른 정신장애에도 나타나며 조현병의 1차 증상에 의해 파생되는 것으로 보았다.

Schneider(1959)는 Bleuler식의 포괄적 진단기준이 한계를 보이자 좀 더 구체적인 행동적 특성에 초점을 맞춰 11가지의 일급 증상(First-Rank Symptoms)을 제시했다. 일급 증상은 조현병에만 나타나는 특유의 증상으로 이러한 증상이 나타나면 조현병으로 진단할 수 있다고 주장했다. 그가 주장한 일급 증상은 (1) 사고 반향(자신의 생각이 크게 말해지는 소리를 들음), (2) 환청과의 대화나 논쟁, (3) 환자의 활동을 간섭하거나 논평하는 환청, (4) 망상적 지각(지각 자체는 정상이나 거기에 망상적 해석을 내림), (5) 신체적 피동체험(외적인 힘에 의해 자신의 행동이 지배당한다는 믿음), (6) 사고 투입(thought insertion; 외적인 힘에 의해 이질적인 사고가 자신에게 주입되는 느낌), (7) 사고 철수(thought withdrawal; 외적인 힘에 의해 자신의 사고를 빼앗기는 느낌), (8) 사고 전파(thought broadcast; 자신의 사고가 마술적이고 불수의적으로 다른 사람에게 전달된다는 믿음), (9) 만들어진 감정('made' feelings; 외부의 힘에 의해 부여되고 조정되는 감정의 경험), (10) 만들어진 충동('made' impulses; 외부의 힘에 의해 부여되고 조정되는 충동의 경험), (11) 만들어진 수의적 행동('made' voluntary acts; 외부의 힘에 의해 자신의 행동이 조정당하는 경험)이다.

이처럼 20세기 중반까지 조현병의 핵심적 증상과 진단기준에 대해 학자나 학파 간에 현저한 차이를 나타내었다. 어떤 학자의 의견이 받아들여지느냐에 따라 조현병으로 진단되는 환자의 수가 변화하여 정신병원의 운영에 심각한 영향을 미치기도 했다. DSM-IV에서는 조현병의 이질성을 고려하여 좀 더 동질적인 조현병의 하위집단을 구성하기 위해 망상형, 긴장형, 감별불능형, 해체형, 잔류형의 하위유형으로 분류하였다. 그러나 DSM-5에서는 이러한 하위유형의 분류가 폐기되었을 뿐만 아니라 DSM-IV에서 Schneider 일급 증상을 중시한 진단기준(즉, 망상이 기괴하거나 환각이 계속적으로 행동이나 생각에 대해 간섭하는 목소리이거나 둘 또는 그 이상이 서로 대화하는 목소리일 경우에는 1가지 증상만 있어도 조현병으로 진단된다.')이 삭제되었다. DSM-5-TR의 진단기준은 현재의 임상가나 학자들의 잠정적 합의일 뿐 앞으로 조현병의 증상과 원인에 대한 새로운 연구결과가 축적되면 변화될 수 있는 것이다.

이처럼 조현병의 진단기준과 하위유형은 시대에 따라 변화하고 있지만, 조현병 환자들은 개별적으로 매우 다양한 증상을 나타내는 이질적인 집단인 것만은 분명하다. 조현병의 원인을 규명하고 효과적인 치료방법을 찾기 위해서 조현병을 좀 더 동질적인 집단으로 구분하려는 다양한 분류가 제안되고 있다. 즉, 조현병이 점진적으로 발병하는 유형과 급작스럽게 발병하는 유형, 심한 스트레스 사건에 대한 반응으로 발병하는 유형과 특이할 만한 스트레스가 보고되지 않는 유형, 발병 이전의 사회적 적응상태가 양호했던 환자 유형과 사회적으로 고립되었거나 부적응적이었던 환자 유형, 환자의 감정이 강렬하고 불안정한 유형과 감정이 둔마되고 무감각한 유형, 분명하고 체계적인 망상을 나타내는 유형과 그렇지 않은 유형, 양성 증상을 주로 나타내는 유형과 음성 증상을 주로 나타내는 유형 등으로 다양하게 분류되고 있다. 이러한 조현병의 하위유형은 여러 임상적 특성과 심리검사의 반응뿐 아니라 원인, 예후, 치료방법 등에 있어서도 차이를 나타내는 것으로 알려져 있다.

3. 조현병의 원인

조현병의 원인은 아직 충분히 알려져 있지 않다. 앞에서 언급했듯이, 조현병의 진단기준이 아직은 동질적 집단을 구성하지 못하고 있으며, 이러한 진단기준을 사용한 조현병 환자들에 대한 연구결과는 매우 비일관적이고 복잡한 양상을 나타내고 있다. 그러나 최근의 연구결과에 따르면, 조현병은 생물학적 요인과 밀접하게 연관되어 있음이 시사되고 있다.

1) 생물학적 요인

생물학적 입장에서는 조현병을 뇌의 장애로 규정하고 유전적 요인, 뇌의 구조적 또는 기능적 결함, 신경전달물질의 이상 등의 관련성을 밝히는 연구가 진행되고 있다. 조현병은 유전적 요인이 강력한 영향을 미치는 것으로 알려져 있다. 가계연구에 따르면, 조현병 환자의 부모나 형제자매는 일반인의 10배, 조현병 환자의 자녀는 일반인의 15배까지 조현병에 걸리는 비율이 높다. 심지어 3촌 이내의 친족에서는 일반인의 2.5~4배 가까운 발병률을 나타냈다. 〈표 9-2〉에서 볼 수 있듯이, 부모 모두가 조현병 환자일 경우에는 자녀의 36% 정도가 조현병을 나타내는 것으로 보고되어 있다. 쌍둥이 연구에서도 일란성 쌍둥이의 공병률은 57% 정도, 이란성 쌍둥이는 남녀의 성이 같은 경우에는 12%, 성이 다른 경우에는 6% 정도로 보고되어 있

표 9-2	조현병 환자 친족에서의 조현병 유병률	
	친족	유병률(%)
직계	부모	4.4
	형제자매	8.5
	부모 모두 비조현병일 때	8.2
	부모 중 한쪽이 조현병일 때	13.8
	성(性)이 다른 이란성 쌍둥이	5.6
	성(性)이 같은 이란성 쌍둥이	12.0
	일란성 쌍둥이	57.7
	자녀	12.3
	부모 모두 조현병일 때	36.6
3촌 이내	삼촌 또는 고모나 이모	2.0
	조카나 조카딸	2.2
	손자나 손녀	2.8
	의붓 형제자매	3.2
4촌		2.9
일반인 집단		0.8

다. 양자의 연구에서도 조현병의 발병은 양부모보다는 친부모와 공병률이 높았다. 이러한 결과들은 조현병에 대한 유전적 요인의 강력한 영향력을 시사하는 것이다(Tsuang & Vandermy, 1980). 그러나 유전자가 완전히 동일한 일란성 쌍둥이의 경우에도 공병률이 57% 정도라는 것은 유전적 요인 이외에 여러 가지 다른 요인이 조현병의 발병에 관여한다는 것을 의미한다.

조현병이 특정한 단일 유전자(예: 6번, 22번 염색체)의 이상과 관련된다는 가설과 여러 유전자의 복합적 관계와 더불어 환경적 요인과의 상호작용이 중요하다는 가설이 있다. 현재까지의 연구결과는 복잡한 양상을 나타내고 있는데, 대체로 두 번째 가설을 지지하는 결과가 많은 편이다. 조현병의 유전적 측면에 대한 주된 연구방향은 유전자를 확인하는 것과 아울러 조현병 환자가 조현병 계열(예: 조현병 정동장애, 미분류형 정신병, 조현형 성격장애 등)의 증상을 나타내는 사람들과 구별되는 유전적 요인을 규명하는 것이다. 그러나 설혹 유전자의 이상이 밝혀진다 하더라도, 이러한 유전자의 이상이 어떤 경로나 환경과의 상호작용을 통해 심리적 적응 기능에 영향을 미쳐 조현병을 유발하는지를 설명해야 하는 과제가 남아 있다. 유전자 연구는 조현병의 원인을 확인하는 것 외에도 유전자 검사를 통해 조현병에 취약한 사람을 미리 발견하여 발병 전에 개입하는 것을 목표로 하고 있다.

조현병은 뇌의 구조적 이상과 관련된다는 주장이 제기되고 있다. 조현병 환자는 정상인보다 뇌실의 크기가 크고 뇌 피질의 양이 적으며 전두엽, 변연계, 기저 신경절, 시상, 뇌간, 소뇌

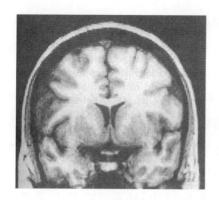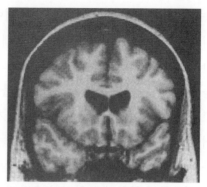

자기공명영상술(MRI)에 의해 촬영된 정상인의 뇌(왼쪽 그림)와
뇌실이 확장되어 있는 조현병 환자의 뇌(오른쪽 그림)

에서 이상을 나타낸다는 다양한 연구결과가 보고되고 있다. 그러나 이러한 결과들이 일관성 있게 재확인되고 있지 않다. 여러 연구에서 외측 뇌실의 확장이 보고되었으나 주로 음성증상을 나타내는 조현병 환자의 경우에만 이러한 이상이 있었으며 조현병 환자의 20~50%는 뇌실에 아무런 문제가 없었다. 최근에는 이러한 뇌실의 확장이 조현병 환자뿐만 아니라 양극성장애, 신경성 식욕부진증, 알코올 중독 환자에게도 나타난다는 연구결과가 보고되고 있다.

또한 뇌의 기능적 이상이 조현병과 관련된다는 주장도 제기되고 있다. 뇌영상술을 사용한 연구(예: Ingvar & Franzen, 1974)에서 조현병 환자는 전두엽 피질의 신진대사가 저하되어 있다는 것이 발견되었다. 이러한 신진대사 저하는 특히 심리적 과제를 수행할 때 더 현저하게 나타났는데, 이는 조현병 환자의 뇌가 주변 환경에 빠르고 효율적으로 반응하지 못한다는 것을 의미한다. 또한 조현병 환자는 뇌반구의 비대칭성을 보이며 좌반구에서 과도한 활동이 나타나는 것으로 주장되었다. 조현병 환자의 일부는 부적절한 자궁 내 환경, 출생 시의 이상, 또는 다른 원인들에 의해 중추신경계가 손상된 상태에서 삶을 시작하며 이런 손상이 뇌의 구조나 기능에 영향을 미친다고 주장되고 있다.

조현병에 영향을 미치는 뇌의 신경전달물질을 밝히려는 많은 연구가 진행되었다. 다양한 신경전달물질 중에서 조현병과 관련된 것으로 가장 주목을 받고 있는 것은 **도파민**(dopamine)이다. 뇌에서 dopamine 생성을 자극하는 amphetamine, L-Dopa, cocaine을 다량 복용하면 조현병과 유사한 증상을 나타낸다는 임상적 보고와 더불어 조현병 치료에 효과가 있는 항정신병 약물들이 dopamine에 영향을 준다는 연구결과들이 있다. 또한 조현병 환자의 뇌를 부검한 결과, 뇌에 dopamine 수용기가 증가되어 있다는 보고도 있다. 이러한 연구결과에 근거하여 조현병은 뇌의 dopamine 활동이 과다할 때 야기된다는 **도파민 가설**(Carlsson & Lindquist, 1963)이 제기되었다. 그러나 주로 양성 증상을 나타내는 조현병 환자에게만 dopamine 수용기의 증가가 발견되었다. 또한 뇌 신경세포의 연접에서 신경전달물질의 화학적 전달은 수분

내에 신속하게 이루어지는데, dopamine에 영향을 주는 항정신병 약물의 효과는 약 6주에 걸쳐 점진적으로 나타난다. 이러한 사실을 볼 때, dopamine이 조현병에 직접적인 영향을 주기보다는 간접적인 영향을 미치는 것으로 이해되고 있다. 최근에는 dopamine 외에 serotonin이 주목을 받고 있는데, 이 두 가지 신경전달물질의 수준이 높으면 조현병의 증상이 나타난다는 세로토닌-도파민 가설(Meltzer, 1993)이 제기되고 있다. serotonin과 dopamine 모두에 영향을 주어 두 화학물질이 균형을 이루도록 하는 기능을 지닌 약물인 clozapine이 조현병의 치료에 효과적이라는 점은 이러한 가설을 뒷받침하고 있다.

이 밖에 생물학적 환경이 조현병의 유발에 영향을 미친다는 주장도 있다. 출생 전후의 생물학적 환경이 중요하며 태내조건(예: 어머니의 임신 중의 외상, 영양실조, 감염, 중독 등), 출생 시의 문제(예: 출산 시의 외상, 산소결핍, 감염, 출혈 등), 출생 직후의 문제(예: 출생 직후의 영양부족, 질병, 사고 등)가 조현병의 원인이 될 수 있다는 주장이다. 이러한 요인은 조현병의 직접적인 원인이기보다는 유전적 취약성을 발현시키는 작용을 하는 것으로 여겨지고 있다. 일부 학자들은 바이러스가 조현병을 유발할 수 있다는 주장도 제기하고 있다. 이러한 주장의 간접적인 증거로 조현병 환자들은 늦겨울에서 봄 사이에 태어난 경우가 많다는 점을 들고 있다. 이들은 어머니의 자궁에 있을 때가 여름이어서 바이러스에 더 많이 노출된다는 것이다. 조현병 환자 중에는 같은 장애를 지닌 가족이 있는 경우도 있고 그렇지 않은 경우도 있다. 가족 중에 같은 장애를 지닌 환자가 있는 경우는 유전적인 요인이 중요하게 작용한 것으로 볼 수 있는 반면, 그렇지 않은 경우는 환경적 요인이 작용한 것으로 볼 수 있다. 이러한 두 부류의 환자들이 나타내는 임상적 특징을 비교한 결과, 같은 장애를 지닌 가족이 있는 조현병 환자는 지속적인 주의집중을 못하며 주변 자극에 쉽게 교란되는 등의 주의장애를 보였다. 반면에 같은 장애를 지닌 가족이 없는 조현병 환자는 뇌가 위축되거나 출생 전후에 문제가 있었으며 겨울 출생자가 많았는데, 이러한 결과는 바이러스나 출생 전후의 문제와 같은 생물학적 환경요인이 조현병에 영향을 미칠 수 있음을 보여준다.

조현병과 연관된 여러 가지 생물학적 지표(신경인지적 손상, 뇌의 구조적 이상, 신경화학적 이상 등)가 발견되었지만, 지금까지 어떤 것도 조현병을 유발하는 분명한 원인이라는 일관성 있는 결과가 나타나고 있지 않다. 유전적 요인에 있어서도 구체적 유전자나 유전자 조합이 조현병을 유발하는 충분조건 또는 필요조건으로 확인되고 있지 않다. 최근에는 조현병이 뇌의 여러 부위가 관여하는 신경연결망의 장애라는 주장도 제기되었다. 뇌영상 연구에서 전전두엽을 비롯한 뇌의 다양한 영역에 존재하는 신경연결망의 이상이 보고되고 있기 때문이다. 그러나 뇌 신경연결망의 구조적 이상이 조현병의 기능적 손상과 어떻게 관련되는지, 신경연결망 이상은 왜 그리고 어떻게 발생하는지, 그리고 신경연결망 이상이 다른 뇌 장애와 비교했을 때 조현병과 특수한 관련성을 지니는지는 밝혀지지 않고 있다(Rubinov & Bullmore, 2022). 이러한 현실은 조현병을 유발하는 특수한 뇌 질환이 존재한다는 주장이 여전히 가설에 불과하다는 것을 보여준다. 조현병은 특수한 원인에 의해 생겨나는 단일한 장애가 아니라 다양한 증상이 복합적으로 관여하는 이질적인 증후군의 집합체로 여겨지고 있다. 조현병이라는 개념 자체에 대한 의문이 제기되고 있으나 일련의 증상들을 설명할 수 있는 대안이 부재하기 때문에 여전히 사용되고 있다(Jablensky, 2010).

2) 심리적 요인

인지적 입장에서는 조현병 환자들이 나타내는 주의장애에 초점을 두고 있다. 주의(attention)는 인간이 지적 기능의 수행을 위해 정보를 선택하고 처리하는 데에 필수적인 기능이다. 주의는 제한된 정보처리 용량을 지니며 따라서 수많은 외부 자극 중에서 적절한 정보를 선택하여 처리하고 부적절한 정보는 억제하는 기능을 지닌다. 인지적 입장을 지닌 학자들(McGhie & Chapman, 1961; Neale & Cromwell, 1970; Silverman, 1964)은 조현병이 기본적으로 사고장애이며 사고장애는 주의 기능의 손상에 기인한다고 주장한다. 조현병 환자들은 장애의 초기 단계에 주의집중의 곤란과 시공간 지각의 변화를 호소하며 심리적인 혼란을 경험하는 경향이 있다. 주의 기능이 손상되면, 부적절한 정보를 억제하지 못하므로 많은 정보가 의식에 밀려들어 정보의 홍수를 이루게 되므로 심한 심리적 혼란을 경험하게 된다. 이러한 심리적 혼란을 감소시키기 위해서 조현병 환자들은 지나치게 단순한 논리로 혼란스러운 경험을 설명하려 해서 망상을 발달시키거나 외부 자극에 대해 무감각한 태도를 취하며 사회적 관계를 회피하고 고립된 생활을 하게 된다. 또한 조현병 환자들이 비논리적이고 와해된 사고와 언행을 나타내는 이유는 의식에 침투하는 부적절한 정보를 억제하지 못하기 때문이다. 실제로 조현병 환자들은 주의기능이 관여되는 대부분의 인지적 과제에서 수행저하를 나타낸다. 그러나 조현병의 하위유형에 따라서 상당히 다른 주의패턴을 나타내는데, 망상형 또는 급성 조현병 환자는 주의 폭이 확대되어 외부 자극에 지나치게 예민한 반응을 나타내는 반면, 비망상형 또는 만성 조현병 환자는 반대로 주의 폭이 협소해져서 외부 자극을 잘 포착하지 못하며 대부분의 인지적 과제에서 현저한 수행저하를 나타내었다(Venables, 1964). 이 밖에도 조현병 환자는 추론, 계획, 집행 등의 다양한 인지적 기능에서 결함을 나타내는 것으로 보고되고 있다. 최근에는 조현병 환자들이 작업기억(working memory)의 손상을 나타낸다는 연구들(예: Goldman-Rakic & Selemon, 1997; Park & Holzman, 1992)이 보고되어 있다. 이러한 인지적 기능의 결함은 전두엽 피질의 기능이상과 관련된 것으로 여겨지고 있으며 최근에는 조현병 환자의 뇌 기능이상과 인지적 기능손상의 관계를 밝히는 신경심리학적 연구가 활발하게 진행되고 있다.

정신분석적 입장에서는 조현병의 심리적 원인에 대해서 다양한 주장이 제기되고 있다. Freud(1924)는 조현병을 통합된 자아가 발달하기 이전 단계, 즉 오이디푸스 단계 이전의

조현병 환자의 지각장애를 나타내는 그림

심리적 갈등과 결손에 의해 생겨나는 장애로 보았다. 그에 따르면, 조현병은 신경증과 마찬가지로 갈등과 방어에 의해 형성되는데, 신경증과의 차이는 양적인 것으로 조현병에서의 갈등이 훨씬 더 강력하고 적용되는 방어 기제도 부정, 투사와 같이 원시적인 방어 기제가 사용된다. 따라서 조현병 환자의 자아기능은 발달적으로 초기 단계로 퇴행한다는 갈등모델 (conflict model)을 제시했다. 그러나 이후에 Freud는 건강염려증적 집착으로 시작해서 강직증과 조현병적 증상을 나타냈던 Schreber 사례를 설명하면서 결손모델(deficiency model)을 제시하였다. 즉, 조현병이 처음에는 갈등으로 시작하지만 외부세계로 향해졌던 리비도 에너지가 점차 내부로 철수되어 환자의 자기상이나 신체상에 투여되면 과대망상이나 건강염려증적 증상이 나타날 수 있다. 그 정도가 심해지면, 외부세계와의 관계가 단절될 뿐만 아니라 내부의 대상 표상과의 관계도 소원해지고 자폐적 세계로 철수하게 되며 심리적 적응기능이 손상되게 된다. 이러한 특성이 조현병의 결손을 구성하며 와해된 사고, 망상, 환각 등의 증상을 초래한다고 주장한다. Freud는 이러한 갈등모델과 결손모델 사이를 오갔으나 이 두 모델의 통합을 실현하지는 못했다.

Federn(1952)은 조현병을 자아경계(ego boundary)의 붕괴에 기인한 것으로 보았다. 그에 따르면, 모든 사람은 자아경계를 가지고 있는데, 외부적 자아경계는 세계와 자아의 분리 즉, 마음의 현상과 외부의 현상을 구별시켜 주는 반면, 내부적 자아경계는 의식경험과 무의식경험을 구분하게 한다. 조현병은, 이러한 자아경계에 투여되는 에너지의 감소로 인해 나타나는 장애로서, 외부적 자아경계가 손상되어 외부 현실과 심리적 현실을 구분하지 못하는 환각과 망상 등의 증상이 나타나고 내부적 자아경계가 약화되어 초기의 미숙한 자아상태가 다시 출현하게 된다고 주장했다.

대상관계이론에서는 조현병의 기원을 생애 초기의 발달과정에 두고 있다. Klein(1932)은 어린아이가 생후 1년 이내에 두 가지의 인간관계 패턴을 형성하게 되는데 이는 정상적 발달과 병리적 발달 모두에 중요하다고 주장한다. 그 하나는 피해의식적 입장(paranoid position)으로 자신의 공격적 상상을 엄마에게 투사하여 엄마로부터 박해를 받을지 모른다는 인식을 갖게 되는 것이며, 다른 하나는 우울적 입장(depressive position)으로서 엄마를 공격하는 박해자로서의 죄책감을 지니는 것이다. 조현병의 잠재가능성을 지닌 아동은 엄마에 대해 공격적 충동을 지니며 이를 엄마에게 투사하여 피해의식적 불안을 갖게 됨으로써 외부세계로부터의 철수, 분리, 투사적 동일시 등의 방어기제를 사용하며 피해의식적 입장에 고착된다. 청소년기 이후에 심한 스트레스에 직면하게 되면, 이러한 피해의식적 입장으로 퇴행하여 조현병적 증상이 나타나게 된다는 것이다.

Mahler(1952)는, 초기의 발달 경험이 성장 후의 심리적 기능에 영향을 미친다고 주장하면서, 신생아의 초기 발달과정을 (1) 출생 직후부터 2개월까지 엄마와 자신을 구분하지 못하는 자폐적 단계(autistic stage), (2) 엄마에게 의존적인 공생적 단계(symbiotic stage), (3) 엄마로부터 독립되어 가는 분리-개별화의 단계(separation-individuation stage)로 구분하고, 조현병은 자폐적 단계로 퇴행한 것이라고 보았다. 아이는 엄마와의 안정된 공생적 관계 속에서 서서히 자아경계를 형성하여 독립된 개체로 성숙하게 되는데, 조현병 환자는 어린 시절 엄마와 안정된 공생관계를 형성하는 데 실패함으로써 분리-개별화의 단계로 성장하는 과정에 어려움을 나타내게 된다. 즉, 이후의 발달과정에서 독립된 개체로서 수행해야 하는 개인화 과제에 직면했을 때, 자폐적 단계로 퇴행하여 조현병적 상태가 나타난다는 주장이다.

3) 가족관계 및 사회환경적 요인

조현병의 유발과 관련된 환경적 요인으로 가족관계가 주목을 받아 왔다. 특히 부모의 양육태도, 가족 간 의사소통, 부모와 자녀의 의사소통방식, 부모의 부부관계 등이 조현병의 발병과 경과에 중요한 영향을 미친다고 주장되었다. 조현병은 어머니의 부적절한 양육태도에 의해 유발될 수 있다는 주장이 제기되었다(Fromm-Reichmann, 1948). 조현병 환자의 어머니는 차갑고 지배적이며 자녀에게 갈등을 조장하는 경향이 있다고 주장되며 '조현병 유발적 어머니(schizophrenogenic mother)'라는 용어가 사용된 적이 있었다. 이러한 어머니는 자녀의 감정에 무감각하거나 거부적이고 친밀감에 대한 두려움을 지니고 있거나 또는 자녀에게 과잉보호적이고 과도한 자기희생을 나타내는 경향이 있다고 주장되었다. 그러나 여러 연구에서 이러한 주장이 입증되지 않았으며 어머니의 양육태도와 조현병의 발병 간에 필연적 관계는 발견되지 않았다.

조현병 환자의 부모는 이중적 의미의 의사소통을 하는 경향이 있다는 주장이 제기되었다. Bateson과 그의 동료들(1956)에 의해 주장된 **이중구속 이론**(double-bind theory)에 따르면, 부모의 상반된 의사전달이 조현병의 유발에 영향을 준다는 것이다. 상반된 의사전달이란 부모 가운데 한 사람이 동일한 사안에 대해서 서로 다른 시기에 상반된 의사를 전달하거나 동일한 사안에 대해 부모가 서로 상반된 지시나 설명을 하는 경우를 말한다. Wynne과 Singer(1963)에 따르면, 조현병 환자의 가족이 나타내는 의사소통의 문제는 크게 두 가지 유형이 있다. 그 한 유형은 애매하고 불명확한 생각을 전달하는 불분명한 소통방식이며, 다른 유형은 명료하지만 단편적이고 논리적인 연결이 부족한 생각을 전달하는 비논리적 소통방식이다. 이러한 소통방식은 정상적이고 합리적인 사고나 의사소통을 방해함으로써 조현병 환자의 발병이나 경과에 영향을 미칠 수 있다는 것이다. 이러한 주장은 혼란된 의사소통을 하는 가족에서 조현병이나 그와 유사한 장애를 지닌 청소년이 많이 나타났다는 연구(Goldstein & Rodnick, 1975)에 의해 지지되었으나 양극성장애의 가족도 이와 비슷한 문제가 있다는 보고(Milkowitz, 1985)가 있어 조현병 환자 가족만이 지닌 특수한 문제라고 할 수는 없는 것 같다.

또한 조현병 환자의 가족은 가족 간의 갈등이 많고 강렬한 부정적 감정을 표출하는 경향이 있다. 조현병 환자의 가족은 비판적이고 분노감정을 과도하게 표현할 뿐 아니라 환자에 대해 과도한 간섭을 나타낸다는 주장이 제기되었으며, 이러한 가족의 특성은 **표현된 정서**(expressed emotion)라고 학술적으로 지칭된다(Brown, 1959). 퇴원한 조현병 환자가 재발하여 병원에 재입원하는 비율은 분노정서의 표현이 낮은 가정에서는 10%인 데 비해 분노정서의 표현이 높은 가정에서는 58%였다는 연구보고(Brown et al., 1972; Hooley, 1985)가 있다.

마지막으로, 부모의 부부관계가 조현병의 발생에 영향을 준다는 주장이 제기되었다. 이러한 부모의 부부관계에는 두 가지 유형이 있는데, 그 한 유형은 편향적 부부관계로서 수동적인 배우자가 정신적으로 건강하지 못한 배우자에게 가족에 대한 통제권을 양보한 채 자녀에게 집착하는 경우이다. 예컨대, 가부장적이고 폭군적인 남편에게 수동적으로 순종하면서 자녀에게 과도하게 집착하거나 의존하는 어머니가 이에 해당된다. 다른 유형은 분열적 부부관계로서 부부가 만성적인 갈등상태에서 서로의 요구를 무시하고 자녀를 자기편으로 만들기 위해 치열하게 경쟁하는 경우이다. 특히 여자 조현병 환자의 부모에게 이런 유형이 많다고 알려져 있다.

사회문화적 환경이 조현병에 중요한 영향을 미친다는 주장도 제기되고 있다. 조현병 환자들이 사회경제적인 하류층, 특히 도시에 거주하는 하류층에서 많이 발견된다는 연구결과들(예: Hollingshead & Redlich, 1958; Kohn, 1968)이 있다. 이러한 결과에 근거하여 낮은 사회계층에 속하는 사람은 타인으로부터의 부당한 대우, 낮은 교육수준, 낮은 취업기회 및 취업조건 등으로 많은 스트레스와 좌절경험을 하게 되며 그 결과 조현병으로 발전할 수 있다는 **사회적 유발설**(sociogenic hypothesis)이 제기되었다. 그러나 하류계층에 조현병 환자가 많이 발견되는 점에 대해서 다른 해석이 제기되었다. 즉, 이러한 현상은 조현병 환자들이 부적응적인 증상으로 인하여 사회의 하류계층으로 옮겨가게 된 것이라는 **사회적 선택설**(social selection hypothesis)이다. 이러한 상반된 가설을 검증하기 위해서 조현병 환자와 그 아버지의 직업 및 계층을 조사한 연구들이 이루어졌으나, 두 가설을 모두 부분적으로 지지하는 결과가 나타났다. 조현병 환자의 아버지가 대체로 낮은 사회계층에 속하는 경우가 많았다는 점은 사회적 유발설을 지지하는 반면, 조현병 환자는 그 아버지에 비해 지위가 낮은 직업을 갖는 경향이 있다는 점은 사회적 선택설을 지지하고 있다.

4) 취약성-스트레스 모델

조현병은 증상의 활성기와 잔류기가 반복되는 만성적 경과를 보이거나 자주 재발하는 경우가 흔하다. Zubin과 Spring(1977)은 조현병의 발병과정과 임상적 경과를 설명하기 위해 **취약성-스트레스 모델**을 제안하였다. 이들에 따르면, 조현병은 장애 자체가 만성화되는 것이 아니라 장애에 대한 취약성이 지속되는 장애이다. 조현병에 대한 취약성의 정도는 개인마다 다르며 유전적 요인과 출생 전후의 신체적-심리적 요인에 의해 결정된다. [그림 9-2]에서 제시되어 있듯이, 이러한 취약성을 지닌 사람에게 스트레스 사건이 발생하여 그 적응부담이 일정한 수준을 넘게 되면 조현병이 발병한다는 것이다. 이 모델은 유전적 요인이 조현병의 발병에 중요한 영향을 미친다는 점을 인정하지만, 유전적 취약성을 지닌 사람도 과중한 환경적인 스트레스가 주어지지 않으면 조현병의 발병 없이 살아갈 수 있다고 본다. 또한 조현병이 발생하더라도 스트레스가 줄어들면 증상이 감소되고 병전의 기능수준으로 회복될 수 있다고 가정한다. 실제로 조현병 환자의 80% 정도는 현저하게 호전될 수 있으며 40% 정도는 재발하지 않는다는 연구보고가 있다.

Walder와 동료들(2014)은 조현병이 네 가지의 요인, 즉 유전적 요인, 태아 상태의 건강 문제, 가정환경, 스트레스 사건이 개인의 발달단계마다 미치게 된다는 발달적 취약성-스트레스 모델을 제시했다. 이 모델에 따르면, 가족의 유전적 요인과 더불어 태아 상태에서 어머니가 건강 문제(바이러스 감염, 영양 결핍, 스트레스, 임신 합병증, 난산)를 지니는 경우에 개인은 생애 초기부터 조현병에 걸릴 취약성의 기반을 형성하게 된다. 이들이 아동기나 청소년기에 열악한 가정환경(적대적이고 비판적인 가족, 과도한 정서적 관여와 표현)에서 성장하면서 스트레스 생

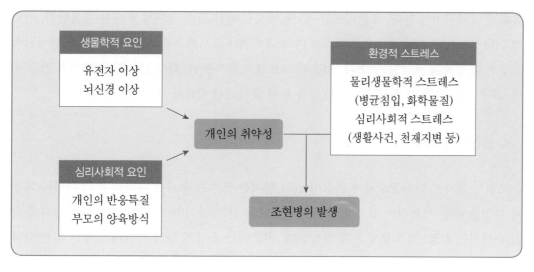

[그림 9-2] 조현병에 대한 취약성-스트레스 모델

표 9-3 조현병의 취약성 요인

유전적 요인	부모나 가족의 병력
신경생리학적 요인	뇌의 구조적 결함이나 기능적 이상
출생 전후의 생물학적 요인	태내조건(예: 어머니의 임신 중 외상, 영양실조, 감염, 중독 등), 출생 시의 문제(예: 출산 시의 외상, 산소결핍, 감염, 출혈 등), 출생 직후의 문제(예: 출생 직후의 영양부족, 질병, 사고 등)
발달적 요인	출생 후 3세까지의 기간 동안 어머니와의 밀접한 관계 부족, 입양 가정이나 보호시설에서 성장
가족적 요인	부모-자녀 의사소통에서 혼란과 적대감
인지행동적 요인	아동기의 산만성과 주의집중의 문제, 언어성 지능의 상대적 저하, 영아기의 운동협응 부족 등

활사건을 경험하게 되면 청년기 전후에 조현병으로 발병할 가능성이 증가한다.

취약성-스트레스 모델은 조현병의 원인으로 제시된 다양한 요인을 통합하여 조현병의 유발과 경과를 설명하고 있을 뿐만 아니라 조현병의 치료와 예방을 위한 시사점을 던져주고 있다. 조현병의 치료를 위해서는 약물치료뿐만 아니라 심리사회적 개입을 통해 임상적 경과에 영향을 미치는 환경적 스트레스를 감소시키고 스트레스에 대한 대처능력을 향상시키는 것이 중요하다. 조현병의 경과에 영향을 미치는 주요한 환경적 요인으로는 가족관계를 비롯한 인간관계, 직업적 적응, 사회경제적 환경으로부터의 스트레스가 있다. 이러한 환경적 스트레스와 그에 대한 대처능력은 유전적, 신체적 요인에 비해 변화가 용이하므로 치료와 예방에서 중요하게 고려되어야 한다. 또한 〈표 9-3〉에 제시된 바와 같이 조현병에 대한 생물학적, 심리적 취약성이 높은 사람들은 스트레스를 미리 피하거나 스트레스에 대한 대처능력을 향상시킴으로써 이 장애를 예방할 수 있다. 아울러 스트레스 대처훈련, 의사소통 훈련, 사회적 기술 훈련, 가족교육, 가족 간 정서표현 훈련 등을 통해 효과적인 치료와 예방이 가능하다.

4. 조현병의 치료

조현병 환자는 현실검증력에 손상이 있고 현저한 부적응 증세를 나타낼 뿐만 아니라 자신과 타인을 해칠 가능성이 있기 때문에 입원치료를 받는 것이 바람직하다. 양성 증상의 완화를 위해서는 **항정신병 약물**이 흔히 처방되며, 최근에는 음성 증상의 개선에 도움이 되는 약물(예: clozapine, remoxipride, risperidone, sulpiride)이 개발되어 사용되고 있다. clozapine을 제외한 대부분의 약물은 도파민 억제제로서 **추체외로 부작용**(extrapyramidal side-effect)을 비롯한 여러 가지 부작용을 나타내는 문제점이 있다. 추체외로 부작용은 항정신병 약물을 사용할 경우 나타나는 대표적인 부작용으로서 근육이 긴장되어 행동이 어색하고 부자연스러운 근긴장곤란증(dystonia)과 잠시도 가만히 있지 못하고 종종걸음으로 안절부절못하는 좌불안석증(akathisia)이 나타나며 이 외에도 이상한 자세, 손떨림, 무표정, 침흘림, 안절부절못함, 입맛 다시기, 혀의 지속적 움직임 등의 증상이 나타난다.

Bernstein(1983)에 따르면, 항정신병 약물은 3가지 종류로 나누어진다. 첫째는 진정성 항정신병 약물(예: thiordanzine, metatrimeprazine, cyamemazine)로서 흥분과 초조감 등의 흥분성 증상을 진정시키는 효과를 지니고 있으나 운동조절 장애, 혈압저하작용, 입마름, 식욕저하, 구토, 변비 등의 부작용을 나타낸다. 둘째는 항결핍성 항정신병 약물(예: fluphenazine, pimozide, sulpiride 등)은 흥미결여나 자폐적 위축 등의 결핍성 증상을 호전시키는 효과를 지니며 약물 종류에 따라 추체외로 증상을 비롯하여 고혈압, 다뇨증 또는 구강건조증, 식욕저하, 변비 등의 부작용이 나타난다. 셋째는 항생산성 항정신병 약물(예: chlorpromazine, haloperidol, oxaflumazine)로서 환각이나 망상 등의 양성 증상을 억제하는 효과를 나타내며 추체외로 부작용이 가장 현저하게 나타난다. 약물 치료자는 환자의 특성에 따라서 조현병 증상을 최대한 억제하는 동시에 환자의 긍정적 적응기능의 손상과 약물의 부작용을 최소화하는 적절한 약물을 선택하여 적당한 용량을 처방하는 것이 중요하다.

약물치료를 포함한 여러 치료방법으로 증상이 호전되지 않은 조현병 환자에게는 **전기충격치료**(electroconvulsive therapy)가 시행되기도 한다. 뇌에 짧은 시간 동안 적당한 전압의 전기자극을 가하여 증상의 호전을 유도하는 방법으로서 극적인 치료효과를 초래하기도 한다. 그러나 전기충격치료는 그 치료효과가 나타나게 되는 치료적 기제에 대해 아직 밝혀진 것이 없으며, 많은 환자가 이러한 치료방법에 대한 공포를 지니고 있어 최근에는 잘 사용되지 않는다.

조현병 환자가 현실검증력에 손상을 나타내며 망상이나 환각과 같은 양성 증상을 현저하게 드러내는 경우에는 우선적으로 약물치료를 통해 이러한 증상을 완화시키는 것이 필요하다. 그러나 조현병의 좀 더 근본적인 치료와 사회적 재적응을 위해서는 심리치료가 필수적이라고 할 수 있다. 조현병 환자에 대한 심리치료는 매우 다양하다. 정신역동적 치료는 세부적인 이론적 입장에 따라 다르지만 대체로 조현병 환자와의 지지적 관계형성을 통해 자아기능을 강화시키는 데에 초점을 두고 있다. 조현병의 심리치료에서 가장 중요한 것은 '의미 있는 관계형성'이며 이러한 관계 속에서 갈등과 불안을 방어하는 자아의 방어기능을 강화하고 자아경계를 강화하며 치료자와의 건강한 관계 속에서 진정한 대상관계를 재경험하도록 한다.

조현병 환자들의 적응적 행동을 증가시키고 부적응적 행동을 감소시키기 위해서 다양한 행동치료적 기법이 활용되고 있다. 특히 일상적 적응기능에 손상을 나타내는 만성 조현병 환자의 경우, 그들의 행동을 정밀하게 관찰하고 **환표이용법**(token economy)을 적용하여 적응 기능을 습득시킬 수 있다(Paul & Lentz, 1977). Slade(1972)는 불안해질 때마다 환각을 경험하는 조현병 환자에게 체계적 둔감법을 통해 불안을 효과적으로 다루게 함으로써 환각이 사라졌다는 치료사례를 보고하고 있다.

조현병 환자들이 사회적 적응에 어려움을 겪는 가장 큰 이유는 사회적 기술이 부족하여 타인에게 혐오적인 인상을 주고 거부당하기 때문이다. 따라서 사회적 기술훈련을 통해 다양한 사회적 상황에 대처하는 기술을 가르치고 이러한 상황에서 발생하는 불안을 극복하도록 도움으로써 타인과의 상호작용을 증진시킬 수 있다(Bellack & Mueser, 1993; Wong & Woolsey, 1989). 또한 조현병 환자의 부적응적인 사고내용을 변화시키고 인지적 적응능력을 향상시키기 위해 다양한 인지치료적 기법이 시행되고 있다. Meichenbaum(1977)은 조현병 환자들이 일상적 상황에서 무기력하거나 부정적인 자기대화를 한다는 점에 착안하여 환자들이 자기 자신에게 '건강한 자기대화'를 하도록 가르치는 자기지시훈련(self-instructional training)을 시행하였다. 또한 문제해결 상황에서도 과제를 평가하고, 평가된 과제에 주의를 집중하며, 문제해결을 위한 자기대화를 하는 기술을 학습시킴으로써 적응능력이 향상되었다고 보고되고 있다.

조현병 환자는 집단치료를 통해 많은 도움을 받는다는 주장이 있다. 집단치료를 통해 동료로부터 지지를 받는 동시에 사회적 상호작용의 기술을 익히게 된다. Kanas(1986)는 조현병으로 입원한 환자들이 집단 심리치료를 통해 적응기능의 향상을 보였으며 급성 환자보다 만성 환자에게서 더 좋은 치료효과가 나타났다고 보고하고 있다. 한편, 조현병 환자의 사회적 재적응에 가장 중요한 역할을 하는 것은 가족이다. 따라서 가족치료를 통해 환자와 가족에게 효과적인 의사소통이나 건강한 감정표현 방식을 교육시킨다. 이 밖에도 조현병 환자가 직업을 통해 경제적으로 독립적인 생활을 할 수 있도록 돕는 **작업치료**(occupational therapy)도 중요하다.

일반적으로 조현병 환자는 입원치료를 통해 증상이 호전되면 바로 가정과 사회로 복귀하기보다는 과도기적인 적응기간을 갖는 것이 바람직하다. 이를 위해서 증상이 호전된 환자들은 밤에는 가정에서 잠을 자고 아침부터 저녁까지 병원에서 사회복귀훈련을 하는 **낮병원**(day hospital)에서 몇 주간의 적응기간을 보낸 뒤 사회로 완전히 복귀하는 것이 좋다. 최근에는 조현병 환자를 지역사회 안에서 보호하고 치료해야 한다는 주장이 강력하게 제기되고 있다. 과거에는 만성 조현병 환자들을 사회로부터 격리된 수용소 형태의 정신병원에 장기간 입원하게 함으로써 이들이 사회적 적응능력을 완전히 상실하여 사회적 복귀가 불가능한 경우가 많았다. 따라서 최근에는 조현병 환자들이 지역사회 안에서 생활하면서 치료와 재활교육을 받을 수 있는 지역사회 정신건강센터가 개설되고 있다. 갈등적인 가족과 함께 생활하는 것이 어려운 경우에는 회복된 환자들이 여러 명 숙식을 같이 하면서 정신건강 전문가가 수시로 방문하여 이들의 적응을 돕는 **그룹 홈**(group home)도 시행되고 있다.

조현병과 천재

정신장애 중에서 가장 이해하기 힘든 독특한 증상을 나타내는 장애가 조현병이다. 조현병을 지닌 사람들이 나타내는 매우 독특하고 비범한 사고양상이 때로는 위대한 창의성으로 연결되는 경우가 있다. 인류의 역사에 있어서 위대한 창조적 업적을 남긴 천재 중에는 조현병적 증상을 지녔던 사람들이 많다. 대표적 학자로는 Isaac Newton, Ludwig Wittgenstein, John Forbes Nash 등이 있으며 문학가로는 Friedrich Holderlin, Gleb Ivanovic Uspenskij 등이 있고 예술가로는 Vincent van Gogh, Nizinski 등이 있다. 조현병을 지녔던 천재들이 양극성장애를 지녔던 천재들보다 훨씬 더 독자적이고 비약적인 창의적 업적을 남긴 것으로 평가되고 있다. 양극성장애를 지닌 천재들은 기존의 이론이나 현실세계와 연결이 유지된 반면, 조현병을 지닌 천재들은 현실세계로부터 유리되어 자폐적 세계 속에서 자유로운 공상과 더불어 기상천외한 창의성이 발현될 수 있었던 것으로 이해된다. 극단적인 고립에 의한 현실세계와의 단절, 단조롭고 메마른 생활 속에서의 집중적 작업, 자폐적 세계 속에서 자유로운 공상에의 몰두, 기존의 이론체계를 무시한 기상천외한 발상 등이 창의적 업적을 남기도록 할 수 있었다.

조현병적인 증세를 보였던 대표적인 천재는 Newton이다(飯田 眞·中井久夫, 1972). Newton(1642~1727)은 미적분법과 색채이론뿐 아니라 만유인력의 법칙을 발견하여 고전물리학의 체계를 확립한 위대한 천재이다. 그는 평생을 독신으로 살았고, 매우 메마르고 고립된 생활을 하였으며, 교수가 된 이후에는 병적인 발표 기피, 인간에 대한 불신과 의심, 피해의식적 사고를 보였다. 특히 두 차례의 심각한 정신적 위기상황에서는 조현병적인 증상을 나타낸 것으로 여겨지고 있다.

Newton은 어려서 아버지를 잃고 3세에 어머니가 재가하여 할머니에 의해 양육되었으며 메마르고 고립된 아동기를 보낸 것으로 알려져 있다. 케임브리지 대학에 진학할 당시에 내성적이고 별난 학생이었던 Newton에게서 학문적 재능을 발견하고 따뜻한 관심을 베풀었던 사람이 Barrow 교수였다. 그는 Newton에게 지나칠 정도의 호의를 베풀었으며 그를 조교로 채용하여 학자로 양성했고 자신의 교수직을 물려주었다. Barrow는 Newton이 깊이 있는 인간관계를 맺었던 최초의 사람이었다. Newton은 23세경에 페스트의 창궐로 고향에 내려가 있었는데, 이 시기에 풍부한 지적 창조성이 발현되어 만유인력, 역학과 광학 법칙, 미적분학을 직관적으로 발견했다. 사과가 나무에서 떨어지는 것을 보고 중력의 존재를 발견했다는 이야기는 이러한 '창조적 휴가' 기간에 있었던 일이다.

Barrow로부터 27세에 교수직을 물려받고 왕성한 연구활동을 보이던 Newton은 30세에 '빛과 색채에 대한 새로운 이론'을 왕립학회에서 발표했으나 Hooke의 격렬한 비판을 받고 정신적 위기를 맞게 된다. 이후 Newton은 다른 사람에 대한 의심과 피해의식을 나타내며 대인관계를 피하는 은둔생활을 하게 된다. 이 시기에 그의 강의는 난해하고 지루했으며 출석자가 한 명도 없을 때에도 아무도 없는 빈 강의실에서 강의를 하거나 엉뚱하게 지리학에 대한 강의를 하는 등 부적절한 행동을 나타냈다. 이 시기부터 40세에 이르도록 Newton은 창의적인 업적을 나타내지 못했다.

그러나 '창조적 휴가' 이후 20여 년간 잠들어 있던 Newton의 창조적 사고를 일깨운 것은 핼리혜성을 발견한 천문학자 Halley였다. 그는 Newton의 강력한 지지자가 되어 Newton에게 지적 물음을 통해 창의성을 일깨워 주었으며, 천문학적 관측자료를 제공하고 대외적인 일을 도맡아 하면서 1684년에 출간된 Newton의 대표적 저서인 『프린키피아』가 완성되도록 도왔다.

1688년에 영국의 명예혁명이 일어나 대학이 정치적 혼란에 휩싸이고 1689년에 어머니가 사망하면서, Newton은 두 번째의 정신적 위기를 맞게 된다. 이때는 피해의식적 생각과 환청을 보였으며 학문에 대한 무관심을 나타내기 시작했다. 자택의 화재로 연구자료가 소실되는 일이 Newton에게 더욱 큰 충격을 주었는데, 이 화재사건은 당시 Newton의 혼란스러운 정신상태에 의해 유발된 것으로 여겨지고 있다. 이 시기에 Newton은 자신의 연구가 외부로 새어나가거나 다른 사람이 훔쳐가는 것에 대한 피해의식을 지녔으며, 접촉하는 모든 사람을 의심했고 심지어 친한 사람도 자신에게 함정을 파고 있지 않나 하는 병적인 의심을 보였다고 한다. 이 당시 Newton은 망상형 조현병과 유사한 상태였던 것으로 추정된다.

Newton은 약 2년여 동안의 정신적 위기에서 회복되었지만 말이 거의 없어지고 전과 달리 사고력이 현저하게 저하되었다고 한다. 1696년경부터는 평생 해 왔던 연구와 교수직을 그만두고 연금술과 신학에 관심을 갖게 되었으며,

당시 재무장관이었던 귀족출신 Montague의 도움으로 조폐국장이 되어 관료세계에 몸담게 된다. 이후 Newton은 Montague의 후원 아래 조폐국 소장과 왕립학회장이 되는 등 학계의 원로로서 사회적 지위와 명예를 누리며 말년을 보낼 수 있었다. Newton이 정신적 위기 속에서도 창조적 업적을 남기고 명예로운 노년기를 보낼 수 있었던 것은 Barrow, Halley, Montague와 같은 정신적 지지자가 있었기 때문이다.

조현병을 지녔던 현대의 인물로는 1994년에 노벨경제학상을 수상한 수학자 John Forbes Nash가 있다. 그가 21세에 쓴 논문은 게임이론 분야에 혁명적 변화를 가져온 것으로 평가되고 있다. Nash는 청년기부터 20여 년 동안 망상형 조현병으로 혼란스러운 삶을 살아왔으나 부인의 헌신적인 도움으로 회복되었다. Nash가 조현병을 나타내고 그로부터 회복하여 노벨상을 타기까지의 과정은 2001년에 개봉된 영화 〈뷰티풀 마인드(A Beautiful Mind)〉에 감동적으로 그려져 있다.

조현병 환자였던 노벨경제학
수상자 John F. Nash

 제2절 **다른 조현병 스펙트럼 장애**

DSM-5-TR에서는 조현병 스펙트럼 장애에 속하는 것으로 조현병 외에도 조현정동장애, 조현양상장애, 단기 정신병적 장애, 망상장애, 조현형 성격장애, 약화된 정신병 증후군을 제시하고 있다. 이러한 장애들은 증상의 심각도와 지속기간 또는 기분 삽화의 경험 여부에 따라 구분되고 있다.

1. 조현정동장애

조현정동장애(Schizoaffective Disorder)는 조현병의 증상과 동시에 기분 삽화(주요우울 또는 조증 삽화)가 일정한 기간 동안 지속적으로 나타나는 경우를 말한다. 즉, 조현병의 주요 증상에 대한 첫 번째 진단기준을 충족시키는 동시에 주요우울 또는 조증 삽화가 함께 나타나는 경우이다. 아울러 기분 삽화가 없는 상태에서 망상이나 환각이 적어도 2주 이상 나타나야 한다. 조현정동장애는 동반하는 기분 삽화에 따라 우울형과 양극형으로 구분된다. 이 장애는 조현병 스펙트럼 장애 중에서 조현병과 함께 증상의 심각도와 부적응 정도가 가장 심한 장애에 속한다.

Kasanin(1933)이 처음 조현정동장애라는 용어를 사용했으며 과거에는 조현병의 한 형태로 파악되었으나 현재는 조현병과 구분되고 있다. 조현정동장애의 증상이 나타나는 전형적인 패턴은 처음에 현저한 환청과 피해망상이 2개월 정도 나타나다가 주요 우울증의 증상이 나타나서 이후에는 조현병적 증상과 주요 우울증의 증상이 공존하는 경우이다. 그러고 나서 주요 우울증의 증상은 완전히 사라지고 조현병적 증상만 1개월 정도 더 지속되다가 사라진다.

조현정동장애는 발병시기가 빠르고, 갑작스러운 환경적 스트레스에 의해 급성적으로 시작되며, 심한 정서적 혼란을 나타내고, 병전 적응상태가 양호하며, 조현병의 가족력이 없는 대신 기분장애의 가족력이 있고, 조현병에 비해 예후가 좋다는 특성이 있다.

조현정동장애가 기분장애나 조현병의 하위유형인가 아니면 독립된 장애인가에 대한 논란이 지속되고 있다. 이러한 논란에 대해서 조현정동장애가 한 가지의 장애가 아니라 3가지의 하위유형, 즉 기분장애형, 조현병형, 혼합형으로 구성된 이질적인 장애라고 제안되기도 했다. 조현정동장애 환자들은 사회적 활동이 위축되고 자기 관리에 어려움을 겪으며 자살의 위험성이 수반된다. 그러나 일반적으로 잔류 증상이나 음성 증상은 조현병에 비해 심하지 않으며 덜 만성적이다. 조현성, 조현형, 경계선, 편집성 성격장애가 조현정동장애에 선행된다는 임상적 보고도 있다.

조현정동장애는 오랫동안 다양하게 정의되어 왔기 때문에 유병률과 발병률에 대한 정확한 자료가 미비하다. 조현정동장애의 평생 유병률은 1% 이하로서 조현병보다 드문 것으로 알려져 있다. 조현병에 비해 조현정동장애는 여자에게 더 흔하게 발생한다. 조현정동장애의 양극형은 초기 성인기에 흔히 나타나는 반면, 우울형은 후기 성인기에 보다 흔하게 나타난다. 조현정동장애의 예후는 조현병보다는 다소 양호하지만 기분장애보다는 나쁘며, 전반적인 임상적 양상이 조현병과 기분장애의 중간에 해당된다.

2. 조현양상장애

조현양상장애(Schizophreniform Disorder)는 조현병과 동일한 임상적 증상을 나타내지만 장애의 지속기간이 1개월 이상 6개월 이하인 경우를 말한다. 조현양상장애처럼 조현병의 증상이 6개월 이전에 쉽게 호전되는 경우는 치료나 예후에 있어서 조현병과 구별될 필요가 있다. 조현양상장애로 진단되는 경우는 두 가지가 있다. 첫째는 조현병의 증상이 나타나서 6개월 이전에 회복된 경우로서 무조건 조현양상장애로 진단된다. 다른 경우는 현재 조현병의 증상이 지속되고 있지만 조현병의 진단기준에서 요구되는 6개월이 경과되지 않은 경우로서 이때는 조현양상장애로 일단 진단한다. 그러나 환자의 증상이 6개월 이상 지속될 경우에는 진단이 조현병으로 바뀌게 된다.

1937년에 Langfeldt는 조현병과 유사한 증상을 나타내지만 조현병과는 다른 특성을 지니는 환자 집단을 기술하기 위해 조현양상장애라는 용어를 처음 사용하였다. 이 장애는 대부분 정서적 스트레스가 선행하고, 급성적 발병을 나타내며, 병전 적응 상태가 비교적 양호하고, 완전한 회복을 보이는 특징이 있다. 이런 점에서 Langfeldt는 조현양상장애가 증상적 유사성에도 불구하고 조현병과는 구별되는 장애라고 생각하였다. 이후의 연구에서도 조현양상장애 환자는 정서적 반응이 활발하고 병전의 기능상태로 급격하게 회복되는 경향이 있으며, 가족 중에 조현병의 병력을 지닌 사람이 드물다는 점에서 조현병과는 구별되는 장애라는 인식이 확대되었다.

조현양상장애의 유병률은 대개 조현병의 절반 정도로 추정되고 있으며 청소년에게 흔하다고 알려져 있다. 평생 유병률이 0.2% 정도이며 연간 유병률은 0.1% 정도로 보고되고 있다. 선진국에서는 양호한 치료환경으로 인해 정신장애로부터의 회복이 빠르기 때문에 조현병보다 조현양상장애로 진단되는 비율이 높다고 한다. 대략적으로는 처음에 조현양상장애로 진단받은 사람의 1/3이 6개월 이내에 회복되어 조현양상장애로 최종 진단을 받게 되고, 나머지 2/3는 조현병이나 조현정동장애로 진단이 바뀌게 된다.

3. 단기 정신병적 장애

단기 정신병적 장애(Brief Psychotic Disorder)는 조현병의 주요 증상(망상, 환각, 혼란스러운 언어, 전반적으로 혼란스럽거나 긴장증적 행동) 중 한 가지 이상이 하루 이상 1개월 이내로 짧게 나타나며 병전 상태로 완전히 회복되는 경우를 말한다. 단기 정신병적 장애 상태에 있는 사람은 전형적으로 격렬한 감정적인 동요나 혼란을 경험한다. 비록 증상이 짧은 기간 동안 나타나지만, 이 기간 동안에 개인의 적응기능이 심하게 손상될 수 있으며 잘못된 판단이나 망상에 의해 위험한 행동을 할 수 있기 때문에 철저한 보호와 감독이 필요하다. 자살의 위험이 높으며 특히 젊은 연령층에서 더욱 그러하다.

단기 정신병적 장애에 대한 유병률은 조사된 바가 거의 없으나 청소년기나 청년기에 많이 나타난다고 추정되고 있다. 낮은 사회경제적 계층에서 많이 나타나고 성격 장애가 있는 사람에게 잘 나타난다고 한다. 재발되는 경향이 적으며 조현병이나 기분장애로 이행하는 경우도 드물다. 단기 정신병적 장애가 기분장애와 연관되어 있다는 증거들도 있으나 조현병이나 기분장애와는 전혀 다른 장애임을 시사하는 증거들이 더 많다.

단기 정신병적 장애는 이미 있었던 성격장애, 특히 연극성, 자기애성, 편집성, 조현형 및 경계선 성격장애가 있을 때 잘 발생하는 것으로 알려져 있다. 심한 스트레스에 의해 급격히 발병하는 경우가 많다.

4. 망상장애

M씨의 부인은 남편과 이혼하기로 결심했다. 대학교에 다니는 딸과 고등학교에 다니는 아들을 위해 남편의 학대를 감내하고 살아왔지만 더 이상 참을 수가 없다. 딸과 아들이 앞장서서 부모의 이혼을 바라고 있다.

M씨 부부는 중매로 만나 1년여 동안 교제를 하다가 결혼하게 되었으며 10여 년간은 큰 무리 없이 잘 살았다. 자녀들도 많이 성장했고 경제적인 여유도 갖기 위해서 M씨 부인은 5년 전부터 보험사원으로 일을 시작했다. 그동안 집안 살림만 하던 M씨 부인은 사회적 활동을 하게 되어 삶에 활력을 얻는 듯했다. 사람을 대하는 일을 하기 때문에 화장도 신경 써서 하고 옷도 차려입고 나가는 일이 많아졌으며 여러

사람으로부터 전화가 걸려왔다. 드물게는 저녁 늦게 귀가하는 일도 있었으며 사원교육을 받기 위해 하루 이틀 집을 비우는 날도 생겼다. 열심히 노력한 결과, 경제적인 여유도 얻게 되었다.

그런데 부인의 사회적 활동에 동의했던 남편 M씨는 몇 달째 부인의 행동을 유심히 관찰하고 있었다. 부인이 사원들과 저녁회식을 하고 저녁 늦게 돌아오던 날, M씨는 부인이 집에 들어서자마자 부인의 머리채를 감아쥐고 어떤 놈과 놀아났는지 말하라며 폭행을 하기 시작했다. 그런 일이 없다고 주장하는 부인에게 M씨는 부인의 핸드폰에 입력되어 있는 연락처의 남자 이름을 대가며 누구냐고 캐물었다. 부인은 회사의 직원이거나 직업상 만나는 사람이라고 말했지만 M씨는 믿지 않았다. 그 후로 M씨는 부인을 의심하기 시작했고 몰래 핸드백을

뒤지고 전화통화내역을 확인하려 했으며 때로는 보험사 근처에서 부인을 미행하기도 했다. 자신만 떳떳하면 남편의 의심도 가라앉으리라 생각한 부인은 한창 실적이 오르고 있던 보험사 일을 계속했다. 그러나 부인이 자신을 교묘하게 속이며 바람을 피우고 있다고 확신을 하고 있는 남편의 의심은 계속되었고 종종 폭행으로 이어지곤 했다. 남편은 회사일도 잘 하고 있는 듯했고, 동료들 사이에서는 꼼꼼하지만 원만한 사람으로 알려져 있다.

마침내 부인은 남편의 의심을 가라앉히기 위해 보험사 일을 그만두었다. 그러나 남편의 의심은 끝이 없었다. 회사원인 남편은 수시로 집에 전화를 하여 부인의 소재를 확인하려 했고 퇴근 후에는 부인의 변화를 살피곤 했다. 집안의 가구가 조금만 바뀌어 있어도, 이제는 남자를 집으로 끌어들인다고 의심하며 부인을 구타하곤 했다. 시간이 갈수록 점점 더 심해지는 남편의 의심과 폭행을 더 이상 참을 수 없었으며, 자녀들도 M씨의 병적인 의심과 부당한 폭행에 반발하며 부모의 이혼을 권유하고 있다.

망상장애(Delusional Disorder)는 한 가지 이상의 망상을 최소한 1개월 이상 지속적으로 나타내지만 조현병의 진단기준에는 해당되지 않는 경우를 말한다. 망상장애를 나타내는 사람들은 망상과 관련된 생활영역 외에는 기능적인 손상이 없으며 뚜렷하게 이상하거나 기괴한 행동을 나타내지 않는다.

망상장애는 망상의 내용에 따라 여러 가지 하위 유형으로 구분된다. **애정형**(erotomanic type)은 어떤 사람, 특히 신분이 높은 사람이 자신과 사랑에 빠졌다고 믿는 망상을 특징적으로 나타낸다. 유명한 연예인이나 운동선수와 같은 유명인이나 직장상사와 사랑에 빠졌다고 믿으며 서로 영적인 결합을 이루었다고 주장하는 경우가 많다. 여성에게 흔하며 유명인과 약혼, 비밀결혼, 임신을 했다고 주장하여 법적인 문제가 제기되기도 한다. **과대형**(grandiose type)은 자신이 위대한 재능이나 통찰력을 지녔거나 중요한 발견을 했다는 과대망상을 지니는 경우이다. 신으로부터 특별한 계시를 받았다는 종교적 내용의 망상도 있고 유명인사와 특별한 관계에 있다고 믿는 경우도 있다. **질투형**(jealous type)은 배우자나 연인이 부정을 저질렀다는 망상을 나타내는 경우이다. 적절한 근거가 없음에도 불구하고 사소한 증거로부터 부적절한 추론을 통해 배우자가 다른 이성과 부정한 관계를 맺었다는 확신을 지니고 배우자를 의심하고 공격한다. 의처증과 의부증이 대표적인 질투형 망상이다. **피해형**(persecutory type)은 자신 또는 자신과 가까운 사람이 피해를 받고 있다는 망상을 나타내며, 자신이 모함을 당해 감시나 미행을 당하고 있다거나 음식에 독이 들어 있다고 생각한다. 이러한 망상을 지닌 사람은 자신을 해칠 것으로 믿는 대상에 대해서 적의를 품고 공격적 행동을 나타낼 수 있다. 또는 자신이 당하고 있는 부당한 피해에 대해서 법정이나 정부기관에 반복적으로 호소하는 경우가 흔하다. **신체형**(somatic type)은 자신에게 어떤 신체적 결함이 있거나 자신이 질병에 걸렸다는 망상을 지니는 경우이다. 자신의 피부, 입, 성기, 항문 등에서 악취가 난다거나 자신의 신체부위가 기형적이라거나 자신의 몸에 해로운 기생충이 존재한다고 확고하게 믿고 있는 망상을 나타내기도 한다. 신체형 망상은 그 확고한 믿음에 있어서 건강염려증이나 신체이형장애와는 구별된다. 이 밖에도 앞에서 열거한 망상이 2개 이상 혼합되어 있는 **혼합형**(mixed type)이나 망상의 내용이 불명확하거나 특정한 유형에 속하지 않는 **불특정형**(unspecified type)이 있다.

망상장애의 평생 유병률은 0.3%로 추정되며 입원환자의 1~2%에 해당한다. 발병은 주로 성인기 중기나 후기에 시작되는 경향이 있으며 피해형이 가장 많다. 망상장애의 경과는 매우 다양하며 피해형은 만성화되는 경우가 많다.

정신분석적 입장에서는 망상을 혼란스러운 감정의 결과라고 본다. Freud는 망상을 억압된 동성애적 충동에 기인하는 것으로 보았다. 무의식적으로 동성애적 충동을 지닌 남자는 "나는 그를 사랑한다"는 명제를 수용할 수 없기 때문에 억압하는 대신 역전(reversal)의 방어기제를 통해 "나는 그를 사랑하지 않는다"로 전환하고, 나아가서 "나는 그를 미워한다"로 발전하며, 이 명제는 투사(projection)를 통해 "그는 나를 미워한다"는 피해의식적 망상으로 발전한다는 주장이다. 애정망상에서는 "나는 그녀를 사랑하고 그녀는 나를 사랑한다"는 이성애의 형태로 나타나고, 질투망상에서는 "나는 그를 사랑하지 않는다. 그녀는 그를 사랑한다. 그리고 그는 그녀를 사랑한다"의 형태로 동성애가 부정되며, 과대망상에서는 "나는 그를 사랑하지 않는다. 나는 나 자신을 사랑하고 남들은 나를 사랑한다"의 형태로 동성애를 부정한다. 그러나 Swanson 등(1970)과 같은 정신분석가는 동성애가 아니라 증오가 망상의 기저에 존재하는 주요한 감정이라고 주장했으며, Adler(1927)와 Tolle(1987)는 자존감의 상실을 망상 발달의 주된 원인으로 가정하였다.

인지적 입장에서는 망상을 논리적 추론의 결함, 비정상적인 경험의 의미추론, 정보처리의 편향 등의 관점에서 설명하려고 한다. 망상은 인지적 결함에 기인하며 경험적 자료에 대한 논리적 추론의 오류에 의해 발생한다는 주장이 제기되었다. Domarus(1944)는 조현병 환자가 망상을 형성하는 과정에서 동일성의 원리(principle of identity)라고 불리는 논리적 오류를 범한다고 주장했다. 즉, 상이한 두 주어가 동일한 술어를 공유할 때 두 주어를 동일시하는 삼단논법적 논리적 오류를 말하는데, 예컨대 "마리아는 처녀이다. 나는 처녀이다. 그러므로 나는 마리아이다"라는 식의 잘못된 결론에 도달하는 추론방식을 의미한다. Domarus의 견해는 한때 관심을 모았지만 경험적으로 지지되지 못하였다. Hemsley와 Garety(1986)는 망상장애 환자들은 정상인이 수용하기에는 너무나 확률이 낮은 결론을 그대로 수용하는 경향이 있다고 주장했으나 이 역시 경험적인 지지를 얻는 데 실패하였다. 즉, 경험적 연구에서 망상을 지닌 사람들은 정상인들과 비교하여 논리적 추론에 있어서 어떤 결함이나 특징적 오류를 나타내지 않았다.

Maher(1974, 1988)는 인지적 추론과정의 오류에 의해 망상이 발생하는 것이 아니라 비정상적인 경험이 망상형성에 중요하다고 제안하였다. 망상을 지닌 환자들은 환각이나 착각에 의한 비정상적인 지각경험을 하게 되고 이러한 당혹스러운 경험에 대한 강한 의문을 지니게 되며 이를 나름대로 설명하고자 한다. 환자들이 경험하는 비정상적 경험이 가시적인 요인으로 설명될 수 없기 때문에 레이더, 초능력, 우주광선 등과 같은 내용이 자주 등장하게 된다. 또한 누가 나에게 이런 경험을 하게 했는지에 대한 의문을 지니게 되는데, 환자에게 이런 비정상적인 경험을 하게 하기 위해서는 충분한 힘과 권력을 가지고 있어야 하므로 CIA, 정보기관, 종교단체, 하나님, 악마와 같은 존재를 그러한 대상으로 상정하게 된다. 또한 왜 하필 자신이 이러한 비정상적인 경험을 하게 되는가에 대한 의문에 대해서 자신이 대단한 존재이거나 또는 대단한 잘못을 저질렀기 때문이라고 해석하게 됨으로써 과대망상이나 피해망상에 빠져들게 된다는 것이다. Maher의 주장에 대해서는 지지하는 증거와 반증하는 증거가 혼재하고 있는 실정이다.

Kaney와 Bentall(1989)은 망상의 형성과정이 사회적 귀인과정에 의해 이해될 수 있다고 주장했다. 예컨대, 피해망상을 가진 사람은 타인의 행동을 특이한 방식으로 귀인한다는 것이다. Bentall 등(1994)에 따르면, 망상을 지닌 사람들은 자존감이 낮고 특히 현실적 자기와 이상적 자기 간의 커다란 괴리를 경험하는데, 이러한 괴리를 최소화시키기 위한 노력으로 부정적인 생활사건에 대해서 극단적인 외부귀인을 하게 된다(이훈진, 1997). 즉, 부정적 생활사건이 다른 사람의 악의에 의해 일어난 것으로 해석함으로써 피해망상으로 발전하게 된다는 것이다. 또한 정보처리과정에서의 인지적 편향도 망상의 형성과 유지에 중요한 역할을 한다. 즉, 망상을 지닌 사람들은 자신의 망상을 입증하는 정보는 선택적인 주의를 통해 주목하고 망상과 반대되는 증거는 선택적인 부주의를 통해 무시함으로써 자신의 망상을 지속하고 강화한다.

생물학적 입장에서는 망상이 뇌의 구조적 손상이나 신경전달물질과 관련되어 있다고 가정한다. Cutting(1985)은 좌반구의 측두엽 손상이 환각과 망상과 관련되어 있으며 우반구의 두정엽 손상이 비정상적 신념을 유발한다는 사실에 근거하여 이 두 영역이 망상의 발달과 유지에 중요하다고 주장하였다. Cummings(1985)는 변연계와 기저핵이 기분과 동기를 매개하는 통합적 체계를 형성하기 때문에 망상의 발달에 중요하다고 제안하였다. 파킨슨병 환자에게 dopamine 활성약물을 과도하게 투여하면 망상과 환각 증상을 나타낸다는 사실에 근거하여 dopamine이 망상과 관련되어 있다는 주장이 제기되었다.

망상장애는 다른 정신장애에 비해서 치료가 어렵다. 조현병의 증상은 항정신병 약물에 의해 신속하게 완화되는 경향이 있는 데 비해, 망상은 환자의 현실적 생활과 밀접하게 연결되어 있기 때문에 지속되는 경향이 강하다. 특히 피해형 망상장애 환자는 치료진을 믿지 못하고 약물사용에 의심을 품기 때문에 약물치료가 쉽지 않다. 따라서 망상장애 환자의 치료를 위해서는 신뢰로운 치료관계를 형성하는 것이 가장 중요하고, 이러한 관계가 형성된 후에 약물치료나 심리치료를 하는 것이 바람직하다. 환자의 망상에 직접 도전하는 것은 금물이며 이는 환자에게 분노, 적대감, 의심을 유발할 수 있다. 특히 치료 초기에는 환자의 망상에 동의하지도 부정하지도 않는 중립적인 입장을 취하는 것이 중요하다. 치료자는 망상을 치료해야 한다고 설득하기보다 환자가 지니는 불안과 과민성을 극복하도록 도와줌으로써 치료동기를 자극하는 것이 바람직하다. 망상장애 환자를 치료하는 임상가는 환자가 흔히 사용하는 투사 방어의 대상이 될 수 있다는 점을 명심하고 치료적 관계를 손상시키는 행동을 자제하면서 환자의 투사를 받아내야 한다. 망상 자체보다는 수반되는 불안이나 우울을 주된 치료대상으로 삼는 것이 바람직하다. 통찰지향적 치료나 집단치료보다는 지지적 치료나 문제지향적 치료가 보다 효과적인 것으로 알려져 있다.

5. 조현형 성격장애와 약화된 정신병 증후군

조현형 성격장애와 약화된 정신병 증후군은 조현병 스펙트럼 장애 중에서 가장 심각도가 낮은 장애에 속한다. **조현형 성격장애**(Schizotypal Personality Disorder)는 친밀한 인간관계를 불편해하고 인지적 또는 지각적 왜곡과 더불어 기이한 행동을 나타내는 성격장애이다. 이러한 성격장애를 지닌 사람은 심한 사회적 불안을 느끼고, 마술적 사고나 기이한 신념에 집착하며, 언어적 표현이 상당히 비논리적이고 비현실적일 뿐만 아니라 기이한 외모나 행동을 나타내는 경향이 있다. 조현형 성격장애는 조현병 스펙트럼 장애에 속하는 동시에 성격장애에도 속하는 장애로서 성격장애를 소개하는 10장에서 좀 더 자세하게 설명될 것이다.

약화된 정신병 증후군(Attenuated Psychosis Syndrome)은 정신병과 유사한 증상을 나타내지만 증상의 심각도가 덜하고 지속기간이 짧은 경우를 말한다. DSM-5-TR에 따르면, 약화된 정신병 증후군은 조현병의 주된 증상인 망상, 환각, 혼란스러운 언어 중 한 개 이상의 증상이 약화된 형태로 나타나고 현실검증력도 비교적 양호하지만 임상적 주의를 기울여야 할 만큼 증상의 심각도나 빈도가 충분한 경우를 뜻한다. 이 증후군은 조현병으로 발전할 가능성이 있는 초기의 증후군에 대한 조기개입의 필요성이 대두되면서 DSM-5에 새롭게 포함되었다. 약화된 정신병 증후군은 조현병이 발병하기 전에 미약하게 나타나는 정신병적 증상들로 여겨지고 있다. 그러나 약화된 정신병 증후군을 나타내는 사람들 중에는 조현병으로 발전하는 경우도 있지만 그렇지 않은 경우도 흔하다. 이러한 이유로 DSM-5-TR에서는 약화된 정신병 증후군을 〈추가 연구가 필요한 부적응 상태〉의 하나로 자세하게 소개하고 있다.

요약

1. **조현병 스펙트럼 장애**는 망상, 환각, 혼란스런 언어를 비롯하여 현실을 왜곡하는 부적응 증상들을 특징적으로 나타내는 일련의 정신장애들을 의미한다. 이러한 조현병 스펙트럼 장애들은 증상의 심각도나 지속기간에 따라서 스펙트럼 상에 배열할 수 있을 뿐만 아니라 공통적인 원인을 지니는 것으로 추정되고 있다. 조현병 스펙트럼 장애는 가장 심각한 증상을 나타내는 조현병과 조현정동장애를 비롯하여 조현양상장애, 단기 정신병적 장애, 망상장애, 그리고 가장 경미한 증상을 나타내는 조현형 성격장애와 약화된 정신병 증후군을 포함한다.

2. **조현병**은 망상, 환각, 혼란스러운 언어를 특징적으로 나타내는 매우 심각한 정신장애이다. 조현병은 (1) 망상, (2) 환각, (3) 혼란스러운 언어, (4) 심하게 혼란스러운 행동이나 긴장증적 행동, (5) 음성 증상(감소된 정서표현, 무의욕증, 무언어증) 중 두 개 이상의 증상이 1개월 이상 나타나는 활성기가 있어야 하며 장애의 징후가 전구기와 잔류기를 포함해서 6개월 이상 지속될 때 진단된다. 조현병은 정신병(psychosis)에 속하는 대표적인 장애로서 현실검증력이 손상되어 비현실적인 지각과 비논리적인 사고를 나타내며 혼란스러운 심리상태에 빠져들게 된다. 이러한 증상들로 인해서 일상생활의 적응에 필요한 심리적 기능이 현저하게 저하된다.

3. **생물학적 입장**에서는 조현병을 뇌의 장애로 간주하고 있다. 조현병은 유전적 요인의 강력한 영향을 받으며 전두엽과 기저핵을 비롯한 뇌의 여러 영역의 이상과 더불어 전두엽 피질의 신진대사 저하와 관련된 것으로 알려져 있다. 조현병과 가장 밀접한 관련을 지닌 신경전달물질은 도파민(dopamine)이다.

4. **인지적 입장**에서는 조현병을 기본적으로 주의장애에 기인한 사고장애로 본다. 주의 기능의 손상으로 인해 부적절한 정보가 억제되지 못하고 의식에 밀려들어 정보의 홍수를 이루게 되어 심한 심리적 혼란을 경험하고 와해된 언행을 나타내게 된다. 조현병 환자는 심리적 혼란을 감소시키기 위해서 지나치게 단순한 논리로 혼란스러운 현상을 설명하기 위해 망상을 발달시키거나 외부 자극에 대해 무감각한 태도를 취하며 사회적 관계를 회피하게 된다.

5. **정신분석적 입장**에서는 조현병의 근원을 자아가 발달하기 이전의 초기발달과정에서 찾는다. 조현병은 강한 심리적 갈등으로 인해 초기단계의 미숙한 자아상태로 퇴행한 것이라는 갈등모델과 심리적 에너지가 내부로 철수되어 외부세계와 단절된 자폐적 상태에서 적응기능이 손상된 것이라는 결손모델이 제기되었다. 이 밖에 자아경계의 손상, 피해의식적인 대상관계, 발달 초기의 자폐적 단계로의 퇴행 등이 조현병을 야기한다는 주장이 제

기되고 있다.

6. 조현병에 영향을 미치는 중요한 환경적 요인은 가족관계이다. 부모의 부적절한 양육태도, 자녀에 대한 부모의 이중적인 의사소통 양식, 가족 간의 심한 갈등과 부정적 감정의 과도한 표출, 부모의 편향적 또는 갈등적 부부관계가 조현병의 발병과 경과에 영향을 미친다는 주장이 제기되었다.

7. **취약성-스트레스 모델**은 조현병에 영향을 미치는 여러 가지 요인을 통합적으로 설명하고 있다. 조현병에 대한 취약성의 정도는 개인마다 다르며 이는 유전적 요인과 출생 전후의 신체적-심리적 요인에 의해 결정된다. 이러한 취약성을 지닌 사람에게 스트레스 사건이 발생하여 그 적응부담이 일정한 수준을 넘게 되면 조현병이 발병한다는 것이다. 이 모델은 유전적 요인이 조현병의 발병에 중요한 영향을 미친다는 점을 인정하지만, 유전적 취약성을 지닌 사람도 과중한 환경적인 스트레스가 주어지지 않으면 조현병의 발병 없이 살아갈 수 있다고 본다. 또한 조현병이 발생하더라도 스트레스가 줄어들면 증상이 감소되고 병전의 기능수준으로 회복될 수 있다고 본다.

8. 조현병 환자는 현실검증력의 손상이 현저하고 자신과 타인을 위해할 가능성이 있기 때문에 입원치료를 받아야 한다. **약물치료**가 우선적으로 적용되는데, 양성 증상의 완화를 위한 항정신병 약물이 사용되며 최근에는 음성 증상의 개선에 도움이 되는 약물이 개발되어 사용되고 있다. 그러나 조현병 환자의 사회적 재적응과 재발방지를 위해서는 **심리치료**가 병행되어야 한다. 정신역동적 치료는 조현병 환자의 자아기능 강화와 의미 있는 관계형성에 초점을 두고 있다. 인지행동치료에서는 적응적 행동과 사고를 증가시키기 위해 인지치료적 기법, 건강한 자기대화를 위한 자기지시훈련, 사회적 기술훈련, 문제해결훈련, 환표이용법과 같은 다양한 방법이 활용되고 있다.

9. 조현병과 유사한 증상을 나타내는 조현병 스펙트럼 장애에는 조현정동장애, 조현양상장애, 단기 정신병적 장애, 망상장애, 조현형 성격장애, 약화된 정신병 증후군이 있다. **조현정동장애**는 조현병의 증상과 기분 삽화가 동시에 나타나는 경우로서 조현병 스펙트럼 장애 중에서 조현병과 함께 가장 심각도가 높은 장애에 속한다. **조현양상장애**는 조현병과 동일한 증상을 나타내지만 장애의 지속기간이 1개월 이상 6개월 이하인 경우이며, 단기 **정신병적 장애**는 조현병과 유사한 증상을 하루 이상 1개월 이내로 단기간 나타내는 장애를 말한다. **망상장애**는 한 가지 이상의 망상을 1개월 이상 나타내지만 조현병의 진단기준에 해당하지 않은 경우에 진단된다. **조현형 성격장애**는 친밀한 인간관계를 불편해하고 인지적ㆍ지각적 왜곡과 더불어 기괴한 행동을 나타내는 경우이며, **약화된 정신병 증후군**은 정신병과 유사한 증상을 나타내지만 증상의 심각도가 덜하고 지속기간이 짧은 경우를 말한다.

추천도서 및 시청자료

조현병에 대해 좀 더 깊은 이해를 원하는 사람은 다음과 같은 책들을 참고하기 바란다. 『조현병, 마음의 줄을 고르다』(대한조현병학회, 2013)과 『정신분열증』(이훈진, 이준득, 2016)은 조현병의 증상, 원인 및 치료를 간결하게 잘 소개하고 있으며, Delisi(2009)가 저술한 『100문 100답: 정신분열병』(최영민, 이지연 공역, 2010)도 조현병과 관련된 다양한 물음에 대해서 잘 안내하고 있다. 이 밖에도 조현병의 사례나 치료에 대해서는 『정신분열병을 이겨낸 사람들』(권영탁, 2010)과 『정신분열병을 극복하는 법』(김철권, 변원탄, 2000)을 읽어보기 바란다.

조현병을 소재로 다룬 영화나 비디오는 많다. 가장 대표적인 작품은 〈뷰티풀 마인드(A Beautiful Mind)〉(2001)로서 1994년에 노벨경제학상을 수상한 수학자 John Forbes Nash의 삶이 감동적으로 그려져 있다. 망상과 환각의 세계가 현실과 뒤섞여 혼란을 경험하는 조현병 환자의 주관적 경험세계가 잘 표현되어 있는 수작이다. 이 밖에도 조현병을 지녔던 호주의 천재 피아니스트 David Helfgott의 삶을 그린 〈샤인(Shine)〉(1996), 유명인사에 집착하며 망상적 사고로 인해 결국 살인을 시도하는 남자의 이야기를 다룬 〈존 레논 죽이기(The Killing of John Lennon)〉(2006)와 망상형 조현병을 그린 〈12 몽키즈(12 Monkeys)〉(1995)가 볼 만하다. 망상장애를 나타낸 영화로는 질투형 망상을 다룬 〈오델로(Othello)〉(1995)와 피해의식형 망상을 다룬 〈컨스피러시(Conspiracy Theory)〉(1997), 현실과의 접촉을 잃어버린 한 남자의 이야기를 다룬 〈에드몬드(Edmond)〉(2005)가 있다.

성격장애

성격장애

정신장애는 비교적 무난한 현실적 적응을 하던 사람에게 어떤 부정적 사건이 계기가 되어 발생하는 경우가 대부분이다. 그러나 이와 달리 개인의 성격특성 자체가 특이하여 부적응적인 삶이 지속되는 경우가 있다. 이처럼 어린 시절부터 서서히 발전하여 성인기에 개인의 성격으로 굳어진 심리적 특성이 부적응적 양상을 나타내는 경우를 **성격장애**(Personality Disorders)라고 한다.

성격장애로 진단되기 위해서는 다음과 같은 몇 가지 기준을 충족시켜야 한다. 첫째, 개인의 지속적인 내적 경험과 행동 양식이 그가 속한 사회의 문화적 기대에서 심하게 벗어나야 한다. 이러한 양식은 다음의 4개 영역, 즉 (1) 인지(예: 자신, 타인, 사건을 지각하고 해석하는 방식), (2) 정동(예: 정서 반응의 범위, 강도, 불안정성, 적절성), (3) 대인관계 기능, (4) 충동 조절 중 2개 이상의 영역에서 나타나야 한다. 둘째, 고정된 행동 양식이 융통성이 없고 개인생활과 사회생활 전반에 넓게 퍼져 있어야 한다. 셋째, 고정된 행동 양식이 사회적, 직업적, 그리고 다른 중요한 영역에서 임상적으로 심각한 고통이나 기능의 장애를 초래해야 한다. 마지막으로, 양식이 변하지 않고 오랜 기간 지속되어 왔으며, 발병 시기는 적어도 청소년기나 성인기 초기로 거슬러 올라갈 수 있어야 한다(권석만, 2017).

성격장애의 진단을 위해서는 개인의 인종적, 문화적, 사회적 배경을 고려해야 한다. 예컨대, 한 문화에서는 적응적인 성격특성이 다른 문화에서는 부적응적인 것으로 평가될 수 있으므로 새로운 지역이나 문화권으로 이주하여 새로운 환경에 적응하며 나타내는 부적응 문제가 개인이 원래 속했던 문화에서 수용되는 관습, 종교관, 가치관 등에 의한 것일 경우에는 성격장애로 진단해서는 안 된다. 또한 어떤 성격장애(예: 반사회성 성격장애)는 남자에게서 더 자주 진단되는 반면, 다른 성격장애(예: 경계선, 연극성, 의존성 성격장애)는 여자에게 더 자주 진단된다. 이런 유병률의 차이는 성별에 따른 성격장애의 실제적 차이에 기인할 수 있지만 때로는 성역할에 대한 임상가의 고정관념에 의해 특정한 성격장애를 남자 또는 여자에게 과도하게 진단하는 경향 때문일 수도 있다.

성격장애의 양상은 대개 청소년기나 성인기 초기에 나타난다. 성격이란 시간이 흘러도 별로 변하지 않고 지속되는 사고방식과 행동양식을 의미하는데, 성격장애는 유형에 따라 시간의 흐름과 함께 변화되는 양상이 다르다. 어떤 성격장애(예: 반사회성 성격장애, 경계선 성격장애)는 나이가 많아지면서 그 부적응성이 덜 드러나거나 호전되는 경향이 있는 반면, 다른 성격장애(예: 강박성 성격장애, 조현형 성격장애)는 나이에 따라 거의 변화가 없거나 악화되기도 한다.

DSM-5-TR에서는 성격장애를 10가지 하위유형으로 구분하고 있으며 크게 3가지 군집으로 분류하고 있다. A군 성격장애(Cluster A Personality Disorders)는 사회적으로 고립되어 있고 기이한 성격특성을 나타내는 성격장애로서 (1) 편집성 성격장애, (2) 조현성 성격장애, (3) 조현형 성격장애가 이에 속한다. B군 성격장애(Cluster B Personality Disorders)는 정서적이고 극적인 성격특성을 나타내는 유형으로서 (1) 반사회성 성격장애, (2) 연극성 성격장애, (3) 경계선 성격장애, (4) 자기애성 성격장애가 해당된다. C군 성격장애(Cluster C Personality Disorders)는 불안하고 두려움을 많이 느끼는 특성을 지니고 있으며 (1) 강박성 성격장애, (2) 의존성 성격장애, (3) 회피성 성격장애가 이에 속한다.

제1절 A군 성격장애

1. 편집성 성격장애

중소기업의 기술연구소에 근무하는 30대 중반의 연구원인 C씨는 요즘 매우 우울하다. 이 세상에는 너무 부당한 일이 많으며 자신은 이런 세상을 살아가기에는 부적격자라는 생각이 들기 때문이다. 4남매 중 둘째 아들인 C씨는 어린 시절 똑똑하고 당돌한 소년이었다. 아버지는 매우 가부장적이고 봉건적인 사람으로 장남인 C씨의 형을 총애하고 동생들이 형에게 순종할 것을 강요했다고 한다. C씨는 초등학교 시절부터 이러한 아버지에게 저항하여 자주 대들었으며 아버지가 매질을 하여도 절대 잘못했다고 빈 적이 없는 매우 고집 센 소년이었다.

초등학교에서 공부를 잘했으나, 담임교사가 부잣집 아이들에게 부당한 혜택을 준다고 불평을 하며 따지는 등 당돌한 행동을 하여 늘 교사로부터 미움을 사곤 했다. 중·고등학교에 진학한 후에는 교사를 비롯하여 학급동료들과 다투는 일이 많았다. 상대방이 한 말 중에서 C군을 무시하는 듯한 사소한 단서에 예민하게 반응하며 꼬치꼬치 따지고 들어 상대방을 기분 나쁘게 하거나 화나게 하는 일이 많았다.

대학에서 전자공학을 전공한 C씨는 매우 냉정하고 무미건조한 사람으로 이성에 관심이 없었으며 공부에만 몰두하였다. 학문적 토론에서는 매우 유능하였으나 대인관계에서 지나치게 까다롭고 타산적이어서 친한 친구가 없었다. C씨는 택시운전사, 음식점 주인, 상점판매원 등이 자신에게 부당한 요금을 청구한다고 다투는 일이 많았고 때로는 법적 소송을 제기하기도 했다. 졸업 후 대기업에 입사하였으나 직장 상사나 동료들의 부당함을 제기하며 다투는 일이 많아 6개월 만에 퇴사하였으며 이와 비슷한 문제로 인하여 현재까지 직장을 네 번이나 바꾸었다. 현재 근무하는 연구소에서도 동료연구원들이 자신의 연구내용을 도용하거나 표절할 수 있다는 의심 때문에 논문 파일을 디스켓에 담아 항상 가지고 다니곤 한다. 얼마 전에는 자신이 발표한 연구내용에 대해서 비판을 한 상급 연구원에게 앙심을 품고 있다가 그가 발표할 때 신랄하게 약점을 들추어 여러 사람 앞에서 망신을 주었다. 이와 같은 일로 인해서 C씨는 연구소 내에 여러 명의 적을 만들어 놓았으며 동료들로부터 따돌림을 당하고 있다. 요즘 C씨는 자신이 해고당할 것에 대비하여 연구소의 비리사실을 모아놓고 있으며 법적 소송에 대비할 준비를 하고 있으나, 살아가는 일이 너무 힘들다고 느끼고 있다.

1) 주요증상과 임상적 특징

편집성 성격장애(Paranoid Personality Disorder)는 타인에 대한 강한 불신과 의심을 지니고 적대적인 태도를 나타내어 사회적 부적응을 나타내는 성격특성을 말한다. 이러한 성격장애를 지닌 사람은 주변 사람들과 지속적인 갈등과 불화를 나타내게 되는데, 위에서 소개한 C씨의 경우가 그 전형적인 예라고 할 수 있다.

편집성 성격장애에 대한 DSM-5-TR의 진단기준은 다음과 같다. 타인의 동기를 악의에 찬 것으로 해석하는 등 광범위한 불신과 의심이 성인기 초기에 시작되어 여러 가지 상황에서 나타나며 다음 7가지 특성 중 4개 이상의 항목을 충족시켜야 한다.

(1) 충분한 근거 없이 타인이 자신을 착취하고 해를 주거나 속인다고 의심한다.

(2) 친구나 동료의 성실성이나 신용에 대한 부당한 의심을 한다.

의심이 많은 편집성 성격장애

(3) 정보가 자신에게 악의적으로 사용될 것이라는 부당한 공포 때문에 터놓고 얘기하기를 꺼린다.

(4) 타인의 말이나 사건 속에서 자신을 비하하거나 위협하는 숨겨진 의미를 찾으려 한다.

(5) 원한을 오랫동안 풀지 않는다. 예컨대, 자신에 대한 모욕, 손상, 경멸을 용서하지 않는다.

(6) 타인은 그렇게 생각하지 않지만 자신의 인격이나 명성이 공격당했다고 인식하고 즉시 화를 내거나 반격한다.

(7) 이유 없이 배우자나 성적 상대자의 정절에 대해 반복적으로 의심한다.

편집성 성격장애를 지닌 사람은 친밀한 대인관계를 맺기가 어렵고 주변 사람들과 적대적인 관계를 형성하는 경우가 많다. 과도한 의심과 적대감으로 인해 반복적인 불평, 격렬한 논쟁, 냉담하거나 공격적인 행동을 나타낸다. 자신에 대한 타인의 위협 가능성을 지나치게 경계하기 때문에 행동이 조심스럽고 비밀이 많으며 생각이 지나치게 복잡하고 미래의 일을 치밀하게 예상하거나 계획하는 경향이 있다. 겉으로는 객관적이고 합리적이며 정중한 모습을 나타낼 때도 있지만, 잘 따지고 고집이 세며 비꼬는 말을 잘하여 냉혹한 사람으로 비쳐지기도 한다. 의심이 많고 논쟁적이며 도전적인 행동을 잘 하기 때문에 상대방을 화나게 만드는 경향이 있는데, 이러한 상대방의 반응을 자신의 의심과 불신에 대한 합리화 증거로 사용하곤 한다. 즉, 자신은 정당하게 행동하는데 타인들이 자신에게 부당한 행동을 하기 때문에 자기방어를 위해서 어쩔 수 없이 타인에게 적대적으로 응수할 수밖에 없다는 논리를 주장한다. 또한 타인을 믿지 않기 때문에 어떤 일이든지 혼자 처리하는 경향이 있으며 주위 사람들을 조종하거나 지배하려는 욕구가 강하다. 때로는 비현실적인 웅대한 환상을 감추고 있는 경우가 있는데 이러한 환상은 흔히 권력과 연관되어 있다.

편집성 성격장애를 지닌 사람은 주변 사람들과 지속적인 갈등을 경험하기 때문에 스트레스를 많이 경험하고 우울증, 공포증, 강박장애, 알코올 남용과 같은 정신장애를 나타낼 가능성이 높다. 특히 강한 스트레스가 주어질 때 짧은 기간 동안 심리적 혼란을 경험하여 망상장애나 조현병으로 발전되는 경우도 있다. 다른 성격장애와의 관련성이 높아서 조현형, 조현성, 자기애성, 회피성, 경계선 성격장애의 요소를 함께 지니고 있는 경우가 많다.

편집성 성격장애의 유병률은 일반 인구의 0.5~2.5%, 정신과 입원 환자의 10~30%, 그리고 정신건강 진료소를 방문하는 사람의 2~10%로 보고되고 있다. 임상 장면에서 여성보다 남성에게 더 많다. 이 성격장애는 아동기와 청소년기부터 그 징후를 나타내는 경향이 있는데, 친구관계가 빈약한 외톨이이거나 학교와 사회에 대한 불만이 많고 과민하며 특이한 생각과 공상을 나타내는 경향이 있다.

2) 원인과 치료

정신분석적 입장에서는 편집성 성격장애의 원인을 망상장애와 비슷한 방식으로 설명하고 있다. Freud는 편집성 성격장애가 무의식적인 동성애적 욕구에 기인한다고 본다. 즉, 동성애적 욕구에 대한 불안을 제거하기 위해서 부인, 투사, 반동형성의 방어기제를 사용함으로써 편집성 성격특성이 나타난다는 것이다.

Cameron(1963)은 편집성 성격장애가 **기본적 신뢰**(basic trust)의 결여에서 기인한다고 본다. 편집성 성격을 지닌 사람은 어린 시절에 부모로부터 가학적인 양육을 받은 경험이 있으며 이 과정에서 자신과 타인에 대한 가학적 태도를 내면화한다. 따라서 타인의 공격, 경멸, 비판에 예민하며 자신을 보호하기 위해서 타인의 공격과 속임을 경계하게 된다. 아울러 이들은 자신의 적대감과 비판적 태도를 자각하지 못하는 특성이 있기 때문에 타인이 자신에게 적대적인 태도를 나타내는 이유를 이해하지 못하고 타인은 믿지 못할 악한 존재라는 생각을 강화하게 된다는 것이다.

인지적 입장에서는 편집성 성격장애자의 행동적 특징을 그들이 지닌 독특한 신념과 사고과정에 초점을 두어 설명한다. Beck과 Freeman(1990)은 편집성 성격장애자들이 다음과 같은 3가지 기본적 신념을 지니고 있다고 주장한다: (1) 사람들은 악의적이고 기만적이다; (2) 그들은 기회만 있으면 나를 공격할 것이다; (3) 긴장하고 경계해야만 나에게 피해가 없을 것이다. 이런 신념으로 인해 편집성 성격장애자는 타인의 행동 속에서 비난, 기만, 적의를 예상하고 그러한 부정적 측면을 선택적으로 발견하게 된다. 이들의 적대적인 반격행동은 타인의 부정적 행동을 유발하여 자신이 부당한 대우를 받는다는 생각을 하게 한다. 또한 타인과의 긴밀한 관계나 자기공개는 손해와 상처만 초래할 것이라는 두려움으로 인해 친밀한 관계를 형성하지 못한다. 즉, 타인에 대한 적대적 신념, 타인의 부정적 측면에 대한 선택적 지각, 타인의 적대적 행동의 유발, 타인의 적대성에 대한 신념의 확인으로 이어지는 악순환이 반복됨으로써 편집성 성격성향이 지속되는 것이다.

편집성 성격장애자는 자신의 성격적인 문제로 임상가를 찾아오는 경우는 드물며, 대부분 우울증이나 불안장애와 같은 문제로 치료를 원하게 된다. 일반적으로 대부분의 성격장애는 오랫동안 지속되어 온 성격적 문제이므로 수정과 변화가 쉽지 않다. 편집성 성격장애에 대한 치료는 매우 어려운 것으로 알려져 있으며 그에 관한 경험적 연구도 부족한 상태이다(Millon, 1981). 편집성 성격장애자에 대한 심리치료에서는 치료자와 내담자 간의 신뢰로운 관계 형성이 매우 어렵지만 그만큼 중요하기도 하다. 왜냐하면 이들의 불신적이고 적대적인 경향으로 인해 치료적 관계형성이 어렵기 때문이다. 치료자는 내담자 주변의 다른 사람들처럼 방어적으로 반응하기보다 솔직하고 개방적인 자세로 신뢰감을 심어주는 것이 중요하다. 편집성 성격장애자는 치료자의 언행에서 적대적인 요소를 포착하여 치료자에게 의심과 분노와 적대감을 표현할 수 있는데, 치료자는 이러한 내담자의 감정을 잘 수용하는 것이 중요하다. 이러한 왜곡된 감정을 섣불리 지적하고 수정하려는 노력은 오히려 내담자를 긴장시키고 방어적인 태도를 유발할 수 있다. 견고한 신뢰관계의 바탕 위에서 내담자가 자신의 내면적 갈등을 솔직하게 열어 보이고 이에 대해 치료자가 공감적으로 수용함으로써 내담자는 현재 직면하고 있는 문제를 좀 더 객관적으로 바라보고 해결하려는 시도를 하게 된다. 편집성 성격장애자에 대한 주요한 치료목표는 이들이 겪고 있는 문제와 갈등의 근본적인 원인이 자기 자신에게 있음을 자각하고 자신을 변화시키기 위한 실제적인 노력을 하게 하는 것이다.

2. 조현성 성격장애

경기도의 한 고시촌에서 10년째 사법고시 공부를 하고 있는 30대 중반의 K씨는 요즘 어디론가 사라지고 싶다. 고시공부를 포기하고 취업하여 결혼하라는 부모의 성화가 극도에 달했기 때문이다. 부모가 보기에 K씨는 고시공부를 한다고는 하지만 공부를 열심히 하는 것 같지도 않고 빈둥거리고 있다. 10년째 부모로부터 생활비를 지원받고 있지만 별로 미안한 마음을 지니는 것 같지도 않으며 대책 없이 고시촌 생활을 하고 있다. 이제 30대 중반의 나이이지만 여자나 결혼에 대해서도 전혀 관심이 없다. 고시촌 주인의 이야기로는, 어울리는 사람도 없이 식사만 하면 혼자 방에 들어가 생활하는 조용한 사람이라고 한다.

K씨는 늘 혼자 지내는 편이며 또한 혼자 있는 것이 편하다. 다른 사람과 함께 있으면 왠지 신경이 쓰이고 불편하여 주로 혼자서 지내는 편이다. K씨는 어린 시절부터 친구 없이 혼자 지내는 것에 익숙했었다. K씨의 부모는 모두 현재 대학교수로서 외국에서 유학 중일 때 K씨를 낳았다. 유학공부를 하고 있던 부모는 도저히 K군을 양육할 수 없어서 한국에 있는 친가

에 보내어 주로 친할머니가 양육하였다. K씨의 할머니는 매우 예민하고 짜증이 많은 사람으로서 무책임하게 아이를 낳아 자신에게 떠맡긴 며느리에 대해 불만이 많았다. K씨가 만 3세 되던 해에 부모는 유학에서 돌아오게 되었으며 그 해에 여동생이 생겨 네 식구가 같이 살게 되었다. 부모는 K씨에게 잘 해 주려고 노력했지만 왠지 K씨는 부모에게 거리감을 느끼며 가까이 하지 않으려 했다고 한다. 그러나 K씨는 말썽부리지 않는 착하고 순한 아이였으며 부모 역시 바쁜 생활로 자녀에 대해서 깊은 관심을 갖지 못했다. 낮에는 가정부에게 아이를 맡기고 부모 모두 대학으로 출강하는 생활이 몇 년간 반복되었다. 학교에 진학한 K씨는 항상 중상위권의 성적을 보였으며 조용하게 공부만 하는 학생으로 알려져 있었다. 대학생활을 하면서도 친한 친구 없이 혼자서 지내는 경우가 많았고 남들이 다하는 미팅 한 번 하지 않았다. 졸업한 후 K군은 한 중소기업에 취업했으나 동료들과 어울리지 못하고 혼자 빙빙 돌았다. 외모에 신경을 쓰지 않아 빗질하지 않은 이상한 머리를 한 채 출근을 하곤 하였으며 다른 사람에 전혀 무관심하여 회사 사람들에게 '이상한 사람'으로 여겨졌다. 결국 회사에서 정리해고된 이후 고시공부를 하겠다고 하여, 부모는 경제적인 지원을 하기 시작했으나 이렇게 10년째 대책 없이 고시촌 생활을 하게 될 줄은 몰랐다.

1) 주요증상과 임상적 특징

조현성 성격장애(Schizoid Personality Disorder)는 타인과의 친밀한 관계형성에 관심이 없고 감정표현이 부족하여 사회적 적응에 현저한 어려움을 나타내는 성격장애를 의미하며 **분열성 성격장애**라고 불리기도 한다. 이러한 성격장애를 지닌 사람은, K씨의 경우처럼, 친밀한 인간관계를 형성하지 못한 채 고립되어 있으며 매우 단조롭고 메마른 삶을 살아가는 경향이 있다.

조현성 성격장애의 진단기준은 다음과 같다. 사회적 관계에서 고립되어 있고 대인관계 상황에서 감정표현이 제한되어 있는 특성이 성인기 초기부터 생활 전반에 나타나며, 다음의 특성 중 4개 이상의 항목을 충족시켜야 한다.

(1) 가족의 일원이 되는 것을 포함하여, 친밀한 관계를 원하지도 즐기지도 않는다.

(2) 거의 항상 혼자서 하는 활동을 선택한다.

(3) 다른 사람과 성 경험을 갖는 일에 흥미가 없다.

(4) 만약 있다고 하더라도, 소수의 활동에서만 즐거움을 얻는다.

(5) 직계가족 이외에는 가까운 친구나 마음을 털어놓는 친구가 없다.

(6) 타인의 칭찬이나 비평에 무관심해 보인다.

(7) 정서적인 냉담, 무관심 또는 둔마된 감정반응을 보인다.

친밀한 관계 형성에 무관심한 조현성 성격장애

조현성 성격장애를 지닌 사람은 타인에 대해서 무관심하고 주로 혼자서 지내는 경향이 있다. 가족을 제외한 극소수의 사람을 제외하면 친밀한 관계를 맺는 사람이 없으며 이성에 대해서도 무관심하여 독신으로 생활하는 경우가 많다. 타인의 칭찬이나 비판에도 무관심한 듯이 감정반응을 나타내지 않으며 감정이 메말라 있다는 인상을 준다. 이들은 흔히 직업적 적응에 어려움을 겪게 되는데, 특히 대인관계가 요구되는 업무는 잘 수행하지 못한다. 하지만 혼자서 하는 일에서는 능력을 발휘하기도 한다. 이들은 인생의 목표가 없는 듯이 무기력하거나 표류하는 삶을 살아간다. 특히 강한 스트레스가 주어지면 짧은 기간 동안 정신병적 증상을 나타내기도 하는데 망상장애나 조현병으로 발전되는 경우도 있다. 우울증을 지니고 있는 경우가 흔하며 조현형, 편집성, 회피성 성격장애의 요소를 함께 지니고 있는 경우가 많다.

조현성 성격장애의 유병률에 대해서는 알려진 바가 없으나, 여성보다 남성이 약간 더 많으며 더 심각한 양상을 나타내는 경향이 있다. 조현병이나 조현형 성격장애를 지닌 사람의 친척 중에 이 성격장애의 유병률이 높다. 조현성 성격장애는 아동기와 청소년기부터 그 징후를 나타내는 경향이 있으며 사회적 고립, 빈약한 친구관계, 제한된 감정반응, 학교성적 저하를 나타낸다.

2) 원인과 치료

정신분석적 입장에서는 조현성 성격장애를 편집성 성격장애와 마찬가지로 기본적 신뢰의 결여에 기인한 것으로 본다(Cameron, 1963). 이런 성격장애를 지닌 사람은 어려서 부모로부터 충분히 수용되지 못하거나 거부당하는 경험을 지니는 경향이 있는데, 조용하고 수줍으며 순종적인 모습을 나타낸다. 경쟁적인 게임과 친밀한 또래관계를 피하기 때문에 또래들에게 이상한 아이로 여겨지며 놀림의 대상이 된다. 흔히 내면적인 공상세계 속에서 자신의 좌절된 욕구를 해소하는 경향이 있으며 때로는 직관적이고 예술적인 재능을 지니고 있는 경우도 있다.

Balint(1979)는 조현성 성격장애자들이 기본적으로 타인과 관계를 맺는 능력에 결함이 있으며 이러한 결함은 유아기에 부모로부터 양육되는 과정에서 경험하는 부적절감에 기인한다고 주장한다. 조현성 성격장애의 외현적 상태와 내현적 상태를 구분한 Akhtar(1987)는 이러한 장애를 지닌 사람들이 겉으로는 대인관계에 무관심하고 정서가 메마른 듯이 보이지만 내현적으로는 아주 예민하고 경계적이며 고집스럽고 창조적인 면이 있다고 주장한다. 이러한 괴리는 자기표상이 통합되지 못한 채 쪼개져 있는 '분열성'을 반영한다. 그 결과, 이들은 혼란된 정체감을 지니며 매우 갈등적인 사고, 감정, 욕구로 인해 자신이 누구이며 무엇을 원하는지를 확신하지 못한다. 이러한 정체감의 혼란이 타인과의 관계형성에 어려움을 초래한다는 주장이다.

인지적 입장에서는 부정적 자기개념과 대인관계 회피에 관한 사고가 조현성 성격장애의 특성을 초래한다고 본다. 조현성 성격장애자들은 "나는 혼자 있는 것이 낫다", "아무도 나를 간섭하지 않았으면 좋겠다", "다른 사람들과 관계를 맺으면 문제만 일어난다", "주위에 사람들만 없다면 인생은 별로 복잡하지 않을 것이다", "다른 사람들로부터 거리를 유지하는 것이 낫다", "나는 사회 속의 무리에 끼어들기에는 부적절한 사람이다"라는 사고를 내면적으로 지니고 있다. 이들의 주된 신념은 타인과 그들의 반응이 중요하지 않으며 무시해도 된다는 것인데, 적대적 형태가 아니라 "상관하지 마라. 내버려 두라"는 것으로서 다른 사람들과 거리를 유지하려는 행동으로 나타나게 된다(조성호, 2016; Beck & Freeman, 1990).

조현성 성격장애를 지닌 사람들이 자신의 성격적 문제로 인해 자발적으로 전문가의 도움을 요청하는 경우는 드물다. 대부분 주위 사람의 강한 권유나 다른 문제로 인해 치료를 받게 된다. 이들은 대인관계에 매우 소극적이기 때문에 치료자가 치료적 관계를 형성하는 데에 어려움을 겪게 된다. 치료자는 인내심을 지니고 내담자의 침묵이나 소극적 태도를 수용하면서 서서히 관계형성에 노력해야 한다. 아울러 내담자의 사소한 정서적 반응에도 주목하고 공감적으로 수용함으로써 내담자가 조금씩 마음의 문을 열고 치료자와의 관계형성에 흥미를 갖도록 유도해야 한다. 조현성 성격장애의 치료목표는 사회적 고립에서 벗어나고 사회적 상황에 효과적으로 적응하도록 돕는 것이다(조성호, 2016). 이를 위해서 치료자는 (1) 내담자가 사회적 상황에서 철수하려는 경향을 줄이고, (2) 생활 속에서 즐거움을 경험하도록 도우며, (3) 정서적 경험의 폭과 깊이를 서서히 확대 · 심화시키고, (4) 인간관계를 형성하고 유지하는 기술을 습득하도록 노력해야 한다.

3. 조현형 성격장애

30대 중반의 여성인 Y씨는 서울근교의 한 기도원에서 일을 하면서 숙식을 제공받고 있다. Y씨는 기도원을 운영하는 서울의 한 대형교회에 5년 전부터 나가기 시작했다. 전도를 받은 후 교회를 매주 일요일 꼬박꼬박 참석했으나 모임에 어울리지 못하고 혼자 배회하는 일이 많았다. 수줍음이 많은 듯 사람을 피하는 것 같았고 말을 시켜도 제대로 대답을 하지 않았다. 교회의 한 전도사가 관심을 갖고 보살펴 주며 Y씨에 대해 알아본 결과, Y씨의 어머니는 오랜 기간 정신장애를 앓다가 몇 년 전에 세상을 떠났으며 노동자인 아버지가 막일로 생계를 유지하고 있었다. Y씨는 오빠가 한 명 있었으나 어머니가 사망한 후 집을 나가 소식을 알

수 없는 상태였다. Y씨는 중학교를 중퇴한 상태였으며, 그 후로 음식점 종업원으로 일한 적이 있으나 대부분 한 달도 채우지 못하고 쫓겨나곤 했다. 나사가 하나 풀린 듯 지시에 잘 따르지 못하고 엉뚱한 실수를 많이 하였으며 손님에게 불친절하게 대하는 경우가 많았기 때문이다. 동사무소에서 약간의 생활비 보조를 받고 있으나 생계가 매우 어려운 상태였다. 이처럼 매우 딱한 처지를 알게 된 전도사는 목사님과 상의하여 마침 일손이 부족한 기도원의 식당 일을 도와주면서 생활하도록 주선하였다. 현재 3년째 기도원의 식당에서 설거지와 음식 재료 준비를 돕고 있으며 평소에는 거의 말이 없이 조용하게 지내는데 가끔 엉뚱한 말과 행동을 하여 주변 사람들을 놀라게 하고 있다. 어울리지 않는 화장을 진하게 하고 예배에 참석하기도 하고, 하나님의 계시를 받았다며 횡설수설할 때도 있으며, 한밤중에 귀신이 나타났다고 사람을 깨우는 등 이상한 행동을 하곤 한다. 얼마 전에는 Y씨가 기도원에 방문한 여자 신도와 다투는 일이 벌어졌는데, Y씨의 말에 따르면 자신은 천사와 사탄을 구분할 수 있으며 사탄의 기운이 느껴지는 그 여자신도를 쫓아내려고 싸웠다는 것이다.

1) 주요증상과 임상적 특징

조현형 성격장애(Schizotypal Personality Disorder)는 사회적으로 고립되어 있으며 기이한 생각이나 행동을 나타내어 사회적 부적응을 초래하는 성격장애를 의미하며 분열형 성격장애라고 지칭되기도 한다. 이 성격장애는 조현성 성격장애와 상당히 유사한 특성을 지니고 있지만, 대인관계에 대한 불안감과 더불어 경미한 사고장애와 다소 기괴한 언행을 나타낸다는 점에서 구분된다. '조현형' 성격장애라는 명칭은 조현병을 유발하기 쉬운 성격적 특성을 의미하는 'schizotypy'이라는 용어에서 유래한다.

조현형 성격장애의 진단기준은 다음과 같다. 친밀한 대인관계에 대한 현저한 불안감, 인간관계를 맺는 제한된 능력, 인지적 또는 지각적 왜곡 그리고 기이한 행동으로 인해 생활 전반에서 대인관계와 사회적 적응에 현저한 손상을 나타내야 한다. 이러한 특성이 성인기 초기에 시작되고 다양한 상황에서 나타나며, 다음의 특성 중 5개 이상의 항목을 충족시켜야 한다.

(1) 관계망상과 유사한 사고(분명한 관계망상은 제외)
(2) 행동에 영향을 미치는 괴이한 믿음이나 마술적 사고(예: 미신, 천리안에 대한 믿음, 텔레파시나 육감, 아동이나 청소년의 경우 기괴한 환상이나 집착)
(3) 신체적 착각을 포함한 유별난 지각 경험
(4) 괴이한 사고와 언어(예: 애매하고 우회적이며 은유적이고 지나치게 자세하게 묘사되거나 또

는 상동증적인 사고와 언어)

(5) 의심이나 편집증적인 사고

(6) 부적절하거나 메마른 정동

(7) 괴이하고 엉뚱하거나 특이한 행동이나 외모

(8) 직계가족 외에는 가까운 친구나 마음을 털어놓을 수 있는 사람이 없다.

(9) 과도한 사회적 불안(이러한 불안은 친밀해져도 줄어들지 않으며 자신에 대한 부정적인 판단보다는 편집증적 공포와 연관되어 있음)

기이한 생각과 행동을 나타내는 조현형 성격장애

조현형 성격장애는 대인관계의 형성에 심한 어려움을 나타낼 뿐만 아니라 경미한 조현병 증상을 동반하는 성격장애로서 과거에 단순형 조현병(simple schizophrenia)이라고 불리기도 했다. 다른 성격장애보다 심각한 사회적 부적응을 경험하며, 심한 스트레스를 받으면 일시적으로 정신병적 증상을 나타내기도 한다. 조현성, 편집성, 회피성, 경계선 성격장애의 요소를 함께 지니는 경우가 흔하다.

조현형 성격장애는 일반 인구의 약 3%에서 발생한다는 보고가 있으며 여성보다는 남성에게 약간 더 많다. 이 장애는 조현병 환자의 직계가족에서 유병률이 높다. 흔히 아동기와 청소년기부터 그 징후가 나타나는 경향이 있는데 사회적 고립, 빈약한 친구관계, 사회적 불안, 학교성적 저하, 과민성, 특이한 사고와 언어, 괴상한 공상을 나타낸다. 조현형 성격장애는 비교적 안정된 상태로 지속되는 경향이 있지만 조현병이나 다른 정신병적 장애로 발전되는 경우도 있다. 이 성격장애를 지닌 사람들은 과거에 주요 우울증 상태를 나타냈거나 주요우울장애의 진단을 함께 받는 경우가 많다.

2) 원인과 치료

조현형 성격장애는 유전적 요인과 관련되어 있다는 주장이 제기되고 있다(Millon & Davis, 1996). 이 장애는 조현병 환자의 직계가족에서 유병률이 높으며, 이 장애를 지닌 사람의 가족에는 조현병의 유병률이 높다. 따라서 이 성격장애는 조현병과 매우 밀접한 유전적 소인이 관여하는 것으로 추정되고 있다. 조현형 성격장애는 이러한 유전적 소인과 관련된 **조현 성향**(schizotypy)의 연속선상에서 이해되어야 한다는 주장도 있다. 조현 성향은 크게 3가지 요소, 즉 대인관계로부터의 철수, 인지적-지각적 왜곡, 사고와 행동의 혼란으로 나타나는데 그 심각도는 장애마다 다양하게 나타날 수 있다. 즉, 조현 성향이 경미한 형태로 나타난 것이 조현성 성격장애이고 그다음이 조현형 성격장애인 반면, 가장 부적응적인 형태로 나타난 것이 조현병이라는 주장이다.

조현형 성격장애는 유아기에 경험한 부모와의 불안정한 애착관계에 기인한다는 주장도 있다. 이 장애를 지닌 사람들은 어린 시절 부모로부터 무관심과 무시를 받으며 성장했다는 보고가 있다(조성호, 2016). 조현형 성격장애자는 기질적으로 수동적이어서 부모의 애정과 관심을 유인하지 못하고 그 결과 인간관계에 필요한 기본적인 애착행동을 학습하지 못했다는 주장이다. 또한 조현형 성격장애자가 성장한 가족의 분위기는 가족 간의 정서적 교류가 적고 냉담하여 타인과의 관계형성에 대한 강화를 받지 못하였을 뿐만 아니라 의사소통 기술도 제대로 학습하지 못했기 때문이라는 주장도 있다.

인지적 입장에서는 조현형 성격장애자들이 독특한 사고와 다양한 인지적 왜곡을 보인다고 주장한다(Beck & Freeman, 1990). 조현형 성격장애자는 "나는 결함이 많은 사람이다", "사람들과 관계를 맺는 것은 매우 위험하다", "나는 사람들이 나를 좋아하지 않는다는 것을 알고 있다", "나는 다른 사람이 무슨 생각을 하는지 다 안다", "내가 느끼는 감정은 앞으로 무슨 일이 벌어질지를 미리 알려주는 신호이다"와 같은 사고를 지닌다. 아울러 자신과 무관한 일을 자신과 연결시켜 생각하는 개인화, 정서적 느낌에 따라 상황의 의미를 판단하는 정서적 추론, 무관한 사건들 간의 인과적 관계를 잘못 파악하는 임의적 추론 등의 인지적 오류를 통해서 관계망상적 사고, 마술적 사고, 괴이한 믿음 등을 지니게 된다는 것이다.

조현형 성격장애자의 치료결과에 대한 경험적 연구는 매우 드문 상태이나, 약물치료와 인지행동적 치료가 도움이 된다는 보고가 있다. Hymowitz 등(1986)은 조현형 성격장애 환자의 50% 정도가 항정신병 약물(Haloperidol)에 의해 관계망상적 사고, 기이한 언행, 사회적 고립이 개선되었다고 보고하였다. Stone(1986)에 따르면, 조현형 성격장애자는 정신분석적 치료보다는 구체적인 사회적 기술 훈련에 의해서 적응상태가 개선되었다고 보고하였다. Beck과 Freeman(1990)은 조현형 성격장애자를 치료하는 4가지의 주요한 전략을 제시하였다. 첫째, 사회적 고립을 줄이는 건전한 치료적 관계를 수립한다. 둘째, 사회적 기술 훈련과 적절한 언행의 모방학습을 통해 사회적으로 적절한 행동을 증가시킨다. 셋째, 내담자의 두서없는 사고양식에 의해 방해받지 않도록 치료회기를 구조화하여 체계적으로 진행한다. 마지막으로, 내담자가 정서적 느낌보다는 객관적 증거에 의거하여 자신의 사고를 평가하도록 가르친다. 이러한 치료적 접근을 통해 조현형 성격장애자들의 사회적 고립과 미신적 사고가 점진적으로 개선되었다고 한다.

B군 성격장애

1. 반사회성 성격장애

　　20대 중반인 P군의 부모는 요즘 아들을 피하기 위해 집을 나와 친척집에 머물고 있다. P군이 부모를 죽이겠다고 벼르고 있기 때문이다. P군은 어려서 부산하고 장난기 많은 개구쟁이였으나 똘똘했다. 사업을 하는 아버지와 연예인인 어머니는 늘 바쁘고 불규칙한 생활을 했으며 부부 사이가 좋지 않아 심하게 다투는 경우가 자주 있었다. P군은 중학교에 진학하고 나서 부모에게 거짓말을 하거나 돈을 달라고 요구하는 경우가 많아졌고 친구들과 싸움을 해서 부모들이 학교에 불려가는 일이 종종 있었다. 이런 경우에 부모는 심하게 야단을 치곤 했으나 청소년기에 있을 수 있는 일이라고 생각했다. 그러나 고등학교에 진학한 후로 P군은 성적이 최하위권으로 떨어졌고, 무단결석을 자주 했으며, 불량학생 서클의 주요 멤버로서 학생들을 괴롭히는 일이 자주 있어 부모는 학교에 불려 다니며 피해학생의 부모에게 사죄해야 하는 일이 자주 발생했다. 부모는 P군을 때리고 달래고 온갖 방법을 써보았으나 소용이 없었으며 반복되는 무단결석과 폭력으로 인해 결국에는 2학년 말에 퇴학을 당하고 말았다. 퇴학을 당한 후, P군은 부모에게 자주 용돈을 요구했으며 부모가 이에 응하지 않으면 집에 있는 전자제품이나 귀중품을 무단으로 가지고 나가 팔아 쓰곤 했다. 며칠씩 집에 들어오지 않는 경우가 자주 있었고 친구들과 어울리며 유흥비로 많은 돈을 쓰고 있었다. 자신에게 유산으로 줄 돈을 미리 달라고 요구했으며 요즘은 부모를 위협하며 돈을 빼앗아 가다시피 하고 있다. 그뿐만 아니라 폭행사건으로 두 번이나 구속되어 부모가 피해자에게 보상비를 주고 합의하여 P군을 풀려나게 했다. 참다못한 부모는 친척들과 상의하게 되었고, P군을 변화시키려면 불량한 친구들과 격리시켜야 하며 정신병원에 당분간 입원시키는 것이 최선이라는 결론에 도달했다. 서울근교의 친척집에 함께 가자고 속여 P군을 정신병원으로 데려가 강제로 입원시켰다. P군은 퇴원을 요구했으나 부모에 의해 묵살되었다. 이후 두 달 동안 모범적인 병원생활을 하고 있다는 소식을 전해 들으며 P군의 부모는 기뻐했다. 그러나 정신병원에서 퇴원하자마자 자신을 정신병 환자로 몰아 강제입원시켰다며 부모에게 칼을 들이대면서 죽이겠다고 했다. 살기를 띠고 덤벼드는 P군에게 부모는 싹싹 빌었으며 P군은 대신 일주일 내에 돈 1억 원을 자신에게 주면 살려주겠다고 하여 부모는 어쩔 수 없이 약속을 했다. 약속한 날짜가 다가오고 있는 요즘 P군의 부모는 불안 속에 떨고 있다.

1) 주요증상과 임상적 특징

반사회성 성격장애(Antisocial Personality Disorder)는 사회의 규범이나 법을 지키지 않으며 무책임하고 폭력적인 행동을 반복적으로 나타내어 사회적 부적응을 초래하는 경우를 말한다. 이 성격장애를 지닌 사람들은 절도, 사기, 폭력과 같은 범죄에 연루되는 경우가 흔하다.

반사회성 성격장애의 진단기준은 다음과 같다. 타인의 권리를 무시하거나 침해하는 행동양식이 생활전반에 나타나며 이러한 특성이 15세부터 시작되어야 한다. 아울러 다음의 특성 중 3개 이상의 항목을 충족시켜야 한다.

(1) 법에서 정한 사회적 규범을 준수하지 않으며 구속당할 행동을 반복한다.
(2) 개인의 이익이나 쾌락을 위한 반복적인 거짓말, 가명 사용 또는 타인을 속이는 사기행동
(3) 충동성 또는 미리 계획을 세우지 못한다.
(4) 빈번한 육체적 싸움이나 폭력에서 드러나는 호전성과 공격성
(5) 자신이나 타인의 안전을 무시하는 무모성
(6) 꾸준하게 직업활동을 수행하지 못하거나 채무를 이행하지 못하는 행동으로 나타나는 지속적인 무책임성
(7) 타인에게 상처를 입히거나 학대하거나 절도행위를 하고도 무관심하거나 합리화하는 행동으로 나타나는 자책의 결여

반사회성 성격장애는 18세 이상의 성인에게 진단되며 15세 이전에 품행장애를 나타낸 증거가 있어야 한다. 반사회성 성격장애자는 흔히 아동기나 청소년기부터 폭력, 거짓말, 절도, 결석이나 가출 등의 문제행동을 나타내는 것이 일반적이다.

영화 〈양들의 침묵〉에서 반사회성 성격장애자의 모습을 연기하고 있는 Anthony Hopkins

반사회성 성격장애자는 사회구성원의 권리를 존중하는 규범이나 법을 무시하고 자신의 쾌락과 이익을 위해서 수단과 방법을 가리지 않는다. 그 결과 폭력, 절도, 사기와 같은 범죄행동을 반복하여 법적인 구속을 당하는 일이 흔하다. 충동적이고 호전적이어서 육체적인 싸움을 자주 하고 폭력을 휘두르며 배우자나 자녀를 구타하기도 한다. 또한 무책임하고 무모하여 위험한 일(예: 음주운전이나 과속, 범죄, 마약복용)을 겁 없이 행하며 가족부양이나 채무이행을 등한시한다. 타인의 고통을 초래한 자신의 행동에 대해서 자책하거나 후회하는 일이 없으며 유사한 불법행동을 반복하는 경향이 있다. 반사회성 성격장애자는 잦은 폭력과 범법행동, 직업적응의 실패, 가족부양의 소홀,

성적 문란, 채무 불이행, 거짓말이나 사기행각, 무모한 위험행동, 문화시설의 파괴행위 등을 나타냄으로써 주변 사람과 사회에 커다란 피해를 입힌다.

반사회성 성격장애의 평생 유병률은 남자의 경우 약 3%이며 여자의 경우 약 1%로 보고되어 있다. 이 성격장애는 대가족 출신의 남자, 도시의 빈민층, 약물 남용자, 교도소에 수감된 죄수에게 흔하며, 반사회성 성격장애로 진단되는 사람들은 아동기에 주의력결핍 과잉행동장애를 겪었거나 청소년기에 품행장애를 나타낸 과거경험을 지니는 경향이 있다.

2) 원인과 치료

반사회성 성격장애에는 유전적인 요인이 관여함을 시사하는 연구들이 보고되고 있다. 범죄행위의 일치성에서 일란성 쌍둥이는 55%이며 이란성 쌍둥이는 13%였다는 보고(Eysenck & Eysenck, 1978)가 있다. 입양아를 대상으로 한 연구(Mednick et al., 1984; Moffitt, 1987)에 따르면, 입양아의 범죄는 양부모보다는 친부모가 범죄자인 경우와 상관이 높으며 양부모 역시 범죄자일 경우에는 상관이 더욱 높아졌다. 또한 여성 범죄자는 그 부모 또한 범법자인 경우가 많아서 여성의 반사회적 성격과 범죄성향은 남성에 비해 유전적 소인이 더 강하다는 주장(Sigvardsson et al., 1982)이 제기되었다. 알코올 중독이나 반사회적 성격의 부모에게서 태어나 정상 가정으로 입양된 246명의 입양아를 대상으로 연구한 결과, 여성보다 남성이 환경적 변화(예: 양부모의 불화나 이혼, 양부모의 질병)에 더 많은 영향을 받아서 반사회적 성격을 발달시킬 가능성이 더 큰 것으로 나타났다(Cadoret & Cain, 1980, 1981). 이러한 연구결과에 따르면, 반사회성 성격장애는 유전적 요인과 환경적 요인 모두의 영향을 받으며 특히 여성의 반사회성 성격은 유전적 요인에 의해 더 강한 영향을 받는 것 같다.

반사회성 성격장애자는 뇌의 활동에 이상을 나타낸다는 연구보고도 있다. 1,500명의 반사회성 성격장애자들에 대한 연구(Ellingson, 1954)에서 이들 중 30~58%가 비정상적으로 느린 뇌파를 보이는 뇌파이상을 나타냈다. 또한 반사회성 성격장애자는 자율신경계와 중추신경계의 각성이 저하되어 있는 경향이 있으며, 이러한 특성이 범죄성향이나 난폭한 행동과 관련된다는 주장이 제기되었다(Raine et al., 1990).

어린 시절의 양육경험이 반사회성 성격의 형성에 중요하다는 주장도 있다. Olweus(1978)는 거칠고 거절을 잘하며 지배적인 부모의 태도가 아동을 공격적이고 반사회적으로 만든다고 주장하였다. Robins(1981)는 남성, 도시 빈민가 출신, 많은 형제, 사생아나 입양아, 부모의 방임적 양육태도가 반사회성 성격과 밀접한 관계에 있다고 주장하였다. 이 밖에 어린 시절의 신체적 학대 경험, 교사로부터의 낙인 경험, 대가족, 범죄자인 부모나 형제, 거칠고 엄격한 부모나 수동적이고 무관심한 부모, 부모 간의 갈등이 반사회적 성격특성을 증가시킨다고 주장되고 있다(Farrington & West, 1990).

정신분석적 입장에서는 반사회성 성격이 어머니와 유아 간의 관계형성의 문제에 기인한다고 본다. 기본적 신뢰가 형성되지 못하여 폭력적이고 파괴적인 방법으로 타인과 관계를 맺으려는 시도가 반사회성 성격으로 나타난다는 것이다. 이들은 타인의 입장에서 감정을 느끼는 공감능력이 발달하지 못하여 타인에게 상처를 입히는 것에 대한 불안이나 죄책감을 느끼지 못한다. 또한 초자아가 발달하지 못해 도덕성이 부족하고 타인에 대한 배려의식이 결여되어 있다.

인지적 입장에 따르면, 반사회성 성격장애자들은 독특한 신념체계를 지니고 있다. 즉, "우리는 정글에 살고 있고 강한 자만이 살아남는다", "힘과 주먹이 내가 원하는 것을 얻는 최선의 방법이다", "들키지 않는 한 거짓말을 하거나 속여도 상관없다", "다른 사람들은 약한 자들이며 당해도 되는 존재들이다", "내가 원하는 것을 이루기 위해서는 어떠한 행동도 정당화될 수 있다", "내가 먼저 공격하지 않으면 다른 사람이 먼저 나를 공격할 것이다", "다른 사람이 나를 어떻게 생각하는지는 중요하지 않다"와 같은 신념을 지니고 있다(Beck & Freeman, 1990).

대부분의 성격장애와 마찬가지로 반사회성 성격장애자들은 스스로 치료자를 찾아오는 경우가 매우 드물다. 대부분 법원의 명령이나 중요한 사람에 의해 강제로 의뢰되는 경우가 많다. 따라서 내담자가 치료에 대한 진정한 동기를 지니고 있지 않기 때문에 치료가 어렵다. 반사회성 성격장애자는 권위적 인물에 대해 저항하는 경향이 있으므로, 치료자는 중립적이고 수용적인 태도를 유지해야 하며 치료적 관계를 형성하는 것이 중요하다. 때로는 법적인 면책이나 현실적 이득을 위해 치료에 적극적으로 임하는 듯한 태도를 위장하여 나타내는 경우가 있으므로 주의해야 한다. 심층적 심리치료보다는 구체적인 부적응적 행동을 변화시키는 행동치료적 접근이 더 효과적이라고 알려져 있다. 반사회성 성격장애는 일단 형성되면 근본적인 치료가 매우 어려운 것으로 알려져 있다. 그러므로 반사회성 성격장애로 발전하지 않도록 문제아동이나 비행청소년에 대한 조기개입과 부모교육을 통해 예방적인 노력을 기울이는 것이 중요하다.

2. 연극성 성격장애

광고회사에 근무하는 30대 독신여성인 C씨는 요즘 자신의 성격에 문제가 있는 것은 아닐까 고민하고 있다. 자신의 의도와 달리, 주변 사람들과 자꾸 갈등에 휩싸이고 따돌림을 당하고 있기 때문이다. 카피라이터인 C씨는 이러한 문제 때문에 직장을 세 번이나 옮기게 되었다.

C씨는 여러 사람이 모이는 곳에서는 항상 주인공처럼 행동하려고 했으며 다른 사람을 재미있게 하기 위해 자신의 경험을 과장하거나 극적으로 표현하곤 했다. 그러나 모임에서 자신이 관심의 초점이 되지 못하면 우울하고 화가 났으며, 특히 다른 여성이 주인공이 되는 모임은 참을 수가 없었다. 미모의 여성인 C씨는 늘 화려한 옷을 즐겨 입었고 주변 사람들에게 과

장된 친밀감을 표현함으로써 사람들의 관심과 애정을 끌려고 했으며 다른 사람의 반응에 따라 감정의 기복이 심했다.

3개월 전에 직장을 새로 옮긴 C씨는 회사의 남자동료들과 거리낌 없이 어울렸으며 술과 유흥을 즐겨 금방 인기 있는 사람이 되었다. 그런데 C씨의 이러한 행동패턴은 남자동료들로 하여금 오해를 하게 만드는 경우가 많았다. 즉, 남자동료 중에는 자신이 C씨로부터 성적인 유혹을 받고 있다고 생각하는 사람이 여러 명 있었다. H부장은 그런 사람 중의 한 명이었는데, 단둘만의 술자리 제의에도 잘 응하고 밤늦게까지 경계심 없이 술을 마실 뿐만 아니라 H부장의 업무능력에 대해서 경탄한다고 말하며 팔짱까지 끼는 C씨가 틀림없이 자신을 좋아하고 있다고 믿게 되었다. 그런 C씨에게 사랑을 느낀 H부장은 현재 부인과 이혼할 생각까지 하고 C씨에게 사랑고백을 하였으나 뜻밖에 C씨는 그저 동료 이상의 감정은 없다고 말했다. H부장은 이러한 C씨에게 농락당한 느낌이 들어 분노를 느끼게 되었고 이후로는 C씨에게 적대적으로 대하게 되었다. 그러나 C씨는 회사동료에게 친밀감을 표현했을 뿐인데 이런 오해를 사게 되니 오히려 억울해 했다. 이러한 일로 회사 내에 소문이 쫙 퍼져 여자동료들은 수군거리며 C씨를 따돌렸으며 남자동료들도 C씨를 바라보는 눈길이 싸늘해졌다. C씨는 과거에도 직장 두 군데에서 이와 비슷한 일이 벌어져 견디지 못하고 직장을 옮기게 되었던 것이다.

1) 주요증상과 임상적 특징

연극성 성격장애(Histrionic Personality Disorder)는 타인의 애정과 관심을 끌기 위한 지나친 노력과 과도한 감정표현이 주된 특징이다. 이러한 성격장애를 지닌 사람은 정서적으로 불안정하며 대인관계의 갈등을 초래하는 경향이 있어 사회적 부적응을 나타내게 된다.

연극성 성격장애의 진단기준은 다음과 같다. 지나친 감정표현과 관심 끌기의 행동이 생활전반에 나타나는데, 이러한 특성이 성인기 초기에 시작되며 다음의 특성 중 5개 이상의 항목을 충족시켜야 한다.

(1) 자신이 관심의 초점이 되지 못하는 상황에서는 불편감을 느낀다.
(2) 다른 사람과의 관계에서 흔히 상황에 어울리지 않게 성적으로 유혹적이거나 도발적인 행동을 특징적으로 나타낸다.
(3) 감정의 빠른 변화와 피상적 감정 표현을 보인다.
(4) 자신에게 관심을 끌기 위해서 지속적으로 육체적 외모를 활용한다.
(5) 지나치게 인상적으로 말하지만 구체적 내용이 없는 대화 양식을 가지고 있다.

다른 사람으로부터 주목받기를 좋아하는
연극성 성격장애

(6) 자기 연극화, 연극조, 과장된 감정표현을 나타낸다.
(7) 타인이나 환경에 의해 쉽게 영향을 받는 피암시성이 높다.
(8) 대인관계를 실제보다 더 친밀한 것으로 생각한다.

연극성 성격장애를 지닌 사람들은 마치 연극을 하듯이 자신의 경험과 감정을 과장되고 극적인 형태로 표현한다. 그러나 이들은 희로애락의 감정기복이 심하며 표현된 감정이 깊이가 없고 피상적인 것으로 느껴진다. 원색적인 화려한 외모로 치장하며 이성에게 유혹적인 행동을 나타내는 경향이 있다. 예컨대, 노출이 심한 옷차림새를 보이거나 이성의 요구에 순순히 잘 응하거나 이성의 장점에 대해서 찬사를 보내는 등의 행동을 나타낸다. 이러한 모든 행동은 다른 사람의 관심을 끌기 위한 것이다. 연극성 성격장애자의 마음 깊은 곳에는 다른 사람의 관심을 끌고 그들에게 사랑과 인정을 받고 싶은 강렬한 욕구가 있다. 다른 사람들이 각별한 관심을 주지 않으면 그들이 자신을 싫어하는 것으로 생각하고 우울하거나 불안해하는 경향이 있다. 관심의 대상이 되는 다른 사람에 대해서는 시기와 질투, 경쟁심, 강한 분노를 느낀다.

연극성 성격장애자는 대인관계의 초기에는 매우 매력적으로 느껴질 수 있지만, 관계가 지속되면 지나치게 요구적이고 끊임없는 인정을 바라기 때문에 부담스럽게 느껴진다. 이들은 거절에 대한 두려움을 지니며 자신의 요구가 관철될 수 있도록 타인을 조종하는 기술이 뛰어나다. 자신의 중요한 요구가 좌절되는 상황에서는 자살하겠다고 위협을 하거나 상식을 벗어난 무모한 행동을 나타내기도 한다.

연극성 성격장애는 그 유병률이 일반 인구의 2~3%이며 정신과 환자의 10~15%에 해당한다는 보고도 있다. 개인적인 용모, 감정표현, 대인관계 행동은 문화, 성별, 연령에 따라 상당한 차이가 있으므로 이러한 점을 고려하여 진단되어야 한다. 임상장면에서 이 성격장애는 여성에게 더 흔하게 진단된다. 그러나 정확한 평가도구를 사용한 일부 연구에서는 남녀 간의 유병률이 비슷한 것으로 나타났다.

2) 원인과 치료

정신분석적 입장에서는 연극성 성격장애를 어린 시절의 오이디푸스 갈등에 기인한 것으로 본다. 연극성 성격장애를 지닌 여성의 경우, 엄마의 애정부족에 실망을 느끼고 자신의 의존욕구를 충족시켜 줄 대상으로서 아빠에게 집착하며 아빠의 주의를 얻기 위해 애교스럽고 유혹적이며 과장된 감정표현양식을 습득하게 된다. 그러나 이들이 궁극적으로 추구하는 것은 어머니의 젖가슴으로 상징되는 어머니의 따뜻한 보살핌이며 '젖가슴과 남근의 동일시(breastpenis equation)'를 통해 성장한 후에 남자들로부터 애정과 사랑을 얻기 위해 유혹적인 행동을 나타내게 된다. 그러나 성적으로 문란한 행위를 하는 여성들조차 실제로는 성적인 즐거움을 잘 느끼지 못하는 경우가 많은데, 이는 그들이 궁극적으로 추구하는 것은 어머니의 따뜻한 사랑과 보살핌이기 때문이다. 이러한 성격을 지닌 여성 중에서는 불감증을 지니는 경우가 흔하다는 주장도 있다.

연극성 성격장애를 지닌 남성의 경우, 어린 시절 어머니로부터의 사랑을 받지 못하고 대신 아버지에게 애정을 구하게 된다. 그러나 아버지가 없거나 아버지로부터 애정을 얻지 못하면, 어머니와의 동일시를 통해 수동적이고 여성적인 정체감을 발달시키거나 여성성에 대한 불안을 회피하기 위해 과도한 남성성을 나타낼 수 있다. 남성은 이러한 두 가지 양상의 연극성 성격장애를 나타내는 경향이 있다.

Abraham(1927)은 성격특성이 심리성적 발달단계의 고착현상과 밀접한 관련을 맺고 있다고 주장한다. 구순기의 고착은 의존성 성격과 관련되고, 항문기의 고착은 강박성 성격을 초래하며, 남근기의 고착은 연극성 성격을 유발할 수 있다는 것이다. 남근기에 고착된 사람은 성적으로 유혹적이며 노출증적이고 감정이 풍부하며 자기중심적인 성향이 있다고 한다.

인지적 입장에서는 연극성 성격장애자의 독특한 신념과 사고방식에 주목한다. 연극성 성격장애자는 기본적으로 "나는 부적절한 존재이며 혼자서 삶을 영위하는 것은 너무 힘들다"는 핵심적 믿음을 지니고 있다. 따라서 "나를 돌보아 줄 사람들을 찾아야 한다"고 생각하며 적극적으로 관심과 애정을 추구한다. 이들은 다른 사람이 자신의 생존에 매우 중요하다고 보기 때문에, "모든 사람으로부터 사랑을 받아야 한다"는 신념을 갖게 되고 이러한 애정을 얻기 위한 방법으로 외모, 애교나 유혹, 과장된 표현, 재미있는 행동을 주로 사용하게 된다는 것이다(Beck & Freeman, 1990). 연극성 성격장애자들이 흔히 나타내는 신념에는 "내가 행복하려면 다른 사람의 관심과 애정이 절대적으로 필요하다", "나는 다른 사람의 사랑을 독점적으로 가장 많이 받아야 한다", "나는 재미있고 다른 사람에게 즐거움을 주는 사람이어야 한다", "내가 원하는 것을 얻으려면 다른 사람이 즐겁거나 감탄하도록 만들어야 한다", "다른 사람이 나를 싫어하거나 무시하는 것은 참을 수 없는 일이다", "나는 지루한 것을 참을 수 없다" 등이 있다.

연극성 성격장애는 반사회성 성격장애와 밀접한 관계를 맺고 있는 것으로 알려지고 있다. 두 성격장애는 함께 나타나는 경향이 있으며, 연극성 성격장애자의 65%가 반사회성 성격장애의 진단기준에도 해당된다고 한다(Lilienfeld et al., 1986). 이러한 현상에 대해서 두 성격장애가 아직 밝혀지지 않은 공통적 원인에 기인하며, 여성은 연극성 성격장애로 표현되는 반면, 남성은 반사회성 성격장애로 발현된다는 주장이 제기되고 있다(Cloninger, 1978; Lilienfeld, 1992).

연극성 성격장애의 원인에 대해서는 많은 연구가 있으나 치료에 대해서는 알려진 바가 별로 없다. 연극성 성격장애자는 심리치료를 받게 될 경우 치료자에게 의존하려 들거나 치료자에게 지나치게 협조적인 태도를 취할 수 있다. 이러한 태도의 이면에는 치료자로부터 인정받으려는 욕구와 치료자에게 거부당하는 것에 대한 두려움이 깔려 있다. 아울러 연극성 성격장애자는 치료자를 조정하려 들거나 때로는 성적인 연인으로 대하려는 경향이 있다. 이런 점에서 치료자는 연극성 성격장애자와 진정한 치료적 관계를 형성하기가 어렵다. 이런 점을 염두에 두고 변함없는 안정된 자세로 치료적 관계형성에 주력해야 한다.

대부분의 심리치료는 연극성 성격장애자의 대인관계 문제에 초점을 맞추고 있다. 애정을 얻기 위해 외모, 성(sex), 유혹, 불평, 위협 등의 방법을 사용하여 타인을 조종하려 하지만 이러한 대인관계 방식이 일시적인 효과를 거둘 수 있을지는 몰라도 장기적으로는 타인의 애정을 잃는 결과를 초래하게 된다. 이러한 점을 인식시키고 애정을 얻을 수 있는 적절한 현실적인 방법을 습득시킨다. 인지치료에서는 전반적 인상에 근거하여 모호하게 생각하는 내담자의 사고양식을 좀 더 구체적이고 체계적인 문제중심적 사고로 바꾸어 주는 노력을 하게 된다. 아울러 부적응적인 사고를 지적하고 도전하기, 사고를 검증하는 행동실험을 하기, 활동계획 세우기, 문제해결기술 훈련, 자기주장 훈련 등의 기법을 사용한다. 마지막 단계에서는 연극성 성격장애자의 기본적 신념, 즉 "나는 부적절한 존재이고, 혼자서는 삶을 영위하기 힘들다", "모든 사람으로부터 사랑을 받아야 한다"는 신념에 도전하여 이를 변화시키는 작업이 이루어진다(Beck & Freeman, 1990).

3. 자기애성 성격장애

대기업의 과장인 30대 중반의 K씨는 최근 자존심에 심한 상처를 입고 우울감과 분노감에 휩싸여 있다. 명문대학을 졸업하고 대기업에 입사하여 고속승진을 해온 K씨는 평소 거만하다는 평을 받기는 하지만 업무에는 매우 유능해서 상사의 인정을 받아 왔다. K씨는 자신이 주변 동료에 비해서 월등하게 유능하다는 자신감에 차 있었고 최근에 있었던 인사발령에서 부장승진은 따놓은 당상으로 생각하고 있었다. 그런데 뜻밖에 부장 승진에서 탈락하였을 뿐만 아니라 더욱 자존심이 상하는 것은 탈락 이유가 주변 동료들로부터 인화력과 인간미가 부족하다는 평가를 받았기 때문이라는 것이었다.

K씨는 자신이 특출나게 우수한 존재라고 생각하며 사회적으로 크게 성공해야 한다는 야심에 불타 있었다. 출세를 하여 많은 사람의 경탄을 받는 상상에 혼자 즐거워하곤 했다. 이를 위해서 K씨는 물불을 가리지 않았고, 일 중독자라는 소리를 들을 만큼 회사업무에 열심이었다. K씨의 눈에 주변 동료들은 열등하고 나태한 존재로 보여 그들을 무시하고 있었으며 친밀한 관계를 맺으려 하지 않았다. 사랑이나 우정은 사치스러운 것이라고 생각해 온 K씨는

결혼도 자신의 사회적 출세에 도움이 될 수 있도록 재력가의 딸을 아내로 맞았다. K씨는 자신만만했으며 상사의 눈에 띌 수 있도록 회의석상에서 자주 튀는 행동을 해 왔다. 동료 사이에서는 건방지고 거만한 사람이라는 평을 받았고 K씨는 이러한 평에 몹시 화가 나긴 했지만 무능한 자들의 질투심에서 나온 것이라고 일축해 버리곤 했다. 이렇게 출세에 집착해 온 K씨에게 승진 탈락은 커다란 충격이었으며 자신의 가치를 인정해 주지 않은 회사와 동료에 대한 분노감은 지울 수가 없는 것이었다.

1) 주요증상과 임상적 특징

자기애성 성격장애(Narcissistic Personality Disorder)는 자신에 대한 과장된 평가로 인한 특권의식을 지니고 타인에게 착취적이거나 오만한 행동을 나타내어 사회적인 부적응을 초래하는 성격을 말한다. 자기 자신을 사랑하는 것은 자연스럽고 건강한 것이다. 그러나 자기사랑이 지나쳐서 자신을 비현실적으로 과대평가하고 타인을 무시하며 자기중심적인 행동을 나타내게 되면 대인관계의 갈등과 부적응을 초래하게 되는데, 이러한 경우를 자기애성 성격장애라고 한다.

자기애성 성격장애의 진단기준은 다음과 같다. 공상이나 행동에서의 웅대성, 칭찬에 대한 욕구, 공감의 결여가 생활전반에 나타나며 다음의 특성 중 5개 이상의 항목을 충족시켜야 한다.

(1) 자신의 중요성에 대한 과장된 지각을 갖고 있다(예: 자신의 성취나 재능을 과장함, 뒷받침할 만한 성취가 없으면서도 우월한 존재로 인정되기를 기대함).

(2) 무한한 성공, 권력, 탁월함, 아름다움 또는 이상적인 사랑에 대한 공상에 집착한다.

(3) 자신이 특별하고 독특한 존재라고 믿으며, 특별하거나 상류층의 사람들만이 자신을 이해할 수 있고 또한 그런 사람들(혹은 기관)하고만 어울려야 한다고 믿는다.

(4) 과도한 찬사를 요구한다.

(5) 특권의식을 가진다. 예컨대, 특별대우를 받을 만한 이유가 없는데도 특별대우나 복종을 바라는 불합리한 기대감을 가진다.

(6) 대인관계가 착취적이다. 예컨대, 자기 자신의 목적을 달성하기 위해 타인들을 이용한다.

(7) 감정이입 능력이 결여되어 있다. 타인들의 감정이나 욕구를 인식하거나 확인하려 하지 않는다.

(8) 흔히 타인을 질투하거나 타인들이 자신을 질투하고 있다고 믿는다.

(9) 거만하고 방자한 행동이나 태도를 보인다.

자신을 지나치게 사랑하는 자기애성 성격장애

자기애(narcissism)라는 용어는 연못에 비친 자신의 아름다운 얼굴을 너무 사랑하여 연못 속에 몸을 던져 죽었다는 그리스 신화 속의 인물 Narcissus에서 연유한다. 자기애성 성격장애는 과도한 자기사랑과 자기도취로 인해 사회적 부적응을 초래하는 장애이다. 자기애성 성격장애자는 자신을 남들이 평가하는 것보다 현저하게 과대평가하여 웅대한 자기상에 집착하며 대단한 탁월함과 성공을 꿈꾼다. 따라서 자신은 주변 사람들과는 다른 특별한 존재이며 특별한 대우를 받아야 한다는 특권의식을 지니게 되어 매우 거만하고 오만한 행동을 나타낸다. 다른 사람들이 자신을 칭찬하고 찬양해 주기를 바라며, 그렇지 않을 때는 주변 사람들을 무시하거나 분노를 느낀다. 이들은 다른 사람의 입장이 되어 생각하고 느끼는 공감능력이 결여되어 있으며 대인관계에서 매우 자기중심적이고 일방적이다. 따라서 주변 사람들로부터 따돌림을 당하거나 잦은 갈등을 경험하게 된다. 아울러 과장되어 있는 웅대한 자기상이 현실세계 속에서는 자주 상처를 입게 되므로 우울해지거나 분노를 느끼게 된다.

자기애성 성격은 외현적 자기애와 내현적 자기애로 구분되기도 한다(Wink, 1991). **외현적 자기애**(overt narcissism)는 제3자가 객관적으로 관찰할 수 있을 정도로 자기애적 속성이 외적으로 드러나는 경우로서 DSM-5-TR에 제시된 자기애성 성격장애의 진단기준에 잘 부합된다. 반면, **내현적 자기애**(covert narcissism)는 겉으로는 잘난 척하거나 거만한 자기애적 행동특성을 잘 나타내지 않지만 내면의 깊숙한 곳에 자기애적 성격특성을 지니고 있는 경우를 말한다. 외현적 자기애의 특성을 보이는 사람은 자신만만하고 외향적이며 타인의 반응에 개의치 않고 자기주장적인 모습을 나타내는 반면, 내현적 자기애를 지닌 사람은 수줍고 내향적이며 타인의 반응에 매우 민감하며 조심스러운 행동을 나타낸다.

자기애성 성격장애의 유병률은 일반인구에서 1% 미만이며 임상 환자집단에서는 2~16% 였다는 보고가 있다. 이 성격장애로 진단되는 사람의 50~75%는 남성이다. 자기애적 성향은 사춘기에 흔하지만 이러한 성향이 나중에 반드시 성격장애로 발전하는 것은 아니다. 자기애성 성격장애가 있는 사람들은 나이가 들어 육체적, 직업적 한계에 직면하게 될 때 어려움을 겪는다. 우리 사회에서 흔히 회자되는 '왕자병' 또는 '공주병'이라는 일반적 용어는 자기애성 성격과 가장 관련성이 깊을 것이다.

2) 원인과 치료

Freud는 자기애를 "심리적 에너지가 자신에게로 향해져 자신의 신체를 성적인 대상으로 취급하는 태도"라고 정의했으며, 이러한 성향이 어린 시절에는 정상적일 수 있으나 성장하여 성숙한 형태로 발전하지 못하면 병적인 자기애가 나타날 수 있다고 주장했다. 즉, 신생아는 자신의 몸에 관심이 집중되어 있을 뿐 아니라 부모의 전폭적인 애정과 보살핌을 받으면서 자신이 매우 중요한 존재라고 느끼는 유아기적 또는 **일차적 자기애**(primary narcissism)를 지니게 된다. 그러나 자신과 외부세계를 분명하게 구분하게 되면서 심리적 에너지를 부모에게 향하게 되는데, 이를 **대상애**(object-love)라고 한다. 이렇게 부모를 사랑하고 애정을 교환하는 경험을 통해서 자신의 존재가치와 소중함을 느끼게 되는데, 이를 **이차적 자기애**(secondary narcissism)라고 한다. 즉, 다른 사람에게 따뜻한 관심과 사랑을 베풀고 그들로부터 전달되어 온 사랑과 애정에 근거하여 자신의 가치감을 느끼는 상호적인 성숙한 형태의 자기애를 발전시키게 된다. 그러나 유아기적 자기애에 고착되어 성인이 되어서도 여전히 사랑의 대상이 자기 자신에게 집중되는 경우는 병적인 자기애라는 것이 Freud의 주장이다.

Freud는 유아기적 자기애에 고착되는 이유를 설명하지 못했으나, Kohut과 Kernberg가 이에 대한 설명을 제시하고 있다. Kohut(1968)에 따르면, 신생아는 부모의 전폭적인 애정과 보살핌을 받는 정상적인 발달과정에서 웅대한 자기상을 형성하며 유아기적 자기애를 나타내게 되지만 이러한 웅대한 자기상은 성장과정에서 필연적으로 좌절과 상처를 경험하게 된다. 점차 성장하면서 아동은 부모로부터 규제와 질책을 받게 되고 자신의 한계에 직면하게 되는 좌절경험 속에서 "세상은 나를 중심으로 돌아가지 않으며 나는 그렇게 대단한 존재가 아니다"라는 사실을 아프게 깨닫게 된다. 이러한 좌절경험을 통한 깨달음은 성숙하고 현실적인 자기애로 발전하는 필수요소이다. 그러나 부모의 과잉보호나 특이한 성장과정으로 인해 이러한 좌절경험을 하지 못하면 유아기적 자기애가 지속되어 자기애성 성격장애로 발전될 수 있다. 또는 웅대한 자기상에 대한 지나친 좌절을 경험하게 되면, 강한 심리적 충격을 받게 되어 비참한 현실을 외면한 채 웅대한 자기상에 더욱 집착하게 되고 주변사람들로부터의 인정과 칭찬을 강렬하게 추구하는 자기애성 성격장애로 발전될 수도 있다. 즉, 유아기의 웅대한 자기상에 대한 좌절경험이 없거나 또는 좌절경험이 너무 심하면 자기애성 성격장애로 발전될 수 있다는 것이 Kohut의 주장이다.

Kernberg(1975)는 자기애성 성격장애자들이 어린 시절 어머니와의 상호작용 속에서 형성한 이상적 자기상과 어머니상이 혼합된 웅대한 자기상을 통해 자신에 대한 과장된 생각을 갖게 된다고 설명한다. 그의 주장은 어린 시절에 부모와의 상호작용을 통해 형성한 자기표상과 타인표상이 정신병리의 이해에 중요하다는 대상관계이론에 근거하고 있다. 자기애성 성격으로 발전할 가능성이 있는 아이는 흔히 특별한 재능을 지니고 있거나 가족 내에서 중요한 위치에 있는 경우가 많다. 이러한 아이에게 엄마가 칭찬이나 특별대우를 해 주게 되면, 아이는 이를 중시하고 엄마로부터 칭찬받는 것과 그렇지 못한 것에 예민해진다. 칭찬받지 못하는 불안을 외면하기 위해서, 아이는 엄마가 칭찬해 주는 자신의 긍정적인 특성을 크게 부풀려서 엄마가 좋아할 거라고 생각되는 이상적인 자기상을 만들어 자주 상상하게 된다. 다른 한편으로는 엄마의 사랑을 열망하기 때문에 자신의 상상 속에 이상적인 어머니상을 만들어 간직한다. 이렇게 어린아이는 엄마가 칭찬해 주는 자신의 모습, 이상적인 자신의 모습, 이상적인 엄마의 모습에 대한 상상을 자주 하며 즐기게 된다. 그러나 어린아이는 이러한 내적 상상내용을 변별하는 능력이 부족하기 때문에, 자신의 긍정적 측면과 엄마로부터 사랑받게 될 이상적 자기상이 혼합되어 실제의 자기보다 현저하게 과장된 자기상을 지니게 된다. 나아가서 자신을 칭찬해 주고 특별한 대우를 해주며 헌신적인 사랑을 베풀어 주는 이상적인 어머니상이 혼합되어, 자신은 이러한 사랑을 받는 대단하고 특별한 존재라는 생각을 하게 된다. 이러한 병리적 융합과정을 거쳐 자기애성 성격장애자는 웅대한 자기상을 형성하게 된다.

인지적 입장에서는 자기애성 성격장애자의 부적응적 행동을 유발하는 독특한 신념과 사고과정에 초점을 두고 있다. Beck과 Freeman(1990)에 따르면, 자기애성 성격장애자는 "나는 매우 특별한 사람이다", "나는 너무나 우월하기 때문에 특별한 대우를 받고 특권을 누릴 자격이 있다", "인정, 칭찬, 존경을 받는 것은 매우 중요한 일이다", "내가 당연히 받아야 할 존경이나 특권을 받지 못하는 것은 참을 수 없는 일이다", "사람들은 나를 비판할 자격이 없다", "나 정도의 훌륭한 사람만이 나를 이해할 수 있다"는 신념을 지니고 있다. 이러한 신념체계는 흔히 어린 시절 부모나 형제, 중요한 타인들로부터의 직접적 또는 간접적 메시지에 의해 발전된다. 자기애적 신념이 구성되면, 자신의 신념에 일치하는 긍정적 정보에 선택적으로 주의를 기울이고 그에 중요성을 부여하여 긍정적 자기상을 강화하는 반면, 자신의 신념에 상치되는 부정적 정보는 무시하거나 왜곡한다. 이러한 과정을 통해서 자기애적 신념은 더욱 강화되어 성격장애의 형태로 발전하게 된다.

자기애성 성격장애에 대한 가장 일반적인 치료방법은 개인적 심리치료이다. Kohut(1968)은 치료자가 내담자와의 관계 속에서 나타나는 전이현상을 잘 활용하는 것이 중요하다고 보았다. 내담자는 과거에 실패했던 부모와의 관계를 치료자와의 관계 속에서 재현하고자 하며, 치료자에게 이러한 좌절된 욕구를 충족시켜 달라는 무언의 압력을 가하게 된다. 이때 치료자가 내담자의 욕구를 충분히 공감하고 이해해 주는 것이 중요하다고 Kohut은 주장한다. 내담자가 이러한 공감과 이해를 받게 되면 어린 시절에 받은 자존감의 상처를 회복할 수 있게 되므로 자기애성 성격특성이 완화된다는 것이다.

Kernberg(1975) 역시 치료자와 내담자 간의 전이관계를 중요시하는 점에서 Kohut과 유사하지만 이러한 전이과정에서 나타나는 방어기제에 대한 해석을 강조한다는 점에서 상당한 차이가 있다. 즉, 자기애성 성격장애자는 치료과정에서 치료자를 이상화하는 경향을 나타내는데, 이는 내담자가 자신의 감정으로 인정하지 않기 위해 무의식 속에 분리시켜 놓은 모욕감, 시기심, 분노 감정에 대한 방어라는 것이다. 치료자를 이상화하는 동시에 다른 한편으로 자기애성 내담자는 내면에 뿌리 깊게 자리 잡고 있는 강한 시기심 때문에 치료자에게 경쟁심을 느낄 수 있다. 치료자는 이러한 내담자의 욕구를 수용해 주기보다는 내담자에게 해석해 주고 직면시켜야 한다는 것이다. Kernberg는 자기애성 성격장애자들이 자신의 부정적이고 열등하며 수치스러운 점들을 받아들일 수 없기 때문에 이를 무의식 속에 묻어 두고 대신 자신의 긍정적이고 우월한 점들을 자꾸 생각하고 과시하려는 경향이 있다고 보았다. 따라서 이러한 두 가지 양극화된 자신의 측면을 스스로 통합할 수 있도록 하는 것이 자기애성 성격장애자의 최종적인 치료목표라고 보았다.

인지행동치료는 자기애성 성격장애자들이 그들의 삶을 부적응적인 상태로 유도하는 독특한 신념체계와 행동방식을 찾아내고 수정하는 데에 초점을 두고 있다. Beck과 Freeman(1990)은 자기애성 성격장애의 가장 핵심적인 세 가지 특성을 웅대한 자기상, 평가에 대한 과도한 예민성, 공감의 결여라고 보고 이에 대한 치료적 개입을 강조하고 있다. 첫째, 웅대한 자기상과 관련된 비현실적인 생각을 구체적인 경험 속에서 찾아내고 내담자가 그 부적응성을 스스로 인식하여 좀 더 유연하고 현실적인 자기신념으로 대체하도록 유도한다. 이들은 항상 자신을 타인과 비교하고, 우월하지 않으면 완전히 무가치한 것으로 생각하는 이분법적인 사고경향을 지니고 있다. 이런 사고방식을 교정함으로써 자신과 타인에 대한 왜곡된 평가를 감소시킬 수 있다. 둘째, 자신에 대한 타인의 평가에 적당한 관심을 기울이고 그에 대한 감정반응을 조절할 수 있도록 유도한다. 이를 위해 타인의 평가에 예민한 반응을 하게 만드는 부적응적 사고(예: 나는 항상 긍정적 평가를 받아야 한다. 긍정적 평가를 하지 않는 것은 부정적 평가를 하고 있다는 것을 뜻한다. 부정적 평가는 시기와 질투에서 나온 것이다)를 찾아내어 변화시키고 부정적인 평가에 효과적으로 대응하는 행동방식을 습득하도록 유도한다. 마지막으로, 자기애성 성격장애자들이 타인의 생각과 감정에 대한 공감능력을 향상시킬 수 있도록 타인의 감정에 대한 자각을 증진시키고 공감적 감정을 활성화시키며 이기적인 착취 행동을 수정하도록 유도한다. 역할 바꾸기나 역할 연기 등을 통해 공감능력을 증진시키며 타인을 대하는 적응적인 방식을 제안하고 논의한다.

4. 경계선 성격장애

　　대학원에서 석사과정을 공부하고 있는 20대 중반의 J양은 며칠 전 술에 만취한 상태에서 면도날로 손목을 그어 자살을 시도하였다. 다행히 가족에게 발견되어 목숨은 건졌지만 심하게 우울한 상태이다. 어려서부터 예쁘고 다재다능했던 J양은 주변 사람들의 관심을 한몸에 받으며 자랐다. 그러다 중학교 때 잘생기고 멋있는 국어교사를 매우 좋아하였고 교사 역시 예쁜 여학생을 귀여워했다. J양은 국어교사에 대해 사제관계 이상의 감정을 지니고 집착하게 되었으며, 어린 학생이 애정을 가지고 강렬하게 다가오자 국어교사는 J양을 의도적으로 멀리하게 되었다. 이때 J양은 국어교사에 대해서 강렬한 실망감과 분노를 느꼈으며 자신의 손목을 면도날로 그어 자해를 시도하였다. 결국 국어교사는 이 문제와 관련되어 전근을 가게 되었다. 시간이 지나 J양은 고등학생이 되었고 과외공부를 지도하던 명문대학교 대학생과 사랑에 빠졌다. J양은 그 대학생 오빠를 이상적인 남성으로 여겼으며 부모에게 거짓말을 하고 밤늦게까지 데이트를 하곤 했다. 그러나 매일 만나주기를 요구하는 J양에게 그 대학생은 부담감을 느끼기 시작했다. 만나자는 J양의 요구에 그 대학생이 거절을 하면, J양은 강한 분노를 느끼고 상대방이 모욕감을 느낄 심한 욕설을 퍼부었다. 이때부터 부모 몰래 혼자 술을 마시기 시작했으며 아버지가 소장하고 있는 양주를 밤새 마셔대곤 했다.

　　J양은 대학에 진학한 후에도 이성관계가 복잡했다. 혼자 있으면 왠지 허전하고 우울했으며 주변에 있는 누군가를 사랑할 때는 생기를 느낄 수 있었으나 대부분의 이성관계가 불행하게 끝나곤 했다. 대부분 강렬하게 좋아하다가 사소한 갈등이 계기가 되어 상대방에게 분노를 느끼고 심한 상처를 주고 헤어지는 패턴이 반복되었다. 학부 전공에 불만을 지녔던 J양은 전공을 바꾸어 다른 대학의 석사과정에 진학했다. 대학원에 진학한 후 J양은 박사과정의 한 남자 선배에게 호감을 느끼게 되었다. 그 선배는 기혼자였으나 J양은 개의치 않고 강렬한 애정을 표시했고 그 선배는 몹시 주저했으나 J양의 적극적인 구애에 결국 서로 사랑하는 사이로 발전하였다. 급기야 성관계를 맺게 되었고 J양은 선배에게 자신이든 현재 부인이든 택일을 하라고 압력을 가했다. 아들까지 한 명 두고 있는 그 선배는 결코 가정을 버릴 수 없다고 판단하고 J양에게 관계를 청산하자고 했다. 그날 밤 J양은 술에 만취되어 선배의 집을 찾아가 행패를 부리고 모든 것을 폭로한 후, 집에 돌아와 자살을 시도한 것이다.

1) 주요증상과 임상적 특징

경계선 성격장애(Borderline Personality Disorder)는 강렬한 애정과 분노가 교차하는 불안정한 대인관계를 특징적으로 나타내는 성격장애를 말한다. J양의 경우와 같이, 이 성격장애를 지닌 사람은 심한 충동성을 보이며 자살과 같은 자해적 행동을 반복적으로 나타내는 경향이 있어 때로는 치명적인 결과를 초래하기도 한다.

경계선 성격장애로 진단되기 위해서는 대인관계, 자아상 및 정서의 불안정성과 더불어 심한 충동성이 생활전반에서 나타나야 한다. 이러한 특징적 양상은 성인기 초기에 시작하여 다양한 상황에서 일어나며 다음의 특성 중 5가지 이상의 항목을 충족시켜야 한다.

(1) 실제적인 또는 가상적인 유기(버림받음)를 피하기 위한 필사적인 노력
(2) 극단적인 이상화와 평가절하가 특징적으로 반복되는 불안정하고 강렬한 대인관계 양식
(3) 정체감 혼란: 자아상이나 자기지각의 불안정성이 심하고 지속적이다.
(4) 자신에게 손상을 줄 수 있는 충동성이 적어도 2가지 영역에서 나타남(예: 낭비, 성 관계, 물질 남용, 무모한 운전, 폭식)
(5) 반복적인 자살 행동, 자살 시늉, 자살 위협 또는 자해 행동
(6) 현저한 기분변화에 따른 정서의 불안정성(예: 간헐적인 심한 불쾌감, 과민성, 불안 등이 흔히 몇 시간 지속되지만 며칠 동안 지속되는 경우는 드묾)
(7) 만성적인 공허감
(8) 부적절하고 심한 분노를 느끼거나 분노를 조절하기 어렵다(예: 자주 울화통을 터뜨림, 지속적인 분노, 잦은 육체적 싸움).
(9) 스트레스와 관련된 망상적 사고나 심한 해리 증상을 일시적으로 나타낸다.

경계선 성격장애의 가장 큰 특징은 극단적인 심리적 불안정성이다. 사고, 감정, 행동, 대인관계, 자아상을 비롯한 성격 전반에서 현저한 불안정성을 나타낸다. 이러한 성격장애를 지닌 사람이 가장 두려워하는 것은 타인으로부터 '버림받는 것'이며, 이러한 상황이 예상되면 사고, 감정, 행동에 심한 동요가 일어난다. 흔히 이성을 이상화하여 강렬한 애정을 느끼고 급속하게 연인관계로 발전한다. 그러나 상대방이 자신을 버리고 떠나가는 것을 두려워하여 늘 함께 있어 주거나 강렬한 애정의 표현을 요구한다. 이러한 요구가 좌절되면, 상대방을 극단적으로 평가절하하며 강렬한 증오나 경멸을 나타내거나 자해나 자살과 같은 극단적인 행동을 하게 된다. 이러한 특성으로 인해 강렬하지만 불안정한 대인관계의 양상을 나타내게 된다.

경계선 성격장애를 지닌 사람은 안정된 자아상이 확립되어 있지 않아 예측하기 힘든 다양한 돌출 행동을 나타내며 본인도 자신에 대한 혼란감을 경험한다. 혼자 있을 때에는 심한 공허감

영화 〈위험한 정사〉에서 경계선 성격장애자의
역할을 연기하는 Glenn Close

이나 우울감을 느끼기도 하는 반면, 때로는 매우 충동적인 행동을
나타내어 지나친 낭비, 문란한 성생활, 과음이나 약물복용, 자해
행위 등을 나타내기도 한다. 심한 스트레스를 받게 되면 일시적
으로 정신병적 증상을 나타내기도 하지만 그러한 증상이 오래도록
지속되는 경우는 드물다.

경계선(borderline)이란 용어의 기원은 원래 신경증과 정신병의
경계라는 의미로 사용되었다. 즉, 정신병과 신경증에 속하는
증상을 일부 나타내면서 그 어느 쪽에도 분류하기 어려운 중간
집단을 지칭하기 위해서 경계선 장애라는 용어가 사용되기 시작
했다. 망상이나 환각과 같은 정신병적 증상을 지속적으로 나타
내지는 않으나 일시적으로 현실검증력의 저하를 보이고 충동 및
감정조절에 심각한 곤란을 나타내는 경우를 경계선 장애라고

지칭하였다. 그러나 이러한 특성을 지닌 사람들은 성격구조의 독특한 결함을 지니고 있다는
주장이 제기되면서 **경계선 성격구조**(borderline personality organization)라는 용어가 사용되기
시작했고 DSM-III-R에서 경계선 성격장애라는 용어로 정착하게 되었다.

경계선 성격장애의 유병률은 일반인구의 2%, 정신과 외래환자의 10%, 정신과 입원환자의
20% 정도로 추정되고 있다. 사춘기나 청년기에 자아정체감의 문제를 지닌 사람들이 경계선
성격장애와 유사한 행동을 일시적으로 나타낼 수 있다. 이 성격장애를 나타내는 사람의 75%
정도가 여성으로 알려져 있다. 경과는 상당히 다양하며, 흔히 성인기 초기부터 불안정한 모습
을 지속적으로 나타내면서 심한 정서적 혼란이나 자해행위로 인해 간헐적으로 병원에 입원하
게 되고 중년기에 접어들면서 다소 안정된 모습을 나타내는 경향이 있다. 경계선 성격장애로
인한 자해나 자살의 위험은 성인기 초기에 가장 높으며 나이가 들면서 점차 저하되고 30~40대
에 이르면 대인관계나 직업 기능이 현저하게 안정된다. 그러나 반사회적 행동, 공격성, 약물
남용, 여러 번의 자살기도와 입원경력 등이 있는 경우에는 예후가 좋지 않다. 이들은 흔히 기
분장애, 공황장애, 물질남용, 충동통제장애, 섭식장애 등을 함께 나타내며 특히 기분장애가
나타날 때 자살 가능성이 높은 것으로 알려져 있다.

2) 원인과 치료

정신분석적 입장에서는 경계선 성격장애의 기원을 오이디푸스 갈등 이전의 어린 시절에 어
머니와 맺었던 독특한 관계경험에 두고 있다. Kernberg(1975)는 Mahler의 발달이론에 근거하
여 경계선 성격장애자들이 유아기의 분리-개별화 단계에서 심한 갈등을 경험하여 이 단계에
고착되어 있다고 설명한다. 이 시기에 아이는 엄마가 사라지는 것에 놀라게 되고 때로는 엄마

가 어디에 있는지에 대해서 심하게 걱정하며 극심한 불안 속에서 엄마를 찾기도 한다. 즉, 엄마가 사라지고 자신이 버림받게 되는 것에 대한 강렬한 두려움을 경험하는 유아기의 위기를 반복적으로 재경험하는 것이 경계선 성격장애라는 것이다. 이들은 어른이 되어서도 혼자 있는 것을 참지 못하고 중요한 타인으로부터 버려지는 것을 두려워하게 된다.

분리-개별화 단계에 고착되는 이유는 이 시기에 엄마가 아이에게 안정된 애정을 보여줄 수 없는 여건이었거나 아이가 공격적 특질을 타고나서 엄마와 아이 간에 불안정한 정서적 관계가 형성되었기 때문이라고 본다. 이러한 관계 속에서 아이는 안정되고 통합된 자아상과 엄마상을 내면화하지 못한다. 즉, 아이는 분리-개별화 단계에서 엄마의 좋은 면과 나쁜 면을 경험하게 되는데, 이러한 좋은 엄마와 나쁜 엄마가 사실은 동일한 존재라는 것을 수용하지 못한 채 분리(splitting)의 방어기제를 통해 엄마에 대한 양극적인 표상을 분리하여 지니게 된다. 따라서 때로는 좋은 엄마로 느껴지다가 때로는 나쁜 엄마로 느껴지는 불안정하고 극단적인 감정이 교차되어 나타나게 된다. 이러한 불안정한 엄마상은 결국 불안정한 자기상을 초래하게 된다. 정상적인 아이들은 안정되고 통합된 엄마상을 형성함으로써 엄마가 곁에서 사라져도 내면화된 엄마상을 통해서 엄마의 부재로 인한 불안을 이겨낼 수 있을 뿐만 아니라 엄마에게 심한 야단을 맞더라도 평소 좋은 엄마에 대한 기억이 통합되어 있기 때문에 극단적인 분노나 불안을 경험하지는 않는다.

경계선 성격장애자들은 흔히 어린 시절에 충격적인 외상을 경험한 것으로 보고되고 있다. Zanarini 등(1989)에 따르면, 아동학대에는 언어적, 신체적, 성적 학대의 3가지 유형이 있는데 경계선 성격장애자의 72%는 언어적 학대, 46%는 신체적 학대, 26%는 성적 학대, 76%가 부모의 양육태만, 74%가 18세 이전에 부모의 상실이나 이별을 경험했다. 이러한 어린 시절의 충격적 외상경험이 부모나 자신에 대한 긍정적, 부정적 경험을 통합시키지 못한 채 분리, 부인, 투사적 동일시와 같은 방어기제를 사용하게 했을 것이라는 주장이 제기되고 있다.

인지적 입장에서는 경계선 성격장애자들이 3가지의 독특한 내면적 믿음을 지니고 있다고 본다(Beck & Freeman, 1990). 첫째는 "세상은 위험하며 악의에 가득 차 있다"는 세상에 대한 부정적인 믿음이다. 두 번째 믿음은 자신에 대한 것으로서 "나는 힘없고 상처받기 쉬운 존재이다"라는 믿음이다. 이처럼 힘없고 무기력한 자신이 악의에 찬 위험한 세상에 놓여 있다는 생각은 삶에 대한 불안과 두려움을 초래하게 된다. 따라서 자신의 약점을 노출시키지 않으려 하고 항상 주위사람들을 경계하게 되며 만성적인 불안과 위험신호에 대한 과민성을 지니게 된다. 편집성 성격장애자들도 세상이 악의에 차 있다는 믿음을 지니지만 이들은 자신의 능력과 힘을 믿기 때문에 삶의 위협에 적극적으로 대처해 나간다. 그러나 경계선 성격장애자는 자신을 약한 존재로 보기 때문에 타인에게 의존하고 매달리려 한다. 그러나 세 번째 믿음인 "나는 원래부터 환영받지 못할 존재이다"라는 생각으로 인해 의존성 성격장애자처럼 상대방에게 자신을 충분히 의지하지 못하고 불안정한 관계 속에서 거부와 버림을 받을지 모른다는 두려움을 지니게 된다.

경계선 성격장애자들은 이러한 기저신념과 더불어 인지적 오류를 통해 자신의 경험과 외부 사건을 왜곡하여 받아들이는 경향이 있다. 이들이 가장 흔하게 범하는 인지적 오류는 흑백논리적 사고인데, 이러한 잘못된 사고방식으로 인해 극단적이고 강렬한 감정과 행동을 나타내게 된다. 예컨대, 타인을 '천사 아니면 악마'라는 방식으로 평가함으로써 타인을 극단적으로 이상화하거나 아니면 극단적으로 평가절하하게 된다. 다른 사람의 언행을 자신에 대한 '수용 아니면 거부'로 해석하기 때문에 애정과 분노의 강렬한 감정을 느끼게 된다. 또한 자신의 심리상태를 '천국 아니면 지옥'으로 평가하고 자신의 행동을 결정할 때도 다른 사람에 대한 '의존 아니면 공격'으로 선택하는 극단적인 흑백논리적 사고로 인해 강렬한 감정변화와 극단적인 행동을 보이게 된다.

생물학적 입장에서는 경계선 성격장애자들이 선천적으로 충동적이고 공격적인 기질을 지닌다는 다양한 주장이 제기되고 있다. 경계선 성격장애자의 가족은 매우 감정적이고 충동적인 성격특질을 공통적으로 나타낸다는 보고가 있다. 또한 이러한 성격장애를 지닌 사람은 행동억제와 관련된 serotonin의 활동수준이 낮으며 이러한 특성이 충동적 행동과 관련된다는 주장도 있다. Grotstein(1987)에 따르면, 경계선 성격장애의 핵심문제는 자기조절기능의 손상이며, 이러한 손상은 뇌의 신경인지적 결함과 관련되어 있다. Davis와 Akiskal(1986)은 아동기 외상경험과 생화학적 이론을 통합하여 어린 시절의 부모상실이나 외상경험은 뇌의 생화학적 기능에 장애를 가져온다고 주장한다. 초기의 상실경험은 특정한 신경전달물질이 관여되는 신경경로에 기능적 변화를 초래하여, 성인이 된 후에도 중요한 타인의 상실에 대해서 강한 정서적 반응과 충동적이며 자기파괴적인 행동을 나타내게 된다는 주장이다.

경계선 성격장애에 대한 가장 일반적인 치료방법은 개인 심리치료이다. 그러나 경계선 성격장애자는 심리치료자에게 있어서 악몽 같은 존재라는 말이 있듯이 매우 힘든 치료대상으로 알려져 있다. 왜냐하면 경계선 성격장애자의 강렬하고 불안정한 대인관계 양상이 치료자와의 관계에 나타나기 때문이다. 따라서 안정된 치료적 관계의 형성이 어려울 뿐만 아니라 치료자의 반응에 대한 과민성과 빈번한 오해, 그에 따른 비협조적 행동이나 공격적 반응, 치료시간 준수의 어려움, 자해나 자살의 위협, 빈번한 심리적 위기와 치료자에 대한 다양한 요구 등으로 인해서 치료자를 매우 힘들게 하는 경우가 많다.

치료자는 우선 모호하거나 애매한 언행보다는 솔직하고 분명한 태도를 나타냄으로써 내담자가 치료자의 의도를 오해하는 일이 없도록 하는 것이 중요하다. 아울러 내담자의 불안정한 태도에 상관없이 일관성 있고 안정된 지지적 태도를 견지함으로써 치료적 관계형성에 주력해야 한다. 그러나 내담자의 자아강도에 따라 신중하게 치료적인 접근을 할 필요가 있다. 자아강도가 약한 경우에는 지지적 또는 표현적 치료가 바람직한 반면, 자아강도가 비교적 강한 경우에는 통찰지향적 치료를 적용할 수 있다. 일반적으로 정신역동적 치료에서는 크게 3가지 치료목표를 설정하고 경계선 성격장애자의 치료를 시도한다. 첫째 목표는 내담자의 자아를 강화시켜 불안을 잘 인내하고 충동에 대한 통제력을 향상시키도록 하는 것이다. 둘째는 긍정적 내용과 부정적 내용이 분리되어 있는 내담자의 자기표상과 대상표상을 통합시킴으로써 안정된 자기인식과 대인관계를 유도하는 것이다. 마지막으로, 긍정적이고 지지적인 내면적 표상을 보다 확고하게 강화시킴으로써 중요한 사람과의 분리나 이별을 참아낼 수 있도록 하는 것이다.

인지행동치료에서는 치료의 초기에 내담자의 기본적 믿음을 변화시키려 하기보다는 치료적 관계형성에 주력한다. 강한 감정이 개입된 개인적 문제를 다루기보다는 내담자가 직면하고 있는 구체적인 문제의 해결에 초점을 맞추면서 내담자와의 신뢰형성에 노력한다. 다음 단계에서는 점차적으로 내담자의 흑백논리적 사고를 다룬다. 즉, 내담자에게 흑백논리적 사고를 자각시키고 이러한 사고방식이 내담자의 삶에 미치는 영향을 함께 살펴본다. 아울러 연속선 상에서 사건의 의미를 해석하는 대안적인 사고방식을 소개하면서 흑백논리적 사고와 비교하여 어떤 것이 더 현실적이고 적응적인지를 평가해 보도록 돕는다. 또한 정서적 조절능력을 향상시키기 위한 치료적 작업으로서, 내담자가 경험하는 구체적인 문제상황에서 자신의 정서적 반응을 살펴보게 하고 대안적인 대응방식을 탐색하게 하며 보다 더 적응적인 정서표현 방식을 습득하게 한다. 치료자는 내담자가 표현하고 싶어 하는 감정을 수용해 주는 동시에 그러한 감정을 적절하게 표현하는 방법을 제시하고 내담자의 새로운 정서적 표현방식에 대한 피드백을 제공한다. 마지막 단계에서는 경계선 성격장애자가 지니고 있는 자신과 세상에 대한 부정적인 믿음을 자각하고 보다 긍정적인 믿음으로 변화시키도록 돕는다.

경계선 성격장애를 치료하는 대표적인 방법 중 하나는 Linehan(1993)이 제시한 **변증법적 행동치료**(DBT: Dialectical Behavior Therapy)이다. Linehan에 따르면, 경계선 성격장애 환자는 감정조절에 어려움을 겪게 하는 정서적 취약성을 지닌다. 이러한 정서적 취약성을 지닌 사람들은 정서 자극에 매우 예민하고, 정서 자극에 매우 강렬하게 반응하며, 평상시의 정서 상태로 돌아오는 데 시간이 걸린다. 변증법적 행동치료는 내담자로 하여금 자신의 정서적 경험을 수용하는 것과 변화시키는 것 사이의 변증법적 갈등을 해결하고 균형을 이루도록 돕는다. 변증법적 행동치료는 네 가지의 기술 훈련, 즉 마음챙김, 고통 감내력, 정서조절, 대인관계의 기술 훈련으로 구성된다. 마음챙김 훈련을 통해 자신의 감정을 자각하고 수용하도록 돕는 동시에 고통 감내력과 정서조절 훈련을 통해 고통스러운 감정을 견디며 격렬한 감정을 조절하도록 지원한다. 아울러 대인관계 훈련을 통해 고통스런 감정을 겪게 되는 대인관계 갈등을 해결하고 효과적인 관계를 형성하도록 돕는다(Linehan & Wilks, 2018).

경계선 성격장애자가 정신병적 증상, 자기파괴적 행동 또는 자살 충동을 나타낼 경우에는 단기적인 입원치료가 필요하다. 또한 이들이 나타내는 증상이나 동반되어 나타나는 장애에 따라서 항우울제나 항불안제를 사용한 약물치료가 적용되기도 한다.

제3절 C군 성격장애

1. 강박성 성격장애

고등학교 교사인 Y씨의 부인은 남편에 대한 불만으로 요즘 자주 부부싸움을 하고 있으며 이혼까지 생각하고 있다. 12년 전에 친척의 소개로 만나게 된 Y씨는 매우 성실하고 자상하며 유능한 사람으로 느껴져서 6개월간의 교제 끝에 결혼하게 되었다. 신혼생활을 시작하게 되자, Y씨는 생활비를 일주일 단위로 주면서 부인에게 매일매일 가계부를 쓰게 했다. 처음에는 집 마련을 위해 알뜰하게 살자는 뜻으로 이해했으나, 부인의 지출에 대해서 일일이 확인하였으며 500원 단위까지 적도록 했다. 집안이 늘 깨끗하게 정리되어 있어야 했으며 열심히 청소를 하지만 Y씨는 집안 구석구석에서 먼지를 찾아내어 불평을 하였다. 더구나 Y씨는 입맛이 까다로웠으며 건강에 예민하여 짜고 매운 음식을 먹지 않아 부인은 음식을 할 때마다 조심스러웠다. 수학과목을 가르치는 Y씨는 자신의 일에 지나칠 정도로 완벽했으며 집에서도 늘 수업준비를 하곤 했다. 부인은 주말이면 야외로 나가거나 외식을 하고 싶었지만, Y씨는 나가면 차 막히고 바가지 쓰는데 뭐하러 나가 먹느냐며 집에서 식사하기를 고집했다. 낭만을 모르고 여유가 없는 남편에 대한 불만이 많았지만, 세월이 흘러 집도 장만하고 경제적 여유가 생기면 남편이 변하리라고 부인은 생각했었다.

그렇게 시간이 흘러 초등학교 2학년인 아들과 유치원에 다니는 딸을 두게 되었으며 2년 전에는 아파트도 마련하여 경제적인 안정을 찾게 되었다. 그러나 Y씨는 여전히 생활비를 주 단위로 주면서 부인의 지출을 확인하려고 했다. Y씨의 부인은 결혼생활 10년이 넘도록 번듯한 옷 한 벌 사 입지 못하고 변변한 외식 한 번 못했으며 여전히 생활비를 주단위로 타 써야 하는 자신의 인생이 비참하다는 생각이 들었으며, Y씨에 대해 분노를 느끼기 시작했다. 더구나 요즘 참을 수 없는 것은, 이제 겨우 초등학교 2학년인 아들에게 남편이 지나치게 간섭하고 많은 것을 요구하여 아들이 힘들어한다는 사실이다. Y씨는 아들에게 매일 공부할 분량을 정해 주고 수시로 진행사항을 확인하여 완수를 못했을 경우 이에 대해서 잔소리하거나 야단을 치곤 하였다. 요즘 아들은 아버지만 보면 긴장을 하여 눈을 깜빡거리고 볼을 실룩거리는 증상이 나타나고 있다. 이렇게 숨막히는 생활을 더 이상 참을 수 없다고 생각한 부인은 Y씨에게 자신과 자녀의 불만을 토로하며 '좀 여유 있게 살자'고 요구하고 있지만 Y씨는 완강하게 자신의 스타일을 고집하고 있다.

1) 주요증상과 임상적 특징

강박성 성격장애(Obsessive-Compulsive Personality Disorder)는 지나치게 완벽주의적이고 세부적인 사항에 집착하며 과도한 성취지향성과 인색함을 특징적으로 나타내는 성격장애를 말한다. 이러한 성격특성으로 인해 효율적으로 일을 처리하지 못할 뿐 아니라 자신과 주변 사람들을 고통스럽게 하는 경우가 대부분이다.

강박성 성격장애의 진단기준은 다음과 같다. 정리정돈, 완벽주의, 마음의 통제와 대인관계의 통제에 집착하는 행동특성이 생활전반에 나타나며 이런 특성으로 인해 융통성, 개방성, 효율성을 상실하는 대가를 치르게 된다. 이러한 특성이 성인기 초기에 시작되고 다음 중 4개 이상의 항목을 충족시켜야 한다.

(1) 사소한 세부사항, 규칙, 목록, 순서, 시간계획이나 형식에 집착하여 일의 큰 흐름을 잃게 된다.

(2) 과제의 완수를 저해하는 완벽주의를 보인다(예: 지나치게 엄격한 기준에 맞지 않기 때문에 과제를 끝맺지 못함).

(3) 일과 생산성에만 과도하게 몰두하여 여가 활동과 우정을 희생한다(분명한 경제적 필요성에 의한 경우가 아님).

(4) 도덕, 윤리 또는 가치 문제에 있어서 지나치게 양심적이고 고지식하며 융통성이 없다(문화적 또는 종교적 배경에 의해서 설명되지 않음).

(5) 닳아빠지고 무가치한 물건을 감상적 가치조차 없는 경우에도 버리지 못한다.

(6) 자신이 일하는 방식을 그대로 따르지 않으면 타인에게 일을 맡기거나 같이 일하려 하지 않는다.

(7) 자신과 타인 모두에게 구두쇠처럼 인색함; 돈은 미래의 재난에 대비해서 저축해 두어야 하는 것으로 생각한다.

(8) 경직성과 완고함을 보인다.

강박성 성격장애자는 지나친 완벽주의적 성향과 세부적인 사항에 대한 집착으로 인해 오히려 비효율적인 삶을 살게 된다. 구체적인 규칙과 절차가 확실하지 않을 때는 결정을 내리지 못하여 많은 시간을 소비하며 매우 고통스러워한다. 어떤 일을 먼저 해야 하고 그 일을 하는 최선의 방법이 무엇인지를 결정하지 못해서 결국 어떤 일도 시작하지 못하는 경우가 많다. 이들은 상황을 자기 식대로 조절할 수 없게 되었을 때 직접적인 표현을 잘 하지는 않지만 불안해하거나 분노를 느낀다.

강박성 성격장애자는 감정표현을 억제하는 경향이 강하며 감정표현을 자유롭게 하는 사

세밀하고 완벽한 것에 집착하는 성격장애

람과 같이 있으면 불편감을 느낀다. 이성과 도덕을 중요시하며 제멋대로 충동적인 행동을 하는 사람을 혐오한다. 자신의 행동이 완벽하다는 확신이 들 때까지는 행동하기를 주저하며 망설이는 경향이 있다. 부드러운 감정을 잘 표현하지 못하고 칭찬이나 농담을 거의 하지 않는다. 지나치게 완고하여 융통성과 타협이 필요한 상황에서 어려움을 겪게 되면, 이러한 특성으로 인해 직업적 부적응이 초래되기도 한다.

강박성 성격장애자는 돈에 매우 민감하며 씀씀이가 매우 인색하다. 경제적 여유가 있음에도 불구하고 만일의 재난상황에 대비하여 저축해 두어야 한다는 생각으로 인해 자신과 가족을 위해서 돈을 쓰지 못한다. 아울러 지금은 필요가 없더라도 약간의 쓰임새가 있는 물건은 미래의 사용을 위해 버리지 못하고 여러 가지 잡동사니를 많이 모아두는 경향이 있다. 이러한 특성으로 인해 가족을 비롯한 주변 사람들을 고통스럽게 하며 자주 갈등을 빚게 된다.

강박성 성격장애의 유병률은 일반인구의 약 1%이며 정신건강진료소를 방문하는 사람의 3~10% 정도로 보고되고 있다. 여러 연구에서 이 성격장애는 남성이 여성보다 2배 정도 더 많이 진단되는 것으로 나타났다. 강박성 성격장애자는 불안장애의 하위유형인 강박장애를 함께 나타내는 경우가 있으나, 강박장애를 지닌 사람은 강박성 성격장애를 나타내지 않는 경우가 대부분이다. 명칭은 유사하지만 강박성 성격장애와 강박장애는 분명하게 구별되어야 한다.

2) 원인과 치료

정신분석적 입장에서는 강박성 성격장애를 심리성적 발달단계에서 항문기의 경험과 관련된 것으로 본다. 특히 초기 정신분석학에서는 강박성 성격장애가 오이디푸스 시기의 거세불안으로 인해 항문기의 안정된 상태로 퇴행한 것으로 보았다(Abraham, 1927). 이러한 **항문기적 성격**(anal character)의 특성으로는 규칙성, 완고성, 인색함, 정서적 억제, 자기회의, 강한 도덕의식 등을 들 수 있다. 이런 성격장애자들은 주지화, 격리, 반동형성, 취소, 대치 등의 방어기제를 흔히 사용한다. 항문기적 성격은 배변훈련과정에서 나타난 어머니의 양육방식과도 관련된다. 정확한 시간과 장소에서 규칙적인 배변을 하도록 엄격하게 훈련받은 경험이 시간엄수, 정리정돈, 청결, 자기통제, 완벽주의와 같은 강박성 성격의 형성에 영향을 미치게 된다. 또한 배변과정에서 아이와 어머니는 힘겨루기의 갈등을 경험할 수 있는데, 아이는 어머니가 원하는 대로 배변을 하지 않음으로써 저항한다. 강박성 성격장애자가 나타내는 감정표현의 어려움이나 완고함과 고집스러움은 이러한 배변과정의 갈등과 관련되어 있다고 본다.

부모의 과잉통제적인 양육방식이 강박성 성격장애를 초래한다는 주장이 제기되고 있다.

과잉통제는 처벌을 통해 아이의 행동을 통제하는 강압적인 훈육방법으로서 강박성 성격의 아이들은 바람직한 행동에 대한 긍정적인 보상보다는 기준에 어긋나는 행동에 대한 처벌을 주로 받으면서 성장한다. 이러한 처벌적인 양육방식은 강박성 성격장애자의 여러 가지 특징을 설명한다. 이들은 부모로부터 따뜻한 사랑과 보살핌을 받지 못했기 때문에, 내면적으로 애정에 대한 갈망과 의존 욕구를 지니고 있는 한편, 이를 제공해 주지 않은 부모에 대한 분노를 지니고 있다. 따라서 부모에게 처벌당하지 않고 인정받기 위해서는 철저하게 자신을 통제해야 하며 실수를 허용하지 않는 완벽주의를 추구하게 된다. 그러나 부모에 대한 분노와 거부의 두려움으로 인해 의존성보다는 독립성과 자율성을 과장하며 친밀하고 따뜻한 감정표현을 억제한다. 또한 좀처럼 만족하지 않는 부모의 모습이 엄격한 초자아로 내면화되어, 일에 몰두하는 성취지향성과 더불어 도덕적인 고지식함을 나타내게 된다. 이처럼 엄격한 초자아는 완벽을 지속적으로 강요하며 이러한 기대가 충족되지 않을 경우 우울증을 초래하기도 한다.

인지적 입장에서는 독특한 신념체계가 강박성 성격장애를 지속시킨다고 본다. Beck과 Freeman(1990)에 따르면, 강박성 성격장애자는 "나는 나 자신뿐만 아니라 내 주변 환경을 완벽하게 통제해야 한다", "나는 실수를 하지 않아야만 가치 있는 존재이다", "실수는 곧 실패이다", "모든 행동과 결정에는 옳고 그름이 있다", "구체적이고 명확한 규칙이나 절차가 없으면 나는 아무것도 할 수 없을 것이다."와 같은 믿음을 지니고 있다. 또한 흑백논리적 사고, 재난적 사고, 의미확대 및 의미축소 등의 인지적 오류를 자주 범한다. 흑백논리적 사고는 강박성 성격장애자의 지연행동, 경직성, 완벽주의적 행동에 영향을 미친다. 이들은 '완벽 아니면 실패'라는 흑백논리적 사고를 지니고 있기 때문에 어떤 일을 섣불리 시작하지 못하고 꾸물거리게 되며 사소한 결점이 생기면 실패한 것으로 간주하고 포기하게 된다. 또한 불완전함이나 실수가 초래할 부정적 결과를 지나치게 과장하는 파국화(catastrophizing)로 인해서 실패에 대한 강한 두려움을 갖게 된다. 의미확대나 의미축소는 세부적인 사항에 과도한 중요성을 부여하여 집착하게 하는 한편, 실제적으로 중요한 일은 그 의미를 축소하게 하여 전반적인 판단에 어려움을 겪게 한다.

강박성 성격장애의 치료를 위해서는 신뢰로운 치료적 관계를 형성하는 것이 중요하다. 그러나 강박성 성격장애를 지닌 내담자와 치료적 관계를 형성하는 것은 쉽지 않다. 이들은 정서적 표현을 잘 하지 않고 경직되어 있으며 대인관계를 중요하게 생각하지 않는 경향이 있기 때문에 치료적 동맹관계를 형성하기가 어렵다. 따라서 치료 초기에 긴밀한 정서적 유대관계를 성급하게 형성하려고 시도하는 것은 오히려 부정적인 결과를 초래할 수 있다. 그러나 일단 치료적 관계가 형성되면, 강박성 성격장애자는 치료시간을 잘 지키고 과제를 성실하게 수행하는 모범적인 내담자의 모습을 나타내는 경향이 있다.

강박성 성격장애에 대한 정신역동적 치료의 목표는 지나치게 엄격한 초자아를 수정하는 것이다. 어린 시절 부모와의 관계 속에서 내담자가 부모의 엄격한 통제에 대해서 지녔던 부정적 감정들과 이러한 감정이 표출되는 것에 대한 두려움과 죄책감, 그리고 이러한 감정을 통제하려는 과도한 노력을 자각하게 하는 것이 중요하다. 분노, 증오, 의존과 같이 수용할 수 없는 감정을 배제하려 하기보다는 이러한 감정을 자신의 일부로 통합하고 자신이 불완전한 인간임을 수용하도록 유도한다.

인지행동치료에서는 내담자가 호소하는 현재의 문제에 초점을 맞추어 구체적인 목표를 세우고 하나씩 해결해 나간다. 이러한 과정을 통해 치료적 관계를 증진시켜 나가면서, 내담자로 하여금 자신의 부적응적인 신념을 탐색하고 이들의 부정적 결과를 확인하며 이해하도록 한다. 아울러 이러한 인지적 요인들이 내담자의 행동이나 감정을 더 이상 지배하지 못하도록 좀 더 유연하고 현실적인 신념으로 대체하게 한다.

2. 의존성 성격장애

대학생인 L군은 여자친구인 B양 때문에 요즘 고민이 많다. L군은 7개월 전 미팅을 통해 만나게 된 B양과 서로 사랑하는 사이가 되었다. 그러나 요즘은 B양과 만나는 것이 점점 부담스럽게 느껴지고 있다.

다른 대학의 학생인 B양은 매우 순종적이고 착하며 L군에게 헌신적이다. 그리고 L군과 만나게 되면 헤어지는 것을 싫어한다. 밤이 너무 깊은 것 같아 L군이 시계를 보면, B양의 표정은 금방 어두워지며 헤어지기를 아쉬워한다. 내일의 학교생활을 위해 집으로 돌아가야 할 시간인데도, 조금만 더 있다가 헤어지자는 말에 조금씩 늦추다가 12시를 넘기기가 다반사였다. 처음엔 자신을 사랑하기 때문이라고 생각했으나 이런 일이 자주 있게 되자, L군은 다음 날 생활에 지장을 받는 일이 많아졌다. 부모의 불화가 심해 가정이 편안치 않은 점은 이해가 되지만, 거의 매일 이렇게 늦은 시간까지 있어야 한다는 것이 부담스러웠다.

또 B양은 수시로 핸드폰을 통해 L군에게 보고 싶다며 만나자고 애원하곤 했다. 옷을 사러 가는데 어떤 옷이 좋을지 골라 달라거나 영어학원에 등록하려고 하는데 어떤 학원이 좋은지 함께 돌아다니자거나 다음 학기에 어떤 과목을 수강해야 할지 도와달라는 등 L군에게 여러 가지 도움을 요청하곤 했다. 만나자는 연락에 L군이 선약이 있어 오늘 만날 수 없다고 하면 B양은 금방 기가 팍 죽은 목소리로 늦은 저녁에도 시간을 낼 수 없느냐며 보고 싶다고 간청한다. 자신에게 의지하며 매달리는 B양을 위해 L군은 가능한 한 시간을 내어 함께 있어 주고 여러 가지 일을 도와주었으나 많은 시간을 투자해야 했다. 이렇게 몇 개월을 지내다 보니 학업에 소홀하게 되었을 뿐만 아니라 학과나 동아리 친구들과도 소원해지게 되었다.

L군은 이렇게 생활해서는 안 되겠다고 생각하고 B양과 일주일에 한 번만 만나자고 제안했다. 이러한 L군의 제안에 B양은 자신이 싫어진 거냐며 울먹였다. 자신은 혼자 있으면 너무 허전해서 항상 L군이 보고 싶은데 어떡해야 하느냐며 눈물을 떨어뜨렸다. L군은 B양을 여전히 사랑하고 있지만 지나치게 자신에게 의존하는 B양이 점점 부담스럽게 느껴지고 있다.

1) 주요증상과 임상적 특징

의존성 성격장애(Dependent Personality Disorder)는 스스로 독립적인 생활을 하지 못하고 다른 사람에게 과도하게 의존하거나 보호받으려는 행동을 특징적으로 나타내는 성격장애이다. 이러한 성격장애를 지닌 사람은, B양의 경우처럼, 의존상대로부터 버림받는 것에 대한 지속적인 불안을 경험하게 되며 지나친 의존행동으로 인해 상대방을 부담스럽게 하여 인간관계를 유지하지 못하는 경우가 많다. 특히 의존상대가 착취적인 사람인 경우에는 일방적으로 이용당하며 고통스러운 삶을 살아가게 된다.

의존성 성격장애의 진단기준은 다음과 같다. 보호받고 싶은 과도한 욕구로 인하여 복종적이고 매달리는 행동과 이별에 대한 두려움을 나타낸다. 이러한 성격특성은 생활전반의 다양한 상황에서 나타나고 성인기 초기에 시작되며 다음 중 5개 이상의 항목을 충족시켜야 한다.

(1) 타인으로부터의 많은 충고와 보장이 없이는 일상적인 일도 결정을 내리지 못한다.
(2) 자기 인생의 매우 중요한 영역까지도 떠맡길 수 있는 타인을 필요로 한다.
(3) 지지와 칭찬을 상실하는 것에 대한 두려움 때문에 타인에게 반대의견을 말하기가 어렵다.
(4) 자신의 일을 혼자 시작하거나 수행하기가 어렵다(동기나 활력이 부족해서라기보다는 판단과 능력에 대한 자신감이 부족하기 때문이다).
(5) 타인의 보살핌과 지지를 얻기 위해 무슨 일이든 다할 수 있다. 심지어 불쾌한 일을 자원해서 하기까지 한다.
(6) 혼자 있으면 불안하거나 무기력해지는데, 그 이유는 혼자서 일을 감당할 수 없다는 과장된 두려움을 느끼기 때문이다.
(7) 친밀한 관계가 끝났을 때, 필요한 지지와 보호를 얻기 위해 또 다른 사람을 급하게 찾는다.
(8) 스스로를 돌봐야 하는 상황에 버려지는 것에 대한 두려움에 비현실적으로 집착한다.

의존성 성격장애를 지닌 사람들은 자신이 혼자서 살아가기에는 너무 나약한 존재라는 생각을 지니고 있다. 따라서 어떤 일을 혼자 해결하지 못하고 다른 사람에게 의지하며 도움을 구

타인에게 과도하게 매달리는 의존성 성격장애

한다. 늘 주변에서 의지할 대상을 찾으며 그러한 대상에게 매우 순종적이고 복종적인 태도를 나타낸다. 자신을 연약한 모습으로 나타내어 지지와 보호를 유도하는 경향이 있으며, 힘든 스트레스 상황에서는 다른 사람에게 매달리거나 무기력해지며 눈물을 잘 흘린다. 특히 의존대상으로부터 거절과 버림을 받게 되면, 깊은 좌절감과 불안을 느끼며 적응기능이 현저하게 와해되는 경향이 있다. 따라서 의존대상이 자신을 멀리하는 것에 대해서 매우 예민하고 불안해하며, 이를 방지하기 위하여 순종적이고 헌신적인 태도를 나타낸다. 의존상대와 친밀한 관계가 끝나게 되면, 일시적으로 심한 혼란을 경험하지만 곧 다른 의존상대를 찾아 유사한 의존적 관계를 형성하는 경우가 대부분이다. 이들은 사회적 활동에 소극적이고, 책임을 져야 하는 지위를 피하며, 결정을 내려야 하는 상황에 이르면 심한 불안을 느낀다. 대인관계가 대체로 협소하며 의지하는 몇 사람에게만 국한되는 경향이 있다.

의존성 성격장애의 유병률은 일반인구의 2%에서부터 48%라는 보고까지 매우 다양하다(Blashfield & Davis, 1993). 이 성격장애는 임상장면에서 여성에게 더 많이 진단되는 경향이 있으나 정확한 평가도구를 사용한 몇 연구에서는 남녀의 유병률이 유사하다고 보고되었다. 의존성 성격장애를 진단할 때는 사회문화적 요인을 고려해야 한다. 어떤 사회에서는 여성이나 남성에게 의존성향을 차별적으로 조장하거나 억제할 수 있기 때문이다. 의존성 성격장애는 다른 성격장애, 특히 경계선, 회피성, 연극성 성격장애와 함께 나타나는 경향이 있으며 기분장애, 불안장애, 적응장애의 발병 위험이 높다. 이 장애를 지닌 사람들은 아동기나 청소년기에 분리불안장애나 만성적 신체질환을 나타내는 경향이 있으며 이러한 경험이 의존성 성격장애의 발병에 영향을 미친다는 주장도 있다.

2) 원인과 치료

선천적으로 특정한 신체적 조건을 타고난 사람은 부모나 보호자로 하여금 보호반응을 유발하여 의존적 성향이 강화될 수 있다. 예컨대, 선천적으로 허약하고 병치레가 잦은 아이들은 부모의 과잉보호를 유발하며 이러한 경험으로 인해 성장해서도 다른 사람들에게 과도한 보호와 동정을 기대할 수 있다. 의존성 성격장애자는 어린 시절에 만성적인 신체질환을 경험한 경우가 많다는 점이 이러한 주장을 뒷받침하고 있다.

부모의 과잉보호는 의존성 성격장애의 중요한 요인이 된다. 부모에 대한 의존행동은 보상이 주어지고 독립 및 분리에 대해서는 거부당하는 경험이 축적될 경우, 자녀는 타인에 대해 의존적인 반응양식을 발달시키게 된다. 아동의 기질적 요인(예: 신체적 질병이나 이상)으로 인하여 부모의 과잉보호가 유발되는 경우가 있으나, 부모의 성격적 특성으로 인하여 아동에게 과도한 보호행동을 나타낼 수도 있다. 이때 아동은 자유롭고 싶은 욕구가 계속적으로 좌절당함으로써 심인성 신체적 증상을 나타낼 수도 있다.

의존성은 공격성이 위장된 것으로서 상대방에 대한 적대감을 방어하기 위한 타협책이라는 주장도 있다. 임상적 관찰에 따르면, 의존성 성격장애 환자가 의존하는 사람들은 환자의 행동이나 요구가 자신에게 고통을 주거나 적대적이라고 느껴질 때가 많다고 보고하고 있다. Gabbard(1994)는 부모가 아이에게 무의식적인 적개심이나 죄의식을 느끼는 경우에도 반동형성을 통해 과잉보호를 하게 되며, 아동 또한 자신의 공격성과 적개심을 방어하기 위하여 겉으로는 의존하고 복종하는 행동을 나타낼 수도 있다고 주장한다.

의존성 성격장애는 변연계의 이상과 관련이 있다는 주장이 있다. 변연계는 정서의 조절, 동기 및 기억에 관여하는 뇌의 영역으로서 의존성 성격장애자들은 작은 스트레스에도 변연계가 예민하게 반응하여 지나친 긴장감이나 공포를 경험하게 된다는 것이다.

정신분석학자인 Abraham(1927)은 성격장애를 심리성적 발달단계의 고착현상으로 설명하였으며, 의존성 성격장애는 구강기에 고착된 결과라고 보았다. 구강기 성격(oral character)은 의존성, 혼자됨에 대한 불안, 비관주의, 수동성, 인내심 부족, 언어적 공격성 등의 특성을 나타낸다(Greenberg & Bornstein, 1988).

인지적 입장에서는 의존성 성격장애가 독특한 신념체계와 관련되어 있다고 본다. 즉, 의존성 성격장애자는 "나는 근본적으로 무력하고 부적절한 사람이다", "나는 혼자서는 세상에 대처할 수 없으며 의지할 사람이 필요하다"라는 기본적 신념을 지니고 있다(Beck & Freeman, 1990). 이러한 신념은 타인에게 의존하게 만들며 보살핌을 얻는 대가로 자신의 권리나 주장을 포기하게 한다. 따라서 독립적인 삶을 영위할 수 있는 자기주장기술, 문제해결능력, 의사결정능력을 배우지 못하고 의존성이 강화된다. 의존대상을 만족시키는 데 주의를 기울이고 관계를 악화시킬 수 있는 갈등은 회피하게 된다.

의존성 성격장애자는 의존과 독립에 대해서 흑백논리적 사고를 지니고 있다. 이들에게 삶의 방식은 완전히 의존적이거나 아니면 완전히 독립적인 것 중의 하나이며, 독립적인 존재로 혼자 살아가는 것에 대한 두려움은 결국 극단적인 의존적 삶을 선택하게 한다. 또한 이들은 자신의 능력에 대해서도 흑백논리적으로 생각하는데, 어떤 일을 매우 잘하지 못하면 전적으로 잘못한 것으로 판단하여 자신을 무능하고 무력한 존재로 평가하는 경향이 있다. 그 결과, 다른 사람에게 의존하거나 보살핌을 받을 수밖에 없다는 생각을 하게 된다.

의존성 성격장애에 대한 가장 일반적인 치료는 개인 심리치료이다. 때로는 의존성 성격장애를 지닌 내담자가 우울증이나 불안장애를 수반하기 때문에 항우울제나 항불안제와 같은 약물이 처방될 수 있으나, 이러한 약물은 성격장애를 변화시키거나 치료하는 것은 아니다. 의존성 성격장애를 지닌 내담자는 심리치료에서 자신의 의존성을 치료자에게 나타내게 된다. 이러한 의존적인 내담자를 치료하기 위해서 치료자는 내담자와 의존적인 관계를 맺어야 하지만 내담자가 점차로 치료자의 도움을 필요로 하지 않는 독립적인 사람이 되도록 도와야 한다. 흔히 의존성 성격장애를 지닌 내담자들은 치료자에게 깊이 의존하여 치료가 종결되는 것을 두려워하거나 치료종결이 다가오면 오히려 문제가 악화되는 경향을 나타내기도 한다. 치료자는 이러한 의존적 내담자의 특성을 잘 인식하고 바람직한 치료관계를 맺어가야 한다.

의존성 성격장애자에 대한 정신역동적 치료의 목표는 내담자의 의존적 소망을 좌절시키고 내담자가 독립적으로 생각하고 행동할 수 있도록 돕는 것이다. 이를 위해서는 내담자가 지니고 있는 상실과 독립에 대한 불안을 직면할 수 있도록 해야 한다. 특히 치료자는 전이와 역전이를 유의해야 한다. 내담자는 치료자의 인정을 받기 위해 독립적인 삶으로 변화하고 있는 듯이 나타낼 수 있다. 치료자는 이러한 피상적 변화를 치료효과가 나타나고 있는 것으로 생각할 수 있으나 실은 치료자에 대한 의존성이 심화되고 있는 것일 수 있다. 반면, 치료자는 내담자의 의존적 태도에 자신의 자기애적 소망이 촉발되어 내담자와의 의존적 치료관계를 즐기거나 오히려 강화할 수도 있다. 그러나 치료자는 이를 극복해야 하는 동시에 내담자의 의존적 소망을 좌절시킴으로써 유발되는 내담자의 분노와 공격을 적절하게 잘 다룰 수 있어야 한다.

인지행동치료에서는 의존성 성격장애자에 대한 치료목표를 독립에 두기보다는 자율에 둔다. 즉, 타인에게 의존하지 않는 독립적인 삶을 지향하는 것은 이러한 성격장애자에게 매우 힘들고 부담스러운 것이다. 반면, 자율(autonomy)은 타인으로부터 독립적으로 행동하는 동시에 타인과 친밀하고 밀접한 인간관계를 유지할 수 있음을 의미한다. 이를 위해서는 중요한 타인으로부터 좀 더 독립적일 수 있도록 자기신뢰와 자기효능감을 증진시키는 것이 필수적이다. 생활 속의 여러 가지 문제를 스스로 해결할 수 있는 문제해결기술이나 의사결정기술을 습득시키고, 자신의 생각을 적절하게 표현하는 자기주장훈련이나 의사소통훈련도 하게 한다. 이러한 능력이 증진됨에 따라 타인에 대한 의존의 필요성이 감소되고 그 결과 자기욕구를 포기하며 순종해야 할 필요성도 감소하게 된다. 아울러 치료자에 대한 내담자의 의존성을 극복할 수 있도록, 점진적으로 내담자가 치료시간을 주도하여 이끌어 나가도록 유도한다. 예컨대, 치료자가 치료와 관련된 여러 가지 사항에 대한 결정, 치료회기에서 다룰 주제의 선택, 문제해결방법의 탐색과 결정 등을 내담자에게 위임함으로써 내담자는 치료자로부터 독립적이고 자율적인 삶의 방식을 배워 나가게 된다.

3. 회피성 성격장애

　　대학교 3학년 학생인 P군은 사람을 만나는 일이 두렵고 힘들다. 특히 낯선 사람을 만나거나 여러 사람 앞에서 무언가를 해야 하는 상황에서는 너무 불안하게 느껴져서 가능하면 이런 상황을 회피하고 있다. 어떤 강의를 수강했다가도 교수가 발표를 시키거나 조별활동을 해야 한다고 하면 그 과목을 취소한다. 학과의 지도교수를 만나야 하는 일이 있지만 왠지 지도교수가 무섭게 느껴지고 야단을 칠 것 같은 느낌 때문에 찾아가지 못한다. 학교 캠퍼스에서도 여러 사람이 앉아 있는 앞을 지나가는 일이 두려워 먼 길로 돌아다닌다. 버스나 전철을 탈 때도 다른 사람들이 자신을 쳐다보며 무언가 흉을 볼 것 같아 긴장하게 된다. P군은 미팅에 대한 호기심이 있지만 처음 만난 낯선 이성과 만나서 대화를 이어 나가지 못하고 어색해할 것을 생각하면 끔찍하여 대학 3학년이 되도록 미팅 한 번 하지 못했다. 현재 P군은 고등학교 동창이나 익숙한 학과 친구 한두 명 외에는 만나는 사람이 없다.

　　P군은 어려서부터 조용한 성격이었으며 수줍음이 많았다. P군은 중·고등학교 시절에 성적이 매우 우수했으나 다른 사람 앞에 나서는 것을 싫어했다. 특히 반장이나 회장 같은 학교임원으로 선발되는 일을 극히 싫어하여 심지어 임원을 선출하는 날은 일부러 결석을 하곤 했다.

1) 주요증상과 임상적 특징

회피성 성격장애(Avoidant Personality Disorder)는 다른 사람과의 만남에 대한 불안과 두려움 때문에 사회적 상황을 회피함으로써 적응에 어려움을 나타내는 경우를 말한다. 회피성 성격장애의 진단기준은 다음과 같다. 사회적 억제, 부적절감, 부정적 평가에 대한 과민성이 성인기 초기에 시작되고 여러 가지 상황에서 나타나며, 다음 중 4개 이상의 항목을 충족시켜야 한다.

(1) 비난, 꾸중 또는 거절이 두려워서 대인관계가 요구되는 직업활동을 회피한다.
(2) 호감을 주고 있다는 확신이 서지 않으면 사람과의 만남을 피한다.
(3) 창피와 조롱을 당할까 두려워서 대인관계를 친밀한 관계에만 제한한다.
(4) 사회적 상황에서 비난당하거나 거부당하는 것에 사로잡혀 있다.
(5) 부적절감 때문에 새로운 대인관계 상황에서는 위축된다.
(6) 자신을 사회적으로 무능하고, 개인적인 매력이 없으며 열등하다고 생각한다.
(7) 당황하는 모습을 보일까 봐 두려워서 개인적 위험이 따르는 일이나 새로운 활동에는 관여하지 않으려 한다.

사회적 상황을 두려워하는 회피성 성격장애

회피성 성격장애를 지닌 사람들은 자신에 대한 타인의 부정적인 평가를 가장 두려워한다. 이들은 자신이 부적절한 존재라는 부정적 자아상을 지니는 반면, 타인을 비판적이고 위협적인 존재라고 지각하는 경향이 있다. 따라서 자신이 한 행위의 적절성을 늘 의심하고 남들의 반응을 예민하게 받아들인다. 이들이 겉으로는 냉담하고 무관심하게 보일 수 있지만, 실은 주변 사람들의 표정과 동작을 주의 깊게 살피는 경향이 있다.

회피성 성격장애자는 낯선 상황이나 새로운 일을 두려워한다. 당혹스러움이나 불안을 피하기 위해서 늘 익숙한 환경 내에 머물려 한다. 가능하면 사회적 책임을 맡지 않으려 하고 개인적인 대면상황을 피한다. 이들은 자신이 중심적인 역할을 하지 않는 업무를 좋아하며 책임과 적극성이 요구되는 직무를 감당하지 못하기 때문에 이러한 직업적 영역에서 어려움을 겪을 수 있다.

회피성 성격장애자들은 타인이 자신을 좋아하고 완전히 받아줄 것이라는 충분한 확신이 없는 한, 인간관계를 피하려고 한다. 그러나 극소수의 친한 사람들과 함께 있을 때에는 따뜻하고 편안한 모습을 나타내기도 한다. 이들은 내면적으로 애정에 대한 강렬한 소망을 지니는 동시에 거절에 대한 두려움을 지니기 때문에 심리적인 긴장상태 속에서 불안, 슬픔, 좌절감, 분노 등의 부정적 감정을 만성적으로 지니는 경향이 있다. 회피성 성격장애자들은 흔히 기분장애나 불안장애를 동반하기도 한다. 극소수의 사람에게만 매우 집착하고 의지하기 때문에 의존성 성격장애와 같이 진단되는 경우가 많으며 종종 A군의 성격장애와 같이 진단되기도 한다.

회피성 성격장애는 사회불안장애와 매우 유사한 증상을 나타낸다. 특히 다양한 사회적 상황에 대한 공포를 나타내는 사회불안장애의 일반형(generalized type)은 회피성 성격장애와 동일한 장애라는 주장이 제기될 만큼 구분이 어렵다. 그러나 회피성 성격장애는 사회불안장애에 비해 회피행동이 더 어린 시절부터 시작되고 분명한 유발사건을 찾기 어려우며 비교적 안정된 경과를 나타낸다는 점에서 다르다.

회피성 성격장애의 유병률은 일반인구의 0.5~1.0%이며 정신건강 진료소를 방문한 사람의 10% 정도인 것으로 보고되고 있다. 이 성격장애의 남녀 성비는 거의 비슷하다. 이러한 성격장애를 지닌 사람들은 어린 시절부터 수줍음이 많고 낯선 사람과 새로운 상황을 두려워하며 고립되어 있었던 경우가 많다. 아동기의 수줍음은 성장하면서 사라지는 경향이 있으나, 회피성 성격장애로 진행되는 사람들은 오히려 사춘기나 청년기 초기에 수줍음이 증가하고 사회적 관계를 회피하게 된다. 그러나 회피성 성격장애는 성인기에 들어서면서 증상이 약화되고 나이가 들면서 점차 완화되는 경향이 있다.

2) 원인과 치료

회피성 성격장애자는 기질적으로 수줍고 억제적인 경향이 있으며 위험에 대한 과도한 생리적 민감성을 지니고 있다는 주장이 있다. 미래의 위험이나 처벌 같은 부정적 결과가 예상될 때 생리적으로 교감신경계의 흥분이 유발된다. 회피성 성격장애자는 교감신경계의 생리적 민감성이 과도한 경우로서 변연계나 자율신경계의 이상에 기인할 수 있다는 주장도 있다. 즉, 교감신경계의 역치가 낮아서 사소한 위협적 자극에도 교감신경계가 과도하게 활성화된다는 것이다.

정신역동적 입장에서는 회피성 성격장애자의 주된 감정을 수치심이라고 본다. 이러한 수치심은 자신에 대한 부정적 자아상과 관련되는데, 수치심이라는 불쾌한 감정으로부터 숨고자 하는 소망 때문에 대인관계나 자신이 노출되는 상황을 회피하게 되는 것이다. 수치심은 생후 8개월경에 낯선 사람에 대한 불안과 함께 처음으로 나타나며 이후의 성장과정에서 관계경험들이 축적되어 병리적 수치심으로 발전하게 된다(Gabbard, 1994). 회피성 성격장애자들은 자신의 부모를 수치심과 죄의식을 유발시키는 비판적이고 거부적인 인물로 기억하며 자기보다 다른 형제를 더 좋아한 것으로 여기는 경향이 있다(Stravynski et al., 1989).

인지적 입장에서는 회피성 성격장애가 아동기의 경험에서 유래하는 자신에 대한 부정적 신념과 관련되어 있다고 본다(Beck & Freeman, 1990). 회피성 성격장애자는 자신이 부적절하고 무가치한 사람이며 타인과의 관계에서 거부당하거나 비난당할 것이라는 믿음을 지닌다. 이들은 자기비판적 경향이 강하며 특히 사회적 상황에서 "사람들이 나를 바보로 생각할 거야", "역시 나는 매력이 없어"라는 부정적 내용의 자동적 사고를 나타낼 뿐 아니라 타인과의 만남이 예상될 때도 "다른 사람이 나를 비판할지 몰라", "그들은 나를 싫어할 거야"라는 생각을 떠올리게 된다. 이러한 자동적 사고를 타당한 것으로 인정하고 그 사회적 상황을 회피하게 된다. 또한 사회적 상황에서 다른 사람의 반응을 해석하고 평가할 때 여러 가지 인지적 왜곡을 나타낸다. 예컨대, 타인이 분명한 호의를 보이지 않으면 거부나 비난으로 해석하는 이분법적 사고, 타인의 긍정적인 반응은 무시하고 부정적인 언급은 중시하는 의미확대 및 의미축소, 부정적인 증거에만 주의를 기울이는 정신적 여과 등의 인지적 오류를 나타낸다. 이러한 인지적 왜곡으로 인해 사회적 상황에서 항상 부적절감과 불쾌감을 느끼게 되고 그 결과 사회적 상황을 회피하게 된다. 따라서 자신에 대한 부정적 신념과 인지적 왜곡을 수정할 수 있는 기회를 갖지 못한 채 회피적 행동이 영속화된다.

회피성 성격장애 역시 가장 주된 치료는 개인 심리치료로 알려져 있다. 회피성 성격장애자는 치료자의 거부를 두려워하여 매우 소극적이고 수동적인 자세를 나타낸다. 아울러 이들은 치료자가 자신을 좋게 생각하는지 나쁘게 생각하는지를 끊임없이 시험하는 경향이 있으므로, 치료자는 인내심을 지니고 기다리며 내담자가 위축되지 않도록 노력해야 한다(Millon &

Davis, 1996). 회피성 성격장애자가 치료자를 편안하게 대하면서 자신의 문제를 공개할 수 있는 관계를 맺는 것 자체가 상당한 치료적 성과라고 할 수 있다.

정신역동적 치료에서는 수치심의 기저에 깔려 있는 심리적 원인을 살펴보고 과거 발달과정에서 경험한 일들과의 관련성을 탐색한다. 그러나 성장기에 가족으로부터 받은 수치스러운 경험이나 성장과정에서의 외상적 경험을 탐색하는 일은 쉽지 않다. 자신의 가족을 보호하려는 내적 소망과 그들을 미워하고 원망하고 싶은 욕구 사이에서 갈등을 경험하기 때문에 내담자는 저항을 나타낼 수 있다. 치료자는 변함없는 지지와 수용적인 자세를 유지함으로써 내담자의 저항을 극복하는 것이 중요하다.

인지행동치료에서는 회피성 성격장애자가 자신의 불안을 조절하고 회피행동을 극복할 수 있는 구체적 방법을 제시하고 있다. 첫째, 이들이 불안과 긴장을 스스로 조절할 수 있는 긴장이완이나 복식호흡 훈련 등을 실시하고 사회적 상황에 대한 점진적 노출을 시도한다. 둘째, 이들이 사회적 상황에서 자연스럽게 대처할 수 있는 대인관계 기술을 훈련시킨다. Alden(1989)은 회피성 성격장애자에게 점진적 노출, 긴장이완훈련, 사회적 기술 훈련을 각각 실시하여 효과적임을 입증하였으며 이러한 훈련이 함께 실시되면 치료효과가 더욱 증가하였다고 보고하였다. 아울러 회피성 성격장애자들이 나타내는 역기능적 신념과 인지적 왜곡을 수정시키는 작업이 중요하다. 타인의 반응을 부정적으로 평가하고 예상하는 인지적 왜곡을 자각시키고 구체적인 대인관계 경험의 분석과 행동실험을 통해 좀 더 현실적이고 긍정적인 사고를 지닐 수 있도록 유도한다. 나아가서 타인의 부정적 평가가 현실적으로 자신에게 어떤 결과를 미치는지에 대해서 검토함으로써 타인의 거부나 비판을 견딜 수 있는 능력을 증대시킨다. 근본적으로는 내담자가 지니고 있는 자신에 대한 부정적 신념에 도전하여 균형 있는 자기상을 형성할 수 있도록 돕는다. 회피성 성격장애를 지닌 사람들은 우울증이나 불안장애를 수반할 수 있기 때문에 항우울제나 항불안제와 같은 약물이 보조적으로 사용되기도 한다.

제4절 성격장애의 DSM-5 대안모델

성격장애는 앞으로 DSM의 새로운 개정판에서 분류와 진단기준에 커다란 변화가 일어날 것으로 예고되었다. 2012년에 공개되었던 DSM-5의 시안에는 10개의 성격장애를 6개로 축소하는 등 커다란 변화가 있었으나 많은 연구자와 임상가들 간에 치열한 논란으로 2013년에 발표된 DSM-5에서는 성격장애 분류체계가 DSM-IV와 동일한 형태로 복귀되었다. 그러나 DSM-5에는 〈추가 연구가 필요한 부적응 상태〉에 **성격장애의 DSM-5 대안모델**(Alternative DSM-5 Model of Personality Disorders)을 제시하고 있다. ICD-11(WHO, 2018)에서도 성격장애의 진단기준을 DSM-5 대안모델과 일치하는 방향으로 개정하였다.

1. 성격장애 대안모델의 변화

성격장애의 DSM-5 대안모델에서는 크게 세 가지의 변화를 포함하고 있다. 첫째, DSM-5 대안모델은 성격의 5요인 이론을 적극적으로 반영하여 진단기준에 포함시키고 있다. 둘째, 성격장애의 진단에 있어서 범주적 분류와 차원적 분류를 함께 사용하는 혼용모델(hybrid model)을 적용하고 있다. 셋째, 그동안 이루어진 연구결과를 고려하여 성격장애를 6개의 유형(반사회성, 경계선, 자기애성, 조현형, 강박성, 회피성 성격장애)으로 나누고 있으며 기존의 4개 유형(편집성, 조현성, 연극성, 의존성 성격장애)은 제외되었다.

성격장애의 DSM-5 대안모델에서 제시되고 있는 성격장애의 진단기준은 성격 기능의 손상(impairment of personality functioning)과 병리적 성격 특질(pathological personality trait)에 초점을 맞추고 있다. 대안모델의 진단기준을 간략히 소개하면 다음과 같다.

A. 자기와 대인관계를 포함한 성격 기능의 손상
B. 한 개 이상의 병리적 성격 특질
C. 성격 기능의 손상과 병리적 성격 특질이 개인적·사회적 상황 전반에 상당히 광범위하고 경직된 방식으로 나타난다.
D. 성격 기능의 손상과 병리적 성격 특질이 시간적으로 상당히 안정되게 나타나며, 그 시작은 적어도 청소년기나 초기 아동기로 거슬러 올라갈 수 있다.

2. 진단기준 A: 성격 기능의 손상

성격 기능은 자기와 대인관계를 각각 두 개의 측면에서 부적응 정도를 5점 척도(0-손상 없음, 1-약간의 손상, 2-상당한 손상, 3-심각한 손상, 4-극심한 손상)로 평가하며 상당한 손상(2점) 이상으로 판단될 때 성격장애로 진단된다.

자기 기능(Self functioning)

1. 정체감(identity): 자신과 다른 사람과의 명확한 경계를 유지하면서 고유한 존재로 자신을 경험하는 것, 자존감의 안정성과 자기평가의 정확성, 다양한 정서적 경험을 조절하고 수용할 수 있는 능력

2. 자기주도성(self-direction): 일관성 있고 의미 있는 단기적 그리고 장기적 목표의 추구, 행동에 있어 건설적이고 친사회적인 내적 기준의 활용, 건설적으로 자기를 성찰하는 능력

대인관계 기능(Interpersonal functioning)

1. 공감(empathy): 다른 사람의 경험과 동기에 대한 이해와 존중, 관점이 다른 것에 대한 포용력, 자신의 행동이 다른 사람에게 미치는 영향에 대한 이해

2. 친밀감(intimacy): 다른 사람과 맺는 관계의 깊이와 지속 기간, 친밀한 관계에 대한 욕구와 능력, 대인관계 행동에 반영되는 상호성

3. 병리적 성격 특질

대안모델에서 성격장애를 진단하는 또 다른 기준은 병리적 성격 특질(pathological personality trait)이다. 성격장애를 반영하는 병리적 성격 특질은 다음과 같은 5개 영역의 25개 특질로 이루어져 있다.

1. 부정 정서성(negative affectivity)은 불쾌한 부정 정서를 자주 그리고 강하게 경험하는 성향을 의미하며 다음과 같은 9개의 하위 특질을 포함한다: ① 정서적 가변성, ② 불안 성향, ③ 분리불안, ④ 복종성, ⑤ 적개심, ⑥ 고집증, ⑦ 우울 성향, ⑧ 의심성, ⑨ 제한된 정서성

2. 고립성(detachment)은 다른 사람들과 친밀한 관계를 맺지 못하고 사회적 상호작용에서 철수하는 성향을 뜻하며 6개의 성격 특질을 포함한다: ① 위축, ② 친밀감 회피, ③ 무쾌감증, ④ 우울 성향,[1] ⑤ 제한된 정서성, ⑥ 의심성

3. 적대성(antagonism)은 다른 사람들과 원만한 관계를 형성하지 못하고 갈등과 반목을 초래하는 성향을 의미하며 6개의 성격 특질로 구성된다: ① 조종 성향, ② 기만, ③ 과대성, ④ 관심 추구, ⑤ 냉담성, ⑥ 적개심

4. 탈억제(disinhibition)는 미래의 결과를 생각하지 않고 충동적으로 행동하는 성향을 의미하며 다음과 같은 5개의 성격 특질을 포함한다: ① 무책임성, ② 충동성, ③ 주의산만, ④ 위험 감수, ⑤ 경직된 완벽주의 또는 그 결여

5. 정신병적 경향성(psychoticism)는 비정상적인 이상하고 기이한 경험을 자주 하는 성향을 뜻하며 3개의 하위 특질을 포함한다: ① 특이한 믿음과 경험, ② 기이성, ③ 인지적/지각적 조절 곤란

개인이 지니고 있는 병리적 성격 특질은 임상가에 의해서 4점 척도(0점: 전혀 또는 거의 그렇지 않다~3점: 매우 그렇다)로 평정된다. 5개의 병리적 성격 특질은 성격의 5요인 이론을 반영한 것으로서 부정 정서성은 신경과민성(neuroticism)을 의미하고, 고립성은 내향성(introversion)을, 적대성은 우호성(agreeableness)의 반대 성향을, 탈억제는 성실성(consciousness)의 반대 성향을, 그리고 정신병적 경향성은 경험에 대한 개방성(openness to experience)을 반영하고 있다.

4. 성격장애의 대안적 진단기준

A. 성격 기능에서 중등도 또는 그 이상의 손상이 있다. 다음의 4가지 영역 중 2가지 이상의 영역에서 곤란을 보인다.

　1. 정체감

　2. 자기주도성

　3. 공감

　4. 친밀감

B. 다음의 모든 영역을 고려할 때, 한 가지 이상의 병리적 성격 특질 영역 또는 영역 내에서 특정한 특질 양상이 존재한다.

　1. 부정 정서성(대 정서 안정성): 높은 수준의 다양한 부정 정서(예: 불안, 우울, 죄책감/수치심, 걱정, 분노)에 대한 빈번하고 강렬한 경험, 그리고 이는 행동(예: 자해)과 대인관계(예: 의존성)에서 표출된다.

　2. 고립성(대 외향성): 사회 · 정서적 경험에 대한 회피. 친구와의 가볍고 일상적인 상호작용에서부터 친밀한 관계에 이르는 대인 간의 상호작용으로부터 위축된다. 또한 정서에 대한 경험과 표현이 한정되어 있고, 특히 쾌감을 경험하는 능력이 제한되어 있다.

　3. 적대성(대 우호성): 다른 사람과 갈등을 유발하는 행동. 타인에게 냉담한 반감을 가질 뿐만 아니라 자기중요감이 지나치게 높고 이로 인해 특별한 대우를 기대한다. 여기에는 다른 사람의 욕구와 느낌을 무시하고, 자기 이익을 위해 다른 사람을 이용하는 경향이 포함된다.

　4. 탈억제성(대 성실성): 즉각적인 만족 추구. 이는 과거의 학습 경험이나 미래에 발생할 결과에 대한 고려 없이 현재의 생각, 느낌 그리고 외부의 자극에 의해 유발되는 충동적인 행동으로 나타난다.

　5. 정신병적 경향성(대 명료성): 개인이 속한 문화에 부합하지 않는 특이하고, 기이하거나 이상한 행동 및 인지를 광범위하게 보인다. 여기에는 과정(예: 지각, 해리)과 내용(예: 믿음)이 모두 포함된다.

---

1) 우울 성향, 제한된 정서성, 의심성, 적개심과 같은 개별적인 특질이 한 개 이상의 병리적 특질 영역에 중복적으로 포함되어 있음.

5. 대안모델의 적용: 강박성 성격장애의 진단기준

ICD-11은 성격장애의 유형적 분류를 모두 폐기하고 성격 기능의 부적응 정도와 병리적 성격 특질의 강도에 근거하여 성격장애를 정의하고 있다. 그러나 DSM-5에서는 6개 유형의 성격장애(반사회성, 경계선, 자기애성, 조현형, 강박성, 회피성 성격장애)에 대해서 구체적인 진단기준을 제안하고 있다.

성격장애의 DSM-5 대안모델을 적용하면 개별적인 성격장애의 진단기준이 현저하게 달라진다. 대안모델의 적용에 대한 이해를 돕기 위해서 강박성 성격장애에 대한 진단기준을 예시로 소개하면 다음과 같다.

제안된 진단기준

A. 성격 기능에서 중등도 또는 그 이상의 손상이 다음의 4가지 영역 중 2가지 이상에서 나타난다.

　1. 정체감: 주로 업무나 생산성으로부터 유래한 자기감; 강렬한 감정의 경험과 표현의 제한

　2. 자기주도성: 행동에 대한 내적 기준이 경직되고 비합리적으로 높을 뿐 아니라 융통성이 부족하여 과제를 과제를 완료하고 현실적인 목표를 세우기 어려움; 과도하게 양심적이고 도덕주의적인 태도

　3. 공감: 다른 사람의 생각, 감정이나 행동을 이해하고 인식하는 것의 어려움

　4. 친밀감: 인간관계를 업무와 생산성에 비해 이차적인 것으로 여김; 경직성과 완고함이 다른 사람과의 관계에 부정적인 영향을 미침

B. 다음의 4가지 병리적 성격 특질 중 3개 이상을 지니고 있어야 하며 반드시 (1) 경직된 완벽주의가 포함되어야 한다.

　1. 경직된 완벽주의(성실성의 극단적 측면/탈억제의 반대 측면): 자신이나 다른 사람의 수행을 포함하여 모든 것이 결함 없이 완벽해야 하며, 오류나 잘못이 없어야 한다는 것에 대한 경직된 고집; 모든 세부 사항이 정확하다는 것을 확인하기 위해서 적절한 시점을 놓침; 일을 하는 데 있어 하나의 옳은 방법만 존재한다는 믿음; 생각이나 관점을 바꾸는 것의 어려움, 세부 사항, 조직화 그리고 순서에 대한 집착

　2. 고집증(부정 정서성의 한 측면): 행동이 더 이상 순기능적이거나 효과적이지 않음에도 과제에 오래도록 매달림; 반복적 실패에도 불구하고 같은 행동을 지속함

　3. 친밀감 회피(고립성의 한 측면): 친밀하거나 낭만적인 관계, 대인관계적 애착, 그리고 친밀한 성적 관계를 회피함

　4. 제한된 정서성(고립성의 한 측면): 정서적인 자극 상황에서 거의 반응을 보이지 않음; 제한된 정서 경험과 표현; 무관심 또는 냉담함

강박성 성격장애의 전형적 특징은 친밀한 관계를 형성하고 유지하는 것의 어려움이며 이러한 어려움은 경직된 완벽주의, 융통성 결여, 제한된 감정 표현과 연관되어 있다. 강박성 성격장애로 진단되기 위해서는 자기와 대인관계의 성격 기능에서 손상이 나타나야 하며 성실성, 부정 정서성, 고립성 영역의 여러 가지 부적응적 성격 특질을 함께 지니고 있어야 한다.

 요약

1. **성격장애**는 부적응적인 성격특성으로 인하여 문화적 규범에 어긋난 이상행동을 지속적으로 나타내는 경우를 말한다. 특정한 계기로 인해 발생하는 임상적 증후군과는 달리, 성격장애는 어린 시절부터 점진적으로 형성되며 이러한 성격특성이 굳어지게 되는 성인기(보통 18세 이후)에 진단된다. DSM-5-TR에서 성격장애는 A, B, C의 세 군집으로 분류되는 10가지 유형으로 구분되고 있다.

2. **A군 성격장애**는 기이하고 괴상한 행동특성을 나타내는 성격장애로서 3가지 성격장애, 즉 편집성 성격장애, 조현성 성격장애, 조현형 성격장애가 이에 속한다. **편집성 성격장애**는 타인의 의도를 적대적인 것으로 해석하는 불신과 의심을 주된 특징으로 한다. 다른 사람이 자신을 부당하게 이용하고 피해를 주고 있다고 왜곡하여 생각하고 친구의 우정이나 배우자의 정숙성을 자주 의심하며 자신에 대한 비난이나 모욕을 잊지 않고 가슴에 담아 두어 상대방에게 보복하는 경향이 있다. **조현성 성격장애**는 감정표현이 없고 대인관계를 기피하여 고립된 생활을 하는 성격장애이다. 이런 성격의 소유자는 사람을 사귀려는 욕구가 없으며 생활 속에서 거의 즐거움을 느끼지 못하고 타인의 칭찬이나 비난에 무관심하며 주로 혼자 하는 활동에 종사하는 경우가 많다. **조현형 성격장애**는 친밀한 인간관계를 불편해하고 인지적 또는 지각적 왜곡과 더불어 기괴한 행동을 나타내는 성격장애이다. 심한 사회적 불안을 느끼며 마술적 사고나 기이한 신념에 집착하고 말이 상당히 비논리적이고 비현실적이며 기괴한 외모나 행동을 나타내는 경향이 있다.

3. **B군 성격장애**는 극적이고 감정적이며 변화가 많은 행동이 주된 특징으로서 다음과 같은 4가지 성격장애가 이에 속한다. **반사회성 성격장애**는 사회적 규범이나 타인의 권리를 무시하는 행동양상을 주된 특징으로 나타낸다. 아울러 거짓말, 사기, 무책임한 행동, 폭력적 행동, 범법행위를 나타내고 이러한 행동에 대해서 후회나 죄책감을 느끼지 않는 경향이 있다. **연극성 성격장애**는 과도하고 극적인 감정표현을 하고 지나치게 타인의 관심과 주의를 끄는 행동을 특징적으로 나타낸다. 이런 성격장애를 지닌 사람은 항상 사람들로부터 주목받는 위치에 서고자 노력하고 외모에 신경을 많이 쓰며 자신을 과장된 언어로 나타내

는 경향이 강하다. **자기애성 성격장애**는 자신이 대단히 중요한 사람이라는 웅대한 자기상을 지니고 있어서 다른 사람으로부터 찬탄을 받고자 하는 욕구가 강한 반면, 자신을 위해 타인을 이용하며 타인의 감정을 이해하는 공감능력이 결여되어 있는 특징이 있다. **경계선 성격장애**는 대인관계, 자기상, 감정상태의 심한 불안정성을 주된 특징으로 한다. 이런 성격장애의 소유자는 타인으로부터 버림받는 것에 대한 두려움을 지니며 강렬한 애정과 증오가 반복되는 불안정한 대인관계를 반복적으로 나타낸다. 아울러 자기정체성에 대한 확고한 인식이 없으며 만성적으로 공허감과 분노감을 경험하고 충동적인 행동이나 자살과 같은 자해적 행동을 반복적으로 나타내는 경향이 있다.

4. **C군 성격장애**는 불안과 두려움을 지속적으로 지니는 특징을 지니고 있으며 회피성 성격장애, 의존성 성격장애, 강박성 성격장애가 이에 속한다. **강박성 성격장애**는 질서정연함, 완벽주의, 자기통제에 과도하게 집착하는 부적응적 성격특성을 의미한다. 이런 성격의 소유자는 지나치게 꼼꼼하고 인색하며 완고하고 사소한 것에 집착한다. **의존성 성격장애**는 타인으로부터 보살핌을 받고자 하는 과도한 욕구를 지니고 있어서 이를 위해 타인에게 지나치게 순종적이고 굴종적인 행동을 통해 의존하는 성격특성을 말한다. **회피성 성격장애**는 타인으로부터 부정적 평가를 받는 것에 대해 과도하게 예민하며 사회적 상황에서 지나치게 감정을 억제하고 부적절감을 많이 느끼게 되어 대인관계를 회피하는 성격장애를 말한다.

5. 특정한 성격특성이 지나치게 경직되고 다양한 삶의 장면에 광범위하게 나타나서 사회적 또는 직업적 적응에 현저한 문제를 야기하는 경우에 **성격장애**로 진단될 수 있다. 또한 이러한 성격특성이 흔히 사춘기 이전부터 나타나기 시작하여 오랜 기간 지속되는 것이 일반적이다. 성격장애의 치료에는 개인 심리치료가 가장 흔히 적용되는데, 일반적으로 성격장애는 잘 치료되지 않지만 오랜 기간 집중적인 치료를 통해서 개선될 수 있다.

▤▤ 추천도서 및 시청자료

다양한 성격장애의 임상적 특성, 원인 및 치료에 대해서 좀 더 자세한 이해를 원하는 사람은 〈이상심리학 시리즈〉로 발간된 『편집성 성격장애』(이훈진, 2016), 『분열성 성격장애와 분열형 성격장애』(조성호, 2016), 『반사회성 성격장애』(신희천, 신은향, 2016), 『연극성 성격장애』(김정욱, 한수정, 2016), 『자기애성 성격장애』(한수정, 2016), 『경계선 성격장애』(조성호, 2016), 『강박성 성격장애』(민병배, 이한주, 2016), 『의존성 성격장애와 회피성 성격장애』(민병배, 남기숙, 2016)를 참고하기 바란다.

강한 개성을 지닌 영화의 주인공 중에는 성격장애와 유사한 특성을 나타내는 경우가 흔하다.

A군 성격장애 중 조현성 성격장애는 〈바틀바이(Bartleby)〉(2001)와 〈그 남자는 거기 없었다(The Man Who Wasn't There)〉(2001), 조현형 성격장애는 〈레인 오버 미(Reign Over me)〉(2007)와 〈찰리와 초콜릿 공장(Charlie and the Chocolate Factory)〉(2005), 편집성 성격장애는 〈컨스퍼러시(Conspiracy Theory)〉(1997)와 〈랜드 오브 플렌티(Land of Plenty)〉(2004)에서 그 일면을 살펴볼 수 있다.

B군 성격장애와 관련된 영화들이 매우 많다. 경계선 성격장애의 특징을 잘 묘사하고 있는 대표적인 영화로는 〈위험한 정사(Fatal Attraction)〉(1987)가 있다. 〈위험한 정사〉에서 여주인공 역을 맡은 Glenn Close의 연기 속에서 강렬한 애정관계의 형성, 애인에 대한 집착과 거부의 두려움, 자해행동, 극렬한 분노와 적개심과 같은 경계선 성격장애의 전형적 특성을 접할 수 있다. 경계선 성격장애를 다룬 다른 영화로는 〈처음 만나는 자유(Girl, Interrupted)〉(2000)와 〈블랙 스네이크 모운(Black Snake Moan)〉(2006)이 있다.

연극성 성격장애와 관련된 작품으로는 〈욕망이라는 이름의 전차(A Streetcar Named Desire)〉(1951)와 〈아메리칸 뷰티(American Beauty)〉(1999)가 있으며, 자기애성 성격장애의 모습을 접할 수 있는 영화에는 〈벅시(Bugsy)〉(1991), 〈아메리칸 사이코(American Psycho)〉(2000), 〈폰 부스(Phone Booth)〉(2003)가 있다. 반사회적 성격장애의 특성을 지닌 주인공이 나오는 작품으로는 〈양들의 침묵(The Silence of the Lambs)〉(1991), 〈프라이멀 피어(Primal Fear)〉(1996), 〈악마가 너의 죽음을 알기 전에(Before the Devil Knows You're Dead)〉(2007)가 있다.

C군 성격장애 중 강박성 성격장애의 모습이 나타나는 영화로는 〈적과의 동침(Sleeping with the Enemy)〉(1991), 〈별난 커플(The Odd Couple)〉(1968), 〈달빛 상자(Box of Moonlight)〉(1996)가 있다. 회피성 성격장애와 관련된 작품은 〈글래스 미네저리(The Glass Menagerie)〉(1987)와 〈파인딩 포레스터(Finding Forrester)〉(2000)가 있고, 의존성 성격장애를 다룬 영화로는 〈밥에게 무슨 일이 생겼나?(What About Bob?)〉(1991)와 〈화이트 올랜더(White Oleander)〉(2002)가 볼 만하다.

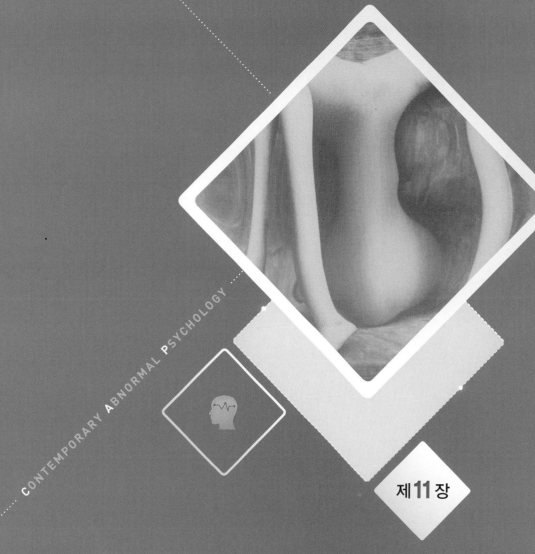

CONTEMPORARY ABNORMAL PSYCHOLOGY

제 11 장

급식 및 섭식 장애와 수면-각성장애

급식 및 섭식 장애와 수면-각성장애

급식 및 섭식 장애

우리는 육체적 건강을 유지하고 활동에너지를 보충하기 위해 매일 적당한 양의 음식을 섭취하고 그 섭취한 음식의 양은 체형과 몸매에 영향을 미치게 된다. 지나치게 많은 음식을 먹게 되면 몸이 비대해지므로 보기에 좋은 날씬한 몸매를 유지하고자 하는 사람은 음식의 양을 줄여야 한다.

우리 사회에는 여성의 경우 날씬한 몸매를 매력적인 것으로 인식하는 경향이 있다. 과거에는 건강하고 풍만한 여성의 몸매가 선호되었으나, 현대사회에 들어서서 여성의 날씬한 몸매

풍만한 여성이 선호되던 과거와 달리 날씬한 여성이 선호되는 현대사회

를 선호하는 경향이 확산되었다. 어린 여자아이들이 선호하는 바비 인형이나 미인선발대회에서 입상하는 여성들은 매우 날씬한 몸매를 지니고 있다. 날씬한 몸매는 아름다운 여성의 필수조건처럼 여겨지게 되었다. 따라서 많은 여성이 자신의 몸매를 날씬하게 유지하기 위한 노력을 하고 있다. 이러한 사회적 풍토 속에서 자신의 몸매를 날씬하게 만들기 위해서 장기간 음식을 먹지 않아 저체중과 영양실조 상태에 이르는 경우가 있다. 때로는 체중조절을 하다가 간헐적으로 폭식을 하게 되고 살찌는 것에 대한 불안 때문에 구토를 하거나 설사제 등을 사용함으로써 신체적, 심리적 문제를 야기하는 경우가 있다.

급식 및 섭식 장애(Feeding and Eating Disorders)는 개인의 건강과 심리사회적 기능을 현저하게 방해하는 부적응적인 섭식행동과 섭식-관련 행동을 의미한다. DSM-5-TR에서는 급식 및 섭식 장애의 하위유형으로 신경성 식욕부진증, 신경성 폭식증, 폭식장애, 이식증, 되새김장애, 회피적/제한적 음식섭취장애를 제시하고 있다.

제1절 신경성 식욕부진증

고등학교 3학년 여학생인 N양의 부모는 딸 때문에 걱정이 많다. 예쁘고 공부도 잘하는 모범생인 N양이 1년여 전부터 점점 야위어 가기 시작했다. 부모는 N양이 공부가 힘들어서 그런 줄로 생각하고 과외공부도 줄이게 하고 몸보신이 되라고 여러 가지 영양가 높은 음식을 해 먹이기도 했다. 그러나 N양은 점점 더 야위어 갔으며, 현재는 키 163cm에 몸무게가 40kg에도 이르지 못한다.

그러나 N양은 자신이 더 날씬해져야 한다고 생각하고 있으며 음식을 먹고 싶지가 않다. 부모의 강권에 못 이겨 식탁에서는 먹는 척을 하지만 사실은 자신의 방에 와서 토해 내는 경우가 대부분이다. 그리고 집밖에서는 거의 음식을 먹지 않으며 사실 먹고 싶은 욕구가 없다. 음식을 보면 왠지 혐오스러울 뿐만 아니라 맛난 음식을 먹게 될 경우에도 먹고 나면 불안해지면서 속이 울렁거려 토하게 된다. 부모나 주변사람들은 N양이 야위어 간다며 걱정을 하고 음식을 먹이려 노력하지만, N양은 온갖 핑계를 대면서 음식 먹는 자리를 피한다. 과외공부를 핑계로 가능하면 집에서 부모와 함께 식사를 하지 않으려 하며, 부모에게는 밖에서 먹고 왔다고 둘러댄다. N양은 자주 어지러움과 피곤함을 느끼며 최근 몇 달 동안은 월경도 없다. 그러나 병원에 가보자는 부모의 걱정이 부담스러워 자신의 신체적 문제를 일절 말하지 않고 있으며, 야위어 가는 자신의 모습에 오히려 만족스러워하고 있다.

며칠 전에는 학교에서 의식을 잃고 쓰러지는 일까지 생기게 되어 부모는 N양에게 강권하여 병원에서 종합진단을 받게 하였다. 그 결과, N양은 심한 영양실조 상태이며 심장을 비롯한 여러 신체기능이 매우 약해져 있어 즉시 입원하도록 권유되었다.

1. 주요증상과 임상적 특징

신경성 식욕부진증(Anorexia Nervosa)은, N양의 경우와 같이, 체중증가와 비만에 대한 극심한 두려움을 지니고 있어서 음식섭취를 현저하게 감소시키거나 거부함으로써 체중이 비정상적으로 저하되는 경우를 말한다. 신경성 식욕부진증에 대한 DSM-5-TR의 진단기준은 다음과 같다. 첫째, 필요한 것에 비해서 음식섭취(또는 에너지 주입)를 제한함으로써 나이, 성별, 발달수준과 신체건강에 비추어 현저한 저체중 상태를 초래한다. 현저한 저체중이라 함은 정상체중의 최저수준 이하의 체중을 의미한다. 둘째, 심각한 저체중임에도 불구하고 체중 증가와 비만에 대한 극심한 두려움을 지니거나 체중 증가를 방해하는 지속적인 행동을 나타낸다. 셋째, 체중과 체형을 왜곡하여 인식하고, 체중과 체형이 자기평가에 지나친 영향을 미치거나 현재 나타내고 있는 체중미달의 심각함을 지속적으로 부정한다. 이러한 특성을 나타낼 경우 신경성 식욕부진증으로 진단되며, 음식섭취를 거부한다는 의미에서 거식증(拒食症)이라고 불리기도 한다.

신경성 식욕부진증을 지닌 사람들은 체중증가에 대한 공포를 지니고 있는데, 자기 몸매에 대한 걱정에 휩싸여 있으며 실제로는 매우 말랐음에도 불구하고 스스로를 뚱뚱하다고 인식한다. 따라서 체중을 더 줄이거나 더 이상 살찌지 않기 위해서 체중조절에 대한 과도한 걱정과 집착을 나타낸다. 아울러 우울한 기분에 잠겨 있고 쉽게 짜증을 내며 대인관계가 위축되고 흔히 성욕을 상실하는 경우가 많다. 이 장애는 내성적이고 모범적이며 완벽주의적인 여자 청소년에게 흔히 나타나는데, 음식을 안 먹겠다는 고집으로 인해 음식섭취에 관해서 부모와 갈등이 발생하기도 한다. 식사를 피하기 위해 가족이나 친한 사람과의 만남을 회피하므로 사회적으로 고립되는 경향이 있으며, 때로는 공부나 일에 거의 강박적으로 집중하는 경우도 있다. 또한 자신에게 억지로 음식을 먹게 하려는 외부의 노력에 대해 강력하게 거부하거나 기만적 행동(예: 음식을 몰래 버림)을 나타내기도 한다.

신경성 식욕부진증을 나타내는 사람들은 체중을 줄이기 위한 다양한 노력을 한다. 그 첫째는 음식량을 줄이거나 음식을 먹지 않는 것이다. 먹는 음식의 양과 칼로리에 예민해지며 칼로리가 높은 음식을 피하거나 채식을 하거나 또는 극히 소량의 음식만을 먹게 된다. 음식을 몰래 버리기도 하는데, 이런 행동으로 인해 가족과 갈등이 생기고 따라서 음식과 관련된 불안이 증가하여 같이 먹기를 회피하게 된다. 두 번째 방법은 많이 활동하거나 운동을 하여 살을 빼는 방법이다. 이들은 "설 수 있거든 앉지 말고, 걸을 수 있거든 서 있지 말고, 뛸 수 있거든 걷지 마라"는 지침을 지키기 위해 일부러 계단을 오르내리거나 정거장에서 일찍 내려서 걸어가는 등의 과잉활동을 하거나 에어로빅, 조깅, 수영 같은 운동을 심하게 하기도 하는데 대개 혼자 하는 경향이 있다. 마지막으로 체중을 조절하기 위해서 먹은 음식을 토해 내거나 설사제, 이뇨제 등을 사용하기도 한다. 이런 행동은 건강에 매우 해로울 뿐만 아니라 다양한 질병을 유발할 수 있다. 이 장애를 지닌 사람들은 음식을 절제하다가 종종 과식을 하는 경향이 있는데 이때 먹은 음식을 배출하기 위해 토하거나 약물을 복용하기도 한다. 신경성 식욕부진증은 이러한 경력이 있는 폭식-하제 사용형과 그러한 경력이 없는 제한형으로 구분된다.

이렇게 과도하게 체중을 감량하게 되면 여러 가지 신체적 문제가 발생한다. 우선 현저한 체중감소가 나타나는데, 연령과 신장에 의해 기대되는 최저의 정상체중보다 적어도 15% 이상의 체중감소가 나타나는 경우에 신경성 식욕부진증으로 평가한다. 체중평가의 주요한 지표인 **체중중량지수**(BMI: Body Mass Index)는 몸무게(kg)를 키(m)의 제곱으로 나누어 계산하는데, 이 지수가 20~25이면 정상체중으로 간주되는 반면, 17 이하면 저체중으로 평가된다. 아울러 다양하고 심각한 신체적 문제들이 초래되는데 무월경, 변비, 복통, 추위에 대한 내성 저하, 무기력감, 과도한 에너지, 심각한 저혈압, 저체온, 서맥, 피부건조증 등이 발생하며 몸통에 가느다란 솜털 같은 체모가 생기는 사람도 있다. 의도적인 구토를 자주 하는 경우, 위산으로 인해 치아의 법랑질이 부식되며 구토유도를 위해 손을 사용할 경우 손등과 이빨이 맞닿아 손등에 흉터가 생기기도 한다. 신경성 식욕부진증으로 인한 장기적 기아상태와 하제 사용의 경우는 심각한 신체적 문제가 초래될 수 있는데, 이에는 빈혈증, 신장 기능장애, 심장혈관계장애(심한 저혈압, 부정맥), 치아문제, 골다공증 등이 있다. 이 장애는 때로 치명적인 결과를 초래할 수 있는데, 대학병원에 입원하는 경우 장기 사망률은 10% 이상이며 사망은 대부분 기아, 자살, 전해질 불균형 등에 의해 일어난다. 1970년대에 세계적으로 선풍적인 인기를 끌었던 유명한 자매 가수인 카펜터스의 여동생 Karen Carpenter가 신경성 식욕부진증으로 사망하였다.

신경성 식욕부진증은 90% 이상이 여성에게 발생하며 특히 청소년기의 여성에게서 흔하다. 청소년과 초기 성인기에 있는 여성의 유병률을 조사한 결과, 신경성 식욕부진증의 완전한 기준

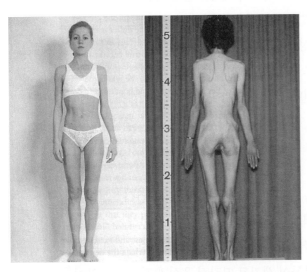

신경성 식욕부진증을 나타내기 이전의 모습과 이후의 모습

을 충족시키는 비율은 0.5~1.0%이다. 신경성 식욕부진증의 평균 발병연령은 17세이고 초기 청소년기(14세경)와 후기 청소년기(18세경)에 두 번 정점에 도달하는 양극양상을 나타내는 경향이 있으며 40세 이상의 여성에게는 거의 발생하지 않는다. 신경성 식욕부진증 환자들은 우울증, 사회공포증, 강박장애, C군 성격장애를 함께 지니고 있는 경향이 있다. 이 장애는 때로 치명적인 결과를 초래할 수 있는데, 환자의 14%가 합병증이나 자살로 사망하였다는 보고가 있다.

신경성 식욕부진증은 1960년 이후에 이러한 증후군에 대한 임상적 관심이 높아지기 시작했으며 DSM-III-R(1987)에서 처음 정신장애의 한 유형으로 공식적인 평가를 받게 되었다. 이 장애의 빈도는 최근 수십 년간 증가 추세에 있다. 이 장애는 음식물이 풍부하고 날씬하다는 것이 매력적이라고 여겨지는 사회에서 흔하며 특히 여성이 많다.

2. 원인과 치료

정신분석적 입장에서는 신경성 식욕부진증을 성적인 욕구에 대한 방어적 행동이라고 보았다. Freud는 먹는 행동을 성적인 표현의 대체행위라고 생각했으며 신경성 식욕부진증 환자는 성적 욕구를 부인하기 위해서 음식을 거부하는 것으로 해석했다. 즉, 청소년기에 육체적으로 성숙하며 성적 욕구가 증가하는 것에 대해서 무의식적인 공포를 느끼고 음식섭취를 거부함으로써 육체적 성숙과 성적 욕구를 억제하려는 시도가 신경성 식욕부진증으로 나타난다는 것이다. 신경성 식욕부진증으로 월경이 나타나지 않고 빈약한 몸매로 인해 자신의 여성적 매력을 상실함으로써 성적 유혹과 임신으로부터 자유로움을 얻기 위한 시도라는 주장이다.

대상관계이론에 근거하여 Boris(1984)는 신경성 식욕부진증을 강렬한 탐욕에 대한 방어라고 설명했다. 신경성 식욕부진증 환자는 구강기적 욕구를 수용하지 못하며 탐욕스럽고 요구적인 자기표상을 부모에게 투사한다. 무의식적으로 탐욕은 시기심과 밀접히 연관되어 있는데, 환자는 어머니의 모성적 특성(예: 애정, 보살핌, 헌신 등)을 강렬하게 소망하며 동시에 시기하게 된다. 그런데 어머니의 모성적 특성을 자신이 소유할 수 없는 현실에 좌절감을 느끼며 다른 한편으로 분노를 느낀다. 이러한 심리적 갈등에 대한 한 해결책으로서 자신의 소망을 거부하게 되는데, 음식은 환자가 바라는 어머니의 모성적 특성을 상징한다. 즉, 음식 거부는 어머니의 모성적 특성을 소유하려는 소망의 좌절감에 대한 우회적 표현으로서 부모로 하여금 환자의 음식섭취 여부에 전전긍긍하게 만드는 동시에 부모를 매끼 음식을 먹는 탐욕스러운 존재로 비난하는 의미를 지니고 있다. 즉, 신경성 식욕부진증은 청소년기의 딸이 어머니에 대해 느끼는 갈등이 상징적으로 표현된 것이라는 해석이다.

Masterson(1972, 1977)은 신경성 식욕부진증 환자들이 경계선 성격장애자와 비슷한 심리적 갈등을 지니고 있다고 주장한다. 즉, 이들은 자기정체감이 부족하여 어머니에게 의존하게 되는데, 어머니를 기쁘게 하기 위해 위선적 자기를 발전시키고 어머니가 자신을 버리지 않을 것이라는 확신을 얻기 위해 완벽한 아이가 되려고 노력한다. 그러나 이러한 강요된 역할에 대한 분노가 점차 쌓이게 되면서 진정한 자기를 주장하려는 시도로서 완전한 반란을 도모하는 것이 신경성 식욕부진증이라는 것이다.

Palazzoli와 Minuchin 같은 가족치료자들은 신경성 식욕부진증 환자의 가족들이 일반적으로 세대 간이나 개인 간의 경계가 모호하다는 점에 주목하고 있다. 이들의 가족구성원은 서로에게 과도하게 관여하고 간섭하여 가족으로부터 분리된 자기정체감을 형성하지 못한다. 즉, 어머니로부터 심리적으로 분리되지 못하여 자기 신체에 대해서도 확고한 개체의식을 갖지 못하고 자기 신체를 어머니에 의해 길러지고 어머니의 의도에 따라 움직이는 어머니의 투사물로 여기게 된다. 독립된 존재로 성장하려는 청소년기에 어머니의 규제와 간섭은 분노를 유발하며, 굶음으로써 자신의 신체 속에 내재하는 간섭적이고 적대적인 어머니상이 자라는 것을 멈추게 하려는 시도가 신경성 식욕부진증으로 나타난다는 것이다.

Bruch(1987)는 신경성 식욕부진증이 자기효능감을 발전시키려는 몸부림이라고 보았다. 신경성 식욕부진증 환자들은 자신이 매우 무능하고 무기력하다는 신념을 가지고 있다. 이러한 무가치감에 대한 방어로서 부모를 기쁘게 하기 위해 애쓰는 완벽하고 착한 소녀로 성장하는데, 이들은 자기자신과 육체를 분리된 것으로 경험하며 부모에 의해 로봇처럼 움직이는 육체는 부모에게 속한 것으로 느낀다. 즉, 자신이 자신의 신체기능을 통제하고 있다는 자기효능감과 자율감을 느끼지 못한다. 이러한 여자 청소년에게서 '음식섭취 욕구에 대한 억제를 통해서 자기효능감을 높이고 부모-자녀관계에서의 자율성을 쟁취하기 위한 시도'로서 신경성 식욕부진증이 발생한다는 것이다. 즉, 신경성 식욕부진증은 이러한 심리적인 문제를 음식섭취와 몸매에 대한 조절을 통해 변화시키려는 처절한 노력이라는 것이다. 이러한 주장은 이 장애가 부모로부터의 심리적 독립이 요구되는 청소년기에 흔히 발생한다는 점에서 주목할 만하다.

다양한 정신분석적 주장을 요약하면, 신경성 식욕부진증은 비만에 대한 공포와 날씬함의 환상에 대한 추구라고 할 수 있는데 그 이면에는 (1) 특별하고 독특한 존재이고자 하는 필사적인 시도, (2) 부모의 기대에 순응하여 길러진 자기 자신에 대한 공격, (3) 청소년기에 막 발생하려고 하는 진정한 자기의 주장, (4) 신체와 동일시되는 적대적인 어머니상에 대한 공격, (5) 욕망에 대한 방어, (6) 타인을 탐욕스럽고 무기력하게 느끼도록 만들려는 노력과 같은 다양한 무의식적 동기들이 관련되어 있다는 것이다.

행동주의적 입장에서는 신경성 식욕부진증을 일종의 체중공포증(weight phobia)이라고 본다. 현대사회는 매스컴을 통해서 여성의 날씬한 몸매가 매력적이라는 메시지를 반복적으로 전달한다. 어린아이들이 즐겨 가지고 노는 바비 인형이나 인기 있는 여성 연예인들의 체형은 저체중에 해당될 만큼 날씬하고 마른 몸매이다. 이러한 사회에서는 날씬함에 대해서는 강화가 주어지는 반면, 뚱뚱함에 대해서는 처벌이 주어지게 된다. 따라서 여성들은 뚱뚱함에 대한 공포와 과도한 음식섭취에 대한 공포를 지니게 된다. 이러한 두 가지 공포를 확실하게 감소시키는 방법은 음식을 먹지 않는 것이다. 음식을 먹지 않으면 이러한 공포가 감소되므로 부적 강화가 되어 음식거부행동이 점점 더 극단적인 형태로 나타날 수 있다는 설명이다.

Holmgren(1983)은 체중증가에 대한 두려움이 음식에 대한 접근-회피 갈등을 유발한다고 주장한다. 즉, 체중증가 공포와 음식섭취 욕구가 갈등하게 된다. 체중증가에 대한 두려움이 우세할 때는 음식에 대한 회피행동, 즉 절식행동이 나타난다. 그러나 이러한 절식행동은 음식에 대한 강박관념을 촉발시켜 음식섭취 욕구를 자극하게 되는데, 이러한 욕구가 체중증가 공포보다 우세할 때는 음식에 대한 접근행동, 즉 폭식행동이 유발된다. 섭식장애 환자들은 이러한 양극 사이를 오가게 된다. 신경성 식욕부진증은 음식 회피행동이 압도적으로 우세하게 나타나는 상태인 반면, 폭식증은 음식에 대한 접근행동과 회피행동이 반복되는 상태라고 할 수 있다는 것이다.

Williamson(1990)은 사회문화적 요인과 생물학적 요인을 학습이론적 설명으로 통합하여 섭식장애를 설명하고 있다. 유전적 또는 영양학적 요인, 정서적 장애, 가족 및 성격변인이 섭식장애의 취약성을 구성한다. 이러한 요인들에 의해 과도한 음식섭취, 활동 부족, 비만, 자신의 몸매에 대한 불만이 초래됨으로써 체중을 줄이려는 정상적인 노력으로 다이어트를 하게 된다. 그런데 이러한 다이어트 노력이 실패하면서 폭식이 초래되는데, 이러한 폭식에 대한 반응으로 극단적 체중감소 행동이 나타나면 신경성 식욕부진증이 발달하게 된다. 과도한 절식을 하게 되어 체중이 감소하게 되면, 기초신진대사 비율이 낮아지기 때문에 조금만 먹어도 체중이 늘게 되어 체중증가에 대한 공포가 강화된다. 따라서 더욱 강력하게 체중을 조절하려는 행동이 나타나는 악순환에 빠져들게 된다는 것이다.

인지적 입장에서는 신경성 식욕부진증 환자들이 자신의 신체에 대해서 왜곡된 지각을 나타낸다는 점에 주목한다. Williamson(1990)은 피험자에게 자신의 실제적 신체상과 이상적 신체상을 비교하게 하기 위해서, 아주 마른 여자에서 아주 뚱뚱한 여자까지 그려진 9장의 카드([그림 11-1])를 주고 자신의 실제적 신체에 가장 가까운 것을 고르도록 한 다음에 이어서 이상적 신체와 가장 가까운 것을 고르도록 하였다. 그 결과, 신경성 식욕부진증 환자들은 자신의 몸매를 실제보다 더 뚱뚱한 것으로 지각했으며 이들의 이상적인 몸매는 정상인들보다 더 날씬한 몸매였다. 따라서 이들은 자신의 실제적 몸매와 이상적 몸매 사이에 심한 괴리감을 느끼고 있으며 그 결과 체중을 줄이기 위한 과도한 노력을 하게 된다고 한다.

신경성 식욕부진증 환자들은 날씬한 몸매가 성공과 애정을 얻는 가장 중요한 요인이라고 믿으며 성취나 인간관계에서 경험하는 좌절을 자신의 불만족스러운 몸매 때문이라고 귀인하는 경향이 있다. 예컨대, 입사시험에 낙방하거나 이성관계에 실패하거나 타인의 각별한 관심

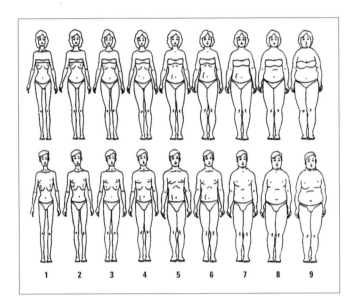

[그림 11-1] 실제적 신체상과 이상적 신체상을 측정하는 체형평정 척도

을 끌지 못하는 것은 자신의 뚱뚱한 몸매 때문이라고 생각한다. 이는 실패를 성격이나 능력의 문제에 귀인하는 것보다 자존감의 상처가 적을 뿐 아니라 몸매는 상대적으로 변화가 용이하므로 미래에 대한 희망을 갖게 해주기 때문이다. 따라서 자신의 몸매나 몸의 일부를 과도하게 왜곡하여 뚱뚱하다고 지각하며, 과도하게 날씬한 몸매를 지향하면서 체중조절을 하게 된다. 또한 이들은 체중조절 과정에서 타인의 반응에 민감하며 그 의미를 부정적으로 왜곡함으로써 자신의 몸매는 아직도 뚱뚱하며 더 날씬해져야 한다고 생각하게 되는 것이다. 즉, 몸매에 과도한 중요성을 부여하고 타인의 반응을 자신의 몸매와 관련지어 잘못 해석하며, 자신의 실제적 몸매를 뚱뚱한 것으로 과장하여 지각하고 지나치게 날씬한 몸매를 이상적 몸매로 지향하는 것이 신경성 식욕부진증 환자의 주요한 인지적 특성이다.

　생물학적 입장에서는 신경성 식욕부진증에 유전적 기반이 있음을 주장한다. 신경성 식욕부진증 환자의 친척에서 같은 장애의 발병률이 높았으며, 일란성 쌍둥이의 경우 46%가 신경성 식욕부진증을 함께 지니고 있었다는 보고가 있다.

　신경성 식욕부진증은 배고픔, 포만감, 섭식행동뿐만 아니라 성적 활동과 월경에 관여하는 시상하부의 기능장애에 기인한다는 주장도 있다. 동물실험에서 외측 시상하부를 절제하면 체중이 줄어드는데, 이는 외측 시상하부의 절제로 적정한 체중수준(set-point)이 낮아지기 때문이다. 즉, 시상하부의 이상으로 인해 적정한 체중수준이 저하되기 때문에 식욕을 느끼지 못하고 절식함으로써 저체중상태가 지속된다는 주장이다.

　신경성 식욕부진증 환자들이 사회적 또는 신체적 문제에도 불구하고 절식행동과 과잉

활동을 하는 생물학적 이유를 설명하기 위해 자가중독이론
(auto-addictive model)이 제안되었다. 동물실험에서 쥐에게
지속적으로 하루에 한 번만 먹이를 주었더니 스스로 먹기를
억제하고 과도하게 운동하는 자가기아(self-starvation) 행동
을 나타내었다. Marrazzi 등(1986)은 굶는 동안 엔도르핀
수준이 증가하여 긍정적 정서를 경험함으로써 신경성 식욕
부진증적 행동이 강화된다고 주장하였다. 과도한 운동 뒤에
엔도르핀 수준이 증가하는 것으로 밝혀졌는데, 신경성
식욕부진증 환자들은 과도한 운동을 하는 동안 생성된 엔도

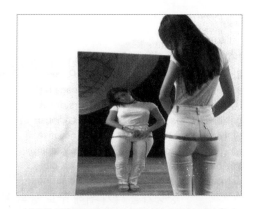

신경성 식욕부진증 환자는 자신의 몸매를 왜곡한다

르핀에 의해 입맛이 억제되고 긍정적 정서경험을 하는 의존성이 형성되어 절식행동과 과잉행
동이 지속된다는 주장이다.

　신경성 식욕부진증 환자는 영양실조 상태에서 여러 가지 합병증의 위험이 있기 때문에 입
원을 하게 되는 경우가 많다. 특히 체중감소가 심각하거나 절식행동에 지나치게 집착하여 외
래치료의 성공가능성이 희박할 경우에는 입원치료를 고려해야 한다. 신경성 식욕부진증 환
자의 치료에서 가장 중요한 것은 음식섭취를 통해 체중을 늘리는 것이다. 입원상태에서 체중
증가 행동은 다양한 강화를 받는 반면, 체중 감소행동은 부정적인 처벌을 받게 된다. 아울러
환자는 영양사와 함께 건강한 섭식습관과 영양에 관한 논의를 하며 처음에는 영양사가 식단
을 짜 주지만 치료가 점차 진전되면 환자 스스로 식사계획을 세우게 한다.

　체중이 늘게 되면, 환자는 신체상에 대한 왜곡과 불만족이 더 심해질 수 있다. 이때 신체상
에 대한 둔감화나 비합리적 신념과 인지적 왜곡에 도전하는 등의 인지행동적 기법을 적용한
다. 아울러 가족치료를 병행하는 것이 바람직하다. 신경성 식욕부진증 환자의 가족은 갈등이
많고 의사소통의 문제가 있는 경우가 많다. 또한 치료과정에서 섭식장애를 악화시키는 생활
스트레스에 대해 관심을 지녀야 한다. 특히 섭식장애에는 우울증과 같은 이차적 정신병리가
많이 동반되고 이로 인해 증상이 악화될 수 있으므로 약물치료에서부터 가족치료까지 다양한
방법을 통해 신경성 식욕부진증의 악화요인을 제거해야 한다.

　정상적 수준에 가까운 체중을 지니게 되고 신경성 식욕부진증 증상이 감소하게 되면 퇴
원하여 집중적인 외래치료를 받게 한다. 신체상에 대한 왜곡, 음식섭취의 억제, 그리고 사회
적 적응문제에 초점을 둔다. 재발이 흔히 일어나므로 어느 정도 체중 이하로 떨어지면 재입
원한다는 계약을 미리 해 두는 것이 좋다. 입원치료를 통해 호전된 환자의 약 50%가 1년 내
에 재발한다는 보고가 있다. 약물치료로는 신경성 식욕부진증에 식욕자극제(cyproheptadine
hydrochloride)를 처방하기도 하며 우울증이 동반되는 경우에는 항우울제를 사용하기도 한다.

제2절 C 신경성 폭식증

1. 주요증상과 임상적 특징

신경성 폭식증(Bulimia Nervosa)은 짧은 시간 내에 많은 양을 먹는 폭식행동과 이로 인한 체중증가를 막기 위해 구토 등의 보상행동이 반복되는 경우를 말한다. 이러한 장애를 지닌 사람들은 보통사람들이 먹는 것보다 훨씬 많은 양의 음식을 단기간에 먹어 치우는 폭식행동을 나타내며 이런 경우에는 음식섭취를 스스로 조절할 수 없게 된다. 이렇게 폭식을 하고 나면 체중증가에 대한 두려움으로 인해 심한 자책을 하게 되며 스스로 구토를 하거나 이뇨제, 설사제, 관장약 등을 사용하여 체중을 감소시키기 위한 보상행동을 하게 된다.

신경성 폭식증의 진단기준은 다음과 같다. 첫째, 반복적인 폭식행동이 나타나야 한다. 이러한 폭식행동은 일정한 시간 동안(예: 2시간 이내) 대부분의 사람이 유사한 상황에서 동일한 시간 동안 먹는 것보다 분명하게 많은 양의 음식을 먹는다. 또한 폭식행위 동안 먹는 것에 대한 조절 능력의 상실감(예: 먹는 것을 멈출 수 없으며, 무엇을 또는 얼마나 많이 먹어야 할 것인지를 조절할 수 없다는 느낌)을 느낀다. 둘째, 스스로 유도한 구토 또는 설사제, 이뇨제, 관장약, 기타 약물의 남용 또는 금식이나 과도한 운동과 같이 체중증가를 억제하기 위한 반복적이고 부적절한 보상행동이 나타난다. 셋째, 폭식행동과 부적절한 보상행동 모두 평균적으로 적어도 1주일에 1회 이상 3개월 동안 일어나야 한다. 넷째, 체형과 체중이 자기 평가에 과도한 영향을 미쳐야 한다. 마지막으로, 이상의 문제행동들이 신경성 식욕부진증에 의해서 나타나는 것이 아니어야 한다. 이러한 다섯 가지 진단조건을 충족시키면 신경성 폭식증으로 진단된다.

신경성 폭식증 환자는, 신경성 식욕부진증의 경우와 마찬가지로 체중증가에 대한 두려움을 지니며 흔히 체중조절을 위해 노력하지만 종종 많은 음식을 먹게 되는 폭식행동이 반복되어 나타난다. 그리고 이 경우에는 먹은 음식을 배출하기 위해 토하거나 약물을 복용한다. 그러나 신경성 폭식증은 환자들이 정상체중을 유지한다는 점에서 신경성 식욕부진증과 다르다. 폭식증은 식욕부진증보다 훨씬 더 흔하며 영양실조가 나타나지 않는다는 점에서 식욕부진증보다 양호한 장애라고 할 수 있다.

신경성 폭식증은 흔히 신경성 식욕부진증에서 발전하기도 한다. 처음에는 날씬해지기 위해서 다이어트를 하고 칼로리가 높은 음식을 피하는 등 절제를 하다가 이러한 굶주림에 대한 반동으로 음식에 대한 생각에 사로잡히게 되며 가끔 폭식을 하게 되고 그 후에 토하거나 설사제 등을 사용하는 행동이 반복된다. 폭식을 할 때는 정신없이 매우 많은 양의 음식을 먹기도

하는데, 때로는 냉장고의 음식과 재료를 모두 먹어 치우거나 여러 개의 라면을 한꺼번에 끓여 먹거나 과자 한 박스를 먹는 등 하루에 필요한 열량의 30배를 먹어치우기도 한다. 이러한 폭식행동은 주로 밤에, 혼자 있을 때, 집에 있을 때, 우울하거나 스트레스를 받을 때 자주 나타난다.

　음식을 씹고 나서 뱉어 버리는 사람들도 있지만, 대부분의 폭식증 환자는 폭식을 한 후 토한다. 처음에는 목구멍에 손가락을 집어넣어 토하지만 나중에

엄청난 양의 음식을 먹게 되는 폭식증

는 흉부나 복부의 근육을 수축해서 토하는 방법을 스스로 터득하기도 한다. 또는 구토제를 사용하거나 설사제나 이뇨제를 복용하기도 한다. 폭식한 후에 체중이 증가했다는 불안감을 느끼지만 토하는 등의 배출행동을 하고 나면 체중이 늘지 않을 것이라는 확신과 더불어 기분이 좋아진다. 처음에는 이런 폭식행동과 배출행동을 비밀로 하기 때문에 가족들이 몇 년 동안이나 모르고 지낼 수도 있다.

　이러한 반복적인 구토로 인하여 치아의 법랑질이 손상되어 치아가 손상되며 결국 좀먹은 것처럼 불규칙한 모양이 된다. 손으로 구역질 반사를 자극하여 구토를 하는 사람들은 치아로 인해 손등에 흉터가 생기기도 한다. 폭식증 여성들은 불규칙한 월경이나 무월경이 흔히 나타난다. 만성적으로 설사제나 이뇨제를 사용하는 사람의 경우에는 수분이나 전해질의 장해로 인하여 심각한 신체적 문제가 야기될 수 있다. 드물지만 치명적인 합병증에는 식도 손상, 위 파열, 심부정맥 등이 있다.

　폭식증을 나타내는 사람 중에는 우울증을 동반하는 경우가 많아서 폭식증이 우울증의 한 형태라는 주장이 제기되기도 했으나 대부분 섭식장애가 우울증상에 선행하는 것으로 나타났다. 폭식증 환자는 긴장감, 무기력감, 실패감, 자기비하적 생각을 많이 하며 자해나 자살 기도를 하는 경우도 종종 있다. 또한 이들은 성격적 문제, 대인관계의 어려움, 충동통제의 어려움, 약물남용의 문제를 나타내기도 한다.

　신경성 폭식증의 유병률은 청소년과 젊은 성인 여성의 1~3%이며, 90%가 여성이다. 일반적으로 후기 청소년기 또는 초기 성인기에 시작되는 경우가 대부분이다. 고도로 산업화된 나라에서 더 흔하며 대개 비슷한 빈도로 발생한다.

2. 원인과 치료

　신경성 폭식증과 신경성 식욕부진증은 동전의 양면과 같이 밀접한 관계를 갖고 있다. 신경

성 식욕부진증 환자의 40~50%가 폭식증 증세를 가지고 있고, 시간이 지나면 식욕부진증이 폭식증으로 바뀌기도 하지만 그 반대의 경우는 매우 드물다. 그러나 식욕부진증 환자에 비해 폭식증 환자는 매우 이질적인 집단으로서 다양한 성격특성을 지닌 사람들로 구성되어 있어서 공통적인 원인을 찾아내기가 어렵다. 일반적으로 신경성 식욕부진증 환자는 자아강도가 강하고 초자아의 통제력이 강한 데 비해, 폭식증 환자는 자아강도가 약하고 초자아가 느슨하여 충동조절에 어려움을 나타내며 자기파괴적인 성관계나 약물남용을 보이는 경우가 많다.

정신분석적 입장에서는 폭식증이 부모에 대한 무의식적인 공격성의 표출과 관련되어 있다고 본다. 억압과 부인과 같은 방어기제들이 강렬한 폭식욕구에 의해서 기능을 상실할 때 식욕부진증에서 폭식증으로 전환된다. 식욕부진증 환자들은 대인관계에서 위축되는 경향이 있는 반면, 폭식증 환자들은 타인으로부터 손상이나 처벌을 유발하는 방식의 대인관계를 나타낸다. 이런 처벌에 대한 욕구는 부모상에 대한 강렬한 무의식적 분노에 기인한 것인데, 이런 분노가 음식에로 대치되고 폭식을 통해 무참하게 음식을 먹어대는 것이다. 식욕부진증과 폭식증 환자는 모두 만족스러운 대인관계를 맺지 못하는데, 이러한 대인관계의 갈등이 음식에 대한 갈등으로 대치된다. 식욕부진증 환자는 먹기를 거부함으로써 사람에 대한 공격적 감정을 통제하는 반면, 폭식증 환자는 폭식을 함으로써 사람들을 상징적으로 파괴하고 자기 속에 통합시키려 한다.

대상관계이론에서는 폭식증 환자들이 어린 시절 부모와의 분리에 심한 어려움을 겪었을 것이라고 주장한다. 이들은 엄마로부터 심리적으로 분리되는 것을 도와주는 담요나 인형과 같은 전이대상(transitional object)을 갖지 못했으며 대신 신체 자체를 전이대상으로 사용한다. 즉, 음식을 섭취하는 것은 엄마와 합일되고 싶은 소망을 나타내고, 음식을 토해내는 것은 엄마와 분리하려는 노력을 나타낸다. 폭식증 환자들이 엄마와의 분리에 어려움을 겪는다는 주장을 경험적으로 검증하려는 시도가 있었다(Patton, 1992). 폭식증 환자 40명과 정상인 40명의 여성에게 엄마로부터 버림받는 것과 관련된 자극을 제시했을 때, 폭식증 환자 집단이 정상인 집단보다 과자를 훨씬 더 많이 먹었다. 연구자들은 이러한 결과를 폭식이 엄마로부터 버려지는 것에 대한 무의식적 두려움에 대한 방어라는 점을 보여준다고 해석하였다.

행동주의적 입장에서는 폭식증 역시 식욕부진증과 마찬가지로 체중증가에 대한 두려움에서 기인한다고 본다. Holmgren(1983)은 체중증가에 대한 두려움이 음식에 대한 접근-회피 갈등을 유발하며 식욕부진증은 음식 회피행동이 압도적으로 우세하게 나타나는 상태인 반면, 폭식증은 음식에 대한 접근행동과 회피행동이 반복되는 상태라고 설명한다.

Williamson(1990)은 섭식장애에 취약한 사람들이 과도한 음식섭취, 활동부족, 비만, 자신의 몸매에 대한 불만으로 체중조절을 위해 절식을 하게 되는데 이러한 절식에 대한 반동으로 강한 식욕이 생겨 폭식행동을 나타낸다고 주장한다. 폭식을 하고 나서 체중증가에 대한 불안에 휩싸이게 되는데, 먹은 음식을 토하거나 설사제 등의 약물을 복용하게 되면 이러한 불안이 완화된다. 이러한 불안감소가 토하는 행동이나 약물복용 행동을 강화하게 되고 다시 체중조절 노력을 하다가 폭식이 유발되면 불안을 감소시키는 폭식-배출행동이 반복되는 것이다.

생물학적 입장에서는 폭식증이 일종의 기분장애라는 주장이 제기되었다. 폭식증 환자의 개인력이나 가족력에 우울증이 자주 나타날 뿐만 아니라 폭식증은 항우울제에 잘 반응하는 경향이 있다. 특히 폭식증과 우울증에 사용하는 항우울제의 용량이 거의 같고, 효과가 나타나는 시간이 유사하며, 개인에게 있어서 폭식증과 우울증 증상이 함께 악화되거나 개선되는 경향을 보이는 것은 두 장애가 공통적인 생물학적 기제를 지니고 있기 때문이라는 주장이다. 그러나 폭식증 초기에는 우울증이 수반되는 경우가 적으며, 엄격하게 통제된 가족연구에서는 폭식증 환자의 가족에서 기분장애 유병률이 높지 않았다. 현재 폭식증을 우울증의 한 형태라고 볼 수는 없으며 단지 우울증과의 공병률이 높을 뿐이라는 견해가 지배적이다.

폭식증은 식욕부진증과 달리 정상체중이 유지되고 폭식-배출행동이 몰래 이루어지므로 대개 발병 후 수년이 지난 후에야 치료를 받는다. 심각한 체중감소가 없으므로 주로 외래치료를 하지만 하루에 적어도 한 번 이상 폭식-배출행동을 하거나 심한 우울증이나 경계선 성격장애 등을 함께 지니고 있거나 오랫동안 외래치료를 해도 별로 나아지지 않을 때에는 입원치료를 고려해 보아야 한다.

폭식증 치료의 초기목표는 폭식-배출행동의 악순환을 끊고 섭식행동을 정상화하는 것이다. 이를 위해서 하루에 적어도 세 번 식사를 하게 하고 먹는 양을 점차 늘린다. 아울러 체중에 대한 비합리적인 태도와 비효율적인 문제해결 기술을 수정하며, 우울증과 같은 이차적인 심리적 문제가 있다면 그에 대한 치료를 시도한다. 폭식증의 치료를 위해서는 장기적으로 건전한 식사 습관을 통해 적절한 체중을 유지하면서 신체상에 대한 적응적인 생각을 발전시키는 것이 중요하다.

폭식증에 대한 인지행동치료는 크게 4가지 요소로 구성된다. 첫째, 음식을 먹되 토하는 등의 배출행위를 하지 못하게 하는 것이다. 이를 통해 토하지 않아도 불안이 사라진다는 것을 배우게 된다. 둘째, 인지적 재구성을 통해 음식과 체중에 대한 비합리적인 신념과 태도를 확인하고 도전하도록 가르친다. 좀 더 적응적인 인지를 형성하도록 격려하고, 행동실험을 통해 자신의 신념의 타당성을 검증해 보도록 한다. 셋째, 신체상을 변화시키는 치료로서 자기 신체의 불만족에 관한 정보를 제공하는 동시에 심상을 통한 신체상 둔감화나 자신의 몸에 대한 긍정적 평가기법 등이 사용된다. 마지막으로, 영양 상담을 통해 건강하고 균형적인 섭식행동을 유도하거나 신체의 에너지 요구량과 같은 영양학적 정보를 제공한다. 아울러 폭식-배출행동을 대신할 수 있는 건강한 식이요법과 운동 프로그램을 지속하도록 하는 것이 중요하다. 폭식증에 대한 이러한 인지행동치료가 효과적이라는 경험적 증거가 많다.

폭식증 환자에게는 표현적-지지적 정신역동치료도 도움이 된다. 이 경우, 환자와 치료자 간의 적대적인 전이와 역전이가 나타날 수 있는데 이에 잘 대처해야 한다. 폭식증을 치료하는 데 가장 중요한 원칙은 치료계획을 환자 개개인의 특성에 맞추어 수립하는 것이다. 우울증, 성격장애, 약물남용 등과 같이 공존하는 심리장애에 대한 치료도 계획의 일부로 포함되어야 하는데, 특히 경계선 성격장애나 주요우울장애를 함께 지니고 있는 경우에는 자해나 자살 가능성을 잘 살펴야 한다. 폭식증은 가족문제와 얽혀 있는 경우가 많기 때문에 가족치료가 필요하다.

 제3절   폭식장애

폭식장애(Binge Eating Disorder)는 폭식을 일삼으면서 자신의 폭식에 대해 고통을 경험하지만 음식을 토하는 등의 보상행동은 나타내지 않는 경우를 말한다. 폭식장애에 대한 DSM-5-TR 의 진단기준은 다음과 같다. 첫째, 반복적인 폭식행동이 나타나야 한다. 이러한 폭식행동은 일정한 시간 동안(예: 2시간 이내) 대부분의 사람이 유사한 상황에서 동일한 시간 동안 먹는 것보다 분명하게 많은 양의 음식을 먹는다. 또한 폭식행위 동안 먹는 것에 대한 조절 능력의 상실감(예: 먹는 것을 멈출 수 없으며, 무엇을 또는 얼마나 많이 먹어야 할 것인지를 조절할 수 없다는 느낌)을 느낀다. 둘째, 폭식행동이 나타날 때 다음 중 세 가지 이상과 관련되어야 한다: (1) 정상보다 더 빨리 많이 먹음; (2) 불편할 정도로 포만감을 느낄 때까지 먹음; (3) 신체적으로 배고픔을 느끼지 않을 때에도 많은 양의 음식을 먹음; (4) 너무 많은 양을 먹음으로 인한 당혹감 때문에 혼자 먹음; (5) 먹고 나서 자신에 대한 혐오감, 우울감 또는 심한 죄책감을 느낌. 셋째, 폭식행동에 대한 현저한 고통을 느낀다. 넷째, 폭식행동이 평균적으로 1주일에 1회 이상 3개월 동안 나타나야 한다. 마지막으로, 폭식행동이 신경성 폭식증의 경우처럼 부적절한 보상행동과 함께 나타나지 않아야 한다. 또한 폭식행동이 신경성 식욕부진증 또는 신경성 폭식증 상태에서만 나타나는 것이 아니어야 한다. 이러한 5가지 진단조건을 충족시키게 되면 폭식장애로 진단된다.

충동적인 폭식을 하는 사람들 중에는 하제를 사용하거나 굶는 행동과 같은 보상 행동을 하는 사람들과 그렇지 않은 사람들이 있다. 전자가 신경성 폭식증에 해당하는 반면, 후자는 바로 폭식장애에 해당한다. 따라서 폭식장애를 지닌 사람들은 과체중이거나 비만인 경우가 많다. 체중감소 프로그램에 참가한 비만 집단 중 8~30%가 폭식장애를 지닌 것으로 보고되고 있다(Sullivan, 2000). 이들은 폭식을 비정상적인 것이라고 느끼며 폭식 후에는 부정적인 감정을 경험한다. 그러나 이들은 체형이나 체중에 대해서 현저한 왜곡을 보이지 않으며 비정상적으로 날씬한 몸매를 추구하지도 않는다. 폭식장애의 발병 연령은 다양하지만 평균적으로는 30~40대가 가장 많은 것으로 알려져 있다(Fairburn, 1995). 신경성 폭식증의 경우 여성이 대부분인 것과 달리, 폭식장애의 성차는 남성과 여성의 비율이 1 : 1.5 정도이다. 폭식장애는 신경성 폭식증이나 식욕부진증에 비해서는 치료에 대한 반응이 빠르고 예후가 좋은 것으로 알려져 있다 (Crow et al., 2002).

　폭식행동은 엄격한 절식에 대한 반작용으로 나타날 수 있다(Polivy & Herman, 1985). 흔히 엄격한 절식습관에서 벗어나고자 할 때 폭식행동이 나타나는 경향이 있다. 엄격한 절식은 기아상태와 비슷하기 때문에 신체는 짧은 시간 내에 많은 양의 음식을 섭취하는 새로운 형태의 섭식 행동을 준비하게 된다(Telch & Agras, 1996). 비만인 사람들은 엄격한 절식과 폭식행동의 악순환에 빠져 있는 경우가 많다. 절식은 폭식을 유발하고 또한 폭식했기 때문에 절식을 하게 되는데, 이러한 절식과 폭식이 반복되면서 점진적으로 체중이 증가하게 된다.

　또한 부정 정서도 폭식행동을 촉진하는 것으로 알려져 있다. 부정 정서가 많은 사람은 폭식이 위안을 주고 혐오적 자극으로부터 주의전환을 할 수 있게 해주기 때문에 폭식을 한다(전주리, 2011; Heatherton & Baumeister, 1991). 폭식장애 환자들은 정상적인 섭식을 하기 전보다 폭식을 하기 전에 부정 정서를 더 많이 경험하는 것으로 보고되고 있다(Davis et al., 1988). 또한 실험적으로 유도된 부정 정서는 절식자들에게 과식을 촉발했다(Cools et al., 1992).

　Stice(2001)는 섭식 절제와 부정 정서를 모두 고려한 폭식행동의 이중경로 모델을 제시하였다. 이 모델에 따르면, [그림 11-2]에 제시되어 있듯이, 날씬한 몸매를 가져야 한다는 사회적 압력과 날씬한 몸매가 아름답다는 마른 신체상에 대한 내면화가 자신의 신체에 대한 불만족

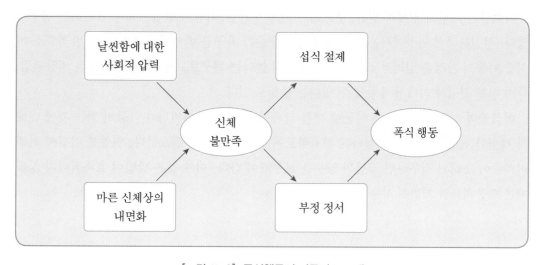

[그림 11-2] 폭식행동의 이중경로 모델

을 야기한다. 이러한 신체 불만족은 엄격한 섭식절제로 이어지고 그 반작용으로 폭식행동을 촉발하게 된다. 또한 신체 불만족은 부정 정서를 유발하고 그 결과로서 폭식행동이 나타날 수 있다는 것이다(조혜진, 2010).

폭식장애에는 인지행동치료, 대인관계 심리치료, 그리고 약물치료가 효과적인 것으로 알려져 있다. 인지행동치료는 환자로 하여금 자신의 섭식행동을 지속적으로 관찰하게 하면서 잘못된 섭식습관을 변화시킨다. 또한 부정 정서를 느낄 수 있는 스트레스 상황에서 폭식이 아닌 다른 방식으로 대처하도록 돕는다. 대인관계 심리치료는 가족이나 친구와의 관계에 초점을 맞추어 갈등영역을 찾아내고 대인행동을 변화시키도록 돕는다. 아울러 항우울제를 사용하는 약물치료도 폭식행동을 감소시키는 데 도움이 될 수 있다. 폭식장애를 지닌 사람들이 서로 지지하며 문제를 개선해 나가는 **과식자 익명집단**(Overeaters Anonymous)도 있다.

제4절 이식증

이식증(Pica)은 영양분이 없는 물질이나 먹지 못할 것(예: 종이, 천, 흙, 머리카락)을 적어도 1개월 이상 지속적으로 먹는 경우를 말한다. 섭취하는 물질은 나이에 따라 다양하다. 유아와 어린 아동은 전형적으로 종이, 헝겊, 머리카락, 끈, 회반죽, 흙 등을 먹는 반면, 나이가 더 든 아동은 동물의 배설물, 모래, 곤충, 나뭇잎, 자갈 등을 먹기도 한다.

이식증에 대한 역학적 자료는 드물다. 이 상태는 흔히 진단되지 않지만 학령기 이전의 아동에서는 드물지 않다. 흔히 이식증은 정신지체를 동반하는데, 정신지체가 심할수록 이식증의 빈도도 증가한다. 이 장애는 대부분 몇 개월 동안 지속되다가 완화되는 경우가 많다.

이식증은 가정의 경제적 빈곤, 부모의 무지와 무관심, 아동의 발달지체와 관련되는 경우가 많다. 정신분석적 입장에서는 충족되지 않은 구순기 욕구를 반영한다고 본다. 일반적으로 이식증 아동의 가정은 심리적 스트레스의 수준이 높다는 연구보고가 있다. 이식증은 영양결핍, 특히 철분 결핍에 의해서 유발될 수 있다는 주장도 있다.

이식증의 치료에는 부모와 아동에 대한 교육이 중요하다. 어머니가 아동이 먹는 것에 대해서 세심한 관심을 가지고 적절하게 양육하도록 교육하는 것이 필요하다. 영양분 결핍에 의해 이식증이 초래된 경우라면 결핍된 양분을 보충해야 한다. 이와 같은 방법이 효과적이지 않을 때는 행동치료적 기법이 사용되기도 한다.

제5절　되새김장애

되새김장애(Rumination Disorder)는 음식물을 반복적으로 토해 내거나 되씹는 행동을 1개월 이상 나타내는 경우를 말한다. 되새김장애의 핵심증상은 반복적인 음식 역류(regurgitation)이며, 되새김장애를 지닌 사람들은 작은 노력으로도 부분적으로 소화된 음식을 쉽게 역류시킨다. 위장장애나 뚜렷한 구역질 반응이 없는 상태에서 부분적으로 소화된 음식을 입 밖으로 뱉어 내거나 되씹은 후 삼키는 행동을 나타낸다.

되새김장애가 있는 아동은 평소에 안절부절못하고 배고픔을 느낀다. 많은 양의 음식을 섭취하지만 먹은 후에는 즉시 토하므로 체중감소와 영양실조가 일어날 수 있고 심한 경우에는 사망에 이를 수도 있다. 이 장애의 사망률이 25%에 달한다는 보고도 있다.

되새김장애는 흔하지 않은 것으로 알려져 있으며 여성보다 남성에게 많다. 보통 생후 3~12개월 사이에 발병하며, 대부분 자연적으로 완화되지만 증상이 심한 일부의 경우에는 상당한 기간 동안 지속될 수도 있다. 되새김장애는 정신지체와 같은 발달지체 상태에서 발생될 수 있다.

되새김장애는 부모의 무관심, 정서적 자극의 결핍, 스트레스가 많은 생활환경, 부모-아동 관계의 갈등이 주요한 유발요인으로 알려져 있다. 정신분석적 입장에서는 되새김장애를 엄마로부터 오는 과잉자극에 대처하려는 시도라고 본다. 행동주의적 입장에서는 되새김장애를 정적 자극(예: 엄마의 주의와 관심, 맛있는 음식)에 의해 강화되고 지속되는 행동이라고 본다. 생물학적 입장에서는 식도 역류와 같은 신체적 기제가 관여하는 것으로 보고 있다. 대부분의 학자는 되새김장애가 여러 가지 요인의 복합적 결과에 의해 유발되는 것으로 보고 있다.

되새김장애는 아동의 생명을 위협하는 장애가 될 수 있으므로 영양학적 개입과 행동치료를 통해 신속하게 치료하는 것이 중요하다. 아동에게 음식을 먹이고 정서적인 관계를 맺는 어머니의 태도를 변화시키는 교육이 필요하다. 행동치료에 의해 잘 치료되지 않고 지속적인 체중감소나 폐렴 등의 증상이 나타나면 음식을 토하지 못하게 하는 외과적 처치를 시행해야 한다.

제6절　회피적/제한적 음식섭취장애

회피적/제한적 음식섭취장애(Avoidant/Restrictive Food Intake Disorder)는 6세 이하의 아동이 지속적으로 먹지 않아 1개월 이상 심각한 체중감소가 나타나는 경우를 말한다. 이러한 음식섭취장애가 있는 아동은 안절부절못하며 먹는 동안에 달래기가 어렵다. 이들은 정서적으로 무감각하거나 위축되어 있고 발달지체를 보이는 경우가 많다. 때로는 부모-아동의 상호작용 문제(예: 공격적이거나 배척적인 태도로 부적절하게 음식을 주거나, 유아의 음식 거부에 대해 신경질적으로 반응하는 경우)가 유아의 음식섭취 문제를 일으키거나 악화시킬 수 있다. 이 장애를 나타내는 아동은 수면과 각성의 불규칙성과 빈번한 음식 역류를 나타내는 경향이 있어 신경학적 결함이 관련된다는 주장도 제기되고 있다. 이 밖에 부모의 정신장애나 아동 학대 및 방치도 이 장애에 영향을 미치는 것으로 보고되고 있다.

소아과에 입원하는 아동 중 1~5%는 적절한 체중 수준에 미치지 못하는데, 이들 중 절반은 특별한 신체적 장애 없이 음식섭취장애를 나타내기도 한다. 회피적/제한적 음식섭취장애는 생후 1년 이내에 흔히 발생하지만 2~3세의 아동에게도 나타날 수 있다. 대부분의 유아는 시간이 지나면 이러한 음식섭취장애에서 벗어난다. 회피적/제한적 음식섭취장애는 여아와 남아에서 비슷한 비율로 나타난다.

수면-각성장애

우리는 매일 밤 주기적으로 잠을 잔다. 우리 인생의 약 1/3은 잠을 자면서 보낸다. 수면은 낮 동안에 누적된 육체의 피로를 풀어주고 뇌의 기능을 회복시켜 주며 불쾌한 감정을 정화시키는 기능이 있는 것으로 알려져 있다. 이렇듯 잠을 잘 자는 것은 육체적 건강뿐 아니라 심리적 건강의 주요한 징표라고 할 수 있다. 우리의 삶에 있어서 매우 중요한 기능을 하는 수면에 곤란이나 이상이 있는 경우를 수면-각성장애(Sleep-Wake Disorders)라고 한다.

 제1절 수면과 수면-각성장애

수면-각성장애를 이해하기 위해서는 수면의 과정에 대한 이해가 필요하다. 인간은 매일 밤 평균적으로 6~8시간의 잠을 자는데, 수면기간 동안에 여러 가지 변화가 일어난다. 수면은 수면 중 눈을 빨리 움직이는 급속안구운동(REM: Rapid Eye Movement)이 나타나는지의 여부에 따라 REM수면과 비REM수면으로 구분된다. REM수면에서는 안구운동을 제외한 신체의 움직임은 없지만 깨어 있을 때와 비슷한 활발한 뇌파활동과 꿈이 나타난다. 이 기간 중의 EEG는 깨어서 활동 중인 뇌상태와 거의 구별되지 않으며 산소소비량도 어려운 수학문제를 풀 때보다 더 높다. 심장박동이 증가하고 호흡이 불규칙해지며 성기에 흥분반응이 나타나기도 한다. REM수면은 약 90분 주기로 반복되어 나타나며 전체 수면시간의 약 20~25%를 차지한다. 반면에 비REM수면은 크고 느린 뇌파가 나타나기 때문에 서파수면이라고도 하는데 이러한 수면상태에서는 신체근육이 이완되고 산소소비량도 감소하며 뇌가 휴식을 취하는 상태로 여겨진다.

비REM수면은 뇌파의 양상과 수면의 깊이에 따라 크게 4단계로 구분된다. [그림 11-3]에서 볼 수 있듯이, 1단계 수면은 깨어 있는 상태에서 수면상태로 이행되는 과정으로서 뇌파의 알파파가 사라지고 세타파가 50% 이상을 차지하며 수면시간의 약 5%를 차지한다. 2단계 수면은 작은 바늘을 모아 놓은 듯 진폭이 작고 뾰족한 뇌파가 촘촘히 모여 있는 수면방추사(sleep spindle)와 느리고 진폭이 큰 뇌파를 보이는 K복합체(K complex)가 나타나는 것이 특성이며 수면시간의 약 50%를 차지한다. 수면방추사는 수면 중에 신경활동이 억제되는 것을 반영하는 반면, K복합체는 외부나 내부로부터 주어지는 자극에 대한 뇌의 반응을 반영한다. 3단계 수면은 델타파와 같은 느린 뇌파가 나타나는 깊은 수면상태로서 수면시간의 약 10~20%를 차지한다. 이 단계에서는 델타파가 전체의 20~50%를 차지하는 반면, 4단계 수면에서는 델타파가 50% 이상을 차지하며 더욱 깊은 수면이 이루어진다.

수면의 초기에는 [그림 11-4]에서 볼 수 있듯이 1단계에서 4단계에 이르는 비REM수면이 나타난다. 그 후 REM수면이 나타나고 다시 비REM수면이 2단계에서부터 4단계까지 90분 동안 진행된다. REM수면은 약 15~20분 정도 나타난다. 이러한 순환이 대개 하룻밤 사이에 5차례 반복되는데 새벽으로 갈수록 서파수면은 감소하고 REM수면이 증가한다. 강제로 잠을 자지 못하게 하는 수면 박탈(sleep deprivation)을 하면, 서파수면과 REM수면이 증가한다.

잘 자는 것은 정신건강에 매우 중요하다

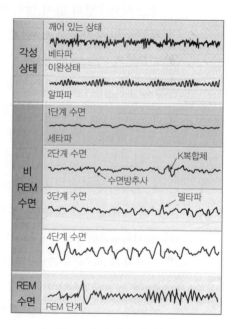
[그림 11-3] 수면의 단계와 뇌파

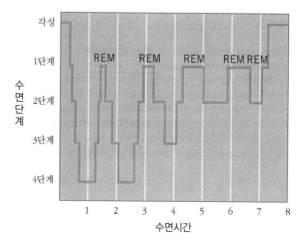
[그림 11-4] 수면시간대별 수면단계의 변화

곰이나 뱀처럼 1년 중 일정기간에 집중적으로 장기간 잠을 자는 동면동물도 있으나, 인간은 매일 일정한 시간대에 잠을 자고 깨어나는 **일주기리듬**(circadian rhythm)을 지니고 있다. 인간은 평균적으로 6~8시간 잠을 자며 그중의 1/4은 꿈을 꾸는 데에 소비한다. 하루의 평균 수면시간은 수명과 깊은 관계가 있는 것으로 알려졌다. 영국에서 수행된 연구에 따르면, 하루에 6시간 이하를 자거나 8시간 이상을 자는 사람은 수명이 감소한 반면, 하루에 6~8시간을 규칙적으로 자는 사람들의 수명이 가장 길었다. 수면시간은 연령에 따라 달라지는데, 신생아는 20시간 이상 잠을 자며 노년기에 접어들수록 수면시간이 감소한다. 아동기와 초기 청소년기에는 서파수면의 양이 많기 때문에 상대적으로 안정된 수면을 취하는 반면, 성인기에는 1단계 수면이 증가하고 3, 4단계 수면이 감소하여 깊고 지속적인 수면을 취하기가 어려워진다.

수면의 기능에 대해서 아직 자세하게 알려져 있지 않지만, 수면은 낮 동안에 소모되고 손상된 신체와 중추신경계를 회복시켜 주는 기능을 한다고 알려져 있다. 비REM수면은 주로 신체와 근육의 회복기능을 하는 반면, REM수면은 단백질 합성을 증가시켜 뇌의 기능을 회복시킨다. 특히 REM수면은 낮 동안에 학습한 정보 중 불필요한 것은 버리고 필요한 정보는 기억이 잘 되도록 재정리하는 기능을 하는 것으로 알려져 있다. 또한 수면은 불쾌하고 불안한 감정들을 정화하여 아침에 상쾌한 기분을 가질 수 있도록 정서적인 정화기능을 한다는 주장도 있다. 아울러 신생아가 많은 시간 잠을 자며 REM수면이 많은 것은 REM수면이 뇌의 성장을 촉진하는 기능을 지니고 있기 때문이라고 추정하고 있다.

이처럼 중요한 기능을 담당하는 수면에 문제가 생겨서 주간의 각성 유지에 어려움이 초래되는 경우가 수면-각성장애이다. DSM-5-TR에서는 수면-각성장애를 불면장애, 과다수면장애, 기면증, 호흡관련 수면장애, 일주기리듬 수면-각성장애, 수면이상증(비REM수면 각성장애, 악몽장애, REM수면 행동장애, 하지불안 증후군), 물질/약물 유도성 수면장애로 구분하고 있다.

제2절 불면장애

학교 근처에서 하숙을 하고 있는 대학원 학생인 K군은 아무리 노력을 해도 10시 이전에 잠자리에서 일어날 수가 없다. 7개월 전에 실연을 하게 되면서부터 수면습관이 변하게 되었다. 실연의 충격으로 한동안 우울감과 분노감을 느끼게 되었는데, 잠자리에 누우면 헤어진 여성에 대한 여러 가지 생각과 감정 때문에 잠을 이루지 못하고 서너 시간씩 뒤척이곤 했으며 어떤 날은 꼬박 밤을 지새우기도 했다. 대개 새벽 3~4경에 잠들게 되는데 오전 10시가 되어야 겨우 일어날 수 있었다. 수업시간에 늦는 경우가 많았고 낮에도 늘 피곤하고 졸음이와서 한두 시간씩 연구실에서 선잠을 자야만 했다. 이런 수면패턴이 변하지 않자, 2학기에는 오후에 강의가 있는 수업만을 골라서 수강하게 되었으며 거의 매일 하숙집에서 점심을 먹고 오후 1시경에야 학교에 올 수 있었다. 밤에는 잠이 오지를 않아서 주로 새벽 3시경까지 깨어 있어야 했다. 경제적 형편이 어려운 K군은 한 달 전부터 학과 조교를 하게 되었는데, 아침에 일찍 학교에 나오기가 힘들었다. 동료 조교의 배려로 주로 오후에 조교업무를 처리하고 있으나, 요즘에는 자주 조교를 찾는 학과장으로부터 늦은 출근에 대해 질책을 받는 일이 늘어나고 있다.

우리는 살아가면서 가끔 잠을 이루지 못하고 밤을 지새우는 경험을 하게 된다. 그러나 K군의 경우처럼, 잠을 자고 싶어도 잠을 이루지 못하는 날들이 지속되고 이로 인해 낮 동안의 활동에 심각한 장해를 받게 되는 경우를 **불면장애**(Insomnia Disorder)라고 한다. 불면장애로 진단되려면, 수면을 시작하거나 유지하는 데 어려움을 겪거나 이른 아침에 깨어 잠들지 못하는 어려움으로 인해서 수면의 양과 질에 대한 현저한 불만족을 경험해야 한다. 이러한 수면장해가 매주 3일 이상의 밤에 3개월 이상 나타나서 심각한 고통을 겪거나 일상생활의 중요한 영역에 손상이 초래될 경우에 불면장애로 진단된다.

불면장애 또는 불면증은 그 양상에 따라 크게 3가지 유형으로 구분된다. 첫째 유형은 잠들기가 어려운 **수면시작 불면증**(sleep onset insomnia)이다. 정상인의 경우 잠드는 데 걸리는 시간이 10~15분인 데 비해, 이 유형에 속하는 사람들은 30분 이상 잠자리에 누워 잠을 이루지 못하는 경우가 반복된다. 둘째 유형은 수면 중에 잠을 자주 깨며 깨고 나면 다시 잠들기가 어려운 **수면유지 불면증**(sleep maintenance insomnia)으로서 수면 도중에 자꾸 깨는 시간이 30분 이상인 경우가 이에 해당된다. 마지막으로, 예상한 기상시간보다 아침에 일찍 잠에서 깨어 다시 잠을 이루지 못하는 **수면종료 불면증**(sleep terminal insomnia)이 있다. 이러한 불면증 양상은 복합적으로 나타날 수 있지만, 한 가지 양상이 두드러지는 경우가 대부분이다.

일반인구에서 일차성 불면증의 유병률은 알려져 있지 않다. 그러나 한 통계조사에 따르면, 성인의 30~40% 정도가 한 해에 한 번 이상 불면을 경험하며 그중에서 10~15% 정도는 한 달 이상 지속되는 불면증을 경험한다고 한다.

전형적으로 불면증은 청년기나 중년기에 시작되며 아동기나 청소년기에는 드물다. 불면증은 흔히 초기 단계에서 몇 주 내지 몇 개월에 걸쳐 점진적으로 악화되어 만성화되면 몇 년 동안 지속되기도 한다. 대부분 심리적 압박감을 느끼는 시기에 불면증이 갑자기 시작되지만 압박요인이 사라진 후에도 불면에 대한 걱정 또는 불면자극과의 부정적인 조건형성 등으로 인

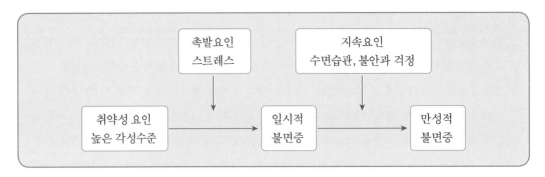

[그림 11-5] 불면증에 대한 인지행동적 설명모형

해 불면이 지속되는 경우가 많다. 나이가 많아짐에 따라 불면증도 증가하는 경향이 있으며 여성에게 더 흔하다. 청년기의 성인에게는 수면시작 불면증이 흔한 반면, 중·노년기의 성인에게는 수면유지 및 수면종료 불면증이 많다.

불면증은 인지행동적 입장에 의해서 가장 잘 설명되고 있다. [그림 11-5]에 제시되어 있듯이, 인지행동적 입장에서는 일시적 불면증과 만성적 불면증이 유발되는 과정을 불면증에 걸리기 쉬운 취약성 요인, 불면증 유발요인, 불면증 지속요인으로 나누어 설명하고 있다. 불면증에 걸리기 쉬운 사람들의 주요한 심리적 특성은 높은 각성수준이다. 수면은 각성상태의 반대인 이완상태에서만 가능하기 때문에 각성수준이 높으면 잠을 잘 잘 수 없다. 이러한 높은 각성수준은 약물복용, 다른 정신장애, 소음이나 불빛에 의해 유발될 수도 있지만 성격적 특징으로 인해 쉽게 흥분하여 높은 각성상태를 유지하는 사람들이 있다.

각성상태는 생리적 각성, 인지적 각성, 정서적 각성으로 구분된다. **생리적 각성**은 자율신경계의 과잉활성화로 인한 신체적 흥분상태를 의미하며 심장이 빨리 뛰고 근육긴장도와 체온이 높아진다. 불면증을 지닌 사람들은 낮뿐만 아니라 밤에도 생리적인 각성수준이 높은 상태로 유지되는 경향이 있다. **인지적 각성**은 여러 가지 복잡한 생각이 계속되어 머리가 더욱 복잡해지고 의식이 뚜렷해지는 상태를 의미한다. 만성 불면증을 지닌 사람들은 "오늘도 잠을 못 자면 어떻게 하나?", "잠을 못 자서 내일 일을 망치면 어떻게 하나?"와 같이 불면증에 대한 걱정에 몰두하여 오히려 잠을 이루지 못하는 경향이 있다. **정서적 각성**은 정서적으로 고양되거나 흥분된 상태를 의미하는데, 불면증을 지닌 사람들은 사소한 일에도 쉽게 흥분하고 화를 내거나 예민하게 반응하여 정서적으로 쉽게 각성되는 경향이 있다.

특히 불면증이 있는 사람은 한 가지 생각에 강박적으로 몰두하는 경향이 강하고 사소한 일에 과도하게 걱정하며 불안해한다. 대인관계에서 불쾌한 일을 경험하면 이를 직접적으로 표현하지 못하고 내면적으로 오래도록 지니면서 불쾌한 사건에 대한 생각을 되씹곤 하는 반추(rumination)의 경향이 있다. 아울러 표현하지 못한 불쾌한 감정은 가슴이 답답하고 두근거리는 신체적인 긴장으로 표출되어 각성상태를 증가시킴으로써 불면을 초래한다. 이러한 성격 특성이 불면증에 걸리기 쉬운 취약성 요인이 될 수 있다.

불면증의 촉발요인은 처음으로 불면증을 일으키는 스트레스 사건을 의미한다. 불면증이 있는 사람들은 대부분 불면증이 처음 생길 당시의 스트레스를 기억한다. 흔히 이별, 사별 등의 개인적 상실경험과 관련된 스트레스 사건이 불면증 유발과 가장 관련성이 높으며, 다음으로 가족문제, 건강문제, 직업이나 일과 관련된 스트레스가 흔하다. 대부분의 경우 이러한 스트레스가 사라지거나 이에 적응하게 되면 불면증도 사라진다. 하지만 각성수준이 높아 불면증에 취약한 사람들에게는 불면증이 지속되어 만성불면증으로 진행될 수 있다.

불면증의 지속요인은 일시적 불면증을 만성 불면증으로 발전시키는 요인들을 뜻한다. 이러한 요인으로는 부적응적인 수면습관, 불면에 대한 걱정과 두려움, 수면부족으로 인해 주간생활을 제대로 하지 못할 것이라는 불안감이 중요하다. 불면증 환자들은 밤에 잠을 잘 자지 못하기 때문에 이를 보상하기 위하여 낮잠을 자거나 오랜 시간 침대에 누워 있는 행동을 보인다. 낮잠을 많이 잘수록 밤에는 더욱 잠을 이루기 힘들며, 자지 않는 상태로 오래 침대에 머무르는 것은 침대와 각성상태가 연합되어 불면증을 지속시킬 수 있다. 또한 만성 불면증을 지닌 사람들은 잠자리에서 불면과 그로 인한 부정적 결과에 대해서 걱정하는 경향이 있다. 흔히 스트레스에 의해 촉발되는 일시적 불면증이 스트레스가 사라진 후에도 계속되어 만성화되는 데에는 이러한 불면증 지속요인이 중요하며, 특히 불면증 치료에는 촉발요인보다 지속요인이 더 중요한 의미를 지닌다.

불면증에 대한 치료는 약물치료와 인지행동치료가 가장 일반적이다. 약물치료에는 벤조디아제핀계의 수면제가 주로 사용되는데, 이러한 약물은 불안과 흥분상태를 감소시키는 진정효과와 졸음을 유도하여 잠들게 하는 수면효과를 지니고 있다. 일반적으로 이러한 약물은 적은 양을 사용하면 진정효과가 주로 나타나는 반면, 많은 양을 사용하면 수면효과가 강하게 나타난다.

불면증에 대한 인지행동치료는 흔히 네 가지의 요소로 구성된다. 첫째는 수면위생(sleep hygiene)에 대한 교육으로서 숙면을 취할 수 있는 환경이나 습관을 교육한다. 예컨대, 취침 전에 카페인, 니코틴, 알코올, 음식을 섭취하는 것은 숙면을 방해하며 소음이나 불빛이 차단된 안락한 수면환경을 조성하는 것이 중요하다는 점을 강조한다. 둘째는 자극통제(stimulus control)로서 수면을 유도하는 자극과 수면의 연합을 형성하고 강화한다. 예컨대, 침대에서 깨어 있는 시간을 최소화하고 침대와 침실은 수면과 성생활을 위해서만 사용하며 낮잠을 자지 않게 한다. 셋째는 긴장이완훈련(relaxation training)으로서 불면을 초래하는 높은 각성과 긴장상태를 낮추기 위한 것이다. 긴장이완훈련은 여러 가지 방식이 있는데, 불면증 치료에 적용되는 대표적인 것은 자율훈련(autogenic training)으로서 팔다리가 무거워진다는 중량감 훈련과 팔다리가 따뜻해진다는 온감훈련과 같은 자기암시를 통해 신체적, 심리적 이완상태를 유도한다. 이러한 긴장이완훈련을 습득시켜 낮이나 밤에 잠자리에 들어 스스로 긴장이완을 통해 각성수준을 저하시킬 수 있도록 한다. 마지막으로 인지적 재구성(cognitive restructuring)을 통해 수면을 방해하는 부정적인 신념이나 생각을 긍정적인 것으로 대체하게 한다. 예컨대, "나는 매일 여덟 시간은 반드시 자야 하며, 그렇지 못하면 내일 일을 제대로 못할 것이다", "낮 동안에 일을 제대로 하지 못한 것은 밤에 잘 자지 못했기 때문이다"와 같은 생각은 불면에 대한 걱정을 증가시켜 높은 각성상태를 초래하게 된다. 따라서 이러한 생각을 좀 더 적응적이고 현실적인 생각으로 변화하도록 유도한다. 또한 불면증을 지닌 사람들은 잠들기까지 걸린 시간을 과대추정하고 총 수면시간을 과소추정하여 불면증의 심각성을 확대하는 경향이 있으므로 수면일지를 작성하게 하여 잠들기까지 걸린 시간, 실제 수면시간, 수면의 질 등에 대해서 현실적인 평가를 하도록 한다. 이러한 평가를 통해서 자신의 수면장애가 생각했던 것처럼 심각하지 않다는 것을 객관적으로 확인함으로써 불면에 대한 걱정을 완화시킬 수 있다.

제3절 과다수면장애

과다수면장애(Hypersomnolence Disorder)는 불면장애와 반대로 과도한 졸림으로 인해 일상생활에 어려움을 겪는 경우이다. DSM-5-TR에 따르면, 과다수면장애는 최소한 7시간 이상의 수면을 취했음에도 불구하고 과도한 졸음을 보고하며 다음 중 한 가지 이상의 증상을 나타낸다: (1) 같은 날에 반복적으로 자거나 잠에 빠져드는 일이 발생함; (2) 매일 9시간 이상 지속적으로 잠을 잠(밀린 잠을 자는 경우가 아님); (3) 갑작스럽게 깨어난 후에 충분히 각성상태에 이르지 못함. 이러한 과도한 졸음이 매주 3일 이상 나타나고 3개월 이상 지속되어 일상생활에 현저한 부적응이 초래될 때 과다수면장애로 진단될 수 있다.

과다수면장애를 나타내는 사람들은 야간 수면시간이 9~12시간 이상이며 아침에 깨어나기 힘들어한다. 실제적인 야간 수면의 질은 정상적이지만 원기회복이 되지 않는다. 이 장애가 있는 사람은 빠르게 잠들고 지속적인 수면을 취하지만 아침에 깨어나기 어렵고 졸음과 피곤에서 헤어나지 못하며 흔히 '잠에 취한 상태'가 지속된다. 이들은 주간에도 지속적인 졸음을 느껴 낮잠을 자게 된다. 흔히 낮잠을 1시간 이상 비교적 길게 자는 경향이 있고, 수면 후에도 상쾌함을 느끼지 못하며 졸음이 개선되지 않는다. 긴 야간 수면과 주간의 졸음은 작업 효율성의 저하, 집중력의 감소, 기억력의 감소 등을 초래하여 업무수행력을 저하시킨다. 이들은 전형적으로 자극이나 활동량이 적은 상황(예: 강의, 독서, TV 시청, 장거리 운전)에서 비의도적인 수면에 빠져드는 경향이 있다. 흔히 게으름이나 무기력으로 오인되어 사회적, 가족적 관계가 훼손될 수 있다. Kleine-Levin 증후군으로 알려진 재발성 수면과다증의 경우에는 하루에 18~20시간 동안 잠을 자거나 침대에서만 지내기도 한다.

　과다수면장애의 유병률은 알려져 있지 않다. 주간의 졸음을 호소하면서 수면장애 진료소를 방문하는 사람 가운데 약 5~10%가 과다수면장애를 가지고 있는 것으로 진단된다. 인구조사에서는 0.5~5%의 성인에서 특정한 원인 없이 주간의 졸음을 호소한다. 과다수면장애는 전형적으로 15~30세 사이에 시작되며, 몇 주에서 몇 개월 동안 서서히 진행된다. 대부분의 경우 치료를 받지 않으면 만성적인 경과를 나타낸다. 나이가 많아짐에 따라 낮잠을 자는 빈도가 늘어나는데, 이러한 현상은 과다수면장애와 구별되어야 한다. 과다수면장애를 나타내는 사람 중에는 우울증상을 지니고 있는 경우가 있는데, 이는 과다한 졸음으로 인한 부적응의 결과일 수 있다.

　과다수면장애는 다른 정신장애, 약물, 신체적 질병에 의해서 유발되는 경우와 이러한 요인에 의해 설명되지 않는 일차성 과다수면장애로 구분된다. 그러나 일차성 과다수면장애는 다른 경우의 수면문제와 잘 구분되지 않는 경향이 있어서 아직 그 원인에 대한 연구가 미진하다.

제4절　기면증

　대학을 졸업하고 어렵게 증권회사에 취업한 20대 중반의 P양은 요즘 퇴직을 고려하고 있다. 업무 스트레스가 많기는 하지만 자신의 전공을 살릴 수 있고 보수도 좋아 애착을 느끼고 있는 직장이었다. 그런데 2개월 전에 회사중역 앞에서 자신이 담당하는 기업체의 매출실적과 주가전망을 보고하는 자리에서 커다란 실수를 하게 되었다. 여러 명의 중역에게 보고하는 자리라서 기업체를 직접 방문하여 자료를 수집하고 최근 1년간의 주가동향을 철저하게 분석하는 등 충실하게 준비를 하였다. 매우 긴장된 상태에서 발표를 시작하여 무난하게 진행이 되었는데, 거의 발표가 끝나갈 즈음 갑자기 정신이 멍해지고 온몸에 힘이 쭉 빠지면서 그만 주저앉아 의식을 잃고 말았다. 10여 분 후에 구급차에 실려 가는 도중에 의식을 회복하였으며 병원에서 진찰을 한 의사는 아무런 신체적 이상이 없다고 했다. 후에 동료에게 들은 바로는, 의식을 잃고 쓰러진 후 코를 고는 등 깊은 잠에 빠진 것 같았다고 했다. K양은 그러한 자신의 모습을 여러 사람이 목격했을 것을 생각하니 참을 수 없는 수치심을 느끼게 되었다. 이런 일이 있은 후에도 종종 주가상황판을 지켜보다가 갑자기 눈꺼풀이 천근처럼 무겁게 느껴지며 졸음에 휩싸여 잠시 의식을 잃는 일이 발생하게 되었다. 이런 경우에는 아무리 정신을 차리려고 노력해도 소용이 없었다.

기면증(Narcolepsy: 嗜眠症)은 주간에 깨어 있는 상태에서 갑자기 저항할 수 없는 졸음을 느껴 수면에 빠지게 되는 경우를 말하는데 **수면발작증**이라고 불리기도 한다. 이러한 수면발작 상태에서는 짧은 시간 동안 흔히 격렬한 감정(예: 분노, 흥분, 놀람, 환희)을 경험한 후에 갑자기 근육의 긴장이 풀리며 주저 않을 것 같은 상태인 탈력발작이 나타난다. 또는 잠에서 깨어나는 과정에서 REM수면이 반복적으로 나타나며, 수면이 시작되거나 끝날 때 환각을 경험하거나 수면마비가 나타날 수 있다. 이런 일이 3개월 이상 지속적으로 일어나서 일상생활의 적응에 현저한 곤란을 초래하면 기면증으로 진단될 수 있다.

기면증은 낮에 갑작스럽게 심한 졸음을 느끼며 자기도 모르게 잠에 빠지는 **수면발작**(sleep attack)이 주요 증상이다. 수면발작에서 나타나는 졸음은 불가항력적인 것으로서 잠을 자기에 부적절한 상황(예: 자동차 운전 중, 회의 참석 도중, 대화 중)에서도 잠을 자게 된다. 이때 수면은 5~20분간 지속되지만 깨우지 않으면 1시간까지도 지속될 수 있고 흔히 수면 중에 꿈을 꾸기도 한다. 수면 후에는 어느 정도 정신이 맑아지고 원기가 회복되는데, 1~2시간이 지나면 다시 졸음을 느끼게 된다. 기면증이 있는 사람은 전형적으로 하루에 2~6회가량의 수면발작을 경험한다.

수면발작 시에 나타나는 **탈력발작**(cataplexy)은 크게 웃거나 화를 내거나 흥분하는 등의 격렬한 감정변화를 느끼고 난 후 갑자기 운동근육이 이완되어 쓰러질 것 같은 상태로서 몇 초에서 몇 분간 지속된다. 탈력발작의 증세가 가벼운 경우에는 맥이 탁 풀리면서 눈꺼풀, 턱, 머리, 팔이 무겁게 밑으로 처지는 현상이 나타나며, 좀 더 심한 경우에는 옮기던 물건을 떨어뜨리거나 무릎이 저절로 구부러져 땅에 주저앉기도 한다. 이러한 탈력발작은 기면증을 지닌 사람의 60%에서 나타난다.

기면증 환자들은 막 잠에 들려 할 때 나타나는 입면시 환각(hypnapompic hallucination)과 막 잠에서 깨어날 때 나타나는 출면시 환각(hypnogogic hallucination)을 경험하는 경향이 있는데,

약 20~40%의 환자들이 이러한 환각경험을 한다. 기면증을 지닌 사람의 30~50%가 경험하는 수면마비(sleep paralysis)는 잠들려 할 때나 잠에서 깨어날 때 의식은 있으나 전신근육이 마비되어 움직일 수 없는 상태를 의미한다. 수면마비는 "잠에서 깨려고 하는데 말을 하거나 움직일 수가 없었다"고 표현된다. 때로는 수면마비가 출면시 환각과 함께 나타날 수도 있는데, 이때 이상한 것을 보거나 듣게 되고 꼼짝할 수 없는 아주 무서운 경험을 하는 경우가 있다.

기면증의 유병률은 성인인구에서 0.02~0.16%로 보고되고 있으며 성비는 비슷한 것으로 알려져 있다. 대부분 기면증의 초기증상으로 주간의 졸음을 경험하며 보통 청소년기에 심각한 문제로 부각되는데, 40세 이후에 발병하는 경우는 거의 없다. 갑작스러운 심리사회적 스트레스나 수면-각성 주기의 급격한 변화가 생긴 후에 기면증이 나타나는 경우가 많다. 기면증이 있는 사람의 약 40%가 다른 정신장애를 동반하거나 과거에 정신장애를 지녔던 경력이 있다는 보고가 있다. 특히 기분장애(주로 주요우울장애와 기분부전장애)가 가장 흔하며 물질관련장애와 범불안장애가 그다음 순이다.

기면증은 일반적으로 유전적 요인이 강하게 작용하는 것으로 알려져 있다. 기면증을 나타내는 사람의 35~80%는 가족 중에 기면증이나 과다수면장애를 지닌 사람들이 있었다는 보고가 있다. 기면증을 설명하는 대표적 이론은 **2역치 다중요인 모델**(two-threshold multifactorial model)로서 유전적 요인과 환경적 스트레스가 상호작용하여 수면발작을 초래한다는 설명이다. 6번 염색체를 구성하는 일부 유전자에 의해 생성되는 HLA 단백질(human leukocyte antigen)을 가지고 있는 사람은 기면증을 경험하기 쉬운 유전적 취약성이 있는 것으로 밝혀졌다. 이러한 유전적 취약성을 가진 사람 중 약 85%가 스트레스 요인에 의해 기면증이 발생되었다고 보고되었으나, 유전적 취약성이 없는 사람도 돌발적으로 수면발작을 나타내는 경우가 있다. 다중요인 모델에 따르면, 유전적 취약성(특히 HLA-Dw2)과 스트레스 요인의 합이 어떤 수준, 즉 역치에 도달하면 수면발작이 나타난다. 그런데 두 종류의 역치가 있어서 유전적 취약성과 스트레스의 합이 첫 번째 역치에 도달하면 과다수면장애가 초래되고 더 심각한 두 번째 역치에 도달하면 기면증이 유발된다고 설명한다.

기면증을 치료하기 위해서 여러 약물(methylphenidate, amphetamine, pemoline)이 사용되는데 주로 각성수준을 증가시키는 기능을 한다. 탈력발작, 수면마비, 환각 증세에는 삼환계 항우울제가 처방된다. 규칙적인 수면-각성 패턴을 조성하는 것이 중요하며, 하루에 한두 번 짧은 시간 동안 낮잠을 취하는 것이 도움이 된다. 식이요법도 도움이 되는데 당분이 많은 음식을 피하는 것이 각성수준을 높이는 데에 효과적이다. 또한 운동이나 사회적 활동수준을 증가시킴으로써 적절한 각성수준을 유지하는 것이 중요하다. 아울러 심리치료를 통해 환자가 자신의 상태를 받아들이고 수면장애에 대한 불안과 두려움을 극복하며 현실적 문제(예: 수면발작 시 대처방법, 직업선택, 결혼문제)를 잘 대처해 나가도록 도울 수 있다. 또한 환자가 심리적 갈등이나 환경적 스트레스에 효과적으로 대응하는 능력을 향상시키면 수면발작의 빈도를 감소시킬 수도 있다.

제5절 호흡관련 수면장애

호흡관련 수면장애(Breathing-Related Sleep Disorders)는 수면 중의 호흡장애로 인하여 과도한 졸음이나 불면증이 유발되는 경우를 말한다. 호흡장애(예: 폐색성 수면 무호흡증, 중추성 수면 무호흡증, 중추성 폐포 환기저하증 등)로 인해 수면 중에 규칙적인 호흡이 어렵거나 한동안 호흡이 멈춰지는 현상이 나타나는데 이때 잠에서 깨어나게 된다.

호흡관련 수면장애의 주된 증상은 과도한 졸음이다. 이러한 졸음은 야간수면 시에 정상적인 호흡을 하기 위해서 자주 잠에서 깨어나게 되어 숙면을 취하지 못하기 때문에 발생한다. 호흡관련 수면장애에서 나타나는 호흡장애는 크게 세 가지 유형이 있는데, 그 첫째는 **폐색성 수면 무호흡증 및 호흡저하증**(Obstructive Sleep Apnea Hypopnea)으로 수면 도중에 기도가 막혀 다섯 번 이상의 무호흡증이나 호흡저하증이 반복적으로 나타나는 경우로서 가장 흔하다. 체중이 많이 나가는 사람에게 흔히 나타나며 보통 20~30초 동안 호흡이 정지된 후에 심하게 코를 고는 경향이 있다. 대부분 당사자는 코 고는 소리나 호흡곤란을 자각하지 못하는 경우가 많으나 낮 시간에 과도한 졸음을 느끼게 된다. 둘째는 **중추성 수면 무호흡증**(Central Sleep Apnea)으로서 기도의 막힘은 없으나 신경학적 질환이나 심장질환 등으로 인하여 수면 중에 다섯 번 이상의 호흡정지가 나타나는 경우를 말한다. 마지막으로 **수면-관련 환기저하증**(Sleep-Related Hypoventilation)은 수면 중에 호흡기능이 저하되면서 동맥의 이산화탄소(CO_2) 수준이 증가하는 현상으로서 대부분 체중이 무거운 사람에게 나타나며 과도한 졸음이나 불면증을 호소한다.

호흡관련 수면장애가 있는 사람 중에는 야간에 느끼는 흉부 불편감, 호흡정지, 무호흡이나 질식과 관련된 불안을 나타내는 경우도 있다. 이들은 잠에서 깨어났을 때 개운함을 느끼지 못하며 자기 전보다 아침에 더 심한 피로감을 느낀다. 수면 중에 구강 건조가 나타나 밤중이나 아침에 일어나서 물을 마시게 되며, 아침에 일어났을 때 두통을 느끼기도 한다. 주간의 졸음 때문에 기억력 장해, 집중 곤란, 안절부절못함, 성격의 변화가 나타날 수도 있다.

폐색성 수면 무호흡증과 연관된 호흡관련 수면장애의 유병률은 성인인구 중에서 약 1~10%로 추정되며 성비는 약 8:1로 남성에게 훨씬 많다. 이 장애를 지닌 사람은 대부분 40~60대 사이이며 노인에게 더 흔하다. 호흡관련 수면장애는 서서히 발병하여 점차적으로 진행하며 만성적 경과를 밟는다. 폐색성 수면 무호흡증은 체중 감량을 통하여 치료되는 경우도 있지만, 일반적으로 점차 심각하게 진행되어 심혈관계 질환이나 부정맥으로 인해 사망하는 경우가 종종 있다.

호흡관련 수면장애는 수면 중의 호흡을 원활하게 함으로써 치료될 수 있다. 증세가 심하지 않은 경우에는 잠을 자는 자세를 변화시키거나 호흡기능을 억제하는 요인을 제거함으로써 호전될 수 있다. 특히 비만증이나 기도 구조의 이상이 원인인 경우에는 그 원인에 대한 치료가 필요하다. 폐색성 수면 무호흡증을 지닌 사람들은 대부분 과체중이므로 우선 체중을 감소시키는 것이 중요하다. 아울러 충분한 수면을 취함으로써 수면 중에 나타날 수 있는 질식의 가능성을 감소시킬 필요가 있다. 흡연, 알코올 섭취, 약물복용을 감소시켜야 하며 반듯한 수면 자세를 취하도록 하는 것이 바람직하다.

제6절 일주기리듬 수면-각성장애

일주기리듬 수면-각성장애(Circadian Rhythm Sleep-Wake Disorders)는 수면-각성 주기의 변화로 인해 과도한 졸음이나 불면이 반복되는 경우를 말한다. 즉, 환경(예: 야간근무, 외국여행 등)에 의해 요구되는 수면-각성 주기와 개인의 일주기 수면-각성 주기의 부조화로 인하여 과도한 졸음이나 불면이 반복되고 지속되는 경우이다. 이러한 수면문제로 인하여 현저한 고통을 느끼거나 사회적, 직업적 부적응이 나타날 때 일주기리듬 수면장애로 진단된다.

일주기리듬 수면장애는 다섯 가지 유형으로 구분된다. 첫째 유형은 **지연된 수면단계형**(delayed sleep phase type)으로서 개인의 수면-각성 주기가 사회적으로 요구되는 것보다 지연되어 있는 경우를 말한다. 예컨대, 아침에 늦게 일어나고 밤늦게까지 깨어 있는 '올빼미' 식의 수면-각성주기를 지닌 사람은 아침에 일찍 일어나 출근해야 하는 직업에 적응하기 어렵다. 이런 수면문제를 지닌 사람은 자신의 수면-각성 시간을 앞당기는 능력이 부족한 것으로 여겨진다. 이들은 사회적으로 요구되는 시간에 깨어나기 매우 어려우며, 강제로 깨우는 경우에는 수면이 박탈된 상태이므로 활동시간에 졸음을 느끼게 된다. 두 번째 유형은 **조기 수면단계형**(advanced sleep phase type)으로서 개인의 수면-각성 주기가 사회적으로 요구되는 것보다 앞서 있는 경우를 말한다. 초저녁에 잠이 들고 새벽에 일찍 깨어 아침까지 수면을 지속하지 못한다. 대체로 저녁 6~8시에 잠이 들어 새벽 1~3시쯤 깨는 경우로서 노인들에게 많이 나타난다. 세 번째 유형은 **교대 근무형**(shift work type)으로서 교대근무에 의해 요구되는 수면-각성 주기와 개인의 수면-각성 주기가 불일치하는 경우를 말한다. 주간근무와 야간근무가 교대되는 경우, 수면과 각성 시간의 변화가 강요되고 이로 인하여 개인의 일주기리듬이 깨어져 정상적인 수면이 방해받는다. 일반적으로 야간 교대 근무자는 주간 근무자보다 수면 시간이 짧아지고 수면의 연속성에 있어서 장해가 초래되며 야간근무 중에 졸림을 느끼게 된다. 네 번째 유형은 **불규칙한 수면-각성형**(irregular sleep-wake type)으로서 수면-각성 주기가 일정하지 못해서 하루에도 여러 번 낮잠을 자고 밤에 주된 수면을 취하지 않는다. 하지만 24시간 내 수면 시간의 총합은 연령대에서 정상 시간에 해당한다. 다섯 번째 유형은 비24시간 수면-각성형(non-24-hours sleep-wake type)으로서 개인의 수면-각성 주기가 24시간 환경과 일치하지 않아서 잠 들고 깨어나는 시간이 매일 지속적으로 늦어지는 경우를 말한다. 이러한 경우에는 외부의 빛이나 어둠 주기와 상관없는 수면-각성 주기를 가지는데 맹인에게서 흔히 나타난다.

일주기리듬 수면-각성장애의 유병률은 잘 알려져 있지 않다. 그러나 청소년의 경우 지연된 수면 단계형의 유병률은 약 7%이며, 야간 교대 근무자의 경우 교대 근무형의 유병률은 약 60%라는 보고가 있다. 교대 근무와 시차 여행으로 인한 수면장애는 젊은 성인에 비해서 장년과 노인에게 더 심하거나 더 쉽게 발생하는 경향이 있다.

지연된 수면단계형 장애를 나타내는 사람은 정상적인 환경단서에 따라 일주기리듬을 조정하여 적응하는 능력이 약한 것으로 알려져 있다. 따라서 이러한 경우는 수면시간과 깨어 있는 시간을 매일 조금씩 앞당기도록 수면계획을 세워 점진적으로 실행하도록 하는 것이 효과적이다. 밤에 일하고 낮에 잠을 자는 야간근무에 적응하지 못하는 교대 근무형 수면장애의 경우에는 야간근무가 끝나는 아침보다 정오에 잠을 자기 시작하는 것이 좋다. 일주기리듬 수면-각성장애에는 광 노출 치료가 도움이 될 수 있다. 광 노출 치료(light exposure therapy)는 2~3일간 7,000~12,000lux의 밝은 빛에 노출시킴으로써 수면단계에 변화를 주는 치료법이다. 수면단계를 변화시키는 방향은 노출의 시간대에 의해 설정될 수 있는데, 노출 시간이 아침일 경우 수면단계를 앞당기는 효과를 얻을 수 있으며 저녁에 노출시키면 수면단계를 뒤로 미루는 효과를 거둘 수 있다. 주기적으로 빛에 노출하면 규칙적인 일주기리듬을 형성하는 데 도움이 될 수 있다.

제7절 수면이상증

수면이상증(Parasomnias)은 수면상태에서 일어나는 비정상적인 행동이나 경험을 의미하며 사건수면이라고 불리기도 한다. 이러한 수면이상증은 숙면을 방해하여 낮 시간 동안에 졸리거나 피곤감을 느끼는 등 일상생활의 적응에 어려움을 초래하게 된다. 이러한 수면이상증에는 비REM수면 각성장애, 악몽장애, REM수면 행동장애, 하지불안 증후군이 있다.

1. 비REM수면 각성장애

비REM수면 각성장애(Non-Rapid Eye Movement Sleep Arousal Disorders)는 주된 수면 시간의

첫 1/3 기간에 수면에서 불완전하게 깨어나는 경험을 반복적으로 하는 경우를 말한다. 이 장애는 수면중 보행(sleepwalking)이나 수면중 경악(sleep terrors) 중 하나의 형태로 나타난다. 어떤 경우이든 꿈의 내용을 기억하지 못할 뿐만 아니라 수면 중 보행이나 경악 반응 시의 경험을 기억하지 못한다. 비REM수면 각성장애는 주된 증상에 따라 수면중 보행형과 수면중 경악형으로 구분되고 있다.

1) 수면중 보행형

수면중 보행형(sleepwalking type)은 수면 중에 잠자리에서 일어나서 걸어 다니는 일이 반복되는 경우를 말하며 **몽유병**(夢遊病)이라고 불리기도 한다. 대개 야간수면시간의 초기에 발생한다. 수면 중에 보행하는 동안, 개인은 멍하게 응시하는 표정을 나타내고 말을 거는 다른 사람에게 반응을 보이지 않으며 깨우기가 어렵다. 깨어났을 때는 대부분 수면중 보행에 대한 기억을 하지 못한다. 수면중 보행에서 깨어나게 되면, 대부분 몇 분이 지나지 않아서 정상적인 의식상태로 회복된다.

수면중 보행반응은 다양한 행동을 포함하는데 대부분 규칙적이고 복잡하지 않다. 간단한 행동의 경우는 침대에 앉거나 주위를 둘러보거나 담요나 침대시트를 잡아당긴다. 좀 더 복잡한 행동을 나타내는 경우에는 벽장으로 걸어가고, 방을 나가서 위층이나 아래층으로 돌아다니고, 심지어 집 밖으로 나가기도 하는데 대부분 몇 분에서 30분 이내에 종결된다. 이런 행동을 한 사람은 다음 날 아침에 다른 곳에서 깨어나거나 밤에 어떤 일을 했던 흔적이 있지만 거의 사건을 기억하지 못한다. 때로는 꿈의 일부를 막연히 기억할 수 있지만 이야기식으로 꿈의 줄거리를 회상하지는 못한다. 수면중 보행 시에는 잠을 깨우기가 쉽지 않으며, 만약 잠을 깨우면 몇 분 동안 혼란스러운 상태로 있다가 정상적인 의식상태로 돌아온다. 수면중 보행형 장애와 수면중 경악형 장애를 함께 지니고 있는 사람은 이러한 보행 동안 다른 사람들에게 손상을 입힐 수도 있다. 이 장애를 지닌 사람은 자신의 수면중 보행행동이 노출될 수 있는 상황을 피하기 때문에 사회적 고립이나 직업적 적응에 어려움을 겪을 수 있다.

아동의 10~30%는 적어도 한 번 이상 수면중 보행반응을 나타낸다. 대개 4~8세 사이에 수면중 보행반응을 처음 보이며, 12세 무렵에 가장 높은 빈도를 나타낸다. 아동기 동안의 수면중 보행은 대개 초기 청소년기에 자연적으로 사라진다. 성인의 경우 수면중 보행장애는 대개 증상의 악화와 호전이 반복되는 만성적인 경과를 나타낸다.

수면중 보행형은 사춘기 이전에 발병률이 높고 그 이후에는 감소한다는 점 때문에 중추신경계의 성숙과 관련되어 있음이 시사되고 있다. 직계가족에서 높은 공병률을 나타내고 있어 유전적 요인이 관련되는 것으로 여겨지고 있다. 또한 수면중 보행행동은 신체적, 정서적 스트레스 직후에 발생하는 경향이 있으며 특히 적개심이나 분노 등의 감정을 잘 표현하지 못하고 억누르는 사람에게 잘 나타난다. 심리사회적인 압박감, 알코올이나 진정제의 복용, 내적 자극 (예: 팽창된 방광)이나 외적 자극(예: 소음)이 수면중 보행행동을 유발할 수 있다. 성인에게 나타나는 수면중 보행 유형은 성격장애, 기분장애, 불안장애와 관련되는 경우가 있다. 발열이나 수면박탈이 수면중 보행행동의 빈도를 증가시킬 수 있다.

약물로는 benzodiazepine과 같은 항불안제가 효과적이며 이완치료나 최면술을 사용하기도 한다. 아동기에 발병할 경우에는 잠자는 동안 위험한 행동을 하여 신체적 손상을 입을 수 있으므로 창문과 문은 잠가두는 것이 좋다. 만약 수면중 보행을 하고 있는 것이 발견되면 깨우지 말고 다시 잠자리로 돌아가도록 하는 것이 바람직한데, 이는 자신의 행동을 자각하고 불안과 당혹감을 느낄 수 있기 때문이다. 사춘기까지 이 장애가 지속될 경우에는 좀 더 정확한 심리적 평가와 치료를 받는 것이 필요하다.

2) 수면중 경악형

수면중 경악형(sleep terror type)은 수면 중에 심장이 빨리 뛰고 호흡이 가빠지며 진땀을 흘리는 등의 자율신경계의 흥분과 더불어 강렬한 공포를 느껴 자주 잠에서 깨는 경우로서 **야경증** (night terror)이라고 불리기도 한다. 보통 주된 수면시간의 초기에 발생하며 돌발적인 비명과 함께 급작스럽게 잠에서 깨어나는 일이 반복된다. 잠에서 깨어났을 때 타인의 안심시키려는 노력에 별로 반응하지 않으며 상세한 꿈 내용을 회상하지 못한다. 이 점은 수면중 경악이 꿈 내용을 상세하게 기억하는 악몽장애와 다른 점이다.

수면중 경악상태에서 사람들은 비명을 지르거나 울면서 갑자기 침대에서 일어나 앉으며 매우 놀란 표정과 심한 자율신경계 불안증상(예: 심계항진, 빠른 호흡, 피부의 홍조, 발한, 동공 확대, 증가된 근육 긴장)을 나타낸다. 다른 사람들이 이들을 깨우거나 편안하게 하려는 노력에 반응하지 않은 채 멍한 상태를 보인다. 깨어나게 되어도 몇 분간은 혼란상태를 보이며 꿈의 내용을 기억하지 못하고 막연한 공포감을 이야기한다. 꿈의 단편적인 이미지는 말할 수 있지만 이야기로 연결되는 꿈 장면을 보고하지는 못한다. 수면중 경악을 나타내는 사람 중 일부는 경악상태에서 완전히 깨어나지 못한 채로 고통스러워 하다가 다시 잠들게 되고, 다음 날 아침에 깼을 때 이런 일을 기억하지 못한다. 빈번한 수면중 경악반응은 개인을 매우 고통스럽게 할 뿐만 아니라 대인관계에 어려움을 초래할 수도 있다. 예컨대, 이런 경악반응이 나타나는 것을 타인에게 보이지 않기 위해 친구 집에 가서 자거나 캠핑을 가는 것을 회피하게 된다.

수면중 경악반응은 다양한 원인에 의해 생기는 것으로 여겨지고 있다. 이 장애를 지닌 환자는 가족 중에 수면중 경악반응이나 수면중 보행행동을 나타내는 사람이 많으며 직계 가족에서는 유병률이 10배나 높다는 보고가 있다. 수면중 경악반응을 나타내는 사람은 내인성 benzodiazepine 수용기가 결여되어 있다는 주장도 있는데, 이는 benzodiazepine 길항제를 투여하면 수면중 경악과 유사한 반응을 나타내는 현상에 근거하고 있다. 또한 수면중 경악반응을 나타내는 환자들은 공포증, 우울증, 불안장애와 같은 심리적 문제를 보이는 경향이 있다. 이 장애를 지닌 사람의 85%가 성격장애나 정신장애의 진단을 받을 수 있는 상태라는 보고도 있다. 산만하고 불안정한 침실분위기와 같은 환경적 요인과 발열이나 수면 박탈도 이러한 경악반응의 빈도를 증가시킬 수 있다.

수면중 경악반응을 치료하기 위해서는 침실이 안전하다는 것을 구체적으로 확인시킬 필요가 있다. 예컨대, 상처를 입힐 수 있는 가구나 물건을 치워 놓거나 창문과 문이 잠겨 있다는 것을 보여주거나 가족과 함께 같은 방에서 자는 것도 도움이 될 수 있다. 환자가 기억하지 못하는 수면중 경악반응은 불안을 가중시킬 수 있으므로 언급하지 않는 것이 좋다. 이러한 수면장애가 청소년기까지 지속되면 심리치료를 통해 심리적 원인을 탐색하고 해결하는 것이 중요하다. 때로는 항불안제나 항우울제가 도움이 될 수도 있다.

2. 악몽장애

악몽장애(Nightmare Disorder)는 주된 수면시간 동안이나 낮잠을 자는 동안에 생존, 안전, 자존감의 위협과 같은 여러 가지 무서운 꿈을 꾸게 되어 잠에서 깨어나는 일이 반복되는 경우를 말한다. 무서운 꿈에서 깨어난 후, 신속하게 정상적인 의식을 회복하고 대부분 꿈의 내용을 상세하게 기억한다.

악몽은 전형적으로 심한 불안이나 공포를 유발하는 길고 정교한 꿈으로 나타난다. 꿈 내용은 대부분 절박한 개인의 신체적 위험(예: 추적, 공격, 손상)에 관한 것이다. 악몽에서 깨어나면, 연속적인 꿈 순서와 내용을 상세하게 기억할 수 있다. 꿈을 꾸는 REM수면 기간은 밤의 후반기로 갈수록 더 길어지고 꿈이 더욱 선명해지기 때문에 악몽은 주로 밤의 후반기에 발생한다.

악몽은 잠에서 깨어나면서 종결되며, 악몽의 경험 때문에 대부분 다시 잠들기가 어렵다. 악몽장애는 사회적, 직업적 장해를 초래하기보다는 주관적인 고통을 유발하는 경우가 많다. 그러나 밤에 자주 잠을 깨거나 악몽의 두려움 때문에 잠을 자지 못한다면, 낮 동안의 기능을 방해할 수 있는 과도한 졸음, 집중력 저하, 우울, 불안, 안절부절못함을 경험하게 된다.

악몽장애가 있는 사람은 악몽에서 깨어났을 때 자율신경계의 각성상태(예: 발한, 심계항진, 빠른 호흡)를 나타낸다. 그러나 악몽상태에서는 신체를 움직이거나 소리를 지르는 경우는 드물다. 왜냐하면 REM수면 동안에는 골격근의 긴장이 상실되어 몸을 움직이기 어렵기 때문이다. 그러나 악몽이 종결되면서 깨어날 때 비명을 지르거나 손발을 휘젓는 일이 잠시 나타날 수 있다.

악몽장애의 유병률은 알려져 있지 않다. 3~5세 아동의 10~50%가 부모를 괴롭힐 정도로 심각한 악몽을 경험하며, 성인의 50% 정도가 일시적인 악몽을 경험한다고 한다. 여성이 남성보다 더 자주 악몽을 보고하며, 여성 대 남성의 비율은 약 2:1 내지 4:1 정도로 나타난다. 악몽은 흔히 3~6세 사이에 시작되며 악몽을 경험하는 대부분의 아동은 정상적으로 성장한다. 이러한 악몽은 아동기에 빈번하게 발생하기 때문에 이 기간 동안에는 별도로 임상적인 관심을 받아야 할 정도로 심각한 고통이나 장해가 없다면 악몽장애의 진단을 내려서는 안 된다.

악몽장애는 심각한 심리사회적 스트레스에 노출된 사람에게서 나타나기 쉽다. 성인의 경우, 매우 내성적인 성격을 지니거나 예술적인 기질이 있는 사람에게서 잘 나타나는 경향이 있다. 또한 악몽장애가 있는 사람은 우울과 불안 증상을 함께 지니고 있는 경우가 많다. 특히 악몽장애는 전쟁 후나 극심한 충격과 같은 외상 경험 후에 잘 발생하는 경향이 있으며 고열이 나는 경우나 REM수면 억제제를 갑자기 끊는 경우에도 발생할 수 있다.

3. REM수면 행동장애

REM수면 행동장애(Rapid Eye Movement Sleep Behavior Disorder)는 수면 중 소리를 내거나 옆 사람을 다치게 할 수 있는 복잡한 동작을 반복적으로 나타내며 깨어나는 경우를 말한다. 수면 중에 한바탕 격렬하게 움직이거나 옆에서 자는 사람을 치기도 하며 침대에서 뛰어내리다 본인이 다치기도 한다. 이러한 행동은 REM 수면단계에서 나타나는데 수면이 시작된 후 90분 이후에 자주 나타나며 수면의 후반부에 더 흔하게 나타난다. 이러한 행동을 한 후에는 완전히 깨어나서 명료한 의식을 되찾게 되며 의식의 혼란을 나타내지 않는다.

REM수면 행동장애는 REM 수면 중에 복잡하고 활기찬 움직임이 나타나는 것이 특징이다. 꿈의 내용을 행동으로 옮기려고 소리를 지르기, 주먹으로 치기, 발로 차기, 침대에서 뛰어내리기 등을 나타내며 때로는 심각한 신체적 손상을 초래할 수 있다. 이러한 행동은 전형적으로 일주일에 한 번 정도 나타나지만 연속해서 며칠 동안 매일 밤에 여러 번 나타날 수도 있다.

REM수면 행동장애의 유병률에 대해서는 알려진 것이 거의 없지만 50대 이상의 남성에게서 많이 나타나는 것으로 보고되고 있다. 일반적으로 REM 수면단계에서는 전신근육이 이완되어 힘을 쓸 수 없기 때문에 꿈속에서 몸을 움직이더라도 실제 행동으로 옮겨지지 않는다. 그러나 REM수면 행동장애 환자들은 흔히 뇌간(brain stem)의 노화나 뇌의 퇴행성 질환으로 인해서 수면 중에도 전신근육의 긴장도가 떨어지지 않아서 깨어 있을 때와 마찬가지로 팔다리를 움직일 수 있다. 따라서 꿈을 꾸는 동안에도 소리를 지르고 주먹으로 때리고 발로 차는 등 꿈 속의 행동을 실제로 행하게 되는 것으로 추정하고 있다(Schenkel & Siegel, 1989; Shouse & Siegel, 1992). 또한 REM수면 행동장애가 스트레스가 심한 사건을 경험하고 나서 발생하는 경우가 많기 때문에 심리사회적 스트레스도 이러한 행동장애를 유발하는 원인으로 여겨지고 있다. 이 장애는 대부분의 경우 REM수면 억제제를 비롯한 약물치료를 통해서 효과적으로 치료될 수 있다.

4. 하지불안 증후군

하지불안 증후군(Restless Legs Syndrome)은 수면 중에 다리의 불쾌한 감각 때문에 다리를 움직이고 싶은 충동을 느끼는 경우를 말하며 초조성 다리 증후군이라고 불리기도 한다. 잠을 자거나 휴식하는 중에 다리나 신체 일부에 무언가가 기어가는 듯한 간지러운 불쾌한 감각을 느끼게 되어 다리나 몸을 움직이고 싶은 충동을 느끼게 된다. 이러한 증상으로 인해서 잠을 계속적으로 방해 받게 되면 수면의 질이 낮아질 뿐만 아니라 낮시간 동안의 기능 수준이 저하될 수 있다.

하지불안 증후군의 유병률은 2~7.2%로 보고되고 있다. 이 증후군은 어느 연령대에서나 나타날 수 있지만, 주로 40대 이상에서 흔히 진단된다. 한 연구(Cortese et al., 2005)에 따르면, 주의력 결핍/과잉행동 장애 환자의 44%가 하지불안 증후군을 보고하였다. 또한 하지불안 증후군은 수면의 양과 질을 저하시키기 때문에 불면증과 더불어 낮 시간의 기능 손상을 유발할 수 있으며 우울장애나 불안장애와의 공병률이 높은 것으로 알려져 있다.

하지불안 증후군의 원인은 주로 생물의학적 입장에서 논의되고 있다. 수면 중의 도파민 수준 저하가 하지불안 증후군을 유발할 수 있다고 주장하고 있다. 하지불안 증후군 환자는 평상시의 도파민 수준이 정상인보다 높아서 도파민 수용체들이 둔감화되는데, 밤 시간에는 도파민 분비가 줄어들기 때문에 도파민 수준의 저하로 인해 팔다리의 떨림이나 어색한 감각을 느낀다는 것이다. 이러한 환자에게 도파민의 전구물질을 투여하면 증상이 호전되는 것으로 알려져 있다. 이 밖에도 하지불안 증후군 환자의 상당수가 철분을 투여했을 때 호전을 보였다는 연구결과에 근거하여 철분부족이 이러한 증후군의 유발에 관여하는 것으로 추정되고 있다.

요약

1. 급식 및 섭식 장애는 개인의 건강과 심리사회적 기능을 현저하게 방해하는 부적응적인 음식섭취 행동을 의미한다. DSM-5-TR에서는 급식 및 섭식 장애의 하위유형으로 신경성 식욕부진증, 신경성 폭식증, 폭식장애, 이식증, 되새김장애, 회피적/제한적 음식섭취장애를 제시하고 있다.
2. 신경성 식욕부진증은 체중증가와 비만에 대한 극심한 두려움을 지니고 있어서 음식섭취를

현저하게 감소시키거나 거부함으로써 체중이 비정상적으로 저하되는 경우를 말한다. 신경성 식욕부진증은 90% 이상이 여성에게 발생하며 특히 청소년기의 여성에게서 흔하다. **정신분석적 입장**에서는 신경성 식욕부진증을 성적인 욕구에 대한 방어적 행동이라고 보았다. 이 밖에 부모의 기대에 순응하는 자신에 대한 공격, 진정한 자기의 주장, 적대적인 어머니상에 대한 공격 등의 무의식적 동기가 식욕부진증을 유발한다고 주장한다. **행동주의적 입장**에서는 신경성 식욕부진증을 일종의 체중공포증으로 간주한다. 뚱뚱함에 대한 공포와 과도한 음식섭취에 대한 공포가 절식행동을 부적으로 강화하여 식욕부진증을 유발한다고 본다. **인지적 입장**에서는 신경성 식욕부진증 환자들이 자신의 신체를 뚱뚱한 것으로 왜곡하여 지각하는 경향이 있으며 이상적인 몸매와의 심한 괴리감으로 인해 과도한 체중감소의 노력을 하게 된다고 주장한다. **생물학적 입장**에서는 신경성 식욕부진증에 유전적 요인과 시상하부의 이상이 관여한다고 주장한다. 신경성 식욕부진증 환자는 영양실조로 인한 여러 가지 합병증의 위험이 있기 때문에 입원치료를 하는 경우가 많다. 건강한 식사습관과 영양관리, 신체상에 대한 왜곡의 수정, 비합리적 신념의 변화, 그리고 가족치료를 병행하는 것이 바람직하다.

3. **신경성 폭식증**은 짧은 시간 내에 많은 양을 먹는 폭식행동과 이로 인한 체중증가를 막기 위해 배출행동이 반복되는 경우를 말한다. 정신분석적 입장에서는 폭식증이 부모에 대한 무의식적인 공격성의 표출과 관련되어 있다고 본다. 행동주의적 입장에서는 폭식증을 음식에 대한 접근행동과 회피행동이 반복되는 상태라고 설명한다. 폭식증은 심각한 체중감소가 없으므로 주로 외래치료를 한다. 폭식증 치료의 초기목표는 폭식-배출행동의 악순환을 끊고 섭식행동을 정상화하는 것이다.

4. **폭식장애**는 폭식을 일삼으면서 자신의 폭식에 대해 고통을 경험하지만 음식을 토하는 등의 보상행동은 나타내지 않는 경우를 말한다. 폭식행동은 엄격한 절식에 대한 반작용으로 나타날 수 있고 부정 정서에 의해 촉발될 수도 있다. 폭식장애의 치료에는 인지행동치료, 대인관계 심리치료, 그리고 약물치료가 효과적인 것으로 알려져 있다.

5. **이식증**은 영양분이 없는 물질이나 먹지 못할 것(예: 종이, 천, 흙, 머리카락)을 적어도 1개월 이상 지속적으로 먹는 경우를 말한다. **되새김장애**는 핵심증상이 반복적인 음식역류로서 음식물을 반복적으로 토해 내거나 되씹는 행동을 1개월 이상 나타낼 때 진단된다. **회피적/제한적 음식섭취장애**는 6세 이하의 아동이 지속적으로 먹지 않아 1개월 이상 심각한 체중감소가 나타나는 경우를 말한다.

6. **수면-각성장애**는 수면 기능에 문제가 생겨서 주간의 각성 유지에 어려움이 초래되는 경우를 의미한다. DSM-5-TR에서는 수면-각성장애를 불면장애, 과다수면장애, 기면증, 호흡관련 수면장애, 일주기리듬 수면-각성장애, 수면이상증(비REM수면 각성장애, 악몽장애,

REM수면 행동장애, 하지불안 증후군) 등으로 구분하고 있다.

7. **불면장애**는 수면을 시작하거나 유지하는 데 어려움을 겪거나 이른 아침에 깨어 잠들지 못하는 어려움으로 인해서 수면의 양과 질에 대한 현저한 불만족을 경험하는 경우를 말한다. 불면장애를 가장 잘 설명하고 있는 인지행동적 입장에서는 과도하게 높은 각성수준을 지닌 사람에게 생활 스트레스가 주어질 때 불면증이 나타난다고 설명한다. 이러한 일시적 불면증은 잘못된 수면습관, 불면에 대한 걱정, 수면부족으로 인해 주간생활을 제대로 하지 못할 것이라는 불안감에 의해 만성적 불면증으로 발전된다. 불면증에 대한 치료는 약물치료와 인지행동치료가 가장 일반적이다.

8. **과다수면장애**는 최소한 7시간 이상의 수면을 취했음에도 불구하고 과도한 졸음을 보고하는 경우를 말하며, **기면증**은 주간에 깨어 있는 상태에서 갑자기 저항할 수 없는 졸음을 느껴 수면에 빠지게 되는 경우를 의미한다. **호흡관련 수면장애**는 수면 중의 호흡장애로 인하여 과도한 졸음이나 불면증이 유발되는 경우를 뜻하며, **일주기리듬 수면장애**는 수면-각성 주기의 변화로 인해 과도한 졸음이나 불면이 반복되는 경우를 말한다. **수면이상증**은 수면 상태에서 나타나는 비정상적인 행동으로서 숙면을 방해하여 낮 시간 동안에 졸리거나 피곤감을 느끼게 하는 등 일상생활의 적응에 어려움을 초래하는 경우를 뜻하며 그 하위유형으로는 비REM수면 각성장애, 악몽장애, REM수면 행동장애, 하지불안 증후군이 있다.

추천도서 및 시청자료

급식 및 섭식 장애에 관해 좀 더 자세한 이해를 원하는 사람은 『섭식장애』(김정욱, 2016)를 참고하기 바란다. 폭식장애의 자기치료에 관한 책으로는 『폭식증 스스로 이겨내기』(이영호 등, 2011)가 있다. 신경성 식욕부진증을 다룬 영화로는 한국영화인 〈301-302〉(1995)와 〈세상에서 제일 작은 소녀(The Best Little Girl in the World)〉(1981)가 있으며, 신경성 폭식증을 다룬 영화로는 〈열정의 무대(Center Stage)〉(2000)가 있다. 〈누군가와 치즈를 함께 먹고 싶을 때(I Want Someone to Eat Cheese With)〉(2006)는 폭식장애를 다룬 영화로서 과체중인 주인공 남성이 음식과 벌이는 사투를 잘 묘사하고 있다.

수면-각성장애, 특히 불면장애의 원인과 극복방법에 관심이 있는 사람에게는 『불면증』(서수균, 2016), 『단잠이 건강을 낳는다』(이현수, 1996)와 더불어 Hammelmann(2006)이 저술한 『굿바이 불면증』(전재민 역, 2007)과 Edinger와 Kanny(2008)가 저술한 『불면증 약없이 극복하기-인지행동 치료적 접근: 치료자용』(이은 역, 2010)이 도움이 될 것이다. 수면-각성장애에 관한 영화로는 불면장애를 다루고 있는 〈인썸니아(Insomnia)〉(2002)와 〈머시니스트(The Machinist)〉(2004), 기면증의 증상을 엿

볼 수 있는 〈아이다호(My Own Private Idaho)〉(1991), 악몽장애를 묘사하고 있는 〈미스테리어스 스킨(Mysterious Skin)〉(2004)과 〈죽음의 침묵(The Pact of Silence)〉(2003) 그리고 수면중 보행장애를 다룬 〈세컨핸드 라이온스(Secondhand Lions)〉(2003)와 〈도니 다코(Donnie Darko)〉(2001)가 볼 만하다.

제**12**장

성기능부전과 변태성욕장애

성기능부전과 변태성욕장애

인간에게 있어서 성(性)은 매우 기본적이며 중요한 삶의 영역이다. 성은 종족보존을 위해 자손을 잉태하는 생식기능을 담당할 뿐만 아니라 사랑을 표현하는 주요한 수단이다. 성인이 된 남자와 여자는 성행위를 통해서 서로의 사랑을 교환하고 확인한다. 그러나 인간은 이러한 성적 활동에 있어서 곤란을 겪거나 비정상적인 성적 취향을 나타내기도 한다.

DSM-5-TR에서는 성과 관련되어 나타나는 다양한 이상행동을 세 가지의 독립된 장애범주, 즉 성기능부전, 변태성욕장애, 성별 불쾌감으로 나누어 제시하고 있다. 성기능부전(Sexual Dysfunctions)은 원활한 성교행위를 방해하는 다양한 기능장애를 포함하고 있으며, 변태성욕장애(Paraphilic Disorders)는 성행위 대상이나 성행위 방식에서 비정상성을

나타내는 다양한 문제행동을 의미한다. 성별 불쾌감(Gender Dysphoria)은 자신에게 주어진 생물학적 성에 대한 불쾌감을 느끼며 다른 성이 되고자 하는 강렬한 열망을 지니는 경우를 뜻한다.

성기능부전

성생활은 남녀가 사랑을 나누는 삶의 중요한 영역이다. 남녀의 사랑이 깊어지면 육체적 교합을 통해 서로의 사랑을 확인한다. 성행위를 통해 육체적으로 사랑을 나누는 것만큼 커다란 기쁨과 즐거움도 없다. 또한 성은 자기가치감을 확인하는 중요한 영역이기도 하다. 사랑하는 사람에게 충분한 성적 만족감을 줄 수 있는 자신의 능력은 자기가치감의 주요한 바탕이 된다. 그러나 불행하게도 성기능의 문제로 인하여 만족스러운 성생활을 하지 못하는 경우가 많다. 성기능부전은 성행위를 하는 과정에서 경험되는 다양한 기능적 곤란을 의미한다. 성기능부전으로 인하여 사랑하는 사람에게 충분히 사랑을 표현할 수 없는 것만큼 고통스러운 것도 없다. 더구나 성기능의 문제는 다른 사람에게 드러낼 수 없는 은밀한 것이기에 더욱 고민스러운 것이다.

제1절 성반응주기와 성기능부전

성기능부전을 이해하기 위해서는 정상적인 성반응의 과정과 단계를 살펴보는 것이 필요하다. 성행위를 하는 과정에서 일반적으로 4단계의 변화가 나타나는데, 이를 성반응주기(sexual response cycle)라고 한다(Masters & Johnson, 1970). 첫째는 성욕구 단계(desire stage)로서 성행위를 하고자 하는 욕구를 느끼며 서서히 성적인 흥분이 시작되는 단계이다. 성적인 욕구는 흔히 다양한 외부적인 자극에 의해서 촉발되며 때로는 내면적인 상상에 의해서도 유발된다. 두 번째 단계는 성적 흥분의 고조 단계(excitement stage)로서 성적인 쾌감이 서서히 증가하고 신체 생리적인 변화가 나타난다. 남성의 경우는 음경이 발기되고 여성의 경우는 질에서 분비물이 나오며 성기부분이 부풀어 오른다. 세 번째는 절정 단계(orgasm stage)로서 성적인 쾌감이 절정에 달하는 극치감을 경험하게 된다. 마지막은 해소 단계(resolution stage)로서 성행동과 관련된 생리적 반응이 사라지면서 전신이 평상시 상태로 돌아가게 된다. 이러한 성반응주기의 4단계에서 마지막 해소 단계를 제외한 어느 한 과정에서 문제가 발생하게 되는 것이 성기능부전이다. 성반응주기를 남성과 여성의 경우로 나누어 좀 더 자세하게 살펴보기로 한다.

1. 남성의 성반응주기

　성적 자극을 받게 되면 성욕구를 느끼고 성적으로 흥분하는 성욕구 단계가 나타난다. 남자는 여러 가지 방식에 의해 성적으로 흥분하게 되는데, 성기를 직접 자극하여 만져 준다거나 성적인 매력을 보이는 상대를 바라보거나 접촉하는 것이 성적 반응을 유발하는 가장 강력한 자극이 된다. 성욕구를 느끼게 되면 전신의 근육긴장도가 증가하고 남성의 성기가 발기하게 된다. 아울러 심장박동과 호흡이 빨라지고 혈압이 상승하는 등의 신체적 변화가 나타나며 고조 단계로 발전한다. 고조 단계는 흥분상태에서 극치감 직전까지의 과정을 의미한다. 이 단계에서는 생리적인 변화와 근육긴장도가 강해지며 음경의 발기상태가 최고조에 이른다. 성적 흥분은 척수에 있는 부교감 신경을 자극하여 음경의 혈관에 혈액이 흘러들게 하며 혈관이 팽창됨으로써 발기하게 된다.

　절정 단계는 극치감을 경험하는 단계이다. 음경의 귀두부에 율동적 자극이 충분히 주어지면 강렬한 쾌감인 절정감을 경험하고 정액을 배출하는 사정이 일어나게 된다. 이때 전신의 근육이 수축하여 심장박동, 호흡, 혈압이 급하게 상승한다. 이러한 단계는 3~25초간 지속된다. 해소 단계는 극치감의 경험 이후부터 흥분 전의 상태로 되돌아가는 성반응주기의 마지막 단계이다. 이때는 성적 자극에 대한 신체반응이 급격하게 감소하며 상승했던 심장박동, 호흡, 혈압이 수분 내에 평상상태로 돌아간다.

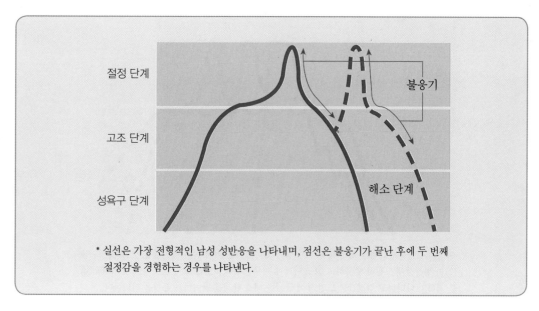

　*　실선은 가장 전형적인 남성 성반응을 나타내며, 점선은 불응기가 끝난 후에 두 번째 절정감을 경험하는 경우를 나타낸다.

[그림 12-1] 남성 성반응주기의 단계

2. 여성의 성반응주기

여성이 성적인 자극을 받아 성적 흥분을 느끼는 성욕구 단계에서는 질액이 분비되고 외부 성기가 부풀게 되는 반응이 나타난다. 여성을 흥분시키는 성적인 자극은 남자의 경우와 유사하지만 특히 부드럽게 접촉하는 촉감적 자극에 의해 영향을 받는 경향이 있다. 이러한 성적 자극을 받게 되면 골반과 음핵에 혈액이 모이게 되고 질윤활액이 분비되며 유방과 외부 성기가 부풀기 시작한다. 여성은 남성에 비해서 성욕구 단계에서 느리고 완만하게 고조 단계로 진행되는데, 고조 단계에서는 음핵이 2~3배로 확장되고 단단해지며 질윤활액의 분비가 많아져서 음경의 삽입이 용이한 상태가 된다. 흥분상태가 지속되면 질벽이 충혈되어 질입구가 확장되며 성적인 쾌감이 증가한다.

절정 단계에서는 여성은 질근육의 반복적인 수축반응을 나타내며 극치감을 경험하게 된다. 여성의 극치감 경험은 음핵과 질 내벽의 G반점(G spot)에 대한 강한 반복적 자극에 의해 유발된다. 남성은 성교 시에 한 번의 절정감을 경험하며 곧바로 성적 흥분이 급격하게 감소하는 반면, 여성은 절정감의 경험 후에도 성적 흥분이 한동안 유지되며 때로는 여러 번의 절정감을 경험할 수도 있다. 성적인 절정감을 경험한 후 평상상태로 회복되는 해소단계는 느리게 진행된다. 절정감의 경험 후 음핵은 5~10초 이내에 평소상태로 돌아가는 반면, 질은 10~15분에 걸쳐 서서히 평소상태로 돌아간다.

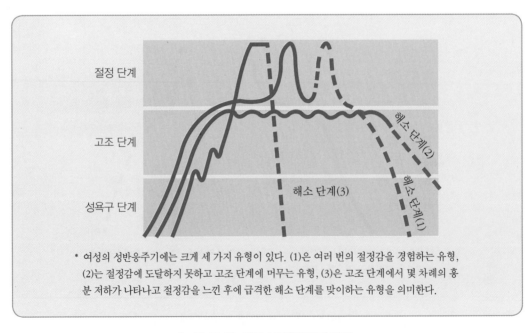

절정 단계

고조 단계

성욕구 단계

해소 단계(3)

해소 단계(2)

해소 단계(1)

* 여성의 성반응주기에는 크게 세 가지 유형이 있다. (1)은 여러 번의 절정감을 경험하는 유형,
(2)는 절정감에 도달하지 못하고 고조 단계에 머무는 유형, (3)은 고조 단계에서 몇 차례의 흥분 저하가 나타나고 절정감을 느낀 후에 급격한 해소 단계를 맞이하는 유형을 의미한다.

[그림 12-2] 여성 성반응주기의 단계

제2절 성기능부전의 분류

　정상적인 성행위에서는 4단계의 성반응주기가 나타난다. **성기능부전**은 성반응주기 중 해소 단계를 제외한 한 단계 이상에서 비정상적인 반응이 나타나는 경우를 말한다. DSM-5-TR에서는 성기능부전을 다양한 하위장애로 나누고 있으며 남성과 여성에게 나타나는 장애를 구분하고 있다. 남성에게 나타나는 성기능부전으로는 남성 성욕감퇴장애, 발기장애, 조기사정, 사정지연이 있으며, 여성에게 나타나는 성기능부전으로는 여성 성적 관심/흥분장애, 여성 극치감장애, 성기-골반 통증/삽입장애가 있다.

성기능부전은 부부관계에 위기를 초래할 수 있다

　이러한 성기능부전은 그 발생과정, 발생상황 및 원인적 요인에 따라서 다양한 방식으로 구분된다. 우선, 성기능부전은 발생과정에 따라서 평생형과 획득형으로 구분된다. **평생형**(lifelong type)은 성적 활동이 시작된 시기(흔히 사춘기)부터 지속적으로 문제가 계속되어 온 경우를 뜻하는 반면, **획득형**(acquired type)은 정상적인 성기능이 이루어지다가 어떤 시점부터 성기능의 문제가 발생한 경우를 말한다. 또한 성기능부전은 발생상황에 따라서 상황형과 일반형으로 나누어질 수 있다. **상황형**(situational type)은 성기능의 문제가 특정한 자극, 상황, 대상에 대해서만 제한적으로 나타나는 경우를 말하는 반면, **일반형**(generalized type)은 자극, 상황, 대상에 상관없이 전반적인 상황에서 성기능의 문제가 나타나는 경우를 뜻한다. 마지막으로 성기능부전은 원인적 요인에 따라 세분되기도 한다. 즉, 심리적 요인에 의한 성기능부전과 신체적 질병이나 약물사용 등의 원인이 함께 관여하는 복합적 요인에 의한 성기능부전으로 구분되기도 한다.

1. 남성 성욕감퇴장애

　성적 욕구는 성행위가 시작되는 촉발요인이다. 성행위가 이루어지기 위해서는 먼저 성적 욕구를 느껴야 한다. 성욕은 연령이나 성별에 따라 다르고 상황에 따라 변하는 것이 일반적이다. 남성의 경우, 성적 욕구를 느끼지 못하거나 성욕이 현저하게 저하하여 스스로 고통스럽게 생각하거나 대인관계(부부관계나 이성관계)에 어려움을 겪게 될 경우를 **남성 성욕감퇴장애**(Male Hypoactive Sexual Desire Disorder)라고 한다.

DSM-5-TR에 따르면, 남성 성욕감퇴장애는 최소한 6개월 이상 성적 공상이나 성행위 욕구가 지속적으로 결여되어 있는 상태를 말한다. 성적 공상이나 성행위 욕구의 결여 여부는 개인의 나이와 그가 살고 있는 사회문화적인 맥락을 고려하여 임상가가 결정한다. 이러한 문제로 인하여 개인에게 심각한 고통이 초래된 경우에 남성 성욕감퇴장애로 진단된다.

성욕감퇴장애를 지닌 남성들은 성적인 자극을 추구하는 동기가 거의 없고, 성적인 표현을 하지 못하는 것에 대해서도 좌절감을 느끼는 정도가 약하다. 따라서 성행위를 스스로 주도하지 않으며, 단지 상대방에 의해서 성행위가 요구되었을 때만 마지못해 응하게 된다. 이런 경우에도 성행위에 매우 소극적으로 임하거나 성적인 쾌감을 느끼지 못하는 경우가 많다. 이런 이유로 인해서 부부관계나 이성관계를 위시한 대인관계에서 어려움을 겪게 된다.

성욕감퇴장애는 부부나 성적 파트너 간의 상대적인 성욕구 차이를 반드시 고려하여 판단해야 한다. 부부간에도 성욕구의 강도나 빈도에 차이가 있을 수 있으므로 두 사람의 성욕구 수준을 함께 고려해야 한다. 성욕의 감퇴는 대상과 상황에 상관없이 전반적으로 일어날 수도 있고, 특정한 대상이나 성행위에 제한되어 나타나는 경우도 있다. 후자의 경우, 배우자나 특정한 대상에게는 성적인 욕구를 느끼지 못하지만 다른 대상에게는 그렇지 않을 수도 있다.

성욕감퇴장애의 유병률은 연령대나 문화적 배경에 따라 다르다. 젊은 남성(18~24세)의 약 6%와 노년기 남성(66~74세)의 약 41%가 성욕구의 저하나 결핍을 경험한다. 그러나 6개월 이상의 지속적인 성욕구 결핍을 나타내는 경우는 16~44세의 남성 중 1.8%에 불과한 것으로 보고되고 있다.

성욕감퇴장애는 흔히 성인기에 발생한다. 상당기간 적절하게 성적 관심을 보이다가 심리적인 고통, 스트레스, 인간관계의 문제로 인해 성욕구의 문제가 생기는 경우가 많다. 예컨대, 친밀한 관계나 신뢰관계에 문제가 일어나면 일시적인 성욕감퇴가 발생할 수 있다. 성욕의 상실은 심리적 요인이나 관련된 요인에 따라서 일시적으로 나타났다가 회복되지만 때로는 지속적으로 나타나기도 한다. 오랜 기간 유지되는 성욕구장애는 사춘기부터 시작되는 경우가 흔하다.

성적 욕구의 감퇴는 심리적인 원인에 의해 생겨나는 경우가 대부분이다. 부부간의 미움과 갈등이 가장 흔한 심리적 문제이다. 때로는 어렸을 때 심한 성적인 공포감이나 성적 학대를 경험했을 경우에도 성욕감퇴 장애가 발생할 수 있다. 또는 오랫동안 성관계를 맺을 수 있는 적절한 파트너를 만나지 못했을 때, 성관계 시 자신이 실수 없이 잘 해내야 된다는 불안감을 안고 있을 때, 마음에 들지 않는 사람과 성관계를 할 때, 임신에 대한 두려움을 지니고 있을 때 성욕이 감퇴될 수 있다. 이 밖에도 성에 대한 종교적인 신념이나 자신의 신체에 대한 부정적 이미지가 영향을 미칠 수 있다.

우울증은 흔히 성욕감퇴와 밀접하게 연관되어 있다. 성욕감퇴는 우울증의 결과로 나타날 수도 있고 때로는 성욕감퇴로 인해 우울증이 나타날 수도 있다. 이 밖에도 신체적 질병으로 인한 쇠약, 통증, 불안 등이 성욕을 저하시킬 수 있다.

2. 발기장애

40대 초반의 남성인 K씨는 요즘 심한 좌절감에 빠져 있다. K씨는 6개월 전만 해도 대기업의 과장으로 직장에서 유능함을 인정받으며 행복한 가정생활을 하고 있는 자신만만한 사람이었다. 그런 K씨에게 고민이 생겨나기 시작한 것은 6개월 전 어느 날 밤이었다. 그날도 직장에서 바쁜 일과를 끝내고 동료와 술을 마신 후에 귀가하여 아내와 잠자리에 들게 되었다. 그동안 부부간의 성생활에 별 문제가 없었던 K씨는 그날도 평소처럼 아내와 성관계를 맺으려 하였다. 그러나 평소처럼 발기가 잘 되지 않았다. 아내의 애무로 다소 발기가 되었다가 삽입을 하려 하면 위축되곤 하였다. 몇 번의 시도 끝에 결국 그날은 성관계를 할 수가 없었다. 아내에게 다소 미안하게 생각되었지만 취기 때문이라고 생각하였다.

다음 날 밤에 또다시 아내와 부부관계를 시도하였다. 어제의 실패를 생각하고 이를 보상하기 위해서 오늘은 아내와 평소보다 더 멋진 성관계를 맺을 생각이었다. 그런데 이날 밤에도 생각처럼 발기가 되지 않았다. 어제와 같은 무기력한 자신의 모습을 다시는 아내에게 보여주지 않기 위해서 애를 썼지만 결국 그날 밤에도 실패하고 말았다. 평소 아내에게 당당하고 자신만만하던 K씨였기에 아내에게 민망한 생각이 들었고 자존심이 몹시 상할 수밖에 없었다. 이후에도 아내와의 성관계에서 몇 번 더 실패를 하고 난 K씨는 자신감을 잃게 되었다. 아내를 쳐다보기가 두려웠고 아내와 잠자리를 같이 해야 될 밤이 두려워졌다. 아내와의 잠자리를 피하기 위해서 늦게까지 술을 마시고 만취하여 귀가하거나 일부러 야근을 하기도 했다. 자존심이 강한 K씨는 이러한 문제를 아무에게도 상의하기 싫었다. 성기능에 대한 고민으로 인하여 직장생활에도 집중하기 어려웠고 대인관계도 위축되었다. 자신의 남성성 자체에 대해서 근본적인 회의가 들기 시작했다. 요즘 K씨는 남이 모르는 혼자만의 고민으로 하루하루 고통스러운 나날을 보내고 있다.

성욕구를 느끼게 되면, 성적 자극과 애무를 통해 성적인 흥분이 고조된다. 흥분이 고조되면 남성은 음경이 확대되고 단단해짐으로써 여성의 질에 삽입이 가능해진다. 그러나 성행위의 욕구가 있음에도 불구하고 음경이 발기되지 않아 성교에 어려움을 겪는 경우를 **발기장애**(Erectile Disorder)라고 하며 흔히 **발기부전**(impotence)이라고 부르기도 한다. DSM-5-TR에 따르면, 성행위 시에 남성의 성기가 발기되지 않거나 성행위를 마칠 때까지 발기 상태를 유지하지 못하는 일이 대부분(75~100%)의 성행위 시에 반복적으로 6개월 이상 나타날 경우에 발기장애로 진단된다.

발기장애는 성행위 시에 흥분을 해도 발기가 되지 않거나 성행위가 끝날 때까지 발기가 만족스럽게 유지되지 않는 상태를 뜻한다. 이러한 발기장애는 발기가 부분적으로 이루어지지만 성교가 가능하도록 충분히 발기가 되지 않는 불완전한 발기(imcomplete erection 또는 partial erection)와 전혀 발기가 되지 않는 발기불능(complete erectile failure)으로 구분되기도 한다. 발기장애는 특정한 대상과 상황에서만 나타나는 경우도 있지만 모든 대상이나 상황에서 언제나 발기가 되지 않는 경우도 있다.

발기장애는 남성에 있어서 가장 빈도가 높은 성기능부전이다. 킨제이 보고에 따르면, 청·장년의 8%가 발기장애의 문제를 지니고 있으며 나이가 증가함에 따라 그 빈도가 늘어나 80대가 되면 75%가 영구적인 발기불능 현상을 보인다고 한다. 성기능부전으로 치료를 원하는 남성의 40~53%가 이 장애를 호소한다는 보고가 있다.

발기장애는 과거에 정상적인 발기가 이루어져 성공적인 성교를 한 경험의 유무에 따라 두 가지로 구분하기도 한다. 과거에 성교를 하기 위해 필요한 시간만큼 발기를 유지해 본 경험이 전혀 없는 경우를 **일차적 발기부전**(primary impotence)이라고 하는 반면, 이전에 적절하게 발기한 경험이 있지만 어느 시점 이후부터는 발기에 어려움을 겪는 경우를 **이차적 발기부전**(secondary impotence)이라고 한다. 일차적 발기부전은 성인남성의 약 1~3.5%로 매우 드물며 신체적인 원인에 의해서 발생하는 경우가 많다. 반면, 이차적 발기부전은 성인남성의 10~20% 정도로 보고되고 있으며 심리적인 원인에 의해 발병하는 경우가 많다.

발기장애를 지닌 남자들은 어떤 문화권에서든 굴욕감과 좌절감을 경험한다. 발기가 안 되기 때문에 자기가치감을 상실하게 되고 삶의 의욕을 잃어 우울증에 빠지기도 한다. 그리고 성행위를 해야 되는 상황이 되면, 다시 발기가 안 될지도 모른다는 불안감에 휩싸이게 된다. 그래서 상대가 자신을 남자로서 쓸모없는 인간이라고 생각하거나 성적인 쾌감을 공유할 수 없기 때문에 자신을 싫어하게 될지 모른다고 생각한다. 이러한 두려움이 심할수록 발기는 더욱 안 되고 발기가 안 되면 불안감이 증가되는 악순환이 반복되는 경향이 있다.

발기가 되지 않는 원인을 알아보기 전에 발기가 이루어지는 신체적 과정을 살펴볼 필요가 있다. 발기를 유발하는 첫 단계는 성적인 자극이다. 이 자극으로 인해 여러 가지 호르몬과 효소가 분비되어 음경 해면체의 평활근을 이완시켜 동맥의 피가 대량으로 해면체에 들어오도록 유도한다. 이때 흘러드는 혈액의 양은 정상 상태의 약 10배에 해당한다. 해면체가 부풀어 오를수록 정맥이 압박을 받아 빠져 나가는 혈액의 양은 더욱 줄어들게 되어 발기가 유지된다.

발기가 제대로 이루어지지 않는 원인은 다양하다. 하지만 어떤 원인이든 음경 해면체로 들어오는 혈액의 양보다 빠져 나가는 양이 많아져서 발생한다. 40대 이전에는 심리적인 이유로 발기가 되지 않는 경우가 많다. 심리적 불안을 느낄 때 방출되는 아드레날린이 음경 혈관을 수축시켜 발기불능이 일어나게 된다.

신체적인 원인에 따라 음경 해면체 안으로 혈액이 제대로 들어오지 않는 동맥성 발기불능과 혈액이 지나치게 많이 빠져 나가는 정맥성 발기불능으로 나눌 수 있다. 동맥성 발기불능은 동맥에 침전물이 쌓여 혈액의 흐름을 방해해서 생기는 것으로서 50대 이상에서 많이 나타난다. 특히 당뇨병 환자의 40% 이상이 발기부전을 겪는 것은 이 때문이다. 정맥성 발기불능은 발기는 되지만 피가 쉽게 빠져나가 오그라드는 것으로 주로 40대 이전에 나타난다.

발기불능의 원인이 신체적인 것인지 또는 심리적인 것인지를 알아보기 위해서 수면발기검사(NPT: nocturnal penile tumescence)를 사용한다. 이 검사에서는 음경이 위축된 상태에서 음경에 밴드를 부착시키고 수면을 취하게 한다. 흔히 신체적 원인이 없을 때에는 수면 시에 음경이 팽창하게 되는데, 이 경우에는 음경에 부착한 밴드의 상태가 달라지게 된다. 따라서 수면 중에 발기가 이루어지면 심리적 원인에 의한 것으로 추정할 수 있는 반면, 그렇지 않으면 신체적인 원인에 의한 것이므로 정밀신체검사를 받게 된다.

성치료를 개발한 유명한 Kaplan(1974)에 따르면, 발기장애는 성행위에 대한 두려움과 여성을 만족시켜야 한다는 강박관념이 중요한 심리적 원인이라고 한다. 즉, 이러한 불안감이 발기불능을 초래하고 발기불능으로 인해 불안감이 높아지는 악순환과정이 발기장애를 유발하게 된다는 것이다. 이 밖에도 과도한 음주나 흡연, 정신적 사랑과 성적 욕구 사이의 갈등, 상대에 대한 신뢰감 부족, 도덕적 억제 등과 같은 다양한 심리적 요인이 발기장애에 영향을 줄 수 있다.

3. 조기사정

만족스러운 성생활이 이루어지기 위해서는 성행위 시에 두 사람이 함께 절정감을 경험하는 것이 중요하다. 이를 위해서는 남성은 여성이 절정감에 도달할 때까지 사정을 지연시킬 수 있어야 한다. 그러나 여성이 절정감에 도달하기 전에 미리 사정하는 일이 반복적으로 나타날 경우, 이를 **조기사정**(Premature Ejaculation)이라고 하며 **조루증**이라고 불리기도 한다. DSM-5-TR에 따르면, 남성의 성기를 여성의 질에 삽입한 후 약 1분 이내에 그리고 사정을 원하기 전에 일찍 사정하게 되는 일이 대부분(75~100%)의 성행위 시에 반복적으로 6개월 이상 나타날 경우에 조기사정으로 진단된다.

대부분의 남성은 상대여성이 절정감을 느끼기 전에 사정하는 일을 종종 경험한다. 예컨대, 신체적 과로, 과음상태, 스트레스가 심한 상태에서는 빨리 사정을 하는 경향이 있다. 그러나 이런 경우를 모두 조기사정이라고 하지는 않는다. 조기사정의 가장 중요한 진단기준은 사정을 자신의 뜻대로 전혀 조절할 수 없다는 점이다. 이렇게 조절할 수 없는 상태에서 빨리 사정하는 일이 상당한 기간 지속되거나 반복적으로 자주 나타날 경우에 한하여 조기사정이라고 한다. 이러한 조기사정으로 인하여 대인관계에 어려움이 초래될 수 있는데, 특히 미혼 남성의 경우에는 조기사정에 대한 두려움으로부터 벗어나지 못하고 새로운 상대와 사귀는 것을 주저하게 되어 사회적 고립을 초래할 수도 있다.

조기사정은 남성이 지니는 성기능부전 중 가장 흔한 장애이다. 통계자료에 따르면, 일반 성인남성의 36~38%가 사정을 조절하는 데에 어려움을 겪는다고 한다. 또한 성치료를 받기 위해 전문가를 찾은 남성의 경우에 약 60%가 조루문제를 지니고 있지만 대부분의 남성은 성경험이 많아지고 나이가 들면서 사정의 시기를 조절하는 방법을 배우게 된다.

조기사정은 심리적인 원인에 의해서 유발되는 경우가 대부분이다. 성교 시 상대방을 만족시켜 주어야 한다는 강박관념과 불안, 불만스러운 결혼생활과 가정문제, 심리적 스트레스, 과도한 음주와 흡연 등이 조기사정을 일으키는 주요한 요인으로 알려져 있다. 정신분석학에서는 조기사정을 지닌 남자들이 여성의 질에 대한 무의식적인 공포를 지니고 있다고 주장한다. 이 밖에도 부적절한 상황(예: 상대방의 재촉, 당황스러운 상황, 낯선 상대나 매춘부 등)에서의 반복적 성경험이 조기사정에 영향을 미칠 수 있다.

4. 사정지연

남성은 성적 흥분이 고조되어 극치감을 느끼게 되면 사정을 하게 된다. **사정지연**(Delayed Ejaculation)은 사정에 어려움을 겪으며 성적 절정감을 느끼지 못하는 경우를 뜻하며 **지루증 또는 남성 극치감장애**(male orgasmic disorder)라고 불리기도 한다. DSM-5-TR에 따르면, 성행위 시에 사정이 현저하게 지연되거나 사정을 하지 못하는 일이 대부분(75~100%)의 성행위 시에 반복적으로 6개월 이상 나타날 경우에 사정지연으로 진단된다.

성교시간이 길수록 정력이 강하다는 속설과는 달리, 사정이 지연되는 문제를 지닌 사람들은 자부심을 갖지 못할 뿐만 아니라 괴로움을 느끼게 된다. 이들은 성행위 시에 절정감을 맛보지 못하기 때문에 좌절감을 느끼고 성행위를 오히려 고통스럽게 느끼는 경우가 많다. 이러한 장애를 지닌 남성은 사정을 하지 못하기 때문에 흔히 불임의 문제가 뒤따르게 된다.

일반 성인남성의 약 4~10%가 극치감장애를 지니고 있는 것으로 보고되고 있다. 또한 성클리닉을 찾는 사람 중 3~17%가 이 장애로 진단받는다고 한다.

이 장애의 원인은 대부분 심리적인 것으로 알려져 있다. 부부간의 갈등, 상대방에 대한 매력상실, 여자에게 임신시키는 것에 대한 두려움, 상대방에 대한 적대감과 증오심 등이 극치감장애를 초래할 수 있다. 또는 성을 엄격하게 통제하는 환경에서 성장한 남성의 경우, 성행위에 대한 죄의식이나 혐오감이 절정감의 경험을 억제할 수 있다. 때로는 상대방이 성적 행위에 대해서 과도한 주문을 하거나 상대여성이 극치감장애를 지니고 있는 경우에도 남성에게 이러한 문제가 발생할 수 있다. 사정의 곤란은 이러한 심리적인 문제와 더불어 약물(예: 알코올, 항우울제, 항정신병 약물, 항고혈압제 등)의 복용에 의해서 유발되는 경우도 있다.

5. 여성 성적 관심/흥분장애

여성의 경우, 성 욕구가 현저하게 저하되어 있거나 성적인 자극에도 신체적 흥분이 유발되지 않는 경우가 있다. 남성의 경우에는 성욕 저하와 발기부전이 별개의 현상으로 나타나는 경우가 대부분이어서 남성 성적 흥분장애와 발기장애로 구분하고 있지만, 여성의 경우에는 성욕 저하와 신체적 흥분 저하가 함께 나타나는 경우가 흔하기 때문에 DSM-5-TR에서는 이 둘을 통합하여 **여성 성적 관심/흥분장애**(Female Sexual Interest/Arousal Disorder)라고 명명하였다.

여성 성적 관심/흥분장애는 다음 중 3개 이상의 문제를 6개월 이상 나타내어 개인이 심한 고통을 겪을 경우에 진단된다: (1) 성행위에 대한 관심의 빈도나 강도가 감소하거나 결여됨, (2) 성적/색정적 사고나 환상의 빈도나 강도가 감소하거나 결여됨, (3) 성행위를 먼저 시작하려는 시도가 감소하거나 전혀 없을 뿐만 아니라 성행위를 시작하려는 파트너의 시도를 받아들이지 않음, (4) 성행위를 하는 대부분(75~100%)의 기간 동안 성적 흥분/쾌락을 거의 느끼지 못함, (5) 내적인 또는 외적인 성적/색정적 단서(예: 글, 언어, 시각 자료)에 대해서 성적 관심/흥분을 거의 느끼지 못함, (6) 성행위를 하는 대부분(75~100%)의 기간 동안 생식기 또는 비생식기의 감각을 거의 느끼지 못함.

여성은 고조 단계에서 성적 쾌감이 높아지면 질의 입구가 팽창되고 질 벽에서 윤활액이 분비되어 남성의 성기가 삽입될 수 있는 상태가 된다. 그러나 일부 여성의 경우에 성적인 자극을 받아도 성기의 윤활 및 팽창 반응이 나타나지 않아서 남성 성기의 삽입이 어렵거나 성교가 지속되기 어렵다. 이러한 현상이 지속적으로 나타나거나 반복적으로 자주 나타나서 심한 고통을 초래하거나 대인관계(부부관계나 이성관계)에 어려움을 유발할 때, 여성 성적 관심/흥분장애로 진단될 수 있으며 **불감증**(frigidity)이라고 불리기도 한다.

여성 성적 관심/흥분장애는 DSM-5에서 진단기준이 새롭게 개정되었기 때문에 그 유병률은 알려져 있지 않다. 여성 성적 흥분장애의 경우, 유병률이 성인여성의 약 14%로 보고된 바 있다. 성기능의 문제로 치료기관을 찾은 여성의 약 51%가 성적 흥분장애를 호소한다고 한다. 성적 흥분장애를 지닌 여성은 성행위가 괴로울 뿐만 아니라 상대 남성과의 관계에 어려움을 겪을 수 있다. 흔히 성적 흥분을 느끼지 못하는 여성은 성교를 할 때 자신이 흥분하지 못한다는 것을 겉으로 드러내지 않은 채 상대가 빨리 사정하기만을 기다린다. 그러나 자신은 쾌감을 경험할 수 없는 상태에서 상대만이 쾌감을 경험하는 일이 반복되면, 성행위에 대한 좌절감과 불쾌감이 강해진다. 따라서 어떻게든 성행위를 피하려 하고 결과적으로 부부간의 관계가 멀어지게 된다.

여성 성적 관심/흥분장애는 여러 가지 원인에 의해 생겨날 수 있다. 주요한 심리적 원인으로는 성행위에 대한 죄책감이나 두려움, 성행위 시의 불안과 긴장, 상대에 대한 적개심이나 경쟁심 등이 성적 흥분을 저해할 수 있다. 아울러 금욕적인 가정환경에서 성장한 여성들이나 아동기에 성적 학대를 경험한 여성에게서 성적 흥분장애가 많다는 연구결과도 있다. 이 밖에도 폐경기로 인한 여성호르몬의 감소, 신체적 질병(당뇨병, 위축성 질염 등), 약물복용(질 분비를 감소시키는 항고혈압제나 항히스타민제) 등으로 인해서도 여성의 성적 흥분반응이 저하될 수 있다. 이러한 요인과 심리적 요인이 복합적으로 작용하여 여성 성적 흥분장애가 유발될 수도 있다.

6. 여성 극치감장애

성상담소를 찾게 된 30대 중반의 L씨와 P씨는 결혼한 지 5년이 된 부부이다. 중매로 만나 1년간 연애를 하고 결혼한 이 부부는 성생활이 즐겁지 않다. 결혼한 지 7년이 되도록 만족스러운 성관계를 맺어보지 못했다. 신혼여행을 가서 첫날밤 성관계를 맺으려 하였으나 남편은 삽입을 하기도 전에 사정을 해 버렸다. 이러한 현상은 부부생활을 처음 시작하는 경우에 누구에게나 나타나는 것으로 이해하고 점차 나아질 것으로 생각하였다.

그러나 결혼생활을 계속하면서 이러한 문제는 별로 나아지지 않았다. 남편인 L씨는 성기를 삽입하고 나면 금방 사정이 되어 버렸다. 때로는 삽입 후 몇 분간 성행위를 할 수 있었으나 아내인 P씨가 성적인 극치감에 이르기 전에 사정하는 경우가 대부분이었다. 성적으로 흥분되어 극치감으로 가는 도중에 성행위가 끝나버리는 일이 반복되자 아내인 P씨는 짜증이 나기 시작했다. 결혼생활 5년째가 되도록 '오르가슴'이라는 것이 무엇인지 체험해 보지 못한 P씨는 남편이 조기사정이라고 생각하였다.

한편, 남편인 L씨는 아내를 성적으로 만족시켜 주지 못하는 것에 대해 좌절감을 느끼고 있었다. 자신은 나름대로 애무도 해 주고 이제는 성기를 삽입하고 약 5분 동안 성행위를 할 수 있게 되었는데도, 아내는 전혀 만족하지 못하는 것이다. 성 관련 서적을 보게 되면, 5분간의 성행위에도 오르가슴을 느낄 수 있다고 하는데 아내에게는 턱없이 부족한 것이다. 이러한 생각에 이르러, 남편인 L씨는 아내가 성적으로 둔감하거나 불감증을 지니고 있어 오르가슴을 느끼지 못하는 것은 아닐까 하는 생각이 들었다.

성생활이 만족스럽지 못한 이 부부는 서로 상대방을 책망하기 시작했다. 이러한 문제로 말다툼이 잦아지고 때로는 심각한 부부싸움으로 발전하기도 하였다. 결국 이 부부는 누구에게 문제가 있으며 성생활을 어떻게 개선할 수 있는지 알아보기 위하여 성상담소를 찾게 되었다.

성행위의 기본적 목표는 성적인 쾌감이 극치에 이르는 절정상태를 경험하는 것이다. 여성의 절정 단계는 일반적으로 남성의 음경이 질에 삽입된 상태에서 지속적인 자극이 주어지는 성교를 통해 도달하게 된다. 그러나 때로는 성교 전의 전희 단계에서 절정감을 경험하는 경우도 있고, 음핵에 지속적인 자극이 주어지면 극치감을 느끼는 경우도 있다. 또한 예외적인 경우이긴 하지만, 신체적인 접촉이 전혀 없는 상태에서 단지 성행위에 대한 상상만으로도 극치감을 경험하는 여성들도 있다.

여성이 절정감을 경험하는 과정은 이처럼 다양하다. 그러나 적절한 성적 자극이 주어졌음에도 불구하고 절정감을 느끼지 못하는 경우를 **여성 극치감장애**(Female Orgasmic Disorder)라고 한다. DSM-5-TR에 따르면, 성행위 시에 절정감을 거의 느끼지 못하거나 절정감의 강도가 현저하게 약화되는 일이 대부분(75~100%)의 성행위 시에 반복적으로 6개월 이상 나타날 경우에 여성 극치감장애로 진단된다.

여성 극치감장애는 여성이 나타내는 성기능부전 중 가장 흔한 것으로서 성인여성의 약 10%가 경험한다는 보고가 있다. 일반적으로 여성은 나이가 많아짐에 따라 절정감을 경험하기 쉽기 때문에 여성 극치감장애는 젊은 여성에게서 더 흔히 나타난다. 평생 동안 전혀 성적 극치감을 경험하지 못해 오는 일차적 극치감장애가 있는 반면, 과거에는 극치감을 경험했으나 언젠가부터 이러한 경험을 하지 못하는 이차적 극치감장애도 있다.

여성 극치감장애는 심리적인 원인에 의해서 나타나는 경우가 대부분이다. 부부간의 갈등이나 긴장, 죄의식, 소극적 태도, 대화 결여 등이 절정감을 억제하는 요소로 알려져 있다. 또한 성에 대한 억제적 문화나 종교적 태도가 영향을 미칠 수 있다. 이 장애를 지닌 여성들은 흔히 성적 행위에 몰두하지 못하고 극치감을 느끼는 것에 대해 죄의식이나 수치감을 느끼는 경향이 있다. 또는 절정 단계에 가까워지면 극치감을 경험하지 못할 것에 대해 미리 걱정하거나 자신이 시간을 너무 오래 끌어 남자에게 부담이 될지 모른다는 우려를 하여 성적 흥분이 고조되지 못하는 경우도 있다. 이 밖에도 부적절한 성경험, 충격적 성경험(예: 강간, 성폭행), 우울증, 신체적 질병 등으로 인해 극치감장애가 발생할 수도 있다.

7. 성기-골반 통증/삽입장애

성클리닉을 찾은 S씨는 결혼한 지 5년째 되는 30대 초반의 여성이다. 현재 전업주부인 S씨가 호소한 문제는 성욕을 느낄 수 없으며 성관계를 맺기가 싫다는 것이었다. S씨는 어떠한 신체적 접촉도 불쾌하게 느껴져 남편과의 성관계를 지난 1년간 회피해 왔다는 것이다.

S씨 부부는 결혼한 후 2년간은 다른 부부들처럼 원만한 성관계를 즐기고 있었다. 결혼 후 2년이 지났을 때, S씨는 난소낭종과 골반유착이라는 산부인과 질병을 앓게 되었다. 이러한 질병으로 인해 성관계를 맺을 때마다 통증을 느끼게 되었다. 4번의 수술 끝에 성공적으로 병을 치료할 수 있었고 S씨는 현재 신체적으로 완전히 회복한 상태였다. 그러나 2년여에 걸쳐 병치레를 하는 동안 S씨는 점차로 성욕을 잃게 되었다. 남편이 성관계를 요구할 때는 응해 주었지만 쾌락을 느낄 수 없을 뿐만 아니라 오히려 고통스럽게 느껴졌다. 이렇게 쾌락이 없는 부부관계를 지속하다가 S씨는 점차로 남편과의 성관계를 회피하게 되었다.

이러한 S씨의 행동에 대해서, 남편은 아내가 자신을 싫어하여 일부러 성관계를 회피하는 것으로 생각하여 화를 내었다. 아내가 치료를 받는 동안 부부관계를 자제해 왔지만 이제는 건강이 회복되었음에도 불구하고 자신을 받아들이지 않는 아내에 대해서 분노를 느끼게 되었다. 성욕이 느껴지지 않는다는 아내의 상태를 이해할 수 없었다. 아내에게 다른 남자가 생긴 것은 아닐까 하는 의심이 들기도 했다. 자연히 부부싸움이 잦아졌고 급기야 이혼을 고려하게 되었다. 마침내 S씨는 자신의 성욕상실이 치료될 수 있는지를 알아보기 위하여 성클리닉을 찾게 되었다.

성행위는 인간에게 커다란 쾌감과 즐거움을 주는 활동이다. 그러나 이와 반대로 성교 시에 지속적으로 통증을 경험하여 성행위를 고통스럽게 느끼는 사람들이 있다. 이러한 경우를 **성기-골반 통증/삽입장애**(Genito-Pelvic Pain/Penetration Disorder)라고 한다. DSM-5-TR에 따르면, 성기-골반 통증/삽입장애는 다음 중 1개 이상의 문제를 6개월 이상 나타내어 개인이 심한 고통을 겪을 경우에 진단된다: (1) 성행위 시에 질 삽입의 어려움, (2) 질 삽입이나 성교를 시도하는 동안 외음질(생식기의 입구 부분)이나 골반에 심한 통증을 느낌, (3) 질 삽입이 예상될 경우에 외음질이나 골반의 통증에 대한 심한 불안과 공포를 느낌, (4) 질 삽입을 시도하는 동안 골반 저부 근육이 심하게 긴장하거나 수축됨.

성교 통증(dyspareunia)은 성교 시에 지속적으로 생식기에 통증을 느끼는 경우를 말한다. 이러한 통증은 성교를 하는 동안에 자주 경험되지만 때로는 성교 전이나 성교 후에 느껴질 수도 있다. 여성의 경우, 남자의 성기가 삽입되는 순간에는 가벼운 통증을 느끼고 완전히 삽입되었을 때 심한 통증을 느끼는 것이 일반적이다.

통증의 정도는 가벼운 불쾌감에서 살이 찢기는 듯한 심한 통증까지 다양하다. 지속적으로 성교 통증을 경험하게 되면, 성행위를 회피하게 되고 때로는 성욕구장애나 성적 흥분장애와 같은 다른 성기능부전으로 발전되어 만성화될 수 있다.

성기-골반 통증/삽입장애의 유병률은 알려져 있지 않지만, 미국 여성의 경우 약 15%가 성교 통증을 경험한다는 보고가 있다. 성교 통증은 신체적인 원인에 의해 발생하는 경우가 많다. 성기-골반 통증을 호소하는 경우는 폐경기 전후에 가장 흔한 것으로 보고되고 있다. 그러나 심리적 요인이 통증의 발생과 지속 과정에 영향을 미칠 수 있다. 어린 시절에 성적인 학대나 강간을 당하면서 느꼈던 고통스러운 경험이 성인이 되어 성교 시에 통증을 유발할 수 있다. 이 밖에도 성행위에 대한 죄의식, 상대방에 대한 거부감이나 혐오감, 상대방을 조종하려는 무의식적 동기 등이 성교 통증에 영향을 미칠 수 있다.

제3절 원인과 치료

1. Masters와 Johnson의 이론

성기능부전의 원인에 대한 가장 유력한 이론은 Masters와 Johnson(1970)의 이론이다. Masters와 Johnson은 인간의 성행동과 성기능부전을 과학적으로 연구하기 시작한 개척자라고 할 수 있으며 성기능부전의 분류 역시 이들이 연구한 성반응주기에 기초하고 있다. 이들은 성기능부전의 원인을 크게 즉시적 원인과 역사적 원인으로 나누어 설명하고 있다. 즉시적 원인(current causes)은 성기능부전이 일어나는 현재의 심리적 과정에 개입되는 원인을 뜻하는 반면, 역사적 원인(historical causes)은 성기능부전에 영향을 미칠 수 있는 다양한 과거의 경험이나 사건들을 의미한다. Masters와 Johnson이 주장하는 심리적 원인들을 요약하면 [그림 12-3]과 같으며 각 요인들을 하나씩 살펴보기로 한다.

성치료의 선구자인 Masters와 Johnson

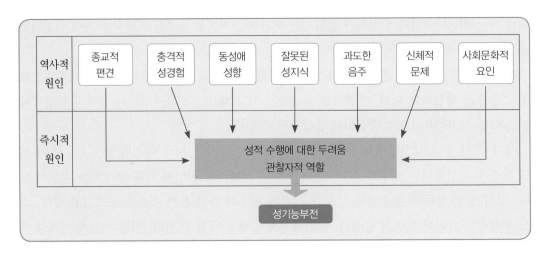

[그림 12-3] 성기능부전의 역사적 원인과 즉시적 원인

1) 성기능부전의 즉시적 원인

성기능부전을 지닌 사람들이 성행위 시에 나타내는 주된 특징은 성적 수행에 대한 두려움 (fear about sexual performance)을 지닌다는 것이다. 즉, 성행위 시에 성기능을 제대로 발휘하지 못하여 상대방을 실망시키고 실패할 것에 대한 두려움을 지닌다. 따라서 이들은 성행위 시에 불안수준이 급격히 증가하고 몸이 긴장하게 된다. 성기능은 편안한 마음상태에서 자연스러운 신체적 반응에 따라 성행위를 할 때 원활하게 발휘된다. 그러나 성적 수행에 대한 두려움은 교감신경계에 영향을 미쳐 몸이 긴장되고 자연스러운 성적 반응이 억제된다. 따라서 발기된 음경이 다시 작아진다든지 질 분비액이 나오지 않게 되어 성관계에 실패할 수 있게 된다.

성기능부전을 지닌 사람들은 성행위 시에 자신의 신체적 반응을 관찰하는 경향이 있다. 즉, 성행위에 몰두하지 못하고 자신의 성적 반응상태를 평가하는 **관찰자적 역할**(spectator role)에 서게 된다는 것이다. 성기능은 우리 몸의 자동적인 신체적 반응에 따라 자연스럽게 내맡길 때 원활하게 발휘된다. 그런데 성행위에서 실패하게 될 경우에 흔한 반응은 '관찰자'가 되는 것이다. 이러한 관찰자적 태도는 오히려 성기능을 위축시키고 성적 쾌감을 감소시킨다. 성적 반응이 원하는 대로 나타나지 않게 되면, 관찰자적 태도로 인해 불안이 증가되고 결과적으로 실패를 반복하게 된다.

이처럼 성행위 시에 자신의 성적 수행에 대해서 두려움을 지니고 관찰자적 역할을 취하는 것이 성기능을 위축시키는 즉시적 원인이다. 이러한 요인들은 악순환의 고리를 형성하여 성기능부전을 악화시킨다. 즉, 성적 수행에 대한 두려움 때문에 관찰자적 태도를 취하게 되고, 그로 인해 성적 수행의 실패가 유발된다. 따라서 점점 더 두려움은 심해지고 성행위에 몰입하지 못한 채 자신의 성반응을 관찰하게 되어 성기능부전은 악화되는 것이다.

2) 성기능부전의 역사적 원인

Masters와 Johnson은 성행위 시의 즉시적 원인에 의해 성기능의 문제가 발생하지만, 근원적으로는 과거의 여러 가지 경험이 성기능에 영향을 미친다고 주장한다. 이처럼 성기능부전을 유발할 수 있는 역사적 원인에는 종교적 신념, 충격적 성경험, 동성애적 성향, 잘못된 성지식, 과도한 음주, 신체적 문제, 사회문화적 요인 등이 포함된다. 이러한 요인들이 복합적으로 작용하여 성적 수행에 대한 두려움과 관찰자적 역할을 형성하게 된다.

종교적 신념   성을 죄악시하거나 성에 대해 부정적 의미를 부여하는 종교적 신념은 성기능부전의 간접적인 원인이 될 수 있다. 대부분의 종교는 성을 억제하거나 금기시하는 경향이 있다. 성적 쾌락의 추구를 죄악시하는 엄격한 종교적 신념을 지닌 사람은 자신의 성적 욕구나 흥분을 자연스럽게 받아들이지 못하고 죄의식을 느끼거나 억제적 태도를 지니게 되어 성기능부전을 나타낼 가능성이 높다.

충격적인 성경험   성기능부전을 나타내는 사람 중에는 어린 시절에 성추행이나 성폭행을 당한 경우가 많다. 이러한 성적 외상경험은 마음속에 깊이 남아 성에 대한 부정적 태도를 지니게 한다. 성은 즐거운 것이 아니라 공포스럽고 고통스러운 것이라는 뿌리 깊은 기억이 성인기의 성생활에 악영향을 미칠 수 있다.

동성애적 성향   동성애적 성향이 이성과의 성관계에서 성기능부전을 유발하는 원인이 될 수 있다. 특히 발기에 문제가 있는 남자와 절정감에 도달하지 못하는 여자의 경우, 그들이 지닌 동성애적 성향 때문에 이성 간의 성관계를 즐기지 못할 수 있다. 또한 이성과 결혼생활을 하고 있는 동성애자인 경우, 성적인 성향의 차이로 인해 원만한 부부관계에 문제가 발생하게 된다.

잘못된 성지식   성장과정에서 습득한 성에 대한 잘못된 지식이 성기능에 영향을 미칠 수 있다. 일반인들이 접하게 되는 성지식 중에는 과학적인 근거가 부족한 잘못된 것이 많다. 이러한 잘못된 성지식은 성기능에 악영향을 미칠 수 있다.

과도한 음주   과도한 음주 역시 성기능에 문제를 초래할 수 있다. 술이 성기능을 향상시키고 성적 흥분을 증가시켜 준다고 생각하는 사람들이 많지만, 술은 성적 흥분을 감소시킨다. 특히 많은 양의 술을 마신 사람은 발기에 어려움을 겪게 된다. 이 경우에 일시적인 발기곤란을 술에 의한 것으로 생각하기보다 성기능 자체의 문제로 생각하여 지나치게 걱정하게 되고 그 결과 발기장애로 발전할 수 있다.

신체적 문제 성기능부전은 성병, 신체적 질병, 약물복용, 폐경과 같은 신체생리적 문제에 의해 촉발될 수 있다. 성기나 주변 부위에 나타나는 감염성 성병으로 인해 성욕구가 감퇴되고 성관계를 회피할 수 있다. 특히 당뇨병은 발기장애를 초래할 수 있으며 진통제나 안정제와 같은 약물 역시 성적 흥분을 감소시킬 수 있다.

사회문화적 요인 성이나 성역할에 대한 왜곡된 신념을 심어 주는 사회문화적 요인 역시 성기능에 부정적인 영향을 미칠 수 있다. 특히 여성의 성기능부전은 이러한 사회문화적 영향에 의한 경우가 많다. 여러 문화권에서는 여성이 적극적인 성적 행동을 나타내는 것을 금기시하고 있다. 여성은 성적 욕구를 억압하고 성행위 시 소극적인 역할을 하도록 요구받고 있다. 그러나 여성은 남성보다 더 강렬한 성적 쾌감과 여러 번의 절정감을 느낄 수 있는 신체적 특성을 지니고 있다. 따라서 여성은 성생활에서 자신의 억제적 성역할과 활발한 성반응 사이에서 더 많은 심리적 갈등을 지니게 된다. 이런 점에서 Masters와 Johnson은 사회문화적 요인이 여성의 성기능부전을 유발하는 중요한 요인이라고 보았다.

3) 치료

Masters와 Johnson이 제시한 성치료 방법은 몇 가지 독특한 특징을 지니고 있다. 그 첫째는 성기능부전을 지닌 개인보다는 부부를 주된 치료대상으로 삼는다는 점이다. 즉, 성기능부전은 부부관계의 이해를 통해 그 유발원인을 포괄적으로 파악할 수 있으며 또한 부부간의 협동적 노력이 치료에 필수적이라는 입장에 근거하고 있다. 둘째, 치료진도 남녀 두 명의 치료자로 구성된다. 흔히 이 중 한 사람은 성치료 전문가이며 다른 한 사람은 보조치료자의 역할을 맡게 된다. 두 치료자는 각각 남녀의 관점에서 부부의 문제를 좀 더 잘 이해할 수 있는 동시에 부부에게 건강한 모델의 역할을 할 수 있다. 셋째, 치료에 앞서 신체적 검사와 심리사회적 검사를 통해 성기능부전의 증상과 관련 요인을 다각적으로 평가한다. 넷째, 짧은 치료기간 내에 적극적인 방법을 통해 치료한다. 보통 2주의 치료기간 동안 매일 부부와 치료적 면담을 하는 형태를 취한다. 이처럼 단기적이고 집중적인 치료를 통해 부부가 적극적으로 치료에 참여할 수 있도록 유도할 뿐만 아니라 치료자에 의해 처방된 성적 과제에 대한 반응을 즉시 확인하고 논의할 수 있다. 마지막으로, 행동주의적 치료이론에 근거하여 성기능문제를 개선하는 구체적인 행동방법을 제시하여 연습시키고 이를 부부관계에서 시행하도록 지도한다.

Masters와 Johnson의 성치료에서는 성적 수행에 대한 두려움과 관찰자적 태도를 극복하도록 돕는 데에 일차적 초점이 맞추어진다. 즉, 성행위를 할 때 상대방을 충분히 만족시켜야 한다는 불안을 감소시키는 동시에 성행위 시에 느끼는 감각에 집중하게 함으로써 관찰자적 태도를 탈피하도록 돕는다.

치료과정의 초기에 치료자는 특히 부부가 지니고 있는 **성가치 체계**(sexual value system)를 집중적으로 탐색하게 된다. 부부가 배우자와의 성관계에서 받아들일 수 있는 것과 원하는 것을 의미하는 성가치 체계에 있어서 부부간에 현저한 차이가 있게 되면 성생활이 원만해질 수 없다. 성가치 체계에 있어서 부부간의 차이를 함께 논의하여 조정하고 변화시키는 작업이 치료 초기에 이루어진다.

치료자는 그동안 이루어진 면접내용과 검사자료에 근거하여 부부에게 성적 문제가 발생하고 지속되게 된 원인을 설명해 준다. 특히 이 과정에서는 부부 중 한 사람이 지닌 특정한 문제보다는 두 사람의 관계에서 나타나는 문제에 초점을 두어 설명한다. 또한 부부가 어떤 성적 문제를 지니고 있든지 간에 그 문제에 대해 부부 두 사람 모두에게 책임이 있다는 점을 주지시킨다. 아울러 이때 치료자는 부부에게 '관찰자적 태도'에 대해서 설명해 주고 이러한 태도가 성기능을 억제한다는 점을 알려준다. 아울러 **감각 집중법**(sensate focus)이라는 중요한 과제를 제시하게 된다. 감각 집중법은 성반응의 각 단계에서 체험되는 신체적 감각에 주의를 집중하여 충분히 느낌으로써 성적 쾌감을 증진하고 성행위에 몰입하도록 하는 방법이다. 이 방법은 Masters와 Johnson의 성치료에서 핵심적인 치료법으로서 쾌감 단계, 성기자극 단계, 성교훈련 단계로 나누어 실시된다.

감각집중훈련의 쾌감 단계에서는 부부가 서로의 몸을 애무하며 신체적 감각과 쾌감에 주의를 집중하게 하여 성적 흥분을 충분히 체험할 수 있도록 돕는다. 두 번째 단계인 성기자극 단계에서는 부부가 한 사람씩 손으로 상대방의 성기(음경, 유방, 질, 음핵)를 자극하며 애무해 주도록 한다. 치료자는 부부에게 상대방의 성기부위를 효과적으로 자극하고 애무하는 여러 가지 방법을 알려준다. 이때 애무를 받는 사람은 상대방의 애무에 대한 자신의 신체적 흥분에 최대한 주의를 집중하게 한다. 이 단계에서 성기부위를 가볍게 쓰다듬고 만지면서 부드럽게 애무하는 것은 권장되지만, 상대방이 절정감을 느끼도록 강한 애무를 하거나 성교를 하는 것은 금지된다. 이러한 훈련은 성행위에 몰두하지 못하고 자신의 성행위나 반응을 지켜보는 관찰자적 태도를 극복하게 하는 치료적 의도를 지니고 있다. 성교훈련 단계에서는 남편이 자신의 성기를 아내의 질 속으로 삽입하고 움직이면서 부부로 하여금 각자 자신의 감각을 집중하여 느껴보게 한다. 특히 이 단계는 자신이나 상대방이 절정감을 느껴야 한다는 부담감 없이 편안한 상태에서 성교를 한다는 점에서 비요구적 성교 단계라고 한다. 이 단계의 주요한 목적은 부부가 상대방을 만족시켜야 한다는 긴장감에서 벗어나 자신의 성적 감각에 충실하게 될 때 진정으로 만족스러운 성경험을 할 수 있다는 것을 학습하게 하는 것이다. 이런 편안한 심리상태에서 성기삽입을 통한 성교행위를 계속하면서 각자의 느낌에 집중한다. 남편은 가능하면 사정을 자제하며 좀 더 오랜 기간 성행위를 하도록 노력한다.

2. 정신분석적 이론

1) 남성의 성기능부전

성기능부전은 당사자와 배우자에게 여러 가지 상징적 의미를 지니고 있다. 예컨대, 남성의 발기장애나 조기사정은 성행위 상대인 여성이 성적으로 만족하지 못하고 좌절하는 결과를 초래한다. 이로 인해 여성은 성적인 불만족과 좌절감을 느끼게 되는 고통을 겪게 된다. 즉, 발기장애나 조기사정은 상대방을 좌절시키고 고통스럽게 만드는 무의식적인 분노의 표현일 수 있다. 상대여성에 대한 무의식적으로 누적되어 온 여러 가지 불만, 실망, 분노, 공격성이 우회적으로 성행위과정에서 상대방을 좌절시키는 방법으로 표현될 수 있다는 것이다.

성행위는 기본적으로 성욕구를 발산함으로써 성적 쾌감을 얻기 위한 것이다. 남성의 경우, 발기가 되어 충분한 성교를 통해 상대여성을 만족스럽게 했을 때 자신의 성적 쾌감도 커진다. 그러나 상대여성에 대한 분노와 적개심을 내면에 지니고 있을 경우, 상대방을 성적으로 만족시켜 즐겁게 해주는 것은 원치 않는 일이다. 따라서 성적 쾌감을 극대화하고자 하는 성욕구와 상대방을 좌절시키고자 하는 공격욕구가 갈등하게 된다. 이 경우, 상대여성에 대한 강한 무의식적인 분노와 적개심을 지니고 있는 남성은 자신의 성적 만족을 희생하더라도 상대여성을 좌절시키는 방법을 택하게 된다. 특히 조기사정의 경우, 남성은 빨리 사정함으로써 자신은 절정감을 경험하지만 상대여성은 좌절시키는 효과를 거둘 수 있다. 이러한 심리적 과정은 무의식적으로 일어나기 때문에 당사자에게는 의식되지 않는다.

때로는 상대여성에 대한 분노와 적개심이 없는 경우에도 남성에게 성기능부전이 나타날 수 있다. 정신분석이론에 따르면, 어린 시절에 어머니에게 느꼈던 분노와 적개심이 무의식적으로 억압되었다가 성인이 된 후 성행위과정에서 표출될 수 있다고 한다. 특히 자신의 어머니를 연상시키는 여성과 성행위를 하게 될 때, 어머니에 대한 분노와 적개심이 상대여성에게 전이되어 성기능문제로 나타날 수 있다는 것이다.

남성의 성기능부전은 적개심뿐만 아니라 무의식적인 불안에 의해서 나타날 수 있다. 특히 발기장애는 **거세불안**(castration anxiety)에 대한 일종의 방어라고 볼 수 있다. Freud에 의하면, 오이디푸스 갈등이 잘 해결되지 않은 사람은 성인이 된 후에도 거세불안을 지니게 된다. 즉, 아버지가 자신의 성기에 손상을 가할지 모른다는 불안과 두려움을 지니게 된다. 어머니를 상징하는 상대여성과 성교를 한다는 것은 어머니를 범하는 것이고 따라서 아버지로부터 거세를 당하게 될 것이라는 무의식적인 불안을 지니는 것이다. 이러한 불안으로 인해 발기에 어려움을 겪게 된다. 즉, 발기가 되지 않으면 어머니와 관계를 가질 수 없고 따라서 아버지로부터 거세를 당하지 않을 것이라는 무의식적 판단을 하게 된다는 것이다. 정신분석에서는 발기불능을 오이디푸스 갈등에 기인한 거세불안을 회피하기 위해 나타난 현상이라고 설명하고 있다.

2) 여성의 성기능부전

여성에게 나타나는 삽입/통증장애는 성적 만족을 원하는 남성의 성기가 자신의 질에 삽입되는 것을 봉쇄함으로써 상대방을 좌절시키는 상징적 의미를 지니고 있다. 즉, 이는 남편이나 상대남성에 대한 무의식적인 적대감을 표현하는 우회적인 방법일 수 있다. 사실, 대부분의 여성에게 나타나는 성기능부전은 상대남성을 좌절시키는 결과를 초래한다.

여성의 성기능부전은 상대에 대한 적대감뿐만 아니라 경쟁심에 의해 초래될 수도 있다. 정신분석이론에 따르면, 여성이 지닌 남성에 대한 경쟁심은 무의식적인 **남근선망**(penis envy)과 관련되어 있다. 어린 시절에 여자아이는 남자아이가 지니고 있는 남근을 부러워할 수 있다. 특히 남아를 선호하는 문화권에서는 부모가 남자아이의 '고추'를 귀여워하고 소중히 여기며 때로는 찬사를 보낸다. 이러한 장면을 보게 되는 여자아이는 남근이 없는 자신에 대해서 열등감을 느끼는 한편, 남근을 부러워하며 남자에 대해 경쟁심을 느끼게 된다. 이러한 남근선망을 강하게 지니고 있는 여성은 심지어 부부관계에서도 남편을 경쟁상대로 여기게 된다. 성관계를 맺는 상황에서도 자신이 남편의 애무와 성교행위로 인해 수동적으로 흥분하고 절정감을 느끼는 것은 남편에게 굴복하는 것이라고 여긴다. 이러한 심리적 상태에서는 결코 성적 흥분이나 절정감을 느끼기 어렵다. 이처럼 상대남성에 대해서 무의식적으로 적개심을 지니고 있거나 강한 경쟁심을 느끼는 여성은 성기능부전을 나타낼 수 있다.

이 밖에도 사회와 부모의 도덕적 기준이 내면화된 초자아가 지나치게 강할 때에도 성기능부전이 나타날 수 있다. 특히 성을 죄악시하거나 성에 대해 지나치게 금욕적인 부모의 양육을 받은 사람은 그러한 윤리적 가치를 내면화하여 자신의 윤리기준으로 삼게 된다. 대부분의 문화권에서는 남성에게는 비교적 관대한 성윤리를 요구하는 반면, 여성에게는 가혹할 정도로 금욕적인 성윤리를 요구한다. 이러한 사회적 성윤리를 초자아로 내면화한 여성은 성욕구를 느끼고 성적 흥분을 경험하는 것에 대해서 지나치게 죄의식을 지니게 된다. 따라서 성행위를 회피하거나 성적 흥분을 억제함으로써 죄책감을 감소시키려는 시도가 나타나게 된다. 이러한 무의식적인 심리적 과정이 여성에게 성기능부전을 초래할 수 있다.

3) 치료

정신분석적 치료에서는 성기능부전을 유발하는 무의식적인 갈등의 통찰을 유도한다. 특히 Kaplan(1974)은 전통적인 성치료기법과 정신역동적 치료를 혼합하여 새로운 성치료법을 제시하고 있다. Kaplan은 성기능부전이 기본적으로 불안에 의해 야기된다고 본다. 성기능문제를 유발하는 불안은 유아기에 생긴 뿌리 깊은 무의식적인 갈등에서 생길 수도 있고 최근에 경험한 성행위에서 느낀 불안일 수도 있다. 이처럼 성기능부전을 유발하는 불안은 그 근원과 정도 및 종류가 다양하며, 불안의 강도와 종류에 따라서 성반응단계에 미치는 영향이 달라지고 결과적으로 성기능부전의 유형이 달라진다. 불안수준이 깊고 강할수록 성반응주기의 초기단계에서 문제가 생긴다는 것이다. 즉, 성욕구 단계에 문제가 있는 경우에는 매우 심각하고 강렬한 불안이 관련되어 있다는 것이다. 이 때문에 성적인 쾌감이 생겨나기 시작하는 초기단계에서부터 불안을 느끼고 성적 쾌감을 억압하게 되는 것이다. 성적 흥분단계에서의 문제는 중간수준의 불안이 관여된다. 따라서 이 단계에 문제를 지닌 사람은 육체적으로 이미 상당히 흥분된 상태에서 불안을 체험하고 더 이상의 흥분을 억압한다. 마지막 절정감 단계에서의 문제는 경미한 수준의 불안이 관여되며 극치감을 느끼기 직전상태에서 불안을 느끼고 절정감 체험을 억압하게 된다.

Kaplan의 성치료는 몇 가지 독특한 특성을 지니고 있다. 첫째, 한 명의 치료자가 부부를 대상으로 치료한다. 둘째, 치료자는 환자와 매주 1~2회 정도 만나 치료하게 되며 치료기간에 제한이 없다. 2주간 매일 집중적인 치료가 이루어지는 Masters와 Johnson의 방식과 달리, 좀 더 장기적이고 융통성 있는 치료기간을 두고 환자의 성기능문제를 살펴보고 개선되도록 돕는다. 셋째, 환자 개개인의 성기능문제에 따라 각기 다른 방법을 적용한다. 모든 환자에게 동일한 치료프로그램을 적용하지 않고 환자가 지닌 특정한 성기능문제에 따라서 필요한 과제만을 제시한다.

Kaplan은 성기능부전의 하위유형마다 관여되는 병리적 요인이 다르기 때문에 성치료에 있어서 하위유형마다 독특한 치료방법을 제시하고 있다. 예컨대, 조기사정의 경우 사정조절능력을 증진하기 위한 방법으로 **스톱-스타트 기법**(stop-start technique)을 제시하고 있다. 조기사정의 치료 목표는 환자가 사정을 조절하여 원하는 시기에 사정할 수 있도록 도와주는 것이다. 사정을 조절하기 위해서, 환자는 사정이 이루어지는 절정감 직전의 강한 성적 흥분과 성기의 감각을 자각할 수 있어야 한다. 아울러 사정을 지연할 수 있는 기술과 인내력을 함양해야 한다. 스톱-스타트 기법은 스퀴즈 기법과 같이 음경에 자극을 가하여 발기하게 한 후 사정 직전에 자극을 멈추고 사정을 억제하도록 하는 방법이다. 스퀴즈 기법은 사정 직전에 귀두를 손으로 조여 주는 방법인 반면, 스톱-스타트 기법은 사정 직전에 귀두를 조이지 않고 그냥 자극을 중지했다가 다시 자극하는 것을 반복하는 방법이다. 이를 위해서는 사정 직전에 느껴지는 성적 흥분과 성기의 감각에 주의를 집중하여 이를 포착할 수 있어야 한다. Kaplan의 성치료에서는 조기사정을 지닌 남편에게 아내가 스톱-스타트 기법으로 남편이 사정을 조절하도록 돕는 구체적인 절차를 제시하고 있다. 이처럼 Kaplan은 성기능부전에 따라 적절한 행동적 훈련방법을 제시하고 있다. 체계적 둔감화 방법을 위시한 행동치료적 기법을 적용하는 동시에 정신역동적인 치료가 병행된다. 성기능부전을 유발하는 불안의 내용은 매우 다양하기 때문에 불안의 정신역동적 의미를 잘 이해하고 그에 따라 적절한 방법이 적용되어야 함을 강조하고 있다. 또한 치료자는 흔히 환자들이 치료방법을 수용하지 않거나 거부하는 저항(resistance)을 잘 다룰 수 있어야 한다.

3. 인지적 이론

인간의 성기능에는 인지적, 정서적, 행동적, 생리적 요인이 복합적으로 관여한다. 인지이론은 성행위 시에 정서적 흥분과 신체적 반응을 위축시키는 인지적 요소에 초점을 맞추고 있다. 성기능부전을 유발하는 인지적 요인은 성에 대한 역기능적 신념과 성행위 시의 부정적 사고로 나누어 볼 수 있다.

1) 성에 대한 역기능적 신념

사람마다 성에 대한 생각과 믿음이 다르다. 사회문화적 배경과 개인적 성경험에 따라서 성에 대한 다양한 신념을 지니게 된다. 성기능부전을 나타내는 사람은 성에 관해서 현실적으로 실현되기 어려운 과도한 기대와 믿음을 지니는 경향이 있다. 이러한 신념의 예로는 '성적 능력은 나의 가치평가에 매우 중요하다. 성기능이 약하면 나는 무가치한 존재이다', '성행위 시에 항상 상대방을 만족시켜 주어야 한다', '상대방이 절정감을 느끼게 하지 못한 성행위는 실패한 것이다', '성적으로 만족시켜 주지 못하면, 상대방이 나를 무시하고 싫어할 것이다' 등이 있다. 이러한 신념들은 대부분 잘못된 것이고 실제 성행위 시에 실현되기 어려운 것이다. 따라서 이러한 신념을 지니는 사람들은 성행위 시에 좌절과 실패감을 느끼기 쉽다. 또한 성기능에 사소한 문제가 생기게 되면, 커다란 충격으로 받아들여 과도한 걱정을 하게 된다. 이러한 걱정은 성행위 시의 불안을 초래하여 성기능의 문제를 악화시키게 된다.

성기능부전을 지닌 사람의 일부는 성에 대해서 부정적 신념을 지니고 있는 경우가 있다. 예를 들어, '성행위는 본래 추잡하고 죄스러운 짓이다', '정신적 사랑은 고귀한 것이지만, 육체적 사랑은 천박한 것이다', '성행위를 원하는 사람은 나를 단지 성적 대상으로 여기는 것이다', '내가 먼저 성행위를 원하면, 상대방이 나를 색골로 볼 것이다', '성적으로 흥분하여 적극적으로 행동하면, 상대방이 나를 음탕한 사람으로 무시할 것이다' 등의 신념처럼 성을 부정적으로 보는 것들이다. 이러한 신념을 지닌 사람은 자신의 성욕구나 성적 흥분을 자연스러운 것으로 받아들이지 못하고 억압하게 된다. 따라서 성행위에 대해서 불안과 죄책감을 느끼고 성행위에 몰두하지 못함으로써 성기능에 문제가 생기게 된다.

2) 성행위 시의 부정적 사고

역기능적 신념들은 성행위에 대한 부적절한 기대와 태도를 지니게 한다. 즉, 성행위에 대한 과도한 부담을 지니거나 혐오적 태도를 갖게 하여 성행위 시에 불안감을 느낄 가능성이 높다. 불안은 성기능부전을 유발하는 매우 중요한 요인이다. 불안해지면 성행위에 몰두하지 못하고 자신의 상태를 확인하려는 **자기초점적 주의**(self-focused attention)의 경향이 나타나게 된다. 자신의 신체적 반응이 제대로 이루어지고 있는지를 자꾸만 확인하려 하게 된다. 즉, Masters와 Johnson이 말하는 관찰자적 역할에 서게 되어 자연스러운 성적 반응이 위축되게 된다.

성행위 시에 이렇게 자신의 상태를 관찰하는 과정에서, 성기능부전을 지닌 사람들은 부정적인 생각을 많이 하는 경향이 있다. 성행위 시에 나타나는 자신의 신체적 반응과 상대방의 반응에 대해서 부정적인 의미로 해석하는 경향이 있다. 예컨대, 발기가 완전하지 못하면 '또 발기가 안 되려나 보다. 큰일 났네. 실패하면 어떡하지. 아내가 실망하겠지. 빨리 발기해야 할 텐데. 왜 이렇게 안 되는 거야'라는 부정적인 생각을 하게 되어 초조감이 증폭된다. 또는 성행위 시에 상대방이 충분히 흥분하지 않는 경우, '지금 실망하고 있나 보다. 나에게 성적 매력을 못 느끼는 거야. 나는 성적 테크닉이 부족해. 앞으로 나를 싫어하고 무시하겠지'라는 부정적인 생각을 하게 되어 불안감이 커진다. 절정감에 도달하지 못하고 성행위가 끝났을 경우, '또 실패했어. 왜 늘 이 모양이야. 나는 성적으로 무능해. 심각한 문제가 있는 게 분명해. 앞으로도 매번 이러면 어떡하지'라는 생각과 더불어 좌절감을 느끼게 된다.

이처럼 성행위 시에 갖게 되는 부정적인 생각은 불안감, 초조감, 좌절감을 증폭시킨다. 따라서 성적 흥분과 신체적 반응이 억제되고 자신의 성기능에 대한 자신감이 저하되면서 걱정이 지속된다. 다음 성행위 시에도 자신의 성적 수행에 대한 불안과 두려움을 지니게 되어 실패가 반복되는 것이다.

3) 치료

성기능부전에 관한 인지행동치료에서는 환자들이 성에 대해서 올바른 지식과 현실적인 기대를 지니도록 돕는다. 성과 성생활에 대한 건강한 신념과 태도를 지니도록 유도한다. 아울러 성에 대한 불안감을 증가시키는 부적응적인 신념과 부정적인 사고를 교정함으로써 편안한 마음으로 성행위에 임할 수 있도록 유도한다. 이를 위해서 성기능부전 환자가 성행위 시에 자주 갖게 되는 부정적 사고를 확인하고 이러한 사고의 타당성과 유용성에 대해서 환자와 논의한다. 환자에게 이러한 부정적 사고가 성기능을 위축시킨다는 점을 인식시킨다. 아울러 성행위 시에 지닐 수 있는 긍정적이고 현실적인 사고를 가르치고 연습시킨다. 예컨대, '발기가 안 될 수도 있다. 나만 그런 것이 아니다. 대부분의 사람이 가끔씩 이런 경험을 한다. 발기가 안 되면 애무를 많이 해 주면 된다. 기다리다보면 발기될 때가 있을 것이다'라는 생각과 속말을 통

자위행위에 대한 잘못된 생각들

자위(masturbation)는 스스로 자신의 성기에 자극을 가하여 성적 흥분과 절정감을 경험하는 성행위의 한 방법이다. 자위는 수음(手淫)이라고 부르기도 하며 순수한 우리말로는 '용두질'이라는 표현도 있다. 영어로는 흔히 마스터베이션 또는 오나니즘(onanism)이라고 지칭한다. 오나니즘이라는 용어는 어원적으로 구약성서 창세기에 나오는 유다의 아들인 오난의 이름에서 유래된 것으로 자위행위보다는 질외사정 피임법을 일컫는다.

자위는 성욕을 해소하는 주요한 성행위 방식의 하나이다. 자위행위는 흔히 중학교 1학년 전후의 시기부터 시작되며 특히 미혼남녀에게는 주된 성욕해소방법이다. 한 조사자료에 의하면, 한국 현역사병의 경우 98%가 자위행위를 하고 있다고 응답하였다. 외국자료에서도 60~85%가 자위행위를 하는 것으로 나타나고 있다. 그뿐만 아니라 기혼자들도 상당수가 자위행위를 한다는 조사자료도 있다.

자위행위는 결혼하지 않은 미혼자에게 있어서 가장 건전하고 안전하며 또한 가장 흔하게 사용되는 성욕해소방법이다. 그러나 일부 사람들은 자위행위에 대해서 수치심과 죄의식을 지니고 있거나 자위행위의 부작용을 우려하는 경우가 있다. 예컨대, 자위는 일종의 변태행위이며 자위행위를 많이 하면 성호르몬이 빠져나가 머리가 나빠지거나 키가 크지 않는다는 잘못된 생각을 지닌 사람들이 있다.

성치료 전문가들에 따르면, 자위행위의 유일한 부작용은 죄책감이라고 한다. 성행위를 생식의 목적으로만 인식하려는 종교적 편견의 영향이다. 그러나 자위는 건강이 상할 정도로 과도하게 탐닉하지만 않는다면 오히려 유용한 것이다. 성치료자들은 성욕을 배출할 통로가 제한되어 있는 젊은이들에게 자위행위를 하는 방법을 가르쳐야 한다고 주장한다. 성병에 전염될 수 있는 매춘부와의 성행위나 미혼남녀의 무책임하고 부적절한 성행위보다는 자위가 훨씬 건강한 성욕해소방법이라는 것이다. 심지어 기혼자의 경우에도 부부관계에서 오르가슴을 경험하는 경우가 약 50%에 불과하기 때문에 자위행위를 통해 해소되지 못한 성욕을 배출하도록 권장하는 성치료자도 있다.

해서 초조하고 긴장하는 마음을 감소시킬 수 있다.

나아가서 성기능부전 환자가 지니고 있는 성에 대한 역기능적 신념을 탐색하여 논의하고 성에 대한 올바른 지식과 현실적인 기대를 지니도록 돕는다. 예컨대, '성행위 시에 항상 상대방을 만족시킬 수는 없다. 때로는 성행위 시에 절정감을 경험하지 못할 수도 있다. 절정감을 느끼지 않아도 서로 사랑의 마음을 충분히 나눌 수 있다. 성행위만이 사랑을 나누는 방법은 아니다'와 같은 생각은 성행위에 대한 부담감을 감소시킴으로써 좀 더 편안한 마음으로 성행위에 임하게 할 수 있다.

성행위 시에 느끼는 불안과 긴장을 감소시키기 위해 체계적 둔감법, 모방학습, 긴장이완훈련 등을 실시한다. 체계적 둔감법은 심리적으로 편안한 상태에서부터 시작하여 점차 성적인 불안이 심해지는 자극상황을 위계적으로 배열한 후, 긴장이완상태에서 단계적으로 불안유발 자극에 노출시킴으로써 불안을 극복하도록 유도한다. 또는 불안감 없이 편안하게 성행위를 원활하게 시연하는 사람의 모습을 담은 비디오나 그림을 유심히 관찰하게 한 후 실제 성행위 시에 이를 모방하여 행동하도록 한다. 이 밖에 성기능을 향상시킬 수 있는 구체적인 성적 기술(sexual skill)을 가르치는 것도 성치료의 중요한 요소이다. 아울러 성기능부전이 해결되기 위해서는 성적 파트너와의 솔직한 대화와 갈등해결이 필요하므로 의사소통훈련, 자기주장훈련, 사회적 기술훈련, 부부관계 개선훈련 등이 사용되기도 한다.

4. 생물학적 원인들

성기능부전은 여러 가지 생물학적 요인에 의해서 촉발될 수 있다. 많은 경우, 생물학적 요인과 심리적 요인이 복합적으로 작용하여 성기능부전이 발생하고 악화된다. 우선, 신체적 질병이 성기능에 영향을 미칠 수 있다. 성기능에 영향을 미치는 주된 신체질환에는 성기나 성행위에 관여되는 기관에 손상을 주게 되는 다양한 질병이 있다. 다양한 성병을 비롯하여 자궁암, 유방암, 음경 부위의 종양은 성행위를 곤란하게 할 뿐만 아니라 성기능을 저해한다. 때로는 이러한 질병으로 인한 심리적 고통이 성기능에 문제를 야기할 수도 있다.

성기능의 이상은 신체적 질환의 증상으로 나타날 수 있다. 이러한 대표적 질병이 당뇨병이다. 당뇨병에 걸린 사람은 초기 증상으로 일시적인 발기불능을 경험하게 된다. 이 경우, 당뇨병이 발기 문제를 유발한다는 점을 잘 알고 있는 사람은 발기불능을 당연한 것으로 받아들이고 당뇨병의 치료를 통해서 발기문제가 해결될 수 있다. 그러나 당뇨병으로 인해 일시적인 발기불능이 생길 수 있다는 사실을 충분히 인식하지 못하고, 발기불능을 충격적인 것으로 받아들이고 그 원인을 잘못 해석하여 걱정하게 되면 발기불능이 심해질 수 있다. 이처럼 신체적인 질병으로 인해 성기능의 문제가 발생할 수 있으며, 그 원인을 잘못 추정하여 부적절하게 대처하게 되면 성기능의 문제가 악화될 수 있다. 심장병이나 고혈압 증세를 지닌 남자들의 경우도 마찬가지이다. 이들은 성행위 시에 성적으로 흥분하게 되면 심장이나 혈관에 무리가 생겨 심장발작이 일어나지 않을까 하는 두려움과 불안을 지니게 된다. 이러한 불안 역시 성기능을 억제하여 문제를 야기할 수 있다.

다양한 약물의 부작용으로 인해서 성기능의 문제가 초래될 수 있다. 성반응주기의 각 단계가 여러 가지 약물에 의해서 방해될 수 있다는 것은 이미 잘 밝혀진 사실이다. 특히 향정신성 약물은 성기능에 부작용을 유발하기 쉽다. 또한 알코올은 중추신경 진정제로서 성기능에 영향을 미친다. 알코올은 적은 양을 섭취하면 불안을 완화시키는 효과가 있으나 많은 양을 섭취하게 되면 성기능을 억제하게 된다.

또한 성기능은 나이가 많아짐에 따라 쇠퇴한다. 성기능은 20대에 정점에 도달했다가 점차 약화되어 간다. 노화에 따라 성기능이 쇠퇴하게 되고 아울러 성행위의 빈도와 강도도 감소하는 추세를 보인다. 연령증가가 반드시 직접적으로 성기능의 쇠퇴를 초래하는 것은 아니지만, 장·노년기에 접어들면 전반적인 신체적 쇠퇴가 일어나는 동시에 여러 가지 신체적 질병이 생겨나고 약물사용 빈도가 증가하게 된다. 또한 노년기에는 정년퇴직, 배우자의 죽음 등의 부정적 사건을 경험하게 되면서 여러 가지 정서적 문제가 발생한다. 이렇게 연령증가에 따른 다양한 신체적·심리적 변화가 전반적인 신체적 쇠퇴와 더불어 성기능의 약화를 유발하게 된다.

변태성욕장애

변태성욕장애(Paraphilic Disorders)는 성행위 대상이나 성행위 방식에서 비정상성을 나타내는 장애로서 **성도착장애**라고 불리기도 한다. 인간이 아닌 대상(예: 동물, 물건)을 성행위 대상으로 삼거나, 아동을 비롯하여 동의하지 않은 사람을 대상으로 성행위를 하거나, 자신이나 상대방이 고통이나 굴욕감을 느끼게 하는 성행위방식이 이에 포함된다.

변태성욕장애의 진단적 기준은 '부적절한 대상이나 목표'에 대해서 강렬한 성적 욕망을 느끼고 성적 상상이나 행위를 반복적으로 나타내는 것이다. 여기에서 의미하는 부적절한 성적 대상이나 목표는 구체적으로 다음과 같다. 첫째, 인간이 아닌 존재를 성적 대상으로 삼는 경우로서 동물애증, 물품음란장애 등이 이에 속한다. 둘째, 아동을 위시하여 동의하지 않는 사람을 대상으로 성행위를 하는 경우로서 소아성애장애나 강간이 이에 속한다. 셋째, 자신이나 상대방이 고통이나 굴욕감을 느끼게 하는 성행위방식을 나타내는 경우로서 성적 가학장애, 성적 피학장애, 노출장애 등이 이에 속한다. 이러한 부적절한 대상이나 목표에 대한 성적 상상이나 행위가 6개월 이상 지속되고 이러한 문제로 인하여 스스로 심각한 고통을 받거나 현저한 사회적, 직업적 부적응을 나타낼 때 변태성욕장애라고 진단된다.

변태성욕장애에는 매우 다양한 하위유형이 있는데, DSM-5-TR에서는 관음장애, 노출장애, 마찰도착장애, 성적 피학장애, 성적 가학장애, 소아성애장애, 물품음란장애, 복장도착장애 등이 제시되고 있다. 문화권마다 수용되는 성적 행위나 대상이 다르기 때문에 변태성욕장애는 사회문화적 요인을 고려하여 진단되어야 한다. 임상장면에서 가장 흔하게 나타나는 변태성욕장애는 소아성애장애, 관음장애, 노출장애이다. 임상에서 관찰되는 변태성욕장애 환자의 약 반수는 기혼자인 것으로 보고되고 있다. 변태성욕장애는 남녀의 발생비율이 20:1로 추정될 만큼 압도적으로 남성에게 많이 나타난다. 여성은 성적 피학장애로 진단되는 경우가 있으나 대부분의 변태성욕장애는 남성에게 나타나며 보통 두 개 이상의 도착 장애를 동시에 보인다. 대개 18세 이전에 발병하여 20대 중반까지 흔히 나타나다가 그 이후에 감소하는 경향이 있다.

변태성욕장애는 대부분 법적 구속의 대상이 될 수 있다. 관음장애, 노출장애, 마찰도착장애, 소아성애장애, 아동에 대한 성적 가학장애는 체포된 성범죄자의 대부분에 해당된다. 성적 피학장애의 경우는 다른 사람에게 해를 입히지는 않지만 피학적 상상이 현실화되어 자신을 손상시키는 결과를 초래할 수 있다. 또한 배우자나 성적 파트너가 성도착적 성행위를 수치스러워하여 강하게 반발하게 되면 부부관계나 연인관계에 심각한 문제가 발생하게 된다.

제1절　변태성욕장애의 유형

1. 관음장애

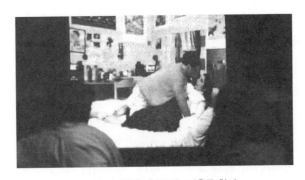

타인의 성생활을 훔쳐보는 관음증 환자

관음장애(Voyeuristic Disorder)는 다른 사람이 옷을 벗고 있거나 성행위를 하고 있는 모습을 몰래 훔쳐봄으로써 성적 흥분을 느끼는 경우를 말한다. 관찰되는 상대방은 낯선 사람인 경우가 대부분이며, 관음증을 지닌 사람들은 관음행위 도중이나 이러한 목격내용을 회상하면서 자위행위를 하는 경향이 있다. 관찰되는 상대방과의 성행위를 하는 장면을 상상하긴 하지만, 실제로 이런 일이 발생하는 경우는 매우 드물다. 관음행위는 타인의 사생활을 침범하는 범죄행위로 처벌될 수 있다. 관음장애의 평생 유병률은 남성의 경우 약 12%, 여성의 경우 약 4%로 추정되고 있다. 관음증적 행동은 대개 15세 이전에 시작되며 만성화되는 경향이 있다.

2. 노출장애

노출장애(Exhibitionistic Disorder)의 주요 증상은 낯선 사람에게 자신의 성기를 노출시키는 것이다. 때로는 성기를 노출하거나 또는 노출했다는 상상을 하면서 자위행위를 하기도 한다. 노출증적 행동을 나타내는 경우에 낯선 사람과 성행위를 하려고 시도하는 경우는 거의 없다. 이들은 보는 사람을 놀라게 하거나 충격을 주고자 하거나, 바라보고 있는 사람이 성적으로 흥분할 것이라는 상상을 하기도 한다. 이처럼 성기노출과 관련된 성적 공상이나 행위가 6개월 이상 지속되어 사회적 적응에 문제가 발생했을 때 노출증으로 진단된다. 과도한 노출증은 법적 구속의 사유가 된다. 보통 18세 이전에 발생되지만 그 이후에도 시작될 수 있다. 노출장애의 유병률은 남성의 2~4%로 추정되고 있다. 나이 든 사람들이 이 문제로 구속된 적이 거의 없는 점으로 미루어 보아 40세 이후에는 상태가 완화되는 것으로 보인다.

3. 마찰도착장애

마찰도착장애(Frotteuristic Disorder)는 동의하지 않는 사람에게 자신의 성기나 신체 일부를 접촉하거나 문지르는 행위를 반복적으로 나타내는 경우이다. 이러한 행위는 체포될 염려가 없는 밀집된 지역(예: 대중교통수단, 붐비는 길거리)에서 행해진다. 상대방의 허벅지나 엉덩이에 자신의 성기를 문지르거나, 손으로 상대방의 성기나 유방을 건드린다. 보통 이러한 행위를 하는 중에는 피해자와 비밀스러운 애정 관계를 맺게 된다는 상상을 하곤 한다. 마찰도착장애는 보통 청소년기에 발병하는데, 대부분의 경우 15~20세 사이에 발생하여 연령이 증가할수록 발생 빈도는 점차 줄어든다.

4. 성적 피학장애

성적 피학장애(Sexual Masochism Disorder)는 굴욕을 당하거나 매질을 당하거나 묶이는 등 고통을 당하는 행위를 중심으로 성적 흥분을 느끼거나 성적 행위를 반복하는 경우이다. 고통을 당하는 행위는 실제적인 것일 수도 있고 가상적인 것일 수도 있다. 타인으로 하여금 자신의 몸을 묶게 하거나 뾰족한 물건으로 찌르게 하거나 채찍으로 때리게 하거나 스스로 매우 굴욕적인 행동을 하는 등 매우 다양한 피학적 행동을 원한다. 성적 피학장애의 극단적 형태는 저산소 기호증(hypoxyphilia)으로서 가슴을 압박하거나 올가미, 플라스틱 주머니, 마스크 등을 사용한 산소부족 상태에서 성적 쾌감을 느끼려는 경우이며 이로 인해 죽음에까지 이르는 경우도 있다. 성적 피학적 상상은 아동기부터 존재하는 경향이 있으며, 상대방과 더불어 행하는 피학적 성행위는 대개 성인 초기에 시작된다. 성적 피학장애는 보통 만성적이며 동일한 피학적 성행위를 반복하는 경향이 있다. 성적 피학장애를 지닌 사람들 중에는 현저하게 유해한 성행위를 하지 않는 경우가 많지만, 시간이 경과함에 따라 피학행위의 정도가 심화되어 심각한 신체적 상해나 죽음까지 초래하는 경우도 있다.

5. 성적 가학장애

성적 가학장애(Sexual Sadism Disorder)는, 성적 피학장애와 반대되는 경우로서, 상대방으로

하여금 고통이나 굴욕감을 느끼게 함으로써 성적 흥분을 즐기거나 그러한 성적 행위를 반복하는 경우이다. 성적 가학 행동의 초점은 상대방에게 심리적 또는 육체적 고통을 통하여 성적 흥분을 얻는 것이다. 가학적 상상이나 행위는 상대방에 대한 가해자의 우월성을 상징하는 행동들로서 상대방을 묶거나 기어 다니도록 하거나 구타하기, 채찍질하기, 불로 태우기, 담뱃불로 지지기, 목조르기 등의 다양한 행동을 포함한다.

가학적인 성적 공상은 아동기부터 시작되는 경향이 있지만, 가학적 행위가 시작되는 연령은 대부분 초기 성인기이다. 성적 가학장애는 보통 만성적이며, 동의하지 않는 상대에게 가학적 성행위를 행하여 체포될 때까지 반복되는 경향이 있다. 성적 가학장애는 심한 육체적 손상을 일으키지 않은 채로 지속되기도 하지만, 대부분 시간이 경과함에 따라 강도가 높아지며 상대방에게 심한 손상을 입히거나 죽음에 이르게 하는 경우도 있다.

6. 소아성애장애

소아성애장애(Pedophilic Disorder)는 사춘기 이전의 아동(보통 13세 이하)을 대상으로 하여 성적 공상이나 성행위를 6개월 이상 반복적으로 나타내는 경우를 말한다. 소아성애장애로 진단되려면 나이가 적어도 16세 이상이어야 하며 성적 대상이 되는 아동보다 적어도 5세 이상의 연상이어야 한다. 남성의 경우, 8~10세의 여자 아이를 선호하는 경향이 있지만 남자 아이를 대상으로 하는 경우도 있다. 전형적인 예로는 소아의 옷을 벗기고 바라보거나 성기를 만지거나, 아동이 있는 자리에서 자위행위를 하거나 자신의 성기를 만지게 하거나, 아동의 성기에 손가락을 넣거나 자신의 성기를 접촉시키는 경우로서 위협이나 폭력이 사용되기도 한다. 소아성애장애는 법적으로 심각한 문제가 되는 변태성욕장애이다.

소아성애장애의 유병률은 남성의 경우 3~5%에 이르는 것으로 추정되고 있다(American Psychiatric Association, 2013). 소아성애적 성행위가 자신의 친자식, 의붓자식, 친척에게 국한되어 행해질 경우에는 근친상간(incest)이 된다. 미국에서 대학생 796명을 대상으로 조사한 결과, 여성의 19%와 남성의 8.6%가 어린 시절 성행위의 대상이 되었다고 보고했으며 이들 여성피해자의 28%와 남성피해자의 23%가 근친상간의 경험이 있다고 보고하였다(Finkelhor, 1983).

7. 물품음란장애

물품음란장애(Fetishistic Disorder)는 물건에 대해서 성적 흥분을 느끼며 집착하는 경우를 말한다. 성적 흥분을 느끼는 물건은 주로 여성의 내의, 브래지어, 스타킹, 신발, 부츠 또는 기타 착용물이다. 물품음란장애가 있는 사람은 물건을 만지거나 문지르거나 냄새 맡으면서 자위행위를 하거나, 성교 시 상대방에게 그런 물건을 착용하도록 요구한다. 보통 그런 물건들은 성적 흥분을 위해서 필요하며, 그런 물건이 없을 경우에는 발기부전이 일어나기도 한다. 발병은 보통 청소년기에 시작되며 일단 발병하면 만성적 경과를 나타낸다.

물품음란장애 환자가 모아 놓은 여성의 구두들

8. 복장도착장애

복장도착장애(Transvestic Disorder)는 이성의 옷으로 바꿔 입음으로써 성적 흥분을 하는 경우를 말한다. 보통 복장도착장애를 지닌 남자는 여자 옷을 수집하여 바꿔 입으며 자신을 성적 공상 속의 남자 주인공과 상대여성이라고 상상하면서 자위행위를 하는 경향이 있다. 이 장애는 이성애적인 남자에게서만 주로 보고되고 있으며, 성별 불쾌감으로 인하여 이성의 옷을 입는 경우는 복장도착장애로 진단되지 않는다. 복장도착 행동은 남성 복장에 여성 의복의 한 종류(예: 내의나 양말)만 착용하는 경우부터 전체적으로 여장을 하고 화장을 하는 경우까지 다양하다.

9. 기타의 변태성욕장애

이상에서 소개한 변태성욕장애 외에도 매우 다양한 유형이 보고되고 있으며 기타의 변태성욕장애로 분류되고 있다. 이러한 변태성욕장애로는 동물과의 성행위나 그러한 공상을 통해 성적 흥분을 얻는 동물애증(zoophilia), 상대방에게 음란하고 외설스러운 말을 함으로써 흥분을 얻는 외설언어증(coprolalia), 특히 전화를 통해 낯선 사람에게 음란한 말을 함으로써 성적 흥분을 추구하는 전화외설증(telephone scatologia), 상대방의 성기에 대변을 문질러 바름으로써 흥분을 얻는 분변애증(coprophilia), 소변을 통해서 성적 쾌감을 얻는 소변애증(urophilia), 심지어는 시체와 성관계를 맺고자 하는 시체애증(necrophilia) 등이 보고되고 있다. 이처럼 인간이 성적 쾌락을 위해서 행할 수 있는 성적 행위와 그 대상은 상상을 초월할 만큼 다양하다.

제2절 원인과 치료

변태성욕장애의 원인에 대해서는 과학적 연구를 통해 밝혀진 바가 거의 없다. 전통적으로 변태성욕장애에 대해서는 정신분석적 설명이 가장 활발하게 제기되었다. 정신분석적 입장에서는 변태성욕장애를 유아적인 성적 발달단계에 고착되어 성인기까지 지속되는 것으로 보고 있다. 특히 오이디푸스 콤플렉스가 잘 해소되지 않은 사람들이 지니고 있는 아버지에 의한 거세불안이 변태성욕장애의 형태로 나타날 수 있다고 주장한다. 예컨대, 노출장애 환자는 자신의 성기를 낯모르는 여성이나 소녀에게 노출시킴으로써 자신이 거세되지 않았다는 사실을 확인하려는 무의식적 동기를 지니고 있다는 것이다. 환자는 자신의 노출 행동에 대해서 여성이 충격을 받는 모습을 보면서 거세불안을 극복하고 이성을 정복했다는 느낌을 갖게 된다. 관음장애는 소아기에 부모의 성교장면을 목격하거나 엿듣게 되는 충격적 경험과 관련되어 있다고 주장한다. 소아는 부모의 성교장면을 충격적으로 받아들이며 자신이 목격하고 있다는 사실을 부모가 알지 못하도록 꼼짝하지 않은 채 몰래 지켜보거나 엿듣게 된다. 이러한 충격적 경험은 아동의 거세불안을 촉발하며 수동적으로 경험했던 충격을 성인이 되어서 능동적으로 극복하려는 시도가 관음장애로 나타난다는 설명이다. 성애물장애의 경우, 성적 흥분을 불러일으키는 물건은 상징적으로 여성의 성기를 뜻하며 이러한 비인격적인 물건을 대상으로 성적 흥분을 느끼는 것은 덜 위협적일 뿐 아니라 마음대로 주무를 수 있기 때문에 거세불안을 극복하도록 돕는다. 성적 가학장애를 보이는 사람들은 어린 시절에 성적인 외상경험을 지니는 경우가 많으며 자신이 경험했던 외상경험을 타인에게 가함으로써 복수를 하는 동시에 아동기의 외상을 극복하려는 무의식적 시도인 반면, 성적 피학장애를 지닌 사람들은 아동기에 학대받은 경험을 반복하는 것인데 이는 거세를 당하는 대신 희생물이 됨으로써 덜 가혹한 불행을 받아들이는 무의식적인 시도라고 설명되고 있다. 이 밖에도 대상관계이론에서는 도착적 성행위를 대상관계로부터의 도피라고 주장하는 반면, 자기심리학에서는 성도착행위를 자기응집력을 회복하기 위한 필사적 시도라고 설명하기도 한다.

행동주의적 입장에서는 고전적 조건형성 과정을 통해 변태성욕장애가 발생한다고 주장한다. 예컨대, 여자의 슬리퍼에 대한 성애물장애를 지닌 한 사람이 어린 시절에 배다른 누이의 슬리퍼가 자신의 성기를 스쳤던 반복적인 경험을 보고하였는데, 이는 슬리퍼와 성적 흥분이 잘못 조건형성되었을 가능성을 시사한다. Rachman(1966)은 남성 피험자들에게 여자의 누드사진을 계속해서 보여주면서 누드사진 사이에 여성의 부츠사진을 섞어서 반복적으로 보여주었더니 피험자들이 부츠사진만 보고도 성적 흥분을 일으키게 되었다고 보고하였다.

또한 변태성욕장애 환자들은 사회적으로 고립되어 있으며 대인관계가 미숙하고 자기주장적이지 못하다는 보고도 있다. 따라서 이들은 정상적인 이성관계를 형성하여 성적 욕구를 해소하지 못하기 때문에 결과적으로 비정상적인 대상을 통해 성적 욕구를 충족시키려는 시도가 변태성욕장애로 나타날 수 있다. 어린아이, 동물, 여성의 물건 등과 같이 자신의 마음대로 통제할 수 있는 대상을 통해 성적 욕구를 발산하는 동시에 현실생활에서 좌절된 지배 욕구를 충족하게 된다는 주장도 있다.

변태성욕장애를 지닌 사람을 치료하는 일은 매우 어려운 일이다. 왜냐하면 이들은 성도착적 행동을 통해 오랜 기간 성적 쾌락을 얻어 왔으며 이를 포기하는 일에는 사실상 관심이 없기 때문이다. 이들은 자신의 행동을 장애로 생각하기보다는 개인적인 독특한 성적 취향이라고 생각하는 경향이 있다. 변태성욕장애 환자가 치료를 받게 되는 경우는 대부분 법적인 문제가 되어 강제로 치료에 응하는 경우일 뿐이며 사실상 치료에 대한 동기가 거의 없다.

변태성욕장애에 특별히 효과적인 치료방법은 없으며, 개인의 특성에 따라 적절한 치료적 접근이 필요하다. 이러한 통합적 치료에는 개인심리치료, 정신역동적 심리치료, 인지적 재구성, 행동적 재조건화와 재발예방 같은 방법이 동원될 수 있다. 변태성욕장애에 대한 일반적인 치료목표는 환자가 자신의 성도착 행동을 장애로 인정하여 치료에 응하도록 하고 성도착 행위의 피해자가 느낄 수 있는 고통과 불쾌감을 공감할 수 있도록 하며, 사회적 고립과 부적절한 대인관계를 개선하여 정상적인 이성관계가 가능하도록 유도하고, 성도착 행동이 유발되기 쉬운 상황을 인식하여 회피하는 방법을 비롯한 재발예방 계획을 세울 수 있도록 돕는 것이다.

정신분석적 치료에서는 변태성욕장애 환자가 어린 시절에 경험한 성적인 충격경험을 회상해 내고 거세불안을 위시한 심리적 갈등이 성도착 문제로 나타나고 있다는 것을 깨닫도록 유도하는 것이 중요하다. 그러나 이런 치료적 과정에서 치료자는 자신의 성도착 충동이 의식화되는 것에 대한 불안과 혐오감을 경험할 수 있고 이러한 불쾌감정으로 인해 변태성욕장애 환자를 처벌하려는 태도가 나타나기 쉬운데, 이러한 태도를 잘 자제하는 것이 중요하다. 성기기에 고착된 소아성애장애 환자들 중에서 자아강도가 잘 유지되고 있는 경우에는 정신분석치료가 치료효과를 거둘 수 있다는 보고가 있다. 일반적으로 자신의 성도착 문제에 대해 괴로워하거나 증상의 원인을 궁금해하는 환자는 비교적 치료효과가 좋다. 변태성욕장애 환자들은 흔히 경계선, 자기애성 또는 반사회성 성격장애를 동반하는 경우가 많은데, 이러한 경우에는 치료가 매우 어려운 것으로 알려져 있다.

행동치료자들은 변태성욕장애를 성적 흥분이 부적절한 대상에 잘못 조건형성된 때문이라고 본다. 따라서 혐오적 조건형성을 통해서 이러한 잘못된 조건형성을 제거할 수 있다고 본다. 예컨대, 여성의 구두에 성적 매력을 느끼는 성애물장애 환자가 구두를 보게 될 때마다 전기쇼크를 가하게 되면 구두에 대한 매력이 제거될 수 있다는 것이다. 이러한 방법으로 물품음란장애, 소아성애상애, 노출상애, 복장도착장애에서 치료적 효과를 거두었다는 보고도 있다(Marshall & Barabee, 1988). 아울러 변태성욕장애 환자들은 성도착적 공상을 하면서 자위행위를 하게 되는데, 이러한 성적 공상의 내용을 보다 정상적인 대상과의 성행위로 바꾸어 주는 것이 필요하다. 또한 변태성욕장애 환자들이 정상적인 이성관계의 형성을 통해 성적 욕구를 해소할 수 있도록 사회적 기술훈련과 자기주장 훈련 등을 병행하는 것이 바람직하다.

변태성욕장애 환자가 과도한 성욕을 느끼거나 자위가 심할 때에는 성욕감퇴 약물을 처방할 수 있으며, 우울증이나 다른 정신장애가 변태성욕장애의 유발에 관련되어 있는 경우에는 향정신성 약물을 사용할 수도 있다.

성별 불쾌감

제1절 주요증상과 임상적 특징

성별 불쾌감(Gender Dysphoria)은 자신의 생물학적 성과 성역할에 대해서 지속적으로 불편감을 느끼는 경우를 말하며 **젠더 불쾌감**이라고도 한다. 이러한 불편감으로 인해서 반대의 성에 대한 강한 동일시를 나타내거나 반대의 성이 되기를 소망한다. 예를 들어, 신체적으로 남성임에도 불구하고, 남자라는 것과 남자의 역할을 싫어하여 여성의 옷을 입고 여성적인 놀이나 오락을 좋아하는 등 여자가 되기를 소망하며 대부분 성전환수술을 원하게 된다. 이러한 장애는 아동에서부터 성인에 이르기까지 다양한 연령대에서 나타날 수 있으며, **성정체감 장애**(gender identity disorder) 또는 **성전환증**(transsexualism)이라고 불리기도 한다.

DSM-5-TR은 성별 불쾌감을 아동의 경우와 청소년 및 성인의 경우에 다른 진단기준을 적용하고 있다. 아동의 경우, 성별 불쾌감으로 진단되려면 다음 8개 항목 중 4개 이상을 6개월 이상 나타내야 한다: (1) 반대 성이 되기를 강하게 원하거나 자신이 반대 성이라고 주장한다; (2) 소년의 경우는 여성의 옷으로 바꿔 입거나 여성 복장의 흉내 내기를 좋아하는 반면, 소녀의 경우는 오로지 인습적인 남성 복장만 입기를 고집하며 인습적인 여성복장 입기를 강력히 거부한다; (3) 소꿉놀이나 상상놀이에서 반대 성 역할 하기를 강하게 선호한다; (4) 반대 성에 의해서 흔히 사용되거나 연관된 장난감, 게임, 활동을 강하게 선호한다; (5) 반대 성의 놀이 상대가 되는 것을 강하게 선호한다; (6) 소년의 경우는 전형적인 남성적 장난감, 게임, 활동을 강하게 거부하고 우악스러운 놀이를 강하게 회피하는 반면, 소녀의 경우는 전형적인 여성적 장

46세에 성전환수술을 받은 James Morris의 수술 전과 수술 후의 모습

난감, 게임, 활동을 강하게 거부한다; (7) 자신의 성적인 신체구조에 대한 강한 혐오감을 나타낸다; (8) 반대 성에게 적합한 성적인 특성에 대한 강한 선호를 나타낸다.

청소년이나 성인의 경우, 성별 불쾌감으로 진단되려면 다음 중 2개 이상을 6개월 이상 나타내야 한다: (1) 자신에게 부여된 일차적 성과 경험된/표현된 성에 있어서 현저한 불일치를 나타낸다; (2) 자신의 경험된/표현된 성과의 현저한 불일치 때문에 일차적 성 특성을 제거하려는 강한 욕구를 지닌다; (3) 반대 성의 일차적 성 특성을 얻고자 하는 강한 욕구를 지닌다; (4) 반대 성이 되고자 하는 강한 욕구를 지닌다; (5) 반대 성으로 대우받고자 하는 강한 욕구를 지닌다; (6) 자신이 반대 성의 전형적 감정과 반응을 지니고 있다는 강한 신념을 지닌다. 이러한 문제로 인해서 심각한 고통을 느끼거나 사회적 적응에 현저한 지장이 초래될 경우에 성별 불쾌감으로 진단된다.

성별 불쾌감을 지닌 아동이나 성인은 다양한 행동적 특성을 나타낸다. 남자 아동의 경우는 전통적인 여성적 행위나 역할을 좋아한다. 이러한 남아들은 여자의 옷을 좋아하고 여성적인 외모로 치장하기를 좋아하며 여성적인 놀이 게임에 강한 호기심을 나타낸다. 이들은 소꿉장난을 즐기고 예쁜 소녀나 공주를 마음속에 그리며 멋있는 여성 주인공이 등장하는 비디오나 텔레비전을 보며 즐긴다. 놀이에서도 여성적 역할을 좋아하며, 성장하여 여자가 되기를 바란다.

여자 아동의 경우는 여성적인 차림새를 싫어하는 대신 남자의 옷이나 짧은 머리를 좋아한다. 놀이 친구로는 남자 아이를 선호하고 신체적 접촉을 필요로 하는 운동이나 거친 놀이 등 전통적으로 남자들의 놀이에 관심이 많다. 이들은 힘세고 용감한 남자나 영웅을 이상화하고 좋아한다. 성장하여 남자가 되기를 바라며 미래에 대한 상상이나 소망에서 뚜렷하게 남성에 대한 동일시를 나타낸다.

성인의 경우는 반대 성을 지닌 사람으로 행동하며 사회에서 그렇게 받아들여지기를 강렬하게 소망한다. 반대 성의 외모와 옷차림새로 치장하고 다니거나 반대 성의 역할이나 직업을 지니고 생활하기도 한다. 이들은 자신의 성에 대해서 심한 불편감을 느끼며 성전환수술을 통해서 반대 성의 육체적 모습을 갖추려는 강한 소망을 지닌다. 성 정체감 장애를 지닌 사람은 가족, 동성의 또래, 사회적 기대나 역할과의 갈등 때문에 대인관계나 직장생활을 비롯한 생활전반에서 현저한 어려움을 경험하게 된다.

성별 불쾌감의 유병률은 성인남성의 경우 0.005~0.014%이며 성인여성의 경우는 0.002~0.003%로 알려져 있다. 성전환수술을 받은 사람은 성인남성은 3만 명 중 1명이고 성인여성은 10만 명 중 1명이었다는 보고가 있다. 아동의 경우 정신건강 진료소에 의뢰되는 남녀의 비는 5:1 정도로 남아가 월등하게 더 많은 반면, 성인의 경우는 남성이 여성보다 2~3배 정도 많다.

성인의 경우 성별 불쾌감은 두 가지 다른 발달과정을 나타낼 수 있는데, 그 하나는 어린 시절이나 사춘기 초기에 발생한 성별 불쾌감이 지속되는 경우이며, 다른 하나는 반대 성에 대한 동일시가 성인기 초기에 뚜렷하게 나타나는 경우이다. 후자의 경우는 흔히 복장도착장애를 동반하고 전자의 경우보다 반대 성에 대한 동일시가 불안정하며 만성화되는 경향도 약하다.

성별 불쾌감은 **동성애**(homosexuality)와 구분되어야 한다. 동성애는 동성인 사람에 대해서 성적인 애정과 흥분을 느끼거나 성적 욕구를 충족시키기 위한 성행위를 하는 경우를 말한다. 동성애자는 자신의 생물학적 성이나 성역할에 대해서 불편감을 겪지 않으며 성전환을 원하지도 않는다. 물론 일부의 동성애자 중에는 성별 불쾌감을 지니는 경우도 있다. 동성애는 과거에 정신장애로 여겨진 적이 있었으나, 1973년 미국정신의학회에서는 다수의 동성애자들이 양호한 사회적 적응을 하고 있음을 반영하여 동성애를 정신장애 분류체계에서 삭제하였다. 현재 동성애는 독특하지만 정상적인 성적 성향이자 생활방식으로 인정되고 있다.

 제2절 원인과 치료

성별 불쾌감은 선천적 요인 또는 후천적 요인에 의해서 유발된다는 주장이 경합하고 있다. 선천적 원인으로는 유전자의 이상이 성별 불쾌감을 유발할 수 있다는 주장이 제기되었다. 그러나 일란성 쌍둥이에서 성정체감이 각기 다른 경우가 발견되어, 유전적 요인은 성별 불쾌감을 결정하는 한 요인일 뿐이라고 여겨지고 있다(Galen & Rotery, 1992). 또 다른 생물학적 원인으로는 태내 호르몬의 이상이 성별 불쾌감을 유발할 수 있다는 주장이 있다. 태아는 처음에 남녀 모두 여성의 신체적 조직을 지니고 있다가 남성의 경우는 Y염색체로부터 발생되는 안드로겐이라는 남성호르몬에 의해서 남성의 성기가 발달하고 남성적인 특성이 나타나게 된다. 이처럼 남성 또는 여성의 육체적·심리적 특성은 호르몬의 영향을 받게 되는데, 성별 불쾌감을 지닌 사람들의 경우 태아의 유전적 결함이나 어머니의 약물복용 등으로 인한 태내기의 호르몬 이상에 의해 육체적 특성과 심리적 특성에 괴리가 나타난 것이라는 주장이다. 그러나 성별 불쾌감 환자가 뇌구조나 호르몬 분비에 있어서 정상인과 차이가 없다는 연구들이 다수 보고되고 있다(Gladue, 1985).

성별 불쾌감은 후천적인 경험이나 학습에 의해서 유발될 수 있다는 다양한 주장도 제기되고 있다. Freud는 성별 불쾌감을 성장과정 중 오이디푸스 갈등이 중요시되는 남근기 상태에 고착된 현상으로 설명하고 있다. 즉, 이성의 부모와 과도하게 동일시하게 되면 이후에 성별 불쾌감이 생긴다는 것이다. 일부 연구자들과 임상가들은 성별 불쾌감의 원인으로 부모와 가족의 영향을 중요시해 왔다(Stoller, 1975). 즉, 남성 성별 불쾌감 환자의 경우는 아버지가 없거나 무기력한 반면, 어머니는 지배적이고 통제적인 경향이 있다. 그러나 여성 성별 불쾌감 환자의 경우는 어머니가 우울증적 경향이 있고 아버지는 냉담하고 무관심한 경향이 있어서 딸이 아버지를 대신해서 지지적이고 남성적인 역할을 해야 하며, 이때 딸의 남성적 행동은 아버지에 의해 강화되고 여성성은 무시된다.

Green(1974)은 반대 성의 행동이 나타나게 되는 과정을 학습원리에 의해 설명하고 있다. 성정체감 혼란이 생기기 쉬운 경우는 동성의 부모가 소극적이거나 존재하지 않는 반면, 반대 성의 부모가 지배적이어서 아동이 반대 성의 부모를 모델로 삼아 사회적 행동을 습득하게 되는 경우이다. 또한 아동이 반대 성의 행동을 모방하기 시작할 때 부모가 관심과 흥미를 보이고 귀여워하는 등의 보상을 주게 되면 이러한 행동은 강화될 수 있다. 그뿐만 아니라 또래관계에서도 강화가 이루어질 수 있다. 여성스러운 남자 아이는 여자 아이를 선호하여 함께 지내는 시간이 많은 반면, 남성스러운 여자 아이는 남자 아이와 더 많은 시간을 보낸다. 따라서 반대 성의 행동이 함께 어울리는 또래들에 의해서 강화될 수 있다. 이렇듯이 부모와 또래의 영향에 의해서 후천적으로 성별 불쾌감이 발달할 수 있다는 주장이다.

성별 불쾌감에 대한 치료는 그 목표와 방법에 있어서 매우 복잡한 문제가 관여된다. 우선 성별 불쾌감을 지닌 사람들은 대부분 반대 성에 대한 동일시가 확고하여 강력하게 성전환수술을 원한다. 성별 불쾌감 환자에게는 성전환수술이 주요한 치료방법이 된다. 그러나 성전환수술은 두 번 할 수 없는 것이므로 수술 전에 신중하게 선택하도록 해야 한다. 성전환수술을 받은 사람들의 70~80%는 수술 후의 생활에 만족하는 반면, 약 2%가 수술 후의 후유증으로 자살한다는 보고가 있다. 심리치료는 성정체성 장애에 수반되는 우울이나 불안 등의 심리적 문제를 다루어 주는 것 외에는 이 장애의 치료에 한계가 있는 것으로 알려져 있다.

요약

1. 성기능부전은 원활한 성행위를 방해하는 다양한 기능장애를 포함하고 있다. 남성에게 나타나는 성기능부전으로는 최소한 6개월 이상 성적인 욕구를 지속적으로 느끼지 못하는 **남성 성욕감퇴장애**, 성적 활동을 하는 동안에 발기에 어려움을 겪게 되는 **발기장애**, 성행위 시에 너무 일찍 또는 자신이 원하기 전에 사정을 하게 되는 **조기사정**, 성행위 시에 사정이 되지 않거나 현저하게 지연되는 **사정지연**이 있다. 여성에게 나타나는 성기능부전으로는 성적 활동에 대한 관심이 현저하게 저하될 뿐만 아니라 성행위 시에 성적인 흥분이 적절하게 일어나지 않는 **여성 성적관심/흥분장애**, 여성이 성행위 시에 절정감을 경험하지 못하는 **여성 극치감장애**, 성행위 시에 생식기나 골반에 현저한 통증을 경험하는 **성기-골반 통증/삽입장애**가 있다.

2. 성기능부전의 연구와 치료에서 선구자적 역할을 한 Masters와 Johnson에 따르면, 성기능부전은 즉시적 원인과 역사적 원인에 의해 유발된다. 성기능부전을 지닌 사람들은 성기능을 제대로 발휘하지 못하여 상대방을 실망시키는 것을 두려워하며 성행위에 몰두하지 못하고 자신의 성적 반응상태를 관찰하는 경향이 있다. 이러한 성적 수행에 대한 공포와 관찰자적 역할이 성기능부전의 즉시적 원인을 구성하며, 성기능을 위축시키고 성적 쾌감을 감소시킨다. 성기능부전에 영향을 미치는 역사적 원인에는 종교적 신념, 충격적 성경험, 동성애적 성향, 잘못된 성지식, 과도한 음주, 신체적 문제, 사회문화적 요인 등이 포함된다. 이러한 요인들이 복합적으로 작용하여 성적 수행에 대한 두려움과 관찰자적 역할을 형성하게 된다. 성기능부전에 대한 Masters와 Johnson의 치료방법은 부부를 치료대상으로 단기간에 집중적인 치료를 시도하며 감각집중법을 통해 성반응의 각 단계에서 체험되는 신체적 감각에 주의를 집중하여 이를 충분히 느낌으로써 성적 쾌감을 증진하고 성행위에 몰입하도록 유도한다.

3. 정신분석적 입장에서는 성기능부전을 상대방이 성적 만족을 느끼지 못하도록 좌절시킴으로써 상대방에 대한 무의식적인 불만과 분노를 표현하는 의미로 해석하고 있다. 남성의 경우, 어린 시절에 어머니에게 느꼈던 분노와 적개심이 무의식적으로 억압되었다가 성인이 된 후 성행위과정에서 표출되거나 오이디푸스 갈등에서 경험한 거세불안이 성기능부전을 유발할 수 있다. 여성의 경우, 성기능부전이 상대에 대한 적대감뿐만 아니라 경쟁심에 의해 초래될 수도 있는데 이는 어린 시절의 무의식적인 남근선망과 관련되어 있다고 주장한다. 전통적인 성치료기법과 정신역동적 치료를 혼합하여 새로운 성치료법을 제시한 Kaplan은 성기능부전이 기본적으로 불안에 의해 야기된다고 주장한다. 그에 따르면, 성기능문제를 유발하는 불안의 근원과 종류에 따라서 성기능부전의 유형이 달라지며 치

료방법이 달라져야 한다.

4. 인지적 입장에서는 성행위 시에 정서적 흥분과 신체적 반응을 위축시키는 인지적 요소에 초점을 맞추고 있다. 성기능부전을 나타내는 사람은 성에 관해서 현실적으로 실현되기 어려운 과도한 기대와 믿음을 지니고 있어서 성행위 시에 좌절과 실패감을 느끼기 쉬우며 이로 인한 불안이 성기능의 문제를 악화시키게 된다. 아울러 성행위에 몰두하지 못하고 자신의 상태를 확인하려는 자기초점적 주의가 나타나며 자신의 신체적 반응과 상대방의 반응에 대해서 부정적인 의미로 해석하는 경향이 있다. 이러한 부정적인 생각이 불안감과 좌절감을 증폭시키고 성적 흥분과 신체적 반응을 억제한다. 성기능부전에 관한 인지행동치료에서는 환자들이 성에 대해서 올바른 지식과 현실적인 기대를 지니도록 도우며 성에 대한 불안감을 증가시키는 부적응적인 신념과 부정적 사고를 교정함으로써 편안한 마음으로 성행위에 임할 수 있도록 유도한다. 불안과 긴장을 감소시키기 위해 체계적 둔감법, 모방학습, 긴장이완훈련, 성적 기술 교육 등을 실시한다.

5. 변태성욕장애는 성행위 대상이나 성행위 방식에서 비정상성을 나타내는 장애로서 성도착장애라고 불리기도 한다. 인간이 아닌 대상(예: 동물, 물건)을 성행위 대상으로 삼거나, 아동을 비롯하여 동의하지 않은 사람을 대상으로 성행위를 하거나, 자신이나 상대방이 고통이나 굴욕감을 느끼게 하는 성행위 방식이 이에 포함된다. 이러한 성도착증의 하위유형으로는 관음장애, 노출장애, 마찰도착장애, 성적 피학장애, 성적 가학장애, 소아성애장애, 물품음란장애, 복장도착장애 등이 있다. 정신분석적 입장에서는 변태성욕장애를 유아적인 성적 발달단계에 고착되어 성인기까지 지속된 것으로 보고 있다. 행동주의적 입장에서는 고전적 조건형성 과정을 통해 변태성욕장애가 발생한다고 주장한다. 또한 변태성욕장애 환자들은 사회적으로 고립되어 있으며 대인관계가 미숙하고 자기주장적이지 못하여 정상적인 이성관계를 형성하여 성적 욕구를 해소하지 못하기 때문에 결과적으로 비정상적인 대상을 통해 성적 욕구를 해소하려는 시도가 나타난다는 주장도 있다.

6. 성별 불쾌감은 자신의 생물학적 성과 성역할에 대해서 지속적으로 불편감을 느끼는 경우를 말한다. 반대의 성에 대해서 강한 동일시를 나타내거나 반대의 성이 되기를 소망하는 경우로서 성정체감 장애 또는 성전환증이라고 불리기도 한다. 성별 불쾌감을 유발하는 선천적 원인으로는 유전자의 이상과 태내의 호르몬 이상이 주장되고 있으며, 후천적인 요인으로는 성장과정에서 부모와 가족의 역할이 중요한 것으로 여겨지고 있다. 성별 불쾌감을 지닌 사람들은 대부분 성전환수술을 원하며 이러한 수술을 통해 만족스러운 삶을 살아가는 경우가 많다.

📖 추천도서 및 시청자료

성에 관한 장애를 좀 더 자세히 이해하고자 하는 사람은 『성기능 장애』(하승수, 2016), 『아름다운 사랑과 성』(홍성묵, 1999), 『성도착 장애와 성불편증』(신희천, 2016)를 참고하기 바란다. 아울러 성에 관한 일반적 내용을 폭넓게 소개하고 있는 책으로는 『성문화와 심리』(윤가현, 1998)가 있다.

성기능부전에 관한 영화로는 발기장애를 다룬 〈섹스, 거짓말 그리고 비디오테이프(Sex, Lies, and Videotape)〉(1989)와 〈남자가 여자를 사랑할 때(Boxing Helena)〉(1993)가 있으며, 여성 극치감장애를 지닌 인물이 등장하는 〈에이미의 오르가슴(Amy's Orgasm)〉(2001)과 〈더 오에이치 인 오하이오(The Oh in Ohio)〉(2006)가 있다. 변태성욕장애에 관한 영화로는 관음장애를 다룬 〈사랑에 관한 짧은 필름(A Short Film about Love)〉(1988)과 〈광끼(I Want You)〉(1998)가 있으며, 노출장애를 다룬 영화로는 〈좋은 엄마(The Good Mother)〉(1988)가 있다. 소아성애장애를 다룬 영화로는 〈로리타(Lolita)〉(1997), 성적 가학장애는 〈퀼스(Quills)〉(2000), 성적 피학장애는 〈블루 벨벳(Blue Velvet)〉(1986), 물품음란장애는 〈필로우 북(Pillow Book)〉(1997), 그리고 강간을 다룬 영화로는 〈피고인(The Accused)〉(1988)이 있다. 성별 불쾌감을 다룬 대표적인 영화로는 〈소년은 울지 않는다(Boys Don't Cry)〉(1999)와 〈헤드윅(Hedwig and the angry inch)〉(2001)이 볼 만하다.

제 13장

물질관련 및 중독 장애

제13장

물질관련 및 중독 장애

우리가 섭취하는 물질 중에는 중독성을 지니고 있어 몸과 마음에 부정적인 영향을 미치는 것들이 있다. 그 대표적인 물질이 알코올이다. 알코올은 적당히 마시면 긴장을 완화시키고 대인관계를 향상시키는 긍정적인 효과를 지니고 있지만, 과음을 하거나 장기적인 음주를 하게 되면 알코올에 대한 의존성이 생겨서 '술 없이는 살 수 없는 중독상태'에 빠지게 된다. 그 결과 개인의 심리적 기능이 손상되고 정상적인 사회활동이 어려워지며 결국 재정적 곤란, 가정의 파탄, 심리적 황폐화를 초래하여 폐인상태로 전락하기도 한다. 이처럼 무서운 결과를 초래하는 것이 알코올 중독이다. 우리 사회에는 알코올뿐만 아니라 정부에서 '마약과의 전쟁'을 선포할 만큼 여러 가지 중독성 마약이 은밀히 유포되고 있어 사회적 문제가 되고 있다. 물질뿐만 아니라 행위에도 중독현상이 나타날 수 있는데, 그 대표적인 경우가 도박증이다.

물질관련 및 중독 장애(Substance-Related and Addictive Disorders)는 술, 담배, 마약과 같은 중독성 물질을 사용하거나 중독성 행위에 몰두함으로써 생겨나는 다양한 부적응적 증상을 포함하고 있다. 이 장애범주는 크게 물질관련장애(Substance-Related Disorders)와 비물질관련장애(Non-Substance-Related Disorders)로 구분된다. 물질관련장애는 다시 물질 사용장애(Substance Use Disorders)와 물질유도성 장애(Substance-Induced Disorders)로 구분된다. 물질 사용장애는 특정한 물질을 과도하게 사용함으로 인해서 개인적 고통과 사회적 부적응이 초래되는 경우를 말하며, 물질유도성 장애는 특정한 물질을 섭취했을 때 나타나는 부적응적인 심리상태를 뜻한다. 물질유도성 장애는 다시 특정한 물질의 과도한 복용으로 인해 일시적으로 나타나는 부적응적 증상군을 뜻하는 물질 중독(Substance Intoxication), 물질복용의 중단으로 인해 일시적으로 나타나는 부적응적 증상군을 뜻하는 물질 금단(Substance Withdrawal), 그리고 물질 남용으로 인해 일시적인 심각한 중추신경장애를 나타내는 물질유도성 정신장애(Substance-Induced Mental Disorders)로 구분된다.

이러한 물질관련장애는 어떤 물질에 의해서 장애가 생겨나느냐에 따라 10가지 유목으로 구분된다. 물질관련장애를 유발할 수 있는 물질로는 알코올(alcohol), 담배(tobacco), 카페인(caffeine), 대마(cannabis), 환각제(hallucinogen), 흡입제(inhalant), 아편계(opioid), 진정제·수면제 또는 항불안제, 흥분제(stimulant), 기타 물질(예: 스테로이드, 코르티솔, 카바 등)이 있으며 물질별로 구체적인 진단이 가능하다. 예컨대, 알코올 관련 장애는 알코올 사용장애, 알코올 중독, 알코올 금단, 알코올유도성 정신장애 등으로 구분되어 진단될 수 있다.

비물질관련장애로는 **도박장애**(Gambling Disorder)가 있다. 도박장애는 노름이나 도박을 하고 싶은 강렬한 충동 때문에 반복적인 도박행위를 하게 되는 경우를 말한다. 이러한 도박행위를 12개월 이상 지속하여 심각한 부적응이나 개인적 고통을 초래할 경우에 도박장애로 진단된다.

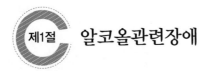

제1절　알코올관련장애

30대 중반의 무역회사 직원인 P씨는 가족의 권유에 못 이겨 다시 정신병원에 입원하기로 결정했다. 반복되는 과음 때문이었다. P씨에게 과음으로 인한 문제가 생기기 시작한 것은 2년 전이었다. P씨는 영어실력이 뛰어나서 회사에서도 촉망받는 인재였으며 중요한 무역거래선을 확보하기 위해서 2년 전에 1년간 외국에 파견을 나가게 되었다. 7년 전에 결혼하여 1남 1녀를 두고 있는 P씨는 파견을 나가면서 가족과 함께 가기를 원했으나 부인의 반대로 혼자 외국에서 1년을 보내야 했다. 처음 한두 달은 큰 문제없이 지낼 수 있었으나 무엇보다 어린 자녀들이 보고 싶었다. 자주 전화를 하곤 하였으나 저녁에 숙소에 돌아오면 허전하고 쓸쓸함을 달래기 위해 혼자 술을 마시기 시작했다. 내성적인 P씨는 외국인 바이어와의 업무가 끝나면 주로 숙소에서 보내는 시간이 많았다. 특히 일이 잘 풀리지 않고 스트레스가 쌓이는 날에는 마시는 술의 양이 많아졌다. 저녁에 특별히 할 일이 없는 상태에서 잠이 오지 않으면 거의 매일 TV를 보면서 술을 마시곤 했다. 처음에는 주로 맥주를 마셨으나 기분 좋게 잘 취하는 싸구려 위스키와 보드카를 주로 마시기 시작했다. 거의 매일 밤 술을 마시는 일이 습관처럼 되었으며 술을 마시지 않으면 왠지 불안하고 초조하며 잠이 잘 오지 않았다. 술을 마시면 이러한 불안감이 착 가라앉으며 기분이 좋아졌다. 점차로 음주량이 늘어서 어떤 날은 하룻밤에 혼자서 독한 보드카를 3~4병씩 마시기도 했다. 이런 일이 잦아지자 낮에도 숙취가 남아 업무를 수행하는 데에 문제가 생기게 되었다. 그러나 P씨는 일을 대충대충 빨리 끝내고 숙소에 가서 술을 마시는 것을 고대하는 생활로 전락하게 되었다. 이러한 문제를 본사에서 알게 되어 결국 P씨는 9개월 만에 귀국하게 되었다.

가족과 동료의 자제 요청에도 불구하고, P씨의 음주문제는 귀국한 후에도 계속되었다. 술을 마시지 않으면 불안하고 짜증이 나며 머릿속이 혼란스러웠으며, 술만 마시면 이 모든 혼란이 사라지는 황홀함을 느끼곤 했다. 평균적으로 혼자서 소주를 5~7병씩 마셔야 기분이 아주 좋아졌다. 그러나 이렇게 술을 마시게 되면 다음 날 깨어나지 못하거나 술이 덜 깬 상태에서 회사에 출근해야 했다. 불안이 심한 어떤 날은 점심시간에 소주 2병을 마시기도 했다. 직장상사의 권유로 약물치료를 받아 보았으나 아무런 효과가 없었다. 결국 회사에 휴직계를 내고 서울 근교의 알코올 중독 전문 정신병원에 입원하였다. 모범적인 병원생활을 통해 금단현상도 많이 사라지고 금주에 대한 자신감이 생겨서 2달 만에 퇴원하였다. 회사에 복직하여 일을 시작하게 되었으나 새로운 부서로 발령이 났고 감원바람이 불어 퇴직의 불안에 휩싸이게 되자 다시 술에 대한 충동이 되살아났다. 소주 딱 반 병만 마시기로 작정하고 술을 입에 대던 날, 결국 소주 5병을 마시게 되었다. 술에 취해 돌아온 P씨를 본 부인이 화를 내면서 잔소리를 하자 평소 양순하던 P씨는 부인을 구타하는 일까지 생기게 되었다. 다음 날 아침 술에서 깬 P씨는 후회를 하였고 부인에게 잘못했다고 빌면서 다시는 술을 마시지 않겠다는 서약서까지 썼다. 그러나 술에 대한 유혹을 뿌리치기 어려웠으며 같은 일이 계속 반복되기 시작했다. 결국 부모와 형제들이 모두 모인 가족회의에서 P씨에게 다시 정신병원에 입원하도록 강력하게 권유했으며 P씨도 이를 어쩔 수 없이 받아들이게 되었다.

알코올관련장애(Alcohol-Related Disorders)는 알코올의 사용으로 인해 발생되는 다양한 심리적 장애를 말하며 크게 알코올 사용장애와 알코올유도성 장애로 분류된다. 알코올유도성 장애에는 알코올 중독, 알코올 금단, 그리고 다양한 알코올유도성 정신장애들이 포함된다.

1. 알코올 사용장애

알코올 사용장애(Alcohol Use Disorder)는 과도한 알코올 사용으로 인해 발생하는 부적응적 문제를 말한다. 알코올 사용장애에 대한 DSM-5-TR의 진단기준은 〈표 13-1〉과 같다. DSM-5-TR에서는 〈표 13-1〉에 제시된 11개의 진단기준 중 2개 이상에 해당하면 알코올 사용장애로 진단된다. 이러한 11개 진단기준은 알코올뿐만 아니라 다른 물질의 경우에도 마찬가지로 해당된다. 특정한 물질의 과도한 사용이 11개 기준 중 2개 이상에 해당되면 그 물질의 사용장애로 진단된다.

표 13-1 알코올 사용장애에 대한 DSM-5-TR의 진단기준

임상적으로 심각한 기능손상이나 고통을 유발하는 알코올 사용의 부적응적 패턴이 다음 중 2개 이상의 방식으로 지난 12개월 이내에 나타났어야 한다.
1. 알코올을 흔히 예상했던 것보다 더 많은 양 또는 더 오랜 기간 마신다.
2. 알코올 사용을 줄이거나 통제하려는 지속적인 노력을 기울이지만 매번 실패한다.
3. 알코올을 획득하고 사용하고 그 효과로부터 회복하는 데 많은 시간을 허비한다.
4. 알코올을 마시고 싶은 갈망이나 강렬한 욕구를 지닌다.
5. 반복적인 알코올 사용으로 인해서 직장, 학교나 가정에서의 주된 역할 의무를 수행하지 못한다.
6. 알코올의 효과에 의해서 초래되거나 악화되는 사회적 또는 대인관계적 문제가 반복됨에도 불구하고 지속적으로 알코올을 사용한다.
7. 알코올 사용으로 인해서 중요한 사회적, 직업적 또는 여가 활동이 포기되거나 감소된다.
8. 신체적 위험이 존재하는 상황에서도 반복적으로 알코올을 사용한다.
9. 알코올에 의해서 초래되거나 악화될 수 있는 지속적인 신체적 또는 심리적 문제가 있음을 알면서도 알코올 사용을 계속한다.
10. 내성(tolerance)이 다음 중 하나의 방식으로 나타난다.
    a. 중독(intoxication)이 되거나 원하는 효과를 얻기 위해서 현저하게 증가된 양의 알코올이 필요하다.
    b. 같은 양의 알코올을 지속적으로 사용함에도 현저하게 감소된 효과가 나타난다.
11. 금단(withdrawal)이 다음 중 하나의 방식으로 나타난다.
    a. 알코올의 특징적인 금단 증후군이 나타난다.
    b. 금단증상을 감소하거나 피하기 위해서 알코올(또는 관련된 물질)을 마신다.

DSM-5-TR에 제시된 알코올 사용장애의 11개 진단기준은 DSM-IV에서의 알코올 의존과 알코올 남용을 모두 통합한 것이다. 그동안 여러 연구에서 알코올 의존과 알코올 남용의 상관이 매우 높은 것으로 나타나서 하나의 진단범주로 통합될 필요성이 제기되어 왔다(Borges et al., 2010). DSM-5-TR에서는 이러한 연구결과를 수용하여 알코올 의존과 알코올 남용을 알코올 사용장애로 통합하고 그 심각도를 세 등급으로 구분하고 있다. DSM-5-TR에서는 11개의

기준 중 2개 이상에 해당하면 알코올 사용장애로 진단되는데, 진단기준의 2~3개에 해당하면 경도(mild), 4~5개에 해당되면 중등도(moderate), 6개 이상에 해당하면 중증도(severe)로 심각도를 세분하여 진단하도록 되어 있다.

알코올 의존(alcohol dependence)은 잦은 음주로 인하여 알코올에 대한 내성이 생겨 알코올의 섭취량이나 빈도가 증가하고 술을 마시지 않으면 여러 가지 고통스러운 금단현상이 나타나게 되어 술을 반복하여 마시게 되는 경우를 말한다. 알코올에 대한 내성이 생기게 되면, 술에 잘 취하지 않게 되므로 점점 더 많은 양의 술을 마시게 된다. 또한 술을 마시지 않으면 다양한 금단증상(예: 손 떨림, 불안, 초조, 구토, 불면증)이 나타나며 술을 다시 마시면 이러한 증상이 사라지므로 계속 술을 마시게 된다. 알코올 의존으로 인한 여러 가지 부적응적 문제가 발생하므로 술을 끊겠다고 굳게 다짐하지만, 이러한 알코올 금단증상이 매우 불쾌하고 강렬하기 때문에 이를 피하거나 없애기 위해 지속적으로 알코올을 마시게 된다. 알코올 의존이 생기면 알코올을 구하고 마시기 위해 많은 시간을 소비하게 된다. 따라서 직장생활에 적응하기 어려우며 가정생활 및 대인관계에도 심각한 문제가 발생하게 된다. 아울러 간질환을 비롯한 신체적 건강문제가 생겨나게 될 뿐 아니라 우울증, 기억상실, 가정파탄, 경제적 곤란 등의 심리사회적 문제가 초래되기 때문에 생활 전반에서 심각한 부적응 상태에 빠져들게 된다.

알코올 남용(alcohol abuse)은 잦은 과음으로 인하여 직장, 학교, 가정에서 자신의 역할을 제대로 수행하지 못하거나 법적인 문제를 반복하여 유발하는 경우를 말한다. 알코올 남용은, 알코올에 대한 내성이나 금단증상이 나타나지는 않지만, 자주 폭음을 하여 직장에 결근을 하거나 업무수행을 제대로 하지 못하고 가족이나 타인에게 폭행을 하여 구속되는 일 등이 반복되는 경우를 뜻한다. 알코올 남용자는 주의를 요하는 작업(예: 정밀기계조작, 운전, 수술)을 해야 하는 상황에서도 술을 마셔 매우 위험한 상황을 초래하여 손가락 절단사건이나 다수의 음주운전 경력 등을 나타내게 된다. 또는 과음을 하면 직장동료나 지나가는 사람에게 폭언을 해대고 폭력을 휘둘러 구속되거나 음주운전을 하여 체포되는 등의 법적인 문제가 반복하여 발생하게 된다. 따라서 직장생활에 적응하기 어려울 뿐 아니라 대인관계나 가정생활에도 심한 부적응적 문제가 나타나게 된다.

Jellinek(1952)는 알코올 의존이 단계적으로 발전하는 장애라고 주장하면서 4단계의 발전과정을 제시하였다. 첫 단계는 **전알코올 증상단계**(prealcoholic phase)로서 사교적 목적으로 음주를 시작하여 즐기는 단계이다. 술은 마시면 긴장이 해소되고 대인관계가 원활해지는 등의 알코올에 대한 긍정적 효과를 경험하게 된다. 이 단계는 대부분의 음주자가 경험하는 단계라고 할 수 있다. 두 번째 단계는 **전조단계**(prodromal phase)로서 술에 대한 매력이 증가하면서 점차로 음주량과 빈도가 증가하는 시기이다. 이 시기에는 자주 과음을 하게 되며 종종 음주 동안에 일어났던 사건을 기억하지 못하는 망각현상(blackout)이 생겨난다. 세 번째 단계는 **결정적 단계**(crucial phase)로서 음주에 대한 통제력을 서서히 상실하게 되는 단계이다. 이 단계에서는 술을 아침에도 마시는 등 수시로 술을 마시고 혼자 술을 마시기도 하고 때로는 식사를 거르면서 술을 마시기도 한다. 빈번한 과음으로 인해 여러 가지 부적응적 문제가 발생하게 되는데, 직장적응에 심각한 문제가 발생하며 폭행 등으로 인하여 친구나 가족을 잃기도 한다. 그러나 이 단계에서는 자신에 대한 통제력이 일부 유지되고 있어서 며칠 간 술을 끊을 수 있다. 마지막으로 **만성단계**(chronic phase)에 들어서게 되면 알코올에 대한 내성이 생기고 심한 금단증상을 경험하게 되어 알코올에 대한 통제력을 완전히 상실하게 된다. 며칠간 지속적으로 술을 마시기도 하고 외모나 사회적 적응에 무관심해지며 마치 술을 마시기 위해 사는 사람처럼 살아간다. 이 시기에는 영양실조와 여러 신체적 질병이 나타나며 가족, 직장, 대인관계 등의 생활 전반에 심각한 부적응이 나타나면서 폐인상태로 간다. Jellinek는 이러한 4단계가 순차적으로 여러 해에 걸쳐서 발전한다고 주장했으나 최근의 연구에 의하면 10대의 알코올 의존장애자가 나타나듯이 단기간에 만성단계로 진전되는 경우도 보고되고 있다.

2. 알코올유도성 장애

알코올유도성 장애에는 알코올의 섭취나 사용으로 인해 나타나는 부적응적인 후유증을 말한다. **알코올 중독**(Alcohol Intoxication)은 과도하게 알코올을 섭취하여 심하게 취한 상태에서 부적응적 행동(예: 부적절한 공격적 행동, 정서적 불안정, 판단력장애, 사회적 또는 직업적 기능손상)이 나타나는 경우를 말한다. 알코올 중독 상태에서는 다음 중 1개 이상의 증상이 나타난다: (1) 불분명한 말투, (2) 운동 조정 장해, (3) 불안정한 걸음, (4) 안구 진탕, (5) 집중력 및 기억력 손상, (6) 혼미 또는 혼수. 이러한 알코올 중독은 술에 만취되어 부적응적인 행동이나 신체생리적 변화가 나타나는 상태를 의미하며, 이러한 알코올 중독이 반복하여 나타나게 되면 알코올 남용이나 의존을 고려해 보아야 한다.

알코올 금단(Alcohol Withdrawal)은 지속적으로 사용하던 알코올을 중단했을 때 여러 가지 신체생리적 또는 심리적 증상이 나타나는 상태를 말한다. 알코올 금단은 알코올 섭취를 중단한 이후 몇 시간 또는 며칠 이내에 다음 중 2개 이상의 증상이 나타날 때 해당된다: (1) 자율신경계 기능 항진(발한 또는 맥박수가 100회 이상 증가), (2) 손 떨림 증가, (3) 불면증, (4) 오심 및 구토, (5) 일시적인 환시, 환청, 환촉 또는 착각, (6) 정신운동성 초조증, (7) 불안, (8) 대발작. 이러한 증상으로 인해 사회적, 직업적 또는 다른 중요한 기능 영역에서 임상적으로 심각한 고통이나 장해를 나타내면, 알코올 금단으로 진단될 수 있다. 이러한 금단증상은 알코올 사용이 중단되거나 감소된 후에 알코올의 혈중 농도가 급속히 떨어지는 4~12시간 이내에 시작되는 경우가 대부분이지만 며칠 후에 나타나는 경우도 있다. 알코올 금단증상은 금주 후 이틀째에 그 강도가 절정을 이루고 4~5일째에는 현저하게 개선된다. 그러나 급성 금단증상기가 지난 후에도 불안, 불면, 자율신경계의 기능 저하가 미약한 형태로 3~6개월 동안 지속될 수도 있다. 이러한 금단증상은 보통 알코올 투여나 다른 뇌 억제제에 의해 완화되며 반복적인 알코올 사용의 주된 원인이 된다.

이 밖에도 알코올유도성 정신장애에는 알코올 사용으로 인해 나타나는 증상의 특성에 따라 다양한 하위유형이 있다. 예컨대, 알코올 섭취로 인해 불안장애 증세가 나타나는 알코올유도성 불안장애(alcohol-induced anxiety disorder), 발기불능 등의 성기능에 어려움이 나타나는 알코올유도성 성기능부전(alcohol-induced sexual dysfunction), 지속적인 알코올 섭취로 치매증세가 나타나는 알코올유도성 치매(alcohol-induced persisting dementia) 등을 비롯하여 알코올유도성 우울장애, 수면장애, 기억상실장애, 정신병적 장애 등이 있다.

3. 유병률 및 수반되는 문제들

알코올 의존 및 남용은 유병률이 높은 장애 중의 하나이며, 우리나라에서는 특히 그러하다. 미국에서 수행된 연구에 따르면, 성인인구의 약 8%가 알코올 의존을, 약 5%가 알코올 남용을 일생 중의 한 번 이상 경험했다고 보고하였으며 약 6%는 지난해에 알코올 의존이나 남용을 경험했다고 보고하였다. 1990~1991년에 시행된 성인(15~54세)의 미국 표본인구조사에서 대략 14%가 일생 중 알코올 의존을 경험하고, 7%가 과거 몇 년 동안 알코올 의존을 경험했다고 보고하였다. 우리나라의 경우 최근에 실시된 역학조사(보건복지부, 2021)에 따르면, 알코올 사용장애의 평생 유병률은 11.6%였다. 특히 한국 남성의 경우 알코올 사용장애의 평생 유병률은 17.6%(여성의 경우는 5.4%)로서 대략 5명 중 1명은 살아가는 동안 한 번 이상의 병적인 음주, 즉 알코올 사용장애를 나타내는 셈이다.

알코올 사용장애는 남녀 비율이 5:1로 남자에게 더 흔하지만 그 비율은 연령, 문화권, 계층 등에 따라 매우 다양하다. 여성은 남성에 비해 인생의 후반기에 과도한 음주를 시작하며 알코올

알코올 중독자로 알려진 헤밍웨이의 모습

관련 장애가 더 늦은 시기에 발생하지만 일단 발생하면 매우 급속도로 진행되는 경향이 있다. 문화권에 따라 알코올 사용장애의 남녀 비율이 달라지는데, 아시아와 라틴 문화권에서 남성의 알코올관련장애 비율이 높은 것으로 알려져 있다. 일반적으로 남녀 모두 20~34세에서 음주비율이 가장 높은 것으로 알려져 있으나, 이정균 등(1988)의 역학조사에서는 알코올 의존의 경우 40세 이상의 집단이 가장 높았으며 나이가 많아짐에 따라 유병률이 높아지는 경향을 나타낸 반면, 알코올 남용의 경우는 25세 이후에 유병률이 높게 나타났으며 특히 시골지역보다 서울지역에서 높은 유병률을 보였다.

알코올관련장애는 사고, 폭력, 자살과의 관련성이 매우 높다. 교통사고 운전자의 30%가 음주상태였으며, 남성 살인자의 42%와 강간범죄자의 76%가 술에 취한 상태에서 범죄를 저지른 것으로 나타났다. 과도한 알코올 섭취 상태에서는 자제력이 약화되고 슬픈 기분이나 흥분감이 유발되어 자살을 시도하는 경우가 많다. 알코올관련장애는 직장 결근, 직업 관련 사고, 그리고 피고용인의 고용 생산성 저하에 영향을 준다. 아울러 알코올관련장애는 마약이나 다른 중독성 약물의 사용이 동반되는 경우가 흔하며 우울장애, 불안장애, 조현병 등 다른 정신장애와 함께 나타나는 경우가 많다. 특히 청소년의 경우, 품행장애와 반복적인 반사회적 행동은 알코올 사용장애와 함께 발생하는 경향이 높다.

또한 알코올관련장애는 다양한 신체적 질병을 유발한다. 많은 양의 알코올을 반복해서 섭취하면 간, 내장, 심장 혈관, 중추신경계 등을 포함하여 거의 모든 신체 장기에 악영향을 미친다. 만성 음주자의 간질환을 조사한 한 연구(홍세용 등, 1985)에 의하면 이들 중 7.5%가 지방간을, 15%가 알코올성 간염을 지닌 것으로 진단되었으며, 27.5%는 알코올성 간염이 의심되는 환자였다. 이 밖에도 위염, 위궤양, 십이지장궤양을 일으키고 식도, 위, 내장의 암 발생률이 높다. 또한 지속적인 알코올 섭취는 중추신경계를 손상시켜 주의력, 기억력, 판단력 등의 인지적 기능을 손상시키며 심한 경우에는 새로운 경험을 기억하지 못하는 심한 지속성 기억상실증인 **코르사코프 증후군**(Korsakoff's syndrome)을 유발하기도 한다. 또한 어머니가 임신 중 알코올을 과다하게 섭취하면 태아에게 부정적인 영향을 줄 수 있다. 그중의 하나가 **태아 알코올 증후군**(fetal alcohol syndrome)으로서 산모의 과도한 음주로 인하여 태아의 체중미달, 발육부진, 신체적 기형, 지적장애 등을 초래하게 된다. 우리나라의 경우, 음주에 따른 연간 사회적 손실 규모가 1995년 기준으로 생산성 손실, 조기 사망에 따른 손실, 질병 치료비 및 음주에 필요한 사회적 지출을 포함하여 GNP의 3.97%에 해당하는 13조 8천억 원에 이른다고 한다(신행우, 1998).

태아 알코올 증후군을 지닌 아동의 모습

4. 원인

생물학적 입장에서는 알코올 의존 환자들이 유전적 요인이나 알코올 신진대사에 신체적인 특성을 지닌다고 본다. 알코올 의존자의 가족이나 친척 중에는 알코올 의존자가 많다는 것이 자주 보고되었으며, 알코올 의존자의 아들이 알코올 의존자가 되는 비율은 25%로서 일반인보다 4배나 높았다(Goodwin et al., 1974, 1977). Hesselbrock(1992)에 따르면, 병원에 입원한 알코올 의존자의 가까운 친척 중 80% 이상이 알코올과 관련된 문제를 지니고 있었다. 쌍둥이 연구에서도 일란성 쌍둥이가 이란성 쌍둥이보다 알코올 사용장애의 공병률이 높으며 이 장애의 증상이 심할수록 이들의 차이가 더 크게 나타났다(Kendler et al., 1992). 1970년대 덴마크에서 알코올 중독에 대한 입양아 연구가 행해졌는데, 알코올 중독자 부모에게서 태어나서 정상인 가정에 입양된 아이의 경우 어린 나이에 알코올 중독자가 될 가능성이 4배나 높은 것으로 나타났다. 이러한 연구는 알코올 사용장애에 유전적 요인이 매우 중요한 영향을 미치고 있음을 보여주는 것이다.

알코올 사용장애에 유전적 요인이 영향을 미친다면, 과연 어떤 특성이 유전되는가에 대한 의문이 제기된다. 이에 관해서 구체적인 유전 기제가 밝혀지지는 않았지만 알코올에 대한 신체적 반응은 유전되는 것으로 알려져 있다. 보통 사람들은 소량의 알코올에도 졸림, 가슴 두근거림, 얼굴 빨개짐, 메슥거림, 두통 등의 불쾌한 반응을 경험하는 반면, 알코올 관련 장애의 가족력이 높은 사람은 이러한 불쾌한 신체적 반응이 적다고 한다.

Cloninger 등(1981, 1996)은 유전적 요인과 관련하여 알코올 의존에는 두 가지 유형이 있다고 주장하였다. 제1형 알코올 의존(Type I alcoholism)은 증상이 늦게 발달하며 알코올과 관련된 신체적 문제가 발생할 위험이 높은 반면, 반사회적 행동이나 사회적, 직업적 문제를 나타내는 비율이 낮다. 이러한 제1형 알코올 의존자의 자녀가 알코올 의존자가 될 가능성은 일반인보다 2배 정도 높다. 이에 반해 제2형 알코올 의존(Type II alcoholism)은 남자에게만 나타나고 증상이 일찍 발생하며 반사회적 행동을 비롯하여 사회적 문제를 많이 야기하는 반면, 알코올로 인한 신체적 문제는 적은 편이다. 이러한 제2형 알코올 의존자의 자녀가 알코올 의존자가 될 가능성은 일반인보다 9배나 높은 것으로 알려져 있다. 제1형 알코올 의존은 유전적 요인과 환경적 요인이 복합적으로 관련되는 반면, 제2형 알코올 의존은 유전적 요인이 매우 강력하게 작용하는 것으로 여겨지고 있다.

알코올 의존자는 일반인에 비해서 알코올에 대한 신진대사 기능이 다르다는 주장이 제기되었다. 즉, 알코올 의존자는 에탄올(ethanol)에 대한 신진대사 기능이 우수하여 중추신경계에 대한 영향이 적다는 주장이다. 그러나 이를 검증하기 위한 많은 연구에서 알코올 중독자와 일반인들의 알코올 대사에 있어서 어떠한 차이도 밝혀내지 못했다(Mendelson & Mello, 1985).

Lieber(1982)에 따르면, 일반인은 알코올 대사의 경로가 하나인 반면, 알코올 의존자는 알코올을 분해하는 2개의 신진대사 경로를 가지고 있어 더 많은 양의 술을 마실 수 있다. 그러나 이러한 경로가 알코올 의존의 원인인지 아니면 그 결과인지는 아직 밝혀지지 않았다. 또한 이러한 특이한 알코올 신진대사 경로가 어떤 요인에 의해서 생성되는 것인지에 대해서도 아직 알려진 바가 없다.

알코올 의존에는 **사회문화적 요인**이 중요하다는 주장도 제기되고 있다. 우선 가족과 또래집단이 음주행위에 중요한 영향을 미친다. 가족구성원 모두가 술을 잘 마시는 경우에는 자녀들이 술과 쉽게 접하게 되고 부모의 행동을 모방하게 될 뿐만 아니라 과음이나 폭음에 대해서 허용적인 가족들로 인해 심각한 알코올 의존을 발전시키기 쉽다. 또한 청소년의 경우 또래집단이 술이나 약물을 접하게 되는 중요한 요인으로 알려져 있다. Segal(1988)에 따르면, 청소년이 술을 마시는 가장 주요한 이유는 '친구들과 어울리기 위해서'였다. 또한 종족과 문화적 요인도 음주행동에 중요한 영향을 미치는 것으로 알려져 있다. 주로 가정에서 술을 마시는 이탈리아계 미국인이나 유태계 미국인은 알코올 의존에 잘 빠지지 않는 반면, 가정보다 술집에서 술 마시기를 좋아하는 아일랜드계 미국인은 알코올 의존자가 될 가능성이 높다(Cahalan, 1978). 하지만 이민 1세대에서는 이런 경향이 뚜렷하나, 2세대나 3세대로 내려가면 이러한 차이는 현저하게 감소되는 것으로 나타났다. Bourne과 Light(1979)는 알코올 의존이 미국 흑인들에게 매우 심각한 문제임을 지적하면서, 그 이유는 흑인 문화에서 술이 사회적 교류에 꼭 필요한 요소이며 불안과 좌절을 줄이는 가장 싼 방법이기 때문이라고 주장했다. 흑인들은 알코올 사용장애의 비율이 높고 이로 인한 신체적 질병의 위험이 높으며 심리적 장애를 나타내는 비율도 높다. 즉, 알코올 사용장애는 흑인들이 흔히 겪게 되는 실직, 범죄, 결혼 파탄, 신체적 질병의 원인이자 결과라고 주장하면서 사회문화적 요인의 중요성을 강조하였다.

한국인의 경우, 알코올 사용장애의 유병률이 유난히 높은 이유는 한국의 사회문화적 요인에서 찾아볼 수 있다. 한국문화는 술에 대해서 유난히 관용적인 문화라고 할 수 있다. 특히 남자의 경우, 대부분의 만남에서 술을 마시고 또한 술을 잘 마시는 사람이 동료들로부터 호주가로 긍정적인 평가를 받게 된다. 심리적 긴장과 스트레스를 해소할 수 있는 배출통로가 제한되어 있어 음주를 통해 이를 해소하는 경향이 강하며, 과음을 하고 실수나 폭행을 한 경우에는 비교적 관용적으로 수용되는 경향이 있다. 이처럼 술에 대해 관용적인 한국의 사회문화적 특성이 알코올 사용장애의 유병률을 높이는 주요한 요인일 수 있다.

정신분석적 입장에서는 알코올 중독자들이 심리성적 발달과정에서 유래한 독특한 성격특성을 지니고 있다고 본다. 알코올 중독자들은 구순기에 자극결핍이나 자극과잉으로 인해 구순기에 고착된 구강기 성격을 지니고 있으며 이들은 의존적이고 피학적이며 위장된 우울증을 지니고 있다는 주장이 제기되었다(Knight, 1971). 그러나 이러한 주장은 경험적 연구에서 입증되지는 못했다. Wurmser(1974)는 알코올을 비롯한 물질남용자들이 가혹한 초자아와 관련된 심각한 내면적 갈등을 지니고 있으며 이러한 긴장, 불안, 분노를 회피하기 위해서 알코올이나 약물을 사용한다고 주장했다. Mcdougall(1986)은 모든 물질 중독이 심리적 갈등에 대한 신체화 방어라고 간주했다. 대상관계이론의 입장을 지닌 사람들은 알코올 중독은 자기파괴적인 자살행위의 의미를 지니고 있으며 이는 알코올 중독자가 동일시하여 내면화시킨 '나쁜 어머니'를 파괴하고자 하는 무의식적 소망에서 비롯된 것이라고 주장하기도 한다.

행동주의적 입장에서는 불안을 줄여 주는 알코올의 강화효과 때문에 알코올 의존이 초래될 수 있다는 주장이 제기되었다(Conger, 1951, 1956; Kushner et al., 2000). 이러한 주장은 쥐들이 불안에 노출되면 알코올을 더 많이 마신다는 실험연구에서 지지되기도 했으나, 알코올 의존자가 술을 계속 마시면 불안과 우울이 오히려 증가한다는 점에서 설명의 한계가 노출되었다(Mendelson & Mello, 1985). 이러한 점을 개선하기 위하여, 인지적 사회학습이론에서는 알코올 의존에 고전적 조건형성과 조작적 조건형성은 물론 모방학습과 인지적 요인이 개입된다고 주장한다. 즉, 술과 즐거운 체험이 반복적으로 짝지어지는 고전적 조건형성을 통해 술에 대한 긍정성이 습득되고, 술을 마시면 일시적으로나마 긴장과 불안이 완화되므로 조작적 조건형성을 통해 음주행위가 강화된다. 또한 부모나 친구들이 즐겁고 멋있게 술 마시는 모습을 보면서 모방학습을 통해 음주행위를 학습하는 동시에 술에 대한 긍정적인 기대라는 인지적 요인이 개입됨으로써 상습적인 음주행위로 발전되어 알코올 사용장애가 나타나게 된다는 주장이다.

인지적 입장에서는 알코올 의존자들이 지니고 있는 알코올에 대한 긍정적 기대와 신념의 중요성을 강조하고 있다. 음주행동에 대한 대표적 이론인 **음주기대이론**(alcohol expectancy theory: Goldman, 1994; Goldman, Frances, Boca, & Darkes, 1999; Leigh, 1989)에 따르면, 알코올의 효과는 음주결과에 대한 기대나 신념의 결과라는 것이다. 이러한 주장은 여러 경험적 연구의 결과(예: Marlatt & Rohsenow, 1980; Wilson & Lawson, 1978)로부터 출발한다. 즉, 피험자에게 진짜 술과 가짜 술을 마시게 하고 그 효과를 보고하게 한 결과, 진짜 술의 섭취 여부보다는 술을 섭취했다는 믿음이 술의 효과 지각에 중요하였다. 또한 술의 효과 지각에는 알코올 섭취의 결과에 대해 어떤 기대나 신념을 지니고 있느냐는 점이 중요한 역할을 하였다. 음주기대이론에 따르면, 이러한 음주기대는 직접적 경험뿐 아니라 대리학습과 같은 간접적 경험을 통해서 형성되는데, 음주기대는 음주행동의 촉발과 유지에 관여하며 알코올 의존을 초래하는 중요한 인지적 요인이라는 것이다. 국내에서 행해진 김석도(2000)의 연구에서, 음주자들은 술에 대해서 긍정적 정서(예: 기분이 좋아질 것이다, 스트레스를 덜 느낄 것이다), 사교적 촉진(예: 사람들과 어울리는 것이 더 쉬워질 것이다, 나는 더욱 자유롭게 말할 수 있을 것이다), 성적 증진(예: 성적으로 더 왕성해질 것이다, 성욕을 더 느낄 것이다) 등의 긍정적 기대를 지니고 있으며 이러한 기대수준이 높을수록 더 잦은 음주행동을 나타내는 것으로 밝혀졌다.

5. 치료

알코올 의존의 치료 목표를 금주로 할 것인가 아니면 절주로 할 것인가에 대한 논란이 있다. 완전히 술을 끊게 할 것인가 아니면 술을 마시되 스스로 절제하여 과음하지 않도록 할 것인가에 대해서 오랜 기간 논쟁이 진행되었다. 금주를 주장하는 입장은 알코올 의존자들이 조금이라도 술을 마시게 되면 술에 대한 유혹을 이기지 못하고 통제력을 상실하게 되어 재발하게 되므로 아예 술을 입에 대지 않도록 하는 것이 효과적이라고 주장하는 반면, 절주를 주장하는 입장은 완전히 술을 회피하는 것이 현실적으로 거의 불가능하므로 술에 대한 통제력을 증진시켜서 과음에 대한 유혹을 이겨내도록 하는 것이 보다 근본적인 치료라는 주장이다. 이러한 주장을 경험적으로 확인하기 위해서, 금주를 목표로 치료하는 경우와 절주를 목표로 치료하는 경우의 치료효과를 비교하는 연구들이 다수 이루어졌으나 상반된 결과들이 보고되고 있다. 그러나 최근에는 금주를 목표로 하는 치료프로그램이 많이 개발되고 있는 추세이다. 절주를 목표로 하는 치료프로그램은 미국보다 캐나다나 유럽에서 사용되는 경향이 있다.

알코올 의존이 심한 사람은 입원치료를 받는 것이 바람직하다. 우선 알코올 금단현상은 신체적으로나 심리적으로 매우 견디기 어렵기 때문에 술을 쉽게 구할 수 있는 상황에서는 술에 대한 유혹을 뿌리치기 어렵다. 병원에 입원하면 술로부터 차단될 뿐만 아니라 금단현상을 줄일 수 있는 진정제를 투여받게 된다. 이러한 약물치료와 더불어 알코올이 몸과 마음에 미치는 부정적 영향을 교육하고, 가정과 직장 및 사회적 활동에서 받게 되는 스트레스에 대한 대처훈련, 자기주장훈련, 이완훈련, 명상 등이 함께 시행되는 것이 일반적이다.

알코올 사용장애의 정도가 상대적으로 약한 사람의 경우에는 심리치료가 도움이 될 수 있다. 알코올 의존자들이 술을 마시게 되는 개인적 이유는 각기 다를 수 있다. 예컨대, 지속적인 가정불화로 인한 심리적 갈등, 대인기술의 미숙으로 인한 사회적 부적응, 직장 스트레스의 해소방법 부재 등으로 인해 반복되는 심리적 고통을 나름대로 풀기 위해 과도한 음주를 하는 경우가 많다. 따라서 알코올 의존자로 하여금 이렇게 반복적인 음주를 하게 만드는 심리사회적 갈등을 해소할 수 있도록 돕는 것이 필요하다. 개인 심리치료에서는 알코올 의존자들이 지니는 개인적 고민과 갈등을 깊이 있게 다룰 수 있다. 또한 이들에게 스트레스 대처훈련, 사회적 기술훈련, 의사소통훈련, 감정표현훈련, 자기주장 훈련, 부부관계 증진 훈련 등을 통해 심리적 갈등을 완화하는 기술을 습득시켜 알코올에 대한 의존도를 약화시킬 수 있다. 아울러 알코올의 금단현상에는 외래방문을 통한 약물치료가 도움이 될 수 있다.

술에 대한 매력을 제거하고 오히려 술에 대한 혐오감을 조건형성시켜 술을 멀리하게 하는 행동치료적 기법이 적용되기도 했다. 예컨대, 술을 쳐다보거나 마시려고 할 때 고통스러운 자극(예: 경미한 전기자극)을 가하거나 메스꺼움을 느끼도록 조건형성을 할 수 있다. 그러한 목적으로 사용되는 약물 중 하나가 안타부스(Antabuse)이다. 안타부스는 알코올을 섭취하면 메스꺼움과 구토를 유발해서 술에 대한 혐오감을 형성시킴으로써 술을 끊게 하는 효과를 지닌다. 이 약물은 알코올 의존자가 이러한 치료에 대한 강한 동기를 지니고 복용할 경우에만 효과를 나타낼 수 있다는 점에서 한계를 지닌다. 또는 술과 불쾌한 혐오적 장면을 반복하여 상상하게 하는 과정을 통해 술에 대한 혐오감을 학습시키는 방법도 있다(Cautela, 1966).

알코올 의존자를 위해 널리 알려진 자조집단(self-help group)은 익명의 알코올 중독자 갱생모임(AA: Alcoholics Anonymous)으로서 단주모임이라고 불기도 한다. 1935년 Bill과 Dr. Bob이라는 이름으로 알려진 두 명의 알코올 중독자가 만나서 알코올 중독자들이 사회적 낙인 없이 스스로 어려움을 극복할 수 있도록 돕는 모임을 구성한 것이 AA의 효시이다. 현재는 전 세계적으로 수만 개의 AA집단이 구성되어 있다. AA집단은 과거에 알코올 의존자였거나 현재 알코올 의존상태에 있는 사람들이 익명의 상태로 정기적인 모임을 가지며 서로의 경험을 나누고 알코올 의존을 극복하는 방법을 알려주며 지원을 한다. 대부분의 AA집단은 이러한 모임을 유지하기 위한 공통된 규칙을 지니고 있으며 알코올 중독에서 벗어나기 위한 여러 가지 지침을 회원에게 제공한다.

알코올 의존자들이 술을 마시지 않은 상태에서 자기의 과거를 돌아보게 되면, 자신이 다른 사람들에게 너무 많은 상처를 주었다는 고통스러운 인식 때문에 우울증에 빠지는 경향이 있다. 또한 이들은 자신의 행동으로 인해 상실했거나 파괴된 것들(예: 부부관계, 직장, 친구관계, 소유물)에 대해서 괴로워하게 된다. 따라서 심한 우울상태에 빠지게 되며 때로는 자살을 시도하는 경우도 있다. 한 연구에 따르면, 자살하는 사람의 25%가 알코올 의존자이며 알코올 의존자의 자살 가능성은 일반인의 60~120배나 된다고 한다. 따라서 알코올 의존자들의 치료에서는 이들이 겪게 될 우울증과 자살의 위험을 잘 평가하여 극복하도록 돕는 것이 중요하다. 알코올 의존자의 치료에는 의존자 자신의 극복 동기가 매우 중요할 뿐만 아니라 이러한 회복 노력을 지원하는 가족, 친구, 직장동료, AA 같은 자조집단의 사회적 지지가 매우 중요하다.

제2절 담배관련장애

　담배는 중독성 물질인 니코틴(nicotine)을 함유하는 여러 종류의 담배(궐련, 시가, 씹는담배, 냄새 맡는 담배 등)를 포함하고 있다. 담배는 미국 인디언이 처음 사용하였으며, Columbus가 신세계로부터 담배를 유럽으로 가져간 이후 유럽을 비롯하여 전 세계로 급속히 확산되었다. 20세기 중반부터 흡연이 폐질환을 유발할 수 있다는 것이 알려지면서 주요한 건강문제로 부각되었으며, 오늘날에는 흡연의 직접 또는 간접적인 영향으로 사망하는 사람이 세계적으로 연간 250만 명에 이르고 이에 따르는 경제적인 손실이 엄청난 것으로 보고되고 있다(대한결핵협회, 1994). 흡연은 흡연 당사자는 물론 주위에 있는 사람에게까지 건강상의 손상을 끼칠 수 있는 것으로 다른 물질사용보다 더 문제가 된다.

1. 주요증상과 임상적 특징

　　　　　　　　담배관련장애(Tobacco-Related Disorders)는 담배의 사용으로 인해 발생되는 다양한 심리적 장애를 말하며 크게 담배 사용장애와 담배 금단으로 분류된다. 담배 사용장애(Tobacco Use Disorder)는 과도한 담배 사용으로 인해 발생하는 부적응적 문제를 말하며 알코올 사용장애와 마찬가지로 〈표 13-1〉의 11개 진단기준 중 2개 이상에 해당되는 경우를 말한다.

　　　　　　　담배 사용장애는 장기간의 니코틴 섭취로 인해 니코틴에 대한 내성과 금단현상을 비롯한 여러 가지 문제가 발생하여 일상생활에 부적응을 나타내는 경우를 말한다. 담배를 처음 피우면 기침, 구토, 어지러움 등을 유발하지만 담배에 내성이 생기면 이러한 증상이 사라지고 적당한 각성효과를 얻기 위해서는 더 많은 담배를 피워야 한다. 아울러 오랫동안 피워 오던 담배를 끊으면 불쾌감, 우울감, 불면, 과민성, 불안, 집중력 저하 등의 금단증상이 나타난다. 건강, 청결, 타인에 대한 배려 등의 이유로 금연을 하려고 노력하지만 실패하게 된다. 담배는 합법적으로 판매되고 있기 때문에 담배를 구하기 위해 많은 시간을 허비하지는 않지만, 특히 줄담배를 피우는 사람은 적지 않은 시간을 흡연으로 허비한다. 담배로 인해 현저한 사회적 부적응을 나타내는 경우는 드물지만 최근에는 관공서, 병원, 학교, 회사를 비롯하여 사회의 많은 곳에서 금연을 의무화하고 있기 때문에 담배를 피우는 사람들은 이러한 곳에서 활동하는 데에 어려움을 겪게 된다. 장기간의 흡연은 여러 가지 신체적 질병이 발생할 위험성을 증대시키며, 특히 신체적 질병(기관지염, 만성 호흡기장애 등)으로 인해 담배를 끊어야 함에도 불구하고 계속 담배를 피우는 사람의 경우 심각한 건강문제가 발생할 수 있다. 이러한 문제들이 12개월 이상 지속되어 사회적, 직업적 또는 다른 중요한 기능에 현저한 곤란이 초래될 때 담배 사용장애로 진단될 수 있다.

니코틴은 중추신경계 자극제로서 적당량을 섭취하면 각성수준이 높아지고, 주의나 학습 기능이 향상되며, 기분이 고양되어 우울한 기분을 완화시켜 주는 효과를 나타낸다. 그러나 니코틴을 과도하게 사용하면 메스꺼움, 구토, 무력감, 복통, 설사, 떨림, 두통, 빈맥, 고혈압, 진땀, 주의집중장애, 착란, 감각장애, 수면곤란 등의 증세가 나타나며 대량으로 사용하면 호흡마비로 사망할 수도 있다. 또한 산모가 과도한 흡연을 하게 되면 태아가 조산되기 쉬우며 낮은 체중과 출생 시에 결함을 보일 수도 있다. 니코틴은 심장박동 증가, 혈관수축, 혈압상승, 피부온도 강하 등의 신체적 변화를 초래하며 장기간 흡연을 하게 되면 호흡기질환을 비롯하여 다양한 신체적 질병을 유발한다. 또한 담배는 화재사건의 주요한 원인이다. 따라서 흡연은 개인의 건강뿐 아니라 사회전체의 막대한 경제적 손실을 초래하게 된다. 이러한 담배를 일정기간 이상 사용하면 내성과 금단현상이 나타나는 니코틴 의존이 발생하여 지속적으로 니코틴을 섭취해야 하며, 이 경우 여러 가지 적응상의 문제점이 초래될 수 있다.

담배 금단은 적어도 몇 주 이상 담배를 매일 사용하다가 담배 사용을 급격하게 중단하거나 또는 그 사용량을 줄였을 때 24시간 이내에 여러 가지 부적응적인 징후가 나타나는 경우를 말한다. 담배 금단증상은 (1) 불쾌한 기분 또는 우울한 기분, (2) 불면, (3) 자극 과민성, 좌절감, 분노, (4) 불안, (5) 집중력 장해, (6) 안절부절못함, (7) 심장박동수의 감소, (8) 식욕 증가 또는 체중 증가이며 이들 중 4개 이상의 징후가 나타나서 사회적, 직업적 또는 다른 중요한 기능에서 현저한 곤란이 초래될 때 담배 금단으로 진단된다. 보통 담배 사용을 중단하면 금단증상이 90~120분 후부터 나타나기 시작하여 24~48시간에 최고조에 달하고 수주 또는 수개월간 지속된다.

우리나라의 경우, 담배 사용장애의 평생 유병률은 9.5%였으며 남성은 17.7%이고 여성은 1.1%로 나타났다(보건복지부, 2021). 한국의 성인남성 중 17.7%는 평생 한 번 이상 담배 사용장애를 겪는 것으로 나타났다. 근래에는 청소년의 흡연율이 급격히 증가하고 있는 것도 심각한 사회문제가 되고 있다. 고등학생 가운데 매일 담배를 피우는 학생이 남학생의 경우 18.1%, 여학생의 경우 2.3%로 추정되며, 과거에 담배를 피운 경험이 있는 고등학생은 남학생의 경우 48.8%, 여학생의 경우 12.7%로 나타났다.

장기간의 흡연과 관련된 의학적인 문제에는 폐암, 후두암, 기종 및 심장 혈관 질환 등이 있다. 하루 2갑을 30년 정도 피운 사람은 비흡연자보다 2배의 사망률을 보인다(Bennett, 1980). 흡연자는 호흡기 증상과 폐결핵 유병률이 비흡연자보다 유의하게 높다. 즉, 흡연자 가운데서 기침, 가래, 호흡 곤란 등의 호흡기 증상을 호소하는 비율이 31.5%로서 비흡연자의 11.4%에 비해 현저하게 높다. 20개비 이상 피우는 사람 가운데 호흡기 증상을 보이는 사람은 무려 40%를 넘는다. 폐결핵 유병률도 흡연자가 비흡연자에 비해 2.2배나 된다(대한결핵협회, 1994).

2. 원인과 치료

담배 사용장애를 유발하는 니코틴 의존은 지속적인 흡연행위로부터 비롯된다. 담배를 피우는 것이 백해무익하다는 것을 알면서도 왜 담배를 끊지 못하는 것인가? 담배는 흔히 청소년기에 가족 또는 친구들의 영향에 의해서 처음 피우기 시작한다. 흡연하는 친구들의 권유, 부모나 친구의 흡연행위에 대한 모방, 매스컴이나 영화에서 빈번하게 나타나는 흡연행동, 담배 회사의 대대적인 광고 등이 청소년으로 하여금 담배를 피우도록 유혹한다. 처음 담배를 피우면 기침, 눈물, 구토, 어지러움 등의 불쾌한 경험을 하게 되지만, 이런 현상은 곧 사라지게 되며 여러 가지 긍정적인 효과를 경험하게 되면서 흡연행위가 강화되고 지속된다. 담배는 단기적으로 여러 가지 긍정적인 효과를 나타내지만 장기적으로 매우 부정적인 효과를 지니고 있다. 담배를 피우면 심리적 각성을 높여 주의집중력을 향상시켜 줄 뿐 아니라 불안이나 우울과 같은 부정적 감정을 감소시켜 주고 긍정적 감정을 증가시켜 준다. 이러한 즉시적인 긍정적 효과가 흡연행위를 강화하게 되는 것이다.

생물학적 입장에서는 니코틴의 신체적 의존이 나타나는 생물학적 기제를 설명하려고 한다. **니코틴 일정효과 이론**(nicotine fixed-effect theory)에 따르면, 니코틴이 신경계통 내의 보상중추(reward center)를 자극하기 때문에 강화효과를 지니며 이러한 강화효과가 단기적이므로 일정한 수준의 보상중추 자극을 위해 지속적인 흡연욕구가 생겨나게 된다고 한다. 또 다른 이론인 **니코틴 조절 이론**(nicotine regulation theory)에 따르면, 인체 내에 적당량의 니코틴 수준을 유지하기 위한 조절기제가 있어서 적정량에 이르지 못하면 흡연욕구를 상승시켜 니코틴 섭취를 유도한다는 것이다. **다중 조절 모형**(multiple regulation model)은 정서적 상태와 니코틴의 조건형성에 의해서 흡연행동을 설명한다. 즉, 불안 수준이 높아지면 흡연을 하게 되고 흡연을 중지하면 불안 수준이 높아지는 경험을 반복하게 되면, 니코틴 수준과 불안 수준의 연합이 형성된다. 따라서 니코틴 수준이 낮아지거나 불안 수준이 높아지면 담배를 피우는 흡연행동이 나타나게 된다는 설명으로서, 정서적 조절과 니코틴의 신체적 조절을 결합한 설명이라고 할 수 있다.

담배를 피우게 되는 심리적 원인은 매우 다양한 것으로 밝혀졌다. 흡연행동은 그 심리적 원인에 따라 9가지 유형으로 나눌 수 있다. (1) 타인과 함께 있을 때 담배를 피우는 사회형(파티나 모임에서 담배를 피우게 된다), (2) 자극을 위해 담배를 피우는 자극형(바쁘고 힘든 일을 할 때 담배를 피우게 된다), (3) 편안함을 위해서 담배를 피우는 긴장이완형(나는 담배를 피우면 마음이 편안해진다), (4) 부정적 감정을 느낄 때 담배를 피우는 감정발산형(무언가에 화가 날 때 담배를 피운다), (5) 혼자 있을 때 담배를 피우는 고독형(혼자 있으면 심심하여 담배를 피우게 된다), (6) 사회적 능력이나 자신감을 증가시키기 위해서 담배를 피우는 자신감 증진형(나는 담배를 피울 때 다른 사람에 대한 자신감이 생긴다), (7) 담배 피우는 동작과 감각에서 즐거움을 느끼는 감각운동형(담배 피우는 즐거움은 담배를 꺼내고 불을 붙이는 단계에서 느끼게 된다), (8) 식욕억제를 위해 담배를 피우는 음식대체형(단 것을 먹고 싶을 때 대신 담배를 피운다), (9) 자각 없이 담배를 피우는 습관형(나는 나도 몰래 담배가 입에 물려져 있다).

담배를 피우는 사람의 80%는 담배 끊기를 원하고 35%는 매년 금연 노력을 하며 5% 이하만이 혼자서 금연에 성공한다고 한다. 담배를 끊기 위한 치료방법은 매우 다양하지만 그 치료성공률은 20% 정도로 평가되고 있다. 그 주된 이유는 쉽게 재발하기 때문인데, 금연한 지 첫 6개월 이내에 50%가 담배를 다시 피우게 되고 첫 1년 이내에 75%가 다시 흡연을 하여 대략 80%가 금연에 실패한다. 그러나 1년 이상 금연을 하게 되면 성공률이 매우 높아진다.

담배를 끊기가 어려운 이유는 담배에 대한 갈망이 매우 집요하고 금단증상이 매우 불쾌한 반면, 담배를 구하기는 너무 쉽기 때문이다. 금연을 위한 주요한 방법은 니코틴 대체치료, 혐오치료, 다중양식치료, 최면치료 등이 있다. **니코틴 대체치료**(nicotine replacement therapy)는 니코틴에 대한 갈망과 금단증상을 제거하기 위해서 니코틴이 들어 있는 껌이나 패치를 사용하는 방법이다. 니코틴 껌의 경우 담배에의 의존은 점차적으로 줄일 수 있지만 이 껌에 대한 의존이 생길 수 있으며, 이 껌은 혈중 니코틴 수준을 높여 주지 않기 때문에 금단증상을 감소시키는 데는 한계가 있다(Russell et al., 1976). 니코틴 껌을 행동치료와 결합할 때 가장 좋은 결과가 나타난다는 보고가 있다(Hall et al., 1985; Killen et al., 1990). 니코틴 껌 대신에 팔에 붙이는 니코틴 패치를 사용할 수 있다. 이 패치는 하루에 한 번만 붙이면 된다는 장점이 있지만, 금연 효과는 치료종결 시에 40% 이하이며 9개월 후에는 위약 집단과의 차이도 없어질 정도로 효과가 미약하다. 따라서 이 방법도 심리적 금연 프로그램의 일부로 사용되어야 효과적일 수 있다.

혐오치료(aversion therapy)는 금연을 위한 행동치료적 기법으로 담배에 대한 혐오감을 조건형성시키는 방법이다. 그중의 하나인 급속흡연법은 여러 개비의 담배를 한꺼번에 빨리 피우게 되면 기침, 눈물, 목의 따가움, 가슴의 답답함, 구토 등의 불쾌함을 경험하게 되는데 이러한 절차를 여러 번 반복하게 하여 흡연에 대한 혐오적 조건형성이 일어나 흡연욕구를 감소시키는 방법이다(Lando, 1977). 그러나 이 방법은 심장이나 폐 질환이 있는 사람의 경우 시행하기 어렵기 때문에 담배와 혐오적 상상을 연합시키는 혐오치료법도 사용되고 있다.

다중양식치료(multimodel intervention)에서는 금연의 동기를 강화시키고 그 구체적 계획을 스스로 작성하며 인지행동적 기법을 통해 금연계획을 실행에 옮기게 한다. 흡연자는 자신이 매일 피우는 시간, 상황, 담배개비 수를 관찰하여 기록하고, 담배를 피우게 하는 상황을 회피하거나 변화시킴으로써 흡연행위 유발자극을 통제하게 하며, 금연에 대해서 스스로 자기강화를 하도록 하여 금연행위를 지속시키도록 한다. 아울러 니코틴 껌, 혐오치료, 급속흡연법 등이 함께 사용되기도 한다.

이 밖에도 최면을 통해 금연동기를 강화하거나 담배에 대한 혐오감을 증진시키는 방법과 침술을 통해 흡연욕구를 감소시키는 방법도 사용되고 있다. 그러나 어떤 금연치료방법을 사용하든 대부분 1년 이내에 재발하는 경향이 있기 때문에 치료 후에 금연상태를 유지하는 것이 중요하다. 더욱 중요한 것은 일단 담배를 피우게 되면 금연하는 것이 매우 어렵기 때문에 처음부터 담배를 피우지 않도록 예방하는 것이다.

제3절 기타의 물질관련장애

1. 카페인관련장애

카페인(caffeine)은 우리가 일상생활에서 흔히 섭취하는 커피, 홍차, 청량음료를 비롯하여 진통제, 감기약, 두통약, 각성제, 살 빼는 약 등에 포함되어 있으며 초콜릿과 코코아에도 적은 함량이지만 카페인이 포함되어 있다. 카페인이 포함된 음료나 약물을 장기간 섭취하면 내성이 생기고 금단현상도 나타나는 등 의존성이 생겨난다. 그러나 카페인으로 인한 내성과 금단현상은 물질 사용장애의 진단기준에 해당될 만큼 현저한 부적응을 초래하지는 않는 것으로 알려져 있다.

카페인관련장애로는 카페인 중독과 카페인 금단이 있다. 카페인 중독(Caffeine Intoxication)은 250mg 이상의 카페인(끓인 커피 2~3컵 이상)을 섭취했을 때 다음 중 5개 이상의 증후가 나타날 경우를 말한다: (1) 안절부절못함, (2) 신경과민, (3) 흥분, (4) 불면, (5) 안면 홍조, (6) 잦은 소변, (7) 소화내장기의 장해, (8) 근육 경련, (9) 두서없는 사고와 언어의 흐름, (10) 빠른 심장박동 또는 심부정맥, (11) 지칠 줄 모르는 기간, (12) 정신운동성 초조. 이러한 증상으로 인하여 사회적, 직업적 또는 다른 중요한 기능영역에서 현저한 고통이나 장애를 유발할 때 카페인 중독으로 진단된다.

카페인 금단(Caffeine Withdrawal)은 카페인을 지속적으로 사용하다가 중단했을 경우에 나타나는 증후군으로서 (1) 두통, (2) 현저한 피로감이나 졸림, (3) 불쾌한 기분, 우울한 기분 또는 짜증스러움, (4) 집중 곤란, (5) 감기 같은 증상(구토, 토역질 또는 근육통/뻣뻣해짐)이 있다. 이 밖에도 카페인의 과용으로 인해 불안증상이나 불면이 나타나는 카페인 유도성 장애가 있다.

카페인의 사용은 문화마다 다양하다. 대부분의 개발도상국가의 평균 카페인 섭취량은 하루 50mg 이하이지만 스웨덴과 영국을 비롯한 유럽에서는 하루 400mg 이상을 소비하는 것으로 알려져 있다. 카페인 소비는 여성보다 남성이 더 많이 소비하고 20대에 증가하며 보통 65세 이후에는 감소한다.

개인마다 차이가 있으나 일반적으로 하루에 카페인을 250mg 이상 복용하면 중독증상이 나타날 수 있다. 하루에 카페인 100mg 정도의 적은 양을 섭취하면, 안절부절못하고 신경이 예민해지며 흥분되고 잠이 잘 오지 않으며 소변이 잦아지고 소화에 어려움이 생길 수 있다. 그러나 하루에 1,000mg 이상을 섭취하게 되면 근육 경련, 사고와 언어의 두서없음, 빠른 맥박 또는 심부정맥, 정신운동성 초조, 과도한 흥분으로 지칠 줄 모름 등의 증상이 나타나며 심한 경우에는 탈진, 귀울림, 충동성, 환시 등이 나타날 수도 있다. 그러나 카페인 중독증상은 다량의 카페인을 섭취해도 일어나지 않을 수 있는데, 이는 내성이 생기기 때문이다. 카페인을 과용하면 심부정맥, 위장관계의 통증이나 설사와 같은 신체적 증상이 생기거나 악화될 수 있다. 장기사용 시에는 위궤양을 악화시키고 심장부정맥을 야기할 수 있다. 급속하게 10g 이상의 카페인을 복용할 경우 대발작과 호흡부전으로 사망에 이를 수도 있다.

카페인의 반감기는 2~6시간이므로 대부분의 중독증상은 카페인 섭취 후 6~16시간 동안 지속된다. 카페인을 규칙적으로 사용하는 사람은 내성이 생길 수 있으므로 카페인 중독 증상은 카페인을 간헐적으로 섭취하거나 카페인 섭취량을 갑자기 증가시키는 경우에 흔히 나타난다. 이러한 카페인 중독 증세가 나타날 경우에는 카페인 복용을 중단해야 한다. 카페인을 지속적으로 사용하던 사람이 갑자기 사용을 중단하면 두통, 피곤, 우울, 메스꺼움, 구토, 근육통 등의 금단증상이 나타날 수 있는데, 이런 경우에는 진통제나 항불안제 등을 복용하며 1~2주에 걸쳐 카페인 섭취를 점차적으로 줄이는 것이 좋다.

2. 대마관련장애

대마(cannabis)는 식물 대마로부터 추출된 물질로서 한국어 용어로는 대마계 제제라고 한다. 대마의 잎과 줄기를 건조시켜 담배로 만든 것이 대마초, 즉 마리화나(marijuana)이다. 하시시(hashish)는 대마 잎의 하단부와 상단부에서 스며 나온 진액을 건조한 것으로서 마리화나보다 훨씬 강력한 효과를 나타낸다. 대마계 제제 관련 장애는 이러한 대마계 물질이나 이와 화학적으로 유사한 합성물질에 대한 의존과 중독 현상을 말한다.

대마 사용장애(Cannabis Use Disorder)는 과도한 대마 사용으로 인해 발생하는 부적응적 문제를 말하며 알코올 사용장애와 마찬가지로 〈표 13-1〉의 11개 진단기준 중 2개 이상에 해당되는

마리화나의 재료인 대마초

경우를 말한다. 대마 사용장애는 대마계 제제에 대한 내성으로 인하여 강박적으로 대마계 제제를 사용하여 현저한 부적응을 나타내는 경우를 말한다. 대마계 제제는 생리적 의존이 잘 발생하지 않으며 금단증상도 심각하지 않은 것으로 알려져 있다. 대마계 제제 의존이 있는 사람들은 몇 개월 또는 몇 년에 걸쳐서 매우 심하게 대마계 제제를 사용하고, 물질을 구하고 사용하는 데 하루 중 많은 시간을 보낸다. 이는 흔히 가정, 학교, 직장 또는 여가활동에 지장을 준다. 대마계 제제 의존이 있는 사람은 이 물질이 신체적 문제(예: 흡연과 연관된 만성적 기침)나 심리적 문제(예: 반복적인 고용량 사용에 따른 과도한 진정)를 야기한다는 사실을 알고 있음에도 불구하고 지속적으로 사용한다. 대마계 제제 남용은 주기적인 대마계 제제 사용으로 직장 또는 학교에서의 활동에 지장을 초래하거나, 차를 운전하는 상황과 같이 신체적으로 위험한 일을 반복적으로 나타내는 경우를 말한다. 대마계 제제 소지로 인하여 체포되어 법적인 문제가 생기기도 한다.

대마 중독(Cannabis Intoxication)은 대마계 제제의 사용으로 인하여 심각한 부적응적 행동변화나 심리적 변화(운동조정장애, 앙양된 기분, 불안, 시간이 느리게 지나가는 느낌, 판단력 장애, 사회적 위축)가 나타나는 경우를 말하며 흔히 결막 충혈, 식욕 증가, 구갈, 빈맥 등의 증상이 수반된다. 대마 중독은 전형적으로 '기분고조상태'의 느낌으로 시작되고 부적절한 웃음, 자신만만한 태도와 더불어 고양된 기분이 뒤따르고 몸떨림, 수면발작, 단기기억장애, 고등 정신기능 장애, 판단력 장애, 왜곡된 감각적 지각, 운동수행의 손상, 시간이 느리게 가는 느낌 등을 경험한다. 때로는 심각한 수준의 불안, 우울 또는 사회적 위축이 나타나기도 한다. 대마계 제제를 흡연하는 경우 중독은 몇 분 이내에 나타나지만, 경구 복용을 하는 경우는 몇 시간이 지나야 나타나기도 한다. 그 효과는 보통 3~4시간 지속된다.

대마계 제제는 세계에서 가장 흔하게 사용되는 불법 물질이다. 대마계 제제는 미국의 모든 계층, 특히 10대 청소년이 가장 널리 사용하고 있는 약물이다. 대부분의 다른 불법적 약물처럼 대마계 제제 사용자는 남성에게 흔하며 유병률은 18~30세 사이가 가장 흔하다. 1991년에 미국에서 수행된 지역사회 연구에 따르면, 인구의 약 30%가 일생 동안 한 번 이상 마리화나를 사용했으며 10%는 전년도에 사용했고 5%는 그 전달에 사용했다고 보고했다. 1980~1985년에 미국에서 시행된 지역사회연구에 의하면, 성인인구의 약 4%가 일생 중 어떤 기간에 대마계 제제의 의존이나 남용을 경험했다고 보고하고 있다. 우리나라의 경우, 성인의 1.3%와 청소년의 1.1%가 마리화나를 사용한 경험이 있는 것으로 나타났다(차경수 등, 1993). 1970년대 초에 마리화나 사용이 증가했다가 현재는 감소추세를 보이고 있지만 아직도 낮은 비율은 아니다. 대마계 제제의 의존이나 남용은 대개 오랜 기간에 걸쳐 발생한다. 대마계 제제의 양과 횟수를 점진적으로 증가시켜 나가면서 의존상태로 발전하는 경우가 대부분이다.

3. 환각제관련장애

환각제(hallucinogen)는 환각효과를 나타내는 다양한 물질들을 말한다. 이러한 환각제에는 펜사이클리딘(phencyclidine), LSD, mescaline, psilocybin, 암페타민류, 항콜린성 물질 등이 속한다. 환각제는 주로 경구 투여되며 주사제로도 사용된다. 환각제를 사용하면 시각이나 촉각이 예민해지는 등 감각기능이 고양되고 신체상과 시공간지각이 변화되며 다행감, 만화경 같은 환시, 현실감각의 상실, 감정의 격변, 공감각(synesthesia: 음악소리가 색깔로 보이는 등의 감각변형 현상) 등을 경험하게 된다. 잊었던 어린 시절의 기억이 회상되고, 종교적 통찰의 느낌을 갖게 되며, 신체로부터 이탈되는 경험이나 외부세계로 함입되는 느낌을 갖게 되고, 의식의 확장이나 황홀경을 경험하게 된다. 그러나 환각제는 불안, 우울, 공포, 피해망상, 판단력 장애와 더불어 다양한 신체적 부작용을 유발하여 결과적으로 심각한 부적응 상태를 초래하게 된다.

환각제 사용장애(Hallucinogen Use Disorder)는 환각제 사용으로 인한 내성과 금단현상으로 인해 반복적으로 환각제를 사용하는 경우를 말한다. 환각제는 다행감과 환각효과에 대해서 내성이 빨리 발전하는 반면에 동공산대, 과잉반사, 혈압상승과 같은 자율신경효과에 대해서는 내성이 생기지 않는다. 대부분의 환각제는 반감기가 길고 작용시간이 광범위하기 때문에 환각제 의존이 있는 사람들은 약의 효과를 얻고 회복하는 데 며칠 동안의 시간을 보내야 한다. 환각제의 중독상태에서는 기억력 장애나 공황장애로 나타나는 '지옥여행' 경험을 하게 되며 이러한 유해성을 잘 알면서도 계속 환각제를 사용하게 된다. 일부 환각제는 사용한 다음

환각제 복용 후의 만화경 같은 환시 경험

날 불면증, 피곤함, 졸림, 균형 상실, 두통 등의 후유증을 초래한다. 또한 환각제 중독상태에서 판단력이 상실되어 자신이 날 수 있다는 믿음을 갖고 창문 밖으로 뛰어내리는 위험한 행동을 하기도 한다. 환각제 사용자는 환각제 중독에 의해 생긴 부적응적 증상으로 인해 학교, 직장, 가정에서 자신의 역할을 완수하지 못한다. 또한 신체적으로 해로운 상황(예: 오토바이나 자동차를 운전하는 경우)에서도 환각제를 사용하고 환각제 중독이나 소지로 인해 법적 문제가 생긴다. 중독상태에서의 부적절한 행동, 고립된 생활양식, 그리고 중요한 타인과의 갈등으로 인해 사회적 문제와 대인관계 문제가 생길 수 있다.

환각제유도성 장애로는 환각제 중독과 환각제 지속성 지각장애가 대표적이다. **환각제 중독**(Hallucinogen Intoxication)은 환각제 사용 중 또는 그 직후에 발생되는 부적응적 행동변화나 심리적 변화(예: 심한 불안이나 우울, 관계망상, 정신을 잃을 것 같은 공포, 편집성 사고, 판단력 장애, 사회적 또는 직업적 기능손상)와 지각적 변화(예: 주관적인 지각 강화, 이인증, 비현실감, 착각, 환각, 공감각)를 말한다. 환각제 사용 후 다음 중 2개 이상의 징후가 나타나면 환각제 중독으로 진단된다: (1) 동공산대, (2) 빈맥, (3) 발한, (4) 가슴 두근거림, (5) 시야 혼탁, (6) 진전, (7) 운동조정 곤란. 일반적으로 환각제에 중독되면 수다스럽고 산만해지며 기분이 빨리 변하는 동시에 정신이상이나 죽음에 대한 두려움과 함께 공포와 불안이 심해진다. 환각제 중독상태에서 초래되는 지각장애와 판단력 장애로 인하여 자동차 사고나 죽음, 싸움, 높은 곳에서 날려는 시도가 나타나기도 한다.

환각제 지속성 지각장애(hallucinogen persisting perception disorder)는 환각제 중독기간 동안 경험했던 지각적 증상(예: 기하학적 환각, 주변시야에서의 움직임에 대한 잘못된 지각, 색채의 섬광, 강렬한 색감, 양성적인 잔상, 대상주위의 후광, 미시증, 거시증)을 재경험하는 경우를 말하며 플래시백(flashback)이라고 부르기도 한다. 이러한 경험은 여러 달이 지나면 약화되지만 때로는 5년 이상 지속되는 경우도 있다.

1991년 미국에서 시행된 지역사회 조사에 따르면, 전체인구의 8%가 일생 동안 한 번 이상 환각제나 펜사이클리딘(PCP)을 사용한 경험이 있다고 보고하고 있다. 가장 많이 사용하는 연령층은 26~34세 사이로 26%가 사용한 경험이 있었다. 1980년부터 1985년에 미국에서 시행된 지역사회 연구에 의하면, 성인인구의 약 0.3%가 환각제 남용의 경험을 가지고 있다고 한다. 환각제 사용과 중독은 여자보다 남자에게서 3배나 흔하다.

4. 흡입제관련장애

흡입제(inhalants)는 환각을 유발할 수 있는 다양한 휘발성 물질을 의미하며 주로 코를 통해 체내로 유입된다. 대표적인 흡입제는 본드, 부탄가스, 가솔린, 페인트 시너, 분무용 페인트,

니스 제거제, 라이터 액, 아교, 고무시멘트, 세척제, 구두약 등이다. 흡입된 대부분의 화학물질은 정신활성 효과를 유발할 수 있는 여러 가지 물질의 복합체이다. 이 장애를 일으키는 정확한 물질을 알아내는 것은 어려우며 사용된 물질이 복합적이고 확인하기 어렵기 때문에 흡입제라는 용어를 사용하고 있다. 흡입제를 적신 헝겊조각을 입이나 코에 대고 흡입하는 방법이 가장 흔하고 흡입제를 종이나 플라스틱 봉지에 넣고 봉지 내에 있는 기체를 마시기도 한다.

흡입제 사용장애(Inhalant Use Disorder)는 과도한 흡입제 사용으로 인해 나타나는 다양한 부적응적 문제를 의미한다. 흡입제는 사용 중단 후 24~48시간에 금단증후군이 시작되어 2~5일 동안 지속되며 흔히 수면장애, 몸 떨림, 과민성, 발한, 메스꺼움, 순간적인 착각 등의 증상이 나타나는 경향이 있다. 그러나 흡입제에 특징적인 금단증후군은 분명히 밝혀져 있지 않으며 또한 금단증상을 줄이기 위해 흡입제를 사용한다는 증거도 없다. 그러나 흡입제는 원래 의도한 것보다 더 오랜 기간 사용되고 더 많은 양을 사용하기 때문에 흡입제 사용을 끊거나 조절하기가 어렵다. 흡입제는 값이 싸고 합법적으로 판매되기 때문에 구입하는 데에 많은 시간이 들지 않지만, 흡입제를 사용하고 회복하는 데는 상당한 시간이 소요된다. 흡입제가 간질환이나 신경계의 손상과 같은 신체적 문제를 유발할 수 있다는 사실을 알면서도 사용하는 경향이 있다. 이러한 흡입제의 반복사용으로 인해 중요한 사회적, 직업적 활동이 포기되거나 감소되어 현저한 부적응이 나타날 경우에는 흡입제 사용장애로 진단될 수 있다.

흡입제유도성 장애에는 흡입제 중독이 대표적이다. **흡입제 중독**은 휘발성 흡입제를 의도적으로 사용하거나 단기간에 많은 용량에 노출되어 현저한 부적응적 증상을 나타내는 경우를 말한다. 휘발성 흡입제 사용 도중, 사용 직후 또는 노출 이후에 심각한 부적응적 행동변화나 심리적 변화(예: 호전성, 공격성, 정서적 둔마, 판단력 장애, 사회적-직업적 기능 손상)가 나타나고 다음과 같은 증상이 2개 이상 나타나면 흡입제 중독으로 진단된다: (1) 현기증, (2) 안구진탕증, (3) 운동조정 곤란, (4) 불분명한 언어, (5) 불안정한 보행, (6) 기면, (7) 반사의 감소, (8) 정신운동성 지연, (9) 진전, (10) 전반적인 근육약화, (11) 시야 혼탁이나 복시, (12) 혼미나 혼수, (13) 다행감.

흡입제를 고용량 사용할 경우에는 기면, 정신운동성 지연, 전반적인 근육약화, 반사의 감소, 혼미, 혼수에 이를 수 있으며 특히 환청, 환시, 환촉을 비롯하여 여러 가지 지각장애(예: 거시증, 미시증, 착각, 시간 인식의 변화)를 보인다. 이러한 흡입제 중독 기간 동안에는 망상(예: 공중을 날 수 있다고 믿는 등)이 일어날 수 있으며 판단력이 손상된 상태에서 이러한 망상이 행동으로 옮겨져 치명적인 손상을 초래하기도 한다. 흡입제는 자제력이 감소된 행동으로 인한 외상이나 가연성 물질로 인한 화상을 비롯하여 입과 코 주변의 결막 증상, 호흡곤란, 두통, 전신쇠약, 복통, 구토 등의 신체적 문제를 유발할 수 있으며 중추신경계나 말초신경계에 영구적인 손상을 일으킬 수 있다. 반복적인 흡입제 사용은 간경화증으로 진전될 수 있는 감염 등을 유발할 수 있으며, 일부 흡입제(예: 염화메틸렌)는 호흡기와 심장혈관계의 억제를 유발하여 사망에 이르게 할 수도 있다.

흡입제 사용장애는 흡입제 사용자 중에서 소수에게서만 나타나는 것으로 알려져 있다. 흡입제는 싸고 구입이 용이하기 때문에 젊은이들과 사회경제적 수준이 낮은 계층에서 빈도가 높다. 흡입제 사용은 9~12세에 시작해서 청소년기에 절정에 달하고 35세 이후는 드물다. 흡입제 문제로 응급실을 찾는 사람 중 70~80%는 남성이다. 흡입제는 청소년들이 가장 흔하게 사용하는데, 이로 인해 가족 간의 갈등뿐 아니라 결석, 정학, 퇴학 등의 학교문제를 초래하여 청소년의 장래에 치명적인 영향을 미칠 수 있다. 직업적으로 장기간 흡입제에 노출되는 산업체 근로자들에게서 흡입제 의존이 보고되기도 하는데, 이들은 정신활성효과를 얻기 위해 사용하기 시작하여 결과적으로 의존상태에 이르게 된다. 흡입제와 관련된 장애가 나타나는 경우에는 흡입제 사용을 중단하는 것이 최우선이며 의학적인 합병증의 치료가 중요하다. 정신증적 상태가 나타날 때는 항정신병 약물이 사용되기도 한다. 흡입제는 청소년들이 가장 흔하게 사용하는 물질이므로 청소년 교육을 통해 예방하는 것이 가장 중요하다.

5. 아편계관련장애

아편(opium)은 양귀비라는 식물에서 채취되는 진통효과를 지닌 물질로서 의존과 중독 현상을 나타내는 대표적인 마약이다. 이러한 아편과 유사한 화학적 성분이나 효과를 나타내는 물질들을 **아편계**(opioids)라고 하는데, 천연 아편계(예: 모르핀), 반합성 아편계(예: 헤로인), 모르핀과 유사한 작용을 하는 합성 아편계(예: 코데인, 하이드로 모르핀, 메타톤, 옥시코돈, 메페리딘, 펜타닐)를 포함한다. 아편계는 진통제, 마취제, 설사억제제, 기침억제제로 처방되며 적절한 의학적인 목적 이외의 사용은 법적으로 허용되지 않고 있다. 헤로인은 이러한 약물들 중에서 가장 흔하게 남용되는 약물이며, 정제된 헤로인은 주사를 통해 사용되며 때로는 흡연을 하거나 코로 흡입하기도 한다.

아편계 사용장애에는 아편계 의존과 남용이 포함된다. 아편계는 매우 강한 의존성을 초래할 수 있어서 아편계 의존이 있는 사람들은 매우 강한 내성을 지니며 아편계 사용을 중단할 경우 매우 심한 금단증상을 경험한다. 아편계에 의존된 사람들의 일상생활은 아편물질을 얻고 투약하는 일로 이루어지는 경우가 대부분이다. 아편계 의존을 나타내는 사람들은 아편물질을 보통 불법적으로 비밀거래선을 통해 구하거나 자신의 신체적 문제를 조작하거나 과장하여 의사로부터 구입하기도 한다. 건강관리 직종에 종사하는 사람들에게 아편계 의존이 나타나는 경우가 있는데, 스스로 아편계 처방전을 발행하거나 다른 환자에게 처방된 아편계를 빼돌리거나 제약공급자들로부터 약물을 구하기도 한다. 아편계 의존을 지닌 사람들은 약물과 관련된 범죄(예: 약물의 소지 및 유포, 절도, 강도 등)로 인해 법적 문제를 야기하게 되며 흔히 가정불화, 이혼, 실직, 경제적 곤란 등의 문제를 수반하게 된다. 또한 인간 면역결핍 바이러스(HIV)는 정맥 주사를 통해 약물을 사용하는 사람들 사이에서 감염률이 높으며, 그들 가운데는 아편계 의존 상태에 있는 사람들이 많다.

아편의 원료인 양귀비 열매

아편계 남용은 아편계 사용으로 인해 법적 문제나 부적응적 사건이 반복적으로 발생하는 경우를 말한다. 불법적인 아편계 거래와 사용으로 인해 법적인 문제가 생길 뿐 아니라 아편계에 중독된 상태에서 저지르는 불법적인 행동(예: 가택침입, 절도, 강도, 장물취급, 위조, 사고 등)으로 인해 빈번한 법적 문제가 발생하게 된다. 그러나 아편계 남용은 아편계 의존에 비해 아편물질을 적게 사용하고 심각한 내성이나 금단증상이 발생하지 않는 경우에 해당된다.

아편계유도성 장애에는 아편계 중독과 아편계 금단이 대표적이다. **아편계 중독**은 아편계 사용도중 또는 직후에 발생되는 심각한 부적응적 행동 변화나 심리적 변화(예: 초기 다행감에 뒤따르는 무감동, 불쾌감, 정신운동성 초조 또는 지연, 판단력 장해, 또는 사회적, 직업적 기능 손상)가 나타나는 경우를 말한다. 아편계 사용 도중 또는 직후에 나타나는 동공 축소(또는 심한 과용량의 저산소증으로 인한 동공 산대)와 함께 (1) 졸림 또는 혼수, (2) 불분명한 발음, (3) 집중력 장해와 기억력 장해 중 한 가지 이상의 증상이 나타나면 아편계 중독으로 진단될 수 있다. 아편계 중독이 있는 사람들은 각성수준이 저하되어 위험한 사건들을 무시할 정도로 환경에 대한 주의를 기울이지 않으며 착각이나 환각을 경험할 수 있다. 아편계의 중독 증상은 보통 몇 시간 동안 지속되며, 과용량을 사용했을 경우에는 혼수상태, 호흡저하, 의식소실을 나타내며 죽음을 초래할 수도 있다.

아편계 금단은 지속적으로(몇 주 또는 그 이상) 사용하던 아편계의 중단(또는 감량) 후에 특징적인 금단증후군이 나타나는 경우를 말한다. 아편계 중단 이후 몇 분에서 며칠 이내에 다음 증상 중 3개 이상이 나타날 때, 아편계 금단이라고 진단된다: (1) 불쾌한 기분, (2) 오심 또는 구토, (3) 근육통, (4) 눈물을 흘리거나 콧물을 흘림, (5) 동공산대, 입모(털이 일어남) 또는 발한, (6) 설사, (7) 하품, (8) 발열, (9) 불면증. 헤로인과 같은 단기반응성 약물에 의존된 사람들은 6~12시간 이내에 금단증상이 발생하고 보통 1~3일에 절정을 이루며 5~7일에 걸쳐 점차적으로 완화된다.

아편계 사용장애에 대한 정확한 유병률은 알려져 있지 않다. 1988년의 미국 조사자료에 의

하면, 18세부터 25세 사이의 연령층에서 1.2%가 최소한 한 번 이상 헤로인을 복용해 본 경험이 있다고 한다. 1991년 미국에서 시행된 지역사회 조사에 따르면, 표본 인구의 6%가 과거에 비의료적 목적으로 진통제를 사용하였고 2.5%는 전년도에 사용했으며 0.7%는 그 전달에 사용했다고 보고하였다. 또 같은 조사에서 1.3%가 헤로인을 사용한 적이 있으며 0.2%가 전년도에 사용했다고 보고하였다. 아편계 의존은 어느 연령에서나 시작될 수 있으나 보통 10대 후반 또는 20대 초반에서 가장 흔하게 나타난다. 일단 의존이 나타나면 대부분 몇 년 이상 지속되며, 아편 사용을 중단한 이후에도 재발하기 쉬우며 심지어는 몇 년 동안 감금된 이후에도 재발되는 경우가 있다.

Freud는 아편 의존을 성적 만족의 추구과정으로 보았다. 부적절한 심리성적 발달로 인하여 자아 및 초자아 기능이 미성숙하여 충족되지 못한 성적 욕구와 관련된 불안이나 우울 등의 부정적 감정에 대처하지 못하고 부적응적 대처양식으로 아편에 의존하게 된다는 것이다. Glover(1932, 1956)에 따르면, 물질 의존은 가학적, 공격적 충동, 동성애 충동 등에 대한 방어기제와 관련된다. Fenichel(1945)은 물질 의존자들이 수동적이고 자기애적 성격을 지니고 있으며 음식, 안전, 자긍심의 욕구와 같은 구순기 욕망을 만족시키기 위해 물질을 사용한다고 주장했다.

Khantzian(1985, 1990)은 물질 의존이 자아 기능의 결손에 의해서 가장 잘 설명될 수 있다고 주장했다. 즉, 대처능력의 미숙, 부적절한 의존 욕구, 욕구 만족의 좌절, 정서적 불안정과 같은 미숙한 자아기능을 지닌 사람들에게 약물의존이 잘 나타나며, 아편은 쾌락적 감각 추구의 목적보다는 부정적인 감정을 회피하기 위해 사용된다. 아울러 아편 의존은 일반적으로 반사회적 성향이 있는 사람에게 잘 나타나는 것으로 알려져 있다.

물질 남용과 유전적 요인 간의 관계를 조사한 연구는 거의 없으나 Grove 등(1990)은 일란성 쌍둥이 32쌍을 연구하여 반사회적 행동과 물질 남용이 유전되는 경향이 있다고 주장한 바 있다. 그러나 물질 의존과 남용은 사회적으로 학습되는 행동이며 생리적, 심리적, 사회적 강화물에 의해 유지된다. McAuliffe와 Gordon(1980)에 따르면, 아편 남용과 의존은 아편의 강렬한 강화효과 때문이며 대부분의 중독자는 대부분 강렬한 황홀경험을 한다고 한다. 청소년의 경우에는 아편을 시작하게 되는 과정에는 또래집단의 영향이 매우 크다. Shedler와 Block(1990)은 동료의 압력과 더불어 아편의 구입이 용이해진 점이 최근 아편을 비롯한 물질 남용이 증가하는 원인이라고 주장했다. 인지행동이론에서는 물질 의존 행동의 형성과 재발을 설명하는 데 있어 기대, 귀인, 자기효능감과 같은 인지적 변인을 중요시하고 있다.

아편계 의존과 남용은 우선 법적인 문제이며 국가에서 정한 치료감호기관에서 일정기간 치료를 받게 된다. 아편계 금단증상을 이겨낼 수 있는 약물치료가 필요하며 재발예방교육이 매우 중요하다. 이를 위해서는 아편계 사용을 촉발하는 심리적 스트레스를 감소시키기 위한 스트레스 대처능력, 사회적 기술훈련, 자기주장훈련 등이 필요하다.

6. 진정제, 수면제 또는 항불안제 관련장애

진정제·수면제·항불안제(sedatives, hypnotics, anxiolytics)는 벤조디아제핀 계열의 약물, 카바메이트 제제, 바비튜레이트와 그 유사 수면제를 포함한다. 이러한 약물들은 알코올처럼 뇌 기능 억제제이고 알코올과 유사한 문제를 일으킬 수 있다. 이러한 약물은 알코올과 혼합되어 고용량으로 사용될 경우 치명적일 수 있다.

진정제·수면제·항불안제 중독은 이러한 약물의 사용 후에 심각한 부적응적 변화(예: 부적절한 성적, 공격적 행동, 불안정한 기분, 판단력 장애, 사회적, 직업적 기능장애)가 나타나며 (1) 불명료한 발음, (2) 운동조정곤란, (3) 불안정한 보행, (4) 안구진탕, (5) 주의력 장애와 기억력 장애, (6) 혼미나 혼수와 같은 징후 중 한 가지 이상을 보일 경우를 말한다.

진정제·수면제·항불안제 금단은 지속적으로 사용해 오던 진정제, 수면제, 항불안제를 중단하거나 감량했을 때 (1) 자율신경계 항진, (2) 손 떨림의 증가, (3) 불면, (4) 오심 또는 구토, (5) 일시적인 시각적, 촉각적, 청각적 환각이나 착각, (6) 정신운동성 초조, (7) 불안, (8) 대발작 경련 중 2가지 이상의 징후가 나타나는 경우를 말한다.

진정제·수면제·항불안제는 내성과 금단증상이 현저하여 의존을 나타낼 수 있다. 금단증상의 시기와 심각도는 약물에 따라 다르지만 이러한 약물에 의해 나타나는 금단 증후군은 생명을 위협할 수 있는 섬망의 발생이 특징적이다. 이러한 약물에 대한 생리적 의존과 더불어 약물을 얻기 위해 중요한 활동을 포기하는 등 광범위한 부적응적 문제가 나타날 경우에 진정제, 수면제, 항불안제 의존을 고려할 수 있다.

진정제·수면제·항불안제 남용은 다른 물질의 사용과 결합되어 나타날 수도 있다. 예컨대, 코카인이나 암페타민의 효과를 지속시키기 위해 진정제나 항불안제를 사용할 수 있다. 이러한 물질남용은 기분고조상태에 빠져 들어 위험한 상황에 노출될 수 있고 직장이나 학교를 이탈할 수 있으며 가정을 소홀히 할 수도 있다.

미국에서 내과나 외과병동에 입원한 사람의 90% 이상이 입원기간 동안 진정제, 수면제, 항불안제를 처방받게 되며, 미국 성인의 15% 이상이 1년 동안 이런 약물을 처방에 의해 사용한다. 1991년에 미국에서 수행된 지역사회 연구에 따르면, 인구의 약 4%가 비의학적 목적으로 진정제를 사용한 적이 있고 약 1%는 전년도에 사용했으며 0.4%는 그 전달에 사용했다고 보고했다.

진정제, 수면제, 항불안제를 이용하는 비율이 10대와 20대의 젊은이의 경우 늘어나고 있으며, 의존이나 남용의 상태로 발전하는 경우가 흔하다. 다른 경로는 대개 불안, 불면, 신체증상의 치료를 위해 의사로부터 약물을 처방받는 경우로서 약물의 내성이나 더 많은 용량의 요구 때문에 점차로 약물의 용량과 빈도가 증가하는 경우이다. 이런 경우에는 충분한 용량의 약물을 얻기 위해서 여러 의사를 찾아다니게 된다.

7. 자극제관련장애

자극제(stimulants)는 암페타민과 코카인을 비롯한 중추신경계를 자극하는 물질을 의미한다. 대표적인 자극제인 암페타민(amphetamines)은 중추신경계 흥분제로서 각성과 흥분의 효과를 지니고 있다. 암페타민은 초기에는 천식 치료제로 사용되었으나 신경흥분작용이 알려지면서 우울증 치료에 사용되기도 했고 제2차 세계 대전 중에는 피로감 제거를 위해 병사들에게 제공되었으며 오늘날은 과잉 활동을 수반하는 주의력 결핍 아동의 치료에 사용하기도 한다. 적은 양의 암페타민은 각성 수준과 심장박동을 증가시키고 식욕을 감퇴시키며 유쾌감과 자신감을 높여 주는 효과를 나타낸다. 그러나 많은 양을 복용하면 예민해지고 안절부절못하며 두통, 현기증 및 불면이 초래되며 때로는 의심이 많아지고 적대적이 되어 타인에게 공격적 행동을 하는 경우도 있다. 오랫동안 과다한 용량을 사용하면 망상을 포함해 정신병 상태가 되기도 하며 뇌손상을 야기시킨다는 보고도 있다. 이러한 암페타민과 그 유사물질들은 의존과 중독 현상을 나타낼 수 있다. 우리나라에서는 히로뽕(또는 필로폰)이라고 불리고 서구사회에선 '스피드' 또는 '아이스'로 불리는 methamphetamine이 이에 속한다. 스피드(speed)는 효과가 빨리 나타난다는 점에서 붙여진 명칭인 반면, 아이스(ice)는 정제된 methamphetamine을 현미경으로 관찰할 때 나타나는 결정체 모양에서 비롯된 명칭이다.

또 다른 대표적인 자극제인 코카인(cocaine)은 주로 페루, 볼리비아, 콜롬비아의 고원지대에서 재배되는 코카라는 식물에서 자연적으로 생성되는 물질로서 여러 가지 제조품(예: 코카 잎, 코카 페이스트, 코카인 알칼로이드)으로 소비되는데 순도, 발효속도, 강도에 있어서 차이가 있다. 코카인은 헤로인과 같이 혼합되어 '스피드 볼'이라고 알려진 혼합 약물로 사용된다. 미국에서 코카인이 사용되는 가장 흔한 형태는 코카인 알칼로이드의 일종인 '크랙'으로서 쉽게 증발되어 흡입되며 그 효과가 매우 빠르게 나타난다.

자극제 사용장애는 암페타민이나 코카인과 같은 자극제의 과도한 사용으로 인해 파생되는 부적응 문제를 의미한다. 자극제는 매우 강력한 행복감을 느끼게 하는 효과를 지니고 있기 때문에 이 물질을 사용한 사람들은 매우 짧은 기간 내에 자극제 의존으로 발전될 수 있다. 자극제 사용이 가능할 때마다 자극제 사용을 거부하기가 점차 어려워진다는 것을 알게 되면서 자극제 의존의 초기 징후가 나타난다. 반감기가 짧기 때문에 '기분고조상태'를 유지하기 위해 자주 투여하게 된다. 자극제 의존자들은 매우 단기간의 약물사용을 위해서 많은 액수의 돈을 소비한다. 그 결과 자극제 사용자들은 약물을 구입하기 위한 자금을 구하기 위해 절도, 매춘 또는 약물 거래에 관여하게 된다. 자극제를 구입하거나 복용하기 위해 직업이나 자녀양육 등을 등한시하기도 한다. 자극제의 지속적 사용은 편집적 사고, 공격적 행동, 불안, 우울, 체중 감소와 같은 심리적, 신체적 합병증을 유발하게 된다. 투여방법에 상관없이 반복적으로 사용하게 되면 내성이 생겨난다.

자극제 남용은 자극제 사용으로 인한 직업적 부적응, 대인관계 갈등, 경제적 문제, 법적 문제가 반복하여 발생하는 경우를 말한다. 자극제 구입을 위해 월급을 전부 허비하거나 직업적 업무를 방치하는 등의 문제를 비롯하여 자극제 소지 및 사용으로 인한 법적인 문제가 생길 수 있다.

자극제유도성 장애에는 자극제 중독과 금단이 있다. **자극제 중독**은 자극제의 사용 중 또는 그 직후 심각한 부적응적 행동이나 심리적 변화(예: 다행감 또는 정서적 둔마; 사교성의 변화; 경각심; 대인관계 민감성; 불안, 긴장, 분노; 상동증적 행동; 판단력 장애; 사회적·직업적 기능장애)를 나타내는 경우를 말한다. 자극제의 사용 중 또는 그 직후에 다음 증상 가운데 2개 이상이 나타날 때, 자극제 중독으로 진단될 수 있다: (1) 빈맥 또는 서맥, (2) 동공산대, (3) 혈압 상승 또는 하강, (4) 발한 또는 오한, (5) 오심 또는 구토, (6) 체중감소의 증거, (7) 정신 운동성 초조 또는 지연, (8) 근육 약화, 호흡 억제, 흉통, 심부정맥, (9) 의식 혼란, 경련, 운동실조, 근육긴장 이상증, 혼수.

자극제 금단은 지속적으로 사용하던 자극제의 사용을 중단하거나 용량을 감소했을 때 불쾌한 기분을 비롯한 부적응적 생리적 변화가 나타나는 경우를 말한다. 자극제 사용을 중단한 몇 시간 내지 며칠 내에 불쾌한 기분이나 다음의 생리적 변화 가운데 2개 이상이 발생하면, 자극제 금단으로 진단된다: (1) 피로, (2) 생생하고 기분 나쁜 꿈, (3) 불면 또는 수면 과다, (4) 식욕 증가, (5) 정신운동성 지연 또는 초조.

1990년에 시행된 한 연구에서는 미국의 인구 100명당 1명이 1주일에 한 번 이상 코카인을 사용한다고 보고되었다. 코카인 사용자들의 연령은 하향 추세에 있으며, 사회경제적 하층에서 사용이 만연되고 있다. 1991년 미국에서 시행된 지역사회 조사에 따르면, 전체 인구의 12%가 일생 동안 한 번 이상 코카인 사용 경험이 있으며 3%는 전년도에, 1%는 그 전달에 사용한 적이 있다고 보고하였다. 코카인을 흡연이나 정맥 주입을 할 경우에는 몇 주에서 몇 달 이내에 코카인 의존이나 남용 상태로 빨리 진행되는 반면, 코로 흡입하는 비강 내 사용은 몇 달에서 몇 년에 걸쳐 점진적으로 진행된다. 코카인은 원하는 효과를 얻기 위해 용량을 증가시켜야 하는 점진적인 내성을 일으키며, 지속적으로 코카인을 사용하게 되면 행복감을 느끼는 긍정적 효과가 감소하고 불쾌감을 느끼는 부정적 효과가 나타난다.

1980년부터 1985년까지 시행된 연구에서 성인인구의 약 2%가 일생 중 어느 시기에 암페타민 의존과 남용을 경험한 적이 있다고 보고하였다. 1991년 미국에서 시행된 지역사회 조사에 따르면, 전체 인구의 약 7%가 일생 동안 한 번 이상 암페타민이나 그 유사물질을 비의학직으로 사용한 경험이 있으며 1.3%는 전년도에, 그리고 0.3%는 그 전달에 사용한 적이 있다고 보고하였다. 암페타민 의존과 남용은 사회의 모든 계층에서 발견되지만, 18세에서 30세 사이의 사람들에게 가장 많다. 정맥주사를 이용한 물질사용은 낮은 사회경제 계층에서 더 흔하고 남성과 여성의 비율은 3:1 내지 4:1 정도이다. 암페타민과 그 유사물질에 대한 의존이나 남용의 문제를 지닌 사람들은 처음에 체중 조절의 목적으로 사용하기 시작하는 경향이 있다. 암페타민은 정맥투여되거나 흡연되었을 때 보다 빨리 의존이 일어난다.

우리나라의 경우, 일반인의 0.3%와 고등학생의 0.6%가 필로폰을 사용한 경험이 있는 것으로 보고되었다(차경수 등, 1993). 필로폰은 신속하게 황홀감을 일으켜 약물남용의 위험이 높고 혈관주사로 투입되기 때문에 간염이나 세균성 질환에 감염될 가능성이 높다. 이 약물을 다량으로 사용하면 거의 예외 없이 망상형 정신병이 생기며 그 의존성이 강하여 치료하기가 어렵고 설사 치료되더라도 재발하는 경우가 많다(주왕기, 1989).

코카인은 뇌의 도파민 재흡수를 억제하여 도파민 양을 증가시키는 생화학적 기능을 하는 것으로 알려져 있다. 대부분의 연구자는 코카인이 도파민 경로에 영향을 미친다는 것은 인정하지만 이보다 더 광범위한 약리학적 기제가 있을 것으로 추정하고 있다.

코카인을 자주 복용하는 사람들의 심리적 특성에 대한 연구들이 진행되었다. Khantzian 등(1984)은 코카인 남용자들이 여러 가지 정신병리를 나타낸다는 점에 근거하여 자가치료이론(self-medication theory)을 제시하였다. 이에 따르면, 코카인 의존자들은 코카인을 사용하기 이전에 낮은 자존감, 우울증, 불안장애, 주의집중의 어려움 등과 같은 심리적 문제를 지니고 있으며 이러한 문제를 나름대로 '치료'하기 위해 코카인을 사용한다는 주장이 제기되었다. 이러한 주장의 일부는 여러 연구에 의해서 입증되기도 하였으나, 코카인 의존자들의 정신병리적 문제는 코카인 의존의 원인이 아니라 결과라는 주장이 강력하게 제기되어 현재 논란중이다.

제4절 비물질관련장애: 도박장애

호주에서 박사학위 과정을 밟고 있는 유학생인 20대 후반의 H씨는 요즘 사면초가에 빠져 있다. 박사과정 4년차로 논문을 준비하고 있던 H씨는 1년 전 한국에서 친척이 방문하여 여행안내를 하면서 우연히 근처의 카지노를 방문하게 되었다. 친척과 함께 재미로 슬롯머신에 100불을 투자해 보았으나 금세 날리고 말았다. 그 후에 다시 일상생활로 돌아와 박사과정 공부에 전념하였다. 그러던 중 유학생 한 명이 카지노에서 대박이 터져 수만 불을 따게 되었다는 소식을 전해 듣게 되었다. 공부 스트레스에 경제적 어려움을 겪고 있던 H씨는 친구들과 함께 다시 카지노를 방문하게 되었고 처음에는 100불만 투자할 생각으로 슬롯머신을 하였으나 간헐적으로 돈을 따게 되는 재미를 경험하게 되면서 빠져들기 시작했고, 결국 가지고 있던 500여 불을 모두 날리고 말았다. 집으로 돌아온 H씨는 돈을 잃은 아쉬움에 기분이 몹시 상했으며 그 후로 눈앞에 슬롯머신이 아른거리고 코인이 우수수 떨어지는 장면이 자꾸 떠오르기 시작했다. 며칠 후 H씨는 통장에 있던 3,000불을 모두 꺼내어 다시 카지노를 방문하였다. 처음에는 1,000불가량을 계속 잃다가 한 번은 단번에 500불을 따기도 했다. 운이 따라만 준다면 돈을 딸 수 있을 것 같았으며 자신에게 대박이 쏟아지지 말란 법도 없다는 생각이 들었다. 밤을 새워가며 슬롯머신과 실랑이를 한 결과 가져간 돈을 모두 잃고 말았다. 이때부터 H씨는 이성을 잃기 시작했다. 며칠 후에는 친구에게 2,000불을 빌려 다시 카지노에 가게 되었고, 급기야는 타고 간 자동차를 전당포에 맡기고 돈을 빌려 모두 도박에 투자하였다. H씨는 요즘 학교공부는 접어 두고 카지노로 출근하다시피 하고 있다. 이미 여러 친구에게 1만 5,000불이나 되는 돈을 빌렸으며 부모에게는 논문준비에 급한 돈이 필요하니 최소한 1만 불 이상의 돈을 송금해 달라고 거짓말을 하게 되었다. 대박이 터질 날을 기다리며 H씨는 카지노에서 6개월째 도박에 빠져 있다. 요즘은 여러 친구에게 많은 돈을 빌린 사실이 알려지면서 빚 독촉이 쏟아지고 있다. 학교에 나타나지 않는 H씨를 지도교수가 찾고 있으나 H씨는 사람을 피해 다니며 여전히 대박의 꿈을 좇고 있다.

1. 주요증상과 임상적 특징

우리 주변에는 화투나 카드 게임을 비롯하여 경마, 경륜, 슬롯머신과 같은 도박성 게임이 오락의 한 형태로 많은 사람에 의해서 행해지고 있다. 그러나 자칫 이러한 도박성 게임에 빠져들게 되면 경제적 파산과 가정 파탄을 초래하는 비참한 상태로 전락하게 된다. 카지노나 경마장 등에서 병적 도박으로 패가망신하는 사람들에 대한 이야기를 신문과 방송매체를 통해 종종 접하게 된다.

DSM-5-TR에서는 **비물질관련장애**(Non-Substance-Related Disorder)로서 도박장애를 포함시키고 있다. **도박장애**(Gambling Disorder)는 H씨의 경우처럼 노름이나 도박을 하고 싶은 충동으로 반복적인 도박을 하게 되는 경우로서 **병적 도박**(pathological gambling)이라고 하기도 한다. 도박장애는 12개월 동안에 다음 중 4개 이상의 항목에 해당하는 도박행동이 지속적이고 반복적으로 일어나서 사회적, 직업적 부적응을 초래할 때 진단된다.

(1) 원하는 흥분을 얻기 위해서 점점 더 많은 액수의 돈을 가지고 도박을 하려는 욕구를 지닌다.

(2) 도박을 줄이거나 중단하려고 시도할 때는 안절부절못하거나 신경이 과민해진다.

(3) 도박을 통제하거나 줄이거나 중단하려는 노력이 거듭 실패로 돌아간다.

(4) 도박에 집착한다(예: 과거의 도박경험을 계속 떠올리고, 다음번에 돈을 걸었을 때 승산을 예상하거나 계획하고, 도박을 해서 돈을 벌 수 있는 방법을 생각한다).

(5) 정신적인 고통(예: 무기력감, 죄책감, 불안감, 우울감)을 느낄 때마다 도박을 하게 된다.

(6) 도박으로 돈을 잃고 나서 이를 만회하기 위해 다음 날 다시 도박판으로 되돌아간다.

(7) 도박에 빠져 있는 정도를 숨기기 위해서 거짓말을 한다.

(8) 도박으로 인해서 중요한 대인관계, 직업, 교육이나 진로의 기회를 위태롭게 하거나 상실한다.

(9) 도박으로 인한 절망적인 경제상태에서 벗어나기 위해 다른 사람에게 돈을 빌린다.

도박장애를 지닌 사람들은 도박에 손을 대기 시작하는 초기에 돈을 따는 경험을 하게 된다고 한다. 그래서 지속적으로 도박을 하게 되지만 결국에는 돈을 잃게 되고 이때부터는 잃은 돈을 회복하기 위해 도박에 빠져들게 된다. 그러나 점점 더 많은 액수의 돈을 잃게 되어 도박

도박장애자들이 많은 카지노와 경마장

에서 헤어나지 못하게 된다. 도박장애는 갑자기 발병하지는 않으며, 대개 몇 년 동안 사교적 도박을 해 오다가 발병한다.

병적인 도박자 60명에 대한 심리적 특성을 분석한 Bergler(1958)에 따르면, 이들은 모험을 즐기고 도박이 흥미, 활동, 생각의 대부분을 차지하며 자신이 돈을 딸 것이라는 낙관주의로 가득 차 있고 자신이 실패할 가능성을 계산하지 못한다. 이들은 돈을 따고 있을 때 적당한 시점에서 도박을 그만두지 못하고, 돈을 계속 따면 나중에는 그 돈을 한꺼번에 몽땅 걸며, 도박을 하는 동안에 즐거운 긴장감과 스릴을 만끽한다. 이들은 경쟁적이고 독립적이며 자만심이 강하여 권위적인 사람의 간섭을 싫어하고 대부분 다른 사람에 의해 강제로 치료기관에 끌려온다.

도박장애를 지닌 사람들은 도박을 하면서 엄청난 스트레스를 받기 때문에 스트레스로 인한 고혈압이나 소화성 궤양, 편두통과 같은 질병을 나타내기도 한다. 이들 중에는 기분장애, 알코올 남용이나 마약남용, 반사회성 성격장애, 자기애성 성격장애, 경계선 성격장애의 비율이 높다. 도박장애로 인해 치료를 받는 사람들 중 20% 정도가 자살을 시도한 적이 있다는 보고가 있다.

도박장애의 유병률은 성인인구의 1~3%로 추정되고 있다. 이들 중 약 1/3은 여성인데 우울하거나 도피의 수단으로 도박을 하는 경향이 강하다. 여성 도박자가 치료기관을 찾아오는 경우는 극히 드물며 단도박(Gamblers Anonymous) 모임에 참여하는 여성의 비율은 2~4%밖에 되지 않는다. 이러한 현상은 도박장애가 특히 여자에게 더 오명으로 작용하기 때문인 것으로 해석되고 있다. 도박장애는 남성의 경우는 초기 청소년기에, 여성의 경우는 주부 도박단의 예에서 볼 수 있듯이 인생의 후기에 시작되는 경향이 있다. 우리나라의 경우, 도박장애의 평생 유병률은 1.0%로 나타났으며 도박장애 고위험군의 유병률은 2.3%이며 성인의 3.3%가 문제성 도박을 경험한 것으로 나타났다(조맹제, 2011).

2. 원인과 치료

정신역동적 입장에서는 오이디푸스 갈등과 관련된 무의식적 동기로 도박장애를 설명하고 있는데 공격적이거나 성적인 에너지를 방출하려는 욕구가 무의식적으로 대치되어 도박행동으로 나타난다고 본다. Bergler(1958)는 '자신이 반드시 돈을 딸 것'이라는 불합리한 확신의 기원을 어린 시절에 지니고 있던 전지전능감에서 찾고 있다. 성장하면서 이러한 유아적 전지전능감에 상처를 입게 되고 무의식적 공격성이 증가하게 되면, 자신을 처벌하고자 하는 무의식적 욕구가 도박행동에 빠져들게 한다는 것이다. Fenichel(1947)은 도박의 본질이 운명을 받아들이지 않으려는 운명에 대한 도전이라고 보았다.

학습이론에서는 모방학습과 조작적 조건형성으로 도박상애를 설명한다. 병직 도박자들은 대부분 어렸을 때 부모, 형제, 친구와 놀이로 도박을 하다가 심각한 도박행동이 시작되었다고 보고한다. 즉, 도박행동은 모방학습을 통해 습득되며, 도박에서 따는 돈이나 돈을 따는 과정에서 느끼는 강한 흥분이 도박행동을 계속하게 만드는 강한 정적 강화물이 된다. 돈을 잃는데도 도박을 지속하는 이유는 간헐적으로 돈을 따는 강화경험을 하기 때문이다. 특히 어떤 행동이 가장 집요하게 계속되는 경우는 일정한 방식으로 보상이 주어지기보다는 도박의 경우처럼 간헐적으로 예측할 수 없도록 보상이 주어지는 경우이다. 특히 즉시적인 강화물이 주어지는 카지노나 슬롯머신이 병적 도박을 유발할 가능성이 높다.

인지적 입장에서는 병적 도박자들이 인지적 왜곡을 지니고 있다고 주장한다. 이들은 자신이 돈을 따게 될 주관적 확률을 객관적 확률보다 현저하게 높게 평가한다. 즉, 자신의 능력이나 운이 게임의 결과에 작용하여 자신이 돈을 딸 확률이 현저하게 높다는 비현실적인 낙관주의에 빠져 있는 경우가 많다. 병적 도박자들이 지니고 있는 또 다른 전형적인 비합리적 생각은 돈을 계속 잃었기 때문에 나쁜 운이 끝나고 이를 보상할 수 있는 행운이 곧 찾아올 것이라는 믿음이다. 이러한 비현실적인 생각과 인지적 왜곡이 도박장애에서 벗어나지 못하게 한다.

도박장애는 일종의 중독상태라는 주장이 제기되고 있다. 알코올 중독이나 마약 중독과 마찬가지로, 도박장애는 내성과 금단증상을 나타내어 도박에 의존하게 만든다는 주장이다. 도박을 하는 사람이 처음에 10만 원을 딴 것에 대한 내성이 생기게 되면, 다음에는 똑같이 10만 원을 따도 이에 만족하지 못하고 더 큰 액수를 따려고 하기 때문에 더 큰 액수에 더 모험적인 방식으로 도박을 하게 된다. 또한 병적 도박자들은 도박을 중단하면 안절부절못하고 우울해지거나 과민하고 집중력이 저하되는 금단증상을 보인다. Custer와 Milt(1985)에 따르면, 병원에 입원하게 된 도박자들은 손을 떨고 두통이나 복통을 호소하며 악몽을 꾼다고 한다.

도박장애는 우울증이 변형된 상태라는 주장도 제기되고 있다. 병적 도박자 중에는 우울증을 지닌 사람들이 많을 뿐만 아니라 도박을 그만두게 하면 우울 증상을 나타내는 경우가 흔하다. 이들은 우울하고 불쾌한 내면적 정서상태를 변화시키려는 시도로서 도박을 하게 된다는 것이다. 도박을 하면 마치 암페타민이나 아편을 복용한 것과 유사하게 교감신경계가 활성화되고 주관적 흥분감이 증가하여 기분이 좋아지고 피로감이 줄어들게 되므로 자신을 괴롭히는 고통스러운 부정적 정서상태에서 벗어날 수 있다.

이 밖에도 도박장애는 가까운 친척 중에 일치율이 높다는 보고가 있으며 유전적 소인의 영향을 받는다는 주장이 있다. 또한 호르몬 분비나 세로토닌과 같은 신경전달물질이 도박행동을 증가시킨다는 연구결과도 있다.

도박장애는 치료가 어렵고 재발률도 높은 편이다. 병적 도박자는 자발적으로 치료를 받으려 하지 않으며 가족이나 법원에 의해서 강제로 치료를 받는 경우가 흔하기 때문이다. 도박장애는 원인의 다양성만큼이나 치료법도 다양하게 제시되고 있다. 자가치료와 단도박 모임에 서부터 집중적인 심리치료에 이르기까지 매우 다양하다.

정신역동적 치료에서는 도박에 자꾸 빠져들게 하는 무의식적인 동기에 대한 통찰을 유도함으로써 도박행동을 감소시키고자 한다. 행동치료에서는 도박에 대한 매혹을 제거하고 혐오감을 형성시킴으로써 도박을 멀리하게 만드는 혐오적 조건형성을 사용하기도 한다.

도박장애에 특별하게 효과적인 치료방법이 보고되고 있지는 않지만, 인지행동치료가 가장 널리 적용되고 있다(Rash & Petry, 2014). 인지행동치료는 도박과 관련된 부적응적 인지와 행동의 변화에 초점을 맞춘다. Petry와 동료들(2006)은 8회기로 구성된 인지행동치료를 231명의 병적 도박자에게 실시하여 도박행동이 감소했을 뿐만 아니라 그 효과가 1년 후까지 지속되었다고 보고한 바 있다. 이들이 사용한 인지행동치료의 주된 내용은 도박 촉발요인 찾아내어 변화시키기, 도박경험 정밀하게 분석하기, 대안적 활동 증가시키기, 도박충동 대처하기, 대인갈등 해결기술 육성하기, 도박과 관련된 비합리적 인지 찾아내어 수정하기, 재발 방지하기로 구성되었다.

Tolchard(2017)는 도박장애의 다양한 치료법과 그 효과를 분석하고 노출과 인지재구성을 중심으로 한 통합적 인지행동치료를 제시했다. 그에 따르면, 도박장애의 치료를 위해서는 반복적으로 도박 단서에 노출하는 둔감화를 통해 도박 충동을 감소시키는 것이 중요하다. 아울러 도박 충동을 유발하는 부적응적인 인지를 수정하고 그에 맞대응할 수 있는 적응적 인지를 습득시켜야 한다. 재발방지를 위해서는 도박의 촉발요인을 제거하기 위해 병적 도박자의 돈을 다른 사람이 관리하게 하고 인지행동적 기법을 계속 사용하게 하여 재발을 방지하도록 돕는 것이 중요하다.

도박장애에는 약물치료가 적용될 수도 있다. 클로미프라민이나 선택적 세로토닌 재흡수억제제와 같은 항우울제가 병적 도박에 효과적이라는 주장이 있다. 이 밖에도 집단치료와 단도박 모임도 도움이 될 수 있다. 단도박 모임은 병적 도박자들이 도박의 유혹을 극복하도록 돕는 자조집단(self-help group)이다. 도박장애의 증상이 매우 심각하거나 자살의 위험성이 있을 경우에는 입원치료도 고려해야 한다.

인터넷 게임장애

도박장애는 현재 비물질관련 중독장애에 포함한 유일한 장애이다. 그러나 도박 외에도 다양한 중독행동이 비물질관련 중독장애로 고려되고 있다. 예컨대, 게임, 쇼핑, 주식거래, 섹스와 같은 다양한 행동에 대한 과도한 몰두로 인해서 부적응이 초래되는 경우가 많기 때문이다. 중독행동은 쾌락을 경험하기 위한 행동의 빈도와 강도가 점점 더 증가하는 내성(tolerance)과 그러한 행동을 하지 않으면 심한 고통을 경험하는 금단증상(withdrawal)으로 인해서 개인이 그러한 행동을 조절할 수 없는 부적응 상태에 이르게 하는 공통적인 특징을 지닌다.

인터넷 게임장애(Internet Gaming Disorder: IGD)는 2013년에 발간된 DSM-5에서 처음으로 〈추가 연구가 필요한 부적응 상태〉로 제시되었다. 또한 2018년에 출간된 ICD-11에서는 게임장애(Gaming Disorder)가 〈중독행동으로 인한 장애〉의 하나로 포함되었다.

인터넷 게임장애는 게임을 하기 위해서, 그리고 흔히 다른 사용자들과 함께 게임을 하기 위해서 지속적이고 반복적으로 인터넷을 사용하는 행동으로 인해 현저한 손상이나 고통이 초래되는 경우를 의미한다. 다음의 9개 증상 중 5개 이상이 12개월 동안 나타날 경우에 인터넷 게임장애로 진단되며, 일상생활이 손상되는 정도에 따라 경도, 중등도, 고도로 구분된다.

1. 인터넷 게임에 대한 몰두
2. 인터넷 게임을 하지 못하게 할 경우에 나타나는 금단 증상
3. 내성, 즉 더 오랜 시간 동안 인터넷 게임을 하려는 욕구
4. 인터넷 게임의 참여를 조절하려는 시도가 실패함
5. 인터넷 게임으로 인해 이전에 즐겼던 취미와 오락 활동에 대한 흥미가 감소함
6. 심리사회적 문제를 잘 알고 있음에도 불구하고 과도하게 인터넷 게임을 지속함
7. 가족, 치료자 또는 타인에게 인터넷 게임을 한 시간을 속임
8. 부정적인 기분(예: 무력감, 죄책감, 불안)에서 벗어나거나 이를 완화하기 위해서 인터넷 게임을 함
9. 인터넷 게임의 참여로 인해서 중요한 대인관계, 직업, 학업 또는 진로 기회를 위태롭게 하거나 상실함

인터넷 게임장애를 나타내는 사람들은 다른 활동을 소홀히 하고 컴퓨터 앞에 앉아 오랜 시간 게임을 한다. 이들은 일반적으로 하루에 8~10시간 이상, 한 주에 적어도 30시간 이상 게임을 하면서 보낸다. 만약 게임을 하지 못하도록 제지하면 불안해하고 분노하게 된다. 이들은 흔히 식사도 하지 않고 잠도 자지 않은 채 게임을 하기도 하고 학교, 직장, 가족과 관련된 일상적인 활동을 소홀히 한다. 인터넷 게임장애의 중요한 특징은 지속적이고 반복적으로 컴퓨터 게임을 하는 것이며 팀을 이루어 경쟁하는 그룹 게임을 하는 경우가 흔하다.

인터넷 게임장애의 12개월 유병률은 4.7%이며 국가에 따라 0.7~15.6%의 넓은 범위를 로 나타내고 있다(American Psychiatric Association, 2022). 여러 연구의 결과를 종합하면, 청소년 남성이 인터넷 게임장애에 가장 취약한 집단이다. 청소년 남성의 유병률은 평균 6.8%인 반면, 청소년 여성은 그보다 현저하게 낮은 1.3%이다.

실증적 연구를 위해서 인터넷 게임장애의 심각도를 측정하는 다양한 도구가 개발되었다. 가장 대표적인 도구는 10문항으로 구성된 인터넷 게임장애 척도(Ten-item Internet Gaming Disorder Test: IGDT-10)로서 Kiraly과 동료들(2017)에 의해 개발되었으며 오세민(2021)에 의해서 한국판으로 번안되었다.

인터넷 게임장애의 발생에는 생물학적, 심리적, 사회환경적 요인이 관련하는 것으로 알려져 있다(Torres-Rodriguez et al., 2018). 생물학적 요인으로는 중독에 취약한 유전적 기질과 신경생리적 결함, 그리고 다른 정신장애(우울장애, 불안장애, ADHD, 자폐스펙트럼장애 등)의 공존이 보고되고 있다. 심리적 요인으로는 미숙성과 충동성, 정서 불안정성, 감각추구 성향, 그리고 낮은 자존감과 자기조절능력이 관여하는 것으로 알려져 있다. 또한 갈등이 많고 애정과 의사소통이 부족한 가정환경, 학교성적 부진, 열악한 사회적 환경과 더불어 사별, 주요 생활사건, 급격한 삶의 변화와 같은 스트레스 요인이 인터넷 게임장애에 영향을 미치는 것으로 보고되고 있다.

인터넷 게임장애의 치료를 위해서는 약물치료, 인지행동치료, 가족치료가 적용되고 있다(Zajac et al., 2020). 약물치료에서는 항우울제나 ADHD 치료제가 사용되고 있으며, 인지행동치료에서는 게임에 영향을 미치는 사고와 행동의 변화뿐만 아니라 마음챙김과 부모의 심리교육에 초점을 맞추고 있다. 또한 가족의 관계와 소통 증진에 초점을 맞추는 가족치료도 적용되고 있다. 이러한 치료법들은 인터넷 게임장애의 심각도를 감소시키는 것으로 보고되고 있으나 좀 더 체계적이고 정교한 연구를 통해서 치료효과가 확인될 필요가 있다.

 요약

1. 물질관련 및 중독 장애는 술, 담배, 마약과 같은 중독성 물질을 사용하거나 중독성 행위에 몰두함으로써 생겨나는 다양한 부적응적 증상을 포함하고 있다. 이 장애범주는 크게 물질관련장애와 비물질관련장애로 구분되며, 물질관련장애는 다시 물질 사용장애와 물질유도성 장애로 구분된다. 물질 사용장애는 과도한 물질사용으로 인해 심각한 부적응 상태가 초래되는 경우를 말하며, 물질유도성 장애는 물질섭취로 인해 나타나는 부적응적 심리상태를 뜻한다. 물질유도성 장애는 다시 특정한 물질의 과도한 복용으로 인해 일시적으로 나타나는 부적응적 증상군을 뜻하는 물질 중독, 물질복용의 중단으로 인해 일시적으로 나타나는 부적응적 증상군을 뜻하는 물질 금단, 그리고 물질 남용으로 인해 일시적인 심각한 중추신경장애를 나타내는 물질유도성 정신장애로 구분된다. 물질 관련 장애를 유발할 수 있는 물질로는 알코올, 담배, 카페인, 대마, 환각제(흡입제, 아편계, 진정제·수면제 또는 항불안제, 홍분제), 기타 물질(예: 스테로이드, 코르티솔, 카바 등)이 있다. 비물질 관련 장애로는 도박장애가 있다.

2. **알코올관련장애**는 알코올의 사용으로 인해 발생되는 다양한 심리적 장애를 말하며 크게 알코올 사용장애와 알코올유도성 장애로 분류된다. 알코올 사용장애는 알코올의 과도한 사용으로 나타나는 다양한 부적응 문제를 의미한다. 알코올 사용장애는 유병률이 매우 높은 장애로서 흔히 사고, 폭력, 자살, 신체적 질병을 유발한다. 알코올 의존은 유전적 요인이나 알코올 신진대사 기능과 밀접한 관계가 있으며 가족과 또래집단의 음주행위에 의해 영향을 받는 것으로 알려져 있다. 또한 알코올 의존은 심리성적 발달과정에서 구순기에 고착되어 의존적이고 피학적인 구강기 성격을 지니고 있다는 주장도 있다. 불안을 감소시키는 알코올의 강화효과나 알코올에 대한 긍정적 기대와 신념이 알코올 의존을 초래할 수 있다. 알코올 사용장애가 심각한 사람은 술로부터 차단되어 약물치료를 받게 되는 입원치료가 필요하다. 그러나 비교적 경미한 알코올 사용장애는 개인 심리치료를 비롯하여 스트레스 대처훈련, 사회적 기술훈련, 자기주장 훈련, 부부관계 증진 훈련 등을 통해 심리적 갈등을 완화하는 기술을 습득함으로써 개선될 수 있다.

3. **담배관련장애**는 중독성 물질인 니코틴을 함유하는 여러 종류의 담배를 사용함으로 인해 발생되는 다양한 심리적 장애를 말한다. 담배 사용장애는 장기간의 담배 사용으로 인해 니코틴에 대한 내성과 금단현상을 뜻하며, 담배 금단은 담배 사용을 중단했을 때 발생하는 불쾌한 증상들을 의미한다. 담배 사용장애는 니코틴이 신경계통 내의 보상중추를 자극하기 때문에 지속적인 흡연욕구가 생겨나게 된다. 담배를 피우게 되는 심리적 원인은 사회적 관계의 증진, 긴장 이완, 감정 발산, 자신감 증진 등 매우 다양한 것으로 밝혀졌다. 금연을 위한 주요한 방법은 니코틴 대체치료, 혐오치료, 다중양식치료, 최면치료 등이 있다.

4. **물질관련장애**는 알코올과 담배 외에 다양한 물질에 의해 발생할 수 있다. 카페인은 우리가 일상생활에서 흔히 섭취하는 커피, 홍차, 청량음료를 비롯하여 진통제, 감기약, 두통약, 각성제, 살 빼는 약 등에 포함되어 있으며 카페인 중독과 카페인 금단을 유발할 수 있다. 대마는 식물 대마로부터 추출된 물질로서 대마계 제제라고도 부르는데 내성과 금단증상을 나타낼 수 있다. 환각제(hallucinogen)는 환각효과를 나타내는 다양한 물질(phencyclidine, LSD 등)을 말하며 이를 사용하면 시각이나 촉각이 예민해지는 등 감각기능이 고양되고 신체상과 시공간지각이 변화되며 다행감, 만화경 같은 환시, 현실감각의 상실, 감정의 격변 등을 경험하게 된다. 흡입제는 환각을 유발할 수 있는 다양한 휘발성 물질(본드, 부탄가스, 가솔린, 페인트 시너)을 의미하며 이러한 물질을 흡입하면 다양한 정신활성 효과가 나타나서 내성이 생겨나게 된다. 아편은 양귀비라는 식물에서 채취되는 진통효과를 지닌 물질로서 의존과 중독 현상을 나타내는 대표적인 마약이다. 진정제·수면제·항불안제는 알코올과 같은 뇌기능 억제제로서 알코올과 유사한 문제를 유발할 수 있으며 고용량으로 사용될 경우 치명적일 수 있다. 자극제는 암페타민과 코카인을 비롯한

중추신경계를 자극하는 물질로서 매우 강력한 행복감을 느끼게 하는 효과를 지니고 있기 때문에 단기간 내에 자극제 의존상태로 발전할 수 있다.

5. DSM-5-TR에서는 **비물질관련장애**로서 도박장애를 포함시키고 있다. **도박장애**는 노름이나 도박을 하고 싶은 충동으로 반복적인 도박을 하게 되는 심리적 장애이다. 정신역동적 입장에서는 도박장애를 오이디푸스 갈등과 관련하여 공격적이거나 성적인 에너지를 방출하려는 욕구가 무의식적으로 대치된 것이라고 본다. 학습이론에서는 다른 사람의 도박행동에 대한 모방학습과 간헐적으로 돈을 따는 강화에 의해서 도박장애가 유발되고 지속된다고 설명한다. 인지적 입장에 따르면, 도박장애를 지닌 사람은 자신이 돈을 따게 될 주관적 확률을 높게 평가하는 낙관적 성향을 지니며 비현실적이고 미신적인 인지적 왜곡을 나타낸다. 도박장애의 치료를 위해서 도박에 대한 매혹을 제거하고 혐오감을 형성시키는 혐오적 조건형성과 같은 행동치료적 기법이 사용되기도 하며 도박에 빠져들게 하는 무의식적인 동기에 대한 통찰을 유도하는 정신역동적 치료가 적용되기도 한다.

추천도서 및 시청자료

물질관련장애에 관해서 좀 더 자세한 이해를 원하는 사람은 『알코올 장애』(하현주, 2016)나 『마약류 중독자를 위한 자기사랑하기 프로그램』(박상규, 2003)을 참고하기 바란다. 도박장애에 관한 참고도서로는 Grant와 Potenza(2004)가 저술한 『병적 도박의 치료와 임상지침』(이재갑 등 공역, 2012)과 Berman과 Siegel(2008)이 저술한 『도박에 빠진 가족 구하기: 도박중독자의 가족을 위한 회복 안내서』(김한우 역, 2011)가 있다. 『인터넷 중독』(서장원, 2017)은 인터넷 게임장애뿐만 아니라 인터넷과 관련된 다양한 중독현상을 상세하게 설명하고 있다.

알코올관련장애를 다룬 대표적인 영화에는 〈남자가 사랑할 때(When a Man Loves a Woman)〉(1994)와 〈라스베가스를 떠나며(Leaving Las Vegas)〉(1996)가 있다. 이 두 편의 영화 속에는 알코올 중독자가 살아가는 부적응적인 삶의 모습이 잘 그려져 있다. 아편중독과 관련된 작품으로는 〈트레인 스포팅(Trainspotting)〉(1996), 〈레퀴엠(Requiem for a Dream)〉(2000), 〈마지막 황제(Last Emperor)〉(1987) 등이 있다.

도박장애를 잘 보여주는 대표적인 영화로는 〈오닝 마호니(Owning Mahowny)〉(2002)가 있으며, 〈오스카와 루신다(Oscar and Lucinda)〉(1997), 〈디너 러쉬(Dinner Rush)〉(2001), 〈라운더스(Rounders)〉(1998)도 볼 만하다.

신경발달장애와 기타의 정신장애

제14장

신경발달장애와 기타의 정신장애

신경발달장애(Neurodevelopmental Disorders)는 중추신경계, 즉 뇌의 발달 지연 또는 뇌 손상과 관련된 것으로 알려진 정신장애를 포함하고 있다. 심리사회적 문제보다는 뇌의 발달장애로 인해 흔히 생의 초기부터 나타나는 아동기 및 청소년기의 정신장애를 포함하고 있다. 신경발달장애는 다음과 같은 여섯 가지 하위장애로 분류되고 있다: (1) 지적 발달장애, (2) 의사소통장애, (3) 자폐스펙트럼장애, (4) 주의력결핍 과잉행동장애, (5) 특정학습장애, (6) 운동장애.

제1절 지적 발달장애

1. 주요증상과 임상적 특징

아동 중에는 전반적인 지적 능력이 떨어져 학업을 비롯한 대부분의 활동에서 부진함을 나타내는 아동들이 있다. 이러한 아동은 나이에 비해서 현저하게 미숙한 적응양상을 나타내게 된다. 이처럼 지능이 비정상적으로 낮아서 학습 및 사회적 적응에 어려움을 나타내는 경우를 **지적 발달장애**(Intellectual Development Disorder)라고 한다. 좀 더 정확하게 말하면, 표준화된 지능검사에서 70 미만의 지능지수(IQ)를 나타내는 경우를 뜻하며 **지적 장애**(intellectual disability)라고 불리기도 한다. 지적 발달장애는 이상행동의 판정기준 중 통계적 기준이 적용되는 대표적인 경우이다. 대부분의 표준화된 지능검사에서 산출되는 지능지수는 평균이 100점이고 표준편차가 15점으로 구성되어 있다. 70점이라는 지능지수는 평균점수로부터 2배의 표준편차만큼 낮은 점수에 해당하는 지능수준을 의미한다.

DSM-5-TR에서는 지적 발달장애를 지적 기능과 적응 기능에서의 결손이라고 정의하고 있다. 지적 기능(intellectual functions)은 추리, 문제해결, 계획, 추상적 사고, 판단, 학교에서의 학습 및 경험을 통한 학습을 의미한다. 적응 기능(adaptive functions)은 가정, 학교, 직장, 지역사회와 같은 다양한 환경에서 의사소통, 사회적 참여, 독립적인 생활과 같은 일상생활을 영위할 수 있는 능력을 뜻한다. 지적 발달장애는 표준화된 지능검사와 임상적 평가에 의해서 지적 기능의 손상이 나타날 뿐만 아니라 의사소통, 사회적 참여, 독립적인 생활의 일상적 기능 중 한 가지 이상을 제약하는 손상이 있을 경우에 진단된다. 지적 발달장애는 그 심각도에 따라서 네 가지 등급, 즉 경도(mild), 중등도(moderate), 중증도(severe), 고중증도(profound)로 구분된다.

지적 발달장애의 유병률은 일반인구의 약 1%이며, 남성이 전체의 60%로서 여성보다 남성에게 더 흔하다. 특별한 신경학적 원인이 밝혀지지 않는 경미한 지적 발달장애의 경우에는 하류계층에서 더 많이 나타난다. 심한 지적 발달장애일수록 어린 시기에 발견되는 경향이 있다. 지적 발달장애는 지속되는 경향이 있으나 반드시 평생 동안 지속되는 것은 아니며, 진행경과는 원인이 되는 신체적 요인과 환경적 요인에 의해 영향을 받는다. 특히 경미한 지적 발달장애아는 적절한 교육과 훈련을 통해 여러 가지 적응 기술을 습득시킬 경우 지적 발달장애에 더 이상 해당되지 않는 양호한 적응상태를 나타낼 수도 있다. 지적 발달장애는 자폐증과 같은 전반적 발달장애, 의사소통장애, 학습장애 등과 잘 구별되어야 한다.

2. 원인과 치료

지적 발달장애를 유발하는 원인은 매우 다양하다. 지적 발달장애를 유발하는 주요한 원인으로는 유전자 이상, 임신 중 태내 환경의 이상, 임신 및 출산 과정의 이상, 후천성 아동기 질환, 그리고 열악한 환경적 요인이 알려져 있다.

약 5%에 해당하는 지적 발달장애가 유전자의 이상에 의해 유발되는 것으로 밝혀져 있다. 유전자의 돌연변이, 방사선, 약제 및 화학 물질, 바이러스 등에 의한 염색체 이상은 심한 정도의 지적 발달장애를 유발하는 경향이 있다. 염색체 이상에 의해 유발되는 대표적인 지적 발달장애는 눈과 입이 돌출되는 독특한 외모를 나타내는 **다운 증후군**(Down's syndrome)이다. 이 밖에도 Fragile X 증후군, Klinefelter 증후군(XXY), Turner 증후군(XO) 등이 이에 해당한다.

다운 증후군을 지닌 아동의 모습

임신 중인 어머니가 약물복용을 하거나 감염성 질환에 걸렸을 때 자녀에게 지적 발달장애가 발생할 수 있다. Wilson (1973)에 따르면, 아스피린, 키니네, 인슐린, 여성호르몬제, 헤로인, 모르핀, 알코올, 코카인, 니코틴 등과 같은 다양한 약물이 지적 발달장애에 영향을 미친다. 특히 임신상태에서 과도한 알코올을 섭취하면, 기형적 외모와 심한 지적 발달 장애를 나타내는 **태아 알코올 증후군**(fetal alcohol syndrome)의 자녀를 낳을 수 있다. 또한 산모가 독일 홍역, 매독, 뇌막염, 톡소플라즈마증, 전염성 간염, 인플루엔자 등에 감염된 경우에 지적 발달장애가 발생할 수 있다. 이처럼 임신 중 태내 환경의 이상에 의한 지적 발달장애가 전체의 약 30%를 차지하고 있다.

또한 임신 및 출산 과정에서의 이상이 지적 발달장애를 초래할 수 있다. 태아나 신생아가 뇌발달에 필요한 단백질, 탄수화물, 지방질을 적절하게 공급받지 못하면 지적 발달장애가 발생할 수 있다. 태아나 신생아의 두개골절과 같은 물리적 외상, 조산이나 난산, 출산 시의 무산소증 등도 지적 발달장애를 유발할 수 있다. 이러한 요인들이 지적 발달장애를 초래하는 경우가 약 10%로 추산되고 있다.

아울러 신생아나 아동의 신체적 질병과 사고가 지적 발달장애를 유발할 수 있다. 뇌에 영향을 주는 여러 가지 감염질환, 뇌 손상을 유발하는 각종 사고, 납과 같은 독성물질의 섭취 역시 지적 발달장애의 유발요인으로 알려져 있으며 약 5%의 지적 발달장애가 이에 해당한다.

마지막으로 열악한 사회적 환경도 아동의 지능 저하를 유발할 수 있다. 사회경제적 지위가 낮고 빈곤한 가정의 경우, 아동기에 지능발달을 위한 풍부한 지적 자극을 제공받지 못한 아동은 지적 발달장애를 나타낼 수 있다. 열악한 환경요인에 의한 경우는 대부분 경미한 발달지적 발달장애를 나타내는 경향이 있다. 이 밖에 자폐증과 같은 아동기의 정신장애도 지적 발달장애 상태를 초래할 수 있다. 이러한 환경적 요인에 의한 지적 발달장애는 전체의 15~20%에 해당된다. 그러나 아직 30% 정도의 지적 발달장애는 그 원인이 밝혀져 있지 않은 상태이다.

지적 발달장애의 치료는 그 목표와 방법이 지적 발달장애의 수준에 따라 달라진다. 그러나 일반적으로 일상생활에 필요한 다양한 적응 기술을 학습시키고 이러한 적응 기술이 유지되도록 하는 것을 목표로 한다. 지적 발달장애는 여러 가지 신체적 이상에 기인할 수 있으므로 신경학적 평가와 더불어 지능을 비롯한 심리평가를 받은 후에 적절한 교육 및 재활 프로그램을 적용하는 것이 바람직하다. 가능한 한 지적 발달장애를 빨리 확인하여 조기에 집중적인 교육을 시키는 것이 효과적이다. 지적 자극이 부족한 환경에 의해 유발된 경미한 지적 발달장애아

의 경우는 체계적이고 집중적인 교육을 통해 적응수준이 현저하게 향상될 수 있다. 시적 발달
장애아를 둔 부모는 여러 가지 심리적 고통을 경험하게 되는데, 이러한 심리적 문제를 잘 극
복하고 인내심을 지니고 자녀의 교육에 임할 수 있도록 돕는 것이 필요하다. 지적 발달장애는
치료 및 재활에 대한 노력과 더불어 예방을 위한 노력이 필요하다.

 ## 제2절 의사소통장애

언어는 자신의 의사를 표현하고 전달하는 매우 중요한 심리적 기능이다. **의사소통장애**
(Communication Disorders)는 정상적인 지능수준에도 불구하고 의사소통에 사용되는 말이나
언어의 사용에 결함이 있는 경우를 말한다. 이러한 의사소통장애에는 네 가지 하위유형, 즉
언어장애, 말소리장애, 아동기 발병 유창성장애, 사회적 의사소통장애가 있다.

1. 언어장애

언어장애(Language Disorder)는 언어의 발달과 사용에 지속적인 곤란을 나타내는 경우를 말
한다. 이러한 언어장애는 어휘의 부족, 문장 구조의 빈곤(문법규칙에 따라 문장을 구성하기 위해
단어를 조합하는 능력의 부족), 대화 능력의 장해(어떤 주제나 사건들을 설명하거나 대화를 하기 위
해서 어휘를 사용하고 문장을 연결하는 능력의 손상)를 비롯한 언어의 이해나 표현 능력의 손상에
의한 것이다. 이러한 손상으로 인해서 언어능력이 나이에 비해 현저하게 저하되어 효과적인
의사소통, 사회적 참여, 학업적 성취, 직업적 수행에서 기능적 저하를 초래할 때 언어장애로
진단된다. 언어장애의 증상은 초기 아동기에 시작된다.

언어장애를 지닌 아동은 어휘가 제한되어 있거나 짧고 단순한 구조의 말을 주로 사용하며
어순이나 시제가 잘못된 언어적 표현을 사용한다. 또한 단어나 어휘를 부적절하게 사용하고
문장의 주요 부분을 생략하며 길고 복잡한 문장을 만들지 못한다. 언어장애는 학업적, 직업적
성취나 사회적 적응에 심각한 어려움을 초래하게 된다.

언어장애의 원인은 크게 신체적 원인과 환경적 원인으로 나눌 수 있다. 뇌 손상이나 감각기
능(예: 청력)의 결함과 같은 신체적 원인이 언어발달을 지체시킬 수 있다. 아울러 언어발달이
이루어지는 유아기에 적절한 언어적 환경과 자극이 주어지지 못하면 역시 언어발달이 지연될
수 있다. 예컨대, 유아의 발성이나 발음에 부모가 무관심하여 발성을 늦게 시작하는 경우, 아
동에게 충분한 언어적 자극이나 이야기를 해주지 않아 언어적 이해력이 부족한 경우, 언어적
의사소통을 자극하고 강화해 주지 않아 언어적 표현에 대한 의욕을 잃는 경우, 몸짓에 의한

의사소통을 통해 언어 사용이 제한되는 경우에 언어장애가 유발될 수 있다.

언어장애를 나타내는 아동은 먼저 이비인후과, 소아과, 치과 등에서 감각적, 신체적 문제가 있는지를 점검하는 것이 필요하다. 아울러 아동이 지니고 있을지 모르는 정서적 문제나 부모-자녀관계의 문제를 잘 탐색하여 이를 해결해 주는 것이 중요하다. 그리고 언어치료사나 교사에 의해 아동에게 체계적인 언어교육을 실시해야 한다. 부모 역시 아동에게 적절한 언어적 자극을 제시하고 아동의 언어적 표현을 격려하고 강화하는 꾸준한 노력을 통해서 아동의 언어적 발달을 촉진할 수 있다.

2. 말소리장애

말소리장애(Speech Sound Disorder)는 발음의 어려움으로 인해서 언어적 의사소통에 지장을 초래하는 경우를 말한다. 나이나 교육수준에 비해서 현저하게 부정확하거나 잘못된 발음을 사용하고 단어의 마지막 음을 발음하지 못하거나 생략하는 등의 문제를 나타낸다. 혀 짧은 소리를 내는 경우가 가장 흔하며, 단어를 발음할 때 한 음을 생략하거나 다른 음으로 대치하는 경우도 있다. 이러한 발음의 문제로 인하여 학업적, 직업적 성취나 사회적 의사소통에 현저한 어려움을 겪게 될 때 말소리장애로 진단된다.

말소리장애는 6~7세 아동의 약 2~3%가 나타내는 것으로 알려져 있으며, 17세경이 되면 그 비율이 0.5%로 떨어진다. 남성에게 더 흔하며, 말소리장애가 심한 경우에는 아동의 말을 가족도 이해하지 못할 수 있다.

말소리장애는 청각장애, 발성기관의 구조적 결함(예: 언청이), 신경학적 장애(예: 뇌성마비), 인지장애(예: 지능저하)와 같은 기질적 문제에 의해 유발될 수 있다. 그러나 취학 전 아동의 상당수는 원인불명의 음성학적 장애를 갖고 있는데 이런 경우를 '기능적 음성학적 장애'라고 부른다. 이 경우에는 정서적 불안과 긴장, 사회적 상황에 대한 부적절감이나 공포, 과도한 분노나 적대감 등과 같은 심리적 원인에 의해서 말소리장애가 나타날 수 있다. 예컨대, 편안한 상태에서는 정확한 발음을 구사할 수 있으나, 불안하거나 흥분한 상태에서 불명료한 발음을 나타내는 경우가 있다.

말소리장애의 치료는 크게 두 가지 방법으로 나눌 수 있다. 하나는 음성학적 문제를 유발하는 신체적 또는 심리적 문제를 해결하는 방법이다. 예컨대, 수술을 통해 발성기관을 치료하거나 정서적 불안과 긴장을 완화할 수 있도록 심리치료를 하는 방법이 있다. 다른 방법은 올바른 발성 습관을 교육하는 것이다. 언어치료사를 통해 정확한 발음을 가르치고 올바른 발성을 위한 호흡조절능력을 키워 주며 정확한 발음을 일상적 대화에서 사용할 수 있도록 지도하는 것이 바람직하다.

3. 아동기 발병 유창성장애

아동기 발병 유창성장애(Childhood-Onset Fluency Disorder)는 말더듬으로 인해서 언어의 유창성에 장해가 있는 경우를 말한다. 말더듬(stuttering)은 말을 시작할 때 첫 음이나 음절을 반복하여 사용하거나(예: 난-난-난-난 기분이 좋다) 특정한 발음을 길게 하거나(예: 나는 하~악교에 간다) 말을 하는 도중에 부적절하게 머뭇거리거나 갑자기 큰 소리로 발음하는 등 다양한 형태로 나타난다. 말더듬을 지닌 아동은 발음하기 어려운 단어를 피하기 위해 다른 단어로 대치하여 말하거나 넌지시 돌려서 말하기도 한다. 때로는 어떤 단어를 말할 때 신체적으로 과도하게 긴장된 모습을 나타내기도 한다. 이러한 장애의 증상들은 초기 아동기에 시작된다.

말더듬의 정도는 상황에 따라 다양하게 나타날 수 있다. 말을 해야 하는 특별한 압력이 있는 경우에는 말더듬이 더 심해지는 반면, 노래를 하거나 반려동물과 이야기할 때는 더듬지 않기도 한다. 일반적으로 말더듬은 스트레스나 불안으로 인해 악화되며, 특정한 동작(예: 눈 깜박거림, 틱, 입술이나 안면의 떨림, 머리를 갑자기 움직이기, 숨쉬기, 주먹 쥐기)이 동반되기도 한다. 아울러 말더듬은 또래 아동으로부터 놀림의 대상이 되므로 말더듬에 대한 두려움을 지니게 되며 말을 하지 않거나 말하는 상황을 회피하게 된다. 말더듬으로 인해 사회적 관계에서 좌절감과 불안을 경험하게 되고 낮은 자존감과 사회적 위축이 초래될 수 있으며 성인의 경우 직업 선택이나 승진에 어려움을 겪게 된다.

말더듬의 유병률은 아동기에서는 1% 정도이고 청소년기에는 0.8%로 감소한다. 남성에게 3배 정도 더 흔하다. 말더듬은 전형적으로 2~7세에 점진적으로 발생하는데, 눈에 띄지 않는 가벼운 말더듬이 보통 몇 개월에 걸쳐 현저한 말더듬으로 발전하게 된다. 일반적으로 말더듬은 단어의 첫음절이나 구절의 첫 단어를 반복하면서 점진적으로 시작된다. 말더듬은 악화와 호전을 반복하면서 더듬는 단어가 점점 확대된다. 말을 더듬는 아동의 약 60% 정도는 자연적으로 회복되는데 대부분 16세 이전에 회복된다.

말더듬의 원인은 명확하게 밝혀진 것이 없으나 다양한 요인이 관여하는 것으로 알려져 있다. 말더듬은 흔히 말을 더듬는 사람을 흉내 내거나 정서적 흥분이나 불안상태에서 우연히 말을 더듬게 되면서 시작된다. 또는 심리적 압박감이나 긴장감이 고조되어 자연스러운 말과 행동이 억제되는 상황에서 말더듬이 시작되기도 한다. 이렇게 시작된 말더듬이 반복되면서 점차 증상이 악화되어 스스

말더듬을 지닌 아동은 대인관계가 위축된다

로 통제하기 어려운 심한 말더듬의 상태로 발전하게 된다. 또한 다른 사람 앞에서 말을 더듬는 것에 대한 불안과 두려움으로 인하여 심리적, 신체적 긴장이 증대되기 때문에 말더듬이 더욱 악화된다. 아울러 말하는 상황을 회피하게 되므로 말더듬을 교정할 수 있는 기회를 갖지 못하여 말을 더듬는 증상이 지속된다.

말더듬의 치료는 개인이 나타내는 증상과 심리적 특성을 고려하여 시행되어야 한다. 우선 개인이 어려움을 겪는 말더듬 행동의 정밀한 평가와 분석이 이루어져야 한다. 아울러 이러한 말더듬이 악화되는 상황과 그에 관련되는 심리적 요인에 대한 분석이 이루어진 후에 적절한 치료가 시행되어야 한다. 예컨대, 말더듬에 대한 과도한 의식과 그로 인한 불안과 긴장, 타인에게 말더듬의 모습을 노출하지 않으려는 강렬한 욕구, 자신의 말더듬을 타인이 알게 될 경우에 매우 심각한 결과가 초래될 것이라는 생각, 말을 해야 되는 상황에 대한 회피행동 등이 말더듬을 유지시키는 경우가 많다. 이러한 요인에 대해서는 인지행동적 치료가 도움이 될 수 있다. 자신의 말더듬을 수용하고 타인에게 자신의 어려움을 인식시키게 되면, 대화상황에서 불안과 긴장이 감소하게 되고 그 결과 말더듬이 개선된다. 또는 사회적 상황에서 과도하게 느끼는 불안과 공포를 완화시키는 인지행동적 치료를 통해서 말더듬이 개선될 수도 있다. 이러한 인지행동적 치료와 언어치료적 훈련을 병행하는 것이 가장 바람직하다. 더듬게 되는 음절이나 단어에 대한 유창한 발성 연습, 정확한 발음을 위한 호흡조절능력의 향상, 리듬을 타면서 말을 하는 연습 등의 언어치료적 훈련과 더불어 실제 대화상황으로의 점진적인 노출을 통해서 올바른 발음과 언어를 사용하도록 유도하고 격려하는 것이 필요하다.

4. 사회적 의사소통장애

사회적 의사소통장애(Social Communication Disorder)는 DSM-5에서 처음으로 추가된 장애로서 언어적 · 비언어적 의사소통 기술의 사회적 사용에 지속적인 어려움을 나타내는 경우를 말한다. 이러한 의사소통 기술의 사회적 활용은 (1) 인사하기나 정보 교환과 같은 사회적 목적을 위해서 맥락에 적절하게 의사소통하는 능력, (2) 맥락이나 듣는 사람의 필요에 맞추어 의사소통을 적절하게 변화시키는 능력(예: 놀이할 때와 교실에서 달리 말하기, 아이와 어른에게 달리 말하기), (3) 대화와 이야기하기에서 규칙을 따르는 능력(예: 대화에서 번갈아 말하는 것, 잘 이해하지 못했을 때 되묻기), (4) 명시적으로 표현되지 않은 것이나 언어의 함축적이거나 이중적 의미를 이해하는 능력을 말한다. 이러한 네 가지 기능 모두에서 어려움을 나타내어 사회적 적응에 현저한 지장이 초래되는 경우에 사회적 의사소통장애로 진단된다. 사회적 의사소통장애는 초기 아동기에 시작된다.

과거에는 사회적 의사소통에서 심각한 결함을 나타내지만 자폐스펙트럼장애의 진단에 필요한 반복적인 상동행동 패턴을 보이지 않는 경우 '기타의 전반적 발달장애'로 분류되었다. 이러한 진단명으로는 장애의 특징적인 문제점을 식별할 수 없기 때문에 효율적인 치료적 개입을 하기가 어려웠다. DSM-5에서는 사회적 의사소통장애라는 새로운 진단범주를 사용함으로써 적합한 치료를 효율적으로 제공할 수 있고 반복적 상동행동 패턴이 나타나지 않는 데도 불구하고 자폐스펙트럼장애(혹은 전반적 발달장애)의 진단이 내려지는 것을 방지할 수 있게 되었다.

제3절   자폐스펙트럼장애

30대 주부인 M씨는 이제 눈물이 말라 버렸다. 어느새 열 살이 된 아들에 대한 슬픔 때문이다. M씨는 대학졸업 후 직장생활을 몇 년 하다가 중매로 현재의 남편을 만나 결혼하고 즐거운 신혼생활을 하였다. 임신이 되어 정성어린 태교를 하였고 자녀양육을 위한 서적을 탐독하며 태어날 자녀에 대한 기대에 부풀어 있었다. 마침내 눈빛이 초롱초롱하고 건강한 아들을 낳게 되었다. 그런데 M씨는 아들을 기르면서 다른 아이들과 좀 다르다는 느낌을 갖게 되었다. 젖을 먹여도 잘 물지 않고 안아 주어도 허리를 뒤로 젖히며 자주 심하게 울어대곤 하였다. 엄마와 눈을 마주 치려 하지 않았으며 옹알이를 할 때가 되었는데 전혀 부모에 대한 반응이 없었다. 좀 더 크면 나아질 것으로 생각하고 있었으나, 세 살이 되어도 거의 말을 하지 않았으며 마치 부모를 싫어하듯이 혼자 놀곤 하였다. 아무리 발달이 늦어도 이제는 '엄마'나 '아빠'라는 말을 할 때가 되었는데, 이런 말을 따라하게 하는 부모의 노력에도 전혀 반응이 없었다. 아들은 또래아이들과 어울리지 않고 혼자서 장난감을 가지고 놀거나 때로는 머리를 반복적으로 벽에 부딪히는 이상한 행동을 보이기도 했다. 아무래도 아들에게 문제가 있는 것 같아 네 살이 된 아들을 데리고 전문가를 찾아간 결과 '자폐증'이라는 진단을 받게 되었다. M씨는 충격과 슬픔에 휩싸였다. 그러나 총명하게 생기고 때로는 장난감을 조립하는 능력이 뛰어난 아들이 치료될 수 있다는 기대를 지니고 여러 자폐증 치료 전문기관을 찾아다니며 자폐증에 관한 서적을 구해 읽었다. 자폐증의 치료가 어렵다고 하지만 M씨는 아들이 개선될 수 있다는 믿음을 갖고 아들의 치료에 전념하였다. 그러나 M씨의 헌신적인 노력에도 불구하고 아들은 쉽게 변하지 않아 좌절감 속에서 수없이 눈물을 흘리게 되었다. 그래도 이제 열 살이 된 아들이 가끔씩 '엄마'라고 부르는 소리에 감동을 받으며 느리지만 조금씩 변하는 아들의 모습 속에서 희망을 잃지 않고 있다. 요즘은 자폐아를 둔 부모 모임에 참석하면서 서로의 고통을 나누며 아들의 치료에 노력하고 있다.

1. 주요증상과 임상적 특징

자폐스펙트럼장애(Autism Spectrum Disorder)는 심각한 부적응을 나타내는 대표적인 발달장애이다. 자폐스펙트럼장애를 지닌 아동은 M씨의 아들처럼 부모의 마음을 몹시 괴롭고 안타깝게 한다. 어려서부터 마치 부모와 애정 어린 관계를 거부하는 듯한 행동을 나타내며 말을 배우지 못하고 혼자서 생활하며 때로는 뛰어난 재능을 지닌 듯한 모습을 보이기도 하기 때문이다.

자폐스펙트럼장애는 사회적 상호작용과 의사소통에서 장애를 나타낼 뿐만 아니라 제한된 관심과 흥미를 지니며 상동적인 행동을 반복적으로 나타내는 장애들을 포함한다. DSM-IV에서 전반적 발달장애에 포함되었던 자폐증, 소아기 붕괴성 장애, 아스퍼거 장애, 기타의 전반적 발달장애를 자폐스펙트럼장애로 통합한 것이다.[1] 이러한 네 가지의 장애들은 증상의 심각도만 다를 뿐 연속선상에 존재하는 하나의 장애를 나타내는 것이라는 연구결과를 반영한 것이다. 자폐스펙트럼장애의 진단기준은 〈표 14-1〉과 같다.

표 14-1 자폐스펙트럼장애의 진단기준

A. 다양한 맥락에 걸쳐 사회적 의사소통과 상호작용에 지속적인 결함이 나타난다. 이러한 결함은 현재 또는 과거에 다음과 같은 방식으로 나타난다.

1. 사회적-정서적 상호작용의 결함을 나타낸다. 예컨대, 다른 사람에게 비정상적인 방식으로 사회적 접근을 시도하고, 정상적으로 번갈아가며 대화하지 못하며, 다른 사람과 관심사나 감정을 공유하지 못하고, 심한 경우에는 사회적 상호작용을 시작하지 못하거나 그에 반응하지 못한다.

2. 사회적 상호작용을 위해 사용되는 비언어적 의사소통 행동에 결함을 나타낸다. 예컨대, 언어적 · 비언어적 의사소통을 통합된 형태로 사용하지 못하고, 눈 맞춤과 몸동작에서 비정상성을 나타내며, 심한 경우에는 표정이나 비언어적 의사소통을 전혀 사용하지 못한다.

3. 대인관계를 발전시키고 유지하며 이해하는 데 결함이 나타난다. 예컨대, 다양한 사회적 맥락에 맞게 행동을 조율하지 못하고, 다른 사람과 상상적 놀이를 함께하거나 친구를 사귀는 데 어려움을 나타내며, 심한 경우에는 또래친구에 대해서 전혀 관심을 나타내지 않는다.

B. 행동, 흥미 또는 활동에 있어서 제한적이고 반복적인 패턴이 다음 4가지 중 2개 이상의 증상으로 나타난다.

1. 정형화된 혹은 반복적인 운동 동작, 물체 사용이나 언어사용(예: 단순한 운동 상동증, 장난감을 한 줄로 정렬하거나 물체를 뒤집는 행동, 반향언어, 기이한 어구의 사용).

2. 동일한 것에 대한 고집, 일상적인 것에 대한 완고한 집착 또는 언어적 · 비언어적 행동의 의식화된 패턴을 나타낸다(예: 작은 변화에 대한 심한 불쾌감, 경직된 사고패턴, 의식화된 인사법, 매일 동일한 일상활동을 하거나 동일한 음식을 먹으려는 욕구).

---

1) 레트 장애(Rett's disorder)는 고유한 유전적 원인이 밝혀졌기 때문에 자폐스펙트럼장애에서 제외되었다.

3. 매우 제한적이고 고정된 흥미를 지니는데 그 강도나 초점이 비정상적이다(예: 특이한 물건에 대한 강한 애착 또는 집착, 과도하게 제한되어 있거나 고집스러운 흥미).

4. 감각적 자극에 대한 과도한 혹은 과소한 반응성을 나타내거나 환경의 감각적 측면에 대해서 비정상적인 관심을 나타낸다(예: 고통이나 온도에 대한 현저한 무감각, 특정한 소리나 재질에 대한 혐오 반응, 특정한 물건을 만지거나 냄새를 맡는 데 집착함, 빛이나 물건의 움직임에 매료됨).

C. 이러한 증상들은 어린 아동기에 나타난다.

D. 이러한 증상들은 사회적, 직업적 또는 다른 중요한 기능 영역에 심각한 손상을 초래한다.

E. 이러한 장해는 지적 발달장애나 전반적 발달 지연에 의해 더 잘 설명되지 않는다.

자폐스펙트럼장애는 두 가지의 핵심증상을 나타낸다. 그 첫째는 사회적 상호작용의 결함으로서 대인관계에 필요한 눈 마주치기, 표정, 몸짓 등이 매우 부적절하여 부모나 친구와 친밀한 관계를 형성하지 못하는 것이다. 다른 핵심증상은 제한된 반복적 행동 패턴으로서 특정한 패턴의 기이한 행동을 똑같이 반복하게 되며 특정한 대상이나 일에 비정상적으로 고집스럽게 집착하는 행동을 나타내는 것이다. DSM-5-TR에서는 자폐스펙트럼장애를 두 핵심증상의 심각도에 따라 각각 세 수준(도움이 필요함, 상당한 도움이 필요함, 매우 많은 도움이 필요함)으로 평가한다.

타인의 존재에 무관심한 자폐증 아동의 모습

자폐스펙트럼장애를 지닌 아동의 가장 큰 특성은 대인관계의 형성과 의사소통이 이루어지지 않는다는 점이다. 마치 다른 사람을 무시하거나 관계를 맺지 않으려는 듯이, 상대방의 말에 대응하지 않고 부적절한 행동을 나타내게 된다. 이러한 아동은 부모를 비롯하여 형제자매나 또래들과 적절한 인간관계를 형성하지 못한다. 자폐스펙트럼장애의 증상은 매우 어린 유아기부터 나타날 수 있는데, 이런 아동은 부모와 눈을 마주치려 하지 않고, 부모의 자극에 관심이나 웃음을 나타내지 않으며, 부모가 안아주려 해도 몸을 뒤로 젖히며 거부하는 듯한 행동을 보이고, 혼자만의 놀이에 몰두하는 등 마치 부모의 사랑을 거부하는 듯한 행동을 나타내어 부모의 마음을 몹시 아프게 한다.

부모와 관계형성이 이루어지지 못하므로 자폐스펙트럼장애를 지닌 아동들은 나이에 알맞은 언어를 습득하지 못하며 의사소통에 심각한 문제를 나타내게 된다. 적절한 어휘나 문장을 구사하는 언어능력이 현저하게 부족할 뿐만 아니라 타인의 말에 주의를 기울여 경청하지 못하고 부적절하거나 괴상한 말을 사용하여 타인과 원활한 의사소통이 이루어지지 않는다. 자폐스펙트럼장애 아동은 말을 할 때 음성의 고저, 억양, 속도, 리듬 및 강도가 비정상적일 수 있다. 예컨대, 음성의 억양이 단조롭거나 의문문처럼 문장의 끝을 올려 말하기도 한다. 문법 구조는 미숙하고 독특하며 반복적인 언어를 사용하거나 상대방의 말을 그대로 따라하는 반향언어증(echolalia: "네 이름은 뭐니?"라고 묻는 어른에게 "네 이름은 뭐니?"라고 반응하는 경우)을 나타내기도 한다. 또한 언어 이해에도 어려움이 있어서 간단한 질문, 지시 또는 농담을 이해하지 못하며 다른 사람과 함께하는 놀이나 게임을 하지 못한다.

자폐스펙트럼장애를 지닌 아동은 관심사가 매우 좁으며 그러한 관심사에 몰두하거나 반복적인 행동을 나타내는 경향이 있다. 예컨대, 혼자서 블록 쌓기 놀이를 하루 종일 하거나 인체의 골격이나 근육에 관심을 지니고 수많은 뼈와 근육의 명칭을 기계적으로 암기하곤 하는데, 때로는 비상한 기억력이나 능력을 나타내기도 한다. 이상한 자세를 취하거나 기이한 신체운동(예: 혀 내놓기, 박수치기, 몸 흔들기 등)을 오래도록 반복하기도 한다. 또한 이들은 주변 상황이 항상 똑같게 유지되는 것을 고집하고 사소한 변화에 저항하거나 신경질적인 반응을 보인다. 예컨대, 자폐스펙트럼장애 아동이 나름대로 쌓아놓은 블록을 부모가 치우거나 일부를 다르게 쌓아놓으면, 짜증을 내거나 큰 소리를 지르며 신경질적인 행동을 나타내기도 한다.

자폐스펙트럼장애를 지닌 아동은 지적 발달장애에 해당하는 지적 기능과 적응 기능을 나타내는 경우가 대부분이다. 그러나 자폐스펙트럼장애를 동반하지 않는 지적 발달장애 아동들은 전반적인 지적 기능이 저조한 데에 비해, 자폐스펙트럼장애 아동 중에는 자신이 관심을 갖는 영역에서 놀라운 기억력이나 우수한 지적 능력을 나타내는 경우가 있다. 자폐스펙트럼장애 아동이 나타내는 문제행동은 아동의 발달수준과 생활연령에 따라 매우 다양하다. 자폐증은 1943년에 Leo Kanner가 처음으로 자폐증의 증상을 보고하였기 때문에 그의 이름을 따라 캐너 증후군(Kanner's syndrome)이라고 부르기도 한다.

자폐스펙트럼장애의 유병률은 아동과 성인을 포함한 전체 인구의 1~2% 정도인 것으로 알려져 있다(American Psychiatric Association, 2022). 미국, 유럽, 일본, 아프리카를 대상으로 한 조사에 따르면, 자폐스펙트럼장애는 문화에 상관없이 상당히 일정한 빈도를 나타낸다. 자폐스펙트럼장애는 여자 아동에 비해 남자 아동에게 3배 정도 더 흔하게 나타난다. 자폐스펙트럼장애를 나타내는 여자 아동은 상당히 심각한 자폐스펙트럼장애와 더불어 심한 지적 발달장애를 나타내는 경향이 있다.

자폐스펙트럼장애는 대부분 3세 이전에 발병한다. 부모는 아이가 신생아나 유아기에 부모와의 상호작용에 관심이

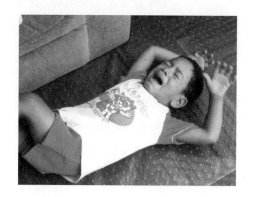

자폐증 아동이 막무가내로 짜증을 내는 모습

없다는 것을 느끼고 걱정한다. 특히 어린아이의 경우에는 증상이 미묘하여 파악하기 어려우며, 일부 부모는 아이가 시각이나 청각에 문제가 있는 것으로 생각하기도 한다. 자폐스펙트럼장애는 지속적인 경과를 나타내는데, 학령기에 사회적 관심이 다소 증가하는 등 다소 호전되는 경향을 보이는 경우도 있고 때로는 오히려 악화되는 경우도 있다. 한 추적 연구에 의하면, 자폐스펙트럼장애를 가진 성인들은 대부분 사회적 상호작용과 의사소통에 지속적인 문제를 나타내고 있었지만 약 5% 이내의 사람들은 독립적으로 일하면서 살아가고 있었고 약 1/3은 부분적인 독립적 생활을 하고 있었다고 한다. 자폐스펙트럼장애 아동의 예후를 판단하는 가장 중요한 요인은 의사소통을 할 수 있는 언어능력의 발달과 전반적 지적 수준으로 알려져 있다.

2. 원인과 치료

자폐스펙트럼장애는 주로 생물학적 원인에 의해 초래되는 것으로 알려지고 있다. 자폐증을 처음 보고한 Kanner(1943)는 자폐아들이 타인과의 정서적 교류를 하기 어려운 것은 유전 때문이라고 주장했다. Folstein과 Rutter(1977)에 따르면, 자폐증을 지닌 쌍둥이를 조사한 결과 일란성 쌍둥이는 9쌍 중에서 3쌍이 모두 자폐증인 반면, 이란성 쌍둥이는 10쌍 중에서 모두 자폐증을 보인 쌍이 없었다. 자폐증 환자의 형제 중 2~3%가 자폐증인 것으로 보고되고 있는데, 이러한 비율은 정상인 형제에서 예상되는 발생 비율의 50~100배에 해당되는 것이다. 이러한 조사자료들은 자폐스펙트럼장애가 유전적인 영향을 받는다는 것을 보여주지만, 유전적 요인과 더불어 다른 생물학적 요인이나 환경적 요인이 복합적으로 작용하여 자폐스펙트럼장애를 유발하는 것으로 보는 견해가 일반적이다.

자폐아들이 뇌에 신경학적 손상을 지니고 있다는 증거가 제시되고 있다. 자폐아가 분명한 신경해부학적 이상을 공통적으로 나타내고 있지는 않지만 20~35%의 자폐아가 청소년기에 간질을 일으킨다. 간질은 뇌의 기능손상에 의해 나타나는 것으로 자폐스펙트럼장애의 원인은 아닌 것으로 평가되고 있다. 자폐아에 관한 14개의 연구자료를 세밀히 검토한 Courchesne(1991)에 따르면, 대뇌 반구, 시상, 기저핵, 뇌간 등의 구조에서 일관된 이상을 발견할 수는 없었으나 자폐아는 소뇌가 작다는 결과가 가장 많이 보고되었다. 또한 자폐아의 40% 이상에서 EEG의 이상이 발견되고 있다. 특히 지적 발달장애가 심한 자폐아의 경우, 뇌의 기능손상에 대한 여러 가지 신경생리학적 증거가 확인되고 있다.

이 밖에도 자폐아의 1/3 정도가 정상인보다 높은 serotonin 수준을 나타낸다는 보고가 있다. 그러나 높은 serotonin 수준은 심각한 지적 발달장애와 조현병과 같은 다른 정신장애 환자에게도 발견되는 신경화학적 특성이므로 자폐스펙트럼장애의 유발에만 관여하는 원인적 요인으로 생각되지는 않는다. 자폐아가 외부 자극에 대해서 극단적으로 예민하거나 둔감한 행동을 나타내는 것은 과도한 dopamine 활동과 관련된다는 주장도 제기되고 있다.

자폐스펙트럼장애는 환경적 요인, 특히 부모의 성격이나 양육방식에 의해서 유발될 수 있다는 주장이 제기된 바 있다. Kanner(1943)는 자폐아의 부모들이 차갑고 무심하며 소심하고 내성적이며 친밀한 대인관계를 맺지 않고 매우 높은 교육수준을 가진 사람들이라는 특성을 나타낸다고 주장하였다. 또 Bettelheim(1967)은 자폐증이 제2차 세계 대전 중 독일 포로수용소에서 포로들이 나타냈던 냉담하고 절망적인 행동과 유사함을 발견하고 부모의 거부적 행동에 의해 유발될 수 있다고 주장했다. 그러나 자폐아의 부모에 대한 체계적인 연구에서 이러한 주장은 입증되지 않았다. 대부분의 연구에서 자폐아를 지닌 부모의 공통된 심리적 특성을 발견하지 못했다.

현재 자폐스펙트럼장애는 대부분 생물학적인 원인에 의해 유발되는 것으로 생각되고 있지만, Tustin 같은 정신분석학자들은 일부의 자폐스펙트럼장애가 심리적 원인에 의해 유발될 수 있다고 주장한다(Spensley, 1995). 초기 유아기 단계에서 아이는 감각을 경험하지만 자신의 신체를 비롯하여 외부대상을 인식하지 못하는 정상적인 자폐증 단계를 나타낸다. 이러한 자폐증 상태에서 아이는 어머니와의 상호작용을 하면서 자신을 어머니로부터 분리하여 독립된 개체로 인식하며 성장하게 된다. 그는 이러한 초기 유아기 단계에서 어머니와의 상호작용에 심각한 문제가 생기면 자폐증이 나타날 수 있음을 주장하면서 자폐증을 단절형 자폐증(encapsulated autism)과 융합형 자폐증(entangled autism)으로 구분하고 있다. 단절형 자폐증은 아이가 자신 이외의 모든 경험을 완전히 부정하는 자폐적인 갑옷을 입는 경우인 반면, 융합형 자폐증은 어느 정도 분화되어 있지만 자신의 신체가 엄마의 신체와 뒤엉키고 혼동된 느낌을 갖는 경우이다.

현재 자폐스펙트럼장애의 치료를 위해 가장 널리 사용되고 있는 방법은 **응용행동분석**(ABA: Applied Behavior Analysis)이다. ABA는 새로운 기술과 행동을 습득시키기 위해서 다양한 행동치료 기법을 응용하는 개입방법이다. ABA는 자폐스펙트럼장애 아동의 인지적 능력, 의사소통 기술, 일상생활의 적응 기술 등을 상당히 개선하는 효과를 나타내는 것으로 보고되었다(Makrygianni et al., 2018).

ABA는 자폐스펙트럼장애 아동이 나타내는 일상생활의 어려움을 구체적으로 평가하고 그에 따라 아동에게 필요한 맞춤형 훈련프로그램을 계획한다. 예컨대, 자기돌봄 기술, 의사소통 기술, 놀이 기술을 증가시키고 부주의와 공격성을 감소시키는 훈련과정을 작은 단계들로 나누어 아동이 각 단계의 행동을 습득할 때마다 칭찬하고 강화물을 제공한다. 각 단계마다 학습효과를 평가하고 그에 따라 훈련과정을 재조정한다. ABA는 많은 시간이 투여되는 방법으로서 주당 20시간 이상의 훈련이 필요하다.

최근에는 ABA에 근거한 **조기의 집중적 행동개입**(EIBI: Early Intensive Behavioral Intervention)
이 자폐스펙트럼장애를 개선하는 유망한 방법으로 여겨지고 있다(Matson & Smith, 2008). EIBI
는 조기 개입과 집중 훈련을 강조하며 5세 이전의 아동에게 다양한 적응 기술을 개인화된 방
식으로 훈련시킨다(Hayward et al., 2009; Healy & Lydon, 2013). 치료자와 부모가 아동에게
일대일로 구체적인 행동을 집중적으로 습득시키면서 조금씩 점진적으로 행동변화를 유도한
다. EIBI는 치료기관이나 가정에서 매주 20~40시간씩 실시되며 1~4년 동안 지속적으로 진
행된다. EIBI는 자폐스펙트럼장애를 지닌 아동의 전반적 지능 수준, 비언어적 지능 수준, 표
현적 및 수용적 언어와 적응행동을 향상시키는 것으로 나타났다(Peters-Scheffer et al., 2011).
최근의 연구(Smith et al., 2021)에 따르면, 3세 전후의 자폐스펙트럼장애 아동 19명에게 2년 동
안 EIBI를 시행한 결과 자폐증상이 뚜렷하게 감소했을 뿐만 아니라 인지 및 적응 능력이 현저
하게 증가했으며 이러한 개선 효과가 10년 이후에도 지속되었다.

제4절 주의력결핍 과잉행동장애

초등학교 2학년 아동인 P군의 어머니는 요즘 아들에 대해서 몹시 화가 나 있다. 매우 부
산하고 산만하며 부모의 말을 귀담아 듣지 않기 때문이다. P군은 학교에서 돌아오면 가방
을 던져 놓고 집안을 이리저리 오가며 뛰고 사용한 물건을 정리할 줄 모른다. 어머니가 집안
을 잘 정돈해 놓아도 P군이 집에 오면 몇 분이 지나지 않아 아수라장이 되어 버린다. 최근에
는 P군의 부산한 행동으로 자주 학교에 불려가게 되었다. 담임교사의 말에 따르면, 수업시
간에도 주의를 집중하지 못할 뿐 아니라 자리에 가만히 앉아 있지 못하고 떠들며 옆에 앉은
아이를 건드리고 때리는 행동을 하여 수업을 진행할 수 없다는 것이다. 인내심이 많았던 1학
년 담임교사와 달리, 깐깐한 2학년 담임교사는 정상적인 수업이 불가능하므로 P군을 특수학
교로 전학시키라고 말하고 있다. 며칠 전에는 P군 아버지의 직장동료 여러 명이 집에 방문하
여 식사를 한 적이 있었다. 부모의 야단에도 불구하고 P군은 어른들이 식사하는 자리에 끼어
들어 마구 음식을 집어먹고 어른들의 어깨에 올라타고 심지어 넥타이를 잡아당기는 등 무례
한 행동을 하여 부모가 무척 난처하였다. 이러한 P군에게 야단을 치고 매질을 해 보아도 산
만하고 부산한 행동은 전혀 줄어들지 않고 있다.

1. 주요증상과 임상적 특징

P군의 경우처럼 매우 산만하고 부주의한 행동을 나타낼 뿐만 아니라 자신의 행동을 적절히 통제하지 못하고 충동적인 과잉행동을 나타내는 경우를 **주의력결핍 과잉행동장애**(Attention-Deficit/Hyperactivity Disorder: 이하 ADHD로 칭함)라고 한다. 이 장애를 지닌 아동은 같은 또래의 아동에 비하여 현저하게 부산한 행동을 보이며 안절부절못하고 충동적인 행동을 나타내기 때문에 가정이나 학교에서의 생활에 커다란 어려움을 겪게 된다. 주의력결핍 과잉행동장애의 구체적인 행동특성은 DSM-5-TR의 진단기준에 잘 제시되어 있다.

표 14-2 주의력결핍 과잉행동장애의 진단기준

A. 부주의 및 과잉행동-충동성의 지속적 패턴이 나타난다. 이러한 패턴은 개인의 기능과 발달을 저해하며 아래의 1항과 2항 중 한 가지 이상에 해당되어야 한다.

  1. 부주의: 다음 중 6개 이상의 증상이 6개월 이상 지속적으로 나타난다. 이러한 증상은 발달수준에 맞지 않으며 사회적, 학업적/직업적 활동에 직접적으로 부정적인 영향을 미친다.

    ⓐ 흔히 세부적인 면에 대해 면밀한 주의를 기울이지 못하거나 학업, 직업 또는 다른 활동에서 부주의한 실수를 저지른다.

    ⓑ 흔히 일을 하거나 놀이를 할 때 지속적으로 주의를 집중할 수 없다.

    ⓒ 흔히 다른 사람이 직접 말을 할 때 경청하지 않는 것으로 보인다.

    ⓓ 흔히 지시를 완수하지 못하고, 학업, 집안일, 작업장에서의 임무를 수행하지 못한다(반항적 행동이나 지시를 이해하지 못해서가 아님).

    ⓔ 흔히 과업과 활동을 체계화하지 못한다.

    ⓕ 흔히 지속적인 정신적 노력을 요구하는 과업(학업 또는 숙제 같은)에 참여하기를 피하고, 싫어하며, 저항한다.

    ⓖ 흔히 활동하거나 숙제하는 데 필요한 물건들(예: 장난감, 학습과제, 연필, 책 또는 도구)을 잃어버린다.

    ⓗ 흔히 외부의 자극에 의해 쉽게 산만해진다.

    ⓘ 흔히 일상적인 활동을 잊어버린다.

  2. 과잉행동과 충동성: 다음 중 6개 이상의 증상이 6개월 이상 지속적으로 나타난다. 이러한 증상은 발달수준에 맞지 않으며 사회적, 학업적/직업적 활동에 직접적으로 부정적인 영향을 미친다.

    ⓐ 흔히 손발을 가만히 두지 못하거나 의자에 앉아서도 몸을 움지락거린다.

    ⓑ 흔히 앉아 있도록 요구되는 교실이나 다른 상황에서 자리를 떠난다.

    ⓒ 흔히 부적절한 상황에서 지나치게 뛰어다니거나 기어오른다(청소년 또는 성인에서는 주관적인 좌불안석으로 제한될 수 있다).

    ⓓ 흔히 조용히 여가 활동에 참여하거나 놀지 못한다.

    ⓔ 흔히 "끊임없이 활동하거나" 마치 "자동차(무엇인가)에 쫓기는 것"처럼 행동한다.

ⓕ 흔히 지나치게 수다스럽게 말을 한다.

ⓖ 흔히 질문이 채 끝나기 전에 성급하게 대답한다.

ⓗ 흔히 차례를 기다리지 못한다.

ⓘ 흔히 다른 사람의 활동을 방해하고 간섭한다(예: 대화나 게임에 참견한다).

B. 심각한 부주의나 과잉행동-충동성의 증상이 12세 이전에 나타났다.

C. 심각한 부주의나 과잉행동-충동성의 증상이 2가지 이상의 장면(예: 학교, 작업장, 가정)에서 나타난다.

D. 이러한 증상들이 사회적, 학업적 또는 직업적 기능을 방해하거나 그 질을 저하시킨다는 명백한 증거가 존재한다.

E. 이러한 증상들은 조현병이나 다른 정신병적 장애의 경과 중에서만 나타나는 것이 아니며 다른 정신장애에 의해 더 잘 설명되지 않는다.

ADHD의 두 가지 핵심증상은 부주의와 과잉행동-충동성이다. 이러한 특성들은 대부분 어린 아동에게 일반적으로 나타나는 것이지만 점차 성장하면서 줄어들게 된다. 그러나 나이에 비해 부적절하게 이러한 부적응적 행동 특성이 나타나는 경우에 ADHD로 진단될 수 있다. ADHD를 지닌 아동은 집이나 학교에서 가만히 앉아 있지 못하고 자리에 앉아도 안절부절못하며 항상 지나치게 많이 움직이고 부산하다. 학교에서는 수업시간에 교사의 지시대로 따라하지 못하거나 여러 가지 말썽을 피워 지적을 당하게 되는데, 대부분 문제아동으로 지목되어 교사가 특별히 지도를 하게 되거나 부모가 자주 학교에 불려가게 된다. DSM-5-TR에서는 ADHD를 주의력 결핍형, 과잉행동-충동형, 혼합형의 세 하위유형으로 구분하고 있으며 증상의 심각도에 따라 세 수준으로 평가하고 있다.

ADHD 아동은 지능수준에 비해서 학업성취도가 저조하고 또래아이들에게 거부당하거나 소외될 가능성이 높다. ADHD는 흔히 학습장애, 의사소통장애, 운동조정장애를 동반하는 경우가 많다. 또한 이 장애를 지닌 아동들은 가정과 학교에서 크고 작은 말썽과 사고를 자주 일으키기 때문에 부모나 교사로부터 꾸중과 처벌을 받기 쉽다. 따라서 부정적 자아개념을 형성하고 정서적으로 불안정하며 공격적이고 반항적인 행동을 나타내는 경향이 있는데, ADHD를 지닌 아동의 40~50%가 나중에 품행장애의 진단을 받는다.

ADHD의 경과와 예후는 매우 다양하다. 흔히 청소년기에 호전되는 경향이 있으나 성인기까지 지속되는 경우도 있다. 대부분 과잉행동은 개

다른 아동을 괴롭히는 ADHD 아동의 모습

선되지만 부주의와 충동성은 오래 지속되는 경우가 흔하다. ADHD 아동의 종단적 추적 연구에서, 약 31%의 ADHD 아동이 청년기에도 그 증상을 그대로 유지했으며 낮은 자존감과 직업수행의 저조 등 적응의 어려움을 지니는 경우가 많았다. 이 장애가 청소년기까지 지속되는 경우, 품행장애가 발생될 위험성이 높으며 이러한 품행장애를 나타내는 청소년의 약 50%는 성인이 되어 반사회적 성격장애를 나타낸다는 보고가 있다.

ADHD의 유병률은 아동의 경우 약 5%이며 성인의 경우 약 2.5%로 보고되고 있다. 그러나 미국의 경우 초등학교 학생의 2~20%가 주의력 결핍 및 과잉행동의 특성을 나타낸다는 보고도 있다. 미국에서는 ADHD는 외래 정신건강 진료소에 의뢰되는 아동의 약 50%에 해당할 만큼 흔한 아동기 장애로 알려져 있다. 이 장애는 남자 아동이 여자 아동에 비하여 6~9배 정도 높은 빈도를 나타내고 있다. 이 장애의 발병 시기는 보통 3세경이지만 초등학교에 입학할 때까지는 진단을 내리지 않는다.

2. 원인과 치료

ADHD로 진단되는 아동들은 매우 다양하고 이질적인 집단이어서 그 원인 역시 매우 다양하다. 일반적으로 이 장애는 유전적 요인이나 미세한 뇌손상 등의 생물학적 요인과 부모의 성격이나 양육방식과 같은 심리사회적 요인이 복합적으로 작용하여 유발되는 것으로 여겨지고 있다.

ADHD를 나타내기 쉬운 취약성은 유전적 요인과 밀접한 관계를 지닌 것으로 알려져 있다. Goodman과 Stevenson(1989)의 연구에 따르면, 238쌍의 쌍둥이 연구에서 ADHD의 공병률이 일란성 쌍둥이는 51%였고 이란성의 쌍둥이는 33%였다. 형제자매 중에 과잉행동을 나타내는 사람이 있으면, 다른 형제자매들이 ADHD를 나타낼 가능성이 일반인보다 2배 정도 높다. ADHD를 나타내는 아동의 친부모는 양부모보다 이 장애를 지니고 있을 확률이 더 높다. 또한 ADHD와 품행장애를 함께 나타내는 아동의 부모는 일반인보다 알코올 사용장애와 반사회적 성격장애를 나타내는 비율이 더 높다. 이런 연구들은 ADHD가 유전적 요인의 영향을 받는다는 것을 보여주지만, 과연 무엇이 유전되는가에 대해서는 아직 분명하게 밝혀진 바가 없다.

ADHD는 출생 과정에서의 미세한 뇌손상이나 출생 후의 고열, 감염, 독성물질, 대사장애, 외상 등으로 인한 뇌손상에 의해 유발될 수 있다는 주장이 제기되고 있다. ADHD 아동에서는 중추신경계의 현저한 손상이 발견되지 않지만 비정상적인 뇌파를 보이는 등 경미한 뇌손상이 있는 것으로 여겨져서 과거에 '미세 두뇌기능 장애'(minimal brain dysfunction)로 불리기도 했다. Zametkin 등(1990)은 뇌영상술을 사용하여 ADHD를 지녔던 사람들이 청각적 주의과제의 수행 시에 대뇌의 글루코스 대사수준이 저하된다는 것을 발견하였다. 이러한 결과는 주의과 제 시행 시에 정상인에 비해 뇌의 활동성이 떨어진다는 것을 의미하며 특히 이들은 운동근육 과 주의체계의 조절에 관한 기능이 저조하였다. 뇌영상술을 사용한 ADHD 아동에 대한 연구 에서 전두엽의 혈류와 신진대사가 감소된다는 발견에 근거하여 ADHD 아동은 전두엽의 억제 기능이 저하되어 과잉행동이 발생된다는 가설이 제시되고 있다.

ADHD는 신경전달물질에 의한 기능장애로 norepinephrine이나 dopamine이 관여한다 는 주장도 제기되었다. 이러한 주장은 amphetamine과 같은 흥분제가 ADHD 아동의 부주 의와 과잉행동을 개선하는 데에 효과적이라는 점에 근거하고 있다. 즉, 이러한 흥분제가 norepinephrine이나 dopamine에 영향을 주어 ADHD가 치료된 것이며 ADHD는 이러한 신 경전달물질의 기능장애에 기인한다는 주장이다. 그러나 이러한 약물효과에 대해서는 그 해 석이 다양하여 현재 어떤 신경전달물질이 관여하는지에 대해서는 분명하게 밝혀진 바가 없다.

ADHD를 나타내는 아동은 유아기나 학령기 전기에 신체적으로 건강하지 못하고 운동발달 이 더디며 지나치게 활동적이고 부모에게 요구가 많은 경향이 있다. Bettelheim(1973)은 취약 성-스트레스 이론을 제안하면서 아동의 과잉활동적인 기질과 부모의 잘못된 양육방식이 결 합되면 ADHD가 발생한다고 주장했다. 과잉활동적이고 요구가 많으며 기분의 기복이 심한 아동은 부모를 자주 화나게 만들 수 있다. 이때 부모가 인내심을 잃고 화를 잘 내면, 아동은 스 트레스를 받게 된다. 그러면 아동은 어머니의 지시에 잘 따르지 않게 되고 부모는 자녀에게 더욱 부정적이고 거부적으로 반응하게 되어 점차적으로 관계가 악화된다. 부모가 더 많은 명 령을 하고 처벌을 가하게 되면, 오히려 과잉행동이 증가하고 부모에 대해 부정적인 반응을 나 타냈다는 연구결과(Barkley, Karlsson, & Pollard, 1985; Tallmadge & Barkley, 1983)가 있다. 이러 한 아동은 유치원이나 학교에 입학한 후에도 교사의 지시나 요구를 따르지 않고 학교의 규칙 을 위반하게 된다. 그러나 Barkley(1990)는 흥분제를 통해 아동의 과잉행동이 감소하면 부모 의 명령과 처벌행동도 역시 감소한다는 사실을 보고하면서 부모와 아동 간의 관계는 양방향 적임을 시사하고 있다.

ADHD의 치료에는 약물치료와 행동치료, 그리고 두 치료를 혼합하는 방법이 효과적인 것 으로 알려지고 있다(Subcommittee on ADHD, 2011). ADHD의 치료에는 리탈린(Ritalin), 덱세 드린(Dexedrine), 페몰린(Pemoline)과 같은 중추신경계 자극제가 효과적이라고 알려져 있다 (Pelham, 1987). 가장 대표적인 ADHD 치료약물인 리탈린의 경우, ADHD 아동의 약 60~70% 에게 주의집중력을 높여 학업성취도를 향상시키고 산만한 행동을 감소시키는 등 증상을 호전 시키는 것으로 보고되었다. 그러나 이러한 약물은 식욕감퇴, 두통, 불면, 틱과 같은 부작용을 초래할 수 있을 뿐 아니라 ADHD 아동의 30~40%에서는 효과를 나타내지 못하고 오랫동안

ADHD를 지녀 온 아동에게는 그 효과가 입증되지 못하였다.

ADHD의 치료에서는 약물치료만으로 만족스러운 효과를 기대할 수 없다. 약물치료는 여러 가지 부작용이 있을 뿐 아니라 많은 부모가 자녀에 대한 약물 사용을 반대하는 경향이 있다. ADHD는 행동치료와 부모교육에 의해서 현저하게 호전될 수 있다. Coles와 동료들(2020)는 5~13세의 ADHD 아동 127명을 대상으로 부모와 교사에게 아동의 문제행동에 개입하는 행동치료적 방법을 교육했다. 부모와 교사로부터 행동치료적 개입을 받은 아동들은 약물을 복용하지 않아도 될 정도로 ADHD 증상이 호전되었다. 이러한 연구결과는 ADHD 아동에게 약물치료보다 행동치료적 개입이 우선적으로 고려되어야 한다는 점을 시사하고 있다.

행동치료는 아동의 바람직한 행동을 증가시키고 문제행동을 없애거나 줄이기 위해 보상과 처벌을 체계적으로 사용하는 것이다. 부모나 치료자는 아동이 긍정적 행동을 할 때마다 다양한 방식의 보상을 통해 이러한 행동을 증가시키는 반면, 문제행동에 대해서는 바람직한 행동을 가르쳐서 대치시키도록 유도하고 이러한 바람직한 행동에 대해서 보상을 해 준다. 바람직한 긍정적 행동들에 대해서는 보상이 주어진다는 것을 아동에게 알리고 스티커나 점수제를 도입하여 체계적인 방식으로 보상을 해주는 것이 바람직하다. 문제행동이 계속될 때는 처벌을 가하는데, 이때는 화풀이식 처벌보다는 아동과 합의하여 문제행동을 할 때마다 벌점을 부여하거나 '타임아웃'을 받도록 하는 계약을 하고 일관성 있게 처벌을 가한다. '타임아웃'이란 버릇없는 행동이나 나쁜 행동에 대한 처벌로서 아이를 조용하고 격리된 장소(예: 생각하는 의자)에서 일정한 시간 동안 혼자 있도록 하는 것이다. 이 방법은 부산하고 활동이 많은 아동에게 어떤 활동도 하지 못하게 함으로써 처벌로 작용하게 되며 동시에 과잉행동을 감소시키고 조용히 생각하게 하는 치료적 효과도 지니고 있다.

인지행동적 치료는 행동치료기법을 포함하지만 아동의 생각이나 문제해결방식을 함께 변화시켜 행동의 변화를 유도한다. 충동적이고 사려 깊지 못한 ADHD 아동에게 단계적이고 체계적으로 생각하는 방법을 가르친다. 예컨대, '4단계로 생각하기'의 방법은 어떤 과제를 할 때 "문제가 뭐지?"(1단계), "어떻게 해야 하지?"(2단계), "계획한 대로 잘 되고 있나?"(3단계), "계획한 대로 일이 잘 끝났나?"(4단계)라는 물음을 아동이 스스로 던질 수 있도록 학습시킨다. 아동이 재미있게 익힐 수 있는 만화나 쉬운 과제를 수행하면서 이러한 물음을 치료자가 던지고 아동이 큰 소리로 따라 하게 하는 과정을 반복함으로써 아동이 어떤 일을 할 때 스스로 이런 물음을 던지며 과제를 수행해 나가도록 유도하는 방법이다. 이 밖에도 '멈추고 생각하기', 생활계획표 만들기, 대인관계기술이나 대화기술, 부정적인 감정을 처리하는 방법 등을 가르친다.

ADHD 아동의 치료에는 부모의 역할이 매우 중요하다. Barkley(1981)는 사회학습이론에 근거하여 부모에게 ADHD 아동에 대한 치료기법을 교육시켜 시행하는 방법이 효과적이라고 제안하였다. 행동치료 또는 인지행동적 치료기법을 부모에게 교육하여 가정에서 이를 실시하도록 하는 것이 효과적이다. 이를 위해서는 부모가 ADHD 아동의 문제점을 이해하고 좀 더 긍정적인 방법으로 아동을 대할 수 있도록 효과적인 의사소통방법, 보상을 주는 방법, 처벌을 하는 방법, 긍정적 감정과 부정적 감정을 표현하는 방법 등을 교육하는 것이 필요하다. 이를 통해 부모와 아동의 관계가 개선되고 효과적인 의사소통이 이루어짐으로써 ADHD의 치료와 더불어 아동이 긍정적 자기상을 지니고 성장할 수 있다.

최근에는 ADHD 아동의 문제행동을 개선하기 위해서 **협동적 생활기술**(CLS: Collaborative Life Skills) 프로그램이 개발되었다. CLS는 교사와 부모가 협동적으로 학교와 가정에서 개입하는 방법으로 12주 동안 실시된다. 치료자는 아동에게 직접 사회적 기술과 일상생활 기술을 훈련시킬 뿐만 아니라 교사와 부모로 하여금 학교와 가정에서 아동의 문제행동에 개입하는 행동치료적 방법을 훈련시킨다. 교사는 일일성취카드(daily report card)를 사용하여 학교에서 아동의 문제행동에 개입한다(Pyle & Fabiano, 2017). 일일성취카드는 조작적 조건형성의 원리를 적용하여 문제행동을 개선하는 방법으로서 교사는 아동이 수업 시간에 개선해야 할 목표 행동(예: 간섭하기, 돌아다니기)을 구체적으로 정하고 아동의 문제행동이 감소할 때마다 적절한 보상을 제공하면서 매일 아동의 행동 변화를 카드에 기록한다. 치료자는 주기적으로 교사와 부모에게 아동에 대한 개입방법을 자문하고 평가한다. 치료효과를 검증한 연구(Pfiffner et al., 2013)에 따르면, 37명의 아동에게 12주의 CLS 프로그램을 실시한 결과 아동의 ADHD 증상, 숙제하기, 계획하기, 학업성적, 교사가 평가한 학교적응 상태가 현저하게 개선된 것으로 나타났다.

제5절 특정학습장애

1. 주요증상과 임상적 특징

특정학습장애(Specific Learning Disorder)는 정상적인 지능을 갖추고 있고 정서적인 문제가 없음에도 불구하고 지능수준에 비하여 현저한 학습부진을 보이는 경우를 말한다. 이러한 장애를 지닌 아동들은 흔히 읽기, 쓰기, 산술적 또는 수리적 계산과 관련된 기술을 학습하는 데 어려움을 나타낸다.

DSM-5-TR에 따르면, 특정학습장애는 학업적 기술을 배우고 사용하는 데에서의 어려움을 의미한다. 다음 중 한 가지 이상의 증상을 6개월 이상 나타낼 경우에 특정학습장애로 진단된다: (1) 부정확하거나 느리고 부자연스러운 단어 읽기, (2) 읽은 것의 의미를 이해하는 것의 어려움(예: 글을 정확하게 읽지만 내용의 순서, 관계, 추론적 의미 또는 더 깊은 의미를 이해하지 못함),

(3) 맞춤법이 미숙함(예: 자음이나 모음을 생략하거나 잘못 사용함), (4) 글로 표현하는 것에 미숙함(문장 내에서 문법적 또는 맞춤법의 실수를 자주 범함), (5) 수 감각, 수에 관한 사실, 산술적 계산을 숙달하는 데의 어려움(예: 수와 양을 이해하는 데의 어려움, 산술계산 도중에 길을 잃어버림), (6) 수학적 추론에서의 어려움(예: 양적인 문제를 해결하기 위해서 수학적 개념, 사실 또는 절차를 응용하는 데에서의 심한 어려움).

특정학습장애는 나이나 지능에 비해서 실제적인 학습기능이 낮은 경우를 뜻한다. 학습장애아는 정상적인 지능을 갖추고 있고 정서적인 문제가 없음에도 불구하고 지능수준에 비하여 현저한 학습부진을 보인다. 학습장애는 읽기, 쓰기, 산수 등의 기초적 학습능력에 관련된 심리적 과정에 장애가 있기 때문에 정상적인 지능에도 불구하고 학습에 큰 어려움을 보이게 된다. 학습장애는 결함이 나타나는 특정한 학습기능에 따라서 읽기 장애, 쓰기 장애, 산술 장애로 구분된다. DSM-5-TR에서는 특정학습장애를 읽기 곤란형, 쓰기 곤란형, 산술 곤란형으로 구분하며 심각도에 따라 세 수준으로 평가한다.

특정학습장애의 유병률은 학령기 아동의 경우 5~15%이며 성인의 경우 약 4%로 추정되고 있다. 읽기 곤란형은 단독으로 나타나거나 또는 다른 학습장애와 동반하여 나타나는 비율이 전체 학습장애의 80%로서 가장 많으며, 학령기 아동의 4% 정도가 이에 해당한다. 읽기 곤란형은 남자 아동에게서 3~4배 정도 더 흔하게 나타난다. 쓰기 곤란형은 다른 학습장애를 동반하지 않는 경우가 거의 없으며 독립적인 유병률에 대해서는 알려진 바가 없다. 산술 곤란형은 단독으로 발생하는 비율이 전체 학습장애의 20% 정도이고 학령기 아동의 1% 정도로 평가된다.

아동의 연령이 높아질수록 학습장애를 유발하는 요인들이 증가한다. 초등학교 저학년에서는 주로 읽기 기술이 부족할 때 학습장애가 나타난다. 그러나 학년이 올라갈수록 학습해야 할 내용이 늘어나면서 기억력이 중요해지고, 점점 기억방략이나 인지방략이 학업에 중요한 영향을 미친다. 이처럼 학업성취도에 영향을 주는 요인이 증가하면서 이런 요인에서 취약성을 보이는 아동은 학습장애를 나타내게 되고 그 결과 학년이 올라갈수록 학습장애 아동의 비율이 증가한다. 특히 우리나라의 초등학교 교과과정이 상당히 어려워서 지능이 보통 이하거나 학습장애와 같이 특정 영역에 인지적 결함이 있는 아동은 교과과정을 따라가기가 어렵다. 이런 격차가 학년이 올라가면서 급격히 벌어지기 때문에 학년이 올라갈수록 학습장애로 진단되는 비율이 증가한다(송종용, 2016).

학습장애를 지닌 아동은 학업성적 부진, 낮은 자존감, 사회기술의 부족, 사회적 위축 또는 공격적 행동을 나타내게 되며 도중에 학업을 중단하는 비율이 높다. 또한 학습장애를 지속적으로 지니고 있는 성인은 직업과 사회 적응에서 심각한 어려움을 겪을 수 있다. 품행장애, 적대적 반항장애, ADHD, 우울증을 지니고 있는 아동이나 청소년의 10~25%가 학습장애를 동반한다는 보고가 있다.

2. 원인과 치료

특정학습장애는 여러 가지 생물학적 원인이 관여되어 있는 것으로 여겨지고 있다. 학습장애에 대한 취약성은 상당부분 유전된다는 근거들이 보고되고 있다. 스웨덴에서 이루어진 한 가계 연구(Hallgren, 1950)에 따르면, 읽기 장애로 진단을 받은 사람의 친척 중에 읽기 장애나 쓰기 장애를 지닌 사람이 많았다. 쌍둥이 연구(Herman, 1959)에서 일란성 쌍둥이의 경우에는 읽기 장애의 일치율이 100%였으나 이란성 쌍둥이의 경우에는 약 30%만이 일치하였다.

특정학습장애는 뇌손상과 관련된다는 주장도 있다. 출생 전후의 외상이나 생화학적 또는 영양학적 요인에 의한 뇌손상이 인지처리 과정의 결함을 초래하여 학습장애를 유발할 수 있다는 주장이다. 임신기간 동안에 급격하게 발달하는 태아의 뇌는 손상을 입기 쉽다. 산모의 알코올, 담배, 약물의 복용, 외부적 충격에 의해 태아의 뇌는 손상을 입기 쉬우며 이러한 미세한 뇌손상이 나중에 특정한 학습기능에 어려움을 유발할 수 있다. 이 밖에 뇌의 좌-우반구 불균형이 학습장애를 유발할 수 있다는 주장도 제기되고 있다. 정상적인 뇌는 좌반구가 우반구보다 큰데, 뇌의 크기가 이와 반대이거나 좌-우반구의 크기가 같을 때 읽기 장애를 보이는 경우가 많다는 보고도 있다(Hynd et al., 1991).

특정학습장애는 감각적 또는 인지적 결함과 깊은 관련성을 지니고 있다. 대부분의 학습장애 아동은 읽기에 문제를 보이는데, 이는 학습장애 아동이 다른 아동에 비해서 소리를 정확하게 구분하는 청각적 변별력이 떨어지기 때문에 발생하는 경우가 종종 있다. 읽기의 경우는 여러 글자의 모양과 발음 간의 규칙성을 빨리 파악하는 것이 중요하며, 산술계산에서 가감승제의 규칙성을 이해하여 새로운 문제에 적용하는 것이 중요하다. 학습장애 아동은 이러한 규칙 학습능력에 손상이 있을 수 있다. 또한 최근에는 읽기 장애 아동이 기억력이 부족하다는 것이 지적되고 있다. 특히 학습장애 아동은 여러 정보를 통합하고 처리하는 작업기억(working memory)의 용량이 부족해서 주어진 정보를 처리하지 못하고 장기기억에 정보를 저장하는 것이 어렵다고 한다. 이런 문제가 규칙이나 읽기 기술을 배우는 데 어려움을 초래하고 여러 가지 과제에서 문제를 유발할 수 있다. 또한 학습내용이 많아지고 복잡해지면 정보를 체계적으로 정리하여 효과적으로 기억하는 인지적 방략이 중요하다. 그런데 학습장애 아동은 이러한 인지적 학습방략을 적절하게 사용하지 못하는 경향이 있다(송종용, 1999, 2016).

학습장애는 후천적인 환경적 요인에 의해서 유발될 수도 있다. 가정을 비롯한 교육환경은 아동의 학습과정에 영향을 미치고 이는 아동의 뇌기능에 영향을 미칠 수 있다. 불화가 심하고 아동을 신체적 또는 심리적으로 학대하는 가정환경에서 아동은 불안에 휩싸여 지적 잠재력을 발휘하지 못하고 학습저하를 나타내게 된다. 또한 아동의 학습저하는 부모로부터 꾸중이나 처벌을 유도하여 아동의 불안을 증대시켜 학습기능을 저하시키는 악순환을 초래한다. 학습 장애는 부모의 교육수준, 특히 어머니의 교육수준과 매우 높은 상관이 있는 것으로 보고되고 있다. 교육수준이 낮은 어머니가 자녀에게 적절한 교육을 제공하지 못하면 학습장애가 유발 될 수 있다. 부모나 교사의 잘못된 교육방법도 학습장애를 유발하는 원인이 될 수 있다. 아동 의 나이, 지능수준, 흥미를 고려하지 않은 부적절한 교육방법을 무리하게 적용하면 아동에게 학습장애가 발생할 수 있다. 예컨대, 지능수준이 보통 이하인 어린 아동에게 무리한 조기교육 을 시키거나 지적으로 매우 우수한 아동에게 반복연습만 하는 학습지 교육을 시키는 경우가 그 예라고 할 수 있다.

특정학습장애는 조기에 발견하여 치료하는 것이 치료효과나 아동의 적응을 위해 바람직하 다. 아동이 학습장애로 인해 학습능력에 있어서 다른 아동과의 격차가 너무 벌어지기 전에 이 를 교정해 주는 것이 좋다. 학습장애의 교정에는 많은 시간과 노력이 들기 때문에, 부모의 끈 기 있는 노력이 중요하다.

일반적으로 학습장애에 대한 심리치료는 크게 세 가지 요소로 구성된다. 첫째는 학습을 위 한 기술을 가르치는 것이다. 읽기, 산술, 쓰기 과제를 해결하는 데에 필요한 구체적인 학습기 술을 체계적으로 가르치는 것이 필요하다. 두 번째는 아동에게 심리적인 지지를 해주어 자존 감과 자신감을 키워 주는 것이다. 학습장애 아동은 흔히 수동성과 무기력감을 나타내는데 이 를 극복하고 동기를 유발시키는 일이 중요하다. 학습장애 전문가들은 대부분 학습 프로그램 을 운영하는 동시에 아동의 심리적 안정과 자신감을 향상시키도록 노력한다. 마지막으로, 학 습장애 아동이 가정과 학교에서 효과적으로 공부하고 자신의 생활을 관리할 수 있도록 지도 하는 것이 중요하다. 예컨대, 정리하고 계획하기(예: 시간표를 짜게 한다. 학교에서 내준 숙제는 반드시 적어오게 한다. 숙제를 확인한다), 주의력과 듣기 능력 향상시키기(예: 과제를 부분으로 쪼 개서 작게 만든다. 조금씩 자주 공부하게 한다. 지시는 짧고 분명하게 한다), 시간 관리하기(예: 일과 표를 정하고 그에 따르도록 한다. 해야 할 과제들의 목록을 만들도록 도와준다)를 부모나 교사가 구 체적인 방법으로 꾸준히 지도를 하게 되면 아동의 생활습관과 학습활동이 달라지게 되어 학 습능률이 높아지게 된다.

학습장애를 지닌 아동은 과잉행동을 나타내는 경향이 있는데, 이를 억제시키기 위해 리탈 린(Ritalin)이나 덱세드린(Dexedrine)과 같은 중추신경 자극제가 사용되기도 한다. 이러한 약 물은 과잉행동을 통제하여 어떤 과제에 주의를 기울이게 하는 데에는 효과적이나 학습장애를 치료할 수는 없다.

제6절 운동장애

운동장애(Motor Disorders)는 나이나 지능수준에 비해서 움직임 및 운동능력이 현저하게 미숙하거나 부적응적인 움직임을 반복적으로 나타내는 경우로서 여러 하위유형으로 구분된다. 운동장애의 하위유형으로는 틱장애, 상동증적 운동장애, 발달성 협응장애가 있다.

1. 틱장애

초등학교 4학년 학생인 Y군은 요즘 학교에 가기가 싫다. 친구들로부터 심한 놀림을 받고 있기 때문이다. 학업성적이 다소 부진한 Y군은 엄격한 성격의 아버지로부터 야단을 자주 맞는 편이다. 부모로부터 공부에 대한 압력을 받으면서부터 Y군은 눈을 깜박거리고 어깨를 움찔거리는 습관이 생겨났다. 비교적 편안하게 느끼는 어머니와 함께 있을 때는 괜찮지만 무서워하는 아버지가 퇴근하면 이러한 행동이 증가하는 경향이 있었다. 학교에서도 선생님의 꾸중을 듣거나 시험을 볼 때 이러한 행동이 나타나곤 했다. 최근에는 이러한 행동이 심해져서 갑자기 고개를 옆으로 확 젖히거나 때로는 손을 번쩍 들었다 내리는 행동이 나타나기 시작했다. Y군은 간혹 수업 중에도 손을 번쩍 들었다 내리는 행동을 나타내기도 했는데, 이때 교사는 Y군이 무슨 질문을 하기 위해 손을 든 것으로 오해하기도 하였다. 이런 일이 학교에서 반복되면서 또래아이들이 Y군의 행동을 따라 하며 놀리고 있다. Y군은 이런 행동을 하지 않으려고 애쓰지만 어떤 순간이 되면 자신도 모르게 갑자기 이런 행동이 나타나서 당황하게 된다.

틱장애(Tic Disorder)는, Y군의 경우처럼, 얼굴 근육이나 신체 일부를 갑작스럽게 움직이거나 갑자기 이상한 소리를 내는 이상행동을 반복적으로 나타내는 경우를 말한다. 틱(tic)은 갑작스럽고 재빨리 일어나는 비목적적인 행동이 동일하게 반복되는 현상을 말하며 운동 틱과 음성 틱으로 구분된다.

운동 틱(motor tic)은 눈, 머리, 어깨, 입, 손 부위를 갑자기 움직이는 특이한 동작이 반복되는 경우로서 단순 운동 틱과 복합 운동 틱으로 구분된다. 단순 운동 틱(simple motor tic)은 하나의 근육집단이 수축되어 나타나는 것으로 눈 깜빡거리기, 얼굴 찡그리기, 머리 휘젓기, 입 벌리기, 어깨 움츠리기, 목을 경련하듯이 갑자기 움직이기 등으로 나타난다. 반면, 복합 운동 틱

(complex motor tic)은 여러 근육집단의 수축과 관계되는 것으로서 특이한 표정 짓기, 손짓하는 행동, 뛰어오르기, 발 구르기를 비롯하여 상당히 복잡한 행동들(예: 갑자기 한 손을 높이 들었다가 목 뒤를 만진 뒤 고개를 뒤로 젖히는 행동)로 구성되는 경우도 있다.

음성 틱(vocal tic)은 갑자기 소리를 내는 행동으로서 헛기침하기, 쿵쿵거리기, 컥컥거리기, 엉뚱한 단어나 구절을 반복하기, 외설스러운 단어를 반복하기 등이 있다. 이러한 틱은 당사자에게 저항할 수 없는 것으로 경험되기도 하지만, 경우에 따라서는 일시적으로 억제될 수도 있다. 모든 형태의 틱은 스트레스를 받는 동안에는 악화되는 반면, 편안한 상태로 어떤 활동에 집중할 때는 감소된다. DSM-5-TR에서는 틱장애를 세 하위유형, 즉 투렛장애, 지속성 운동 또는 음성 틱장애, 일시성 틱장애로 구분하고 있다.

1) 투렛장애

투렛장애(Tourette's Disorder)는 다양한 운동 틱과 한 개 이상의 음성 틱이 1년 이상 지속적으로 나타나는 경우로서 틱장애 중에서 가장 심각한 유형이다. 이 장애는 18세 이전에 시작된다. 1885년 프랑스 의사인 Tourette이 처음으로 이런 증후군을 기술하였으며 그의 이름을 따라 투렛장애라고 불리고 있다.

투렛장애에서 운동 틱이 나타나는 신체부위, 빈도 및 심각도는 시간이 지남에 따라 변한다. 흔히 초기에는 틱이 얼굴과 목에 나타나고 점차로 몸통이나 신체 하부로 이동하면서 다양하게 나타난다. 음성 틱은 헛기침하기, 코를 쿵쿵거리기, 목을 그르렁거리기에서부터 음란한 말을 내뱉거나 상대방의 말을 따라 하는 경우까지 다양하다. 투렛장애에서는 이러한 운동 틱과 음성 틱이 복합적으로 나타나는데 그 심한 정도는 매우 다양하다. 심한 경우에는 마치 로봇 춤을 추듯 복잡한 형태의 틱증상을 나타내기도 한다. 예컨대, 갑자기 손을 머리 위로 내뻗으며 고개를 휘젓고 헛기침을 한 뒤 무릎을 구부리면서 음란한 말을 내뱉는 일련의 행동으로 구성된 복합 틱을 반복하는 경우도 있다. 이러한 틱이 갑자기 반복되어 나타나기 때문에 일상생활이나 학교생활에서 심각한 지장이 초래된다. 드물게는 갑작스러운 틱행동으로 인해 머리를 찧거나 피부가 상하고 뼈를 다치는 등의 신체적 손상을 당하기도 한다. 투렛 장애를 나타내는 아동은 흔히 강박증적 사고와 행동을 동반한다. 아울러 주의가 산만하고 충동적인 경향이 있으며, 틱증상으로 인해 사회적 상황을 피하고 우울감을 나타내기도 한다. 이러한 여러 가지 점에서 투렛장애는 사회적, 학업적, 직업적 기능에 심각한 장애를 초래한다.

투렛장애는 인구 1만 명당 약 4~5명에게 발생하는 매우 드문 장애이다. 투렛장애는 다양한 민족과 인종 집단에서 광범위하게 보고되고 있으며 여성보다 남성에게 1.5~3배 정도 더 흔하게 나타난다. 투렛장애는 2세경에도 발병할 수 있으나 대부분 아동기 또는 초기 청소년기에 발병하며 운동 틱의 평균 발병 연령은 7세이다. 투렛장애의 틱증상은 악화와 완화를 거듭히며 오랜 기간 동안 지속되는데 대체로 청소년기와 성인기에 감소하는 경향이 있다.

유전적 요인이 투렛장애의 발병에 관여한다는 여러 가지 근거가 제시되고 있다. 투렛장애와 지속성 틱장애가 동일한 가족 내에서 흔히 발생한다는 점은 이 장애의 유전성을 강하게 시사한다. 또한 투렛장애가 있는 어머니의 자녀 중 아들에게 투렛장애가 나타나는 비율이 높은 것으로 나타났다. 쌍둥이 연구에 의하면 일란성 쌍둥이에서의 일치율이 이란성의 경우보다 현저하게 높다. 투렛장애는 ADHD와의 관련성이 높아서 투렛장애 환자의 약 절반 정도는 ADHD도 함께 나타내는 경향이 있다. 이러한 경향 때문에 두 장애에 공통적인 유전적 요인이 관여하는 것으로 추정되고 있다. 또한 강박장애와도 관련성이 높아서 투렛장애를 지닌 사람의 약 40%가 강박장애를 나타낸다. 투렛장애 환자의 가족 중에는 투렛장애, 지속성 틱장애, ADHD, 강박장애가 발생될 위험성이 높은 것으로 알려져 있다.

신경화학적 또는 신경해부학적 요인이 투렛장애와 관련되어 있다는 주장이 제기되고 있다. Haloperidol이나 Pimozide와 같은 도파민 억제제는 틱증상을 억제하며, 도파민 활동을 증가시키는 약물인 Amphetamine과 Cocaine은 틱증상을 악화시킨다는 점에 근거하여 투렛장애가 도파민의 과잉 활동에 기인한다는 주장이 제기되고 있다. 또한 기저핵의 이상은 헌팅턴 병과 같은 다수의 운동장애를 일으키는데, 주로 운동증상을 나타내는 투렛장애, 강박장애, ADHD도 기저핵의 손상과 관련될 수 있다는 가설이 제기되고 있다.

투렛장애의 가장 효과적인 치료방법은 약물치료이다. Haloperidol은 투렛장애에 가장 많이 사용되는 약물이며 이 밖에도 Pimozide, Clonidine 등이 사용되고 있다. 그러나 증상이 가벼울 때는 약물을 사용하지 않는다. 심리치료는 대체로 커다란 효과를 기대하기 어렵지만, 행동장애나 적응문제가 있을 때는 적용될 필요가 있다. 특히 습관반전법(habit reversal treatment)과 같은 행동치료 기법이 투렛장애에 효과적이라는 보고가 있다.

2) 지속성 운동 또는 음성 틱장애

지속성 운동 또는 음성 틱장애(Persistent Motor or Vocal Tic Disorder)는 운동 틱 또는 음성 틱 중 한 가지의 틱이 1년 이상 지속적으로 나타나는 경우를 말한다. 이 경우, 틱은 1년 이상의 기간 동안 거의 매일 또는 간헐적으로 하루에도 몇 차례씩 일어나야 한다. 이러한 지속성 틱장애의 경우는 운동 틱과 음성 틱이 함께 나타나지는 않으며, 이 두 가지 틱이 함께 나타날 경우에는 투렛장애로 진단된다.

지속성 운동 또는 음성 틱장애는 투렛장애와 마찬가지로 같은 가족 내에서 흔히 발생하며 쌍둥이 연구에서 일란성 쌍둥이가 이란성 쌍둥이보다 더 높은 일치율이 보고되고 있다. 따라서 유전적 요인이 중요한 원인으로 추정되고 있다. 대부분 18세 이전에 시작되며 흔히 6~8세 때 발병하여 대개 4~6년간 지속되다가 초기 청소년기에 사라지는 경향이 있다. 틱이 얼굴에

국한되는 경우가 사지나 몸통에 틱이 나타나는 경우보다 예후가 좋다.

지속성 틱장애는 틱의 심각성과 빈도에 따라 치료적 접근을 달리한다. 심한 경우에는 Haloperidol과 같은 약물이 사용될 수 있지만 부작용이 심하므로 신중하게 사용해야 한다. 경미한 틱장애의 경우에는 행동치료를 비롯한 심리치료를 통해 도움을 받을 수 있다. 특히 틱장애로 인한 불안이나 우울장애가 수반되는 경우에는 심리치료가 필요하다.

3) 일시성 틱장애

일시성 틱장애(Provisional Tic Disorder)는 운동 틱이나 음성 틱 중 한 가지 이상의 틱이 나타나지만 1년 이상 지속적으로 나타나지는 않는 경우를 말한다. 이 장애는 18세 이전에 시작된다.

일시성 틱장애는 신체적 원인, 심리적 원인 또는 복합적 원인에 의해 유발되는 것으로 알려져 있다. 신체적 원인에 의한 틱장애는 대부분 점점 악화되어 투렛장애로 이행되고 틱장애의 가족력이 있다. 반면에 심리적 원인에 의한 틱장애는 서서히 사라지는 경향이 있으며 스트레스나 불안에 의해 틱증상이 악화될 수 있다.

가벼운 틱증상은 자연히 사라지는 경우가 많으므로 가족이 무시하는 것이 좋다. 그러나 틱이 심해져서 아동에게 정서적 문제를 야기하면 전문가의 평가와 치료를 받아야 한다. 주변 환경에서 주어지는 긴장이나 불안감을 제거해 주는 지지적 심리치료나 가족치료가 흔히 적용된다. 증상의 제거에는 일반적으로 행동치료가 효과적이며, 증상이 심하지 않으면 약물치료는 하지 않는다.

2. 발달성 협응장애

발달성 협응장애(Developmental Coordination Disorder)는 앉기, 기어다니기, 걷기, 뛰기 등의 운동발달이 늦고 동작이 서툴러서 물건을 자주 떨어뜨리고 깨뜨리거나 운동을 잘 하지 못하는 경우에 진단된다. 이 장애는 나이나 지능수준에 비해서 움직임이나 운동능력이 현저하게 미숙한 경우를 뜻한다. 이는 움직임에 관여하는 근육운동의 조정능력에 결함을 나타내는 것으로서 운동기술 장애(motor skills disorder)라고 불리기도 한다.

이 장애의 증상은 나이와 발달단계에 따라 다양하다. 예를 들면, 아주 어린 아동은 서투른 동작을 나타내고 운동 발달 과제(예: 걷기, 기어다니기, 앉기, 신발끈 묶기, 단추 잠그기, 바지의 지퍼 잠그기)가 지연된다. 좀 더 나이가 많은 아동은 퍼즐 맞추기, 공놀이 하기, 그림 그리기, 글씨 쓰기 등에서 어려움을 나타낸다. 일반적으로 발달성 협응장애를 나타내는 아동은 의사소통장애를 함께 나타내는 경향이 있다.

발달성 협응장애의 유병률은 5~11세 아동의 6% 정도로 보고되고 있다. 이 장애는 아동이 달리기, 수저 사용하기, 단추 잠그기, 공놀이 등과 같은 동작을 처음 시도하게 될 때 흔히 발견된다. 이 장애의 경과는 다양하며 청소년기와 성인기까지 지속되는 경우도 있다.

3. 상동증적 운동장애

상동증적 운동장애(Stereotypic Movement Disorder)는 특정한 패턴의 행동을 아무런 목적 없이 반복적으로 지속하여 정상적인 적응에 문제를 야기하는 경우를 말한다. 이러한 상동증적 동작에는 손을 흔들기, 몸을 좌우로 흔들기, 머리를 벽에 부딪치기, 손가락 깨물기, 피부 물어뜯기, 몸에 구멍 뚫기 등이 있으며 때로는 심한 신체적 손상을 초래하여 의학적 치료를 받아야 하는 경우도 있다. 틱행동은 비의도적이고 급작스러운 방식으로 나타나는 반면, 상동증적 행동은 다분히 의도성이 있고 율동적이며 자해적인 측면이 있다.

파괴적, 충동조절 및 품행장애

파괴적, 충동조절 및 품행장애(Disruptive, Impulse Control, and Conduct Disorders)는 정서와 행동에 대한 자기통제의 문제를 나타내는 다양한 장애를 포함하고 있다. 특히 다른 사람의 권리를 침해하거나 사회적 규범을 위반하는 부적응적 행동들이 이에 해당된다. DSM-5-TR은 이 장애범주의 하위장애로 적대적 반항장애, 간헐적 폭발장애, 품행장애, 병적 방화, 병적 도벽, 반사회성 성격장애를 포함시키고 있다.

제1절 적대적 반항장애

적대적 반항장애(Oppositional Defiant Disorder)는 어른에게 거부적이고 적대적이며 반항적인 행동을 지속적으로 나타내는 경우를 뜻한다. DSM-5-TR에 따르면, 이 장애는 세 가지의 핵심 증상, 즉 분노하며 짜증내는 기분, 논쟁적이고 반항적인 행동, 복수심으로 이루어져 있다.

적대적 반항장애를 지닌 아동들은 화를 잘 내고 어른의 요구나 규칙을 무시하며 어른에게 논쟁을 통해 도전하고 고의적으로 타인의 기분을 상하게 하거나 귀찮게 한다. 자신의 실수나 잘못에 대해서 다른 사람을 비난하고 심술을 잘 부리며 복수심이 강하여 타인을 괴롭히는 경향이 있다. 이러한 여러 가지 반항적 행동들이 6개월 이상 지속되어 학교나 가정에서 많은 문제가 생기는 경우, 적대적 반항장애로 진단된다.

이런 장애가 만성화하면 대부분 대인관계에 부정적인 영향을 미치게 되어 친구도 없고 학업성적이 저하되는 등 학교생활에서 많은 문제가 발생한다. 이런 문제를 지닌 아동은 대부분 우울하며 열등감이 있고 참을성이 적다. 청소년기에는 알코올, 담배, 흡입제 등을 남용하기 쉬우며 품행장애나 기분장애로 발전되기도 한다.

학령기 아동의 16~22%가 이러한 반항적 성향을 나타낸다고 한다. 빠른 경우에는 3세경부터 시작될 수도 있으나 전형적으로 8세 이전에 시작되며 청소년기 이후에 시작되는 경우는 드물다. 이 장애는 사춘기 이전에는 남성에게 많으나 사춘기를 지나면 남녀 비율이 비슷해진다. 여자 아동은 적대적 반항장애로, 남자 아동은 품행장애로 진단되는 경향이 많다는 보고도 있다.

적대적 반항장애의 원인은 잘 밝혀져 있지 않으나 부모와 자녀 간의 갈등이 중요한 역할을 하는 것으로 보인다. 이 장애를 지닌 아동의 부모는 대부분 권력, 지배, 자율에 관심이 많다. 기질적으로 자기주장과 독립성이 강한 아동에게 지배성향이 강한 부모가 일방적으로 아동의 행동을 힘이나 권위로 과도하게 억제하려 하는 경우, 부모와 자녀 간의 투쟁과정에서 아동은 적대적 반항장애를 나타낼 수 있다. 아동기 후기나 청소년기는 부모에 대한 과잉의존에서 벗어나 자율성을 키우고 자기결정권을 강화하는 시기로서 외부적 압력이나 제한에 대해서 반항적이고 적대적인 행동을 나타내기 쉬운 발달단계이다. 적대적 반항장애를 배변훈련 과정에서 부모와 자녀가 힘겨루기를 하는 일종의 항문기적 문제라고 보는 정신분석학자도 있다. 행동주의적 입장에서는 적대적 반항행동이 가족 내에서 모방학습을 통해 습득되고 조작적 조건형성을 통해 강화될 수 있다고 주장한다. 즉, 집요한 반항행동이나 적대적 논쟁행동은 자신의 요구를 관철시키거나 부모의 요구를 철회하게 하는 등의 보상적 결과를 통해 강화될 수 있다.

적대적 반항장애는 성장하면서 자연적으로 사라질 수도 있지만 부모나 교사와의 관계를 악화시킬 뿐 아니라 교우관계나 학업성취도를 저하시키고 품행장애나 기분장애로 발전될 수 있는 위험성을 지니고 있다. 따라서 장애의 정도가 심한 경우에는 개인 심리치료를 받게 하는 것이 좋다. 치료자는 아동과 좋은 치료적 관계를 형성하고 아동의 욕구불만과 분노감을 잘 수용해 줄 필요가 있다. 아울러 자신이 원하는 바를 효과적으로 실현할 수 있는 적응적 행동을 습득시키고 강화해 주는 것이 중요하다. 그리고 이러한 치료원칙을 부모에게 이해시키고 아동을 대하는 태도를 변화시켜 좀 더 효과적인 부모-자녀 의사소통과 관계개선이 이루어지도록 유도하는 것이 필수적이다.

제2절 **간헐적 폭발장애**

간헐적 폭발장애(Intermittent Explosive Disorder)는 공격적 충동이 조절되지 않아 심각한 파괴적 행동으로 가끔씩 나타나게 되는 경우를 말한다. 이 장애를 지닌 사람은 언어적 공격행위와 더불어 재산 파괴와 신체적 공격을 포함하는 폭발적 행동을 반복적으로 나타낸다. 이러한 공격성의 강도는 자극사건이나 심리사회적 스트레스 사건에 비해 현저하게 지나친 것이다.

간헐적 폭발장애를 지닌 사람은 마치 공격적 발작을 하듯이 폭발적인 행동을 나타낸다. 이러한 폭발적 행동을 하기 전에 심한 긴장상태를 경험하며 공격적 행동을 하고 나서는 즉각적인 안도감을 느낀다. 대부분의 경우, 이들은 공격적 행동을 하고 나서 후회를 하거나 당황스러워 한다. 이러한 행동으로 인하여 직업 상실, 학교적응의 곤란, 이혼, 대인관계의 문제, 법적인 문제가 초래될 수 있다.

간헐적 폭발장애의 유병률은 미국의 경우 2.7%로 보고되고 있다. 이 장애는 35세 이하의 젊은 사람들에게서 더 흔한 것으로 알려져 있으며 주된 발병 시기는 10대 후반에서 30대까지이며 갑작스럽게 이러한 장애가 나타나는 경우가 많다.

간헐적 폭발장애의 원인은 분명하게 밝혀진 것이 별로 없다. 어렸을 때 부모나 다른 사람에게 학대를 받거나 무시를 당한 것이 원인이 된다는 주장이 있다. 가족의 분위기가 폭력적일 경우에도 이러한 장애가 나타날 가능성이 높다고 한다.

높은 안드로겐 수준과 같은 호르몬 요인은 공격적 행동에 중요한 요인이 될 수 있다. 공격적 행동을 할 수 있는 유전적 취약성을 지닌 경우, 이 장애를 나타내기 쉽다. 이런 기질을 타고난 사람은 스트레스에 대한 통제력이 약하기 때문에 평범한 스트레스에도 폭력적인 공격행동을 나타낼 수 있다. 최근의 연구자료에 따르면, 신경전달물질인 Serotonin이 비정상적으로 과다하게 분비되었을 때 공격행동이 나타날 수 있다고 한다.

간헐적 폭발장애는 매우 드물기 때문에 치료에 대한 연구가 거의 없다. 심리치료적 방법으로는 과거에 누적된 분노나 적개심을 비공격적인 방법으로 표출하고 심리사회적 스트레스에 대한 인내력을 증대시키는 방법이 도움이 될 수 있다. 최근에는 Serotonin이 공격행동과 관련된다는 연구에 근거하여 세로토닌 재흡수를 차단하는 약물이 효과적이라고 제안되고 있다.

제3절 품행장애

중학교 2학년인 A군의 부모는 요즘 걱정이 많다. 초등학교 때에도 부산하고 과격한 행동을 나타내던 A군이 중학교에 들어간 이후 성적이 매우 부진할 뿐만 아니라 또래학생을 심하게 때리는 일이 자주 발생했기 때문이다. 최근에는 저학년 학생을 때리고 돈을 빼앗는 일이 발생하여 A군의 부모는 학교에 불려가 사죄를 해야 했다. 담임교사의 말에 따르면, A군은 수업시간에 매우 산만하고 옆 학생들을 괴롭혀 수업진행에 어려움이 많으며 결석과 지각을 자주 한다고 했다. 매일 아침 A군을 제시간에 학교에 보냈던 부모는 이 말을 듣고 매우 놀랐으며, 집에 돌아와 A군을 다그쳐 물은 결과 학교 근처를 배회하거나 오락실에서 시간을 보냈다고 한다. 이런 A군에게 부모는 매질을 가했고 다시는 그런 행동(돈을 빼앗고 친구를 때리고 학교에 가지 않는 일)을 하지 않겠다는 다짐을 받곤 했으나 전혀 개선이 되지 않았다. 요즘은 부모에게 거짓말을 자주 하고 몰래 돈을 훔쳐가는 일이 빈번해지고 있다.

품행장애(Conduct Disorder)는 폭력, 방화, 도둑질, 거짓말, 가출 등과 같이 난폭하거나 무책임한 행동을 통해 타인을 고통스럽게 하는 행위를 반복적으로 나타내는 경우를 말한다. 청소년들이 나타내는 소위 '비행 행동'이 빈번한 경우는 이러한 품행장애에 해당된다.

품행장애로 진단되기 위해서는 다른 사람의 기본적 권리를 해치거나 나이에 적합한 사회적 규범을 어기는 행동양상이 지속적으로 반복되어야 한다. 품행장애는 크게 4가지의 문제행동, 즉 사람과 동물에 대한 공격, 재산파괴, 사기나 절도, 중대한 규칙위반이며, 〈표 14-3〉에 제시된 15개 항목 중 3개 이상이 지난 12개월간 지속되고 이 중 한 항목 이상이 지난 6개월 동안에 반복적으로 나타날 때 품행장애로 진단된다.

품행장애는 흔히 여러 형태의 공격적 행동으로 나타난다. 공격적인 반사회적 행동으로 약자를 괴롭히거나 폭력을 남발하거나 잔인한 행동을 나타낸다. 어른에게 반항적이고 적대적이며 복종하지 않는 경향이 있다. 또한 잦은 학교결석, 성적 저조, 흡연, 음주, 약물남용과 더불어 거짓말, 잦은 가출, 공공기물 파괴행동 등을 나타낸다. 자신이 한 잘못된 행동에 대해서 죄책감을 느끼거나 후회하지 않으며 흔히 다른 사람의 탓으로 돌린다. 이들의 문제행동에 대한 처벌은 그런 행동을 감소시키기보다 오히려 반항심과 분노를 증가시켜 문제행동을 더 악화시키는 경향이 있다. 이러한 품행장애를 나타내는 아동이나 청소년은 대부분 가정이나 학

표 14-3 품행장애의 진단기준

다른 사람의 기본적 권리나 사회적 규범을 위배하는 행동패턴이 지난 12개월 동안에 다음의 15개 기준 중 3개 이상으로 나타나야 한다. 그중 1개 이상의 기준은 지난 6개월 이내에 나타나야 한다.

사람과 동물에 대한 공격

(1) 자주 다른 사람을 못살게 굴거나, 협박하거나 겁먹게 한다.

(2) 자주 싸움을 건다.

(3) 다른 사람에게 심한 신체손상을 줄 수 있는 무기를 사용한다.

(4) 사람에게 신체적으로 잔인하게 대한다.

(5) 동물에게 잔인하게 대한다.

(6) 피해자가 보는 앞에서 도둑질을 한다(예: 노상강탈, 지갑 날치기, 강도, 무장강도).

(7) 다른 사람으로 하여금 강제로 성행위를 하게 한다.

재산파괴

(8) 심각한 파괴를 일으킬 작정으로 고의로 불을 지른다.

(9) 다른 사람의 재산을 고의로 파괴한다(방화에 의한 것은 제외).

사기 또는 절도

(10) 다른 사람의 집, 건물 또는 자동차를 파괴한다.

(11) 물품이나 호의를 취득하거나 의무를 피하려고 자주 거짓말을 한다.

(12) 피해자와 마주치지 않고 사소한 것이 아닌 물건을 훔친다(예: 파괴하거나 침입하지 않고 물건을 사는 체하고 훔치기, 문서위조).

중대한 규칙위반

(13) 부모가 금지하는데도 자주 외박을 하며, 이는 13세 이전부터 시작되었다.

(14) 부모나 대리부모와 집에서 같이 살면서 최소한 두 번 이상 가출, 외박을 한다
　　　(또는 한 번 가출했으나 장기간 귀가하지 않음).

(15) 무단결석을 자주 하며, 이는 13세 이전부터 시작하였다.

교에서 비행을 일삼는 문제아로 여겨진다.

품행장애는 아동기와 청소년기에서 상당히 흔한 장애이다. 18세 이하 남자 아동의 6~16%, 여자 아동의 2~9%에서 나타난다고 추정되며, 남성이 여성보다 4~12배 정도 많은 것으로 보고되고 있다. 품행장애는 남성에게 더 일찍 나타나는데 평균적으로 남성은 10~12세이고 여성은 14~16세에 시작된다. 품행장애는 발병 연령에 따라 10세 이전에 문제행동이 나타나는 **아동기-발병형**(childhood-onset type)과 그 이후에 나타나는 **청소년기-발병형**(adolescent-onset type)으로 구분되며, 문제행동의 심각한 정도에 따라서 경미한 정도, 상당한 정도, 심한 정도로 분류된다.

품행장애는 갑자기 발병되지 않으며 시간을 두고 서서히 여러 가지 증상이 발생되다가 결

국은 심각한 수준에 이르게 된다. 품행장애의 정도가 경미하고 다른 정신장애가 없으며 지능이 정상일 경우에는 예후가 좋은 반면, 품행장애 증상이 어린 나이에 시작되고 문제행동의 수가 많은 경우는 예후가 좋지 않으며 성인기에 반사회성 성격장애로 발전될 수 있다. 또한 반사회성 성격장애나 알코올 의존이 있는 부모의 자녀에서 품행장애가 더 빈번하게 발생한다. 품행장애와 반사회적 행동의 유병률은 사회경제적 수준이 낮은 계층에서 높다.

아동·청소년기에 나타나는 품행장애는 다양한 요인이 복합적으로 작용하여 발생하는 것으로 추정되고 있다. 가장 주목을 받고 있는 원인적 요인은 부모의 양육태도와 가정환경이다. 부모의 강압적이고 폭력적인 양육태도 또는 무관심하고 방임적인 양육태도는 모두 품행장애를 촉발할 수 있다. 또한 부모의 불화, 가정폭력, 아동학대, 결손가정, 부모의 정신장애나 알코올 사용장애 등은 품행장애와 밀접한 관련을 맺고 있다.

이러한 열악한 가정환경은 아동을 불만이 많고 화를 잘 내며 충동적이고 공격적인 사람으로 유도할 수 있다. 특히 품행장애를 지닌 아동이나 청소년은 성숙한 대인관계의 형성에 필수적인 심리적 특성인 '좌절감에 대한 인내력'이 결여되어 있다. 아울러 도덕적인 윤리의식의 발달이 결여되어 타인의 고통에 무관심하고 사회적 규범을 준수하지 않는데, 정신분석적 입장에서는 품행장애를 초자아 기능의 장애로 간주하기도 한다. 학습이론에서는 품행장애에서 나타나는 문제행동이 부모를 통한 모방학습이나 조작적 조건형성에 의해서 습득되고 유지되는 것이라고 주장한다. Bandura와 Walter(1963)는 아동이 타인의 공격행동이나 TV에서 나타나는 폭력행동을 관찰하고 모방하여 학습할 수 있음을 보여주었다. 이러한 공격적 행동은 원하는 목적을 달성하는 효과적인 방법이기 때문에 강화되는 경향이 있다.

사회경제적 수준이 낮고 도시에 거주하는 가정의 아동 중에 품행장애가 많은 점은 사회문화적 요인의 중요성을 보여준다. 사회경제적 수준이 낮은 계층은 낮은 교육수준, 높은 실업률, 경제적 곤란, 가족생활의 파탄, 가정교육의 부재 등으로 인해 품행장애가 유발될 가능성이 높다. 이러한 하류계층은 가정불화와 더불어 폭력적이고 부적절한 양육행동을 통해 자녀에게 심리적 불만과 공격성을 증대시켜 품행장애를 유발할 수 있다. 또한 빈곤계층에 속한 아동들은 사회적·경제적 욕구를 정당한 방법으로는 성취할 수 없기 때문에 반사회적인 행동을 사용하게 되며 이러한 행동이 빈곤계층에서는 쉽게 용납되기 때문이라는 해석도 있다.

공격적이고 폭력적인 품행장애 아동

품행장애의 신경생물학적 요인에 대한 연구는 부족한 편이다. 품행장애가 반사회적 성격장애나 알코올 의존이 있는 부모의 자녀에게 더 빈번하게 발생한다는 사실은 품행장애가 유전적 영향을 받을 수 있음을 시사한다. 특히 ADHD, 품행장애, 반사회성 성격장애는 매우 유사한 유전적 소인에 의해 유발되는 연관된 장애라고 보는 견해도 있다. 또한 품행장애가 있는 아동은 혈중 serotonin 수준이 높다는 보고도 있고, 뇌기능 장애나 손상과 같은 기질적 문제가 품행장애와 관련된다는 주장도 제기되고 있다. 한 장기적 추적연구에 따르면, 품행장애는 아동의 타고난 기질과 부모의 양육방법이 충돌하여 심각한 갈등을 초래하는 경우에 나타나는 경향이 있다고 한다.

품행장애는 다각적인 방법을 통해 치료되어야 한다. 우선 부모, 가족, 교사, 정신건강 전문가의 협력적 노력이 필요하다. 부모는 품행장애 아동에 대해서 실망과 분노를 느끼고 비난과 처벌을 가하며 아동은 부모의 이러한 행동에 대한 저항과 반발을 통해 문제행동이 악화될 수 있는데, 이러한 악순환을 끊는 것이 중요하다. 정신건강 전문가나 교사의 개입을 통해 품행장애 아동에 대한 부모의 태도를 변화시키는 것이 중요하다. 아울러 가정불화가 있는 가정의 경우에는 부부갈등이나 갈등표현방법을 변화시키도록 유도할 필요가 있다.

아울러 품행장애 아동에게는 좌절과 불만을 사회적으로 좀 더 용인되는 방법으로 표현하도록 가르치는 것이 필요하다. 이러한 효과적인 분노분출방법이나 욕구충족방법을 습득하게 되면 반사회적 행동에 대한 의존도가 저하될 수 있기 때문이다. 가정과 학교에서는 일관성 있는 보상과 처벌의 규칙을 만들어 품행장애 아동의 긍정적 행동을 강화하고 반사회적 행동을 약화시키는 꾸준한 노력이 필요하다. 나아가서 개인심리치료를 통해 아동이 새로운 적응기술을 습득하고 좌절에 대한 인내력을 키우며 궁극적으로 긍정적인 자아상을 회복하도록 하는 것이 중요하다. 때로는 공격행동을 감소시키는 약물치료가 도움이 될 수도 있다.

제4절 병적 방화

병적 방화(Pyromania)는 불을 지르고 싶은 충동을 조절하지 못해 반복적으로 방화를 하는 경우를 말하며 방화증이라고 불리기도 한다. 병적 방화를 하는 사람은 사전에 미리 계획을 세우고 나름대로의 목적을 지니고 방화를 한 번 이상 한다. 이들은 불을 지르기 전에 긴장감을 느끼며 흥분한다. 불이나 불과 관련되는 상황에 대해서 매혹을 느끼며 호기심과 함께 이끌린다. 예를 들면, 불을 지르는 도구나 불을 질렀을 때의 상태 또는 불을 지르고 난 뒤의 결과에 대해서 많은 관심을 보인다. 불을 지르거나 또는 남이 불을 지르는 것을 볼 때 기쁨이나 만족감 또는 안도감을 느낀다. 보험금을 노리는 경우와 같이 경제적 이익을 위해서, 사회정치적인 이념을 구현하기 위해서, 범죄현장을 은폐하기 위해서, 분노나 복수심을 표현하기 위해서, 생활환경을 개선하기 위해서, 다른 정신장애에 의한 판단력 장애로 인해 불을 지르는 것이 아니어야 하며, 또한 품행장애, 조증 상태, 반사회성 성격장애에 의해 설명되지 않는 반복적 방화행위에 대해서만 병적 방화로 진단될 수 있다.

정신분석적 입장에서는 병적 방화를 하는 사람들은 성적 욕구를 해소할 수 있는 대체수단으로 불을 지르게 된다고 본다. Freud는 불의 상징적 의미에 대해서 불이 일으키는 따뜻한 느낌은 성적인 흥분 뒤에 일어나는 감각과 비슷한 감각을 일으킨다고 주장한다. 그리고 불꽃의 모양이나 움직임은 남자의 성기를 연상시킨다고 언급하기도 했다. Fenichel(1954)은 불의 가학적이고 파괴적인 상징적 의미를 강조했다. 이 밖에도 병적 방화의 주된 동기는 복수심이라는 주장도 있고 대인관계 능력이 없는 사람이 다른 사람과 의사소통을 하고자 하는 방식으로 불을 지른다는 주장도 있다.

또한 뇌의 기능적 결함으로 병적 방화가 나타날 가능성도 제기되고 있다. 지적 발달장애, 알코올 중독 환자, 성도착 환자가 방화행동을 자주 보인다고 한다. 병적 방화의 치료방법에 대한 과학적 연구나 체계적인 자료는 거의 없으며, 다른 충동통제장애와 마찬가지로 정신역동치료나 행동치료에 대한 치료사례가 보고되고 있다.

제5절 병적 도벽

기숙사에서 생활하는 대학생 M양은 자신도 이해하기 힘든 문제행동 때문에 대학상담실을 찾게 되었다. 다른 사람의 물건을 자신도 몰래 자꾸 훔치게 된다는 것이다. 특별히 필요한 것도 아니며 경제적으로 어려운 형편도 아닌데, 탐나는 물건을 보면 훔치고자 하는 충동을 참기 어렵다고 한다. 이러한 충동이 일어나면 잠시 이성을 잃는 것 같다고 말한다. 기숙사에서도 학생들의 시계, 반지, 속옷, 심지어 노트북까지 훔치게 되었다고 한다. 아무도 없는 빈 방에 탐나는 물건이 놓여 있는 것을 보게 되면, 훔치고 싶은 충동이 일어난다고 한다. M양은 기숙사뿐만 아니라 문방구, 편의점, 백화점 등에서도 여러 가지 물건을 훔치곤 했다고 고백했다. 이제는 훔치는 일에 숙달이 되어 CCTV가 있는 곳을 재빨리 파악하고 판매원이 경계를 늦추는 시점을 잘 포착하여 훔치며 아직까지 한 번도 잡혀 본 적이 없다고 한다. 만약의 경우 물건수색에 대비하기 위해서, 훔친 물건은 기숙사 밖의 비밀스러운 장소에 보관해 두고 가끔씩 확인한다고 했다. 이러한 도벽이 중학교 때부터 간헐적으로 있었으나 대학에 진학하여 부모와 떨어져 살게 된 이후로 부쩍 심해졌다고 한다. 특히 자신의 도벽행동이 월경주기와 관계가 있는 것 같다는 주장을 하기도 했다. 최근에 M양은 물건을 잃은 학생들에게 태연하게 대하면서 자주 죄책감을 느끼게 된다며 자신의 도벽행동을 어떻게 없앨 수 있는지 알고 싶다고 했다.

병적 도벽(Kleptomania)은 남의 물건을 훔치고 싶은 충동을 참지 못해 반복적으로 도둑질을 하게 되는 경우를 말하며 도벽증 또는 절도광이라고도 한다. 병적 도벽을 지닌 사람들은 개인적으로 쓸모가 없거나 금전적으로 가치가 없는 물건을 훔치려고 하는 충동을 억누르지 못하고 물건을 훔치는 일을 반복한다. 물건을 훔치기 직전에 긴장감이 높아지며, 물건을 훔치고 나서 기쁨, 만족감, 안도감을 느낀다. 병적 도벽은 분노나 복수심을 나타내기 위해 물건을 훔치거나 망상이나 환각에 대한 반응으로 물건을 훔치는 것과는 다르다. 품행장애, 조증 상태, 반사회성 성격장애를 지닌 사람들도 물건을 훔치는 행동을 할 수 있는데, 반복적인 도벽행위가 이런 장애로 설명되지 않을 때 병적 도벽으로 진단된다.

병적 도벽을 지닌 사람들은 돈이 필요하거나 물건이 꼭 필요해서 훔치는 행위를 하는 것이 아니다. 이들은 물건을 살 만한 돈이 충분히 있고, 경제적으로 부족함이 없는 사람들이며 흔히 별로 가치가 없는 물건을 훔치는 경우가 많다. 즉, 이들은 훔치는 물건보다는 훔치는 행위가 중요하며 그러한 행위를 하면서 느끼는 긴장감, 만족감, 스릴에 대한 유혹을 통제하지 못하는 사람이라고 할 수 있다. 병적 도벽을 지닌 사람은 갑작스럽게 일어나는 훔치고자 하는 충동을 억누르지 못해 물건을 훔치게 되는데, 이러한 절도욕구에 대해서 불편해하고 발각되는 것에 대한 두려움이 있지만 절도행위를 하는 동안의 만족감이 더 크기 때문에 절도행위를 반복하게 된다.

병적 도벽은 매우 드물다. 상습적 소매치기 중에서 병적 도벽인 경우는 100명 중 5명이 채안 되는 것으로 보고되고 있다. 병적 도벽은 청소년기부터 시작되며 점차 만성화되는 경향이 있다. 병적 도벽은 남성보다 여성에게 더 흔한 것으로 알려져 있다.

병적 도벽에 대한 원인은 잘 알려져 있지 않다. 생물학적 입장에서는 뇌의 특정부분이 손상되었거나 신경학적 기능이상으로 인해서 물건을 훔치는 행동이 나타난다고 본다. 물건을 훔치는 행동을 보이고 서서히 진행되는 치매 양상을 나타내는 사람의 경우, 뇌 촬영의 결과 전두엽의 대뇌피질이 퇴화되어 있고 뇌측실이 커진 것으로 발견되었다. 뇌의 구조적 손상으로 인해 충동조절능력과 행동억제능력이 저하되어 도벽이 나타날 수 있다는 주장이다.

정신분석적 입장에서는 물건을 훔치는 행동이 아동기에 잃어버린 애정과 쾌락에 대한 대체물을 추구하는 행위라고 본다. 억압된 성적 욕구를 분출하는 대체수단으로 도벽이 나타난다는 주장도 있다. 또한 어렸을 때 사랑하는 사람을 빼앗아간 사람에 대한 복수로 물건을 훔치는 행동이 나타난다고 보기도 한다.

병적 도벽에 대한 치료방법은 잘 알려져 있지 않으나 병적 도벽 환자에 대한 정신역동적 치료의 사례들이 보고되고 있다. 병적 도벽에는 체계적 둔감법, 혐오적 조건형성, 사회적 강화요인의 변화 등을 통한 행동치료가 유용한 것으로 보고되고 있다.

배설장애

어린 아동은 대소변을 가리는 자기조절능력을 배우는 것이 중요하다. 대부분의 아동은 4~5세가 되면 대소변을 스스로 가릴 수 있게 된다. 그러나 대소변을 가릴 충분한 나이가 되었음에도 이를 가리지 못하고 옷이나 적절치 못한 장소에서 배설하는 경우를 **배설장애**(Elimination Disorders)라고 하며, 유뇨증과 유분증으로 구분된다.

제1절 유뇨증

유뇨증(Enuresis)은 배변훈련이 끝나게 되는 5세 이상의 아동이 신체적인 이상이 없음에도 옷이나 침구에 반복적으로 소변을 보는 경우를 말한다. 특히 연속적으로 3개월 이상 매주 2회 이상 부적절하게 소변을 볼 경우에 유뇨증으로 진단된다. 이러한 유뇨증에는 밤에만 나타나는 야간형 유뇨증(야뇨증), 낮에만 나타나는 주간형 유뇨증, 그리고 밤과 낮 구분 없이 나타나는 주야간형 유뇨증이 있다.

야간형 유뇨증은 가장 흔한 경우로서 수면의 초기에 흔히 나타난다. 특히 REM수면단계에서 소변보는 행위와 관련된 꿈을 꾸면서 침구에 소변을 보는 경우가 많다. 주간형 유뇨증은 남자보다 여자에게 많고 9세 이후에는 흔하지 않다. 주간형 유뇨증은 때로는 사회적 불안이나 학업 및 놀이에 열중하여 화장실 가기를 싫어하기 때문에 발생하기도 한다. 유뇨증을 지닌 아동은 사회활동의 제약(예: 친구 집에서 자거나 캠핑 가는 일을 하지 못함), 친구들로부터의 놀림과 배척, 부모에 대한 불안과 분노, 낮은 자존감 등의 문제를 나타낼 수 있다.

5세 아동의 경우 유뇨증의 유병률은 남자 아동이 7%이며 여자 아동은 3%이다. 10세 아동의 경우는 남자 아동이 3%이고 여자 아동은 2%이다. 18세경에는 남성이 1%이며, 여성은 더 드물다. 유뇨증은 그 경과에 따라 소변 가리기를 한 번도 제대로 하지 못한 일차성 유뇨증(primary enuresis)과 일정 기간 분명하게 소변을 가린 후에 장애가 나타나는 이차성 유뇨증(secondary enuresis)이 있다. 5세까지 소변을 가리지 못하면 일차성 유뇨증으로 분류되며, 이차성 유뇨증은 5~8세 사이에 가장 흔히 시작되지만 언제든지 발병할 수 있다. 유뇨증을 지니는 대부분의 아동은 청소년기에 소변을 가릴 수 있게 되지만 약 1%는 성인기까지 장애가 지속된다.

유뇨증의 원인은 아직 명확하게 밝혀져 있지 않다. 그러나 유전적 요인, 중추신경계의 미성숙, 방광의 부분적 기능장애, 요 농축능력의 장애, 사발적 배뇨를 할 수 없을 징도의 낮은 방광 용적, 심리사회적 스트레스나 심리적 갈등, 부적절한 대소변 훈련이 유뇨증의 유발과 관련된 것으로 여겨지고 있다. 유뇨증이 유전적 요인과 관련되어 있음을 시사하는 여러 가지 보고가 있다. 유뇨증을 지닌 아동의 약 75%에서 같은 장애를 가진 직계가족이 있다. 쌍둥이 연구에서 일란성 쌍둥이가 이란성 쌍둥이보다 유뇨증의 일치율이 높았다. 대부분의 유뇨증 아동은 해부학적으로 정상적인 방광을 지니고 있지만 정상아동보다 소변을 더 자주 보며 소변이 조금만 방광에 차도 요의를 느끼는 경향이 있다.

심리사회적 스트레스도 유뇨증을 유발하는 요인으로 알려져 있다. 동생의 출생, 2~4세 사이의 병원 입원, 부모의 이혼이나 사망, 입학, 이사와 같은 사건이 일어난 후에 유뇨증이 유발되는 경우가 흔하다. 정신분석적 입장에서는 부모에 대한 불만, 두려움, 분노 등의 억압된 감정이 유뇨증이라는 수동공격적인 복수의 형태로 나타난다고 보고 복수성 유뇨증(revengeful enuresis)이라고 명명하기도 했다.

유뇨증은 복합적인 요인에 의해 나타나므로 적절한 평가를 통해 다양한 치료방법이 적용되어야 한다. 유뇨증의 치료에는 행동치료적 기법이 효과적인 것으로 알려져 있다. 잠자리 요나 기저귀에 전자식 경보장치(bell and pad)를 하여 소변이 한 방울이라도 떨어지면 즉시 벨이 울려 잠자는 아동을 깨우게 하는 방법이 가장 안전하고 효과적인 방법으로 알려져 있다. 이 방법은 방광에 소변이 차서 소변이 마려움을 느끼는 요의와 잠에서 깨어나는 반응을 조건형성시키는 방법으로서 야뇨증 아동의 50% 이상에서 치료효과가 있다고 보고되어 있다. 아동에게 일정량의 수분을 먹게 한 후 가능한 한 오랫동안 소변보는 것을 참게 하는 방광훈련(bladder training)이 적용되기도 한다. 아동의 유뇨증이 심리적 갈등에 의한 것일 때는 놀이치료와 가족치료가 도움이 될 수 있다. 일반적으로 약물치료는 유뇨증 치료에 적용되지 않지만 다른 치료법이 효과를 거두지 못할 경우에 마지막 방법으로 드물게 사용되기도 한다. 이 경우에는 삼환계 항우울제가 가장 흔히 사용된다.

제2절 유분증

유분증(Encorpresis)은 4세 이상의 아동이 대변을 적절치 않은 곳(옷이나 마루)에 반복적으로 배설하는 경우를 말한다. 특히 이러한 행동이 3개월 이상 매주 1회 이상 나타날 경우에 유분증으로 진단된다.

유분증이 있는 아동은 수줍음이 많고 난처한 일이 일어날 수 있는 상황(예: 야영, 학교)을 피하려고 한다. 유분증을 지닌 아동은 사회활동의 제약(예: 친구 집에서 자거나 캠핑 가는 일을 하지 못함), 친구들로부터의 놀림과 배척, 부모에 대한 불안과 분노, 낮은 자존감 등의 문제를 나타낼 수 있다. 유분증이 있는 아동은 흔히 유뇨증을 함께 나타내기도 한다.

유분증의 유병률은 5세 아동의 약 1%이며 남자 아동에게 더 흔하다. 유분증은 몇 년 동안 지속되는 경우도 있으나 대부분 나이가 들면서 사라진다.

적절한 시기에 대소변 훈련을 시키지 않았거나, 대소변 훈련과정에서 일관성이 없었거나, 지나치게 강압적이거나, 발달단계에 맞지 않게 너무 일찍 대소변 훈련을 시키면 대소변 가리기에 문제가 발생하기 쉽다. 이러한 대소변 훈련과정에서 부모와 아동은 통제와 자율의 갈등을 경험하게 되며 이러한 갈등이 유분증을 악화시키고 다른 행동적 문제를 초래할 수 있다. 정신분석적 입장에서는 유분증을 분노의 표현으로 보고 있다.

유분증은 다양한 심리사회적 스트레스, 즉 입학이나 동생의 출산, 부모불화, 어머니와의 이별, 병에 걸리거나 입원하는 사건에 의해 촉발될 수 있다. 때때로 변기를 사용하는 것에 대한 남다른 공포를 지닌 아동도 있다. 유분증이 있는 아동은 대체로 주의가 산만하고 집중력이 낮으며 과잉행동을 나타낸다는 점에서 유분증이 뇌신경발달의 지연과 관련되어 있다는 주장도 제기되고 있다.

유분증의 치료에는 대변 가리기 훈련, 행동치료, 심리치료가 적용된다. 규칙적인 시간에 대변을 보게 하는 습관을 기르는 훈련을 시키거나 대변을 잘 가리는 행동에 대해서 보상을 주는 행동치료 기법이 효과적이다. 아울러 가족 내의 긴장을 줄이고 아동을 수용하는 분위기를 유도하는 동시에 유분증으로 인해 낮아진 아동의 자존심을 높여 주고 자신감을 길러 주는 것이 중요하다.

신경인지장애

신경인지장애(Neurocognitive Disorders)는 뇌의 손상으로 인해 의식, 기억, 언어, 판단 등의 인지적 기능에 심각한 결손이 나타나는 경우를 뜻하며 주요 신경인지장애, 경도 신경인지장애, 섬망으로 구분된다.

제1절 주요 및 경도 신경인지장애

주요 신경인지장애(Major Neurocognitive Disorder)는 한 가지 이상의 인지적 영역(복합 주의, 실행 기능, 학습 및 기억, 지각-운동 기능 또는 사회적 인지)에서 과거의 수행 수준에 비해 심각한 인지적 저하가 나타나는 경우를 말한다. 이러한 인지적 저하는 본인이나 잘 아는 지인 또는 임상가에 의해서 인식될 수 있다. 아울러 표준화된 신경심리검사나 다른 양화된 임상적 평가에 의해서 인식될 수 있다. 이러한 인지적 손상으로 인해서 일상생활을 독립적으로 영위하기 힘들 경우에 주요 신경인지장애로 진단된다. 주요 신경인지장애는 알츠하이머병, 외상성 뇌손상, 뇌혈관 질환, HIV 감염, 파킨슨병 등과 같은 다양한 질환에 의해서 유발될 수 있다. DSM-5-TR에서는 주요 신경인지장애를 그 원인적 요인으로 작용하는 질환에 따라 다양한 하위유형으로 구분하고 있다.

경도 신경인지장애(Minor Neurocognitive Disorder)는 주요 신경인지장애에 비해서 증상의 심각도가 경미한 경우를 말한다. 인지기능이 과거의 수행 수준에 비해 상당히 저하되었지만 이러한 인지적 저하로 인해서 일상생활을 독립적으로 영위할 수 있는 능력이 저해되지 않는 경우를 말한다. 경도 신경인지장애는 주요 신경인지장애와 마찬가지로 알츠하이머병, 뇌혈관 질환, 충격에 의한 뇌 손상, HIV 감염, 파킨슨병 등과 같은 다양한 질환에 의해서 유발될 수 있으며 그 원인적 질환에 따라 다양한 하위유형으로 구분되고 있다.

DSM-IV에서 치매(dementia)로 지칭되었던 장애가 DSM-5-TR에서는 그 심각도에 따라 경도 또는 주요 신경인지장애로 지칭되고 있다. 이러한 신경인지장애는 노년기에 나타나는 가장 대표적인 정신장애로서 기억력이 현저하게 저하되고 언어기능이나 운동기능이 감퇴하며 물체를 알아보지 못하고 일상생활에 필요한 여러 가지 적응능력이 전반적으로 손상된다.

제2절 섬망

섬망(Delirium)은 의식이 혼미해지고 주의집중 및 전환능력이 현저하게 감소하게 될 뿐만 아니라 기억, 언어, 현실판단 등의 인지기능에 일시적인 장애가 나타나는 경우를 말한다. 섬망의 핵심증상은 주의 장해(주의를 집중하거나 유지하거나 전환하는 능력의 손상)와 각성 저하(환경에 대한 현실감각의 감소)이다. 이러한 증상은 단기간(몇 시간에서 며칠까지)에 발생하여 악화되며 하루 중에도 그 심각도가 변동한다. 이러한 섬망은 물질 사용이나 신체적 질병과 같은 다양한 원인에 의해서 나타날 수 있다.

섬망은 노년기에 흔히 나타나는 인지장애의 하나로서 의식이 혼미해지고 현실감각이 급격히 혼란되어 시간과 장소에 대한 인식에 장애가 나타나며, 주위를 알아보지 못하고 헛소리를 하거나 손발을 떠는 증상들이 나타난다. 흔히 섬망은 단기간에 증상이 나타나며 하루 중에도 증상이 변화하는 경우가 많다. 이러한 증상이 과도한 약물복용이나 신체적 질병(예: 간질환, 당뇨, 뇌수막염)의 직접적 결과로 발생한 것이라는 명백한 근거가 있을 때 진단된다. 섬망은 일련의 증상이 급격하게 갑자기 나타나고 그 원인을 제거하면 증상이 갑자기 사라지는 경우가 많다.

🧑‍🤝‍🧑 요약

1. 신경발달장애는 중추신경계, 즉 뇌의 발달 지연 또는 뇌 손상과 관련된 것으로 알려진 정신장애를 포함하고 있다. 심리사회적 문제보다는 뇌의 발달장애로 인해 흔히 생의 초기부터 나타나는 아동기 및 청소년기의 정신장애를 포함하고 있다. 신경발달장애는 다음과 같은 6가지 하위장애로 분류되고 있다: (1) 지적 발달장애, (2) 의사소통장애, (3) 자폐스펙트럼장애, (4) 주의력결핍 과잉행동장애, (5) 특정학습장애, (6) 운동장애.

2. 지적 발달장애는 지능이 비정상적으로 낮아서 학습 및 사회적 적응에 어려움을 나타내는 경우로서 지적 장애라고 불리기도 한다. 의사소통장애는 의사소통에 필요한 말이나 언어의 사용에 결함이 있는 경우로서 그 하위장애로는 언어장애, 말소리장애, 아동기 발병 유창성장애(말더듬), 사회적 의사소통장애가 있다. 자폐스펙트럼장애는 사회적 상호작용과 의사소통에서 장애를 나타낼 뿐만 아니라 제한된 관심과 흥미를 지니며 상동적인 행동을 반복적으로 나타내는 장애를 뜻한다. 이러한 장애는 증상의 심각도가 다양한 수준으로 나타날 수 있으며 DSM-5-TR에서는 장애의 심각도를 세 수준으로 평가한다. 주의력결핍 과잉행동장애는 주의집중에 어려움을 나타내며 매우 산만하고 부주의한 행동을 나타낼 뿐만 아니라 자신의 행동을 적절히 통제하지 못하고 충동적인 과잉행동을 나타내는 경우에 진단된다. 이러한 장애를 지닌 아동은 주의력결핍형, 과잉행동형, 두 가지 혼합형의 세 하위유형으로 구분될 수 있다. 특정학습장애는 정상적인 지능을 갖추고 있고 정서적인 문제가 없음에도 불구하고 지능수준에 비하여 현저한 학습부진을 보이는 경우를 말한다. 이러한 장애를 지닌 아동들은 흔히 읽기, 쓰기, 산술적 또는 수리적 계산과 관련된 기술을 학습하는 데 어려움을 나타낸다. 운동장애는 나이나 지능수준에 비해서 움직임 및 운동능력이 현저하게 미숙하거나 부적응적인 움직임을 반복적으로 나타내는 경우로서 하위유형으로는 틱장애, 발달성 협응장애, 상동증적 운동장애가 있다.

3. 파괴적, 충동조절 및 품행장애는 정서와 행동에 대한 자기통제의 문제를 나타내는 다양한 장애를 의미하며 적대적 반항장애, 간헐적 폭발장애, 품행장애, 병적 방화, 병적 도벽증, 반사회성 성격장애가 있다.

4. 적대적 반항장애는 어떤 사람과의 상호작용에서 화를 잘 내고 논쟁적이거나 도전적이며 앙

심을 품고 악의에 찬 행동을 나타내는 경우에 진단되며, **간헐적 폭발장애**는 공격적 충동이 조절되지 않아 심각한 파괴적 행동을 나타내는 경우를 말한다. **품행장애**는 난폭하고 잔인한 행동, 기물파괴, 도둑질, 거짓말, 가출 등 타인의 권리를 침해하거나 사회적 규범을 위반하는 행동을 지속적으로 나타내는 경우를 말하며 청소년들이 흔히 나타내는 비행행동이 이러한 품행장애에 해당된다. 이 밖에도 불을 지르고 싶은 충동을 조절하지 못해 반복적으로 방화를 하게 되는 **병적 방화**, 남의 물건을 훔치고 싶은 충동을 참지 못해 반복적으로 도둑질을 하게 되는 **병적 도벽**, 그리고 사회적 규범이나 타인의 권리를 무시하는 반사회성 성격장애가 이 장애범주의 하위유형에 포함되어 있다.

5. **배설장애**는 아동기나 청소년기에 흔히 진단되는 장애로서 대소변을 가릴 충분한 연령이 되었음에도 이를 가리지 못하고 옷이나 적절치 않은 장소에서 배설하는 것을 말한다. 배설장애의 하위유형으로는 5세 이상의 아동이 신체적인 이상이 없음에도 옷이나 침구에 반복적으로 소변을 보는 **유뇨증**과 4세 이상의 아동이 대변을 적절치 않은 곳(옷이나 마루)에 반복적으로 배설하는 **유분증**이 있다.

6. **신경인지장애**는 뇌의 손상으로 인해 의식, 기억, 언어, 판단 등의 인지적 기능에 심각한 결손이 나타나는 경우를 뜻하며 주요 신경인지장애, 경도 신경인지장애, 섬망으로 구분된다. **주요 신경인지장애**는 주의, 실행기능, 학습 및 기억, 언어, 사회적 인지를 포함하여 인지기능이 과거에 비해 현저하게 저하되는 경우를 의미하는 반면, **경도 신경인지장애**는 유사한 인지기능의 저하가 경미하게 나타나는 경우를 뜻한다. 이러한 신경인지장애는 알츠하이머병, 외상성 뇌손상, 뇌혈관 질환, HIV 감염, 파킨슨병 등에 의해 유발될 수 있다. 섬망은 의식이 혼미해지고 주의집중 및 전환능력이 현저하게 감소하게 될 뿐만 아니라 기억, 언어, 현실판단 등의 인지기능에 일시적인 장애가 나타나는 경우를 말한다. 이러한 섬망은 물질 사용이나 신체적 질병과 같은 다양한 원인에 의해서 나타날 수 있다.

추천도서 및 시청자료

아동기와 청소년기에 흔히 나타나는 신경발달장애에 대해서 좀 더 자세히 알고자 하는 사람은 『자폐증』(이용승, 2016), 『주의력결핍 과잉행동장애』(신현균, 김진숙, 2016), 『학습장애』(송종용, 2016), 그리고 Sanders(2000)가 저술한 『난독증의 이해』(신민섭 역, 2003)를 권한다. 이 밖에도 아동·청소년기 장애의 전반에 대해 좀 더 깊이 있는 학문적 이해를 원하는 경우에는 Wenar와 Kerig(2005)가 저술한 『발달정신병리학: 유아기부터 청소년기까지』(이춘재 등 공역, 2011)를 참고하기 바란다. 파괴적, 충동조절 및 품행장애를 간결하게 소개한 책으로는 『충동통제 장애』(도상금, 박현주, 2016)가 있으며, 노년기에 흔히 나타나는 정신장애와 신경인지장애를 소개한 책으로는 『노년기 정신장애』(설순호, 임선영, 2016)와 『치매-치매 이해와 치료의 바른 길잡이』(오병훈, 2002)가 있다.

신경발달장애와 아동·청소년기의 정신장애를 다룬 영화나 비디오물은 다양하다. 지적 발달장애를 다룬 영화로는 〈제8요일(The Eighth Day)〉(1996)과 〈포레스트 검프(Forrest Gump)〉(1994)가 있다. 제8요일에는 다운 증후군을 지닌 지적 발달장애자가 주인공으로 등장하고 있으며, 포레스트 검프에서는 Tom Hanks가 지적 발달장애자의 역할을 맡아 장애를 극복하는 감동적인 내용을 보여주고 있다. 자폐증을 다룬 영화로는 〈레인 맨(Rain Man)〉(1988), 〈카드로 만든 집(House of Cards)〉(1993), 〈머큐리(Mercury Rising)〉(1998)가 있다. 〈레인 맨〉에서는 Dustin Hoffman이 자폐증을 지닌 주인공의 모습을 실감나게 연기하고 있다. 틱장애인 투렛장애를 엿볼 수 있는 영화로는 〈에이스 벤추라(Ace Ventura)〉(1994)가 볼 만하다.

파괴적, 충동조절 및 품행장애와 관련된 영화로는 주인공을 통해서 품행장애의 모습을 접할 수 있는 한국영화 〈친구〉(2001)와 〈눈물〉(2000)이 있으며, 〈메이드 인 홍콩(Made in Hong Kong)〉(1997)도 품행장애가 잘 묘사되고 있다. 병적 방화의 증상을 엿볼 수 있는 영화로는 〈분노의 역류(Backdraft)〉(1991)가 있다.

신경인지장애나 노년기 정신장애를 다룬 영화로는 노년기 치매의 증상을 잘 묘사하고 있는 〈아이리스(Iris)〉(2001), 〈어웨이 프롬 허(Away from Her)〉(2006), 〈아무르(Amour)〉(2012)가 있다. 노년기에 경험하게 되는 다양한 심리적 문제를 다룬 영화에는 〈어바웃 슈미트(About Schmidt)〉(2002), 〈마이 라이프(My Life)〉(1993), 〈유혹의 선(Faltlines)〉(1990)이 있다. 특히 〈어바웃 슈미트〉는 노년기에 경험하게 되는 배우자와의 사별과 그에 대한 애도과정이 잘 그려져 있다.

제 15 장

한국인과 이상심리학

한국인과 이상심리학

이상심리학의 궁극적 목표는 인간을 불행하고 고통스럽게 만드는 이상행동과 정신장애를 이해하고 치료함으로써 우리 사회의 구성원이 좀 더 행복한 삶을 영위할 수 있도록 하는 것이다. 인간 세상에는 동서고금을 막론하고 이상행동과 정신장애가 발생하여 인간의 행복한 삶을 방해한다. 이러한 이상행동과 정신장애 중에는 문화권에 상관없이 보편적으로 나타나는 것들이 많다. 그러나 이상행동이 나타나는 임상적 양상은 문화권에 따라 상당한 차이가 있다. 각 문화권마다 지니고 있는 독특한 사회문화적 요인이 이상행동의 유발과 임상적 양상에 중요한 영향을 미치기 때문이다.

한국인이 나타내는 이상행동과 정신장애에는 어떤 특성이 있는가? 한국의 문화적 특성은 이상행동의 임상적 양상에 어떤 영향을 미치는가? 한국인 정신장애에 영향을 미치는 한국문화의 특성은 무엇인가? 이 장에서는 한국인이 나타내는 이상행동과 정신장애의 특성을 살펴보고자 한다. 아울러 한국인과 한국문화의 특성을 고찰함으로써 한국인이 나타내는 정신장애의 속성을 이해해 보고자 한다.

 ## 제1절 이상행동에 대한 문화심리학적 접근

심리학은 인간의 행동과 정신과정에 영향을 미치는 보편적 원리와 법칙을 탐구하는 학문이다. 현대 심리학은 19세기 후반 서구사회에서 시작되었다. 그리고 지난 한 세기 동안 주로 서구인을 대상으로 하여 서구 심리학자에 의해 심리학의 이론이 발전해 왔다. 이렇게 발전된 심리학의 이론은 모든 인간에게 적용되는 보편적인 원리와 법칙을 설명하고 있는 것으로 간주되었다.

그러나 서구 심리학의 보편성에 대한 회의가 제기되었다. 기존의 심리학에서 주장하는 많은 원리가 서구인을 대상으로 하여 밝혀진 것이기 때문에 다른 문화권에 살고 있는 인간에게 적용하는 데에는 한계가 있다는 지적이었다. 심리학 이론의 대부분은 주로 미국 대학생을 피험자로 한 연구를 통해 정립된 것으로서 전 세계인구의 1%에도 미치지 못하는 일부 사람에게서 검증된 이론을 보편적인 것으로 여기는 것은 잘못이라는 견해가 제기되었다(Kim, 2000). 특히 개인주의적인 성향이 강한 미국의 중산층 백인 대학생을 대상으로 밝혀진 심리학의 원리는 관계중심적인 인간관을 지니고 있는 문화권에 그대로 적용되기는 어렵다는 주장이 제기되었다(조긍호, 2003).

서구 심리학에 대한 회의와 반성은 인간의 행동과 심성에 대한 문화의 영향을 탐구하는 것이 필요하다는 인식을 초래하게 되었다. 여기에서 문화라 함은 '특정한 인간 집단에 의해 인위적으로 형성되고 전수되어 온 관념 및 가치로서 그 집단구성원의 행동에 영향을 미치는 원형적 틀'을 의미한다. 최근에는 **문화심리학**(cultural psychology), **비교문화 심리학**(cross-cultural psychology), **토착심리학**(indigenous psychology)이라는 명칭 아래 인간의 행동에 대한 문화의 영향을 연구하는 학문분야가 발전하게 되었으며 21세기 심리학의 주요한 화두로 떠오르고 있다(최상진, 2000).

이상행동과 정신장애를 이해하는 데에는 문화적 영향을 고려하는 것이 특히 중요하다. 이상심리학에서 문화심리학적 접근은 이상행동의 본질과 원인을 이해하는 데에 매우 중요하다. 먼저, 이상행동에 대한 평가기준은 문화에 따라 다를 수 있다. 한 문화권에서 정신장애로 여겨지는 행동이 다른 문화권에서는 정상적인 것으로 받아들여지는 경우가 흔하다. 즉, 이상행동과 정신장애는 증상 자체만으로는 평가될 수 없으며 개인이 속해 있는 문화라는 맥락을 반드시 고려해야만 한다(Lewis-Fernandez & Kleinman, 1994). 또한 동일한 정신장애도 문화권에 따라서 표출되는 증상이 매우 다양한 형태로 나타날 수 있다. 이런 점에서 이상행동의 평가와 정신장애의 진단에 있어서 문화적 요인이 고려되어야 한다.

문화심리학적 연구는 이상행동의 원인을 규명하는 데에도 기여할 수 있다. 이상행동에 대한 유발원인이 보편적인 것인지 아니면 문화특수적인 것인지는 문화 간 비교를 통해서 확인 가능하다. 한 문화권에 속하는 정신장애 환자를 대상으로 발견된 원인이 다른 문화권에서도 동일한 정신장애를 유발하는지도 확인될 필요가 있다. 이러한 문화 간 비교를 통해서 유발원인이 보편적인 것인지 아니면 특수한 문화권에서만 원인적 역할을 하는지가 밝혀질 수 있다. 예컨대, Freud는 20세기 초반 유럽의 상류층 환자를 대상으로 하여 오이디푸스 갈등이라는 현상을 발견하고 이러한 갈등을 성격과 정신장애에 영향을 미치게 되는 보편적 원인으로 간주하였다. 그러나 문화인류학자 Malinowski(1927)는 멜라네시아의 한 섬인 Trobriand라는 모계사회의 현지조사를 통해서 모계사회에는 어머니를 사이에 두고 아들과 아버지가 적대관계를 이루는 오이디푸스 갈등이 존재하지 않는다는 것을 발견하고 이것이 문화보편적인 현상이라고 할 수 없음을 주장한 바 있다.

문화적 요인은 심리평가나 심리치료와 같은 임상적 활동에도 중대한 영향을 미칠 수 있다. 이상행동과 정신장애에 대한 심리적 평가 및 치료 기법은 주로 서구사회의 백인을 대상으로 개발되었다. 그러나 이러한 기법이 다른 문화권에서도 효과적으로 적용될 수 있을 것인지에 대한 의문이 제기되었다. 여러 연구(예: Sue & Sue, 1987; Westermeyer, 1987)를 통해서 임상가는 심리평가 및 치료활동에 있어서 환자의 문화적 배경을 중요하게 고려해야 한다는 인식이 확산되고 있다.

이러한 문화심리학적 관점에 따르면, 한국인이 나타내는 이상행동과 정신장애의 특성을 이해하고 이에 대한 한국문화의 영향을 밝히는 일이 필요하다. 또한 한국인과 한국문화에 적절한 심리적 평가기법과 치료방법을 개발하는 것이 필요하다.

 ## 제2절 한국인의 이상행동과 정신장애

한국인은 한반도에서 반만년의 역사를 통해 독자적인 문화를 형성해 왔다. 한국인과 한국문화에는 정신장애에 대한 독특한 관념체계가 존재하며 독특한 이상행동이 나타나는 것으로 보고되고 있다. 또한 급격한 사회적 변화 속에서 여러 가지 특이한 부적응적 증후군을 나타내고 있다.

1. 한국인의 정신장애관

한국인은 어떤 행동적 특성을 비정상적인 것으로 평가하며 정신장애의 원인과 치료에 대해서 어떤 생각을 지니고 있는가? 정신장애에 대한 신념체계는 정신장애의 임상적 양상과 대처 방식에 중요한 영향을 미치는 것으로 알려져 있다.

한국인은 일상에서 벗어난 행동과 남에게 해를 끼치는 행동을 정신장애의 주된 특징으로 보는 경향이 있다(Kim, 1995). 일부 연구(김광일 등, 1974; 원호택 등, 1977)에 따르면, 한국인은 망상형 조현병처럼 엉뚱하고 부적절한 언행을 나타내는 경우는 정신장애로 인식하는 반면, 사고장애를 지니고 있지만 조용하게 지내는 단순형 조현병의 경우는 정신장애로 인식하지 않은 경향이 있었다. 또한 한국인은 알코올 중독을 미국인에 비해 정상적인 것으로 간주하는 경향이 있었으며 특히 저학력자, 농촌거주자, 노년층에서 이러한 경향이 현저하게 나타났다. 따라서 이러한 경향을 지닌 사람은 자신이나 주변 사람의 알코올 중독이나 단순형 조현병에 대해서 특별히 문제시하지 않고 치료를 받으려는 적극적인 노력을 하지 않게 된다.

한국인은 정신질환을 가진 가족에 대해서 수치스럽고 창피하게 여기는 경향이 강하다. '당신의 가족 중에 한 사람이 정신병원에 입원했다면 창피할까요?'라는 물음에 대해서 한국인은 일본인에 비해서 '그렇다'라고 응답한 비율이 높았다(김광일 등, 1974; 원호택 등, 1977). 일반적으로 동양인은 서양인에 비해서 정신장애에 대한 수치심이 큰 것으로 나타나고 있다. 미국에서 수행된 연구(Sue & Sue, 1987)에 따르면, 미국에 거주하는 동양인은 정신병원을 잘 방문하지 않으며 병원에 입원한 동양인은 서양인에 비해 장애의 정도가 현저하게 심각했다. 이러한 현상은 동양인이 정신장애에 대해서 부정적 태도를 지니고 있기 때문인 것으로 해석되었다. 즉, 동양인은 정신장애를 자신과 가족의 오명과 수치로 여기기 때문에 정신장애 환자에 대한 치료가 지연되며 주로 물리적 치료에 의존하는 경향이 있다.

정신장애의 원인에 대한 신념은 정신장애, 정신장애자, 치료에 대한 태도를 결정하는 중요한 심리적 요인이다. 한국인은 정신장애의 원인을 신체적 요인으로 돌리는 경향이 강하며 언어를 수단으로 하는 심리치료에 대한 저항이 있다. 일반적으로 심리치료에 비협조적이며 신체질환을 다루는 의료기관을 선호하는 경향이 있어 정신장애를 지닌 사람은 내과, 신경과, 한의사, 신앙치료자, 무당을 찾아다니며 방황하는 현상이 있다. 한 조사에 따르면, 정신과를 방문한 환자 중에는 과거에 굿과 같은 무속적 치료(17~23%), 신앙치료(11~15%), 한방치료(60~65%)를 한 사람이 상당수에 달하고 있다(Kim, 1995). 현재 한국인은 정신장애에 대해서 민속치료, 신앙치료, 한방치료, 물리적 치료, 심리치료를 동시에 또는 교대로 선호하는 혼합주의적 태도를 지니고 있는 것으로 보인다.

한국인의 전통적인 정신장애관은 무속신앙과 한방의학에 근거하고 있다(김광일, 1972; 이부영, 1970, 1972, 1973). 한국의 무속신앙과 샤머니즘에서는 다른 질병과 마찬가지로 정신장애를 신(영혼)과의 부적절한 관계로 인해 영혼이 침입하거나 영혼이 박탈당함으로써 생겨나는 것으로 간주한다. 이러한 관념은 인간의 무력감, 공포, 두려움을 조상, 잡귀, 신에게 투사한 것으로 해석된다. 한국인의 이러한 무속신앙적 정신장애관은 현대에 와서 일부 기독교의 귀신론으로 이어져 나타나고 있다(김광일, 1981; 이정희, 이부영, 1983). 이러한 귀신론에 따르면, 정신장애는 사탄 또는 귀신에 의해 빙의된 것이며 안수기도, 축귀의식 등을 통해 악령을 쫓아냄으로써 치료될 수 있다. 이는 기본적으로 무속신앙적인 사고방식과 일치하는 것이며 초자연적 존재를 달래거나 조정함으로써 모든 병을 치료하려는 시도이다.

한방의학은 중국의학의 영향을 받아 음양오행론에 근거하고 있으며 정신장애는 오장육부의 부조화에 의해서 생긴다고 본다(김광일, 1972; 이부영, 1973). 오장육부의 각 기관은 정신활동에 대한 상징적인 기능을 갖고 있다. 예를 들어, 심장은 기쁨과 걱정을 주관하고, 간은 분노와 용기를, 폐는 우울함과 슬픔을, 쓸개는 결단력을, 위는 두려움을 각기 주관한다. 한방의학에 따르면, 정신장애는 이러한 기관의 역기능에 의해 초래된다. 예컨대, 우울증은 폐와 신장이 나쁜 탓이며 불안장애는 심장이 약하기 때문이라고 여긴다. 따라서 치료는 이러한 기관을 강화함으로써 가능하다고 본다. 정신장애에 대한 한방의학의 견해는 심리적 문제를 신체의 기관에 투사한 것이라고 볼 수 있다.

이러한 전통적인 정신장애관은 한국사회가 현대화되고 한국인의 교육수준이 향상됨에 따라 과학적 정신장애관으로 대체되고 있다. 그러나 무속신앙적이고 한방의학적인 정신장애관이 저학력자, 농촌거주자, 노년층에게는 현재에도 상당히 지배적인 것으로 나타나고 있다. 뿐만 아니라 현대적 교육을 받은 한국인의 상당수도 여전히 귀신론적 정신장애관을 지니고 있어서 기도, 안수, 축귀, 굿, 점 등에 의존하는 경향이 있다. 이러한 현상은 근래에 많이 희석되고는 있으나 한국인의 마음속에는 여전히 무속신앙적이고 한방의학적인 정신장애관이 자리잡고 있음을 보여준다.

2. 역학적 연구에서 나타난 한국인 정신장애의 특성

한국인에게는 어떤 정신장애가 가장 흔한가? 한국인은 외국인에 비해 어떤 정신장애에서 유병률이 높은가? 이러한 물음에 대한 가장 직접적인 해답은 역학조사를 통해서 가능하다. 역학적 조사에서 나타난 정신장애의 분포와 빈도를 비교함으로써 특정한 문화권에서 나타나는 정신장애의 특성을 가장 직접적으로 이해할 수 있기 때문이다. 국내에서 가장 최근에 이루어진 대규모의 정신장애 역학조사는 보건복지부 국립정신건강센터에서 2021년에 실시한 정신건강 실태조사이다.

2021년 정신건강 실태조사는 전국의 만 18~79세 성인 5,511명을 대상으로 알코올 사용장애, 담배 사용장애, 우울장애, 불안장애의 유병률을 조사했으며 유병률이 극히 낮은 양극성장애와 조현병 스펙트럼 장애는 제외되었다. 이 실태조사는 DSM-IV의 정신장애 분류방법에 따라 실시되었으며 주요한 결과를 제시하면 〈표 15-1〉과 같다.

한국인의 경우, 평생 유병률이 가장 높은 정신장애는 알코올 사용장애(11.6%)였으며 다음으로 담배 사용장애(9.5%)가 높았다. 그다음으로는 주요우울장애(7.7%), 특정공포증(6.3%), 범불안장애(1.7%), 외상후 스트레스장애(1.5%)의 순서로 나타났다. 그러나 남성과 여성은 정신장애 유병률에 있어서 현저한 차이를 나타냈다. 한국인 남성의 경우는 담배 사용장애(17.7%)와 알코올 사용장애(17.6%)의 유병률이 가장 높았으며, 주요우울장애(5.7%), 특정공포증(2.6%), 외상후 스트레스장애(1.3%)의 순서로 나타났다. 반면에 한국인 여성의 경우는 특정공포증

표 15-1 2021년 정신건강 실태조사 결과

조사된 정신장애	1년 유병률(%)			평생 유병률(%)		
	남성	여성	전체	남성	여성	전체
	유병률(%)	유병률(%)	유병률(%)	유병률(%)	유병률(%)	유병률(%)
알코올 사용장애	3.4	1.8	2.6	17.6	5.4	11.6
① 알코올 의존	2.0	1.0	1.5	9.5	3.0	6.2
② 알코올 남용	1.4	0.8	1.1	8.2	2.4	5.3
담배 사용장애	4.9	0.5	2.7	17.7	1.1	9.5
③ 담배 의존	4.2	0.5	2.4	15.0	1.1	8.1
④ 담배 금단	1.7	0.1	1.0	8.9	0.5	4.7
우울장애	1.1	2.4	1.7	5.7	9.8	7.7
⑤ 주요우울장애	1.1	2.4	1.7	5.7	9.8	7.7
⑥ 기분부전장애	0.1	0.2	0.2	0.3	0.6	0.5
불안장애	1.6	4.7	3.1	5.4	13.4	9.3
⑦ 강박장애	0.0	0.3	0.1	0.1	0.4	0.2
⑧ 외상후 스트레스장애	0.2	0.3	0.3	1.3	1.6	1.5
⑨ 공황장애	0.2	0.0	0.1	0.5	0.4	0.4
⑩ 광장공포증	0.1	0.3	0.2	0.2	0.4	0.3
⑪ 사회공포증	0.1	0.4	0.2	0.2	1.0	0.6
⑫ 범불안장애	0.4	0.4	0.4	1.2	2.1	1.7
⑬ 특정공포증	0.7	3.6	2.1	2.6	10.0	6.3

출처: 보건복지부 국립정신건강센터(2021).

(10.0%), 주요우울장애(9.8%), 알코올 사용장애(5.4%), 범불안장애(2.1%), 외상후 스트레스장애(1.6%)의 순서로 유병률이 높았다. 특정공포증과 주요우울장애는 한국의 성인여성에게 가장 흔한 정신장애로서 성인여성 10명 중 1명은 평생 한 번 이상 경험하는 것으로 나타났다.

정신건강 실태조사에 따르면, 최근 몇 년 동안 정신장애의 유병률이 감소하는 것으로 나타났다. 2021년의 1년 유병률은 9.1%로서 2016년에 비해 3.5% 감소한 것으로 나타났다. 우울장애의 경우, 만 18세 이상 64세 이하를 대상으로 한 1년 유병률은 1.6%로서 2016년 1.8%에 비해 0.2% 감소했다. 최근 코로나19 확산과 관련하여 우울증상이 증가했다는 보고가 많으나 우울장애가 증가한 것은 아닌 것으로 추정된다. 불안장애의 1년 유병률도 2016년에 비해 감소한 것으로 나타났다. 알코올 사용장애의 2021년 1년 유병률은 2016년에 비해 감소하는 추세이나 감소 추세가 뚜렷하지는 않았다. 담배 사용장애의 1년 유병률은 2016년에 비해 다소 증가한 것으로 나타났다.

이 실태조사에 따르면, 한국인 성인의 10.7%는 평생 한 번 이상 심각하게 자살사고를 경험하였으며, 2.5%가 자살계획을 했고, 1.7%가 자살을 시도한 것으로 나타났다. 최근 1년 사이에는 성인의 1.7%가 한 번 이상 심각하게 자살을 생각하고, 0.5%가 자살을 계획하며, 0.1%가 자살을 시도한 것으로 나타났다.

정신건강서비스 이용실태는 정신장애가 있는 것으로 진단된 사람 중에서 평생 12.1%만이 정신과 의사, 임상심리학자, 상담심리학자를 비롯한 정신전문가에게 정신건강문제를 의논하거나 치료받은 경험이 있는 것으로 나타났다. 2020년 한 해 동안의 정신건강서비스 이용비율은 7.2%로서 미국, 캐나다, 호주에 비해 현저하게 낮은 수준이었다. 정신장애별로 서비스 이용률을 살펴보면, 우울장애 28.2%, 불안장애 9.1%, 알코올 사용장애 2.6%, 담배 사용장애 1.1%였다.

역학조사는 한 국가나 지역에 거주하는 사람들이 나타내는 정신장애의 전반적 양상과 빈도를 이해하는 가장 좋은 방법이다. 그러나 역학조사에서 사용한 정신장애의 분류체계, 진단도구, 조사대상 및 표집방법, 조사원의 숙련도 등에 따라 조사결과가 상당히 다르기 때문에 역학조사의 결과는 조심스럽게 해석되어야 한다.

3. 한국인의 문화특수적 증후군

조현병처럼 여러 문화권에서 보편적으로 나타나는 정신장애가 있는 반면, 특정 문화권에서만 독특하게 나타나는 부적응적인 이상행동이 있다. 이를 문화특수적 증후군(culture-bound syndrome)이라고 한다. 예를 들어, Koro라는 증후군은 말레이시아에서 기원한 것으로 추정되는데 남근이나 고환이 신체 안으로 빨려 들어가 죽을지 모른다는 갑작스러운 강한 불안증세를 말한다. 이 증후군은 동남아시아와 중국에서 자주 발견되는 문화특수적 증후군이다. Amok라는 증후군은 일종의 해리증세로서 일정기간 수심에 잠겨 있다가 갑작스럽게 다른 사람과 물체에 대해 폭력적이고 공격적인 행동을 나타내며 때로는 살인을 하기도 하는데, 흔히 모욕과 경멸을 당하면 나타나는 증세로서 남자에게만 나타난다. 이 증세 후에는 피해의식, 기억상실, 탈진 등을 보이며 단기 정신병 증세를 나타내기도 하고 때로는 만성 정신병으로 발전하기도 한다. 이러한 증후군은 말레이시아, 라오스, 필리핀, 폴리네시아 등에서 자주 발견된다.

1994년에 발표된 DSM-IV에서는 세계의 여러 문화에서 나타나는 다양한 문화특수적 증후군을 제시한 바 있다. 그중에서 한국인에게 고유하게 나타나는 문화특수적 증후군으로 화병과 신병이 소개되었다. 아울러 한국인을 비롯하여 일본인과 중국인에게 나타나는 사회공포증에는 독특한 임상적 특성이 있는 것으로 소개되었다.

1) 화병

화병(火病: Hwa-byung)은 일종의 분노증후군으로 분노의 억제에 기인하는 심리적 문제라고 할 수 있으며 울화병이라고 불리기도 한다. 화병의 주요 증상은 분노감, 우울감, 불면증, 공황, 급사공포, 피로감을 비롯하여 소화불량, 식욕부진, 호흡곤란, 심계항진, 두통과 일반적 통증, 상복부에 덩어리가 맺힌 느낌 등의 신체화 증상으로 이루어져 있다(American Psychiatric Association, 1994; Lin, 1983). DSM-IV의 진단체계에 따르면, 화병은 우울증, 신체화장애, 불안장애의 증상이 혼합되어 나타나는 장애로 여겨지고 있다(민성길, 김진학, 1986; 민성길 등, 1987). 화병은 대개 만성적인 경과를 나타내며 우울감과 분노감이 공존하면서 어느 한 쪽이 우세하거나 번갈아 나타나기도 한다(이시형 등, 1989). 이시형(1977)은 화병의 진행과정이 대체로 충격기-갈등기-체념기-증상기로 나누어질 수 있다고 주장하였다. 화병은 한국의 우울증 환자들이 그들의 심리적 고통을 신체적 증상으로 표현하는 독특한 문화적 양상이라고 보는 견해가 있다(Lin, 1983).

화병은 일반인구의 4.2%에서 발견되는데, 중년 이후의 여성에게 많으며 저학력이고 사회적 수준이 낮은 계층에 많다(민성길, 1989; 민성길 등, 1986, 1990). 화병을 지닌 사람은 교회, 절, 굿, 점 등에 의존하는 경향이 높다(이시형, 1977).

화병은 주로 남편이나 시부모와의 갈등, 고통스러운 결혼생활, 가난과 고생, 자녀에 대한 실망, 대인관계 갈등에 의해 유발되며 속상함, 억울함, 분함, 화남, 증오가 대표적인 감정이다. 이러한 유발요인이 오랜 기간 지속되어 정서적 고통을 만성적으로 경험하게 되지만, 이러한 정서적 고통(분노, 증오, 억울감, 복수심, 좌절감 등)을 직접적으로 표출하는 것이 사회적으로 용납되지 않는다. 따라서 이러한 감정이 억제되어 '울화'의 형태로 내면화되고 신체화 과정을 통해 신체적 증상으로 표출된다. 즉, 참기 어려운 생활문제 → 정서적 고통 → 내면화(울화) → 신체화 → 화병으로 이어지는 과정을 통해 화병이 발전되는 것으로 보인다(Pang, 1990). 화병은 한국 여성이 삶의 고통을 표현하고 전달하는 한 방식이라고 할 수 있다. 화병을 지닌 사람은 걱정을 반복하고 자기연민이 강하며 수동적 운명관을 갖고 있는 경우가 많다(민성길 등, 1993).

2) 신병

신병(神病: Shin-byung)은 초기 단계에 주로 불안과 신체적 증상(무력감, 어지러움, 두려움, 식욕부진, 불면증, 소화불량)을 호소하며 조상의 영혼에 의해 빙의되거나 해리증세를 나타낸다(American Psychiatric Association, 1994). 흔히 한방치료를 비롯한 여러 가지 치료에도 증세가 없어지지 않으며 꿈이나 환각을 통해 조상신으로부터 무당이 되어야 한다는 메시지를 받게 된다. 신병에 걸린 사람은 흔히 굿을 통해 증세가 호전되며 내림굿을 통해 신병이 치유되고 무당이 된다. 신병은 신체화장애, 불안장애, 해리장애, 정신병과 같은 다양한 증상을 복합적인 형태로 나타낸다. 과거에 비해서 현재는 신병이 급격히 감소하는 추세에 있다.

3) 가해의식형 사회공포증

한국인은 독특한 유형의 사회공포증을 나타내는 것으로 알려져 있다. 사회공포증은 불안장애의 하위유형으로서 사회적인 상황에서 불안과 두려움을 경험하여 이런 상황을 회피하는 장애이다. 서구인은 주로 사회적 상황에서 경험하게 될 당황스러움을 두려워하는 반면, 한국인과 일본인은 다른 사람에게 해를 끼치는 것을 두려워하여 대인관계를 회피하는 가해의식형 사회공포증을 나타내는 경향이 있다(American Psychiatric Association, 1994).

가해의식이란 자신에게 어떤 신체적 결함이 있다고 확신하고 이 결함으로 인해 타인에게 해를 끼치고 타인을 불쾌하게 하거나 타인에게 이러한 손상을 전염시켰다고 믿는 것이다. 자신의 가해행위는 타인의 언행이나 분위기를 통해 직감적으로 감지할 수 있다고 믿으며 이로 인한 죄책감, 죄의식 등으로 대인관계를 회피하는 특징을 보인다. 이러한 **가해의식형 사회공포증**을 지닌 사람 중에는 자신의 시선(예: 강렬한 눈빛, 눈 깜박임)이나 몸에서 나는 냄새(예: 구린내, 썩는 냄새, 암내, 비린내)가 타인을 불편하게 만든다고 믿는다(이시형 등, 1990). 이러한 증상은 일본인과 중국인에게서도 자주 보고되고 있어 동양3국 극동문화권의 공통적인 특성으로 보인다.

사회공포증은 역학조사(이정균 등, 1985)에서 서울지역의 경우 평생 유병률이 0.53%로서 낮은 비율을 나타내고 있다. 그러나 임상장면에서 관찰되는 바에 따르면, 병원을 찾는 환자 중에 사회공포증을 지닌 사람이 한국의 경우 2.2%이며 일본의 경우는 2.5%로 보고되었다(이시형, 정광설, 1984). 이러한 비율은 영국의 0.24%에 비해 매우 높은 것이다. 국내에서는 정신과 병원에 처음 내방한 환자 중에 사회공포증을 지닌 사람이 4.9%였다는 보고도 있다(Lee, 1985). 이러한 연구자료는 사회공포증이 한국인에게 매우 흔한 장애임을 시사한다. 사회공포증은 특히 10대 중후반과 20대 초반의 젊은 나이에 많이 발생하며 사회진출과 관련하여 20대 중·후반에 치료기관을 찾는 경우가 많다(이시형 등, 1994). 여자보다는 남자에게 많으나 이러한 남녀 차이는 점차 줄어들고 있는 추세이다.

사회공포증을 지닌 사람은 주로 대인긴장, 시선공포, 적면공포, 표정공포, 떨림공포, 무대공포를 호소한다. 사회공포증은 그 증상에 따라 단순형, 망상형, 경계형으로 나누는데 한국과 일본에는 망상형이 전체 사회공포증 환자의 약 40%에 해당하며 이는 서구사회에 비해 현저하게 높은 비율이다(Lee, 1985). 특히 가해의식형 사회공포증을 지닌 사람들은 자신의 몸에서 냄새가 난다는 확신이 매우 강하여 망상형에 속하는 경우가 많으나 다른 심각한 정신병적 증상을 나타내지는 않는다.

4) 신체화 경향

한국인은 심리적 문제를 신체적 증상으로 표출하는 신체화 경향이 강하다는 임상적 보고가 많다(김광일, 1972; 김명호, 1981; 박제순, 이근후, 1981). 김명정과 김광일(1984)의 연구에 따르면, 대학병원 정신과를 방문한 여자 환자의 12.5%가 신체화 장애를 보였으며 특히 40대의 저학력 기혼자가 많았다. 이들이 나타내는 주요한 신체적 증상은 두통, 소화불량, 식욕부진, 불면, 변비, 피로의 순서로 많았으며 신체기관별로는 호흡기계, 위장관계, 여성생식기계의 증상이 많았다. 이들은 불안장애, 우울증, 건강염려증 등의 부가적인 진단을 받는 경우가 많았다. MMPI 연구에서도 한국인의 신체화 경향이 입증되고 있는데, 정상인을 대상으로 한 이정균(1962)의 연구와 환자를 대상으로 한 김중술(1983)의 연구에서 한국인은 신체화 경향이 두드러지게 높았다.

그러나 전반적인 역학조사(이정균 등, 1985)에서 한국인은 미국인과 비슷한 신체화장애 유병률을 나타냈다. 이러한 결과와 관련하여 임상적 장면에서 흔히 관찰되는 한국인의 신체화장애는 우울증이 위장되어 나타난 것이라는 주장도 있다(Kim, 1995). 신체화 증상은 환자들이 피상적으로 흔히 호소하는 증상이며, 좀 더 자세한 평가를 하게 되면 죄의식이나 자살사고와 같은 우울증 증상을 지니고 있는 경우가 많다는 주장이다. 한국인의 신체화장애는 우울증과 밀접한 관계가 있으며 소위 **위장된 우울증**(masked depression)의 형태로 나타난 것일 수 있다.

한국인의 신체화 경향은 여러 연구에서 반복적으로 보고되었지만, 한국인에게만 독특하게 나타나는 특징이라고 할 수는 없다. 미국에서 수행된 한 연구(Sue & Sue, 1985)에 따르면, 미국에 거주하는 동양인은 전반적으로 신체화 증상을 나타내는 경향이 있다고 한다. 신체화 경향은 동양인뿐만 아니라 아프리카나 인도와 같은 비서구권의 국가에서 공통적으로 나타내는 특성으로 보고되고 있다.

5) 조현병의 망상내용

조현병의 망상내용은 문화적, 시대적 배경을 반영하는 정신병리 중 하나이다. 1990년대에 조현병을 나타내는 한국인, 연변조선족, 중국인 환자를 대상으로 그들의 망상내용을 비교한 연구(Kim et al., 1993)에서는 한국인이 피해망상, 과대망상, 죄책망상을 더 많이 지니는 것으로 나타났다. 또한 망상의 주제에 있어서 한국인은 가족관계, 애정문제, 강간 당함, 종교적 문제, 사업 및 경제적 문제에 관한 망상이 많은 반면, 연변조선족은 혈연관계, 장수, 정치적 주제에 대한 망상이 많았고, 중국인은 흡혈, 뇌나 창자의 유출, 독약, 독물주사에 대한 망상이 많았다.

조현병의 망상내용은 시대적 변천에 따라 변화한다(Kim, 1995). 해방 이전에는 가난망상이 많았으나 해방 후 5년 동안은 주로 정치적 주제와 관련된 과대망상이 많았으며 해방 후 5년 동안은 주로 정치적 주제와 관련된 과대망상이 많았고, 6·25 전쟁을 겪은 후에는 공산주의자, 간첩과 같은 정치적 주제의 망상이 흔하게 나타났다. 5·16 이후 20년 동안은 중앙정보부, 안기부, 고위공직자와 관련된 망상이 많았으며 문민정부 후에는 통일이나 사회정치적 단체와 관련된 피해의식이 주요한 망상내용을 이루고 있다. 여성 조현병 환자의 경우에는 성적, 종교적, 초자연적 주제에 관한 망상이 흔하다.

1980년부터 2010년까지 조현병의 피해망상 속에 나타나는 박해자와 박해내용의 변화를 분석한 연구(오현영, 2011)에 따르면, 정치적 성격을 띤 박해자(예: 경찰, 정보기관, 권력기관)는 감소하고 불특정인이 증가했다. 이러한 변화는 한국사회의 민주화가 진행됨에 따라 정부기관을 공포의 대상이나 박해자로 여기는 경향이 감소했음을 의미한다. 또한 망상 속의 박해행위에서도 살해, 파괴, 추적이나 구금, 신체적 폭행과 같은 심각한 위협행위가 감소했다. 그 대신 전자매체(인터넷, 전자제품 등)를 통한 감시나 허위사실 유포와 같은 은근한 위협행위가 증가한 것으로 나타났다.

제3절 한국인과 한국문화의 특성

한국인이 독특하게 나타내는 이상행동과 정신장애에는 한국인과 한국문화의 특성이 반영되어 있다. 한국인의 이상행동과 정신장애를 이해하기 위해서는 한국인의 심리적 특성과 한국사회의 문화적 특성을 깊이 이해하고 그 영향력을 살펴보는 것이 필요하다.

1. 한국인의 심리적 특성

한국인은 어떤 사람들인가? 한국인은 어떤 심리적 특성을 지니고 있는가? 한국인은 다른 나라 사람과 비교하여 어떤 점에서 다른가? 한 나라의 국민성을 밝히는 일은 매우 어려운 일이다. 현재 약 5,000만 명(남북한 인구를 합하면 약 7,000만 명)에 달하는 한국인에게 공통적으로 나타나는 심리적 특성을 찾아내는 일은 극히 어려운 일이다. 한국인은 나이, 성별, 계층, 교육수준, 거주지역 등에 따라서 매우 다른 심리적 특성을 나타낼 뿐만 아니라 개인마다 커다란 성격적 차이를 나타내고 있기 때문이다. 그러나 일반적으로 국민성은 '한 국가에 살고 있는 사람들에게서 가장 흔히 발견되는 대표적이고 평균적인 성격'이라고 규정된다. 한국인의 국민성이나 심리적 특성에 관한 체계적인 연구자료는 많지 않으나 근래에 몇몇 심리학자에 의해서 이에 관한 연구가 이루어져 왔다.

윤태림(1969)은 한국인이 지니는 사고방식의 특징으로 지나친 감수성(감정의 우위), 과거에

의 집착(보수성), 권위주의(열등의식), 체면(형식주의), 공리적 경향(현세중심)을 제시한 바 있다. 이규태(1983)는 한국인의 심리적 특성으로 열등의식, 서열의식, 상향의식, 집단의식, 은폐의식, 금욕의식, 가족의식, 체면의식, 내향의식, 공공의식 등을 열거하고 있다.

근래에 한국인의 가치관과 국민성에 대해서 집중적인 관심을 보여 온 대표적인 학자는 차재호이다(조긍호, 2003). 그는 지난 100여 년 동안 한국을 방문했거나 한국에서 생활했던 외국인들의 견문록 22개를 분석하여 구한말부터 해방 이후까지 100여 년 동안 지속적으로 유지되고 있는 한국인의 심리적 특성을 가치, 신념과 태도, 행동의 세 측면에서 제시하고 있다(차재호, 1980, 1994; Cha, 1994). 차재호(1994)에 따르면, 한국인이 중요시하는 가치는 효도, 학문, 아들과 자손의 번창, 조상, 자연, 장생과 장수, 돈과 부, 평화, 인정(認定)과 명예, 대식(大食)과 대음(大飮), 무사안일, 인간관계와 정(情)이다. 신념과 태도의 측면에서 한국인은 상하의식(위계와 직위의 존중 의식), 경로사상(어른 앞에서 예의를 지키는 것), 존사사상(스승에 대한 존중 의식), 조상숭배, 기술천시, 충효사상, 질투나 잔인에 대한 부정, 폐쇄적인 우리관(소속집단으로부터의 이탈을 두려워하고 외부인을 천시하는 경향), 현세주의, 한국적인 것에 대한 과대 숭상 등과 같은 특성을 지니고 있다. 또한 차재호(1994)는 한국인이 나타내는 62개의 행동적 특성을 〈표 15-1〉과 같이 제시하였다. 그는 이러한 행동적 특성을 중시하고 이를 7개의 차원, 즉 (1) 감정주의(emotionality), (2) 의존성향(dependence-minded attitude), (3) 정애주의(affiliative tendency), (4) 후한 인심(hospitableness), (5) 비합리성(irrationality), (6) 높은 교육열(high concern for education), (7) 위계주의(concern for hierarchy)로 요약하여 한국인의 성격으로 이해될 수 있다고 보았다.

한국인의 심리적 특성을 토착심리학적 입장에서 꾸준히 연구해 온 학자로는 최상진(1991, 1993, 1997, 2000)이 있다. 그는 한국인의 삶과 일상언어 속에서 보편화된 주요한 용어를 심리학적으로 분석함으로써 한국인의 심리적 특성을 이해하고자 했으며 한국인의 토착적 심성과 행동의 특징으로 정(情), 한(恨), 우리성(weness), 눈치, 체면, 핑계, 의례성, 의리, 우쭐, 부자유친 성정 등을 제시하였다.

조긍호(2003)는 한국인을 이해하는 개념적 틀로서 세 가지 차원을 제시하고 있다. 첫째 차원은 사회적 관계 유지와 조화 지향성으로서 화목한 가족애와 질서있는 사회유지, 가족중심주의, 내외집단 구분의 엄격성, 직업과 계급의 위계주의, 명분중시, 체면과 형식의 중시 등이 이에 해당된다. 두 번째 차원은 자기억제와 자기은폐 지향성으로서 이기적 욕구의 억제와 절개의 숭상, 자기비하와 사대주의, 열등의식, 권위에의 복종, 감정주의, 핑계와 우쭐, 한의 심리에 반영되어 있다. 마지막으로, 세 번째 차원은 단점수용 및 자기개선 지향성으로서 높은 교육열, 근면과 실력 연마의 가치추구, 자기수양이 잘 된 높은 교양의 추구 등으로 나타나고 있다. 이러한 한국인의 특성은 유학사상에서 유래한 집단주의적 성격을 반영하는 것으로 해석되고 있다.

표 15-2 한국인의 행동적 특성

◈ 눈치를 본다: 남들과 어긋나는 자기의견을 표명하지 못한다. 남의 생각에 신경을 쓴다. 우회적으로 자기생각을 표시한다. 이웃을 위해 자기가 할 일을 참고 못 한다. 감정과 의욕을 억제한다.

◈ 의존심: 타인에게 의지한다. 잘못하고 '봐달라'고 말한다. 자기가 결정하고, 그 결정에 책임질 줄 모른다. 자녀를 과보호한다. 혼자 하는 일이 없고, 가정이나 단체가 후원해 주어야 한다. 신세지고 나서 고마워할 줄 모른다. 일이 잘못되면, 일 근처에 있던 사람의 잘못으로 돌린다. 쉽게 친해진다.

◈ 명분의 존중: 형식주의적 사고방식을 지닌다. 실리보다 명분에 집착한다. 체면 잃을까 봐 자신의 결점이나 약점을 인정하지 못한다. 일을 안 해도 월급을 주는 경우가 많다. 불구자나 환자가 집에 있으면 수치로 안다.

◈ 상하(上下)의 구별: 상하를 엄격히 구분한다. 자기 공을 국가 수뇌나 부모에게 돌리는 겸양지덕을 보인다. 상대를 상놈으로 보면, 갑자기 윽박지르는 말투를 쓴다. 상사를 능가하는 것을 꺼린다.

◈ 감정과 의욕의 억제: 감정과 의욕을 억제한다. 정서적으로 내향적이며 상당히 불안하다. 받은 복이나 당한 원한을 오래 마음에 간직한다. 달콤하고 감상적인 작품을 좋아한다. 여자는 부끄러움을 잘 탄다. 가혹한 벌이나 고난 등을 끈질기게 잘 참는다. 아이에게 지나치게 일찍 이성적이고 어른스러운 행동을 강요한다.

◈ 추리력과 창조성의 결여: 사고의 융통성이 없다. 추리력과 추상이 부족하다. 암기위주의 학습방법을 쓴다.

◈ 높은 교육열: 향학심이 강하다. 교육열이 높다. 아이를 집에 붙잡아 두고 공부만 시킨다.

◈ 정겨움: 외국인과 한국인 모두에게 친절하다. 지나친 친절을 베푼다. 병이 옮아도 어머니는 환자 곁을 못 떠난다.

◈ 사생활의 침범: 사생활을 침범한다. 사생활이 없다. 지나친 친절을 베푼다. 손님의 기호를 묻지 않고 또는 무시하고 음식을 내온다. 혼자 있고 싶어 하는 심정을 이해하지 못한다.

◈ 후한 손님대접: 대접을 후하게 한다. 손님의 기호를 묻지 않고 또는 무시하고 음식을 내온다. 손님에게 공손하다. 평화적이다.

◈ 공사(公私)의 혼동: 교수회의를 음식점에서 한다. 연구위주의 임용을 한다. 뇌물을 주고받는다.

◈ 버릇이 없다: 사교적으로 세련되어 있지 않다. 신세지고도 고마워할 줄 모른다. 지나친 친절을 베푼다.

◈ 비합리적 사고: 비합리적 사고를 한다. 점괘에 따라 계획을 변경시키기도 한다.

◈ 기타: 장기적 결심을 못 한다. 감시하지 않으면 법을 안 지킨다. 종교심이 강하다. 사치를 좋아한다. 입는 것에 관심이 높고 화려한 것을 입는다. 단정하다. 외모와 옷매무새에서 단정하다. 용감하다.

* 차재호(1994)에서 인용하였으며, 저자가 문안을 다소 수정하여 제시하였음.

2. 한국문화의 특성

한국인의 심리적 특성은 어떻게 형성된 것일까? 한국의 문화는 한국인이 태어나서 교육받고 성장하는 과정에서 한국인의 심성에 중요한 영향을 미치게 된다. 따라서 한국인의 심리적 특성을 이해하기 위해서는 한국의 문화적 특성에 대한 이해가 필요하다.

한국문화는 한국인이 한반도에서 반만년 동안 살아온 삶의 누적물이다. 한국문화는 주변국과의 교류를 통해서 외부문화의 유입과 통합 속에서 형성되어 온 역사적 산물이라고 할 수 있다. 따라서 한국인과 한국문화의 특성을 이해하기 위해서는 한국 역사와 각 시대를 주도했던 문화적 가치와 행동양식을 조명해 볼 필요가 있다.

한국인은 중앙아시아에 거주하던 우랄 알타이어족이 반만년 전에 한반도에 이주하여 정착한 것으로 여겨지고 있다. 삼국시대에 중국으로부터 불교가 유입되기 전까지는 주로 샤머니즘 문화가 한국인의 정신세계에 많은 영향을 미친 것으로 보인다. 인간의 운명을 초자연적인 영혼이나 자연물에 투사하여 의존함으로써 마음의 안정을 유지하려는 수동적 운명관이 샤머니즘 문화의 골자라고 할 수 있다. 샤머니즘은 한국인의 심성과 문화에 영향을 미친 최초의 토대라고 할 수 있다. 삼국시대 이래 유입된 외래 종교문화는 이러한 샤머니즘 문화와 혼합된 양상으로 나타나고 있다. 불교와 유교를 비롯하여 근대에 유입된 기독교 역시 초자연적인 영혼에 의지하는 기복신앙적 성격을 지니게 된 것은 한국의 샤머니즘 문화에 동화된 현상으로 이해되고 있다(김광일, 1981). 서구의 합리주의적 교육을 받은 현대 한국인의 상당수가 불안한 상황에서는 점술, 사주, 기도, 축귀술에 의지하고 심지어 조상의 묫자리 이전과 같은 행동을 보이는 것은 한국인의 샤머니즘적 심성을 반영하는 것으로 이해될 수 있다.

삼국시대에 중국으로부터 유입된 불교문화는 고려시대를 거치면서 한국인의 인생관과 행

각자의 소망을 기원하고 있는 한국인의 모습

동규범에 심대한 영향을 미치게 된다. 삼국시대에 도입된 불교는 중국의 대승불교로서 개인의 해탈과 더불어 중생의 구제를 중요시하고 있다. 불교는 윤회사상, 인과업보의 사고방식, 자비희사의 정신, 개인적 수행방법 등을 통해 한국인의 정신세계에 커다란 영향을 미치게 되었다. 그러나 대중적인 한국불교는 불상숭배를 비롯하여 죽은 영혼을 인도하는 천도제나 사찰마다 존재하는 삼신각에서 볼 수 있듯이 초자연적 존재에 의존하는 기복신앙적인 성격이 강하다. 이러한 현상 역시 불교가 한국사회에 정착하면서 토착적인 샤머니즘과 복합되어 나타난 현상으로 볼 수 있다.

고려말기에 유입되어 500여 년의 조선시대를 지배한 유교문화는 한국인의 심성과 행동에 강력한 영향을 미쳤다. 유교문화에서는 사회적 안정과 조화를 위하여 대인관계에서의 예(禮)를 강조하고 이를 위해서 감정과 욕구의 절제를 중시한다. 3강 5륜(三綱五倫)과 같은 유교적 행동규범은 조선시대에 한국인의 사회적 행동에 강한 영향을 미친 행동지침이었다. 또한 조선시대는 유교문화의 영향으로 집단주의적 문화가 확고하게 자리 잡게 된 시기이다. 집단주의 문화에서는 상호의존성, 자기억제, 행위가변성의 측면을 강조하며 타인에의 관심과 배려, 소속집단에의 동조, 단결심, 겸양, 호감성(선량함, 온화함 등), 신뢰성(믿음직함, 건실함, 참을성 있음 등), 양보, 협동, 신중함, 과묵함, 노력 등의 특성을 상대적으로 높이 평가하게 된다(조긍호, 1995). 한국인의 심성을 연구한 대다수의 학자들(예: 윤태림, 1969; 조긍호, 1995, 2003; 차재호, 1994)은 한국인의 주요한 심리적 특성이 유교문화와 유학사상에 유래한 것이라는 점에 의견을 같이 하고 있다.

한국은 구한말, 일제강점기, 그리고 해방 이후 현재에 이르는 지난 100년에 걸쳐 서구문화가 급격하게 유입되었다. 특히 해방 이후 50년간 한국사회는 정치경제적 격변을 겪으면서 한국인의 생활방식과 의식구조는 매우 다양하고 복잡한 양상을 띠게 되었다. 해방 이후 한국사

유교적 의식을 치르는 한국인과 신세대 한국인의 모습

회는 우익과 좌익의 사상적 분열과 대립, 민족분열과 남북한의 적대적 대립, 한국전쟁을 통한 골육상쟁, 군사독재정권과 경제부흥, 자유민주화 투쟁과 문민정권의 수립, IMF의 경제위기와 그 극복, 그리고 세계화와 정보산업사회로의 변화를 겪고 있다.

해방 이후에 유입된 서구문화는 크게 4가지 측면에서 한국인의 정신세계에 영향을 미친 것으로 이해된다. 그 첫째는 과학기술문화로서 논리성, 합리성, 유물론, 실용주의로 대표되는 사상체계와 과학지식 및 기술문명은 한국인의 사고방식과 생활양식을 급격하게 변화시켰다. 두 번째 측면은 천주교와 기독교의 유입으로서 일신론적 세계관, 내세주의, 청교도적 가치관, 사회봉사정신 등이 한국인의 삶에 영향을 미치게 되었다. 현재 한국인의 약 1/3은 기독교 또는 천주교 신자로 집계되고 있다. 서구문화의 세 번째 요소는 자본주의적 시장경제의 가치관이다. 돈과 재물에 의한 경쟁적 시장원리를 강조하는 이러한 서구적 사고방식은 물질만능주의, 경쟁과 효율을 중시하는 사고방식, 실리적이고 거래적인 대인관계 양상을 한국사회에 전파하게 되었다. 마지막으로 서구의 자유민주주의 사상과 개인주의 문화는 한국인의 의식구조와 행동양식에 커다란 영향을 미쳤다. 개인의 자유와 평등을 중시하고 자율성과 자기주장을 강조하는 개인주의 문화는 수월성, 전문성, 외향성(다변, 솔직함, 모험적임, 사교적임 등), 주도성, 적극성, 자발성, 유능함, 창의성 등의 특성을 높이 평가한다(조긍호, 1995).

현대의 한국문화는 샤머니즘, 불교문화, 유교문화, 서구문화가 공존하면서 갈등과 통합의 과정에 있는 것으로 보인다. 또한 한국문화는 세대, 계층, 성별, 지역 등에 따른 하위문화로 구분될 수 있다. 일반적으로 젊은 세대일수록 서구문화의 영향을 많이 받는 반면, 나이가 많은 세대일수록 토착적 또는 동양적 문화의 영향을 많이 받은 것으로 생각된다. 따라서 한국문화의 특징을 일반적으로 정리하는 일은 매우 어려운 일이다. 그러나 한국인의 이상행동과 정신장애에 영향을 미치고 있는 것으로 생각되는 한국문화의 일반적인 특징을 몇 가지로 나누어 살펴보고자 한다(권석만, 1996).

첫째, 한국문화는 대인관계를 중시하는 **의존적 또는 상호의존적 문화**라고 할 수 있다. 이는 동양문화권에 해당되는 집단주의 문화의 주요한 특징이라고 할 수 있다(조긍호, 1995). 집단주의

문화에서 성장한 개인은 타인으로부터 애정과 호감을 얻고 타인을 배려하는 일에 중요한 의미를 두게 된다. 또한 타인으로부터 거부당하고 소외당하는 것에 대한 두려움을 갖게 한다. 물론 개인주의적 문화가 젊은 세대를 중심으로 확산되고 있으나 한국문화에는 아직 집단주의적 요소가 강하게 남아 있다. 이러한 문화에서는 대인관계에서의 갈등과 좌절이 주요한 스트레스 요인으로 작용하게 된다.

둘째, 한국문화는 유교적 전통에 영향을 받은 **권위적 문화**라고 볼 수 있다. 사회적 상하관계가 비교적 명백한 수직적인 위계질서가 있고 그 위계질서 속의 위치와 신분에 따라 행동규범이 결정된다. 수직적 상하관계에 따라 규범적 행동양식이 정해지게 되어 상위자는 지도적이고 가부장적인 권위를 행사하는 대신 체통과 위신을 지켜야 하는 체면유지의 부담감을 느끼게 되는 반면, 하위자는 상위자에 대해서 의존적이고 수동적인 역할을 맡게 되며 예의와 순종적 행동을 보이도록 기대된다. 그러나 이러한 권위적 문화는 서구의 자유민주주의 사고방식을 지닌 젊은 세대에 의해 도전받으며 변화되고 있는 듯하다. 이러한 과정에서 젊은 세대는 기성세대의 권위적 태도와 사고방식에 대해서 저항적이고 도전적 태도를 나타내는 반면, 기성세대는 젊은 세대의 개인주의적이고 자기주장적인 태도에 대해서 불만을 느끼고 있다. 따라서 한국인은 집단주의적인 권위적 문화와 개인주의적인 탈권위적 문화가 충돌하는 과정 속에서 각 세대마다 인간관계에서 다양한 갈등을 경험하게 된다.

셋째, 한국문화는 감정의 표현을 자제하는 **억제적 문화**이다. 이러한 문화에서는 감정의 직접적 표출을 억제하도록 요구되며 우회적이고 간접적인 방식으로 감정을 표현하는 경향이 있다. 김중술과 엄무광(1967)의 연구에서 한국인의 로르샤흐 검사 반응은 대체로 감정억압적 경향을 반영하는 특성을 나타내고 있다. 이처럼 한국인은 대인관계에서 경험하는 부정적 감정을 표현하지 못한 채 가슴속에 담아 두거나 우회적인 방식으로 표현하는 경향이 있다. 이러한 억압된 감정과 우회적 표현방식이 한국인의 이상행동에 영향을 미치는 것으로 보인다.

넷째, 한국문화는 의사소통의 많은 부분이 비언어적 방식에 의해 이루어지는 **비언어적 또는 음성적 문화**라고 볼 수 있다. 언어적으로 분명하게 드러내놓고 의사를 표현하기보다는 비언어적으로 서로 의중을 주고받는 행동양식이 발달하였다(차재호, 1983; 최상진, 진승범, 1995; 최상진, 최연희, 1989). 따라서 한국문화에서는 다른 사람의 의중을 비언어적인 단서에 의해 가늠하고 눈치를 살피는 일이 많다. 이렇게 모호한 비언어적 단서에 의해 타인의 마음을 파악하는 과정에서 잘못된 주관적 판단이 개입되어 오해를 하거나 피해의식을 느끼는 경우가 많이 발생할 수 있다.

마지막으로, 한국문화는 **투사적 문화**라고 할 수 있다. 상당수의 한국인은 자신의 길흉화복이 초자연적인 신, 자연환경적 요인, 자신의 신체적 요인 등에 의해 결정된다고 생각하는 수동적 운명관을 잠재의식 속에 지니고 있다. 현재 한국사회에서 점, 사주궁합, 풍수지리, 기복신앙적 종교가 유행하는 것은 자신의 운명을 외부적 요인에 의한 것으로 투사하는 문화적 특성이 반영된 것이라고 볼 수 있다.

3. 한국문화가 정신장애에 미치는 영향

한국문화는 한국인의 가치관, 사고방식, 정서반응, 행동양식 등에 영향을 미친다. 달리 말하면, 한국인은 한국문화 속에서 생활하면서 특정한 유형의 스트레스를 많이 경험할 뿐 아니라 이러한 스트레스에 대처하는 독특한 방식을 지니는 것으로 이해될 수 있다. 이러한 관점에서 보면, 한국인이 나타내는 이상행동과 정신장애는 한국문화가 부여하는 독특한 스트레스에 대한 한국인 특유의 대처양식이 부적응적인 양상으로 나타난 것이라고 볼 수 있다.

한국문화의 집단주의적이고 의존적인 특성은 한국인들이 대인관계에서 많은 스트레스와 갈등을 겪을 수 있음을 시사한다. 특히 권위적이고 위계적인 문화 속에서 윗사람과 아랫사람은 각자의 위치에서 다양한 심리적 갈등을 경험하게 된다. 즉, 가정에서는 부모-자녀관계나 남편-아내관계, 학교에서는 교사-학생관계 또는 선배-후배관계, 직장에서는 상사-부하관계에서 아랫사람은 윗사람의 무리하고 부당한 요구에 대해서 불만을 느끼게 되고 윗사람은 아랫사람의 순종적이지 못한 무례한 행동에 대해서 불만을 갖게 된다. 더구나 현대 한국사회에서는 기성세대의 권위적 태도와 젊은 세대의 탈권위적 태도가 충돌하면서 상대방에 대한 갈등이 증폭되는 경향이 있다.

그러나 한국문화에서는 개인이 느끼는 부정적 감정을 억제하거나 간접적인 방식으로 표현하는 경향이 있다. 따라서 윗사람은 아랫사람에 대한 불쾌감정을 체면 때문에 표현하지 못하고, 아랫사람은 윗사람에 대한 두려움 때문에 부정적 감정을 표출하지 못한다. 이처럼 대인관계 속에서 경험하는 부정감정은 직접적인 표현과 발산의 기회를 갖지 못한 채 마음속에 누적된다. 해소되지 못하고 지속적으로 억압되어 누적된 부정적 감정은 다양한 정신장애의 원인적 요소로 작용할 수 있다. 더구나 감정표현과 의사소통이 직접적인 언어적 형태로 이루어지기보다 우회적이고 비언어적인 방식으로 표출되는 한국문화에서는 정서교환과 대인관계 양상이 매우 미묘하고 복잡하다.

한국인에게서 높은 유병률을 나타내는 알코올 중독이나 화병과 같은 문화특수적 증후군은 이러한 한국문화의 맥락에서 이해될 수 있다. 권위적이고 억제적이며 비언어적인 문화에서 술은 매우 중요한 사회적 기능을 지닌다. 술은 정서적 억압을 약화시킴으로써 부정적 감정을 표출하여 해소시키는 기능을 지닌다. 또한 취중진담(醉中眞談)이라는 말이 있듯이, 술은 평소에 표현하지 않는 상대방의 속내를 파악하고 자신의 속마음을 전달하는 기회를 제공한다. 한국사회에서는 술을 마시면서 한 상대방의 무례한 언행에 대해서 매우 허용적인 경향이 있다. 따라서 술자리는 윗사람이 아랫사람에 대한 섭섭함을 토로하고 아랫사람이 윗사람에 대한 불만을 전달하는 중요한 통로이기도 한다. 이처럼 한국인의 내면에 누적된 감정을 표출하고 속내를 드러내게 하는 술의 사회적 효용성 때문에 한국사회가 술에 대해서 유난히 허용적이고 관대한 것인지 모른다. 한국의 문화적 특수성 속에서 한국남성은 이러한 기능을 하는 알코올에 의존함으로써 자신의 심리적 갈등과 부정적 감정을 배출하려 하는 것으로 생각된다.

한국에서 알코올 사용장애는 남성에게 흔한 반면, 화병은 여성에게 흔히 나타나는 심리적 증후군이다. 유교적 문화 속에서 여성에게는 술을 통한 감정배출마저 허용되지 않았다. 시부모와 남편에게 복종해야 했던 한국여성들은 많은 좌절감과 분노를 표현하지 못하고 가슴속에 담아 두어야 했을 것이다. 한국여성이 자신의 억압된 부정감정을 표출할 수 있는 주요한 통로는 신체화였던 것으로 생각된다. 몸과 마음의 구분이 명료하지 못한 심신일원론적인 사유방식과 더불어 심리상태와 신체기관을 상징적으로 연결하는 한방의학적 심신관계론은 한국인의 신체화 과정에 영향을 미친 것으로 여겨진다. 한국말에는 '머리 아프다', '열 받는다', '속 쓰리다', '배 아프다', '속이 뒤틀린다', '간이 콩알만해졌다', '가슴 아프다' 등의 표현과 같이 부정적 감정을 신체기관의 감각으로 표현하는 것들이 많다. 이렇게 심리적 고통을 신체에 투사하는 문화 속에서 한국여성은 신체적 증상을 통해서 부정적 감정을 표현할 수 있었다. 여성에게 부정적 감정의 직접적 표출은 사회적으로 용인되지 않았지만 신체적 증상의 호소는 수용될 수 있었을 뿐만 아니라 이를 통해서 가사활동에 대한 책임을 회피할 수도 있었다. 아울러 신체화 증상을 통해 자신이 해야 할 일을 다른 가족에게 전가하여 그들을 힘들게 함으로써 수동공격적인 만족을 얻을 수도 있다. 즉, 신체화는 한국여성이 자신의 부정적 감정을 표출하고 가족에 대한 분노를 우회적으로 표현하는 방식이었던 것으로 생각된다. 이처럼 화병은 좌절이 많았던 한국여성이 우울감, 분노감, 불안감을 느끼면서 그 일부를 신체적 증상으로 표출하는 과정에서 나타나는 독특한 심리적 증후군인 것으로 이해된다. 그러나 한국남성은 부정적 감정을 신체화 증상으로 표출하는 데에 한계가 있었다. 남성성이 강조되는 권위적 문화에서 신체화를 통해 병자로 행세하는 것은 나약함을 의미하기 때문이다. 따라서 인간관계의 갈등이 많았던 한국남성은 술을 통해서 해소하는 반면, 여성은 신체화를 통해 부정적 감정을 표출하는 경향이 나타난 것으로 생각된다.

집단주의 문화에서 주위사람들로부터 미움을 받고 거부당하는 것은 매우 두려운 일이 된다. 이를 위해서는 타인을 배려하고 타인이 불편하게 느낄 수 있는 일을 하지 않는 것이 중요하다. 아울러 비언어적인 음성적 문화에서는 상대방에 대한 호감과 불쾌감을 분명하게 언어적으로 표현하지 않는다. 따라서 눈치를 통해 상대방이 자신에 대해서 어떤 감정과 태도를 가지고 있는지를 파악하는 것이 중요하다. 한국인은 모호한 비언어적 단서로부터 타인의 마음을 헤아리는 매우 미묘하고 복잡한 추론과정에서 인지적 오류를 범해 타인의 심중을 오해하고 왜곡할 가능성이 높다. 한국 청소년과 청년층에 사회공포증이 많은 이유는 이러한 집단주의적이고 비언어적인 문화의 맥락에서 이해할 수 있다.

청소년기에 사회공포증이 흔히 시작되는 이유는 이차적 성징이 출현하여 자신의 신체변화

집단주의 문화에서는 타인을 배려하는 것이 중요하다

에 예민해지고 자신에 대한 타인의 평가와 자신의 용모에 관심이 높아지는 사춘기적 특성과 관련된 것으로 보인다. 특히 한국인에게 독특하게 나타나는 사회공포증의 가해의식형은 (1) 타인이 자신을 좋아하는지 또는 싫어하는지에 매우 예민한 상태에서 (2) 비언어적 단서에 의해 타인이 자신을 싫어한다고 지각하고 (3) 그 이유는 자신의 신체적 결함(외모, 시선, 냄새 등)을 통해 상대방을 불쾌하게 만들었기 때문이라고 추론하며 (4) 자신의 이러한 생각과 불안을 내색하지 않은 채 대인관계 상황을 회피하게 되는 심리적 과정을 통해 나타나는 것으로 설명될 수 있다. 한국인의 조현병에서 피해망상이 흔한 이유도 타인의 비언어적 행동 속에서 자신에 대한 적대감을 눈치로 포착하고 이를 표현하지 못한 채 피해의식으로 키우는 경향과 관련되어 있는 것으로 이해된다. 가해의식형의 사회공포증이나 피해망상은 한국문화의 집단주의적이고 비언어적이며 억제적인 특성이 관여되어 나타나는 현상이라고 볼 수 있다.

한국의 투사적 문화 속에서 누적된 심리적 고통에 대처하는 또 다른 방법은 고통의 원인을 초자연적인 존재에 투사하고 그에 의지하여 도움을 얻으려는 의존적인 대처방식이다. 자신의 운명은 초자연적인 신에 의해 좌우되며 신에게 빌고 의존함으로써 자신의 운명이 변화되고 고통으로부터 벗어날 수 있다는 수동적이고 의존적인 무속신앙적 운명관에 이러한 시도가 잘 반영되어 있다. 한국인이 나타내는 문화특수적 증후군의 하나인 신병(神病)도 이러한 문화적 맥락에서 이해될 수 있다. 정신장애를 초자연적 존재와 연관시켜 이해하고 굿, 기도, 안수, 축귀술에 의해 치료하려는 시도는 샤머니즘적이고 의존적인 투사적 문화의 특성을 반영하는 것으로 보인다.

제4절 행복하고 성숙한 삶을 위한 심리학

이상심리학의 궁극적 목표는 인간을 불행하고 고통스럽게 만드는 이상행동과 정신장애를 이해하고 치료함으로써 인간의 행복한 삶을 지향하는 것이다. 최근에 심리학에서는 인간의 행복과 복지에 대한 관심이 늘어나고 있다. 최근에는 삶의 질(quality of life), 주관적 안녕(subjective well-being), 행복(happiness)에 관한 연구가 증가하고 있으며 긍정 심리학(positive psychology)이라는 새로운 학문분야가 대두되고 있다.

인간은 쾌락을 추구하고 고통을 회피하는 기본적인 성향을 지니고 있다. 그런데 인간은 일반적으로 쾌락추구보다는 고통회피를 우선시하는 경향이 있다. 인간이 경험하는 감정을 기술하는 어휘 중에는 긍정적 감정보다 부정적 감정을 기술하는 것이 훨씬 많다. 즉, 인간은 긍정감정보다 부정감정에 더 많은 관심을 보이기 때문에 그러한 감정을 세분하여 기술하고 표현하는 어휘가 많은 것으로 이해된다. 인간에 대한 학문적 관심에 있어서도 마찬가지의 현상이 나타나고 있다. 심리학의 경우, 인간의 불행과 고통을 반영하는 이상행동과 정신장애에 대해서는 상세한 분류체계, 원인에 대한 여러 이론, 그리고 다양한 치료법이 개발되어 있다. 그러나 인간이 추구하는 행복과 성숙에 대해서는 학술적 이해가 상대적으로 매우 부족한 실정이다. 인간의 부정적 상태를 다룬 심리학적 연구논문이 긍정적 상태를 다룬 논문보다 17배나 많다는 조사결과(Myers & Diener, 1995)는 이러한 현실을 잘 보여주고 있다.

그러나 최근에 이상심리학 분야에서는 인간의 행복과 성숙에 대한 관심이 증가하고 있다. 정신장애에 대한 보다 완전한 치료를 위해서는 부적응적 증상을 제거하는 것뿐만 아니라 좀 더 즐겁고 행복한 삶을 영위하도록 유도하는 것이 필요하다는 인식이 확산되고 있다(Fava & Ruini, 2003). 예컨대, 정신장애는 치료 후에 재발하는 경향이 있으며 재발의 방지를 위해서는 증상제거뿐 아니라 긍정적 경험을 증가시키는 일이 중요하다는 연구결과가 보고되고 있다. 단극성 우울증의 경우, 약물치료를 받고 우울증에서 회복된 환자의 70%가 6개월 이내에 재발한다는 임상적 보고가 있다(Ramana et al., 1995). 우울증의 재발에 영향을 미치는 요인을 조사한 한 연구(Thunedborg, Black, & Bech, 1995)에 따르면, 행복감 척도에서 높은 점수를 나타낸 사람이 우울증상 척도에서 낮은 점수를 나타낸 사람보다 우울증의 재발률이 현저하게 낮았다. 현대 이상심리학에서 정신장애의 치료는 증상으로부터의 회복보다 재발의 예방에 초점을 두는 경향이 나타나고 있다. 따라서 보다 완전한 치료를 위해서 부적응적 증상의 제거뿐만 아니라 행복하고 만족스러운 삶으로 유도하기 위한 다양한 방법이 강구되고 있다.

1. 정신건강

먼저 정상적이고 건강한 삶은 어떻게 규정되고 있는지 살펴보기로 한다. 제1장에서 소개했던 이상행동의 판별기준과 마찬가지로, 정상적이고 건강한 삶에 대한 절대적 기준은 없으며 학자마다 다양하게 정의되고 있다. 일반적으로 건강은 질병이 없는 상태라는 소극적 의미보다는 개인의 삶이 행복하게 유지되는 상태라는 적극적 의미로 이해되고 있다. 세계보건기구(WHO, 1992)는 건강(health)을 '신체적, 정서적, 사회적 측면에서 잘 살아가는 상태'(physical, emotional, social well-being)라고 정의하고 있다. 세계보건기구(WHO, 2005)에 따르면, 정신건강은 정신장애가 없는 상태 그 이상이다.

정신건강(mental health)은 웰빙(well-being) 상태로서 개인이 (1) 자신의 능력을 잘 발휘하고, (2) 인생의 정상적 스트레스에 효과적으로 대처할 수 있으며, (3) 생산적으로 결실을 거두며 일을 하고, (4) 지역사회에 공헌하는 삶의 상태라고 정의하고 있다. 아울러 정신적으로 건강한 사람은 다음과 같은 특성을 지닌 사람으로 규정되고 있다: (1) 분명한 자기정체성을 가지고 인생의 목표를 자율적으로 추구해 가는 사람, (2) 환경의 변화를 잘 수용하고 적응하는 능력이 있는 사람, (3) 대인관계에서 상대방의 입장과 요구를 이해하는 공감능력을 지니고 있어서 대인관계를 원만하게 유지할 수 있는 사람, (4) 만족스러운 이성관계를 유지할 수 있는 사람, (5) 자기 능력의 한계를 현실적으로 받아들이는 사람, (6) 직업적응을 잘 하며 자기 능력의 실현을 통해 성취감을 경험하고 있는 사람.

전통적으로 심리학자들은 주변 환경에 적절히 적응하고 대처할 수 있는 능력을 정신건강의 중요한 판단기준으로 여겨 왔다. 정신적으로 정상적이고 건강한 사람은 (1) 자신이 처한 주변 현실을 정확히 파악하고 인식할 수 있고, (2) 자신의 능력과 심리적 상태를 자각하고 인식할 수 있으며, (3) 자신의 행동을 스스로 조절하고 통제할 수 있고, (4) 있는 그대로의 자기 자신을 수용하여 존중하며, (5) 다른 사람과 원만한 인간관계를 이룰 수 있고, (6) 자신의 능력을 생산적이고 효율적으로 발휘할 수 있는 사람이라고 여기고 있다(원호택, 1997). 이러한 기준들은 정신건강의 핵심적 요소를 포함하고 있으나 매우 포괄적이고 모호한 점이 있다. 행복한 삶에 대해서 최근에 이루어지고 있는 이론적 논의와 경험적 연구를 살펴보기로 한다.

2. 행복과 주관적 안녕

어떻게 사는 것이 잘 사는 것일까? 행복하다는 것은 어떤 삶의 상태를 의미하는가? 행복한 사람은 어떤 특성을 지니고 있는가? 어떤 나라의 사람들이 가장 행복할까? 이러한 물음에 대한 학문적 관심이 1960년대부터 증대되었다. 국가는 국민 대다수의 행복을 증대시키는 것이 궁극적인 목적이다. 따라서 국가의 발전과 기능 정도를 국민의 행복도에 의해 평가하려는 학문적 시도가 나타나게 되었다. 국가, 계층, 연령, 성별, 종교 등에 따른 집단구성원이 느끼는 삶의 행복감이나 만족도를 측정하려는 사회지표운동(social indicators movement)이 일어나 행복과 관련된 인구사회학적 요인을 밝히려는 많은 연구가 진행되었다(Duncan, 1969). 그러나 행복감은 개인이 생활 속에서 주관적으로 경험하는 것이기 때문에 인구사회학적 변인은 삶의 만족도에 영향을 주는 일반적인 요인일 뿐 개인의 주관적 행복을 설명하는 데에는 한계가 있다고 지적되었다. 따라서 최근에는 개인의 행복에 영향을 미치는 심리적 요인에 대한 연구가 활발하게 진행되고 있다. 이러한 연구에서는 행복이라는 일상적 용어보다는 주관적 안녕(subjective well-being), 삶의 질(quality of life), 삶의 만족도(life satisfaction)라는 용어를 사용하는 경향이 있다(권석만, 2008).

주관적 안녕은 가장 널리 사용되고 있는 용어로서 다양하게 정의되고 있으나 정서적 요소와 인지적 요소로 구성되어 있는 것으로 보고 있다(Diener, 1984, 1994). 주관적 안녕의 정서적 요소는 긍정적 정서와 부정적 정서를 말한다. 긍정적 정서와 부정적 정서는 서로 연관되어 있으나 상당히 독립적인 것으로 알려져 있다. 반면, 인지적 요소는 개인이 설정한 기준과 비교하여 삶의 상태를 평가하는 의식적이고 인지적인 판단을 의미하며 삶의 만족도라고 흔히 지칭된다. 주관적 안녕을 구성하는 정서적 요소와 인지적 요소는 서로 밀접한 관계에 있지만 상당히 독립적으로 변화하며 다른 요인과의 관계에서도 차이를 나타낸다. 일반적으로 정서적 반응은 단기적인 상황변화에 대한 직접적인 반응으로서 지속기간이 짧으며 무의식적 동기나 생리적 상태에 의해 영향을 받는 경향이 있다. 반면에 인지적 반응은 보다 장기적인 삶의 상태에 대한 의식적 평가로서 삶의 가치관이나 목표에 의해 영향을 받는다. 이러한 심리적 요소로 구성되는 주관적 안녕은 많은 긍정적 정서와 적은 부정적 정서, 그리고 높은 삶의 만족도를 경험하는 상태로 정의되고 있다. 주관적 안녕의 구성요소를 좀 더 자세하게 제시하면 〈표 15-3〉과 같이 요약할 수 있다(Diener et al., 1999).

표 15-3 주관적 안녕의 요소들

유쾌한 정서	불쾌한 정서	삶의 만족도	만족의 영역
즐거움	죄책감과 수치심	삶의 변화에 대한 욕구	일과 직업
고양된 기분	슬픔	현재 삶에 대한 만족	가족
만족	불안과 걱정	과거 삶에 대한 만족	여가
자긍심	분노	미래에 대한 만족	건강
애정	스트레스	자신의 삶에 대한	재정상태
행복감	우울감		자기
환희	질투	중요한 타인의 견해	소속집단

3. 행복에 영향을 미치는 요인들

주관적 안녕에 관한 초기 연구자인 Wilson(1967)은 젊고, 건강하며, 잘 교육받고, 돈 잘 벌며, 외향적이고, 낙천적이고, 걱정이 없으며, 종교적이고, 결혼한 사람으로서 자기존중감, 직업의욕, 적절한 포부를 지닌 사람이 행복하다고 주장하였다. 그는 지능과 성별은 행복에 영향을 미치지 못한다고 주장하였다. 그가 주장한 주관적 안녕의 요인에 대해서 이후에 많은 경험적 연구가 이루어졌다. 주관적 안녕에 영향을 미치는 주요한 요인으로 여겨지고 있는 성격특징, 건강, 경제적 수입, 종교, 결혼, 나이, 성차, 직업, 교육수준, 지능에 대한 연구결과를 간략히 살펴보면 다음과 같다(권석만, 2008; Diener et al., 1999).

주관적 안녕에 영향을 미치는 성격적 요인으로는 외향성, 신경과민성, 자기존중감, 낙천성, 통제에 대한 긍정적 환상이 중요한 것으로 알려지고 있다. 일반적으로 외향적이고 낙천적이며 자기존중감이 높은 사람이 행복감을 많이 느낀다. 특히 자기 자신, 미래, 환경에 대한 자신의 통제능력을 실제 이상으로 높게 평가하는 긍정적 환상(positive illusion)을 지닌 사람이 행복하고 성공적인 삶을 사는 것으로 밝혀졌다. 반면에 정서적으로 불안정한 신경증적 성향을 지닌 사람은 불행감을 느끼는 경향이 있다. 그러나 성격적 요인은 그 자체보다 환경적 요인과의 상호작용을 통해서 주관적 안녕에 영향을 미치는 것으로 밝혀졌다.

건강은 주관적 안녕과 밀접한 관계에 있다. 질병은 개인이 지향하는 목표달성을 방해하므로 주관적 안녕에 부정적 영향을 미친다. 특히 질병이 심각하여 다양한 만성적 문제를 야기할 경우에는 더욱 그러하다. 그러나 경미한 질병의 경우에는 쉽게 적응할 수 있기 때문에 그 영향력이 미미한 것으로 밝혀졌다. 질병과 장애는 그에 적응하는 적응능력에 따라 주관적 안녕에 미치는 영향력이 달라진다.

경제적 수입은 기본적 욕구를 충족시키고 추구하는 목표를 달성하는 데에 도움을 주기 때문에 주관적 안녕에 중요한 영향을 미치는 것으로 생각되어 왔다. 그러나 경험적 연구에 따르면, 전반적으로 그 영향력이 미미한 것으로 밝혀졌다. 물론 음식, 주거, 질병치료와 같은 기본적 욕구를 충족시키지 못하는 가난은 주관적 안녕에 악영향을 미친다. 그러나 이러한 기본적 욕구가 해결된 상태에서는 수입이나 재산이 주관적 안녕에 미치는 영향이 미미한 것으로 밝혀졌다. 돈이 매우 많은 사람이 특별히 행복하지는 않았다. 절대적인 재산보다는 수입의 증가가 주관적 안녕에 긍정적 영향을 미치게 되지만, 증가된 수입에 곧 익숙해지기 때문에 주관적 안녕에 미치는 영향은 일시적이다. 국가 간 비교에서 부유한 국가의 국민은 가난한 나라의 국민보다 훨씬 행복했다. 부유한 국가 내에서 부유한 사람은 가난한 사람보다 약간 더 행복했다. 그러나 개인적 평균소득의 증가에 비례해서 주관적 안녕이 증가하는 것은 아니다.

종교는 정신건강에 도움이 되며 주관적 안녕에 영향을 미치는 것으로 알려졌다. 종교는 개인적으로 삶의 의미를 제공하고 생활 속의 위기대처에 도움이 될 뿐만 아니라 사회적으로는 집단적 정체감을 느끼고 비슷한 가치와 태도를 지닌 사람들과의 사회적 지지체계를 형성하게 해준다. 종교는 특히 사회적 지지가 부족한 사람에게 커다란 도움이 된다. 그러나 종교는 삶의 만족도의 5~7%, 정서적 안녕의 2~3%를 설명하고 있을 뿐이다. 종교가 주관적 안녕에 미치는 영향은 개인적 특성에 따라 달라진다. 예컨대, 외향적인 사람은 종교활동을 통해서 실존적 의미보다는 실제적인 사회적 보상을 많이 받는다. 또한 종교적인 사회에서 종교는 주관적 안녕에 더 강한 영향을 미치는데, 이는 사회적 동조현상과 관련된 것으로 이해되고 있다. 그러나 종교는 죄책감을 유발하는 것과 같은 부정적 영향을 미치기도 한다. 종교와 행복의 관계는 주로 기독교와 관련하여 연구가 이루어졌기 때문에 그 결과를 다른 종교에 일반화하기는 어렵다.

결혼도 주관적 안녕에 영향을 미치는 것으로 알려져 있다. 일반적으로 독신인 사람보다는 결혼한 사람의 주관적 안녕이 더 높다. 주관적 안녕에 있어서 독신남성이 가장 낮으며 독신여성은 독신남성보다 높다. 그러나 결혼의 영향은 시대에 따라 달라지는데, 최근에는 독신여성의 행복도가 높아지는 경향이 있으나 결혼한 사람보다 높지는 않다. 결혼에 대한 사회적 가치와 인식에 따라서 행복도에 미치는 결혼의 영향력이 달라진다.

나이는 주관적 안녕에 영향을 미치지 않는 것으로 알려져 있다. 젊은 사람이 늙은 사람보다 더 행복할 것이라는 생각은 경험적 연구에서 입증되지 않고 있다. 오히려 주관적 안녕은 나이가 많아짐에 따라 다소 증가하는 경향이 있으며 적어도 떨어지지는 않는 것으로 밝혀졌다.

성별 역시 행복도에 미미한 영향을 미친다. 일반적으로 남자의 행복도가 여자보다 약간 높지만 그 차이는 매우 작다. 이러한 결과는 여자가 우울증을 더 많이 나타내고 불쾌한 감정을 더 잘 느낀다는 사실과 일치하지 않는 것으로 여겨질 수 있다. 이에 대한 한 설명은 여자가 긍정 감정과 부정 감정을 모두 더 강하게 자주 느끼기 때문이라는 것이다. 즉, 여자는 남자보다 불행감도 많이 느끼지만 행복감도 더 많이 느낀다는 설명이다.

직업적 의욕과 사기도 주관적 안녕에 영향을 미친다. 직업은 긍정적인 사회적 관계를 맺고 자기정체성에 도움이 되며 삶의 의미를 제공한다. 일반적으로 직업 만족도와 삶의 만족도는 상관이 높으며 특히 여자에게 그러하다. 그러나 개인과 직업의 적합도, 직업에 부여하는 개인적 가치, 사회적 보상, 업무의 복잡성, 직장과 가정의 갈등 여부에 따라서 직업이 행복에 미치는 영향력은 달라진다.

교육수준도 주관적 안녕에 영향을 미치는 것으로 여겨지고 있다. 교육수준과 주관적 안녕은 약간의 정적인 상관을 보인다. 특히 교육수준에 따른 수입액과 직업적 지위가 중요한 영향을 미친다. 교육수준은 인생의 목표를 성취하고 변화하는 세계에 대한 적응능력을 높여 준다. 그러나 실업 상태에서는 교육수준이 높은 사람이 낮은 사람보다 불행감을 많이 느끼는데, 이는 기대수준이 높기 때문인 것으로 해석되고 있다.

지능은 행복의 강한 예언변인으로 알려져 있었다. 그러나 다른 인구사회학적 변인(예: 교육수준, 경제적 수입 등)을 통제하면 거의 관계가 없는 것으로 나타났다. 즉, 지능수준 그 자체는 행복도에 영향을 미치지 못했다. 그러나 지능이 현저하게 우수하고 적절한 기대 수준을 지니는 경우에는 행복도가 높아지는 경향이 있었다.

4. 행복에 대한 심리학적 이론

인간은 어떤 조건이나 상태에서 행복감을 느끼는가? 어떤 심리적 과정을 통해서 주관적 안녕을 인식하게 되는가? 행복에 대한 이론적 설명은 과거 그리스 철학자들이 여러 주장을 한 이래로 그다지 큰 진전이 이루어지지 않았다. 그러나 최근에 주관적 안녕에 대한 심리학적 연구가 진전되면서 행복에 대한 심리적 이해가 증진되고 있다(권석만, 2008).

1) 욕망충족이론

전통적으로 인간은 욕망이 충족된 상태에서 행복을 느낀다는 생각이 가장 일반적이었다. 인간은 식욕, 성욕, 재물욕, 권력욕, 명예욕 등과 같은 다양한 욕망을 지니게 되고 이러한 욕망이 충분히 충족되었을 때 행복감을 느낀다는 주장이다. 이러한 관점은 인간의 행복 정도가 욕망을 충족시킬 수 있는 외부적 또는 상황적 조건(예: 의식주, 재산, 계층, 사회적 지위, 교육수준 등)에 비례한다는 생각으로 이어진다. 그러나 앞에서 살펴보았듯이, 다양한 욕망을 충족시킬 수 있는 외부적 조건과 행복도의 상관관계는 미미하였다. 인간은 욕망이 충족되면, 곧 그러한 상태에 익숙해져서 행복감을 느끼지 못하는 경향이 있다. 또한 개인적 욕망이 충분히 충족되어도 자신보다 더 풍요로운 상태에 있는 사람을 보게 되면 행복감이 저하된다. 이처럼 행복은 욕망의 충족 이외에 타인과의 비교, 지향하는 목표, 적응과정 등과 같은 다양한 심리적 요인의 영향을 받는 것으로 여겨지고 있다.

2) 괴리이론

인간은 자신의 상태를 어떤 기준과 비교하여 그 기준과의 괴리를 인식할 때 행복감을 느낀다는 것이 **괴리이론**(discrepancy theory)이다(Michalos, 1985). 인간은 자기 자신을 다양한 기준, 즉 다른 사람, 과거의 삶, 이상적 기준, 지향하는 목표 등과 비교한다. 자신의 상태가 이러한 기준과 비교하여 우월한 방향의 괴리가 클수록, 행복감이 증가한다는 것이다. 즉, 개인이 처해 있는 현재의 상태 그 자체보다는 현재의 상태를 평가하기 위한 기준의 속성이 행복에 중요하다는 주장이다. 괴리이론에 따르면, 높은 기준과의 상향적 비교를 하는 사람은 불행감을 느끼기 쉬운 반면, 하향적 비교를 하는 사람은 행복감이 증가할 것이다.

그러나 경험적 연구의 결과는 그렇게 간단하지 않았다. 괴리이론에 따르면, 높은 기대수준은 현실과의 괴리를 증가시키는 불행의 주요한 요인이다. 그러나 과도하게 높거나 낮은 기대수준을 지닌 사람들은 모두 높은 수준의 불안과 우울을 느꼈으며 행복도가 낮았다. 낮은 기대수준은 과거의 실패경험을 반영하는 것으로서 행복의 예언변인이 되기 어렵다. 기대수준 그 자체보다는 기대수준이 얼마나 현실적이고 개인의 능력에 일치하느냐가 중요하다. 즉, 기대수준에 도달할 수 있다는 성공가능성의 평가가 중요하다. 또한 목표 성취의 최종상태보다는 목표를 향해 진전되고 있는 과정이 중요하다. 높은 기대수준과 낮은 성취상태에 있더라도 목표를 향해 적절한 진전이 있다고 느낀다면 행복감을 느끼게 된다. 기대하는 최종결과에 과도하게 집착하는 것은 행복에 역효과를 초래하는 것으로 밝혀졌다.

또한 괴리이론에 따르면, 주변의 비교대상이 어려운 상황에 처해 있을수록 개인은 더 행복감을 느낀다. 그러나 암환자의 경우, 다른 암환자가 자신보다 상태가 더 나쁘다고 해서 행복감을 느끼지 않는다. 타인의 건강악화는 자신의 건강악화를 의미하기 때문이다. 또한 사람들에게 인기가 있는 친구를 둔 사람은 그렇지 않은 사람보다 더 행복감을 느낀다. 낮은 성적을 얻은 대학생들은 다른 학생과 비교하지 않는 경향이 있다는 보고도 있다. 이러한 연구결과들은 사회적 비교를 통한 괴리에 의해 행복을 느낀다는 괴리이론의 한계를 보여준다. 사회적 비교를 통한 행복감은 일시적이며, 비교를 통해 얻은 사회적 정보와 자신이 추구하는 목표가 어떤 연관성을 지니느냐가 중요하다는 주장이 제기되었다.

3) 목표이론

인간은 자신이 추구하는 목표를 달성하거나 목표를 향해 진전되고 있다고 믿을 때 행복을 느낀다는 것이 **목표이론**(goal theory)이다(Austin & Vancouver, 1996). 목표는 개인이 삶 속에서 이루고자 하는 주요한 것을 말한다. 행복은 개인이 지향하는 목표의 유형과 구조, 목표를 성취할 수 있는 성공가능성, 목표를 향한 진전 속도에 의해 결정된다는 주장이다.

행복한 삶을 위해서는 우선 목표를 가진다는 것 자체가 중요하다. 목표를 향해 매진하는 것은 삶의 의욕과 생동감을 주게 되며 일상적 삶의 의미와 체계를 제공한다. 그러나 개인이 선택하는 목표의 유형에 따라서 행복에 대한 영향력이 달라질 수 있다. 지향하는 목표가 자율적으로 선택되었고 자체적인 가치를 지니고 있으며 그 성취를 향해 진전되고 있다고 평가될 때 특히 행복감을 느끼게 된다. 목표를 성취할 수 있는 개인의 능력과 여건은 행복감을 증가시킬 수 있다. 그러나 그것이 개인이 추구하는 목표와 관련되어 있을 경우에만 그러하다.

또한 추구하는 목표가 인간의 내면적 동기와 잘 부합할 때 행복감이 증가한다. 재정적 성공을 중요시하는 사람은 자기수용이나 대인관계를 중요시하는 사람보다 행복감이 낮다. 그 이유는 외적 가치(예: 재물, 미모, 지위, 명성)보다는 인간의 근본적 욕구를 충족시키는 목표를 달성하는 것이 더 큰 행복감을 주기 때문인 것으로 이해되고 있다.

중요하게 추구하는 목표가 많은 사람은 삶의 만족도, 자존감, 긍정적 정서가 높지만 불안감도 높았다. 여러 가지 목표를 추구하는 사람은 성취의 즐거움도 많지만 이러한 목표를 성취해야 하는 부담감 때문에 스트레스도 많이 경험하는 것 같다. 또한 추구하는 목표들 간의 일관성과 통합된 정도가 행복에 중요하다(Sheldon & Kasser, 1995). 양립되기 어려운 갈등적인 목표들을 추구하는 사람은 부정적 감정을 많이 느낀다. 서로 조화롭게 밀접히 연관된 목표를 선택하여 추구하는 것이 행복에 중요하다.

목표달성에는 상황적 요인이 중요하다. 따라서 개인이 처해 있는 상황에서 달성가능한 목표를 지니는 것이 행복에 중요하다. 죄수의 경우, 뚜렷한 목표가 없거나 교도소 밖에 있는 사람과의 친밀한 관계를 중요시하는 사람은 체력단련의 목표를 지닌 사람보다 삶의 만족도가 현저하게 낮았다.

문화는 추구하는 목표와 행복의 관계에 중요한 영향을 미치는 요인으로 여겨지고 있다. 문화는 목표의 선택에 중요한 영향을 미친다. 개인이 속해 있는 문화나 하위문화에서 높이 평가하는 목표를 성취할수록 행복감이 증가한다. 특히 개인주의 문화와 집단주의 문화는 각기 중요시하는 가치가 다르다. 따라서 사회적 조화를 중요시하는 집단주의 문화에서는 개인의 성취나 만족보다는 타인과의 조화로운 관계나 소속집단의 전체적 이익을 위한 목표가 더 많은 보상을 받게 되고 더 큰 행복감을 주게 된다. 이처럼 목표가 행복에 영향을 미치는 과정은 복잡하다. 목표이론은 행복을 이해하는 이론적 체계를 제공하였지만 앞으로 좀 더 많은 정교화가 필요하다.

4) 적응과 대처 이론

인간은 새로운 변화에 적응하여 곧 익숙해진다. 지속되는 긍정적 상태에 대해서는 **습관화**(habituation)가 되어 특별한 행복감을 느끼지 못한다. **적응**(adaptation)이란 지속적인 반복적 자극에 대해서 반응이 감소되는 경향을 의미한다. 이러한 적응과정이 행복을 이해하는 데에 중요하다.

주관적 안녕이나 행복감은 최근에 발생한 새로운 사건에 대한 반응으로 경험된다. 따라서 항상 주어지는 자극이나 상황보다는 최근에 일어난 사건이 행복에 커다란 영향을 미치게 된다. 그러나 그러한 변화에 대해서 상당히 빠른 시간 내에 적응하게 된다. Brickman 등(1978)의 연구에 따르면, 복권당첨자들이 일반인보다 그다지 더 행복하지 않았으며, 사고로 인해 척추손상을 당한 환자가 예상한 것처럼 그다지 불행하지 않았다. 이는 그러한 긍정적 또는 부정적 변화에 적응하여 익숙해졌기 때문이다. 최근에 신체적 손상을 당한 사람이 오래전에 동일한 손상을 당한 사람보다 불행감이 높은 이유도 이 때문이다. 이러한 연구결과는 환경 변화에 어떻게 적응하고 대처하느냐는 것이 행복에 중요한 영향을 미친다는 것을 의미한다.

그러나 어떤 상황은 적응하는 데에 많은 시간이 걸린다. 배우자를 잃은 사람은 시간이 흐름에 따라 우울감이 감소하기는 하지만 2년 후에도 여전히 상당한 우울감을 지닌다는 보고가 있다. 치매환자를 둔 가족은 시간이 흐름에 따라서 고통이 증가하는 경향이 있다. 인도나 나이지리아와 같은 나라의 국민은 수십 년간 유사한 생활조건에서 살고 있지만 부유한 나라의 사람보다 주관적 행복도가 현저하게 낮다. 이러한 결과는 적응에 오랜 시간이 걸리는 조건이 있는 반면, 빠른 시간 내에 적응이 되는 조건이 있다는 것을 의미한다.

새로운 변화에 대한 적응과 관련하여 중요한 요인이 대처(coping)이다. 적응은 수동적인 과정인 반면, 대처는 능동적인 적응과정이다. 대처능력은 주관적 안녕과 밀접한 관계를 갖고 있다. 신경증적 대처를 하는 사람보다는 성숙한 대처를 하는 사람이 유쾌한 감정을 더 많이 느낀다. 새로운 변화에 대해서 긍정적 의미를 부여하고 합리적으로 행동하며 필요할 때는 도움을 요청할 줄 알고 역경 속에서 분발하며 문제해결적 대처를 하는 사람이 행복감을 많이 느낀다. 이처럼 새로운 변화에 효과적으로 대응하고 추구하던 목표를 재조정하는 대처능력이 행복에 중요한 것으로 여겨지고 있다.

5. 자기실현과 성숙

행복의 개념에 대해서 크게 두 가지의 다른 입장이 존재한다(Ryan & Deci, 2001). 그 하나는 행복을 쾌락추구와 고통회피의 측면에서 규정하는 **쾌락주의적 입장**(hedonic approach)이다. 이러한 입장에서는 행복을 긍정적 감정이 많고 부정적 감정이 적으며 삶의 만족도가 높은 상태로 규정한다. 이와 달리, **자기실현적 입장**(eudaimonic approach)에서는 행복을 개인의 잠재력이 충분히 실현되는 상태라고 본다. 이러한 입장에서는 자신의 능력을 충분히 발휘하면서 삶의 의미를 느끼며 생동감 있게 살아가는 사람을 행복한 사람으로 여긴다. 이러한 입장에서 행복하고 성숙한 인간의 특성을 밝히고자 했던 심리학자의 견해를 살펴보기로 한다(권석만, 2008, 2011).

Allport(1955, 1961)는 신경증적 성격에 대응하는 개념으로서 **성숙한 성격**(mature personality)을 제안하면서 이러한 성격의 소유자는 다음과 같은 특성을 지닌다고 주장하였다: (1) 확장된 자아감을 지니고 있다. (2) 다양한 사람과 우호적인 관계를 맺는다. (3) 정서적으로 안정되어 있다. (4) 현실적인 지각을 한다. (5) 완수할 과업을 지니고 이를 위해 헌신한다. (6) 자기를 객관화하는 능력을 지니고 있다. (7) 일관성 있는 인생관을 지니고 있다. Fromm(1941, 1947)은 인간의 가장 본질적 경향성을 자신이 지닌 잠재력을 최대한 실현하려는 경향이라고 보았다. 이러한 자기실현적 인간을 **생산적 인간**(productive person)이라고 명명하고 이들은

5가지의 욕구, 즉 (1) 타인과 따뜻하고 친밀한 관계를 맺고자 하는 관계형성의 욕구, (2) 자신의 삶을 능동적이고 창조적으로 이루어 가려는 초월의 욕구, (3) 타인과의 일체감과 소속감을 갖고자 하는 정착성의 욕구, (4) 개성적 존재로서 자신의 삶에 대한 통제감을 갖고자 하는 자기정체성의 욕구, (5) 삶에 대해서 체계적이고 일관성 있는 방향을 갖고자 하는 정향성의 욕구를 창의적이고 생산적인 방식으로 실현한다고 주장했다.

　　Maslow(1968, 1971)는 인류사에 있어서 창조적 업적과 인격적 성숙을 통해 자기실현을 이룬 세계적인 위인들의 삶을 분석하고 **자기실현적 인간**(self-actualizing person)의 15가지 특성을 다음과 같이 제시하였다: (1) 효율적인 현실지각능력을 지닌다. (2) 인간의 본성뿐만 아니라 자기 자신과 타인의 속성에 대해서 수용적인 태도를 지닌다. (3) 자기 자신을 타인에게 있는 그대로 자발적이고 솔직하게 나타낸다. (4) 자신이 하는 일에 대하여 애정과 책임감을 갖고 몰두한다. (5) 독립적이며 혼자만의 생활을 즐긴다. (6) 외부 환경에 영향받지 않으며 내적 만족을 추구하고 자율적으로 행동한다. (7) 새로운 경험에 대해 열린 자세와 감상능력을 지니고 있다. (8) 때때로 강렬한 황홀감이나 경외감을 느끼는 절정경험(peak experience)을 한다. (9) 인류애와 형제애를 지니며 사회적 관심을 갖는다. (10) 타인과 확고한 유대관계를 맺는다. (11) 민주적인 성격구조를 지닌다. (12) 건강한 윤리적, 도덕적 기준을 지니고 있다. (13) 적대

표 15-4 행복한 사람의 6가지 특성

환경적 통제(environmental mastery): 주변 환경에서 발생하는 문제를 잘 처리하는 능력과 이에 대한 통제감을 지닌다. 자신의 환경적 조건을 효과적으로 잘 활용한다. 자신의 가치나 욕구에 적합한 환경을 선택하고 창출해낸다.

타인과의 긍정적 인간관계(positive relations with others): 타인과 따뜻하고 신뢰로운 관계를 형성한다. 타인의 행복에 관심을 지닌다. 공감적이고 애정 어린 친밀한 관계를 형성하는 능력을 지닌다. 인간관계의 상호교환적 속성을 잘 이해한다.

자율성(autonomy): 독립적이며 독자적인 결정능력이 있다. 자신을 특정한 방향으로 생각하고 행동하도록 요구하는 사회적 압력에 저항하는 능력을 지니고 있다. 내면적 기준에 의해 행동을 결정한다. 외부적 기준보다 자신의 개인적 기준에 의해 자신을 평가한다.

개인적 성장(personal growth): 자신이 지속적으로 성장하고 있다는 느낌을 갖는다. 자신이 발전하고 확장되고 있으며, 자신의 잠재력이 실현되고 있다고 느낌을 지닌다. 새로운 경험에 개방적이다. 자신의 발전과 성장을 위해 노력한다.

인생의 목적(purpose in life): 인생의 목적과 방향감을 지니고 있다. 현재와 과거의 삶에 의미가 있다고 느낀다. 인생에 의미를 부여하는 신념체계를 지니고 있다. 삶에 대한 일관성 있는 목적과 목표를 가지고 있다.

자기수용(self-acceptance): 자기 자신에 대해서 긍정적 태도를 지닌다. 긍정적 특성과 부정적 특성을 모두 포함한 자신의 다양한 특성을 인정하고 수용한다. 과거의 삶에 대해서 긍정적으로 느낀다.

감 없는 유머감각을 지닌다. (14) 창의적이다. (15) 문화적 가치의 압력으로부터 자유롭다.

Ryff(1989)는 행복의 6가지 요소를 주장하였다. 그는 인간의 행복과 성숙에 깊은 관심을 지녔던 여러 심리학자(Maslow, Rogers, Jung, Allport, Erikson 등)의 견해를 종합적으로 고려하여 행복한 사람의 6가지 특징을 〈표 15-4〉와 같이 제시하고 있다.

인간은 누구나 행복을 추구하고 있지만 어떤 상태가 행복이며 어떻게 하면 행복할 수 있는지에 대한 정답은 없는 듯하다. 행복은 매우 주관적인 경험이며 개인마다 심리적 특성과 환경적 조건이 각기 다르기 때문이다. 인간의 불행에 대해서 관심을 집중해 왔던 심리학자들이 최근에 인간의 행복에 대해서 관심을 갖기 시작했다. 행복에 대해서 충분히 만족스러운 이론체계가 아직 정립되어 있지는 않지만, 행복에 관한 여러 가지 특성이 밝혀지고 있다. 행복에 대한 심리학적 이해를 통해서 우리 자신과 인간이 좀 더 행복한 삶을 누릴 수 있도록 노력하는 것이 필요하다.

제5절　한국인의 행복한 삶과 이상심리학의 역할

한국사회에는 심리적인 고통 속에서 불행한 삶을 살아가는 사람들이 많다. 불행한 삶은 정신장애를 초래하고 정신장애는 삶을 더욱 불행하게 만든다. 이상심리학은 기본적으로 인간의 고통과 불행에 대한 관심에서 출발하여 이상행동과 정신장애를 연구하며 인간의 행복과 성숙을 지향하는 학문이다. 한국의 이상심리학은 인간이 나타내는 이상행동의 보편적 현상을 탐구하는 한편, 한국인의 이상행동과 정신장애에 깊은 관심을 기울여야 할 것이다. 아울러 한국인이 좀 더 정신적으로 건강하고 행복한 삶을 영위할 수 있는 방법을 모색해야 할 것이다. 이 절에서는 한국인의 정신건강에 영향을 미치는 한국사회의 문제점을 살펴보고, 한국사회에서 이상심리학이 기여할 수 있는 역할에 대해서 살펴보고자 한다.

1. 현대 한국사회의 특성

우리가 살아가야 할 한국의 사회와 문화는 급격하게 변화하고 있다. 세계는 현재 정보화와 세계화라는 거대한 사회적 변화의 과정 속에 있다. 특히 한국사회는 동양문화와 서양문화가 혼재하는 가운데 정보화와 세계화의 변화에 적응해야 하는 이중적 과제를 지니고 있다. 이처럼 다양한 문화적 요소가 복합되어 있는 사회 속에서 급격한 사회적 변화에 적응해야 하는 한국인은 커다란 적응적 부담을 안고 살아가야 한다. 한국인의 정신건강과 행복에 영향을 미치는 우리 사회의 주요한 사회적 변화와 특성을 살펴보기로 한다.

1) 정보화 사회로의 변화

세계는 지금 후기산업사회에서 정보화 사회로 진행하는 거대한 변화의 흐름 속에 있다. 한국은 이러한 정보화의 물결을 가장 먼저 타고 있는 나라 중 하나이다. 가정마다 컴퓨터가 보급되어 있고, 인터넷 고속연결망이 연결되어 있으며, 인터넷 사용률이 세계에서 가장 높은 인터넷 강국이다. 한국인 대다수가 컴퓨터를 다룰 줄 알며 인터넷을 사용하고 있다. 한국인은 정보화 문명이 제공하는 혜택을 가장 먼저 누리는 대신 그에 수반되는 부정적 영향 역시 가장 먼저 경험하고 있다.

변화는 개체에게 적응의 부담을 요구한다. 한국인은 정보화 사회로의 변화에 순응해야 하는 여러 가지 적응부담을 안고 있다. 끊임없이 새롭게 개발되어 보급되고 있는 정보화 기술과 도구를 배우고 숙달해야 하는 적응부담을 지니고 있다. 아울러 한국사회에는 정보화 사회의 여러 가지 부정적 현상이 나타나고 있다. 젊은 세대를 위시한 한국인은 대부분 인터넷과 채팅을 통해 소통을 하고 컴퓨터 게임과 전자오락을 즐긴다. 익명성이 보장되는 인터넷의 대화 공간에서는 무책임하고 탈억제적인 충동적 감정표현과 대화양식이 나타나고 있다. 인터넷의 가상공간 속에서 자신과 다른 가상적 신분과 성격을 지닌 허구적 정체성으로 과도한 교류를 함으로써 자기정체성의 혼란을 경험하는 청소년들이 나타나고 있다. 인터넷을 통해 노골적이고 문란한 성적 자극이 아동을 비롯하여 청소년에게 무차별적으로 유포되고 있다. 일부의 네티즌들은 무한한 정보전달력을 지닌 인터넷을 통해 무분별하게 성적 욕구와 공격적 욕구를 표출하여 많은 사람에게 피해를 주고 있으며 인터넷 섹스, 번개 섹스, 원조교제와 같은 불건전한 성문화가 확산되고 있다.

정보전자기술을 이용한 컴퓨터 게임과 전자오락은 과거의 어떤 오락보다도 자극적이고 흡인력을 지니고 있어 여러 가지 중독현상을 초래하고 있다. 수많은 청소년이 컴퓨터 게임과 전

정보화 사회에 적응해야 하는 한국인

자오락에 많은 시간을 투여하며 과도하게 몰두하고 있어 학업을 비롯한 현실적 과업을 소홀히 하고 있다. 또한 그러한 게임을 하지 못하면 초조감과 불안감을 느끼는 금단현상까지 나타나는 소위 게임중독 현상이 나타나고 있다. 대부분의 전자오락은 공격적이고 잔인한 폭력, 전투, 살상과 관련되어 있어 청소년의 정서발달에 부정적 영향을 미칠 것이 우려되고 있다. 인류사에서 처음 접하게 되는 인터넷과 전자기술문명이 우리 사회에 어떠한 부정적 영향을 미치게 될지 감히 예측하기 어렵다.

2) 가족관계의 변화

한국의 가족관계가 급격하게 변화하고 있다. 한국인의 이혼율이 지난 10년 사이에 급증하여 OECD국가 중 미국과 함께 이혼율이 가장 높은 나라가 되었다. 최근에는 매년 새로 이혼하는 부부의 수가 매년 결혼하는 부부의 약 1/3에 달하고 있다. 이혼율의 급증과 가족관계의 약화는 집단주의적 유교문화에서 서구의 개인주의 문화가 충돌하는 과정에서 나타나는 현상으로 이해된다. 부부의 권력과 역할의 변화, 여성의 사회적 지위향상, 부부갈등에 대한 해결의지의 약화, 성적 개방풍조와 관련된 혼외 성관계, 가정보다 개인을 중시하는 가치관 등이 부부갈등과 가정

이혼율이 급증하고 있는 한국사회

해체를 심화시키고 있다. 이혼은 당사자뿐만 아니라 자녀에게 심리적으로 부정적인 영향을 미치게 되며 청소년 비행문제의 원인이 되기도 한다.

부모와 자녀의 관계도 변화하고 있다. 노년기의 부모를 자녀가 부양해야 한다는 과거의 인식이 변화하고 있다. 근래에는 결혼한 자녀들이 부모와 함께 살기를 꺼려하는 경향이 있기 때문에 자녀를 결혼시킨 부모는 독립적으로 노년기를 보내야 한다. 고부갈등은 전통적으로 우리 사회의 주요한 가족갈등의 하나였다. 정신병원에 입원한 기혼여성 환자의 1/3은 고부문제가 주요한 갈등이었다는 보고도 있다. 평균수명이 증가하여 초고령사회로 진입하고 있는 우리 사회에서 노인들은 자녀와 갈등, 역할 박탈, 외로움을 느끼게 되어 우울증과 자살이 늘어나고 있다(Kim, 1995).

3) 직장문화의 변화

세계화의 물결 속에 세계는 치열한 무한경쟁의 시대로 변해 가고 있다. 국가 간의 무역장벽이 허물어진 시장경제체제에서 생존하기 위해서, 우리 사회는 효율성과 성과를 강조하는 치열한 경쟁사회로 변해 가고 있다. 이러한 변화 속에서 한국의 직장문화가 변해 가고 있다. 성

과에 따른 보상체계와 능력에 의한 경쟁체제는 한국인의 직장 스트레스와 고용불안을 증폭시키고 있다.

우리나라는 1997년 IMF의 경제위기를 당한 이후 실업률이 급증하였으며 직장에서의 안정된 고용을 기대할 수 없게 되었다. 새로운 전문기술을 지속적으로 습득하고 탁월한 성과를 보이지 않는 한 언제든지 직장에서 해고당할 수 있다는 고용불안이 증대되고 있다. '사오정', 즉 45세에 정년퇴직이라는 말이 회자되고 있듯이, 한창 일을 할 수 있는 40대에도 정리해고나 명예퇴직으로 직장에서 물러날 수 있다는 불안이 확산되고 있다. 따라서 직장에서 생존하기 위해서는 과도한 업무에 시달려야 하며 동료와의 경쟁적 관계 속에서 대인관계가 악화되고 결국 직업 스트레스가 가중된다. 한국 40대 남성의 돌연사 비율이 세계 1위이듯이, 과도한 업무와 직장 스트레스는 신체적 질병을 유발할 뿐만 아니라 가족관계를 소홀히 하게 하여 가정불화를 초래하는 원인이 되기도 한다. 성과와 효율성을 강조하는 경쟁적 직장문화 속에서 한국인은 직업적응, 업무과중, 고용불안에 시달리며 심한 심리적 압박감과 스트레스를 경험하고 있다.

4) 대인관계의 변화

한국사회는 전통적으로 가족을 위시한 주변 사람들과의 상호의존적 대인관계를 중시하는 집단주의 문화가 지배적이었다. 그러나 서구의 개인주의 문화가 유입되면서 한국인의 대인관계 양상이 변화하고 있다. 위계적 질서를 중시하는 집단주의적 가치와 평등한 대인관계를 강조하는 개인주의적 가치가 혼재하는 한국사회에는 대인관계의 갈등과 대립이 증폭되고 있다. 권위주의적 기성세대와 탈권위주의적인 젊은 세대 간의 갈등이 우리 사회의 곳곳에서 나타나고 있다. 남녀평등의 문화는 여성의 사회적 지위를 강화하는 긍정적 효과를 지니는 한편, 과도기적 변화과정에서 가족관계를 비롯한 남녀관계에 갈등을 초래하고 있다.

또한 개인의 자유와 사생활을 중시하는 개인주의적 문화는 한국인의 대인관계와 사회적 지지체계를 약화시키고 있다. 바로 옆집에 사는 사람이 누구인지조차 모르는 사람이 많듯이, 지역공동체의 유대감이 약화되고 있다. 가족관계마저 약화되고 있는 현실 속에서 고독과 소외감을 느끼는 사람들이 늘어나고 있다.

5) 과도한 교육열과 청소년 문제

한국은 세계적으로 교육열이 높은 나라이다. 높은 교육열은 우수한 인력을 양성하여 국가발전의 원동력이 되었다. 그러나 과도한 교육열은 아동과 청소년의 건강한 발달을 저해하고 여러 가지 사회적 문제를 야기하고 있다. 유아기부터 조기교육을 시키고 초등학교 때부터 다양한 과외수업을 시킬 뿐만 아니라 중·고등학생은 새벽부터 자정이 넘도록 과외수업을 받는 것이 일반적이다. 초등학생을 혼자 외국에 보내어 유학을 시키거나 자녀의 유학을 위해서 부부가 별거생활을 감수하는 현상이 벌어지고 있어 '기러기 아빠'라는 말이 생겨났다. 한국인의 교육열은 특정한 지역의 부동산 가격을 지나치게 높여 놓아 국가가 개입해야 할 수준에 이르렀다.

부모의 지나친 교육열로 인해 한국의 아동과 청소년은 과도한 학업부담과 성적의 압박감에 시달리게 되고 여러 가지 심리적 문제를 나타내고 있다. 입시를 앞둔 청소년들은 불안, 초조, 우울, 짜증과 같은 심리적 문제를 나타내어 소위 '고3병'이라는 말이 생겨났다(Kim, 1995). 이러한 문제는 부모자녀관계에 부정적 영향을 미치며 우울증, 불안장애, 비행문제, 자살로 나타나기도 한다. 학업에서 좌절을 경험하는 청소년은 문란한 성행동, 폭력, 가출, 약물 사용, 범죄와 같은 다양한 비행행동을 유발할 수 있다. 가정불화나 부모의 이혼, 성적 자극을 제공하는 인터넷, 폭력적이고 공격적인 컴퓨터 게임 등은 청소년의 비행을 더욱 부추기고 있다. 아동기와 청소년기의 부적응 문제는 성인기에 영향을 미치게 되어 결국 성인기의 심리적 문제로 발전하는 경우가 많다.

2. 한국인의 주요한 적응과제

변화하는 사회는 사회구성원에게 여러 가지 새로운 적응과제를 제공한다. 한국사회에서 정신적으로 건강하고 행복하게 살아가기 위해서는 이러한 적응과제에 지혜롭게 대처해야 한다. 한국인으로 태어나서 한국사회에서 살아가는 과정에는 발달단계별로 직면하게 되는 다양한 적응과제가 있다. 이상행동과 정신장애는 이러한 적응과제에 적절하게 대응하지 못하여 발생하는 경우가 대부분이다. 한국인의 심리적 부적응 문제를 초래할 수 있는 주요한 적응과제를 발달단계별로 살펴보기로 한다.

1) 아동기의 적응과제

아동기는 건강한 성격의 기초가 형성되는 매우 중요한 시기이다. 또한 부모를 비롯한 주변 환경의 영향을 많이 받는 시기이기도 하다. 그러나 한국의 아동은 성장과정에서 부적응적 문제를 유발할 수 있는 여러 가지 적응과제를 지니고 있다. 첫째, 부모의 부적절한 양육태도는 아동의 심리적 문제를 초래할 수 있다. 부모의 과잉보호, 과잉통제, 학대 및 방치, 자녀차별은 아동의 심리적 건강과 성격형성에 악영향을 미치게 된다. 특히 부모의 과도한 교육열은 자녀에 대한 지나친 통제와 압박 행동으로 나타날 수 있다. 또는 부모의 이혼이나 심리적 갈등은 자녀에 대한 학대와 방치로 이어질 수도 있다. 둘째, 한국의 아동은 어린 시기부터 과도한 학업적 부담을 안게 된다. 무리한 조기교육, 과도한 과외공부, 학업 및 성적의 부담은 아동의 건

조기 교육을 받고 있는 한국의 아동들

강한 심신발달을 저해할 수 있다. 셋째, 한국의 아동은 어린 시기부터 컴퓨터에 익숙하게 되고 그 결과 인터넷, 컴퓨터 게임, 전자오락을 접하게 된다. 인터넷과 TV만화를 통해 접하게 되는 성적인 음란물이나 반사회적인 폭력물, 자극적이고 공격적인 내용의 컴퓨터 게임과 전자오락, 그리고 이러한 게임과 오락에의 과도한 몰두는 아동의 건강한 정서발달에 악영향을 미친다. 넷째, 적절한 또래관계의 형성은 아동의 사회성 발달에 매우 중요하다. 한국의 학교에서 흔히 나타나는 왕따나 집단괴롭힘은 아동에게 커다란 상처가 된다. 부모의 과잉보호로 인한 아동의 자기중심적 태도는 또래관계의 형성을 저해하게 된다. 이 밖에도 학교에서 교사와의 관계가 아동에게 부정적 영향을 미치기도 한다. 교사의 차별, 폭행, 무리한 요구 등으로 인해 심리적 불안을 경험하는 아동들이 있다.

2) 청소년기의 적응과제

청소년기는 신체적 발달과 더불어 부모로부터의 심리적 독립을 이루는 매우 중요한 발달단계이다. 활발한 교우관계를 통해 대인기술을 익히고 자신의 능력과 적성을 탐색하여 자기정체성을 형성해 가는 시기이다. 그러나 한국의 청소년은 매우 힘든 여러 가지 적응과제를 지니고 있다. 우선 한국의 청소년은 과중한 학업부담에 시달리게 된다. 대부분의 시간을 학업에 전념하도록 강요받으며 과도한 과외공부, 성적의 부담, 성적저하나 시험실패의 스트레스를 경험하게 된다. 둘째, 교육열이 높은 한국의 부모는 자녀의 학업이나 개인적 행동에 대해서 과도한 통제나 규제를 하게 된다. 이러한 행동은 부모와 자녀 간의 갈등을 초래하고 청소년의 독립성 발달을 저해하게 된다. 또한 부모의 불화나 자녀학대는 폭력, 결석, 가출 등의 비행행동을 유발하게 된다. 셋째, 정서적으로 예민한 청소년기는 교우관계가 가장 활발한 시기인 동시에 교우관계의 갈등을 가장 많이 경험하는 시기이기도 하다. 특히 왕따, 폭력집단 형성, 집

스포츠에 열광하는 청소년과 범람하는 성적 음란물

단 패싸움, 비행청소년과의 관계 등은 건강한 교우관계를 저해하는 요인이 될 수 있다. 넷째, 정보화 사회로 접어든 한국사회에서 인터넷, 컴퓨터, 채팅, 전자오락에 가장 친숙한 집단이 청소년 집단이다. 따라서 인터넷을 통한 성적인 음란물의 접촉, 과도한 인터넷 채팅, 전자오락 및 컴퓨터 게임에 대한 과도한 몰두는 부적응적 행동으로 나타날 가능성이 높다. 다섯째, 청소년기는 성적 관심과 욕구가 급증하는 시기로서 성적 자극과 유혹이 많은 한국문화 속에서 무책임하고 문란한 성관계, 혼숙, 임신과 미혼모 문제, 매춘부 접촉과 같은 부적응적인 성행동을 나타낼 수 있다. 마지막으로, 한국 청소년에게는 대학입학시험의 실패가 커다란 좌절경험이 된다. 입시를 앞둔 고3생은 매우 심한 불안과 압박감에 시달리게 되며 입학시험에서의 낙방은 매우 심한 심리적 충격과 좌절감을 초래하게 된다.

3) 청년기 전기의 적응과제

청년기 전기는 대학에 입학하여 재학하는 시기이다. 입시의 부담에서 벗어나 자유와 자율을 만끽하고 폭넓은 대인관계를 경험하며 사회진출을 위한 학업에 전념하는 시기이다. 그러나 한국의 대학생은 이러한 청년기 전기에 여러 가지 적응과제에 노출된다. 첫째, 고등학교와는 현저하게 다른 대학사회에서 교우관계에 잘 적응하는 일이다. 많은 대학생이 교우관계를 형성하지 못하고 고립된 생활을 하거나 교우관계에서 심한 갈등과 대립을 경험하고 있다. 둘째, 청년기 전기는 이성교제가 가장 활발한 시기이며 이성

취업전쟁을 치르는 한국의 청년들

관계에서의 갈등과 실연경험이 심리적 혼란을 초래하기도 한다. 셋째, 성적 관심과 욕구가 강한 대학생은 평균적인 결혼연령인 20대 후반까지 성적 욕구의 해결에 어려움을 겪게 된다. 문란한 성관계, 매춘부 접촉과 성병, 임신과 중절, 강간과 같은 성과 관련된 문제를 나타내기 쉽다. 넷째, 대학생은 컴퓨터와 인터넷을 가장 많이 사용하는 집단이다. 익명성과 탈억제를 특징으로 하는 인터넷상의 부적절한 대인관계는 실제적인 대인관계를 저해할 뿐만 아니라 자기정체감 혼란이나 가상현실과 실제현실의 혼동과 같은 문제를 야기할 수 있다. 다섯째, 대학생은 졸업 후의 진로와 직업을 선택하는 시기이다. 전공에 대한 불만과 부적응, 불확실한 진로, 취업시험의 반복적 실패와 같은 진로문제는 대학생에게 커다란 스트레스가 된다. 마지막으로, 남자의 경우 군대생활에서 경험하게 되는 체벌, 구타, 인격적 모욕, 부당한 강요가 심리적 부적응 문제를 초래하기도 한다.

4) 청년기 후기의 적응과제

청년기 후기는 대학을 졸업하고 사회에 진출하여 직장생활을 시작하고 결혼을 하여 가정을 이루고 자녀를 낳아 기르는 시기이다. 우선 이 시기에는 직장에 적응하여 업무를 익히고 직장문화에 적응하는 일이 중요하다. 자유로운 대학생활과 달리 규칙적인 직장생활에 적응하고 주어진 업무를 숙달하며 직장에서의 인간관계에 적응하는 과정에서 많은 스트레스를 경험하게 된다. 둘째, 이 시기는 결혼을 하게 되는 시기로서 배우자의 선택, 결혼에 이르는 과정, 신혼의 부부관계에서 여러 가지 어려움을 겪을 수 있다. 특히 신혼초기에 배우자의 성격, 가치관, 생활방식, 친척관계에 적응하지 못하여 심한 부부갈등을 경험하거나 이혼을 하게 되는 경우가 있다. 셋째, 청년기 후기는 자녀를 잉태하고 출산하여 양육하는 시기이다. 특히 부부가 함께 취업을 한 경우에는 자녀양육문제가 심각한 스트레스 요인으로 작용할 수 있다. 마지막으로, 청년기 후기는 주택마련을 위한 자금축적과 재정관리가 중요한 시기이다. 이 시기에 재정관리를 잘 하지 못하여 재정적 위기와 곤란에 처하는 경우가 많다. 현재 국내의 320만 신용불량자 가운데 약 50%가 20∼30대라는 점은 이를 잘 반영하고 있다.

5) 중년기의 적응과제

중년기는 직업적, 경제적 안정 속에서 자녀교육과 더불어 왕성한 사회적 활동을 하는 시기이다. 이 시기는 인생에서 가장 심리적으로 안정된 시기이기도 하지만 사회적 책임과 부담이 가장 많은 시기이기도 하다. 첫째, 직장에서 중요한 책임을 맡은 지위에 있게 되므로 과중한 업무, 업무부진, 승진탈락 등과 같은 다양한 직업 스트레스를 경험하게 된다. 한국의 40대는 세계에서 가장 높은 돌연사 비율을 나타낼 만큼 스트레스가 많은 시기이다. 아울러 직장 내에서 중역진과 신세대 사원의 중간에 위치하여 소위 '끼인 세대'(sandwich generation)로서 업무와 인간관계에서 가장 많은 심리적 부담과 갈등을 느끼게 된다. 둘째, 중년기는 가족부양의 책임이 커지는 반면에 고용불안도 높아지는 시기이다. 이 시기에는 주택마련, 자녀교육비, 노부모 부양 등에 대한 경제적 부담이 커진다. 아울러 성과와 능력에 의해 인사고과가 이루어지는 기업문화 속에서 언제든지 해고될 수 있다는 불안을 경험하게 된다. 특히 이 시기에 승진에 실패하거나 실직하게 되면 매우 심한 스트레스를 받게 된다. 셋째, 중년기는 가족관계에서도 여러 가지 문제가 발생하기 쉬운 시기이다. 중년기의 부부는 서로에 대한 열정이 식게 되면서 외도나 부부갈등과 같은 문제가 증폭될 수 있으며 이로 인해 이혼하는 경우가 많다. 또한 청소년기에 접어든 자녀가 독립성을 주장하고 부모에게 저항하는 경향이 나타나서 부모와 자녀 간 갈등의 요인이 될 수 있다. 아울러 부모는 노년기에 접어들게 되므로 부모를 부양해야 하는 책임을 떠안게 되면서 부모와의 불화, 고부갈등, 부모부양의 부담과 같은 문제에 직면하게 된다. 넷째, 이 시기는 신체적 약화와 과도한 스트레스로 인해 여러 가지 성인병에 걸리는 쉬운 시기이기도 하다. 특히 지속적으로 심한 스트레스를 경험하게 되면 암, 위궤양, 심장질환, 당뇨병과 같은 다양한 질병에 시달리게 된다. 마지막으로, 자녀교육과 가정생활에 전념해 온 전업주부의 경우는 자녀가 성장하고 가정 내에서 자신의 역할이 축소되면서 자신의 삶에 대한 무의미감과 무능력감을 느끼는 경우가 혼하다.

6) 노년기의 적응과제

우리나라가 초고령사회로 진입하면서 한국인의 노년기가 길어지고 있다. 노년기는 직업으로부터 은퇴하여 사회적 책임으로부터 해방되어 여유로운 생활을 즐길 수 있는 시기이다. 그러나 노년기 적응을 위한 준비가 되어 있지 않은 경우에는 여러 가지 심리적 위기를 맞게 된다. 첫째, 직장은퇴로 인한 사회적 역할의 상실이 자기가치감의 저하와 무능력감을 초래할 수 있다. 특히 여유로운 시간을 의미있게 보낼 수 있는 활동이나 대인관계를 갖지 못하는 경우에는 사회적 고립감과 무기력감을 느끼게 된다. 둘째, 직장은퇴로 인해 경제적 수입이 중단되므로 노후생활을 위한 경제적 준비를 하지 못한 경우에는 경제적 곤란에 처하게 된다. 셋째, 노년기에 접어들면 심리적 또는 재정적으로 자녀에게 의존하는 경향이 생겨난다. 이러한 의존 과정에서 자녀의 무관심, 어른 대접의 소홀, 부모부양의 거부 등에 대한 분노가 자녀와의 심각한 갈등을 초래할 수 있다. 넷째, 노년기에는 신체적 노화로 인하여 다양한 신체적 질병이 나타나게 된다. 신체적 질병은 노년기의 행복한 삶을 저해하는 가장 중요한 원인이 된다. 마지막으로, 노년기에는 배우자를 비롯하여 가까운 친구나 친척의 상실을 경험하게 된다. 이러한 상실경험은 노년기의 정신적 위기를 초래할 수 있다.

3. 한국사회에서 이상심리학의 역할

국가와 사회의 궁극적 목표는 구성원 모두가 행복한 삶을 누리도록 하는 것이다. 그러나 한국사회에는 심리적인 고통 속에서 불행한 삶을 살아가는 사람들이 많을 뿐만 아니라 이상행동과 정신장애로 고통받는 사람들도 적지 않다. 한국인의 삶을 불행하게 만드는 요인은 매우 다양하다. 크게는 한민족의 분단상황을 고착시키고 있는 국제정치적 요인에서부터 국내의 정치경제적 요인, 사회문화적 요인, 환경적 요인, 가정적 요인, 그리고 개인적 요인에 이르는 다양한 요인이 복합적으로 작용하여 개인의 불행을 초래하게 된다. 한국인의 행복한 삶을 위해서는 이러한 다양한 요인에 대한 변화와 개선이 필요하다.

심리학은 기본적으로 인간 개인의 정신세계를 연구하고 개인의 심리적 변화를 초래하는 원리를 탐구하는 학문이다. 이상심리학은 인간의 불행에 영향을 미치는 개인적 요인에 일차적인 관심을 두고 있다. 개인의 변화를 통해 불행에서 벗어나 행복한 삶으로 나아가도록 돕는다. 개인을 불행하게 하는 다양한 요인 중에서 개인의 심리적 요인은 가장 변화가 용이할 뿐만 아니라 주관적 행복에 있어서 가장 중요하다. 이런 점에서 이상심리학이 한국사회에 기여할 수 있는 역할과 과제는 다양하다.

이상심리학의 첫 번째 역할은 한국인이 나타내는 이상행동과 정신장애의 현상과 원인을 체계적으로 이해하는 일이다. 모든 인간에게 보편적으로 나타나는 정신장애뿐만 아니라 한국인에게 독특하게 나타나는 정신장애의 현상과 원인을 체계적으로 밝히는 일이다. 이상행동과 정신장애에 대한 정확한 이해는 그 극복방법을 발견하는 토대를 제공하게 된다.

둘째, 한국인이 나타내고 있는 이상행동과 정신장애를 치료하고 예방하는 일이 중요하다.

월드컵 축구경기를 보며 환호하는 한국인의 모습

이상심리학적 지식에 근거하여 개인의 부적응 문제를 정확하게 평가하고 이러한 문제를 효과적으로 극복하도록 돕는 일이다. 다양한 심리학적인 평가기법과 치료방법을 통해 이상행동과 정신장애를 극복하도록 돕는 일은 이상심리학의 가장 중요한 사회적 기능이라고 할 수 있다. 아울러 근본적으로는 이러한 문제가 발생하지 않도록 예방하는 일이 중요하다. 정신장애의 원인에 대한 이해는 예방대책을 마련하는 근거가 된다. 예방을 위해서는 개인이 이상심리학적 지식을 습득하게 하여 자신의 삶 속에서 예방적 노력을 기울이도록 하는 것이 필요하다. 아울러 국가와 지역사회는 정신건강에 관한 예방적 지식을 홍보하고 교육하며 건강한 사회문화적 여건을 조성하도록 노력해야 한다.

셋째, 한국인이 더욱 만족스럽고 행복한 삶을 영위하도록 돕는 일에 이상심리학이 기여할 수 있다. 행복한 삶을 영위하는 것은 정신장애를 예방하는 최선의 방법인 동시에 개인의 삶의 질을 향상시키는 지름길이다. 개인의 행복은 환경적 요인보다 개인의 심리적 요인에 의해 훨씬 더 많은 영향을 받는다. 심리학 분야에서 개발된 다양한 치료기법과 상담기법은 개인이 좀 더 행복하고 성숙한 삶을 영위하도록 돕는 강력한 도구가 될 수 있다. 예컨대, 대인기술훈련, 의사소통훈련, 감정표현훈련 등은 긍정적이고 원만한 인간관계를 형성하는 데에 도움을 줄 수 있다. 문제해결기술훈련이나 스트레스 관리훈련은 일상생활 속에서 경험하는 다양한 과제를 효과적으로 해결하는 데에 도움이 된다. 정신역동적 치료기법은 개인이 자신의 삶을 통합적으로 이해하는 데에 기여할 수 있고, 인지치료적 기법은 개인이 합리적이고 지혜로운 신념체계를 구성하도록 도울 수 있다.

마지막으로, 이상심리학적 지식에 근거하여 한국인의 삶의 질을 향상시키기 위한 사회제도적 개선을 유도하는 일이다. 우리 사회에는 한국인의 정신건강에 악영향을 미치는 사회적 요인이 많다. 또한 한국인의 행복증진을 위해 새롭게 시도해야 할 사회적 변화도 많다. 한국인의 삶의 질을 향상시킬 수 있는 사회문화적 환경을 조성하기 위한 국가적·사회적 노력에 전문적인 심리학적 지식을 제공하고 개선의 구체적 방안을 제시함으로써 건강한 사회구현에 기여할 수 있다.

이상심리학은 개인의 삶의 질을 향상시킬 뿐만 아니라 국가적 안정과 발전에 기여하게 된다. 이상행동과 정신장애로 인한 생산인력의 기능저하는 국가적 손실을 초래한다. 심리적 문제로 인한 학업 부적응, 직장 부적응과 실직, 대인관계의 갈등과 반목, 가정불화와 이혼, 각종 사고나 재해 등은 개인적 불행일 뿐만 아니라 사회적 생산성을 저하시키는 요인이 되고 있다. 국가가 발전하기 위해서는 구성원의 정신적 건강과 의욕적인 삶의 태도가 중요하다.

또한 국가재정의 상당한 부분이 의료비로 지출되고 있다. 정신장애는 흔히 만성적 경과를 나타내거나 재발하는 경향이 있어 다른 질병보다 장기적인 치료가 필요하므로 많은 의료비가 필요하다. 또한 신체적 질병의 대다수가 심리적 요인에 의해 영향을 받는 정신신체장애이다.

또한 심리적 문제로 인한 각종 사고나 재해는 신체적 손상을 초래하게 된다. 이상행동과 정신장애에 대한 효과적인 치료와 예방을 통해서 의료비를 절감하고 국가재정에 기여할 수 있다.

우리 사회를 불안하게 하는 범죄와 사고는 심리적 문제와 관련되어 있는 경우가 대부분이다. 살인, 강도, 폭행, 사기와 같은 다양한 범죄는 대부분 사회적 부적응이나 정신장애에 의한 경우가 많다. 또한 교통사고, 안전사고, 산업재해와 같은 각종 사고나 재해에는 심리적 문제가 관련되어 있다. 예컨대, 정신장애를 지닌 사람이 심각한 교통사고를 내거나 타인을 살해하는 일이 일어나고 있다. 이러한 범죄나 사고를 유발하는 심리적 문제를 밝혀내고 이를 예방하는 일은 개인의 불행을 막을 뿐만 아니라 살기 좋은 안전한 사회를 만드는 길이기도 하다.

 ## 요약

1. 2021년에 시행된 정신건강 실태조사에 따르면, 한국인에게 평생 유병률이 가장 높은 정신장애는 알코올 사용장애였으며 다음으로 담배 사용장애가 높았고 주요우울장애, 범불안장애, 외상후 스트레스장애의 순서로 나타났다. 그러나 남성과 여성은 정신장애 유병률에 있어서 현저한 차이를 나타냈다. 한국인 남성의 경우는 담배 사용장애가 가장 높았으며 알코올 사용장애, 주요우울장애, 외상후 스트레스장애, 범불안장애의 순서로 나타났다. 반면에 한국인 여성의 경우는 주요우울장애의 유병률이 가장 높았으며 알코올 사용장애, 범불안장애, 외상후 스트레스장애의 순서로 나타났다. 한국문화에서 특수하게 나타나는 문화특수적 증후군으로는 화병과 신병이 있다. 이 밖에도 한국인은 가해의식형 사회공포증이라는 독특한 형태의 불안장애를 나타내며 신체화 경향이 강한 것으로 알려져 있다.

2. 한국인의 정신장애에는 한국인과 한국문화의 특성이 반영되어 있다. 한국인은 사회적 관계 유지와 조화, 자기억제와 은폐, 단점 수용과 자기개선을 지향하는 집단주의적 성격이 강하다. 그러나 현대의 한국문화 속에는 샤머니즘 문화, 불교문화, 유교문화, 서구문화의 요소가 혼재하고 있으며 집단주의적 문화와 개인주의적 문화가 충돌하면서 많은 대립과 갈등을 초래하고 있다.

3. 현대 심리학에서는 인간의 행복과 성숙에 대한 관심이 증가하고 있다. 정신장애에 대한 보다 완전한 치료를 위해서는 부적응적 증상을 제거하는 것뿐만 아니라 좀 더 즐겁고 행복한 삶을 영위하도록 유도하는 것이 필요하다는 인식이 확산되고 있다. 행복에 영향을 미치는 개인적 요인으로 성격특징, 건강, 경제적 수입, 종교, 결혼, 나이, 성차, 직업적 사기, 교육수준, 지능 등이 알려져 있다. 그러나 이러한 요인들이 행복을 설명하고 있는 부

분은 매우 적다. 행복에 대한 이론으로는 욕망충족이론, 괴리이론, 목표이론, 적응과 대처이론이 제기되고 있다. 행복의 주요한 요소로서 환경적 통제, 타인과의 긍정적 인간관계, 자율성, 개인적 성장, 인생의 목적, 자기수용이 주장되고 있다.

4. 한국사회는 정보화 사회로의 변화, 가족관계의 변화, 직장문화의 변화, 대인관계의 변화, 과도한 교육열과 청소년 문제와 같은 사회적 특성을 나타내고 있다. 이러한 사회적 변화 속에서 한국인은 발달단계별로 다양한 적응과제에 직면하며 이러한 과제에 대한 효과적인 적응과 대처가 정신건강에 매우 중요하다.

5. 한국사회에서 이상심리학이 기여할 수 있는 역할은 다양하다. 즉, 한국인이 나타내는 이상행동과 정신장애의 현상과 원인에 대한 체계적 이해, 이상행동과 정신장애의 치료와 예방, 한국인이 더욱 만족스럽고 행복한 삶을 영위하도록 돕는 일, 이상심리학적 지식에 근거하여 한국인의 삶의 질을 향상시키기 위한 사회제도적 개선을 유도하는 일이 필요하다. 이러한 역할을 통해서 이상심리학은 개인의 삶의 질을 향상시킬 뿐만 아니라 국민의 생산력 향상, 의료비 절감, 범죄와 사고의 예방을 통해 국가적 안정과 발전에 기여하게 된다.

고선규, 권정혜(2004). 월경 전 증후군에 대한 인지행동집단 치료 효과. 인지행동치료, 4(1), 1-11.

곽금주(2021). K-WISC-V 이해와 해석. 학지사.

권석만(1995). 정신병리와 인지 I: 정서장애를 중심으로. 한국심리학회 편, 심리학연구의 통합적 탐색(1995년도 동계 연구세미나 자료집, pp. 49-95). 한국심리학회.

권석만(1996). 임상심리학에서의 비교문화적 연구. 한국심리학회 편, 심리학에서의 비교문화 연구(1996년도 동계 연구세미나 자료집, pp. 105-134). 한국심리학회.

권석만(2008). 긍정 심리학: 행복의 과학적 탐구. 학지사.

권석만(2011). 인간의 긍정적 성품: 긍정심리학의 관점. 학지사.

권석만(2012). 현대 심리치료와 상담 이론. 학지사.

권석만(2013). 현대 이상심리학(2판). 학지사.

권석만(2016). 우울증(2판). 학지사.

권석만(2017). 인간 이해를 위한 성격심리학. 학지사.

권석만(2019). 삶을 위한 죽음의 심리학: 죽음을 바라보는 인간의 마음. 학지사.

권석만(2022). 사랑의 심리학: 인간이 경험하는 세 종류의 사랑에 대하여. 학지사.

권영탁(2010). 정신분열병을 이겨낸 사람들. 나단.

권정혜, 이정윤, 조선미(1997). 사회공포증의 인지치료: 집단인지 치료 지침서.

권정혜, 이정윤, 조선미(1998). 수줍음도 지나치면 병. 학지사.

권준수(2000). 나는 왜 나를 피곤하게 하는가. 올림.

김광일(1972). 한국인의 신체화 경향에 관한 논고. 최신의학, 15, 1440-1443.

김광일(1981). 기독교 주변의 치병현상. 한국교회의 성령운동의 구조와 현상(서광선 편). 대화출판사.

김광일, 원호택, 장환일, 김현수(1974). 정신질환에 대한 서울인의 견해조사(I). 대한의학협회지, 17, 75-82.

김기환(2017). 분리불안장애. 학지사.

김명정, 김광일(1984). 신체화장애의 임상적 연구. 정신건강연구, 2, 137-158.

김명호(1981). 신경증환자의 신체증상에 대한 임상적 고찰. 신경정신의학, 20, 375-381.

김석도(2000). 음주기대가 음주에 미치는 영향: 기대이론과 기대-가치이론의 비교. 서울대학교 석사학위논문.

김은정(1999). 사회공포증의 사회적 자기처리 및 안전행동. 서울대학교 박사학위 청구논문.

김은정(2016). 사회공포증(2판). 학지사.

김은정, 이지영(2016). 특정공포증(2판). 학지사.

김정욱(2016). 섭식장애(2판). 학지사.

김정욱, 한수정(2016). 연극성 성격장애(2판). 학지사.

김중술(1983). 한국 정신과 입원환자의 MMPI해석법 연구. 임상 및 상담심리학보, 4, 109-120.

김중술, 엄무광(1967). 한국정상인의 Rorschach반응. 임상심리학보, 1, 26-29.

김중술, 이한주, 한수정(2003). 사례로 읽는 임상심리학. 서울대학교출판부.

김철권, 변원탄(2000). 정신분열병을 극복하는 법. 도서출판 신한.

김환(2016). 외상후 스트레스 장애(2판). 학지사.

도상금(2016). 해리장애(2판). 학지사.

도상금, 박현주(2016). 충동통제장애(2판). 학지사.

대한결핵협회(1994). 전국 흡연실태조사 보고서.

대한신경정신의학회 편(1998). 神經精神科學. 하나의학사.

대한조현병학회(2013). 조현병, 마음의 줄을 고르다. 군자출판사.

민병근, 이길홍, 김헌수(1979). 한국청소년 학생의 자살충동 및 자살기도율에 관한 사회정신의학적 연구. 한국의 과학 II, 2, 35-42.

민병배, 이한주(2016). 강박성 성격장애(2판). 학지사.

민병배, 남기숙(2016). 의존성 성격장애와 회피성 성격장애(2판). 학지사.

민성길(1989). 화병(火病)의 개념에 대한 연구. 신경정신의학. 28, 604-615.

민성길(1995). 최신 정신의학. 일조각.

민성길, 김진학(1986). 보길도에서의 화병에 대한 연구. 신경정신의학. 25, 459-466.

민성길, 남궁기, 이호영(1990). 화병에 대한 일 역학적 연구. 신경정신의학, 29, 867-874.

민성길, 박청산, 한정옥(1993). 화병에 있어서의 방어기제와 대응전략. 신경정신의학, 32, 506-515.

민성길, 이만홍, 강홍조(1987). 화병에 대한 임상적 연구. 대한의학협회지, 30, 187-197.

민혜원(2016). 미래에 대한 심상적 처리가 즐거움 경험과 무쾌감성 우울에 미치는 영향. 서울대학교 석사학위논문.

민혜원, 권석만, 이슬아 (2019). 즐거움 경험의 예기적/소비적 요소가 무쾌감성 우울 증상에 미치는 영향. Korean Journal of Clinical Psychology, 38(1), 1-12.

박상규(2003). 마약류 중독자를 위한 자기사랑하기 프로그램. 학지사.

박상칠, 조용범(1998). 자살, 예방할 수 있다. 학지사.

박제순, 이근후(1981). 여성 우울증환자의 신체증상에 관한 연구. 신경정신의학, 20, 382-391.

박현순, 원호택(1994). 임상통증의 측정에 관한 연구개관. 심리과학, 3(2), 1-22.

백지은(2007). 분리불안장애 아동의 특성과 부모-자녀 놀이치료 프로그램의 효과. 한양대학교 박사학위청구논문.

박현순(1996). 공황장애 환자의 인지특성. 서울대학교 박사학위청구논문.

박현순(2016). 공황장애(2판). 학지사.

보건복지부 국립정신건강센터(2021). 2021년 정신건강 실태조사 보고서. 국립정신건강센터.

서수균(2016). 불면증(2판). 학지사.

서장원(2010). 강박사고와 부정적 추론의 관계. 서울대학교 석사학위논문.

서장원(2017). 인터넷 중독. 학지사.

설순호, 임선영(2016). 노년기 정신장애(2판). 학지사.

송종용(1999). 한글 읽기장애 아동의 작업기억 특성. 서울대학교 박사학위논문.

송종용(2016). 학습장애(2판). 학지사.

신민섭(1992). 자살기제에 대한 실증적 연구. 연세대학교 박사학위 청구논문.

신민섭, 박광배, 오경자, 김중술(1990). 고등학생의 자살 성향에 관한 연구: 우울-절망-자살 간의 구조적 관계에 대한 분석. 한국심리학회지: 임상, 9(1), 1-19.

신은지(2019). 무쾌감성 우울과 정서자극에 대한 접근-회피 동기의 관계. 서울대학교 석사학위논문.

신현균(1998). 신체화 집단의 신체 감각에 대한 해석, 추론 및 기억 편향. 서울대학교 박사학위논문.

신현균(2016). 신체 증상 및 관련장애(2판). 학지사.

신현균, 김진숙(2016). 주의력결핍 과잉행동장애. 학지사.

신현균, 원호택(1997). 한국판 감정표현 불능증 척도 개발 연구. 미발표논문.

신행우(1998). 성격과 음주동기가 음주문제에 미치는 영향. 고려대학교 박사학위논문.

신희천(2016). 성도착 장애와 성불편증(2판). 학지사.

신희천, 신은향(2016). 반사회성 성격장애(2판). 학지사.

오병훈(2002). 치매-치매 이해와 치료의 바른 길잡이. 무지개사.

오세민(2021). 병리적 게임 사용자와 고관여 게임 사용자의 심리적 특성 비교: 충동성과 인지적 유연성을 중심으로. 서울대학교 석사학위논문.

오현영(2011). 정신분열병 망상 박해자의 변화. 한양대학교 석사학위논문.

원호택(1987). 한국인의 자살에 관한 심리사회적 이해. 현대사회, 26, 66-86.

원호택, 김명정, 김광일(1977). 농촌인의 정신질환에 대한 인식과 태도. 신경정신의학, 16, 113-123.

유미숙(1999). 놀이치료과정에서 아동행동과 치료자 반응분석. 숙명여자대학교 박사학위논문.

유성진(2000). 걱정이 많은 사람들의 성격 및 인지적 특성: 위협에 대한 재평가가 걱정에 미치는 영향. 서울대학교 석사학위논문.

유성진(2017). 저장장애. 학지사.

윤가현(1998). 성 문화와 심리. 학지사.

윤태림(1969). 한국인의 성격. 현대교육총서 출판사.

은홍배, 정애자 공역(1994). 정신분열증 소녀의 수기. 하나의학사.

이규태(1983). 한국인의 의식구조. 신원문화사.

이부영(1970). 한국민간의 정신병관과 그 치료 (1)-무속사회의 정신병관-. 신경정신의학, 9, 35-45.

이부영(1972). 한국 민간의 정신병치료에 관한 연구-무속사회의 정신병 치료-. 최신의학, 15, 191-213.

이부영(1973). 동의보감에 나타난 정신병관. 최신의학, 16, 106-112.

이숙, 이현정(2006) 반응성 애착장애유아에 대한 부모놀이치료 효과. 놀이치료 연구, 10(1), 35-48.

이순희(2000). 도덕적, 인과적 책임감과 불이행에 대한 책임감과 강박증상과의 관계. 서울대학교 석사학위논문.

이시형(1977). 화병에 대한 연구. 고의, 1, 63-69.

이시형(1993). 대인공포증. 일조각.

이시형, 신영철, 오강섭(1994). 사회공포증에 관한 10년간의 임상연구. 신경정신의학, 33, 305-312.

이시형, 오강섭, 이성희(1991). 사회공포증의 임상고찰(4)-가해의식을 동반한 아형. 신경정신의학, 30, 1004-1013.

이시형, 오강섭, 조소연, 배석주, 이성희, 김영철(1989). 화병의 임상연구 (2): 분노반응으로서의 화병. 고의, 12, 145-150.

이시형, 이성희, 조소연(1990). 사회공포증의 임상고찰(III)-자기취공포. 신경정신의학, 29, 1381-1391.

이시형, 정광설(1984). 사회공포증에 관한 임상적 고찰(1). 신경정신의학, 23, 111-118.

이영호, 허시영, 이혜경(2011). 폭식증 스스로 이겨내기. 학지사.

이용승(2016). 범불안장애(2판). 학지사.

이용승(2016). 자폐증(2판). 학지사.

이용승, 이한주(2016). 강박장애(2판). 학지사.

이정균(1990). 정신의학. 일조각.

이정균(1962). 한국인의 MMPI에 관한 연구. Medical Digest, 4, 2385-2390.

이정균, 곽영숙, 이희, 김용식, 한진희, 최진옥, 이영호(1985). 한국정신장애의 역학적 조사연구-도시 및 시골지역의 평생유병률-. 대한의학협회지, 28, 1223-1244.

이정희, 이부영(1983). 기독교 신앙치료의 심리학적 고찰-증례추적조사를 중심으로-. 신경정신의학, 22, 67-80.

이한주(1999). 자생성 강박사고와 반응성 강박사고에 대한 평가와 통제방략의 차이. 서울대학교 석사학위논문.

이현수(1996). 단잠이 건강을 낳는다. 학지사.

이호영, 남궁기, 이만홍, 민성길, 김수영, 송동호, 이은설, Roberts, R. (1989). 강화도 정신과 역학 연구(III). 신경정신의학, 28, 984-999.

이훈진(1997). 편집증과 자기개념 및 귀인양식. 서울대학교 박사학위논문.

이훈진(2016). 편집성 성격장애(2판). 학지사.

이훈진, 이준득(2016). 정신분열증(2판). 학지사.

임선영(2013). 역경후 성장에 이르는 의미재구성 과정: 관계상실을 중심으로. 서울대학교 박사학위논문.

장현갑, 강성군(1996). 스트레스와 정신건강. 학지사.

전주리(2011). 정서조급성과 폭식행동의 관계. 서울대학교 석사학위논문.

정남운, 박현주, 하현주(2016). 알코올 장애(2판). 학지사.

정지현(2000). 걱정이 많은 사람들의 파국적 사고경향. 서울대학교 석사학위논문.

조긍호(1995). 문화와 인지: 타인이해의 연구를 중심으로. 한국심리학회 편, 심리학연구의 통합적 탐색(1995년도 동계 연구세미나 자료집, pp. 121-177). 한국심리학회.

조긍호(2003). 한국인 이해의 개념틀. 나남출판.

조맹제(2011). 2011년도 정신질환실태 역학조사 보고서. 보건복지부.

조성호(2016). 경계선 성격장애(2판). 학지사.

조성호(2016). 분열성 성격장애와 분열형 성격장애(2판). 학지사.

조용래(1998). 역기능적 신념과 부적응적 자동적 사고가 사회공포증에 미치는 영향. 서울대학교 박사학위논문.

조용래, 김빛나(2016). 양극성 장애(2판). 학지사.

조혜진(2010). 자기조절과 폭식행동의 관계. 서울대학교 석사학위논문.

주왕기(1989). 약물남용. 세계사.

차경수 외(1993). 청소년약물남용실태와 대책연구. 문화체육부.

차재호(1980). 한국인의 성격과 의식. 문화의 연속과 변화에 관한 연구(한상복 편). 한국사회과학연구협의회.

차재호(1983). 국민성의 활성화 시안: 시안의 심리학적 접근. 한국인의 윤리관(pp. 319-382). 한국정신문화연구원.

차재호(1994). 문화설계의 심리학. 서울대학교출판부.

천주교 성요한 생활관 편(1989). 좌절과 희망: 정신분열증 환자의 가족들을 위하여. 하나의학사.

최두석(2009). 월경전증후근/월경전 불쾌장애의 진단 및 치료. 대한산부인과학회 연수강좌, 41, 135-146.

최상진(1991). '한'의 사회심리학적 개념화 시도. 한국심리학회 편, 1991년도 연차 학술발표대회 논문집(pp. 339-350). 한국심리학회.

최상진(1993). 한국인의 심정심리학: 情과 恨에 대한 현상학적 한 이해. 한국심리학회 편, 한국인의 특성: 심리학적 탐색 (1993년도 추계심포지엄 자료집, pp. 3-22).

최상진(1997). 한국인의 심리특성: 한국인의 고유심리에 대한 분석과 한국인 심리학 이론의 구성. 한국심리학회 편, 현대심리학의 이해(pp. 695-766). 학문사.

최상진(2000). 한국인 심리학. 중앙대학교출판부.

최상진, 진승범(1995). 한국인의 눈치의 심리적 표상체계: 대학생을 중심으로. 한국심리학회 편, 1995년도 연차 학술발표대회 논문집(pp. 511-521).

최상진, 최연희(1989). 눈치의 사회심리학적 구조: 눈치의 개념화를 위한 탐색적 시안. 한국심리학회 편, 1989년도 연차 학술발표대회 논문집(pp. 212-220).

최영희(2007). 나의 삶을 바꾼 공황과 공포. 학지사.

하승수(2016). 성기능장애(2판). 학지사.

하현주(2016). 알코올 장애(2판). 학지사.

한국임상심리학회(1993). 다면적 인성검사(MMPI). 한국가이던스.

한수정(2016). 자기애성 성격장애(2판). 학지사.

현대건강연구회(1991). 불면증 치료법. 진설당.

홍성묵(1999). 아름다운 사랑과 성. 학지사.

홍세용, 양승하, 김의한(1985). 한국인 만성음주자 40예에 대한 간조직학적 고찰. 대한내과학회 잡지, 29(2), 243-249.

飯田 眞, 中井久夫(1972). 天才の 精神病理. 東京: 中央公論社 (이현수 역, 1993, 전파과학사).

Abraham, K. (1927a). Character-formation on the genital level of the libido. In K. Abraham (Ed.), *Selected papers on Karl Abraham* (pp. 407-417). Hogarth.

Abraham, K. (1927b). Notes on the psycho-analytical investigation and treatment of manic-depressive insanity and allied conditions. In K. Abraham (Ed.), *Selected papers of Karl Abraham* (pp. 137-156). Hogarth.

Abramowitz, J. S., & Arch, J. A. (2014). Strategies for improving long-term outcomes in cognitive behaviroal therapy for obsessive-compulsive disorder: Insights for leaning theory. *Cognitive and Behavioral Practice, 21*, 20-31.

Abramson, L. Y., Alloy, L. B., & Metalsky, G. I. (1988).

The cognitive diathesis-stress theories of depression: Towards an adequate evaluation of the theories' validities. In L. B. Alloy (Ed.), *Cognitive processes in depression* (pp. 3-30). Guilford.

Abramson, L. Y., Seligman, M. E. P., & Teasdale, J. D. (1978). Learned helplessness in humans: Critique and reformulation. *Journal of Abnormal Psychology, 87*, 32-48.

Adler, A. (1927). *Praxis und theorie der individual psychologie* (3rd ed.). Bergmann.

Agras, S., Sylvester, D., & Oliveau, D. (1969). The epidemiology of common fears and phobias. *Comprehensive Psychiatry, 10*, 151-156.

Ainsworth, M. D. S., Blehar, M. C., Waters, E., & Wall, S. (1978). *Patterns of attachment: Assessed in the strange situation and at home.* Erlbaum.

Akhtar, S. (1987). Schizoid personality disorder: A synthesis of developmental, dynamic, and descriptive feature. *American Journal of Psychotherapy, 41*, 499-518.

Alden, L. (1989). Short-term structured treatment for avoidant personality disorder. *Journal of Consulting and Clinical Psychology, 57*, 756-764.

Allen, J. G. (2005). *Coping with trauma: Hope through understanding* (2nd ed.). American Psychiatric Association. (권정혜 등 공역,《트라우마의 치유》. 학지사, 2010).

Allen, L.A. & Woolfolk, R.L. (2010). Cognitive behavioral therapy for somatoform disorders. *Psychiatric Clinics of North America, 33*, 579-593.

Allen, M. G. (1976). Twin studies of affective illness. *Archives of General Psychiatry, 33*, 1476-1478.

Allport, G. (1955). *Becoming: Basic considerations for a psychology of personality.* Yale University Press.

Allport, G. (1961). *Pattern and growth in personality.* Holt, Rinehart & Winston.

Altman, C., Sommer, J. L., & McGoey, K. E. (2009). Anxiety in early childhood: What do we know? *Journal of Early Childhood & Infant Psychology, 5*, 157-175.

American Psychiatric Association. *Diagnostic and Statistical Manual of Mental Disorders, First edition, 1952; second edition, 1968; third edition, 1980; revised, 1987.* Author.

American Psychiatric Association. (1994). *Diagnostic and Statistical Manual of Mental Disorders-4th edition (DSM-IV).* Author.

American Psychiatric Association. (2013). Diagnostic and Statistical Manual of Mental Disorders-5th edition (DSM-5). Author. (권준수 등 공역,《정신질환의 진단 및 통계 편람(제5판)》. 학지사, 2015)

American Psychiatric Association. (2022). *Diagnostic and Statistical Manual of Mental Disorders-5th edition-Text Revision (DSM-5-TR).* Author.

Andreason, N. C., & Bardach, J. (1977). Dysmorphophobia: Symptoms or disease? *American Journal of Psychiatry, 134,* 673-676.

Arlow, J. A. (1966). Depersonalization and derealization. In R. M. Loewenstein, L. M. Newman, & M. Schure (Eds.), *Psychoanalysis -A general psychology: Essays in Honor of Heinz Hartmann* (pp. 456-478). International Universities Press.

Arnold, I. A., Speckens, A. E. & van Hemert, A. M. (2004). Medically unexplained physical symptoms: The feasibility of group cognitive-behavioural therapy in primary care. *Journal of Psychosomatic Research, 57*(6), 517-520.

Austin, J. T., & Vancouver, J. F. (1996). Goal construction in psychology: Structure, process, and content. *Psychological Bulletin, 120,* 338-375.

Balint, M. (1979). *The Basic fault: Therapeutic aspects of regression.* Brunner/Mazel.

Bandura, A. (1977). *Social learning theory.* Prentice-Hall.

Bandura, A., & Walters, R. H. (1963). *Social learning and personality development.* Holt, Rinehart & Winston.

Barkley, R. A. (1981). *Hyperactive children: A handbook for diagnosis and treatment.* Guilford.

Barkley, R. A. (1990). *Attention-deficit hyperactivity disorder: A handbook for diagnosis and treatment.* Guilford.

Barkley, R. A., Karlsson, J., & Pollard, S. (1985). Effects of age on the mother-child interaction of hyperactive children. *Journal of Abnormal Child Psychology, 13,* 631-638.

Barlow, D. H. (1988). *Anxiety and its disorders: The nature and treatment of anxiety and panic.* Guilford.

Barlow, D. H. (2002). *Anxiety and its disorders: The nature and treatment of anxiety and panic* (2nd ed.). Guilford.

Barlow, D. H., & Durand, V. M. (2002). *Abnormal psychology* (3rd ed.). Wadsworth.

Barlow, D. H., & Craske, M. G. (1989). *Mastery of your anxiety and panic.* Graywind.

Barlow, D. H., & Lehman, C. L. (1996). Advances in the psychosocial treatment of anxiety disorders: Implications for national health care. *Archives of General Psychiatry, 53,* 727-735.

Barr, R., & Abernathy, V. (1977). Conversion reaction: Differential diagnosis in the light of biofeedback research. *Journal of Nervous and Mental Disease, 164,* 287-292.

Barsky, A. J. (1989). Somtoform disorders. In H. I. Kaplan & B. J. Saddock (Eds.), *Comprehensive textbook of psychiatry* (5th ed., pp. 1009-1027). Williams & Wilkins.

Barsky, A. J., Coeytaux, R. R., Sarnie, M. K., & Cleary, P. D. (1993). Hypochondriacal patients beliefs about good health. *American Journal of Psychiatry, 150,* 1085-1089.

Barsky, A. J., Geringer, E., & Wool, C. A. (1988). A cognitive-educational treatment for hypochondriasis. *General Hospital Psychiatry, 10,* 322-327.

Barsky, A. J., & Klerman, G. L. (1983). Overview: Hypochondriasis, bodily complaints and somatic styles. *American Journal of Psychiatry, 140,* 273-283.

Bateson, G., Jackson, D. D., Haley, J., & Weakland, J. (1956). Toward a theory of schizophrenia. *Behavioral Science, 1,* 251-264.

Baumeister, R. F. (1990). Suicide as escape from self. *Psychological Review, 97,* 90-113.

Baxter, L. R., Schwartz, J. M., Mazziotta, J. C., Phelps, M. E., Pahl, J. J., Guze, B. H., & Fairbanks, L. (1988). Cerebral glucose metabolic rates in nondepressed patients with obsessive-compulsive disorder. *American Journal of Psychiatry, 145*, 1560-1563.

Beck, A. T. (1963). Thinking and depression: 1, Idiosyncratic content and cognitive distortions. *Archives of General Psychiatry, 9*, 324-333.

Beck, A. T. (1964). Thinking and depression: 2, Theory and therapy. *Archives of General Psychiatry, 10*, 561-571.

Beck, A. T. (1967). *Depression: Clinical, experimental and theoretical aspects.* Harper & Row.

Beck, A. T. (1976). *Cognitive therapy and emotional disorders.* International Universities Press.

Beck, A. T. (1978). *Depression inventory.* Center for Cognitive Therapy.

Beck, A. T. (1983). Cognitive therapy of depression: New perspectives. In P. J. Clayton & J. E. Barrett (Eds.), *Treatment of depression: Old controversies and new approaches* (pp. 265-284). Raven Press.

Beck, A. T. (1986). Hopelessness as a predictor of eventual suicide. *Annuals of the New York Academy of Science, 487*, 90-96.

Beck, A. T., & Emery, G. (1985). *Anxiety disorders and phobias: A cognitive perspective.* Basic Books.

Beck, A. T., & Freeman, A. (1990). *Cognitive therapy of personality disorders.* Guilford.

Beck, A. T., Rush, A. J., Shaw, B. F., & Emery, G. (1979). *Cognitive therapy of depression.* Guilford. (원호택 등 공역, 《우울증의 인지치료》. 학지사, 1996).

Beck, A. T., Weissman, A., Lester, D., & Trexler, L. (1974). The measurement of pessimism: The Hopelessness Scale. *Journal of Consulting and Clinical Psychology, 42*, 861-865.

Behm, A. C., Hüsing, P., & Toussaint. (2021). Persistence rate of DSM-5 somatic symptom disorder: 4-year follow-up in patients from a psychosomatic outpatient clinic. *Comprehensive Psychiatry, 110*, 152265. https://doi.org/10.1016/j.comppsych.2021.152265.

Bell, R. Q. (1968). A reinterpretation of the direction of effects in studies of socialization. *Psychological Review, 75*, 81-95.

Bellack, A. S., & Mueser, K. T. (1993). Psychosocial treatment of schizophrenia. *Schizophrenia Bulletin, 19*, 317-336.

Bell-Dolan, D., Reaven, N. M., & Peterson, I. (1993). Depression and social functioning: A multidimensional study of the link-ages. *Journal of Clinical Child Psychology, 22*, 306-315.

Bennett, W. (1980). The nicotine fix. *Harvard Magazine, 82*, 10-14.

Bentall, R. P., Kinderman, P., & Kaney, S. (1994). The self, attributional processes and abnormal beliefs: Towards a model of persecutory delusions. *Behavioral Research and Therapy, 32*, 331-341.

Bergler, E. (1958). *The psychology of gambling.* Hanison.

Bergman, R. L., Piacentini, J., & McCrackenm J. T. (2002) Prevalence and description of selective mutism in a school-based sample. *Journal of American Academy of Child and Adolescent Psychiatry. 41*(8), 938-946.

Berman, L., & Siegel, M. E. (2008). *Behind the 8-ball: A recovery guide for the families of gamblers.* iUniverse. (김한우 역, 《도박에 빠진 가족 구하기: 도박중독자의 가족을 위한 회복 안내서》. 시그마프레스, 2011).

Bernstein, J. G. (1983). *Handbook of drug therapy in psychiatry.* John Wright.

Bettelheim, B. (1967). *The empty fortress.* The Free Press.

Bettelheim, B. (1973). Bringing up children. *Ladies Home Journal, 90*, 28.

Bibring, E. (1953). The mechanism of depression. In P. Greenacre (Ed.), *Affective disorders: Psychoanalytic contributions to their study* (pp. 13-48). International Universities Press.

Bishop, E. R., Jr., Mobley, M. C., & Farr, W. F. Jr. (1978). Lateralization of conversion symptoms. *Comprehensive Psychiatry, 19*, 393-396.

Blake, F. (1995). Cognitive therapy for premenstrual syndrome. *Cognitive and Behavioral Practice, 2*, 167-185.

Bland, R. C. (1997). Epistemology of affective disorders: A review. *Canadian Journal of Psychiatry, 42*, 367-377.

Blashfield, R. K., & Davis, R. T. (1993). *Dependent and histrionic personality disorders. In Comprehensive* handbook of psychopathology (2nd ed.). Plenum.

Blashfield, R. K., & Draguns, J. G. (1976). Evaluative criteria for psychiatric classification. *Journal of Abnormal Psychology, 85,* 140-150.

Bleuler, E. (1923). *Lehrbuch der psychiatrie* (4th ed.). Springer.

Bliss, E. L. (1984). A symptom profile of patients with multiple personalities–with MMPI results. *Journal of Nervous and Mental Disease, 172,* 197-202.

Bliss, E. L. (1986). *Multiple personality, allied disorders, and hypnosis.* Oxford University Press.

Blumenthal, S. J., & Kupfer, D. J. (1988). *Suicide over the life cycle: Risk factors, assessment and treatment of suicideal patients.* American Psychiatric Press.

Boelen, P. A., van den Hout, M. A., & van den Bout. J. (2006). A cognitive-behavioral conceptualization of complicated grief. *Clinical Psychology: Science and Practice, 13,* 109-128.

Bogels, S. M. & Zigterman, D. (2000). Dysfunctional cognitions in children with social phobia, separation anxiety disorder, and generalized anxiety disorder. *Journal of Abnormal Child Psychology, 28*(2), 205-211.

Boris, H. N. (1984). The problem of anorexia nervosa. *International Journal of Psychoanalysis, 65,* 315-322.

Borkovec, T. D. (1994). The nature, functions, and origins of worry. In G. C. L. Davey & F. Tallis (Eds.), *Worrying: Perspectives on theory, assessment and treatment* (pp. 29-50). Wiley.

Bourne, P. G., & Light, E. (1979). Alcohol problems in blacks and women. In J. H. Mendelson & N. K. Mello (Eds.), *The diagnosis and treatment of alcoholism.* McGraw-Hill.

Bowlby, J. (1969). *Attachment and loss, Vol. 1: Attachment.* Basic Books.

Bowlby, J. (1973). *Attachment and loss, Vol. 2: Separation.* Basic Books.

Bowlby, J. (1980). *Attachment and loss, Vol. 3: Loss, sadness and depression.* Basic Books.

Bowlby. J. (1988). London: Routledge.

Braun, B. G. (1989). Psychotherapy of the survivor of incest with a dissociative disorder. *Psychiatric Clinics of North America, 12,* 307-324.

Braun, B. G., & Sachs, R. G. (1985). The development of multiple personality disorder: Predisposing, precipitating, and perpetuating factors. In R. P. Kluft (Ed.), *Childhood antecedents of multiple personality* (pp. 37-64). American Psychiatric Press.

Breidenstine, A. S., Bailey, L. O., Zeanah, C. H., & Larrieu, J. A. (2011). Attachment and trauma in early childhood: A review. *Journal of Child & Adolescent Trauma, 4*(4), 274-290.

Brenner, C. (1955). *An elementary textbook of psychoanalysis.* International Universities Press.

Brewin C. R., & Holmes E. A. (2003). Psychological theories of posttraumatic stress disorder. *Clinical Psychology Review, 23,* 339-376.

Brewin, C. R., Andrews, B., & Rose, S. (2000). Fear, helplessness, and horror in posttraumatic stress disorder: Investigating DSM-IV criterion A2 in victims of violent crime. *Journal of Traumatic Stress, 13,* 499-509.

Brewin, C. R., Dalgleish, T., & Joseph, S. (1996). A dual representation theory of posttraumatic stress disorder. *Psychological Review, 103*(4), 670-686.

Brickman, P., Coates, D., & Janoff-Bulman, R. (1978). Lottery winners and accident victims: Is happiness relative. *Journal of Personality and Social Psychology, 36,* 917-927.

Brisch, K. H. (2002). *Treating attachment disorder: From theory to therapy.* Guilford. (장휘숙 역, 《애착장애의 치료: 이론에서 실제까지》. 시그마프레스, 2003).

Brown, G. W. (1959). Experiences of discharged chronic schizophrenic mental hospital patients in various types of living group. *Milbank Memorial Fund Quarterley, 37,* 105.

Brown, G. W., Birley, J. L. T., & Wing, J. K. (1972). Influence of family life on the course of schizophrenic disorders: A replication. *British Journal of Psychiatry, 121,* 241-258.

Brown, H. N., & Vaillant, G. E. (1981). Hypochondriasis.

Archives of Internal Medicine, 141, 723-726.

Bruch, H. (1987). The changing picture of an illness: Anorexia nervosa. In J. L. Sacksteder, D. P. Schwartz, & Y. Akabane (Eds.), *Attachment and the therapeutic process.* International Universities Press.

Bruch, M. A., (1989). Familial and developmental antecedents of social phobia: Issues and findings. *Clinical Psychology Review, 9,* 37-48.

Burke, J. D., & Regier, D. A. (1996). Epidemiology of mental disorders. In R. E. Hales & S. C. Yudofsky (Eds.), The American Psychiatric Press Synopsis of Psychiatry (pp. 79-102). Washington, DC: American Psychiatric Press.

Busch, F. N., Cooper, A. M., & Klerman, G. L. (1991). Neurophysiological, cognitive-behavioral, and psychoanalytic approaches to panic disorder: Toward an integration. *Psychoanalytic Inquiry, 11,* 316-332.

Butler, G., & Mathews, A. (1983). Cognitive processes in anxiety. *Advances in Behavior Research and Therapy, 5,* 51-62.

Butler, G., & Mathews, A. (1987). Anticipatory anxiety and risk perception. *Cognitive Therapy and Research, 11,* 551-565.

Cadoret, R. J., & Cain, C. (1980). Sex differences in predictions of antisocial behavior. *Archives of General Psychiatry, 37,* 1171-1175.

Cadoret, R. J., & Cain, C. (1981). Environmental and genetic factors in predicting adolescent antisocial behaviors in adoptee. *Psychiatric Journal of the University of Ottawa, 6,* 220-225.

Cahalan, D. (1978). Subcultural differences in drinking behavior in U. S. national surveys and selected European studies. In P. E. Nathan & G. A. Marlatt (Eds.), *Alcoholism: New directions in behavioral research and treatment.* Plenum.

Cameron, N. (1963). *Personality development and psychopathology.* Mifflin Company.

Cao, J., Wei, J., Fritzsche, K., et al. (2020). Prevalence of DSM-5 somatic symptom disorder in Chinese outpatients from general hospital care. *General Hospitial Psychiatry, 62,* 63-71.

Captari, L. E., Riggs, S. A., & Stephen, K. (2021). Attachment processes following traumatic loss: A mediation model examining identity distress, shattered assumptions, prolonged grief, and posttraumatic growth. *Psychological Trauma: Theory, Research, Practice, and Policy, 13*(1), 94-103.

Carlsson, A., & Lindquist, M. (1963). Effect of chlorpromazine or haloperidol on the formation of 3-methoxytramine and normetanephrine in mouse brain. *Acta Pharmacologica et Toxicologica, 20,* 140-144.

Carroll, B. J. (1982). The dexamethasone suppression test for melancholia. *British Journal of Psychiatry, 140,* 292-304.

Casey, L. M., Oei, T. P. S., & Newcombe, P. A. (2004). An integrated cognitive model of panic disorder: The role of positive and negative cognitions. *Clincial Psychology Review, 24,* 529-555.

Cautela, J. R. (1966). Treatment of compulsive behavior by covert sensitization. *Psychological Recond, 16,* 33-41.

Cha, J. H. (1994). Changes in value, belief, and behavior of the Koreans over the past 100 years. 한국심리학회지: 사회, 8(1), 40-58.

Chard, K. M., Schumm, J. A., Owens, G. P., & Cottingham, S. M. (2010). A comparison of OEF and OIF veterans and vietnam veterans receiving cognitive processing therapy. *Journal of Traumatic Stress, 23,* 25-32.

Chodoff, P. (1974). The diagnosis of hysteria: An overview. *American Journal of Psychiatry, 131,* 1073-1078.

Chu, C., Buchman-Schmit, J. M., Stanley, I. H. et al. (2017). The interpersonal theory of suicide: A systematic review and meta-analysis of a decade of cross-national research. *Psychological Bulletin, 143*(12), 1313-1345.

Cigrang. J., Peterson, A., & Schobitz, R. (2005). Three American troops in Iraq: Evaluation of brief exposure therapy treatment for the secondary prevention of combat-related PTSD. *Pragmatic Case Studies in Psychotherapy. 1,* 1-25.

Clark, D. M. (1986). A cognitive approach to panic.

Behaviour Research and Therapy, 24, 461-470.

Clark, D. M. (1988). A cognitive model of panic attacks. In S. Rachman & J. D. Maser (Eds.), Panic: Psychological perspectives. Lawrence Erlbaum.

Clark, D. M., Salkovskis, P. M. N., Hackmann, A., Wells, A., Fennell, M., Ludgate, S., Ahmad, S., Richards, H. C., & Gelder, M. (1998). Two psychological treatment for hypochondriasis. British Journal of Psychiatry, 173, 218-225.

Clark, D. M., & Wells, A. (1995). A cognitive model of social phobia. In R. G. Heimberg, M. R. Liebowitz, D. A. Hope, & F. R. Schneier (Eds.), Social phobia: Diagnosis, assessment, and treatment (pp. 69-93). Guilford.

Clark, J. V., & Arkowitz, H. (1975). Social anxiety and self-evaluation of interpersonal performance. Psychological Reports, 36, 211-221.

Cloninger, C. R. (1978). The link bewteen hysteria and sociopathy: An integrative odel of pathogenesis based on clinical, genetic, and neurophysiological observations. In H. S. Akiskal & W. L. Webb (Eds.), Psychiatric diagnosis: Exploration of biological predictors (pp. 189-218). Spectrum.

Cloninger, C. R., Bohman, M., & Sigvardsson, S. (1981). Inheritance of alcohol abuse. Archives of General Psychiatry, 38, 861-868.

Cloninger, C. R., Sigvardsson, S., & Bohman, M. (1996). Type I and type II alcoholism: An update. Alcohol Health and Research World, 20, 18-23.

Cohan, S. L., & Chavira, D. A. (2008). Refining the classification of children with selective mutism: A latent profile analysis. Journal of Clinical Child and Adolescent Psychology, 37(4), 770-784.

Coles, E, K., Pelham III, W. E., Fabiano, G. A. et al. (2020). Randomized Trial of First-Line Behavioral Intervention to Reduce Need for Medication in Children with ADHD. Journal of Clinical Child & Adolescent Psychology, 49(5), 673-687.

Conger, J. J. (1951). The effects of alcohol on conflict behavior in the albino rat. Quarterly Journal of Studies on Alcohol, 12, 1-29.

Conger, J. J. (1956). Alcoholism: Theory, problems and challenge. II. Reinforcement theory and the dynamics of alcoholism. Quarterly Journal of Studies on Alcohol, 14, 291-324.

Cools, J., Schotte, D. E., & McNally, R. J. (1992). Emotional arousal and overeating in restraint eaters. Journal of Abnormal Psychology, 101, 348-351.

Cortese, S., Konofal, E., Lecendreux, M., Arnulf, I., Mouren, M. C., Darra, F., & Bernadina, B. D. (2005). Restless legs syndrome and attention-deficit/hyperactivity disorder: a review of the literature. Sleep, 28(8), 1007-1013.

Coryell, Q., & Norton, S. G. (1981). Briquet s Syndrome and primary depression: Comparison of background and outcome. Comprehensive Psychiatry, 22, 249-256.

Courchesne, E. (1991). Neuroanatomic imaging in autism. Supplement to Pediatrics, 87, 781-790.

Creamer, M., O'Donnell, M. L., & Pattison, P. (2004). Acute stress disorder is of limited benefit in predicting post-traumatic stress disorder in people surviving traumatic injury. Behavior Research and Therapy, 42, 315-328.

Crow, S. J., Agras, W. S., Halmi, K., et al. (2002). Full syndromal versus sub-threshold anorexia nervosa, bulimia nervosa, and binge eating disorder: A multicenter study. International Journal of Eating Disorder, 32, 309-318.

Crowe, R. R., Noyes, R., Pauls, D. L., & Slymen, D. (1983). A family study of panic disorder. Archives of General Psychiatry, 40, 1065-1069.

Cummings, J. L. (1985). Organic delusions: Phenomenology, anatomical correlations, and review. British Journal of Psychiatry, 146, 184-197.

Custer, R. L., & Milt, H. (1985). When luck runs out. Facts on File Publications.

Cutting, J. (1985). The psychology of schizophrenia. Churchill Livingston.

Davey, G. C. L., & Levy, S. (1998). Catastrophic worrying: Personal inadequacy and a perseverate iterative styles as features of the catastrophising process. Journal of

Abnormal Psychology, 107, 576-586.

Davidson, M. (1982). *Uncommon sense: The life and thought of Ludwig von Bertalanffy (1901-1972), father of general systems theory.* Houghton Mifflin.

Davidson, J. R. T., & Foa, E. B. (1991). Refining criteria for posttraumatic stress disorder. *Hospital and Community Psychiatry, 42,* 259-261.

Davis, G., & Akiskal, H. (1986). Descriptive, biological, and theoretical aspects of borderline personality disorder. *Hospital and Community Psychiatry, 37,* 685-692.

Davis, R., Freeman, R. J., & Garner, D. M. (1988). A naturalistic investigation of eating behavior in bulimia nervosa. *Journal of Consulting and Clinical Psychology, 56,* 272-279.

Davison, G. C., & Neale, J. M. (1994). *Abnormal psychology* (6th ed.). John Wiley & Sons.

Davison, G. C., & Neale, J. M. (2001). *Abnormal psychology* (8th ed.). John Wiley & Sons.

De Leon, J., Bott, A., & Simpson, G. M. (1989). Dysmorphophobia: Body dysmorphic disorder or delusional disorder, somatic subtype? *Comprehensive Psychiatry, 30,* 457-472.

Delisi, L. (2009). 100 questions & answers about schizophrenia: Painful mind. Jones and Bartlett Publishers. (최영민, 이지연 공역,《100문 100답: 정신분열병》. 하나의학사, 2010).

Diener, E. (1984). Subjective well-being. *Psychological Bulletin, 95,* 542-575.

Diener, E. (1994). Assessing subjective well-being: Progress and opportunities. *Social Indicators Research, 31,* 103-157.

Diener, E., Suh, E. M., Lucas, R. E., & Smith, H. L. (1999). Subjective well-being: Three decades of progress. *Psychological Bulletin, 125,* 276-302.

Dobson, K. S., & Block, L. (1988). Historical and philosophical bases of cognitive-behavioral therapies. In K. S. Dobson (Ed.), *Handbook of cognitive-behavioral therapies* (pp. 3-38). Guilford.

Domarus, E. (1944). The specific laws of logic in schizophrenia. In J. S. Kasanin (Ed.), *Language and thought in schizophrenia.* University of California Press.

Dugas, M. J., Freeston, M. H., & Ladouceur, R. (1997). Intolerance of uncertainty and problem orientation in worry. *Cognitive Therapy and Research, 21,* 593-606.

Dummit, E. S., Klein, R. G., Tancer, N. K., Asche, B., Martin, J., & Fairbanks, J. A. (1997). Systematic assessment of 50 children with selective mutism. *Journal of the American Academy of Child & Adolescent Psychiatry, 36*(5), 653-660.

Duncan, O. D. (1969). Toward social reporting: Next steps. Russell Sage Publication.

Eaton, W. W., Shao, H., Nestadt, G., Lee, B., Bienvenu, O., & Zandi, P. (2008). Population-based Study of first Onset and chronicity in Major Depressive Disorder. *Archives of General Psychiatry, 65*(5), 513-520.

Edinger, J. D., & Kanny, C. (2008). *Overcoming insomnia: A cognitive-behavioral therapy approach therapist guide.* Oxford University Press. (이은 역,《불면증 약 없이 극복하기-인지행동 치료적 접근: 치료자용》. 청년의사, 2010).

Ehlers A., & Clark D. M, (2000), A cognitive model of posttraumatic stress disorder. *Behavior Research and Therapy 38,* 319-345.

Ehlers, A. (1995). A 1-year prospective study of panic attacks: clinical course and factors associated with maintenance. *Journal of Abnormal Psychology, 104*(1), 164-172.

Ehrenreich, J. T., Santucci, L. C., & Weinrer, C. L. (2008). Separation anxiety disorder in youth: Phenomenology, assessment, and treatment. *Psicologia Conductual, 16*(3), 389-412.

Ellingson, R. J. (1954). Incidence of EEG abnormality among patients with mental disorders of apparently nonorganic origin: A criminal review. *American Journal of Psychiatry, 111,* 263-275.

Ellis, A. (1958). Rational psychotherapy. *Journal of General Psychology, 59,* 35-49.

Ellis, A. (1962). *Reason and emotion in psychotherapy.* New York: Lyle Stuart.

Engel, G. L. (1959). "Psychogenic" pain and the pain-prone patient. *American Journal of Medicine, 36,* 899-918.

Engel, G. L. (1977). The need for a new medical model: A challenge for biomedicine. *Science, 196,* 129-136.

Eysenck, H. J., & Eysenck, S. B. G. (1978). Psychopathy, personality, and genetics. In R. D. Hare & D. Schalling (Eds.), *Psychopathic behaviour: Approaches to research* (pp. 197-223). Wiley.

Fairburn, C. G. (1995). *Overcoming binge eating.* Guilford.

Farrington, D. P., & West, D. J. (1990). The Cambridge study in delinquent development: A long-term follow-up of 411 London males. In H. J. Kerner & G. Kaiser (Eds.), *Criminality: Personality, behaviour, life history.* Springer-Verlag.

Fava, G. A., Grandi, S., Rafanelli, C., Fabbri, S., & Cazzaro, M. (2000). Explanatory therapy in hypochondriasis. *Journal of Clinical Psychiatry, 61*(4), 317-322.

Fava, G. A., & Ruini, C. (2003). Development and characteristics of a well-being enhancing psychotherapeutic strategy: well-being therapy. *Journal of Behavior Therapy and Experimental Psychiatry, 34,* 45-63.

Federn, P. (1952). *Ego psychological and the psychoses.* Basic Books.

Fehm, L., Schneider, G., & Hoyer, J. (2007). Is post-event processing specific for social anxiety? *Journal of Behavior Therapy and Experimental Psychiatry, 38*(1), 11-22.

Fenichel, O. (1945). *The psychoanalytic theory of neurosis.* Norton.

Fenichel, O. (1947). The drive to amass wealth. In O. Fenichel & O. Rappaport (Eds.), *The collected paper of O. Fenichel.* Norton.

Feusner, J. D., Moody, T., & Hembacher, E. (2010). Abnormalities of visual processing and fronto-striatal systems in body dysmorphic disorder. *Archives of General Psychiatry, 67,* 197-205.

Feusner, J. D., Townsend, J., Bystritsky, A., & Bookheimer, S. (2007). Visual information processing of faces in body dysmorphic disorder. *Archives of General Psychiatry, 64,* 1417-1425.

Finkelhor, D. (1983). *Sexually victimized children.* The Free Press.

Foa, E. B., Keane, T. M., & Friedman, M. J. (2009). *Effective treatments for PTSD: Practice guidelines of the International Society for Traumatic Stress Studies.* Guilford.

Foa, E. B., & Rauch, S. A. M. (2004). Cognitive changes during prolonged exposure versus prolonged exposure plus cognitive restructuring in female assault survivors with Posttraumatic Stress Disorder. *Journal of Consulting and Clinical Psychology. 72,* 879-884.

Foa, E. B., & Riggs, D. S. (1993). Post-traumatic stress disorder in rape victims. In J. Oldham, M. B. Riba, & A. Tasman (Eds.), *American psychiatric press review of psychiatry* (Vol. 12, pp. 273-303). American Psychiatric Press.

Foa, E. B., & Rothbaum, B. O. (1998). *Treating the trauma of rape: Cognitive-behavior therapy for PTSD.* Guilford.

Foa, E. B., Steketee, G., & Rothbaum, B. O. (1989). Behavioural/cognitive conceptualisations of post-traumatic stress disorder. *Behaviour Therapy, 20,* 155-176.

Folstein, S. E., & Rutter, M. (1977). Infantile autism: A genetic study of 21 twin pairs. *Journal of Child Psychology and Psychiatry, 18,* 297-321.

Ford, D. H., & Lerner, R. M. (1992). *Development systems theory: An integrative approach.* Sage.

Fordyce, W. E. (1974). Pain viewed as a learned behavior. *Advanced Neurology, 4,* 415-422.

Frank, E., Kupfer, D., Thase, M. E., Mallinger, A. G., Schwartz, H. A., Fagiolini, A. M., Grochocinski, V., Houck, P., Scott, J., Thompson, W., & Monk, T. (2005). Two-year outcome for interpersonal and social rhythm therapy in individuals with bipolar I disorder. *Archives of General Psychiatry, 62,* 996-1004.

Frank, E., Schwartz, H. A., & Kupfer, D. (2000). Interpersonal and social rhythm therapy: Managing the chaos of bipolar disorder. *Biological Psychiatry, 48,* 593-604.

Freud, S. (1896). Further remarks on the neuro-psychoses of defence. In J. Strachey (Ed. and Trans.), *The standard edition of the complete psychological works of Sigmund Freud*, Vol. 3. Hogarth.

Freud, S. (1917/1961). Mourning and melancholia. In J. Strachey (Ed. and Trans.), *The standard edition of the complete psychological works of Sigmund Freud*, Vol. 14. Hogarth.

Freud, S. (1924/1962). The loss of reality in neurosis and psychosis. In J. Strachey (Ed. and Trans.), The standard edition of the complete psychological works of Sigmund Freud, Vol. 19. Hogarth.

Freud, S. (1926/1959). Inhibitions, symptoms, and anxiety. In J. Strachey (Ed. and Trans.), *The standard edition of the complete psychological works of Sigmund Freud*, Vol. 20. Hogarth.

Friedman, M., & Rosenman, R. (1959). Association of specific over behavior pattern with blood and cardiovascular findings: blood cholesterol level, blood clotting time, incidence of arcus senilis and clinical coronary artery disease. *Journal of American Medical Association, 169*, 1286-1296.

Fromm, E. (1941). *Escape from freedom.* Holt, Rinehart & Winston.

Fromm, E. (1947). *Man for himself.* Holt, Rinehart & Winston.

Fromm-Reichmann, F. (1948). Notes on the development of treatment of schizophrenia by psychoanalytic psychotherapy. *Psychiatry, 11*, 263-273.

Gabbard, G. O. (1994). *Psychodynamic psychiatry in clinical practice.* American Psychiatric Press.

Galea, S., Vlahov, D., Resnick, H., et al. (2002). Trends of Probable Post-Traumatic Stress Disorder in New York City after the September 11 Terrorist Attacks. American *Journal of Epidemiology, 158*(6), 514-524.

Gallagher-Tompson, D., & Osgood, N. J. (1997). Suicide later in life. *Behavior Therapy, 28*, 23-41.

Gelder, M., Mayou, R., & Geddes, J. (2005). *Psychiatry: An Oxford core text* (3rd ed.). New York: Oxford University Press.

Gladue, B. A. (1985). Neuroendocrine response to estrogen and sexual orientation. *Science, 230*, 961.

Glover, E. G. (1932). On the etiology of drug addiction. *International Journal of Psychoanalysis, 13*, 298-328.

Glover, E. G. (1956). *On the early development of the mind.* International Universities Press.

Goldenberg, H. (1977). *Abnormal psychology: A social/community approach.* Brooks/Cole.

Goldman, M. S. (1994). The alcohol expectancy concept: Application to assessment, prevention, and treatment alcohol abuse. *Applied and Preventive Psychology, 3*, 131-144.

Goldman, M. S., Frances, K., Boca, D., & Darkes, J. (1999). Alcohol expectancy theory: The application of cognitive neuroscience. In K. E. Lonard & H. T. Blane (Eds.), *Psychological theories of drinking and alcoholism* (2nd ed.). New York: Guilford.

Goldman-Rakic, P. S., & Selemon, L. D. (1997). Functional and anatomical aspects of prefrontal pathology in schizophrenia. *Schizophrenia Bulletin, 23*, 437-458.

Goldstein, A. J., & Chambless, D. L. (1978). A re-analysis of agoraphobia. *Behavior Therapy, 9*, 47-59.

Goldstein, M. J., & Rodnick, E. H. (1975). The family's contribution to the etiology of schizophrenia: Current status. *Schizophrenia Bulletin, 1*, 48-63.

Goodman, R., & Stevenson, J. (1989). A twin study of hyperactivity: 2. The aetiological role of genes, family relationships, and perinatal adversity. *Journal of Child Psychology and Psychiatry, 30*, 691-709.

Goodwin, D. W., Schulsinger, F., & Molter, N. (1974). Drinking problems in adopted and nonadopted sons of alcoholics. *Archives of General Psychiatry, 31*, 164-169.

Goodwin, D. W., Schulsinger, F., Knop, J., Mednick, S., & Guze, S. B. (1977). Psychopathology in adopted and nonadopted daughter of alcoholics. *Archives of General Psychiatry, 34*, 1005-1009.

Goodwin, F., & Jamison, K. (2007). *Manic-Depressive Illness: Bipolar Disorders and Recurrent Depression* (2nd edition). Oxford University Press.

Grant, J. E., & Potenza, M. C. (2004). Pathological gambling: A clinical guide to treatment. American Psychiatric Publishing. (이재갑 등 공역,《병적 도박의 치료와 임상지침》. 학지사, 2012).

Green, B. L., Grace, M. C., Lindy, J. D., Gleser, G. C., Leonard, A. C., & Kramer, T. L. (1990). Buffalo Creek survivors in the second decade: Comparison with unexposed and nonlitigant groups. *Journal of Applied Social Psychology, 20*, 1033-1050.

Green, R. (1974). *Sexual identity conflicts in children and adults.* Basic Books.

Greenberg, R. P., & Bornstein, R. F. (1988). The dependent personality: I. Risk for physical disorders. *Journal of Personality Disorders, 2*, 126-135.

Greenberger, D., & Padesky, C. (1995). *Mind over mood: Change how you feel by changing the way you think.* Guilford. (권정혜 역,《기분 다스리기》. 학지사, 1999).

Grotstein, J. S. (1987). The borderline as a disorder of self-regulation. In J. S. Grotstein, M. F. Solomon, & J. A. Lang (Eds.), *The borderline patient: Emerging concepts in diagnosis, psychodynamics, and treatment* (pp. 347-384). The Analytic Press.

Grove, W. M., Eckert, E. D., Heston, L., Bouchard, T. J. Jr. Segal, N., & Lykken, D. T. (1990). Heritability of substance abuse and antisocial behavior: A study of monozygotic twins reared apart. Biological Psychiatry, 27, 1293-1304.

Guidano, V. F., & Liotti, G. (1983). *Cognitive processes and emotional disorders.* Guilford.

Haenen, M. A., de Jong, P. J., Schmidt, A. J. M., Stevens, S., & Visser, L. (2000). Hypochondriacs estimation of negative outcomes: Domain-specificity and responsiveness to reassuring and alarming information. *Behaviour Research and Therapy, 38*, 819-833.

Halbreich, U., & Kahn, L. S. (2001). Are women with premenstrual dysphoric disorder prone to osteoporosis? *Psychosomatic Medicine, 63*, 361-364.

Hall, S. M., Tunstall, C., Rugg, D., Jones, R. T., & Benowitz, N. (1985). Nicotine gum and behavioral treatment in smoking. *Journal of Consulting and Clinical Psychology, 53*, 256-258.

Hallgren, B. (1950). Specific dyslexia (cogeniatal word-blindness). Acta Psychiatrica et Neurologia Scandinavica, *Supplement 65.*

Hammelmann, I. (2006). *Einfach gut schlafen: Sanfte Wege zur erholsamen Nachtruhe. Bayreuth: Gondrom.* (전재민 역,《굿바이 불면증》. 국일미디어, 2007).

Häuser, W., Hausteiner-Wiehle, C., Henningsen, P., et al. (2020). Prevalence and overlap of somatic symptom disorder, bodily distress syndrome and fibromyalgia syndrome in the German general population: A cross sectional study. *Journal of Psychosomatic Research, 133*, 110111. https://doi.org/10.1016/j.jpsychores.2020.110111.

Hayes, S. C., Strosahl, K. D., & Wilson, K. G. (1999). *Acceptance and commitment therapy: An experiential approach to behavior change.* Guilford.

Hayward, D. W., Gale, C. M., & Eikeseth, S. (2009). Intensive behavioural intervention for young children with autism: A research-based service model. *Research is Autism Spectrum Disorders, 3*, 571-580.

Hazlett-Stevens, H. (2006). Agoraphobia. In J. E. Fisher & W. T. O'Donohue (Eds.), *Practitioner's guide to evidence-based psychotherapy* (pp. 24-34). Springer.

Healy, O., & Lydon, S. (2013). Early intensive behavioural intervention in autism spectrum disorders. In M. Fitzgerald (Ed.), *Recent advances in autism spectrum Disorder: Vol. 1* (pp. 567-597). INTECH Open Access Publisher.

Heatherton, T. F., & Baumeister, R. F. (1991). Binge eating as escape from self-awareness. *Psychological Bulletin, 110*, 86-108.

Heimberg, R. G., Liebowitz, M. R., Hope, D. A., Schneider, F. R., Holt, C. S., Welkowitz, L. A., Juster, H. R., Campeas, R., Bruch, M. A., Cloitre, M., Falloon, B., & Klein, D. F. (1998). Cognitive behavioral group therapy vs. phenelzine therapy for social phobia. *Archives of General Psychiatry, 55*, 1133-1141.

Heimberg, R. G., Brozovich, F. A., & Rapee, R. M. (2010). A cognitive behavioral model of social anxiety disorder: Update and extension. In S. G. Hofmann & P. M. DiBartolo (Eds.), *Social anxiety: Clinical, developmental, and social perspectives* (2nd ed., pp. 395-422). Academic Press.

Heimberg, R. G., Brozovich, F. A., & Rapee, R. M. (2014). A cognitive- behavioral model of social anxiety disorder. In S. G. Hofmann & P. M. DiBartolo (Eds.), *Social Anxiety: Clinical, Developmentak, and Social Perspective* (3nd ed., pp. 705-728). Academic Press.

Heimberg, R. G., Salzman, D. G., Holt, C. S., & Blendell, K. A. (1993). Cognitive-behavioral group treatment for social phobia: Effectiveness at five-year follow-up. *Cognitive Therapy and Research, 17,* 325-339.

Hemsley, D. R., & Garety, P. A. (1986). The formation and maintenance of delusions: A Bayesian analysis. *British Journal of Psychiatry, 149,* 51-56.

Herman, J. (1997). *Trauma and recovery: The aftermath of violoence-From domestic abuse to political terror.* Basic Books. (최현정 역,《트라우마: 가정폭력에서 정치적 테러까지》. 열린책들, 2012).

Hermann, K. (1959). *Reading disability: A medical study of word-blindness and related handicaps.* Charles C. Thomas.

Hilgard, E. R. (1977). *Divided consciousness: Multiple controls in human thought and action.* Wiley-Interscience.

Hinde, R. A. (1992). Developmental psychology in the context of other behavioral sciences. *Developmental Psychology, 28,* 1018-1029.

Hollander, E., Braun, A., & Simeon, D. (2008). Should OCD leave the anxiety disorders in DSM-V? The case for obsessive compulsive-related disorders. *Depression and Anxiety, 25,* 317-329.

Hollingshead, A. B., & Redlich, F. C. (1958). *Social class and mental illness: A community study.* Wiley.

Hollon, S. D., & Kriss, M. R. (1984). Cognitive factors in clinical research and practice. *Clinical Psychology Review, 4,* 35-76.

Hollon, S. D., & Ponniah, K. (2010). A review of empirically supported psychological therapies for mood disorders in adults. *Depression and Anxiety, 27,* 891-932.

Hollon, S. D., Shelton, R. C., & Loosen, P. T. (1991). Cognitive therapy and pharmacotherapy for depression. *Journal of Consulting and Clinical Psychology, 59,* 88-99.

Holmgren, S., Humble, K., Norring, C., Roos, B., Rosmark, B., & Sohlberg, S. (1983). The anorectic bulimic conflict: An alternative diagnostic approach to anorexia nervosa and bulimia. *International Journal of Eating Disorders, 2,* 3-15.

Honey de Venct (1988). *A new encyclopedia of sex.* Marshall Cavendish.

Hooley, J. M. (1985). Expressed emotion: A review of the critical literature. *Clinical Psychology Review, 5,* 119-139.

Horowitz, M. J. (1976). *Stress response syndromes.* New York: Aronson.

Horowitz, M. J. (1986). Stress-response syndromes: A review of posttraumatic and adjustment disorders. *Hospital and Community Psychiatry, 37,* 241-249.

Hunter, E. C. M., Phillips, M. L., Chalder, T., Sierra, M., & David, A. S. (2003). Depersonalisation disorder: A cognitive-behavioural conceptualisation. *Behaviour Research and Therapy, 41*(12), 1451-1467.

Hunter, E. C., Baker, D., Phillips, M. L., Sierra, M., David, A. S. (2005). Cognitivebehaviour therapy for depersonalisa- tion disorder: an open study. *Behaviour Research and Therapy, 43,* 1121-1130.

Hymowitz, P., Frances, A., Jacobsberg, L. B. Sickles, M., & Hoyt, R. (1986). Neuroleptic treatment of schizotypal personality disorders. *Comprehensive Psychiatry, 27,* 267-271.

Hynd, G. W., Hern, K. L., Voeller, K. K., & Marshall, R. M. (1991). Neurobiological basis of attention-deficit hyperactivity disorder (ADHD). *School Psychology Review, 20,* 174-186.

Ingram, R. E., & Kendall, P. C. (1986). Cognitive clinical psychology: Implications of an information processing perspectives. In R. Ingram (Ed.), *Information processing approaches to clinical psychology.*

Academic Press.

Ingvar, D. H., & Franzen, G. (1974). Abnormalities of cerebral blood flow distribution in patients with chronic schizophrenia. *Acta Psychiatrica Scandinavica, 50,* 425-462.

Jablensky, A. (2010). The diagnostic concept of schizophrenia: its history, evolution, and future prospects. *Dialogues in Clinical Neuroscience, 12*(3), 271-287.

Jacobson, E. (1959). Depersonalization. *Journal of American Psychoanalytic Association, 7,* 581-610.

Jacobson, K. (2004). Agoraphobia and Hypochondria as Disorders of Dwelling. *International Studies in Philosophy, 36,* 31-44.

Jamison, K. R. (1995). *An unquiet mind.* New York: Knopf. (박민철 역,《조울병, 나는 이렇게 극복했다》. 하나의학사, 2000).

Janoff-Bulman, R. (1989). Assumptive worlds and the stress of traumatic events: Applications of the schema construct. *Social Cognition, 7,* 113-136.

Janoff-Bulman, R. (1992). Shattered assumptions: Toward a new psychology of trauma. The Free Press.

Jellinek, E. M. (1952). Phases of alcohol addiction. *Quarterly Journal of Studies on Alcohol, 13,* 673-684.

Johnson, J. G., Zhang, B., Greer, J. A., & Prigerson, H. G. (2007). Parental control, partner dependence, and complicated grief among widowed adults in the community. *The Journal of Nervous and Mental Disease, 195*(1), 26-30.

Joiner, T. E. (2005). *Why people die by suicide.* Harvard University Press.

Jones, M. C. (1924). The elimination of children's fear. *Journal of Experimental Psychology, 7,* 382-390.

Kanas, N. (1986). Group therapy with schizophrenics: A review of controlled studies. *International Journal of Group Psychotherapy, 36,* 339-351.

Kaney, S., & Bentall, R. P. (1989). Persecutory delusions and attributional style. *British Journal of Medical Psychology, 62,* 191-198.

Kanner, L. (1943). Autistic disturbances of affective contact. Nervous Child, 2, 217-250.

Kanner, L. (1944). Early infantile autism. *Journal of Pediatrics, 25,* 211-217.

Kaplan, H. S. (1974). *The new sex therapy.* New York: Brunner/Mazel.

Kasanin, J. (1933). the acute schizoaffective psychoses. *American Journal of Psychiatry, 13,* 97-123.

Kazdin, A. E. (1980). *Research design in clinical psychology.* Harper & Row.

Keller, M. B., Lavori, P. W., Mueller, T. I., et al. (1992). Time to recovery, chronicity, and levels of psychopathology in major depression. A 5-year prospective follow-up of 431 subjects. *Archives of General Psychiatry, 49,* 809-816.

Kellner, R. (1985). Functional somatic symptoms and hypochondriasis: A survey of empirical studies. *Archives of General Psychiatry, 42,* 821-833.

Kellner, R. (1986). *Somatization and hypochondriasis.* Praeger-Greenwood.

Kellner, R. (1990). Somatization: Theories and research. *Journal of Nervous and Mental Disease, 178,* 150-160.

Kelly, C. A., Freeman, K. B., & Schumacher, J. A. (2022). Treatment-resistant depression with anhedonia: Integrating clinical and preclinical approaches to investigate distinct phenotypes. *Neuroscience and Biobehavioral Reviews, 136,* 104578. https://doi.org/10.1016/j.neubiorev.2022.104578.

Kendall, P. C. (1985). Toward a cognitive-behavioral model of child psychopathology and a critique of related interventions. *Journal of Abnormal Child Psychology, 13,* 357-372.

Kendall, P. C. (1991). *Child and adolescent therapy: Cognitive-behavioral procedure.* Guilford.

Kendall, P. C., Flannery-Schroeder, E., Panichelli-Mindel, S. M., Southam-Gerow, M., Henin, A., & Warman, M. (1997). Therapy for youths with anxiety disorders: A second randomized clinical trial. *Journal of Consulting and Clinical Psychology, 65,* 366-380.

Kendall, P. C., Howard, B. L., & Hays, R. C. (1989). Self-referent speech and psychopathology: The balance of positive and negative thinking. *Cognitive Therapy and Research, 13,* 583-598.

Kendall, P. C., & Ingram, R. (1987). The future of the cognitive assessment of anxiety: Let s get specific. In L. Michelson & M. Asher (Eds.), *Anxiety and stress disorders: Cognitive-behavioral assessment and treatment.* Guilford.

Kendall, P. C., & Ingram, R. (1989). Cognitive-behavioral perspectives: Theory and research on depression and anxiety. In P. C. Kendall & D. Watson (Eds.), *Anxiety and depression: Distinctive and overlapping features.* Academic Press.

Kendall, P. C., & MacDonald, J. P. (1993). Cognition in the psychopathology of youth and implications for treatment. In K. S. Dobson & P. C. Kendall (Eds.), *Psychopathology and cognition.* Academic Press.

Kendler, K. S., Heath, A. C., Neale, M. C., Kessler, R. C., & Eaves, L. (1992). A population-based twin study of alcoholism in women. *Journal of the American Medical Association, 268,* 1877-1882.

Kendler, K. S., Walters, E. E., Neale, M. C., Kessler, R. C., Heath, A. C., & Eaves, L. (1995). The structure of the genetic and environmental risk factors for six major psychiatric disorders in women. *Archives of General Psychiatry, 52,* 374-383.

Keogel, R. L., Schreibman, L., Britten, K. R., Burkey, J. C., & O'Neil, R. E. (1982). A comparison of parent training to direct child treatment. In R. L. Keogel, A. Rincover, & A. L. Egel (Eds.), *Educating and understanding autistic children.* College-Hill.

Kernberg, O. F. (1975). *Borderline conditions and pathological narcissism.* Jason Aronson.

Kessler, R. C., Berglund, P., Demler, O., Jin, R., Merikangas, K. R., & Walters, E. E. (2005). Lifetime prevalence and age-of-onset distributions of DSM-IV disorders in the national comorbidity survey replication. *Archives General Psychiatry, 62,* 593-602.

Kessler, R. C., Chiu, W. T., Demler, O., & Walters, E. E. (2005). Prevalence, severity and comorbidity of 12-month DSM-IV disorders in the national comorbidity survey replication. *Archives General Psychiatry, 62,* 617-627.

Kessler, R. C., Gillis-Light, J., Magee, W. J., Kendler, K. S., & Eaves, L. J. (1997). Childhood adversity and adult psychopathology. In I. H. Gotlib & B. Wheaton (Eds.), *Stress and adversity over the life coourese: Trajectories and turning ponts* (pp. 29-49). Cambridge University Press.

Khantzian, E. J. (1985). The self-medication hypothesis of addictive disorders: Focus on heroin and cocaine dependence. *American Journal of Psychiatry, 142,* 1259-1264.

Khantzian, E. J. (1990). Self-regulation and self-medication factors in alcoholism and the addictions: Similarities and differences. In M. Galanter (Ed.), *Recent developments in alcoholism* (pp. 255-271). Plenum.

Khantzian, E. J., Gawin, F., Kleber, H. D., & Riordan, C. E. (1984). Methylphenidate (Ritalin) treatment of cocaine dependence: A preliminary report. *Journal of Substance Abuse Treatment, 1,* 107-112.

Kihlstrom, J. F. (2005). Dissociative Disorder. *Annual Review Clinical Psychology, 1,* 227-253.

Killen, J. D., Fortmann, S. P., Newman, B., & Varady, A. (1990). Evaluation of a treatment approach combining nicotine gum with self-guided behavioral treatment for smoking relapse prevention. *Journal of Consulting and Clinical Psychology, 58,* 85-92.

Kilpatrick, D. G., Saunders, B. E., Veronen, L. J., Best, C. L, & Von, J. M. (1987). Criminal victimization: Lifetime prevalence, reporting to police, and psychological impact. *Crime & Delinquency, 33,* 479-489.

Kim, K. I. (1995). Culture and mental illness in Korea. *Mental Health Research, 14,* 236-244.

Kim, K. I., Li, D., Jiang, Z., Cui, Z., Lin, L., Kang, J. J., Park, K. K., Chung, E. K., & Kim, C. K. (1993). Schizophrenic delusions among Koreans, Korean-Chinese and Chinese: A transcultural study. *The International Journal of Social Psychiatry, 39,* 190-199.

Kim, U. (2000). Indigenous, cultural, and cross-cultural psychology: A theoretical, conceptual, and epistemological analysis. *Asian Journal of Social Psychology, 3*, 265-287.

Kimball, C. P., & Blindt, K. (1982). Some thoughts on conversion. *Psychosomatics, 23*, 647-649.

Kiraly, O., Sleczka, P., Pontes, H. M., Urban, R., Griffiths, M. D., & Demetrovics, Z. (2017). Validation of the Ten-Item Internet Gaming Diorder Test (IGDT-10) and evaluation of the nine DSM-5 Internet Gaming Disorder criteria. *Addictive Behaviors, 64*, 253-260.

Kirmayer, L. J., Robbins, J. M., & Paris, J. (1994). Somatoform disorders: Personality and the social matrix of somatic distress. Journal of Abnormal Psychology, 103, 125-136.

Kissane, D. W., & Block, S. (2002). *Family focused grief therapy: A model of family-centered care during palliative care and bereavement.* Open University Press.

Klein, D. F. (1981). Anxiety reconceptualized. In D. F. Klein & J. Rabkin (Eds.), *Anxiety: New research and changing concepts.* Raven.

Klein, D. F. (1993). False suffocation alarms, spontaneous panics, and related conditions: An integrative hypothesis. *Archives of General Psychiatry, 50*, 306-317.

Klein, D. N. (2008). Classification of depressive disorders in the DSM-V: proposal for a two-dimension system. *Journal of Abnormal Psychology, 117*(3), 552-560.

Klein, D. N., Shankman, S. A., & Rose, S. (2006). Ten-year prospective follow-up study of the naturalistic course of dysthymic disorder and double depression. The American *Journal of Psychiatry, 163*(5), 872-880.

Klein, M. (1932). *The psychoanalysis of children.* Hogarth.

Klein, M. (1940). *Mourning and its relation to manic-depressive states.* The Free Press.

Klonsky, E. D., & May, A. M. (2105). The three-step theory(3ST): A new theory of suicide rooted in the "ideation-to-action" framework. *International Journal of Cognitive Therapy, 8*(2), 114-129.

Kluft, R. P. (1984). Treatment of multiple personality disorder: A study of 33 cases. *Psychiatric Clinics of*

North America, 7, 9-29.

Kluft, R. P. (1991). Hypnosis in childhood trauma. In W. C. Wester & D. J. O'Grady (Eds.), *Clinical hypnosis with children* (pp. 53-68). Brunner/Mazel.

Knight, R. (1971). Evaluation of research of psychoanalytic therapy. *American Journal of Psychiatry, 98*, 434-446.

Kohn, M. L. (1968). Social class and schizophrenia: A critical review. In D. Rosenthal & S. S. Kety (Eds.), *The transmission of schizophrenia.* Pergamon.

Kohut, H. (1968). The psychoanalytic treatment of narcissistic personality disorder. *Psychoanalytic Study of the Child, 23*, 86-113.

Kohut, H. (1971). *The analysis of the self: A systematic approach to the psychoanalytic treatment of narcissistic personality disorders.* International Universities Press.

Kraepelin, E. (1899). *Psychiatrie. Ein Lehrbuch fur studierende und aerzte* (6th ed., Vol. 2). Leipzig.

Kreitman, N., Sainsbury, P., Pearce, K., & Costain, W. R. (1965). Hypochondriasis and depression in out-patients at a general hospital. *British Journal of Psychiatry, 3*, 607-615.

Kulka, R. A., Schlenger, W. E., Fairbank, J. A., Hough, R. L., Jordan, B. K., Marmar, C. R., & Weiss, D. S. (1990). *Trauma and the Vietnam War generation: Report of findings from the National Vietnam Veterans Readjustment Study.* Brunner/Mazel.

Kushner, M. G., Abrams, K., & Borchardt, C. (2000). The relationship between anxiety disorders and alcohol use disorders: A review of major perspectives and findings. *Clinical Psychology Review, 20*, 149-171.

Kwon, S-M. (1992). *Differential roles of dysfunctional attitudes and automatic thoughts in depression: An integrated cognitive model of depression.* Ph.D. dissertation submitted to the University of Queensland.

Kwon, S-M., & Oei, T. P. S. (1992). Differential causal roles of automatic thoughts and dysfunctional attitudes in depression. *Cognitive Therapy and Research, 16*, 309-328.

Kwon, S-M., & Oei, T. P. S. (1994). The roles of two levels of cognitions in the development, maintenance, and treatment of depression. *Clinical Psychology Review, 14,* 331-358.

Laing, R. D. (1967). *The politics of experience.* Pantheon.

Lam, D. H., Jones, S. H., Hayward, P., & Bright, J. A. (1999). *Cognitive therapy for bipolar disorder: A therapist's guide to concepts, methods, and practice.* John Wiley and Sons.

Lam, D. J. (1991). The Tao of clinical psychology: Shifting from a medical to a biopsychosocial paradigm. *Bulletin of the Hong Kong Psychological Society, 26,* 107-113.

Lambert, M. V., Senior, C., Fewtrell, W. D., Phillips, M. L., & David, A. S. (2001). Primary and secondary depersonalisation disorder: a psychometric study. *Journal of Affective Disorders, 63,* 249-256.

Lambrou, C., Veale, D., & Wilson, G. (2011). The role of aesthetic sensitivity in body dysmorphic disorder. *Journal of Abnormal Psychology, 120*(2), 443-453.

Lando, H. A. (1977). Successful treatment of smokers with a broad-spectrum behavioral approach. *Journal of Consulting and Clinical Psychology, 45,* 361-366.

Lang, R., Didden, R., Machalicek, W., et al. (2010). Behavioral treatment of chronic skin-picking in individuals with developmental disabilities: A systematic review. *Research in Development Disabilities, 31*(2), 304-315.

Langfeldt, G. (1937). *The prognosis in schizophrenia and the factors influencing the course of the disease. Acta Psychiatrica et Neurologica Scandinavica,* supplement. 13.

Lazare, A. (1981). Current concepts in psychiatry. *New England Journal of Medicine, 305,* 745-748.

Lazarus, R. (1966). *Psychological stress and the coping process.* McGraw-Hill.

Lechman, J. F., Walker, D. E., Goodman, W. K., Pauls, D. L., et al. (1994). Symptoms of obsessive-compulsive. *American Journal of Psychiatry, 154,* 911-917.

Lee, H-J., & Kwon, S-M. (2003). Two types of obsession: Autogenous obsessions and reactive obsessions. *Behavior Research and Therapy, 41,* 11-29.

Lee, S. H. (1985). Social phobia in Korea. *The Seoul Journal of Psychiatry, 13,* 125-153.

Leibenluft, E., Cohen, P., Gorrindo, T., Brook, J. S., & Pine, D. S. (2006). Chronic versus episodic irritability in youth: A community-based, longitudinal study of clinical and diagnostic associations. *Journal of Child and Adolescent Psychopharmacology, 16,* 456-466.

Leigh, B. C. (1989). In search of seven dwarves: Issues of measurement and meaning in alcohol expectancy research. *Psychological Bulletin, 105,* 361-373.

Lemelin, J., Tarabulsy, G. M., & Provost, M. A. (2002). Relations Between Measures of Irritability and Contingency Detection at 6 Months. *Infancy, 3*(4), 543-554.

Lewinsohn, P. M., Antonuccio, D. O., Steinmetz, J. L., & Teri, L. (1984). *The coping with depression course: A psycho-educational intervention for unipolar depression.* Castilia Publishing.

Lewinsohn, P. M., Hops, H., Roberts, R. E., Seeley, J. R., & Andrews, J. A. (1993). Adolescent psychopathology: 1. prevalence and incidence of depression and other DSM-III disordersin high school students. *Journal of Abnormal Psychology, 102,* 133-144.

Lewis-Fernandez., R., & Kleinman, A. (1994). Culture, personality, and psychology. *Journal of Abnormal Psychology, 103,* 67-71.

Lieber, C. S. (1982). *Medical disorders of alcoholism: Pathogenesis and treatment.* Saunders.

Liebowitz, M. R., Heimberg, R. G., Schneier, F. R., Hope, D. A., Davies, S., Holt, C. S., Goetz, D., Juster, H. R., Lin, S., Bruch, M., Marshall, R. D., & Klein, D. F. (1999). Cognitive-behavioral group therapy versus phenelzine in social phobia: Long-term outcome. *Depression and Anxiety, 10,* 89-98.

Lilienfeld, S. O. (1992). The association between antisocial personality and somatization disorders: A review and integration of theoretical models. *Clinical Psychology Review, 12,* 641-662.

Lilienfeld, S. O., Van Valkenburg, C., Larntz, K., & Akiskal, H. (1986). The relationship of histrionic personality disorder to antisocial personality and somatization disorders. *American Journal of Psychiatry, 143,* 718-722.

Lin, K. (1983). Hwa-Byung: A Korean culture-bound syndrome? *American Journal of Psychiatry, 140,* 105-107.

Linehan, M. M. (1993). *Cognitive-behavioral treatment of borderline personality disorder.* Guilford Press.

Linehan, M. M., & Wilks, C. R. (2018). The course and evolution of dialectical behavior therapy. *The American Journal of Psychotherapy, 69*(2), 97-110.

Liotti, G. (1996). Insecure attachment and agoraphobia. In C. Murray-Parkes, J. Stevenson-Hinde, & P. Marris (Eds.), *Attachment Across the Life Cycle.* Routledge.

Lipowski, Z. J. (1988). Somatization: The concept and its clinical application. *American Journal of Psychiatry, 145,* 1358-1368.

Lopez, A. D., & Murray, C. J. L. (1998). The global burden of disease, 1990-2020. *Nature Medicine, 4,* 1241-1243.

Lopez-Duran, N. (2010). Childhood bipolar disorder is not bipolar? DSM-V and the new temper dysregulation disorder with dysphoria. Child Psychology Research Blog. Retrieved from http://www.child-psych.org.

Lovaas, O. I. (1987). Behavioral treatment and normal educational and intellectual functioning in young autistic children. *Journal of Consulting and Clinical Psychology, 55,* 3-9.

Maccoby, E. E. (1992). The role of parents in the socialization of children: An historical overview. *Developmental Psychology, 28,* 1006-1017.

Maher, B. A. (1974). Delusional thinking and perceptual disorder. *Journal of Individual Psychology, 30,* 98-113.

Maher, B. A. (1988). Delusions as the product of normal cognitions. In T. E. Oltmanns & B. A. Maher (Eds.), *Delusional beliefs.* Wiley-Interscience.

Mahler, M. (1952). On child psychosis and schizophrenia: Autistic and symbolic infantile psychoses. *Psychoanalytic Study of Child, 7,* 286-305.

Mahler, M. S., Pine, M. M., & Bergman, A. (1973). *The psychological birth of the human infant.* Basic Books.

Mahoney, M. J., & Arnkoff, D. B. (1978). Cognitive and

self-control therapies. In S. L. Garfield & A. E. Bergin (Eds.), *Handbook of psychotherapy and behavior change: An empirical analysis.* Wiley.

Main, M., Kaplan, N., & Cassidy, J. (1985). Security in Infancy, Childhood, and Adulthood: A Move to the Level of Representation. *Monographs of the Society for Research in Child Development, 50,* 66-104.

Makrygianni, M. K., Gena, A., Katoudi, S., & Galanis, P. (2018). The effectiveness of applied behavior analytic interventions for children with Autism Spectrum Disorder: A meta-analytic study. *Research in Autism Spectrum Disorders, 51,* 18-31.

Malinowski, B. (1927). Sex and repression in savage society. Routledge and Kegan Paul.

Manassis, K., & Bradley, S. J. (1994). The development of childhood anxiety disorders: toward an integrate model. *Journal of Applied Development Psychology, 15,* 345-366.

Manicavasagar, V., Silove, D., & Rapee, R. (2001). Parent-child concordance for separation anxiety: A clinical study. *Journal Affective Disorders, 65,* 81-84.

Marlatt, G. A., & Rohsenow, D. J. (1980). Cognitive processes in alcohol use: Expectancy and the balanced placebo design. In N. K. Mello (Ed.), *Advances in substance abuse: Behavioral and biological research.* JAL Press.

Marrazzi, M. A., & Luby, E. D. (1986). An auto-addictional model of chronic anorexia nervosa. *International Journal of Eating Disorders, 5,* 191-208.

Marshall, W. L., & Barbaree, H. E. (1988). The long-term evaluation of a behavioral treatment program for child molesters. *Behaviour Research and Therapy, 6,* 499-511.

Masi, G., Mucci, M., & MIllepiedi, S. (2001). Separation anxiety disorder in children and adolescents: Epidemiology, diagnosis and management. *CNS Drugs, 15*(2), 93-104.

Maslow, A. H. (1943). A theory of human motivation. *Psychology Review, 50,* 370-396.

Maslow, A. H. (1954). *Motivation and personality.* Harper

and Row.

Maslow, A. H. (1962). *Toward a psychology of being.* Van Nostrand.

Maslow, A. H. (1968). *Toward a psychology of being* (2nd ed.). Van Nostrand.

Maslow, A. H. (1970). *Motivation and personality* (2nd ed.). Harper and Row.

Maslow, A. H. (1971). *The father reaches of human nature.* Viking.

Masters, W. H., & Johnson, V. E. (1970). *Human sexual inadequacy.* Little Brown.

Masterson, J. F. (1972). *Treatment of the borderline adolescent: A developmental approach.* Wiley.

Masterson, J. F. (1977). Primary anorexia nervosa in the borderline adolescent: An object-relations view. In P. Hartocollis (Ed.), *Borderline personality disorders: The concept, the syndrome, the patient.* International Universities Press.

Mathews, A., & MacLeod, C. (1986). Discrimination of threat cues without awareness in anxiety. *Journal of Abnormal Psychology, 95,* 131-138.

Mathews, A., Mogg, K., May, J., & Eysenck, M. W. (1989). Implicit and explicit memory biases in anxiety. *Journal of Abnormal Psychology, 98,* 236-240.

Mathews, A., Mogg, K., Kentish, J., & Eysenck, M. W. (1995). Effective psychological treatment on cognitive bias and generalized anxiety disorder. *Behaviour Research and Therapy, 33,* 293-303.

Matson, J. L., & Smith, K. R. M. (2008). Current status of intensive behavioral interventions for young children with autism and PDD-NOS. *Research in Autism Spectrum Disorders, 2*(1), 60-74.

Maunder, R. G., Hunter, J J., Atkinson, L. et al. (2017). An attachment-based mod-el of the relationship between childhood adversity and somatization in children and adults. *Psychosomatic Medicine, 79*(5), 506-513.

Mazure, C. M. (1998). Life stressors as risk factors in depression. *Clinical Psychology: Science and Practice, 5*(3), 291-313.

McAuliffe, W. E., & Gordon, R. A. (1974). A test of Lindesmith s theory of addiction: The frequency of euphoria among long-term addicts. *American Journal of Sociology, 79,* 795-840.

McAuliffe, W. E., & Gordon, R. A. (1975). Issues in testing Lindesmith s theory. *American Journal of Sociology, 81,* 154-163.

McAuliffe, W. E., & Gordon, R. A. (1980). Reinforcement and the combination of effects: Summery of a theory of opiate addiction. In D. J. Lettieri, M. Sayers, & H. W. Pearson (Eds.), *Theories on drug abuse: Selected contemporary perspectives.* National Institute on Drug Abuse.

McCullough, J. P. (2000). *Treatment for chronic depression: Cognitive behavioral analysis system of psychotherapy.* Guilford Press.

McCullough, J. P. (2003). Treatment for chronic depression using cognitive behavioral analysis system of psychotherapy(CBASP). *Journal of Clinical Psychology, 59*(8), 833-846.

McCullough, J. P., Klein, D. N., Borian, F. E., Howland, R. H., Riso, L. P., Keller, M. B., & Banks, P. L., (2003). Group comparisons of DSM-IV subtypes of chronic depression: validity of the distinctions, part 2. *Journal of Abnormal Psychology, 112*(4), 614-622.

McCullough. J. P., & Schramm, Jr E., (2018), Cognitive behavioural analysis system of psychotherapy for persistent depressive disorder. In J. C. Norcross & M. R. Goldfried (Eds.), *Handbook of psychotherapy integration* (3rd ed., pp. 303-321), Oxford University Press.

McDaniel, S. H. (1995). Collaboration between psychologists and family physicians: Implementing the biopsychosocial model. *Professional Psychology: Research and Practice, 26,* 117-122.

McDougall, J. (1986). Identification, neoneeds and neosexualities. *International Journal of Psychoanalysis, 67,* 19-31.

McGhie, A., & Chapman, J. (1961). Disorders of attention and perception in early schizophrenia. *British Journal of Medical Psychology, 34,* 103-116.

McLean, P. D., & Woody, S. R. (2001). Anxiety disorders in adults: An evidence-based approach to psychological treatment. Oxford University Press.

Mednick, S. A., Gabrielli, W. I., & Hutchings, B. (1984). Genetic factors in criminal behavior: Evidence from an adoption cohort. *Science, 224,* 891-893.

Meichenbaum, D. H. (1977). *Cognitive behavior modification.* Plenum.

Melzack, R. (1975). The McGill Pain Questionnaire: Major properties and scoring methods. *Pain, 1,* 277-299.

Melzack, R. (1992). Phantom limb. *Scientific American,* April, 90-96.

Melzack, R., & Casey, K. L. (1968). Sensory, motivational and central control determinants of pain: A new conceptual model. In D. Kenshalo (Ed.), *The skin sense.* Charles, C. Thomas.

Melzack, R., & Wall, P. D. (1965). Pain mechanism: A new theory. *Science, 150,* 971-979.

Meltzer, H. Y. (1993). New drugs for the treatment of schizophrenia. *Psychiatric Clinics of North America, 16,* 365-385.

Mendelson, J. H., & Mello, N. K. (1985). The diagnosis of alcoholism. In J. H. Mendelson & N. K. Mello (Eds.), *The diagnosis and treatment of alcoholism.* McGraw-Hill.

Mendlewicz, J., & Rainer, J. D. (1977). Adoption study supporting genetic transmission in manic-depressive illness. *Nature, 268,* 327-329.

Michal, M., Beutel, M. E., Jordan, J., Zimmermann, M., Wolters, S., & Heidenreich, T. (2007). Depersonalization, mindfulness, and childhood trauma. *Journal of Nervous and Mental Disease, 195,* 693-696.

Michal, M., Luchtenberg, M., Overbeck, G., & Fronius, M. (2006). Visual distortions and depersonalization-derealization syndrome. *Klinische Monatsblatter fur Augenheilkunde, 223*(4), 279-284.

Micholas, A. C. (1985). Multiple discrepancies theory (MDT). *Social Indicators Research, 16,* 347-413.

Miguel, E. C., Rosario-Capos, M. C., Prado, H. D., Valle, R., et al. (2000). Sensory phenomena in obsessive-compulsive disorder and Tourette's disorder. *Journal of Clinical Psychiatry, 61,* 150-156.

Miklowitz, D. J. (2008). Adjunctive psychotherapy for bipolar disorder: State of evidence. American *Journal of Psychiatry, 165,* 1408-1419.

Milkowitz, D. J. (1985). *Family interaction and illness outcome in bipolar and schizophrenic patients.* Unpublished Ph. D. thesis, University of California at Los Angeles.

Millon, T. (1981). *Disorders of personality: DSM-III, Axis II.* Wiley.

Millon, T., & Davis, R. D. (1996). *Disorders of personality DSM-IV and beyond* (2nd ed.). John Wiley & Sons.

Moffitt, T. E. (1987). Parental mental disorder and offspring criminal behavior: An adoption study. *Psychiatry, 50,* 346-360.

Monson, C. M., Schnurr, P. P., Resick, P. A., Friedman, M. J., Young-Xu, Y., & Stevens, S. P. (2006). Cognitive processing therapy for veterans with military-related posttraumatic stress disorder. *Journal of Consulting and Clinical Psychology, 74,* 898-907.

Mowrer, O. H. (1939). A stimulus-response analysis of anxiety and its role as a reinforcing agent. *Psychological Review, 46,* 553-565.

Mowrer, O. H. (1950). *Learning theory and personality dynamics.* Ronald.

Mowrer, O. H., & Mowrer, W. M. (1938). Enuresis: A method for its study and treatment. *American Journal of Orthopsychiatry, 8,* 436-459.

Mumford, D. B. (1993). Somatization: A transcultural perspective. *International Review of Psychiatry, 5,* 231-242.

Murphy, J. A., & Byrne, G. J. (2012). Prevalence and correlates of the proposed DSM-5 diagnosis of Chronic Depressive Disorder. *Journal of Affective Disorders, 139*(2), 172-180.

Myers, D. G., & Diener, E. (1995). Who is happy? *Psychological Science, 6,* 10-19.

Nako, T., Okade, K., Kanba, S. (2014). Neurobiological model of obsessive-compulsive disorder: Evidence from recent neuropsychological and neuroimaging findings. *Psychiatry and Clinical Neuroscience, 68,* 587-605.

Neale, J. M., & Cromwell, R. L. (1970). Attention and schizophrenia. In B. A. Maher (Ed.), *Progress in experimental personality research* (pp. 37-66). Academic Press.

Nemiah, J. C. (1985). Somatoform disorders. In H. I. Kaplan & B. J. Saddock (Eds.), *Comprehensive textbook of psychiatry* (4th ed., pp. 924-942). Williams & Wilkins.

Newman, L., & Mares, S. (2007). Recent advances in the theories of and interventions with attachment disorders. *Current Opinion in Psychiatry, 20*(4), 343-348.

Nezu, A.M., Nezu, C.M. & Lombardo, E.M. (2001). Cognitive behavior therapy for medically unexplained symptoms: A critical review of the treatment literature. *Behaviour Therapy, 32,* 537-583.

Nolen-Hoeksema, S. (1987). Sex differences in unipolar depression: Evidence and theory. *Psychological Bulletin, 101,* 259-282.

Norcross, J. C., & Prochaska, J. O. (1982). A national survey of clinical psychologists: Affiliations and orientations. *The Clinical Psychologist, 35*(3), 1-6.

Nordahl, T. E., Benkelfat, C., & Semple, W. (1989). Cerebral glucose metabolic rates in obsessive compulsive disorder. *Neuropsychopharmacology, 2,* 23-28.

Norton, A. R., Abbott, M. J., Norberg, M. M., & Hunt, C. (2015). A systematic review of mindfulness and acceptance-based treatments for social anxiety disorder. *Journal of Clinical Psychology, 71*(4), 283-301.

O'Connor, K., Korzegi, N., Aardema, F., van Niekerk, J., & Taillon, A. (2009). An inference-based approach to treating obsessive-compulsive disorders. *Cognitive and Behavioral Practice, 16,* 420-429.

O'Connor, T. G., Marvin, R. S., Rutter, M., Olrick, J. T., & Britner, P. A. (2003). English and Romanian Adoptees Study Team Child-parent attachment following early institutional deprivation. *Development and Psychopathology, 15,* 19-38.

Obsessive Compulsive Cognition Working Group. (1997). Cognitive assessment of obsessive-compulsive disorder. *Behaviour Research and Therapy, 35,* 667-681.

Odlaug, B. L., & Grant, J. E. (2010). Pathologic skin picking. *American Journal of Drug Alcohol Abuse, 36*(5), 296-303.

Odlaug, B. L., Lust, K., Schreiber, R. N., Christenson, G., Derbyshire, K., & Grant, J. E. (2012). Skin picking disorder in university students: health correlates and gender differences. *General Hospital Psychiatry, 35*(2), 168-173.

Oltmanns, T. F., & Emery, R. E. (2001). *Abnormal psychology.* Prentice-Hall.

Oltmanns, T. F., Neale, J. M., & Davison, G. C. (1991). *Case Studies in Abnormal Psychology.* Wiley.

Olweus, D. (1978). Antisocial behaviour in the school setting. In R. D. Hare & D. Schalling (Eds.), *Psychopathic behaviour: Approaches to research* (pp. 319-327). Wiley.

Pang, K. Y. C. (1990). Hwabyung: The construction of a Korean popular illness among Korean elderly immigrant women in the United States. *Culture, Medicine and Psychiatry, 14,* 495-512.

Park, S., & Holzman, P. S. (1992). Schizophrenics show spatial working memory deficits. *Archives of General Psychiatry, 49,* 975-982.

Patton, C. J. (1992). Fear of abandonment and binge eating: A subliminal psychodynamic activation investigation. *Journal of Nervous and Mental Disorder, 180,* 484-490.

Paul, G. L., & Lentz, R. J. (1977). *Psychosocial treatment of chronic mental patients: Milieu versus social-learning programs.* Harvard University Press.

Pearce, C. (2009). *A short introduction to attachment and attachment disorder.* Jessica Kingsley. (이민희 역, 《애착장애의 이해와 치료》. 시그마프레스, 2012).

Pelham, W. E. (1987). What do we know about the use and effects of CNS stimulants in the treatment of ADD, In J. Loney (Ed.), *The young hyperactive child: Answers to questions about diagnosis, prognosis, and treatment.*

Haworth.

Pertusa, A., Fullana, M. A., Singh, S., Alonso, P., Menchon, S. M., & Mataix-Cols, D. (2008). Compulsive hoarding: OCD symptom, distinct clinical syndrome, or both? *American Journal of Psychiatry, 165,* 1289-1298.

Peters-Scheffer, N., Didden, R., Korzilius, H., & Sturmey, P. (2011). A meta-analytic study on the effectiveness of comprehensive ABA-based early intervention programs for children with Autism Spectrum Disorders. *Research in Autism Spectrum Disorders, 5,* 60-69.

Petry, N. M., Ammerman, Y., Bohl, J., et al. (2006). Cognitive-behavioral therapy for pathological gamblers. *Journal of Consulting and Clinical Psychology, 42*(3), 555-567.

Pfiffner, L. J., Villodas, M., Kaiser, N., Rooney, M., & McBurnett, K. (2013). Educational outcomes of a collaborative school-home behavioral intervention for ADHD. *School Psychology Quarterly, 28*(1), 25-36.

Phillips, K. A., Dwight, M. M., & McElroy, S. L. (1998). Efficacy and safety of fluvoxamine in body dysmorphic disorder. *Journal of Clinical Psychiatry, 59,* 165-171.

Phillips, K. A., Dwight, M. M., & McElroy, S. L. (1998). Efficacy and safety of fluvoxamine in body dysmorphic disorders. *Journal of Clinical Psychiatry, 59*(4), 165-171.

Phillips, K. A., Grant, J., Siniscalchi, J., & Albertini, R. S. (2001). Surgical and nonpsychiatric medical treatment of patients with body dysmorphic disorder. *Psychosomatics, 42,* 504-510.

Pilkonis, P. A., & Zimbardo, P. G. (1979). The person and social dynamics of shyness. In C. E. Izard (Ed.), *Emotions in personality and psychopathology.* Plenum.

Pitman, R. K. (1989). Animal models of compulsive behavior. *Biological Psychiatry, 26,* 189-198.

Plante, T. G. (1999). *Contemporary clinical psychology.* John Wiley & Sons.

Plomin, R., & Daniels, D. (1986). *Genetics and shyness.* In W. H. Jones, J. M. Cheek, & S. R. Briggs (Eds.), *Shyness: Perspectives on research and treatment.* Plenum.

Polivy, J., & Herman, C. P. (1985). Dieting and binging: A causal analysis. *American Psychologist, 40,* 193-201.

Popper, K. R. (1959). *The logic of scientific discovery.* Hutchinson.

Potegal, M., & Davidson, R. J. (1997). Young children's post tantrum affiliation with their parents. *Aggressive Behavior, 23*(5), 329-341.

Prigerson, H. G., Kakarala, S., Gang, J., & Maciejewski, P. K. (2021). History and status of prolonged grief disorder as a psychiatric diagnosis. *Annual Review of Clinical Psychology, 17,* 109-126.

Putnam, F. W. (1986). The treatment of multiple personality: State of the art. In B. G. Braun (Ed.), *The treatment of multiple personality disorder.* American Psychiatric Press.

Putnam, F. W. (1989). *Diagnosis and treatment of multiple personality disorder.* Guilford.

Putnam, F. W., Guroff, J. J, Silberman, E. K., Barban, L., & Post, R. M. (1986). The clinical phenomenology of multiple personality disorder: Review of 100 recent cases. *Journal of Clinical Psychology, 47,* 285-293.

Pyle, K., & Fabiano, G. A. (2017). Daily report card intervention and attention deficit hyperactivity disorder: A meta-analysis of single-case studies. *Exceptional Children, 83,* 378-395.

Rachman, S. (1966). Sexual fetishism: An experimental analogue. *Psychological Record, 16,* 293-296.

Rachman, S. (1977). The conditioning theory of fear acquisition: A critical examination. *Behaviour Research and Therapy, 15,* 375-387.

Rachman, S. (1998). A cognitive theory of obsession: elaborations. *Behaviour Research and Therapy, 36,* 385-401.

Rachman, S. J., & Hodgson, R. J. (1980). *Obsessions and compulsions.* Prentice-Hall.

Raine, A., Venables, P. H., & Williams, M. (1990). Autonomic orienting responses in 15-year-old male subjects and criminal behavior at age 24. *American Journal of Psychiatry, 147,* 933-937.

Rando, T. A. (1993). *Treatment of complicated mourning.*

Research Press.

Rando, T. A. (1999). Grief and mourning: Accommodation to loss. In H. Wass & R. A. Neimeyer (Eds.). *Dying: Facing the facts* (3rd). (pp. 211-241), Taylor & Francis.

Ramana, R., Paykel, E. S., Cooper, Z., Hayburst, H., Saxty, M., & Surtees, P. G. (1995). Remission and relapse in major depression. *Psychological Medicine, 25,* 1161-1170.

Randenborgh, A., Hüffmeier, J., Victor, D., Klocke, K., Borlinghaus, J., & Pawelzik., M. (2012). Contrasting chronic with episodic depression: An analysis of distorted socio-emotional information processing in chronic depression. *Journal of Affective Disorders, 141*(2-3), 177-184.

Rapee, R. M., & Heimberg, R. G. (1997). A cognitive-behavioral model of social phobia. *Behavioral Research and Therapy, 35,* 741-756.

Rash, C. J., & Petry, N. M. (2014). Psychological treatment for gambling disorder. *Psychology Research and Behavior Management, 7,* 285-295.

Reich, J. (1969). The judging of appearance: Psychological and related aspects. *Medical Journal of Australia, 2,* 5-13.

Reich, J., Noyes, R. Jr., & Troughton, E. (1987). Dependent personality disorder associated with phobic avoidance in patients with panic disorder. *American Journal of Psychiatry, 144,* 323-326.

Reich, J., & Yates, W. (1988). Family history of psychiatric disorders in social phobia. *Comprehensive Psychiatry, 29,* 72-75.

Resick, P. A., & Schnicke, M. K. (1993). *Cognitive processing therapy for rape victims: A treatment manual.* Sage.

Rhebergen, D., Batelaan, N. M., DeGraaf, R., Nolen, W. A., Spijker, J., Beekman, A. T., & Penninx, B. W. (2011). The 7-year course of depression and anxiety in the general population. *Acta Psychiatrica Scandinavica, 123,* 297-306.

Rhebergen, D., Beekman, A., et al. (2009). The three-year naturalistic course of major depressive disorder, dysthymic disorder and double depression. *Journal of Affective Disorders, 115,* 450-459.

Rich, B. A., Carver, F. W., Holroyd, T., Rosen, H. R., Mendoza, J. K., Cornwell, B. R., Fox, N. A., Pine, D. S., Coppola, R., & Leibenluft, E. (2011). Different neural pathways to negative affect in youth with pediatric bipolar disorder and severe mood dysregulation. *Journal of Psychiatric Research, 45,* 1283-1294.

Rizvi, S. J., Pizzagalli, D. A., Sproule, B. A., & Kennedy, S. H. (2016). Assessing anhenodia in depression: Potentials and pitfalls. *Neuroscience and Biobehavioral Reviews, 65,* 21-35.

Robins, L. N. (1981). Epidemiological approaches to natural history research. *Journal of the American Academy of Child Psychiatry, 20,* 566-580.

Roca, C. A., Schmidt, P. J., Bolch, M., et al. (1996). Implications of endocrine studies of premenstrual syndrome. *Psychiatric Annuals, 26,* 576-580.

Roemer, L., Orsillo, S. M., & Barlow, D. H. (2002). Generalized anxiety disorder. In D. H. Balow (Ed.), *Anxiety and its disorders: The nature and treatment of anxiety and panic* (2nd ed.). Guilford.

Rogers, C. R. (1942). *Counseling and psychotherapy.* Houghton Mifflin.

Rogers, C. R. (1951). *Client-centered therapy.* Houghton Mifflin.

Rogers, C. R. (1957). The necessary and sufficient conditions of therapeutic personality change. *Journal of Consulting Psychology, 21,* 95-103.

Rogers, C. R. (1961). *On becoming a person.* Houghton Mifflin.

Rogers, C. R. (1980). *A way of being.* Houghton Mifflin.

Rosen, J. C., Reiter, J., & Orosan, P. (1995). Cognitive-behavioral body image therapy for body dysmorphic disorder. *Journal of Consulting and Clinical Psychology, 63,* 263-269.

Rosenfeld, H. (1966). Analysis of a schizophrenic state with depersonalization. In *Psychotic states: A psycho-analytic approach* (pp. 13-33). International Universities Press.

Rosenthal, S. (2002). *50 ways to fight depression without drugs.* McGraw-Hill. (이훈진 등 공역,《약 없이 우울증과 싸우는 50가지 방법》. 학지사, 2007).

Rosner, R., Comtesse, H., Vogel, A., & Doering, B. (2021). Prevalence of prolonged grief disorder. *Journal of Affective Disorders, 287,* 301-307.

Ross, C. A. (2011). Possession experiences in dissociative identity disorder: a preliminary study. *Journal of Trauma & Dissociation, 12,* 393-400.

Rothbaum, B. O., Astin, M. C., & Marsteller, F. (2005). Prolonged exposure versus eye movement desensitization and reprocessing (EMDR) for PTSD rape victims. *Journal of Traumatic Stress, 18,* 607-616.

Rubinov, M., & Bullmore, E. (2022). Schizophrenia and abnormal brain network hubs. *Dialogues in Clinical Neuroscience, 15*(3), 339-349.

Russell, M. A. H., Feyeranbend, C., & Cole, P. V. (1976). Plasma nicotine levels after cigarette smoking and chewing nicotine gum. *British Medical Journal, 1,* 1043-1046.

Rutter, M., Colvert, E., Kreppner, J., Beckett, C., Castle, J., Groothues, C., et al. (2007). Early adolescent outcomes for institutionally-deprived and non-deprived adoptees. I: Disinhibited attachment. *Journal of Child Psychology and Psychiatry, 48,* 17-30.

Ryan, R. M., & Deci, E. L. (2001). On happiness and human potential: A review of research on hedonic and eudaimonic well-being. *Annual Review of Psychology, 52,* 141-166.

Ryff, C. D. (1989). Happiness is everything, or is it, Explorations on the meanings of psychological well-being. *Journal of Personality and Social Psychology, 6,* 1069-1081.

Salkovskis, P. M. (1985). Obsessional-compulsive problem: A cognitive-behavioral analysis. *Behaviour Research and Therapy, 23,* 571-583.

Salkovskis, P. M., Shafran, R., Rachman, S., & Freeston, M. H. (1999). Multiple pathways to inflated reponsibility beliefs in obsessional problems: Possible origins and implications for therapy and research. *Behaviour Research and Therapy, 37,* 1055-1072.

Sanders, M. (2000). Understanding dyslexia and the reading process: A guide for educators. New York: Pearson. (신민섭 역,《난독증의 이해》. 학지사, 2003).

Sanderson, W. C., & Barlow, D. H. (1990). A description of patients diagnosed with DSM-III-revised generalized anxiety disorder. *Journal of Nervous and Mental Disease, 178,* 588-591.

Sandin, B., Sanchez-Arribas, C., Chorot, P., & Valiente, R. M. (2015). Anxiety sensitivity, catastrophic misinterpretations and panic self-efficacy in the prediction of panic disorder severity: Towards a tripartite cognitive model of panic disorder. *Behaviour Research and Therapy, 67,* 30-40.

Sandman, C. F., & Craske, M. G. (2021). Psychological treatment for anhedonia. In D. A. Pizzagalli (Ed.), *Anhedonia: Preclinical, Translational, and Clinical Integreation* (pp. 491-513), Springer.

Sar, V., Yargic, L., & Tutkun, H. (1996). Structured interview data on 35 cases of dissociative identity disorder in Turkey. *American Journal of Psychiatry, 153*(10), 1329-1333.

Sarlin, C. N. (1962). Depersonalization and derealization. *Journal of American Psychoanalytic Association, 10,* 784-804.

Satyanarayana, S., Enns, M. W., Cox, B. J., & Sareen, J. (2009). Prevalence and correlates of chronic depression in the Canadian Community Health Survey: mental health and wellbeing. *Canadian Journal of Psychiatry, 54*(6), 389-398.

Schenkel, E., & Siegel, J. M. (1989). REM sleep without atonia after lesions of the medial medulla. *Neuroscience Letter, 98,* 159-165.

Schildkraut, J. J. (1965). The catecholamine hypothesis of affective disorders: A review of supporting evidence. *American Journal of Psychiatry, 112,* 509-522.

Schneider, K. (1959). *Clinical psychopathology.* Grune & Stratton.

Schramm, E., Klein, D. N., Elsaesser, M., Furkawa, T., & Domschke, K. (2020). Review of dysthymia and persistent depressive disorder: History, correlates, and clinical implications. *Lancet Psychiatry, 7,* 801-812.

Schwartz, G. E. (1982). Testing the biopsychosocial model: The ultimate challenge facing behavioral medicine? *Journal of Consulting and Clinical Psychology, 50,* 1040-1053.

Schwartz, R. M. (1986). The internal dialogue: On the asymmetry between positive and negative coping thoughts. *Cognitive Therapy and Research, 10,* 591-605.

Segal, B. (1988). *Drugs and behavior: Course, effects, and treatment.* Gardner.

Seidler, G., & Wagner, F. (2006). Comparing the efficacy of EMDR and trauma-focused cognitive-behavioral therapy in the treatment of PTSD: a meta-analytic study. *Psychological Medicine, 36*(11), 1515-1522.

Seligman, M. E. P. (1971). Phobias and preparedness. *Behavior Therapy, 2,* 307-320.

Shapiro, F. (1989). Eye movement desensitization procedure: A new treatment for post-traumatic stress disorder. *Journal of Behavior Therapy and Experimental Psychiatry, 20,* 211-217.

Sharma, M. P., & Manjula, M. (2013). Behavioural and psychological management of somatic symptom disorders: An overview. *International Review of Psychiatry, 25*(1), 116-124.

Sharp, W. G., Sherman, C., & Gross, A. M. (2007). Selective mutism and anxiety: A review of the current conceptualization of the disorder. *Journal of Anxiety Disorders, 24,* 568-579.

Shear, K., Frank, E. Houck, P. R. & Reynolds, C. F. (2005). Treatment of complicated grief: A randomized controlled trial. *Journal of the American Medical Association, 293,* 2601-2608.

Shedler, T., & Block, T. (1990). Adolescent drug use and psychological health: A longitudinal inquiry. *American Psychologist, 45,* 612-630.

Sheikh, J. I., Leskin, G. A., & Klein, D. F. (2002). Gender Differences in Panic Disorder: Findings From the National Comorbidity Survey. *American Journal of Psychiatry, 159,* 55-58.

Sheldon, K. M., & Kasser, T. (1995). Coherence and congruence: Two aspects of personality integration. *Journal of Personality and Social Psychology, 68,* 531-543.

Shouse, M. N., & Siegel, J. M. (1992). Pontine regulation of REM sleep components in cats: integrity of the pedunculopontine tegmentum (PPT) is important for the phasic events but not necessary for atonia during REM sleep. *Brain Research, 571,* 50-63.

Sigvardsson, S., Cloninger, C. R., Bohman, M, & von Knorring, A. L. (1982). Predisposition to petty criminality in Swedish adoptee: III. Sex differences and validation of the male typology. *Archives of General Psychiatry, 39,* 1248-1253.

Silverman, J. (1964). The problem of attention in research and theory in schizophrenia. *Psychological Review, 71,* 352-379.

Simeon, D., Guralnik, O., Schmeidler, J., Sirof, B., & Knutelska, M. (2001). The role of childhood interpersonal trauma in depersonalization disorder. *American Journal of Psychiatry, 158*(7), 1027-1033.

Simeon, D., Knutelska, M., Nelson, D., & Guralnik, O. (2003). Feeling unreal: A depersonalization disorder update of 117 cases. *The Journal of Clinical Psychiatry, 64*(9), 990-997.

Simons, A. D., Murphy, G. E., Levine, J. L., & Wetzel, R. D. (1985). Sustained improvement one year after cognitive and/or pharmacotherapy of depression. *Archives of General Psychiatry, 43,* 43-48.

Sims, A. (1988). *Symptoms in the Mind.* Bailliere Tindall.

Singer, J. L. (1990). *Repression and dissociation: Implication for personality theory, psychopathology, and health.* The University of Chicago Press.

Smith, D. P., Hayward, D. W., Gale, C. M., Eikenseth, S., & Klintwall, L. (2021). Treatment gains form Early and Intensive Behavioral Intervention(EIBI) are maintained 10 years later. *Behavior Modification, 45*(4), 581-601.

Spanos, N. P. (1994). Multiple identity enactments and multiple personality disorder: A sociocognitive perspective. *Psychological Bulletin, 116,* 143-165.

Spanos, N. P., Weeks, J. R., & Bertrand, L. D. (1985). Multiple personality: a social psychological perspective. *Journal of Abnormal Psychology, 94*, 362-376.

Spensley, S. (1995). *Frances Tustin.* Routledge.

Spiegel, D., & Cardena, E. (1991). Disintegrated experience: The dissociative disorders revisited. *Journal of Abnormal Psychology, 100*, 366-378.

Spijker, J., Bijl, R. V., De Graaf, R., & Nolen, W. A. (2001). Determinants of poor 1 year outcome of DSM-III-R major depression in the general population: Results of the Netherlands Mental Health Survey and Incidence Study (NEMESIS). *Acta Psychiatrica Scandinavica, 103*(2), 122-130.

Steckel, W. (1943). *The interpretation of dreams.* Liveright.

Steinberg, M. (1991). The spectrum of depersonalization: Assessment and treatment. In A. Tasman & S. M. Goldfinger (Eds.), *American Psychiatric Press review of psychiatry* (pp. 223-247). American Psychiatric Press.

Stice, E. (2001). A prospective test of the dual pathway model of bulimic pathology: Mediating effects of dieting and negative affect. *Journal of Abnormal Psychology, 110*, 124-135.

Stoller, R. J. (1975). *Perversion: The erotic form of hatred.* Pantheon.

Stone, M. H. (1986). Exploratory psychotherapy in schizophrenia-spectrum patients: A reevaluation in the light of long-term follow-up of schizophrenic and borderline patients. *Bulletin of the Menninger Clinic, 50*, 287-306.

Stravynski, A., Elie, R., & Franche, R. L. (1989). Perception of early parenting by patients diagnosed avoidant personality disorder: A test of the overprotection hypothesis. *Acta Psychiatrica Scandinavica, 80*, 415-420.

Stricker, G. (1983). Some issues in psychodynamic treatment of the depressed patient. *Professional Psychology: Research and Practice, 14*, 209-217.

Stringaris, A., Cohen, P., Pine, D. S., & Leibenluft, E. (2009). Adult outcomes of youth irritability: A 20-year prospective community-based study. *American Journal of Psychiatry, 166*(9), 1048-1054.

Stroebe M., & Schut H. (1999). The dual process model of coping with bereavement: Rationale and description. *Death Studies, 23*, 197-224.

Subcommittee on Attention-Deficit/Hyperactivity Disorder, Steering Committee on Quality Improvement and Management. (2011). ADHD: Clinical practice guideline for the diagnosis, evaluation, and treatment of attention-deficit/hyperactivity disorder in children and adolescents. *Pediatrics, 128*, 2011-2654.

Sue, D., & Sue, S. (1987). Cultural factors in the clinical assessment of Asian Americans. *Journal of Consulting and Clinical Psychology, 55*, 479-487.

Sullivan, P. F., Bulik, C., & Kendler, K. S. (1998). The epidemiology and classification of bulimia nervosa. *Psychological Medicine, 28*, 599-610.

Summerfeldt, L. J. (2004). Understanding and treating incompleteness in obsessive-compulsive disorder. *Journal of Clinical Psychology, 60*, 1155-1168.

Swanson, D. W., Bohnert, P. J., & Smith, P. J. (1970). *The paranoid.* Little Brown.

Szasz, T. S. (1961). *The myth of mental illness.* Hoeber-Harper.

Tallis, F., Eysenck, M., & Mathews, A. (1992). A questionnaire for the measurement of nonpathological worry. *Personality and Individual Differences, 13*(2), 161-168.

Tallmadge, J., & Barkley, R. A. (1983). The interactions of hyperactive and normal boys with their mothers and fathers. *Journal of Abnormal Child Psychology, 11*, 565-579.

Tandon, R., & Carpenter, W. T. (2013). Psychotic disorders in DSM-5. *Psychiatrie, 10*(1), 5-9.

Taylor, G. J., Bagby, R. M., & Parker, J. D. A. (1991). The alexithymia construct: A potential paradigm for psychosomatic medicine. *Psychosomatics, 32*, 153-164.

Tedeschi, R. G., & Calhoun, L. G. (1996). The posttraumatic growth inventory: Measuring the positive legacy of trauma. *Journal of Traumatic Stress, 9*, 455-471.

Tedeschi, R. G., & Calhoun, L. G. (2004). Posttraumatic growth: Conceptual foundation and empirical evidence. *Psychological Inquiry, 15*, 93-102.

Telch, C. F., & Agras, W. S. (1996). The effects of short-term food deprivation on caloric intake in eating-disordered subjects. *Appetite, 26*, 221-234.

Thase, M. E. (1990). Relapse and recurrence in unipolar major depression: Short-term and long-term approaches. *Journal of Clinical Psychiatry, 51*(6, Suppl.), 51-57.

Thoren, P., Asberg, M., Bertilssson, L., Mellstrom, B., Sjoqvist, F., & Traskman, L. (1980). Clomipramine treatment of obsessive-compulsive disorder II. A controlled clinical trial. *Archieves of General Psychiatry, 37*, 1281-1285.

Thunedborg, K., Black, C. H., & Beck, P. (1995). Beyond the Hamilton depression scores in long-term treatment of manic-melancholic patients: Prediction of recurrence of depression by quality of life measurement. *Psychotherapy and Psychosomatics, 64*, 131-140.

Tienari, P., Wynne, L. C., Läksy, K., et al. (2003). Genetic boundaries of the schizophrenia spectrum: evidence from the Finnish Adoptive Family Study of Schizophrenia. *The American Journal of Psychiatry, 160*(9), 1587-1594.

Thomas, C. S. (1984). Dysmorphophobia: A question of definition. *British Journal of Psychiatry, 144*, 513-516.

Tolle, R. (1987). *Wahnentwicklung bei korperlich Behinderten. Nervenartz* (pp. 759-763).

Tolchard, B. (2017). Cognitive-behavior therapy for problem gambling: a critique of current treatments and proposed new unified approach. *Journal of Mental Health, 26*(3), 283-290.

Torch, E. M. (1987). The psychotherapeutic treatment of depersonalization disorder. *Hillside Journal of Clinical Psychiatry, 9*, 133-143.

Torch, E. M. (1987). The psychotherapeutic treatment of depersonalization disorder. *The Hillside Journal of Clinical Psychiatry, 9*, 133-151.

Torgersen, S. (1979). The nature and origin of common phobic fears. *British Journal of Psychiatry, 134*, 343-351.

Torres-Rodriguez, A., Griffiths, M. D., & Crabonell, X. (2018). The treatment of Internet Gaming Disorder: A brief overview of the PIPATIC program. *International Journal of Mental Health and Addiction, 16*, 1000-1015.

Tsuang, M. T., & Vandermy, R. (1980). *Genes and the mind.* Oxford: Oxford University Press.

Tung, M. P. M. (1994). Symbolic meaning of the body in Chinese culture and "somatization". *Culture, Medicine and Psychiatry, 18*, 483-492.

Turner, S. M., Beidel, D. C., Stanley, M. A., & Heiser, N. (2001). *Obsessive-compulsive disorder. Comprehensive handbook of psychopathology* (3rd ed.). Kluwer Academic/Plenum Publishers.

Tursky, B. (1976). Laboratory approaches to the study of pain. In D. I. Mostofsky (Ed.), *Behavior control and modification of physiological activity.* Prentice-Hall.

Ullman, L., & Krasner, L. (1975). *A psychological approach to abnormal behavior.* Prentice-Hall.

Vaillant, G. E. (1971). Theoretical hierarchy of adaptive defense mechanism. *Archives of General Psychiatry, 24*, 107-118.

Vaillant, G. E. (1992). *Ego mechanisms of defense.* American Psychiatric Association.

Van Bockstaele, B., & Bögels, S. M. (2014). Mindfulness-based therapy for social anxiety disorder. In S. G. Hofmann & P. M. DiBartolo (Eds.), *Social Anxiety: Clinical, Developmental, and Social Perspective* (3rd ed., pp. 729-751). Academic Press.

Vandeleur, C. L., Fassassi, S., Castelao, E., et al. (2107). Prevalence and correlates of DSM-5 major depressive and related disorders in the community, *Psychiatry Research, 250*, 50-58.

Van Orden, K. A., Witte, T. K., Cukrowicz, K. C., Braithwaite, S. R.,Selby, E. A., & Joiner, T. E.. (2010). The interpersonal theory of suicide. *Psychological Review, 117*, 575-600.

Vasey, M. W., & Dadds, M. R. (2001). *The developmental psychopathology of anxiety disorders.* Oxford University Press.

Veale, D. (2004). Advances in a cognitive behavioural

model of body dysmorphic disorder. *Body Image, 1,* 113-125.

Vecchio, J. L., & Kearney, C. A. (2005). Selective mutism in children: Comparison to youths with and without anxiety disorders. *Journal of Psychopathology and Behavioral Assessment, 27*(1), 31-37.

Venables, P. H. (1964). Input dysfunctional in schizophrenia. In B. A. Maher (Ed.), *Progress in experimental personality research.* Academic Press.

Wakefield, J. C. (1992). The concept of mental disorder: On the boundary between biological facts and social values. *American Psychologist, 47,* 373-388.

Wakefield, J. C. (1999). Evolutionary versus prototype analyses of the concept of disorder. *Journal of Abnormal Psychology, 108*(3), 374-399.

Wakil, L., Meltzer-Brody, S., & Girdler, S. (2012). Premenstrual Dysphoric Disorder: How to alleviate her suffering. *Current Psychiatry, 11*(4), 22-37.

Walder, D. J., Faraone, S. V., Glatt, S. J., Tsuang, M. T., & Seidman, L. J. (2014). Genetic liablity, prenatal health, stress and family environmnet: Risk factors in the Harvard Adolescent Family High Risk for Schizophrenia Study. *Schizophrenia Research, 157,* 142-148.

Wardle, J., Ahmad, T., & Hayward, P. (1990). Anxiety sensitivity in agoraphobia. *Journal of Anxiety Disorders, 4,* 325-333.

Warren, L. W., & Ostrom, J. C. (1988). Pack rats: World class savers. *Psychology Today, 22,* 58-62.

Warwick, H. M. C., Clark, D. M., Cobb, A. M., & Salkovskis, P. M. (1996). A controlled trail of cognitive-behavioural treatment of hypochondriasis. *British Journal of Psychiatry, 169,* 189-195.

Warwick, H. M. C., & Salkovskis, P. M. (1987). Hypochondriasis. In J. Scott, J. M. G. Williams, & A. T. Beck (Eds.), *Cognitive therapy: A clinical casebook.* Routledge.

Warwick, H. M. C., & Salkovskis, P. M. (1990). Hypochondriasis. *Behaviour Research and Therapy, 28,* 105-117.

Watson, J. B., & Raynor, R. (1920). Conditioned emotional reactions. *Journal of Experimental Psychology, 3,* 1-14.

Wedding, D., Boyd, M. A., & Niemiec, R. M. (2010). *Movies and mental illness* (3rd ed.). Hogrefe Publishing. (곽호완 등 공역,《영화와 심리학》. 학지사, 2012).

Wegner, D. M., Schneider, D. J., Carter, S. III, & White, L. (1987). Paradoxical effects of thought suppression. *Journal of Personality and Social Psychology, 53,* 5-13.

Wenar, C., & Kerig, P. (2005). *Developmental psychopathology: From infancy through adolescence* (5th ed.). McGraw-Hill. (이춘재 등 공역,《발달정신병리학: 유아기부터 청소년기까지(5판)》. 박학사, 2011).

Westermeyer, J. (1987). Cultural factors in clinical assessment. *Journal of Consulting and Clinical Psychology, 55,* 471-478.

Whitlock, F. A. (1967). The aetiology of hysteria. *Acta Psychiatrica Scandinavia, 43,* 144-162.

Wiersma, J. E., Hovens, J. G., van Oppen, P., Giltay, E. J., van Schaik, D. J., Beekman, A. T., & Penninx, B. W. (2009). The importance of childhood trauma and childhood life events for chronicity of depression in adults. *Journal of Clinical Psychiatry, 70*(7), 983-989.

Wiersma, J. E., Schaik, D. J. F., Hoogendorn, A. W., et al. (2014). The effectiveness of the cognitive behavioral analysis system of psychotherapy for chronic depression: A randomized controlled trial. *Psychotherapy and Psychosomatics, 83*(5), 263-269.

Wilhelm, S., Otto, M. W., Lohr, B., & Deckersbach, T. (1999). Cognitive behavior group therapy for body dysmorphic disorder: a case series. *Behaviour Research & Therapy, 37*(1), 71-75.

Wilhelm, S., Otto, M. W., Lohr, B., & Deckersbach, T. (1999). Cognitive behavior group therapy for body dysmorphic disorder: A case series. *Behaviour Research and Therapy, 37,* 71-75.

Williams, T. A., Friedman, R. J., & Secunda, S. K. (1970). *The depressive illness (National Institute of Mental Health).* U.S. Government Printing Office.

Williamson, D. A. (1990). *Assessment of eating disorders: Obesity, anorxia, and bulimia nervosa.* Pergamon.

Wilson, W. (1967). Correlates of avowed happiness.

Psychological Bulletin, 67, 294-306.

Wilson, G. T., & Lawson, D. M. (1978). Expectancies, alcohol, and sexual arousal in women. *Journal of Abnormal Psychology, 87,* 358-367.

Winer, E. S., Drapeau, C. W., Veilleux, J. C., & Nadorff, M. R. (2016). The association between anhedonia, suicidal ideation, and suicide attempts in a large student sample. *Archives of Suicide Research, 20*(2), 265-272.

Wink, P. (1991). Two factors of narcissism. *Journal of Personality and Social Psychology, 61,* 590-597.

Winters, K. C., & Neale, J. M. (1985). Mania and low self-esteem. *Journal of Abnormal Psychology, 94,* 282-290.

Wolpe, J. (1958). *Psychotherapy by reciprocal inhibition.* Stanford University Press.

Wong, S. E., & Woolsey, J. E. (1989). Re-establishing conversational skills in overtly psychotic, chronic schizophrenic patients: Discrete trials training on the psychiatric ward. *Behavior Modification, 13,* 415-430.

Worden, J. W. (2008). *Grief counseling and grief therapy: A handbook for the mental health* (4th ed). Springer. (이범수 역, 《유족의 사별 슬픔 상담과 치료》. 해조음, 2016).

World Health Organization. (1992). *The ICD-10 classification of mental and behavioural disorders: Clinical descriptions and diagnosis guidelines.* Author.

World Health Organization. (2019). *The ICD-11 classification of mental and behavioural disorders: Clinical descriptions and diagnosis guidelines.* Author.

Wurmser, L. (1974). Psychoanalytic considerations of the etiology of compulsive drug use. *Journal of American Psychoanalytic Association, 22,* 820-843.

Wyatt, R. J., Murphy, D. L., Belmaker, R., Cohen, S., Donnelly, C. H., & Pollin, W. (1973). Reduced monoamine oxidase activity in platelets: A possible genetic marker for vulnerability to schizophrenia. *Science, 179,* 916-918.

Wynne, L. C., & Singer, M. T. (1963). Thought disorder and family relations of schizophrenics: I. A research strategy. *Archives of General Psychiatry, 9,* 191-198.

Yalom, I. D. (1999). Momma and the meaning of life. Basic Books.

Zajac, K., Ginley, M. K., & Chang, R. (2020). Treatment of internet gaming disorder: A systematic review of the evidence. *Expert Review of Neurotherapeutics, 20*(1), 85-93.

Zamekin, A. J., Mordahl, T. E., Gross, M., King, A. C., Semple, W. E., Rumsey, J., Hamburger, S., & Cohen, R. M. (1990). Cerebral glucose metabolism in adults with hyperactivity of childhood onset. *The New England Journal of Medicine, 20,* 1361-1366.

Zanarini, M., Gunderson, J., Marino, M., Schwartz, E., & Frankenburg, E. (1989). Childhood experiences of borderline patients. *Comprehensive Psychiatry, 30,* 18-25.

Zeanah, C. H., & & Smyke, A. T. (2008). Attachment disorders in family and social context. *Infant Mental Health Journal, 29*(3), 219-233.

Zeanah, C. H., & Gleason, M. M. (2010). *Reactive attachment disorder: A review for DSM-V.* American Psychiatric Association.

Ziegler, F. J., Imboden, J. B., & Rodgers, D. A. (1963). Contemporary conversion reactions: III. Diagnostic considerations. *Journal of the American Medical Association, 186,* 91-95.

Zimbardo, P. G., & Weber, A. L. (1997). *Psychology* (2nd ed.). Longman.

Zimmerman, M., & Mattia, J. I. (1998). Body dysmorphic disorder in psychiatric outpatients: Recognition, prevalence, comorbidity, demographic, and clinical correlates. *Comprehensive Psychiatry, 39*(5), 265-270.

Zimmerman, M., & Mattia, J. I. (1998). Body dysmorphic disorder in psychiatric outpatients: Recognition, prevalence, comorbidity, demographic, and clinical correlates. *Comprehensive Psychiatry, 39,* 265-270.

Zubin, J. (1950). Tests, construction and methodology. In R. E. Harris, J. G. Miller, G. A. Muench, L. J. Stone, H-L. Teuber, & J. Zubin (Eds.), *Recent advances in diagnostic psychological testing.* Charles C. Thomas.

Zubin, J., & Spring, B. (1977). Vulnerability: A new view of schizophrenia. *Journal of Abnormal Psychology, 86,* 103-126.

찾아보기

인명

내용

저자 소개

권석만(權錫萬/Kwon, Seok-Man)

서울대학교 심리학과 학사 및 석사(임상심리학 전공)
서울대병원 신경정신과 임상심리연수원과정 수료
호주 퀸즐랜드대학교 철학박사(임상심리학 전공)
서울대학교 심리학과 교수(1993~현재)
서울대학교 학생생활연구소 상담부장 역임
서울대학교 사회과학대학 학생부학장 역임
서울대학교 대학생활문화원장 역임
(사단법인) 서울대학교 출판문화원장 역임
한국임상심리학회장 역임
임상심리전문가(한국심리학회)
정신건강임상심리사 1급(보건복지부)

〈저서〉
『현대 이상심리학』(대한민국학술원 선정 우수도서)
『현대 심리치료와 상담 이론』(대한민국학술원 선정 우수도서)
『긍정 심리학: 행복의 과학적 탐구』(대한민국학술원 선정 우수도서)
『인간의 긍정적 성품』(대한민국학술원 선정 우수도서)
『삶을 위한 죽음의 심리학』(대한민국학술원 선정 우수도서)
『사랑의 심리학』(대한민국학술원 선정 우수도서)
『현대 성격심리학』
『인간 이해를 위한 성격심리학』

『젊은이를 위한 인간관계의 심리학』

『이상심리학의 기초』

『이상심리학 총론』

『우울증』

『인생의 2막 대학생활』

『최신 임상심리학』(공저)

『심리학의 이해』(공저)

『성격강점검사(CST)-대학생 및 성인용』(공저)

『성격강점검사(CST)-청소년용』(공저)

〈역서〉

『인지치료의 창시자 아론 벡』

『마음읽기: 공감과 이해의 심리학』

『정신분석적 사례이해』(공역)

『정신분석적 심리치료』(공역)

『심리도식치료』(공역)

『단기심리치료』(공역)

『인생을 향유하기』(공역)

『인간의 강점 발견하기』(공역)

『역경을 통해 성장하기』(공역)

『정서적 경험 활용하기』(공역)

『인간의 번영 추구하기』(공역)

3판

현대 이상심리학
Contemporary Abnormal Psychology (3rd ed.)

2003년 8월 30일 1판 1쇄 발행
2013년 8월 20일 1판 18쇄 발행
2013년 9월 10일 2판 1쇄 발행
2023년 1월 20일 2판 20쇄 발행
2023년 6월 30일 3판 1쇄 발행
2024년 3월 25일 3판 2쇄 발행

저 자 • 권 석 만
펴낸이 • 김 진 환
펴낸곳 • (주) **학지사**

             04031 서울특별시 마포구 양화로 15길 20 마인드월드빌딩 5층

대표전화 • 02) 330-5114   팩스 • 02) 324-2345

등록번호 • 제313-2006-000265호

홈페이지 • http://www.hakjisa.co.kr
인스타그램 • https://www.instagram.com/hakjisabook

ISBN 978-89-997-2912-6 93180

정가 **32,000원**

파본은 구입처에서 교환하여 드립니다.

이 책을 무단으로 전재하거나 복제할 경우 저작권법에 따라 처벌을 받게 됩니다.

출판미디어기업 **학지사**

간호보건의학출판 **학지사메디컬** www.hakjisamd.co.kr
심리검사연구소 **인싸이트** www.inpsyt.co.kr
학술논문서비스 **뉴논문** www.newnonmun.com
원격교육연수원 **카운피아** www.counpia.com
대학교재전자책플랫폼 **캠퍼스북** www.campusbook.co.kr